Karl Süßheim Bey (1878–1947)

Kardaşlarıma Benedikt ve Marcel

Kristina Milz

Karl Süßheim Bey (1878–1947)

Eine Biografie über Grenzen

METROPOL

Eine Publikation des Instituts für Zeitgeschichte München–Berlin

Leibniz Institute for Contemporary History | Institut für Zeitgeschichte München–Berlin

Umschlagabbildungen:
Vorderseite: Der Spiegelsaal des Schlosses Herrenchiemsee im Mai 1916: Karl Süßheim (2. v. r.) begleitet eine Delegation der jungtürkischen Regierung des Osmanischen Reichs als Dolmetscher. Auch der antisemitische Rassenforscher Albrecht Wirth (6. v. r.) war dabei.
Buchrücken: Porträt Karl Süßheim.
Rückseite: Karl Süßheim als junger Mann.

Zugl.: Dissertation Ludwig-Maximilians-Universität München, Fakultät für Geschichts- und Kunstwissenschaften, 2020

Umschlaggestaltung: kv
Satz: Andreas Hollender, Köln

ISBN: 978-3-86331-637-2

Ansbacher Str. 70 | 10777 Berlin
www.metropol-verlag.de

Druck: buchdruckerei.de, Berlin

Inhalt

Eine Grenze hat Tyrannenmacht.
Friedrich Schiller

In allen Grenzen ist auch etwas Positives.
Immanuel Kant

Man könnte die Geschichte der *Grenzen* schreiben – dieser obskuren Gesten, die, sobald sie ausgeführt, notwendigerweise schon vergessen sind –, mit denen eine Kultur etwas zurückweist, was für sie *außerhalb* liegt; und während ihrer ganzen Geschichte sagt diese geschaffene Leere, dieser freie Raum, durch den sie sich isoliert, ganz genau soviel über sie aus wie über ihre Werte; denn ihre Werte erhält und wahrt sie in der Kontinuität der Geschichte; aber in dem Gebiet, von dem wir reden wollen, trifft sie ihre entscheidende Wahl. Sie vollzieht darin die Abgrenzung, die ihr den Ausdruck ihrer Positivität verleiht. Da liegt die eigentliche Dichte, aus der sie sich formt. Eine Kultur über ihre Grenzerfahrungen zu befragen, heißt, sie an den Grenzen der Geschichte über eine Absplitterung, die wie eine Geburt ihrer Geschichte ist, zu befragen.

Michel Foucault[1]

Hinführung

"Oh, East is East, and West is West, and never the twain shall meet"[2]: Niemals werden sie sich treffen, niemals sollen sie sich treffen – Ost und West, unüberwindbar voneinander getrennt. Dies prophezeite Rudyard Kiplings bekannte „Ballade von Ost und West" aus dem Jahr 1889, und zu allem missionarischen Überfluss musste er auch noch das Jüngste Gericht bemühen: "Till Earth and Sky stand presently at God's great Judgment Seat", geht es weiter. Wieder und wieder zitiert, scheint das Gedicht zu beweisen, wie europäische Publizisten vergangener Jahrhunderte den Orient als Ort des ausschließlich Anderen erschufen. Dabei wird über die dritte und vierte Verszeile meist großzügig hinweggesehen. Sie lauten: "But there is neither East nor West, Border, nor Breed, nor Birth, / When two strong men stand face to face, though they come from the ends of the earth!" Die wahren Männer, sie überwinden jede Grenze, meinte Kipling.

Abgesehen von der zeittypisch maskulinen Perspektive – war dem so? Wie fluide waren die Grenzen zwischen Europa und dem Nahen Osten damals? Hält man sich an Foucault, so müsste man eine Kulturgeschichte der Grenzen zu Kiplings Zeit schreiben, eine Zeit, die wie jede andere durch ihre Grenzen erst sichtbar, sogar erst „geboren" wird. Es bedarf also der Kenntnis zeitgenössischer Grenzerfahrungen, und eine solche lässt sich erlangen mit Blick

1 Michel Foucault: Wahnsinn und Gesellschaft. Eine Geschichte des Wahns im Zeitalter der Vernunft, Frankfurt a. M. 1973, S. 9.

2 Hier und die Zitate im Folgenden: Rudyard Kipling: The Ballad of East and West, in: Ders.: Departmental Ditties and Ballads and Barack-Room Ballads, New York 1919, abgedr. bei Thomas Pinney (Hrsg.): The Cambridge Edition of the Poems of Rudyard Kipling, Bd. 1: Collected Poems I, New York 2013, S. 225–229, hier S. 225.

auf das Leben eines Menschen, der an die Grenzen seiner Zeit gegangen ist. So ein Mann war der deutsche Orientalist Karl Süßheim, ein Zeitgenosse Kiplings, der heute weitgehend in Vergessenheit geraten ist. Die Geschichte von Karl Süßheim Bey, wie seine türkischen Freunde ihn nannten[3], erzählt vom Hoffen und Scheitern, vom Kämpfen und Verlieren, vom Leben in fremden Welten und von der geliebten Heimat, die eines ihrer treuesten Kinder verstieß.

Zunächst war es lediglich ein Name im Vorlesungsverzeichnis der Ludwig-Maximilians-Universität München (LMU), der mir ins Auge fiel[4], doch über das Schicksal des 1933 dort nicht mehr verzeichneten jüdischen Professors ließ sich in der Fachbibliothek des Münchner Historicums keine Literatur finden. Diese Biografie ist auch das Produkt des Impulses, es nicht dabei zu belassen. Sie widmet sich einem Menschen, dessen Leben sich wie eine Abhandlung über Macht und Ohnmacht des Individuums angesichts gesellschaftlich gesetzter Grenzen[5] betrachten lässt – in territorialer, sprachlicher und kultureller wie auch in religiöser, politischer und beruflicher Hinsicht.

Karl Süßheim war ein neugieriger Mensch, ein Grenzgänger im umfassendsten Sinne, einer, der verstehen wollte; er trug Weite im Herzen und besaß im Arendt'schen – an Empathie gebundenen – Sinne die Fähigkeit zu denken.[6] Diese Eigenschaften zwangen ihn geradezu, nach links und rechts zu schauen und sich daraus seine Haltung zu bilden, die er, seinem moralischen Kompass und den hohen Ansprüchen an sich selbst folgend, weitgehend kompromisslos vertrat, solange er nicht vom Gegenteil überzeugt wurde. Hart in der Sache (und bisweilen auch in der Wortwahl), musste er seinen Platz in der Welt immer wieder neu verhandeln und gegen Widerstände verteidigen: als Jude, als Deutscher, als Wissenschaftler. Die Wirkung seiner Persönlichkeit auf sein Umfeld legte Karl Süßheim dabei besondere Hürden in den Weg. Er war ein eher zurückhaltender, in späteren Jahren geradezu zurückgezogener Mensch, der Gespräche ohne tieferen Sinn nicht recht zu schätzen wusste und tagelang über seinen Büchern saß. Tausende Leihscheine aus diversen nationalen und internationalen Bibliotheken in seinem Nachlass geben einen lebendigen Eindruck von der Arbeitsweise des Gelehrten. Seine didaktischen Fähigkeiten ließen zu wünschen übrig; als

3 „Bey“ – im Osmanischen „Beg“ (بگ), im Arabischen „Bek“ (بك) – ist die türkische Anredeform für „Herr“ und wird dem Namen nachgestellt. Ursprünglich handelte es sich um einen Herrschertitel.

4 Im Sommer 1933 wurde Süßheim noch als „nichtplanmäßige[r], außerordentliche[r] Professo[r]“ beim Lehrpersonal aufgeführt: Er hielt die Vorlesung „Überblick über die Geschichte der muhammedanischen Staatenwelt“, eine Übung „zur Geschichte der muhammedanischen Reiche“ und unterrichtete „Neupersisch für Anfänger“, vgl. VVLMU, Sommersemester 1933, München 1933, S. 31, 34 u. 37.

5 Eine interessante globalgeschichtliche Arbeit über den Grenzbegriff lieferte Andrea Komlosy: Grenzen. Räumliche und soziale Trennlinien im Zeitenlauf, Wien 2018.

6 Der Gedanke einer Unterscheidung zwischen „Dummheit“ und der „Unfähigkeit zu denken“ zieht sich durch Hannah Arendts Schaffen und wird am prominentesten mit ihrer Beschreibung Adolf Eichmanns in Verbindung gebracht, den sie für keineswegs dumm, aber des eigenständigen, zumal moralischen Denkens und Urteilens unfähig hielt. Dafür nämlich fehlte ihm, so Arendt, die unerlässliche Voraussetzung: sich „vom Gesichtspunkt eines anderen Menschen aus [...] irgend etwas vorzustellen“. Hannah Arendt: Eichmann in Jerusalem. Ein Bericht von der Banalität des Bösen, München 1964, S. 78.

Lehrer bekannter Wissenschaftler wie Gershom Scholem[7] und Franz Babinger[8] zeichnete ihn zuvorderst Wortkargheit aus.

Doch es war nicht nur seine bedingte Geselligkeit, die ihn in den Augen der Anderen oftmals zum Mysterium machte. Karl Süßheim ließ sich in vielerlei Hinsicht nur schwer verorten. So nannte er etwa Talât Paşa[9], der es als osmanischer Innenminister und Großwesir sowie als einer der Hauptverantwortlichen für den Genozid von 1915/16[10] weltweit zu Bekanntheit bringen sollte, seinen „Freund" – und dessen Ermordung im gleichen Atemzug einen Akt der Gerechtigkeit.[11] Süßheims Haltung gegenüber den Christen im Osmanischen Reich war ambivalent: Er verurteilte Autonomiebestrebungen aus deren Reihen scharf, prangerte jedoch – in seiner Heimat schließlich selbst Angehöriger einer diskriminierten Minderheit – die Leidensgeschichte der osmanischen Christen wiederholt öffentlich an. Seinen jüdischen Glauben hielt Süßheim nach seiner Begegnung mit der nahöstlichen Frömmig-

7 Gerhard, später Gershom Scholem (1897–1982) wurde in Berlin geboren und studierte 1919 bis 1923 in München, wo er sich der wissenschaftsphilologischen Erforschung der Kabbala, der mystischen Tradition des Judentums, widmete. Er besuchte in dieser Zeit auch Karl Süßheims Sprachkurse. Nach seiner Promotion im Jahr 1923 hebraisierte Scholem seinen Vornamen und emigrierte nach Jerusalem.

8 Franz Babinger (1891–1967) kam ursprünglich aus der Indologie, wandte sich aber später der Islamkunde mit Schwerpunkt auf die osmanische Kultur zu. Entgegen der Darstellung im *Biographischen Lexikon zur Geschichte Südosteuropas* belegt die Korrespondenz mit Karl Süßheim, dass Babinger sich nicht erst unter dem Eindruck des Ersten Weltkriegs der Orientalistik zuwandte, sondern seine fachliche Umorientierung spätestens 1911 fest im Sinn hatte. Babinger gehörte ebenfalls zu Süßheims Sprachschülern in München, bevor er 1921 in Berlin habilitiert wurde. 1934 wurde der außerordentliche Professor entlassen und emigrierte nach Rumänien; 1948 erhielt er den neugegründeten Lehrstuhl für Geschichte und Kultur des Nahen Orients und Turkologie an der Münchner Universität. Vgl. Hans-Joachim Kißling: Babinger, Franz, in: BioLexSOE 1 (1974), S. 117; Franz Babinger an Karl Süßheim, 13.10.1911, in: Privatnachlass Karl Süßheim, Lisa R. D'Angelo (Chicago) [im Folgenden: Privatnachlass KS]; Gerhard Grimm: Franz Babinger (1891–1967): Ein lebensgeschichtlicher Essay, in: WdI 38/3 (1998), S. 286–333.

9 Meḥmed Ṭal'at (1874–1921), seit den 1890er-Jahren in der oppositionellen Bewegung gegen den Sultan aktiv, hatte 1906 in Thessaloniki die *Osmanlı Ḥürrīyet Cemiyeti* (Osmanische Freiheitsgesellschaft) mitbegründet, die später mit dem jungtürkischen KEF vereint wurde. Nach der Verfassungsrevolution saß er als Abgeordneter für Edirne im wiedereingesetzten Parlament. Als führender Kopf des KEF war Ṭal'at ab 1912 zunächst Postminister, und, nachdem die Jungtürken die Kontrolle über das Reich gänzlich übernommen hatten, ab 1913 Innenminister. In dieser Funktion war er einer der Hauptverantwortlichen für den Genozid an den Armeniern. Im Februar 1917 zum Paşa befördert, übernahm er die osmanischen Regierungsgeschäfte. Nach der Niederlage im Ersten Weltkrieg emigrierte er nach Berlin, wo er 1921 von Soghomon Teghlirian (1897–1960) erschossen wurde, einem Mitglied der armenischen *Operation Nemesis*, wie das geheime Sonderkommando zur Tötung der Verantwortlichen am Genozid sich nannte. Zu Ṭal'ats Leben vgl. die aktuelle Biografie von Hans-Lukas Kieser: Talât Pascha. Gründer der modernen Türkei und Architekt des Völkermords an den Armeniern. Eine politische Biografie, Zürich 2021 (zuerst unter dem englischen Titel: Talaat Pasha. Father of Modern Turkey, Architect of Genocide, Princeton u. Oxford 2018).

10 Zur Diskussion um die hier gewählte Bezeichnung als Genozid vgl. Kap. II.1.

11 Vgl. Tagebuch KS, 16.3.1921.

keit hoch wie wenige andere aus dem deutschen liberal-bürgerlichen Milieu, dem er entstammte – und war doch der Einzige in seiner Familie, der eine nicht-jüdische Frau heiratete. Als assimilierter,[12] aber gläubiger Jude respektierte er Muslime und die islamische Religion in hohem Maße, solange sie der politischen Sphäre fernblieb. Süßheim, der fränkisch verwurzelte bayerische Patriot und Monarchist, die Untertanenmentalität tief verinnerlicht, unterstützte das Projekt revolutionär gesinnter Jungtürken (*Jön Türkler*), wie die Gegner des Sultans, die auf Reformen drängten, sich nannten – zuvorderst die Linie seines hochverehrten älteren Freundes ʿAbdullāh Cevdet (Karlıdağ)[13], der wiederum als atheistischer Pazifist bekannt ist. Auch als Wissenschaftler saß Süßheim konsequent zwischen den Stühlen: Dem Einzug der Theorie in die historiografischen Fächer zeigte er stets die kalte Schulter, doch zwischen der philologischen Tradition und einer als Islamwissenschaft sich gerade erfindenden neuen Fachrichtung der Orientalistik wollte er sich nicht entscheiden.

Süßheims Denken und Handeln war und blieb den meisten fremd. Die Erklärungskraft oftmals verwendeter Dichotomien, die breitere gesellschaftliche Tendenzen sichtbar illustrieren – sei es nun hinsichtlich der jüdischen Religion (gläubig vs. assimiliert oder gar traditionell-orthodox vs. liberal-indifferent), der politischen Einstellung (konservativ-patriotisch vs. aufklärerisch-revolutionär) oder des Berufsverständnisses (alte vs. neue Schule) –, scheitert an der Person Karl Süßheim. In den Netzwerken, in denen er sich bewegte, stieß er, der deren scharf umgrenzte Identitätskonstrukte nicht zu akzeptieren schien, immer wieder auf Unverständnis: in der Familie, in der jüdischen Gemeinde, bei seinen Fachkollegen. Das Gefühl der Einsamkeit, ja des Nicht-verstanden-werdens auch im engsten Umfeld ist das wiederkehrende Motiv seines Lebens, während er selbst die (scheinbare) Unentschieden- ja, Uneindeutigkeit seiner Persönlichkeit nicht als Störfaktor wahrnahm.

Der aus der Individualpsychologie stammende, von der Analytikerin Else Frenkel-Brunswik Mitte des 20. Jahrhunderts geprägte Begriff der „Ambiguitätstoleranz“ bezeichnet die Fähigkeit eines Menschen, Mehrdeutigkeit und auch Widersprüchliches zur Kenntnis zu nehmen, sie anzunehmen und damit verbundene Unsicherheit(en) zu ertragen, ohne

12 Der Begriff „Assimilation“ ist umstritten und wird in dieser Biografie bewusst in einem weiten Sinne verstanden. Zur zeitgenössischen Verwendung vgl. auch Peter Gay: Begegnung mit der Moderne. Deutsche Juden in der deutschen Kultur, in: Werner E. Mosse (Hrsg.): Juden im Wilhelminischen Deutschland 1890–1914 (= SwALBI 33), 2. Aufl. London u. Tübingen 1998, S. 241–311, hier S. 243.

13 ʿAbdullāh Cevdet Karlıdağ (1869–1932) war Arzt, Dichter und Übersetzer. Er war einer der bedeutendsten Ideologen der frühen jungtürkischen Bewegung. Süßheims biografische Darstellung seines Bekannten ist bis heute zentral für die wissenschaftliche Auseinandersetzung mit Cevdet, vgl. Karl Süßheim: „ʿAbd Allāh Djewdet“, in: EdI, Ergänzungsband (1938), S. 55–60. Eine wenngleich ältere, aber noch immer lesenswerte Arbeit über Cevdet stammt von M. Şükrü Hanioğlu: Bir Siyasal Düşünür Olarak. Doktor Abdullah Cevdet ve Dönemi (= İİS 3), İstanbul [1981]. Eine Übersetzung der Intellektuellenbiografie lässt nach wie vor auf sich warten. Auf Englisch informierte Hanioğlu über die jungtürkische Bewegung, wobei er auch ausführlich auf Cevdets Rolle eingeht, vgl. Ders.: Preparation for a Revolution. The Young Turks, 1902–1908, New York u. Oxford 2001; The Young Turks in Opposition, New York u. Oxford 1995.

darauf aggressiv zu reagieren oder aber eine einseitig positive oder negative Bewertung vorzunehmen.[14] Ambiguitätsintolerante Menschen empfinden Unberechenbarkeit oder Unkontrollierbarkeit von Situationen oder Personen als Bedrohung; sie reagieren mit psychischem Stress und Unbehagen – die ersehnte Ordnung und Struktur wird durch eine meist simplifizierende, zur Not auch realitätsverweigernde Betrachtungsweise, in ihrer extremsten Form „Schwarz-Weiß-Denken", wiederhergestellt.[15] Menschen, die über vergleichsweise viel Ambiguitätstoleranz verfügen, verspüren vielmehr sogar ein Bedürfnis nach Vieldeutigkeit – oder reagieren auf entsprechende Reize zumindest gelassen.

Karl Süßheim hat diesen Typus geradezu verkörpert; eine seltene Gabe in einer modernen Zeit im Zeichen der „Vereindeutigung", die Thomas Bauer zufolge eine „Welt [...] voll von Ambiguität"[16] abzuschaffen versucht und daran zwangsläufig scheitert. Der Münsteraner Islamwissenschaftler bescheinigte der islamisch geprägten Welt eine traditionell in hohem Maße ambiguitätstolerante Kultur.[17] Erst mit dem Kolonialismus und dem Eingang

14 Nach Else Frenkel-Brunswik ist eine Person dann ambiguitätstolerant, wenn sie die Koexistenz von positiven und negativen Eigenschaften („love- and [...] hate-cathexis") in ein und demselben Umstand oder Gegenüber erkennen und ohne allzu große Konflikte aushalten kann. Diese Fähigkeit spielt eine wichtige Rolle bei Erklärungsmodellen zur Persönlichkeitsentwicklung. In einem Messverfahren nach Jack Reis werden unterschiedliche Dimensionen betrachtet, die sich hinsichtlich des jeweiligen Gegenstands, auf den sich die (In-)Toleranz richtet, beziehen: unlösbar scheinende Probleme, soziale Konflikte, Rollenstereotypien, das Elternbild und die Offenheit für neue Erfahrungen (und daraus resultierende Erkenntnisse). Dabei korreliert der Grad an Ambiguitätstoleranz in einen Bereich nicht zwingend mit dem in einem anderen: Eine Person, die eine hohe Toleranz von ambivalenten Gefühlen gegenüber anderen Menschen zeigt, tut dies nicht zwangsläufig auch gegenüber bestimmten Organisationsprinzipien oder Ordnungsstrukturen. Auch im transkulturellen Kontext hat die Ambiguitätstoleranz mittlerweile Eingang gefunden, sie wird als Faktor der interkulturellen Kompetenz eines Menschen betrachtet: Hier ist das Aushalten kulturell bedingter Unterschiede und daraus resultierender gegensätzlicher Erwartungshaltungen bezeichnend. In hohem Maße ambiguitätstolerante Menschen können demnach in kulturell neuen Kontexten „Abweichungen von gewohnter Normalität oder unerwartete Reaktionen und Handlungen [...] akzeptieren, statt [diese] als Bedrohung zu empfinden". Vgl. Else Frenkel-Brunswik: Intolerance of Ambiguity as an Emotional and Perceptual Personality Variable, in: Journal of Personality 18/1 (1949), S. 108–143, das Zitat S. 115; Jack Reis: Inventar zur Messung der Ambiguitätstoleranz (IMA), Heidelberg 1996; Barbara Hatzer u. Gabriel Layers: Interkulturelle Handlungskompetenz, in: Alexander Thomas u. a. (Hrsg.): Handbuch Interkulturelle Kommunikation und Kooperation, Bd. 1: Grundlagen und Praxisfelder, 2. Aufl. Göttingen 2005, S. 138–148, das Zitat S. 143.

15 Vgl. Frenkel-Brunswik, Intolerance, S. 115.

16 Thomas Bauer: Die Vereindeutigung der Welt. Über den Verlust an Mehrdeutigkeit und Vielfalt, 8. Aufl. Ditzingen 2018, das Zitat S. 12. Zuerst wies darauf Zygmunt Bauman in seiner wegweisenden Studie aus den 1990er-Jahren hin: Moderne und Ambivalenz. Das Ende der Eindeutigkeit, Hamburg 1992.

17 Unmittelbarer Ausdruck dessen seien beispielsweise die Praxis von Korankommentaren, mehrere Interpretationen der Suren nebeneinanderzustellen, ohne diese zu werten oder eine als exklusiv richtig herauszustellen, oder auch die Idee des „Idschtihād" (اجتهاد – „Anstrengung"), ein Begriff aus der islamischen Rechtstheorie, der die Genese von Normen durch eigenständige Urteilsbildung bezeichnet und die Wahrheitsfindung als Prozess und nicht etwa „die Wahrheit" als statisch-dogmatischen

der „unheilvolle[n] westliche[n] Verkettung von Ambiguitätsfurcht, Wahrheitsobsession und Universalisierungsehrgeiz“[18] in den nahöstlichen Kulturraum habe sich dies geändert – durch den westlichen Einfluss sei erst der Druck entstanden, sich über eindeutige Normen und Werte zu definieren. Karl Süßheim verbrachte seine erste Lebenshälfte in der Hochphase des Imperialismus und damit zu einer Zeit, die Bauer zufolge maßgeblich geprägt war von westlicher Intoleranz, aber auch bereits von einem entsprechenden Umbruch in der kulturellen Mentalität des Nahen Ostens. Die These des Islamwissenschaftlers im Hinterkopf, kann in dieser Biografie auch beobachtet werden, wie die Gesellschaften, in denen Süßheim sich bewegte – in Europa und in Nahost – auf eine Person wie ihn reagierten: auf ihn als ambiger Reiz in persona, als ein scheinbar völlig widersprüchlicher Mensch, den zu verstehen vielen unmöglich war. Oder gaben sie sich zu wenig Mühe?

Der Wunsch, einen anderen Menschen zu verstehen, ist die produktive Triebfeder jeder biografischen Arbeit. Sympathie oder Antipathie mögen dabei die schlechtesten Ratgeber sein – Empathie dagegen sollte in der Werkstatt nicht fehlen. Bei aller Bereitschaft, sich in ein anderes Leben hineinzudenken, ja, sich hineinzufühlen, sollte nicht vergessen werden: Es wäre anmaßend und irreführend, der Annahme zu erliegen, einem Menschen, der lebte und liebte, zweifelte und hoffte, arbeitete und ruhte, feierte und trauerte, in einem Buch von einigen hundert Seiten wirklich gerecht zu werden. Dem Vermögen zu verstehen sind Grenzen gesetzt. Manchmal ist man seinem Untersuchungsgegenstand so nah, dass es fast schon obszön anmutet – handelt es sich doch um einen Menschen, den man nicht persönlich kennt und der dennoch, insbesondere in Form von Tagebüchern, eine überaus intime Gestalt annehmen kann; dies nur, um wenige Stunden später eine Aussage desselben zu lesen, die ihn in weite Ferne rückt: moralisch, politisch, weltanschaulich. Dies gilt es besonders zu reflektieren, wenn klare Urteile scheinbar naheliegen. Bei der Betrachtung des Lebens eines Orientalisten in der ersten Hälfte des 20. Jahrhunderts wird dabei ein Diskurs eine Rolle spielen, in dem sich zu positionieren quasi zum Glaubensbekenntnis einer ganzen Zunft geworden ist: Wie hält man es mit Edward Said?

Zustand versteht. Bauers Hauptuntersuchungszeitraum reicht bis ins 16. Jahrhundert, danach dünnt die Argumentationsdichte merklich aus, vgl. Thomas Bauer: Die Kultur der Ambiguität. Eine andere Geschichte des Islams, Berlin 2011. In der jüngeren Vergangenheit erfuhr die Ambiguitätstoleranz als Analysebegriff gewissermaßen Hochkonjunktur und wurde aus dem Bereich der Psychologie und Pädagogik herausgelöst. Schon 2004 widmete sich ein interdisziplinärer Sammelband dem Wert der Vieldeutigkeit von Begriffen und empirischen Daten für verschiedene Disziplinen und forderte in diesem Sinne mehr Ambiguitätstoleranz in der Wissenschaft, vgl. Peter Koslowski u. Richard Schenk (Hrsg.): Ambivalenz – Ambiguität – Postmodernität. Begrenzt Eindeutiges Denken (= CP 5), Stuttgart 2004. Auch die Geschichtswissenschaft hat die Untersuchungskategorie der Ambiguitätstoleranz mittlerweile adaptiert: Seit 2019 wird etwa die Forschungsgruppe „Ambiguität und Unterscheidung: Historisch-kulturelle Dynamiken“ von der DFG gefördert. Zuletzt erschien auch ein interessanter Band, der die Frühe Neuzeit sowohl als Zeitalter der vereindeutigenden Disziplinierung als auch eines vergleichsweise ambiguitätstoleranten Umgangs mit Normen charakterisiert. Hillard von Thießen: Das Zeitalter der Ambiguität. Vom Umgang mit Werten und Normen in der Frühen Neuzeit, Köln 2021.

18 Bauer, Kultur, S. 403.

„Die Orientalen haben nicht den geringsten Sinn für den Orient. Den Sinn für den Orient, den haben nur wir Westler“[19], ist in Mathias Énards „Kompass“ zu lesen. Die Romanstelle spielt auf die Kritik des US-amerikanischen Literaturtheoretikers Edward Said an, der Ende der 1970er-Jahre die britische und französische Orientalistik massiv angriff und damit die postkolonialen Studien als Forschungsrichtung mitbegründete.[20] Mit seiner Wortneuschöpfung des „Orientalismus“ beschrieb Said mithilfe des Foucault’schen Ansatzes der Diskursanalyse[21] ein „system of knowledge about the Orient“[22] – mit einem Orient weniger als Ort denn als Topos[23] –, als Instrument imperialistischer und kolonialistischer Politik. Die Gegenüberstellung von Orient und Okzident sei irreführend, schrieb Said, und sie diene meist dem Zweck der Wertung: Die Überlegenheit der europäischen Kultur gegenüber dem „Morgenland“ liege als Prämisse der gesamten Publizistik zugrunde. Der Literaturwissenschaftler konstatierte, die Orientalistik habe sich dadurch im imperialistischen Zeitalter zur Komplizin der westlichen Unterwerfung – oder zumindest Bevormundung – gemacht.[24] Mit dem Begriff „Orientalismus“ bezeichnete Said also die eurozentrische[25] Lesart des Nahen Ostens in der westlich-akademischen Hemisphäre des ausgehenden 19. und frühen 20. Jahrhunderts; gekennzeichnet sei diese durch den “Western style“[26], den Orient zu dominieren und zu bevormunden. Said kritisierte also das Überlegenheitsgefühl der Wissenschaft gegenüber ihrem Fachgegenstand: Das Bild, das die Akademiker zeichneten, müsse sich den Vorwurf eines kulturrelativistischen, gar rassistischen Exotismus gefallen lassen.[27]

Wagen wir einen Blick aufs Detail: Wer sollte die Brille – oder das Monokel – des Kolonialisten fester auf der Nase sitzen haben als ein Sohn englischer Auswanderer in Britisch-Indien, geboren in Bombay, mit fünf Jahren zunächst zur Erziehung zurück nach London verfrachtet,

19 So die französische Schriftstellerin Lucie Delarue-Mardrus nach Mathias Énard: Kompass, München 2016, S. 210. Der Roman – gewissermaßen ein Porträt der europäischen Leidenschaft (und Obsession) bezüglich des Nahen Ostens – wurde 2015 mit dem Prix Goncourt ausgezeichnet.

20 Edward W. Said: Orientalism, New York u. Toronto 1979; zuerst als gleichnamiger Aufsatz in: Bill Ashcroft u. a. (Hrsg.): Post Colonial Studies Reader, London u. a. 1978, S. 87–91.

21 Vgl. Said, Orientalism (1979), S. 23 f.

22 Ebd., S. 6 u. 177.

23 Vgl. ebd., S. 177.

24 Vgl. auch die Zusammenfassung bei Jürgen Osterhammel: Edward W. Said und die „Orientalismus“-Debatte. Ein Rückblick, in: AAL 25/6 (1997), S. 597–607, S. 597.

25 Wegweisend für das begriffliche Umfeld des „Eurozentrismus“ nach Saids Aufschlag war eine Arbeit aus dem Feld der Filmwissenschaft von 1994, die zwei Jahrzehnte später mit einem die neueren Entwicklungen reflektierenden Nachwort neu aufgelegt worden ist: Ella Shohat u. Robert Stam: Afterword: Thinking about Unthinking. Twenty years after, in: Unthinking Eurocentrism. Multiculturalism and the Media, 2. Aufl. New York 2014, S. 363–436.

26 Said, Orientalism (1979), S. 3.

27 Vgl. ebd. Mit „Kulturrelativismus“ wird eigentlich – ohne anklagenden Charakter – die „in der Ethnologie vertretene kulturtheoretische Position“ bezeichnet, „welche jede Kultur als eigenständiges, einzigartiges und einmaliges Ensemble von Lebensformen begreift und deren Eigenwert betont“. Dieter Nohlen: „Kulturrelativismus“, in: Ders. u. Rainer-Olaf Schultze (Hrsg.): LdP, Bd. 1, 3. Aufl. München 2005, S. 540 f., hier S. 540.

als junger Erwachsener dann aber für viele Jahre im indisch-pakistanischen Kolonialgebiet lebend? Zurück im Westen, mittlerweile in den Vereinigten Staaten, schrieb dieser Mann sein bekanntestes Buch. Darin erklärt ein Bär das Gesetz des Dschungels: „[I]hre Art ist nicht unsere Art. [...] Wir trinken nicht, wo [sie] trinken, wir meiden die Plätze, wo [sie] hinkommen, [...] wir sterben nicht, wo sie sterben."[28] Das sagt Balu über die Affen, das „Volk", von dem er die Dschungelkultur abgrenzt: „Wir von der Dschungel haben nichts mit ihnen gemein". Die Affen – „böse, schamlos, schmutzig" – lügen und gehorchten keinem Gesetz; sie seien führer- und gedankenlos, hätten nicht einmal eine eigene Sprache, sondern stählen die Worte der anderen Tiere, deren Gespräche sie belauschten. Der Bär unterrichtet auf diese Weise den Menschenjungen Mogli und versucht ihn davon abzuhalten, die Welt der Affen zu betreten.

Rudyard Kipling, der das Dschungelbuch genauso wie die eingangs zitierte „Ballade von Ost und West" geschrieben hat, ist mit seinem Werk zum Demonstrationsobjekt des Postkolonialismus geworden: Oftmals ist zu lesen, dass er einer gewesen sei, der dabei half, die erdachte Grenze zwischen Orient und Okzident zu zementieren, ein Rassist, ein Essenzialist zumindest, und als „Barde des British Empire" und Autor eines weiteren Gedichts mit dem sprechenden Titel „The White Man's Burden"[29] ein Paradebeispiel für den kolonialistisch-überheblichen Blick auf nichteuropäische Völker. Geradezu verächtlich wird posthum über den jüngsten Literaturnobelpreisträger der Geschichte geschrieben.[30] Zu Recht? Daniel Martin Varisco hat in seiner Studie längst die oftmals übertriebene Anwendung der Said'schen These auf historische Texte analysiert, für eine Überwindung des polemischen Diskurses voller Vorwurfshaltungen und der damit verbundenen Weiterschreibung des Dualismus zwischen Ost und West plädiert und dabei nicht zuletzt auch auf Saids tragische Unterschätzung von Ironie als Stilelement der von ihm kritisierten Texte hingewiesen.[31] Eine Apologetik des Schriftstellers Rudyard Kipling sei nun anderen überlassen[32], doch zeigt uns Balus Beschreibung der Affen vielleicht, dass hier einer die Feder führte, der die fatalen Exklusionsmuster seiner Zeit durchaus erkannte. Hieß er sie gut, bloß weil er sie sah? Und betont seine meist selektiv zitierte „Ballade von Ost und West" nicht gerade auch die Gemeinsamkeiten der titelgebenden Antagonisten?

28 Hier und die Zitate im Folgenden: Rudyard Kipling: Das Dschungelbuch. Aus dem Englischen von Dagobert Mikusch, München 1984, S. 42 f.

29 Rudyard Kipling: The White Man's Burden, in: McClure's Magazine 12/4 (1899), S. 290 f.

30 Dies auch bei Said selbst, der unter der Überschrift "The Pleasures of Imperialism" Kiplings Werk auseinandernahm, vgl. Edward W. Said: Culture and Imperialism, 4. Aufl. New York 1993, S. 132–162. Eine Analyse der Texte Kiplings unter diesem Gesichtspunkt fand unter dem Titel „Die imperialistische Legende und der imperialistische Charakter" schon lange davor Eingang in das theoretische Hauptwerk von Hannah Arendt: Elemente und Ursprünge totaler Herrschaft, Frankfurt a. M. 1955, S. 335–358.

31 Daniel Martin Varisco: Reading Orientalism. Said and the Unsaid, Seattle u. London 2007.

32 George Orwell etwa bezeichnete ihn in einem Essay von 1942 als "good bad poet" und kam zu dem hinreißenden Fazit: "He dealt largely in platitudes, and since we live in a world of platitudes, much of what he said sticks." George Orwell: Rudyard Kipling, in: Horizon. A Review of Literature and Art, 5/26 (February 1942), S. 150–162, hier S. 162.

Die Rezeptionsgeschichte Kiplings bestätigt das eigentlich Offensichtliche, einen Gemeinplatz, den zu wiederholen es insbesondere in der Diskussion um Edward Saids Orientalismus-Begriff notwendigerweise immer wieder gilt: Die Dinge sind meist komplexer, als sie auf den ersten Blick erscheinen. In diesem Sinne wurde denn auch Saids Werk geradezu seziert: Historiker und Philosophen kritisierten seinen Umgang mit Quellen, sein eher lockeres Verhältnis zur Abfolge historischer Ereignisse, mangelnde geografische Spezifizierung, das Fehlen einer klaren zeitlichen Eingrenzung, inhaltliche Widersprüche und methodisch-theoretische Schwachstellen. Viele der angesprochenen Punkte sind wissenschaftlich gerechtfertigt, doch nichtsdestotrotz: Die europäischen Nahostexperten hatten Saids Angriffen ohne jeden Zweifel eine offene Flanke geboten[33], und die beobachteten Tendenzen der Wissenschaft, insbesondere der von ihm beschriebene eurozentrische Essenzialismus, der „Europa als den einzigen aktiven Gestalter der Weltgeschichte"[34] und den Orient als minderwertige Kultur beschreibt, lassen sich – entgegen Saids eigener Fokussierung auf die Orientalisten in den Ländern der Kolonialherren Frankreich und Großbritannien – auch bei vielen deutschsprachigen Kollegen feststellen.[35]

Karl Süßheims Publikationen sind hier nur ein Beispiel von vielen. Wenn also im Folgenden (insbesondere in Abschnitt I.3) auf den „Orientalismus"-Begriff Bezug genommen wird, so macht sich diese Biografie nicht Saids Gesamtwerk zu eigen, sondern sucht unter diesem Schlagwort nach Spuren einer eurozentrischen und essenzialistischen Perspektive des Wissenschaftlers Karl Süßheim auf seinen Forschungsgegenstand. Dennoch, und dies darf nicht vergessen werden: „Das von Said in Szene gesetzte, an Europa geschulte Ressentiment, mit dem er die zum Objekt gemachte Welt des ‚Orients' zum Opfer der Wissenschaft machte", schreiben Georg Stauth und Faruk Birtek mit Blick auf die deutschen Wissenschaftler im türkischen Exil nach 1933, „schlägt heute auf doppelte Weise zurück: als Begriff simplifizierter Kultur des ‚Irrationalismus' und als simple Reaktion darauf die Forderung nach ihrer Unterdrückung". Die beiden Soziologen meinen:

> „Erst mit der Vereinfachungslogik des Freund-Feind-Denkens und der simplen These, dass es mit der exotisierenden Irrationalisierung des ‚Orients' Europa gelungen sei, sich

33 Auch wenn Saids Studie massive Kritik erfuhr, wurde seine analytische Vorgehensweise häufig adaptiert, auf das Verhältnis des „Westens" zu anderen Kulturkreisen angewandt und gewährte den Blick auf einen normativ voreingenommenen, kolonialistisch geprägten Zugang der europäischen Wissenschaft gegenüber dem Rest der Welt. Eine noch immer lesenswerte Bilanz der heftig geführten Forschungskontroverse mit gesammelten Einwänden gegen Saids These zog Osterhammel, Said, S. 601ff. Jüngere Kritik an Said findet sich beispielsweise bei Urs App: The Birth of Orientalism, Philadelphia 2010.

34 So charakterisierte ein Historiker die eurozentrische Weltsicht: Robert B. Marks: Die Ursprünge der modernen Welt. Eine globale Weltgeschichte, Darmstadt 2006, S. 20.

35 Vgl. die einschlägigen Arbeiten von Suzanne L. Marchand: German Orientalism in the Age of Empire. Religion, Race, and Scholarship, New York 2009 u. Ursula Wokoeck: German Orientalism. The Study of the Middle East and Islam from 1800 to 1945, London u. New York 2009.

> als Kraft der Aufklärung und des Rationalismus zu bestärken, ja, sich im Orient ein Surrogat seiner Selbst, ein untergründiges ‚Eigenes' zu schaffen, sind kulturübergreifende Spannungsfelder wie die, in denen die Exilanten in Istanbul operieren konnten, aus dem Blick geschwunden. [...] Das ‚Istanbul' einer Hand voll Männer, die dort – zum Teil dauerhaft, zum Teil vorübergehend, in jedem Falle aber lebensprägend – in der ersten Hälfte des 20. Jahrhunderts, vor und nach dem Zweiten Weltkrieg, einer Zeit, in der Europa geistig und ganz konkret ‚in Scherben' lag, die Idee des Lebens in zwei Kulturen auf sich nahmen, setzt andere Zeichen. In der Tiefe der wechselhaften Geschichte und der tangentialen welthistorischen Verschiebungen, die Istanbul zu einem kulturellen Grenzort machten, suchten sie ein neues humanistisch inspiriertes, geistig und lebenspraktisch sensibles Weltmenschentum zu erspüren."[36]

Inwiefern diese Charakterisierung der Istanbuler Emigrantenszene auch auf Karl Süßheim in seinen letzten Lebensjahren zutreffend ist, wird in dieser Biografie zu fragen sein.

Die zeitgenössisch typische Dichotomie von Orient und Okzident, von Ost und West, wie wir sie auch bei Süßheim, insbesondere in seinem Frühwerk, finden werden, ist jedenfalls problematisch – und doch kommt auch diese Studie nicht ohne die Begriffe aus, waren sie doch zentrale Denkfiguren in seinem Weltbild.[37] Über den Orient, der uns heute im deutschsprachigen Raum meist als „Naher Osten", im Angloamerikanischen als "Middle East" begegnet, kursieren verschiedene territoriale Definitionen, die zum Teil bis Pakistan und Indien reichen. Neben dem Maghreb werden bisweilen auch andere Staaten des afrikanischen Kontinents wie Somalia hinzugezählt. Diese Biografie muss sich hier aber vielmehr die Frage stellen: Wie sah der Orient aus, den Karl Süßheim vor Augen hatte, wenn er über ihn nachdachte, wenn er ihn erklärte? Als Hauptuntersuchungsgegenstand wählte sich der Wissenschaftler die Geschichte der Türken, die er nicht nur zeitgenössisch betrachtete, sondern auch in historischer Tiefe – seine Arbeiten zur Geschichte der sunnitisch-türkischen Dynastie der Großseldschuken (1040–1194) bewegen sich auf gänzlich anderem Territorium als seine Betrachtungen über den zur Jahrhundertwende zusammengeschrumpften „Mann am Bosporus" oder das mächtige Vorgängerreich in Mittelalter und Neuzeit.

Das Osmanische Reich war erst im frühen 14. Jahrhundert entstanden. Namensgeber ʿO̱smān I. stammte aus Nordwest-Anatolien und begann Ende des 13. Jahrhunderts, sein Herrschaftsgebiet zunehmend von dem der Rum-Seldschuken loszulösen. Daraus entwickelte sich eine über Jahrhunderte währende dynastische Herrschaft, die sich auf dem Höhepunkt

36 Georg Stauth u. Faruk Birtek: Einleitung: „Istanbul", Exil, intellektuelle und symbolische Migrationen, in: Dies. (Hrsg.): „Istanbul". Geistige Wanderungen aus der „Welt in Scherben", Bielefeld 2007, S. 7–19, hier S. 13 f.

37 Marc Hanisch zeigt in seiner neuen Studie an der Figur Max von Oppenheims, wie sich der „Orient" im Kaiserreich allmählich zu einem Idiom entwickelte, das in allen möglichen zeitgenössischen Fragen der Außenpolitik als Bezugspunkt diente – auch von all diesen Diskussionszusammenhängen war Süßheim freilich beeinflusst. Marc Hanisch: Der Orient der Deutschen. Max von Oppenheim und die Erfindung eines außenpolitischen Raumes (1896–1909), Frankfurt a. M. 2021.

ihrer Macht über weite Teile des Nahen Ostens und Kleinasiens, des Balkans, Nordafrikas und der Krim erstreckte. 1453 eroberten die Osmanen unter Sultan Meḥmed II. Konstantinopel, das fortan auch unter dem osmanisierten Namen Konstantiniyye oder İstanbul[38] als Hauptstadt des riesigen Reiches diente. Das Ereignis besiegelte nicht nur den endgültigen Aufstieg des Osmanischen Reichs zur Großmacht, sondern auch den Niedergang des christlich-orthodoxen Byzantinischen Reichs, das auf eine fast tausendjährige Geschichte zurückblickte. Konstantinopel wurde zwar geplündert, doch man versuchte im Anschluss, die alteingesessene Bevölkerung – insbesondere Griechen und Juden – zum Bleiben zu bewegen.

Es folgte die Herrschaft Sultan Süleymāns I., der erstmals ein Rechtssystem neben der islamischen Schariʿa umfassend kodifizierte. In seine Regentschaft fällt auch die berüchtigte, aber erfolglose Belagerung von Wien aus dem Jahr 1529. Trotz der Siege Süleymāns I. auf seinen sonstigen Eroberungsfeldzügen kämpfte die Pforte, wie die osmanische Regierung genannt wurde[39], bereits zu dieser Zeit mit Krisenerscheinungen im Innern, die mehrere Jahrhunderte später zum Fall des Osmanischen Reichs beitragen sollten. Militärische Schwäche offenbarte sich 1683 im zweiten Versuch, Wien zu erobern, was in einer empfindlichen Niederlage endete und die europäischen Mächte dazu veranlasste, die Osmanen an mehreren Fronten anzugreifen. In der Folge mussten schwere Verluste und Gebietsabtretungen hingenommen werden. Zunehmend sah sich der Vielvölkerstaat neben seinen strukturellen Schwierigkeiten schließlich auch mit einem neuen Feind konfrontiert: dem in Europa erstarkenden und auch in andere Regionen ausgreifenden Nationalismus.

Es folgten Unabhängigkeitsbewegungen zum Beispiel der Serben und der Griechen. Unter dem Schlagwort „Orientalische Frage“ wurde unter den europäischen Mächten immer offener über die Zukunft des Reichs und eine mögliche Zerschlagung seines Herrschaftsgebiets diskutiert. In diese Zeit wurde Karl Süßheim geradezu symbolisch hineingeboren: Sein Geburtsjahr 1878 mit dem Berliner Kongress, auf dem unter anderem auch die Zukunft des Osmanischen Reichs verhandelt wurde, markiert einen wichtigen Wendepunkt auch der türkischen Geschichte.

Karl Süßheims Orient also ist meistens türkisch, mal ist er aber auch persisch, er ist arabisch, kurdisch und armenisch, aber auch albanisch und serbisch – und steht hier bereits mitten auf dem europäischen Kontinent. Vor allem aber ist sein Orient muslimisch, schließlich war er ganz offiziell Professor „für Geschichte der muhammedanischen Völker“. Andere Religionen treten bei Süßheim als – oftmals diskriminierte – Minderheiten auf, wenngleich sich dieser Begriff als normativ oder legal wirkmächtige Denkfigur erst entwickelte. Die Vielgestaltigkeit des Süßheim'schen Orients, sein Auf- und Abwandern in dessen Entwicklung, machten

38 Die formelle Umbenennung der Stadt in İstanbul erfolgte erst 1930, als der Name Konstantinopel wegen des darin anklingenden historischen Bezugs bewusst abgeschafft wurde. Die Stadt war zu diesem Zeitpunkt im Volksmund allerdings längst als solches bezeichnet worden.

39 *Babıali* (osman.: „Hohe Pforte“) ist ein Metonym für den Sitz der osmanischen Regierung, das ursprünglich die Eingangspforte des Palastes bezeichnete, und als Synonym für die Regierung verwendet wurde.

ihn nicht zum Vermittler zwischen Ost und West, wie er sich vielleicht selbst beschrieben hätte – sie machten ihn zum Wandler zwischen zahlreichen kleinen und großen Welten.

Der Nachlass dieses Grenzgängers, geboren 1878 in Nürnberg, gestorben 1947 in Istanbul, führt sein bewegtes Leben erstaunlich klar vor Augen.

Quellenkorpus

„Im täglich Festgehaltenen mischt sich die Weltgeschichte mit den Nöten und Sorgen des Individuums, das Große mit dem Kleinen", schreibt Rainer Wieland in seinem „Buch der Tagebücher": „Tagebücher sind kollektives Gedächtnis und Spiegel der menschlichen Seele – ihres Zaubers, ihrer Geheimnisse und ihrer Abgründe."[40] Karl Süßheim war ein leidenschaftlicher Tagebuchschreiber, der mit Victor Klemperer verglichen[41] und als einer der großen Diaristen des vergangenen Jahrhunderts bezeichnet[42] wurde. Seine Tagebücher, von denen etwa die Hälfte erhalten ist[43], bieten Einblicke in eine Persönlichkeit, die stets im, nicht selten schmerzlichen, Dialog mit ihrer Umwelt stand. In ihnen hielt Süßheim seine Erlebnisse und Erfahrungen akribisch fest. Er ist damit nicht nur zum Chronisten seines eigenen Lebens geworden, sondern auch zum feinen Beobachter und Reporter der Gesellschaften, in denen er sich bewegte.

Für die Forschung und insbesondere die Biografik sind Tagebücher, vor allem, wenn sie nicht nachträglich überarbeitet wurden, ein Glücksfall: Sie sind nicht in gleichem Maße von Erinnerungskonstruktionen überzogen wie beispielsweise Zeitzeugeninterviews oder Memoiren, weshalb sie wertvolle Einblicke in unmittelbare persönliche Wahrnehmungen und Reaktionen liefern können. Kaum zu überschätzen ist in diesem Zusammenhang auch, dass der Leserschaft keine teleologische Erzählung der Geschichte aufgedrängt wird. Die Judenverfolgung beispielsweise wird nicht von vornherein von ihrem grausamen Kulminationspunkt, der Shoah, her gedacht. So lautet Karl Süßheims letzter überlieferter Tagebucheintrag vom Juli 1940: „Man hört, dass die deutsche Regierung die Juden in Deutschland nach dem Krieg zur Zwangsarbeit in ihre Kolonien transportieren wird"[44]. Dass viele Bände der Tagebücher Süßheims – so etwa zur Zeit der Machtübernahme durch die Nationalsozialisten – nach wie vor nicht aufzufinden sind, ist auch vor diesem Hintergrund ein herber Verlust für die Forschung. Es sind 13 von mindestens 21 Tagebuchbänden überliefert, die

40 Rainer Wieland: Montag Ich. Dienstag Ich. Mittwoch Ich. Vorwort, in: Ders. (Hrsg.): Das Buch der Tagebücher, München 2010, S. 7–11, hier S. 9.

41 Vgl. Peter Oberstein u. Barbara Brubacher: Der unprätentiöse Chronist. Au-Haidhausen will den jüdischen Gelehrten Karl Süßheim ehren, in: SZ (4.2.2010), S. N2.

42 Vgl. Barbara Flemming u. Jan Schmidt: The Diary of Karl Süssheim (1878–1947). Orientalist between Munich and Istanbul, Stuttgart 2002, S. 2.

43 Eine Auflistung des Bestands findet sich im Quellenverzeichnis.

44 Tagebuch KS, 3.7.1940, Nachlass KS (SBB) Hs. or. 1135/20, fol. 43v.

grob die Zeit von Herbst 1903 bis Anfang 1924 sowie Ende 1936 bis Mitte 1940 umfassen[45]: in zunächst italienischer, überwiegend aber in osmanisch-türkischer[46] und schließlich arabischer Sprache.[47] Sie begegnen uns als eng mit Tinte beschriebene Seiten in schlichten Notizbüchern und -heften und sind unterschiedlich erschlossen.[48]

Der sprachliche Stil des Süßheim-Tagebuchs ist ganz anders als etwa der seines bekannteren Glaubensgenossen und Fachkollegen Ignaz Goldziher: Während der ungarische Orientalist in seinen Aufzeichnungen emotional und impulsiv aus dem Nähkästchen seiner

45 Der letzte Eintrag des jüngsten überlieferten Bandes (Nr. 21) datiert vom 3. Juli 1940, und das Notizbuch umfasst danach viele leere Seiten; es ist also gut möglich, dass Süßheim danach tatsächlich aufhörte zu schreiben. Zwölf der Bände befinden sich im Berliner Teil-Nachlass. Sie umfassen die Zeit von Juli 1908 bis Januar 1924 (innerhalb dieses Zeitraums fehlt lediglich der Band, den Süßheim von Juni 1916 bis Anfang Januar 1917 geschrieben hat) und danach wieder von November 1936 bis Juli 1940. Ein weiterer Band – der älteste überlieferte (30.10.1903–30.8.1908) –, der über Süßheims Aufenthalt im Osmanischen Reich Auskunft gibt, wurde von der Turkologin Corry Guttstadt in der Washingtoner LOC gefunden. Es ist nicht auszuschließen, dass weitere Bände des Tagebuchs aus der Zwischenkriegszeit in der riesigen Halle an unerschlossenem Material im dortigen Archiv lagern.

46 Süßheim schrieb in *Yeni Osmanlıca* (Neuosmanisch), dessen Gebrauch von der erstmaligen Verwendung von Interpunktionszeichen in İbrāhīm Şīnāsīs Bühnenstück *Şair Evlenmesi* („Die Heirat des Dichters") aus den 1850er-Jahren, bis 1928, dem Jahr der Atatürk'schen Schriftreform mit der Adaption des lateinischen Alphabets, datiert werden kann und im Osmanischen Reich zur Hochsprache genormt war. In der Sprache vereinen sich das persische Alphabet und die türkische Grammatik mit einem Wortschatz türkischen, arabischen, persischen, kurdischen und armenischen Ursprungs sowie Einflüssen aus dem Griechischen, Italienischen und Französischen. Für die Abfassung verwendete Süßheim die im Reich übliche Rika-Schrift, die zwar den Schreibfluss erleichtert, allerdings nicht das Lesen.

47 Tagebuch Nr. 2, der erste überlieferte Band, ist im ersten Drittel in Italienisch gehalten und wechselt plötzlich (am 26.9.1904) ins Osmanisch-Türkische, ohne dass dieser Schritt erklärt wird. Wann und warum Süßheim später den Wechsel ins Arabische vollzog, kann nicht festgestellt werden, da dies in der Zeit geschah, für die entsprechende Aufzeichnungen fehlen.

48 Zum ersten überlieferten Tagebuch erschien 2018 eine Monografie, die den Text in Gänze transliteriert sowie eine Übersetzung ins Englische (zum Teil wörtlich zitiert, zum Teil paraphrasiert) liefert. Die Tagebuch-Zitate vom 26.9.1904 bis 30.8.1908 in dieser Biografie wurden auf der Grundlage der Transliteration in diesem Band ins Deutsche übersetzt – das Original-Tagebuch ist in Washington nicht mehr auffindbar. Für den italienischen Teil und zur Überprüfung kritischer Stellen im Osmanisch-Türkischen konnte ich auf einen Scan des Originals zurückgreifen, der leider, insbesondere in der nicht-lateinischen Schrift, schlecht zu lesen ist und bei der vereinzelt Seiten fehlen. Die restlichen Tagebücher, soweit sie gefunden wurden, liegen in einer Edition von 2002 ins Englische übertragen vor, ebenfalls zum Teil als Paraphrase, zum Teil als direkte Zitate, aber ohne Transliteration. Meine Übersetzung ins Deutsche stützt sich auf diese Vorarbeit, wurde aber bei wörtlichen Zitaten im Original in der Berliner Staatsbibliothek eingesehen, die mit der entsprechenden Signatur angegeben sind. Die genannten Editionen sind Jan Schmidt: The Orientalist Karl Süssheim Meets the Young Turk Officer İsma'il Hakkı Bey. Two Unexplored Sources from the Last Decade in the Reign of the Ottoman Sultan Abdulhamid II, Leiden 2018 u. Flemming u. Schmidt, Diary.

Gefühlswelten plauderte[49], ist Karl Süßheims Niederschrift in großen Teilen eine nüchterne Aneinanderreihung sorgfältig notierter Ereignisse und Fakten, die er oftmals nicht weiter kommentierte. Dazu zitierte er aus Gesprächen und Briefen. Auf diese Weise entstand eine detailreiche, aber eher trockene Dokumentation seines Lebens: Süßheim notierte scheinbare Nichtigkeiten wie das Wetter oder exakte Preisangaben genauso, wie er Beschreibungen der verloren gegangenen multikulturellen Welt Konstantinopels und des jungtürkischen Milieus zu Beginn des 20. Jahrhunderts, seines Umfelds an der Münchner Universität und der jüdischen Gemeinde wie auch seines Familien- und Liebeslebens verfasste. Der nüchterne Stil, den er stets beibehielt, bildet oftmals eine merkwürdig anmutende Kontrastfolie zur Realität der geschilderten Ereignisse. Süßheims anhaltender Misserfolg bei den Frauen in seiner Junggesellenzeit, die nervenaufreibenden Bemühungen, einen Fuß in die Tür des orientalistischen Fachs im Allgemeinen und schließlich in die der Universität München zu bekommen, sogar seine Haft im Konzentrationslager Dachau erhalten auf diese Weise den Anschein einer eigentümlichen emotionalen Distanz. Seinen Aufzeichnungen mangelt es fast durchgehend an Gefühlsreflexion, und wer intime Betrachtungen über das Wesen des Glaubens oder der Liebe lesen möchte, wird von den akkuraten, stets rationalen Notizen des Gelehrten enttäuscht sein. Anhand mancher Bemerkungen aber lässt sich ein feiner, ironischer Humor erkennen, der auch in Süßheims wissenschaftlichen Publikationen in zum Teil geradezu sarkastischen Bemerkungen seinen Ausdruck findet.

Barbara Flemming, die die Tagebücher in Berlin entdeckte, charakterisiert Süßheims Stil als „bewußt unpersönliche Faktenregistrierung“[50]. Unter Süßheims persönlichen Beweggründen für die Führung seines Tagebuchs müsse eine Art historischer Impuls dominiert haben, stellt sie zusammen mit dem Philologen Jan Schmidt fest, der umfangreiche Auszüge des Tagebuchs ins Englische übersetzte: Der Wunsch, die Dinge so zu sehen, wie sie sind, echte Fakten herauszufinden und für die Nachwelt zu bewahren, sei allerorten zu erkennen.[51]

49 Ignaz Goldziher (1850–1921), als Isaak Yehuda Goldziher in Österreich-Ungarn geboren, gilt als einer der Begründer der modernen Islamwissenschaft. Von ihm sind zwei autobiografische Konglomerate überliefert: das „orientalische Tagebuch“, eine Dokumentation seiner Reise nach Konstantinopel, Beirut, Damaskus und Kairo 1873/74 sowie persönliche Aufzeichnungen, die er wesentlich später zu schreiben begann. Raphael Patai: Ignaz Goldziher and his Oriental Diary. A Translation and Psychological Portrait, Detroit 1987; Alexander Scheiber (Hrsg.): Ignaz Goldziher. Tagebuch, Leiden 1978. Vgl. dazu auch den Verweis bei Jan Schmidt: The Importance of the Süssheim Papers for Modern Turkish History, in: Ders.: The Joys of Philology. Studies in Ottoman Literature, History and Orientalism (1500–1923), 2 Bde., Istanbul 2002, Bd. 2, S. 180–196, hier S. 182. Der Aufsatz wurde zuerst abgedr. bei E[meri J.] van Donzel (Hrsg.): Proceedings of the 2nd International Meeting on Modern Ottoman Studies and the Turkish Republic, Leiden 1989, S. 107–118.

50 Barbara Flemming: Zum 100. Geburtstag 21. Juni 1878/1978. Karl Süssheim 1878–1947, in: Islam 56 (1979), S. 1–8, hier S. 8. Eine Übersetzung des Textes ins Englische wurde kürzlich in einen Sammelband aufgenommen unter dem Titel Karl Süssheim 1877–1947: On his Hundredth Birthday, June 21st 1878/1978, in: Dies.: Essays on Turkish Literature and History, Leiden u. Boston 2018, S. 131–138.

51 Vgl. Flemming u. Schmidt, Diary, S. 1.

Besonders augenscheinlich zeige sich dies nach Süßheims Inhaftierung in Dachau.[52] Damit stellen auch sie ihn letztlich in eine Reihe mit Victor Klemperer, dessen Tagebücher von 1933 bis 1945 unter dem einprägsamen Zitat „Ich will Zeugnis ablegen bis zum letzten"[53] veröffentlicht wurden. Warum Süßheim sich vor diesem Hintergrund dazu entschieden hat, seine Tagebücher in Sprachen abzufassen, die auch zu seinen Lebzeiten von kaum einem Landsmann gelesen werden konnten, erklären Barbara Flemming und Jan Schmidt nicht. Dabei räumen sie ein, dass er an keiner Stelle in seinem Tagebuch erwähnte, warum er dieses nicht in seiner Muttersprache schrieb. Als mögliche Gründe führen sie das Bestreben an, seine Sprachkenntnisse zunächst zu verbessern und schließlich zu erhalten, sowie den Wunsch, seine intimen Aufzeichnungen geheim zu halten.[54]

In der Tat mangelt es Süßheims Tagebuch nicht an der Schilderung peinlicher oder schambehafteter Situationen, bei deren Lektüre die Vorstellung, der zurückhaltende Mann hätte sie gerne veröffentlicht gesehen, schwerfällt. Ich halte es für wahrscheinlicher, dass Süßheim keineswegs im Sinn hatte, seine Tagebücher, zumal in einer nicht überarbeiteten Rohfassung, für ein Publikum freizugeben.[55] Während sein erwähnter Kollege Ignaz Goldziher, dessen Tagebuch sich in Form von losen Blättern aus deutschen, hebräischen, arabischen und ungarischen Abschnitten zusammensetzt, die Einsicht in seine Aufzeichnungen nur zu seinen eigenen Lebzeiten auf „[s]eine Frau, [s]eine Kinder und die allernächsten Glieder [s]eines engern Freundeskreises" beschränkte[56], widerspricht die Veröffentlichung des Tagebuchs Süßheims, auch wenn sie erst Jahrzehnte nach seinem Tod erfolgte, vermutlich diametral den Wünschen des Autors. Ziel dieser Bemerkung ist es nicht, die 2002 erschienene Herausgabe seines „Diariums", wie er es selbst betitelte, zu diskreditieren, sondern vielmehr zu betonen, welch unschätzbaren Wert es für die Forschung tatsächlich hat.

Das Tagebuch als historiografische Quelle ist grundsätzlich mit äußerster Vorsicht zu genießen, denn oftmals hat man es mit Beschönigung, Auslassung, ja explizit mit Lüge zu tun, wenn jemand sein eigenes Bild in die Geschichtsbücher zu malen versucht. Karl Süßheim war sicher Realist genug, sich nicht als bedeutende Figur der Zeitgeschichte zu produzieren, doch auch im Hinblick auf den exklusiv-intimen Charakter seines Tagebuchs ist zu bedenken, dass im Zuge der Selbstkonstruktion einer Person manches Relevante keine Erwähnung findet, um ein bestimmtes Bild – von sich selbst vor sich selbst – zu erhalten oder erst aufzubauen. Zudem ist die Wahrnehmung einer involvierten Person stets eine andere als die eines außenstehenden Beobachters, als welcher Süßheim auf den ersten Blick durch seinen trockenen Stil zunächst in Erscheinung treten mag. Eine gedankliche Unterscheidung zwischen „historischem Ich", „schreibendem Ich" und „geschriebenem Ich" zu treffen, ist

52 Vgl. ebd., S. 2. Zu seinem ausführlichen Bericht über seine Haft im November 1938 vgl. Kap. II.3.

53 Walter Nowojski u. Hadwig Klemperer (Hrsg.): Victor Klemperer. Ich will Zeugnis ablegen bis zum letzten. Tagebücher, Bd. 1 (1933–1941) u. 2 (1942–1945), 4. Aufl. Berlin 1995.

54 Flemming u. Schmidt, Diary, S. 1f.

55 An keiner Stelle im Nachlass findet sich ein Hinweis auf eine geplante autobiografische Publikation.

56 Scheiber, Goldziher, S. 15.

daher dringend geboten. Diaristen fungieren als „Regisseure" der eigenen Identität[57], die zu hinterfragen ist, und, sofern es die Überlieferung zulässt, mit dem aktiven Auftreten und Verhalten einer Person kontrastiert werden muss: Wenn Süßheim in seinem Tagebuch zum Beispiel Vorurteile gegenüber „den Türken" anprangert, bedeutet dies im Umkehrschluss nicht, dass sein eigenes Werk frei davon wäre.

Karl Süßheims Notizen abseits des Tagebuchs – insbesondere Exzerpte, Vorlesungs- und Aufsatzmanuskripte – sind neben den erwähnten orientalischen Idiomen auch in seiner deutschen Muttersprache und beizeiten in der Kurzschrift Gabelsberger[58] abgefasst, aber auch in Englisch, Französisch und Farsi gehalten; viele Dokumente, insbesondere aus der Zeit des Exils, finden sich zudem in moderner türkischer Sprache. Es gilt also, eine babylonische Sprachverwirrung aufzulösen. Um mit Süßheims Nachlass zu arbeiten, sind vor allem Kenntnisse im Osmanisch-Türkischen, Arabischen und in modernem Türkisch nötig. Von einem fließenden aktiven Sprachgebrauch noch weit entfernt, ist es mir doch gelungen, ein Niveau in diesen Sprachen zu erreichen, das den Umgang mit den Quellen ermöglichte. Die Grenzen dieser Kenntnisse waren dabei stets schmerzlich bewusst, zumal mit dem Ausnahmetalent Süßheims, der etliche Sprachen auf professionellem Niveau beherrschte, eine beschämende Vergleichsreferenz stets nahelag. Die Muße der Jahrzehnte dauernden Übersetzungsarbeit des Orientalisten Jan Schmidt an Süßheims Tagebuch beeindruckt außerdem vor dem Hintergrund des kleinen, dichten Schriftbilds und oftmals verlaufener Tinte.

Der Nachlass Karl Süßheims ist weit verstreut: Die beiden umfangreichsten Teile lagern in der Orientabteilung der Staatsbibliothek zu Berlin – Preußischer Kulturbesitz (SBB) und in der African and Middle Eastern Division der Library of Congress (LOC) in der US-amerikanischen Hauptstadt. Erstere erwarb die Papiere – neben zwölf Tagebüchern auch umfangreiche Korrespondenz[59] mit Größen der jungtürkischen Bewegung wie ʿAbdullāh Cevdet und İbrāhīm Temo[60], mit dem Historiker Mahmud Mesud Koman, der Direktor der Abteilung für Sprache, Geschichte und Literatur der Bibliothek zu Konya war, sowie mit dem Arzt und Medizinhistoriker Feridun Nafiz Uzluk – im Jahr 1960 von Caroline O'Brien, der wiederver-

57 Diese Überlegung führte die Literaturwissenschaftlerin Schamma Schahadat im Rahmen des Workshops „Tagebücher zwischen Text und Quelle" der Regensburger Graduiertenschule für Ost- und Südosteuropastudien an, der am 21. und 22.11.2014 Geschichts- und Literaturwissenschaftler zusammenbrachte und inzwischen einen Tagungsband hervorbrachte: Volker Depkat u. Wolfram Pyta (Hrsg.): Autobiographie zwischen Text und Quelle (= GLWiG 1), Berlin 2017.

58 Die Schrift ist nach ihrem Gründer, dem Stenografen Franz Xaver Gabelsberger (1789–1849), benannt; das System ist ein Vorläufer der Deutschen Einheitskurzschrift, die heute in der Regel verwendet wird.

59 Einen Überblick über Wesen und Inhalt der etwa 200 Briefe liefert Schmidt, Importance (2002), S. 188–196. Die Korrespondenz mit Temo kann mit Süßheims Antworten ergänzt werden, die im *Drejtoria e Përgjithshme e Arkivave* (DPA), dem Albanischen Staatsarchiv, aufbewahrt werden und bereits in türkischsprachiger Literatur berücksichtigt wurden.

60 İbrāhīm Temo (1865–1945), auch unter dem Nachnamen Starova bekannt, war ein Arzt und Politiker albanischer Herkunft.

heirateten, nach New York emigrierten Witwe Süßheims.[61] Mit seinen Papieren wurden auch Süßheims Sammlung an orientalischen Handschriften – 338 an der Zahl –, die als eine der exquisitesten privaten Kollektionen überhaupt gilt, sowie ein Konvolut an Zeitschriften aus dem Bestand seiner Privatbibliothek gekauft. Den zweiten Teilnachlass – neben mehreren Kisten mit diversem Material die 4000 Bände starke Bibliothek des Gelehrten[62] – erwarb die Yale University Library (YUL) spätestens im Frühjahr 1949[63], betraute allerdings jahrzehntelang niemanden mit der Erschließung.[64] Im März 1992 wurde der Nachlass schließlich der LOC in Washington als Geschenk übergeben[65] – unter der Bedingung, dass dort eine Erschließung erfolgen solle. Da diese Auflage an keine zeitliche Spezifikation gebunden war und die schiere Fülle an Material wie die dafür notwendigen Sprachkompetenzen das Archivpersonal vor enorme Herausforderungen stellten, ist der Nachlass Karl Süßheims in der LOC, der neben einem weiteren Tagebuch zahlreiche Notizbücher, Hefte, Briefe, Manuskripte und unzählige lose Dokumente enthält, bis heute nicht erschlossen.[66] Allerdings begann die Bibliothek mit der Katalogisierung der erstandenen Bücher – inzwischen sind 2575 Titel erfasst.[67] Neben den beiden Teilnachlässen in Washington D.C. und Berlin befinden sich private Fotografien und Briefe, aber auch andere aufschlussreiche Dokumente wie Reisepässe, amtliche Urkunden oder Schriftverkehr mit Behörden in Besitz der Süßheim-Enkelin Lisa R. D'Angelo in Chicago.[68]

61 Damals firmierte die SBB noch als Westdeutsche Bibliothek und lagerte ihre Bestände in Marburg. Die Beschreibung im Folgenden vgl. Flemming u. Schmidt, Diary, S. 2.

62 Dabei handelte es sich um 2200 Bücher und Zeitschriften in osmanischer Sprache, 400 in modernem Türkisch sowie einige arabische und persische Exemplare; darüber hinaus befanden sich Ausgaben in diversen europäischen Sprachen (einschließlich Russisch und Albanisch) in Süßheims Bibliothek, vgl. die Beschreibung bei Thomas E. Marston: „The Süssheim Collection", in: YULG 23/4 (1949), S. 193 f.

63 Der Erwerb wurde in der hauseigenen Zeitschrift vom April 1949 vermeldet und die Bedeutung der Sammlung dargelegt, vgl. ebd. Der Provenienzforscher Dominik Radlmaier vom Nürnberger Stadtarchiv datiert den Kauf auf 1948 und bringt ihn mit der Emigration der Süßheim-Frauen in die Vereinigten Staaten in Verbindung, vgl. Dominik Radlmaier: Die Süßheims in Nürnberg. Geschichte der Familie und ihrer Sammlungen von den Gründerjahren bis in die NS-Zeit, in: Michael Diefenbacher (Hrsg.): Die Süßheims. Unternehmer, Politiker, Wissenschaftler, Sammler (= QFGKN 39), Nürnberg 2018, S. 55–197, hier S. 109 f.

64 In den 1950er-Jahren entlieh Yale zwar die Sammlung an die Bibliothek des Institute of Islamic Studies der McGill University in Montreal, deren Leiter John H. Ottemiller versprach, die Bücher zu katalogisieren. Sie wurden jedoch unverrichteter Dinge 1957 wieder zurückgeschickt.

65 Auskunft der LOC vom 29. 2. 2016.

66 Im Zuge der Auswertung des Materials begann ich, das Archivgut zu nummerieren, um eine gewisse Nachvollziehbarkeit der zitierten Quellen zu ermöglichen. Von einer professionellen Erschließung kann jedoch nicht die Rede sein.

67 Sie sind über den Online Public Catalog der LOC unter dem Schlagwort „Sussheim Collection" recherchierbar: http://catalog.loc.gov. – Alle Weblinks in diesem Band wurden zuletzt am 21. 10. 2021 abgerufen und geprüft.

68 Zum Zeitpunkt der Recherche für diese Biografie befand sich ein Teil des Privatnachlasses, insbesondere Fotografien, noch bei Karl Süßheims Tochter Margot Suesheim in Queens, New York. Sie ist inzwischen verstorben, hat einer Veröffentlichung des Materials aber zugestimmt. Für die

Daneben existiert in verschiedenen Archiven weiteres Material, das über das Leben Karl Süßheims Auskunft erteilt: Im Universitätsarchiv München (UAM) befinden sich die personenbezogenen Akten des Akademischen Senats sowie ein Personalakt[69]; im Bayerischen Hauptstaatsarchiv (BayHStA) werden ein weiterer Personalakt und der Entschädigungsakt des Landesentschädigungsamts aufbewahrt sowie in dessen Kriegsarchiv (BayHStA-KA) Dokumente, die über Süßheims Tätigkeit als Übersetzer und Zensor im Ersten Weltkrieg Auskunft geben[70]. Im Stadtarchiv Nürnberg (SAN) befindet sich Material über die Familie Süßheim, das in eine breit angelegte Publikation eingegangen ist, und auch das in Süßheims Geburtsstadt ansässige Staatsarchiv (StAN) verfügt über einige interessante Dokumente. Im Stadtarchiv München (SAM) waren in Form von Polizeimeldebögen, Hausbögen und Personenmappen wichtige Informationen in Erfahrung zu bringen. Das Archiv der KZ-Gedenkstätte Dachau (DA) wurde herangezogen, um mehr über Karl Süßheims Inhaftierung im Jahr 1938 in Erfahrung zu bringen. Im Archiv der Istanbuler Universität (İÜA) findet sich darüber hinaus Material zu Süßheims Tätigkeit als Hochschullehrer im Exil.[71]

Ergänzend zu genanntem Archivgut sind es insbesondere Karl Süßheims Veröffentlichungen, die als Quellen herangezogen werden konnten und Aufschluss über sein publizistisches Wirken geben: Hierbei handelt es sich neben seiner Dissertations- und Habilitationsschrift sowie anderen wissenschaftlichen Veröffentlichungen insbesondere um Rezensionen, die er in Fachorganen verfasste. Besonders hervorzuheben sind darüber hinaus Süßheims zahlreiche Artikel in der *Enzyklopädie des Islam* (EdI) sowie seine Texte über den zeitgenössischen Orient in diversen deutsch-, aber auch osmanisch- und persischsprachigen Zeitungen.

Neben dem schriftlichen Quellenbestand spielte auch die mündliche Überlieferung eine Rolle bei der Recherche zu Karl Süßheims Leben. Zweimal hatte ich die Gelegenheit, seine inzwischen verstorbene Tochter Margot Suesheim in New York zu befragen.[72] Ihre

kaum selbstverständliche, uneingeschränkte Unterstützung meines Forschungsvorhabens, die Möglichkeit zur Einsichtnahme wie die Erlaubnis zur Veröffentlichung möchte ich der gesamten Familie ausdrücklich danken.

69 Im Nachlass von Fritz Hommel in der Bayerischen Staatsbibliothek findet sich zudem die Korrespondenz über Süßheims Habilitationsverfahren.

70 Die relevanten Akte tragen die Nummern 1509 (Stellv. Generalstab der Armee – Nachrichtenoffizier Berlin – (NOB) Dez. 1916–Mai 1917 mit „Auszüge[n] aus den Briefen mit politischen, wirtschaftlichen und militärischen Nachrichten aus dem feindlichen und neutralen Ausland, vereinzelt aus den verbündeten Staaten und aus dem Deutschen Reich"), 1523 (Post- und Personenüberwachung 1916–1918) und 1621 (Ehrenamtliche Prüfer und Übersetzer (Namen) 1914–1918).

71 Da sich die Bedingungen in der Türkei für kritische Autorinnen und Autoren in den vergangenen Jahren als schwierig erwiesen, verzichtete ich auf eine Archivrecherche in Istanbul. Die wichtigsten dort lagernden Dokumente zu Süßheim wurden bereits in anderen Veröffentlichungen berücksichtigt und werden danach zitiert; besonders relevant sind dabei die abgedruckten Originale in Sevtap İshakoğlu Kadıoğlu u. Gaye Şahinbaş Erginöz: Belgelerle İstanbul Üniversitesi Edebiyat Fakültesinde mülteci bilim adamları, İstanbul 2017, S. 303–324.

72 Ebenfalls befragt wurde sie von Harald Leder: Eigentlich ein ganz normales Leben: Margot Süßheims Erinnerungen, in: Diefenbacher, Süßheims, S. 287–291.

Darstellungen erhellten insbesondere das Leben der Familie im Istanbuler Exil. Die Erinnerungen der zweiten, schon länger verstorbenen Tochter Gioconda waren Gegenstand einer Studienarbeit[73] ihrer Nichte in den Vereinigten Staaten, die ergänzend herangezogen werden konnte; darüber hinaus hat sie zu Lebzeiten selbst ein Genogramm entworfen, das sich heute in Besitz ihrer Tochter Cynthia Kingsley befindet[74]. Für diese Biografie wurde außerdem ein ehemaliger Nachbar der Süßheims befragt, Siegfried Wohlmacher, Sohn des einstigen Diakons der evangelischen Gemeinde in München-Haidhausen Wilhelm Wohlmacher. Die Wohlmachers waren mit Karl und Karolina Süßheim gut bekannt und halfen der Familie in der schwierigen Zeit vor der Emigration. Die Aussagen der befragten Zeitzeugen fügten sich weitgehend in das von den Quellen transportierte Bild Karl Süßheims, lassen sich allerdings oftmals nicht belegen. Wie jede Erinnerung sind sie zudem auch ein „Gegenwartsprodukt“[75], weshalb in diesem Band stets explizit auf eine Bezugnahme hingewiesen wird.

Stand der Forschung

Nach dem nationalsozialistischen „Gesetz zur Wiederherstellung des Berufsbeamtentums“ im April 1933 durfte Karl Süßheim nicht einmal mehr die Bibliotheken betreten. Dennoch sucht man in Arbeiten, die an die Opfer der Rassenpolitik an seiner Universität erinnern, bis heute meist vergeblich seinen Namen[76] – die Münchner Geschichtswissenschaft hat den jüdischen Kollegen erfolgreich aus ihrem Gedächtnis verdrängt. Dass des einstigen Professors

73 Karen D’Angelo: The Life of Gioconda Sussheim D’Angelo, [USA] 1999.

74 Gonda D’Angelo: My Genogram [undatiert], Nachlass Gioconda D’Angelo, Cynthia Kingsley (Philadelphia).

75 „Ein Versuch, die individuelle Vergangenheit mit dem Instrumentarium der Sprache zu entwerfen, ist […] immer ein Gegenwartsprodukt, das wiederum sehr schnell zu Vergangenem wird, denn die Gegenwart zerfließt uns in jedem Moment in das Universum des Gewesenen. Erinnerungsprodukte spiegeln also den Moment des Erzählens wider und manche meinen, das Gegenwärtige bilde sich darin stärker ab als das Vergangene selbst. Vielleicht liegt die essentielle ‚Wahrheit‘ im Erinnern selbst.“ Eleonore Lappin u. Albert Lichtblau: Einleitung, in: Dies. (Hrsg.): Die „Wahrheit“ der Erinnerung. Jüdische Lebensgeschichten, Innsbruck 2008, S. 7–10, hier S. 7.

76 1995 wurde er in einer Studie, die in einer Reihe der Universität erschien, als Opfer der nationalsozialistischen Universitätspolitik knapp erwähnt, vgl. Helmut Böhm: Von der Selbstverwaltung zum Führerprinzip. Die Universität München in den ersten Jahren des Dritten Reiches (1933–1936) (=LM-F 15), Berlin 1995, S. 114 u. 132 u. 134. Doch weder in dem zweibändigen Werk über die Münchner Universität im Nationalsozialismus noch in der Abhandlung zum 150-jährigen Bestehen des Historischen Seminars wird auf Süßheim verwiesen, vgl. Elisabeth Kraus (Hrsg.): Die Universität München im Dritten Reich, Teile I u. II (=BGLMU 1 u. 4), München 2006 u. 2008; Katharina Weigand (Hrsg.): Münchner Historiker zwischen Politik und Wissenschaft. 150 Jahre Historisches Seminar der Ludwig-Maximilians-Universität (=BGLMU 5), München 2010. Abseits der LMU-Publikationen fand Süßheim in einem kurzen Absatz eines Aufsatzes über die Geschichte der Münchner Orientalistik aus der Feder eines Schülers Erwähnung, vgl. Franz Babinger: Ein Jahrhundert morgenländischer Studien an der Münchener Universität, in: ZDMG 107/2 (1957), S. 241–269, hier S. 267 f.

bis heute nicht gedacht wird, ist ein weiteres Kapitel der ambivalenten Erinnerungspolitik an der Münchner LMU, wo man sich in der Nachkriegszeit mit Historikern wie Alexander von Stauffenberg[77] (dem älteren Bruder des gescheiterten Hitler-Attentäters) und dem NS-Gegner Franz Schnabel[78] schmückte, während gleichzeitig ein Rassen-Ideologe wie Helmut Berve Professor bleiben durfte und der ehemalige Leiter der Münchner „Forschungsabteilung Judenfrage" Karl Alexander von Müller zumindest teilweise rehabilitiert wurde.[79] Karl Süßheims Name dagegen verschwand aus den Veröffentlichungen der Universität sang- und klanglos. Doch war der Professor mitnichten einfach vergessen worden; intern sah man sich nach dem Ende der nationalsozialistischen Diktatur durchaus gezwungen, sich mit der Personalie auseinanderzusetzen. Süßheims Witwe Karolina, inzwischen in zweiter Ehe als Caroline O'Brien in New York lebend, kämpfte viele Jahre mit den zuständigen Stellen in Universität und Kultusministerium, bis sie Entschädigungszahlungen erhielt.[80]

Nach und nach entdeckte schließlich die Orientalistik Karl Süßheim wieder. Zunächst war er allerdings nicht als Person von Interesse, sondern seine Sammlung orientalischer

77 Nach dem missglückten Attentat vom 20. Juli 1944 war der bis dahin in Berlin, Gießen und Würzburg lehrende und ab 1942 in den Kriegsdienst eingezogene Althistoriker Alexander Schenk Graf von Stauffenberg (1905–1964) mit seiner Frau und seinen Schwägerinnen in „Sippenhaft" genommen worden. Die Familie blieb in verschiedenen Konzentrationslagern inhaftiert, wurde schließlich nach Südtirol verschleppt und dort im Mai 1945 befreit. 1948 erhielt er einen ordentlichen Lehrstuhl an der LMU. Zu ihm vgl. die Biografie von Karl Christ: Der andere Stauffenberg, München 2008.

78 An der moralischen Integrität Franz Schnabels (1887–1966) gab es nach dem Ende des Zweiten Weltkriegs keinen Zweifel. 1936 musste der Historiker aus politischen Gründen seinen Lehrstuhl in Karlsruhe räumen; die vier Bände seiner Geschichte des 19. Jahrhunderts durften ab 1942 nicht mehr verkauft werden und die Arbeit an einem fünften Band stellte er im Sommer 1943 nach mehrmaligem Eingreifen der nationalsozialistischen Zensurbehörden endgültig ein. Vgl. den Aufsatz von Thomas Hertfelder: Franz Schnabel (1887–1966), in: Weigand, Historiker, S. 233–258 u. Franz Schnabel: Deutsche Geschichte im neunzehnten Jahrhundert, 4 Bde., Freiburg 1929, 1933, 1934 u. 1937.

79 Helmut Berve (1896–1979) propagierte die Einbindung der Altertumswissenschaften in die NS-Ideologie; entsprechend hoch war sein Ansehen als Historiker unter den Nationalsozialisten: Die Berve-Schule dominierte den fachlichen Betrieb in den Jahren 1933 bis 1945. Noch zu Beginn der 1950er-Jahre publizierte Berve rassenideologisch geprägte Werke, vgl. Stefan Rebenich: Alte Geschichte in Demokratie und Diktatur. Der Fall Helmut Berve, in: Chiron 31 (2001) S. 457–496, hier insb. S. 489 ff. Karl Alexander von Müller (1882–1964) lehrte fast drei Jahrzehnte an der LMU, ab 1917 als Privatdozent, danach als Honorarprofessor und von 1928 bis 1945 als ordentlich-öffentlicher Professor. Als Dekan der Philosophischen Fakultät (1933–35) wirkte er an der Auflösung der universitären Selbstverwaltung und an der Entlassung jüdischer Professoren mit; als Präsident der Bayerischen Akademie der Wissenschaften (BAdW) war er ab 1937 an Ausschluss und Vertreibung jüdischer Mitglieder beteiligt. Nach 1945 wurde von Müller zwangsemeritiert, später jedoch wieder – „von der Pflicht zu lesen entbunden" – als ordentlicher Professor an der LMU geführt, was er seinem breiten Netzwerk an Schülern zu verdanken hatte. Zu ihm vgl. Winfried Schulze: Karl Alexander von Müller (1882–1964), in: Weigand, Historiker, S. 205–231 u. Matthias Berg: Karl Alexander von Müller. Historiker für den Nationalsozialismus (= SHKBAdW 88), Göttingen 2014.

80 Vgl. dazu ausführlich das Kapitel „Nachspiel".

Handschriften[81], die er „mit wissenschaftlichem Spürsinn erworben und trotz immer bedrängterer Lebensumstände unter Opfern zusammengehalten hat“[82]. 1979 erfuhr Süßheim eine erste Würdigung vonseiten seiner Fachkollegen durch die Leidener Orientalistin Barbara Flemming[83], mehr als zwanzig Jahre später folgte schließlich der deutsche Turkologe Klaus Kreiser mit einem kurzen Aufsatz in einer Fachzeitschrift, in welchem er das Leben Süßheims – der ihm zufolge einer der größten Experten für zeitgenössische osmanisch-türkische Politik und Kultur seiner Zeit war[84] – auf einigen Seiten beschrieb. Als entscheidende Pionierleistung muss die 2002 erschienene englischsprachige Arbeit über die erhaltenen Tagebücher Süßheims[85] gelten, die von Barbara Flemming initiiert und gemeinsam mit ihrem Kollegen Jan Schmidt von der Leidener Universität erstellt wurde. Von der Entdeckung der Tagebücher in Berlin bis zur Veröffentlichung vergingen Jahrzehnte mühsamer Kleinstarbeit.

Die fast ein Vierteljahrhundert später erschienene Publikation erwies sich denn auch als wichtigstes Einstiegswerk im Rahmen dieser Biografie und bot zahlreiche Anhaltspunkte zur weiteren Quellenrecherche. Nachdem im Washingtoner Teilnachlass ein weiteres Tagebuch entdeckt wurde, publizierte Jan Schmidt 2018 erneut eine Edition.[86] Da die komplette

81 Ein erster Hinweis erfolgte bei Barbara Flemming: Türkische Handschriften in der Staatsbibliothek, in: Wolfgang Voigt (Hrsg.): Forschungen und Fortschritte der Katalogisierung der orientalischen Handschriften in Deutschland: Marburger Kolloquium 1965 (= Forschungsbericht der DFG 10), Wiesbaden 1966, S. 1–9, auf Englisch publiziert unter dem Titel Turkish Manuscripts in the Staatsbibliothek, in: Dies., Essays, S. 35–46; eine ausführliche Beschreibung der 338 Handschriften aus der Sammlung Süßheim lieferte sie in Dies.: Türkische Handschriften. Teil 1 (= Verzeichnis der Orientalischen Handschriften in Deutschland XIII, 1), Wiesbaden 1968 sowie mit Rückgriff auf Flemming auch die Beschreibungen von 96 Handschriften aus Süßheims Sammlung bei Hanna Sohrweide: Türkische Handschriften. Und einige in den Handschriften enthaltene persische und arabische Werke (= Verzeichnis der Orientalischen Handschriften in Deutschland XIII, 3), Wiesbaden 1974, der Verweis auf Süßheim vgl. S. VII. Auf eine spezielle Handschrift aus dem 15. oder frühen 16. Jahrhundert ging Flemming zudem in einem Aufsatz ein, vgl. Barbara Flemming: Faḫrīs Ḫusrev u Šīrīn vom Jahre 1367. Eine vergessene türkische Dichtung aus der Emiratszeit, in: ZDMG 115/1 (1965), S. 36–64, hier S. 45 f.; eine Übersetzung des Aufsatzes wurde in Flemmings Sammelband aufgenommen: Faḫrī's Ḫusrev u Şīrīn from the Year 1367: A Turkish mesnevī from the Emirate Period, in: Flemming, Essays, S. 1–34. Die Manuskripte und Drucke, die das Stadtarchiv Nürnberg im Sommer 2016 aus einer Wohnungsauflösung in München erstand, sind als Anhang beschrieben in Jan Schmidt: Prof. Karl Süßheim als Vermittler zwischen Orient und Okzident (mit Anhang: Das Süßheimsche Orientalia-Konvolut im Stadtarchiv Nürnberg), in: Diefenbacher, Süßheims, S. 233–259, hier S. 256–259. Die verschiedenen Sammlungen der Familie Süßheim finden heute Interesse im Rahmen von Provenienzforschung und Restitutionsbemühungen, vgl. Antonia Landois: Die Sammlung Süßheim als Depositum im Stadtarchiv Nürnberg und ihre Bedeutung für die Nürnberger Stadtgeschichte, in: Diefenbacher, Süßheims, S. 261–285 u. Radlmaier, Süßheims.

82 Flemming, Handschriften (1968).

83 Flemming, Geburtstag.

84 Vgl. Klaus Kreiser: Karl Süßheim (1878–1947), in: TSAB 25/1 (2001), S. 61–66, hier S. 61.

85 Flemming u. Schmidt, Diary.

86 Diese zitiert oder paraphrasiert (S. 29–181) und transkribiert (S. 304–428) den Originaltext, vgl. Schmidt, Orientalist (2018).

Durchsicht von mehreren tausend Seiten eines handschriftlich geführten, fremdsprachlichen Tagebuchs freilich nicht geleistet werden konnte, verlässt sich diese Biografie in Bezug auf darin geschilderte Ereignisse in der Regel auf Flemming und Schmidt.[87] Die Leidener Tagebuchedition hat bei aller bemerkenswerten Akribie aber auch ihre Schwächen. Die Übersetzung scheitert oftmals an deutschen Eigennamen: Bei Personen, Parteien, Organisationen und Institutionen machten die Editoren – zum Teil der Eigenlogik der arabischen und osmanischen Sprachen wegen[88] – Fehler, die mitunter zu falschen Schlüssen führen und sich in der Literatur fortsetzen[89]. Deshalb wurden auch entsprechend kritische Stellen am Original überprüft und, wenn nötig, berichtigt. Eine weitere Schwachstelle der Edition ist die Liste der Publikationen Karl Süßheims im Anhang[90], die etliche Fehler aufweist. Der Anmerkungsapparat, der Süßheims Notizen verständlicher machen und in seine Zeit einbetten soll, ist ebenfalls problematisch: Er beeindruckt – schließlich sind die Autoren ausgewiesene Orientalisten – mit profunder Fachkenntnis zur osmanisch-türkischen Geschichte, irritiert allerdings angesichts veralteter Literatur zur Einbettung in den deutschen Kontext. Der Einschätzung Peter Kuhns, es handle sich um ein Buch, das „erschöpfend Auskunft über [Süßheims] Leben und Wirken“[91] gebe, muss jedenfalls widersprochen werden: Die deutsche Perspektive tritt angesichts des Interesses der Herausgeber an der türkischen Geschichte allzu deutlich in den Hintergrund, und auch Süßheims Publikationen werden zwar erwähnt, aber inhaltlich nicht reflektiert oder gar analysiert.

Einige wenige weitere Veröffentlichungen von Orientalisten liegen zu Karl Süßheim vor: Im Zusammenhang mit der Erschließung der Tagebücher entstand ein Aufsatz von Jan Schmidt zu Süßheims Tätigkeit als Übersetzer und Zensor bei der militärischen Postüberwachung[92], der eine wichtige Basis für die Darstellung seiner Rolle während des Ersten Welt-

87 Wenn im Folgenden wörtlich aus Süßheims Tagebüchern zitiert wird, so wurden diese Tagebucheinträge jedoch stets im Original eingesehen und geprüft.

88 Im Arabischen werden kurze Vokale nicht geschrieben; im Osmanischen werden zwar alle Vokale geschrieben, sofern das entsprechende Wort nicht-arabischen Ursprungs ist, doch stehen in der arabisch-persischen Schrift lediglich drei Vokalzeichen zur Verfügung (ا ي و), die gleichzeitig für Konsonanten genutzt werden. Dies hat zur Folge, dass ein Buchstabe für mehrere Vokale (ا = a/e – am Wortanfang kann ا im Arabischen sogar für alle Vokale stehen –, ي = i/ı, و = o/u), und als Besonderheit der deutschen wie türkischen Sprache auch für Umlaute (ا = ä, و = ö/ü) sowie für einen Konsonanten (ي = y, و = w) stehen kann.

89 So etwa die Behauptung, Karl Süßheim habe die antisemitische DNVP gewählt, vgl. dazu Kap. II.1.

90 Flemming u. Schmidt, Diary, S. 309–314.

91 Peter Kuhn: Hans Striedl (1907–2002), Bibliothekar und Orientalist, in: Annelies Kuyt und Gerold Necker (Hrsg.): Orient als Grenzbereich? Rabbinisches und außerrabbinisches Judentum (= AKM LX), Wiesbaden 2007, S. 201–216, hier S. 204.

92 Jan Schmidt: Karl Süssheim and the Bavarian Postal Censorship during the First World War, in: Ders., Joys, S. 197–207. Der Aufsatz stützt sich auf den Vortrag dess.: Karl Süssheim, die Militärische Postüberwachung und das Schicksal der Türken in Deutschland während des I. Weltkriegs, in: XXIII. Deutscher Orientalistentag vom 16. bis 20. September in Würzburg. Ausgewählte Vorträge (= ZDMG, Supplementband 7), Stuttgart 1985, S. 234–244.

kriegs in dieser Biografie bildete. Erste Einblicke in Süßheims Korrespondenz mit seinen orientalischen Bekannten lieferte ebenfalls Schmidt.[93] Der Briefwechsel mit dem Jungtürken İbrāhīm Temo war zudem Gegenstand zweier türkischsprachiger Veröffentlichungen.[94]

So relevant diese Forschungen auch sind: Die Perspektive der Orientalisten verstellt den Blick auf viele Fragen an Süßheims Biografie, die ein weniger glattes, dafür aber umso facettenreicheres, mithin gerechteres Bild des Gelehrten in seiner Zeit zeichnen würden. In originär historiografischen Arbeiten hat der Name Karl Süßheim aber bisher kaum Eingang gefunden.[95] Die erforderlichen Sprachkompetenzen für die Erschließung des umfangreichen Quellenkorpus werden der hauptsächliche Grund dafür sein. Taucht Süßheim tatsächlich einmal auf, beschränkt sich die Auseinandersetzung meist auf eine knappe Erwähnung des Orientalisten im Rahmen anderer Schwerpunkte oder größerer Zusammenhänge.[96] Eine Ausnahme bildet eine Publikation des Nürnberger Stadtarchivs, die die Geschichte der Familie Süßheim anhand einzelner Aufsätze behandelt, von denen einer sich allein Karl Süßheim widmet[97], während andere sein Umfeld erhellen[98]. Auch wurde Süßheim in biografischen Lexika zum Teil bereits durchaus berücksichtigt[99]; und er ist auch in die *Türkiye Diyanet Vakfı*

93 Schmidt, Importance.

94 M. Şükrü Hanioğlu: Karl Süssheim-İbrāhīm Temo Mektuplaşması ve Jön Türk Haraketi, in: TvE 2 (1991), S. 137–168; Yüksel Özgen u. Mustafa Balcı: Sıradışı Bir Şarkiyatçı Prof. Dr. Karl Süssheim (1878–1947), in: TY 99/275 (Temmuz 2010), S. 77–81, online: https://www.turkocaklari.org.tr/iz-birakanlar/siradisi-bir-sarkiyatci--3598.

95 Ausnahmen sind zwei erst kürzlich veröffentlichte Bücher, die Süßheims Figur leider insbesondere vor dem Hintergrund seiner vermeintlichen Wahl der DNVP im Jahr 1919 reflektieren (vgl. dazu Kap. II.2). Michael Brenner: Der lange Schatten der Revolution. Juden und Antisemiten in Hitlers München. 1918–1923, Berlin 2019 u. Philipp Nielsen: Between Heimat and Hatred. Jews and the Right in Germany. 1871–1935, Oxford 2019.

96 So etwa in der Jubiläumsschrift über die Münchner Orientalistik bei Babinger, Jahrhundert oder bei Ludmila Hanisch: Im Windschatten der Bagdad-Bahn – deutsch-türkische kulturelle Beziehungen, in: Stauth u. Birtek, Istanbul, S. 217–229, zu Süßheim vgl. S. 222 ff.

97 Schmidt, Süßheim (2018). Ein längerer Abschnitt zu Karl Süßheim sowie ein weiterer zu seinen Töchtern findet sich auch bei Radlmaier, Süßheims, S. 102–118 u. 140 f. Mehr Aufmerksamkeit widerfährt in dem Band Süßheims Bruder Max, vgl. Gerhard Jochem: Ein Sohn des Volkes wollt er sein – Quellentexte zu Person und Wirken von Dr. Dr. Max Süßheim, in: Diefenbacher, Süßheims, S. 199–208 u. Kerstin Gardill: Max Süßheim: Streichers größter Gegner, in: Diefenbacher, Süßheims, S. 209–231.

98 Die familiären Traditionen und Süßheims Sozialisation im jüdisch-bürgerlichen Milieu erhellen drei Beiträge, vgl. Christian Porzelt: Die Familie Süßheim in Kronach, in: Diefenbacher, Süßheims, S. 1–12; Barbara Ohm: Die Fürther Familie Morgenstern, in: Diefenbacher, Süßheims, S. 13–37 u. Gerhard Jochem: Zum jüdischen Hopfenhandel in Nürnberg vor 1945, in: Diefenbacher, Süßheims, S. 39–54.

99 Vgl. „Süssheim, Karl", in: International Biographical Dictionary of Central European Emigrés 1933–1945 / Biographisches Handbuch der deutschsprachigen Emigration nach 1933, Bd. 2,2: The Arts, Sciences, and Literature (L–Z), 1983, S. 1145; Dieter Rossmeissl: „Karl Süßheim", in: Christoph von Imhoff (Hrsg.): Berühmte Nürnberger aus neun Jahrhunderten, Nürnberg 1984, S. 365 f.; Karl Bosl: „Süßheim, Karl", in: Ders. (Hrsg.): BBB, Ergänzungsband, Regensburg 1988, S. 767; „Süßheim, Karl", in: Hans-Michael Körner (Hrsg.): GBBE 3, München 2005, S. 1932; „Süßheim, Karl", in: Rudolf Vierhaus (Hrsg.): DBE 9, 2. Aufl. München 2008, S. 831. In der *Neuen Deutschen Biographie* wurde

İslām Ansiklopedisi (TDVİA) eingegangen – nicht zu verwechseln mit der türkischen Ausgabe der prominenten EdI, der *İslām Ansiklopedisi* (İA).[100] Eine umfassende Untersuchung seines Lebens nach historiografischen Methoden und Fragestellungen jedoch ist bisher nicht erfolgt.

Die hier nun erstmals vorliegende Biografie bettet Karl Süßheim in die Gesellschaften ein, in denen er sich bewegte, wobei der jeweilige Forschungsstand reflektiert wurde. Besonders hervorzuheben ist in diesem Zusammenhang der Beitrag der Wissenschaftsgeschichte: Zur Genese der deutschen Orientalistik wurden die einschlägigen Arbeiten von Sabine Mangold(-Will), Ludmila Hanisch, Ursula Wokoeck und Ekkehard Ellinger konsultiert.[101] Für eine Annäherung an das späte Osmanische Reich, das Regime ʿAbdülḥamīds II.[102] und die mit Süßheim bekannten Protagonisten der jungtürkischen Bewegung sind die Arbeiten François Georgeons[103] und M. Şükrü Hanioğlus[104] besonders hervorzuheben, hinzu kommt die reiche, aber unübersichtliche Literatur über die Revolution von 1908 und ihre Folgen[105]. Die deutsche Nahost-Politik und die Rolle deutscher Islamwissenschaftler im Ersten Weltkrieg wird seit einigen Jahren verstärkt in den Blick genommen[106], zur Kontinuität deutscher Orient- respektive Islam-Politik von 1914 bis 1945 legte David Motadel jüngst einen wichtigen

Süßheim lange nur ein Index-Eintrag zuteil; in der Online-Fortsetzung wird er nun aber mit einem Artikel berücksichtigt, vgl. Kristina Milz: „Süßheim, Karl“, in: NDBO (im Erscheinen).

100 Osman Gazi Özgüdenli: „Süssheim, Karl (1878–1947)“, in: TDVİA 2 (2016), S. 545 f., [Online-Ausgabe] https://islamansiklopedisi.org.tr/sussheim-karl.

101 Sabine Mangold: Eine „weltbürgerliche Wissenschaft“. Die deutsche Orientalistik im 19. Jahrhundert, Stuttgart 2004; Ludmila Hanisch: Die Nachfolger der Exegeten. Deutschsprachige Erforschung des Vorderen Orients in der ersten Hälfte des 20. Jahrhunderts, Wiesbaden 2003; Wokoeck, Orientalism; Ekkehard Ellinger: Deutsche Orientalistik zur Zeit des Nationalsozialismus 1933–1945 (= deux mondes – thèses IV), Edingen-Neckarhausen 2006.

102 ʿAbdülḥamīd II. (1842–1918) war Sultan (1876–1909) und gleichzeitig Kalif der islamischen Welt.

103 François Georgeon: Abdülhamid II. Le Sultan Calife (1876–1909), Paris 2003.

104 M. Şükrü Hanioğlu: A Brief History of the Late Ottoman Empire, Princeton u. Oxford 2008; Bir Siyasal Örgüt k „Osmanlı İttihad ve Terakki Cemiyeti“ ve „Jön Türklük“, 2 Bde., İstanbul [1985], vgl. außerdem die bereits im Zusammenhang mit Abdullah Cevdet zitierten Titel.

105 Vgl. z. B. den Sammelband von Noémi Lévy-Aksu u. François Georgeon (Hrsg.): The Young Turk Revolution and the Ottoman Empire. The Aftermath of 1908, London u. New York 2017.

106 Einen Überblick über die Forschungen gewähren die Sammelbände von Wilfried Loth u. Marc Hanisch (Hrsg.): Erster Weltkrieg und Dschihad. Die Deutschen und die Revolutionierung des Orients, München 2014 u. von Erik-Jan Zürcher (Hrsg.): Jihad and Islam in World War I. Studies on the Ottoman Jihad on the Cenetary of Snouck Hurgronje's „Holy War Made in Germany“ (= DIS), Leiden 2016. Noch immer interessant sind auch die Beiträge über die deutsche Professorenmission an die Istanbuler Universität während des Ersten Weltkriegs von Klaus Kreiser: Deutsche Professoren am Istanbuler Dārülfünūn (1915–1918), in: Einar von Schuler (Hrsg.): XXIII. Deutscher Orientalistentag vom 16. bis 20. September 1985 in Würzburg. Ausgewählte Vorträge (= ZDMG, Supplement VII), Wiesbaden 1989, S. 211–218; Ders.: „Im Dienste ist der Fes zu tragen“ – Türkische Vorlesungen deutscher Professoren am Istanbuler Dārülfünūn (1915–1918), in: Christopher Kubaseck u. Günter Seufert (Hrsg.): Deutsche Wissenschaftler im türkischen Exil: Die Wissenschaftsmigration in die Türkei 1933–1945 (= Istanbuler Texte und Studien 12), Würzburg 2008, S. 21–40.

Band vor[107]. Die jüdische Gesellschaft Münchens in der beginnenden Weimarer Republik beleuchtet Michael Brenner in seinem Buch zur Revolution[108], über Süßheims Umfeld an der LMU liefern die von Elisabeth Kraus[109] und Katharina Weigand[110] herausgegebenen Sammelbände einen soliden Überblick. Eine spezielle Betrachtung des Fachgebiets von Süßheim, der Turkologie, nahm Klaus Kreiser in einem Festvortrag vor[111], die Zeit der nationalsozialistischen Machtübernahme beleuchtete Helmut Böhm in seiner nach wie vor wichtigen Studie von 1995[112]. Die Entwicklungen, die die türkische Gesellschaft beim Übergang vom Osmanischen Reich in die Republik vollzog, hat François Georgeon nachgezeichnet.[113] Über Münchner Emigrationserfahrungen haben Andreas Heusler und Andrea Sinn einen Sammelband vorgelegt[114]; das Exil in der Türkei, wohin es Familie Süßheim verschlug, war in jüngerer Zeit Gegenstand einer ganzen Reihe wichtiger Veröffentlichungen, die den Blick auch auf die Probleme der deutsch-jüdischen Immigranten im Aufnahmeland richteten[115]. Aus der Fülle an Literatur besonders hervorzuheben sind die Sammelbände, die sich explizit auf die Situation von Wissenschaftlern beziehen.[116] Über das Verhältnis der Nationalsozialisten zur Atatürk'schen Republik (und vice versa) sowie ihrem Gründer weiteten insbesondere die Arbeiten von Stefan Ihrig, Ahmet Asker und M. Şükrü Hanioğlu die Perspektive ganz erheblich.[117] Wissenschaftliche Forschung über den Antisemitismus in der Türkei ist nach

107 David Motadel: Für Prophet und Führer. Die Islamische Welt und das Dritte Reich, Stuttgart 2017; zuerst erschienen unter dem Titel Islam and Nazi Germany's War, Cambridge u. London 2014.

108 Brenner, Schatten.

109 Kraus, Universität (2006 u. 2008).

110 Weigand, Jahre.

111 Klaus Kreiser: Turkologie an der Ludwig-Maximilians-Universität. Eine Spurensuche [=Vortrag aus Anlass der Überreichung einer Festschrift an Hans Georg Majer im Senatssaal der Universität München am 1. Dezember 2012], in: Eothen 6 (2014), Lindenberg 2015, S. 99–105.

112 Böhm, Selbstverwaltung.

113 François Georgeon: Sous le Signe des Réformes. État et Société de l'Empire Ottoman à la Turquie Kémaliste (1789–1939) (=AI 106), Istanbul 2009.

114 Andreas Heusler u. Andrea Sinn (Hrsg.): Die Erfahrung des Exils. Vertreibung, Emigration und Neuanfang. Ein Münchner Lesebuch, Berlin u. Boston 2015.

115 Einen ersten generellen Überblick zum Thema gewährt ein Ausstellungsband, der sich mit kurzen Aufsätzen verschiedensten Aspekten widmet, vgl. VAM (Hrsg.): Haymatloz. Exil in der Türkei 1933–1945 (=Schriftenreihe des VAM 8) [Ausstellungsband], Berlin 2000; einen besonderen Blick auf den Austausch zwischen München und Istanbul warf eine Ausstellung im Jüdischen Museum München, vgl. JMM (Hrsg.): Münih ve İstanbul (=Orte des Exils 1) [Ausstellungsband], München 2008.

116 Vgl. Kubaseck u. Seufert, Wissenschaftler; Stauth u. Birtek, Istanbul.

117 Die Faszination, die führende Nationalsozialisten dem türkischen Republikgründer Muṣṭafā Kemāl mit dem Ehrennamen Atatürk (wörtl. „Vatertürke") entgegenbrachten, beschrieben Stefan Ihrig: Atatürk in the Nazi Imagination, Cambridge u. London 2014 u. Ahmet Asker, der zu den Ansichten über die Türkei im nationalsozialistischen Deutschland an der Mersin Üniversitesi promoviert wurde; eine Zusammenfassung der Ergebnisse seiner Dissertation liefert er mit dem Aufsatz Nazi Almanyası'ndan Kemalist Türkiye'ye Bakışlar, in: AYD 25/50 (2012), S. 265–298. Besonders detailreich ist die Lebensbeschreibung Muṣṭafā Kemāls bei Andrew Mango: Atatürk, Woodstock u. New

wie vor rar; der türkisch-jüdische Historiker Rıfat N. Bali, der beispielsweise die lange Tradition von Verschwörungserzählungen über die sogenannten Dönme nachwies[118], sah sich mit seinem Anliegen, mit Mythen zu brechen, lange auf verlorenem Posten gegenüber der auch von Historikerinnen und Historikern adaptierten geschichtspolitischen Lesart des türkischen Staates. Diese möchte den Antisemitismus als europäisches Phänomen betrachtet wissen, das der Türkei fremd war und blieb. Corry Guttstadt lieferte mit ihrer Dissertation 2013 erstmals ein internationales Standardwerk zum Thema; die türkisch-stämmige Israelin Efrat Aviv zog 2017 mit einer umfassenden Betrachtung der Judenfeindschaft in der Türkei nach.[119]

Biografischer Ansatz und Erkenntnisinteresse

> „Sie ziehen es vor, Biographien zu schreiben, aber nicht Biographien, in denen der Held heroische Taten vollbringt, sei es als Staatsmann, Kaufmann, General, Pionier usw., sondern vielmehr solche, in denen sich sein Geistesleben entfaltet. Gewöhnlich sind diese Biographien auf zwei Bände angelegt. Der erste Band endet dort, wo der Held ungefähr dreißig Jahre alt ist und in die Welt hinaustritt, nachdem sich sein Geist entwickelt hat. Der zweite Band, der die Entwicklung enthalten sollte, die den Helden berühmt gemacht hat, erscheint nie. Es ist konsequent, daß er nicht erscheint, denn nun ist der Ideenhistoriker nicht länger mehr in der Lage, die praktische Aktivität seines Helden zu beschreiben; er gibt es daher fröhlich auf […].“[120]

York 1999. Hanioğlus Biografie beleuchtet den Ideologie-Transfer von Nationalismus und Rassismus in die jungtürkische Bewegung, vgl. M. Şükrü Hanioğlu: Atatürk. Visionär einer modernen Türkei, Darmstadt 2015, zuerst erschienen unter dem treffenderen englischen Titel: Atatürk. An Intellectual Biography, Princeton u. Oxford 2011. Viele Details in Atatürks Biografie sind nach wie vor ungeklärt oder umstritten – seine ethnische Abstammung, das genaue Geburtsdatum oder der Beiname Kemāl („der Vollkommene“) beispielsweise sind Details, an denen er selbst noch zu Lebzeiten für die Annalen der Geschichte feilte. Zum Leben und Wirken Atatürks kann daneben als deutschsprachiges Standardwerk empfohlen werden: Klaus Kreiser: Atatürk. Eine Biographie, 2. Aufl. München 2008.

118 „Dönme“, abgeleitet vom osmanischen Wort für „Konvertit“ (دونمه), bezeichnet die (vermeintlichen) Nachkommen von Anhängern einer messianischen Bewegung im 17. Jahrhundert. Der Anführer – der aus Gaza stammende Sabetay Sevi, Rabbiner von Izmir – musste auf Druck des Sultans Meḥmed IV. zum Islam konvertieren; er und seine Jünger befolgten im Geheimen jedoch weiter die jüdischen Gebote. Vgl. dazu Rıfat N. Bali: A Scapegoat for all Seasons: The Dönmes or Crypto-Jews of Turkey, Istanbul 2008.

119 Corry Guttstadt: Die Türkei, die Juden und der Holocaust, Berlin u. Hamburg 2008, die englische Ausgabe: Turkey, the Jews and the Holocaust, Cambridge 2013 u. Efrat Aviv: Antisemitism and Anti-Zionism in Turkey. From Ottoman Rule to AKP, New York 2017.

120 Das Zitat (auch die folgenden) bei: Eckart Kehr: Neuere deutsche Geschichtsschreibung, in: Hans-Ulrich Wehler (Hrsg.): Eckart Kehr. Der Primat der Innenpolitik. Gesammelte Aufsätze zur preußisch-deutschen Sozialgeschichte im 19. und 20. Jahrhundert (=VHKB 19), 2. Aufl. Berlin 1970, S. 254–268, hier S. 262f. Der im englischsprachigen Original „Modern German Historiography“

Dieser Text aus den letzten Jahren der Weimarer Republik kritisiert den Einfluss der Schule Sigmund Freuds auf die Geschichtswissenschaft: Der junge Historiker Eckart Kehr polemisierte gegen die darstellerischen Bemühungen seiner Kollegen, die bei der Abfassung von Biografien das Wesentliche, „die wirklich existierenden Bedingungen", seiner Empfindung nach vernachlässigten – und somit das, wofür sich der Aufwand im eigentlichen Sinne gelohnt hätte. Kehr, der nicht allein solcher Aussagen wegen in seinem Fach als *enfant terrible* galt, hätte auch an dieser Biografie keine Freude gefunden. Nicht etwa, weil sie Karl Süßheims Leben nicht über das dreißigste Jahr hinausschreibt, sondern zunächst einmal deshalb, weil auch sie keine klassische Heldengeschichte bietet. Zum einen war Süßheim nie berühmt, und die bisherigen, wenigen Publikationen über den Wissenschaftler vereint zwar das Narrativ des verkannten Gelehrten, ja, zuweilen des verkannten Genies, doch auch diese Erzählung lässt sich nur bedingt belegen: Süßheim erreichte nie richtungweisenden Einfluss innerhalb seines Fachs wie ein C. H. Becker[121], oder, abseits der Wissenschaft, in politischen Sphären wie Max von Oppenheim[122], und die Gründe hierfür liegen nicht allein außerhalb seines eigenen Einflussbereichs. Karl Süßheim war zweifelsohne ein besonders fleißiger, solide arbeitender und ausgesprochen fachkundiger Orientalist und besaß in der Tat ein Sprachentalent, das seinesgleichen sucht. Auch wird Süßheims Werk zum Teil noch heute herangezogen und zitiert, doch fehlte es seinen Arbeiten in methodischer Hinsicht an der Originalität und Innovationskraft, die nötig gewesen wäre, ihn deutlich aus seiner Zunft herauszuheben. Auch der Habitus, den er gegenüber seinem Forschungsgegenstand an den Tag legte, unterschied ihn lange nicht wesentlich von dem seiner zeitgenössischen Kollegen: Karl Süßheim war ein Kind seiner Zeit und kann, wie bereits erwähnt, als Beispiel dafür gelten, dass der von Edward Said kritisierte „Orientalismus" auch vor der deutschen Orientalistik keinen Halt machte.[123]

Diese Bemerkungen sollen Süßheims Schaffen nicht schmälern, vielmehr sei festgehalten: Es spricht wenig dafür, den Wissenschaftler als einzigartige Ausnahmeerscheinung zu zeichnen. Das Genre der Gelehrtenbiografie eignet sich für Karl Süßheims Leben also nur bedingt; und diese Biografie sollte auch nicht als wissenschaftsgeschichtlicher Text – oder

betitelte Essay des jung verstorbenen Kehr (1902–1933) war über Jahrzehnte hinweg unveröffentlicht geblieben.

121 Carl Heinrich Becker (1876–1933) wird als Mitbegründer der modernen Orientalistik und, in seiner Funktion als preußischer Kultusminister (1921 und 1925–1930), als bedeutender Hochschulreformpolitiker der Weimarer Republik erinnert. Den „Vernunftrepublikaner" porträtierte Béatrice Bonniot: Homme de Culture et Républicain de Raison. Carl Heinrich Becker, Serviteur de l'Etat sous la République de Weimar (1918–1933) (= SPKWR 15), Frankfurt a. M. 2012, vgl. auch Dies: Die Republik, eine „Notlösung"? Der preußische Kultusminister Carl Heinrich Becker im Dienste des Weimarer Staates (1918–1933), in: Andreas Wirsching u. Jürgen Eder (Hrsg.): Vernunftrepublikanismus in der Weimarer Republik. Politik, Literatur, Wissenschaft (= SBHWR 9), Stuttgart 2008, S. 299–309.

122 Max von Oppenheim (1860–1946) war Diplomat, Orientalist und Archäologe. Eine lesenswerte Biografie stammt z. B. von Lionel Gossman: The Passion of Max von Oppenheim. Archaeology and Intrigue in the Middle East from Wilhelm II to Hitler, Cambridge 2014.

123 Vgl. dazu Kap. I.3.

gar als Beitrag zur Disziplinengeschichte – gelesen werden. Warum kann sein Leben dennoch als Folie einer historischen Analyse taugen?

Bedenken gegenüber allzu innerseelischen biografischen Perspektiven sind durchaus ernst zu nehmen. Dennoch steht Karl Süßheims Persönlichkeit und ihre Entwicklung hier im Zentrum – dies aber gerade nicht als innercharakterlicher Vorgang, der zu einem quasi vorgezeichneten Ergebnis führen musste. Gesellschaftliche Strukturen und Entwicklungen sowie Erfahrungen, die Süßheim in verschiedensten Netzwerken und Kontexten machte, beeinflussten ihn und gestalteten seine Persönlichkeit mit. Die Kontingenz dieser Begebenheiten widerspricht jeder teleologisch inspirierten Darstellung; vielmehr gilt es, die wandelbaren, gesellschaftlich bereitgestellten Möglichkeitsräume zu erkunden, innerhalb derer er sich bewegte und positionierte. Karl Süßheims Geschichte bietet die Gelegenheit, einen deutschen Juden in verschiedensten Kontexten der ersten Hälfte des 20. Jahrhunderts zu beobachten: in seiner Heimat Franken unter der Krone der Wittelsbacher, als Student in verschiedenen Städten des Deutschen Kaiserreichs, als Forschungsreisender in ʿAbdülḥamīds Osmanischem Reich sowie im von der Exil-Opposition geprägten, britisch dominierten Kairo, während des Ersten Weltkriegs als Zensor in München, das in der Folge zur „Hauptstadt der Bewegung“ und gleichzeitig Süßheims zweite Heimatstadt wurde, sowie schließlich im Exil in der von Mustafa Kemal radikal umgestalteten türkischen Republik.

Das Umfeld des Wissenschaftlers war stets alles andere als prekär – nichts läge ferner, als seine Geschichte als die eines klassischen Aufsteigers zu schreiben. Dennoch begegnet Süßheim uns als Außenseiter. Dieser Status war nicht sozioökonomisch begründet – denn als Spross einer wohlhabenden bürgerlichen Familie war er zunächst einmal ein privilegierter Mensch –, sondern hatte, wie bereits angedeutet, auch mit seiner Persönlichkeit zu tun. Zudem gehörte er als Jude per Geburt einer Minderheit an, die zwar formal einige Jahrzehnte dieselben Rechte genoss wie die übrige Gesellschaft, in der Realität allerdings massiver Diskriminierung ausgesetzt war. Die Reaktionen der jüdischen Bürgerinnen und Bürger darauf fielen unterschiedlich aus, dennoch lassen sich klare Tendenzen ausmachen: Die einen versuchten geradezu, ihre nichtjüdischen Mitbürgerinnen und Mitbürger in ihrem „Deutschsein“ zu übertrumpfen und wandten sich religiös und kulturell vom Judentum ab, die anderen kehrten der antisemitischen Gesellschaft den Rücken und ihre jüdische Identität hervor, was insbesondere in der erstarkenden zionistischen Bewegung Ausdruck fand. Karl Süßheims Geschichte ist in diesem Zusammenhang ein Sowohl-als-auch: Er hielt seine deutsche Identität genauso hoch wie seine jüdische Religion, und er dachte gar nicht daran, sich für das eine oder das andere zu entscheiden. Oftmals saß er zwischen den Stühlen – auch mit Blick auf seine politischen Überzeugungen oder sein Berufsverständnis. Im ersten Teil dieser Biografie, der sich mit seiner ersten Lebenshälfte auseinandersetzt, soll die Entwicklung seiner Außenseiterpersönlichkeit in diesen verschiedenen Bereichen beschrieben werden. Dabei tun sich (scheinbare) Widersprüchlichkeiten auf, deren Diskussion den Blick für Karl Süßheims Zeit und die Gesellschaften, in denen er sich bewegte, zu weiten vermag.

Auch eine Biografin kann einen Menschen nicht allumfassend verstehen oder gar dessen Psychogramm entwerfen – und wo sie es doch versucht, wird sie zwangsläufig scheitern. Der dem Genre der Biografie immanente Konstruktionscharakter wurde spätestens seit Bourdieu[124] hinlänglich betont. Ihrem Wortsinn nach „ritzt" eine Biografie in das Leben eines Menschen, sie schafft also eine selektive, narrative Identität.[125] An welchen Stellen dabei angesetzt wird und welche ausgespart bleiben, hängt von den Fragen ab, die man an seinen Protagonisten richtet. Diese Biografie sucht nach den Grenzen in Karl Süßheims Leben: Vor welche Herausforderungen wurde er gestellt, welche Möglichkeiten gewährten und welche Hürden bauten ihm die Gesellschaften, in denen er sich bewegte – und was sagt dies über die Gesellschaften selbst aus?

Natürlich hat Karl Süßheim, um es mit Jörg Späters Worten über Siegfried Kracauer zu sagen, „nicht gelebt, um eine Sonde für irgendetwas zu sein", in ihm lässt sich „[k]ein ganzes Zeitalter besichtigen", in seinem Werk spiegelt sich nicht „die Krise der Moderne oder etwas anderes ähnlichen Kalibers".[126] Doch wer sich mit Süßheim auseinandersetzt, wird mit einem Panorama an Geisteshaltungen und Werten konfrontiert, das auch die gesellschaftlichen Kontexte sichtbarer macht und so das Verständnis derselben erweitern kann.[127] Der hier gewählte biografische Ansatz korrespondiert in dieser Hinsicht mit Kracauers Begriff der Gesellschaftsbiografie, wie er sie für seinen Protagonisten Jacques Offenbach entwarf: „[e]ine Gesellschaftsbiographie in dem Sinne, daß [sie] mit der Figur Offenbachs die der Gesellschaft entstehen läßt, die er bewegte und von der er bewegt wurde, und dabei einen besonderen Nachdruck auf die Beziehungen zwischen der Gesellschaft und Offenbach legt."[128]

Diese Studie über Karl Süßheim sieht sich zudem der Kulturgeschichte verpflichtet, beschränkt ihre Perspektive allerdings nicht auf die nationale, denn eine solche würde Süßheims Leben Lügen strafen.[129] Denn er lebte nicht etwa, wie durch eine geografische Grenze

124 Pierre Bourdieu: Die biographische Illusion, in: BIOS 1 (1990), S. 75–81, zuerst erschienen unter dem Titel L'Illusion Biographique, in: Actes de la Recherche en Sciences Sociales 62/63 (1986), S. 69–72.

125 Nicht gemeint ist an dieser Stelle freilich das sozialpsychologische Konzept der „narrativen Identität", das den Herstellungsprozess des Bildes eines Menschen von sich selbst betrachtet.

126 Jörg Späte: Siegfried Kracauer. Eine Biographie, Berlin 2016, S. 13.

127 Die Interaktion des Individuums mit der Gesellschaft und damit auch allgemeine Tendenzen und Wandlungen sichtbar zu machen, wird gemeinhin als Stärke des Genres Biografie hervorgehoben, vgl. Jo Burr Margadant: Introduction. Constructing Selves in Historical Perspective, in: Ders. (Hrsg): The New Biography. Performing Femininity in Nineteenth-Century France (= Studies on the History of Society and Culture), Berkeley u. a. 2000, S. 1–32; Peter Altheit: Biographie und Mentalität. Spuren des Kollektiven im Individuellen, in: Bettina Völter u. a. (Hrsg.): Biographieforschung im Diskurs, 2. Aufl. Wiesbaden 2009, S. 21–45; Margit Szöllösi-Janze: Lebens-Geschichte – Wissenschafts-Geschichte. Vom Nutzen der Biographie für Geschichtswissenschaft und Wissenschaftsgeschichte, in: BerWissGesch 23/1 (2000), S. 17–35.

128 Siegfried Kracauer: Pariser Leben. Jacques Offenbach und seine Zeit. Eine Gesellschaftsbiographie, München 1962, S. 7.

129 Einen interessanten Ansatz zur methodischen Darstellung transnationaler Leben in Biografien lieferten jüngst unter dem Schlagwort „cosmobilities" Sarah Panter u. a.: Mobility and Biography: Methodological Challenges and Perspectives, in: Dies. (Hrsg.): Mobility and Biography (= EHY 16), Berlin u. Boston 2016, S. 1–14, hier insb. S. 9 f. Das geschichtswissenschaftliche Interesse für transnationale Leben ist seit der Jahrtausendwende deutlich gestiegen, vgl. Madeleine Herren: Inszenierungen

zementiert, zwei unterschiedliche Leben[130], eines in Deutschland und eines im Orient; seine Erfahrungen, die er in verschiedenen kulturellen Kontexten machte, begleiteten und prägten ihn stetig.[131] Damit nahm er „an einem Vorgang teil, durch den die eine Kultur gewissermaßen nach Übertragung und Abbildung in der anderen drängt und sich geteilt und teilhabend verhält“[132]. Thomas Keller bezeichnet diesen Prozess als „interaktiv[e] Kulturbildung“ und grenzt eine solche transkulturelle Perspektive von interkultureller Biografik ab, insofern die Porträtierten „ein leiblich-psychisches Medium für verschiedene Welten bilden und damit die Entstehung und Unterscheidung von verschiedenen Kulturen erst ermöglichen“.

Als Autor und Vortragsredner erklärte Süßheim, zuletzt maßgeblich geprägt durch seine Bekanntschaften mit europäisch orientierten Jungtürken, den Deutschen das Osmanische Reich; als deutscher Wissenschaftler und Orientreisender wurde er wiederum in hohe Kreise und intellektuelle Zirkel am Bosporus vorgelassen, wo er als Repräsentant der deutschen Kultur wahrgenommen wurde. Er hielt Freundschaften zu Osmanen mithilfe von Briefen über Jahrzehnte aufrecht, beriet bedeutende Gelehrte wie ʿAbdullāh Cevdet in seiner Übersetzertätigkeit europäischer Klassiker wie Shakespeare und ließ sich im Gegenzug über die politische Situation vor Ort informieren, zu der er publizierte. Später war Süßheim ein Verfolgter des nationalsozialistischen Regimes, der mit seiner Anwesenheit in Istanbul gemeinsam mit anderen Emigranten das Bild des „Dritten Reichs“ in der Türkei prägte.

Bei der Betrachtung dieser Prozesse von monolithischen Kulturen auszugehen, wäre in Zeiten, in denen das kultursoziologische „Doing Culture“[133] mit seiner Hervorhebung der

des globalen Subjekts. Vorschläge zur Typologie einer transgressiven Biographie, in: HA 13/1 (2005), S. 1–18; Bernd Hausberger (Hrsg.): Globale Lebensläufe. Menschen als Akteure im weltgeschichtlichen Geschehen (=GuE 3), Wien 2006; Tobias Weger (Hrsg.): Grenzüberschreitende Biographien zwischen Ost- und Mitteleuropa. Wirkung – Interaktion – Rezeption (=MO 11), Frankfurt a.M. 2009. Das Potenzial einer globalgeschichtlichen Perspektive für die Regionalgeschichte diskutierte Johannes Paulmann: Regionen und Welten. Arenen und Akteure globaler Weltbeziehungen seit dem 19. Jahrhundert, in: HZ 296 (2013), S. 660–699. Die Biografieschreibung wird auch im postkolonialen Diskurs zunehmend als Ansatz diskutiert, im transnationalen Kontext machtsensible und selbstkritische Forschung zu betreiben, vgl. z.B. Marie Hoppe: Methodenkritische Überlegungen für qualitative sozialwissenschaftliche Forschung im Kontext Türkei. Eine postkolonial informierte Perspektive, in: Wiebke Hohberger u.a. (Hrsg.): Grenzräume, Grenzgänge, Entgrenzungen. Junge Perspektiven der Türkeiforschung, Wiesbaden 2018, S. 101–126.

130 Eine solch verkürzte Erzählung transnationaler Leben manifestierte sich beispielsweise in der biografischen Darstellung Lorenz Brentanos, vgl. Panter u.a., Mobility, S. 1f.

131 Eine Sonderausgabe der Zeitschrift *Geschichte und Gesellschaft* widmete sich transnationalen Dynamiken mit spezifischem Blick auf Deutsche im Ausland, vgl. H. Glenn Penny u. Stefan Rinke (Hrsg.): Rethinking Germans Abroad, in: GG 41 (2015) 2. Einen ähnlichen Ansatz wählten Desley Deacon u.a. (Hrsg.): Transnational Ties. Australian Lives in the World, Canberra 2008.

132 Die Zitate (auch folgende) bei: Thomas Keller: Transkulturelle Biographik und Kulturgeschichte. Deutsch-Französische Lebensgeschichten, in: Walter Erhart u.a. (Hrsg.): IASL 38/1 (2013), S. 121–171, hier S. 125f.

133 So auch der Name eines Sammelbandes von Karl H. Hörning u. Julia Reuter (Hrsg.): Doing Culture. Neue Positionen zum Verhältnis von Kultur und sozialer Praxis, Bielefeld 2004.

Dynamik und Wandlungsfähigkeit sowie des praktisch Gemachten von Kulturen längst auch in der Auseinandersetzung mit der Vergangenheit angekommen ist[134], ein geradezu anachronistischer Akt. Es werden hier jedenfalls nicht eine wie auch immer geartete, klar definierte deutsche oder gar europäisch-westliche Kultur und eine osmanisch-türkische oder orientalische darzustellen sein, die miteinander in Dialog treten. Karl Süßheim hatte mit den Jungtürken gewiss mehr gemeinsam als mit einem fränkischen Bauernsohn, genauso wie sein Freund ʿAbdullāh Cevdet mehr mit einem europäischen Intellektuellen zu besprechen hatte als mit einem anatolischen Hirten. Weniger nationale oder kulturelle Spezifika bildeten in diesem Zusammenhang das Unterscheidungskriterium, sondern vielmehr strukturelle und materielle Faktoren. Insofern schaffte das gebildete und ökonomisch etablierte Milieu – das allein über die „motility", also über die Möglichkeit zur transnationalen Mobilität verfügte[135] – hier eine Gesprächsbasis, einen Raum des Dialogs, zumal des Agierens und Interagierens[136], innerhalb dessen Kulturtransfer und -diffusion erst stattfinden können.

Der Elitendiskurs über Ländergrenzen hinweg findet Eingang in die jeweilige Kultur der Herkunftsregion – wo wäre dies besser zu beobachten als in der Türkei, wo Mustafa Kemal, sozialisiert in der nach Europa orientierten jungtürkischen Bewegung, innerhalb weniger Jahre einen gesellschaftlichen Wandlungsprozess zu erzwingen vermochte, der das Verhältnis von Religion und Staat radikal neu definierte und eine im Vielvölkerstaat über Jahrhunderte gewachsene Sprache in ein nationales Korsett schnürte, um bis heute als Atatürk („Vatertürke") verehrt zu werden? Mit ihrer Multiplikatorenfunktion als Wissenschaftler, Journalisten und Schriftsteller trugen auch Karl Süßheim und seine Bekannten zu solchen Prozessen bei, sie waren als „rooted cosmopolitans"[137] verwurzelt in verschiedenen lokalen und transnationalen Netzwerken, vermittelten zwischen den Welten und gestalteten diese dadurch mit. Man könnte auch sagen: Indem sie sich selbst veränderten, veränderten sie die Gesellschaft. Dem bayerischen Politiker Gustav Landauer galten die Juden mit ihrer diasporischen Erfahrung als prädestinierte Mittler zwischen den Nationen.[138] War es tatsächlich

134 Vgl. die Beispiele bei Sven Reichardt: Zeithistorisches zur praxeologischen Geschichtswissenschaft, in: Arndt Brendecke (Hrsg.): Praktiken der Frühen Neuzeit. Akteure – Handlungen – Artefakte, Wien u.a. 2015, S. 46–61, hier S. 52–59.

135 Diese hängt von Faktoren wie Bildung, sozialem Status, Kapital, Geschlecht, Religion oder Ethnizität ab und bezieht sich nicht allein auf die faktische Fähigkeit zur räumlichen Mobilität, sondern meint auch eine soziale und kulturelle Beweglichkeit, vgl. Weert Canzler u.a.: Tracing Mobilities – An Introduction, in: Dies. (Hrsg.): Tracing Mobilities. Towards a Cosmopolitan Perspective, Aldershot u. Burlington 2008, S. 1–10, hier S. 3f.

136 Vgl. zum dynamischen Verständnis von Räumen in diesem Kontext Panter u.a., Mobility, S. 9f.

137 Sidney Tarrow: Strangers at the Gates. Movements and States in Contentious Politics, Cambridge 2005, hier insb. S. 181–199 ("Rooted Cosmopolitans and Transnational Activists").

138 „Die Nationen, die sich zu Staaten abgegrenzt haben, haben draußen Nachbarn, die ihre Feinde sind; unsere Nation hat die Nachbarn in der eigenen Brust; und diese Nachbargenossenschaft ist Friede und Einheit in jedem, der ein Ganzer ist und sich zu sich bekennt. Sollte das nicht ein Zeichen sein des Berufs, den das Judentum an der Menschheit, in der Menschheit zu erfüllen hat?" Gustav Landauer: Sind das Ketzergedanken?, in: Hanna Delf (Hrsg.): Dichter, Ketzer, Außenseiter, Essays

seine jüdische Identität, die Süßheim hier eine besondere Rolle ermöglichte? Oder waren andere Faktoren entscheidend?

Diese Fragen können an seinem Beispiel sehr konkret beleuchtet werden, im zweiten Teil dieser Biografie zunächst auf deutschem Boden: Karl Süßheim begegnet uns als Übersetzer und Zensor von Briefen aus dem Osmanischen Reich bei der militärischen Postüberwachung während des Ersten Weltkriegs, als Publizist und Lehrer über den Orient in der Weimarer Republik sowie als Absender und Adressat von Korrespondenz mit Bekannten, mit denen er seit seinen Studienaufenthalten im Osmanischen Reich Kontakt hielt. Anhand Süßheims Emigration nach Istanbul und seines Lebens im Exil wird dies aber auch, soweit die Quellenlage es zulässt, auf türkischem Boden beobachtet. Dabei werden die Bereiche, die Süßheims Persönlichkeit (und sein Außenseiterdasein) ausmachten – religiöse Überzeugung, politisches Bekenntnis und Berufsverständnis – nach wie vor im Vordergrund der Betrachtung stehen.

Wie aber lässt sich der Mensch Karl Süßheim konkret greifen und beschreiben? Diese Biografie soll nicht die Plausibilität einer bestimmten Identitätstheorie an seinem Beispiel testen, auch wenn grundsätzliche Überlegungen aus dieser Forschungsrichtung dabei helfen, sich seiner Persönlichkeit analytisch zu nähern. So wird natürlich davon ausgegangen, dass der Identität eines Menschen stets etwas Fluides, Flexibles und Multiples anhaftet. Das durch eine Person wahrgenommene Selbst ist zudem keinesfalls von den gesellschaftlichen Verhältnissen und Deutungsmustern ihrer Zeit unabhängig.[139] Süßheims Persönlichkeit und ihre Entwicklung ist daher weniger anhand ausschweifender innerer Monologe etwa in seinem Tagebuch festzumachen als vielmehr an seinem praktischen Handeln. Seine religiösen Überzeugungen werden beispielsweise dann konkret, wenn er in seinem Tagebuch Auseinandersetzungen mit Familienmitgliedern schildert, die sich vom jüdischen Glauben abwenden. Obwohl er als Diarist mit der Beschreibung seiner Gefühlswelten oder gar einer Selbstinterpretation sehr sparsam umging, lässt die Tatsache, dass er mit heftigem Widerspruch – und einigem Aufwand – dagegen zu intervenieren versuchte, wenn Verwandte ihren Kindern eine Erziehung in religiösen Traditionen vorenthielten, Schlüsse über den Stellenwert des Glaubens in seinem Leben zu.

Eine auf die Kommunikationsprozesse nach außen fokussierte Herangehensweise drängt sich bei der Betrachtung Karl Süßheims in seinem Umfeld geradezu auf: Da er im Allgemeinen keine Reflexion über sein Verhalten lieferte, ist man bei der Interpretation der Handlungslogik Süßheims oftmals auf sich allein gestellt und kommt nicht umhin, sein Denken und Handeln als steten und dem Individuum nur begrenzt bewussten Aushandlungsprozess innerhalb der gesellschaftlich bedingten Möglichkeiten zu begreifen.[140] Auf der

und Reden zu Literatur, Philosophie, Judentum (=Gustav Landauer Werkausgabe 3), Berlin 1997, S. 170–174, hier S. 174.

139 Vgl. Michel Foucault: Das Subjekt und die Macht [Nachwort], in: Hubert L. Dreyfus u. Paul Rabinow: Michel Foucault. Jenseits von Strukturalismus und Hermeneutik (=Die weiße Reihe), Frankfurt a. M. 1987, S. 243–261, hier S. 246 f.

140 Zur modernen Subjektbildung und -kultur hat Michael Wildt einen Aufsatz geliefert, der anhand der Judenfeindschaft in Deutschland den Prozess des Fremd-Machens diskutiert: Das Fremdmachen als historischer Prozess. Kommentar zu Bernhard Waldenfels, in: ZF 4/3 (2007), S. 369–374.

einen Seite ist dies ein Glücksfall für die Forschung, weil die Gefahr, sich die Erklärungen des jeweils Porträtierten zu eigen zu machen, in Karl Süßheims Fall gering ist. Sein Bekannter Talât Paşa ist dagegen ein gutes Beispiel dafür, wie autobiografische Apologetik sogar zum allgemeinen Narrativ der Erinnerungskultur werden kann.[141] Süßheims Geiz mit Selbstinterpretationen schützt vor solchen Mechanismen, öffnet andererseits allerdings den Raum für Spekulationen. Die Entscheidung, diesen nicht zu betreten, ist Ausdruck des Respekts vor der „unhintergehbaren Fremdheit“[142] eines jeden historiografischen Untersuchungsgegenstands. Anstatt hier nach Eindeutigkeit zu streben, mit einfachen Antworten Sinn zu erzeugen und klare Grenzen zu ziehen, bemüht sich dieser Band darum, anzuerkennen, dass menschliche Wesen oftmals genauso uneindeutig sind wie die Welt, in der wir leben.

„Erwartungen, Vorwissen und kulturelle Selbstverständlichkeiten sind nicht standortneutral“[143], schreibt Jürgen Osterhammel so treffend in seiner „Verwandlung der Welt“. Das gilt auch für diese Biografie, die sich in erster Linie an ein Publikum richtet, das in der deutschen Geschichtswissenschaft beheimatet oder doch mit der deutschen Geschichte vertraut ist. Viele Namen, Begriffe und Hintergründe zur Geschichte des Osmanischen Reichs und der Türkei werden hier erläutert, was für Fachfrauen und -männer nicht nötig gewesen wäre. Was Frauen und Männer im Allgemeinen betrifft, so sei an dieser Stelle festgehalten, dass ich auf eine genderbewusste Schreibweise durchaus geachtet habe – und doch wird an vielen Stellen ausschließlich das Maskulinum verwendet, dies aber nicht im generischen Sinne. Wenn von Karl Süßheims Kollegen oder Studenten an der Münchner Universität die Rede ist, handelt es sich nicht um eine versehentliche Vernachlässigung der weiblichen Studierenden oder der Professorinnen, sondern um eine Beschreibung der – und in diesem Zusammenhang darf der Begriff ungeniert Verwendung finden – historischen Realität: Das LMU-Personal wurde vom Rektorat nicht grundlos offiziell als „Herren Professoren und Dozenten der Universität München“[144] adressiert. Das galt auch für die andere Seite des Katheders: In Karl Süßheims Kursen in München fanden sich, soweit nachvollziehbar, insgesamt drei weibliche Studierende ein, darunter eine Gasthörerin und eine Studentin aus dem Osmanischen Reich.

141 Talât Paşas Memoiren, die er 1919/20 in seinem Berliner Exil verfasste und die 1921 nach seinem Tod veröffentlicht wurden, hatten maßgeblichen Einfluss auf den nationalen Mythos in der Türkei, dass nicht die jungtürkische Führung, sondern die osmanischen Armenierinnen und Armenier selbst für den Genozid an ihrem Volk verantwortlich waren. Vgl. Hülya Adak: Identifying the "Internal Tumors" of World War I: *Talat Paşa'nın Hatıraları* [Talat Paşa's Memoirs], or the Travels of a Unionist Apologia into "History", in: Andreas Bähr u. a. (Hrsg.): Räume des Selbst: Selbstzeugnisforschung transkulturell (= SdN 19), Köln u. a. 2007, S. 151–169.

142 Wildt, Fremdmachen, S. 369.

143 Jürgen Osterhammel: Die Verwandlung der Welt. Eine Geschichte des 19. Jahrhunderts, Bonn 2010, S. 20.

144 Vgl. z. B. Rektorat der LMU an die Herren Professoren und Dozenten der Universität München, 5. 3. 1917, Nachlass KS (LOC), Box 6.

Er erinnert ein wenig an Franz Kafka: Karl Süßheim als junger Mann um die Jahrhundertwende.

Am interessantesten ist die Innenseite der Außenseiter.
Jean Genet

I. Jugend eines Grenzgängers. In Kaisers und Sultans Reich

Europa 1878: Seit knapp vier Jahrzehnten befindet sich Großbritannien im „Viktorianischen Zeitalter"; in der Dritten Französischen Republik wird eine der ersten Weltausstellungen ausgerichtet; es ist die Ära des „Märchenkönigs" Ludwig II. in Bayern. Die Russen stehen vor Konstantinopel[1], und Otto von Bismarck beschäftigt sich auf dem Berliner Kongress mit den Problemen des Osmanischen Reichs. Der Journalist Wilhelm Marr verfasst seine antijüdische Schrift „Sieg des Judenthums über das Germanenthum"[2] und macht den Begriff „Antisemitismus" geläufig[3], der die Feindschaft gegen Jüdinnen und Juden in eine pseudowissenschaftliche Form gießt. Am 21. Januar eben dieses Jahres wird in Nürnberg Karl Süßheim geboren. Seine Biografie im Stil eines klassischen Entwicklungsromans zu schreiben, würde sein Leben Lügen strafen. In besonderem Maße wird der Lauf der Geschichte, werden politische Ereignisse und gesellschaftliche Rahmenbedingungen tief in die Biografie des Mannes eingreifen, ihn verändern, ihm Grenzen aufzeigen, Perspektiven verschieben, sein Selbstverständnis formen, ihn lernen und ihn scheitern lassen. Karl Süßheims erste Lebenshälfte kann nicht schnell skizziert werden, zu mannigfaltig sind die äußeren und inneren Schauplätze. Um sich in mehreren Jahrzehnten auf zwei Kontinenten zurechtzufinden, ist eine Orientierungshilfe angezeigt, bevor wir uns der Analyse verschiedener Dimensionen seiner Persönlichkeit widmen: Was waren die wesentlichen Ereignisse im Leben des jungen Karl Süßheim?

Karl Süßheim kam als Sohn des jüdischen Hopfenhändlers Sigmund Süßheim und seiner fast zwanzig Jahre jüngeren Frau Clara in Nürnberg auf die Welt. Er war das zweite Kind des Ehepaars: Sein älterer Bruder Max war 1876 geboren worden; 1882 folgte Schwester

1 Im Russisch-Osmanischen Krieg in den Jahren 1877–78 griff Russland als Schutzmacht der slawischen Völker das Osmanische Reich an, das die nationalistischen Bestrebungen auf dem Balkan brutal unterdrückt hatte. Die Kampfhandlungen fanden überwiegend auf bulgarischem Boden statt, brachten die russischen Truppen aber bis zwanzig Kilometer vor Konstantinopel.

2 Wilhelm Marr: Der Sieg des Judenthums über das Germanenthum vom nicht confessionellen Standpunkt aus betrachtet, Bern 1879.

3 Zur Genese des Begriffs „Antisemitismus" vgl. die Analyse von Moshe Zimmermann: Deutsch-jüdische Vergangenheit: Der Judenhaß als Herausforderung, Paderborn 2005, S. 25–39.

Paula. Im Jahr ihrer Geburt, Karl war vier Jahre alt, starb sein Großvater mütterlicherseits, der bekannte Anwalt und Politiker David Morgenstern, der auch posthum ein wichtiger Referenzpunkt der Familie bleiben sollte.

Die Brüder Süßheim genossen eine umfassende Ausbildung am humanistischen Gymnasium; 1896 schloss Karl die Schule ab und nahm nach einigen Monaten Wehrdienst ein Geschichtsstudium auf. Seine acht Semester verbrachte er an den Universitäten Erlangen, Jena, Berlin und München. Als Student in der Hauptstadt des Kaiserreichs begann er auch, am Seminar für Orientalische Sprachen (SOS) Osmanisch und Arabisch zu lernen, und bildete Sprachtandems mit Kommilitonen, die als Gaststudenten gekommen waren. Seine Dissertation[4], die er im März 1902 einreichte, widmete er der bayerischen Landesgeschichte, doch seine Leidenschaft galt dem Nahen Osten, mit dem er sich fortan beruflich auseinandersetzen wollte – ob als Dolmetscher, Übersetzer oder Wissenschaftler stand noch nicht fest. Dem Zeitgeist folgend galt es, vor Ort seine Möglichkeiten auszuloten: Noch im Jahr seiner Promotion machte Süßheim sich auf ins Osmanische Reich, wo er vom Herbst 1902 bis zum Jahreswechsel 1906/07 blieb.[5] Dort erlernte er fließend die orientalischen Sprachen Osmanisch, Arabisch und Farsi und begann, sich mit der türkischen Geschichte zu beschäftigen.

In Konstantinopel, vor allem aber im britisch kontrollierten Kairo, wo Süßheim sich 1908 für einige Monate aufhielt, um als Quereinsteiger sein orientalistisches Gesellenstück, die Edition einer Chronik der Seldschukengeschichte[6], drucken zu lassen, wurde er mit den politischen Auseinandersetzungen im zerfallenden Vielvölkerstaat konfrontiert: Der junge Mann machte die Bekanntschaft von Sultansgegnern wie İsmāʿīl Ḥaḳḳı[7] und ʿAbdullāh Cevdet. Letzterer hatte zusammen mit einigen anderen Oppositionellen 1889 die geheime *İttihad-i Osmanı Cemiyeti*, zu Deutsch: Gesellschaft für Osmanische Einheit, gegründet. Sie ging über in das Komitee für Einheit und Fortschritt (KEF) (*İttihad ve Terakki Cemiyeti* – İTC), das sich zur treibenden Kraft der reformorientierten jungtürkischen Bewegung entwickeln sollte. Ihren großen Erfolg, die konstitutionelle Revolution von 1908, erlebte Karl Süßheim, zur rechten Zeit am rechten Ort, hautnah mit: Er war einer der wenigen sprach-

4 Karl Süßheim: Preussische Annexionsbestrebungen in Franken 1791–1797, ein Beitrag zur Biographie Hardenbergs. Inaugural-Dissertation, Friedrich-Wilhelms-Universität, Berlin 1902.

5 Nur die Monate von Januar bis Juli 1906 verbrachte Süßheim in Deutschland und Frankreich.

6 Karl Süßheim (Hrsg.): العراضة فى الحكاية السلجوقية [al-ʿUrāḍa fī ʾl-ḥikāya as-salǧūqīya], Kairo 1908.

7 İsmāʿīl Ḥaḳḳı (1883–1923) war ein Offizier der osmanischen Armee, der in der Vergangenheit oftmals mit dem Historiker und Politiker İsmāʿīl Ḥaḳḳı Uzunçarşılı (1888–1977) und dem Philosophen İzmirli İsmāʿīl Ḥaḳḳı (1869–1946) verwechselt wurde. Er war in der jungtürkischen Bewegung aktiv, betätigte sich hier aber vorwiegend in kleinen Splitterparteien. Seine 1908 veröffentlichte Schrift „Um des Vaterlandes willen oder das Yıldız-Tribunal" ist eine wichtige Quelle für sein Leben ebenso wie auch den Umgang des Regimes mit Kritikern. Ḥaḳḳıs Bekanntschaft mit Süßheim ist das Leitmotiv eines Buchs, in dem sowohl der erste überlieferte Tagebuchband Süßheims als auch Ḥaḳḳıs Originalschrift erstmals publiziert wurden: Schmidt, Orientalist (2018), die Informationen zu Ḥaḳḳı vgl. hier S. 1 u. 10 ff.

lich versierten, aber nicht-osmanischen Augenzeugen der Reaktivierung der Verfassung und der formellen Wiedereröffnung des osmanischen Parlaments. Ende August 1908 reiste er zusammen mit heimkehrenden Kairiner Exilanten ins euphorisch gestimmte Konstantinopel und blieb noch bis zum Winter, um seine Forschungen voranzutreiben.

Zurück in Deutschland galt es, eine hohe Hürde der akademischen Laufbahn zu nehmen: Karl Süßheim wollte sich habilitieren, um zunächst als Privatdozent an einer deutschen Universität angenommen zu werden. Zu diesem Zweck bemühte er sich um einflussreiche Förderer an den Universitäten des Kaiserreichs, trat aber auch diverse Forschungsaufenthalte an, die ihn in die Bibliotheken und Archive großer europäischer Wissenszentren führten. Ab Februar 1909 beschäftigte er sich in London mit einer Handschrift, deren Edition und Kommentar er als Habilitation einreichen wollte. Hier festigte er auch seine Verbindungen ins Osmanische Reich – so lernte er etwa den Abgeordneten Meḥmed Ṭal'at kennen, der es einige Jahre später als osmanischer Innenminister und einer der Hauptverantwortlichen für den Genozid an den christlichen Minderheiten von 1915/16 unter dem Namen Talât Paşa zu weltweiter Bekanntheit bringen wird. Im April 1910 wurde Süßheims Aufenthalt in London durch Krankheit und plötzlichen Tod des Vaters abrupt beendet. Nach der Beerdigung stürzte er sich jedoch schnell wieder in die Arbeit; es folgten weitere Forschungsreisen.

In all der Unruhe und Schnelligkeit seines Lebens hegte Karl Süßheim den Wunsch, eine Ehefrau zu finden – angesichts seiner Lebensumstände eine Herausforderung. Seine berufliche Zukunft war ungewiss, und die Karriere stagnierte; erst im Mai 1911 wurde Süßheim mit einer weiteren Arbeit zur Geschichte der Seldschuken zur Habilitationsprüfung zugelassen. Nach dem Druck der Schrift[8] und einer Probevorlesung wurde er schließlich im Oktober 1911 zum Privatdozenten für „Geschichte der muhammedanischen Völker und türkische Sprache" ernannt. Bevor er seine Stelle jedoch antrat, führte ihn eine weitere Reise nach Konstantinopel: Im Auftrag der Bayerischen Akademie der Wissenschaften (BAdW) begab er sich auf eine Archivmission; am erhofften Zugang jedoch scheiterte er. Unverrichteter Dinge kehrte er endgültig aus dem Osmanischen Reich zurück und nahm im April 1912 sein neues Leben als Dozent in München auf, hoffte aber vergeblich auf eine ordentliche Professur. Neben dem Unterricht, seiner Vortrags- und Publikationstätigkeit suchte er, zunehmend verzweifelt und seit dem Winter 1913 zudem unglücklich verliebt, nach einer geeigneten Ehefrau.

Am Vorabend des Ersten Weltkriegs war Karl Süßheim Mitte Dreißig und Außenseiter in vielerlei Hinsicht. Er war nicht nur gläubiger Jude, sondern auch bayerischer Patriot und leidenschaftlicher Wissenschaftler. Die Kombination dieser „Identitäten" stand offen zur Disposition: Immer wieder wurde Süßheim in seiner (scheinbaren) Widersprüchlichkeit von Zeitgenossen infrage gestellt – nicht nur in der christlichen oder muslimischen

8 Karl Süßheim: Prolegomena zu einer Ausgabe der im Britischen Museum zu London verwahrten „Chronik des Seldschuqischen Reiches" (أخبار الدّولة السّلجوقيّة). Eine litterarhistorische Studie, Leipzig 1911.

Mehrheitsgesellschaft, die ihn jeweils umgab, sondern auch in seinem jüdischen Umfeld musste er sich behaupten. Süßheim suchte seinen Platz in der Welt und schien doch nirgends wirklich hinzugehören. Mit welchen gesellschaftlichen Gruppen und Strömungen aber konnte er sich identifizieren? Von welchen grenzte er sich ab? Wie positionierte er sich innerhalb seiner Familie, die, allgemein in der Entwicklung eines jungen Menschen und doch in der jüdischen Minderheit in besonderem Maße[9], einen wichtigen Referenzpunkt bedeutete? Welche Menschen, welche Ideen prägten Süßheims Persönlichkeit, bis der Erste Weltkrieg ihm tatsächlich den Identitätskonflikt bescherte, der ihm bereits seit seiner Kindheit unterstellt worden war?

Die Einstellungen des jungen Mannes in den Bereichen zu ergründen, die zentral für sein Selbstverständnis waren, hilft, seine Sozialisation und Selbstverortung im bürgerlichen Umfeld nachzuvollziehen. Drei Geschichten einer Jugend sind im ersten Teil dieser Biografie zu erzählen; eine handelt von Süßheims Glauben, eine von seinem Verhältnis zur Politik, eine von seiner Einstellung zum Beruf. Jede Erzählung könnte für sich stehen, doch erst in ihrer Synthese zeigt sich ein Muster, ein Wesenszug Karl Süßheims, der Seltenheitswert besitzt: die Fähigkeit, in einem ambiguitätsfeindlichen Umfeld Mehrdeutigkeit anzunehmen und zu leben. Beginnen wir mit dem Intimsten: Wo ist der junge Süßheim in der Welt des Glaubens zu verorten?

9 Da es in der Emanzipationszeit unüblich war, dass nichtjüdische Deutsche abseits des öffentlichen Raums mit Jüdinnen und Juden verkehrten, fand die Minderheit, wie Wolfgang Benz es formuliert, „Trost […] im ausgedehnten und intensiven Familienleben; es gab Kraft und half die Enttäuschungen und Demütigungen des Alltags durchzustehen.“ Wolfgang Benz: Die Legende von der deutsch-jüdischen Symbiose und die Konstruktion des neuen Mythos der christlich-jüdischen Tradition des Abendlandes, in: Norbert Honsza u. Przemysław Sznurkowski (Hrsg.): Deutsch-jüdische Identität. Mythos und Wirklichkeit. Ein neuer Diskurs? (= PSGKL 5), Frankfurt a. M. 2013, S. 9–17, hier S. 12.

Synagoge.

Schon „die Gans nach Hause geschleppt"? Alltag im liberalen Bürgertum: Zu Weihnachten schrieben die Süßheim-Kinder einen Wunschzettel, die hohen jüdischen Feiertage feierten sie wohl hier, in der Nürnberger Synagoge am Hans-Sachs-Platz.

In den Jugendjahren eines jeden deutschen Juden gibt es einen schmerzlichen Augenblick, an den er sich zeitlebens erinnert: wenn ihm zum ersten Male voll bewußt wird, daß er als Bürger zweiter Klasse in die Welt getreten ist und keine Tüchtigkeit und kein Verdienst ihn aus dieser Lage befreien kann.
Walther Rathenau[10]

1. Zion ist überall? Ein deutscher Staatsbürger jüdischen Glaubens

Karl Süßheim erblickte in Franken, einer „bedeutende[n] Wiege jüdischer Geschichte und Kultur in Süddeutschland"[11], das Licht der Welt. Er war ein Kind der „Gründerkrise", der ersten Wirtschaftskrise des jungen Kaiserreichs. 1873 war es, insbesondere durch den Einbruch der Finanzmärkte, zu einem Börsenkrach gekommen, auf den eine Phase des Abschwungs und verlangsamten Wirtschaftswachstums folgte, die als „Große Depression" bezeichnet wurde.[12] Der Begriff beschrieb weniger treffend die wirtschaftliche Realität[13] als vielmehr ein Gefühl, das sich in der Bevölkerung breitmachte und einen fruchtbaren Boden für Verschwörungserzählungen bereitete. Eine besonders prominente lautete: Die Juden – als Minderheit von 1,25 Prozent der deutschen Bevölkerung[14] – seien für die Krise der Wirtschaft verantwortlich.

Das Kaiserreich hatte den jüdischen Deutschen erstmals rechtliche Gleichstellung als Bürgerinnen und Bürger garantiert. Bereits zuvor waren, insbesondere in Bayern, die Rahmenbedingungen dafür geschaffen worden, dass die jüdische Minderheit die Entwicklung des wirtschaftlichen und kulturellen Lebens mitgestalten konnte. Diese Phase der jüdischen

10 Walther Rathenau: Staat und Judentum. Eine Polemik, in: Ders.: Gesammelte Schriften, Bd. 1: Zur Kritik der Zeit. Mahnung und Warnung, 4. Aufl. Berlin 1918, S. 183–207, hier S. 188 f.

11 Vgl. Michael Brenner u. Daniela F. Eisenstein: Einführung, in: Dies. (Hrsg.): Die Juden in Franken, München 2012, S. 1–4, hier S. 1.

12 Der Begriff wurde von Hans Rosenberg titelgebend verwendet; die Analyse gründete auf die „Theorie der langen Wellen" der großen Ökonomen der 1920er-Jahre: Arthur Spiethoff, Nikolaj Kondratieff und Joseph Schumpeter, vgl. Hans Rosenberg: Grosse Depression und Bismarckzeit. Wirtschaftsablauf, Gesellschaft und Politik in Mitteleuropa (= VHKB 24), Berlin 1967; Karl Erich Born: Wirtschafts- und Sozialgeschichte des Deutschen Kaiserreichs (1867/71–1914) (= WPSW 21), Stuttgart 1985, S. 108.

13 In einzelnen Wirtschaftszweigen kam es zwar zu Stockungen, doch wesentlich basierte der Abschwung auf Überkapazitäten in der Industrieproduktion, die zu einer gravierenden Deflation führten, vgl. Benjamin Ziemann: Politik in der Bismarck-Ära, in: bpb (Hrsg.): Das Deutsche Kaiserreich 1871–1918 (= izpb 329), 1 (2016), S. 16–21, hier S. 19.

14 Zahl von 1871; bis zum Ersten Weltkrieg sank diese insbesondere wegen der abnehmenden Geburtenrate auf 0,95 Prozent, vgl. Volker Berghahn: Das Kaiserreich 1871–1914. Industriegesellschaft, bürgerliche Kultur und autoritärer Staat (= GHdG 16), 10. Aufl. Stuttgart 2003, S. 169.

Geschichte in Deutschland ist als „Emanzipationszeit“ bekannt. In Teilen der Bevölkerung gab es jedoch erhebliche Vorbehalte gegenüber diesem gesellschaftlichen Aufstieg. Er schien den „rassisch“ begründeten Antisemitismus geradezu zu befördern: „Es hilft nicht, dass man sich durch und durch als Deutscher fühlt, es hilft auch nichts, wenn man nicht religiös ist“[15], so die Autorin Anne Druba über das Lebensgefühl vieler jüdischer Deutscher im Kaiserreich. Antisemitische Agitatoren schufen in der Wirtschaftskrise der 1870er-Jahre das Stereotyp des gierigen jüdischen Finanzkapitalisten, dem der bodenständige deutsche Fabrikbesitzer hilflos gegenüberstehe. Die feindliche Haltung war vor allem in jenen Milieus verbreitet, die sich von einem gesellschaftlichen Abstieg im Zuge der industriellen Revolution bedroht sahen, oder bei Menschen, schreibt Moshe Zimmermann, die „infolge des raschen Wandels des Wertesystems ihr Selbstvertrauen verloren hatten, wie zum Beispiel die Akademiker“[16]. In Karl Süßheims Geburtsjahr 1878 gründete der Berliner Hofprediger Adolf Stoecker die Christlich-Soziale Arbeiterpartei[17], die der zersplitterten antisemitischen Bewegung erstmals eine politische Heimat geben wollte. Auch in Süßheims Geburtsstadt Nürnberg polemisierte Stoecker vor Reichstagswahlen regelmäßig mit großem Erfolg.[18] Süßheim bezeichnete ihn einmal als „einen der fanatischsten deutschen Protestanten“[19].

Weitere dezidiert judenfeindliche Parteien folgten, und zur Jahreswende 1880/81 forderte die sogenannte Antisemitenpetition[20] de facto die Aufhebung der erst 1871 rechtlich verbürgten Gleichstellung; zudem sollte die Einwanderung ausländischer Jüdinnen und Juden ins Kaiserreich gesetzlich begrenzt werden.[21] Die Initiatoren reichten die Unterschriften von 267 000 Wahlberechtigten ein. In Süddeutschland fiel die Resonanz auf diesen Vorstoß weitaus geringer aus als in anderen Teilen des Kaiserreichs: In Bayern sammelten die Antisemiten nicht mehr als 9000 Unterschriften.[22] In Berlin aber, wo der konservativ-preußische Historiker Heinrich von Treitschke lehrte, kam es zu einer enormen Mobilisierung

15 Anne Druba: Der Aufstieg der Familie Bernheimer in München, in: IKGM (Hrsg.): Festschrift. 200 Jahre Israelitische Kultusgemeinde München und Oberbayern, München 2015, S. 86–89, hier S. 87.

16 Zimmermann, Vergangenheit, S. 21.

17 Vgl. Shulamit Volkov: Die Juden in Deutschland 1780–1918 (= EdG 16), 2. Aufl. München 2000, S. 49.

18 Vgl. Peter Zinke: „... bessere Resultate hätten erzielt werden können“. Die Zionistische Ortsgruppe Nürnberg-Fürth, in: Ders. (Hrsg.): „Nächstes Jahr im Kibbuz“. Die Zionistische Ortsgruppe Nürnberg-Fürth (= HzRG 2), Nürnberg 2005, S. 17–51, hier S. 17.

19 Tagebuch KS, 27. 3. 1908, übers. nach der osman. Translit. bei Schmidt, Orientalist (2018), S. 354.

20 Da der Einfluss des politisch organisierten Antisemitismus begrenzt blieb, starteten der Berliner Gymnasiallehrer Bernhard Förster und der Publizist Max Liebermann von Sonnenberg eine groß angelegte Unterschriftenaktion, um eine breitere Öffentlichkeit zu erreichen, vgl. Volkov, Juden, S. 50 u. Daniela Kraus: Antisemitenpetition, in: Wolfgang Benz (Hrsg.): HdAS 4: Ereignisse, Dekrete, Kontroversen, Berlin u. Boston 2011, S. 7–9.

21 Hier und im Folgenden vgl. Kraus, Antisemitenpetition, S. 8.

22 Zum Vergleich: Allein in Schlesien waren es rund 51 000 Unterzeichner, vgl. Martin Ulmer: Antisemitismus in Stuttgart 1871–1933. Studien zum öffentlichen Diskurs und Alltag, Berlin 2011, S. 92.

insbesondere im studentischen Milieu[23], auch wenn es durchaus Studenten gab, die Antisemitismus verachteten und Gegenmaßnahmen ergriffen[24].

Diese Bemühungen konnten nicht verhindern, dass sich bis Ende des 19. Jahrhunderts an den Universitäten der Ausschluss jüdischer Studenten aus gesellschaftlichen wie wissenschaftlichen Vereinigungen als Norm etablierte. In den intellektuellen Zirkeln des Landes wurde es salonfähig, die „Judenfrage" zu stellen, womit nicht etwa auf die schwierige Situation einer nach wie vor diskriminierten Minderheit verwiesen, sondern deren Existenz als Hindernis der gesamtgesellschaftlichen, der „deutschen" Entwicklung dargestellt wurde: In großen Teilen des akademischen Milieus verfestigte sich eine Judenfeindschaft, die längst nicht mehr in erster Linie auf Glaubensinhalte oder religiös-rituelle Gepflogenheiten rekurrierte, sondern tatsächliche genauso wie konstruierte kulturelle Eigenheiten des Judentums benutzte, um dessen Andersartigkeit gegenüber einem behaupteten „Deutschtum" hervorzuheben. Der Antisemitismus war Moshe Zimmermann zufolge „von Anfang an eine pejorative Haltung gegenüber Juden und Juden allein"; er war „eine säkulare Haltung, die doch weiterhin im Zeichen der traditionellen christlichen Judenfeindschaft stand", von der er sich in der „Betonung der Opposition zur Judenemanzipation und zur Assimilation [unterschied], aber auch in der Definition ‚des Juden' – es ging nun um die Rasse".[25] Diese Entwicklung forderte das Selbstverständnis der deutschen Jüdinnen und Juden heraus.

Karl Süßheim wurde in eine Zeit hineingeboren, in der sich das deutsche Judentum religiös zunehmend ausdifferenzierte und, insbesondere als Antwort auf den wachsenden Antisemitismus, auch stärker politisierte. Im konfessionellen Spektrum distanzierten sich Mitte des 19. Jahrhunderts immer mehr Jüdinnen und Juden vom zunehmend dominierenden Reformjudentum.[26] Es entstanden orthodoxe „Austrittsgemeinden", die sich von den

23 Heinrich von Treitschke rief die Berliner Studierenden dazu auf, die Petition zu unterschreiben – fast die Hälfte folgte der Aufforderung, vgl. Kraus, Antisemitenpetition, S. 8. Deutschlandweit hatten nach Angaben der Initiatoren mit 4000 Personen etwa 19 Prozent aller Studierenden das antisemitische Blatt unterzeichnet, vgl. Karsten Krieger: Der Berliner Antisemitismusstreit 1879–1881. Eine Debatte um die Zugehörigkeit der deutschen Juden zur deutschen Nation, in: Wolfgang Benz u. Angelika Königseder (Hrsg.): Judenfeindschaft als Paradigma. Studien zur Vorurteilsforschung, Berlin 2002, S. 89–95, hier S. 94; siehe auch Werner Jochmann: Struktur und Funktion des deutschen Antisemitismus, in: Mosse, Juden, S. 389–477, hier S. 414 f.

24 So wandte sich etwa der spätere linksliberale Politiker und Friedensnobelpreisträger (1927) Ludwig Quidde (1858–1941) – zunächst anonym – in einer Flugschrift gegen die Tendenzen. [Ludwig Quidde]: Die Antisemitenagitation und die Deutsche Studentenschaft, Göttingen 1881, abgedr. bei Karsten Krieger (Hrsg.): Der „Berliner Antisemitismusstreit" 1879–1881. Eine Kontroverse um die Zugehörigkeit der deutschen Juden zur Nation. Kommentierte Quellenedition, Bd. 2, München 2003, S. 829–847.

25 Zimmermann, Vergangenheit, S. 16.

26 Das Reformjudentum hatte Abstand von der Vorstellung einer göttlichen Inspiration der Torah genommen und erachtete die rituellen Gesetze als richtungsweisend, aber nicht länger bindend, wohingegen die ethischen Gesetze nach wie vor als Ausdruck des göttlichen Willens interpretiert wurden. Das „Judenedikt" von 1813 hatte in Bayern erstmals die jüdische Gemeindebildung

Einheitsgemeinden abtrennten, in denen bis dahin die unterschiedlichsten Strömungen der jüdischen Religion unter einem Dach vertreten gewesen waren. Als Mittelweg verstand sich dabei das konservative Judentum, das in Deutschland, anders als in den Vereinigten Staaten, eine traditionell orientierte Richtung innerhalb des breiten Spektrums der „Liberalen" blieb: Im Unterschied zu den Orthodoxen glaubten die Konservativen beispielsweise nicht an die Torah als unveränderliches Wort Gottes, sondern begriffen die göttliche Offenbarung als Prozess. Das jüdische Religionsgesetz, die Halacha, hielten sie allerdings unverändert hoch; die Gesetze reformierten sie nach eigenem Ermessen, da ihnen die Neugestaltungen des Reformjudentums oftmals zu weit gingen.

Der Gedanke der jüdischen Gemeinschaft als „auserwähltes Volk" spielte im traditionellen Milieu eine bedeutende Rolle, weshalb die Ansicht weitverbreitet war, man könne ein angemessenes jüdisch-spirituelles Leben nur in Eretz Israel, bei den Wurzeln der Religion im Nahen Osten, führen. Viele Konservative waren daher Anhänger der zionistischen Bewegung, die sich Ende des 19. Jahrhunderts formierte. Mehrheitlich lehnten liberale Jüdinnen und Juden die zionistische Idee jedoch ab. Die Geister innerhalb des deutschen Judentums schieden sich zunehmend auch politisch-ideologisch an der Frage des Verhältnisses von Judentum und „Deutschtum" sowie am gebotenen Umgang mit dem wachsenden Antisemitismus.

Vor diesem Hintergrund ergeben sich mehrere Ebenen, die für die Beschreibung des Verhältnisses des jungen Karl Süßheim zum Judentum relevant sind. Zuerst ist schlicht zu fragen: Welcher Konfession gehörte er überhaupt an? Weniger eindeutig ist die Bedeutung des Glaubens für ihn persönlich, Süßheims Umgang mit antisemitischen Anfeindungen sowie seine Einstellung zum Verhältnis von Judentum und „Deutschtum".

„Ich, Karl Süßheim, israelitischen Glaubens" | Ein Spross der liberalen Nürnberger Gemeinde

Karl Süßheims Eltern gehörten beide der liberalen jüdischen Gemeinde an. Vater Sigmund, aufgewachsen im liberal geprägten Kronach in Oberfranken, heiratete Mitte der 1870er-Jahre die 18 Jahre jüngere Clara Morgenstern. Sie stammte aus Fürth, in dessen jüdischer Gemeinde sich ebenfalls die liberale Richtung durchgesetzt hatte.[27] Und auch in Nürnberg, wo das Ehepaar sich niederließ, dominierte innerhalb der jüdischen Gemeinschaft „eine grundsätzlich religiös-liberale Haltung [...], die der politischen und kulturellen Gegenwart

formalisiert sowie aktiv die Strömung des reformorientierten Judentums gefördert: Edikt über die Verhältnisse der jüdischen Glaubensgenossen im Königreiche Baiern, in: KBR (17.7.1813), Sp. 921–932. Vgl. dazu Marcus Pyka: Die jüdische Gemeinde in München 1815–1871, in: IKGM, Festschrift, S. 44–51, hier S. 44 u. Brenner u. Eisenmann, Einführung, S. 2.

27 Vgl. Barbara Ohm: Geschichte der Juden in Fürth (= FBGH 11), [Fürth] 2014, S. 154–167.

aufgeschlossen gegenüberstand".[28] Der örtliche Rabbiner Max Freudenthal beschrieb seine Gemeinde als „eine junge[29] und darum in ihrem Gefüge, in ihren Einrichtungen, in ihren inneren Strebungen und äußeren Beziehungen ganz moderne"[30]. Überdies handelte es sich um eine dynamische Gemeinde: Während sie 1871 noch 1831 Mitglieder zählte, war sie bis zur Jahrhundertwende auf etwa 6000 angewachsen; mit zwei bis drei Prozent der Gesamtbevölkerung blieb der Anteil der jüdischen Minderheit in Nürnberg jedoch über Jahrzehnte hinweg relativ konstant.[31] Was bedeutete es dort zu dieser Zeit, in eine jüdische Familie hineingeboren zu werden?

Der deutsch-jüdische Emigrant und Historiker Peter Gay charakterisiert den gesellschaftlichen Status der Minderheit „[i]n dem Vierteljahrhundert zwischen der Thronbesteigung Wilhelms II. und dem Ausbruch des Ersten Weltkriegs" in mehrfacher Hinsicht als den einer Außenseiterin: „Es gab immer noch Vereine, die ihnen den Beitritt verweigerten, private Unternehmen, die sie nicht einstellten, Behörden, die sie nicht beschäftigten. Es gab Fanatiker, die sie nicht in Ruhe ließen. Sozialtheoretiker der verschiedensten Richtungen, Pseudowissenschaftler, die während der Zeit, als sich die alarmierenden Auswirkungen des Darwinismus bemerkbar machten, zu Namen und Ansehen kamen, waren gern bereit – oder empfanden es als nützlich –, die Juden für tatsächliche oder eingebildete Übel der modernen Zeit verantwortlich zu machen: für Materialismus, Säkularisierung und gesellschaftliche Mobilität. Die deutschen Juden, die nichts weiter wünschten, als in Frieden zu leben und zu arbeiten und zwar als Deutsche, empfanden das Fortbestehen exklusiver Organisationen,

28 In Nürnberg gab es auch einen orthodoxen Teil der jüdischen Gemeinschaft, der aber weitaus kleiner war; 1902 baute die orthodoxe Gemeinde Adas Israel eine eigene Synagoge, vgl. Alexander Schmidt: „Eine ganz moderne Gemeinde ..." Zur Geschichte der Nürnberger Juden vor 1933, in: Brenner u. Eisenstein, Juden, S. 181–198, S. 186, das Zitat S. 187. Zur jüdischen Geschichte Nürnbergs im Allgemeinen sind noch immer grundlegend die Werke von Bernhard Kolb: Die Juden in Nürnberg. Tausendjährige Geschichte einer Judengemeinde von ihren Anfängen bis zum Einmarsch der amerikanischen Truppen am 20. April 1945, maschinenschriftliches Manuskript um 1946, Stadtarchiv Nürnberg F5 Nr. 404b, ediert und eingeleitet von Gerhard Jochem unter dem Titel „Bernhard Kolb: die Juden in Nürnberg 1839–1945", [Nürnberg] 2007, http://www.rijo.homepage.t-online.de/pdf/DE_NU_JU_kolb_text.pdf u. Arnd Müller: Geschichte der Juden in Nürnberg 1146–1945 (= BGKSN 12), Nürnberg 1968.

29 Erst seit 1850 war die Ansiedlung von Jüdinnen und Juden innerhalb der Stadtmauern nach einer knappen Mehrheitsentscheidung des Nürnberger Magistrats nach Jahrhunderten wieder erlaubt, vgl. Brenner u. Eisenstein, Einführung, S. 4; Steven M. Lowenstein: Alltag und Tradition: Eine fränkisch-jüdische Geographie, in Brenner u. Eisenstein, Juden, S. 5–24, hier S. 13; Schmidt, Gemeinde, S. 184.

30 Max Freudenthal: Die israelitische Kultusgemeinde Nürnberg 1874–1924, Nürnberg 1925, S. 1. Angaben der Israelitischen Kultusgemeinde Nürnberg (IKGN) zufolge lebten zwei Jahre nach Aufhebung des Ansiedlungsverbots tatsächlich erst 87 Jüdinnen und Juden in der Stadt; die Gemeinde wuchs in den folgenden 15 Jahren auf 1254 Mitglieder. 1874 wurde die Synagoge am Hans-Sachs-Platz eingeweiht. Vgl. http://www.ikg-nuernberg.de/timeline.html.

31 Vgl. Schmidt, Gemeinde, S. 184.

Ausbrüche von Feindseligkeiten und antisemitische Publizisten als deprimierende Überreste vergangener Zeiten."[32]

Der jüdische Historiker Salo W. Baron, der später als Experte im Eichmann-Prozess aussagen wird, hat einer solchen Erzählung der deutsch-jüdischen Geschichte schon früh mit dem Hinweis auf eine allzu „lachrymose", also tränenreiche Theorie widersprochen.[33] Das Verhältnis der Jüdinnen und Juden in Süßheims fränkischer Heimat zur nicht-jüdischen Bevölkerung wird bei anderen wie dem amerikanischen Historiker Steven M. Lowenstein, einem Sohn jüdischer Flüchtlinge aus Deutschland, tatsächlich ganz anders beschrieben: „Juden gehörten zu denselben Schützenvereinen wie Nichtjuden, sie waren Mitglied in denselben Veteranen- und Gesangsvereinen. Sie engagierten sich in der Freiwilligen Feuerwehr der einzelnen Orte und waren seit dem Ende des 19. Jahrhunderts im dörflichen Gemeinderat vertreten. Sie saßen häufig mit den Christen [...] im Wirtshaus zusammen, tranken Bier und spielten Karten [...]."[34]

Lowenstein räumt aber ein, dass „es ebenso Belege für gegenseitiges Misstrauen, soziale Separierung und anti-jüdische Feindschaft" gebe. Er zitiert in diesem Zusammenhang die Ergebnisse einer Studie zu Mittelfranken[35], wo auch Familie Süßheim lebte: Von hierher kamen im 19. Jahrhundert 113 Petitionen aus der Bevölkerung, die gegen die Gleichstellung gerichtet waren.[36] Die vorsichtige, auch gesellschaftliche Emanzipation der jüdischen Deutschen und die ihnen gespiegelte Feindseligkeit: Sie existierten neben- und sie entwickelten sich miteinander.

Die fränkisch-jüdische Stadtbevölkerung war überwiegend im Groß- und Einzelhandel tätig. In Nürnberg war der Hopfenhandel (eine jüdisch dominierte und daher mit antisemitischen Stereotypen belegte Branche), der auch den Wohlstand der Süßheims generierte, weltweit führend.[37] Auch Ärzte und Juristen bildeten eine bedeutende Gruppe der jüdischen Oberschicht[38], daneben gab es aber sowohl eine mittlere wie auch eine untere Einkommensschicht. Der größte Teil der Juden, die seit 1850 nach Nürnberg gekommen waren, war nicht eben wohlhabend, sondern auf Arbeitsuche, auch wenn in der Stadt kolportierte

32 Gay, Begegnung, S. 241.

33 Salo W. Baron: Ghetto and Emancipation. Shall We Revise the Traditional View?, in: MJ 14 (1929), S. 515–526.

34 Hier und das folgende Zitat: Lowenstein, Alltag, S. 19.

35 James F. Harris: The People Speak. Anti-Semitism and Emancipation in Nineteenth-Century Bavaria, Ann Arbor 1994.

36 Hier und im Folgenden vgl. Lowenstein, Alltag, S. 19 f.

37 Um 1890 waren rund siebzig Prozent der in Nürnberg registrierten 350 Hopfenhandlungen in jüdischem Besitz. Zum Hopfenhandel vgl. Schmidt, Gemeinde, S. 185; Berghahn, Kaiserreich, S. 169 u. Jochem, Hopfenhandel, S. 39 u. 41 sowie den Ausstellungsband des Jüdischen Museums München (JMM) von Lilian Harlander u. Bernhard Purin (Hrsg.): Bier ist der Wein dieses Landes. Jüdische Braugeschichten, München 2016 und hier v. a. den Aufsatz von Lilian Harlander: „Wegen der israelitischen Feiertage geschah gestern und heute im Hopfengeschäft nichts ..." Über jüdische Hopfenhändler in Bayern, S. 53–69, die Zahlen für Nürnberg S. 54.

38 Vgl. Lowenstein, Alltag, S. 21.

antisemitische Vorurteile das Gegenteil besagten.[39] Der Nürnberger Hugo Barbeck beschrieb in den 1870er-Jahren anhand der Leugnung dieser ökonomischen Heterogenität geradezu idealtypisch die Genese des antisemitischen Stereotyps: „Was die sociale Stellung der Israeliten in Nürnberg betrifft, so dürfte noch einige Zeit hingehen, bis hierüber ausschließlich Günstiges zu berichten wäre. Einen wesentlichen Einfluß in der Beurtheilung israelitischer Verhältnisse bildet der Reichtum der [Israelitischen Kultus-, KM]Gemeinde, eine Eigenschaft, die man auf alle einzelnen Mitglieder derselben überträgt und worüber man gänzlich vergißt, daß auch ein zahlreicher Mittelstand existirt und daß die Ausgaben zu Armenzwecken außerdem auf eine nicht kleine Anzahl Unterstützungsbedürftiger hinweisen. Eine kleine angeerbte, gewissermaßen historische, Abneigung läßt sich nicht ableugnen. [...] [Man] beurtheilt [...] oft [...] nach einem, meist sich ungünstig abhebenden Einzelnen das Ganze und gewinnt dabei ein vollkommen unrichtiges Bild."[40]

Ein weiteres Schlaglicht auf die christlich-jüdischen Beziehungen in Nürnberg zu dieser Zeit werfen die Beschreibungen der Synagogeneinweihung am Hans-Sachs-Platz im Jahr 1874, die „unter reger Beteiligung der städtischen Gesellschaft und weitgehend ohne öffentliche antisemitische Äußerungen der christlichen Umwelt"[41] stattgefunden habe. „Weitgehend" ist ein dehnbares Wort: Die *Allgemeine Evangelisch-Lutherische Kirchenzeitung* zum Beispiel schrieb anlässlich der Einweihung, dass die schönsten und stattlichsten Häuser der Stadt „in Händen der Juden" seien, die innere Ausstattung der neuen Synagoge von „Pomp und Goldverschwendung" zeuge, und fuhr fort: „Alles [...] ist so reich und verschwenderisch ausgestattet, als wolle [der Bau] den Reichthum der Söhne Israels verkünden. Dennoch weht durch den Bau ein Geist, der uns Christen fremdartig anweht; es fehlt der innere Lebenshauch, es fehlt die erfrischende Wärme christlicher Bauten; es fehlt das wahrhaft Ideale und zum Himmel Emporstrebende. [...] Der Baumeister [...], das muß man gestehen, hat sich tief hineingedacht in das Leben und Streben dieses Volkes und hat seinen Geist zum entsprechenden Ausdruck gebracht."[42]

Das waren ausnehmend gehässige Zeilen über ein angeblich anderes Volk. Doch auch dies ist Teil der Geschichte: Der Nürnberger Bürgermeister Otto von Stromer, der die Pforte der Synagoge bei der Einweihung öffnen durfte, bezeichnete sich öffentlich als besonders glücklich darüber, mitwirken zu dürfen, da sich einer seiner Vorfahren an einem schrecklichen Pogrom von 1349 beteiligt habe.[43] Beim Gottesdienst predigte Moritz Levin, der erste eigene Rabbiner der Nürnberger Gemeinde. Der 14-jährige Sigmund Held, später Vorsitzender der jüdischen Gemeinde, war zugegen und berichtete von der Rede, die gehörigen

39 Vgl. Schmidt, Gemeinde, S. 185.

40 Hugo Barbeck: Geschichte der Juden in Nürnberg und Fürth. Auf Grund des vorhandenen gedruckten Materials, der in den königl. Archiven zu Nürnberg und Bamberg befindlichen Akten und Urkunden, der Archivalien im Cultusgemeindebesitz, Nürnberg 1878, S. 99 f.

41 Schmidt, Gemeinde, S. 186.

42 Zit. nach Harold Hammer-Schenk: Synagogen in Deutschland. Geschichte einer Baugattung im 19. und 20. Jahrhundert (1780–1933), Teil 1, Hamburg 1981, S. 316 f.

43 Vgl. Müller, Geschichte, S. 168.

Eindruck auf ihn machte, „[w]ar sie doch neben frommen Anführungen aus der Heiligen Schrift vielfach durchwoben mit Stellen aus Schiller, Goethe, Rückert, Schopenhauer u.a. und gab dadurch zu erkennen, daß in dem eben geweihten Tempel neben den unverrückbaren Grundlagen des alten Judentums auch die neue Zeit zu ihrem Recht kommen solle."[44]

Auch der Rabbiner Bernhard Ziemlich, der die Gemeinde in Karl Süßheims Jugend prägte, demonstrierte regelmäßig seine Verbundenheit mit den deutschen Klassikern: Im Verein Merkur hielt er etwa einen Vortrag über die Beziehung Goethes, des „Altmeister[s] der deutschen Dichtkunst", zum Alten Testament.[45]

In diesem Klima aus latenter Judenfeindschaft, interreligiöser Annäherung und jüdischer Selbstbehauptung also wuchs Karl Süßheim auf – und musste dabei ein eigenes Verhältnis zu Judentum und „Deutschtum" entwickeln. Als Vorbild diente ihm zunächst einmal sein Vater, der geradezu als Paradebeispiel des assimilierten bürgerlichen Stadtjuden gelten kann, doch mit seinen Überzeugungen gehörte Sigmund Süßheim klar zu einer gewissermaßen gesättigten Schicht und Generation deutscher Jüdinnen und Juden, gegen die ihre Kinder oftmals mit neuen und eigenen Identifikationsmustern aufbegehrten, wobei auch radikal alternative Lebensmodelle eine große Rolle spielten.[46] Er war 1836 im oberfränkischen Kronach geboren worden, als Spross einer langen Linie von Einzelhändlern, die früher den Namen Süßel trugen.[47] Seiner Geburtsstadt blieb er ein Leben lang verbunden: Hier kaufte er Eigentum und gehörte zu den Gründern der Freiwilligen Feuerwehr[48]. Sigmund Süßheim war in Kronach als „Unteragent zur Vermittlung von Ueberfahrts-Verträgen nach überseeischen Ländern"[49] tätig, in Nürnberg ließ er sich 1870 als Hopfenhändler nieder und verzeichnete mit seiner Arbeit großen Erfolg. Zusammen mit seinem Geschäftspartner Wolfsheimer besaß er eine Hopfenhandlung in der Karolinenstraße, die nach der Trennung der Partner 1877 aufgelöst wurde. Noch im selben Jahr ließ Sigmund Süßheim einen eigenen

44 Sigmund Held: Plaudereien aus der Vergangenheit der Gemeinde, in: NIGB 5/1 (1.9.1924), S. 3f., hier S. 4.

45 Bernhard Ziemlich: Goethe und das alte Testament. Vortrag gehalten im „Verein Merkur" zu Nürnberg, Nürnberg 1883.

46 Vgl. dazu Brenner, Schatten, S. 75 u. 88f. sowie Ders.: A Tale of Two Families: Franz Rosenzweig, Gershom Scholem and the Generational Conflict around Judaism, in: Judaism 42/3 (1993), S. 349–361.

47 Bis 1807 waren in Kronach lediglich zwei jüdische Familien ansässig: „Löw Süssel (ab 1813 Löw Süßheim) und Wolf Seligsberger". Die Namensumbenennung geht vermutlich auf das bayerische „Judenedikt" von 1813 zurück: Die Annahme eines deutsch klingenden Familiennamens für jüdische Bürgerinnen und Bürger war darin verankert. Mehrere Formularblätter legen nahe, dass es in Kronach 1813 zu Namensänderungen kam, und in der „Matrikelliste" für Kronach aus dem Jahr 1820 ist eine Witwe namens Süßheim vermerkt. Vgl. Edikt, Sp. 922; Monika Berthold-Hilpert: Die Ortenaus. Eine fränkisch-jüdische Familiengeschichte der Emanzipationszeit, in: Brenner u. Eisenstein, Juden, S. 157–167, hier S. 159; für das Zitat siehe Barbara Himmel: Die Synagoge der ehemaligen israelitischen Kultusgemeinde Kronach [Magisterarbeit], Bamberg 1995, S. 15.

48 Vgl. auch das Schreiben der Freiwilligen Feuerwehr Kronach an Clara Süßheim, 20.7.1910, Privatnachlass KS.

49 [Artikel], in: Königlich-Bayerisches Kreis-Amtsblatt von Oberfranken, Bayreuth 1868, Sp. 1297.

Bald wird er auch eine Familie gründen: Der in Nürnberg angekommene Hopfenhändler Sigmund Süßheim im April 1870.

Betrieb in der Gostenhoferstraße allein auf seinen Namen registrieren. Längst in Nürnberg zu Hause, gründete er mit seiner Frau Clara 1907 eine mit 10 000 Mark dotierte gemeinnützige Stiftung[50], die den Kronachern – explizit unabhängig von ihrer Religionszugehörigkeit –

50 Der Ertrag der Sigmund und Clara Süßheim'schen Wohltätigkeitsstiftung sollte jährlich zur Hälfte „an 2 würdige, in Kronach heimatberechtigte Personen, die selbst oder deren Familie durch Krankheit oder sonstiges unverschuldetes Unglück in Not oder Bedrängnis geraten sind, verteilt werden, die andere Hälfte an 2 unterstützungswürdige Knaben, die bei guter Führung und gutem Erfolge eine Mittelschule besuchen [...]. Die Zuteilung soll ohne Rücksicht auf Religionszugehörigkeit erfolgen." 1910 vermehrte Clara Süßheim den Kapitalstock der Stiftung um weitere 10 000 Mark. Georg Fehn: Chronik von Kronach, Bd. 3, Kronach 1953, S. 66. In seinem Testament hatte Sigmund Süßheim die Erhöhung angeordnet und seinen Wunsch geäußert, dass in Zukunft „je vier Bedürftige die Unterstützung erhalten sollen". Sigmund Süßheim: Letztwillige Verfügung, 2. 7. 1909, Privatnachlass KS.

zugutekommen sollte.[51] In seinem Testament bestimmte er zudem die Verteilung von 2000 Mark aus seinem Nachlass an verschiedene Wohltätigkeitsvereine in Nürnberg.[52]

Wie genau Süßheims Eltern zueinander fanden, ist nicht bekannt, doch wir müssen nicht daran zweifeln, dass es sich zeittypisch um ein familiäres Arrangement handelte. In seinem Tagebuch berichtet Karl Süßheim, dass die Ehe einen schwierigen Start hatte: Seine Mutter habe einen so alten Mann zunächst nicht heiraten wollen, schrieb er einmal, und in der Ehe kam es offenbar immer wieder zu Krisen.[53] Clara entstammte einer hoch angesehenen Familie: Sie war die Tochter des Politikers und Juristen David Morgenstern, der als erster jüdischer Landtagsabgeordneter Bayerns die Emanzipation der Minderheit verfocht und sich für die Abschaffung des judenfeindlichen „Matrikelparagraphen"[54] in Bayern einsetzte.[55] Seiner jüdischen Gemeinde war er verbunden: Als in Fürth die Stelle des Geschäftsführers der Israelitischen Kultusgemeinde (IKG) ausgeschrieben wurde, bewarb er sich darauf.[56]

Karl Süßheim war vier Jahre alt, als sein berühmter Großvater starb; Großmutter Regina (geb. Adlerstein) aber lebte bis 1907 und hielt die Erinnerung aufrecht. Süßheims Mutter Clara war von 15 Kindern die jüngste Tochter der sehr wohlhabenden Familie Morgenstern: Zwei ihrer Brüder wurden 1914 ins bayerische „Jahrbuch der Millionäre" aufgenommen[57]; sie selbst war wie andere Familienmitglieder eine leidenschaftliche Kunstsammlerin. Karl Süßheim und seine Geschwister wuchsen also in einem überaus privilegierten Haushalt auf. Mit Max und Paula verstand er sich gut. Die jüngere Schwester vermisste ihn, als er zum Studium endgültig ausgezogen war und offenbar nicht so recht wusste, wo er seine Sachen zwischenlagern sollte: „Wie geht es Dir? Du bist natürlich schon längst in Berlin eingewöhnt. Deinen Brief habe ich auch erhalten. Was sich in dieser Sache thun läßt, weiß ich selbst nicht.

51 Die Heimatstadt wusste das Engagement zu schätzen – bei der Beerdigung Sigmund Süßheims war auch eine Delegation aus Kronach anwesend, vgl. Tagebuch KS, 2.5.1910.

52 Sigmund Süßheim: Letztwillige Verfügung, 2.7.1909, Privatnachlass KS.

53 Vgl. Tagebuch KS, 10.4.1910.

54 Der Paragraf war Teil des erwähnten „Judenedikts" von 1813 im Königreich Bayern, dem Franken 1806 eingegliedert worden war. In ihm wurde die zugelassene Zahl jüdischer Familien an jedem Ort festgelegt. Die sogenannten Matrikel waren Registrierungsnummern, die für jede Gemeinde die Anzahl „zugelassener" Jüdinnen und Juden bestimmte. Jüdische Familiengründungen wurden dadurch erschwert, dass jüdischen Männern die Heirat verboten war, wenn es auf der Liste keine Vakanz gab. Die Matrikelgesetze wurden 1861 abgeschafft. Vgl. Brenner u. Eisenstein, Einführung, S. 2; Lowenstein, Alltag, S. 14; Pyka, Gemeinde, S. 44.

55 Vgl. Schmidt, Gemeinde, S. 185.

56 Die Regierung von Mittelfranken lehnte seine Berufung allerdings mit dem Hinweis ab, er käme dadurch „in nähere Berührung mit den israelitischen Vereinsmitgliedern zu Fürth, welche im Jahre 1848 eine mehr oder minder regierungsfeindliche Richtung an den Tag gelegt haben", zit. nach Berthold-Hilpert, Ortenaus, S. 162. Da Morgenstern im Landtag ohnehin ein Oppositioneller sei, sei das nicht tragbar. Zur politischen Arbeit von Süßheims Großvater vgl. auch Kap. I.2.

57 Friedrich und Heinrich Morgenstern, beide „Teilhaber der Zinnfolienfabrik D. Morgenstern", wurden als „einfache (1–2 Millionen Mark Vermögen)" gelistet, vgl. Rudolf Martin: Jahrbuch des Vermögens und des Einkommens der Millionäre in Bayern, Berlin 1914, S. 95.

Ein Foto fürs Familienalbum: Die Bürgersöhne Karl (links) und Max Süßheim in den 1880er-Jahren.

Bei uns ist ja jeder Platz mit Sachen überfüllt. Am besten ist es, wenn ich selbst mit Mama darüber spreche, glaubst Du nicht, daß das richtiger wäre? – Wie ich weiß, interessier[en] Dich sehr meine Tanzangelegenheiten. Mama wird Dir wohl geschrieben [haben], daß ich Frieda in den ersten beiden Tanzstunden vertreten werde. [...] Letzten Montag hatte ich in Nürnberg Vorstellung, daß es heftig zuging, kannst Dir denken. [...] Mir hat es überall sehr gut gefallen. Nächsten Sonntag haben wir unser 1. Ausflugskränzchen, schade, daß Du nicht dabei bist. Hast Du schon in Berlin getanzt? Hast Du gute Gesellschaft gefunden? Arbeite ja nich[t] zu viel. Es grüßt Dich herzlichst Deine Paula"[58]

58 Paula Süßheim an Karl Süßheim, 19.10.1899, Privatnachlass KS.

Paula unterstützte ihn auch dabei, seinen familiären Verpflichtungen trotz der Entfernung nachkommen zu können – sie besorgte für ihn zum Beispiel Geburtstagsgeschenke für die anspruchsvolle Mutter.[59] Ein Brief Max Süßheims aus dem Jahr 1900 zeigt, dass auch die Brüder freundschaftlichen Kontakt hielten, als sie während ihres Studiums in unterschiedlichen Städten lebten:

> „Lieber Karl! […] [W]enn man fünf Semester in Isar-Athen [gemeint ist München, KM] verbracht hat, geizt man nicht mehr so sehr nach dem Aufenthalt dort, wie im 1. Semester. Kempten bietet, wie ich mich in den letzten 14 Tagen überzeugt habe, genug der Unterhaltung und des geselligen Vergnügens. Hätte nicht gedacht, dass ich hier noch so fleißig das Tanzbein schwingen werde. Es ist gut, daß der Fasching zu Ende geht. Mit meinen Arbeiten bin ich nicht wenig in Rückstand. Kein Wunder, wenn man Sonntag um ½ 5 Uhr (Liederkranz), heute um ½ 6 (Liedertafel) nach Hause kommt. Heute Abend bin ich noch zu Erheiterung eingeladen. […] Mit bestem Gruß Dein treuer Bruder Max“[60]

Max schrieb seinen Eltern, die die erwachsenen Söhne während des Studiums mit Überlebenspaketen versorgten, in ähnlich übermütigem Plauderton: „Liebe Mama! Besten Dank für Deine letzte, rasch eingetroffene Sendung an allerlei Gutem und Nützlichem. Wollte ich für jedes einzelne Stück danken, so würde das zu weit führen; ich bitte daher mit einem von Herzen kommenden Generaldank fürlieb zu nehmen. Ausdrücklich will ich nur den Empfang der 50 M bestätigen. […] Dieser Tage sollte in Nürnberg schon wieder ein Mord […] stattgefunden haben; habt Ihr vielleicht die Zeitungsberichte, die letzten waren für mich ganz interessant, noch in Händen? – Allem Anschein nach steht gegenwärtig bei euch der Tanzkurs […] im Mittelpunkt des Interesses. Kommt Paula auch hie und da ins Theater? Ihr glücklichen Provinzler, bei euch kann man wenigstens noch ins Theater gehen, ohne um den ganzen Inhalt seines Portemonnais [sic!] zu kommen! […] Galerie 2 M, Sperrsitz so praeter propter 20 M. Punkt Gedankenstrich. Mit dem Wunsch, daß diese Zeilen Dich in bestem Wohlbefinden antreffen verbleibe ich Dein dankbarer Sohn Max[,] Gruß an Papa!“[61]

Die fröhlichen Zeilen scheinen zu bezeugen: Die Süßheims waren im Deutschen Kaiserreich angekommen. Das war in vielerlei Hinsicht auch der Fall, denn Mitglieder der Familie gestalteten die Entwicklung des Landes, insbesondere der bayerischen Heimat, mit: politisch, wirtschaftlich, gesellschaftlich. Die antisemitisch gefärbte öffentliche Debatte um das Judentum und den „jüdischen Charakter“ allerdings betrachtete den Glauben zunehmend als „Rassenmerkmal“. Wie wir hörten, hatte sich der Begriff „jüdisch“ längst säkularisiert und wurde – nicht nur von Antisemiten, sondern auch von jüdischen Gruppen wie den Zionisten – zunehmend als ethnische Zuschreibung verstanden. Für die Süßheims aber war das Jüdisch-Sein kein Widerspruch dazu, sich als Teil des deutschen Volkes zu sehen und

59 Vgl. Dies. an Dens., 10.5.1901, ebd.

60 Max Süßheim an Karl Süßheim, Kempten 27.2.1900, ebd.

61 Ders. an Clara Süßheim, 6.10.1898, ebd.

gesellschaftliche Verantwortung zu übernehmen. Dieses Verständnis teilte der junge Karl offenbar von ganzem Herzen.

Den ersten Hinweis auf seine eigene Verortung im Judentum liefert Süßheim uns in dem Lebenslauf, der seiner Dissertationsschrift beigefügt ist: Er bezeichnete sich darin nicht als jüdisch, sondern begann seine Ausführungen mit den Worten „Ich, Karl Süßheim, israelitischen Glaubens“[62]. Das Attribut „israelitisch“ verwies im Gegensatz zu „jüdisch“ nach wie vor ausschließlich auf das Glaubensbekenntnis – viele Vereine umgingen eine befürchtete ethnische Konnotation, indem sie sich als „israelitisch“ bezeichneten.[63] Ähnliches lässt sich bei einem Mann beobachten, den Karl Süßheim erst Jahrzehnte später, im Istanbuler Exil kennenlernen wird: Der Romanist Erich Auerbach beschrieb sich im handschriftlich verfassten Lebenslauf seiner Dissertationsschrift als „Preuße, jüdischer Konfession“[64] und betonte damit gleichfalls, dem Judentum nicht im Sinne eines Volkes oder einer Nation anzugehören, sondern einer Religionsgemeinschaft. Die von Karl Süßheim gewählte Bezeichnung „israelitisch“ war semantisch noch unmissverständlicher, und er sollte sich bis in die nationalsozialistische Zeit hinein in offiziellen Dokumenten stets als „Israelit“ und nicht als „Jude“ bezeichnen. Auch sein Erscheinungsbild, das Fotografien vermitteln, ließ nicht auf seinen Glauben schließen: Karl Süßheim trug Hut und Schnurrbart, wie es deutsche Mode war.[65] Er war also ein typischer Spross der liberalen jüdischen Gemeinde. Doch welche Rolle spielte der Glaube für ihn?

Karl Süßheim bedeutete es viel, der jüdischen Religion anzugehören.[66] Dies war zeitgenössisch keine Selbstverständlichkeit – und es war auch bei ihm nicht schon immer so. Viele deutsche Jüdinnen und Juden hatten entsprechend den allgemeinen gesellschaftlichen Säkularisierungstendenzen ein eher leidenschaftsloses Verhältnis zum Glauben entwickelt: Die Religion wurde in weiten Teilen der jüdisch-bürgerlichen Gesellschaft als überlieferte Tradition gelebt, die im Alltag mal mehr, mal weniger Beachtung fand, anderen Lebensbereichen untergeordnet und nicht zwingend als zentraler Bestandteil der eigenen Identität angesehen wurde. Karl Süßheims Familie gehörte zudem der gehobenen Mittelschicht an, in der sich

62 Süßheim, Annexionsbestrebungen, S. 36.

63 So beispielsweise der Israelitisch-humanitäre Frauenverein, vgl. Magdalena Gehring: Moderne jüdische Sozialarbeit. Der Israelitisch-humanitäre Frauenverein, in: HSdjG (22.9.2016), http://juedische-geschichte-online.net/beitrag/jgo:article-121.

64 Zit. nach Martin Vialon: Erich Auerbachs verborgenes Judentum und sein Istanbuler Nachruf auf den Orientalisten Karl Süßheim, in: Kalonymos 18/2 (2015), S. 3–9, hier S. 4.

65 Es haben sich, insbesondere aus Süßheims Jugend, nicht allzu viele Porträtfotografien erhalten, doch dass er bereits in seiner frühen Münchner Zeit einen Schnurrbart trug, bestätigt auch die Erinnerung seines bekanntesten Schülers, vgl. Gershom Scholem an Barbara Flemming, Jerusalem, 22.1.1978, zit. nach Flemming u. Schmidt, Diary, S. 222. Die Beschreibung der komplizierten Herrenhutsuche in München füllt in späteren Jahren viele Zeilen in einem Brief an die Mutter: „Ich hoffe, jetzt auf 5 Jahre keinen [neuen, KM] Herrenhut mehr zu brauchen“, wird er 1929 abschließend schreiben. Karl Süßheim an Clara Süßheim, 31.1.1929, Privatnachlass KS.

66 So auch die Vorbemerkung der Editoren seines Tagebuchs, vgl. Flemming u. Schmidt, Diary, S. 5.

religiöse Indifferenz besonders stark ausgebreitet hatte. Franken war zwar eine Region, in der die jüdische Bevölkerung verhältnismäßig konservativ mit den religiösen Traditionen umging[67], dies galt aber weniger für das städtische Bürgertum. Das bürgerliche Leben der jüdischen Familien unterschied sich hier kaum vom Alltag der Christen, und so war es auch bei den Süßheims. Wir dürfen uns die Ausübung der Religion in ihrem Hause ähnlich wie bei anderen liberalen Familien der Kaiserzeit vorstellen: An den hohen Feiertagen besuchte man durchaus den Gottesdienst in der Synagoge, und die wichtigsten jüdischen Feste wurden gefeiert, doch am Sabbat-Abend verweigerte man sich längst nicht mehr gesellschaftlichen Vergnügungen.[68] Christliche Feste wie Weihnachten wurden ganz selbstverständlich ebenfalls gefeiert[69]: Schwester Paula berichtete der Mutter einmal ausführlich über ihre Vorbereitungen für den Heiligen Abend, zu dem sie eine „Gans nach Hause geschleppt“[70] habe, und in Karl Süßheims Briefen an seine Mutter sind Weihnachtsgeschenke ein wiederkehrendes Motiv.

Wie weit die jüdischen Traditionen in den Hintergrund rücken durften, war allerdings nicht nur individuelle Verhandlungsmasse, wie eine Episode um den Tod Sigmund Süßheims zeigt. Im Frühjahr 1910, Karl Süßheim befand sich zu Forschungszwecken in London, erhielt er ein Telegramm seines Bruders Max, das ihn zur sofortigen Rückkehr nach Deutschland aufforderte, da der Vater erkrankt sei.[71] Er verließ England umgehend, kam allerdings zu spät: Sein Vater starb im Alter von 73 Jahren an Herz- und Lungenversagen[72], noch bevor Süßheim Nürnberg erreichte. Zum Entsetzen der Mutter stellte sich am Tag nach der Beerdigung heraus, dass Sigmund Süßheim nach seinem Tod verbrannt werden wollte – gemäß dem jüdischen Religionsgesetz ein schweres Vergehen.[73] Clara Süßheim befürchtete, dass der

67 Vgl. Lowenstein, Alltag, S. 19.

68 Vgl. die Beschreibung bei Berthold-Hilpert, Ortenaus, S. 161.

69 Unvergesslich ist in diesem Zusammenhang eine Episode aus Theodor Herzls Tagebuch: Er beschrieb die Missbilligung eines Rabbiners, der ihn zu Hause besuchte und einen Christbaum im Wohnzimmer entdeckte. Herzl kommentierte die Irritation amüsiert: „[M]einetwegen soll's der Chanukabaum heißen – oder die Sonnenwende des Winters?“, zit. nach Michael Brenner: Israel. Traum und Wirklichkeit des jüdischen Staates. Von Theodor Herzl bis heute, München 2016, S. 37 f.

70 Paula Süßheim an Clara Süßheim, 22.12. [o. J.], in: Privatnachlass KS.

71 Genau genommen waren es zwei Telegramme: „Papa krank kein Grund zur Besorgnis komme“. Wenig später folgte ein zweites: „Komme sofort mit naechstem Zug“. Beide Botschaften legte Süßheim in sein Tagebuch ein: Max Süßheim: Telegramme, Nachlass KS (SBB) Hs. or. 1135–3, Beilage 2.

72 Vgl. Tagebuch KS, 1. 5. 1910. Den Totenschein vom 30. 4. 1910, ausgestellt vom Nürnberger Standesamt, hat Süßheim bis zu seinem Lebensende aufbewahrt; die Beerdigung fand am 2. 5. 1910 auf dem jüdischen Friedhof in Nürnberg statt, vgl. Todesanzeige Sigmund Süßheim [Entwurf], 30. 4. 1910, beides: Privatnachlass KS.

73 Hier und im Folgenden vgl. Tagebuch KS, 3. 5. 1910. In den Nevi'im (hebräische Bezeichnung für die Prophetenbücher) wird die Verbrennung von Toten als schwere Sünde getadelt und bestraft (Amos 2,1), weshalb diese Art der Beerdigung nach der Halacha verboten ist. Ein weiterer Grund ist die Vorstellung einer körperlichen Wiederauferstehung nach dem Tod. Im gesetzestreuen Judentum ist die Feuerbestattung daher strengstens untersagt, und selbst in liberalen Kreisen kommt sie eher selten vor. Vgl. Heinrich Simon: Leben im Judentum. Persönliche Feste und denkwürdige

Leichnam wieder ausgegraben werden müsse, um dem erklärten letzten Willen gerecht zu werden, doch ihr Sohn Max versicherte ihr, dass die rechtlichen Voraussetzungen für eine Feuerbestattung ohnehin nicht erfüllt gewesen seien. Sie setzten sich über den Wunsch des Verstorbenen hinweg – eine bezeichnende letzte Episode der Ehe Süßheim.

Religiöse Einstellungen führten in der Familie häufiger zu heftigen Diskussionen. Bruder Max und Vater Sigmund, aber auch die jüngere Schwester Paula pflegten zum Unbehagen der Mutter ein eher lockeres Verhältnis zur Religion, und zunächst unterschied sich der junge Karl hier nicht. Bernhard Ziemlich, der Rabbiner der liberalen Gemeinde[74], mit dem die Süßheim-Kinder aufgewachsen waren, galt zwar als vergleichsweise konservativ: Er engagierte sich beispielsweise mit Erfolg für einen jüdischen Religionsunterricht an den staatlichen Schulen Nürnbergs, in dem auch Hebräisch gelehrt wurde.[75] Auch Karl Süßheim besuchte eine solche Schule[76], hat das Hebräische dort aber nicht wirklich gelernt[77], was sicherlich nicht an seinem fehlenden Gefühl für Sprachen lag. Der örtliche Rabbiner scheint den jungen Juden jedenfalls nicht sonderlich geprägt zu haben, denn für den jungen Süßheim spielte der Glaube lange keine große Rolle, wie wir aus dem ersten überlieferten Band seines Tagebuchs unmittelbar erfahren. Er führt uns nach Konstantinopel, wo der Mittzwanziger an allen Ecken und Enden mit Glaubensvorstellungen konfrontiert wird.

Über den Beginn seines Aufenthalts im Osmanischen Reich im Spätsommer 1902 ist wenig bekannt, denn Süßheims allererstes Tagebuch, das er in dieser Zeit geschrieben haben muss, ist nach wie vor verschollen. Die ersten überlieferten Zeilen an die Eltern aus dem „Quartier Demir Kapou, Maison Kalliopi“ in Konstantinopel stammen aus dem Dezember:

> „Liebe Eltern! Zuerst meine herzlichsten Glückwünsche für Papa. Ich brauche mich gewiß nicht in Lobeserhebungen u. Herzensergüssen auszulassen u. spreche nur den Wunsch aus, daß Papa uns auch noch recht viele Jahre erhalten bleiben möge. Vergangenen Montag war der Jahrestag der Flucht Muhammads von Mekka nach Medina, ein Ereignis, das als Datum der Begründung des Islams gilt. Der Sultan als oberstes religiöses Haupt der Muhammedaner, zieht an jenem Tage von altersher in feierlicher

Tage (= Jüdische Miniaturen 8), Berlin 2004, S. 7; Heinrich C. Olmer: „Wer ist Jude?“ Ein Beitrag zur Diskussion über die Zukunftssicherung der jüdischen Gemeinschaft (= JCI 8), Würzburg 2010, S. 28 u. 52.

74 Er war von 1881 bis 1907 Rabbiner der Gemeinde. Freudenthal, Kultusgemeinde, S. 71 u. 75.

75 Vgl. Schmidt, Gemeinde, S. 190 u. Freudenthal, Kultusgemeinde, S. 19 f.

76 Im Neuen Gymnasium Nürnberg drückten Katholiken, Protestanten, Juden und Konfessionslose gemeinsam die Schulbank – „offener Antisemitismus war nicht spürbar“. Karl Süßheim war 1889/90 einer von 111 jüdischen Schülern, die somit mehr als ein Viertel der gesamten Schülerschaft ausmachten. Vgl. dazu Susanne Rieger: „Durchaus nicht unbegabt, aber noch unreif und ohne Verständnis für gleichmäßige richtige Arbeitsverteilung“: Jüdische Schüler vor 1933 am Neuen Gymnasium Nürnberg und ihre Schicksale, in: Ursel Fischer u. a. (Hrsg.): 125 Jahre Neues Gymnasium Nürnberg, Nürnberg 2014, S. 139–149, das Zitat S. 139, die Zahlen S. 149.

77 Vgl. Tagebuch KS, 26. 6., 24. 7. u. 13. 9. 1904.

Prozession zu der Schatzkammer, in welcher einige Reliquien des Propheten aufbewahrt werden [...]. Der Weg von dem weit entfernten Jildispalais bis zur Schatzkammer, die in dem alten, nahe bei meiner Wohnung befindlichen Schlosse untergebracht ist, ist mit einer dichten Lage Sand bestreut; denn das Pflaster ist so wenig rühmenswert, daß eine Wagenpartie in Konstant[inopel] nicht gerade zu den angenehmsten Vergnügungen gehört. Die muhammedanischen Häuser u. Gebäude, deren Besitzer auf muhammedanische Kunden Wert legen (Geschäfte, Wirtshäuser, Cafés), sind mit kleinen roten, auch grünen Fahnen geschmückt. In den Straßen sieht man viele Soldaten, teils in langer Front formiert, teils mehrere zusammen isoliert, in der Regel die Flinte mit aufgepflanztem Seitengewehr bei Fuß. Durch ihre nähere Bekanntmachung kennt man schon den Verlauf des Tages: Seit 10 Jahren ist der Padischah [der Sultan, KM] nicht mehr zu Lande eingetroffen. Von seinem Palast fährt er im Wagen zu der etwa 5 Minuten Fahrt entfernten Meerenge herab. Dann besteigt er seine Jacht mit seinem jüngsten u. Lieblingssohn, dem etwa 15jährigen Bürhan addin, mit dem Kriegsminister u. Edhem Pascha, dem Sieger gegen Griechenland, durch deren Gegenwart das Heer genommen wird, dem alten, treuen jüngst so kranken Marineminister, den beiden seiner Person ergebenen Geheimsekretären u. noch mehreren Herren, fast ausschließlich Militärs, von ergebenster Anhänglichkeit. Nachdem der Sultan den heiligen Rock geküßt hat, werden zu gleichem Zwecke einige Beamte vorgelassen, voran der Großwesir als höchste Person nach dem Sultan. Zu dem Küssen berechtigt nur eine besondere Einladung aus dem Palast. Unterdessen kommen aus dem Jildis[-Palast, KM] in schier endloser Reihe die Wagen mit den Damen des Harems angefahren, vielfach tiefverschleiert, die höchst schlanken Damen mit einer teils zivilen, teils militärischen Eskorte in Gala von 2–6 Mann. Sie küssen einen zweiten Rock in einem anderen Teile der Schatzkammer, deshalb weil dem muhammedanischen Brauche gemäß Männer u. Frauen außerhalb des Hauses nicht mit einander in Berührung kommen dürfen. Auch hier werden noch andere Damen zugelassen. Abends u. nachts wird der Sand, der unter Einfluß der Feuchtigkeit längst überall zu einer dicken Schmutzlage geworden ist, wieder entfernt. Die Pferdebahn, deren Schirme mit Sand ausgefüllt waren, kann wieder ihren Verkehr aufnehmen. Dabei schließe ich, mit dem Wunsche, daß Papa seinen Geburtstag recht glücklich verleben möge. Mit den herzlichsten Grüßen an Euch alle Euer dankbarer Sohn Karl.“[78]

Ein weiterer Brief des jungen Nürnbergers bringt uns direkt in die mildwinterliche Szenerie eines nahöstlichen Alltags. Süßheim schrieb ihn ein Jahr später, und seine unaufgeregten Zeilen lassen keinen Zweifel daran, dass er inzwischen angekommen war:

„Bei uns hatte sich vor 3 Tagen ein regnerisches Wetter eingestellt, so daß ich etwas Schnupfen bekommen [habe], der aber glücklicherweise bereits wieder vorbei ist. Heute

78 Karl Süßheim an Clara und Sigmund Süßheim, Konstant[inopel], Quartier Demir Kapou, Maison Kalliopi, 21.12.1902, Privatnachlass KS.

haben wir ziemlich milde Temperatur. Doch habe ich seit einiger Zeit stets meine gefütterten Handschuhe bei mir. Die Gummischuhe ließ ich vor 2–3 Wochen für 3 Piaster an der Sohle reparieren, in diesen Tagen abermals für 7 Piaster. Bei dem mangelhaften Pflaster hält die Sohle recht wenig. Ich werde mir in den nächsten Tagen ein neues Paar zulegen, da man den Winter über doch mindestens 2 Paar braucht. [...] Dem Deutschen Klub bin ich noch nicht beigetreten; ich werde es wohl im Laufe des Januar thun. Mit meiner Wohnung bin ich soweit zufrieden. Ungeziefer kann man, auch in Stambul [Altstadt von Konstantinopel, KM], – wenn überhaupt – nur in der warmen Jahreszeit entdecken. Den Abend bringe ich fast stets zu Hause zu; einige Male war ich jüngst abends dem Ramasan zu Liebe in der Nähe des Kriegsministeriums. [...] In letzter Zeit war ich mit Reparatur der Wäsche viel beschäftigt. Die Wäscherin, die übrigens sehr schlecht gewaschen hat, hatte zwar Ausbessern versprochen, es aber schließlich nicht gethan. Und zügig konnte ich das auch nicht verlangen; denn der Löcher gab es da zu viele. Ich stopfte u. nähte nun gewaltig, während zweier Wochen wohl um die 10 Stunden. Es ist das für mich eine Art Gymnastik. Weihnachtswünsche habe ich keine. Ich habe absolut kein Bedürfnis, außer dem Wunsche, daß Ihr Euch wohl fühlt.“[79]

Das Viertel Pera, aus dem diese Karte Karl Süßheims Eltern erreichte, war das wohlhabendste von ganz Konstantinopel: Entlang der Grande Rue – heute unter dem Namen İstiklal Caddesi nach wie vor die bekannteste Straße der Stadt – fanden sich die Botschaften der meisten wichtigen Staaten der Welt: „In unmittelbarer Nachbarschaft des [Hotel] Pera Palace teilten sich amerikanische Diplomaten die Straße mit Besuchern des YMCA-Wohnheims und diverser legaler Bordelle“, schreibt der Washingtoner Historiker Charles King in seinem Porträt des berühmten Hotels –, „und wenige Ecken weiter beköstigten britische, russische und deutsche Diplomaten türkische Staatsbeamte in blattgoldgeschmückten Restaurants und schummrigen Clubs“[80]. Hier also lebte nun der frisch promovierte deutsche Jude Karl Süßheim, um sich beruflich zu orientieren.

„Ich weiß nicht, ob ich beschnitten bin“ | Indifferent im Reich der Religion

„Mehr als ein halbes Jahrtausend lang hatte das Abendland seine Vorstellungen von der islamischen Welt aus der Begegnung mit Istanbul bezogen“[81], schreibt King. So auch Karl Süßheim, allerdings umgab er sich in Konstantinopel mit Menschen unterschiedlichster Religionen und ethnischer Zugehörigkeit. Sein Tagebuch lässt ein faszinierendes Bild der multikulturellen osmanischen Gesellschaft zu Beginn des 20. Jahrhunderts hervortreten. Zusammen mit einem deutschen Ingenieur namens Müller, der mit einer französisch-

79 Ders. an Dies., Pera-Cple [Konstantinopel], 15.12.1903, ebd.

80 Charles King: Mitternacht im Pera Palace. Die Geburt des modernen Istanbul, Berlin 2015, S. 10.

81 Ebd., S. 13.

griechischen Frau verheiratet war, wohnte Süßheim in einer Pension, die von einer deutschen Christin geführt wurde.[82] Er freundete sich mit orientalischen Juden an, so etwa mit seinem Osmanisch-Lehrer Jak, mit dem er noch lange nach der Beendigung des Unterrichts Kontakt hielt.[83] Auch mit dem 19-jährigen Selīm Ḥarārī, einem Jura-Studenten aus Jaffa, pflegte er eine Weile eine enge Freundschaft.[84] Im Sommer 1904 traf er auch dessen Verwandte – Juden aus Aleppo –, darunter Selīms Schwager. „Er hielt mir leidenschaftliche Reden über die Bedeutung des Hebräischen für unsere Religion", schrieb Süßheim über den Mann, aber: „Da ich nicht [einmal] […] weiß, ob ich beschnitten bin, sagen sie, dass nichts von der Religion in mir übriggeblieben ist"[85].

So weit ging die religiöse Indifferenz des jungen Süßheim also: Er wusste nicht einmal, dass er gemäß der jüdischen Tradition den Bund mit Gott eingegangen war (was aber natürlich der Fall war[86]). Das Thema begleitete ihn länger. Bei einem Ausflug zu den Prinzeninseln im Marmara-Meer zwei Jahre später traf Süßheim zwei jüdische Studenten, mit denen er sich auch über Religion austauschte: „Wir wanderten umher und waren so zufrieden miteinander, dass wir unsere Bettwäsche auf türkische Weise verteilten und alle in einem Zimmer schliefen, obwohl es [in der Villa] viele Zimmer gab", schrieb er danach, und: „Sie hätten es sehr gerne, wenn ich beschnitten würde"[87]. Süßheim wusste also immer noch nicht, dass er längst beschnitten war – es scheint ihm nicht sonderlich wichtig gewesen zu sein, denn es hätte wohl Mittel und Wege gegeben, es zwischenzeitlich herauszufinden. Mit seinem Freund Selīm überwarf er sich aber nicht aus Glaubensgründen. Er sei „ein orientalischer Betrüger"[88], schrieb Süßheim enttäuscht, als sein Freund geliehenes Geld nicht zurückgab.[89] Damit hatte er einen wichtigen Verbündeten verloren.

Karl Süßheim war dem deutschen Antisemitismus zwar vorerst entkommen, doch auch im Osmanischen Reich war Judenfeindschaft kein Fremdwort. Die Ritualmordlegende[90]

82 Vgl. Tagebuch KS, 2.1.1904.

83 Vgl. ebd., 8.3.1912.

84 Vgl. ebd., 18.12.1903 u. 15.7.1904.

85 Ebd., 24.7.1904, Diario II dell Karl Süssheim, dottore di filosoph[ia], Nachlass KS (LOC), [o. S.].

86 Das geht schon allein aus der entsetzten Reaktion seiner Mutter Clara, als ihr erster Enkel, Paulas Sohn, nicht beschnitten werden sollte, zweifelsfrei hervor, vgl. ebd., September 1908 [ohne tagesgenaue Angabe des Datums].

87 Ebd., 17.8.1906, übers. nach der osman. Translit. bei Schmidt, Orientalist (2018), S. 385.

88 Ebd., 29.7.1904, Diario II dell Karl Süssheim, dottore di filosoph[ia], Nachlass KS (LOC), [o. S.].

89 Vgl. dazu ebd., 14.6.1904.

90 Die Verleumdung, Juden würden zu rituellen Zwecken christliche Knaben ermorden, stammt aus dem 15. Jahrhundert und war ein typischer Vorwurf des religiös fundierten Antisemitismus, doch auch in den rassistischen Judenhass mischten sich immer wieder „altbewährte" Begründungen für eine feindliche Haltung gegenüber der jüdischen Bevölkerung. Zur Verbreitung der Ritualmordlegende im Osmanischen Reich vgl. Jacob Barnai: "Blood Libels" in the Ottoman Empire of the Fifteenth to Nineteenth Centuries, in: Shmuel Almog (Hrsg.): Antisemitism Through the Ages (Studies in Antisemitism Series), Oxford u. a. 1988, S. 189–194.

hatte auch hier wiederholt zu Pogromen geführt.[91] Das Verschwörungsnarrativ über die Kinder mordenden Juden war offenbar auch in Konstantinopel weitverbreitet. Süßheim stellte dies beispielsweise im Gespräch mit seinem albanischstämmigen Arabisch-Lehrer Debreli Ḥüseyin (im Tagebuch zunächst „Hussein" genannt[92]) fest – ohnehin ein schwieriger Charakter: „Hussein erzählt mir, dass die Juden islamisches Blut für ihr Passah verwenden, und als ich das als verleumderisch bezeichne, fügt er hinzu, dass es zu ihren Geheimnissen gehöre, aber dass er es von einem von ihnen gehört habe; das ist natürlich eine Lüge, wie er es immer macht, wenn er Verteidigung sucht. Es war vielleicht das erste Mal, dass ich heftig geworden bin, und in der Tat war ich sehr aufgebracht. Hussein will mich auch glauben machen, dass die Polizei im vergangenen Jahr herausgefunden hat, dass ein Jude einen muslimischen Jungen gekauft hat, um ihn ausbluten zu lassen."[93]

Eine wichtige Bezugsperson, auch im Austausch über Erfahrungen mit Antisemitismus, blieb für Süßheim während seines gesamten Aufenthalts im Osmanischen Reich der etwas jüngere Anwalt und Beamte Zekeriyā Maẓlūm, mit dem er oft ausging – auch er ein Jude.[94] Im Juni 1904 begleitete er den jungen Mann im Stadtteil Kuzguncuk auf der asiatischen Seite Konstantinopels zu einer Schule, die zur Alliance Israélite Universelle (AIU) gehörte. Die Organisation war 1860 in Frankreich zur Bekämpfung von Judenfeindschaft in aller Welt gegründet worden – in Reaktion auf die sogenannte Damaskusaffäre, wie die Ritualmordbeschuldigung gegen Damaszener Juden mit darauf folgenden antisemitischen Ausschreitungen im Jahr 1840 bezeichnet wird.[95] Auch die Zwangstaufe eines jüdischen Kindes in Italien im Jahr 1858 aber hatte internationale Aufmerksamkeit erregt und eine organisierte Abwehr des Antisemitismus angestoßen.[96] Die AIU betrieb inzwischen insbesondere in muslimisch

91 Vom 15. bis zum 19. Jahrhundert sind etwa achtzig Fälle mithilfe von Quellenmaterial direkt belegbar, die Dunkelziffer muss demnach deutlich höher sein, vgl. ebd., S. 189.

92 Im ersten, auf Italienisch verfassten Teil, vgl. z. B. Tagebuch KS, 30.10.1903.

93 Ebd., 12.11.1903, Diario II dell Karl Süssheim, dottore di filosoph[ia], Nachlass KS (LOC), [o. S.].

94 Sein Glaube wird im Tagebuch an keiner Stelle explizit erwähnt, es wird aber aus dem Kontext klar ersichtlich, vgl. Schmidt, Orientalist (2018), S. 45; Flemming u. Schmidt, Diary, S. 11.

95 Als im Februar 1840 zwei Männer aus dem Damaszener Kapuzinerkloster verschwanden, beschuldigte ein Ordensbruder die Juden der Stadt, diese ermordet zu haben, da sie das Blut für das nahende Pessachfest benötigen würden. Auf Geheiß des Gouverneurs wurden einige Juden festgenommen und gefoltert sowie Dutzende jüdische Kinder als Geiseln genommen, um ein Geständnis zu erzwingen. Aufgebrachte Bürger stürmten die Synagoge und verbrannten Torarollen. Die internationale Öffentlichkeit schaltete sich ein, und erst nach der Intervention Großbritanniens, Frankreichs und der USA wurden die Gefangenen freigelassen; vier Angeklagte waren bereits in der Haft verstorben. Die Leichen der vermissten Christen wurden nicht gefunden, sodass die Umstände ihres Verschwindens nie aufgeklärt werden konnten. Monografien dazu erschienen von Jonathan Frankel: The Damascus Affair. "Ritual Murder", Politics, and the Jews in 1840, Cambridge 1997 u. Ronald Florence: Blood Libel. The Damascus Affair of 1840, Madison 2004. Für das Bedrohungsgefühl und das Selbstverständnis der jüdischen Gemeinden in Nahost wie auch in Europa hatte die Damaskusaffäre weitreichende Folgen.

96 Edgardo Mortara (1851–1940) wurde von einem christlichen Dienstmädchen wegen einer angeblichen Erkrankung notgetauft und dann von der päpstlichen Polizei aus dem Haus seiner Eltern entführt,

geprägten Ländern Schulen, die vor allem die dort ansässige jüdische Jugend europäisch bilden sollten, in denen aber auch Nicht-Juden willkommen waren.[97] Beim Besuch der Schule, die sich der Aufklärung über den Antisemitismus verschrieben hatte und in diesem Zusammenhang auf die heilsame Wirkung moderner Bildung setzte, wurde Karl Süßheim dem Direktor vorgestellt. Der jüdische Araber aus Bagdad bot ihm Hebräisch-Unterricht an, „nicht, um mich zum Glauben zu bringen", betonte Süßheim, „sondern weil ich Orientalist bin"[98]. Auf das Drängen jüdischer Bekannter, sich mit der Religion auseinanderzusetzen, ging Süßheim ohnehin nicht ein. Als Teil der Gemeinschaft wurde er dessen ungeachtet akzeptiert – nicht nur von den Hauptstadtjuden.

Abgesehen von Kurztrips verließ Süßheim in diesen Jahren Konstantinopel nur einmal: für eine ausgedehnte Wandertour im Nordwesten Anatoliens im September 1904. Fasziniert beschrieb er seine Begegnungen in den Städten und Dörfern, die er dabei kennenlernte: eine längst versunkene Welt, die durch Süßheims Beschreibungen äußerst lebendig wird. Seine mehrwöchige Reise begann in Mudanya, wo er zufällig sogleich auf den örtlichen Rabbiner traf.[99] Am nächsten Tag führte dieser den jungen Deutschen in die kleine Synagoge, in der sich etwa zwanzig Menschen zum Gebet versammelt hatten. „Von da an war ich viel mit meinen Glaubensgenossen zusammen", schrieb Süßheim: „[W]ir sprachen über meine Ungläubigkeit, die ohne Zweifel verschwinden würde, sobald ich das Hebräische gelernt hätte. Sie wollen mich für Yom Kippur dabehalten – tausendmal diesen Wunsch äußernd. Da ich mit dem Aufenthalt auf dem Land sehr zufrieden bin, bin ich bereit dazu."[100]

Süßheim verbarg seinen fehlenden Bezug zum jüdischen Glauben gegenüber den osmanischen Juden nicht, doch seine Neugier war geweckt. Den höchsten jüdischen Feiertag, das Versöhnungsfest, das als strenger Ruhe- und Fasttag begangen wird, verbrachte er in Mudanya mit seinen neuen Bekannten[101]: Er besuchte die Synagoge, hob die Torah und spendete der Gemeinde eine ordentliche Summe. Da er nach dem Fest nichts „Unreines" essen sollte, nahm er schließlich auch die Einladung in das Haus des Rabbiners an. Es interessierte ihn und wurde ihm doch zu viel; am darauffolgenden Shabbat – es war Sukkot, das Laubhüttenfest, zu dem strenggläubige Juden ihre Mahlzeiten eine Woche lang in provisorischen Behau-

da nach vatikanischem Recht getaufte Kinder nicht von Juden erzogen werden durften. Obwohl Frankreich, England und Österreich beim Papst intervenierten, erhielten die Mortaras ihr Kind nicht zurück. Vgl. dazu den Artikel von David I. Kertzer: „Mortara-Affäre", in: EJGK 4, Stuttgart u. Weimar 2013, S. 243–246.

97 Zum deutschen Zweig der Organisation vgl. Annette Sommer: Weltbürgerliche Utopie. Die Alliance Israélite Universelle in Deutschland 1860–1914, in: Kalonymos. Beiträge zur deutsch-jüdischen Geschichte aus dem Salomon Ludwig Steinheim-Institut an der Universität Duisburg-Essen, 18/1 (2015), S. 10.

98 Tagebuch KS, 26.6.1904, Diario II dell Karl Süssheim, dottore di filosoph[ia], Nachlass KS (LOC), [o. S.].

99 Vgl. ebd., 13.9.1904.

100 Ebd., 14.9.1904, Diario II dell Karl Süssheim, dottore di filosoph[ia], Nachlass KS (LOC), [o. S.].

101 Im Folgenden vgl. ebd., 19.9.1904.

sungen einnehmen, die an den Auszug aus Ägypten erinnern sollen[102] – „floh" Süßheim geradezu aus der Stadt, da der Rabbiner ihn sonst wieder den ganzen Tag in Beschlag genommen hätte, wie er seinem Tagebuch anvertraute.[103] Sechs Stunden lief er zu Fuß die dreißig Kilometer von Mudanya nach Bursa, wo er in einem jüdisch geführten Hotel unterkam. Da er sich wegen des Festtags verpflichtet fühlte, in die Synagoge zu gehen, hielt er sich auch hier insbesondere im jüdischen Viertel auf, und der Nürnberger war fasziniert von der Szenerie, die er dort vorfand: „Ich habe noch nie ein Ghetto gesehen. Es war seltsam für mich, jetzt im Stadtteil Kuruçeşme zu leben. Alle [hier] sind Juden: Bäcker, Metzger, etc. An Feiertagen haben nur Lebensmittelhändler den Laden geöffnet. Die Synagogen sind größer und schöner. Ich war wie in einer anderen Welt, als ich am Abend, erst aus einem Haus, dann aus einem anderen, die Gebete aller Familien hörte, lautstark und mit tief empfundener Religiosität. Die Frömmigkeit der orientalischen Juden wird mir immer unbegreiflich bleiben."[104]

In gewisser Hinsicht fühlte Karl Süßheim sich verbunden, andererseits war ihm das nahöstliche Judentum völlig fremd – hier wird besonders deutlich, dass er sich selbst nicht als Teil des von Orientalisten lange gepflegten Bildes eines „jüdisch-muslimischen Semitentums" fühlte.[105] Mit der Emanzipation der europäischen jüdischen Gemeinschaft aber war diese Vorstellung zunehmend im Begriff, sich in zwei stereotype antagonistische Figuren zu spalten: Der assimilierte europäische Jude stand nun dem rückständigen arabischen Muslim gegenüber, und der Jude im Nahen Osten verharrte zwangsläufig als ambivalente Gestalt im Dazwischen. So empfand es wohl auch der junge Süßheim. In Bursa wurde er schließlich auch Augenzeuge einer Hetzjagd dreier Türken auf einen Juden: „Die Juden kamen alle zusammen und begannen zu schreien. Die Polizei griff schnell ein und verhaftete die Streitenden. Die Menge war ziemlich groß. Ein Jude schrie: ‚Sie bringen uns Juden um.' Ich wurde sehr nervös. Als ich eine Gruppe Türken am Hotel vorbeigehen sah, dachte ich, sie seien zu ihrem Schutz gekommen, aber sie waren nur auf dem Heimweg in ihre Dörfer."[106]

Bei aller Fremdheit: Die Konfrontation mit Antisemiten und die Furcht vor Ausschreitungen teilte Karl Süßheim mit seinen Glaubensgenossen im Osmanischen Reich.

„Kein Deutscher, sondern nur ein Jude" | Vertraute Ressentiments in der Fremde

Nicht nur das Judentum war eine religiöse Minderheit im osmanischen Vielvölkerstaat, Karl Süßheim hatte auch immer wieder mit orientalischen Christen zu tun. Der Missionierungseifer mancher von ihnen war ihm suspekt, und oftmals waren sie vom antisemitischen

102 Auch die orthodoxen Juden in München feierten das Fest auf diese Weise, vgl. dazu Brenner, Schatten, S. 255.

103 Hier und im Folgenden vgl. Tagebuch KS, 24.9.1904.

104 Ebd., Diario II dell Karl Süssheim, dottore di filosoph[ia], Nachlass KS (LOC), [o. S.].

105 Hier und im Folgenden vgl. Shohat u. Stam, Afterword, S. 375.

106 Tagebuch KS, 26.9.1904, übers. nach der osman. Translit. bei Schmidt, Orientalist (2018), S. 329.

Protestantismus in seiner Heimat beeinflusst. Süßheim schilderte eine bezeichnende Szene im bulgarischen Filibe, wo er auf einen ehemaligen osmanischen Staatsbürger traf, der inzwischen die bulgarische Nationalität angenommen und sich als protestantischer Missionar die Bekehrung der Türken zur Aufgabe gemacht hatte: „Wenn jemand an die Tür klopft, sagt er auf Deutsch: ‚Bitte kommen Sie herein'", schrieb Süßheim, „in seinem Zimmer war ein deutscher Kalender, gedruckt von einer Zeitung, die von einem der fanatischsten deutschen Protestanten, Stoecker, gegründet wurde, und die Zeitung Berliner Tageblatt"[107]. Süßheim notierte, dass der Mann die „Berliner Mission" darum bat, seine Ausgaben zu decken. Seinen Namen nannte Süßheim im Tagebuch nicht – es ist jedoch naheliegend, in seiner Beschreibung den Mann zu erkennen, der als Muslim Meḥmed Şükri in Erzurum geboren und nach seiner Konversion zum Christentum den armenischen Namen Avetaranian – „Sohn des Evangeliums" – sowie den Rufnamen Johannes angenommen hatte.[108] Seine autobiografische „Geschichte eines Mohammedaners, der Christ wurde" von 1905 war eine wichtige Schrift der Deutschen Orient-Mission (DOM) von Johannes Lepsius und ist in zahlreichen Auflagen[109] erschienen. Als Süßheim auf den beschriebenen Missionar traf, war Johannes Avetaranian für die DOM tätig[110] und lebte in Filibe.

Doch nicht nur missionierende Christen, auch politische, insbesondere armenisch-separatistische Strömungen verurteilte Süßheim. Entsprechend negative Erfahrungen prägten, wie wir noch sehen werden, seine politische Einstellung zur Gesellschaft des Osmanischen Reichs zunächst enorm. Als er während seiner Anatolien-Reise einmal von osmanischen Polizisten selbst für einen Armenier gehalten wurde, behandelte einer von ihnen ihn äußerst barsch. Der Mann entschuldigte sich, nachdem Süßheims Identität geklärt war, und zwar damit, dass man auf die Armenier ein Auge haben müsse.[111] Viele religiöse und ethnische Minderheiten des Osmanischen Reichs strebten mittlerweile nach politischer Autonomie oder sogar Unabhängigkeit – mit Ausnahme der meisten Jüdinnen und Juden[112], weshalb diese in Regierungskreisen wie auch in der muslimischen Mehrheitsgesellschaft grundsätzlich einen besseren Ruf genossen. Das galt aber freilich nicht für Zionisten: Während 1880

107 Hier und das folgende Zitat: ebd., 27.3.1908, übers. nach der osman. Translit. ebd., S. 412.

108 Vgl. z.B. die Lebensbeschreibung bei John Avetaranian: A Muslim who became a Christian. The Story of John Avetaranian (born Muhammed Shükri Efendi). 1861–1919. An Autobiography Completed after his Death by Richard Schäfer and Translated from the German by John Bechard, Hertford 2002.

109 Eine später besonders verbreitete Ausgabe entstammte der Missionshandlung und war nach Avetaranians Tod von Richard Schäfer ergänzt worden, vgl. Johannes Awetaranian: Geschichte eines Mohammedaners, der Christ wurde. Die Geschichte des Johannes Awetaranian von ihm selbst erzählt, Potsdam 1930.

110 Vgl. dazu ausführlich den Aufsatz von Gabriel Goltz: Von Potsdam nach Plovdiv. Die Islam-Mission als Aufgabe der Deutschen Orient-Mission, in: Rolf Hosfeld (Hrsg.): Johannes Lepsius – Eine deutsche Ausnahme. Der Völkermord an den Armeniern, Humanitarismus und Menschenrechte, Göttingen 2013, S. 227–247.

111 Vgl. Tagebuch KS, 20.9.1904.

112 Vgl. Schmidt, Orientalist (2018), S. 3.

noch lediglich 25 000 Jüdinnen und Juden auf dem Gebiet Palästina gelebt hatten, sollte sich ihre Zahl bis zum Vorabend des Ersten Weltkriegs vervierfachen, insbesondere durch inner-osmanische jüdische Migration, aber auch durch den Zuzug von Verfolgten aus dem russischen Zarenreich.[113] Dass das Ziel der Zionisten, auf osmanischem Boden einen jüdischen Staat zu gründen, den Interessen des Sultans diametral widersprach, liegt auf der Hand. Im Dezember 1900 erließ Konstantinopel verschärfte Einwanderungsbeschränkungen. Bereits 1891 hatte die Regierung ʻAbdülḥamīds II. ein Rundschreiben an die Botschaften der europäischen Großmächte geschickt: „[A]us der Anhäufung von israelitischen Einwanderern" würden sich Gefahren „für die öffentliche Gesundheit" ergeben; die Osmanen forderten daher „als prophylaktische Maßregel[,] den jüdischen Einwanderern das Betreten des türkischen Gebiets [zu] untersagen"[114].

Karl Süßheim lernte in Konstantinopel einige Zionisten kennen. In seiner Pension wohnte für einige Zeit zum Beispiel ein russisch-jüdischer Lehrer, der 25 Jahre zuvor nach Palästina emigriert war und den er, Jahre später, auf dem Weg von London nach Paris zufällig wiedertraf, als dieser in zionistischer Mission unterwegs war.[115] Nachhaltig beschäftigte Süßheim der Zionist Soma Wellisch, ein jüdisch-ungarischer Arzt, der lange die Gesundheitsabteilung des osmanischen Innenministeriums leitete. Mit ihm sprach er stundenlang auch „über religiös-politische Themen, den Zionismus"[116]. Leider notierte Süßheim den genauen Inhalt der Gespräche nicht. Wir wissen aber, dass Wellisch dabei verächtlich über die Osmanen sprach, wie Süßheim Jahre später einmal notierte: „[Er] war der Meinung, dass die Türken keine zivilisierte Nation seien und nur gewaltsam regiert werden können."[117]

Soma Wellisch war mit dem ungarischen Orientalisten Ármin Vámbéry gut bekannt, den Süßheim später ebenfalls kennenlernen sollte. Vámbéry war einer der europäischen Orientalisten, die versuchten, die nationalistische Ideologie des Turanismus wissenschaftlich herzuleiten.[118] Diese verortete den Ursprung der Turkvölker in einer mythischen zentralasiatischen Landschaft namens Turan und wollte sie zu einer kulturellen Einheit verschmolzen sehen. Vámbéry unterstützte gleichfalls den jüdischen Nationalismus und vermittelte dessen Urvater Theodor Herzl im Jahr 1901 eine Audienz bei ʻAbdülḥamīd II.[119] Den Kontakt zwischen

113 Vgl. Donald Quataert: The Age of Reforms, 1812–1914, in: Halil İnalcik u. Ders. (Hrsg.): An Economic and Social History of the Ottoman Empire 1300–1914, Cambridge 1994, S. 759–943, hier S. 794.

114 Rundschreiben der osmanischen Regierung an die Botschafter betreffs der Judeneinwanderung (31.10.1891), abgedr. bei Hans Delbrück (Hrsg.): SEG 7/32 (1891), München 1982, S. 281.

115 Vgl. Tagebuch KS, 11.8.1908.

116 Ebd., 15.4.1904, Diario II dell Karl Süssheim, dottore di filosoph[ia], Nachlass KS (LOC), [o. S.].

117 Ebd., 20.1.1912, Nachlass KS (SBB) Hs. or. 1135/4, fol. 8r f.

118 In der Einleitung eines Buches sprach er etwa „die Ursprungsfrage des gesammten Türkenvolkes" an, „über die bisher selbst in der Gelehrtenwelt die verworrensten Begriffe herrschen". Hermann Vámbéry: Das Türkenvolk in seinen ethnologischen und ethnographischen Beziehungen, Leipzig 1885, S. IX.

119 Im Juli 1900 entwarf Herzl einen Brief nach Konstantinopel, in dem er mitteilte, dass er Vámbéry als neuen Vermittler am Hof eingesetzt habe, vgl. Theodor Herzl an Mehmet Nuri [Entwurf], Wien

Vámbéry und dem Sultan wiederum hatte Soma Wellisch hergestellt, der deshalb als „Herzls Agent in Konstantinopel"[120] gilt.[121] In solcher Gesellschaft also verkehrte der junge Karl Süßheim im Osmanischen Reich ganz selbstverständlich, doch er überwarf sich mit Wellisch, weil er mit dessen zionistischen Ideen nichts anfangen konnte.[122] Süßheim betrachtete den Zionismus, ähnlich wie die anderen separatistischen Bestrebungen im Osmanischen Reich, als Gefahr für den Vielvölkerstaat, der ohnehin schon deutliche Zerfallserscheinungen zeigte. Es ist kein Zufall: In seiner gesamten Zeit auf osmanischem Boden betrat Süßheim kein einziges Mal Palästina. Vielmehr teilte er die Sorge vieler osmanischer Jüdinnen und Juden[123]: Der jüdische Nationalismus war für loyale Untertaninnen und Untertanen ein großes Problem, denn Antizionismus hatte schon damals das Potenzial, den Antisemitismus zu beflügeln.[124]

Karl Süßheim lehnte es später in München ab, eine Erklärung für die Unterstützung der Juden in Palästina zu unterzeichnen[125], und die Gründe hierfür sind sicher auch in seiner Haltung gegenüber separatistischen Bestrebungen im Osmanischen Reich zu suchen. Er verurteilte diese nicht nur während seiner frühen Konstantinopler Zeit – auch später sollte er als Anhänger der jungtürkischen Bewegung ganz auf Linie seines Freundes ʿAbdullāh Cevdet bleiben, der sich gegen die politische Autonomie aller Minderheiten im Reich aussprach und sich stattdessen für deren Gleichberechtigung als Staatsbürger einsetzte.

Viele osmanische Jüdinnen und Juden fanden sich in dieser Idee wieder: Die nichtzionistischen, schon länger Ansässigen hatten zwar ein traditionell gutes Verhältnis zu den osmanischen Behörden[126], doch die allgemeine politische Repression unter ʿAbdülḥamīd

2.7.1900, zit. nach Alex Bein u.a. (Hrsg.): Theodor Herzl. Briefe und Tagebücher, Bd. 5: Briefe. Anfang Dezember 1898 – Mitte August 1900, Frankfurt a.M. u. Berlin 1991, S. 495.

120 Alex Bein u.a. (Hrsg.): Theodor Herzl. Briefe und Tagebücher, Bd. 3: Tagebücher, Frankfurt a.M. u. Berlin 1985, S. 752, Anm. 547.

121 Vgl. Ivonne Meybohm: David Wolffsohn. Aufsteiger, Grenzgänger, Mediator. Eine biographische Annäherung an die Geschichte der frühen Zionistischen Organisation (1897–1914), Göttingen 2013, S. 300; Michael Heymann (Hrsg.): The Minutes of the Zionist General Council. The Uganda Controversy, Jerusalem 1970, S. 37.

122 Als er mit Wellisch zusammenarbeitete, hielt er fest: „Er [Wellisch, KM] ist möglicherweise etwas verärgert über mich, weil ich ursprünglich nichts gegen das Übersetzen einzuwenden hatte, letztlich aber eine Denkschrift, die das Ziel der Zionisten auf großartige Weise erklären sollte, […] [doch] nicht übersetzt habe." Tagebuch KS, 27.12.1906, übers. nach der osman. Translit. bei Schmidt, Orientalist (2018), S. 398.

123 Auch der Konstantinopler *Hahambaşı* (خخام باشى – „Oberrabbiner") Haim Nahum (1873–1960) war beispielsweise ein erklärter Gegner der politischen Ideologie des Zionismus, vgl. Klaus Kreiser: Der Osmanische Staat 1300–1922 (=OGG 30), 2. Aufl. München 2008, S. 46.

124 Zur schwierigen Situation der Juden im späten Osmanischen Reich vgl. Julia Phillips Cohen: Becoming Ottomans. Sephardi Jews and Imperial Citizenship in the Modern Era, Oxford 2014.

125 Trotz seiner ideologischen Gegnerschaft war er aber bereit, 25 Mark für deren Wohlergehen zu spenden, vgl. Tagebuch KS, 4. u. 17.5.1915.

126 Vgl. Michael Schwartz: Ethnische „Säuberungen" in der Moderne. Globale Wechselwirkungen nationalistischer und rassistischer Gewaltpolitik im 19. und 20. Jahrhundert (=QDZ 95), München 2013, S. 116.

machte selbstverständlich auch ihnen zu schaffen. Auch Juden waren also an der jungtürkischen Bewegung beteiligt, die sich zu Beginn des 20. Jahrhunderts daranmachte, das osmanische Staatswesen umzugestalten. Die vier jüdischen Abgeordneten, die nach der Revolution von 1908 im osmanischen Parlament saßen, waren „Verfechter eines staatsloyalen Judentums und damit Gegner des Zionismus, sofern dieser auf Separation abzielte“[127], schreibt der Historiker Michael Schwartz. Der spätere jungtürkische Innenminister Meḥmed Ṭalʿat wie auch der Großwesir İbrāhīm Ḥaḳḳı[128] verurteilten denn auch eine Gleichsetzung der gesamten jüdischen Minderheit im Osmanischen Reich mit den verhältnismäßig wenigen Zionisten unter ihnen[129], nicht zuletzt erneut ein klarer Hinweis darauf, dass solch pauschalisierende und daher im Kern antisemitische Sichtweisen im Reich durchaus geäußert wurden. Karl Süßheim machte in seiner Zeit im Ausland auch mit Ṭalʿat und Ḥaḳḳı Bekanntschaft und pflegte auch nach seiner Rückkehr ins Kaiserreich noch Kontakt zu den beiden prägenden Persönlichkeiten der jungtürkischen Bewegung: Ṭalʿat nannte er später seinen Freund[130], Ḥaḳḳı lud er sogar ein, bei ihm zu wohnen, als dieser ihm mitteilte, dass er vorhabe, nach München zu reisen[131]. Wir dürfen davon ausgehen, dass Süßheim mit ihnen über die Situation seiner Glaubensgenossen im Osmanischen Reich sprach – und sie sich darin einig waren, dass der Zionismus mit seiner Idee, einen Teil des Staatsgebietes abzuspalten, dieser nicht besonders zuträglich war.

Nicht nur religiös gefärbte Verschwörungserzählungen und politisch begründete Feindschaft gegenüber Minderheiten aber waren im Osmanischen Reich anzutreffen, auch der „moderne“, gewissermaßen importierte, rassistische Antisemitismus fand durchaus Anklang. Antisemitische Stereotype waren sogar so präsent, dass sie schon längst in den selbstverständlichen Sprachgebrauch übergegangen waren – hinter dem osmanischen Wort چفوت (çıfut) etwa findet sich im Wörterbuch die Erklärung „Jude ; verächtlicher, schmutziger Kerl“[132]. Die schwierige Gemengelage, die sich daraus für jüdische Ausländer wie Süßheim ergab, wird in einer Szene, die er in seinem Tagebuch schilderte, besonders offensichtlich. Während seiner Anatolienreise, auf dem Weg von Mudanya nach Gemlik, traf Süßheim auf osmanische Militärs: „Einer von zwei Armeeleutnanten […], der wusste, dass ich kein Deutscher, sondern nur ein Jude war“, schrieb er, „sagte zum anderen, als der mich mit ‚Salam Aleykum‘ begrüßte, dass ich nicht gegrüßt werden müsse, und schnitt ihm das Wort ab“[133]. Tausende Kilometer entfernt von seiner Heimat wurde Karl Süßheim

127 Ebd., S. 119.

128 İbrāhīm Ḥaḳḳı (1863–1918) war in den Jahren 1910 und 1911 Großwesir des Osmanischen Reichs und wurde nach dem Ersten Weltkrieg Botschafter in Berlin.

129 Vgl. Hasan Kayali: Arabs and Young Turks. Ottomanism, Arabism, and Islamism in the Ottoman Empire, 1908–1918, Berkeley 1997, S. 103 ff.

130 Vgl. Tagebuch KS, 16. 3. 1921.

131 Vgl. ebd., 2. u. 3. 7. 1914.

132 Vgl. Julius Theodor Zenker (Hrsg.): Türkisch-Arabisch-Persisches Handwörterbuch I, Hildesheim u. a. 2009 (4. Nachdruck der Ausgabe Leipzig 1866), S. 359.

133 Tagebuch KS, 27. 9. 1904, übers. nach der osman. Translit. bei Schmidt, Orientalist (2018), S. 329.

mit der Ansicht konfrontiert, dass er als Jude kein richtiger Deutscher, vielmehr ein minderwertiger Mensch sei. Und auch die altbekannten Stereotype, die ihn in seiner Jugend in Nürnberg begleitet hatten, suchten ihn nun im Nahen Osten heim: Als Süßheim sich mit seinem betrügerischen Freund Selīm überwarf, erklärte ihm dessen Vorgesetzter – offenbar in Unkenntnis darüber, dass der Deutsche selbst zur jüdischen Gemeinschaft gehörte –, dass Selīm sich nie so verhalten hätte, wenn er kein Jude wäre.[134] Geldgier und Verschlagenheit: Auch muslimische Osmanen zeigten sich durchaus empfänglich für diese rassistischen Vorurteile gegenüber Juden.

Dennoch blieben solcherart unbehagliche Situationen die Ausnahme. Überwiegend wurde dem jungen Wissenschaftler aus dem Kaiserreich mit Respekt und Interesse begegnet, und seine jüdische Religion trat hinter dieser Zuschreibung meist in den Hintergrund. Auch als Ausländer hatte Süßheim in Konstantinopel jedoch zuweilen einen schwierigen Stand und musste mit Vorbehalten kämpfen. Die Missgunst der Einheimischen zeigte sich beispielsweise, als er verdächtigt wurde, mithilfe seines Arabisch-Lehrers Ḥüseyin Bücher aus der *Kütüphane-i umumī-yi Osmanī*, der öffentlichen Bibliothek am Bayezid-Platz, zu stehlen.[135] Ḥüseyin erzählte ihm daraufhin, dass vor einigen Jahren ein Deutscher zwar als einfacher Bibliothekar dort angestellt gewesen sei, aber das Gehalt eines Chefbibliothekars erhalten habe: „Seitdem ist der Chef [ein] Feind der Deutschen […].“[136]

Auch in Regimekreisen war man Ausländern gegenüber oftmals zunächst skeptisch, und Süßheim vermutete einmal sogar, dass der Palast einen Spion in die Bibliothek geschickt habe, um ihn zu beobachten.[137] Der Verdacht erledigte sich, wenngleich der Mann aus anderen Gründen durchaus an dem deutschen Wissenschaftler interessiert war: „Jetzt scheint es, als ob die Türken mich nicht mehr belästigen würden, weder in der Bibliothek noch anderswo. Nicht einmal der neue Araber ist gekommen, um uns zu beobachten. Er ist ein einfacher Student im sogenannten ‚Haus des Studiums‘. Er beschäftigt sich lieber mit meinem Weg zum Muhammedanismus.“[138] Der Mann, ehemals arabischer Mutasarrıf (eine Art Gouverneur) habe Ḥüseyin gebeten, mit Süßheim ein arabisches Buch zu lesen, fuhr dieser im Tagebuch fort.[139] Aus Angst vor missionarischen Begehrlichkeiten weigerte er sich jedoch, wie er schrieb, die Geheimtüren des Tempels zu öffnen. Es war nicht das einzige Mal, dass Muslime versuchten, Süßheim zum Islam zu bekehren.

134 Vgl. ebd., 25.5.1905.
135 Vgl. ebd., 16.11.1903.
136 Ebd., Diario II dell Karl Süssheim, dottore di filosoph[ia], Nachlass KS (LOC), [o.S.].
137 Vgl. ebd., 30.3.1904.
138 Ebd., 7.4.1904, Diario II dell Karl Süssheim, dottore di filosoph[ia], Nachlass KS (LOC), [o.S.].
139 Hier und im Folgenden vgl. ebd.

„Die Geheimtüren des Tempels" | Konversionsgedanken

Als nach dem Russisch-Japanischen Krieg im Juli 1906 in Konstantinopel Gerüchte die Runde machten, dass der japanische Kaiser sein Volk zum Islam konvertieren lassen wolle, berichtete Süßheim über die allgemeine Begeisterung der muslimischen Bevölkerung.[140] Die Bedeutung, die der Religion beigemessen wurde, war im Osmanischen Reich ungleich höher als in der Heimat, und Karl Süßheim wurde damit immer wieder konfrontiert.

Im Juli 1904 traf Süßheim einen arabischen Christen namens Zeki Magamız, den er zunächst für einen Muslim hielt. Man müsse den Koran lesen, wenn man ordentlich Arabisch lernen wolle, hatte dieser betont, und dass er den Koran auswendig gelernt habe.[141] Süßheim schrieb: „Am Anfang grüßte er mich mit ‚Salam aleikum'. Aber da ich nicht – wie Respekt und Achtung es erfordern – mit ‚ve'aleikum es-salam' geantwortet habe, wurde ich mit diesem halbmuslimischen Gruß nicht mehr geehrt. Ich dachte, er sei Muslim, und hatte Angst, dass er [auch] aus mir einen machen wolle."[142]

Einen anderen Mann, einen Anwalt namens Tevfīḳ , verdächtigte Süßheim in geradezu grotesker Weise: Er wolle ihn zum Islam bringen, indem er ihm seine hübsche junge Tochter vor Augen führe, schrieb er.[143] Seine Angst vor religiöser Übergriffigkeit wich im Laufe der Zeit jedoch einem vorsichtigen Interesse am Islam – auch wegen der Vorteile, die eine Konversion ihm im Osmanischen Reich bescheren würde.

Süßheim lernte einen zum Islam konvertierten Juden namens Murād kennen, dessen Vater der Oberrabbiner von Aleppo war.[144] „Er ist ein guter Kamerad", ist im Tagebuch zu lesen: „Die israelitischen Araber sind immer an seiner Seite, da sie niemand anderen haben, der ihnen helfen könnte."[145] Seine Meinung über den Konvertiten änderte sich, als er von einem Bekannten mehr über die Hintergründe des Glaubenswechsels erfuhr, der offenbar mehr mit Murāds entgleistem Privatleben als seiner Suche nach Gott zu tun hatte: „Murād [...] war Polizist in Aleppo; verstoßen von seiner ersten Frau, nahm er eine zweite. Mit Erlaubnis von Konstantinopel heiratete er, ohne von seiner Frau getrennt zu sein, in Alexandria eine Reiche ([also zum] 3. Mal), floh aber schnell Richtung Konstantinopel. Von Alexandria aus schickten die neuen Schwiegerleute, die über die Persönlichkeit von Murād informiert worden waren, Telegramme. Murād, davon gewarnt, bestieg in Smyrna [heute: İzmir, KM] einen französischen Dampfer [...]. Er stellte sich dann [aber] den türkischen Behörden und wurde im Polizeiministerium [...] festgehalten. In diesem Moment konvertierte er und heiratete ein viertes Mal, [nun] eine spanische Jüdin. Um ihn an sich zu binden, macht die Frau, was immer er will, sie dient ihm wie eine Dienstmagd. Niemand gibt sich mit ihm ab,

140 Vgl. Tagebuch KS, 20.7.1906.
141 Vgl. ebd., 13.7.1904.
142 Ebd., Diario II dell Karl Süssheim, dottore di filosoph[ia], Nachlass KS (LOC), [o.S.].
143 Vgl. ebd., 16.2.1905.
144 Vgl. ebd., 31.8.1904.
145 Ebd., 29.4.1904, Diario II dell Karl Süssheim, dottore di filosoph[ia], Nachlass KS (LOC), [o.S.].

außer diejenigen, die etwas von der Regierung wollen, sei es ein Mohammedaner oder ein Jude, und – Selīm."[146]

Zum Islam zu konvertieren, um mehrere Frauen haben zu können: Das war ein Gedanke, der Süßheim, in diesen Fragen überaus konservativ, völlig fernlag. Dass sich mit einem Übertritt jedoch auch seine beruflichen Aussichten bessern könnten, ließ ihn hellhörig werden. So beschäftigte ihn ein weiterer Konvertit, der bereits erwähnte ungarische Orientalist Ármin Vámbéry. Mit dem Turkologen Necib ʿĀsım Yazıksız diskutierte Süßheim über den Fall des schillernden Mannes, der eine erstaunliche Wendigkeit im Glauben bewies.[147] Vámbéry, den Süßheim zu diesem Zeitpunkt noch nicht persönlich kennengelernt hatte, sei der Sohn einer jüdischen Mutter und eines unbekannten Vaters, welcher im Alter von 17 Jahren nach Konstantinopel gekommen und dort zum Islam konvertiert sei, schrieb Süßheim. Als er später nach Ungarn zurückkehrte, habe Vámbéry sich zunächst katholisch taufen lassen und sei später zum Protestantismus konvertiert. Am Rand fügte Süßheim dem Tagebucheintrag nachträglich hinzu, der Mann sei heutzutage Atheist. Theodor Herzl hatte Vámbéry im Juni 1900 in seinem Tagebuch folgendermaßen beschrieben: „Ich habe einen der interessantesten Menschen kennen gelernt in diesem hinkenden 70jährigen, ungarischen Juden, der nicht weiss[,] ob er mehr Türke oder Engländer ist, deutsch schriftstellert, 12 Sprachen mit gleicher Perfection spricht u. 5 Religionen bekannt hat, wovon er in zweien Priester war. Bei der intimen Kenntniss [sic!] so vieler Religionen musste er natürlich Atheist werden. Er erzählte mir 1001 Geschichte aus dem Orient, von seiner Intimität mit dem Sultan etc. Er fasste sofort volles Vertrauen zu mir u. sagte mir unter Ehrenwort, er sei englischer und türkischer Geheimagent. Die Professur in Ungarn ein Aushängeschild, nachdem es lange eine Marter gewesen inmitten einer judenfeindlichen Gesellschaft. Er zeigte mir eine Menge geheimer Schriftstücke, allerdings in türkischer Sprache, die ich nicht lesen, nur bewundern kann. U. A. eigenhändige Aufzeichnungen des Sultans."[148]

Über Ármin Vámbérys Glaubens- und Lebensweg kursierten schon zu Lebzeiten die wildesten Gerüchte – er selbst war daran offenbar nicht ganz unbeteiligt.[149] Nichtsdestotrotz: Necib ʿĀsım Bey habe ihn unter Druck gesetzt, so Süßheim in seinem Bericht über

146 Ebd., 31. 8. 1904, ebd.

147 Hier und im Folgenden vgl. ebd., 17. 3. 1905.

148 Theodor Herzl: Tagebucheintrag vom 17. 6. 1900, in: Bein, Herzl 3 (1985), S. 133 f., hier S. 133.

149 Jahre später verteidigte Süßheim den ungarischen Orientalisten: Der Numismatiker Aḥmed Tevḥīd habe Vámbéry dafür verurteilt, dass er seine Religion öfter gewechselt habe, schrieb Süßheim in sein Tagebuch. Er sei darauf nicht eingegangen, sondern habe auf den wertvollen Beitrag des Turkologen für die Wissenschaft hingewiesen, vgl. Tagebuch KS, 25. 1. 1912. Zum religiösen Selbstverständnis Vámbérys vgl. die Aufsätze von Peter Haber: Sprache, Rasse, Nation. Der ungarische Turkologe Ármin Vámbéry, in: Ders. u. a. (Hrsg.): Jüdische Identität und Nation. Fallbeispiele aus Mitteleuropa, Köln u. a. 2006, S. 19–49, hier S. 44–49 u. Jacob M. Landau: Arminius Vámbéry: Identities in Conflict, in: Martin Kramer (Hrsg.): The Jewish Discovery of Islam. Studies in Honor of Bernard Lewis, Tel Aviv 1999, S. 95–102.

das Gespräch mit dem Turkologen, „es wie Vámbéry zu tun und Muslim zu werden“[150]. Die Ratschläge fielen auf fruchtbaren Boden: Im Sommer 1905 spielte Karl Süßheim tatsächlich offen mit dem Gedanken, zum Islam überzutreten. Sein jüdischer Freund Zekeriyā Maẓlūm machte ihn daraufhin mit dem charismatischen Islamgelehrten und späteren Şeyhülislam Mūsā Kāẓim[151] bekannt. „Wir kamen dazu, über Dāvud Efendi zu sprechen, einen Chaldäer iranischer Nationalität, der in der Vergangenheit zum Islam übergetreten war“, schrieb Süßheim über das Treffen: „[E]r wurde zum Lehrer für Persisch […] ernannt. Ich schätzte alles, was dieser Lehrer [Mūsā Kāẓim, KM] sagte“[152].

Süßheim, der nach dem Gespräch überzeugt war, dass eine Konversion auch für ihn der richtige Weg sein könnte, um im Osmanischen Reich endlich eine Arbeitsstelle zu erhalten – eine mühsame Aufgabe, wie wir noch sehen werden –, traf den Konvertiten Dāvud wenige Tage später. Von ihm erfuhr er, dass für den Posten eines Persisch-Lehrers an der Mahmudiye-Schule, um den sich 25 Personen bewarben, ein Bekehrter bevorzugt würde.[153] Die aktive Unterstützung frisch Konvertierter durch die osmanische Regierung war kein Geheimnis. Kaum einen Monat später berichtete Süßheim: „Am Abend war ich mit Dāvud Efendi zusammen, der jetzt ʿAbdulaḥad heißt. Er ist in der Vergangenheit in das Haus des Şeyhülislam eingeladen worden. Als [der Journalist] Aḥmed Midḥat Efendi[154] da war, rief er einen Diener und bestätigte, nachdem er den oben genannten Konvertiten einer Prüfung unterzogen hatte, in einem Schreiben an den Bildungsminister, dass er geeignet und bereit für jede Arbeit sei. […] Nachdem sie begriffen haben, dass seine Vorstellungen von Religion und Politik in Ordnung sind, und weil sie ihn mögen, werden sie ihm ein gutes Amt geben. […] Er [ʿAbdulaḥad, KM] denkt, dass ich seine Vorstellungen von Bekehrung und Islam teile.“[155]

Dies war aber nicht der Fall: Die beiden Männer verbrachten zwar viel Zeit miteinander, doch die Frömmigkeit des Konvertiten befremdete Süßheim zunehmend. Im Herbst

150 Tagebuch KS, 17.3.1905, übers. nach der osman. Translit. bei Schmidt, Orientalist (2018), S. 348.

151 Mūsā Kāẓim (1858–1920) erhielt seine geistliche Ausbildung in Balıkesir und Konstantinopel. Er war in mehreren jungtürkischen Regierungskabinetten Şeyhülislām, also Mufti von Konstantinopel – und damit die oberste religionsrechtliche Autorität des Osmanischen Reichs. Im Oktober 1914 legitimierte er den *Jihad* an der Seite der Deutschen, vgl. dazu Kap. II.1, passim. Eine Biografie lieferte Ferhat Koca: Şeyhülislām Musa Kāzım Efendi'nin Hayatı ve Fetvāları, İstanbul 2002, ein kurzer Abriss seines Lebens findet sich auch bei Ders.: Şeyhülislām Musa Kāzım Efendi'nin (1858–1920) Fıkıh Usulüne Dair Bir Risalesi: Hakikat ve Mecaz, in: HÜİFD 13/26 (2/2014), S. 149–175, hier S. 150 ff.

152 Tagebuch KS, 23.6.1905, übers. nach der osman. Translit. bei Schmidt, Orientalist (2018), S. 353.

153 Vgl. ebd., 1.7.1905.

154 Aḥmed Midḥat (1844–1912) war ein ausgesprochen produktiver und bekannter Journalist, Autor und Übersetzer im Osmanischen Reich. Biografische Angaben finden sich z. B. bei Cüneyd Okay: "Ahmed Midhat Efendi", in: EI 3 [Online-Version], 2012, http://dx.doi.org/10.1163/1573-3912_ei3_COM_23828. Midḥats Rolle als Vermittler europäischer Kultur untersuchte Cemal Demircioğlu: Translating Europe: The Case of Ahmed Midhat as an Ottoman Agent of Translation., in: John Milton u. Paul Bandia (Hrsg): Agents of Translation, Amsterdam u. Philadelphia 2009, S. 131–159.

155 Tagebuch KS, 19.7.1905, übers. nach der osman. Translit. bei Schmidt, Orientalist (2018), S. 355 f.

desselben Jahres hatte er sich vom Gedanken an eine Konversion wieder distanziert: „Jeden Tag liest [ʿAbdulaḥad] einige der wichtigsten Suren [...] des Korans und fragt seine Freunde, was sie bedeuten. Ein gesunder Menschenverstand glaube nicht, dass, wie in der Bibel, die Welt in 6 Tagen erschaffen wurde, aber im Koran gebe es eine Passage, in der ein Tag mit 50000 Jahren gleichgesetzt wird, und wenn man bedenke, dass damit Gleichgewicht und Kongruenz mit den jüngsten und angesehensten Entdeckungen der Geowissenschaft erreicht werden, glaubt er, dass nur der Koran die Wahrheit enthält. Im Gegensatz zu den Christen sei darin im Übrigen von der Einigkeit Gottes die Rede. Seine Tendenz zur ständigen Heranziehung der Theologie könnte ihn in Zukunft in Schwierigkeiten bringen. [...] Als ʿAbdulaḥad Efendi [...] sagte: ‚Sie sind jetzt auch ein Muslim', habe ich dem Gespräch eine neue Richtung gegeben, [und] sagte, dass ich den Koran noch nicht gelesen habe."[156]

Der Freundschaft der beiden Männer wurde schließlich 1905 ein definitives Ende gesetzt: Weil er sich mit einem „Fremden" – gemeint war Karl Süßheim – abgab, wurde ʿAbdulaḥad festgenommen, verhört und erst wieder freigelassen, nachdem der stadtbekannte Mūsā Kāẓim eingriff.[157] Süßheim, durchaus enttäuscht, dass sein Bekannter ihn daraufhin eine Weile ignorierte, mied nun ebenfalls den Kontakt. Nach diesem Bruch schrieb er nicht mehr über eigene Konversionsabsichten, traf sich aber noch bis Dezember 1906 mit dem Islamgelehrten Mūsā Kāẓim.[158] Über den Inhalt ihrer Gespräche notierte Süßheim leider wenig, wir wissen aber, dass er sich gleichzeitig wieder verstärkt auf die Pflege seiner jüdischen Bekanntschaften konzentrierte. Im Januar 1906 schrieb er: „In den vergangenen drei Monaten war ich abends viel im Hotel Europa, um nicht zu lesen, sondern mit meinen Freunden und Glaubensgenossen zusammen zu sein."[159] Die Bekehrungsbemühungen der Konstantinopler Muslime indessen hörten nicht auf. Nachdem Süßheim im Sommer 1906 mit dem Leiter der Bibliothek der Neuen Moschee gesprochen hatte, notierte er: „Er verabscheut die Sephardim und [...] will, dass ich diese Gefühle teile und Muslim werde."[160] Auch zwei andere fromme Muslime, beide Auszubildende an einem Gerichtshof, wollten ihn zu einem Gebet mitnehmen und ihm zeigen, wie es geführt wird, doch Süßheim lehnte ab.[161]

Religiöser Eifer war im Osmanischen Reich allgegenwärtig und richtete sich aggressiv vor allem gegen Christen: In einem Kaffeehaus traf Süßheim arabische Gelehrte, und einer von ihnen, „der Intelligenteste", wollte ihm erklären, „wie irrational die Heilige Dreifaltigkeit und so weiter seien. Im Vertrauen auf seine Intuition dachte er, ich sei Christ"[162]. Der Mann war sicher nicht der einzige Muslim, der Probleme mit den christlichen Glaubens-

156 Ebd., 19.9.1905, übers. nach der osman. Translit. ebd., S. 359.

157 Vgl. ebd., 26.9.1905.

158 Er war beispielsweise bei ihm zum Fastenbrechen eingeladen, vgl. ebd., 24.11.1905.

159 Ebd., 4.1.1906, übers. nach der osman. Translit. bei Schmidt, Orientalist (2018), S. 364.

160 Ebd., 19.8.1906, übers. nach der osman. Translit. ebd., S. 386.

161 Vgl. ebd., 24.10.1906.

162 Ebd., übers. nach der osman. Translit. bei Schmidt, Orientalist (2018), S. 393.

vorstellungen hatte: Als Karl Süßheim sich mit Aḥmed Midḥat, dem Herausgeber der osmanischen Tageszeitung *Tercüman-ı Hakikat* („Übersetzer der Wahrheit"), traf, der, wie wir gesehen haben, ebenfalls mit Mūsā Kāẓim verkehrte, tauschten die beiden sich über Glaubensvorstellungen und religiöse Divergenzen aus. „Als er begriff, dass ich Jude bin", schrieb Süßheim in sein Tagebuch, „sprach er über die Verwandtschaft unserer beiden Religionen hinsichtlich der Einheit Gottes, und begann die Christen wegen ihrer Heiligen Dreifaltigkeit zu verunglimpfen"[163].

Die interreligiöse Diskussion um das Verständnis des Monotheismus ist alt – Juden und Muslime wandten sich schon in mittelalterlichen Polemiken nahezu wortgleich gegen die christliche Trinitätslehre.[164] Nicht nur die Argumentation in der Konfrontation mit dem Christentum aber war und ist oftmals ähnlich. Zu Beginn des 20. Jahrhunderts in Konstantinopel war die größere theologische Nähe zwischen Judentum und Islam greifbar, wenngleich dies nicht bedeutet, dass man sich der Unterschiede nicht bewusst gewesen wäre. Viele Elemente verbinden Judentum und Islam[165], darunter auch ein in dieser Biografie wichtiges Wesensmerkmal: Während der Islamwissenschaftler Thomas Bauer die Fähigkeit, Mehrdeutigkeiten auszuhalten, ja, diese sogar zu begrüßen, für die muslimische Tradition hervorhebt, beschreibt Giuseppe Veltri, Direktor des Maimonides Centre for Advanced Studies, Ambiguität und Pluralität als grundlegenden „Wesenszug jüdischen Denkens"[166]. Er betont die Dialektik der talmudischen Kritik und den institutionalisierten Zweifel, der anstelle einer absoluten Deutungshoheit wie beispielsweise im Katholizismus als Haltung dominiere. Diese Einstellung mache „nicht einmal vor Gott halt", so Veltri, eine rabbinische Lehrtradition zitierend, die den Ursprung des Widerspruchs gewissermaßen in Gott selbst sieht und die deshalb von Protestanten heftig angegriffen wurde.

163 Ebd., 20.2.1905, übers. nach der osman. Translit. ebd., S. 345.

164 Yuval beispielsweise hat die Motive der Feindschaft gegenüber dem Christentum bei den Aschkenasim untersucht, die auch von Muslimen angewandt wurden, vgl. Israel Jacob Yuval: Zwei Völker in deinem Leib. Gegenseitige Wahrnehmung von Juden und Christen (JRGK 4), Göttingen 2007, hier insb. S. 104–145. Zu diesem Thema vgl. auch Simone Rosenkranz: Die jüdisch-christliche Auseinandersetzung unter islamischer Herrschaft. 7.–10. Jahrhundert, Bern 2004, siehe insb. das Kapitel „Der Austausch von antichristlichen Argumenten und Formen", S. 322ff.

165 Lewis beschrieb die Ähnlichkeiten in einem wichtigen Aufsatz wie folgt: "The Judaeo-Islamic affinities include such things as inflexible monotheism, austerity of worship, the rejection of images and incarnations and, most important of all, submission to an all-embracing divine law, enshrined in scripture, tradition, and commentary, which regulates and sanctifies the most intimate details of daily life. Not only were the sacred texts similar in spirit, but they were written in cognate languages. The same word, *din*, means religion in Arabic, law in Hebrew. The connection between the two meanings is obvious to any Jew or Muslim. A Hebraist could learn Arabic, a Talmudist understand the *Sharī'a*, with greater ease and with greater sympathy than his Protestant or Catholic colleagues." Bernard Lewis: The Pro-Islamic Jews, in: Judaism 17/4 (1968), S. 391–404, hier S. 404.

166 Hier und das Zitat im Folgenden vgl. Giuseppe Veltri: Gottes Widerspruch, in: FAZ 151 (3.7.2019), S. N3; zu Bauer vgl. die Einleitung.

Karl Süßheim bezeichnete sich Jahre später als „implizite[n] Befürworter des Islam“[167]. Muslimen gegenüber verhielt er sich zeitlebens äußerst respektvoll, doch von der Idee, selbst einer zu werden, verabschiedete er sich ganz. Die Vorteile, die er sich davon erhofft hatte, wurden ohnehin schnell obsolet: Süßheim sah in den westlich und weltlich orientierten Jungtürken, die, wie wir noch sehen werden, seine politischen Ansichten 1908 in Kairo vom Kopf auf die Füße stellten, die Zukunft des Osmanischen Reichs. In ihrer Gesellschaft erlebte er auch keinen Antisemitismus: Wie selbstverständlich wurde er, wie wir noch sehen werden, in dieser Runde aufgenommen und akzeptiert.[168] Das war eine neue und wichtige Erfahrung für den jungen Juden, denn Süßheim, der sich vor seinem Aufenthalt am Bosporus kaum mit Religion auseinandergesetzt hatte, hatte sich inzwischen entschieden: für seinen jüdischen Glauben. Ohne dass dies in seinem Tagebuch reflektiert worden wäre, bleibt nur ein Schluss: In der Auseinandersetzung mit dem Islam fand Karl Süßheim zurück zu seinen Wurzeln.

„Vor allem, weil ich Jude bin“ | Zurück in Europa: Ein Hürdenlauf

Die Jahre intensiver Konfrontation mit Glaube und Religion im Osmanischen Reich gingen an Karl Süßheim nicht spurlos vorüber – sie führten nach einer Zeit der Konfusion zu einer intensiven jüdischen Selbstvergewisserung. Zwischenzeitlich zurück im Kaiserreich brachte es den jungen Mann, der, wir erinnern uns, noch wenige Jahre zuvor nicht einmal wusste, ob er beschnitten war, plötzlich in Rage, wenn Verwandte dem Judentum demonstrativ den Rücken kehrten: Er gerierte sich als entschiedener Gegner der Konversion zum Christentum, die im Laufe des 19. Jahrhunderts nicht wenige deutsche Juden unter gesellschaftlichem Druck vornahmen[169] und deshalb „meistens zwischen die Stühle gerieten“[170], wie der Literaturwissenschaftler Constantin Sonkwé Tayim, der sich mit jüdischen Autobiografien in der Emanzipationszeit auseinandergesetzt hat, betont. Süßheim, im Ausland noch durchaus empfänglich für weltliche Argumente in Glaubensfragen, schloss einen Übertritt zum Christentum kategorisch aus, obwohl sie seiner akademischen Karriere im Kaiserreich sicher nicht geschadet hätte.

167 Tagebuch KS, 19.1.1908, übers. nach der osman. Translit. bei Schmidt, Orientalist (2018), S. 409f.

168 Vgl. dazu Kap. I.2.

169 Bereits Heinrich Heine nannte seinen Übertritt zum Protestantismus 1825 das „Entreebillet zur europäischen Kultur“ und offenbarte so den areligiösen Charakter seiner Konversion; er zeigte sich dann aber enttäuscht über die Reaktionen seines Umfelds: „Ich bin jetzt bey Christ und Jude verhaßt.“ Zit. nach Constantin Sonkwé Tayim: Narrative der Emanzipation. Autobiographische Identitätsentwürfe deutschsprachiger Juden aus der Emanzipationszeit, Berlin u. Boston 2013, S. 3f.

170 Ablehnung erfolgte sowohl von jüdischer als auch von nichtjüdischer Seite; die Empfindung darüber wird als „Judenschmerz“ bezeichnet, vgl. ebd., das Zitat S. 2.

Im 19. Jahrhundert war die Taufe für Juden noch lange Voraussetzung gewesen, um überhaupt an deutschen Universitäten lehren zu dürfen.[171] Bis Ende der 1870er-Jahre wurden Habilitationen zum Privatdozenten sowie zum außerordentlichen und ordentlichen Professor von nicht-konvertierten Juden zwar üblicher, jedoch fanden die meisten der Ernennungen, wie der britische Historiker Peter Pulzer schreibt, „in ideologisch neutralen Fächern wie Naturwissenschaften und Medizin" statt, und „nicht in solchen, die [...] in kultureller oder politischer Hinsicht leicht zu Reibungen führen konnten"[172]. Historiografie und Orientalistik, welchen Karl Süßheim sich widmete, gehörten selbstredend in die zweite Kategorie: Während bis zum Ende des Kaiserreichs in den geisteswissenschaftlichen Fächern kaum ein Glaubensjude einen ordentlichen Lehrstuhl erhielt[173], war die Taufe Pulzer zufolge ein „Schlüssel zur Beförderung"[174]. In der akademischen Welt herrschte ein ausgesprochen judenfeindliches Klima: Aus den Universitäten heraus – beziehungsweise vom Katheder herab – entwickelte sich 1880 der „Berliner Antisemitismusstreit"[175], der damals nach seinem Hauptprotagonisten, dem erwähnten Historiker Heinrich von Treitschke, noch unter dem Namen „Treitschkiade" firmierte. Offen diskutiert wurden die Assimilierungsfähigkeit und -willigkeit der jüdischen Minderheit, die Existenz typisch jüdischer Eigenarten, Verantwortlichkeiten für einen konstatierten Anpassungsmangel und das Wesen der Verwandtschaft von Judentum und Christentum respektive „Deutschtum". Treitschke verfasste in den Jahren 1878 bis 1880 vier Aufsätze, die die Frage nach der Zuverlässigkeit und Brauchbarkeit der Jüdinnen und Juden als Staatsbürger aufwarfen und eine Debatte um deren Zugehörigkeit zur deutschen Nation auslöste. Der bekannteste mit dem Titel „Unsere Aussichten"[176] forderte zwar keine Revision der jüdischen Emanzipation[177], verlangte aber eine „Deutsch-Werdung".[178] „Die Juden sind

171 Vgl. Peter Pulzer: Die jüdische Beteiligung an der Politik, in: Mosse, Juden, S. 143–239, hier S. 154. 1813 ließ der Akademische Senat Heidelbergs verlauten: „Der Stand eines akademischen Lehrers muß als zu ehrwürdig geachtet werden, als daß er durch Intrigengeist, Eigennutz und Zudringlichkeit eines jüdischen Mitglieds entweiht werde." Ganz ähnlich lautete 1902 die Ansicht des Pädagogen Friedrich Paulsen, der selbst kein Antisemit war, aber festhielt, dass die Aufnahme von Juden in den akademischen Lehrkörper als „Fremdherrschaft" wahrgenommen werde. Zit. nach ebd., S. 164.

172 Ebd., S. 154, vgl. auch S. 163f.

173 Zu Möglichkeiten und Grenzen an den Universitäten des Kaiserreichs vgl. die Arbeit von Andreas D. Ebert: Jüdische Hochschullerer an preußischen Universitäten (1870–1924). Eine quantitative Untersuchung mit biografischen Skizzen, Frankfurt a. M. 2008.

174 Pulzer, Beteiligung, S. 164.

175 Den Begriff prägte Boehlich mit dem Titel seiner Quellenedition aus den 1960er-Jahren. Walter Boehlich (Hrsg.): Der Berliner Antisemitismusstreit, Frankfurt a. M. 1965. Eine um Artikel auch aus jüdischer und internationaler Feder erweiterte Sammlung der wichtigsten Beiträge findet sich bei Krieger, Antisemitismusstreit (2003).

176 Heinrich von Treitschke: Unsere Aussichten, in: Ders. (Hrsg.): PJ 44/5 (1879), S. 559–576.

177 Vgl. ebd., S. 575.

178 „[S]ie sollen Deutsche werden, sich schlicht und recht als Deutsche fühlen [...]." Treitschke selbst machte dies explizit nicht von der Konversionsbereitschaft abhängig. Er unterschied zwischen der sephardischen Kultur, die sich in Frankreich, England und Italien „der abendländischen Weise immer ziemlich leicht eingefügt" habe, und den Aschkenasim, deren Einwanderung aus Osteuropa

unser Unglück“[179] – das Treitschke-Zitat, das ab 1927 am Fuß jeder Titelseite des nationalsozialistischen Hetzblatts *Der Stürmer* stand – entstammt ebenfalls diesem Aufsatz. Namhafte Intellektuelle reagierten auf Treitschkes Auslassungen, zuvorderst Althistoriker Theodor Mommsen mit seinem Aufsatz „Auch ein Wort über unser Judenthum“[180]. Mommsen zeigte sich weder antisemitisch noch per se judenfreundlich: In seinem Interesse lag insbesondere die Verteidigung liberaler Positionen. Für ihn waren die Juden Deutsche[181]; eine Ablegung jüdischer „Sondereigenschaften“[182] sah aber auch er geboten, was ihm vonseiten der jüdischen Gemeinde sowohl Dankbarkeit als auch Enttäuschung einbrachte. Nicht nur Mommsen, sondern allgemein die Gegner Treitschkes forderten weitgehende Assimilation.[183] Eine Konversion wurde zu diesem Zeitpunkt noch von vielen als Schritt in die richtige Richtung erachtet, auch wenn das Judentum zunehmend rassisch definiert wurde. „So standen die meisten Möglichkeiten, die Glaubensjuden verschlossen blieben, den getauften offen, wenn auch in sehr ungleichem Maße“, schreibt Peter Pulzer – sich taufen zu lassen nämlich „hieß die Staatsbürgerschaft zu des Staates Bedingungen an[zu]nehmen; auf einem Sonderstatus zu bestehen, bedeutete die Bereitwilligkeit, die hiermit verknüpften Nachteile in Kauf zu nehmen“[184]. Karl

ins Deutsche Kaiserreich zunehme und „die Frage, wie wir dies fremde Volksthum mit dem unseren verschmelzen können“, ernster werden lasse. „Wir Deutschen aber haben mit jenem polnischen Judenstamme zu thun, dem die Narben vielhundertjähriger christlicher Tyrannei sehr tief eingeprägt sind; er steht erfahrungsgemäß dem europäischen und namentlich dem germanischen Wesen ungleich fremder gegenüber.“ Alle Zitate ebd., S. 573.

179 „Bis in die Kreise der höchsten Bildung hinauf, unter Männern, die jeden Gedanken kirchlicher Unduldsamkeit oder nationalen Hochmuths mit Abscheu von sich weisen würden, ertönt es heute wie aus einem Munde: die Juden sind unser Unglück!“ Ebd., S. 575.

180 Theodor Mommsen: Auch ein Wort über unser Judenthum, Berlin 1880 – eine Replik auf Heinrich von Treitschke: Ein Wort über unser Judenthum, Berlin 1880.

181 Vgl. ebd., S. 5.

182 Theodor Mommsen meinte damit etwa den „jüdische[n] Wucher“, der „keine Fabel“ sei, und kritisierte die Existenz „specifisch jüdische[r] Vereine“. Die jüdischen „Sondereigenschaften“ verglich er mit denen der Hannoveraner, Hessen und Schleswig-Holsteiner, die nun ebenfalls im Deutschen Kaiserreich aufgegangen und gefordert seien, vom „Eigensten ein Stück hin[zu]geben“. Ebd., 8, 13, 15 u. 16.

183 In einem Manifest von Berliner Notabeln wandten sich im November 1880 mehr als siebzig Vertreter aus dem Bildungs- und Wirtschaftsbürgertum – darunter auch Mommsen – gegen den wachsenden Antisemitismus. Der „Racenhaß und der Fanatismus des Mittelalters“ seien „wieder ins Leben gerufen und gegen unsere jüdischen Mitbürger gerichtet“. Dies treffe „vor Allem diejenigen, welche ehrlich und ernstlich bemüht sind, in treuem Zusammengehen mit der Nation die Sonderart abzuwerfen“, heißt es darin. Das gemeinsame Ziel sei und bleibe die „Ausgleichung aller innerhalb der deutschen Nation noch von früher nachwirkenden Gegensätze“. Die Unterzeichner befürchteten 1880 bereits, was sich Jahrzehnte später bewahrheiten sollte: „Wenn jetzt von den Führern dieser Bewegung der Neid und die Mißgunst nur abstrakt gepredigt werden, so wird die Masse nicht säumen, aus jenem Gerede die praktischen Konsequenzen zu ziehen.“ Manifest der Berliner Notabeln gegen den Antisemitismus vom 12. November 1880, abgedr. bei Krieger, Antisemitismusstreit (2003 II), S. 551–554, die Zitate S. 551.

184 Pulzer, Beteiligung, S. 172.

Süßheim nahm die Nachteile in Kauf: Zwischen 1871 und 1909 ließen sich rund 15000 jüdische Deutsche taufen[185], nicht so Süßheim – und dies trotz bitterer Bekanntschaft mit den Grenzen, die der Antisemitismus den Jüdinnen und Juden im Kaiserreich setzte.

Obwohl Süßheim während seines Aufenthalts in Konstantinopel vor judenfeindlichen Stereotypen nicht gänzlich geschützt war, bedeutete seine Rückkehr auch in dieser Hinsicht eine hohe Hürde – er fürchtete sich sehr vor der antisemitischen Stimmung, wie aus seinem Tagebuch deutlich hervorgeht. Schon auf dem Weg von Konstantinopel nach Wien im Januar 1906, als Süßheim seinen Auslandsaufenthalt unterbrach, um in der Heimat seine beruflichen Möglichkeiten auszuloten, traf er im Zug einen bulgarischen Glaubensgenossen, der ihm erzählte, dass die Juden in seinem Land von guten öffentlichen Positionen ausgeschlossen seien und in der Armee nicht über den Rang eines Hauptmanns hinaus befördert werden könnten.[186] Die Angst machte den Mann nahezu paranoid, beschrieb Süßheim: „Weil er Jude ist, fürchtete mein Freund sich, und als ich ihn nach den bekanntesten Politikern des Landes fragte, wollte er mir ihre Namen nicht nennen."[187] Süßheim machte auf dieser Reise auch Halt in Pest, dem östlichen Teil der ungarischen Hauptstadt. Dort traf er Ármin Vámbéry, dessen Konversionsgeschichte Süßheim zuvor intensiv beschäftigt hatte. Süßheim zufolge sagte der Orientalist: „Sie haben zu viel Angst vor dem Antisemitismus, die Deutschen brauchen Sie. Sie werden nicht auf Sie verzichten. Sie werden Ihnen eine Beamtenstelle geben – und wenn sie es doch nicht tun, kommen Sie zu mir nach Pest, ich werde Ihnen ein Empfehlungsschreiben für den Herrscher [den osmanischen Sultan, KM] geben."[188]

Die beschwichtigenden Worte des Ungarn erwiesen sich als Wunschdenken; der Antisemitismus im Kaiserreich war massiv. Als Süßheim einige Lehrstuhlinhaber in Berlin aufsuchte, traf er auch den Professor für Osteuropäische Geschichte Theodor Schiemann, der im Kaiserreich als einer der besten Russlandkenner galt: „Als er begriff, dass ich Jude bin, fragte er, was ich wolle und insistierte, dass ihn das nichts angehe [...]. Ich wurde lange nicht mehr so abscheulich behandelt."[189]

Obwohl Süßheim selbst in der Stadt ausgebildet worden war, führten die Versuche, im Umfeld der Berliner Universität auf seine Expertise aufmerksam zu machen, nicht zum gewünschten Erfolg. Und auch in Frankreich waren seine Chancen auf eine Anstellung gering – bei einem Besuch in Paris erfuhr er dies von dem ebenfalls jüdischen Orientalisten Hartwig Derenbourg.[190] Der Arabisch-Experte und Islam-Forscher lehrte seit 1879 an der École pratique des hautes études und lud ihn ein, an seinem Unterricht teilzunehmen.

185 Vgl. Berghahn, Kaiserreich, S. 169. Als die Nationalsozialisten 1939 eine Volkszählung durchführten, stellten sie fest, dass im „Altreich" 8,4 Prozent der Menschen jüdischen Ursprungs konvertiert waren. Im verhältnismäßig konservativ-religiösen Franken waren es dagegen nur vier Prozent, der ungefähre Wert auch für Süßheims Heimatstadt Nürnberg. Vgl. Lowenstein, Alltag, S. 19 u. 23.

186 Vgl. Tagebuch KS, 5.1.1906.

187 Ebd., übers. nach der osman. Translit. bei Schmidt, Orientalist (2018), S. 365.

188 Tagebuch KS, 6.1.1906, übers. nach der osman. Translit. ebd., S. 366.

189 Ebd., 9.2.1906, übers. nach der osman. Translit. ebd., S. 371.

190 Hier und im Folgenden vgl. ebd., 23.5.1906.

Dessen Student, ein jüdischer Amerikaner namens Seligersohn, prophezeite Süßheim hohe Hürden auch für die Vereinigten Staaten: „vor allem, weil ich Jude bin“[191]. Resigniert kehrte er nach Konstantinopel zurück, doch im Januar 1907 unternahm er unter dem Druck seiner Familie[192] erneut einen Versuch, eine Karriere in der Heimat anzuschieben. Länger als ein Jahr blieb er hierzu nun in Europa, und gleich eine seiner ersten Begegnungen, wieder in Berlin, sollte ihm in Erinnerung bleiben. Er traf den Leiter des Seminars für Orientalische Sprachen, seinen früheren Lehrer Eduard Sachau[193]: „Als ich versuchte, seine Meinung über meine Absicht, eine Lehrtätigkeit an der Universität Berlin aufzunehmen, zu erfahren, erklärte er, dass es nun, da sich die Universität dem Unterricht der semitischen Sprachen verschrieben hat, […] [schon] 3 Juden gebe: Professor Barth, Doktor Horowitz und Doktor Mittwoch; und obwohl er selbst ein Befürworter der [jüdischen] Emanzipation[194] sei, seien so viele bereits unmöglich unterzubringen. Mit diesen Worten und einem unbehaglichen Rutschen von links nach rechts auf seinem Stuhl zeigte er die Tiefe seiner rassistischen Gefühle in noch stärkerem Maße.“[195]

Er habe darüber die Hoffnung verloren, schrieb Süßheim schließlich, in Berlin Arbeit zu finden.[196] Die Demütigungen gingen indes weiter: Im März 1907 besuchte Süßheim die Beerdigung seines ehemaligen Türkisch-Dozenten Karl Foy[197] und wurde vom Archäologen Albert von Le Coq abschätzig als Jude bezeichnet, „obwohl [dieser] wusste, dass ich zum inneren Kreis um Foy gehörte und ein verdienter Mann war“[198]. Über den Leiter des SOS schrieb Süßheim an diesem Tag: „Sachau, der der Regierungspolitik loyal gegenübersteht, ist bekannt dafür, ein extremer Antisemit zu sein.“ Im April wagte er dessen ungeachtet einen neuerlichen Versuch bei ihm, denn immerhin war mit dem Tod Foys die Stelle des Türkisch-Lehrers am SOS neu zu besetzen. Sachau versicherte Süßheim, dass er im Moment niemanden aktiv unterstützen könne, „aber ich habe ihm nicht wirklich geglaubt“[199]. Noch am selben Tag erfuhr er, dass Sachau sehr wohl die Entscheidung zu treffen hatte, wer künftig am

191 Ebd., übers. nach der osman. Translit. bei Schmidt, Orientalist (2018), S. 380.

192 Vgl. dazu Kap. I.3.

193 Eduard Sachau (1845–1930) hatte in Kiel studiert und erhielt 1872 einen Lehrstuhl zunächst in Wien, 1876 wechselte er nach Berlin, wo er blieb und 1887 zusätzlich Direktor des SOS wurde. Als Orientalist ist er insbesondere für seine Studien zum Syrischen und Aramäischen bekannt.

194 Wörtlich: سربستلك („serbestlik“) – Freiheit.

195 Tagebuch KS, 24.1.1907, übers. nach der osman. Translit. bei Schmidt, Orientalist (2018), S. 400.

196 Vgl. ebd.

197 Karl Foy (1856–1907) war auch als Übersetzer osmanischer Lyrik tätig und versuchte sich selbst in der Poesie. Er veröffentlichte beispielsweise im Liebeskind-Verlag die Lieder vom Goldenen Horn, Leipzig 1888. Im Prolog, S. IX, heißt es bezeichnenderweise: „Nicht das goldne Horn zu loben, / Nur am goldnen Horn gewoben / Ist der Liederteppich hier. / Die drauf tanzen, krause Jungen, / Sind aus deutschem Blut entsprungen, / Gott verzeih’ gemachte Zier!“ Zu Foys Lehre am SOS vgl. Kap. I.3.

198 Hier und das folgende Zitat: Tagebuch KS, 29.3.1907, übers. nach der osman. Translit. bei Schmidt, Orientalist (2018), S. 402.

199 Ebd., 13.4.1907, übers. nach der osman. Translit. ebd., S. 403 f.

„Er ist reich, weltlich orientiert, gebildet und erst 34 Jahre alt." – Beide Süßheim-Brüder hatten ihre Probleme mit dem Schwager: Paula mit ihrem Ehemann, dem Unternehmer Eugen Kirschbaum.

SOS Türkisch lehren sollte – das Misstrauen, das er ihm gegenüber hegte, stieg weiter.[200] Es ist nicht sicher, dass Süßheim Eduard Sachaus Verhalten richtig deutete – ungeachtet seiner eigenen Einstellung mag er schlicht ein Opportunist gewesen sein, der sich der judenfeindlichen Stimmung im politischen und akademischen Berlin beugte.[201] Für Süßheims Karriere war die persönliche Motivlage seines ehemaligen Lehrers freilich irrelevant: Die so innig gewünschte Stelle am SOS sollte er nie erhalten.

Obwohl seine Zugehörigkeit zur jüdischen Minderheit Süßheim erhebliche berufliche Schwierigkeiten bereitete, weigerte er sich nicht nur selbst, zum Christentum zu konvertieren, sondern zeigte in dieser Frage auch gegenüber seiner Familie keinerlei Toleranz. Als

200 Vgl. ebd.

201 Eduard Sachau hatte auch persönlich mit Antisemitismus zu kämpfen: Es ging das Gerücht um, dass er selbst Jude war, denn er war mit einer Frau aus der jüdischen Bankiersfamilie von Bleichröder verheiratet – was später, in der nationalsozialistischen Zeit, sogar als Grund angeführt wurde, eine Straße nicht nach ihm zu benennen. Vgl. Holger Stoecker: Afrikawissenschaften in Berlin von 1919 bis 1945. Zur Geschichte und Topographie eines wissenschaftlichen Netzwerkes (= PABUWG 25), Stuttgart 2008, S. 105.

beispielsweise seine Cousine Frieda Löwensohn heiratete, gab es neben der standesamtlichen auch eine jüdische Hochzeit.[202] Aus Respekt vor dem religiös indifferenten Eugen, schrieb Süßheim, wollten seine Eltern das jüdische Fest zunächst nicht besuchen.[203] Empört – und erfolgreich – griff er ein, und sie besuchten es schließlich doch. Der erwähnte Eugen Kirschbaum, seit 1905 Ehemann seiner Schwester Paula, war Karl Süßheim ein besonderer Dorn im Auge. Seine Eltern hatten auf die Verbindung mit dem Fabrikbesitzer gepocht – „[e]r ist reich, weltlich orientiert, gebildet und erst 34 Jahre alt"[204] –, Paula dagegen musste überzeugt werden. Als die Verlobung bekannt gegeben wurde, notierte Süßheim die große Freude der Eltern über die exzellente Partie, vor allem seiner Mutter, „die seit 3 Jahren keine einzige schöne Stunde erlebt"[205] habe (und die Vermutung liegt nahe, dass er die schwierige Frau damit wörtlich zitierte). Süßheim, zu dieser Zeit in Konstantinopel, konnte an der Hochzeit seiner Schwester nicht teilnehmen, bedauerte sie aber sehr, als er erstmals ein Foto von Eugen Kirschbaum sah.[206] Seine Antipathie hielt an und auch die Freude der Eltern sollte nicht allzu lange währen: Die Familie überwarf sich mit dem Schwiegersohn rasch aus finanziellen Gründen[207], woraufhin dieser keinen Kontakt mehr zu Paulas Verwandten wünschte. Die Eltern würden im Hause Kirschbaum nur noch empfangen, um Geschenke vorbeizubringen, notierte Süßheim einmal verärgert in seinem Tagebuch. Er schrieb auch, dass seinem Schwager Geld über alles ginge, und dieser nicht wolle, dass seine eigenen Kinder von seinem Vermögen leben – sie sollten stattdessen am besten in den Staatsdienst eintreten.[208] Eugen Kirschbaum war auch allzu gerne bereit, die religiösen Bande zu kappen: „Als im Mai 1907 ein Junge geboren wurde, wurde er nicht beschnitten", schrieb Süßheim rückblickend über seinen Neffen Rudi: „[D]amals sagte [Eugen], dass seine Kinder Christen sein sollen"[209]. Clara Süßheim beschwerte sich bei ihrem Sohn heftig darüber – vermutlich, weil er im Gegensatz zu den anderen Familienmitgliedern inzwischen ihre religiösen Gefühle teilte. Und Karl enttäuschte sie nicht: Er, der das Ritual selbst lange nicht als wichtig erachtet hatte, fing nun einen heftigen Streit mit seinem Schwager darüber an. Noch Jahre später beschäftigte ihn der abtrünnige Eugen: Er wolle seine Kinder nicht in den Hebräisch-Unterricht schicken und habe vor, die jüdische Gemeinde zu verlassen, um Geld zu sparen, schrieb Süßheim 1913 verärgert.[210] Eugen Kirschbaum ließ sich von Süßheims Bedenken nicht beeindrucken, wie wir wissen: Seinen nach dem Schwager benannten Sohn Karl schickte er ab 1915 in eine private

202 Vgl. Tagebuch KS, 19. u. 22.4.1906.
203 Vgl. ebd., 22.4.1906.
204 Ebd., 21.3.1905, übers. nach der osman. Translit. bei Schmidt, Orientalist (2018), S. 348.
205 Ebd., 30.3.1905, übers. nach der osman. Translit. ebd.
206 Vgl. ebd., 29.5. u. 6.6.1905 sowie Kap. I.3.
207 Die „exzellente Partie" entpuppte sich offenbar als Verschwender – Eugen Kirschbaum könne nicht mit Geld umgehen und nehme bei den Eltern Schulden auf, schrieb Süßheim im Februar 1907. Hier und im Folgenden vgl. ebd., 16.2.1907.
208 Hier und im Folgenden vgl. ebd., Februar 1908 [ohne tagesgenaue Angabe des Datums].
209 Ebd., übers. nach der osman. Translit. bei Schmidt, Orientalist (2018), S. 410.
210 Vgl. Tagebuch KS, 21.3.1913.

Knabenschule, die offensiv mit ihrer Strenge warb: „Christliche Zucht – nationale, deutsche Erziehung waren unser Ziel“[211], war zum Beispiel im Jahresbericht 1916/17 zu lesen.

Auch weniger enge Familienmitglieder durften sich mit Süßheims neuentdeckter Leidenschaft in religiösen Belangen auseinandersetzen. Als der Ehemann einer Cousine seine Tochter taufen lassen wollte, schrieb Süßheim in seinem Tagebuch über seine daraus resultierende Schlaflosigkeit.[212] Bereits auf der Hochzeit des Paars im Sommer 1909 hatte er den Mann für seinen Wunsch, die gemeinsamen Kinder taufen zu lassen, heftig kritisiert.[213] Es widerstrebte Süßheim auch, wenn Familienmitglieder ihre Kinder auf eine christliche Schule schickten: Auf einer Reise in London hielt er einem Cousin aus diesem Grund eine Strafpredigt.[214] Als sich Süßheims Eifer in der Familie herumsprach, stritt er mit Bruder, Schwester und sogar der Mutter, die seine Einmischung allesamt für unangebracht hielten.[215] Er konfrontierte aber auch jüdische Mitbürgerinnen und Mitbürger außerhalb der eigenen Familie mit seinen Ansichten.

Als Süßheim sich in Berlin nach einer Stelle insbesondere im jüdischen Umfeld umhörte, traf er eine Frau, mit der er eineinhalb Stunden über die judenfeindliche Stimmung sprach. Sie selbst war mit einem Christen namens Meier verheiratet.[216] „Sie ist eine sehr kluge und kenntnisreiche, aber ungläubige Frau“, schrieb Süßheim: „Obwohl sie jüdisch ist, verabscheut sie religiöse Moralvorstellungen, über die sie aber überhaupt nichts weiß.“[217] Mehrmals berichtete Süßheim in seinem Tagebuch über heftige Diskussionen mit ihr, die ihn beschäftigten: „Als ob alle Juden gezwungen wären, Protestanten zu werden[!]“[218], schrieb er empört. Er missbilligte es, dass Frau Meier ihre älteste Tochter mit dem Sohn eines protestantischen Pastors, den sie als Waisenkind adoptiert hatte, verheiratete. Süßheim traf die Frau anlässlich des Geburtstags ihres Ehemanns wieder. Um keinen Streit zu riskieren, „stellten sie mich nicht Frau Michaelis vor, ihrer außerordentlich schönen ältesten Tochter, die mit einem Juden und Physiker verheiratet ist, der zum Christentum konvertierte“[219]. Wegen seines religiösen Eifers wurde Süßheim schließlich auch nicht zu einem Fest bei der schönen Frau Michaelis eingeladen.[220]

Dass Karl Süßheim die Religion mittlerweile hochhielt, ist augenscheinlich, doch wie er den jüdischen Glauben für sich persönlich deutete, ist schwer feststellbar, denn sein

211 Zit. nach Radlmaier, Süßheims, S. 145.

212 Vgl. Tagebuch KS, 4.10.1912.

213 Vgl. ebd., 7.6.1909.

214 Vgl. ebd., 3. u. 6.10.1910.

215 Bei diesem Streit ging es außerdem darum, dass er seinem Onkel Friedrich Morgenstern – Claras Bruder – einen Brief geschrieben hatte, in dem er sich darüber beschwerte, dass dessen Kinder ihren Glauben verlören, vgl. ebd., 9.10. u. 2.11.1910.

216 Vgl. ebd., 3.4.1906.

217 Ebd., 10.2.1906, übers. nach der osman. Translit. bei Schmidt, Orientalist (2018), S. 372.

218 Ebd., 17.3.1906, übers. nach der osman. Translit. ebd., S. 375.

219 Ebd., 3.4.1906, übers. nach der osman. Translit. ebd., S. 376.

220 Vgl. ebd., 6.4.1906.

Tagebuch diente ihm in dieser Hinsicht kaum als Reflexionsmedium. Wir wissen: Süßheim blieb in München, wo er sich 1911 niederließ, der liberalen jüdischen Gemeinde treu. Die jüdische Minderheit in der bayerischen Landeshauptstadt machte etwa zwei Prozent der Bevölkerung aus[221] und war größtenteils liberal geprägt[222]. Karl Süßheim war hier Mitglied der Kultusgemeinde[223] und besuchte regelmäßig die neoromanische Hauptsynagoge in der Herzog-Max-Straße. Engen Kontakt pflegte er in dieser Zeit zu Coßmann Werner[224], dem Rabbiner der liberalen Münchner Gemeinde. Die Beziehung zu dem Mann, der wegen seines rednerischen Talents auch als „Sprecher des deutschen Judentums“[225] bezeichnet wurde, entwickelte sich im Laufe der Zeit zu einer intensiven Freundschaft; der Ältere wurde für Süßheim, der 1910 seinen Vater verloren hatte, zu einer wichtigen Bezugsperson. Er war regelmäßig bei Familie Werner zu Gast[226] und feierte dort die jüdischen Feste Passah, Rosch-ha Shana und Purim. Kennengelernt hatten sie sich, als Süßheim sich mit seiner eigenen Familiengeschichte beschäftigte: Der Rabbiner erlaubte ihm, hierfür die Dokumentation der jüdischen Gemeinde einzusehen.[227] Welche Linie vertrat Coßmann Werner, der Süßheim so nahestand? Der Rabbi machte sich für einen Ausgleich zwischen den konfessionellen Gruppen stark. „[I]m Widerstreit der religiösen Anschauungen“, meinte der mit

221 Der Mitgliederstand der Münchner Gemeinde erreichte in den Jahren vor dem Ersten Weltkrieg einen Höchststand von etwa 11 000 Juden, vgl. Michael Brenner: 200 Jahre Israelitische Kultusgemeinde München, in: IKGM, Festschrift, S. 64–77, hier S. 66. Zu ihrer religiös, sozial und politisch vielfältigen Zusammensetzung vgl. Elisabeth Angermair: Münchner Jüdinnen – ihr soziales und politisches Engagement vor 1920, in: IKGM, Festschrift, S. 78–85, hier S. 78.

222 Vgl. Lowenstein, Alltag, S. 11. In den Gemeindewahlen vor dem Ersten Weltkrieg erhielten die Liberalen etwa zwei Drittel der Stimmen, der Rest entfiel auf Orthodoxe und Zionisten. Seit Beginn der 1890er-Jahre hatte die orthodoxe jüdische Richtung eine eigene Synagoge in der Herzog-Rudolf-Straße in München; ihr Rabbiner Ehrentreu hatte weit über die Münchner Stadtgrenzen hinaus einen Ruf als geistige Führungsfigur. Vgl. Brenner, 200 Jahre, S. 66; Pyka, Gemeinde, S. 50.

223 In Süßheims Washingtoner Nachlass ist beispielsweise eine Aufforderung zur Ergänzung und Richtigstellung der Gemeindeliste in München vom 2. 9. 1925 überliefert, vgl. Nachlass KS (LOC), Kiste 19b.

224 Coßmann Werner (1854–1918) war liberaler Rabbiner in München (seit 1895), Vorsitzender der Bayerischen Rabbinerkonferenz, Mitbegründer des Rabbinerverbandes in Deutschland und Berater der bayerischen Regierung in jüdischen Angelegenheiten, vgl. „Werner, Mose Cossmann“, in: Walther Killy u. Rudolf Vierhaus (Hrsg.): DBE, Bd. 10, München 1999, S. 447.

225 Der Nürnberger Rabbiner Freudenthal sagte in seiner Trauerrede auf den Münchner Kollegen: „Professor Werner [war] der Sprecher des deutschen Judentums, gleichviel, ob es sich um dessen innere oder äußere Angelegenheiten handelte.“ Max Freudenthal: [Rede], in: Worte der Erinnerung an den am 22. Juni 1918 aus dem Leben geschiedenen Rabbiner der Israelitischen Kultusgemeinde München Professor Dr. Coßmann Werner, München 1918, S. 10–15, hier S. 12. Auch Süßheim vermerkte in seinem Tagebuch, dass Werner allgemein als „Sprachrohr und Sprecher der deutschen Judenheit“ galt. Tagebuch KS, 25. 6. 1918, Nachlass KS (SBB) Hs. or. 1 135/9, fol. 62r ff.

226 Das Paar empfing häufig Gäste, darunter insbesondere die jüdische Jugend Münchens, vgl. Bertha Badt-Strauss: Studententage in München 1912–1913, in: Hans Lamm (Hrsg.): Vergangene Tage. Jüdische Kultur in München, München 1982, S. 197–200, hier S. 198.

227 Vgl. Tagebuch KS, 27. 4. 1912.

Werner befreundete Rabbiner Max Freudenthal[228], habe dieser stets versucht, die „Mitte zu gewinnen“[229]. Der Rabbinatsassessor[230] der orthodoxen jüdischen Gemeinde Münchens, Jona Ernst Ehrentreu, sprach bei aller Verneigung vor seinem „Bruder“[231] aber auch über Unterschiede[232]: Rabbi Werner, der von nun an für Karl Süßheim ein wichtiger Referenzpunkt in Glaubensfragen war, vertrat bei allem Willen zur innerjüdischen Harmonie einen durch und durch liberalen Standpunkt. Auch seinen Schützling Karl Süßheim bezeichnete er einmal als guten, aber nicht orthodoxen Juden.[233] Diesen Eindruck hatten auch andere: Rabbi Max Freudenthal aus seiner fränkischen Heimatgemeinde beschrieb Süßheim 1912 als „sehr fromm“[234].

Aus Karl Süßheims engem Verhältnis zu Coßmann Werner lassen sich durchaus Schlüsse über seinen eigenen Glauben ziehen. Nach Werners Tod, am Tag der Trauerfeier im Juni 1918, kritisierte Süßheim in seinem Tagebuch den Nürnberger Rabbiner Freudenthal, denn dieser – ein überzeugter Verfechter des liberalen Reformjudentums[235] – habe in seiner Rede etwas Wichtiges vergessen: Professor Werner habe immer seine Meinung verteidigt, dass jeder Mensch grundsätzlich gut sei, und er habe daran geglaubt, dass die Menschheit sich immer entwickle und Fortschritte mache, schrieb Süßheim – er habe jene, die am Wohlstand ihrer Landsleute keinen Anteil hatten, verteidigt, und sich jedes Schimpfen auf die Armen verbeten.[236] Damit sprach Süßheim zwei Grundpfeiler des jüdischen Glaubens an, die er selbst offenbar als Ideal betrachtete: Den Glauben an das Gute im Menschen und die Fürsorge für sozial Benachteiligte. Doch machte bestimmt nicht nur die Barmherzigkeit des akademisch ausgebildeten „Doktor-Rabbiner[s]“[237] Eindruck auf ihn,

228 Vgl. Freudenthal, Rede, S. 10.

229 „Und was er endlich für die Versöhnung im Judentum selber, für das einträchtige Zusammenleben der Parteien getan hat, das wissen wir hier in Bayern am allerbesten zu schätzen. An ihn wandten sich ohne Unterschied der Richtung die Juden aus dem ganzen Lande mit ihren Bitten, mit ihren Wünschen, mit ihren Forderungen. Um ihn als den geliebten Vorsitzenden unserer Rabbinerkonferenz scharten wir bayerischen Rabbiner wieder ohne Unterschied der Richtung uns willig und freudig […].“ Rede Freudenthal, S. 14.

230 Diesen Titel haben Rabbiner inne, die religiöse Fragen gemäß dem Talmud und dem jüdischen Religionsgesetz entscheiden, jedoch nicht einer Gemeinde vorstehen.

231 Jona Ernst Ehrentreu: [Rede], in: Worte der Erinnerung, S. 25–29, hier S. 28.

232 „Di[e] tiefe Verehrung, die er den Thoragrößen der Vergangenheit, den großen Gesetzeslehrern weihte, sie war es auch, die uns vereinigte und verband, sie war die Brücke, die uns bei aller Verschiedenheit der Richtungen und Meinungen zusammenführte […].“ Rede Ehrentreu, S. 27.

233 Vgl. Tagebuch KS, 2.10.1913.

234 Ebd., 21.6.1912, Nachlass KS (SBB) Hs. or. 1135/4, fol. 54v f.

235 Vgl. Schmidt, Gemeinde, S. 191.

236 Vgl. Tagebuch KS, 25.6.1918. Wenn man nach der Druckfassung der Rede geht, tat Süßheim Freudenthal, der den Glauben des Verstorbenen an das Gute im Menschen betonte, mit dieser Bemerkung Unrecht, vgl. Rede Freudenthal, hier S.13. Werners Einsatz für die gesellschaftlich Benachteiligten war bereits zu Beginn der Trauerfeier gewürdigt worden, vgl. Richard Grünfeld: [Rede], in: Worte der Erinnerung, S. 1–10, hier S. 7.

237 Brenner, 200 Jahre, S. 66.

sondern auch dessen Diesseits-Orientierung: Der „glanzvoll[e] Vertreter des modernen Rabbinerstandes"[238], der sich, wie es überliefert ist, „tief in die Offenbarungen der neuesten wissenschaftlichen Forschungsergebnisse"[239] versenkte, muss dem wesentlich jüngeren Wissenschaftler imponiert haben. „[D]ie Gegensätze des Glaubens und des Wissens" hätten Coßmann Werner intensiv beschäftigt, heißt es, ja, „er hatte oft genug in sich heiße, entnervende und zerrüttende Kämpfe auszutragen", habe sie jedoch immer wieder für sich selbst in Einklang bringen können.[240] Süßheim, der dem Glauben und den Errungenschaften der Wissenschaft gleichermaßen zugewandt war, fand in Werner also einen prädestinierten Ansprechpartner.

Karl Süßheim war zwar liberal, unterschied sich aber in der Verbundenheit zum Glauben von vielen anderen Jüdinnen und Juden seiner Konfession, nicht zuletzt von den meisten seiner Familienmitglieder. Die Charakterisierung Werners, Süßheim sei ein guter, aber nicht orthodoxer Jude, kann indessen nicht nur als wohlwollende Aussage über seinen Schützling, sondern auch als Seitenhieb auf die liberale jüdische Gemeinde gelesen werden, der Rabbiner bemühte sich nämlich, die zunehmende Zahl der religiös Indifferenten wieder an den jüdischen Glauben zu binden.[241] Der Süßheim so zugewandte Mann schätzte offenbar diejenigen Gemeindemitglieder besonders, die sich mit dem Studium der religiösen Schriften auseinandersetzten – „die לומדי תורה [Torahgelehrten, KM], die Träger der Thora[242], [...] die Männer, die in den heiligen Hallen der jüdischen Lehre heimisch waren", wie der orthodoxe Kollege Ehrentreu es formulierte: „Ein תלמיד חכם [kluger Student] zu sein, war bei ihm die beste Empfehlung, es war der Zauberschlüssel[,] um bei ihm Herz und Hand zu öffnen und jegliche Förderung von ihm zu erlangen"[243]. Süßheim war ein ausnehmend kluger Student, und wir werden noch erfahren, dass er am Ende seines Lebens für sein außergewöhnlich tiefes Wissen über seine Religion bekannt war. Das innige Verhältnis zu Rabbi Werner legt die Vermutung nahe, dass er sich spätestens seit seiner frühen Münchner Zeit intensiv mit den Inhalten seiner Religion auseinandersetzte. Der jüdische Glaube jedenfalls war dem einst

238 Freudenthal, Rede, S. 13.

239 Theodor Kroner: [Rede], in: Worte der Erinnerung, S. 15–18, hier S. 16.

240 Freudenthal, Rede, S. 13.

241 Vgl. Brenner, 200 Jahre, S. 66.

242 Der Begriff bezeichnet im Rahmen des Gottesdienstes die Teilnehmer, die mit den Torahrollen tanzen. Weiter gefasst ist er auch für Schriftgelehrte in der Entstehungszeit des Judentums, die stellvertretend für die Gemeinde die Torah auslegten, gebräuchlich, oder wird allgemein für besonders fromme Juden verwendet. Georg Fohrer, Professor für Alttestamentliche Wissenschaft, der als konvertierter torahtreuer Jude in Jerusalem lebte, zitierte dazu einen Vortrag des israelischen Religionsgelehrten Raphael Judah Zwi Werblowsky: „Der klassische Jude lebt mit der Tora, hält die Tora, freut sich der Tora. Am Feste Simchat Tora, dem Freudenfeste der Tora [...] tanzen die frommen Juden, eben die Träger der Tora [...]." Georg Fohrer: Glaube und Leben im Judentum, 3. Aufl. Heidelberg u. Wiesbaden 1991, S. 29; vgl. auch Leo Trepp: Der jüdische Gottesdienst. Gestalt und Entwicklung, 2. Aufl. Stuttgart u. a. 2004, S. 86; Aharon R. E. Agus: Das Judentum in seiner Entstehung. Grundzüge rabbinisch-biblischer Religiosität (= JuC 4), Stuttgart u. a. 2001, S. 76 f.

243 Ehrentreu, Rede, S. 27.

Ungläubigen nun ausgesprochen wichtig – dies zeigte sich nicht zuletzt bei seiner Suche nach einer Ehefrau.

„Nun ja, aber er ist sehr intelligent" | Vergebliche Liebesmüh

Karl Süßheim hatte sich bereits im Osmanischen Reich insbesondere in jüdischen Kreisen nach Frauen umgesehen – vermutlich auch aus pragmatischen Gründen, waren doch die Chancen innerhalb der jüdischen Diaspora größer als in der nichtjüdischen europäischen Immigrantengemeinde, wo allerorten latenter Antisemitismus herrschte. Dies galt insbesondere für die preußisch-protestantisch sozialisierte deutsche Militärgesellschaft, die in Konstantinopel anzutreffen war: Unter dem Eindruck der Niederlage im Russisch-Türkischen Krieg hatte der Sultan einst die Notwendigkeit einer umfassenden Reform der Streitkräfte erkannt, wofür er ausländische Hilfe benötigte. Auf diese Weise entstand die erste offizielle deutsche Militärmission im Osmanischen Reich; die Offiziere des Kaiserreichs trafen 1882 ein, drei Jahre darauf wurden erstmals in großem Stil deutsche Waffen importiert. 1889 wurde Wilhelm II. festlich in Konstantinopel empfangen. Vor diesem Hintergrund entwickelte sich in den folgenden Jahrzehnten eine überaus selbstbewusste deutsche Gemeinschaft in der osmanischen Hauptstadt. Zunächst versuchte Süßheim durchaus vorsichtig, sich hier bekanntzumachen – im Januar 1903 besuchte er zum Beispiel offizielle Feierlichkeiten, von denen er seinen Eltern berichtete:

> „Vorgestern, an Kaisers Geburtstag, war in der Botschaft großer Empfang. Bei den anderen Botschaften findet auch an Neujahr Empfang statt; bei der deutschen fällt wegen der Nähe des Kaisertages der Neujahrsempfang fort. Die Leute versammeln sich in einem weiten Saal; der Botschafter, von dem Gottesdienst kommend, nimmt die Glückwünsche entgegen, worauf man sich von dem Büffet Weißwein nimmt. Manche jüngere Leute trinken ein stattliches Quantum. Ich wollte nichts kosten, aber der Botschafter, der eben an mir vorbeiging, sagte in freundlichem Ton: [‚]Was! Sie haben ja gar nichts![‘], schenkte mir Wein ein, reichte mir ihn und stieß dann von selbst mit mir an. Es waren ziemlich viele Personen da, die deutschen Generale und Beamten in türkischen Diensten, alle in ihrer schönen Uniform, herab bis zu den deutschen Postschalterbeamten; eine Anzahl Kaufleute war da; so traf ich hier Herrn Popp u. den Herrn, an welchen ich durch den Nürnberger Handelsrichter eine Empfehlung erhalten hatte. Man blieb etwa ½ Stunde, plauderte, scherzte, so daß das Geräusch in dem weiten Saal nicht gering war. Ein deutscher Militärattaché begrüßte einen der Paschas mit den Worten: ‚Nun, wie geht es Ihnen denn, mein deutscher Pascha[?]‘. Etliche Damen der Botschaft waren da u. unterstützten den Gastgeber bei Erweisung des Honneurs. Abends war Festessen in der ‚Teutonia‘, dem deutschen Verein. Um zugelassen zu werden, mußte man seine Visitenkarte abgeben (wie es scheint, wird nicht jeder zugelassen) u. gegen 12 M zahlen. Ich nahm am Essen teil. Es begann um 7 ½ Uhr. Rechts vom Botschafter

saß Kamphövener-Pascha, der einzige Deutsche, der den Rang eines kommandierenden Generals hat, neben diesem der 1. Botschaftssekretär Frh. von Wangenheim, ein schmucker, schöner Herr, dann wieder ein General, zu dessen Seite der Botschaftsdragoman. Zur Linken des Botschafters saß der Vorstand der Teutonia, ein Lehrer der deutschen Schule. Man konnte sich die Plätze durch Hinlegen der Karte schon vorher auswählen. Da ich jedoch so ziemlich alle Deutschen, wenn überhaupt, nur oberflächlich kenne, wollte ich niemand[en] mit meiner Nachbarschaft belästigen; auch steht es wohl einem Jüngeren, Neuangekommenen nicht an, sich rechts und links breitzumachen. Ich saß daher in ziemlicher Entfernung von dem Botschaftertisch, an dem die Notabilitäten der Kolonie platziert waren. Das Essen war recht einfach. Nach einigen Gängen erhob sich [der Botschafter Adolf] Marschall [von Bieberstein[244], KM] zu einer ziemlich langen Rede. Er ging von den Helden der deutschen Einheit aus, wobei es leicht war, [...] Widerhall zu finden. Dann sprach er mit staunenswerter Offenheit von den Schwierigkeiten der inneren u. äußeren Politik, hob das gewaltige Eingreifen Amerikas hervor u. verweilte dann längere Zeit bei den Fragen, die jüngst im Reichstag den Gegenstand so erregter Debatten bildeten. Er pries, wenn auch maßvoll, reserviert, die persönliche Teilnahme des Kaisers, manchmal mit den nämlichen Worten wie [Reichskanzler] Bülow[245], wies auf den Besuch des Kaisers in Konstant[inopel] hin, auf die jüngste Anwesenheit des Prinzen Adalbert u. kündigte zum Schluß die baldige Auskunft der beiden ältesten kaiserlichen Prinzen an. Der Botschafter ging um ½ 10 fort; blieb nur noch wenige Minuten."[246]

Karl Süßheim besuchte in seinen ersten Konstantinopler Jahren auch häufiger Bälle des hier so bezeichnend porträtierten Kultur- und Wohltätigkeitsvereins Teutonia[247], doch auf

244 Adolf Marschall von Bieberstein (1842–1912) war Staatssekretär im Auswärtigen Amt (1890–1897) und vertrat im Anschluss das Kaiserreich bis 1912 als Botschafter in Konstantinopel, wo er gute Beziehungen sowohl zu Sultan ʿAbdülḥamīd II. als auch zur jungtürkischen Regierung pflegte, vgl. Ekkhard Verchau: „Marschall von Bieberstein, Adolf", in: NDB 16 (1990), S. 256f., online: https://www.deutsche-biographie.de/gnd118782096.html#ndbcontent; Barbara Radt: Geschichte der Teutonia. Deutsches Vereinsleben in Istanbul 1847–2000, Würzburg 2002, S. 137. Zu ihm vgl. auch die Zusammenstellung von Gül Tokay: Freiherr Marschall von Bieberstein als Botschafter in Istanbul 1897 bis 1912 nach osmanischen Zeugnissen, in: Matthias von Kummer (Hrsg.): Deutsche Präsenz am Bosporus / Boğaziçi'ndeki Almanya. 130 Jahre Kaiserliches Botschaftspalais – 120 Jahre historische Sommerresidenz des deutschen Botschafters in Tarabya / Alman İmperatorluğu Sefaret Köşkü'nün 130 Yılı – Almanya Sefareti Tarabya Yazlık Rezidansı'nın 120 Yılı, Istanbul 2009, S. 171–183.

245 Bernhard von Bülow (1849–1929), 1900 bis 1909 Reichskanzler des Deutschen Kaiserreichs.

246 Karl Süßheim an Clara und Sigmund Süßheim, Maison Calliopi, Quartier Demir Capou, Cple [Konstantinopel], 28.1.1903, Privatnachlass KS.

247 Barbara Radt schreibt über die Ausrichtung des Vereins zur Kaiserzeit: „Politisch war deutschnational die vorherrschende Haltung, doch bei kaisertreu, republikanisch, demokratisch, sozialistisch oder gar kommunistisch schieden sich die Geister." Später wurde der Verein dann von Nationalsozialisten dominiert. Radt, Geschichte, S. 21 u. 143.

eine reguläre Mitgliedschaft, wie er sie eigentlich anstrebte, weist in seinem Nachlass letztlich nichts hin.[248] Eine in Süßheims Tagebuch geschilderte Szene unterstreicht indessen die schwierige Stellung der deutschen Jüdinnen und Juden in diesen Kreisen: „Der Chefredakteur der Zeitung Osmanischer Lloyd, Herr Grunwald[249], und seine Frau waren ursprünglich Juden, wurden aber zu Protestanten. Als sie aber […] Mitglieder der Gesellschaft Teutonia werden wollten, wurden sie zunächst wegen ihrer jüdischen Herkunft abgewiesen und konnten erst Mitglied werden, als der Botschafter Baron Marschall [von Bieberstein] drohte, auszutreten."[250]

Der *Osmanische Lloyd* (OL) war, initiiert vom Auswärtigen Amt und der deutschen Botschaft in Konstantinopel, eine Tageszeitung, die 1908 bis 1918 auf Deutsch und Französisch erschien und als Teil der Nahostpolitik des Kaiserreichs fungierte.[251] Dennoch hatte es dessen Chefredakteur als zum Christentum konvertierter Jude offenbar schwer, in die Teutonia aufgenommen zu werden. Sich als junger Jude in diesem Klima glücklich in eine Nicht-Jüdin zu verlieben, erwies sich also als schwierig. Als Süßheim 1904 mit seiner Vermieterin an einer Exkursion der „deutschen Kreise" teilnahm, bemerkte er in seinem Tagebuch enttäuscht, dass nur wenige gute Familien dabei gewesen seien – und er glaube, auch keine Juden (sprich: Jüdinnen, denn nach ihnen hielt er Ausschau).[252] Dennoch schwärmte er von zwei hübschen jungen Frauen; eine der beiden traf er einige Monate später zufällig wieder und freute sich darüber, dass ihr Vater sich an ihn erinnerte.[253] Aber natürlich verlief die Sache im Sande.

Auch außerhalb der deutschen Szene wurde Süßheim nicht fündig. Er besuchte zum Beispiel die Bälle des italienischen Fechtkreises[254] und der Italienischen Arbeitervereinigung, weil er seine Sprachkenntnisse verbessern[255] und allzu gerne eine junge Italienerin kennenlernen wollte. So traf er zwar immer wieder auf Frauen, die sein Interesse weckten und mit denen er tanzte, aber auch hier ergab sich keine ernsthafte Freundschaft. 1905 besuchte er schließlich den Ball einer explizit jüdischen Gesellschaft: „Die wenigen Mädchen, mit denen ich tanzte, hatte ich durch Frau Jak kennengelernt, die die meiste Zeit anwesend war", schrieb Süßheim über die Frau seines Türkisch-Lehrers: „Es ist praktisch unmöglich, sich

248 Vgl. Tagebuch KS, 13. u. 27.2.1904 sowie 11. u. 18.2.1905; Karl Süßheim an Clara und Sigmund Süßheim, Pera-Cple [Konstantinopel], 15.12.1903, Privatnachlass KS.

249 In der Tagebuchedition ist der Name des Chefredakteurs mit Grünberg übersetzt, es handelte sich aber um Ernst-Moritz Grunwald (*1858), der von 1908 bis 1914 der erste Chefredakteur der Zeitung war. Vgl. Flemming u. Schmidt, Diary, S. 50; Irmgard Farah: Die deutsche Pressepolitik und Propagandatätigkeit im Osmanischen Reich von 1908–1918 unter besonderer Berücksichtigung des „Osmanischen Lloyd" (= BTS 50), Beirut u. Stuttgart 1993, S. 111 f.; „Grunwald, Moritz", Indexeintrag: DB, online: https://www.deutsche-biographie.de/pnd131522221.html.

250 Tagebuch KS, 20.1.1912, Nachlass KS (SBB) Hs. or. 1 135/4, fol. 8r f.

251 Vgl. die bereits zitierte Studie von Farah, Pressepolitik.

252 Vgl. Tagebuch KS, 19.6.1904.

253 Vgl. ebd., 11.2.1905.

254 Vgl. ebd., 20.2., 12.3. u. 12.5.1904 sowie 11.3.1905.

255 Es ist auch die Zeit, in der er sein Tagebuch, vermutlich zu Übungszwecken, auf Italienisch führte.

den Mädchen zu nähern, ohne vorgestellt worden zu sein“[256]. Und er wurde vorgestellt. Die jüdische Diaspora erschien demnach erfolgversprechender, und Süßheim sah sich fortan fast ausschließlich hier um. Einmal besuchte er eine Matinée zu Gunsten des jüdischen Krankenhauses im berühmten Pera Palace, seit 1892 die Nobelherberge für Reisende des Orient-Express. Dem Historiker Charles King zufolge war es „als letzter Gruß des Abendlandes entlang der Route in den Orient gedacht“ – „das denkbar glanzvollste Hotel westlicher Art“ in Konstantinopel und die „erste größere Anlaufstelle für Europäer, die sich ihren Traum von einer Reise ins Fabelreich der Sultane, Harems und Derwische erfüllen wollten“[257]. Das Hotel besaß einen der ersten Aufzüge der Welt, welcher mittig der großen Marmortreppe auf und ab schwebte; aus dem barocken Speisesaal kam man in die „Lounge mit ihren intarsienartigen Stuckmarmor-Mustern und ihren Paravents aus kunstvollen Drahtgeflechten, über der sich eine Lichtkuppel wölbte“[258]. Der junge Karl Süßheim war schwer beeindruckt und schwärmte vom Ballraum und der Gesellschaft: Noch nie habe er elegantere Menschen gesehen, hielt er in seinem Tagebuch fest.[259] Am besten gefiel ihm die zwanzigjährige großgewachsene blonde Tochter eines Psychiaters, die seine Begeisterung jedoch offenbar nicht teilte, denn wir hören danach nie wieder von ihr. Die Freude am Ausgehen wurde Süßheim zudem von seinem Freund Zekeriyā Maẓlūm bald ordentlich vergällt. „Maẓlūm Bey [...] sagte [...], dass ich Mädchen bedränge, mit mir zu tanzen“, schrieb er tief getroffen, und: „Er verteidigte mich, indem er sagte, dass ich ein seltsamer Mensch sei. Da ich das Gefühl hatte, dass diese kritischen Bemerkungen richtig sind, muss ich dies jetzt ganz und gar zugeben“[260]. Ein ordentlicher Dämpfer für den jungen Mann, doch Karl Süßheims Wirkung auf Frauen war nicht seine einzige Sorge.

Wenige Wochen zuvor hatte Süßheim ein Brief seiner Mutter erreicht, der ihn drängte, nach Deutschland zurückzukommen und irgendeine Stelle anzunehmen, damit er – endlich – reich heiraten könne.[261] Das Murren der Familie über den ledigen Sohn im Ausland sollte in der Folge nicht nachlassen und Süßheim gab dem Drängen schließlich nach: Er legte einen langen Besuch in der Heimat ein. Im Frühjahr 1906 versuchte er in Berlin, mithilfe einer dort lebenden Jüdin eine Frau zu finden.[262] Auch hier hatte er keinen Erfolg – seine Eltern aber wollten ihn vor einer Heirat nicht mehr ausreisen lassen: „Die Gedanken und Gefühle meiner Eltern bezüglich meiner Karriere sind bemerkenswert. Die beiden denken wie folgt: Wenn unser Sohn in Istanbul bleibt, wird er dann ein reiches deutsches Mädchen heiraten können oder nicht? Solange sie das Heiraten mit dem Wunsch nach Reichtum verbinden, werden sie meine Rückkehr in die Türkei ablehnen und verlangen, dass ich in Deutschland

256 Tagebuch KS, 14.1.1905, übers. nach der osman. Translit. bei Schmidt, Orientalist (2018), S. 342.

257 King, Mitternacht, S. 10.

258 Ebd., S. 9f.

259 Hier und im Folgenden vgl. Tagebuch KS, 28.1.1905.

260 Ebd., 18.2.1905, übers. nach der osman. Translit. bei Schmidt, Orientalist (2018), S. 345.

261 Vgl. ebd., 9.1.1905.

262 Vgl. ebd., 17.2. sowie 17. u. 25.3.1906.

bleibe, mit welcher Arbeit auch immer. Aber weil sie sich dieser großen Gier schämen, legen sie die wahren Gründe für ihre Wünsche kaum offen. Würde ich eine angesehene Stelle [...] annehmen, würden sie sogleich auf die Idee kommen, mich zu verheiraten – sobald ich dann ein reiches Mädchen geheiratet habe, könnte ich die lästige Anstellung wieder aufgeben."[263]

Die Süßheims waren keine Ausnahme. „Ehen wurden in der finanzkräftigen Oberschicht selten aus Liebe geschlossen", betont Monika Berthold-Hilpert über die Gepflogenheiten: „[M]eist standen vorteilhafte geschäftliche Verbindungen für die beteiligten Familien im Vordergrund"[264]. Und es kam noch schlimmer: Die Eltern machten die Entscheidung, ob Süßheim in die Türkei zurückkehren dürfe, von der Meinung seines Schwagers abhängig, auf den sie zu diesem Zeitpunkt noch große Stücke hielten.[265] Eugen Kirschbaum versuchte daraufhin, Karl Süßheim zu überzeugen, dass er eine passende Frau eher in Deutschland finden werde.[266] Die Mutter verlieh dem Nachdruck: „Wenn Du in die Türkei gehst, bist Du für mich verloren"[267], zitierte Süßheim die zu pathetischen Worten neigende Frau in seinem Tagebuch. Doch er widersetzte sich: Im Sommer 1906 kehrte er nach Konstantinopel zurück.[268] Eine Ehe aber hielt auch der erneute Aufenthalt im Nahen Osten für ihn nicht bereit, und nach seiner endgültigen Rückkehr ins Kaiserreich wenige Jahre später suchte Süßheim nun verstärkt nach einer Frau. In München kontaktierte er wegen möglicher Heiratskandidatinnen Rabbi Werner und dessen Frau Rosa[269], die als Vorsitzende des Israelitischen Frauenbunds und der Israelitischen Frauenhilfe[270] über beste Kontakte verfügte. Eine Jüdin sollte es unbedingt sein, denn für Süßheim stand zu diesem Zeitpunkt fest, dass er seine Kinder jüdisch erziehen würde. Eine nicht-jüdische Mutter war damit praktisch ausgeschlossen: Der Halacha zufolge gelten Kinder nur als Jüdinnen und Juden, wenn sie von einer jüdischen Mutter geboren wurden[271] – andernfalls, auch wenn der Vater jüdischen Glaubens ist, müssten diese später nach den Vorschriften konvertieren. Jeder fünfte Jude

263 Ebd., 15.1.1906, übers. nach der osman. Translit. bei Schmidt, Orientalist (2018), S. 367.

264 Berthold-Hilpert, Ortenaus, S. 160.

265 Vgl. Tagebuch KS, 18.1.1906.

266 Vgl. ebd., 21.1.1906.

267 Ebd., 25.1.1906, übers. nach der osman. Translit. bei Schmidt, Orientalist (2018), S. 368.

268 Vgl. ebd., 8.7.1906.

269 Vgl. ebd., 10.7.1914.

270 Vgl. Angermair, Jüdinnen, S. 81f.

271 Im Reformjudentum werden erst seit den 1980er-Jahren auch Kinder eines jüdischen Vaters und einer nichtjüdischen Mutter als Glaubensgenossen betrachtet, sofern sie jüdisch erzogen werden, vgl. Simon, Leben, S. 136ff. Einer strengen rabbinischen Auslegung zufolge waren eheliche Verbindungen mit Nicht-Jüdinnen oder Nicht-Juden ohnehin verboten, vgl. Bonaventura Mayer: Das Judenthum in seinen Gebeten, Gebräuchen, Gesetzen und Ceremonien, Regensburg 1843, S. 281. Mayer war ein zum Christentum konvertierter Jude, der sich scharf gegen die Lockerungen des Reformjudentums aussprach. Eine soziologische Gesprächsreihe mit sogenannten „patrilinearen" Jüdinnen und Juden aus verschiedenen Generationen (und damit auch eine problematisierende Darstellung der Tradition, diese in den Gemeinden nicht voll und ganz zu akzeptieren), legte Ruth Zeifert mit ihrer Dissertation vor: Nicht ganz koscher. Vaterjuden in Deutschland, Berlin 2017.

im Kaiserreich heiratete trotzdem eine nicht-jüdische Frau – ein weiterer Hinweis auf die schwindende Bedeutung des Glaubens im jüdischen Milieu.[272] Süßheim lag dieser Gedanke völlig fern, aber die fehlende jüdische Kandidatin war nicht das einzige Problem. Karl Süßheim wollte gerne heiraten, doch wenn er streng mit sich war, dachte er, dass er noch etwas zu erledigen hatte, bevor er den Bund der Ehe eingehen konnte: Anfang 1909, Süßheim war 31 Jahre alt und bemühte sich gerade um eine Stelle als Privatdozent an der Münchner Universität, hielt er für sich fest, dass der Zeitpunkt zu heiraten noch nicht gekommen sei, da er weder eine Festanstellung habe noch über eigenes Einkommen verfüge.[273]

Im Herbst 1911 scheinen sich seine Ansichten dazu geändert zu haben[274], doch noch immer war keine Frau in Sicht. Als Süßheim sich weitere zwei Jahre später in München niederließ und seine akademische Karriere im Alter von 34 Jahren nun endlich begann, schrieb er, zunehmend unter Druck, dass die Zeit zu heiraten nun wirklich gekommen sei.[275] Seinem Tagebuch verriet er in dieser Zeit, er suche ein jüdisches Mädchen; es sollte jung sein (nicht älter als 23 Jahre alt), schön und nicht zuletzt: reich.[276] Er hatte sogar recht genaue Vorstellungen von der Mitgift, die seine Zukünftige in die Ehe einbringen sollte: mindestens 200 000 Mark.[277] Zu den Erwartungen, die er in seinem Tagebuch formulierte, passt auch eine Annonce, die er bereits im Jahr zuvor aufgegeben hatte: „Junger israel. Herr, sehr gebildet, hübsches Aeußere, reich, in angesehener akademischer Stellung in größerer Stadt Süddeutschlands, wünscht junges hübsches reiches israel. Mädchen zu heiraten. Diskretion zugesichert.“[278]

Sich als reich zu bezeichnen, war keine glatte Lüge, aber doch eine kreative Umwidmung: Zwar hatte Süßheim es im Frühjahr 1912 endlich geschafft, seinen Fuß in die Tür der

272 Zwischen 1911 und 1915 waren dies 22 Prozent; der Anteil jüdischer Frauen, die nicht-jüdische Männer heirateten, lag im gleichen Zeitraum bei 13 Prozent, vgl. Berghahn, Kaiserreich, S. 169.

273 Vgl. Tagebuch KS, 3.2.1909. Hier könnte es sich durchaus auch um eine religiöse Überlegung handeln. Mosche ben Maimon, besser bekannt als Maimonides, einer der bedeutendsten jüdischen Religionsgelehrten, empfahl im 12. Jahrhundert in seiner *Mischne Tora* (Hil. Deot 5,11): „Der Mann soll sich zunächst den Lebensunterhalt sichern, sich dann eine Wohnung verschaffen und sich dann eine Frau suchen. Aber Toren handeln anders: Sie heiraten zuerst, suchen dann ein Haus und denken zuletzt daran, sich einen Lebensunterhalt zu verschaffen.“ Zit. nach Fohrer, Glaube, S. 151.

274 Nach einem heftigen Streit zwischen Mutter und Schwester über das Verhalten seines Schwagers erwog letztere eine Scheidung. Süßheim riet Paula, noch damit zu warten, bis er selbst verheiratet wäre. Offenbar ging er davon aus, dass dies nicht mehr allzu lange dauern würde, auch wenn sich an seiner beruflichen Situation in jenen Tagen noch nichts geändert hatte, vgl. Tagebuch KS, 14.10.1911.

275 Vgl. ebd., 4.1. u. 11.8.1913.

276 Vgl. ebd., 15.1.1913.

277 Er plante nämlich, mindestens 3000 Mark im Jahr für Bücher und andere Bibliotheksutensilien sowie für die Druckkosten seiner Arbeiten auszugeben. Ein Bekannter wies Süßheim darauf hin, dass diese Vorstellung reichlich überzogen sei: So eine Frau finde man nur in den besten Kreisen Berlins oder Nürnbergs; für München, wo Süßheim damals lebte, sei die Forderung illusorisch. Vgl. Tagebuch KS, 22. u. 27.11.1912; 15.1.1913.

278 „Heirat“ [Anzeige], in: FZ 114 (25.4.1912), Drittes Morgenblatt, S. 6. Süßheim erwähnte die Anzeige in seinem Tagebucheintrag vom 20.4.1912; er muss sie an diesem Tag aufgegeben haben.

Universität München zu bekommen[279], doch als Privatdozent mit wenigen Kursen und Studenten verfügte er über ein sehr geringes persönliches Einkommen.[280] Süßheim nahm sogar regelmäßig an den Treffen der Vereinigung der Honorarprofessoren, ausserordentlichen Professoren und Privatdozenten der Universität München (VHaPPD) teil[281], die versuchte, Druck auf die Universität und das bayerische Kultusministerium auszuüben, um die rechtliche und finanzielle Situation ihrer Mitglieder zu stärken. Mit Mitte Dreißig war er also noch immer völlig von finanzieller Unterstützung seiner wohlhabenden Familie abhängig, die es sich zu seinem Glück leisten konnte.[282] Auch die Angabe „jung“ war für Süßheims Zwecke eher zielführend als aufrichtig: Für die damalige Zeit zählte er gewiss nicht zu den jüngeren Heiratsanwärtern[283], und sein Alter war eines der schwerwiegendsten Argumente, die potenzielle Ehefrauen und deren Familien vorbrachten, wenn sie ihm eine Absage erteilten.

Die Mitgiftverhandlungen in jüdisch-bürgerlichen Kreisen, die oftmals langwierig und schwierig waren, führten in der Regel, oft unter Hinzuziehung professioneller Heiratsvermittler, die Eltern.[284] Im Falle Karl Süßheims war nach dem Tod des Vaters nun Mutter Clara allein zuständig, was ihres zurückgezogenen Lebensstils wegen durchaus ein Problem dar-

279 Im April legte Karl Süßheim seinen akademischen Eid ab, vgl. Tagebuch KS, 22.4.1912 sowie Protokoll über die Verpflichtung des Privatdozenten in der philosophischen Fakultät Dr. Karl Süßheim, 22.4.1912, BayHStA, MK44426 (Acten des Staats-Ministeriums des Innern für Kirchen- und Schul-Angelegenheiten. Dr. Süssheim Karl, Privatdozent an der K. Universität München; Laufzeit: 1911–1958).

280 Sein Einkommen war an die Gebühren gekoppelt, die die Studierenden für die einzelnen Kurse aufbringen mussten. In seinem Tagebuch notiert er für seine ersten Semester die Beträge von 34,10 Mark, 45,60 Mark, 44,80 Mark und 15,16 Mark. Vgl. Tagebuch KS, 3.6.1912, 30.11.1912, 30.3.1913 u. 4.12.1913. Sein jährliches Einkommen, das Süßheim auf seinem privaten Konto der Nürnberger Filiale der Königlich-Bayerischen Bank verwaltet und offiziell angibt, schwankt in dieser Zeit zwischen 3000 und 4000 Mark, vgl. ebd., 5.3., 22.4., 24.7. u. 14.10.1912. Flemming und Schmidt (Diary, S. 64) merken an, dass sein tatsächliches Einkommen vermutlich höher war, da er an anderen Stellen den Betrag von 11000 Mark und eine Kapitalverzinsung von 7419,50 Mark angibt, vgl. ebd., 25. u. 27.2.1913. Doch selbst, wenn er sein Einkommen an der Universität durch Prüfungsgebühren und Honorare für seine Publikationen geringfügig aufstocken konnte, ändert das nichts an Süßheims prekärem persönlichen Verdienst.

281 Vgl. ebd., 16.11.1912.

282 Für eine Archivmission in Konstantinopel 1911/12 erhielt Süßheim von seiner Mutter zum Beispiel 690 Mark für seine Reisekosten und Schecks im Wert von 4000 Franken. Sie zahlte auch nahezu den vollständigen Betrag für seine Kamera, die ihn mehr als 500 Mark kostete; vgl. ebd., 10.3.1911 u. 4.12.1912. Immer wieder notierte er Barbeträge für Reisen oder Rechnungen, die er von Clara Süßheim erhielt.

283 Ein Bekannter machte ihn einmal darauf aufmerksam, dass er das ideale Heiratsalter von 24 Jahren bereits um zehn Jahre überschritten habe, vgl. Tagebuch KS, 22. u. 27.11.1912.

284 Vgl. Berthold-Hilpert, Ortenaus, S. 160. Über die rechtliche Situation im Kaiserreich, in dem die Eltern verpflichtet waren, ihre Töchter mit einer Aussteuer zu versehen, dürften die Süßheims im Übrigen bestens unterrichtet gewesen sein: Der ältere Sohn veröffentlichte eine Schrift dazu, die er seinen Eltern widmete, vgl. Max Süßheim: Die Aussteuer der Tochter nach Bürgerlichem Gesetzbuch, Freiburg i. B. u. Leipzig 1899 [Separatabdruck im Privatnachlass KS].

„Im Falle ich vor meinem Mann [...] sterben solle, was ich jeder Zeit gerne thue": Karl Süßheims impulsive Mutter Clara 1906.

stellte.[285] Die Mutter zu umgehen war im Hause Süßheim allerdings keine gute Idee – und das Beispiel des Bruders Max sicher allen noch in guter Erinnerung: Clara hatte es 1903 in einem Brief an Karl und Paula als „schrecklichste[s] Ereignis [ihr]es Lebens" bezeichnet, dass „[d]er älteste Sohn Max [...] sich ganz gegen [ihr]en Willen" verlobt und „sich so herzlos [...] benommen" habe.[286] Dieser zeigte sich offenbar in der Tat wenig kompromissbereit und ging auf Erpressungsversuche seiner Mutter nicht ein: „Er sagte mir wiederholt, er wolle nichts von mir, ich könne mit meinem Eigentum machen[,] was ich will", schrieb sie, „wenn ich nicht meine Einwilligung gebe, sage er sich von Eltern und Geschwistern ganz los". Die Verlobung mit der Kaufmannstochter Hedwig Strauß aus Mergentheim, die Max Süßheim im April 1904 heiratete[287], nahm die impulsive Mutter zum Anlass, den Erstgeborenen zu enterben und alles – „[i]m Falle ich vor meinem Mann [...] sterben solle, was ich jeder Zeit gerne

285 So schaffte sie es einmal nicht, die Einladung einer Familie anzunehmen, die sich für Süßheim als Schwiegersohn interessierte, was diesen sehr verärgerte, vgl. Tagebuch KS, 4. u. 9.9.1913.

286 Hier und die folgenden Zitate: Clara Süßheim an Karl und Paula Süßheim, 20.12.1903, Privatnachlass KS.

287 Vgl. Radlmaier, Süßheims, S. 72.

thue“ – auf seine Geschwister zu verteilen. „Karl war jeder Zeit ein guter Sohn und Bruder und Paula soll ihm in allen Lagen seines Lebens beistehen“, schrieb sie: „Ihr selbst wünsche ich alles Glück auf Erden. Indem ich für Euch um Gottes reichsten Segen bitte[,] möchte ich, daß Ihr meinen letzten Willen achtet.“ Clara Süßheim hoffte bis zuletzt auf Wirkung ihrer Maßnahmen: Erst zwei Tage vor der Hochzeit versöhnte sie sich mit dem Paar.[288] Schließlich machte sie auch die Enterbung wieder rückgängig[289], doch es war ganz offenkundig kein Vergnügen, sich mit ihr anzulegen. In die Verhandlungen ihres Jüngeren jedenfalls blieb sie stets involviert, und Karl Süßheims Tagebuch aus dieser Zeit gewährt uns einen intimen Einblick in die familiären Gepflogenheiten der deutsch-jüdischen Partnersuche um die Jahrhundertwende.

Zunächst waren junge Frauen aus dem Bekanntenkreis im Gespräch. Eine hieß Lina Mohr und sollte Süßheim eine ganze Weile beschäftigen, ohne dass er je auch nur ein Wort mit ihr gesprochen hätte.[290] Von beiden Familien wurde zunächst der ortsansässige Rabbiner Freudenthal konsultiert – von ihm erhofften sie sich verlässliche Auskünfte über die religiösen und finanziellen Hintergründe der jeweils anderen Seite. Diese schienen vorerst zufriedenstellend zu sein und ein Treffen wurde verabredet. Am Nürnberger Bahnhof wurde Süßheim zu diesem Anlass von seiner Mutter erwartet: „Sie erzählte mir, […] dass wir uns an diesem Abend in einem Restaurant namens Feldschlößchen[291] an der Station Muggenhof treffen würden und berichtete in allen Details über die Verhandlungen, die in den vergangenen Tagen stattgefunden haben. Weil es in Nürnberg niemanden gebe, der mich kenne, erfuhren sie [die Mohrs, KM] nur von Doktor Freudenthal, dass ich ein Assistent sei und sehr fromm. Sie haben mehr als einmal mit Regierungsrat Doktor [Siegfried] Lichtenstaedter[292]

288 Vgl. Tagebuch KS, 14.4.1904.

289 Vgl. Clara Süßheim: Mein letzter Wille, 27.4.1921, Privatnachlass KS. Sigmund Süßheim hatte bereits 1909 in seinem Testament ausdrücklich betont, „daß bei einer einstigen Vermögensteilung nach meinem Tode oder nach dem Ableben meiner Frau, meine drei Kinder, die meinem Herzen gleich nahe stehen [sic!], auch ganz gleich gehalten werden“. Sigmund Süßheim: Letztwillige Verfügung, 2.7.1909, Privatnachlass KS.

290 Vgl. Tagebuch KS, 4.5.1912.

291 Die Tagebucheditoren übersetzen *tarla kasırcığı* mit „*Gartenhöfchen [?]*“ (vgl. Flemming u. Schmidt, Diary, S. 75); historisch verbürgt ist aber das Restaurant Feldschlößchen, ein beliebter Biergarten an der Nürnberg-Fürther Ludwigseisenbahnstation Muggenhof, vgl. Friedrich Leber: Nürnbergs Spaziergänge. Ein praktischer Führer durch Nürnberg und Umgebung, Nürnberg 1895, S. 32f.; Peter Luginsland: Das war'n halt noch Zeiten. Nürnberg um die Jahrhundertwende, Bd. 2, Nürnberg 1967, S. 54ff.

292 Siegfried Lichtenstaedter (1865–1942) war Orientalist und bayerischer Verwaltungsjurist. Er wurde im Zusammenhang mit der „Orientalischen Frage“ als Vordenker ethnischer „Säuberungen“ dargestellt, vgl. z.B. Robert Walter: Siegfried Lichtenstaedter – Vordenker einer ethno-nationalen Neuordnung Europas, in: ZfG 63/11 (2015), S. 949–965. Kürzlich erschien eine Sammlung der Schriften von Lichtenstaedter, die diese Zuschreibung in einem begleitenden Essay als „gesinnungsethisch erregt“ kritisiert, vgl. Götz Aly: Ein Bayer, hellwach und jüdisch, in: Ders. (Hrsg.): Siegfried Lichtenstaedter. Prophet der Vernichtung. Über Volksgeist und Judenhass, Frankfurt a.M. 2019, S. 7–47, hier S. 37ff.

gesprochen und fragten ihn, mit welchen Familien ich in München sozialen Umgang pflege; er sagte törichterweise, dass ich bis jetzt noch nicht viele Familien besucht hätte, weil ich erst kürzlich aus dem Ausland zurückgekommen sei."[293]

Familie Mohr musste nach dieser Beschreibung den Eindruck gewonnen haben, Karl Süßheim sei ein eher ungeselliger Mensch, was ihn offensichtlich verärgerte. Dabei war diese Einschätzung nicht ganz unzutreffend, denn seit der beschämenden Kritik an seiner Zudringlichkeit gegenüber jungen Frauen in Konstantinopel war er alles andere als ein Draufgänger. Dies stand einem potenziellen Ehemann nicht per se schlecht zu Gesicht: Er rauchte nicht und trank, abgesehen von einem gelegentlichen Glas Bier, keinen Alkohol; sein Lieblingsgetränk war Milch und sein liebstes Hobby war es, Briefmarken zu sammeln.[294] Doch würde er mit diesen Qualitäten bei den Mohrs punkten?

In einer vielköpfigen Runde – mit Mutter, Onkel, Bruder und Schwägerin sowie weiteren Bekannten, die sich zum Zwecke der Verkuppelung zusammengefunden hatten – ließen die Süßheims sich abends im Restaurant nieder: „Nachdem wir eine Weile geredet hatten, kam Herr Mohr, Lina Mohrs Onkel und Vormund[295], der in Fürth lebt, an unseren Tisch. [...] Mal mit dem einen, dann mit dem anderen sprechend, richtete er auch einige Worte an mich, aber es schien, als ob das Interesse, das ich ihm gegenüber zeigte, ihn abkühlen ließ und ich konnte nicht die richtigen Mittel finden, seine Aufmerksamkeit aufrecht zu erhalten. Nachdem er eine Weile bei uns geblieben war, zog er sich mit seiner Familie zurück. [...] Er begann, mich am Tisch, an dem die Mohrs saßen, zu diskutieren. Eine der alten Frauen sagte: ‚Nun ja, aber er ist sehr intelligent.' Es ist möglich, dass sie sich auf mich bezog."[296]

Süßheim war ernüchtert. Er beschloss, keine weiteren Bemühungen in Richtung Lina Mohr zu unternehmen – zumal er die junge Frau, wie er notierte, in dem schlecht beleuchteten Restaurant nicht einmal richtig sehen konnte.[297] Den ein oder anderen Blick aber hatte er offenbar doch erhascht, wie ein Brief an seine Mutter verrät, den er einige Tage später schrieb. Karl Süßheims Zeilen sprechen in vielerlei Hinsicht für sich:

> „Schon gestern Nachmittag hatte ich meine Karte an Dich geschrieben, leider jedoch ging sie infolge meiner Vergeßlichkeit erst heute morgen ab. Hoffentlich seid ihr von dem Plan einer Verbindung zwischen Frl. Lina Mohr und mir zurückgekommen und wißt eine Dame zu ergründen, welche den von mir gestellten physischen Anforderungen besser genügt. Es tut mir sehr leid, in der Frage des Frl. Mohr, auf welche Du ein besonders liebevolles Auge geworfen hattest, mich Dir nicht fügen zu können. Ich habe wenig innigere Wünsche als den, bei meiner Verlobung und Heirat eine Deinen Anforderungen und Neigungen entsprechende Braut für mich zu finden und vor

293 Tagebuch KS, 21.6.1912, Nachlass KS (SBB) Hs. or. 1135/4, fol. 54r f.

294 Vgl. Schmidt, Orientalist (2018), S. 10.

295 Der Vater des Mädchens lebte nicht mehr, vgl. Tagebuch KS, 12.7.1922.

296 Ebd., 21.6.1912, Nachlass KS (SBB) Hs. or. 1135/4, fol. 54r f.

297 Vgl. ebd.

allem soll die Braut womöglich einer Familie angehören, an welcher Du eine Stütze und angenehmen Verkehr findest. Der letztere Umstand ist umso wichtiger, als Du mit den Schwiegereltern von Max und Paula kaum oder nur schwer harmonierst. Meine Wünsche bei Auswahl der Braut lassen sich folgendermaßen zusammenfassen. 1) Hygienisch: Vollständige Gesundheit, keine erbliche Leiden bes[onders] Geisteskrankheiten 2) Ethisch: Die Dame muß moralisch makellos sein und darf nicht in schlechtem Rufe stehen. 3) Physisch: Hübsch, wobei ich besonderes Gewicht auf eine gewisse Körpergröße und ziemlich schöne Figur lege. Dagegen verschlägt mir dunkler Teint oder polnisch-jüdischer Typus – wenn sie denn schön ist – wahrscheinlich […] nichts. 4) Finanziell: Das ist ein Punkt, […] dem ihr ja ohnehin genügend Aufmerksamkeit schenken werdet. Um eines möchte ich Dich bitten: nämlich den Betrag meines Vermögens womöglich voll zu bezeichnen und vor allem nicht heute einen gewissen genau bezeichneten Betrag und morgen […] einen anderen anzugeben. Das macht ungünstigen Eindruck und erzeugt berechtigtes Mißtrauen. Wenn ich bei Wahl meiner Braut peinlicher verfahre, so liegt der Grund zum Teil doch wohl darin, daß ich auf meine Neigung zu Studium und ernster Beschäftigung nicht mehr den früheren Wert lege und am Verkehr mit meiner Frau Gefallen finden möchte, andererseits – was Frauen betrifft – durchaus nicht blasiert bin wie aber andere Leute meines Alters. Aus diesen Gründen heraus erklärt sich, daß ich eine Frau finden möchte, die mir entschieden gefällt. Was eine kleine Frau betrifft, so wäre mir eine solche deshalb ein Hindernis, weil sie langsam geht, ich es aber schon gerne hätte, wenn meine Frau mit mir häufig spazieren ginge – ohne mich aber, wie das von einer kleinen Frau zu fürchten wäre, zu einem Schneckengange zu zwingen. Da Frau Rabbiner Dr. Werner alle hiesigen israelitischen Familien kennt, könnte ich natürlich nächsten Freitag alles mögliche erfahren, selbstverständlich auf unauffälligem Wege.“[298]

An anderer Stelle scheute Süßheim nun in der Tat weder Kosten noch Mühen: Im Zuge seiner Suche nach einer Ehefrau nahm er an Junggesellenpartys[299] und etlichen Bällen in angesehenen Hotels[300] wie auch im Rahmen jüdischer Gesellschaften[301] teil; er beauftragte jüdische Detektivbüros, um die Kandidatinnen auszukundschaften[302], sowie jüdische Heirats-

298 Karl Süßheim an Clara Süßheim, 25.6.1912, Privatnachlass KS.

299 Vgl. Tagebuch KS, 30.11.1912.

300 So etwa im schweizerischen St. Moritz. Vgl. ebd., 11.–31.8.1912.

301 Beispielsweise der Concordia oder der Studentenverbindung Licaria, der Thuringia sowie des Club Insel oder des Phoenix, vgl. ebd., 23.12.1912 u. 15.1.1913; vgl. auch Flemming u. Schmidt, Diary, S. 84.

302 So etwa das Büro Salomonski in Berlin, vgl. Tagebuch KS, 7. u. 31.12.1912. Das Jüdische Museum Berlin hat zwei „Special-Berichte“ der Detektive aus den Jahren 1903 und 1912 in seinem Bestand. Über elf bzw. 15 Seiten werden der finanzielle und berufliche Hintergrund der Familie, Aussehen, Gesundheit, Charakter, Ruf und religiöser Standpunkt des potenziellen Heiratskandidaten vorgestellt. In einem anderen Fall beauftragte Süßheim einen gewissen Herrn Seitz, vgl. ebd., 14. u. 15.5.1913, später auch das Büro Lesser & Liemann vgl. ebd., 20.7.1914.

vermittler[303], die sich nach geeigneten Partien umschauen sollten; er war bei den Dienstagabenden der Wilmersdoerffers[304] und bei Dinner-Partys einiger jüdischer Familien wie der Claars[305] zugegen; er besuchte die Künstlertees der Sängerin Berta Manz[306], die er bei einem dieser Feste kennengelernt hatte[307]. Der sonst so zurückhaltende Mann flirtete mit hübschen jungen Frauen und spielte sogar Theater: Im Stück „Die Konferenz des Botschafters" mimte er einen osmanischen Diplomaten.[308] Und doch scheiterten die zahlreichen Kennenlerngeschichten, die in Süßheims Tagebucheinträgen geschildert werden, ausnahmslos. Die einen Kandidatinnen erfüllten seine Bedingungen nicht[309], die anderen zeigten kein Interesse an ihm[310]. Süßheim notierte unterschiedliche Gründe dafür, warum er in den Augen der jungen Frauen und ihrer Familien keine geeignete Partie war: Die Einwände bezogen sich nicht nur auf sein Alter, sein geringes Einkommen und die unsicheren Zukunftsaussichten wegen seines Berufs, sondern auch auf die liberale Haltung seines verstorbenen Vaters oder die sozialistischen Überzeugungen seines Bruders Max.[311]

Süßheim offenbarte bisweilen einen ironisch-trockenen Humor, wenn er über seine vergeblichen Bemühungen berichtete – einmal schrieb er über den Besuch bei Familie Stein, deren Tochter infrage kam: „Die attraktivste der drei Personen war Herr Stein."[312] Manchmal

303 Ein Onkel machte diesen Vorschlag und sprach sich für den Nürnberger Isaac Landauer aus, der davon überzeugt war, der Beste seines Metiers zu sein. Er behauptete, neunzig Prozent aller gebildeten Juden würden Gebrauch von Männern wie ihm machen. Süßheims Geschwister Max und Paula hielten wie nicht wenige andere Mitglieder der jüdischen Oberklasse eher wenig von den professionellen Vermittlern und deren Methoden. Vgl. Tagebuch KS, 26.1., 10. u. 13.2.1913. Im Laufe der Zeit hielt Süßheim Kontakt zu den Vermittlern Friedländer, Podžos und Polack in Berlin sowie zu den Hamburgern Bandermann und Levi. Der geringste Preis, den er aushandeln konnte, waren ein bis zwei Prozent der Mitgift bei erfolgreicher Vermittlung. Vgl. Flemming u. Schmidt, Diary, S. 80.

304 Der königlich-sächsische Generalkonsul in München, Theodor Wilmersdoerffer (1858–1936) hatte eine Tochter namens Lilli, für die Süßheim sich interessierte.

305 Der Chirurg Maximilian Claar (1875–1938) war ein entfernter Verwandter.

306 Über die Münchner Sängerin ist wenig überliefert, ihre Auftritte werden allerdings in verschiedenen Zeitschriften erwähnt, vgl. z. B. A. A. N.: „Aus Münchener Konzertsälen", in: MAZ 115/43 (26.10.1912), S. 280; Emil Liepe: [Kritik], in: Musik 13/3 (1.4.1914), S. 56; Adolf Wildbrett: Aus Nürnberg, in: NZfM 83/26 (29.6.1916), S. 218.

307 Vgl. Tagebuch KS, 7.3.1914.

308 Vgl. ebd., 14.2.1914.

309 Dies traf etwa auf ein von Aaron Levi vorgeschlagenes Mädchen aus Leipzig und eine von anderer Stelle empfohlene Kandidatin aus Straßburg zu, vgl. Tagebuch KS, 9.3. u. 19.4.1914 sowie 20.6., 1. u. 8.7.1914. Viele waren Süßheim zu alt oder zu arm. Die erwähnte Lina Mohr sollte z. B. eine Mitgift von „nur" 150 000 Mark erhalten, vgl. ebd., 14. u. 23.6.1912. Vgl. dazu auch ebd., 24.–26.5.1913.

310 So beispielsweise die 19-jährige Tochter der Wilmersdoerffers, für die er sich erwärmte; sie flirtete in seiner Gegenwart offen mit einem Studenten, vgl. ebd., 16.2. u. 19.5.1914.

311 Vgl. ebd., 9.8.1912, 25.4. u. 15.6.1913.

312 Er fuhr fort: „Frau Stein war hässlich und die Reize von Fräulein Stein, bezeichnet als ‚Else', schienen [einzig] aus ihrer Statur zu bestehen: Sie war ungefähr von meiner Größe – oder etwas größer – und hatte sehr volle Brüste. Ihre Augen schienen eher klein zu sein, da sie aus irgendeinem Grund, der

gestand er aber auch ganz offen seine Verzweiflung über die Situation.[313] Die Zurückweisungen deprimierten Süßheim zwar zunehmend, doch Liebeskummer war ihm bisher fremd geblieben. Den sollte ihm in der Hochphase seiner abendlichen Vergnügung schließlich eine 18-Jährige bescheren – Susi Stern, nach zwei unschuldigen Vernarrtheiten in der Schulzeit „die dritte Schwärmerei [s]eines Lebens"[314].

Mit der feinen Beobachtungsgabe des Verliebten schilderte Karl Süßheim in seinem Tagebuch die erste Begegnung auf einem Ball der jüdischen Gesellschaft Concordia. Seine Tischpartnerin also war Fräulein Stern, „geboren am 30. Oktober 1895, [...] schlank, aber robust, aufrecht und ziemlich groß": „Sie hat einen gesunden Teint und ein hübsches Gesicht. Das Mädchen, um es kurz zu sagen, gefiel mir sehr. [...] Sie trug zwei Ringe an ihren Fingern; in einen war ein großer, aber grober Türkis eingefasst. Ihre Finger waren rot von der Kälte; ihre Gelenke offenbarten Zeichen der Entzündung und es waren Furunkel darauf. [...] Fräulein Sterns Ballkleid war vorne sehr tief ausgeschnitten und ich konnte ihre Brüste sehen. Sie bildete sich einen sehr luxuriösen Verlobungsring ein und würde ihre Flitterwochen, abhängig von der Jahreszeit, gerne in Skandinavien verbringen. Weil sie sich erkältet habe, sei sie die vergangenen drei Tage im Bett geblieben. Dies war der erste Tag, an dem sie wieder ausgegangen war. Zusammen mit einundzwanzig anderen Mädchen ging sie seit kurzem auf eine Privatschule, um Kochen zu lernen – eine ihrer häuslichen Pflichten."[315]

Bereits am frühen Nachmittag des folgenden Tages rief Karl Süßheim bei den Sterns an und erkundigte sich nach dem Wohlergehen der Tochter, die in der Schule war und deshalb nicht selbst mit ihm sprechen konnte.[316] In den wohlhabenden bürgerlichen Familien war es üblich, dass junge Frauen sich im elterlichen Haushalt auf die Gründung eines eigenen Hausstandes vorbereiteten – doch längst nicht alle Töchter wollten sich noch damit abfinden, „einerseits vom Bildungsstreben ausgeschlossen zu sein und andererseits mehr oder weniger untätig darauf zu warten, bis der geeignete Heiratskandidat gefunden war"[317], schreibt Elisabeth Angermair über die beginnende Emanzipation junger Frauen im Bürgertum. Susi Stern war eines dieser selbstbewussten Mädchen, und das scheint Süßheim durchaus gefallen

mir entgangen zu sein schien, die Augenlider stark niederschlug. Manchmal machte sie einen fahlen Eindruck, als ob ihre gesunde Schönheit bereits ihre Blütezeit hinter sich habe. Obwohl ihr Verhalten nicht charmant war, war sie [auch] nicht kränkend." Ebd., 11.5.1913, Nachlass KS (SBB) Hs. or. 1 135/4, fol. 73r ff.

313 Vgl. ebd., 19.6.1913.

314 Süßheim führte den Gedanken in seinem Tagebuch auch weiter aus: „Die erste war Fräulein Goethe [...]. Die zweite war Fräulein Alice Ley aus Fürth. Fünfzehn Jahre später habe ich mich wieder verliebt." Ebd., 30.8.1914, Nachlass KS (SBB) Hs. or. 1 135/5, fol. 41r f. Über das Mädchen, in das er sich zum ersten Mal in seinem Leben verliebte, ist nichts bekannt. Alice Ley, die zweite junge Frau – Süßheim muss Anfang zwanzig gewesen sein –, war möglicherweise die Schwester eines alten Schulfreundes namens Daniel Ley, vgl. ebd., 5.8.1914.

315 Ebd., 30.11.1913, Nachlass KS (SBB) Hs. or. 1 135/4, fol. 175r.

316 Vgl. ebd., 31.11.1913.

317 Angermair, Jüdinnen, S. 80.

zu haben. Ein halbes Jahr später fand er zudem heraus, dass die Eltern der jungen Frau sehr reich waren: Susi Stern sollte eine Mitgift von 500000 Mark in die Ehe bringen; ihr Vater betrieb einen überaus erfolgreichen Getreidehandel.[318] Das war allerdings nicht der Grund für Süßheims hartnäckiges Werben: Noch bevor er davon erfuhr, rief er etliche Male bei den Sterns an und kreuzte sogar unangekündigt vor deren Haus auf. Doch Susi zeigte kein Interesse, egal was Süßheim sich auch einfallen ließ. Anderen Frauen schenkte er in dieser Zeit deutlich weniger Aufmerksamkeit, auch wenn er sich hin und wieder verabredete und seine Heiratsvermittler weiter auf der Suche waren. Am Vorabend des Ersten Weltkriegs, der Süßheims Leben in den nächsten Jahren bestimmen sollte, war er 36 Jahre alt und über sein Privatleben zunehmend verzweifelt.

Eines sticht bei der Betrachtung von Süßheims Junggesellenzeit in München besonders ins Auge: Trotz der anhaltenden Erfolglosigkeit erwog er kein einziges Mal, sich außerhalb der jüdischen Gemeinde nach einer Frau umzusehen, während er hinsichtlich anderer Vorstellungen im Laufe der Zeit durchaus bereit war, Abstriche zu machen.[319] Freilich, die Chancen bei nichtjüdischen Frauen waren für einen gläubigen Juden wie ihn sicher noch geringer, doch er dachte offenbar nicht einmal darüber nach; kein Satz ist dazu überliefert. Erst zehn Jahre später sollte ihm sein Vorhaben schließlich gelingen: Im Frühjahr 1924, mit 46 Jahren, wird Karl Süßheim die 23-jährige Jüdin Sidonie Frank aus Neumarkt in der Oberpfalz heiraten. Über diese erste, schnell gescheiterte Ehe ist wenig bekannt[320] – und wie es dazu kam, dass Süßheim danach eine Katholikin als Ehefrau und Mutter seiner Kinder wählte[321], ist zunächst ein Rätsel, das im zweiten Teil dieser Biografie noch Anlass zum Nachdenken geben wird. In jedem Fall entbehrt es nicht einer gewissen Ironie, dass ausgerechnet er, dem die Religion wichtiger war als allen anderen Mitgliedern seiner Familie, sein Leben letztlich an der Seite einer Nichtjüdin führte, während seine Geschwister sich Partner derselben Religion wählten.

Zuvorderst unterstreichen die Heiratsbemühungen Karl Süßheims vor dem Ersten Weltkrieg seine nun feste Verankerung im jüdischen Glauben – im Privaten. Doch wie hielt er es mit der Religion im öffentlichen Raum?

318 Hier und im Folgenden vgl. Tagebuch KS, 20.6.1914.

319 So kam er beispielsweise zu dem Schluss, dass Else Stein, deren Aussehen ihm nicht zusagte und für die er sogar eine ausgesprochene Antipathie empfand – „Fräulein Stein ist von kühler, reservierter und hochmütiger Natur" –, nach wie vor als Ehefrau infrage kam. Sie hatte eine nicht zu verachtende Aussteuer zu erwarten und Süßheim schrieb ihrem Vater, dass er ernsthaft an einer Verbindung interessiert sei. Vgl. ebd., 11., 19. u. 31.5.1913; das Zitat: ebd., 11.5.1913, Nachlass KS (SBB) Hs. or. 1135/4, fol. 73v ff.

320 Aus dieser Zeit sind Süßheims Tagebücher verloren gegangen, vgl. dazu ausführlicher Kap. II.2.

321 Ihr Name war Karolina Plank, die standesamtliche Hochzeit fand am 28.1.1927 statt, vgl. zu dieser Ehe Kap. II.2 u. II.3, passim.

„Weltfremde Theologen" | Leben im Diesseits, Leben in München

So zuverlässig Karl Süßheim seine Religion in Bezug auf wichtige Lebensentscheidungen konsultierte, so sehr glaubte er, dass sie in der privaten Sphäre am besten aufgehoben war. Mit kritischen Stimmen zur Verschränkung von Staat und Religion war er in seiner Konstantinopler Zeit bereits früh in Kontakt gekommen[322], und Süßheims entschieden säkular orientierte jungtürkische Freunde dürften Zweifel am osmanischen System mit seiner Staatsreligion nur bestärkt haben. Im publizistischen Werk des Orientalisten trat der säkulare Gedanke später überdeutlich hervor, wenn er sich mit dem Osmanischen Reich auseinandersetzte: „Eine bedenkliche Seite der Staatsverwaltung war", schrieb er beispielsweise, „daß das mohammedanische Staatswesen ausnahmslos der Geistlichkeit ausgeliefert [war] und das gesamte Lehrpersonal Theologen waren."[323] Karl Süßheim hatte, wie wir noch sehen werden, seine Meinung über den Sultan zu diesem Zeitpunkt radikal geändert; insbesondere stand er seit seiner Reise nach Kairo im Jahr 1908 unter dem Einfluss des Jungtürken ʿAbdullāh Cevdet, der religionskritische Positionen vertrat.[324] Von der politischen Verortung dieses Mannes als wahrscheinlich prägendste Figur in der Entwicklung des politischen Denkens Karl Süßheims wird noch ausführlich die Rede sein, wenn wir uns im nächsten Kapitel explizit damit beschäftigen. Süßheim jedenfalls verurteilte ʿAbdülḥamīd II. im Rückblick scharf für die Rolle, die der Islam während seiner Regentschaft von 1876 bis 1909 eingenommen hatte – in seinen Worten war dies „mittelalterlich[e] Religionspolitik"[325]. Seine Kritik führte Süßheim 1914 in einem Aufsatz aus: „Er [der Sultan, KM] förderte auf Kosten der übrigen Klassen die Geistlichen nach jeder Richtung, ließ mit Vorliebe junge Theologen zum Übertritt in die juristische Laufbahn anspornen und gestattete [...] vorzüglich weltfremden Theologen, entgegen allen Vorschriften, die Ausübung des Anwaltsberufes. Aus Rücksicht

322 Die tatsächliche Frömmigkeit der Türken beispielsweise bezweifelte Süßheims Persisch-Lehrer: „Die Tatsache, dass unter den Persern der spirituelle Führer in Kerbela, der den Rang eines Şeyhulislām hat, mehr Ansehen genießt als der Schah, ist für meinen Lehrer der Beweis der [authentischen, KM] Religiosität seiner Landsleute, während unter den Türken die Religion von der Regierung kontrolliert wird." Tagebuch KS, 29.12.1904, übers. nach der osman. Translit. bei Schmidt, Orientalist (2018), S. 339 f.

323 Karl Süßheim: Der Zusammenbruch des türkischen Reiches in Europa, in: M[oritz] J[ulius] Bonn: Die Balkanfrage (= VHHM 3), München u. Leipzig 1914, S. 67–108, hier S. 72. Ein 56-seitiges maschinenschriftliches Manuskript des Aufsatzes findet sich im Nachlass KS (LOC), Kiste 11.

324 Ob ʿAbdullāh Cevdet deshalb sein Ruf als Antimuslim – er wurde unter anderem als „Ewiger Feind des Islams", sogar „Feind Gottes" (*Aduvullah*) bezeichnet und war mehrmals der Blasphemie angeklagt, wie uns Karl Süßheim über seinen Freund selbst berichtet – gerecht wurde, kann schon vor dem Hintergrund bezweifelt werden, dass er ausgesprochen gute Beziehungen zu dem muslimisch-religiösen Führer Saʿīd Nūrsī (1876–1960) pflegte. Vgl. Süßheim, Dj̱ewdet u. Martin van Bruinessen: Vom Osmanismus zum Separatismus: Religiöse und ethnische Hintergründe der Rebellion des Scheich Said, in: JGGVMO 1984. Thema: Islam und Politik in der Türkei, Berlin 1984, S. 109–165, hier S. 130.

325 Süßheim, Zusammenbruch, S. 86.

auf einen Koranvers, welcher die Öffnung von Leichen verbietet, wurden der Militärmedizinschule jährlich nur zwei Leichen zum Studium des Sezierens überlassen."[326]

Insbesondere der „weltfremde Theologe" im Zitat des gläubigen Karl Süßheim mag zunächst überraschen. Es offenbart seine tiefe Verbundenheit mit der diesseitigen Welt, die ihm zufolge durch das Studium heiliger Schriften allein nicht zu erreichen war – eine Auffassung, die durchaus mit der Lehre des Judentums einhergeht.[327] Wenn der Wissenschaftler in seinem Werk „den Islam" kritisierte, so fällt doch auf, dass er sich an keiner Stelle explizit gegen bestimmte Glaubensinhalte der Muslime wandte. Süßheims Kritik galt stets kulturellen und politischen Begebenheiten im Osmanischen Reich[328]; er arbeitete sich nicht am Koran oder den Hadithen ab. Seine Botschaft kommt im originär aufklärerischen Habitus daher: Für ihn sollte es neben der Religion noch andere Dinge im Leben geben, für die man sich begeisterte und engagierte. „Den Mohammedanern [...] war die Religion Lebensinhalt und Lebenszweck", schrieb er etwa: „Solange man im Abendlande ähnlich übertrieben religiösen Anschauungen huldigte, war der geistige Abstand zwischen dem christlichen Europa und dem osmanischen Reiche ein immer noch erträglicher. Anders wurde es, als seit dem 15. Jahrhundert[329] ein neuer Geist und neue Lebensideale die europäische Christenheit zu erfüllen begannen."[330]

Mit anderen Worten: Wenn die Religion zum alleinigen „Lebensinhalt und Lebenszweck" wird, ist Süßheim zufolge geistiger Fortschritt unmöglich[331] – unmittelbar fühlt man sich an sein Befremden über den Konvertiten ʿAbdulaḥad erinnert. Eine „übertrieben religiöse Anschauung" erschwerte seiner Meinung nach zudem das Zusammenleben verschiedener konfessioneller Gruppen in einem Staat: „Die der türkischen Krone unterworfenen Lande waren von den heterogensten Völkerschaften und von den Anhängern sehr verschiedener Glaubensbekenntnisse, die einander bis aufs Blut haßten, bewohnt. Ein solches Gemisch von Rassen und Religionen konnte nur in Frieden gehalten werden durch eine Gewaltpolitik, einen Despotismus der härtesten Art, welcher auch auf den Muslimen schwer lastete, aber alle Nichtmohammedaner – und das waren mit Ausnahme von wenig zahlreichen Jesiden fast ausschließlich Christen – zu dem Range einer gräßlich mißhandelten Sklavenklasse herabdrückte."[332]

326 Ebd., S. 87.

327 Vgl. Simon, Leben, S. 46 f.

328 Diese sind für Süßheim – typisch für seine Zeit – auch „rassisch" bedingt. Eine ausführliche Auseinandersetzung mit essenzialistischen Elementen in Süßheims Werk erfolgt in Kap. I.3.

329 Süßheim führt diesen Gedanken nicht näher aus – es ist anzunehmen, dass er damit auf die geistigen Bedingungen anspielt, die die Reformation des Christentums durch Martin Luther in der ersten Hälfte des 16. Jahrhunderts ermöglichten.

330 Süßheim, Zusammenbruch, S. 74.

331 Das Motiv der „Rückständigkeit" des Orients ist ein ganz wesentliches Element in Süßheims Frühwerk, vgl. Kap. I.3.

332 Süßheim, Zusammenbruch, S. 70.

Unglücklicher noch als Süßheims Beinahe-Rechtfertigung der Gewaltakte des osmanischen Regimes mutet in diesem Zitat eine dezidierte Fehlinformation an: Nicht nur Jesiden und Christen lebten neben der muslimischen Mehrheit im Osmanischen Reich, sondern nicht zuletzt eine jüdische Gemeinschaft, und das wusste Süßheim schließlich sehr genau. Allein schon der Anzahl ihrer Mitglieder wegen hätten die osmanischen Jüdinnen und Juden in diesem Zusammenhang nicht ignoriert werden dürfen: Von den 1880er-Jahren bis zum Ersten Weltkrieg war jeder hundertste Einwohner des Osmanischen Reichs jüdischer Religion.[333] Karl Süßheim überschätzte die Größe der jüdischen Gemeinschaft sogar; 1912 bezifferte er diese in seinem Tagebuch allein in Konstantinopel auf 80 000.[334] Über das Schicksal der von Süßheim angesprochenen „wenig zahlreichen" Jesiden, die von den Osmanen nicht als Religionsgemeinschaft anerkannt wurden und unter den Islamisierungsbestrebungen des Sultans enorm zu leiden hatten[335], wurde oftmals auch wegen ihrer zahlenmäßigen „Vernachlässigbarkeit" von anderen Beobachtern seiner Zeit hinweggesehen.[336] Im Gegensatz dazu ignorierte Karl Süßheim die ihm wohlbekannte jüdische Minderheit im Osmanischen Reich in seinem publizistischem Frühwerk systematisch: Nur an einer einzigen Stelle in seinen Veröffentlichungen zur osmanischen Geschichte vor dem Ersten Weltkrieg erwähnte er beiläufig das dort ansässige Judentum.[337] Wäre der junge Wissenschaftler der einzige deutsche Publizist seiner Zeit zum Thema gewesen – man hätte hierzulande glauben können, das Judentum im Nahen Osten existiere nicht. Dabei hatte Süßheim, wie wir gesehen haben, vor Ort selbst Erfahrungen mit dem Antisemitismus im Osmanischen Reich gesammelt, und schon vor seinem Aufenthalt hatte er sich in seinen Vorlesungsmitschriften als Student am Berliner SOS gegenüber herablassenden Aussagen über die osmanisch-jüdische Minderheit deutlich kritischer gezeigt als bei entsprechenden Äußerungen über andere Gruppen. Warum also schrieb Karl Süßheim in seinem sonst so sorgfältigen Werk nicht über die jüdische Gemeinde und ihre Situation in Nahost?

Er selbst liefert uns keine zufriedenstellende Begründung: In seinem Tagebuch reflektierte er seine Rolle als Publizist vor dem Hintergrund seiner Religion nicht. Es ist aber nahe-

333 Es gab nach einer Erhebung von 1883 184 139 jüdische Einwohnerinnen und Einwohner (entspricht 1,06 Prozent der Bevölkerung), danach 215 425 (1,13 %; 1897), 256 003 (1,22 %, 1908) und 187 073 (1,01 %; 1914). Der osmanische Zensus mit Berücksichtigung der religiösen Zugehörigkeit findet sich bei Stanford J. Shaw: The Jews of the Ottoman Empire and the Turkish Republic, Basingstoke u. London 1991, S. 273.

334 Im Jahr 1883 wurde die jüdische Minderheit Konstantinopels auf 44 361 Einwohner (5,1 Prozent der Stadtbevölkerung) beziffert; 1927 waren es 46 698 (6,8 %). Süßheim gab für einen Zeitpunkt dazwischen also nahezu das Doppelte an. Vgl. die Statistik bei Shaw, Jews, S. 287 u. Tagebuch KS, 20.1.1912.

335 Vgl. Kai Merten: Untereinander, nicht nebeneinander. Das Zusammenleben religiöser und kultureller Gruppen im Osmanischen Reich des 19. Jahrhunderts (= MRGB 6), Berlin 2014, S. 241 ff.

336 Die genaue Zahl der jesidischen Minderheit im Osmanischen Reich ist unbekannt, da sie von den Behörden oftmals als Muslime deklariert wurden, vgl. ebd., S. 244 f.

337 Vgl. Karl Süßheim: „Türkische Volksliteratur", in: Beilage zur AZ, 94 (24.4.1906), abgedr. bei Beilage zur AZ. April, Mai, Juni 1906, München 1906, S. 147–149, hier S. 148.

liegend, dass Süßheim im Rahmen seiner wissenschaftlichen Tätigkeit von seiner Umwelt nicht vordergründig als Jude wahrgenommen werden wollte, sondern als deutscher Orientalist wie jeder andere Kollege. Der Literaturwissenschaftler Constantin Sonkwé Tayim bringt ein Dilemma, das wohl auch für Süßheim gilt, mit dem Schlagwort der „Dialektik von Sichtbarkeit und Unsichtbarkeit"[338] auf den Punkt[339]: Einer „weitgehende[n] kulturelle[n] Angleichung der jüdischen Gesellschaft an ihre nichtjüdische Umgebung" und damit dem „Unsichtbarwerden des Jüdischen" stand die Herausforderung gegenüber, an der Gesellschaft teilzuhaben, „ohne sich selbst verleugnen zu müssen, [...] also am Ende doch sichtbar zu bleiben". Im Zuge seiner wissenschaftlichen Tätigkeit scheint sich Karl Süßheim dazu entschieden zu haben, als Jude unsichtbar zu bleiben – im Rahmen seiner Möglichkeiten, denn im Gegensatz zu anderen deutsch-jüdischen Publizisten wie etwa seinem Bekannten Siegfried Lichtenstaedter veröffentlichte er nicht unter Pseudonym[340], und sein Familienname ließ unschwer auf seine jüdische Herkunft schließen. Er verleugnete sich nicht, doch mit seiner inhaltlichen Distanzierung folgte er einem Muster, das auch auf viele jüdische Politiker seiner Zeit zutraf, wie Peter Pulzer schreibt: „Jude sein ist Privatsache. Nichts traf sie schwerer als die Unterstellung, sie verträten als Juden besondere, jüdische Kollektivinteressen."[341]

Einen weiteren Erklärungsansatz für Süßheims Zurückhaltung liefert die nicht nur deutsche, sondern gesamteuropäische Tradition, die jüdische Minderheit zur Außenseiterin in der modernen Gesellschaft zu erklären, indem man ihr einen „orientalischen" Charakter zuschrieb oder ihre „asiatischen Wurzeln" hervorhob.[342] Die Jüdinnen und Juden in Westeuropa empfanden sich ihrerseits ganz im Gegenteil überwiegend als Teil einer aufgeklärten Welt und blickten nicht selten auf ihre Glaubensgenossen herab, die in Osteuropa oder muslimisch geprägten Gesellschaften wie dem Osmanischen Reich lebten.[343] Diese Jüdinnen und Juden, mehrheitlich aus dem russischen Zarenreich, die die zionistische Bewegung wesent-

338 Hier und die folgenden Zitate: Sonkwé Tayim, Narrative, S. 3.

339 Der hier herangezogene Autor Sonkwé Tayim formulierte das Dilemma für die Zeit der Emanzipation; es hat aber weit darüber hinaus Gültigkeit.

340 Lichtenstaedter nutzte unter anderen die Pseudonyme Mehmed Emin Efendi, Ne'man und U.R. Deutsch. Diese wurden im NS-Staat mithilfe der sogenannten „Judenkartei" identifiziert – seine Schriften wurden 1938 auf die „Liste des schädlichen und unerwünschten Schrifttums" gesetzt.

341 Pulzer, Beteiligung, S. 157.

342 So beispielsweise auch beim Antisemiten Heinrich von Treitschke: „Eine Kluft zwischen abendländischem und semitischem Wesen hat von jeher bestanden [...]; es wird immer Juden geben, die nichts sind als deutsch redende Orientalen [...]." Treitschke, Aussichten, S. 576. Vgl. dazu auch Eli Bar-Chen: Weder Asiaten noch Orientalen. Internationale Jüdische Organisationen und die Europäisierung „rückständiger" Juden (= EOL 7), Würzburg 2005, S. 9f. Es gab aber auch europäische Juden, die sich eines „orientalische[n] Volk[es]" zugehörig fühlten, das sie „nicht nur dem Ursprung nach, sondern [...] über die vergangenen Jahrtausende hinweg, wo immer wir uns befanden, geblieben sind". Eran Laor: Orientalische Renaissance. Ein Brief an die Juden, Genf 1956 [zuerst: 1937], S. 13.

343 „Dieses Phänomen – dass die europäischen Juden die antisemitischen Vorurteile gegen andere jüdische Gemeinden wenden und diese als asiatisch und orientalisch definieren und daher als primitiv, rückständig und förderungsbedürftig betrachten – hielt sich bis weit ins 20. Jahrhundert und besteht

lich prägten, verband eine eigene Kultur – und das Verhältnis der Alteingesessenen zu den sogenannten „Ostjuden“, von denen viele im Zuge der Verfolgungen in Russland nicht nur in den Nahen Osten, sondern auch ins Kaiserreich geflohen waren, war durchaus ambivalent.[344] Oftmals wurde ihnen von jüdischer Seite sogar die Verantwortung für den Antisemitismus zugesprochen[345], und kulturelle Ressentiments waren weitverbreitet. Auch wenn Karl Süßheim sich in solchen nicht erging, so lassen doch einige seiner Bemerkungen in diesem Zusammenhang durchaus hellhörig werden. Im Tagebuch schilderte er etwa die Einladung des Jungtürken Celalüddin Korkmaz[346], dessen polnische Frau „möglicherweise“ Jüdin war: „Als ich den Raum betrat, in dem er lebt, aßen er und seine Frau [...] aus einem Kochtopf aus grobem Zinn und voll mit Gemüsesuppe nach russischer Art. Sie luden mich ein, etwas zu essen, aber mir standen die Haare zu Berge und ich lehnte ab. Der Raum ist tief und die Wände sind gelb. Dann das große Bett, das er offensichtlich mit seiner Frau teilt. Kleidung lag auf dem Bett und immer wieder tauchte seine Katze auf und lief darüber. [...] Es gibt nicht viel Platz und das ganze Zimmer war in ärgerlicher Unordnung.“[347]

Das Erlebnis hinterließ einen derartigen Eindruck, dass Süßheim Jahre später dieselbe Szene in seinem Tagebuch nochmals beschrieb.[348] Geradezu stereotyp „deutsch“ klingen Süßheims Auslassungen an dieser Stelle. Auch sei an sein Fremdheitsgefühl angesichts der Frömmigkeit des anatolischen Judentums erinnert – um es mit den Worten des Kulturanthropologen Philip K. Bock zu sagen: „Kultur in ihrem weitesten Sinne ist das, was dich zum Fremden macht, wenn du von daheim fort bist.“[349] Karl Süßheim konnte sich kulturell sicher mehr mit einem Europäer anderer Religion aus einem ähnlichen sozialen Milieu

bis heute.“ Die Bezeichnung eines Juden mit „Orientale“ oder „Asiat“ wurde von vielen als Beleidigung aufgefasst. Bar-Chen, Asiaten, S. 10 u. 15.

344 Vgl. z.B. ebd., S. 15 oder auch Moshe Zimmermann: Zionismus als Ablenkungsmanöver: Die „Ostjuden“, in: Ders., Vergangenheit, S. 189–199.

345 Vgl. dazu ebd., S. 198.

346 Über ihn, der früher Korkmazov hieß und seinen Namen im Osmanischen Reich ändern ließ, ist vergleichsweise wenig bekannt – in den Standardwerken zur jungtürkischen Bewegung taucht er nicht auf. Korkmaz war tscherkessisch-kumykischer Abstammung. Nach seiner Verbannung nach Sibirien studierte er an der Pariser Sorbonne und kam dort mit der Bewegung der Jungtürken im Exil in Kontakt. Kurz vor der jungtürkischen Revolution wurde er zum Agenten der Bewegung in Saloniki. In Konstantinopel führte Korkmaz eine Pension und gab russischsprachige Zeitungen heraus.

347 Tagebuch KS, 2.3.1912, Nachlass KS (SBB) Hs. or. 1135/4, fol. 24r f.

348 „In den Zimmern gab es ein Bett, Töpfe, Teller und auf dem Bett in Leder gebundene Bücher [...]. Er aß die russische [Kohl-]Suppe Schtschi aus der Pfanne auf eine sehr grobe und abstoßende Weise. Was die Frau betrifft, so hatte sie zunächst in Paris oder seiner Umgebung gelebt und war augenscheinlich eine russische Jüdin. Als sie mich sah, schien sie sich zu schämen.“ Ebd., 10.5.1920, Nachlass KS (SBB) Hs. or. 1135/12, fol. 12v f.

349 Im Original: “Culture, in its broadest sense, is what makes you a stranger when you are away from home.” Philip K. Bock: Foreword: On “Culture Shock”, in: Ders. (Hrsg.): Culture Shock. A Reader in Modern Cultural Anthropology, New York 1970, S. 9–12, hier S. 9, die deutsche Übersetzung zit. nach Ina-Maria Greverus: Kultur und Alltagswelt. Eine Einführung in Fragen der Kulturanthropologie (= BSR 182), München 1978, S. 11.

identifizieren als mit einem osmanischen Juden auf dem Lande. Der gebildeten osmanischen Oberschicht, die ähnliche Werte vertrat und sich erklärtermaßen nach Westen hin orientierte, fühlte er sich verbunden. Daran änderte auch Süßheims Entdeckung des Glaubens nichts: Er empfand sich als aufgeklärter deutscher Bildungsbürger und wollte auch so wahrgenommen werden.

Bedeutete Süßheims Haltung aber auch, dass er alles Jüdische abseits des privaten Glaubens verleugnete? Welche Deutungsmuster des Verhältnisses von Judentum und „Deutschtum" existierten innerhalb der jüdischen Gemeinde im Kaiserreich und wo findet sich hier der junge Süßheim wieder?

Zunächst ein Blick ins akademische Milieu, in dem er sich als Student seit 1896 und später auch als Teil des Lehrkörpers bewegte: Der bereits erwähnte „Berliner Antisemitismusstreit", in dessen Rahmen öffentlich über Assimilations- und Anpassungsfähigkeit der deutschen Juden diskutiert wurde, war nicht nur ein Höhepunkt antisemitischer Agitation im Deutschen Kaiserreich, sondern auch die Geburtsstunde massiver Bemühungen der jüdischen Gemeinde zur Abwehr der Judenfeindschaft. Auch jüdische Intellektuelle meldeten sich dabei zu Wort: Der liberale Politiker und Bankier Ludwig Bamberger schrieb in seinem Aufsatz „Deutschthum und Judenthum", dass die Konzepte eines Volks[350] und einer „reinen" Kultur nicht miteinander vereinbar seien[351]; Moritz Lazarus, Psychologe und Philosophie-Professor an der Berliner Universität, erklärte die Sprache zum zentralen Identifikationsmerkmal der Nationalität – Abstammung und Religion seien dagegen nicht bestimmend[352]. Doch nicht nur die Juden aus dem akademischen Milieu hatten das Bedürfnis, dem wachsenden Antisemitismus etwas entgegenzusetzen. Auf einer Versammlung von 200 jüdischen Honoratioren wurde ein 28-köpfiges, prominent besetztes Komitee aus unterschiedlichsten gesellschaftlichen Bereichen gegründet, das sich fortan der Abwehr des Judenhasses, dem Kampf für die Rechte der Jüdinnen und Juden als deutsche Bürgerinnen und Bürger sowie der „Hebung des Judenthums bzw. der Juden" widmen sollte. Im Jahr 1890 schließlich gründete sich der Verein zur Abwehr des Antisemitismus (VAA) mit dem Ziel, der antisemitischen Agitation publizistisch entgegenzutreten.[353] Neben jüdischen Mitgliedern wie dem

350 Der Münchner Historiker Jörn Retterath wies für die Weimarer Republik nach, dass höchst unterschiedliche, konkurrierende Konzepte des Begriffs mit völlig unterschiedlichen Konsequenzen für Vorstellungen von Staatlichkeit und politischer Ausrichtung kursierten, vgl. Jörn Retterath: „Was ist das Volk?" Volks- und Gemeinschaftskonzepte der politischen Mitte in Deutschland 1917–1924 (=QDZ 110), München 2016, S. 405.

351 Vgl. insb. Ludwig Bamberger: Deutschthum und Judenthum [Separatabdruck aus: UZ, Berlin ^{2}1880], in: Krieger, Antisemitismusstreit (2003 I), S. 217–243, hier S. 235ff.

352 Vgl. die Rede von Moritz Lazarus: Was heißt national? Ein Vortrag, Berlin ^{2}1880.

353 Die Mittheilungen aus dem Verein zur Abwehr des Antisemitismus (MVAA) mit mehreren tausend Abonnenten war das wichtigste Publikationsorgan des Vereins. In der Zeitung wurden aufklärende Artikel und Stellungnahmen zu antisemitischen Argumenten publiziert. Ehrenamtliche Redner trugen zum Thema vor – beispielsweise als Gegenredner auf antisemitischen Veranstaltungen. Politisch engagierte Vereinsmitglieder nutzten ihre Ämter, um gegen Benachteiligungen in Form des

Fabrikbesitzer Isidor Loewe gehörten auch etliche Nicht-Juden (insbesondere liberale Politiker[354] und Vertreter des Besitz- und Bildungsbürgertums) dem Verein an. Dessen Idee war es, sich für die tatsächliche Umsetzung der rechtlich verbürgten Gleichberechtigung der jüdischen Mitbürgerinnen und -bürger zu engagieren – ein darüber hinaus gehender Einsatz für die jüdische Bevölkerung stand nicht auf dem Programm.[355] Der Verein wehrte sich damit gegen den Vorwurf des „Philosemitismus"[356] und trat für liberale Werte wie die „Freiheit des Gewissens für jede Überzeugung" ein. Mit seiner konsequent liberalen Haltung handelte sich der VAA auch von jüdischer Seite Kritik und Unverständnis ein.

Insbesondere die jüdische Jugend geriet über die Frage nach dem Verhältnis von Judentum und „Deutschtum" in Bewegung. Ein anschauliches Beispiel dafür liefert der Jüdische Jugendbund (JJB) in München: Der Verein unterstrich seine lokalpatriotische Ausrichtung bereits durch seine Ikonografie. Aus dem Jahr 1904 ist – anstelle von religiöser Symbolik – ein volkstümelnder Tafelaufsatz mit einem Vereinsbanner überliefert, das von dem auf einem Bierfass stehenden „Münchner Kindl" getragen wird.[357] Die jüdische Jugendbewegung zerfiel aber in verschiedene Richtungen: Neben der deutschnationalen Strömung, wie sie der JJB verkörperte, gab es auch zionistische, orthodoxe und liberale Formationen.[358] Im Zuge des Ausschlusses jüdischer Studenten aus allgemeinen Verbindungen gründeten sich eigenständige, die ihre Antworten auf den Antisemitismus in unterschiedlichen Stoßrichtungen fanden. Diese standen sich durchaus feindlich gegenüber: Die „deutsch-vaterländischen" Verbindungen, organisiert im 1896 gegründeten Kartell-Convent (KC), betrachteten das Judentum ausschließlich als Glaubensbekenntnis und forderten die Anerkennung ihrer Mitglieder gleichsam als Deutsche und Juden.[359] Daneben entstanden – inspiriert von

sogenannten Verwaltungsantisemitismus vorzugehen. Einen Überblick über die Vereinsgeschichte liefert die Arbeit von Auguste Zeiß-Horbach: Der Verein zur Abwehr des Antisemitismus. Zum Verhältnis von Protestantismus und Judentum im Kaiserreich und in der Weimarer Republik, Leipzig 2008, S. 37–178.

354 Gründungsmitglieder waren z. B. der linksliberale Reichstagsabgeordnete Heinrich Rickert und das nationalliberale Mitglied des Abgeordnetenhauses Rudolf von Gneist, vgl. ebd., S. 61 f.

355 Vgl. Pulzer, Beteiligung, S. 161 f.

356 Der Begriff bezeichnet zunächst einmal lediglich eine wohlgesonnene Haltung und versammelt in sich vielfältige Motivationen und konkrete Inhalte. Die „Judenfreundschaft" wurde ab 1880 insbesondere von Antisemiten als abwertender Begriff gebraucht. Der VAA strebte vor diesem Hintergrund ein christliches Erscheinungsbild an; in ihm waren Juden zwar willkommen, traten aber selten in den Vordergrund. Vgl. Barbara Suchy: The Verein zur Abwehr des Antisemitismus (I). From its Beginnings to the First World War, in: LBIYB 28 (1983), S. 205–239, hier S. 205 u. 207 f.

357 Vgl. Elisabeth Angermair: Eine selbstbewußte Minderheit (1892–1918), in: Richard Bauer u. Michael Brenner (Hrsg.): Jüdisches München. Vom Mittelalter bis zur Gegenwart, München 2006, S. 110–136, hier S. 123.

358 Vgl. Schalom Ben-Chorin: Jüdische Jugendbewegung in Deutschland vor 1933 – am Beispiel München, in: Ellen Presser u. Bernhard Schoßig (Hrsg.): Junge Juden in Deutschland, München 1991, S. 122–133, hier S. 123.

359 Der KC verstand sich selbst als „provisorisch" – in der Hoffnung, nach Abebben der antisemitischen Welle seine Mitglieder wieder in den allgemeinen Verbindungen aufgehen zu sehen.

der Forderung Theodor Herzls nach einer „Heimstätte des jüdischen Volkes“[360] – Ende des 19. Jahrhunderts zionistische Verbindungen.[361] Sie sprachen sich gegen Assimilationstendenzen und für die Gründung eines jüdischen Nationalstaats aus. Die unterschiedlichen jüdischen Gruppen betätigten sich in Studentenversammlungen, schafften es aber nicht, einen Großteil der jüdischen Studentenschaft, die sich in ihrer Mehrheit als liberal, sozialistisch oder freistudentisch verstand, zu mobilisieren.[362]

In welchem Umfeld bewegte sich Süßheim in diesem Zusammenhang? Dass er in seiner Zeit als Student Mitglied in einer Verbindung gewesen wäre, ist nicht bekannt; als junger Dozent in München besuchte er aber immer wieder Veranstaltungen der Studentenverbindung Licaria. Schalom Ben-Chorin, der als Fritz Rosenthal im Münchner Lehel aufwuchs und in der zionistischen Jugendbewegung aktiv war, beschrieb die Licaria, die dem deutschvaterländischen Dachverband des KC angehörte, folgendermaßen: „Sie war sehr assimiliert und hat sich ganz die Sprache der deutschen Korpsstudenten angewöhnt. Ich erinnere mich an die Einladung zu einem Kommerz ‚auf dem Hause‘. Und da juckte mich doch meine etwas radikal-zionistische Einstellung, und ich schrieb: Im Februar ist es mir auf dem Hause zu kalt. – Ich bin nicht hingegangen.“[363]

Auch wenn Karl Süßheim die Bälle dieser deutschtümelnden Verbindung im Zuge seiner Suche nach einer Ehefrau gerne besuchte, fühlte er sich mit Mitte Dreißig, als er in München Fuß fasste, freilich nicht mehr bemüßigt, einer solchen beizutreten. Er suchte aber nach einer anderen Möglichkeit, sich in die jüdische Gesellschaft Münchens einzufinden. So besuchte er beispielsweise Veranstaltungen der traditionsreichen Gesellschaft Concordia.[364] Als im November 1912 eine Junggesellenparty im Hause eines entfernten Verwandten stattfand, war unter den Gästen auch der sächsische Generalkonsul Wilmersdoerffer, der Süßheim riet, einem der jüdischen Klubs der Stadt beizutreten: Am besten passe für ihn wohl der 1909 gegründete Club Insel (CI).[365] Eine bemerkenswerte These, denn dieser bestand aus zwanzig bis dreißig jüdischen Männern „von Affluenz aus dem Geschäftsleben und dem

360 Diese formulierte der österreichische Schriftsteller bekanntermaßen 1896 in seinem Buch „Der Judenstaat“: Nur durch die Gründung eines eigenen jüdischen Staates könne die „Judenfrage“ in Europa gelöst und damit der Antisemitismus besiegt werden.

361 So beispielsweise der Bund Jüdischer Corporationen und das Kartell Zionistischer Verbindungen. 1914 fusionierten die zionistischen Verbindungen zum Kartell Jüdischer Verbindungen.

362 Die jüdischen Verbindungen übernahmen traditionelle Formen der konservativen studentischen Verbindungen: Als Gegenbeweis des als verweichlicht und vergeistigt attestierten Judentums, erfreute sich etwa die freiwillige Kampfform des Duells auch in den jüdischen Verbindungen großer Beliebtheit.

363 Ben-Chorin, Jugendbewegung, S. 129.

364 Die Concordia war bereits 1838 zum Zwecke der gesellschaftlichen Vergnügung gegründet worden und beschränkte sich rasch auf die besser gestellte jüdische Schicht, vgl. Anton Löffelmeier: Wege in die bürgerliche Gesellschaft (1799–1848), in: Bauer u. Brenner, München, S. 58–88, hier S. 85.

365 Vgl. Tagebuch KS, 30.11.1912.

Anwaltstand"[366], die sich jede Woche, zunächst im Regina Palast Hotel[367], später im Restaurant Schleich in der Brienner Straße „zum Spielen mit hohen Einsätzen und zu opulenten Eß- und Trinkgelagen" trafen: „Gelegentlich wurden prominente Redner, wie Thomas Mann und Professor Moritz Bonn, gegen generöse Vergütung zu Vorträgen eingeladen", erinnerte sich der Soziologe Werner J. Cahnmann, der die jüdische Gesellschaft Münchens als Dozent am jüdischen Lehrhaus selbst prägte: „Die Auswahl der Mitglieder war auf den Ton der gesellschaftlichen Respektabilität eingerichtet". Cahnmann nannte den CI „[e]in eklatantes Beispiel einer gesellschaftlichen Vereinigung, die […] im Mitgliederbestand ausschließlich oder beinahe ausschließlich jüdisch[368]" gewesen sei, „sich aber jeder jüdisch-betonten kulturellen oder sozialen Tätigkeit enthielt".

Karl Süßheim suchte zunächst verschiedene Münchner Klubs auf[369] und entschied sich dann tatsächlich für die Insel, wo er im Februar 1913 erstmals vorstellig wurde.[370] Die Gespräche erschienen ihm hier interessanter als in den anderen Klubs, zudem sei das Kartenspiel – von dem er nicht allzu viel hielt[371] – zumindest nicht der einzige Zeitvertreib. Nach einigen Besuchen bat er den Vorsitzenden Franz Landauer[372] um Aufnahme, im Oktober wurde sie ihm gewährt.[373] Über den CI gelang Karl Süßheim eine bessere Vernetzung im gehobenen bürgerlich-jüdischen Milieu Münchens: Er lernte Männer kennen, die ihn in Rechtsangelegenheiten berieten und Frauen wie Alice Drey, die ihn regelmäßig zu Dinnerpartys einlud.[374] Auch wenn der Klub eine fast exklusive jüdische Gemeinschaft war, war man hier von zionistischem Nationalismus weit entfernt: Man traf sich zu denselben gesellschaftlichen Zwecken wie deutsche Nichtjuden, nur eben innerhalb der jüdischen Gemeinschaft.[375] Im assimilierten, heimattümelnden Milieu scheint Karl Süßheim sich wohl gefühlt zu haben. Nicht nur die Insel, sondern alle jüdischen Gesellschaften, in denen er verkehrte, standen

366 Hier und die folgenden Zitate: Werner J. Cahnmann: Die Juden in München 1918–1943, in: Lamm, Tage, S. 31–78, hier S. 37.

367 Vgl. auch die Einladung zum Tanztee, 6. 11. 1922, Nachlass KS (LOC), Box 6.

368 Bis auf ein Mitglied gehörten alle der jüdischen Minderheit an, vgl. Cahnmann, Juden, S. 37.

369 So etwa den Klub 1912 und das Nirwana, vgl. Tagebuch KS, 10. u. 14. 12. 1912.

370 Hier und im Folgenden vgl. ebd., 11. 2. 1913.

371 Er versuchte trotzdem, es zu lernen, vgl. ebd., 15. 4. 1913.

372 Der Club-Leiter war der Bruder von Kurt Landauer, dem späteren Präsidenten des FC Bayern München. Die Brüder entstammten einer Münchner Kaufmannsdynastie, die ein Geschäft für Damenoberbekleidung in der Kaufingerstraße betrieb.

373 Vgl. Tagebuch KS, 5. 10. 1913. Im Washingtoner Nachlass finden sich diverse Einladungen des Clubs zu verschiedenen Veranstaltungen.

374 Vgl. ebd., 23. 11. 1913.

375 Werner J. Cahnmann betonte, dass die meisten Münchner Vereine und Logen, die der reinen Geselligkeit dienten, in ihrem Mitgliederstand entweder klar mehrheitlich jüdisch geprägt oder aber „judenrein" waren. Noch mehr habe dies für die häusliche Geselligkeit gegolten: Mit „zunehmender Intimität der Art der Zusammenkunft" hätten die persönlichen Beziehungen zwischen Juden und Christen abgenommen. Vgl. Cahnmann, Juden, S. 37.

ideologisch dem Centralverein deutscher Staatsbürger jüdischen Glaubens (C.V.)[376] nahe.[377] Dieser war die größte Selbstwehrorganisation der deutschen Juden – und Karl Süßheim war Mitglied.[378]

1893 war der C.V. ins Leben gerufen worden. Als explizit jüdischer Verein grenzte er sich organisatorisch vom VAA ab, verfolgte aber dasselbe übergeordnete Ziel: Der Staat sollte gezwungen werden, die rechtliche Gleichstellung auch faktisch umzusetzen.[379] Die Führungsriege des Vereins war liberal-bürgerlich geprägt und religiös meist indifferent, was jedoch nicht alle orthodoxen und konservativen Juden von der Mitgliedschaft im C.V. abhielt.[380] Die meisten Mitglieder unterschieden sich „in ihren nationalen und kulturellen Hoffnungen und Sehnsüchten in nichts vom nichtjüdischen deutschen Bürgertum"[381], schreibt Wolfgang Benz. Ideologisch betonte der Verein das „Deutschsein" seiner Mitglieder und deren Loyalität zu Staat und Nation: Das Bekenntnis zum „Deutschtum" sollte alle anderen Loyalitäten der Mitglieder, auch die zur jüdischen Religion, übertreffen.[382] Sein Publikationsorgan nannte sich zunächst entsprechend programmatisch *Im deutschen Reich*[383], doch der Verein wollte wohl von Beginn an auch die jüdische Gemeinschaft stärken und versuchte „gerade auch ‚indifferente' Juden, die dazu tendierten, sich aus Karrieregründen taufen zu lassen, wieder für die jüdische Gemeinschaft zu gewinnen"[384], wie Ricarda Haase schreibt – ein Anliegen,

376 Eine vergleichsweise junge Arbeit mit ideengeschichtlichem Ansatz lieferte Avraham Barkai: „Wehr Dich!" Der Centralverein deutscher Staatsbürger jüdischen Glaubens (C.V.) 1893–1938, München 2002.

377 Vgl. am Beispiel der Licaria Angermair, Minderheit, S. 122.

378 Bereits im Gründungsjahr zählte der Verein 2000 Mitglieder; seit 1919 bewegte sich die Zahl stets zwischen 60 000 und 70 000 Mitgliedern, vgl. Inbal Steinitz: Der Kampf jüdischer Anwälte gegen den Antisemitismus. Die strafrechtliche Rechtsschutzarbeit des Centralvereins deutscher Staatsbürger jüdischen Glaubens (1893–1933) (= ZfA DTM 68), Berlin 2008, S. 13. Süßheims Mitgliedsstatus belegen diverse Dokumente wie z. B. Mitgliederbescheide aus dem Nachlass KS (LOC).

379 Bereits im Gründungsjahr wurde eine „Rechtsschutzstelle" eröffnet, die den jüdischen Bürgerinnen und Bürgern Beistand in juristischen Fragen gewährte. Zudem bemühte sich der C.V., juristisch gegen Ritualmordbeschuldigungen vorzugehen und Kollektivbeleidigungen zu einem anerkannten Straftatbestand zu machen. Vgl. Pulzer, Beteiligung, S. 162 f. Zur Rechtsschutzarbeit des Vereins siehe Steinitz, Kampf.

380 Sie waren allerdings deutlich unterrepräsentiert, vgl. Jehuda Reinharz: Deutschtum and Judentum in the Ideology of the Centralverein Deutscher Staatsbürger jüdischen Glaubens 1893–1914, in: JSS 36 (1974), S. 19–39, hier S. 24 f.

381 Benz, Legende, S. 10.

382 Vgl. Reinharz, Deutschtum, S. 28 f. Später entwickelte sich der Verein zunehmend vom Abwehr- zum jüdischen Gesinnungsverein, vgl. den Aufsatz von Evyatar Friesel: From Self-Defense to Self-Affirmation. The Transformation of the German-Jewish *Centralverein*, in: Andrea Hoffmann u. a. (Hrsg.): Die kulturelle Seite des Antisemitismus zwischen Aufklärung und Shoah (= TkG 3), Tübingen 2006, S. 277–290.

383 Ab 1922 erhielt die Vereinszeitschrift den schlichten Namen *C.V.-Zeitung*.

384 Zur entsprechenden Argumentation vgl. Ricarda Haase: Verteidiger des Judentums. Der „Centralverein deutscher Staatsbürger jüdischen Glaubens", in: Tribüne 51/201 (2012), S. 129–138, das Zitat S. 129.

das Süßheim bekanntlich teilte. Darüber hinaus gab sich der C.V. politisch wie auch religiös (hinsichtlich der vielfältigen innerjüdischen Strömungen) neutral, berief sich aber auf den aufklärerischen Gedanken der Gleichheit aller Menschen; ebenfalls ein Standpunkt, der Karl Süßheim gefiel. Auseinandersetzungen im Verein betrafen seit 1897 verstärkt eine innerjüdische Frage: die Haltung zum deutschen Zionismus, der nun in der Zionistischen Vereinigung für Deutschland (ZVfD)[385] organisiert war. Der C.V. kristallisierte sich nach anfänglichen Unsicherheiten schnell als Gegner der zionistischen Idee heraus[386] – und Karl Süßheim, der lange im davon naturgemäß besonders betroffenen Osmanischen Reich gelebt hatte, positionierte sich in dieser Frage besonders deutlich.

Die Zionisten, die auch in München und in Süßheims fränkischer Heimat stärker wurden[387], antworteten auf die Judenfeindschaft mit dem Versuch der Stärkung der innerjüdischen Solidarität und der Aussicht auf einen eigenen Staat, in dem man frei von antisemitischen Anfeindungen leben könne: „Ein verbissener Antisemit wird es auch dann bleiben, wenn man ihm alle Argumente noch so logisch widerlegt. Es ist eben eine emotionelle Antipathie“[388], so der Münchner Zionist Schalom Ben-Chorin, und weiter: „Zionismus heißt auf Zion ausgerichtet zu sein, und zwar nicht auf ein himmlisches Zion, sondern auf dieses irdische Zion, das allerdings […] vom himmlischen Jerusalem nicht zu trennen ist. Wir sollten vielmehr das himmlische Jerusalem im irdischen etablieren.“[389]

Aus dieser Überzeugung bildete sich der eigene, jüdische Nationalismus heraus, dessen Sehnsuchtsort sich bei den Wurzeln der Religion im Nahen Osten befand. Die zionistische Bewegung stellte mit ihrer Orientierung nach Jerusalem aber nicht nur ein Problem für die jüdische Bevölkerung im Osmanischen Reich dar, was Süßheim, wie bereits dargestellt, schon früh beschäftigte – sie stand auch im Gegensatz zu den Assimilationsbestrebungen der deutschen Jüdinnen und Juden.

In seiner Funktion als Seelsorger wandte der Münchner Rabbiner Coßmann Werner sich besonders der „reiferen Jugend“ – und also auch Karl Süßheim – zu, die er „für die hohen Ideale, Gott, Menschheit, Menschlichkeit, Ehre, Vaterland zu gewinnen und zu

385 Die Vereinigung wurde unmittelbar im Anschluss an den Ersten Zionistenkongress in Basel gegründet, der von Theodor Herzl geleitet wurde.

386 Vgl. die Verlautbarung von Eugen Fuchs von 1897 bei Jehuda Reinharz: Advocacy and History: The Case of the Centralverein and the Zionists, in: LBIYB 33 (1988), S. 113–122, hier S. 118. Im Gegenzug wurde der Verein von Zionisten als „Assimilantenverein“ tituliert und seine Mitglieder als „deutsche Chauvinisten“ verunglimpft, vgl. Haase, Verteidiger, S. 129.

387 1905 gründete sich in Süßheims Geburtsstadt Nürnberg eine kleine Ortsgruppe der zionistischen Bewegung. Auf der Gründungssitzung kam es zu einem Tumult, da assimilierte Nürnberger Juden die Veranstaltung störten. 15 Besucher traten der Gruppe bei. Erst in den 1920er-Jahren entschärfte sich die innerjüdische Auseinandersetzung und die Zionisten wurden nicht mehr länger „aus Angst vor den Antisemiten für Verbrecher“ gehalten. Vgl. Peter Zinke: Vorwort, in: Ders., Jahr, S. 5; Ders., Resultate, S. 17 f. u. 23.

388 Ben-Chorin, Jugendbewegung, S. 130.

389 Ebd., S. 126.

begeistern“ wusste.[390] Seine Gemeinde, berichtete sein Assistent Leo Baerwald, „ermahnte“ er „zu Vaterlandsliebe und Königstreue“[391]. Ein großes Thema sei für ihn die „Versöhnung zwischen Judentum und Nichtjudentum“ sowie zwischen „Judentum und Deutschtum“ gewesen, heißt es.[392] Die Auseinandersetzung mit dem Antisemitismus begleitete Werner durch seine gesamte Amtszeit hindurch, und er trat der Judenfeindschaft auch publizistisch entgegen: Auf Einladung des bayerischen Ministerpräsidenten Georg von Hertling[393], mit dem er bekannt war (und den Karl Süßheim im April 1912 ebenfalls kennenlernte), schrieb Werner zwei Artikel für den neu gegründeten *Bayerischen Staatsanzeiger*[394], in denen er versuchte, die Ritualmordlegende zu entkräften, die nach den Kiewer Pogromen[395] in Teilen der katholischen Zentrumspartei wieder auflebte.[396] Diese aufklärerische Abwehr des Antisemitismus war mit der Betonung seiner patriotischen Haltung verbunden, und dem Zionismus stand Werner auch deshalb entschieden ablehnend gegenüber. Der Großteil der Mitglieder der jüdischen Gemeinde Münchens sah die emanzipatorischen Errungenschaften durch die zionistische Bewegung bedroht.[397] Anders war das in Kreisen der jüdischen Jugend: Hier war der zionistische Gedanke weitverbreitet – Rabbi Werner stand vielen jungen Jüdinnen und Juden mit seiner Einstellung damals fern.[398] Er spielte bereits 1897 eine entscheidende Rolle, als der Allgemeine Rabbiner-Verband verhinderte, dass der erste internationale Zionistenkongress in der bayerischen Hauptstadt abgehalten wurde[399]: „München steht für den Widerstand des deutschen Judentums gegen die Einberufung eines zionistischen Kongresses“[400], schreibt der Historiker Michael Brenner. Auch Karl Süßheim vertrat die Ansicht, dass der Zionismus keine Lösung des Antisemitismus-Problems hervorbringen könne. Zudem hatten

390 Grünfeld, Rede, S. 6.

391 Leo Baerwald: [Rede], in: Worte der Erinnerung, S. 19–23, hier S. 20.

392 Freudenthal, Rede, S. 13f.

393 Georg Friedrich Freiherr (ab 1914 Graf) von Hertling (1843–1919) war von 1912 bis 1917 Ministerpräsident Bayerns sowie Außenminister und Staatsminister des königlichen Hauses. Von 1917 bis 1918 war er später Reichskanzler.

394 In der Tagebuchedition wird mit „Neuer Regierungsanzeiger (?)“ übersetzt und auf das Original verwiesen (*yeni tesis edilmiş „muhbir-i devlet“*): Flemming u. Schmidt, Diary, S. 87 mit Anm. 146. Gemeint ist aber wohl der Bayerische Staatsanzeiger, eine Beilage der regionalen Wochenschrift Bayerische Staatszeitung, die 1912 auf Drängen von Ministerpräsident Hertling gegründet wurde. Die erste Ausgabe erschien im Januar 1913.

395 1905 war es im Zarenreich zu Ausschreitungen gekommen, bei denen viele Jüdinnen und Juden getötet wurden – die jüdische Minderheit wurde gemeinsam mit den Sozialisten für die Probleme Russlands verantwortlich gemacht.

396 Vgl. Tagebuch KS, 21.11.1913.

397 Vgl. Angermair, Jüdinnen, S. 83.

398 Vgl. Badt-Strauss, Studententage, S. 198.

399 Vgl. Angermair, Jüdinnen, S. 83; Badt-Strauss, Studententage, S. 198; Michael Brenner: Warum München nicht zur Hauptstadt des Zionismus wurde – Jüdische Religion und Politik um die Jahrhundertwende, in: Ders. u. Yfaat Weiss (Hrsg.): Zionistische Utopie – israelische Realität. Religion und Nation in Israel, München 1999, S. 39–52, hier S. 44–48 sowie Brenner, Schatten, S. 32.

400 Brenner, München, S. 39f.

sich nicht wenige seiner Anhänger von der Religion weit entfernt und definierten das Judentum nur noch ausschließlich als ethnische Zuschreibung[401] – völlig im Gegensatz zu Süßheims Verständnis. In einer Resolution des Rabbiner-Verbandes wurde auch ein religiöses Argument angeführt, um die Abhaltung des Zionisten-Kongresses in München zu verhindern: „Die Bestrebungen sogenannter Zionisten, in Palästina einen jüdischen Staat zu gründen", war darin zu lesen, „widersprechen den messianischen Verheissungen des Judentums, wie sie in der heiligen Schrift und den späteren Religionsquellen erhalten sind"[402]. Noch heute sehen insbesondere Teile des orthodoxen Judentums aus diesem Grund in der Staatsgründung Israels, wie Brenner schreibt, „ein unüberbrückbares Problem"[403].

Inwiefern Süßheim die Palästina-Frage theologisch beschäftigte, wissen wir nicht; das gravierendste Problem, das er mit dem Zionismus hatte, war vor dem Hintergrund seiner Erfahrungen mit der Judenfeindschaft im Kaiserreich sicher, dass dessen Argumente von den aufkommenden völkisch-antisemitischen Agitatoren judenfeindlich gewendet werden konnten: Der auf Zion gerichtete Nationalismus lieferte den Antisemiten Munition bei der Bemühung, der jüdischen Bevölkerung abzusprechen, „deutsch" zu sein.[404] Zionistische Gruppen wiederum rezipierten die „völkische" Literatur und pflichteten ihr, sofern diese sich gemäßigt gab, zum Teil sogar bei: Thomas Vordermayer zeigte dies jüngst am Beispiel der innerjüdischen Rezeption Wilhelm Stapels. Dieser Autor wurde in der deutschen Öffentlichkeit als „sachlicher" Antisemit wahrgenommen, da er versuchte, das emotionale Moment seiner Judenfeindschaft zu kaschieren.[405] Die Annahmen jedoch, die seinem Denken zugrunde lagen und in seinem publizistischen Werk zum Ausdruck kamen, waren, wie Vordermayer schreibt, die „Existenz natürlicher, historisch konstanter ‚Volksverschiedenheiten' als unleugbare Tatsache des Völkerlebens", die Ablehnung des „interkulturellen Austausch[s] bzw. die wechselseitige Beeinflussung verschiedener Völker als Verstoß gegen jene natürliche Ordnung" sowie die Verpflichtung „eines jeden Volksbürgers, dem eigenen Volk – verstanden als mental-geistige und rassisch-biologische Singularität – unter allen Umständen die Treue zu wahren". Die Volkszugehörigkeit des Einzelnen sei für jeden per Geburt „in Blut und Seele"[406]

401 Nicht zuletzt Theodor Herzl war ein „Abbild des assimilierten Juden": Weder ließ er seinen Sohn beschneiden, noch scheute er sich davor, an Weihnachten einen Christbaum ins Wohnzimmer zu stellen. Mit Konversionen hatte er ebenfalls kein Problem und dachte sogar darüber nach, überzutreten, sollte der Papst den Juden in der Abwehr der Antisemiten beispringen. Vgl. ebd., S. 41f. u. 47f.

402 Ebd., S. 47.

403 Ebd.

404 In der Resolution der Rabbiner heißt es: „Das Judenthum verpflichtet seine Bekenner, dem Vaterlande, dem sie angehören, mit aller Hingebung zu dienen und dessen nationale Interessen mit ganzem Herzen und mit allen Kräften zu fördern." Zit. nach ebd. Vgl. dazu auch Zinke, Resultate, S. 20f.

405 Vgl. Thomas Vordermayer: Bildungsbürgertum und völkische Ideologie. Konstitution und gesellschaftliche Tiefenwirkung eines Netzwerks völkischer Autoren (1919–1959) (=QDZ 109), Berlin u. Boston 2016, S. 151f., die folgenden Zitate S. 151.

406 Wilhelm Stapel: Recht und Unrecht im Antisemitismus, in: DV 23/2 (1921), S. 46–52, das Zitat S. 47.

festgelegt und deshalb nicht willentlich zu verändern, glaubte Wilhelm Stapel zu wissen.[407] Er lehnte die „Eingliederung der Juden in die deutsche Gesellschaft durch ‚Assimilation' prinzipiell a[b]"[408]. Seinen Aufsatz aus dem Jahr 1919[409], der im *Deutschen Volkstum*[410] veröffentlicht wurde, übernahm die zionistische Zeitschrift *Die Arbeit*[411] noch im selben Jahr als Wiederabdruck. Die Redaktion habe sich dazu entschieden, um sich von der „verächtliche[n]" und „empörende[n] Argumentation der jüdischen Assimilaten" abzugrenzen – Wilhelm Stapel dagegen wurde als „aufrechte[r] und ehrliche[r] Deutscher" bezeichnet; man habe seinem Text „nichts hinzuzufügen".[412]

Es liegt auf der Hand, dass sich Juden wie Karl Süßheim, die sich ganz selbstverständlich als Deutsche betrachteten, einer solchen Argumentation verschließen mussten. Hätte Süßheim in seiner Kompromisslosigkeit in vielerlei Hinsicht mittlerweile vielleicht sogar dem konservativen Zweig des liberalen Judentums zugeneigt, so war die in dieser Richtung weitverbreitete Liebäugelei mit dem jüdischen Nationalismus ein Ausschlusskriterium. Bei seiner entschiedenen Ablehnung des Zionismus als politische Bewegung überrascht es schließlich sehr, dass Susi Stern, in die Süßheim sich 1913 so nachhaltig wie unglücklich verliebte, Mitglied eines zionistischen Vereins gewesen sein soll – so zumindest deuten Barbara Flemming und Jan Schmidt eine entsprechende Tagebuchstelle. Hier liegt jedoch ein Übersetzungsfehler vor; der Verein der jungen Frau stand, wie Süßheim selbst, ganz im Gegenteil mehrheitlich dem C.V. nahe.[413] Eine wirklich überzeugte Zionistin hätte er auch schwerlich als Gattin

407 Vgl. Vordermayer, Bildungsbürgertum, S. 151.

408 Vgl. ebd., S. 154.

409 Wilhelm Stapel: Antisemitismus, in: DV 21/6 (1919), S. 165–171.

410 Die Zeitschrift des einflussreichen völkisch-antisemitisch ausgerichteten Deutschnationalen Handlungsgehilfenverbands (DHV) hieß davor *Bühne und Welt*. Wilhelm Stapel wurde 1919 Herausgeber des Blatts, vgl. Vordermayer, Bildungsbürgertum, S. 24 u. 40 f.

411 Das Blatt war eines der wichtigsten Organe des deutschen Zionismus; es hatte sich dem Kampf für einen jüdischen Nationalstaat in Palästina und der Stärkung eines entsprechend jüdisch-nationalistischen Gedankenguts als Vorbedingung zur Erreichung dieses Ziels verschrieben, vgl. ebd., S. 164.

412 Alle Zitate als Vorbemerkung bei Wilhelm Stapel: Antisemitismus [Wiederabdruck], in: Arbeit 1 (1919), S. 252–255, hier S. 252; vgl. auch Vordermayer, Bildungsbürgertum, S. 164.

413 In der Edition wird das osmanische Original اسرايلى كنجلك اتفاقى (*İsrailī gençlik ittifakı*, Tagebuch KS, 30.11.1913, Nachlass KS (SBB) Hs. or. 1 135/4, fol. 175r) mit „Israelite Youth Alliance" übersetzt und kommentiert, dass es sich dabei womöglich um den zionistischen Verein Jung Israel handelte, vgl. Flemming u. Schmidt, Diary, S. 84. Süßheim gibt an dieser Stelle jedoch die zusätzliche Information, dass der Verein des Mädchens erst vor kurzem gegründet worden war; Jung Israel dagegen war schon seit 1892 in Berlin aktiv. Wahrscheinlicher ist, dass es sich um den – auch der wörtlichen Übersetzung näheren – Jüdischen Jugendverein handelte, im November 1913 in München gegründet. Dabei handelte es sich um einen Verein, der Mitglieder aus verschiedensten jüdischen Strömungen aufnahm und in dessen Ausschuss ebenfalls verschiedene Organisationen Delegierte entsandten. Über die Gründungsversammlung des Vereins am 15. November 1913 berichtete das zionistische Blatt *Jüdische Rundschau*: „Der neugegründete neutrale Jugendverein veranstaltete […] eine Propaganda-Versammlung, in der Bankier Krämer den Verein im Namen des ‚Zentralvereins

in Betracht gezogen, da Probleme in der Ehe vorprogrammiert gewesen wären: Eine Emigration ins „Gelobte Land“ kam für Karl Süßheim nicht einmal dann infrage, als längst die Nationalsozialisten die Macht übernommen hatten und die Situation der deutschen Jüdinnen und Juden immer unerträglicher wurde.[414]

* * *

Karl Süßheims Glaube war nicht ortsgebunden, er sehnte sich nicht nach einem biblischen Ort im fernen Palästina, das er auch in seiner Zeit im Osmanischen Reich nie besuchte. Für ihn spielte das himmlische Zion als Sehnsuchtsort mit Sicherheit eine Rolle, das irdische aber konnte seiner Meinung nach sozusagen überall sein – und für Süßheim persönlich lag der Mittelpunkt seines Lebens und Glaubens in der deutschen Heimat. Nichtsdestotrotz war er als Angehöriger der jüdischen Minderheit für einen immer größeren Teil der nichtjüdischen Bevölkerung in den Worten des Soziologen Georg Simmel ein Fremder – „nicht in dem […] Sinn gemeint, als der Wandernde, der heute kommt und morgen geht, sondern als der, der heute kommt und morgen bleibt“[415]. Paradoxerweise befeuerte dem Soziologen Zygmunt Bauman zufolge gerade die immer stärkere Verwachsenheit des Jüdischen mit dem Deutschen eine Situation, in der die jüdischen Bürgerinnen und Bürger als innere Feinde wahrgenommen wurden: Wenn man sie als Fremdkörper betrachtete, sich dieser Status aber nicht mehr über Sprache, Aussehen oder Habitus klar festmachen ließ, so waren sie in den

deutscher Staatsbürger jüdischen Glaubens’ begrüßte. Er feierte vor allem das Neutralitätsprinzip, das er dahin auslegte, daß alle Richtungen, die orthodoxe, liberale, zionistische und konfessionslose, zu Worte kommen müßten.“ „Jugendbewegung“, in: JR 18/48 (1913), S. 515 f., hier S. 515. Der Verfasser des Texts zeigte sich darüber befremdet, dass die angeblich neutralen Jugendvereine mehr als „Jugendgruppe des ‚Zentralvereins‘“ erscheinen würden. Diese Bemerkung war durchaus berechtigt, denn von Neutralität konnte keine Rede sein: Die entschieden nationale Haltung des Jüdischen Jugendvereins wird z. B. in einem Aufruf des Vorstands zu Beginn des Ersten Weltkriegs deutlich, der seine Mitglieder dazu ermunterte, durch Dienst an der Waffe, Erntetätigkeit, soziale Arbeit und finanzielle Mittel „das vaterländische Werk“ zu unterstützen: „Wir stellen zunächst mit Genugtuung fest, daß der größere Teil der Mitglieder des Jüdischen Jugendvereins die Bedeutung des Augenblicks voll erkannt und sich in den Dienst des Vaterlandes gestellt hat. Ein Teil unserer Mitglieder, insbesondere der Studenten, ist dem Beispiel der Studentenverbindung Licaria gefolgt, die sich vollzählig zu den Waffen gemeldet hat, und ist bereits auf dem Weg zum Schlachtfeld.“ Rudolf Wassermann: An die Mitglieder des Jüdischen Jugendvereines in München, 8. 8. 1914, in: IdR 20/9 (1914), S. 360 f., das Zitat S. 360. Vgl. Jehuda Reinharz (Hrsg.): Dokumente zur Geschichte des deutschen Zionismus 1882–1933 (=SwALBI 37), Tübingen 1981, S. 28 f.; „Münchener Brief“, in: JR 18/51 (1913), S. 549.

414 Süßheims Tochter Margot Suesheim berichtete mir 2016, dass er sie erstmals in den 1940er-Jahren im türkischen Exil gefragt habe, ob sie sich ein Leben in Palästina vorstellen könne. Sie habe dies verneint – das Thema sei nie mehr zur Sprache gekommen, vgl. dazu auch Kap. II.3.

415 Georg Simmel: Exkurs über den Fremden, in: Ders.: Soziologie. Untersuchungen über die Formen der Vergesellschaftung, Berlin 1908, S. 509–512, hier S. 509.

Augen vieler besonders gefährlich.[416] Diese aufgezwungene Außenseiterposition verband Karl Süßheim mit den anderen jüdischen Deutschen. Wie die meisten Mitglieder der liberalen jüdischen Gemeinde war er dem Zeitgeist entsprechend national gesinnt, dasselbe galt für seine säkulare Haltung zum Verhältnis von Staat und Religion und ihrer Verortung in der privaten Sphäre ihrer Anhänger.

Wie auch bei Erich Auerbach „verknüpft sich deutsches Judentum“ bei Süßheim gewissermaßen „mit dem ‚sehnsüchtigen Schielen‘[417] nach dem Ideenhaushalt der deutschen idealistischen Tradition“[418]: „Bejaht werden die universalistischen Geltungsansprüche des emanzipierten Weltbürgertums, wenn es um die humanistische Bestimmung der Menschheit geht“, schreibt der Philosoph Martin Vialon. Noch mehr: In Auerbachs eurozentrischer Perspektive war es gerade die hebräische Bibel, die im Zusammenspiel mit dem klassischen Hellenismus die westliche Tradition hervorgebracht hatte, wie Ella Shohat und Robert Stam betonen[419] – Judentum und Deutschtum konnten sich für Auerbach also gar nicht ausschließen. Den Mann wird Süßheim aber erst Jahrzehnte später als Freund gewinnen, und in seinem innigen Verhältnis zum Glauben wurde er auch innerhalb der liberalen jüdischen Gemeinde – und hier nicht zuletzt im eigenen Familienkreis – zum Außenseiter. Im Gegensatz zur weitverbreiteten Indifferenz räumte er der Religion nun einen ausgesprochen hohen Stellenwert in seinem Leben ein und erwartete dies auch von anderen. In seinem intimsten Bezugsraum, der Familie, führte dies immer wieder zu Konflikten, in denen er sich behaupten musste. Karl Süßheim verkörpert damit geradezu sinnbildlich das Konzept des „deutschen Staatsbürgers jüdischen Glaubens“, wie ihn der C.V. in seinem Namen trug; nur dass er dieses weitaus konsequenter erfüllte als die große Mehrheit der Vereinsmitglieder. Anders als diese zeigte Süßheim nämlich tatsächlich relativ gleichwertige Loyalitäten: gegenüber seinem Vaterland auf der einen und gegenüber seiner jüdischen Religion auf der anderen Seite.

Der „deutsche Staatsbürger jüdischen Glaubens“ galt manchem Beobachter aufgrund des deutschen Antisemitismus und seiner fatalen Folgen als „langgehegte Illusion des jüdischen Bürgertums“[420]. Julius H. Schoeps belebte 1996 eine Fachkontroverse wieder, als er von der „deutsch-jüdischen Symbiose“[421] sprach, die Süßheims Verständnis von Judentum und

416 Zygmunt Bauman: Pawns in Other People's Games, in: MBJGK 12/2 (2018), S. 23–51, hier S. 35. Vgl. dazu auch Brenner, Schatten, S. 21.

417 Martin Vialon zitiert hier Scholem, der von „jene[m] unendlich sehnsüchtige[n] Schielen nach dem deutschen Geschichtsbereich, der den jüdischen ersetzen sollte, wie es für mehr als hundert Jahre der Beziehungen zwischen Juden und Deutschen so charakteristisch ist“, schrieb. Gershom Scholem: Juden und Deutsche [1966], in: Judaica II (1970), S. 20–46, hier S. 25.

418 Hier und das folgende Zitat: Vialon, Auerbach, S. 4.

419 Dass die alttestamentarischen Geschichten in Mesopotamien, Kanaan und Ägypten spielten und das antike Griechenland von semitischen, ägyptischen und äthiopischen Einflüssen geprägt war, wird dabei gerne übersehen, vgl. Shohat u. Stam, Afterword, S. 364.

420 Berthold-Hilpert, Ortenaus, S. 167.

421 Julius H. Schoeps: Deutsch-jüdische Symbiose oder die mißglückte Emanzipation, Bodenheim u. Mainz 1996. Eine Neuauflage erfolgte unter dem Titel „Die missglückte Emanzipation. Wege und

„Deutschtum" gut beschreibt. Kritik an Schoeps zielte zum einen auf den Begriff „Symbiose", der als unpassend empfunden wurde[422], zum anderen ganz grundsätzlich auf die damit bezeichnete Vorstellung eines intellektuellen und sozialen deutsch-jüdischen Dialogs vor 1933. Interessant ist, dass einer der entschiedensten Kritiker dieser Auffassung, die bereits vor Schoeps häufig vorgebracht worden ist, ein Schüler Karl Süßheims war, der 1923 nach Palästina auswanderte und sich dort einen Namen als bedeutender Gelehrter machte: Der Historiker und Religionsphilosoph Gershom Scholem.[423] In einem offenen Brief mit dem Titel „Wider den Mythos vom deutsch-jüdischen Gespräch"[424] legte Scholem bereits 1964 seine Sicht der Dinge auf die angebliche „Symbiose" dar: Es habe sich im vor-nationalsozialistischen Deutschland keineswegs um einen Dialog zwischen jüdischen und nicht-jüdischen Deutschen, sondern vielmehr um einen Monolog gehandelt, der von der jüdischen Seite ausgegangen – und unbeantwortet geblieben sei.[425] Hannah Arendt beschrieb die jüdische Minderheit in Europa in Anlehnung an Max Weber bekanntermaßen als „Paria"-Volk, seine Mitglieder als „Individuen außerhalb der Gesellschaft"[426]: Man habe sich den Antisemiten beugen und eine „Parvenukarriere" einschlagen, also sich weitgehend assimilieren können – in Arendts Worten eine „töricht[e] Mimikry" –, ohne dass dies die entsprechende Wertschätzung der nicht-jüdischen Umwelt erfahren hätte, oder aber es sei noch die Möglichkeit geblieben, „die frohe Botschaft der Emanzipation so ernst zu nehmen, wie sie nie gemeint gewesen war, und als Juden Menschen zu sein"[427]. „Der Realismus des einen war nicht weniger utopisch als der Idealismus des anderen", schrieb Arendt vor dem Hintergrund des Jahres 1944. Süßheim ist in dieser Typologie nicht eindeutig zuzuordnen: Im Privaten hielt er entschieden an seiner jüdischen Religion fest und erlag auch den tatsächlichen und vermeint-

Irrwege deutsch-jüdischer Geschichte", Berlin u.a. 2002. Der Begriff geht ursprünglich auf den völkischen Autor Wilhelm Stapel zurück, der – im negativen Sinne – auf die Annäherung der Juden an das „Deutschtum" aufmerksam machen wollte. Erstmals als fruchtbare kulturelle Verbundenheit positiv konnotiert und bekannt gemacht wurde der Begriff von Martin Buber in Reaktion auf den Novemberpogrom 1938. Vgl. Manfred Voigts: Die deutsch-jüdische Symbiose. Zwischen deutschem Sonderweg und Idee Europa (=CJ 57), Tübingen 2006, S. 250–253; Martin Buber: Das Ende der deutsch-jüdischen Symbiose, in: JWR 1/1 (10.3.1939), S. 5.

422 Vgl. z.B. Benz, Legende, S. 11f.

423 Wegen seines entschiedenen Zionismus brach Scholem mit seiner in Berlin ansässigen Familie, vgl. Helmut Pillau: Die „deutsch-jüdische Symbiose": Historische Realität oder bloße Einbildung? Zum 9. November 2010, S. 4, online: http://www.kulturundpolitik.info/resources/Deutsch-juedische-Symbiose.pdf.

424 Gershom Scholem: Wider den Mythos vom deutsch-jüdischen Gespräch, in: Ders., Judaica II (1970), S. 7–11 [zuerst veröffentlicht in: Manfred Schlösser (Hrsg.): Auf gespaltenem Pfad. Zum neunzigsten Geburtstag von Margarete Susman, Darmstadt 1964, S. 229–232].

425 In einem weiteren Aufsatz schreibt er über den „deutsch-jüdischen Dialog, der als historisches Phänomen in Wahrheit nie stattgefunden hat", Scholem, Juden, S. 40.

426 Hannah Arendt: Die verborgene Tradition [1944], in: Dies.: Die verborgene Tradition. Essays, Frankfurt a.M. 1976, S. 50–79, hier S. 51. Vgl. auch Benz, Legende, S. 9f.

427 Hier und das folgende Zitat: Arendt, Tradition, S. 51.

lichen gesellschaftlichen Verlockungen der Konversion nicht; ganz der Aufklärer, hoffte er also, die wissenschaftliche Laufbahn zu beschreiten, ohne sich selbst zu verleugnen. Nach außen kehrte er, der nüchterne Realist, umso stärker sein Deutsch-Sein hervor und ließ die jüdische Identität in den Hintergrund treten.

Die fachliche Kontroverse um das Verhältnis von „Deutschtum“ und Judentum in Kaiserreich und Weimarer Republik ist auch heute noch nicht beigelegt.[428] Klar ist, dass Karl Süßheim mit seiner Position einer durchaus weitverbreiteten Hoffnung des deutschen Judentums im beginnenden 20. Jahrhundert anhing; auch wenn er freilich den gesellschaftlichen Antisemitismus bitter zu spüren bekam, wie insbesondere anhand seiner Erfahrungen in der akademischen Welt Berlins verdeutlicht wurde. Es ist bezeichnend, dass Süßheim in der beginnenden Weimarer Republik an seinem ausgesprochen begabten Schüler Gershom Scholem, der dies ganz anders sah und die zionistische Alternative offen vertrat, wenig Interesse zeigen wird: “I never had a chance to talk to him personally“[429], erinnerte sich Scholem später an seinen Dozenten.

Dass Süßheim das Judentum in erster Linie als religiöse Überzeugung betrachtete, bedeutet im Umkehrschluss jedoch nicht, dass er die Existenz alles Jüdischen abseits des Glaubens verdrängt oder gar verleugnet hätte – ein in der damaligen Zeit auch von jüdischer Seite formulierter Vorwurf, der in dem Begriff Assimilation mitschwingen konnte. Karl Süßheim setzte sich intensiv mit seiner eigenen Familiengeschichte auseinander und legte in diesem Zusammenhang seitenweise jüdische Stammbäume an. Ein anderes Beispiel dafür ist wiederum der Süßheim so vertraute Rabbiner Coßmann Werner: Er gründete die Vereinigung für jüdische Geschichte und Kultur und war deren erster Vorsitzender.[430] Insofern vertrat auch Werner offenkundig keinen ausschließlich religiösen Begriff des Judentums, sondern schrieb ihm durchaus spezifische kulturelle Elemente zu. Zur Frage, ob er nun ein jüdischer Deutscher sei oder ein deutscher Jude, schrieb der linke bayerische Politiker Gustav Landauer einmal: „Ich weiß da von keinem Abhängigkeits- oder Adjektivitätsverhältnis; die Schickungen nehme und bin ich, wie sie sind, und mein Deutschtum und Judentum tun einander nichts zuleid und vieles zulieb. Wie zwei Brüder, ein Erstgeborener und ein Benjamin, von einer Mutter nicht in gleicher Art, aber im gleichen Maße geliebt werden, und wie diese beiden Brüder einträchtig miteinander leben, wo sie sich berühren und auch, wo jeder für sich seinen Weg geht, so erlebe ich dieses seltsame und vertraute Nebeneinander als ein Köstliches und kenne in diesem Verhältnis nichts Primäres oder Sekundäres. Ich habe nie das Bedürfnis gehabt, mich zu simplifizieren oder durch Verleugnung meiner selbst zu

428 „Schon lange vor Hitlers Wahnsinn war eine deutsch-jüdische Symbiose eher ein Mythos“, schreiben etwa die Herausgeber eines 2013 erschienenen Sammelbands über deutsch-jüdische Identitäten. Norbert Honsza u. Przemysław Sznurkowski: Vorwort, in: Dies., Identität, S. 7.

429 Gershom Scholem an Barbara Flemming, Jerusalem, 22.1.1978, zit. nach Flemming u. Schmidt, Diary, S. 222.

430 Vgl. Ehrentreu, Rede, S. 26.

unifizieren, ich akzeptiere den Komplex, der ich bin, und hoffe noch vielfältiger eins zu sein als ich weiß."[431]

Auch Coßmann Werner und Karl Süßheim akzeptierten den Komplex, der sie waren. Für Juden wie sie bildete „Deutschtum" und Judentum kein Gegensatzpaar; sie waren vielmehr untrennbar miteinander verbunden – die jüdische Kultur war ein Teil der deutschen. Auch und insbesondere: der bayerischen.

431 Landauer, Ketzergedanken, S. 173 f.

Dieses signierte Porträt wird ʿAbdullāh Cevdet, einer der Urväter der jungtürkischen Bewegung, Karl Süßheim 1920 zukommen lassen – die beiden hatten sich 1908 in Kairo kennengelernt und zusammen den kurzen Frühling der Verfassungsrevolution gefeiert. Noch zwanzig Jahre später wird Cevdet sich zwischen „Freund" und „Bruder" nicht entscheiden können, wenn es um seinen deutschen Bekannten ging: „Prof. Dr. K. Susheim Kardaşıma" lautet die Widmung.

> Als Frucht der Assimilation war also den Juden die volle Teilnahme am gesellschaftlichen Leben nicht gewährt worden. Sie brauchten dafür Ersatz. [...] Trost suchte man auch im Patriotismus: Niemand sollte den Juden nachsagen dürfen, sie bemühten sich nicht, die besten, kaisertreuesten, nationalbewußtesten Deutschen überhaupt zu sein.
>
> Wolfgang Benz[432]

2. Patrioten unter sich: Ein Untertan und Teilzeitrevolutionär

Karl Süßheims Verhältnis zum Judentum, das er gerne im persönlichen Bereich belassen hätte, verlangte in der Auseinandersetzung mit dem deutschen Antisemitismus nach einer klaren Positionierung auch in politischen Fragen: Seine Haltungen zum Zionismus, zum Verhältnis von „Deutschtum" und Judentum, von Staat und Religion, liefern bereits erste Anhaltspunkte zu Süßheims politischer Einstellung. Doch wie verhielt er sich zu den großen Fragen seiner Zeit, die nicht vordergründig mit seiner jüdischen Religion zu tun hatten? Welche Staatsform erschien ihm als die beste? Wie stand der junge Mann zu Liberalismus und Sozialismus, wie der Orientreisende zu Nationalismus, Imperialismus und Kolonialismus? Was waren die Bezugspunkte seiner politischen Loyalität: der deutsche Kaiser, das bayerische Königshaus oder die Ideen einer bestimmten Partei? Und wem galten seine Sympathien im Osmanischen Reich, den Regimekritikern oder der Pforte?

Als Karl Süßheim zu Beginn des 20. Jahrhunderts in den Nahen Osten aufbrach, musste er feststellen, dass sich seine im Kaiserreich erlernten politischen Deutungsmuster nicht umstandslos aufrechterhalten ließen. Loyalität zum Vaterland konnte Sultanstreue, aber auch Hass auf den Herrscher bedeuten, denn im Osmanischen Reich standen sich zwei Lager gegenüber, die Süßheims Überzeugungen gleichermaßen ansprachen: Der zerfallende Vielvölkerstaat war gekennzeichnet von der Auseinandersetzung ʿAbdülḥamīds II. mit den Jungtürken, einer Generation selbstbewusster Oppositioneller, die sich als Vorkämpfer einer westlich inspirierten Moderne im Nahen Osten betrachteten und dem Sultan leidenschaftlich ablehnend gegenüberstanden. Dem patriotischen Deutschen Karl Süßheim haftete nichts vergleichbar Rebellisches an, weshalb er seine Loyalität zu den Wittelsbachern zunächst in Respekt und Achtung gegenüber der Würde des Herrschenden auch in Konstantinopel übersetzte. Dennoch erregte zum Beispiel ein Jungtürke, der aus politischen Gründen aus der Stadt geflohen und in Bulgarien eine liberale Zeitung gegründet hatte, sein Mitgefühl.[433] „Er trug einen Fez und war sympathisch"[434], schrieb Süßheim über

432 Benz, Legende, S. 12.

433 Die Beschreibung im Folgenden vgl. Tagebuch KS, 30.12.1906.

434 Ebd., übers. nach der osman. Translit. bei Schmidt, Orientalist (2018), S. 399.

den verhafteten jungen Mann, den er im Winter 1906 im Zug beobachtete. Unter dem Vorwand, er müsse ein Telegramm abholen, hätten Polizisten ihn zur Post gelockt und dort festgenommen – er habe sich nicht einmal mehr von Frau und Kindern verabschieden dürfen, berichtete Süßheim entsetzt. Die Beschreibung des Jungtürken im Tagebuch veranschaulicht recht präzise das Faszinosum, das Karl Süßheim zwei Jahre später in Kairo vollends in seinen Bann ziehen sollte: Der junge Mann war ihm zufolge charmant, wortgewandt, „zivilisiert" und integer. Wie passte ein integrer Charakter zu einem oppositionellen Habitus, den Süßheim als Königstreuer doch eigentlich verurteilen musste? Wie wurde der jugendliche obrigkeitshörige Karl Süßheim zu einem jungen Mann, der osmanische Revolutionäre seine engsten Freunde nannte?

Die Entwicklung von Süßheims politischer Positionierung innerhalb der Milieus, in denen er sich bewegte, soll nun betrachtet werden – und wieder wird zunächst die Familie als zentraler Referenzpunkt zu analysieren sein. Dies umso mehr, als die Politik im Hause Süßheim eine außerordentlich wichtige Rolle spielte, denn Mitglieder der Familie rahmten das Zeitalter der jüdischen Emanzipation und ihres Scheiterns politisch ein: Karl Süßheims Großvater David Morgenstern war der erste jüdische Landtagsabgeordnete Bayerns[435], sein Bruder Max sollte der letzte werden – bis heute[436]. Der eine vertrat radikaldemokratische Thesen in einer Zeit, in der die sogenannten '48er die deutschen Monarchien herausforderten; der andere entschied sich für das sozialdemokratische Projekt, dessen Protagonisten in Bismarcks Kaiserreich jahrelang verfolgt worden waren. Wie seinem Bruder wurde auch Karl Süßheim das revolutionäre Potenzial sozusagen in die Wiege gelegt.

435 Zwei biografische Aufsätze stammen von Ilse Sponsel: David Morgenstern (1814–1882), der erste jüdische Landtagsabgeordnete in Bayern, in: Manfred Treml u. Wolf Weigand (Hrsg.): Geschichte und Kultur der Juden in Bayern. Lebensläufe (= VBayGK 18/88), München u. a. 1988, S. 129–134; Dies.: Der erste jüdische Landtagsabgeordnete in Bayern (1814–1882), in: Werner J. Heymann (Hrsg.): Kleeblatt und Davidstern. Aus 400 Jahren jüdischer Vergangenheit in Fürth, Emskirchen 1990, S. 116–125. Neben David Morgenstern zog ein weiterer jüdischer Abgeordneter namens Fischel Arnheim (Wahlkreis Hof-Münchberg) in den Landtag ein, vgl. ebd., S. 116.

436 In der Datenbank des Bayerischen Landtags, in der die Konfessionen (auf Grundlage eigener Angaben der Parlamentarier) erfasst sind, ist nach 1945 kein einziger Abgeordneter mit der Konfession „jüdisch" oder „israelitisch" verzeichnet; vor 1945 sind lediglich fünf in Erfahrung zu bringen. Felix Freudenberger und Max Süßheim, die zur selben Zeit im Landtag vertreten waren, waren demnach die letzten jüdischen Abgeordneten. (Auskunft der Zentralen Informationsstelle des Bayerischen Landtags vom 12.1.2021.) Ernst Toller, für dessen Konfession ebenfalls „israelitisch" vermerkt ist, gehörte dem Landtag formal zwar länger, bis 1924, an, da er aber seine gesamte Mandatszeit über in Haft war, konnte er seine Abgeordnetentätigkeit nicht ausüben, vgl. dessen Eintrag in der Online-Datenbank des Hauses der Bayerischen Geschichte: http://www.hdbg.de/parlament/content/persDetail.php?id=2326&popH=960.

„Treue und Selbstlosigkeit" | Eine schrecklich politische Familie

„Wie alle Idealisten seines Zeitalters und wie jeder Schmerzenssohn aus seinem Stamme", schrieb der Rabbiner Adolf Eckstein, Chronist der jüdischen Abgeordneten in Bayern, über Karl Süßheims Großvater zu Beginn des 20. Jahrhunderts in pathetischer Manier, „hatte er etwas vom Märtyrer an sich, der zu jedem Opfer für seine Ueberzeugung und für seinen Glauben bereit und fähig war"; vor allem aber sei er das gewesen, „was man einen Charakter nennt".[437] David Morgenstern scheint in der Tat ein leidenschaftlich politischer Mensch mit Führungsqualitäten gewesen zu sein[438]: In seiner Gymnasialzeit noch Schlusslicht der Klasse[439], gehörte er als Student der Jurisprudenz der Würzburger Verbindung Corps Bavaria an, die ihn zum Senior wählte.[440] Der demokratische Gedanke begeisterte den Anwalt, was ihm massive Probleme bereitete. Im Alter von 35 Jahren kandidierte er schließlich im Winter 1848 für den Bayerischen Landtag[441] (Wahlkreis Fürth). Erstmals war es nun auch den bayerischen Juden möglich, sich der Abstimmung zu stellen[442], und der liberal gesinnte[443]

437 Adolf Eckstein: Beiträge zur Geschichte der Juden in Bayern. Bd. 1: Die bayerischen Parlamentarier jüdischen Glaubens, Bamberg [1903], der Abschnitt zu David Morgenstern S. 17–23, die Zitate S. 17.

438 Vgl. auch die Einschätzung bei C. Braunschweig: „David Morgenstern", in: Ernest Hamburger: Die Juden im öffentlichen Leben Deutschlands. Regierungsmitglieder, Beamte und Parlamentarier in der monarchischen Zeit. 1848–1918 (= SwALBI 19), Tübingen 1968, S. 212 f., hier S. 212.

439 „Er liess sich oft von seinem leichten Blut zur Zerstreuung der Aufmerksamkeit hinreissen, und seine Vorbereitungen waren oft die ungründlichsten", urteilte sein Klasszeugniss. Morgenstern, David, Studienjahre 1832/33, 30. 8. 1833, Erlangen, Privatnachlass KS.

440 Hier und im Folgenden vgl. Sponsel, Landtagsabgeordnete, S. 116 f.; Braunschweig, Morgenstern, S. 212.

441 Die Behauptung, dass Morgenstern Mitglied der Frankfurter Nationalversammlung von 1848/49 gewesen sei, trifft nicht zu; Barbara Flemming und Jan Schmidt liefern in der Edition des Süßheim'schen Tagebuchs diese Information; andere haben sie übernommen. Sie verweisen diesbezüglich auf einen Absatz in der Publikation „Die Juden im öffentlichen Leben Deutschlands", in welchem allerdings lediglich erwähnt wird, dass Morgenstern 1849 einen Antrag zur Einberufung einer deutschen Nationalvertretung unterzeichnete. Möglicherweise liegt auch eine Verwechslung mit Nikolaus Titus (1808–1874) vor, in dessen Anwaltskanzlei Morgenstern arbeitete und der als sein politischer „Lehrvater" gilt. Titus war in der Nationalversammlung der Abgeordnete für Bamberg und zählte zu den äußersten Linken. Vgl. Flemming u. Schmidt, Diary, S. 3 u. auch Kreiser, Süßheim, S. 62; Hamburger, Juden, S. 212 f., hier S. 212; Braunschweig, Morgenstern, S. 212; Sponsel, Morgenstern, S. 130. Eine Kurzbiografie-Sammlung aller Abgeordneten des Paulskirchenparlaments, in der David Morgenstern nicht aufgeführt wird, findet sich bei Rainer Koch (Hrsg.): Die Frankfurter Nationalversammlung 1848/49. Ein Handlexikon der Abgeordneten der deutschen verfassungsgebenden Reichs-Versammlung, Kelkheim 1989, S. 50–444, den Eintrag zu Nikolaus Titus vgl. S. 403.

442 Durch ein neues Wahlgesetz wurden Wahlkreise eingeführt, die Klasseneinteilung war abgeschafft sowie das aktive und passive Wahlrecht vom Bekenntnis an eine bestimmte Religion entbunden worden, vgl. „Gesetz, die Wahl der Landtags-Abgeordneten betr.", in: GBKG 11 (10. 6. 1848), Sp. 77–88, hier Sp. 80.

443 In der Frühzeit des Konstitutionalismus gab es lediglich allgemeine Parteirichtungen, noch keine festgefügten Parteien mit formeller Zugehörigkeit und entsprechendem Programm.

Morgenstern hatte in der für Regierung und König alles andere als erfreulichen Wahl[444] Erfolg: Seinen parlamentarischen Eid schwor er im Februar 1849. Für die ersten jüdischen Abgeordneten musste die Formel geändert werden; Morgenstern durfte den Zusatzschwur auf das „heilige Evangelium" weglassen.

Der bayerische König Max II. war bekanntermaßen kein Freund des Parlamentarismus. Ein besonderer Dorn im Auge waren dem Regenten die radikalen Demokraten – und damit auch Karl Süßheims Großvater.[445] Doch die politische Gängelung der Kritiker erzielte nicht das gewünschte Ergebnis: In den darauffolgenden Wahlperioden von 1849 bis 1855 kandidierte David Morgenstern ebenfalls erfolgreich, mittlerweile für den Wahlkreis Nürnberg, wohin er mit seiner Familie gezogen war.[446] Entsprechend seiner Profession schrieb Morgenstern unter anderem an den bayerischen Justizgesetzen mit; er war ein Verfechter der Idee einer Nationalstaatsgründung und setzte sich in seinem Amt für die rechtliche Gleichstellung der jüdischen Bevölkerung ein, noch lange bevor diese mit der Kaiserreichsgründung formal beschlossen wurde. Der Einsatz für seine Glaubensgenossen zeigte Erfolge: 1849 konnte Morgenstern eine diskriminierende Gesetzesformulierung verhindern.[447] Bei seinem Einsatz für die jüdische Minderheit zeigte er sich auch selbstkritisch, wie eine Rede vor dem Landtag im Juni 1851 verdeutlicht:

> „Erst gestern wurde bezüglich des Gesetzes ‚die staatsbürgerlichen Rechte der Juden betr.' von allen Seiten hervorgehoben, wie glücklich die Ehen der Juden seien; ich kann das nur bestätigen: [I]ch kenne viele, sehr viele jüdische Familien und nur sehr wenige sind mir bekannt, wo eheliche Dissidien bestehen; trotzdem, wenn Sie die kirchlichen Verhältnisse der Juden kennen würden, würden Sie erkennen, wie benachtheiligt die Frauen gegenüber den Männern sind. Es ist dies aus der orientalischen Gewohnheit hervorgegangen, wo die Frauen [...] nicht die Rechte haben wie die Männer. Ich könnte Ihnen aus dem Talmud Stellen anführen, worüber Sie staunen würden, und dennoch sind diese Ehen dort so glücklich, daß weder eine staatsanwaltschaftliche, noch eine andere Einschreitung nötig wäre."[448]

444 Das Parlament bekam – zum ersten und einzigen Mal in der Geschichte Bayerns – eine linke Mehrheit, die sich aus radikalen Demokraten, die ein Ende des Königshauses anstrebten, und dem liberal-konstitutionellen Linken Zentrum zusammensetzte. Ihnen gegenüber stand eine Opposition aus dem katholisch-konservativen Rechten Zentrum und den liberal-konservativen Rechten.

445 1849 gründete er in Fürth den radikaldemokratischen Volksverein, der bereits 1850 verboten und erst Jahre nach seiner Abgeordnetentätigkeit, 1865, neu belebt wurde. Morgenstern wurde wegen seiner politischen Einstellung von der Regierung als Oppositioneller bezeichnet. Vgl. Sponsel, Landtagsabgeordnete, S. 124.

446 Hier und im Folgenden vgl. Braunschweig, Morgenstern, S. 212.

447 Vgl. Sponsel, Landtagsabgeordnete, S. 120.

448 Zit. nach Max Süßheim: Die parlamentarische Thätigkeit Dr. jur. David Morgenstern's, [Nürnberg 1899], [S. 1].

Mit dem Hinweis auf die „orientalischen" Ursprünge und damit angeblich einhergehende problematische Traditionen des deutschen Judentums adaptierte Morgenstern ein antisemitisches Stereotyp und bekannte sich zur Assimilation in einer als fortschrittlich empfundenen Welt. Dementsprechend beließ er es auch nicht bei jüdischer Klientelpolitik.[449] Nach seiner Tätigkeit als Parlamentarier[450] trat Morgenstern dem Deutschen Nationalverein[451] bei (1859) und war 1863 Gründungsmitglied der linksliberalen Bayerischen Fortschrittspartei[452] – ein regionaler Ableger der Deutschen Fortschrittspartei, die einen kleindeutschen Bundesstaat unter preußischer Führung anstrebte. Die erste deutsche Programmpartei, gegründet 1861, forderte rechtsstaatliche und demokratische Reformen wie die Verantwortlichkeit der Regierung gegenüber den Volksvertretern und die Gleichberechtigung aller Religionsgemeinschaften.[453] 1866 wurde Morgenstern Mitglied der Demokratischen Volks-

449 „Im allgemeinen […] befleissigte er sich, so oft die Judenfrage zur Debatte stand, grundsätzlich einer klugen Zurückhaltung, wenn es ihm auch an Interesse und warmer Anteilnahme dafür ebenso wenig fehlte als an dem guten Willen, die Lage seiner Glaubensgenossen auf legislativem Wege zu verbessern", so das Urteil bei Eckstein, Beiträge, S. 19. Morgenstern machte sich abseits von „jüdischen Themen" zum Beispiel auch besonders für den Berufsstand der Volksschullehrer stark und kämpfte für den Bau einer Eisenbahnstrecke von Nürnberg nach Regensburg. 1855, im letzten Jahr seiner Abgeordnetentätigkeit, sah er sich jedoch erneut gezwungen, sich klar als Vertreter einer Minderheit zu positionieren. Im Parlament wurde über die Abschaffung des „allgemeinen" Wahlrechts, das erst 1849 eingeführt worden war und noch viele Einschränkungen hatte – wählen durften nur Männer, die eine gewisse Mindeststeuer entrichteten, zudem waren die Wahlen nicht geheim, sondern öffentlich – diskutiert: Unter anderem war eine Revision des passiven Wahlrechts von Juden geplant. Morgenstern hielt eine aufsehenerregende Ansprache („[D]a erwachte in ihm nicht nur der Achtundvierziger, sondern auch der Jude, und damals hielt er seine beste Rede." Eckstein, Beiträge, S. 20), der Gesetzesentwurf wurde abgelehnt. Wieder hatte Süßheims Großvater dazu beigetragen, Kräfte, die die jüdische Emanzipation behindern wollten, einzudämmen. Vgl. Braunschweig, Morgenstern, S. 212; Sponsel, Landtagsabgeordnete, S. 121 f.

450 Den Abgeordneten wurde damals kein Tagegeld bezahlt. Morgenstern konnte seine parlamentarische Tätigkeit, für die er oft und lange vor Ort sein musste, nicht länger mit seiner Arbeit in einem Fürther Anwaltsbüro vereinbaren. Zudem hatte er Probleme mit dem Vorsitzenden des bayerischen Ministerrates Ludwig Karl Heinrich Freiherr von der Pfordten (1811–1880): Dieser ließ den unbequemen Politiker wissen, dass er keine Zulassung zur Anwaltschaft erhalten würde. Um seine Familie weiterhin ernähren zu können, arbeitete Morgenstern fortan als Justiziar beim Nürnberger Bankhaus Mayer Cohn; später wurde er zunächst Teilhaber und schließlich Leiter der Forchheimer Folienfabrik seines jüngeren Bruders und zog mit der Familie zurück nach Fürth. Vgl. Braunschweig, Morgenstern, S. 212; Sponsel, Landtagsabgeordnete, S. 123; Sponsel, Morgenstern, S. 131 f.

451 Der Verein war ein parteiähnlicher Zusammenschluss aus Liberalen und Demokraten, deren Ziel darin bestand, einen kleindeutschen Staat unter preußischer Führung mit einem nationalen Parlament zu schaffen. Zur Geschichte des Nationalvereins vgl. Shlomo Na'aman: Der Deutsche Nationalverein. Die politische Konstituierung des deutschen Bürgertums 1859–1867 (= BGParl 81), Düsseldorf 1987.

452 Vgl. Braunschweig, Morgenstern, S. 212.

453 Vgl. Gründungsprogramm der Deutschen Fortschrittspartei. Berlin, 9. Juni 1861, in: Wolfgang Treue (Hrsg.): Deutsche Parteiprogramme 1861–1961 (= QzK 3), Göttingen u. a. 31961, S. 52 f.

partei (VP)[454] und nahm an einer Versammlung in Frankfurt teil, die gegen die aggressive preußische Außenpolitik protestierte.[455] In der VP war er Mitglied eines Ausschusses, der ein demokratisches Programm für Deutschland ausarbeitete. 1869 nahm er schließlich am Allgemeinen Deutschen Sozialdemokratischen Arbeiterkongreß in Eisenach als Delegierter des von ihm selbst gegründeten radikaldemokratischen Fürther Volksvereins teil – hier traf er auch auf die sozialdemokratischen Führungsfiguren August Bebel und Wilhelm Liebknecht.[456] Auch im kleineren Rahmen aber, als Mitglied der Fürther Gemeindeverwaltung (1869–1878), blieb Morgenstern der Politik bis wenige Jahre vor seinem Tod treu.

Das Andenken an den umtriebigen Großvater spielte in der Familie Süßheim eine wichtige Rolle: Zur Silberhochzeit widmete der ältere Sohn Max seinen Eltern ein Büchlein, das „bei den Jubilaren, der Familie und deren Freunde[n] [...] die Erinnerung an ihn [Morgenstern, KM] rege" halten sollte – „für jetzt und alle Zeit"[457]. Nicht nur Mutter Clara, die Tochter des Politikers, auch ihr liberal gesinnter Ehemann hielten große Stücke auf den 1882 Verstorbenen, zu dessen Begräbnis nicht nur die Familie, sondern „Mitglieder der königlichen und städtischen Behörden" genauso wie „der schlichte Arbeiter" zusammenkamen, wie die Fürther Presse berichtete.[458] Selbst ein Pfarrer sprach „mit trauerndem Herzen" am Grab des jüdischen Friedhofs über Morgenstern als einen „Mann, der an Weib und Kind, an Freund und Verwandten und in Sonderheit am deutschen teuren Vaterland hing"; der Katholik würdigte „ein Herz, dem unsere Freude, unser Schmerz, unser Wohl und Wehe auf eine Weise nahe ging, die sich selten findet"[459]. Die Brüder Süßheim, die David Morgenstern lediglich als kleine Kinder erlebten, waren ausgesprochen stolz auf den berühmten Vorfahren, „der uns Enkeln in seiner unerreichten Pflicht- und Ueberzeugungstreue entgegen tritt"[460], wie Max betonte. Familien- und Heimatverbundenheit zeichnete beide aus: Max gehörte schon als junger Mann dem Nürnberger Geschichtsverein an[461], Karl ließ sich später dessen Hefte

454 Der Deutsche Nationalverein spaltete sich im Zuge des Deutsch-Dänischen Krieges von 1864: Die Vertreter einer föderalistisch-demokratischen Lösung des deutschen Nationalstaats aus den Mittel- und Kleinstaaten fanden sich – um dem österreichisch-preußischen Dualismus zu entgehen – in der VP wieder, die sich 1868 unter dem Namen Deutsche Volkspartei als überregionale demokratische und linksliberale Partei (in Bayern bis 1878 unter dem Namen Demokratische Partei) konstituierte und fortan für eine großdeutsche Reichseinigung eintrat, um die preußische Dominanz einzudämmen. Nach dem Ersten Weltkrieg trat die Deutsche Demokratische Partei (DDP) das linksliberale politische Erbe an.

455 Diese provoziere einen Krieg gegen Österreich, so die Befürchtung der Versammelten, die wenig später Realität werden sollte, vgl. hier und im Folgenden Braunschweig, Morgenstern, S. 213.

456 Hier und im Folgenden vgl. Sponsel, Landtagsabgeordnete, S. 124.

457 Süßheim, Thätigkeit, S. 6.

458 FTB (7.11.1882), zit. nach Sponsel, Landtagsabgeordnete, S. 125.

459 Zit. nach Eckstein, Beiträge, S. 23.

460 Süßheim, Thätigkeit, [S. 45].

461 Er wurde seit 1910 als Mitglied geführt, vgl. den Verein für Geschichte der Stadt Nürnberg. Jahresbericht über das dreiunddreissigste Vereinsjahr 1910, Nürnberg 1911, S. 62.

sogar ins Osmanische Reich hinterherschicken[462]. Zudem investierte er viel Zeit in die Erforschung der eigenen Familiengeschichte.[463]

Sein Bruder aber verehrte den aktiven Großvater in besonderem Maße: Seinem den Eltern gewidmeten Bericht über das Politikerleben David Morgensterns in Form einer Zusammenstellung „der parlamentarischen Wirksamkeit meines teuren Großvaters" stellte er schillernde Worte voran: „Die Treue und Selbstlosigkeit, mit welcher er seine Ueberzeugung hochhielt, auch als es galt, für sie schwere Opfer zu bringen, als sie mit der Liebe zu dem erkorenen Berufe harte, aber siegreiche Kämpfe zu bestehen hatte, sie war ihm auch zu eigen bei Ausübung des ihm übertragenen Mandates eines Volksvertreters im bayerischen Landtage. Hier war der Platz, wo er mitraten und mitthaten konnte zum Wohle und Heile

462 „Das bei Euch eingetroffene Heft des Vereins f. Gesch. Nürnbergs könnt Ihr mir gelegentlich zuschicken, da nicht zu erwarten ist, daß ich es anderweit[ig] erhalte", schrieb er seinen Eltern. Karl Süßheim an Clara und Sigmund Süßheim, Maison Calliopi, Quartier Demir Capou, Cple [Konstantinopel], 28.1.1903, Privatnachlass KS.

463 Im Oktober 1911 schrieb Karl Süßheim einen langen Brief an eine Verwandte in den Vereinigten Staaten (Die als „Dear Lady" Adressierte wird namentlich nicht genannt; sie scheint einem Zweig der Frankenthal-Linie anzugehören, also der Familie, in die einst eine Schwester von David Morgenstern einheiratete): "The purpose of this letter is to entreat your kind assistance for an entirely disinterested work, about which I am sitting since more than a year, namely a genealogical table of all the Morgenstern and Frankenthal family. Having recourse to oral tradition and official records I have been able to trace the two much intertwined families far back to the 18th century. My work touching finally to a close I have found out that I could not get the desired particularies about your much esteemed line in this country. I have thus, been obliged to take refuge with you and to ask for your kind support by filling out the genealogical list appended and to send it back to me at a time you think convenient." Karl Süßheim an N.N. [Entwurf], Nürnberg, 31.10.1911, in: Nachlass KS (LOC), Kiste 3. Süßheim betrieb erheblichen Aufwand für die Rekonstruktion seiner Familiengeschichte: Er besuchte David Wassermann (1842–1913) aus dem mittelfränkischen Schwabach, der historisches Wissen über die jüdische Minderheit in Bayern angesammelt hatte. Dieser gewährte Süßheim Einsicht in seine Manuskripte, um auch Informationen über die Linie seines Vaters – die Süßheims und Süßels – einzuholen. Süßheim sah außerdem die Dokumentation der jüdischen Gemeinden in München und Fürth ein (vgl. Tagebuch KS, 18. u. 27.4. u. 29.7.1912 sowie 6. u. 7.1.1913) und führte ausgiebige Interviews mit Familienmitgliedern und anderen Personen, von denen er sich Auskünfte erhoffte. Süßheim unternahm im Zuge der Befragungen Reisen nach Kronach, Nürnberg und Augsburg, vgl. ebd., 11. u. 24.9.1913 u. 6.3.1914. Süßheim studierte Grabinschriften auf dem Friedhof Edeldorf-Zegern (vgl. ebd., 10.9.1913), besuchte zahlreiche Archive in Oberfranken (vgl. ebd., 11.–21.9.1913) und suchte die Gerichte in Herzogenaurach und Höchstadt bei Büchenbach auf, um Rechtsdokumente einzusehen. Besonders interessierte er sich für die Testamente der Familie Morgenstern, vgl. Tagebuch KS, 6. bis 9.4.1914. Seine aufwendige Recherche erlaubte es ihm schließlich, den Familienstammbaum bis ins Jahr 1701 zurückzuverfolgen, vgl. Flemming u. Schmidt, Diary, S. 88. Familienforschungen betrieb er auch noch in den 1920er-Jahren, als er mit seiner Cousine Alice Lippmann (1873–1971) – sie war die Tochter von Süßheims Tante Maria (geb. Morgenstern) und Albert Drey und lebte zusammen mit ihrem Mann Gustav in den Vereinigten Staaten – dazu korrespondierte, vgl. [Alice Lippmann] an Karl Süßheim, St. Louis, 30.10.1921, in: Nachlass KS (LOC), Kiste 2.

der Allgemeinheit. Mit einem in unseren Tagen besonders beachtenswerten Pflichteifer erfüllte er die ihm übertragene ehren- aber auch dornenvolle Aufgabe. Seine Beteiligung an 155 namentlichen Abstimmungen, die Einreichung von 30 Anträgen und Vertretung von 24 Eingaben, seine thätige Mitwirkung an 154 Beratungen durch ebenso formvollendete als gehaltvolle Reden geben beredtes Zeugnis, welch' lebhaften Anteil er an der Thätigkeit der bayerischen Volksvertretung und damit an dem Geschicke des bayerischen Volkes genommen hat."[464]

Max Süßheim wusste, dass er in große Fußstapfen trat, als er es David Morgenstern gleichtat, eine juristische Ausbildung wählte[465] und die politische Laufbahn einschlug. Anders als sein linksliberaler Großvater entschied er sich jedoch für die Sozialdemokratie.[466]

Die Brüder Süßheim wurden politisch in einer Zeit sozialisiert, die einerseits von der Sozialistenverfolgung im Kaiserreich geprägt war und andererseits für politische Köpfe aus der jüdischen Minderheit wenig anderes als das linke Parteienspektrum offenhielt.[467] Als Student mit den Idealen der SPD vertraut gemacht, entschloss Max Süßheim sich 1903, inzwischen Rechtsanwalt in Nürnberg, der Arbeiterpartei beizutreten.[468] Ab 1907 saß er bereits für die SPD im Bayerischen Landtag, ab 1911 war er zusätzlich Mitglied des Nürnberger Kollegiums der Gemeindebevollmächtigten, des späteren Stadtrats. Entgegen dem antisemitischen Stereotyp vom „jüdischen Marxisten" war diese parteiliche Orientierung, wie der Stadtarchivar Gerhard Jochem schreibt, im Umfeld der Süßheims ganz und gar „ungewöhnlich, da die Mehrheit des Nürnberger jüdischen Bürgertums dem gemäßigten Liberalismus mit einer starken Bindung an das Haus Wittelsbach anhing"[469]. Als sozialistischer jüdischer Politiker

464 Süßheim, Thätigkeit, S. 6.

465 Max Süßheim studierte Rechtswissenschaft in München und Philosophie in Erlangen. In beiden Fächern wurde er, im Alter von 22 und 24 Jahren, promoviert. Max Süßheim: Die Begünstigung (Deutsches Reichsstrafgesetzbuch § 257, 258, 260, 261, 262). Inaugural-Dissertation der juristischen Fakultät der Friedrich-Alexanders-Universität zu Erlangen, München 1898; ders.: Das moderne Auktionsgewerbe. Inauguraldissertation zur Erlangung der Doktorwürde der hohen philosophischen Fakultät der Friedrich-Alexanders-Universität Erlangen, Leipzig 1900.

466 David Morgenstern blieb sein Leben lang ein liberaler Demokrat, pflegte allerdings auch gute Kontakte zur Sozialdemokratie: An seiner Bahre sprach 1882 auch der Führer der Sozialdemokraten in Fürth, Gabriel Löwenstein. Er erinnerte dabei an Morgensterns entschiedenes Eintreten für die Demokratie auch im Zusammenhang mit dem Sozialistengesetz, das in Karl Süßheims Geburtsjahr verabschiedet wurde. Die Zusammenarbeit mit den marxistisch ausgerichteten Sozialdemokraten war zur damaligen Zeit typisch für die Linksliberalen, die im mächtigen deutschen Kaiser und damit im preußischen Einfluss auf das Reich einen gemeinsamen Gegner hatten. Vgl. Braunschweig, Morgenstern, S. 213; „Gesetz gegen die gemeingefährlichen Bestrebungen der Sozialdemokratie", in: DRGB 34 (21.10.1878), S. 351–358.

467 Vgl. dazu auch Brenner, Schatten, S. 22.

468 Vgl. Gardill, Süßheim, S. 214 sowie die Kurzbiografie des Nürnberger Stadtarchivars Gerhard Jochem: Dr. jur. Dr. phil. Max Süßheim. Jurist, bayerischer Parlamentarier, Nürnberger Stadtrat, 2.3.2009, online: http://www.rijo.homepage.t-online.de/pdf/DE_BY_JU_suessheim.pdf.

469 Ebd., S. 1.

nahm Max Süßheim hier eine klare Außenseiterposition ein[470] und diente antisemitischen Kreisen auf diese Weise als Verkörperung des angeblich so typischen „linken Juden", was sein Leben – und das der ganzen Familie – insbesondere im Laufe der Weimarer Republik massiv beeinträchtigen sollte.

Ganz anders als sein glühend sozialdemokratischer Bruder verhielt sich der nüchterne Karl in politischen Fragen: Nichts lag ihm ferner, als einer Partei beizutreten – hielt er sich doch das gesamte Kaiserreich hindurch gänzlich von der Wahlurne fern. Im Alter von vierzig Jahren nahm er erstmals sein Bürgerrecht wahr, als er sich an der Wahl zum Bayerischen Landtag beteiligte.[471] An diesem Tag, dem 12. Januar 1919, notierte Süßheim in sein Tagebuch auch den Grund für seine frühere Verweigerungshaltung in puncto politischer Partizipation: Alle Parteien im Kaiserreich seien mehr oder weniger antisemitisch gewesen und hätten darüber hinaus ohnehin über keinerlei Einfluss verfügt.[472] Die judenfeindlichen Tendenzen der deutschen Parteien im Kaiserreich waren und sind Gegenstand zahlreicher wissenschaftlicher Untersuchungen.[473] Tatsächlich war keine von ihnen gänzlich vor Antisemitismus gefeit, doch gab es freilich in dessen Wirkkraft erhebliche Unterschiede: Während die Judenfeindschaft im katholischen Zentrum und in den konservativ-deutschnationalen Parteien geradezu als strukturelles Element der Weltanschauung diente, waren die politischen Heimaten David Morgensterns und Max Süßheims, der Linksliberalismus und die Sozialdemokratie, in der Frage des Umgangs mit der jüdischen Minderheit doch zumindest gespalten.[474] Zwar taten sich auch hier immer wieder antisemitische Mitglieder lautstark

470 In der gesamtdeutschen Betrachtung war seine politische Betätigung weitaus weniger exzeptionell: Bis 1918 waren mit gut zehn Prozent der SPD-Reichstagsabgeordneten jüdische Politiker gemessen am gesamtgesellschaftlichen Anteil der Minderheit weit überdurchschnittlich vertreten. Dabei darf nicht vergessen werden, dass zwischen der intellektuellen Parteielite und der Wählerklientel, in der – wenngleich weniger als in anderen gesellschaftlichen Gruppen – antisemitische Ressentiments durchaus verbreitet waren, eine Diskrepanz herrschte. Vgl. Sebastian Voigt: SPD und Antisemitismus. Annäherungen an eine 150-Jährige [sic!] Auseinandersetzung, Baden-Baden 2014, S. 79–122, hier S. 85. Brenner betont, dass die meisten jüdischen Reichstagsabgeordneten Sozialdemokraten waren, die große Mehrheit der jüdischen Wähler aber für bürgerliche Parteien stimmten, vgl. Brenner, Schatten, S. 22.

471 Mit Erreichen des 25. Lebensjahres, also bereits ab 1903, hätte Karl Süßheim auf Reichsebene wählen dürfen. Zum Wahlrecht im Kaiserreich vgl. Benjamin Ziemann: Das Kaiserreich als Nationalstaat, in: bpb, Kaiserreich, S. 4–15, hier S. 11.

472 Vgl. Tagebuch KS, 12.1.1919.

473 Eine noch immer lesenswerte Überblicksstudie lieferte Stefan Scheil: Die Entwicklung des politischen Antisemitismus in Deutschland zwischen 1881 und 1912. Eine wahlgeschichtliche Untersuchung (=BPW 107), Berlin 1999. Für die Weimarer Nachfolgeparteien wegweisend ist Susanne Wein: Antisemitismus im Reichstag. Judenfeindliche Sprache in Politik und Gesellschaft der Weimarer Republik (=Z&G 30), Frankfurt a.M. 2014.

474 Zum Zentrum vgl. die Arbeiten von Olaf Blaschke: Katholizismus und Antisemitismus im Deutschen Kaiserreich (=KSG 122), Göttingen 1997 und Uwe Mazura: Zentrumspartei und Judenfrage 1870/71–1933. Verfassungsstaat und Minderheitenschutz (=VKZ, Reihe B: Forschungen 62), Mainz 1994 sowie Clemens Escher: „Politischer Katholizismus", in: Wolfgang Benz (Hrsg.): HdAS, Bd. 5: Organisationen,

hervor, doch zielte der Kern der Forderungen auf die Gleichberechtigung aller Deutschen, unabhängig vom konfessionellen Standpunkt. Karl Süßheim ging hier jedoch keinerlei Kompromisse ein und lehnte auch die Wahl einer Partei ab, die Antisemiten in ihren Reihen duldete. Sein reichlich pauschales Urteil über die Bedeutungslosigkeit der Parteien im Kaiserreich dagegen verlangt in jedem Fall nach einer differenzierteren Betrachtungsweise[475], denn durch die Bearbeitung von Petitionen und Anfragen an die Reichsleitung kam dem Parlament in Wahrheit „mittelfristig die Rolle des wichtigsten nationalen Forums für die kontroverse öffentliche Diskussion politischer Fragen zu“[476], wie Benjamin Ziemann betont. Ähnlich sah auch die Arbeit des Landtags innerhalb der bayerischen Monarchie aus, in dem Max Süßheim häufig das Wort ergriff. Man bewegte sich zwar in kleinen Schritten auf die Beteiligung der Bürger am politischen System zu und machte oftmals auch einige zurück – die Blickrichtung aber blieb. Die mühsame Arbeit der Volksvertreter zu schätzen setzte vor-

Institutionen, Bewegungen, Berlin u. Boston 2012, S. 492–499. Zum deutschkonservativen Milieu finden sich Ausführungen bei Werner Bergmann: „Deutschkonservative Partei“, in: Benz, HdAS, S. 183–187 und in der Studie von James Retallack: Notables of the Right. The Conservative Party and Political Mobilization in Germany 1876–1918, Boston u. London 1988. Die Sozialdemokraten gaben sich in ihrer Gründungsphase betont zurückhaltend gegenüber der „Judenfrage“, da sie darin einen Konflikt innerhalb der Bourgeoisie zu erkennen glaubten, in welchem die Arbeiterbewegung sich nicht zu positionieren habe. Bis Mitte der 1890er-Jahre zeigte sich eine entsprechend ambivalente Haltung: Auf einigen SPD-Veranstaltungen wurde der Antisemitismus offen verurteilt; Teilen der judenfeindlichen Bewegung versuchten sich die Parteiführer jedoch auch anzunähern. 1892 verabschiedete die SPD schließlich eine Resolution gegen den Antisemitismus: Ausbeutung sei kein genuin jüdisches Merkmal. 1893 wandte sich August Bebel in einer Grundsatzrede („Antisemitismus und Sozialdemokratie“), die später auch als Broschüre gedruckt wurde, gegen die Judenfeindschaft. Sebastian Voigt erkennt ein grundsätzliches Problem des Verhältnisses der SPD zum Antisemitismus in dem Muster, diesen als „primär funktional und ökonomisch“ zu deuten und in ihm gleichzeitig ein „progressives Moment“ zu erkennen, an das man anknüpfen könne. Vgl. Voigt, SPD, S. 81–86, die Zitate S. 83, 85 u. 86. Noch immer lesenswert ist dazu auch die Studie von Rosemarie Leuschen-Seppel: Sozialdemokratie und Antisemitismus im Kaiserreich. Die Auseinandersetzungen der Partei mit den konservativen und völkischen Strömungen des Antisemitismus 1871–1914 (=PGG), Bonn 1978.

475 Die Verfassung sah mit Kaiser und Reichskanzler eine überaus starke Exekutive vor und der vergleichsweise schwache Reichstag als demokratisches Element lässt eine Einordnung des Kaiserreichs als parlamentarisches System freilich nicht zu. Die Abgeordneten verfügten über legislative Kompetenzen und das Budgetrecht, das jedoch durch die Bewilligung des Militäretats, der fast drei Viertel des Haushalts ausmachte, auf mehrere Jahre ohne Korrekturmöglichkeit stark eingeschränkt wurde. Die Regierung musste sich dem Parlament nicht verantworten und der Reichskanzler war nicht vom Vertrauen der Abgeordneten abhängig, sondern allein von der Unterstützung des Kaisers. Dennoch erfuhr die parlamentarische Tätigkeit und insbesondere die Arbeit der Fachexperten der Reichstagsfraktionen im Laufe der Zeit eine Aufwertung, da sie über das nötige Wissen verfügten, das die Gesetzgebungsarbeit erforderte. Darüber hinaus nahm das Abgeordnetenhaus die ihm zur Verfügung stehenden Möglichkeiten zur Kontrolle der Regierung durchaus wahr. Hier und im Folgenden vgl. Ziemann, Kaiserreich, S. 10 f.

476 Ebd., S. 11.

aus, eine Demokratisierung des Systems grundsätzlich zu begrüßen, wie David Morgenstern und Max Süßheim dies taten. Der jüngere Bruder dagegen war ein überzeugter Monarchist – nicht zuletzt weil er die Wittelsbacher als Schutzpatron der jüdischen Minderheit wahrnahm.

„Er lebe hoch!" | Die Wittelsbacher: Süßheim und der König

Die Begeisterung für Bayern und sein Herrschergeschlecht teilte Karl Süßheim mit einer Vielzahl an Mitgliedern der jüdischen Gemeinde im Königreich.[477] Die Verbundenheit war historisch gewachsen: Das von den Wittelsbachern erlassene Judenedikt von 1813 gilt heute trotz seiner im Kern antisemitischen Bestimmungen[478] auch als „Meilenstein in der Geschichte der Akkulturation und Emanzipation bayerischer Juden"[479]. Mit dem Edikt wurde die säkulare Bildung der jüdischen Minderheit vorangetrieben, was auch zur Verbesserung ihrer wirtschaftlichen Situation beitrug: Im Jahr der Kaiserreichsgründung 1871 stellte die jüdische Bevölkerung in Süßheims fränkischer Heimat bereits einen bedeutenden Teil des Bürgertums.[480] Das Edikt griff aber auch in die grundlegenden inneren Strukturen des bayerischen Judentums ein. Die Vorstellungen des Gesetzgebers offenbarten dabei stärker einen katholisch-klerikalen Blick auf Religion als den Wunsch, die jüdischen Gemeindetraditionen zu verstehen: Eine neue Vorschrift war es beispielsweise, dass die Gemeinde und ihr Besitz „durch den Rabbiner und zwei von der Gemeinde erwählte Mitglieder verwaltet" werden sollten.[481] Zudem wurden klare Anforderungen an die Rabbiner formuliert: Sie mussten königlich-bayerischer Untertan, „der teutschen Sprache mächtig, und überhaupt wissenschaftlich gebildet" sowie – das stereotype Denken tritt hier überdeutlich hervor – „ohne Mackel des Wuchers oder eines betrüglichen Banquerots und sonst von einem guten und sittlichen Lebenswandel" sein.[482] Die Rabbiner hatten einen Treueeid zu leisten und ihr Amt wurde ausschließlich auf religiöse Belange beschränkt. Die Bestimmungen des Edikts galten für alle jüdischen Gemeinden in Bayern. Mit diesen Regeln mischten sich die Herrscher zwar massiv in innerreligiöse Angelegenheiten ein, sie bedeuteten jedoch zugleich die formale Garantie des Rechts auf jüdische Gemeindebildung. König Ludwig I. schickte sich zudem nach Kräften an, auch nach außen hin zu demonstrieren, dass das Königshaus die jüdische Bevölkerung in seinen Staat zu integrieren gedachte: Im April 1826 wurde die Münchner Synagoge mit höchsten staatlichen Ehren eingeweiht, es handelte sich, wie Marcus Pyka schreibt, um ein „Ereignis von (bayerisch-)nationalem Rang"[483]. Bereits der Vorgänger König

477 Vgl. dazu auch Jochem, Süßheim, S. 1.

478 Wie etwa des Matrikelparagrafen, vgl. Kap. I.1.

479 Brenner u. Eisenmann, Einführung, S. 2.

480 Vgl. ebd.

481 Hier und im Folgenden vgl. Pyka, Gemeinde, S. 46ff. Das Zitat: Edikt über die Verhältnisse der jüdischen Glaubensgenossen im Königreiche Baiern, in: KBR (17.7.1813), Sp. 921–932, hier Sp. 931.

482 Ebd., Sp. 930.

483 Pyka, Gemeinde, S. 48.

Ludwigs hatte sein Wohlwollen offen signalisiert, indem er einige Säulen im Innenraum des neuen Gebetshauses stiftete; die Wittelsbacher galten ganz allgemein als judenfreundliche Herrscher. Dies machte sich in Karl Süßheims Geburtsstadt besonders bemerkbar: Der Nürnberger Rabbiner Bernhard Ziemlich gedachte in seiner Schrift zum 25-jährigen Bestehen der Synagoge auch der Aufmerksamkeit der Königsfamilie[484]: „Diese heilige Stätte wurde von unserem erhabenen Landesherrn und dem erlauchten Thronerben mit Besuchen ausgezeichnet", schloss Ziemlich – „und damit die Berechtigung auch des jüdischen Gotteshauses anerkannt"[485]. Die Rabbiner in Karl Süßheims Umfeld pflegten denn auch, ihren Patriotismus anhand der Königstreue zu beweisen. „Vaterlandsliebe ist Religion, [...] Treue zum Königshause ist Religion"[486] – diese Devise gab Süßheims väterlicher Freund Coßmann Werner in einer langen Rede auf der Trauerfeier für Prinzregent Luitpold im Jahr 1912 aus, an der auch Süßheim selbst teilnahm. Die schützende Achtung der jüdischen Minderheit war ein nicht zu unterschätzendes politisches Argument für deren Mitglieder.

Karl Süßheims besondere Verbundenheit mit seiner Heimat zeigte sich nicht nur darin, dass er seinen stark ausgeprägten fränkischen Dialekt auch in der innerdeutschen Diaspora offenbar stets behielt[487], auch politisch galt seine oberste Loyalität lange Bayern und dem Hause Wittelsbach. Dabei war er stets mehr ein Mann des Worts als einer der Tat, wie sich schon in seiner Jugend beobachten lässt. Seinen Wehrdienst absolvierte er nach dem Abitur als sogenannter Einjährig-Freiwilliger.[488] Diese Möglichkeit stand lediglich denjenigen offen, die eine höhere Schulbildung genossen hatten und über die nötige finanzielle Ausstattung verfügten: Die Rekruten mussten sich selbst ausrüsten und versorgen sowie eine Versicherung des Vaters oder gesetzlichen Vormunds vorlegen; dafür wurde die Wehrpflicht von den üblichen zwei bis drei Jahren auf lediglich eines reduziert. Es lockten weitere Privilegien: Die „Einjährigen" durften nebenher ihren Studien nachgehen und waren von „Frondiensten" wie Geschirrspülen und Fegen der Stuben und Höfe befreit. Es war ihnen zudem erlaubt,

484 Prinzregent Luitpold war demnach Ende des 19. Jahrhunderts zweimal im jüdischen Gotteshaus, 1895 besuchte Prinz Ludwig die Synagoge, im September 1897 kamen die Wittelsbacher sogar in Begleitung des Kaiserpaars Wilhelm II. und Auguste Viktoria, vgl. Bernhard Ziemlich: Die israelitische Kultusgemeinde Nürnberg von ihrem Entstehen bis zur Einweihung ihrer Synagoge. Gedenkschrift aus Anlass des 25jährigen Bestehens der Synagoge, Nürnberg 1900, S. 105.

485 Ebd.

486 Coßmann Werner: Rede gehalten bei der Trauerfeier für weiland Seine Königliche Hoheit Prinzregent Luitpold am 20. Dezember 1912 in der Synagoge zu München, München 1912, S. 3.

487 So erinnerte sich jedenfalls einer seiner Schüler, vgl. Gershom Scholem an Barbara Flemming, Jerusalem, 22.1.1978, zit. nach Flemming u. Schmidt, Diary, S. 222. Dies hinderte Süßheim jedoch nicht daran, sich aus ebendiesem Grund über seinen Kollegen Fritz Hommel lustig zu machen, vgl. Tagebuch KS, 17. u. 18.1.1916. Das schwierige Verhältnis zu Hommel ist beschrieben in Kap. I.3 u. II.2.

488 Vgl. Karl Süßheim: Curriculum Vitae, 28.7.1910, UAM-E-II-3323-2649. Im Folgenden vgl. Lothar Mertens: Bildungsprivileg und Militärdienst im Kaiserreich. Die gesellschaftliche Bedeutung des Einjährig-Freiwilligen Militärdienstes für das deutsche Bildungsbürgertum, in: BuE 43/2 (1990), S. 217–228; ders.: Das Einjährig-Freiwilligen Privileg. Der Militärdienst im Zeitgeist des deutschen Kaiserreichs, in: ZRGG 4/4 (1990), S. 316–329, hier S. 220–225.

Karl Süßheim im Alter von 18 Jahren: Seinen Wehrdienst absolvierte er als sogenannter Einjährig-Freiwilliger bei der Fußtruppe des bayerischen Heeres, doch auch das eine Jahr schloss er nicht ab.

ihre Truppengattung und den Standort, an dem sie dienen wollten, selbst zu wählen. Karl Süßheim entschied sich für das Erste Königliche Infanterieregiment „König" in München, die Fußtruppe des bayerischen Heeres.[489] Doch auch für den privilegierten Wehrdienst war der körperlich eher schwache Karl Süßheim offenbar nicht gemacht: Er trat ihn zwar an, wurde allerdings nach fünfeinhalb Monaten als untauglich entlassen und wechselte zur

489 Vgl. dazu dessen Festschrift zum 150jährigen Jubiläum. 1778–1928, [München 1928]. Hier existierte die Sonderregelung, dass auch die Einjährig-Freiwilligen, in diesem Fall sogenannte „Königsfreiwillige", auf Staatskosten gerüstet und verpflegt werden konnten, sofern ihnen persönlich die Mittel dazu fehlten – die wohlhabenden Süßheims machten von dieser Regelung sicher keinen Gebrauch. Der hohe finanzielle Aufwand hielt dennoch mehr als ein Drittel der Berechtigten in Bayern davon ab, ihren Einjährig-Freiwilligen-Dienst anzutreten, vgl. Mertens, Bildungsprivileg, S. 224.

Landsturm-Reserve.[490] Im Kriegsfall konnten diese Männer zur Unterstützung des Heeres und der Marine herangezogen werden. Es besteht kein Zweifel daran, dass Süßheim dieser Pflicht bei entsprechender Sachlage nachgekommen wäre, auch wenn es seinem intellektuellen Naturell zutiefst widersprochen hätte und schließlich, wie wir noch sehen werden, anders kommen sollte. Seinen Patriotismus demonstrierte der junge Karl Süßheim auf eine ihm viel eher entsprechende Weise.

Kurz nach dem Abitur lernte Süßheim den Historiker Karl Theodor von Heigel[491] kennen, der auf die bayerische Landesgeschichte spezialisiert war und seit 1884 den Lehrstuhl für Geschichte an der Münchner Universität innehatte. Heigel, so ein Kollege in einem Nachruf, war ein „politischer Historiker", ein bayerischer und zugleich deutscher Patriot: „Daß er Bayer blieb und Deutscher war, diese Einheit erschien [...] als seine selbstverständliche Besonderheit".[492] Heigel ermutigte den fleißigen Abiturienten Karl Süßheim, seine Fachrichtung einzuschlagen[493], was dieser, wie wir noch sehen werden, abgesehen von einem kurzen, wohl von den Eltern erzwungenen Intermezzo in der Welt der Medizin auch in die Tat umsetzte. Für einige Lehrveranstaltungen seines Förderers hatte Süßheim schließlich allerdings nicht allzu viel übrig: „Ich fand seine Vorlesungen über die Revolution von 1789–1815 oder seine Übungen während des Sommersemesters 1899[494] nicht sonderlich hilfreich"[495], schrieb er später. Die angebotenen Themen lagen vielleicht auch Heigel nicht am Herzen, er war vielmehr – das verrät schon ein kurzer Blick auf seine Publikationsliste – in der bayerischen Geschichte beheimatet.[496] Und von der Landesgeschichte, gewissermaßen als „patriotic preoccupation"[497], wie Barbara Flemming und Jan Schmidt es formulieren, ließ sich auch Süßheim locken: Er konzentrierte sich in seinen historischen Studien insbesondere auf die Vergangenheit seiner fränkischen Heimat. Im Alter von 24 Jahren wurde er in Berlin mit einer Arbeit über die „Preussische[n] Annexionsbestrebungen in Franken 1791–1806"[498] promoviert: einer Darstellung Frankens während des Machtkampfes zwischen Preußen und

490 Vgl. Karl Süßheim: Curriculum Vitae, 28.7.1910, UAM-E-II-3323-2649.

491 Karl Theodor von Heigel (1842–1915), 1897 zum Ritter in den persönlichen Adelsstand erhoben, wurde 1904 Präsident der BAdW.

492 Dort heißt es auch, Heigel habe Wilhelm I. und Bismarck „geliebt und gefeiert". Erich Marcks: [Nekrolog Karl Theodor von Heigel], in: JKBAdW, München 1916, S. 151–156, hier S. 154f.

493 Vgl. Tagebuch KS, 23.3.1915.

494 Heigels Veranstaltungen in diesem Semester hießen „Geschichte des Zeitalters der grossen französischen Revolution und Napoleons I." sowie „kritische Übungen im historischen Seminar", vgl. VVLMU. Sommer-Semester 1899, München 1899, S. 16.

495 Tagebuch KS, 23.3.1915, Nachlass KS (SBB) Hs. or. 1135/5, fol. 70vff. – Süßheims Erinnerungen an Karl Theodor von Heigel sind in dem Tagebucheintrag des Tages zusammengefasst, an dem er von dessen Tod erfuhr.

496 Eine seiner wichtigsten Arbeiten war eine Biografie König Ludwigs I. Zu Heigels wissenschaftlicher Ausrichtung vgl. auch Marcks, Nekrolog, S. 151ff.

497 Flemming u. Schmidt, Diary, S. 5.

498 Die öffentliche Verteidigung fand am 5.3.1902 statt, vgl. Süßheim, Annexionsbestrebungen, Deckblatt.

Österreich zu Ende des 18. Jahrhunderts. Zu bayerisch-patriotisch gefärbten Bemerkungen ließ sich der junge Wissenschaftler in seiner Dissertationsschrift nicht hinreißen – damit hätte er seinen preußisch-lutherisch sozialisierten Doktorvater Max Lenz[499], von dem wir noch hören werden, wohl auch keineswegs beeindruckt. Seiner Leidenschaft für die Wittelsbacher-Monarchie aber konnte diese wichtige Bezugsperson nichts anhaben, und Süßheim wird sich noch lange ungebrochen loyal zeigen, wie diverse Tagebucheinträge in den Jahren vor dem Ersten Weltkrieg verdeutlichen.

Im Mai 1913 ereignete sich eine Begegnung, die Karl Süßheim noch stärker bewegte als es die junge Frau Gertrud Nassauer[500] vermochte, derentwegen er nach Bad Kissingen gereist war: Der Regent werde sich die Ehre geben und Zimmer Nummer 50 des Kurhaushotels beziehen, schrieb er in sein Tagebuch.[501] Gemeint war Prinzregent Ludwig[502], der noch im selben Jahr als Ludwig III. zum König gekrönt werden sollte. Ausführlich beschrieb Süßheim, der selbst im Königlichen Kurhaushotel untergebracht war, wenige Tage später die höfische Gesellschaft: Mit seinen fünf unverheirateten Töchtern sei Ludwig angereist – auf Süßheim wirkten sie wie die tragischen Königinnen eines Dramas aus der Feder Shakespeares.[503] Am Abend habe der Regent ein Fest besucht, auf dem er dreieinhalb Liter Bier getrunken habe – Süßheim war offenbar von wirklich allem, das mit dem Prinzregenten zu tun hatte, fasziniert. Als er am Abend im Restaurant des Hotels aß, betrat Ludwig plötzlich den Raum und Karl Süßheim rief begeistert das traditionelle „Hoch!“. Doch sein Ruf verpuffte, niemand stimmte darin ein. Die Szene war dem jungen Mann ausgesprochen peinlich, wie er seinem Tagebuch verriet.

Karl Süßheims anhaltende Faszination für das Königshaus geht aus den Quellen also klar hervor, und auch die Krönungszeremonie im November 1913 sah er sich zusammen mit seiner Mutter vom Regina-Palast-Hotel am Maximiliansplatz aus an[504]: Ludwig III. fuhr im achtspännigen vergoldeten Wagen von der Münchner Residenz zur Frauenkirche, in der

499 Max Lenz (1850–1932) studierte in Bonn Geschichte und Klassische Philologie. 1876 habilitiert, lehrte Lenz zunächst als Privatdozent, seit 1881 als Extraordniarius und ab 1885 als Lehrstuhlinhaber an der Universität Marburg. Seit 1890 hatte er den Lehrstuhl für Neuere Geschichte an der Universität Berlin inne, deren Rektor er 1911 wurde. Eine zeitgemäße wissenschaftliche Biografie zu Lenz gibt es nicht; die jüngste Monografie stammt aus den 1970er-Jahren, vgl. John Lindsay Herkless: Idealism and the Study of History. The Development of the Historiography of Max Lenz, Birmingham 1977 u. Rüdiger vom Bruch: „Lenz, Max “, in: NDB 14 (1985), S. 231 ff. [Onlinefassung], https://www.deutsche-biographie.de/pnd118779508.html#ndbcontent.

500 Der Heiratsvermittler Aaron Levi hatte diese als mögliche Ehefrau ins Gespräch gebracht; die junge Frau gefiel Süßheim sehr gut, doch Familie Nassauer entschied sich gegen eine Verbindung, vgl. Tagebuch KS, 12. 3., 13. bis 15. 5. u. 19. 6. 1913.

501 Vgl. ebd., 12. 5. 1913.

502 Ludwig III. (1845–1921) war seit 1912 bayerischer Prinzregent, von 1913 bis 1918 schließlich König. Er sollte der letzte bleiben: Mit seiner Absetzung endete die Herrschaft der Wittelsbacher-Dynastie.

503 Hier und im Folgenden vgl. Tagebuch KS, 15. 5. 1913.

504 Sie zahlten dafür sogar Eintritt, vgl. ebd., 12. 11. 1913.

der feierliche Gottesdienst stattfand[505] – ein gesellschaftliches Großereignis. Für bayerische Angelegenheiten interessierte sich Süßheim stets mehr als für die Belange des Kaiserreichs oder etwa des Hauses Habsburg: Während er 1912 sogar persönlich der Trauerfeier für den Prinzregenten Luitpold beiwohnte[506], wird die folgenreiche Ermordung des österreich-ungarischen Thronfolgers Franz Ferdinand in Sarajevo in Süßheims Tagebuch zunächst nicht einmal erwähnt werden. Jeden Kontakt mit Mitgliedern der bayerischen Königsfamilie hielt er dagegen akribisch fest: In der Münchener Orientalischen Gesellschaft (MOG), an deren Treffen Süßheim erstmals im April 1912 teilnahm und deren Mitglied er wurde[507], waren zum Beispiel zwei Wittelsbacher Prinzen zugegen, die zu einem Vortrag des bayerischen Generals und Geopolitikers Major Haushofer[508] über dessen Militärmission in Japan erschienen. Schutzherr und Ehrenvorsitzender der Gesellschaft war Ludwig III. persönlich – anlässlich seiner Krönung wurde denn auch ein feierliches Treffen abgehalten. Der osmanische Generalkonsul und stellvertretende Präsident der MOG Max Kemmerich[509] hielt zu dieser Gelegenheit eine Rede, die den König exzessiv pries, wie Süßheim wohlwollend in sein Tagebuch notierte.[510]

505 Vgl. Alfons Beckenbauer: Ludwig III. von Bayern. 1845–1921. Ein König auf der Suche nach seinem Volk, Regensburg 1987, S. 119.

506 Der Prinzregent wurde im Familiengrab der Wittelsbacher in der Krypta der Theatinerkirche beigesetzt. Süßheim erwähnt, dass auch Kaiser Wilhelm II. und Graf Zeppelin zugegen waren, vgl. Tagebuch KS, 19.12.1912.

507 Vgl. ebd., 27.4. u. 22.11.1912.

508 Karl Ernst Haushofer (1869–1946) war Offizier und Geograf. 1909 war er zum Studium der japanischen Armee nach Fernost abkommandiert worden, nach seiner Rückkehr lehrte er an der Kriegsakademie. 1919 in der Geographie in München habilitiert, sollte er 1921 als Honorarprofessor ein Kollege Süßheims werden. 1933, als Süßheim die Universität verlassen musste, erhielt Haushofer, der den Begriff „Lebensraum" in die geopolitische Forschung übertrug, eine ordentliche Professur. 1936 war er als ausgewiesener Kenner Japans an der Entstehung des Antikominternpakts beteiligt. Später distanzierte er sich zunehmend vom Nationalsozialismus und verbrachte einen Monat in Konzentrationslagerhaft; 1946 beging er Suizid. Vgl. Nils Hoffmann: Renaissance der Geopolitik? Die deutsche Sicherheitspolitik nach dem Kalten Krieg, Wiesbaden 2012, S. 31ff. Die Bedeutung der Haushofer'schen Geopolitik für die NS-Ideologie ist Gegenstand einer Forschungskontroverse, vgl. dazu Bruno Hipler: Hitlers Lehrmeister. Karl Haushofer als Vater der NS-Ideologie, St. Ottilien 1996, hier insb. S. 211; Frank Ebeling: Geopolitik. Karl Haushofer und seine Raumwissenschaft 1919–1945, Berlin 1994, v.a. das Kapitel „Karl Haushofer und der Nationalsozialismus", S. 185–197; vgl. auch Hans-Adolf Jacobsen: Auswärtige Kulturpolitik als „geistige Waffe". Karl Haushofer und die Deutsche Akademie (1923–1927), in: Kurt Düwell u. Werner Link (Hrsg.): Deutsche auswärtige Kulturpolitik seit 1871. Geschichte und Struktur. Referate und Diskussionen eines interdisziplinären Symposiums (=BGKP 1), Köln u. Wien 1981, S. 218–261.

509 Max Kemmerich (*1851) – nicht zu verwechseln mit seinem gleichnamigen Sohn (1876–1932), dem Historiker, Okkultisten und Karl May-Verehrer – war königlicher Kommerzienrat und kaiserlicher Generalkonsul für das Osmanische Reich, vgl. Hermann A. L. Degener (Hrsg.): Wer ist's? Zeitgenossenlexikon, Bd. 4, Leipzig 1909, S. 691f.; MOG: Mitgliederverzeichnis, in: WdI 5 (1918), S. VIII–XIX, hier S. XIII.

510 Vgl. Tagebuch KS, 12.11.1913.

Während Karl Süßheim die bayerischen Regenten hochhielt, zeigte sich sein Bruder Max hier gänzlich unbeeindruckt. Er verurteilte Vorfälle von antisemitischer Diskriminierung in Bayern scharf. In der Tat: Das Verhältnis des Hauses Wittelsbach zu seinen jüdischen Untertanen war zwar vergleichsweise positiv, aber doch ambivalent.

Ludwig II., der bekanntermaßen ein wichtiger Förderer Richard Wagners war, konnte mit dessen antisemitischem Weltbild nichts anfangen.[511] Als Wagner 1881 eine Konversion des Münchner Hoftheaterdirigenten Hermann Levi zur Bedingung für die Beauftragung mit der Bayreuther Uraufführung des „Parsifal" machen wollte, intervenierte Ludwig II. und alles fand wie geplant statt, ohne dass Levi zuvor den christlichen Glauben angenommen hatte. Obwohl der König selbst kein entschieden antisemitisches Weltbild besaß, nahm er diesbezüglich aber doch immer wieder Rücksicht auf gesellschaftliche Befindlichkeiten, und auch unter Prinzregent Luitpold und Ludwig III. war die Diskriminierung der Juden bei der Verteilung von Posten im Königreich Bayern Alltag. Anlässlich der Ernennung Richard Willstätters auf den Münchner Lehrstuhl für Chemie teilte Ludwig III. 1915 seinem Kultusminister offenbar unumwunden mit: „Das ist aber das letzte Mal, daß ich ihnen einen Juden unterschreibe"[512]. Max Süßheim, der solche Benachteiligungen geradezu als anachronistisch empfand, wandte sich einmal im Landtag mit deutlichen Worten an seine Kollegen: „Noch jetzt erleben wir Fälle von Zurücksetzung aus konfessionellen Gründen. [...] Das Bayerische Ministerium des Innern hat die Aufnahme eines jungen Rechtspraktikanten in die Verwaltung abgelehnt trotz guter Staatskonkursnote, einwandfreier Persönlichkeit und angesehener Familie. Grund: Der junge Mann ist Israelit! Das ist ein tief bedauerliches Vorkommnis. Der Herr Minister scheint keine Kenntnis von dem Vorfalle zu haben; ich bin bereit, ihm den Namen der betreffenden Persönlichkeit zu nennen. Bestehende Vorurteile dürfen für die Staatsregierung kein Anlaß sein, sich diesen Vorurteilen zu unterwerfen."[513]

Mit Kritik an der Regierung war Süßheims Bruder nicht zimperlich, dem überzeugten Demokraten war jede Untertanenmentalität fremd. Was seine Vorstellung von der angemessenen Staatsform betraf, so vertrat er auch öffentlich einen klaren Standpunkt, der seinem königstreuen Bruder nicht gefallen konnte: „Die Durchführung der Demokratisierung erfordert die Beseitigung bestehender Privilegien. Es wäre dabei inkonsequent, solche beim König und der Königlichen Familie bestehen zu lassen. Nach unserer Auffassung ist der König kein Instrument des Himmels, sondern ein Organ des Staates. Wie wir Sozialdemokraten zu der monarchischen Staatsidee stehen, ist Ihnen ja bekannt; eine Aenderung in unserer Auffassung ist nicht eingetreten."[514]

511 Das berüchtigtste Pamphlet von Richard Wagner: Das Judentum in der Musik, Leipzig 1914 [zuerst 1850 u. 1868]; zum Verhältnis Ludwigs II. zu Wagners Antisemitismus vgl. Christine Tauber: Ludwig II. Das phantastische Leben des Königs von Bayern, München 2013, S. 77–104, hier insb. S. 92 f.

512 Richard Willstätter: Aus meinem Leben. Von Arbeit, Muße und Freunden, Weinheim 1949, S. 235. Peter Pulzer schrieb die Aussage irreführenderweise Ludwig II. zu, vgl. Pulzer, Beteiligung, S. 165.

513 Max Süßheim: Begründung des Antrages Auer und Genossen (19.12.1917), abgedr. bei Michael Doeberl: Sozialismus, Soziale Revolution, Sozialer Volksstaat, München 1920, S. 114–142, hier S. 140.

514 Ebd., S. 133 f.

Die Ablehnung der „monarchischen Staatsidee" richtete sich nicht nur oder in erster Linie gegen die Wittelsbacher-Dynastie, sondern insbesondere gegen Preußen, das das Deutsche Kaiserreich regierte – eine gefährliche Haltung in wilhelminischen Zeiten. Karl Süßheim stand dem Kaiser, im Gegensatz zu seinem renitenten Bruder, mit gemischten Gefühlen gegenüber.

„Freund der 300 Millionen Mohammedaner" | Das Wilhelminische Zeitalter: Süßheim und der Kaiser

Karl Süßheims politische Loyalität galt nicht ausschließlich dem Hause Wittelsbach, sondern, ganz auf Linie der Zeit, auch der deutschen Nation. Nicht nur als Student der Geschichtswissenschaft kam der junge Mann mit nationalistischem Gedankengut in Kontakt, sondern auch am Berliner Seminar für Orientalische Sprachen (SOS), wo Süßheim im Herbst 1897 begann, Osmanisch, Arabisch und Farsi zu lernen. Es war zehn Jahre zuvor ausdrücklich mit dem Anspruch gegründet worden, eine „praxisorientierte Orientalistik zu vertreten"[515] und stellte nicht etwa eine Selbstorganisation des Fachs dar, sondern entstand „aus der Verbindung außen- und wissenschaftspolitischer sowie wissenschaftlicher Interessen", die Sabine Mangold(-Will) zufolge „in der Hand des allmächtigen Ministerialreferenten im preußischen Kultusministerium, Friedrich Althoff[516], zusammenliefen"[517]. Das SOS wurde je zur Hälfte vom Deutschen Reich und vom preußischen Staat finanziert und stand gänzlich „im Zeichen des Imperialismus"[518] – es sollte den „Interessen der gesamten deutschen Nation" dienen, verkündete Direktor Eduard Sachau in einer Denkschrift.[519] Ein preußischer Landtagsabgeordneter, der nicht vergaß, darauf hinzuweisen, dass er selbst lange in Ägypten gelebt hatte[520], formulierte den Anspruch der Einrichtung noch expliziter. Er hoffe, „daß Deutschland durch eine solche ideale Schöpfung in etwas den Schaden wett machen wird", den es dadurch erlitten habe, wie der Nationalkonservative meinte, „daß es

515 Mangold, Wissenschaft, S. 21.

516 Dieser galt daher als „Schöpfer" des SOS, vgl. Arnold Sachse: Friedrich Althoff und sein Werk, Berlin 1928, S. 274.

517 Mangold, Wissenschaft, S. 226.

518 Vgl. ebd., S. 230, das Zitat S. 289.

519 Eduard Sachau: Denkschrift über das Seminar für Orientalische Sprachen an der Königlichen Friedrich-Wilhelms-Universität zu Berlin 1887 bis 1912, Berlin 1912, S. 14.

520 Er betonte neben dem bedeutenden „Handelsaustausch zwischen Deutschland und den Ländern der Levante und des Orients" zudem, angeblich aus eigener Erfahrung heraus, „mit welcher Treue und Anhänglichkeit die Aegypter und Türken" lebenslang an Ländern festhielten, „in denen sie das Glück gehabt haben, mit den segensreichen Lehren des Kulturstaates bekannt zu werden". [Rede des] Abgeordnete[n] Hagens (23.2.1887), in: Stenographische Berichte über die Verhandlungen der durch die Allerhöchste Verordnung vom 3. Januar 1887 einberufenen beiden Häuser des Landtages, Bd. 1: Haus der Abgeordneten, Berlin 1887, S. 427 f., hier S. 428.

bei der Vertheilung der außereuropäischen Welt unter die Kolonialvölker zu spät gekommen ist“[521]. Deutschland rang also um seinen „Platz an der Sonne“ und Martin Hartmann[522], der bekannteste Kopf des SOS und einer von Süßheims Lehrern, bekannte sich ausdrücklich dazu, „praktische Wissenschaft im Dienste deutscher auswärtiger Interessen zu betreiben“[523]. Auf dem Höhepunkt der deutschen Kolonialpolitik zu Mitte der 1880er-Jahre nämlich sah man sich im Auswärtigen Amt eines wachsenden Bedarfs an Dolmetschern und sprachkundigen Konsularbeamten gegenüber; zudem stand die Erschließung neuer Märkte für die deutsche Wirtschaft auf der Agenda.[524] Am SOS sollte daher nicht unbedingt wissenschaftlicher Nachwuchs für die Orientalistik herangezüchtet werden; es wurden auch alle anderen, die beispielsweise eine Dolmetscher- oder Diplomatenlaufbahn in Erwägung zogen, „zum praktischen Gebrauch“[525] der Sprache unterrichtet.[526] Das Seminar hatte denn auch eine kolonialwissenschaftliche Abteilung: Hier wurden Vorlesungen über Rechtsprechung, Verwaltung und wirtschaftliche Verhältnisse in den Kolonien gehalten, Suaheli als eine der wichtigsten afrikanischen Verkehrssprachen und, der Praxisnähe wegen, statt dem Hocharabischen lieber dessen Dialekte Ägyptisch, Syrisch und Marokkanisch, später auch ostafrikanisches Arabisch, gelehrt.[527] Wie die meisten anderen SOS-Schüler hatte auch Karl Süßheim kolonialistisch-imperialistische Anschauungen tief verinnerlicht, woran er 1906 in einem Artikel für die *Allgemeine Zeitung* (AZ) keinen Zweifel ließ: „Es sind die großen Staaten mit ihren überseeischen Besitzungen“, schrieb er darin, „welche unserem Wissen unermeßliche Schätze zuführen und den Drang des Publikums nach frischer geistiger Nahrung mit der Freigiebigkeit eines unerschöpflichen Füllhorns stillen“[528]. Auch viele andere jüdische Deutsche – unabhängig von ihren Bildungswegen – waren vor nationalistischem Gedankengut nicht gefeit. Peter Pulzer erkennt sogar einen verhängnisvollen inneren Zusammenhang zwischen der Zugehörigkeit zu einer religiösen Minderheit und dem Hang zum Nationalismus bereits zur Mitte des 19. Jahrhunderts. Die deutsch-jüdische Bevölkerung habe sich von der Gründung eines deutschen Nationalstaats ihre Gleichberechtigung als Bürger erhofft und dabei Wesentliches verdrängt: Man sei nicht gewillt gewesen, „die Schattenseiten

521 Ebd.

522 Der Arabist Martin Hartmann (1851–1918) wurde als „bedeutendste[r] Kenner der zeitgenössischen islamischen Welt von Chinesisch-Turkestan bis Westafrika“ bezeichnet. Klaus Kreiser: Unfeierliche Beiträge zu 100 Jahren Orientalistik in Deutschland, in: Orientierungen 1, Bonn 1989, S. 25–36, abgedr. bei Ders. (Hrsg.): Türkische Studien in Europa (= AI 31), Istanbul 1998, S. 86–94, hier S. 88.

523 Mangold, Wissenschaft, S. 294.

524 Vgl. ebd., S. 227f. u. 230.

525 So hieß es in der Eröffnungsrede am 27.10.1887, zit. nach ebd., S. 230.

526 Ebd., S. 229f. Eine Karriere im Auswärtigen Amt war Karl Süßheim jedoch von vornherein verschlossen: Bismarck ließ 1887 verlauten, er wünsche keine „Judenbengel“ im Auswärtigen Dienst, eine Praxis, die in der Realität längst gelebt und auch unter Wilhelm II. fortgeführt wurde, vgl. Pulzer, Beteiligung, S. 169.

527 Vgl. Mangold, Wissenschaft, S. 234 u. 237.

528 Süßheim, Volksliteratur, S. 147.

eines jeden – nicht nur des deutschen – Nationalismus zur Kenntnis zu nehmen", schreibt der Historiker: „das intolerante, autoritäre, zu Xenophobie neigende und latent aggressive Element in der Mentalität des Nationalisten"[529]. Verdrängte auch Karl Süßheim die Gefahr, die vom deutschen Nationalismus ausging? Eine Bemerkung in einer Bewerbung verrät, dass er Verbindungen zum politischen Berlin durchaus hervorkehrte: "My first work 'Prussia's policy in Ansbach-Bayreuth 1791–1806 (1902)'", schrieb er selbstbewusst, "obtained the unanimous applause of the learned world and among others the high approval of his Excellency the Imperial Chancellor Prince of Bülow".[530] Seine Dissertationsschrift hatte Süßheim einst kurzerhand gleichfalls ans preußische Kultusministerium geschickt, woraufhin sie in die „hiesig[e] Königliche Bibliothek überwiesen"[531] wurde. Als Referenzen gab er in seinen Bewerbungen (neben dem Bayerischen Außenministerium und dessen Minister Clemens von Podewils[532], von dem wir noch hören werden) später außerdem das Auswärtige Amt in Berlin an. Nach außen war Süßheim dem deutschen Kaiser und seiner Regierung also loyal verbunden, doch fehlen in seinem Tagebuch vergleichbar leidenschaftliche Äußerungen, wie er sie dem Hause Wittelsbach schenkte. Seine bereits zitierte Beschreibung der deutschen Gesellschaft in Konstantinopel[533] zeigt deutlich: Der junge Mann ließ sich von Macht und Obrigkeiten durchaus beeindrucken. Er war allerdings nicht naiv – und Wilhelm II. machte es den jüdischen Bürgerinnen und Bürgern auch nicht leicht, die Augen zu verschließen, wie sein Biograf Lamar Cecil in einem Aufsatz pointiert ausführt: „In der weit gespannten Dämonologie des Kaisers nahmen die Juden einen prominenten Platz ein."[534]

Die Judenfeindschaft hatte im Hause Hohenzollern Tradition: Auch der Großvater und Namenspatron des Kaisers, Wilhelm I., hatte sich, wie Cecil schreibt, „gegen jedes Eindringen von Juden in die preußische Verwaltung oder die Berliner Gesellschaft" gewehrt und wurde von Vertrauten als „starker Antisemit" bezeichnet.[535] Neben dem großväterlichen Einfluss tat die Sozialisation Wilhelms II. im Umfeld der preußischen Armee und des Adels – beides Bastionen des Antisemitismus – ihr Übriges, um den Kaiser in seinem judenfeindlichen Weltbild zu bestärken.[536] Wilhelm und seine strenggläubige Frau engagierten sich

529 Pulzer, Beteiligung, S. 154.

530 Karl Süßheim: [Bewerbung bei der Anatolischen Eisenbahn-Gesellschaft, Entwurf], o. D., in: Nachlass KS (LOC), Kiste 3.

531 Königlich Preußischer Minister der geistlichen, Unterrichts- und Medizinal-Angelegenheiten an Karl Süßheim, 10. 10. 1902, Privatnachlass KS.

532 Clemens von Podewils-Dürniz (1850–1922) war von 1903 bis 1912 Vorsitzender des bayerischen Ministerrats und damit in Personalunion Staatsminister des königlichen Hauses und des Äußeren.

533 Vgl. Kap. I.1.

534 Lamar Cecil: Wilhelm II. und die Juden, in: Mosse, Juden, S. 313–347, hier S. 313.

535 Friedrich III., der im sogenannten Dreikaiserjahr 1888 nur wenige Monate auf dem Thron saß, stand der jüdischen Bevölkerung aufgeschlossen gegenüber und wurde von dieser als „Freund und Gönner" betrachtet. Sein Tod wurde in jüdischen Kreisen daher als Verlust wahrgenommen. Alle Zitate: ebd., S. 315 f.

536 Vgl. ebd., S. 318–323.

schließlich schon vor seiner Regentschaft in der antisemitischen Bewegung des Hofpredigers Adolf Stoecker[537] – Süßheim zufolge, wir erinnern uns, einer der „fanatischsten deutschen Protestanten"[538]. Der Kaiser pflegte enge Freundschaften auch zu anderen selbsterklärten Judenfeinden wie Herbert von Bismarck, dem Sohn des zwar weniger lautstarken, aber ebenso antisemitischen Reichskanzlers, und Philipp Eulenburg, der ihn 1901 mit einem der wirkmächtigsten Rassisten Europas bekannt machte: Houston Stewart Chamberlain.[539] Dessen Werk, das die Juden als Feinde des Germanentums anprangerte[540], erklärte der Kaiser zur Pflichtlektüre an allen preußischen Lehrerseminaren.[541] Wilhelm II. pflegte antisemitische Stereotype, die sich auch mit machtpolitischen Überlegungen mischten: Er sah die jüdische Minderheit wegen ihres angeblichen Einflusses auf die Presselandschaft im Kaiserreich und ihrer radikalen politischen Gesinnung als Gefahr für seine Regentschaft und erging sich in jüdisch-sozialistischen Weltverschwörungsideen.[542] Max Süßheim hätte in Wilhelms Augen sicherlich als prädestiniertes Beispiel jüdischer Umstürzlerei gedient, während er Karl Süßheims konservativ-politische Ansichten nur schwer mit seinem Weltbild hätte vereinbaren können. Es ist naheliegend, dass, unabhängig vom eigenen politischen Standort, jeder, der unter der antisemitischen Stimmung litt, dem Hause Hohenzollern vor diesem Hintergrund nicht uneingeschränkt positiv gegenüberstehen konnte. Wilhelm II. bemerkte gegenüber dem britischen Außenminister mit Bezug auf die jüdischen Untertanen sogar: „In meinem Lande gibt es zu viele von ihnen. Sie sollten ausgemerzt werden."[543] Der Kaiser begeisterte sich, gewissermaßen als Problemlösungsstrategie, zudem eine ganze Weile für den Zionismus, den Süßheim wie geschildert vielmehr als Gefahr für seine Glaubensgenossen in Ost und West wahrnahm. Wilhelm II. gewährte dem Paten der Bewegung, Theodor Herzl (welcher ihm versicherte, dass eine Ansiedlung der Juden in Palästina deren politische Beteiligung in Europa verringern würde), eine Audienz und ermutigte ihn, sein Ziel weiterzuverfolgen.[544] Erst die deutlich formulierte Abneigung des osmanischen Sultans gegen die Zionisten sorgte für mehr Zurückhaltung des deutschen Kaisers in der Palästinafrage. Die Gunst ʿAbdülḥamīds II. wollte er nicht verspielen – der Nahe Osten, in dem Süßheim prägende Jahre seines jungen Lebens verbrachte, war nämlich zum Faustpfand im imperialen Kräftemessen zwischen Großbritannien und Deutschland geworden.

Der Osmanische Staat war längst finanziell von den Europäern abhängig, nachdem er beträchtliche Kredite aufnehmen – nicht zuletzt um Infrastruktur- und Prestigeprojekte

537 Vgl. ebd., S. 325 f.

538 Tagebuch KS, 27.3.1908, übers. nach der osman. Translit. bei Schmidt, Orientalist (2018), S. 413. Vgl. dazu Kap. I.1.

539 Vgl. Cecil, Wilhelm II., S. 323 ff. u. S. 328 ff.

540 Houston Stewart Chamberlain: Die Grundlagen des Neunzehnten Jahrhunderts, 2 Bde., München 1899, passim.

541 Vgl. Cecil, Wilhelm II., S. 330 f.

542 Vgl. dazu ausführlich ebd., S. 334–340.

543 Zit. nach ebd., S. 339.

544 Hier und im Folgenden vgl. ebd., S. 339 f.

wie die kaiserlich-militärische Medizinschule in Haydarpaşa zu finanzieren – und 1875 den Staatsbankrott erklären musste.[545] 1881 war eine Schuldenkommission eingerichtet worden, die Steuern eintrieb und von europäischen, insbesondere französischen Banken verwaltet wurde. 1893 erhielt die Kommission sogar das Monopol auf den Tabakhandel im Reich, um die Schulden zu tilgen. Der Vielvölkerstaat hatte seit Jahrzehnten zudem an mehreren inneren Fronten zu kämpfen:[546] Statthalter Muḥammad ʿAlī Paşa in Ägypten war nicht mehr zu kontrollieren; 1830 schon hatte man den Serben weitgehende Autonomie zusprechen müssen und die Unabhängigkeit Griechenlands akzeptiert. Die separatistischen Bewegungen waren von einigen europäischen Mächten unterstützt worden, und auch im osmanischen Verwaltungsapparat arbeiteten viele Griechen, die mit der Idee sympathisierten. Der zunehmende Zerfall des Staates rief die europäischen Mächte auf den Plan: Russland auf der einen Seite sah seine Chance gekommen, den Einfluss des Zarenreichs in Nahost zu stärken, sich als Schutzmacht der dort lebenden orthodoxen Christen zu etablieren und drängte auf eine Zerschlagung des Reichsgebiets; Frankreich und Großbritannien wollten den Machtzuwachs des Zaren verhindern, die eigene Hoheit an den südosteuropäischen Grenzen sichern und waren daher an einem Fortbestand des osmanischen Vielvölkerstaats interessiert. Schon im Krimkrieg in den 1850er-Jahren kämpften sie daher an der Seite des Sultans und setzten die territoriale Unverletzlichkeit seines Reichs durch.

In Konstantinopel hatte derweil zu Ende der 1830er-Jahre in der Regierungszeit ʿAbdülmecīds I. eine Reformära eingesetzt, innerhalb derer sich die Großwesire Muṣṭafā Reşīd Paşa, ʿAlī Paşa und Fuʾād Paşa um umfangreiche Maßnahmen bemühten, die unter dem Schlagwort „Heilsame Neuordnungen“ (*tanẓīmāt-ı hayrīye*) als Tanzimat-Zeit in die Geschichte eingingen. Sie zielten vor allem darauf ab, das Reich im Inneren zu befrieden und scheuten auch vor umfangreichen Zugeständnissen nicht zurück: Die nichtmuslimischen Gruppierungen im Land wurden formal den Musliminnen und Muslimen gleichgestellt, Justiz- und Steuersystem wurden reformiert sowie die Steuerpacht abgeschafft. Den wirtschaftlichen Problemen wurde man allerdings nicht Herr und auch der nationalistische Gedanke ließ sich nicht so einfach wieder aus der Welt schaffen: Die Unruhen auf dem „Pulverfass“ Balkan hielten an. Nach dem Krieg gegen Serbien in den 1870er-Jahren wurde auf einer internationalen Konferenz über die Zukunft der Halbinsel diskutiert. Sultan ʿAbdülḥamīd II., der durch einen Staatsstreich die Regentschaft erlangt hatte, war bemüht, sich reformbereit zu zeigen: Er versprach sogar eine Verfassung, die ein parlamentarisches Regierungssystem einführen sollte. Tatsächlich endete die Zeit des Tanzimat hoffnungsvoll mit der Aufnahme der Verfassung von 1876. Das russische Bestreben jedoch, zwei bulgarischen Provinzen sowie Bosnien und der Herzegowina die Autonomie zuzugestehen, lehnte die Pforte ab – woraufhin der Zar den Krieg erklärte, den europäischen Teil des Osmanischen Reichs besetzte und gefährlich auf Konstantinopel vorrückte. Die militärische Stärke

545 Hier und im Folgenden vgl. Schmidt, Orientalist (2018), S. 5 f.

546 Hier und in den folgenden Absätzen vgl. Kristina Milz: Die Türkei 2015: Atatürks Albtraum, in: E+P 4 (2015), S. 58–73.

der Russen zwang den Sultan dazu, im Januar 1878 um Frieden zu bitten. Der Vertrag von San Stefano sollte schließlich die Nationalstaaten Bulgarien, Rumänien, Serbien und Montenegro hervorbringen; an Russland musste man die Provinz Kars abtreten.

Um den europäischen Einfluss auf die Region zu sichern, initiierte der deutsche Reichskanzler Bismarck den „Berliner Kongress", in Zuge dessen der russische Zugriff auf das Osmanische Reich zugunsten eines Einflusses aller europäischer Mächte geschwächt wurde. Insbesondere finanziell geriet der Sultan in zunehmende Abhängigkeit, aber auch der kulturelle Austausch mit den Europäern wurde intensiviert. Bosnien und die Herzegowina gehörten fortan formal weiter zum Osmanischen Reich, wurden aber von Österreich-Ungarn besetzt und verwaltet, Bulgarien war als eigenständiger Staat dem Reich tributpflichtig. Die innerosmanische Kritik an den Entwicklungen wurde lauter, während die kolonialen Begehrlichkeiten der europäischen Mächte im Nahen Osten erstarkten. Hier tat sich insbesondere Großbritannien hervor: Ägypten gehörte zwar formal nach wie vor dem Osmanischen Reich an, de facto regierte von 1883 bis 1907 hier aber der britische Generalkonsul Evelyn Baring (offiziell lediglich Berater des Khediven, wie der Gouverneur der Provinz Ägypten genannt wurde); die ägyptische Armee wurde von Briten befohlen und ausgebildet und das Land der Koloniallogik des Empires entsprechend ausgebeutet. Unter dem Eindruck des britischen Gebarens orientierte ʿAbdülḥamīd II. sich stärker nach Kontinentaleuropa, und zu Beginn der 1880er-Jahre wuchs der Einfluss der Deutschen im Osmanischen Reich nicht nur im Bankenwesen, sondern, wie wir bereits hörten, auch in der Armee.[547] Mit dem Einfluss des Kaiserreichs wuchs auch der Unmut der Briten. Mehr als 100 Millionen Musliminnen und Muslime – ein Drittel der Glaubensgemeinschaft weltweit – lebte um die Jahrhundertwende bereits im britischen Empire[548] und der Mahdi[549]-Aufstand in den 1880er-Jahren[550] hatte im Großreich eine tiefe Furcht vor religiös motivierten Aufständen entfacht. 1898 wurden die Anhänger des inzwischen verstorbenen „Messias" Muḥammad Aḥmad bei Omdurman im Sudan vernichtend geschlagen: Britische Maschinengewehre töteten in kürzester Zeit etwa 10 000 Mahdisten, die Verluste der britisch-ägyptisch-sudanesischen Armee lagen dabei bei etwa 400 Mann.[551] Im Sudan wurde in der Folge ein anglo-ägyptisches Kondominium

547 Vgl. Kap. I.1.

548 Vgl. Christian Wipperfürth: Von der Souveränität zur Angst. Britische Außenpolitik und Sozialökonomie im Zeitalter des Imperialismus, Stuttgart 2004, S. 187.

549 Der Begriff (arab. المهدي) kann mit „der Rechtgeleitete" übersetzt werden und spielt im islamischen, insbesondere schiitischen, Glauben eine wesentliche Rolle: Der *Mahdi*, Nachkomme des Propheten Muḥammad, wird als Erlöser zur Endzeit der Welt erwartet.

550 Die Rebellion unter Muḥammad Aḥmad (1844–1885) in den sudanesischen Provinzen am mittleren Nil seit 1881 gilt zugleich als erster erfolgreicher Aufstand der afrikanischen Bevölkerung gegen den Kolonialismus und Beginn des islamistischen Fundamentalismus, vgl. dazu Wilfried Westphal: Sturm über dem Nil. Der Mahdi-Aufstand. Aus den Anfängen des islamischen Fundamentalismus, Köln 2002.

551 Vgl. Ulrike Lindner: Koloniale Begegnungen. Deutschland und Großbritannien als Imperialmächte in Afrika 1880–1914, Frankfurt a. M. 2011, S. 287.

„... daß zu allen Zeiten der deutsche Kaiser ihr Freund sein wird!" – 31. Oktober 1898: Wilhelm II. und Auguste Viktoria (unter dem Schirm) führen den Zug an, der an der Erlöserkirche in Jerusalem vorbeiführt.

errichtet. Dem deutschen Kaiser kam die Wut der Muslime auf die britische Fremdherrschaft gelegen, und nur wenig später, im Oktober 1898, trat Wilhelm II. zum zweiten Mal in seiner Regentschaft eine öffentlichkeitswirksame Reise ins Osmanische Reich an.[552] Der Sultan, dessen Gunst es zu sichern galt, beanspruchte als Kalif, geistiges Oberhaupt aller Muslime zu sein. Karl Süßheim erklärte diese „halb politische, halb religiöse Zwitterstellung" des osmanischen Herrschers in einem Artikel für den *Fränkischen Kurier* (FK) folgendermaßen: „Das moderne Konstantinopel verdankt seine Weltstellung in erster Linie seiner Eigenschaft als Hauptstadt des türkischen Reiches [...] und als ideellem [sic!] Mittelpunkt der mohammedanischen Welt [...]. Der türkische Sultan ist als Kalif zugleich das Haupt fast sämtlicher Mohammedaner der bewohnten Erde."[553]

552 Zu den Reisen Kaiser Wilhelms II. ins Osmanische Reich vgl. İlona Baytar: Kaiser II. Wilhelm'in İstanbul'a Üç Ziyareti ve Hediyeler. Die drei Besuche von Kaiser Wilhelm II. in Istanbul und der Austausch von Geschenken, in: [Ausstellungsband] İki Dost Hükümdar: Sultan II. Abdülhamid, Kaiser II. Wilhelm. Zwei befreundete Herrscher (= TBMMMSDBY 53), Istanbul 2010, S. 59–95.

553 Karl Süßheim: „Die Bibliotheksschätze Konstantinopels", in: FK 553 (28.10.1912), Montag-Abend-Ausgabe [Feuilleton], S. 8.

Wilhelm II. erkannte in diesem Anspruch eine Chance und besuchte die urbanen Zentren des Osmanischen Reichs: Konstantinopel, Damaskus und auch Jerusalem, wo er der Einweihung der Erlöserkirche beiwohnte. Erstmals seit 670 Jahren wurde in *al-Quds*, der „Heiligen", wieder ein christlicher Monarch empfangen. Und der Deutsche kam nicht als Kreuzfahrer, er besuchte ganz im Gegenteil in einem spektakulären Auftritt das Grabmal des muslimisch verklärten Jerusalem-Eroberers Saladin. In Damaskus sprach er schließlich auf seiner Tischrede jene Sätze, die in die Geschichte der christlich-islamischen Beziehungen eingehen sollten: „Möge der Sultan und mögen die 300 Millionen Mohammedaner, die, auf der Erde zerstreut lebend, in ihm ihren Khalifen verehren, dessen versichert sein, daß zu allen Zeiten der deutsche Kaiser ihr Freund sein wird!"[554] Wilhelm II. hatte am Bosporus damit ein Ass im Ärmel: Im Gegensatz zum französischen Nachbarn und zur englischen Krone erhob er keine kolonialen Gebietsansprüche im Nahen Osten, sondern zeigte vor allem wirtschaftliches Interesse – und ʿAbdülḥamīd II., dessen Reich zunehmend zerfiel, konnte Verbündete gut brauchen. Als Zeichen der Freundschaft, und um sich von Frankreich und Großbritannien zu emanzipieren, wurde das Projekt der Bagdad-Bahn in deutsche Hände gegeben: Es war die größte Auslandsinvestition des Kaiserreichs.

Wilhelm II. wollte den großen imperialistischen Traum, die Macht Mitteleuropas mit den Schätzen des Orients zu verbinden, verwirklichen: Eine Bahn-Linie von Berlin bis Bagdad, so die Idee – deutscher Einfluss fast bis zum Persischen Golf. Im Gegenzug erhoffte ʿAbdülḥamīd II., mithilfe der Bagdad-Bahn die Kontrolle über die Unruheherde in den arabischen Gebieten des Reichs wiederzugewinnen.[555] Auch Karl Süßheim hätte sich, wie wir noch sehen werden, an dem Projekt gerne beteiligt. Während er gegenüber der preußischen Dynastie nun keineswegs herzliche Sympathien hegte, so gefiel ihm in patriotischer Manier doch das gestiegene Ansehen der Deutschen im Osmanischen Reich, wohin er nach seiner Dissertation aufbrach. Den Einfluss des Kaiserreichs in Nahost beobachtete er stolz, wie Notizen vom Januar 1905 über eine weitere Festveranstaltung der Gesellschaft Teutonia zu Ehren des Kaisers zeigen: „Der Botschafter hielt eine sehr schöne Rede über das Engagement des Kronprinzen[556], den Aufstand der Hereros, die Notwendigkeit einer starken Armee und Flotte, das Übel von Angriffen auf menschliche und göttliche Institutionen, und er erklärte, wie nützlich der Einfluss des Kaisers war."[557]

Süßheim führte es nicht aus, doch wir haben eine ungefähre Vorstellung davon, was ein deutscher Botschafter über den Umgang mit dem „Aufstand" in Afrika – also über den

554 Zit. nach Johannes Penzler (Hrsg.): Die Reden Kaiser Wilhelms II. in den Jahren 1896–1900, Leipzig 1904, S. 127.

555 Die Rechnung ging für letzteren nicht auf: Wie die Bagdad-Bahn zum Symbol für die wachsende Macht Europas und den Niedergang des Osmanischen Reichs wurde, zeigte jüngst Murat Özyüksel: The Berlin-Baghdad Railway and the Ottoman Empire. Industrialization, Imperial Germany and the Middle East, London u. New York 2016.

556 Wilhelm von Preußen (1882–1951), Sohn Wilhelms II., war während dessen Regentschaft preußischer und deutscher Kronprinz.

557 Tagebuch KS, 27.1.1905, übers. nach der osman. Translit. bei Schmidt, Orientalist (2018), S. 343.

laufenden Genozid an den Hereros und Nama[558] in der Kolonie „Deutsch-Südwestafrika" – anlässlich einer Feier zu Ehren Wilhelms II. zum Besten gab. Das Faible des jungen Zuhörers für Obrigkeiten war noch recht ungebrochen, als er seine ersten Jahre im Ausland verbrachte. Aber nicht nur Karl Süßheims Glaubenswelt ist im Nahen Osten entscheidend geprägt worden: Auch seine politische Einstellung wurde hier vom Kopf auf die Füße gestellt.

„In diesem Land sind alle gleich" | ʿAbdülḥamīd II.: Süßheim und der Sultan

„[W]er im Okzident kennt unsere Geschichte? Wer unterzieht sich der Mühe, sie kennenzulernen?"[559] Sultan ʿAbdülḥamīd II. stellte einst diese Fragen. Karl Süßheim war hier wahrlich kein Vorwurf zu machen, doch führte seine intensive Auseinandersetzung mit Geschichte, Kultur und zeitgenössischer Politik der Osmanen nicht zu einem Ergebnis, das dem Sultan gefallen hätte.

Süßheim, der als junger Wissenschaftler in den Orient aufbrach, war ʿAbdülḥamīd lange Zeit durchaus gewogen. Damit stand er in guter Tradition zu einem besonders engagierten Kollegen, der absurderweise in der Gunst des antisemitischen deutschen Kaisers stand. Der Orientalist und Archäologe Max von Oppenheim, adeliger und katholisch getaufter Spross einer jüdischen Bankiersfamilie, stieg zu der Person auf, die von den Engländern nur noch „The Kaiser's spy" genannt wurde.[560] Der Jurist, der sich von fremden Kulturen stärker angezogen fühlte als von den Bankbilanzen der väterlichen Firma, war zwischen 1896 und 1909 als Beobachter der islamischen Welt am Generalkonsulat in Kairo tätig.[561] Nach einem ausgesprochen schwierigen Start in einem zutiefst antisemitischen Umfeld[562] legte Oppenheim trotz seiner stets nur provisorischen Anstellung eine ansehnliche Karriere hin: Da er im deutschen Konsulat in Ägypten keine spezielle Aufgabe wahrnahm, war es ihm möglich, mehrere Forschungsreisen im Nahen Osten durchzuführen. Oppenheim knüpfte Kontakte zu arabischen Stammesführern und pflegte Beziehungen zu Sultan ʿAbdülḥamīd II. genauso

558 Die Kriegsführung des deutschen Generalleutnants Lothar von Trotha zielte auf vollständige Vernichtung und wird gemeinhin als erster Genozid des 20. Jahrhunderts betrachtet. 2015 erkannte das Auswärtige Amt dies erstmals an; erst im Mai 2021 zog der Bundestag mit einer Resolution nach, vgl. dazu den Gastbeitrag des Gründungsdirektors der Bundesstiftung Flucht, Vertreibung, Versöhnung Manfred Kittel: Vertreibung als Völkermord. Von den Heimatvertriebenen bis zu den Herero – Der Deutsche Bundestag und die Diskurse über Genozid, in: FAZ 161 (15.7.2021), S. 6.

559 ʿAbdülḥamīd II. zit. nach Thomas Weiberg: Mein Sultan möge lange leben! Padişahım Çok Yaşasın! Sultan Abdül Hamid II. und Kaiser Wilhelm II. Eine deutsch-osmanische Freundschaft, İstanbul 2014, S. 15.

560 Vgl. Gossman, Passion, S. xxiii.

561 Vgl. ebd., S. 13 u. Marc Hanisch: Max Freiherr von Oppenheim und die Revolutionierung der islamischen Welt als anti-imperiale Befreiung von oben, in: Loth u. Hanisch, Weltkrieg, S. 13–38, hier S. 14.

562 Oppenheims konsularischem Dienst war eine Intervention einflussreicher Bekannter vorausgegangen – er hatte sich zunächst vergeblich beim Auswärtigen Amt beworben, das ihn mehrfach mit dezidiertem Verweis auf seine jüdische Herkunft abgelehnt hatte, vgl. Gossman, Passion, S. 33–37.

„Entweder wissen Sie nichts über die Situation in Istanbul oder Sie sind dämlich": Wegen seiner Loyalität zum Sultan musste der junge Karl Süßheim sich einiges gefallen lassen. Hier ist ʿAbdülḥamīd II. auf Balmoral Castle zu sehen (1867).

wie zum ägyptischen Khediven ʿAbbās II.[563], zu Aḥmed Muḫtār Paşa[564], dem osmanischen Hochkommissar in Ägypten, und zum Scherifen[565] von Mekka Ḥusayn ibn ʿAlī[566]. Schließlich war er auch mit den höchsten Kreisen des Deutschen Kaiserreichs vernetzt: Wilhelm II. war äußerst angetan von Oppenheims Berichten aus Kairo, speziell von dem über „Die panislamische Bewegung", die die wachsende Solidarität der muslimischen Welt im Angesicht europäisch-christlicher Kolonialmächte wie Großbritannien thematisierte.[567]

563 ʿAbbās Ḥilmī (1874–1944) war der letzte Khedive Ägyptens (1892 bis 1914), das bis dahin nominell zum Osmanischen Reich gehörte, obwohl es längst unter britischer Kontrolle stand.

564 Aḥmed Muḫtār Paşa (1839–1919) war ein osmanischer Heerführer und Staatsmann.

565 Als *Şerīf* (شريف) wird ein Nachkomme des Propheten Muḥammad über seinen ältesten Enkel Ḥasan bezeichnet. Seit dem 10. Jahrhundert hatte eine Scherifen-Familie die Herrschaft über Mekka inne.

566 Ḥusayn ibn ʿAlī (1853–1931) war von 1908 bis 1916 Emir des Hedschas und Scherif von Mekka.

567 Vgl. Gossmann, Passion, S. 38 f. u. 41. Der Panislamismus hatte die Einheit aller Muslime in einem Staat bzw. Kalifat zum Ziel.

Max von Oppenheim und Karl Süßheim sollten sich nie persönlich kennenlernen[568], doch auch für Letzteren war die britische Konkurrenz damals ein Thema, das ihn sehr beschäftigte, wie beispielsweise seine Auslassungen über „die Herrschaft der nervtötenden Engländer in Ägypten"[569] zeigen. Im Osmanischen Reich war man sich in der Haltung gegenüber den Briten jedoch keinesfalls einig: Als im Sommer 1906 eine ernsthafte Erkrankung des Sultans die Runde machte[570] und Süßheim zufolge ganz Beyoğlu davon ausging, dass er diese nicht überleben würde[571], vermerkte er im Tagebuch: „In Istanbul wird gesagt, dass der Sultan stirbt. Maẓlūm Bey sagt [...], dass alle Minister und Regierungsbeamten gegen Deutschland und auf der Seite der Engländer sind. Sobald der Sultan gestorben ist, wird die neue Regierung einen englischen Kurs verfolgen."[572]

Es kam bekanntermaßen anders, doch zu diesem Zeitpunkt war in der Tat noch längst nicht ausgemacht, welche europäische Macht sich langfristig die Gunst der osmanischen Führungskreise sichern sollte – auch wenn die deutsch-osmanischen Beziehungen bereits unter Wilhelm und ʿAbdülḥamīd unter einem guten Stern standen. Süßheim erfuhr zuweilen von reichlich kuriosen Aktionen des Kaiserreichs zur Erhaltung der deutsch-osmanischen Freundschaft[573], denn die kulturelle und politische Sensibilität des Wilhelminischen Deutschlands ließ oftmals zu wünschen übrig und die Konkurrenz zu anderen Mächten die freundschaftliche Verbundenheit zum Palast zuweilen auch in Vergessenheit geraten. Der deutsche Botschafter habe „ein bedrohliches Memorandum über den Kauf deutscher statt französischer Waffen im Widerspruch zum Standpunkt der Hohen Regierung vorgelegt", schrieb Süßheim einmal, „und damit die Hohe Pforte verärgert"[574]. In der osmanischen Bevölkerung war die Haltung gegenüber den Europäern ohnehin zwiegespalten und dies insbesondere in der Hauptstadt – auch aus ganz praktischen Gründen. In Süßheims Tagebuch finden wir zum Beispiel die Geschichte eines alten Arabers, der sich darüber ärgerte, dass Ausländer bevorzugt würden: Eine riesige Menschenmenge habe vor dem Ministerium für religiöse Stiftungen gewartet, beschwerte sich der Muslim Koranverse zitierend, doch als ein „Franke" (also ein Europäer[575]) kam, sei dieser vorbei- und sofort zum Minister vorge-

568 Oppenheim wird in Süßheims Tagebuch nur einmal erwähnt, als er in Konstantinopel von dessen Reisen in der arabischen Welt hörte, vgl. Tagebuch KS, 5.9.1904.

569 Ebd., 17.5.1905, übers. nach der osman. Translit. bei Schmidt, Orientalist (2018), S. 351.

570 Die *Selāmlık* wurde deshalb abgesagt, vgl. ebd., 10.8.1906 u. Georgeon, Abdülhamid II, S. 391.

571 Vgl. ebd., 10.8.1906.

572 Ebd., 25.8.1906, übers. nach der osman. Translit. bei Schmidt, Orientalist (2018), S. 387.

573 Von einem ehemaligen Militär erfuhr er beispielsweise, dass die Deutschen auf einer kleinen Insel im Roten Meer eine Kohlenstation errichtet hätten, in deren Mitte, auf einem hohen Kohlenberg, sie einen hohen Baum pflanzten, der mit einer Inschrift versehen war. Das osmanische Außenministerium, in Panik, dass die Deutschen die Insel annektiert hätten, habe den Auftrag erteilt, die Inschrift zu entziffern – der Text habe besagt, dass als Erinnerung an die freundschaftlichen Beziehungen des Kaiserreichs zur Hohen Pforte eine Säule aufgestellt worden sei, vgl. ebd., 16.6.1908.

574 Ebd., 3.4.1905, übers. nach der osman. Translit. bei Schmidt, Orientalist (2018), S. 349.

575 Der Begriff „Franke", aus dem Arabischen entlehnt, wurde im Osmanischen Reich lange ganz allgemein für die Europäer verwendet. Das Bewusstsein für eine Ausdifferenzierung nach

lassen worden – „In diesem Land sind alle gleich“[576], wurde ihm auf seine Beschwerde hin von einem Beamten offenbar lachend entgegnet. Es ging aber nicht nur um Befindlichkeiten; Bibliothekare beispielsweise fürchteten sehr konkret um ihre Stellen. Auch einer von Süßheims Sprachlehrern hatte offenbar ein Problem mit ambitionierten Ausländern: „Als er hörte, dass ich beabsichtige, dem Lehrkörper der Militäringenieursschule beizutreten“, schrieb Süßheim, „dachte er, dass ich mit ihm konkurrieren und eine Arbeit als Französischlehrer erhalten wolle, und schien sehr wütend über den Einfluss von Ausländern zu werden.“[577] Die Angst der einheimischen Bevölkerung vor europäischer Vereinnahmung des Konstantinopler Arbeitsmarkts war durchaus nicht unbegründet, denn die osmanische Hauptstadt war Dreh- und Angelpunkt der auch kulturell ausgetragenen imperialistischen Konkurrenz der miteinander rivalisierenden europäischen Mächte.

Das Misstrauen auch der osmanischen Behörden gegenüber europäischen Ausländern bekam Süßheim ebenfalls zu spüren, beispielsweise als er auf seiner Anatolienreise in einer kleinen Stadt hartnäckig vernommen wurde – bis seine deutsche Staatsangehörigkeit festgestellt wurde: „Als sie sahen, dass ich Deutscher war, hatten sie großen Spaß und lachten herzlich“[578]. Die Polizisten wollten Süßheim daraufhin sogar ihre Gastfreundschaft erweisen und boten ihm für seinen Aufenthalt einen Beamten zum Schutz an.[579] Ähnliche Erfahrungen folgten; das Ansehen der Deutschen in Konstantinopel war also vergleichsweise hoch, und einmal notierte der junge Bayer, das ihn das glücklich mache.[580] Entsprechend freute er sich auch, als im Dezember 1904 das Trainingsschiff Deutscher Stoß Konstantinopel erreichte und den Fortschritt der kaiserlichen Flotte demonstrierte – ihr stünde eine strahlendere Zukunft bevor als der englischen und französischen, meinte Süßheim.[581] „[D]ie Gefälligkeiten des Sultans und die auf seinen Befehl hin gehaltenen Reden, während [das Schiff] im Hafen lag“, schrieb er, „zeugen vom außerordentlichen deutschen Einfluss hier“[582]. Süßheim bemühte sich denn auch um gute Beziehungen zur deutschen Botschaft und pflegte Kontakt mit dem Dragoman – dem Chefdolmetscher – Hermann Gies[583], der „den Türken und ihren Sitten“ ausgesprochen respektvoll gegenübertrat, wie Süßheim wohlwollend fest-

unterschiedlichen Ländern erfolgte erst im Laufe des 19. Jahrhunderts.

576 Tagebuch KS, 27.12.1906, übers. nach der osman. Translit. bei Schmidt, Orientalist (2018), S. 397.

577 Ebd., 3.4.1905, übers. nach der osman. Translit. ebd., S. 349.

578 Ebd., 28.9.1904, übers. nach der osman. Translit. ebd., S. 330.

579 Vgl. ebd.

580 Süßheim machte gute Erfahrungen mit seinem deutschen Pass. Wer sich länger als 15 Tage in einer anderen als der gemeldeten Provinz aufhielt, musste seine *Tezkere* – die Aufenthaltserlaubnis ähnlich eines Visums, für das Süßheim sowohl am deutschen Konsulat als auch beim osmanischen Amt vorsprechen hatte müssen – bei den dortigen Behörden registrieren lassen, ansonsten drohte eine hohe Geldstrafe, sagte ihm der Betreiber eines Kaffeehauses während seiner Anatolienreise. Doch der Passbeamte, den Süßheim daraufhin konsultierte, ließ ihn wissen, dass Deutsche nicht bestraft würden, vgl. Tagebuch KS, 29.8., 11. u. 12.10.1904.

581 Vgl. ebd., 13.12.1904.

582 Ebd., übers. nach der osman. Translit. bei Schmidt, Orientalist (2018), S. 338 f.

583 Erstmals erwähnt in Tagebuch KS, 17.11.1903.

hielt.[584] Ganz anders habe sich ein anderer Mitarbeiter der Botschaft, „Dr. Schönberg", verhalten: „Ich war erstaunt über die Kälte, oder besser gesagt die Unhöflichkeit, mit der der junge Mann mit einem großgewachsenen und erfahrenen [osmanischen, KM] Angestellten sprach; dieser ließ sich jedoch nicht […] beeindrucken […]. Er wahrte seine Würde angesichts der Arroganz."[585]

Karl Süßheim hatte offenbar Bekanntschaft mit dem gleichaltrigen Diplomaten Fritz Schönberg gemacht, der in der nationalsozialistischen Zeit bis 1939 das „Referat Osten und Naher Osten" leiten und später, als Generalkonsul in Saloniki, zum stärksten Fürsprecher der Deportation der griechischen Juden werden sollte.[586] Der verbreitete Rassismus in deutschen diplomatischen Kreisen äußerte sich freilich nicht ausschließlich antisemitisch, sondern zeigte sich auch gegenüber den einheimischen Bevölkerungen in den Einsatzländern, wie Süßheim eindrücklich beschrieben hat. Er ärgerte sich in diesem Zusammenhang immer wieder über Überheblich- und Feindseligkeiten sowie mangelnden Respekt. Theodor Wiegand, den auswärtigen Direktor der Berliner Museen in Konstantinopel, den er einmal im Archäologischen Museum traf, charakterisierte Süßheim mit einem Satz: „Er ist von kleiner Statur, dünn, lebhaft, und ein Mann, der Türken nicht ernst nimmt."[587]

Karl Süßheim war als Kind seiner Zeit vor rassistischem Gedankengut und pauschalisierenden Vorurteilen selbst nicht gefeit, und auch er schrieb Sätze wie „Selīm ist ein orientalischer Schurke"[588] und „Sie […] dient ihm wie eine türkische Frau, wie eine Sklavin"[589]. Doch er war durchaus bereit, seine Vorurteile zu überdenken, wie eine Tagebuchnotiz aus dem Jahr 1906 zeigt, als er das Osmanische Reich für eine Weile auf der Suche nach Arbeit in Europa verließ. Zu diesem Zweck besuchte er erstmals in seinem Leben die französische Hauptstadt: „Obwohl ich bisher gedacht hatte, dass die Pariser Bevölkerung ausschließlich aus Huren und Frauenhelden besteht, musste ich heute, als ich beim Spaziergang […] am Nachmittag im Bois de Boulogne Mittelschichtskinder in Begleitung ihrer höchst achtbaren Eltern sah, einsehen, dass Paris nicht schlechter ist als Berlin."[590]

Seine Jahre in Nahost nutzte Süßheim allerdings kaum dazu, verschiedene Provinzen mit eigenen Augen zu erkunden: Abgesehen von zwei mehrwöchigen Reisen in Anatolien verließ er die osmanische Hauptstadt offenbar nicht. Er begründete seine Zurückhaltung nicht direkt, doch einmal berichtete er in seinem Tagebuch von „eine[m] [s]einer ältesten Freunde"[591], einem albanischen Arzt namens ʿİlmī Zihnī: „[Er] wurde vor zwei Wochen in den Bezirk Hufuf [heute im östlichen Saudi-Arabien, KM] in der Provinz Basra berufen.

584 Ebd., 19.11.1903, Diario II dell Karl Süssheim, dottore di filosoph[ia], Nachlass KS (LOC), [o. S.].
585 Ebd.
586 Vgl. Eckart Conze u. a. (Hrsg.): Das Amt und die Vergangenheit. Deutsche Diplomaten im Dritten Reich und in der Bundesrepublik, 3. Aufl. München 2010, S. 255.
587 Tagebuch KS, 20.8.1906, übers. nach der osman. Translit. bei Schmidt, Orientalist (2018), S. 386.
588 Ebd., 29.7.1904, Diario II dell Karl Süssheim, dottore di filosoph[ia], Nachlass KS (LOC), [o. S.].
589 Ebd.
590 Tagebuch KS, 20.5.1906, übers. nach der osman. Translit. bei Schmidt, Orientalist (2018), S. 379.
591 Ebd., 9.11.1904, übers. nach der osman. Translit. ebd., S. 335.

Er ist sehr traurig, dass er in eine der heißesten und wildesten Regionen der Erde geschickt wird, an einen Ort, an dem sich Araber, Perser und Kurden vermischen. Ist ein Arzt einmal einem Armeekorps angegliedert, kommt er nie [wieder] aus dessen Einflussbereich heraus. In Arabien gibt es überhaupt keine Möglichkeiten, seine Ausbildung weiterzuverfolgen. Er ist so traurig, dass er Selbstmord begehen mag."[592]

Anders als bei anderen Orientreisenden seiner Zeit – wie etwa bei erwähntem Max von Oppenheim – hielt sich Süßheims Abenteuerlust offenkundig in Grenzen: Manchmal überkam ihn das Fernweh („Ich sehnte mich danach, [...] nach Arabien zu fahren, um mich für ein paar Jahre bei den Beduinen zu vergraben"[593]), doch soweit wir wissen, betrat Süßheim zeit seines Lebens die arabische Halbinsel kein einziges Mal. Und auch seine Erfahrungen in Ägypten, wo er einige Monate lebte, sprechen in dieser Hinsicht für sich. Sein Besuch der berühmten Pyramiden von Gizeh – er hatte sich für diesen Tag extra einen Dolmetscher für den ägyptischen Dialekt des Arabischen besorgt – sollte ihm keine rechte Freude machen: „[W]ir betraten eine kleine Pyramide. Ich muss gestehen, dass ich schon lange nicht mehr so viele Probleme hatte. Wir betraten einen schmalen, künstlich geschaffenen Korridor; er wurde bei jedem Schritt enger. Er verengte sich so schnell, dass man [bald] nur im Liegen weitermachen konnte; hin und wieder gab es Risse und riesige, mannshohe Vorsprünge. Nachdem ich herausgekommen war, trank ich zu viel Wasser und fühlte mich bald unwohl. Nach zwei Tagen fühlte ich mich wieder normal."[594]

Auch in der türkischen Provinz fühlte Süßheim sich eher unwohl, der niedrige Bildungsstand und das aufdringliche Verhalten der einfachen Bevölkerung in den Dörfern und Städten sagten ihm nicht zu.[595] Die Lebensqualität in Konstantinopel gefiel ihm deutlich besser, wie er nach seiner Anatolienreise notierte: „Nachdem ich mich im vergangenen Monat an die kleinen Dinge gewöhnt hatte, hinterließ das riesige Istanbul einen tiefen Eindruck bei mir. Ich war sehr froh, dass ich zurückgekehrt war; es gibt gute Restaurants; es gibt alle Arten von Obst, deren Zeit in Anatolien [schon] vergangen war oder dort noch nicht ihre Blütezeit erreicht hatte, und es gibt eine Fülle der besten Sorten. Nur war es in Mudanya wärmer, hier ist es relativ kalt [...]."[596]

Einmal schrieb er, dass er die Stadt ein ganzes Jahr lang nicht verlassen habe und sich deshalb auf einen Ausflug ans Meer freue – er fuhr zur Sommerresidenz des deutschen Botschafters in Tarabya, am Bosporus im Norden Konstantinopels.[597]

Süßheim liebte die urbane Gesellschaft – und bemerkenswerterweise blieb er in Konstantinopel nicht wie viele andere Europäer vor Ort in nahezu ausschließlich europäischer

592 Ebd.

593 Tagebuch KS, 15.7.1904, Diario II dell Karl Süssheim, dottore di filosoph[ia], Nachlass KS (LOC), [o. S.].

594 Ebd., 22.5.1908, übers. nach der osman. Translit. bei Schmidt, Orientalist (2018), S. 420.

595 Vgl. z. B. ebd., 28.–30.9.1904.

596 Ebd., 13.10.1904, übers. nach der osman. Translit. bei Schmidt, Orientalist (2018), S. 332.

597 Vgl. ebd., 19.10.1905.

Gesellschaft, sondern war stets offen und neugierig, Hauptstadt-Osmanen unterschiedlichster religiöser und ethnischer Zugehörigkeit kennenzulernen. „Ein Glück für jeden fremden Mann, / Der selbst mit Türken sprechen kann“[598]: Süßheim hatte sich die Devise eines bekannten Wörterbuchs offenbar zu Herzen genommen, denn dass er die Möglichkeit hatte, sich so schnell mit vielen Osmanen bekannt zu machen, lag nicht etwa an seinem offenen Wesen – er war auch im Ausland ein zurückhaltender Mensch –, es war vielmehr sein schier unglaubliches Sprachentalent, das es ihm ermöglichte, sich schnell sicher zu verständigen und Gespräche über Belanglosigkeiten hinaus zu führen. Auffällig ist, dass er insbesondere mit den hochgebildeten Konstantinoplern Kontakt hielt, während andere ihn rasch langweilten. So auch jemand, der ihm von seinem Freund Zekeriyā Maẓlūm vorgestellt wurde, ein gewisser Farahi Efendi, für den er bezeichnende Worte fand: „Als Jude aus Sofia und obwohl er [damals] erst 13 Jahre alt war, kam er vor dem letzten Krieg mit Russland nach Istanbul und absolvierte die Sprachenschule. Dennoch spricht er Türkisch nicht fließend oder überhaupt gut. Er zeigt Freundlichkeit gegenüber jedem, und das einzig Bemerkenswerte [an ihm] ist, dass er ein sehr guter Mensch ist. Er ist nicht gut informiert; er hat Europa nicht gesehen.“[599]

Einer, der Süßheims Interesse dagegen weckte, war der bereits erwähnte Albaner Debreli Ḥüseyin, sein Arabisch-Lehrer. Er hielt die Deutschen in Konstantinopel für ausgesprochen einflussreich und hoffte, über Süßheims Kontakte an der Botschaft an eine Stelle im osmanischen Bildungsministerium zu kommen.[600] Süßheims Einfluss aber waren enge Grenzen gesetzt, suchte er doch selbst nach Arbeit – lange ziemlich erfolglos, wie wir noch sehen werden. Auch der freundliche Dragoman Gies erwies sich in dieser Hinsicht nicht als große Hilfe[601], und der deutsche Botschafter Adolf Marschall von Bieberstein ignorierte seine Annäherungsversuche konsequent[602]. Süßheim behagte die Verbindung zu seinem fordernden Lehrer Ḥüseyin immer weniger: Der Selbstdarsteller, der erklärtermaßen noch nie einen Fuß in eine Moschee gesetzt hatte[603], brüstete sich offenbar mit seinem angeblichen

598 So die Bildunterschrift der Titelvignette aus Johann Mathias Korabinsky: Versuch eines kleinen Türkischen Wörterbuchs mit beygesetzten deutsch-ungarisch und böhmischen Bedeutungen und einer kurzgefaßten türkischen Sprachlehre, Pressburg 1788, abgeb. bei u. zit. nach Klaus Kreiser (Hrsg.): Germano-Turcica. Zur Geschichte des Türkisch-Lernens in den deutschsprachigen Ländern, Bamberg 1987, S. [2].

599 Vgl. Tagebuch KS, 8. 6. 1905, übers. nach der osman. Translit. bei Schmidt, Orientalist (2018), S. 353.

600 „Hussein will mich glauben machen, dass er bisher nicht um die enorme Bedeutung von Botschaftern und Ausländern an der Hohen Pforte gewusst habe; er möchte durch mich und den deutschen Botschafter an eine Position im Sonderausschuss des Ministeriums [...] kommen. Er besteht darauf, dass ich meine deutschen Beziehungen wieder pflege. Er verspricht mir, mich von morgens bis abends umsonst zu unterrichten, wenn er diese gut bezahlte Stelle bekommen haben wird. Ich widerspreche ihm nicht, um seine Sympathien für mich nicht zu verderben.“ Ebd., 30. 10. 1903, Diario II dell Karl Süssheim, dottore di filosoph[ia], Nachlass KS (LOC), [o. S.].

601 Vgl. ebd., 22. 4. 1904, 28. 2., 6. 3., 4. 4. u. 29. 8. 1905.

602 Vgl. ebd., 27. 1. 1904, 12. u. 28. 2. 1905.

603 Vgl. im Rückblick ebd., 7. 12. 1911.

Trick, den Vorwurf der Majestätsbeleidigung und die damit einhergehenden Konsequenzen zu umgehen, indem er Koranverse und Worte des Propheten zitiere – diese Leichtsinnigkeit beunruhigte Süßheim enorm.[604] Vermutlich war es auch vielmehr Angeberei: Sieben Jahre zuvor war Ḥüseyin aus Angst, dass er ins Exil geschickt würde – „wie sie es bei einigen seiner Freunde, die Freigeister sind, getan haben"[605], schrieb Süßheim –, sogar einmal nach Saloniki, das heutige Thessaloniki geflohen: ein, wie M. Şükrü Hanioğlu es formuliert, „kulturelle[r] Mischtiegel, wie es ihn seit der babylonischen Sprachverwirrung wohl selten gegeben hat"[606] und die vermutlich kosmopolitischste Stadt des Osmanischen Reichs. Hier wurde nicht nur der spätere Republikgründer Muṣṭafā Kemāl geboren, von Saloniki aus wird wenige Jahre später eine Revolution ihren Ausgang nehmen, die die Geschichte des Nahen Ostens und auch Karl Süßheims Leben entscheidend verändern sollte.

Dieser tauschte sich derweil nicht nur mit Ḥüseyin, sondern auch mit flüchtigen Bekannten über Politik aus – das verrät schon die beiläufige Erwähnung zweier Auszubildender an einem Gerichtshof, die er in einem Kaffeehaus traf: „der eine sehr staatstreu, der andere ganz ohne politisches Interesse"[607]. Dass der Sultan durchaus nicht bei allen Bürgern beliebt war, blieb natürlich auch von Karl Süßheim nicht unbemerkt. Der mangelnde Respekt beispielsweise, den ʿAbdülḥamīd II. gegenüber seinem Bruder und Vorgänger Murād V. zeigte, schockierte die öffentliche Meinung im Reich – und irritierte auch den jungen Deutschen.[608] Süßheim erfuhr zudem immer wieder von Repressalien des Regimes gegenüber Andersdenkenden. Von einem Mann in der Bibliothek fühlte er sich derart beobachtet, dass er davon ausging, dieser sei ein vom Palast entsandter Spion.[609] Und tatsächlich hatten die Wände Ohren im Staat ʿAbdülḥamīds II.: Ḥüseyin berichtete Süßheim von einem Lehrer, der verhaftet wurde, weil er den Sultan beleidigt habe, und fügte hinzu, „dass unter diesem Vorwand Denker in Dörfer ohne Kultur, ohne Bibliotheken verbannt werden und gezwungen sind zu betteln"[610]. Ḥüseyin erzählte ihm auch von einem Dichter, der gegen die Regierung angeschrieben hatte, und dass dieser von Saloniki aus gefesselt nach Konstantinopel gebracht und dort zu 56 Tagen Gefängnis verurteilt worden sei.[611] Bald lernte Süßheim auch den Journalisten Aḥmed Cevdet, Herausgeber der Zeitung *İkdam* (اقدام – „Fleiß")[612] und Inhaber der gleichnamigen Druckerei, kennen, der ihm von seinen vergeblichen Bemühungen berichtete,

604 Vgl. ebd., 5.11.1903.

605 Ebd., 1.1.1904, Diario II dell Karl Süssheim, dottore di filosoph[ia], Nachlass KS (LOC), [o.S.].

606 Hanioğlu, Atatürk, S. 30.

607 Tagebuch KS, 24.10.1906, übers. nach der osman. Translit. bei Schmidt, Orientalist (2018), S. 393.

608 Als Murād im Sommer 1904 starb, sorgte der Sultan aus Furcht vor innenpolitischen Gegnern dafür, dass Tod und Beerdigung eine Notiz in den Randspalten der Presse blieben. Süßheim durchschaute das Spiel und besuchte das Begräbnis in der Neuen Moschee, an dem viele Soldaten und Religionsgelehrte teilnahmen, vgl. Georgeon, Abdülhamid II, S. 389; Tagebuch KS, 1.9.1904.

609 Vgl. ebd., 30.3.1904.

610 Ebd., 5.11.1903, Diario II dell Karl Süssheim, dottore di filosoph[ia], Nachlass KS (LOC), [o.S.].

611 Vgl. ebd., 7.2.1904.

612 Es ist auch ein Schreiben der Redaktion aus dem Jahr 1907 überliefert, vgl. Nachlass KS (LOC), Box 8.

eine Reisegenehmigung nach Europa zu erhalten.[613] Einige Monate später traf Süßheim den Mann erneut und notierte: „Ich fand [ihn] deprimiert vor. Er goss vor mir Sätze aus wie: ‚Unser Staat ist am Ende. Wenn Sie so viel wüssten wie ich, wären Sie völlig schockiert.' Laut dem, was er sagte, gibt es in Anatolien nur 5 Millionen Türken; er zählt die in Rumelien lebenden Türken nicht dazu, sie seien Mischware. Kurden seien ungezogene Kerle. [...] Den Arabern in Damaskus, Syrien, fehle es an Macht und Geist. [...] Bursa sei nach Istanbul der perfekteste türkische Ort, Konya sei vergleichbar mit dem Niveau von Paris, Berlin."[614]

Aḥmed Cevdet war nur einer von vielen, dem seine kulturelle Orientierung nach Westen – er lebte in einem „in brillantem europäischen Stil"[615] eingerichteten Haus – im Osmanischen Staat zu schaffen machte.[616] Ein weiterer Bekannter namens Şükrī Bahut, Süßheims Kalligrafie-Lehrer, hatte ebenfalls Probleme mit den Behörden: „Da er sich den Ruf erworben hatte, Sympathien für Europa zu wecken, wurde er gewarnt, dass sein Pass und sein Personalausweis beschlagnahmt würden und er Istanbul nicht mehr verlassen dürfe. Er ist jetzt seit 11 Jahren nicht mehr von hier weggekommen. [...] Als die Polizei ihn zum dritten Mal in der französischen Botschaft gesehen hat, warnte sie ihn. Er schätzt nur die Gesellschaft von Franzosen und Nicht-Muslimen. Kürzlich verfasste er einen Artikel für die Zeitung Levant Herald[617] über die arabische Stadt Hira und hatte aus taktischen Gründen wie folgt geschrieben: Während der Löwe vorher oft dort war, ist der König der Wüste heute kaum mehr zu sehen. Das Inlandspresseamt informierte sofort die Palastkanzlei [...]."[618]

Die antike Stadt Hira (*al-Hīra*), gelegen am unteren Euphrat im heutigen Irak, war im 7. Jahrhundert von einem Heerführer des islamischen Religionsstifters Muḥammad erobert worden. Diese Region gehörte nun zum Herrschaftsbereich des Sultans – zu den arabischen Gebieten, an denen die europäischen Kolonialmächte Interesse zeigten. Wie auch immer das Bild Şükrī Bahuts gemeint war (der Löwe als Symbolfigur für den abwesenden ʿAbdülḥamīd?) – die Unzufriedenheit der arabischen Bevölkerung mit der osmanischen Herrschaft, die unter dem Eindruck zeitgenössischer Nationalismen von vielen zunehmend als feindliche Fremdherrschaft empfunden wurde, derer man sich zur Not auch mithilfe der

613 Vgl. Tagebuch KS, 21.3. u. 25.5.1904.

614 Ebd., 13.11.1904, übers. nach der osman. Translit. bei Schmidt, Orientalist (2018), S. 335 f.

615 Ebd., 23.11.1906, übers. nach der osman. Translit. ebd., S. 395.

616 Er verließ Konstantinopel aber erst 1909; seine Zeitung – das offizielle Organ der *Osmanlı Ahrar Fırkası* („Osmanische Freiheitspartei") – wurde bis 1928 publiziert, vgl. Flemming u. Schmidt, Diary, S. 14.

617 Gemeint ist *The Levant Herald* (auch unter den Namen *Constantinople Messenger* und *Eastern Express* erschienen), der von 1856 bis 1914 als Tageszeitung auf Englisch und Französisch in Konstantinopel von Briten herausgegeben und auch in Europa gelesen wurde und daher stets unter politischem Druck der Behörden stand. Zur Frühgeschichte vgl. Burhan Çağlar: Brief History of an English-Language Journal in the Ottoman Empire: *The Levant Herald* and *Constantinople Messenger* (1859–1878), Toronto 2017.

618 Tagebuch KS, 26.10.1904, übers. nach der osman. Translit. bei Schmidt, Orientalist (2018), S. 333.

Europäer entledigen wollte, war nicht zu unterschätzen und sollte sich spätestens im Ersten Weltkrieg offen Bahn brechen.

Auf Unabhängigkeitsbewegungen innerhalb des Staates reagierte der Palast denn auch äußerst brutal. Die blutige Niederschlagung des jemenitischen Aufstands etwa war auch in der Hauptstadt Gesprächsthema[619], und Karl Süßheim entging natürlich auch das schwierige Verhältnis der osmanischen Behörden zur armenischen Minderheit nicht, trug der „Rote Sultan" seinen Beinamen doch hauptsächlich wegen der Massaker an den osmanischen Christinnen und Christen in den Jahren 1894–96, die auch „Hamidische Massaker" genannt werden. Im September 1895 war es zu einem Anschlag von Armeniern gekommen, die Verfolgung traf aber nicht nur separatistische Dissidenten, die sich, enttäuscht von nicht eingehaltenen Versprechen des Berliner Kongresses[620], in einer revolutionären Bewegung organisiert und mit Guerilla-Aktionen auf sich aufmerksam gemacht hatten[621]: Die Zahl derer, die der Verfolgung direkt zum Opfer fielen, liegt bei etwa 100000 Menschen.[622] Das Geschehen wurde zeitgenössisch als „Holocaust" bezeichnet[623] und gilt Wissenschaftlern heute als „partieller Genozid"[624]. Die „Vergeltungsaktion" galt hauptsächlich den Armenierinnen und

619 Aus einem Kaffeehaus beschrieb Süßheim folgende Szene: „Der Araber neben uns, ein nervöses Wrack, war offenbar sehr von diesen Ereignissen betroffen; es schien, dass er in den Jemen gehen wollte. […] [E]r verunglimpfte die Erhabene Regierung und die Art und Weise, wie sie ihre Angelegenheiten erledigte, und rühmte die Frömmigkeit der Jemeniten sowie ihre Moral und ihr Wissen. Er mag die anhaltende Herrschaft der nervtötenden Engländer in Ägypten so sehr, dass er vor einigen Tagen angefangen hat, Englisch zu lernen." Ebd., 17.5.1905, übers. nach der osman. Translit. bei Schmidt, Orientalist (2018), S. 351. Zum jemenitischen Aufstand von 1904–1907 vgl. Thomas Kuehn: Empire, Islam and Politics of Difference. Ottoman Rule in Yemen, 1849–1919 (= The Ottoman Empire and its Heritage. Politics, Society and Economy 48), Leiden u. Boston 2011, S. 147ff.

620 Der Sultan wurde von den europäischen Mächten dazu verpflichtet, die Sicherheit der armenischen Bevölkerung gegen Übergriffe von Muslimen zu gewährleisten. Die Pforte weigerte sich jedoch, diesem Zugeständnis auch Taten folgen zu lassen, weil es als Einmischung in die inneren Angelegenheiten empfunden wurde, vgl. Annette Schaefgen: Von der *treuen millet* zum Sündenbock oder Die Legende vom armenischen Dolchstoß. Der Völkermord an den Armeniern im Ersten Weltkrieg, in: Wolfgang Benz (Hrsg.): Vorurteil und Genozid. Ideologische Prämissen des Völkermords, Wien u.a. 2010, S. 35–59, hier S. 40f.

621 Vgl. Joachim Jakob: Ostsyrische Christen und Kurden im Osmanischen Reich des 19. und frühen 20. Jahrhunderts (= opo 7), Wien u. Berlin 2014, S. 130.

622 Die Angaben dazu von armenischer bzw. türkischer Seite schwanken stark; die Zahl von 100000 Toten erscheint am plausibelsten, wobei beachtet werden muss, dass hier die Folgeopfer aufgrund von Hunger und Krankheit nicht einberechnet sind, vgl. Hans-Lukas Kieser: Der verpasste Friede. Mission, Ethnie und Staat in den Ostprovinzen der Türkei, 1839–1938, Zürich 2000, S. 152. Zum Thema siehe auch Taner Akçam: A Shameful Act. The Armenian Genocide and the Question of Turkish Responsibility, New York 2006, S. 42.

623 So etwa in einer französischen Zeitung sowie in einem Artikel in der *New York Times*, vgl. Michael B. Oren: Power, Faith, and Fantasy. America in the Middle East, 1776 to the Present, New York u. London 2007, S. 293 u. „Another Armenian Holocaust", in: NYT (10.9.1895), S. 1.

624 Der Begriff wurde von einem US-amerikanischen Politikwissenschaftler in diesem Zusammenhang verwendet, vgl. Robert Melson: Revolution and Genocide. On the Origins of the Armenian Genocide

Armeniern, entwickelte sich aber zu Pogromen gegen alle Angehörigen der konfessionell und ethnisch heterogenen christlichen Minderheit wie beispielsweise in der kurdisch geprägten Provinz Diyarbakır im November 1895.[625] Hass und Misstrauen wuchsen in der Folge auf beiden Seiten.

Karl Süßheim stand den armenischen Osmanen zunächst offen gegenüber und spielte auch mit dem Gedanken, ihre Sprache zu lernen. Er informierte sich in einer armenisch geführten Schule in Galata bei einem Geschichtslehrer darüber, „ob es ausreichend viele und wertvolle Details bei armenischen Historikern zur osmanischen Geschichte gibt“[626], sodass die Mühe sich gelohnt hätte.[627] Doch Süßheim wurde in politischer Hinsicht zunehmend skeptisch. „Am Nachmittag hörte ich auf dem Bayezid-Platz ein Geräusch, als würde eine Kanone abgefeuert. Jemand dachte, ein Feuer sei ausgebrochen, andere glaubten dies nicht. Am Abend auf der [Galata-]Brücke erzählte mir Maẓlūm Bey, dass sie den Sultan während der Selāmlık erwischt haben [...].“[628]

Was Karl Süßheim an diesem 21. Juli 1905 hörte und in seinem Tagebuch festhielt, war ein Anschlag auf den Sultan, der nach dem Freitagsgebet die Hamidiye-Moschee neben dem Yıldız-Palast verlassen hatte – ausgeübt von armenischen Nationalisten mit der Unterstützung eines Anarchisten aus Belgien.[629] ʿAbdülḥamīd II. überlebte, doch der Sprengkörper riss 26 Menschen aus dem Leben und verletzte 58 weitere. Eine große Menge wurde Augenzeuge des Anschlags während der Zeremonie. Befremdet notierte Süßheim in seinem Tagebuch, dass einer seiner Bekannten, der Persisch-Lehrer Mīrzā Taqī, sein Bedauern darüber ausgedrückt habe, dass das Attentat nicht gelungen sei.[630] Süßheims Sympathien angesichts des Anschlags lagen klar auf der Seite der Machthaber.

Einen Monat später fand eine Feier anlässlich des Jahrestags von ʿAbdülḥamīds Thronbesteigung statt. Karl Süßheim hielt die Stimmung in der Hauptstadt fest: „Weil Gerüchte kursierten, dass die Armenier in eine Reihe von Anschlägen verwickelt sein würden, verbrachte jeder, der Geld hatte, diesen beängstigenden Tag außerhalb, mit dem Ergebnis, dass

and the Holocaust, Chicago u. London 1992, S. 66–69, der Begriff "partial genocide": S. 66. Für einen Überblick zur Entwicklung der wissenschaftlichen Debatte um den Genozid an den Armeniern vgl. Dominik J. Schaller: „La question arménienne n'existe plus“. Der Völkermord an den Armeniern während des Ersten Weltkriegs und seine Darstellung in der Historiographie, in: Irmtrud Wojak u. Susanne Meinl (Hrsg.): Völkermord und Kriegsverbrechen in der ersten Hälfte des 20. Jahrhunderts, Frankfurt a. M. 2004, S. 99–128.

625 Vgl. dazu Jelle Verheij: Diyarbekir and the Armenian Crisis of 1895, in: Dies. u. Joost Jongerden (Hrsg.): Social Relations in Ottoman Diyarbekir, 1870–1915 (= The Ottoman Empire and its Heritage. Politics, Society and Economy 51), Leiden u. Boston 2012, S. 85–145.

626 Tagebuch KS, 17. 6. 1905, übers. nach der osman. Translit. bei Schmidt, Orientalist (2018), S. 353.

627 Er ließ daraufhin zunächst davon ab, lernte später aber durchaus noch Armenisch, vgl. Kap. II.2.

628 Tagebuch KS, 21. 7. 1905, übers. nach der osman. Translit. bei Schmidt, Orientalist (2018), S. 356.

629 Hier und im Folgenden vgl. Georgeon, Abdülhamid II, S. 389–393.

630 Vgl. Tagebuch KS, 22. 7. 1905.

die Stadt verlassen erschien. Vor allem Galata und Eminönü, die [bereits zuvor] Schauplätze armenischer Unruhen waren, waren in tiefe Stille gestürzt."[631]

Im November 1906 beobachtete Süßheim, wie Polizisten einen Zug auf der europäischen Seite Konstantinopels am Losfahren hinderten – bis die ausländischen Reisenden massiv protestierten, während die Osmanen ruhig blieben und Hotels bezogen.[632] „Da die Armenier neulich Bomben auf den Leiter der Geheimpolizei, Fehim Paşa, und auf Eisenbahngleise geworfen haben", schrieb er am nächsten Tag, „ist es verständlich, warum gestern Abend so schwere Maßnahmen ergriffen wurden"[633]. Süßheim konnte die Angst vor Attentaten und den restriktiven Kurs der osmanischen Regierung nachvollziehen, obwohl er inzwischen auch persönlich Bekanntschaft mit der Paranoia des Hamidischen Geheimdienstes gemacht hatte. Im Herbst 1905 hatte er in einem Kaffeehaus in Yeniköy einen Fez getragen – die traditionelle türkische Kopfbedeckung. Später besuchte er Karl Testa in seiner Villa, einen Mann aus einer traditionsreichen Konstantinopler Diplomatenfamilie, erster Dragoman der deutschen Botschaft und einer der deutschen Repräsentanten bei der Staatsschuldenkommission[634], von dem Süßheim sich Hilfe bei seiner Suche nach Arbeit erhoffte: „Er saß mir im Schneidersitz gegenüber wie der perfekte Orientale"[635]. Zu diesem wichtigen Anlass aber hatte Süßheim seinen Fez gegen einen Hut gewechselt. Dies blieb nicht unbemerkt, als er seinen Heimweg antrat:

> „[Ei]ne große Katastrophe erschütterte mich. Als einer der Polizisten in Zivil, die sich in großer Zahl an der Uferseite aufhielten, sah, dass ich meinen Fez [...] abgenommen und einen großen Hut aufgesetzt hatte, näherte er sich mir [...] wie ein alter Freund, und als ich sagte, dass ich ihn nicht kenne, sagte er, dass er in der Vergangenheit einige Male mit mir gesprochen hatte – eine Lüge, weil ich seit 2 Jahren nicht mehr da gewesen war. Dann sagte er, er habe mit mir in Istanbul gesprochen; aber ich habe auch dies bestritten. Ich nahm seine Einladung an, in einem Café einen Kaffee zu trinken. Als wir dort waren, verschwand er, und ein anderer Polizist in Zivil nahm seinen Platz ein. Dieser zweite Geheimagent sagte beiläufig: ‚Lass uns gehen.' Als wir draußen waren, fragte ich: ‚Wohin gehen wir, zur Polizeiwache[?]' Ohne Widerstand zu leisten, betrat ich eine dieser türkischen Polizeistationen, die ich [...] glücklicherweise zum ersten Mal [von innen] sah. Sie durchsuchten alle meine Taschen und verzeichneten alles, sogar einzelne Papierstücke. [...] Sie zeigten so viel Unbeholfenheit bei der Erstellung eines Berichts und hatten so viel Mühe damit, dass ich immer wieder darauf drängte, dass sie zu Herrn Testa, den ich von Anfang an als Ansprechpartner genannt hatte, und zur deutschen Botschaft gehen sollten. Der Dienstbote von Herrn Testa kam und nachdem er gesagt

631 Ebd., 1.9.1905, übers. nach der osman. Translit. bei Schmidt, Orientalist (2018), S. 357.
632 Vgl. ebd., 22.11.1906.
633 Ebd, 23.11.1906, übers. nach der osman. Translit. bei Schmidt, Orientalist (2018), S. 395.
634 Vgl. Schmidt, Orientalist (2018), S. 104.
635 Tagebuch KS, 6.10.1905, übers. nach der osman. Translit. bei Schmidt, Orientalist (2018), S. 360.

hatte, dass sein Herr befohlen habe, mich freizulassen – ‚er ist reich' –, wurde ihm gesagt, dass sie mich unter der Bedingung gehen lassen würden, dass Herr Testa durch die Vermittlung eines Sonderbeamten für mich bürgen würde. [...] Schließlich kam der [...] Sonderbeamte mit der frohen Botschaft, dass die Bürgschaft angewiesen und ein Garantieschein ausgestellt wurde. So wurde ich davor bewahrt, in dem kleinen Raum schlafen zu müssen, in dem ich von zeitweise 9 Offizieren und Polizisten umgeben war. [...] [A]ls mir der Name von Herrn Testa, der von alters her zu einer sehr angesehenen Beyoğlu-Familie gehörte, auf der Polizeiwache in den Sinn gekommen war, brach ich [erleichtert] in Tränen aus. Als ich um 1 Uhr nachts [...] in sein Haus kam, war ich so traurig, dass ich kein Wort sagen konnte und mein Gesicht vor Scham bedeckte. Herr Testa, der tröstende Worte sprach, hat mich sehr gut behandelt. [...] Um 2 Uhr landete ich im Tarabya Hotel und [...] als ich am nächsten Tag [...] nach Istanbul zurückkehrte, ließ ich meinen Tränen freien Lauf."[636]

Dies war die bislang schmerzhafteste Begegnung Karl Süßheims mit dem Gefühl der Ohnmacht. Trotz der bedrückenden Omnipräsenz des Hamidischen Geheimdiensts aber gefiel ihm die Idee, als Dolmetscher für die Palastkanzlei zu arbeiten: Süßheim hoffte auf eine persönliche Empfehlung beim Sultan.[637] Als er erfuhr, dass ʿArab ʿİzzet Holo Paşa, als enger Vertrauter ʿAbdülḥamīds eine wichtige Person in der Palastkanzlei und an der Organisation des Geheimdiensts beteiligt[638], einen Privatsekretär für das Hedschasbahnprojekt suchte – den Baubeginn hatte Süßheim als „enormen religiösen und staatlichen Erfolg" der Osmanen bezeichnet[639] –, wurde er sogleich im Yıldız-Palast vorstellig – wo man allerdings vielmehr auf der Suche nach einem ausgebildeten Ingenieur war.[640] Süßheims Erfahrungen mit dem Geheimdienst hatten aber auch Spuren hinterlassen. Als er in Ungarn seinen älteren Kollegen Ármin Vámbéry traf, warnte er diesen, denn Vámbéry hatte öffentlich gegen das Regime angeschrieben. Süßheim sagte ihm, dass er fürchte, dass der Palast ihn nicht mehr dulden würde – doch Vámbéry ließ ihn wissen, dass er schon oft ohne Konsequenzen seinen Unmut

636 Ebd., übers. nach der osman. Translit. ebd., S. 360f.

637 Vgl. Tagebuch KS, 6.5.1906. Eine Stelle beim Palast würde seinen Wünschen entsprechen, sei aber auch ein schier unüberwindbares Hindernis, hatte er bereits im Februar 1905 bedauernd geschrieben, vgl. ebd., 12.2.1905.

638 Vgl. Schmidt, Orientalist (2018), S. 128.

639 Tagebuch KS, 1.9.1903, Diario II dell Karl Süssheim, dottore di filosoph[ia], Nachlass KS (LOC), [o.S.]. Die Hedschasbahn führte von Damaskus über Amman nach Medina und sollte beweisen, dass das Osmanische Reich auch ohne das Engagement ausländischer Firmen imstande war, ein solches Großprojekt umzusetzen. Ursprünglich sollte die Stammstrecke bis Mekka weiterführen und damit das Pilgern erleichtern, um die Rolle des osmanischen Sultans als Kalif aller Muslime hervorzuheben.

640 Vgl. ebd., 28.7.1906.

geäußert habe.[641] In der Tat ließ er sich von den Bedenken Süßheims nicht beeindrucken: Für die regierungskritische Zeitung *Türk*, die in Kairo publiziert wurde, verfasste Vámbéry wenig später deutliche Artikel, die die Runde machten.[642] Süßheim dagegen wollte mit Kritik am Sultan nicht in Verbindung gebracht werden. Als er nach einem Aufenthalt in der Heimat 1906 wieder mit dem Zug nach Konstantinopel unterwegs war, machte er Halt in der rumänischen Hafenstadt Köstence am Schwarzen Meer.[643] Wieder einmal wurde er für einen Armenier gehalten[644], doch dieses Mal mit einem anderen Ergebnis: „Als ich abends in einem griechischen Restaurant aß, wollte ein Mazedonier, der zu einer Gruppe von Bulgaren gehörte, die sehr gut Türkisch sprachen, und der dachte, ich sei ein Armenier, über Revolutionäres sprechen. Er sagte mir, dass es, obwohl es anfangs [nur] einen bulgarischen Revolutionsausschuss gab, es heute 400 von ihnen gebe. Abgesehen davon gebe es auch 20000 armenische Revolutionäre."[645]

Als Süßheim, zurück in Konstantinopel, einen Artikel über den Kampf gegen die heimliche Bombenproduktion von Dissidenten las, entschied er sich, die osmanischen Behörden zu warnen und über sein Gespräch in Köstence zu informieren.[646] Beim Ministerium für öffentliche Sicherheit reichte er einen Bericht ein und hoffte, mit dem Minister persönlich darüber sprechen zu können, doch dieser empfing ihn nicht. Wir wissen nicht, ob Konsequenzen ergriffen wurden. Doch: Wenige Wochen später begann Süßheim, für das Zensurbüro des osmanischen Bildungsministeriums unter Muṣṭafā Hāşim Paşa zu arbeiten.[647]

Über seine konkreten Aufgaben bei der Zensurstelle schrieb Süßheim vergleichsweise wenig. Einmal übersetzte er auf Wunsch des bereits erwähnten Soma Wellisch, der ebenfalls dort arbeitete, die Gegendarstellung eines rumänischen Unternehmers zu einer Veröffentlichung, die das osmanische Regime beleidigte[648] – ob dies im direkten Auftrag des Ministeriums geschah, geht aus dem Tagebuch nicht hervor. Ein anderes Mal jedoch hatte er einen expliziten Auftrag der Behörde im Zusammenhang mit der „Anstiftung eines Inders", wie er es formulierte[649], und er übersetzte den Bericht eines Professors aus Fernost, der gekommen war, um sich über die religiöse und ethische Erziehung im Osmanischen Reich zu informieren.[650] Zur osmanischen Zensurpraxis hielt Süßheim folgendes konkretes Beispiel fest: „Ein

641 Vgl. ebd., 6.1.1906. Vámbéry schrieb Karl Süßheim schließlich im Mai, dass er auf das Betreiben Deutschlands hin keinen Einfluss mehr in Konstantinopel habe, vgl. ebd., 10.5.1906. Vermutlich ist damit die bereits erläuterte, veränderte Haltung des deutschen Kaisers in der Zionismus-Frage angesprochen. Zu Vámbérys Haltung vgl. Kap. I.1.

642 Vgl. Tagebuch KS, 14.9.1907.

643 Vgl. ebd., 9.7.1906.

644 Vgl. Kap. I.1.

645 Tagebuch KS, 11.7.1906, übers. nach der osman. Translit. bei Schmidt, Orientalist (2018), S. 381.

646 Hier und im Folgenden vgl. ebd., 6.8.1906.

647 Vgl. ebd., 10., 17. u. 18.9.1906.

648 Vgl. ebd., 19.10.1906.

649 Ebd., 10.9.1906, übers. nach der osman. Translit. bei Schmidt, Orientalist (2018), S. 390.

650 Vgl. ebd.

fünfundfünfzig- bis sechzigjähriger Araber aus Ta'if, den ich vor einem Jahr kennengelernt hatte, bot dem Büro des Şeyhülislām ein auf Arabisch geschriebenes Buch [...] an, aber der Druck war dort auf Widerstand gestoßen. Als er in unser Büro kam, um sich über das Ergebnis der Inspektion zu informieren, zeigte ich ihm einige arabische Absätze. Ich war erstaunt, wie schnell er verstand, was das bedeutete, und die notwendigen Korrekturen zuließ. Tatsächlich [aber] wird das Bildungsministerium den Druck nicht zulassen; das Buch wird ihm vielleicht nicht einmal zurückgegeben."[651]

Der neue Mitarbeiter Karl Süßheim, dem Palast loyal verbunden, pflegte seine Kontakte zu den osmanischen Regierungskreisen sorgfältig, und auch in Berlin, wo er zu Beginn des Jahres 1907 auf Arbeitssuche sein wird, dauerte es nicht lange, bis er in der osmanischen Botschaft vorstellig wurde. Über einen Bekannten namens Galancızade Ḥaḳḳı Tevfīḳ lernte er das Personal kennen.[652] Auch wenn er von den Fähigkeiten der Männer ganz und gar nicht überzeugt war, freute er sich über den Respekt, der ihm dort entgegengebracht wurde. Über den Botschaftskanzler schrieb er: „[B]ei Gott, er ist ein guter Mann, wenn er mit mir spricht, sagt er: ‚Wir sind Türken'."[653] Auch mit dem Botschafter kam Süßheim bei dieser Gelegenheit ins Gespräch – die beiden unterhielten sich über die Geschichte der Seldschuken und fachsimpelten über die Frage, wie lange das türkische Volk bereits dem Islam angehöre.[654]

Auch in London, wo Süßheim im September desselben Jahres einen Aufenthalt im Britischen Museum einschob, nahm er Kontakt zur osmanischen Botschaft auf. Als Antwort auf einen Brief, den er einem Mitarbeiter tags zuvor geschrieben hatte, erhielt er eine Einladung zum persönlichen Gespräch, doch das Treffen verlief anders als erwartet.[655] ʿAbdülḥaḳḳ Ḥāmid Tarhan[656], der in Konstantinopel in Ungnade gefallen war und sich an der Botschaft quasi im Exil befand, teilte die Ansichten des jungen Deutschen, der sich als Anhänger der Pforte entpuppte, keineswegs:

> „ʿAbdülḥaḳḳ Ḥāmid empfing mich freundlich und stellte mich Tevfīḳ Paşa, Militärattaché an den Botschaften in Paris und Brüssel, vor. Tevfīḳ Paşa war ein schwer gebauter, aber gutaussehender Soldat von etwa 35 Jahren mit dunklen Haaren, einem großen Kopf und unzufriedener Miene. Ḥāmid Bey sah aus wie 45, sein Bart langsam ergrauend. Überdurchschnittlich groß, war er weder dick noch schlank, munter, fröhlich, in der Art eines sehr ordentlichen Mannes. Er trug einen dunklen Anzug mit Hemdbrust nach neuester französischer Mode, sein Hemd war sauber. Nachdem wir ein wenig geredet hatten, kam Fu'ād Paşa, ein ägyptischer Türke, dazu. Unser Gespräch war sehr

651 Ebd., 17.9.1906, übers. nach der osman. Translit. bei Schmidt, Orientalist (2018), S. 390.

652 Hier und im Folgenden vgl. ebd., 24.1.1907.

653 Ebd., übers. nach der osman. Translit. bei Schmidt, Orientalist (2018), S. 401.

654 Vgl. ebd.

655 Hier und im Folgenden vgl. Tagebuch KS, 14.9.1907.

656 ʿAbdülḥaḳḳ Ḥāmid (Tarhan) (1852–1937), Dichter, Dramatiker und Diplomat, hatte sich in den 1890ern wegen kritischer Veröffentlichungen mit dem Palast überworfen und unterlag einem Publikationsverbot, das erst 1908 wieder aufgehoben wurde, vgl. Schmidt, Orientalist (2018), S. 153.

politisch. Jeder breitete seine Gedanken offen aus und verteidigte sie im Großen und Ganzen energisch. Weil ich mich erhoben hatte, die [osmanische] Regierung zu verteidigen, dankten sie mir wiederholt im Namen der Türken – stimmten mir aber überhaupt nicht zu. Tevfīḳ Paşa sagte sogar einmal: ‚Entweder wissen Sie nichts über die Situation in Istanbul oder Sie sind dämlich.' Obwohl sie noch [länger] zusammenblieben, verabschiedete ich mich."[657]

Süßheims Engagement für die osmanische Regierung war ernst gemeint. Zwei Monate später, noch immer in London, schrieb er sogar einen Leserbrief, nachdem er einen Artikel in der *Tribune* über eine britische Delegation auf dem Balkan gelesen hatte.[658] Die europäischen Staaten forderten 1907 eine Reduktion der osmanischen Truppen und die Verstärkung internationaler Polizeikräfte in der Region.[659] Für Süßheim stand fest, dass die chaotischen Zustände auf dem Balkan der Anerkennung und Förderung der kleinen Balkanländer durch die europäischen Staaten geschuldet war und diese nicht weiter in dem Teil intervenieren sollten, der noch im osmanischen Einflussbereich stand.[660] Seinen Brief schickte er an diverse Redaktionen – seiner Meinung nach war seine Intervention der Grund dafür, dass wenige Tage später ein weiterer Artikel in der *Tribune* erschien, in dem klargestellt wurde, dass eine Kritik an der Pforte mit der Berichterstattung nicht impliziert gewesen war. Süßheim verteidigte an dieser Stelle Interessen, die freilich auch die innerosmanischen Regimegegner vertraten, die zwar genug vom Sultan hatten, aber die Souveränität ihres Landes angetastet sahen und auf, auch außenpolitische, Stärkung des Staates durch Reformen setzten. ʿAbdülḥaḳḳ Ḥāmid Tarhans Einstellung gegenüber Süßheim veränderte sich denn auch, wie sich herausstellte, als der osmanische Botschafter in London Stephen (Stefaniki) Musurus Paşa unerwartet starb. Karl Süßheim hatte sich auf zur Botschaft gemacht, weil er in der Zeitung von dessen schlechtem Zustand gelesen hatte: „[W]ährend ich mich über die Flagge mit Halbmond und Stern freute, die ich bisher in Europa nicht gesehen hatte, stieg ʿAbdülḥaḳḳ Ḥāmid in diesem Moment aus seinem Auto und verkündete die Nachricht, dass der Botschafter gestorben war. Um Himmels willen, war das der Grund, aus dem die Flagge gehisst worden war? Weil ich meinen Einfluss in der Zeitung Tribune geltend gemacht hatte, drückte er seine Dankbarkeit aus und wollte, dass ich ihn in naher Zukunft besuche; weil er nun der Stellvertreter des Botschafters war, wollte er, dass ich in die Botschaft und nicht in sein Wohnhaus komme. Am Morgen veröffentlichten alle Londoner Zeitungen Artikel zum Lob des verstorbenen Botschafters und äußerten sich positiv über den osmanischen Staat."[661]

Die Einladung des Regimegegners nahm Süßheim an, ließ sich aber auch jetzt nicht davon abbringen, Sultan ʿAbdülḥamīd II. in Schutz zu nehmen. Und auch bezüglich des Ver-

657 Tagebuch KS, 14.9.1907, übers. nach der osman. Translit. bei Schmidt, Orientalist (2018), S. 406 f.

658 Vgl. ebd., 25.11.1907.

659 Vgl. Georgeon, Abdülhamid II, S. 397.

660 Hier und im Folgenden vgl. Tagebuch KS, 25.11.1907.

661 Ebd., 23.12.1907, übers. nach der osman. Translit. bei Schmidt, Orientalist (2018), S. 407.

haltens des Kaiserreichs und seines Botschafters in Konstantinopel nahm er kein Blatt vor den Mund: „Als ich sehr ausführlich erklärte, wie schlecht der Sultan von der deutschen Regierung und Baron Marschall behandelt wurde", hielt Süßheim die Szene fest, „ignorierte er mich und sagte: ‚Wir hören solche Dinge nicht'."[662] In einem anderen Punkt waren die beiden sich dagegen einig: „Als ich sagte, dass es notwendig sei, dass endlich ein Muslim zum Botschafter in London ernannt wird, stimmte er sehr herzlich zu"[663]. Zu gerne hätten wir Süßheims Erläuterungen, zu beiden Punkten, gehört, doch das Tagebuch verrät nicht mehr. Immerhin wissen wir, dass er sich in London auch mit frommen Muslimen einer Islamischen Vereinigung (*Cem'iyet-i İslāmiye*) umgab, mit denen er das Opferfest feierte, und diese – Türken, Araber, Inder, Afghanen und Perser – dem Osmanischen Staat mit seinem Sultankalifen treu verbunden waren.[664] Als Süßheim im März 1908 seine Rückreise nach Konstantinopel antrat, war seine Faszination für den Herrscher jedenfalls ungebrochen, wie eine Notiz über das Treffen mit dem Kollegen Ármin Vámbéry unterstreicht, den er auf dem Weg besuchte. Vámbéry wünsche sich sehr, schrieb Süßheim, wieder nach Konstantinopel zurückzukehren. Als er Süßheim „die gute Nachricht überbrachte, dass er wieder vom Sultan nach Istanbul eingeladen worden war", habe er gesagt, „dass er mich in Zukunft Seiner Majestät vorstellen würde"[665], schrieb der Deutsche offenbar aufgeregt, denn er wiederholte den Satz sogar nochmals.

Auf seiner Reise traf Süßheim im bulgarischen Filibe auch zwei Osmanen, die er bereits zuvor über einen alten Studienfreund aus Berliner Tagen, seinen ehemaligen Kommilitonen ʿÖmer Lutfī, kennengelernt hatte: den Verleger Meḥmed Sabrı, dessen Druckerei nach sultanskritischen Artikeln geschlossen wurde, und Edhem Rūḥī, der die einzige dort noch existierende osmanischsprachige Zeitung, den *Balkan*, herausgab (und sich dabei eigentlich an das vom bulgarischen Parlament verabschiedete Gesetz halten musste, das Propaganda gegen den osmanischen Sultan und ausländische Regierungen verbot).[666] Süßheim hielt nicht viel von dem Mann, der zehn Jahre zuvor als Student an der Militärakademie zusammen mit anderen Jungtürken in die Schweiz geflohen war: „[V]or zwei bis drei Jahren begann er, seine Zeitung in Filibe zu veröffentlichen. Zu 101 Jahren verurteilt, hatte er ein Jahr im Gefängnis verbracht, und nachdem er für ein weiteres Jahr in einer Festung in Tripolis eingesperrt war, schaffte er es zu fliehen. [...] Ich habe den Journalisten Edhem Rūḥī bei meiner Rückkehr nach Deutschland vor 15 Monaten als freien Mann gesehen. Obwohl er damals an die serbische Grenze verbannt worden war, erhielt er 15 Tage später die Erlaubnis, zurückzukehren. Obwohl er einst Sekretär des Polizeipräsidenten in Sofia war, gab er [den Job] wieder auf. Obwohl er von der Hohen Regierung Geld als Entschädigung für das Versprechen nahm, nie

662 Ebd., 31.12.1907, übers. nach der osman. Translit. ebd., S. 408.

663 Ebd.

664 Vgl. ebd., 14.1.1908.

665 Ebd., 24.3.1908, übers. nach der osman. Translit. bei Schmidt, Orientalist (2018), S. 411.

666 Vgl. ebd., 25.3.1908.

wieder etwas Feindliches über den Sultan zu schreiben, kehrte er zu seinem alten aufrührerischen Weg zurück."[667]

Süßheim versuchte, den Mann zum Umdenken zu bewegen: „Als ich ihn zum Abschied besuchte", schrieb er, „tat ich dies auch mit einem politischen Ziel und sagte ihm, er solle zu einer Versöhnung mit der Regierung kommen"; der Deutsche erklärte dem Osmanen, dass er es für unklug hielt, „Zwietracht unter den Muslimen zu säen": „[I]ch stellte fest, dass er diesen Gedanken sehr schätzte".[668] Natürlich war dies bloße Höflichkeit – nach allem, was der Mann aufgrund seiner politischen Überzeugung bereits hinter sich hatte, nimmt es kaum wunder, dass er den jungtürkischen Sultansgegnern treu blieb.

Das Hamidische Regime, das Süßheim über Jahre hinweg verteidigte, wurde von osmanischen Oppositionellen als *İstibdad* („Despotie") bezeichnet, was sich insbesondere auf die Unterdrückung jeglicher Kritik, vollzogen durch einen Geheimdienst, der vom Yıldız-Palast aus operierte, sowie auf die strikte staatliche Zensurpolitik bezog, an der sich Süßheim, wie wir gesehen haben, sogar selbst beteiligt hatte.[669] Bekannte Gegner des Sultans, deren Schriften auch in Europa rezipiert wurden – wie beispielsweise İsmā'īl Ḥaḳḳı – beschrieben 'Abdülḥamīd als grausamen und paranoiden Tyrannen. Meḥmed Şa'ir („der Dichter") Eşref, ein beliebter Satiriker, der bereits 1902 nach Ägypten geflohen war, bezeichnete den Sultan als „verheerenden Sturm für Land und Volk", dem eineinhalb Millionen Muslime und 310000 Armenier zum Opfer gefallen seien.[670] Karl Süßheim sollte nun persönlich die Bekanntschaft dieser beiden Männer machen. Verantwortlich dafür war ausgerechnet: die Zensur.

„Die Zentrale guter Gesinnung" | Osmanischer Frühling in Kairo: Eine beobachtende Teilnahme

Ende März 1908: Karl Süßheim war zurück in Konstantinopel und versuchte, sein orientalistisches Gesellenstück, mit dem er sich einen Namen im Fach machen wollte, drucken zu lassen – es handelte sich um die Edition eines historiografischen Werks zur Geschichte der Seldschuken, von dem wir im nächsten Kapitel noch hören werden. Schon früh jedenfalls zweifelte er daran, dass er in Konstantinopel die Erlaubnis zur Publikation erhalten würde und überlegte sich, einen Verlag in Teheran oder Kairo zu suchen.[671] Seinem Vorgesetzten im osmanischen Bildungsministerium, dem Leiter der Zensurstelle Dāvud, sagte Süßheim

667 Ebd., übers. nach der osman. Translit. bei Schmidt, Orientalist (2018), S. 411.

668 Ebd., 27.3.1908, übers. nach der osman. Translit. ebd., S. 413.

669 Hier und im Folgenden vgl. Schmidt, Orientalist (2018), S. 1f.

670 Mehmed Eşref: Ḳaṣīde, Kairo 1906, zit. nach Jan Schmidt: The Poet Meḥmed Eşref Between Sultan and Shah, in: Ders., Joys I, S. 73–104, hier S. 88–99, das Zitat („devastating wind for land and people"): S. 95.

671 Vgl. Tagebuch KS, 9.4.1908.

schließlich, dass er sich für Ägypten entschieden habe, da Teheran weit weg und nicht sicher sei – Dāvud aber bestand darauf, dass die Edition in Konstantinopel gedruckt werden solle und gab sich überzeugt, dass dies auch gelingen werde, wenn Süßheim einige kleine Änderungen vornähme.[672] Der Ministerialbeamte riet dem jungen deutschen Wissenschaftler, einen offiziellen Antrag auf Druckgenehmigung zu stellen, der nach Prüfung durch die Zensur innerhalb einer Woche sicher positiv beschieden würde. Süßheim war nicht vollends überzeugt und sprach auch mit seinem Freund Ḥüseyin Dāniş Ḫān, einem Dichter und Experten für persische Literatur, der das Übersetzungsbüro der Staatsschuldenkommission leitete, über seine Pläne: Auch dieser ging davon aus, dass er die Edition publizieren dürfe und sprach sich gegen einen Druck in Kairo aus – Ḥüseyin Dāniş Ḫān fürchtete zudem, die Türken in Ägypten könnten schlechten Einfluss auf Süßheim haben.[673] Kairo war wie eine Chiffre, die die Ängste des Sultans in einem Wort zusammenfasste: Die Schmerzen über den Souveränitätsverlust in Nordafrika des einst so mächtigen Staates waren noch längst nicht verwunden und die Herrschaft der Briten in Ägypten schnitt tief ins osmanische Selbstbewusstsein. Gleichzeitig tummelten sich am Nil die innenpolitischen Widersacher ʿAbdülḥamīds – Kairo war, wie auch Paris, ein Hort der jungtürkischen Bewegung und die Exilierten wussten sich hier fernab des osmanischen Einflusses bestens zu organisieren. Die Verfolgung und Verbannung innenpolitischer Kritiker mochte zunächst Ruhe im Reich garantieren, doch: Der „kranke Mann am Bosporus" (wie das Osmanische Reich von europäischen Mächten verspottet wurde[674], die unter dem Schlagwort der „Orientalischen Frage" die Zukunft des Staates diskutierten) war dazu verdammt, der Formierung der Opposition im Ausland ohnmächtig zuzusehen. Süßheim wusste um die ägyptischen Ängste des Regimes: 1906 hatte er von einem Bekannten, der für das Kriegsministerium arbeitete, erfahren, dass dieser verhaftet und einige Tage im Ministerium für öffentliche Sicherheit festgehalten worden war, weil er nach Kairo reisen wollte.[675] Nichts sei „zu Zeiten des alten Regimes für einen Türken mißlicher und gefährlicher" gewesen „als – selbst im amtlichen Auftrag – nach Ägypten zu reisen oder von dort zu kommen", wird Süßheim Jahre später schreiben, und

672 Die beiden Männer diskutierten über einzelne Wörter in der Edition wie *veli-i ahd* („Nachfolger"), die (mit etwas Fantasie) mit aktueller Kritik an ʿAbdülḥamīd II. in Verbindung gebracht werden konnten. Angesprochen war damit die Kontroverse um die Thronfolge: Während es eigentlich üblich war, dass der erste männliche Nachkomme der Dynastie die Nachfolge antrat, bevorzugte ʿAbdülḥamīd II. seinen vierten Sohn Burhānüddīn. Meḥmed Reşad, der Älteste, galt als liberaler und wurde daher von den Jungtürken favorisiert, vgl. Georgeon, Abdülhamid II, S. 391f. Süßheim entkräftete das Argument: Unter den Seldschuken habe es darüber keinen Streit gegeben und schließlich sei der Text uralt, der Autor ein Schiit und voll lobender Worte über die Seldschuken-Dynastie – mehr noch als osmanische Historiker über die osmanische Regierung, vgl. Tagebuch KS, 9.4.1908.

673 Vgl. ebd., 23.4.1908.

674 Das Bild wurde erstmals von Zar Nikolaus I. verwendet, der in einem Gespräch mit dem britischen Botschafter 1852 damit den herrschenden Sultan ʿAbdülmecīd I. charakterisierte: „Wir haben [...] einen kranken Mann auf den Armen, es wäre ein Unglück, wenn er uns eines Tages entfallen sollte." Zit. nach Gerhard Herm: Der Balkan. Das Pulverfaß Europas, Düsseldorf u.a. 1993, S. 278.

675 Vgl. Tagebuch KS, 26.7.1906.

das „von dem alten Regime erfundene Sprichwort ‚Ägypten ist ein Schädling'"[676] als Beleg anführen.

Den mahnenden Rat in Konstantinopel nahm Süßheim also ernst, und er entschied sich, den empfohlenen Antrag beim Bildungsministerium zu stellen. Bereits am Tag darauf wurde dieser zur Prüfung angenommen.[677] Als Süßheim dem Verleger Aḥmed Midḥat davon erzählte, ließ der sich über die fanatischen Bemühungen des Regimes aus, Bücher zu zerstören[678] – zwei Tage später sollte Süßheim am eigenen Werk erfahren, was das bedeutete. Bei einem Treffen mit seinem Vorgesetzten Dāvud erfuhr er zunächst, dass lediglich zwei „Korrekturen" vorgenommen worden seien; sie beträfen die Darstellung der Ermordungen des seldschukischen Sultans Alp Arslan sowie des Wesirs und Gelehrten Niẓām al-Mulk im 11. Jahrhundert.[679] Im Laufe des Gesprächs aber stellte sich heraus: Der Begriff *sultan-e shahid* („Sultan-Märtyrer") im Originaltext war einfach gestrichen worden – er könne als Anspielung auf die ominösen Umstände des Todes von Sultan ʿAbdülʿazīz im Jahr 1876[680] gelesen werden. Ebenfalls zensiert wurde zum Beispiel der Satz „Die Armee des Sultans wurde besiegt" – hierfür bedurfte es wohl nicht einmal einer Begründung. Auch die Formulierung *mashhad-ı sayyidi l-mursalīn* („Der Ort des Martyriums im Land der Propheten") wurde verboten, um eine mögliche schiitische Interpretation, nämlich das persische Kufa statt Mekka als Zentrum der Sunniten[681], von vornherein zu vermeiden. Der junge Wissenschaftler Karl Süßheim musste entsetzt sehen, dass an dem von ihm edierten historischen Text über Ereignisse aus dem 11. Jahrhundert an die fünfzig inhaltliche Änderungen vorgenommen wurden und sogar einige Seiten komplett gestrichen waren. Wer im Orient kennt unsere Geschichte? Wer unterzieht sich der Mühe, sie kennenzulernen? Hatte das nicht ʿAbdülḥamīd II. selbst gefragt? Für einen bekennenden Rankeaner[682], wie der ausgebildete Historiker Süßheim einer war, war dies angesichts einer solchen Geschichtspolitik freilich der blanke Hohn. Wir werden im nächsten Kapitel noch näher darauf eingehen, doch dieser Angriff auf sein Selbstverständnis als Wissenschaftler war zu massiv, und es stand fest, dass er sein Buch nicht unter diesen Bedingungen veröffentlichen würde. Nur zwei Tage später buchte er sein Ticket: Das Dampfschiff Claire einer belgischen Schiffskompanie würde ihn

676 Karl Süßheim: Geistige Führer der türkischen Revolution [undatiertes, unveröffentlichtes Manuskript, um 1908], Nachlass KS (LOC), Box 9.

677 Vgl. Tagebuch KS, 11. u. 12.4.1908.

678 Vgl. ebd., 21.4.1908.

679 Hier und im Folgenden vgl. ebd., 23.4.1908.

680 1881 wurden missliebige Politiker unter ʿAbdülḥamīd II. schließlich wegen dessen (behaupteter) Ermordung zum Tode verurteilt, allerdings nicht hingerichtet. Die Todesumstände sind nach wie vor mysteriös, es handelte sich mutmaßlich um Selbstmord, vgl. Kreiser, Staat, S. 43.

681 In Kufa starb Hussein, Sohn der zentralen Figur des schiitischen Islam ʿAlī, Schwiegersohn des Religionsstifters Muḥammad. In der sunnitischen Lehre bezieht sich der Ausdruck *sayyid-i mursalīn* („Martyrium im Land des Propheten") auf den Tod Muḥammads selbst in Mekka. Vgl. Schmidt, Orientalist (2018), S. 165.

682 Vgl. dazu Kap. I.3.

nach Ägypten bringen.[683] Er ahnte es nicht, aber die Konsequenzen dieser Entscheidung sollten Karl Süßheim sein ganzes Leben lang begleiten.

Über Izmir und Rhodos erreichte Süßheim nach einer heftigen Seekrankheit Ende April Alexandria.[684] Von dort aus nahm er den Zug nach Kairo, wo er östlich des Nils in der Nähe der Hussein-Moschee ein Hotel bezog. Der Blick von seinem Zimmer auf das hektische Gedränge in der riesigen Stadt zog ihn sofort in seinen Bann: „[D]ie Leute unten auf der Straße rennen mit einer Geschwindigkeit herum, als ob sie wilde Tiere und Vögel wären", schrieb er, „dabei schauen sie [so] glückselig aus, als ob sie auf ihrem Weg ins Paradies seien"[685]. Die Restaurants und Hotels waren äußerst belebt und die Menschen feierten bis zwei Uhr morgens auf den Straßen.[686] Hier also wollte Karl Süßheim bleiben, bis er einen Verlag für seine Edition gefunden hatte. Es sollten vier intensive Monate werden und seine Suche wird ihn rasch zu schillernden Persönlichkeiten führen, die der türkischen Geschichte eine entscheidende Wendung gaben. Wir finden Süßheim wenige Wochen nach seiner Ankunft in Ägypten inmitten der Kairiner jungtürkischen Exilgemeinde – die Männer werden ihm von ihren Schicksalen berichten und ihre politischen Ansichten erläutern. Und er wird intensive Freundschaften schließen: Einer von ihnen war der bereits erwähnte ʿAbdullāh Cevdet, der ihn noch Jahrzehnte später seinen „Bruder" nennen wird.[687]

ʿAbdullāh Cevdet war Klaus Kreiser, einem der besten deutschen Kenner der türkischen Geschichte, zufolge der bedeutendste intellektuelle Atheist der türkischen Gesellschaft jener Zeit.[688] Der Eintrag dieser interessanten Figur in der berühmten *Enzyklopädie des Islam* (EdI)[689], der bis heute rezipiert wird, stammt von niemand anderem als Karl Süßheim, und das Wissen, das im deutschsprachigen Raum über den Vordenker der jungtürkischen Bewegung existiert, baut im wesentlichen auf diese Beschreibung auf. Der Kurde aus Ostanatolien gründete 1889 zusammen mit seinen Kommilitonen an der Konstantinopler Militärmedizinischen Fakultät, die einst von ʿAbdülḥamīd II. als Prestigeprojekt initiiert worden war, die *İttihad-i Osmanı Cemiyeti*, die geheime „Gesellschaft für Osmanische Einheit", Vorläuferin des jungtürkischen Komitees für Einheit und Fortschritt (KEF).[690] ʿAbdullāh Cevdets Mit-

683 Vgl. Tagebuch KS, 25. 4. 1908.

684 Vgl. ebd., 27. bis 29. 4. 1908.

685 Ebd., 1. 5. 1908, übers. nach der osman. Translit. bei Schmidt, Orientalist (2018), S. 418.

686 Vgl. ebd.

687 „Prof. Dr. K. Süsheim Kardaşıma" – so die Widmung einer Fotografie aus dem Jahr 1928, die ʿAbdullāh Cevdet Süßheim zukommen ließ. Bei der Wendung *kardaşıma* handelte es sich wohl um kein Versehen, sondern um eine liebevolle Mischform aus „meinem Bruder" (Bruder: *kardeş*) und „meinem Freund" (Freund: *arkadaş*), die eine besondere Verbundenheit unterstreichen sollte. Die Briefe von ʿAbdullāh Cevdet an Karl Süßheim bezeugen einen umfangreichen Austausch der beiden zwischen 1909 und 1930. Vgl. Schmidt, Importance (2002), S. 189.

688 Vgl. Kreiser, Süßheim, S. 63.

689 Süßheim, Djewdet.

690 Vgl. Kaleshi, Temo.

streiter waren İbrāhīm Temo, mit dem Süßheim später ebenfalls ausgiebig korrespondierte[691], İsḥaḳ Sükūtī und Meḥmed Reşīd[692]. Aus der Verbannung nach Libyen entkommen, veröffentlichte ʿAbdullāh Cevdet in Genf ein osmanisches Blatt, das den Sultan heftig attackierte; er ließ sich jedoch auf einen Deal mit dem Palast ein und war bis 1904 – bis er den Botschafter ohrfeigte, um genau zu sein – Sanitätsoffizier an der osmanischen Botschaft in Wien: Der gut dotierte Posten wurde ihm von anderen Jungtürken als Verrat vorgehalten und Cevdet selbst schämte sich sein gesamtes Leben dafür.[693] Seit 1905 hielt er sich nun in Kairo auf. All das wusste Süßheim noch nicht, als er sich Anfang Mai 1908 dort daran machte, einen Verlag für sein Buch zu finden. Um dieses Ziel zu erreichen, war er nun durchaus bereit, sich auch mit erklärten Gegnern des Sultans zu treffen.

Einer der Männer, die Süßheim in diesem Zusammenhang zuerst traf, war Muḥammad Rashīd Ridā, der 1898 aus Syrien geflohen war und in Ägypten die Zeitung *al-Manār* gegründet hatte.[694] In dieser, so hielt Süßheim fest, wurden spöttische Artikel über die osmanische Regierung veröffentlicht, weshalb Rashīd Ridā keinen Kontakt mehr zu seiner Familie halten konnte. Zusammen mit dem Damaszener Rafīq al-ʿAzm[695], seit 1884 in Kairo, hatte dieser die Osmanische Schura-Gesellschaft gegründet, eine Vereinigung von Arabern, Türken und Armeniern, die eine Wiedereinsetzung der Verfassung erreichen wollte.[696] Die Gesellschaft besaß ein arabisch- und osmanischsprachiges Organ namens *aš-šūrā al-ʿUthmānīya* / *Şura-yı Osmanī* („Die osmanische Beratung") – Süßheim kannte das Blatt nicht, hatte aber gehört, dass es sehr radikal sei.[697] Rafīq al-ʿAzm legte bereits seit seiner Jugend eine islamisch-reformerische Haltung an den Tag, forderte die Herrschenden öffentlich zur Gewährung von

691 Zu dem regen Briefwechsel vgl. insb. Kap. II.3.

692 Meḥmed Reşīd (1873–1919) stammte aus dem Kaukasus; seine Familie floh 1874 nach Konstantinopel. Als seine Verbindungen zur organisierten Opposition 1897 bekannt wurden, wurde er nach Tripolis verbannt. Nach der jungtürkischen Revolution kehrte er nach Konstantinopel zurück. Von 1909 bis zum Ende des Ersten Weltkriegs diente er auf hoher lokaler Ebene der osmanischen Staatsverwaltung, als Gouverneur von Diyarbakır, anschließend als Vali von Ankara. Er radikalisierte sich in seinen Ansichten gegenüber den christlichen Minderheiten im Reich, und am Genozid an den Armeniern war er schließlich maßgeblich beteiligt. Nach einer Korruptionsaffäre beging er 1919 Suizid. Zu ihm vgl. auch den Aufsatz von Hans-Lukas Kieser: From "Patriotism" to Mass Murder. Dr. Mehmed Reşid (1873–1919), in: Ronald Grigor Suny, Fatma Müge Göçek u. Norman M. Naimark (Hrsg.): A Question of Genocide. Armenians and Turks at the End of the Ottoman Empire, Oxford u. a. 2011, S. 126–148.

693 ʿAbdülḥamīd II. fürchtete Cevdet Süßheim zufolge so sehr, dass er ihm nicht nur den Posten in Wien anbot, sondern auch 76 politische Gefangene freiließ, damit dieser aufhörte, gegen ihn anzuschreiben, vgl. Süßheim, Dj̲ewdet, S. 56 sowie Tagebuch KS, 24. 7. 1908 u. 29. 2. 1912.

694 Hier und im Folgenden vgl. ebd., 3. 5. 1908.

695 Zu ihm existiert eine italienische Arbeit von Antonino Pellitteri: Islam e Riforma. L'ambito arabo-ottomano e l'opera di Rafīq Bey al-ʿAẓm intellettuale damasceno riformatore (1865–1925) (= Annali della Facoltà di Lettere e Filosofia dell'Università di Palermo Studi e Richerche 30), Palermo 1998.

696 Vgl. ʿAbd al-ʿAzīz Dūrī: The Historical Formation of the Arab Nation. A Study in Identity and Consciousness, London 1987, S. 186.

697 Hier und im Folgenden vgl. Tagebuch KS, 4. 5. 1908.

Meinungsfreiheit auf und sorgte sich aufgrund der von ihm konstatierten Rückständigkeit der islamischen Welt.[698] Im Juli 1904 schrieb er in der *al-Manār*: „Ist es nicht traurig und herzzerreißend, dass es nicht eine einzige muslimische Nation gibt, die es mit dem kleinsten christlichen Emirat in Fortschritt und Aufstieg aufnehmen kann? Man denke nur an Staaten wie Bulgarien, Serbien und Rumänien, die sich erst kürzlich von der großen islamischen Nation abgespalten haben, wie sie die muslimische Nation überholt haben und zu ihren hartnäckigsten Gegnern geworden sind. Was, frage ich mich, ist die Ursache für eine so verheerende und allgegenwärtige Trägheit, die die Muslime versklavt, ihr System gestört hat und sie hinter anderen Nationen zurückbleiben ließ?“[699]

Um 1905 verfasste Rafīq al-ʿAzm die Schrift „Die islamische Liga und Europa“, in der er die Notwendigkeit von Freiheit und Bildung unterstrich und eine Abkehr vom für ihn wahren Islam für die Schwäche der islamischen Welt verantwortlich machte.[700] Weil Süßheim wusste, dass ihre politischen Überzeugungen weit auseinandergingen, wollte er vermeiden, mit diesem Mann, den er wegen seiner Edition aufsuchte, über die Anliegen und Aktivitäten der Jungtürken zu sprechen. Doch Rafīq al-ʿAzm erzählte ihm frei heraus, dass er – wie die meisten Jungtürken und ganz im Gegensatz zu den Wünschen des Sultans – ein Anhänger des Prinzen Reşād sei, obwohl er eigentlich nichts über dessen Bildung und Fähigkeiten wisse. Diese Offenheit weckte Süßheims Interesse, und er entschloss sich einen Monat später, ihn erneut zu besuchen, obwohl die Veröffentlichungsfrage inzwischen zugunsten des Maʿarif-Verlags entschieden war.[701] Bei dieser Gelegenheit sagte der Jungtürke zu Süßheims Freude, dass er es bedauernswert finde, dass das Deutsche Kaiserreich, das eine so nützliche Rolle im Orient einnehme, die Menschen dort nicht über seinen positiven Einfluss informiere und den Franzosen und Engländern die Meinungshoheit in der Region überlasse.[702] In Rafīq al-ʿAzms Haus traf Süßheim auch den syrischen Journalisten und seit 1906 im Exil lebenden Muḥammad Kurd ʿAlī, Besitzer der Zeitschrift *al-Muqtabis*, der ihm sogleich ein Exemplar schenkte und sich als Kenner der europäischen Orientalistik entpuppte. Und noch ein weiterer Mann schloss sich der Runde an: „Etwas später kam ʿAbdullāh Cevdet Bey, der Besitzer der [Zeitung] İctihad, an, [und] auf den Wunsch von Rafīq Bey, eine Denkschrift zu

698 Vgl. Dūrī, Formation, S. 198.

699 Übers. nach Mahmoud Haddad: The Manarists and Modernism. An Attempt to Fuse Society and Religion, in: Stéphane A. Dudoignon u. a. (Hrsg.): Intellectuals in the Modern Islamic World. Transmission, Transformation, Communication, London u. New York 2006, S. 55–73, hier S. 58: "Is it not saddening and heartbreaking that there is not a single Muslim nation that can match the smallest Christian emirate in progress and advancement? Consider states like Bulgaria, Serbia and Romania, which only recently seceded from the Great Islamic nation, how they have outstripped the Muslim nation and have become its most stubborn opponents. What, I wonder, is the cause of such devastating and pervasive inertia that has enslaved the Muslims, interrupted their system, and made them lag behind other nations?"

700 Vgl. Dūrī, Formation, S. 212.

701 Vgl. ausführlicher hierzu Kap. I.3.

702 Hier und im Folgenden vgl. Tagebuch KS, 12. 6. 1908.

erstellen, in der die Notwendigkeit der [Wieder-]Eröffnung des Parlaments deutlich werde, begann er sofort damit, einen verleumderischen Artikel [...] zu verfassen, der zeigen sollte, dass die [osmanische] Regierung in jeder Hinsicht abscheulich ist."[703]

'Abdullāh Cevdet war Süßheim zunächst alles andere als sympathisch – doch seine Neugier sorgte dafür, dass er nach dem Mittagessen mit dem temperamentvollen Regimegegner zusammen in die Kairiner Innenstadt zurückkehrte.[704] Wenige Tage später besuchte er ihn: „Der Raum, in dem die Besucher empfangen werden, ist halb türkisch, halb europäisch, und sehr hübsch", schrieb Süßheim, und: „Er schenkte mir eine Ausgabe der Kahriyat – eine Sammlung von Gedichten gegen 'Abdülḥamīd"[705]. Cevdet nahm Süßheim an diesem Tag auch erstmals in die Splendid-Bar mit, die zum Treffpunkt osmanischer Intellektueller in Kairo avanciert war.[706] Dort unterhielt er sich mit Oppositionellen, die vor politischer Verfolgung geflohen waren. Einer von ihnen, Şākir Paşa, war einst als stellvertretender Gouverneur im Jemen stationiert und berichtete über seine Folter als Kriegsgefangener. Süßheim traf in der Bar noch weitere Mitglieder der jungtürkischen Bewegung wie den Arzt Necmüddīn 'Ārif und dessen – beeindruckend fetten, wie Süßheim bemerkte – Bruder Celāl: „Necmuddīn Bey war sehr sanftmütig, Celāl Bey war ernst, redegewandt und äußerst hart gegenüber unmoralischen Menschen."[707] Moralische Integrität war ein Charakterzug, der Karl Süßheim auch bei Menschen, deren politische Einstellung er nicht teilte, gefiel, und die er trotz politischer Differenzen vollumfänglich anerkennen konnte. Ganz besonderen Eindruck machte auf Süßheim in Kairo in dieser Hinsicht auch der Historiker Aḥmed Ṣā'ib. Der Sprecher der ägyptischen Jungtürken und deren Propagandist in Paris stammte ursprünglich aus dem Kaukasus und hatte an der Petersburger Militärakademie studiert, aber, angetrieben von seinem Patriotismus, wie Süßheim schrieb, sei er vor zwanzig Jahren geflohen und in den osmanischen Dienst eingetreten; er habe für den Polizeiinspektor in Kairo gearbeitet, sei jedoch gezwungen worden, die Arbeit aufzugeben – möglicherweise wegen seiner freiheitlich orientierten Veröffentlichungen. „Er hat vor einigen Jahren die Zeitung Sancak herausgegeben", schrieb Süßheim in sein Tagebuch, „doch die Führer der Jungtürken in Paris beschlossen, sie aufzulösen, und begannen in Kairo Zeitungen mit explosiverem Inhalt zu produzieren. Berühmtheit erlangte er durch seine Beiträge über [...] Sultan 'Abdül'azīz und Sultan Murād [...]. Obwohl es fraglich ist, ob er [dafür], wie er es hätte tun sollen, [auch] von Büchern profitiert hat, die kürzlich in Europa erschienen sind, sind diese Werke sehr nützlich, da sie viele Daten enthalten, die den Europäern unbekannt geblieben sind."[708] Ṣā'ibs

703 Ebd., übers. nach der osman. Translit. bei Schmidt, Orientalist (2018), S. 421.

704 Vgl. ebd.

705 Tagebuch KS, 16.6.1908, übers. nach der osman. Translit. bei Schmidt, Orientalist (2018), S. 421.

706 Vgl. dazu Rainer Hermann: Kulturkrise und konservative Erneuerung. Muḥammad Kurd 'Alī (1876–1953) und das geistige Leben im Damaskus zu Beginn des 20. Jahrhunderts (= HoS 16), Frankfurt a.M. 1990, S. 57f. Im Folgenden vgl. Tagebuch KS, 16.6.1908.

707 Ebd., übers. nach der osman. Translit. bei Schmidt, Orientalist (2018), S. 423.

708 Ebd., S. 424.

Bücher, so Süßheim weiter, hätten bei der Leserschaft großen Eindruck hinterlassen: Seine politische Überzeugung sei gemäßigt, seine Analyse frei von Vorurteilen.

Seine Eindrücke von den Gesprächen hielt Süßheim in einem seitenlangen Tagebucheintrag fest. Wir können den Tag, an dem der Konnex von solidarischem Patriotismus und Loyalität zum osmanischen Staatsoberhaupt aufbrach, der Süßheims politische Ansichten zum Osmanischen Reich stets getragen hatte, also exakt benennen: Es war der 16. Juni 1908, als er in der Kairiner Splendid-Bar die Geschichten der verfolgten Jungtürken aufsog wie ein Schwamm. Seine Aufzeichnungen unterstreichen, welch nachhaltigen Eindruck die Männer auf ihn machten. So auch İsmāʿīl Ḥaḳḳı: „Die Person, die als einer der treuesten Türken berühmt geworden ist, war Leutnant İsmāʿīl Ḥaḳḳı Bey Efendi. Nachdem ihm sein Rang und seine Abzeichen wegen seiner politischen Ansichten entzogen wurden, wurde er nach Rhodos verbannt. Dort freundete er sich mit einem griechischen Kind an, und als die Polizisten, denen befohlen worden war, an seiner Seite zu bleiben, während eines Spaziergangs nicht aufpassten, floh er zum Haus des Kindes, versteckte sich in einer Truhe, die [dort] bereit stand, floh für einige Kuruş, die an einen Zollbeamten bezahlt wurden, auf ein ausländisches Schiff, das auf dem Weg nach Ägypten war, und kam aus seiner Truhe heraus, als er an Bord war. Er reiste nach Europa. [...] Er veröffentlichte ein Buch mit dem Titel ‚Das Yıldız-Tribunal'[709], in dem er über den Prozess, dem er ausgesetzt war, und andere Probleme berichtete."[710]

Karl Süßheim traf sich von diesem Tag an regelmäßig mit den Oppositionellen, die er nun bald seine Freunde nannte.[711] Bereitwillig hatten die frühen Jungtürken, mit denen er sich nun täglich umgab, die Erzählung der europäischen Aufklärung und ihrer eigenen zwangsläufigen Unterlegenheit, solange sie sich nicht am westlichen Fortschrittsprojekt orientierten, adaptiert.[712] Karl Süßheim als deutscher Forscher war sicher auch vor diesem Hintergrund ein überaus willkommener Gefährte. Er traf nun bekannte Persönlichkeiten wie den bereits erwähnten Dichter Meḥmed Şaʿir Eşref, den Süßheim plötzlich als „sehr kluge[n] Satiriker"[713] bezeichnete. Dieser war 1902 wegen seiner Kritik am Sultan in Konstantinopel inhaftiert worden und 1904 nach Kairo geflohen: Seine Satiren gegen ʿAbdülḥamīd und den Schah von Persien seien so gut gewesen, schrieb Süßheim, „dass er in der Splendid-Bar

709 Eine Edition dieses Werks erschien bezeichnenderweise zusammen mit Süßheims erstem überlieferten Tagebuch in einem Band, vgl. Schmidt, Orientalist (2018), die Zusammenfassung von İsmāʿīl Ḥakkıs Schrift: S. 24–28.

710 Tagebuch KS, 16.6.1908, übers. nach der osman. Translit. bei Schmidt, Orientalist (2018), S. 424.

711 Vgl. ebd., 28.7.1908.

712 Die Vorstellung, dass die Ideale von Freiheit und Gleichheit nur auf der Grundlage „europäischer" Gedanken zu erreichen waren, hatte bekanntermaßen eine lange philosophische Tradition: Hobbes, Hume, Kant, Hegel und Marx formulierten dieses Narrativ in ihrer je eigenen Weise, vgl. Shohat u. Stam, Afterword, S. 366f. Durch ihre Auseinandersetzung mit dem westlichen Bildungskanon nahmen die Jungtürken auch diese Denkmuster mit auf.

713 In der Rückschau: Tagebuch KS, 30.8.1908.

immer von Leuten umringt war, die sich beeilten, seine Verse aufzuschreiben“[714]. Noch Jahre später war Karl Süßheim stolz auf diese Bekanntschaft, wie eine beiläufige Bemerkung über „meinen Freund, den großen Satiriker“[715] offenbart.

Süßheims Eltern in Nürnberg wussten natürlich nichts von den Abenteuern des jüngeren Sohnes. Anfang Juli erhielten sie folgende Zeilen: „Liebe Eltern! Heute bin ich wegen dringender Arbeit in der Druckerei gegen meine Gewohnheit nicht aufs Konsulat gegangen[.] Hoffe indes, daß Ihr alle wohlbehalten seid. Mir geht es recht gut u. obwohl es […] schon wärmer geworden ist, habe ich das Schwitzen schon längst verlernt. Abends wird es hier etwas kühl u. mein Zimmer ist so kühl, dass ich über schlechten Schlaf nicht zu klagen habe. Mit herzlichen Grüßen an Euch alle Euer dankbarer Sohn Karl“[716]

Während Süßheim den strebsamen und harmlosen Forschungsreisenden gab, überschlugen sich die Ereignisse in Begleitung seiner neuen Bekannten geradezu: Süßheim erfuhr wenig später in der Splendid-Bar, dass seine Freunde mit einer Revolution rechneten.[717] Ein Offizier namens Aḥmed Niyāzī [718] hatte sich mit mehreren hundert Männern auf die Berge Makedoniens zurückgezogen und war mittlerweile nach Albanien geflohen, um die dortige Bevölkerung gegen den Sultan aufzuwiegeln. Die Unterstützung der Bulgaren hatten die Jungtürken sich bereits gesichert und sie erfreuten sich auch unter den traditionell sultanstreuen osmanischen Muslimen zunehmend an Beliebtheit. İsmāʿīl Ḥaḳḳı würde sich bald auf den Weg nach Rumelien machen, notierte Süßheim, und für den 25. Juli wurde ein Treffen in Rafīq al-ʿAẓms Haus zur Beratung des weiteren Vorgehens anberaumt. Doch schon am 24. Juli erreichte eine schier unglaubliche Nachricht die Bar: Der Sultan hatte die Verfassung wieder in Kraft gesetzt – die Revolution war geglückt!

> „Am Abend sorgte die Nachricht von der Wiedereinsetzung der Verfassung, die durch Sonderausgaben der Zeitungen die Splendid-Bar erreicht hatte, für außergewöhnliche Freude. Wir haben uns gegenseitig gratuliert. Weil ich die Jungtürken und ihre Führer nicht dazu bringen konnte, eine Rede zu halten, bat ich ʿAbdullāh Cevdet. Da alle Türken Wein getrunken hatten, konnten sie ihre Freude nicht [mehr korrekt] ausdrücken. Cevdet Bey sagte, dass der Sultan, indem er die Verfassung wieder in Kraft setzte, der Nation eine Falle stellte, und vefluchte die Nachfolger und Ziele des Sultans […]. [E]iner der reichen und etwas betrunkenen Türken, Suʿad Bey, packte Cevdet Bey und zwang ihn, vom Tisch herunterzukommen und sagte: ‚Akzeptiere die Vergangenheit als das, was sie ist‘. Cevdet Bey erschien jedoch wieder, begann Suʿad Bey zu schelten und schrie

714 Ebd.

715 Ebd., 19.12.1911, Nachlass KS (SBB) Hs. or. 1135/3, fol. 130v f.

716 Karl Süßheim an Sigmund und Clara Süßheim, Kairo 5.7.1908, Privatnachlass KS.

717 Hier und im Folgenden vgl. im Rückblick: Tagebuch KS, 28.7.1908.

718 Aḥmed Niyāzī (1873–1913) war Offizier der osmanischen Armee und hatte sich im Krieg gegen die Griechen von 1896/97 hervorgetan. Er war Anhänger der jungtürkischen Bewegung und gab 1908 den revolutionären Auftakt.

auf Französisch: ‚Du bist der Sohn eines Prinzen.' Daraufhin rief der Anwalt Celāl Bey, den die Leidenschaft packte: ‚Du hast von ʿAbdülḥamīd ein Gehalt von 1500 Franken pro Monat akzeptiert und als Spion für ʿAbdülḥamīd gearbeitet.' Cevdet Bey erhob sich von seinem Stuhl, wusste aber nicht, was er anderes tun sollte, als ruhig und hilflos zu verharren. In diesem Moment füllte sich die Theke mit Ägyptern und anderen Fremden wie bei einer Überschwemmung. Etwas später hielt Portukalis Bey eine Rede auf Französisch, in der er erklärte, dass es zwar keinen [völligen] Mangel an Vertrauen in den Sultan, aber immer noch Unglaubwürdigkeit gäbe. Als die Intellektuellen langsam zu schweigen begannen, hielt [...] Sayyid Muḥammad Rashīd Riḍā, eine Rede an diejenigen Araber, die Respekt vor der Macht der Osmanen sowie Verbundenheit mit und Vertrauen in die Herrschaft des Rechts empfanden; damit hielt er eine Rede, die an diesem Abend am sinnvollsten war. Es verwirrte die armen Ägypter, die im Rausch fröhlich waren, dass, obwohl Glückwünsche ausgesprochen wurden und es den Anschein hatte, dass die Verfassung mit Zustimmung des Sultans wiederhergestellt worden war, [offenbar] keine einzige Gratulation akzeptiert wurde, wenn diese auf den Namen des Sultans ausgesprochen wurde. Nach Mitternacht verließ ich die Versammlung, bei der ziemlich viel getrunken wurde."[719]

Trotz der Zweifel an der Vertrauenswürdigkeit des Sultans: Triumphierender Siegestaumel und optimistische Aufbruchsstimmung hatten die Oppositionellen erfasst. Karl Süßheim wurde dabei zum teilnehmenden Beobachter par excellence, denn sie akzeptierten den Deutschen in ihren Reihen, als sei er selbst Teil der patriotischen Bewegung. Jeden Abend traf er sich nun mit seinen Freunden, und sein Tagebuch erlaubt uns einen ungewöhnlich scharfen Blick auf die Ereignisse in der Kairiner jungtürkischen Szene im Sommer 1908. Am Tag nach der Wiedereinsetzung der Verfassung versammelten sich etwa hundert osmanische Liberale wieder bei Rafīq al-ʿAẓm. Ohne von ihren alten Prinzipien abzuweichen, schrieb Süßheim, hätten die Jungtürken beschlossen, nun den Weg der Geduld und Mäßigung zu gehen, bis die osmanische Regierung offiziell ihre neue Politik erklärte: „[O]bwohl Prinz Sabāḥaddīn Bey [Glückwunsch-]Telegramme erhielt, wurde der Vorschlag, dem Sultan ebenfalls ein Telegramm zu schicken, mit großer Mehrheit abgelehnt; nur wenige waren dafür. Zu Ehren der Wiedereinsetzung der Verfassung und um einen Vorsitz für das bevorstehende Meeting zu schaffen, wählten sie den obersten Offizier, Leutnant İsmāʿīl Ḥaḳḳı Bey, zur Ehre aller Erfolge, die er mit der Armee in ihrem patriotischen Kampf erzielt hatte."[720]

Der erwähnte Prinz, Meḥmed Sabāḥaddīn, war ein Neffe des Sultans und forderte eine Dezentralisierung des Osmanischen Reichs und die Annäherung an europäische Bildungs- und Gesellschaftsstandards.[721] Schon 1899 war er nach Paris geflohen, aber 1906 zurück nach

719 Tagebuch KS, 24.7.1908, übers. nach der osman. Translit. bei Schmidt, Orientalist (2018), S. 425.
720 Ebd., 25.7.1908, übers. nach der osman. Translit. ebd., S. 426.
721 Zu ihm vgl. den biografischen Text von Hamit Bozarslan: Le Prince Sabahaddin (1879–1948), in: Schweizerische Zeitschrift für Geschichte 52/3 (2002), S. 287–301.

Konstantinopel gekehrt, wo er zusammen mit anderen Jungtürken die „Freisinnige Partei" (*Fırka-ı Ahrar*) gründete, deren Vorsitzender er wurde. Die Kairiner Oppositionellen waren überwiegend auf der Linie dieses Prinzen. Das Treffen am 28. Juli „im Printania-Theater war fabelhaft", schrieb Süßheim: „Der Name Midḥat Paşa[722] stand auf einem Plakat am Eingang und auf der Bühne. Der Name des Sultans wurde nicht erwähnt; sie applaudierten fortwährend der Armee, Midḥat Paşa, Su'avi Efendi[723] und den Beys Niyāzī und Enver[724]. [...] Prinz Ḥaydār Bey[725] [...] hielt eine Rede in Französisch mit einem Pariser Akzent. Der am meisten gelobte Gedanke war die Zusicherung und das Versprechen im Namen der Armenier, dass sie den Türken brüderlich die Hand reichen würden."[726]

Als am 14. August etwa 750 Exilanten auf einem Dampfschiff von Ägypten zurück nach Konstantinopel reisten[727], blieb Karl Süßheim in Kairo. Mit ʿAbdullāh Cevdet besuchte er nochmals eine Versammlung im Printania-Theater, bei der syrische Araber Lobreden auf die Verfassung hielten. Auch sein Begleiter mischte sich ein:

> „Bei dieser Gelegenheit hielt ʿAbdullāh Cevdet Bey eine sehr wichtige Rede auf Türkisch, die die Geschichte der Gründung des Komitees für Einheit und Fortschritt erzählte, dem er sich als einer der Ersten anschloss. Neben der [...] Zeitschrift İctihad veröffentlichte ʿAbdullāh Cevdet Bey auch vier Bücher, während ich in Ägypten war: Musiktherapie[728], eine Übersetzung in Prosa des Hamlet [von Shakespeare], ein Gedichtband

722 Aḥmed Şefik Midḥat Paşa (1822–1884) gilt als „Vater der Liberalen" im Osmanischen Reich, die von ihm maßgeblich inspirierte 1876er-Verfassung war ein wichtiger Schritt im alles andere als geradlinigen Reformprozess des Vielvölkerstaats. Später war er Statthalter der Provinz Syrien (1878–1880), wurde aber 1881 zum Tode verurteilt und nach Taif verbannt. 1884 wurde er unter nach wie vor ungeklärten Umständen ermordet. Seit der jungtürkischen Revolution wurde er als Patriot und Märtyrer verehrt. Er ist nicht zu verwechseln mit dem Journalisten und Verleger Aḥmed Midḥat (1844–1912, zu ihm vgl. Kap. I.1,). Vgl. Necati Alkan: „Medḥat Pasha", in: Ehsan Yarshater (Hrsg.): EIr (23.1.2012) [Online-Version], http://www.iranicaonline.org/articles/medhat-pasha; Johann Strauss: Istanbul im 19. Jahrhundert: Anatomie eines west-östlichen Kulturzentrums, in: Benedikt Reinert u. Johannes Thomann (Hrsg.): Islamische Grenzen und Grenzübergange (= SAS 44), Bern 2007, S. 131–170, hier S. 161.

723 Der Schriftsteller ʿAlī Suʿāvī (1839–1878) wurde bei einem Attentat auf den Cirağan-Palast getötet, mit dem die Rückkehr Murāds V. auf den Thron erreicht werden sollte, vgl. Schmidt, Orientalist (2018), S. 178.

724 Der Offizier Damad İsmaʿil Enver (1881–1922) wurde später (in seiner führenden Rolle in der jungtürkischen Regierung und als einer der Hauptverantwortlichen für den Genozid an den Armeniern) weltweit bekannt als Enver Paşa. In der Verfassungsrevolution von 1908 spielte er eine herausragende Rolle, da er die Militärrevolte seiner Garnison in Thessaloniki anführte.

725 ʿAlī Ḥaydār Rushdī Fāżıl Paşa Shināsī (1878–1928) war ein Spross der ägyptischen Khediven-Dynastie und verfasste Gedichte auf Englisch und Französisch, vgl. Schmidt, Orientalist (2018), S. 179.

726 Tagebuch KS, 28.7.1908, übers. nach der osman. Translit. bei Schmidt, Orientalist (2018), S. 426.

727 Vgl. ebd., 14.8.1908.

728 Gemeint ist eine Übersetzung des Werks „La musicothérapie" von Daubresse (1906): Abdullah Cevdet: Musiki ile tedavi, Kairo 1908, zit. nach Schmidt, Orientalist (2018), S. 179.

> auf Französisch und der erste Band einer Übersetzung von Dozys Geschichte der islamischen Zivilisation[729]. Zweifellos ging er [auch] jeden Tag in die Druckerei und las zu Hause [...] Korrektur. Er überwacht auch täglich die Druckerei der İctihad, die ihm gehört. Wegen dieser vielfältigen Aktivitäten hat er sich nicht so sehr mit der Augenheilkunde beschäftigt, die sein Fachgebiet ist, oder sich mit seiner Frau gut verstanden, eine Tochter griechischer Juden aus Kreta, die er ein Jahr zuvor geheiratet hat. Die Frau findet Cevdet Beys Verhalten grob, Cevdet Bey seine Frau ungebildet. Weil er an den Pocken erkrankt gewesen ist, sagt sie ihm, er sei hässlich und verweigert den Geschlechtsverkehr. Dass Cevdet Bey sich nicht von ihr scheiden lässt, leuchtet seinen Freunden nicht ein, weswegen [die beiden] sich nicht mehr sehen."[730]

Die Beziehung zu dem jungen Deutschen wurde umso enger. ʿAbdullāh Cevdet weihte Süßheim nicht nur in seine intimsten Probleme ein, sondern bat ihn auch um Unterstützung. Er wollte erneut heiraten und korrespondierte aus diesem Grund mit französischen und österreichischen Frauen; Süßheim sollte sich zudem, sobald er nach Konstantinopel zurückgereist war, nach einer passenden Türkin für ihn umsehen.[731] Er bat ihn außerdem, nach Wohn- und Arbeitsmöglichkeiten für ihn Ausschau zu halten, denn Cevdet hatte fest vor, in die osmanische Hauptstadt zurückzukehren. Süßheim sah nun, nachdem der Druck seiner Edition ohne staatliche Eingriffe in den Text erfolgreich abgeschlossen war, auch keinen Grund mehr, in Ägypten zu bleiben – am 27. August kurz vor Mitternacht nahm er den Zug nach Alexandria, von wo aus er mit dem Schiff Kaiser Traian zurück an den Bosporus reiste.[732] Konstantinopel musste von der Euphorie des scheinbar anbrechenden politischen Tauwetters erfasst sein, und Süßheim war gespannt, was ihn erwarten würde. Zum Bahnhof begleitete ihn ʿAbdullāh Cevdet – vor nicht allzu langer Zeit hatte er den Mann noch als Verleumder bezeichnet, und doch entstand im Sommer 1908 eine enge Freundschaft, die bis zum Tode Cevdets im Jahr 1932 halten sollte. Der erste Brief ʿAbdullāh Cevdets in Süßheims Berliner Nachlass datiert vom Juni 1909: Cevdet bat Süßheim darin, ihm dabei zu helfen, an gute Fotografien von europäischen Shakespeare-Aufführungen zu kommen.[733] In der *EdI* wird Süßheim seinem Freund später, wie bereits erwähnt, ein viel beachtetes Denkmal setzen, doch es gibt einen weiteren, viel älteren Text, den er über Cevdet verfasste.

In Süßheims Nachlass in Washington findet sich in einem Berg an unerschlossenen Papieren ein unveröffentlichtes handschriftliches Manuskript mit dem Titel „Geistige Führer der türkischen Revolution"[734]. Auf vier Seiten porträtierte Süßheim, vermutlich unter

729 R[einhart] Dozy: Essai sur l'Histoire de l'Islamisme, Leyde [Leiden] u. Paris 1879.

730 Tagebuch KS, 21. 8. 1908, übers. nach der osman. Translit. bei Schmidt, Orientalist (2018), S. 426 f.

731 Hier und im Folgenden vgl. ebd.

732 Vgl. ebd., 27. u. 28. 8. 1908.

733 Vgl. Abdullah Cevdet an Karl Süßheim, Kairo 18. 6. 1909, Nachlass KS (SBB) Hs. or. 10648 5/2.

734 Es ist undatiert, doch die Tatsache, dass Süßheim die Autorenschaft noch mit „Dr. K. S." und nicht mit „Professor" angab, lässt darauf schließen, dass der Text in jedem Fall vor Süßheims Habilitation im Oktober 1911 geschrieben wurde – Verweise im Text legen sogar eine Urheberschaft unmittelbar

dem unmittelbaren Eindruck seines Kairo-Aufenthalts, zunächst Aḥmed Ṣā'ib (hier „Saïb" geschrieben), „de[n] Historiker", wie er ihn in der Überschrift charakterisierte – gemeint war also der Herausgeber der Zeitung *Sancak*, der Süßheim in der Splendid-Bar mit seinem historischen Wissen so nachhaltig beeindruckt hatte. (Wie er seinem Tagebuch anvertraute, wäre er gerne Ṣā'ibs Korrespondent in Konstantinopel geworden, doch dieser löste seine Zeitung im August 1908 auf.[735]) Den zweiten, längeren Aufsatz widmete er seinem Freund 'Abdullāh Cevdet (hier: „Dschewdet"), „de[m] Dichter". Entsprechend ließ er den Text mit einer gekonnten Übersetzung eines der Gedichte seines Freundes beginnen:

> „Eine Lieb' ersehn ich, unendlich tief,
> Glühend, grausam, voll des Geheimen,
> Ich spend' ihr im voraus, was ich nenne mein Eigen:
> Alles, mein Herz, meine Seele, mein Augenleuchten.
> Ich will, daß die Flammenschönheit
> Meiner einzigen Herzgeliebten
> Mich tödlich treffe, nur führ meine Seele
> Den Trunk der Unsterblichkeit mir zur Kehle."

Für Süßheim war Cevdet „einer jener urwüchsigen Dichtergestalten [...], deren Diesseits und Jenseits umspannende Phantasie die Bande der kleinlichen irdischen Verhältnisse zu sprengen trachtet". „[W]ar seine Poesie in den schwarzen Tagen politischer Verfolgung ein jähes Ringen gegen übermächtige politische Gegner gewesen", schrieb er, „so wird sie in Europa von einem gewaltigen Liebesfieber durchweht". In seinem Text hatte Süßheim ausschließlich Worte des Lobs übrig: Er bezeichnete Cevdet als „stählerne Persönlichkeit, die in Vertretung der als wahr erkannten Prinzipien eine unbändige Kraft entfaltet" und heroisch „selbst davor nicht zurückscheut[,] in blindem Eifer das eigene Lebensglück zu vernichten".

Süßheim ging in seiner Schrift auch auf die Rolle Kairos als Ort des Exils Intellektueller ein: Ägypten sei für den Sultan deshalb eine so große Gefahr gewesen, weil „die formell immer noch türkische Provinz [...] in unmittelbarer Nähe die von den Höflingen des Jildis [= Yıldız-Palasts] gepredigten kulturfeindlichen Grundsätze" widerlegt habe – die europäisch orientierten Intellektuellen waren es, die Süßheim zufolge Kultur und Zivilisation repräsentierten. Aḥmed Ṣā'ib habe seine „verdienstvolle Thätigkeit" – nämlich „seine ganze Kraft in den Dienst der großen Sache für Recht und Freiheit" zu stellen – erst aufnehmen können, nachdem er den türkischen Dienst quittiert habe und daher „allen Beeinflussungen entrückt" gewesen sei:

nach der jungtürkischen Revolution im Jahr 1908 nahe. Die Zitate im Folgenden: Karl Süßheim: Geistige Führer der türkischen Revolution [Manuskript], Nachlass KS (LOC), Box 9.

735 Vgl. Tagebuch KS, 21.8.1908.

> „Sobald er die osmanische Uniform ablegte, begann er[,] eine liberale türkische Wochenschrift, „Die Standarte“ (Sandschak), herauszugeben, welche vor allem auf eine Aufklärung[736] der Osman[en] hinarbeitete, aber natürlich auch die zahllosen Mißbräuche der Verwaltung in gemäßigter, aber ernster und äußerst wirkungsvoller Sprache geißelte. Die Zurückhaltung, welche er sich in der Kritik des Sultans Abd-ul-Hamid und vor allem seiner auswärtigen Politik auferlegte, dünkte gar manchem der Ausfluß seiner stillen Sehnsucht nach den Genüssen Stambuls, wurde als grobe Inkonsequenz, als entehrende Feigheit verschrien. So fiel denn der große Jungtürkenkongreß, welcher im Jahre 1902 zu Paris die Absetzung des regierenden Sultans aussprach, voll des Ingrimms auch über Saïbs ‚Standarte' her. Er hatte damals einen schweren Stand; nicht nur seine Publikation, die er fast allein schrieb, wurde in den Staub gezogen, auch sonst begannen Ansichten die Oberhand zu gewinnen, welche ihm als Verrat am Vaterlande erschienen. [...] [Es] wurden an die Spitze des Programms die Forderungen gestellt, daß die einzelnen Provinzen in voller Selbstständigkeit, ohne Rücksicht auf die übrigen Landesteile, sich moderne Institutionen schaffen und ihre Kulturbedürfnisse auf eigene Faust befriedigen sollten. Wir wollen hier nur bewerten, daß diese allen gesunden Grundsätzen zuwiderlaufenden, dem Ungewissen zustrebenden Tendenzen erst im September 1908 überwunden wurden, als die Jungtürken, ins Land zurückkehrend, die Vorteile des von der neuen Regierung ins Leben gerufenen gemäßigten Zentralisationszustands einsahen.
> Saïb redigierte die jungtürkische Zeitschrift, zuletzt unter dem Namen Schura-i ümmet, noch bis zum Jahre 1907. Die militärische Offenheit seines Charakters, die Schneidigkeit seines Angriffs erklären zur Genüge, daß das jungtürkische Organ während seiner Redaktion zu den beliebtesten litterarischen Erscheinungen gehörte, welche die ganze Bewegung kannte. Saïb Bey verarbeitete die ihm aus allen Teilen des Reiches in Massen zugehenden Berichte und Notizen meist zu farbenreichen Gesamtbildern und sorgte, nicht selten unter bedeutenden materiellen Opfern, dafür, die Zeitschrift in allen hochstehenden Kreisen einzuführen.“

Wir finden Karl Süßheim nun also als entschiedenen Anhänger der jungtürkischen Bewegung – und zwar auf der Linie von Intellektuellen wie ʿAbdullāh Cevdet und Aḥmed Ṣāʾib, die er zum Zeitpunkt, als er seine Porträts verfasste, auf der Sonnenseite der Geschichte sah. Auch wie er die jungtürkische Gründungsgeschichte beschrieb, gibt einigen Aufschluss über Süßheims veränderte politische Haltung:

> „Dschewdet Bey beruft sich mit tief innerlicher Befriedigung auf sein Türkentum, ein Umstand, der für seinen geistigen Horizont, für sein Wirken und Schaffen von entscheidender Bedeutung werden sollte. [...] Bei dem kläglichen Zustand des osmanischen Reiches war es unmöglich, daß eine so aufnahmefähige Natur, deren Interesse die ganze

736 Hier stand zunächst „Revolutionierung“.

„Wir haben uns gegenseitig gratuliert." – Konstantinopel 1908: Eine Stadt feiert die Wiedereinsetzung der Verfassung. Parolen in armenischer und osmanischer Sprache erinnern an die großen europäischen Revolutionen.

Welt umfließt, sich nicht auch auf Heimatpolitik stürze, unmöglich, dass ein so starker Wille, der die Welt zu informieren gedachte, mit der […] Büreaukratie[737] in Frieden und Freundschaft lebe. Bei seinen Wanderungen in der Umgebung der Hauptstadt traf er eines Tages mit drei Studien- und Gesinnungsgenossen auf dem Landgut des Märtyrers der Freiheit, Midḥat Paşa, zusammen. Dieses Zusammentreffen wurde von den jungen Heißspornen als der Finger Gottes angesehen[738], der ihnen befehle, sich fester und immer fester zu einer Zentrale guter Gesinnung zusammenzuschließen. Auf diese Weise gründeten sie die in den letzten Monaten so viel genannte politische Gesellschaft ‚Einheit und Fortschritt' […]. In der Hauptstadt fanden sie unter den Studenten begeisterten Zulauf, während die mehr apolitischen Provinzen in den Ferienmonaten einer kräftigen Bearbeitung unterzogen und in die […] Absichten der Vereinigung eingeweiht wurden. […] [D]er Mitbegründer des Nationalvereins, Abdullah Dschewdet, war […]

737 An dieser Stelle stand zunächst „mit der Mißwirtschaft, die ihn auf allen Seiten umfing". Süßheim hat diese Formulierung gestrichen und ersetzt.

738 An dieser Stelle scheint Süßheim seine eigene Fantasie zu bemühen, denn dass dem Atheisten ʿAbdullāh Cevdet ausgerechnet der Fingerzeig Gottes seine politische Betätigung wies, darf getrost bezweifelt werden.

> stets mit einem Fuß auf der Reise – entweder ins Gefängnis oder in die Verbannung. [...] Alle, welche die rastlose Thätigkeit des Dichters verfolgt haben, wissen, daß seinen Werken ein nicht geringer Anteil an der verdienstvollen Aufgabe der Aufrüttelung[739] des türkischen Volkes zukommt und an der Herbeiführung einer neuen Ära in der Türkei."

Die jungtürkische Bewegung war für Süßheim wahrlich kein Hort der Verkommenheit und Zwietracht mehr, sondern: eine „Zentrale guter Gesinnung", die der osmanischen Geschichte eine positive Wendung gab. In seiner Gunst fallen musste dagegen ʿAbdülḥamīd II. – und Süßheim scheute nicht davor zurück, seine veränderte Haltung in scharfen Worten auch öffentlich zu machen.

„Der asiatische Potentat" | Süßheim und der Sultan, der zweite Akt

Auf seiner Schiffsreise von Alexandria nach Konstantinopel beeindruckten Karl Süßheim die persönlichen Schicksale der ins Osmanische Reich zurückkehrenden Regime-Gegner, die an der Ägäisküste in Smyrna (heute: İzmir) zustiegen. Einer von ihnen war ein Mann namens Nāẓim, der verbannt worden war und die ganze Zeit, wie Süßheim schrieb, die Unterdrücker verfluchte, die ihm diese Ungerechtigkeit angetan hatten.[740] Ein weiterer Mitreisender war ein Soldat, der im Palast des Sultans gedient und 22 Jahre in der Verbannung in Smyrna zugebracht hatte. Die Freude der Exilanten über die wiedergewonnene Heimat berührte Süßheim: „Als wir Istanbul erreichten, kam eine junge Frau [...] zusammen mit ihren Kindern zum Schiff, um ihren Mann zu treffen, der aus dem Exil zurückkehrte", schrieb er: „Wir hielten einen Moment inne und waren gerührt davon, wie sie sich auf den Boden verbeugte und [ihn] begrüßte"[741]. Konstantinopel stand ganz im Zeichen der geglückten Revolution und die Stadtbevölkerung, unter ihnen auch viele Armenierinnen und Armenier, feierten unter dem Motto „Freiheit, Gleichheit, Gerechtigkeit" auf den Straßen die Wiedereinsetzung der Verfassung. Karl Süßheim informierte sich zunächst über all die personellen und strategischen Veränderungen im Bildungsministerium, für das er selbst gearbeitet hatte. Sogar sein ausgesprochen staatstreuer Freund Zekeriyā Maẓlūm hatte erkannt, dass es klüger war, die Seiten zu wechseln, und besonders amüsierte Süßheim sich auch, als er später hörte, dass sein ehemaliger – und alles andere als frommer – Arabisch-Lehrer Ḥüseyin auf Anweisung der Jungtürken eine Stelle in der Fatih-Moschee erhalten habe.[742]

Bei seinen alten Bekannten informierte Süßheim sich über Neuigkeiten; so besuchte er etwa den Religionsgelehrten Mūsā Kāẓim[743], der schon länger dem jungtürkischen KEF

739 Hier stand zunächst „Aufklärung".

740 Hier und im Folgenden vgl. Tagebuch KS, 30.8.1908.

741 Ebd., 31.8.1908, Nachlass KS (SBB) Hs. or. 1135/3, fol. 2v ff.

742 Letzteres stellte sich allerdings später als unwahr heraus. Vgl. ebd., 5.12.1909 u. 7.11.1911.

743 Vgl. ebd., 31.8. u. 1.9.1908.

nahestand. Der junge Deutsche hatte nun auch jegliche Scheu abgelegt, stadtbekannte Regimekritiker zu treffen: Er suchte die Aktivisten Emrullāh[744] und Ertuğrul Şakir auf; Letzterer war Mitbegründer der Vereinigung *Fedakārān-ı Millet* („Unterstützer der Nation") und ihres seit Mitte August 1908 veröffentlichten Blatts *Hukuk-u Umumiye* („Rechte der Allgemeinheit")[745]. Die Vereinigung war nicht mit dem KEF verbunden. Sie verfolgte wie viele von Süßheims Kairiner Bekannten eine dezentralistische Linie[746], wollte also den multiethnischen und -konfessionellen Charakter als sinnstiftendes Leitbild der Nation sehen, und hoffte unter dem neuen Vorzeichen der konstitutionellen Monarchie durchaus auf ein Arrangement mit der Regierung des Sultans – der Turkologe M. Şükrü Hanioğlu fasst sie unter die Kategorie individueller Initiativen und betont ihre Bedeutungslosigkeit gegenüber dem KEF, das sich als Führer der oppositionellen Kräfte durchsetzen sollte.[747] Karl Süßheim blieb allerdings nicht lange in Konstantinopel, um die Entwicklungen in der jungtürkischen Szene zu verfolgen, sondern nutzte die Gunst der Stunde für sein wissenschaftliches Fortkommen und machte sich noch einmal, für drei Wochen, auf den Weg nach Anatolien, um verschiedene Bibliotheken aufzusuchen.[748] Auf dem Rückweg – er reiste über Smyrna, wo er an Bord des griechischen Schiffs Piraeus ging – traf er einen Mann namens Muṣṭafā, der früher einmal für den Sultan gearbeitet hatte und wegen einer Palastintrige verbannt worden war.[749] Sein Schicksal bewegte Süßheim zutiefst, und er ließ es sich nicht nehmen, auch selbst tätig zu werden: Für Ertuğrul Şakirs erwähnte Zeitung, deren Leitgedanken Süßheim unterstützte, verfasste er einen Artikel, der sich mit Muṣṭafās Geschichte beschäftigte.[750] Er traf sich aber auch mit Aḥmed Cevdet, Herausgeber der oppositionellen *İkdam*, dem er nach seinen Erfahrungen in Anatolien riet, einen kritischen Artikel über den Zustand der osmanischen Bibliotheken zu schreiben.[751]

In Konstantinopel hatte sich derweil einiges verändert: Auch Süßheims Freund ʿAbdullāh Cevdet und İsmāʿīl Ḥaḳḳı – „der unser Vorsitzender in Ägypten war"[752], wie Süßheim im Tagebuch ganz selbstverständlich schrieb – waren inzwischen in der Stadt angekommen.[753]

744 Vgl. ebd. Eine kurze Biografie findet sich bei Orlin Sabev: „Emrullah Efendi", in: EI 3 [Online-Ausgabe] http://dx.doi.org/10.1163/1573-3912_ei3_COM_26183.

745 Vgl. Tagebuch KS, 3.9.1908.

746 Vgl. Aykut Kansu: Politics in Post-Revolutionary Turkey, 1908–1913 (= SEPSMEA 70), Leiden u.a. 2000, S. 71f. Zu dieser Vereinigung vgl. auch Tarık Zafer Tunaya: Türkiye'de Siyasal Partiler, Bd. 1: İkinci Meşrutiyet Dönemi 1908–1918, İstanbul 1984, S. 131ff.

747 Hanioğlu, Young Turks, S. 68ff.

748 Vgl. Tagebuch KS, 25.9.–17.10.1908. Dazu ausführlicher: Kap. I.3.

749 Vgl. Tagebuch KS, 10.10.1908.

750 Vgl. ebd., 18.10.1908.

751 Vgl. ebd., 22.10.1908. Das Thema war ihm als Wissenschaftler naturgemäß ein wichtiges Anliegen, und er veröffentlichte dazu auch einen eigenen Text, vgl. Karl Süßheim: بر كتبخانه ملى نصل اولمالى؟ [Wie muss eine Nationalbibliothek organisiert sein?], in: ترجمان حقيقت [*Tercüman-ı Hakikat*, Dolmetscher der Wahrheit], 15.6.1909, S. 4.

752 Tagebuch KS, 31.10.1908, Nachlass KS (SBB) Hs. or. 1 135/3, fol. 17v ff.

753 Vgl. ebd., 23. u. 31.10.1908.

Sein einstiger Kommilitone ʿÖmer Lutfī war zum Polizeiinspektor aufgestiegen,[754] und Süßheim lernte nun auch einen Jungtürken kennen, der ihn wegen seiner politischen Überzeugungen an seinen Bruder Max erinnert haben dürfte. Der an anderer Stelle (im Zusammenhang mit seinen, Süßheim zutiefst widerstrebenden, Wohnverhältnissen) bereits erwähnte Celalüddin Kormaz(ov)[755] hatte seinen Namen in Konstantinopel umgehend turkisiert. Er stammte ursprünglich aus dem Kaukasus, war in Russland politisch aktiv gewesen und nun frisch aus dem Pariser Exil zurückgekehrt, um sich für die Revolutionäre zu engagieren[756]: „Ich knüpfte eine sehr enge Beziehung zu Celalüddin Korkmaz aus Dagestan, der vor zwei Tagen aus Paris angekommen war", hielt Süßheim in seinem Tagebuch fest: „Er war [...] Mitglied der [nur zwei Monate währenden, KM] ersten Duma, wurde aber später inhaftiert, weil er Sozialist ist. Als Gefangener ist er in das Krankenhaus von Sibirien verbannt worden, von dort aber nach Frankreich geflohen und hat ein Studium der Philosophie, insbesondere der Kulturwissenschaften, aufgenommen. [...] Er kam mit der [...] Muslimbruderschaft und den Jungtürken in Kontakt. Obwohl die Bruderschaft, wie in gewissem Grade auch die Jungtürken, die Vorstellung einer gemeinsamen Religion sehr begrüßte, war ihm die Religion völlig gleichgültig. [...] [E]r beschäftigte sich mit den Ursprüngen der menschlichen Kultur und Philosophie, insgesamt mit der höheren Welt der Gedanken."[757]

Voller Optimismus mit Blick auf die Zukunft des Nahen Ostens, in dem nun gebildete und moderne Männer, mit denen er bestens vernetzt war, den Ton angeben würden, verließ Süßheim im November 1908 das Osmanische Reich Richtung Heimat, um seine berufliche Zukunft als Orient-Experte zu planen. Dass der Ära der „Freiheit, Gleichheit und Gerechtigkeit" in der Region schon bald ein jähes Ende bevorstand, konnte Süßheim nicht ahnen, denn die erste wichtige Bewährungsprobe wurde noch bestanden: Im April 1909 unternahmen sultanstreue Kräfte einen Putschversuch gegen die neu gebildete Regierung unter jungtürkischem Einfluss (in der Türkei als *31 Mart Vakası*: „Vorfall vom 31. März" bekannt), doch nach drei Tagen war der Aufstand niedergeschlagen und Sultan ʿAbdülḥamīd II. wurde gewaltsam entthront. An dessen Stelle schwor sein Bruder Meḥmed V. Verfassungstreue und akzeptierte die neuen Machtverhältnisse im Osmanischen Staat. ʿAbdülḥamīd II. war damit Geschichte – und Süßheim hatte keinen Grund mehr, sich in seinem Urteil über ihn öffentlich zurückzuhalten.

Die Ära des vor nicht allzu langer Zeit noch so entschieden verteidigten Sultans bezeichnete Süßheim in einem Aufsatz von 1909 als „grauenvolle Zeit der nun glücklich zu

754 Vgl. ebd., 28.10.1908.

755 Vgl. Kap. I.1.

756 Aus einem späteren Tagebucheintrag, in dem Süßheim sich an seine Zeit im Nahen Osten erinnert, erfahren wir, dass Korkmaz und Süßheim sich im Hotel Europa im Viertel Sirkeci kennengelernt hatten – und dieser später der Korrespondent einer viel gelesenen Zeitung in Konstantinopel wurde, bevor er als Präsident der kommunistischen Republik Dagestan auftreten wird, vgl. Tagebuch KS, 10.5.1920 sowie auch Kap. II.2.

757 Tagebuch KS, 30.10.1908, Nachlass KS (SBB) Hs. or. 1135/3, fol. 16v ff.

Grabe getragenen Autokratie"[758]. Später schrieb er auch von der „absolutistischen Politik"[759] ʿAbdülḥamīds, die in der heutigen Historiografie deutlich nüchterner betrachtet wird.[760] Er bescheinigte dem Herrscher auch einen niederen Charakter, so etwa Prunksucht auf Kosten anderer: „[I]n der Türkei war es [...] bis zum Beginne der konstitutionellen Aera (1908) üblich, daß die Statthalter reicher und betriebsamer Provinzen wie Aegyptens, Syriens, Bagdads, zum Schutze gegen berechtigte und unberechtigte Nachrede der Neider in der Hauptstadt und der ausgebeuteten Untertanen in den Provinzen, dem Sultan wie auch den Hof- und Reichswürdenträgern periodisch Geschenke, vor allem Beutel voll Juwelen und Perlen übersandten. Ueberdies scheuten ja die türkischen Sultane auch in neuerer Zeit nicht davor zurück, das ganze Vermögen mißliebiger Paschas strafweise zu konfiszieren oder die Habe reicher Leute bei deren Ableben ganz oder teilweise einzuziehen, ja ihnen dieselbe bei Lebzeiten ohne Angabe des Grundes einfach abzufordern. Der Juwelenreichtum im „Neuen Palast" [alter Name für den Topkapı-Palast, KM] der Sultane hat also manchmal einen etwas anrüchigen Beigeschmack."[761]

Süßheim teilte aus: Das Schattenspiel *Karagöz* („Schwarzauge") sei in der Ära des Sultans „der einzige Genuß" der Konstantinopler Bevölkerung gewesen, „welchen ihr die von Schulden überladene, schmale Börse gestattete" – dennoch hätten die Spieler „unter tausend Schwierigkeiten" lediglich für den Fastenmonat Ramadan „vom Polizeiminister die behördliche Erlaubnis [erhalten,] ihre Künste spielen zu lassen", und seien gezwungen gewesen, „für den Rest des Jahres [...] in den freier regierten Strichen Rumeliens und Anatoliens ein Feld für ihre dramatische Betätigung zu suchen".[762] Nicht nur die Mehrheitsbevölkerung litt unter ʿAbdülḥamīd, so die neuen Töne Süßheims, auch den Umgang mit den nichtmuslimischen Gruppen nahm er nun rückblickend ins Visier. Er verwies auf die bereits erwähnten „Hamidischen Massaker" und schrieb, dass der Sultan „durch seine Organe in den Jahren 1894–1896 unter den mißvergnügten Armeniern der östlichen kleinasiatischen Provinzen wie Konstantinopels an [die] – so lautet eine wohl übertreibende Schätzung[763] – hunderttausend Personen abschlachten ließ."[764]

758 Karl Süßheim: Die moderne Gestalt des türkischen Schattenspiels (Qaragöz), in: ZDMG 63 (1909), S. 739–773, hier S. 739.

759 Süßheim, Zusammenbruch, S. 91.

760 Georgeon beschreibt das repressive Regime ʿAbdülḥamīds als typische Zeiterscheinung, indem er es mit dem russischen Zarenreich unter Alexander III. vergleicht. Zudem setzt er es in Beziehung zur Diktatur des jungtürkischen KEF, deren repressive Maßnahmen der Herrschaft des verhassten Sultans in nichts nachstanden. Vgl. Georgeon, Abdülhamid II., S. 147 u. 430 f.

761 Karl Süßheim: „Konstantinopel und seine Schätze", in: FZ 57/129, Drittes Morgenblatt (10.5.1913), [Feuilleton], S. 1.

762 Süßheim, Gestalt, S. 739.

763 Die Angaben über die Opferzahlen schwanken wie erwähnt stark, 100 000 direkte Opfer der Massaker erscheinen aber durchaus plausibel.

764 Süßheim, Zusammenbruch, S. 84.

Die Pogrome waren vom Regime mehr oder weniger offen geschürt worden.[765] Der Orientalist Jan Schmidt betont heute aber auch, dass beispielsweise einer der Attentäter des Anschlags auf den Sultan, den Süßheim im Juli 1905 hautnah miterlebt und scharf verurteilt hatte, verbannt und nicht etwa hingerichtet wurde.[766] Dies sei auch in der Gesamtschau betrachtet die gängige Praxis des Regimes gewesen – „Abdulhamid, indeed, was small beer compared to a Hitler or Stalin“[767], schreibt Schmidt pointiert. Karl Süßheim hatte diese Vergleichskategorien freilich noch nicht zur Verfügung. Seine vernichtende Kritik richtete sich unter dem Eindruck eigener Beobachtungen ohnehin in erster Linie gegen die Unterdrückung der westlich orientierten Oppositionellen: Patriotische Literatur sei zensiert worden, ja „[i]rgendwie bemerkenswerte Bücher durften aus der Feder eines Türken überhaupt kaum mehr erscheinen“[768], schrieb er. Die eigene Erfahrung war Süßheim hier wohl noch gut in Erinnerung und er hielt fest, dass die „Zensur, welche Materien, Gedanken und Ausdrücke, die man in Wort und Schrift gebrauchen dürfe, aufs genaueste festsetzte“, unter ʿAbdülḥamīd geradezu lächerliche Formen angenommen habe: „Worte wie Dynamit, Pistole, Verschwörung, Aufstand, Attentat, Thronfolger und viele andere waren verboten“, schrieb er; „Leute die den Namen Mürad[769] trugen […], mußten denselben in Mirat umändern“[770]. Tripolis habe der Sultan kurzerhand als „Kerkeranstalt für dorthin deportierte Jungtürken“[771] genutzt und sich ihrer auch auf anderen Wegen entledigt: „Vor allem sollten bei Erstickung des Rassengefühles die Türken mit gutem Beispiele vorangehen“, schrieb Süßheim, „und argwöhnischen Blickes wurden die beobachtet, welche etwa einer Verherrlichung der türkischen Nationalität das Wort redeten. Man wies solchen Patrioten […] alle möglichen niedrigen Funktionen an“[772]. Im historischen Rückblick auffallend, aber zeitgemäß: Rasse und Nation erscheinen beim jungen Süßheim als ausschließlich positiv besetzte Kategorien. Auch seine jungtürkischen Freunde hatten diese für sich entdeckt. Doch nicht genug: Sultan ʿAbdülḥamīd wurde von Süßheim, der, wie wir gesehen haben, selbst kein Freund der britischen Politik war, plötzlich auch dafür kritisiert, dass er eine „von vornherein tiefe natürliche Abneigung“ gegen England, „die Vorreiterin freiheitlicher Einrichtungen“[773], an den Tag gelegt habe. Der gestürzte Herrscher wird bei ihm, im Gegensatz zur aktuellen Forschung,

765 Sie wurden von ihm „zumindest geduldet“, schreibt Schwartz, Säuberungen, S. 65.

766 Vgl. Schmidt, Orientalist (2018), S. 3.

767 Ebd.

768 Hier und das folgende Zitat: Süßheim, Zusammenbruch, S. 87.

769 Murād – Süßheim schreibt wirklich Mürad – war der Name von ʿAbdülḥamīds entthrontem und 1904 verstorbenem älteren Bruder, vgl. dazu Süßheims frühe Irritation über den Umgang des Sultans mit dessen Tod.

770 Karl Süßheim fährt in dem für ihn so typischen ironischen Ton fort: „Auffallenderweise war das Wort Sozialist nicht verpönt; denn selbst die gebildeten Türken wußten nicht, was Sozialismus bedeute.“ Süßheim, Zusammenbruch, S. 88.

771 Ebd., S. 104.

772 Ebd., S. 87.

773 Ebd., S. 84.

als fanatischer Modernisierungsgegner beschrieben[774]: Die Alphabetisierungsquote am Ende seiner Herrschaft sei bei fünf Prozent gelegen; der Druck von Liebesromanen verboten[775] und Auslandsreisen verpönt gewesen, weshalb ʿAbdülḥamīd diese „durch hohe Besteuerung von Reisepässen" und ein „Verbot für viele Personen der gebildeten Stände, sich von ihrem Aufenthaltsorte zu entfernen"[776] erschwert habe. Der Sultan tritt uns als „Verkehrsfeind" und „geschworene[r] Gegner der Eisenbahnen" gegenüber; die (im Deutschen Kaiserreich so pathologisch-patriotisch betriebene) Marine bezeichnete Süßheim als ʿAbdülḥamīds „Stiefkind"[777]. Er habe zudem seine Kalifenwürde hervorgekehrt und die panislamische Bewegung unterstützt.[778] Die Orientierung an der islamischen Tradition – für Süßheim nunmehr lediglich das „Rüstzeug mittelalterlicher Religionspolitik" als Fundament seiner Herrschaft – deutete der junge Türkei-Experte nun als Versuch, die Muslime als „Herrennation, als das auserwählte Volk Gottes" zu zementieren. Auch hier kommt die neueste Forschung zu anderen Ergebnissen: Der rationale Charakter des Hamidischen Regimes wird betont und die offensive Kalifatspolitik als Mittel zum Zweck gedeutet.[779] Karl Süßheim aber brannte für die Sache der Jungtürken, und eine nüchterne Einschätzung war unter dem unmittelbaren Eindruck der Ereignisse kaum zu erwarten: Das Verhalten ʿAbdülḥamīds im April 1909, als er den Aufstand seiner Anhänger nutzte, „nochmals während vierzehn Tagen [...] einige seiner erbittertsten Gegner unter Offizieren und Politikern [...] niedermetzeln zu lassen", beschrieb Süßheim schließlich als Ausdruck der „absolute[n] Macht" – man bemerke die Wortwahl – „eines asiatischen Potentaten"[780]. Von der frühen jungtürkischen Bewegung dagegen war Karl Süßheim begeistert. Dies ist nicht nur, wie wir gesehen haben, seinem Tagebuch zu entnehmen, es wird auch in seinen Publikationen überdeutlich. „Das Ziel der Jungtürken war die Einführung verfassungsmäßigen Lebens in der Türkei[,] [u]nd wie schwer, schier unmöglich schien das", behauptete er, „nachdem die mohammedanische Bevölkerung Rumeliens und Anatoliens nur an Aufrechterhaltung ihrer uralten religiösen Gebräuche und

774 Die Geschichte des Osmanischen Reichs der Shaws beschrieb ʿAbdülḥamīd II. erstmals als Reformer. Auch François Georgeon betont in seiner Biografie den forcierten Ausbau des Schulsystems, der allerdings den Erfordernissen eines modernen Bildungswesens nicht gerecht werden konnte. Vgl. Stanford J. Shaw u. Ezel Kural Shaw (Hrsg.): History of the Ottoman Empire and Modern Turkey, Bd. 2: Reform, Revolution and Republic: The Rise of Modern Turkey, 1808–1975, Cambridge 1977 u. Georgeon, Abdülhamid II., S. 253.

775 Vgl. Süßheim, Zusammenbruch, S. 88.

776 Hier und das folgende Zitat: ebd., S. 89.

777 Ebd., S. 90.

778 Hier und die folgenden Zitate: ebd., S. 86.

779 Georgeon erkennt darin eine innenpolitische Strategie, die dazu diente, die heterogene, aber doch in ihrer breiten Mehrheit muslimische Bevölkerung des fragilen Vielvölkerstaats hinter sich zu vereinen, vgl. den Abschnitt „À quoi sert le califat?" bei Georgeon, Abdülhamid II., S. 196 ff. Die fortschreitende Desintegration der osmanischen Gesellschaft im 19. Jahrhundert war Gegenstand einer religionsgeschichtlichen Arbeit, die leider keinen Blick auf die jüdische Gemeinschaft wirft, vgl. Merten, Zusammenleben.

780 Süßheim, Zusammenbruch, S. 98.

an Drangsalierung der nichtmuslimischen Osmanen interessiert war!“[781] Eine heftige Fehleinschätzung: Reichlich pauschalisierend schrieb Süßheim an dieser Stelle, nur scheinbar im Einklang mit den intellektuell geprägten neuen Machthabern, den einfachen Muslimen im Reich die Unterdrückung Andersgläubiger zu.

Die Gegenüberstellung eines aufgeklärten Europas und eines rückständigen Asiens in Süßheims Zeilen ist offensichtlich: Der Sultan repräsentierte für ihn nun letzteres; die Jungtürken waren es, die die Moderne im Nahen Osten verankern würden. In der Tat, dies allerdings verfolgten sie mit allen Konsequenzen – und für die Nicht-Muslime im Osmanischen Reich war das keine gute Nachricht.

„Vergiftete Pfeile von tödlicher Kraft“ | Jungtürkische Götterdämmerung

Den verhängnisvollen Nationalismus der Jungtürken hielt Karl Süßheim zunächst für einen völlig legitimen Ausdruck patriotischer Gesinnung und stieß sich lange nicht daran – war er doch Zeugnis der Orientierung an europäischen Idealen. Sie wollten unter den „verschiedenen Nationalitäten“, schrieb er, „gemeinsame Interessen wachrufen, die Idee eines gemeinsamen Vaterlandes großziehen und verkündeten nach französischem Vorbild Freiheit, Gleichheit und Brüderlichkeit“[782]. Süßheim romantisierte den Exklusionscharakter der Ideologie großer Teile der neuen Bewegung. Für das Jahr 1909 sprach er noch von einer „Reform der Gesetzgebung auf europäischer Grundlage“[783], die er begrüßte.

ʿAbdullāh Cevdet, der im Gegensatz zu Süßheim noch immer vor Ort war, hatte inzwischen die gefährlichen neuen Vorzeichen erkannt. Schon im Februar 1909 gründete er aus Enttäuschung über die Entwicklungen der jungtürkischen Bewegung zusammen mit seinem Gesinnungsgenossen und Mitstreiter der ersten Stunde İbrāhīm Temo die „Osmanische Demokratische Partei“ (*Osmanlı Demokrat Fırkası*).[784] Karl Süßheim, der sich nach seinen Erfahrungen vor Ort gewissermaßen als Vermittler zwischen der neuen Türkei und Europa betrachtete, suchte derweil im Ausland den Kontakt zum dominierenden Komitee für Einheit und Fortschritt (KEF). Im Sommer 1909, während eines langen Forschungsaufenthalts in London, der seine akademische Karriere vorantreiben sollte, schrieb er einen Brief an Meḥmed Ṭalʿat, der 1906 Gründungsmitglied des KEF war und nun als deren Abgeordneter im Parlament saß.[785] Die Osmanen sollten auf der Insel Kreta, die seit 1897 de facto unter der Kontrolle Griechenlands stand[786] und deren formale Annexion nun drohte,

781 Ebd., S. 92.

782 Ebd., S. 93.

783 Ebd., S. 97.

784 Vgl. Kaleshi, Temo u. Tunaya, Türkiye, S. 171 ff.

785 Vgl. Tagebuch KS, 18.7.1909.

786 Im Osmanisch-Griechischen Krieg 1897 erlangte Kreta einen weitgehenden Autonomie-Status. Die griechisch-orthodoxe Bevölkerungsmehrheit in Kreta hatte sich im Mai 1896 gegen die osmanische Herrschaft aufgelehnt, Griechenland unterstützte die Aufständischen. Der daraus resultierende Krieg

standhaft bleiben, lautete die Botschaft des Deutschen an den späteren Innenminister. Süßheim hatte sich intensiv mit Kreta auseinandergesetzt, unter anderem, weil er aus Konstantinopel einen jungen Mann kannte, der von der Insel stammte und in Erlangen studiert hatte[787] – seine bitteren Klagen über die schlechte Behandlung der Muslime auf Kreta hatte Süßheim sicher noch im Ohr[788]. Die Wünsche aber erfüllten sich nicht, Kreta wurde am 6. Oktober 1909 von den Griechen annektiert – der Abschluss einer Entwicklung, die das Hamidische Regime durch seine Massaker an den Armeniern „geradezu herausgefordert"[789] habe, wird Süßheim später schreiben. Unbedingt hatte er eine Annexion verhindern wollen und wandte sich nicht nur an jungtürkische Politiker, sondern besuchte in London auch regelmäßig die Treffen der indisch geprägten „Muslimbruderschaft des Fortschritts"[790], in denen er auf die ungerechte Behandlung der muslimischen Bevölkerung auf Kreta durch die Griechen aufmerksam machte und anregte, einen Protestbrief zu verfassen: Im August wurde sein Antrag angenommen, und die Muslimbrüder betonten die osmanische Souveränität auf Kreta.[791]

Süßheims Nähe zu den siegreichen Jungtürken hatte seinem Selbstbewusstsein offensichtlich keinen Schaden zugefügt, wie aus seiner Beschreibung des Treffens hervorgeht: „Ich habe noch nie ein so kindisches politisches Treffen wie das der Muslimbrüder erlebt. [...] Vorsitzender des Treffens war der [indische, KM] Anwalt Sayyid ʿAbdulmajīd, der die Eröffnungsrede hielt [...], ein Mann, der wenig von Politik versteht und das Osmanische Reich noch nie gesehen hat. Im Vergleich zu einem Europäer ist er eine seelenlose Kreatur. Er hat in seiner Rede nicht einmal vorgeschlagen, dass die griechischen Offiziere Kreta verlassen sollen. Ein Inder, der um Redeerlaubnis bat, ließ sich dazu herab, zu bitten, dass zumindest die Souveränität bei der Pforte bleibt. Inmitten solcher Kinder wollte ich nicht aufstehen. Vor der Sitzung habe ich fünfzehn Minuten lang mein Bestes gegeben, um empörende Ausdrücke

endete zwar mit einem Sieg der Osmanen, die von den meisten europäischen Mächten unterstützt wurden – das Deutsche Kaiserreich schickte sogar Militärberater an den Bosporus –, musste aber akzeptieren, dass Kreta fortan als russisch-britisch-französisch-italienisches Protektorat nur noch nominell seinem Einflussbereich unterlag. Zum Osmanisch-Griechischen Krieg von 1897 vgl. die Arbeiten von Mehmet Uğur Ekinci: The Origins of the 1897 Ottoman-Greek War. A Diplomatic History, Ankara 2006 u. Ders.: The Unwanted War. The Diplomatic Background of the Ottoman-Greek War of 1897, Saarbrücken 2009.

787 Vgl. Tagebuch KS, 1. u. 30.8.1904. Süßheim schätzte dessen Dissertation über das türkische Steuerwesen. Bereits in dem dort angefügten Lebenslauf verwies der Student, „geboren am 3. August 1876 zu Kanea auf der Insel Kreta", auf „die Unruhen in [s]einer Vaterstadt", derentwegen er seine Heimat verlassen musste. Ali Tchiskozade: Die direkten Steuern der Türkei. Inauguraldissertation zur Erlangung der Doktorwürde der hohen philosophischen Fakultät der kgl. bayer. Friedrich-Alexanders-Universität Erlangen, Erlangen 1904, S. [59].

788 Vgl. Tagebuch KS, 20.9.1906.

789 Süßheim, Zusammenbruch, S. 84.

790 Vgl. Tagebuch KS, 6.4., 12.7., 21.8. u. 26.11.1909.

791 Vgl. ebd., 21.8.1909.

wie ‚der Untergang' und ‚der Zusammenbruch des Staates'[792] aus dem kurzen Antrag zu entfernen, und war nicht in der Lage, die Forderung nach der Ausweisung der griechischen Offiziere einzubringen. Die zutreffendste Rede wurde von Herrn Campbell gehalten. Die anderen sprachen so leise, dass ihre Worte unverständlich waren."[793]

Die Anwesenden forderten bezüglich der Kreta-Frage schließlich „mit Herz und Kopf eins mit den Türken", so Süßheim, die Wahrung der Rechte der osmanischen Regierung und der territorialen Integrität des Reichs; sie empfahlen zudem den Schluss eines Bündnisses mit England. Karl Süßheim hatte wegen Kreta auch mit dem neuen Botschafter Aḥmed Tevfīḳ [794], der nach dem Aufstand vom März interimsweise als Großwesir fungiert hatte, nach der Absetzung ʿAbdülḥamīds II. aber zurückgetreten war, das Gespräch gesucht, genauso wie mit dem Generalkonsul und einigen einflussreichen Armeniern der Stadt.[795] Selbst nach der formalen Annexion engagierte er sich zunächst weiter, gab jedoch auf, als er sah, dass die Muslimbrüder ineffektiv waren und Aḥmed Tevfīḳ sich gegen Süßheims Insistieren regelrecht sträubte.[796] Die engen Kontakte zur Botschaft hielt Süßheim in London trotz dieser Divergenzen aufrecht – er feierte dort mit einer Delegation der Muslimbrüder zum Beispiel das Zuckerfest und nahm an einer Feierlichkeit anlässlich des Geburtstags des neuen Sultans teil.[797]

Der engagierte Deutsche machte in der britischen Hauptstadt eine weitere Bekanntschaft, die ihn sehr beschäftigte: Aḥmed Esʿad war der neue Botschaftsimam, nachdem sein Vorgänger sich offenbar wegen seiner anhaltenden Feierlaune und diverser Frauengeschichten unmöglich gemacht hatte:

> „Esʿad Efendi hat Istanbul in Turban- und Ulema-Kleidung [die Kleidung der Religionsgelehrten, KM] verlassen. Er sah nicht, wie ihn die Leute behandeln würden und wie unpassend es war, sodass sie ihn dauernd anstarrten. So reiste er nach Belgien. Aber weil er dort schlecht behandelt wurde, nahm er seinen Turban ab und begann, einen Fez zu tragen. Auf Anweisung der Botschaft war er nun gezwungen, ganz europäische Kleidung anzulegen. [...] Er ist etwa 28 Jahre alt. Er ist sehr lebhaft, kerngesund und ein eindrucksvoller Redner; kurz gesagt, ein Osmane, den man vor der Freiheit [gemeint ist die Verfassungsrevolution, KM] in Istanbul nicht gesehen hat. Er verwendet Begriffe wie ‚die Welt', ‚Politik' und ‚das Gesetz' – und gibt geradezu mit ihnen an. Eine eigenartige politische Idee von ihm: Er schlug beispielsweise vor, die Provinz Basra [...] an die

792 Später wird Süßheim ironischerweise genau diesen Begriff als Titel eines Aufsatzes über das Osmanische Reich wählen, vgl. Süßheim, Zusammenbruch.

793 Hier und das folgende Zitat: Tagebuch KS, 21.8.1909, Nachlass KS (SBB) Hs. or. 1135/3, fol. 35v f.

794 Aḥmed Tevfīḳ (1845–1936) hatte zu diesem Zeitpunkt bereits eine lange Diplomatenkarriere in Europa hinter sich und sollte später noch zweimal Großwesir werden; er ist nicht zu verwechseln mit dem jungen Offizier, den Süßheim zuvor in London kennengelernt hatte.

795 Vgl. Tagebuch KS, 3. u. 17.8.1909.

796 Vgl. ebd., 5.1.1910 u. 7.–9.12.1909.

797 Vgl. ebd., 7.12.1911 u. 3.11.1909.

> englische Regierung zu übergeben, um Verbesserungen in den öffentlichen Einrichtungen herbeizuführen. Als Gegenleistung dafür solle Ägypten innerhalb von eineinhalb Jahren an die Pforte zurückgegeben werden. Dies ist substanzloses Denken."[798]

Der Mann, der Süßheim in vielerlei Hinsicht zu denken gab, informierte ihn über geheime osmanisch-britische Treffen in der Botschaft zum Bau einer osmanischen Flotte[799], doch auch Aḥmed Es'ad sollte in London wegen der Verlockungen britischer Frauen in Erklärungsnot geraten[800], weshalb die Freundschaft ein jähes Ende nahm. Süßheim nutzte aber auch alle Gelegenheiten abseits der osmanischen Kreise, sich für die Belange der jungtürkischen Regierung einzusetzen: Als er vom persischen Botschafter Moshīr ol-Molk Mīrzā Mahdī Khān – Süßheim zufolge „eine ziemlich einflussreiche Persönlichkeit"[801], die in Oxford studiert hatte und Französisch wie auch Russisch sprach – zu einem Besuch eingeladen wurde, sprachen die beiden nicht nur über die Orientalistik, sondern auch über Politik. Karl Süßheim machte sich dabei für die jungtürkisch-iranischen Beziehungen stark und veröffentlichte das Gespräch als Interview in zwei Konstantinopler Zeitungen – in Aḥmed Cevdets *İkdam* auf Osmanisch und in der persischsprachigen Zeitung *Şams*.[802] Den Botschafter traf er noch mehrmals; Süßheim erklärte ihm die Rolle der Deutschen Bank bei der Finanzierung der Bagdad-Bahn, besuchte ihn zum persischen Neujahrsfest *Nowruz*, versuchte ihn für eine proiranische und antirussische Veranstaltung der Muslimbruderschaft als Unterstützer zu gewinnen[803] und von der Sinnhaftigkeit der Gründung einer anglo-iranischen Gesellschaft zu überzeugen, für die sich ein Angehöriger der Religionsgemeinschaft der Baha'i aus Kermanshah engagierte, den Süßheim im Britischen Museum kennengelernt hatte.[804]

Den Einfluss der Briten im Nahen Osten zu stärken war ein Anliegen jungtürkischer Politik dieser Jahre, da im KEF der wachsende militärische Einfluss des Deutschen Kaiserreichs gefürchtet wurde – und Süßheim, der einst so stolz auf die deutsche Flotte am Bosporus blickte, schloss sich diesem Perspektivwechsel an. Als am 17. Juli 1909 eine osmanische Abgeordnetendelegation in London eintraf, begrüßte Süßheim die Gruppe bereits am Bahn-

798 Ebd., 5.12.1909, Nachlass KS (SBB) Hs. or. 1 135/3, fol. 43r ff.

799 Vgl. ebd., 7.12.1909.

800 Vgl. ebd., 3.1.1910.

801 Ebd., Nachlass KS (SBB) Hs. or. 1 135/3, fol. 47v.

802 Vgl. ebd., 6. u. 7.1. sowie 10.2.1910. Vgl. dazu auch die Angabe in Süßheims handschriftlicher Publikationsliste: „‚Ein Interview mit dem persischen Gesandten in London', persischer Zeitungsartikel in der persischen Zeitung ‚Schams' vom 22. Jan. 1910 griech. Stils", Karl Süßheim an bayerisches Kultusministerium, 18.12.1918, S. [2], BayHStA MK 44426.

803 Nicht nur die Osmanen, die nach dem Krieg mit Russland von 1877/78 einige anatolische Provinzen abtreten mussten, sahen sich mit Gebietsverlusten an das Zarenreich konfrontiert: Der Schah hatte im Sommer 1908 den Ausnahmezustand erklärt und das Parlament entlassen, nachdem der russische Einfluss im nördlichen Iran in einer britisch-russischen Verständigung von 1907 zementiert worden war. Russland besetzte daraufhin Tabriz, vgl. Schmidt, Orientalist (2018), S. 24.

804 Vgl. Tagebuch KS, 8.3. sowie 12., 13. u. 15.4.1910.

hof und nahm am offiziellen Empfang teil: Unter den Delegierten fanden sich alte Bekannte wie ʿAbdülḥaḳḳ Ḥāmid Tarhan. Es war aber auch der Beginn einer neuen Freundschaft, die ihn über Jahre beschäftigen sollte: Meḥmed Ṭalʿat, mit dem er anlässlich Kretas korrespondiert hatte, war als Abgeordneter für Edirne zugegen; nun konnten sie sich erstmals persönlich unterhalten.[805]

Auch in Paris, wo Süßheim im Mai 1910 einige Wochen in der Bibliothèque Nationale arbeitete, machte er sich für die osmanische Regierung stark: Auf eigene Faust versuchte er, eine Versammlung wie in London zu organisieren, die sich angesichts der Kreta-Frage mit der muslimischen Inselbevölkerung solidarisch erklären sollte – dafür suchte Süßheim den Kontakt zu einer Organisation osmanischer Studenten in Paris sowie den Muslimbrüdern vor Ort, aber auch zu einzelnen Politikern wie Yusūf Kemāl (später in diversen Ministerposten, zu diesem Zeitpunkt aber noch Abgeordneter für Kastamonu), der sich allerdings nicht begeistern ließ.[806]

In München, wo Süßheim sich schließlich niederlassen wollte, war sein Ruf als Orient-Kenner mittlerweile verbreitet: Der Bürgermeister lud ihn zum Empfang einer osmanischen Delegation im Juli 1911, die sich ganz im Sinne des nun rasch umzusetzenden jungtürkischen Modernisierungsstrebens mit der fortschreitenden Industrialisierung in Deutschland befassen sollte. Die Gruppe umfasste Militärs, Angehörige des Parlaments, Verwaltungsbeamte, Kaufleute, Landwirte und Journalisten – ein „in soziologischer als auch geographischer Hinsicht […] repräsentative[r] Querschnitt durch die osmanische Elite".[807] Der Turkologe Klaus Kreiser bezeichnet den Besuch als das in den Jahren bis zum Kriegsausbruch 1914 „bedeutendste Einzelereignis in den deutsch-osmanischen Beziehungen"[808]. Karl Süßheim, im Protokoll als „Privatgelehrter" vermerkt[809], kannte den Dolmetscher Galancızade Ḥaḳḳı Tevfiḳ , der die Reden beim offiziellen Empfang übersetzte[810], aus Konstantinopel. Er setzte sich zu ihm, und die beiden amüsierten sich über die mangelnden Sprachkenntnisse anwesender Redner. Einer von ihnen war der Journalist Ernst Jäckh, Chefredakteur der Heilbron-

805 Vgl. ebd., 17. u. 20. 7. 1909.

806 Vgl. ebd., 26. u. 29. 5. u. 1., 2. u. 4. 6. 1910.

807 Hier und im Folgenden vgl. ebd., 12. 7. 1911 sowie den Aufsatz von Klaus Kreiser: Damenbäder und Kanonengießereien. Zur osmanischen Studienreise nach Deutschland (Juni/Juli 1911), in: Ders. u. Christoph K. Neumann (Hrsg.): Das Osmanische Reich in seinen Archivalien und Chroniken. Nejat Göyünç zu Ehren (= Beiruter Texte und Studien 65 – Türkische Welten 1), Istanbul u. Stuttgart 1997, S. 85–114, das Zitat S. 92.

808 Ebd., S. 86.

809 Vgl. ebd., S. 97.

810 Dies geht aus anderen Quellen offenbar nicht hervor. Klaus Kreiser schreibt: „Die Gruppe wurde von Anfang an von dem dritten Dragoman der deutschen Botschaft C. Anders begleitet. Gelegentlich übersetzte auch ein deutschkundiger Gruppenteilnehmer. […] Gelegenheiten mit Deutschen in türkischer Sprache zu konversieren, werden selten gewesen sein. Die Empfangskomitees waren dennoch bemüht, Orientalisten zuzuziehen." Neben Karl Süßheim nennt Kreiser hier dessen wohlbekannte Kollegen Eduard Sachau und Fritz Hommel, die beide eine bremsende Rolle für Süßheims Laufbahn spielten, vgl. insb. Kap. I.1, u. I.3. Kreiser, Damenbäder, S. 96 f., das Zitat S. 96.

ner *Neckar-Zeitung*, der für eine ökonomische und kulturelle Expansion des Kaiserreichs im Nahen Osten eintrat und nach einer Reise im Osmanischen Reich ein Buch mit dem Titel „Der aufsteigende Halbmond. Auf dem Weg zum deutsch-türkischen Bündnis" veröffentlicht hatte.[811] Durch seine publizistische Unterstützung der jungtürkischen Revolution in deutschen Medien hatte er sich als „Türken-Jäckh" einen Namen gemacht. Der Empfang der Delegation war auf sein Betreiben hin zustande gekommen, doch Jäckhs Rede verärgerte Süßheim massiv: „Er provozierte die Türken auf sehr ungebührliche Weise [...]. Nachdem er die Bedeutung Deutschlands und die von ihm für die Türken geleisteten Dienste in mehrfacher Hinsicht und über alle Maßen übertrieben hatte, schlug er vor, das osmanische Bildungssystem mit Hilfe Deutschlands zu reformieren. [...] Grundschulen [...] sollten den Deutschen übergeben werden. Ḥaḳḳı Bey goss diese unwürdigen Sätze der Deutschen immer wieder in eine subtilere Form, um sie den Türken schmackhafter zu machen, aber als Ḥaḳḳı Bey den Vorschlag zur Übergabe der Grundschulen an die Deutschen übersetzte, schrie ein Mitglied der Delegation: ‚Übersetzen Sie richtig!' [...] Als Dr. Jäckh [...] seine Rede beendete, begannen alle, sie lautstark zu diskutieren."[812]

Wie wir aus anderen Quellen wissen, berichtete auch der preußische Gesandte über die schlechte Stimmung beim Abschiedsdiner in München.[813] Dies nimmt kaum wunder, wenn man Jäckhs Spuren nicht nur in Süßheims Tagebuch verfolgt. Dem liberalen Politiker Friedrich Naumann berichtete Ernst Jäckh nach dem Empfang anscheinend, dass das offensichtlichste deutsche Merkmal für die Türken die „Organisiertheit" sei, aber: Keinem sei „unsere größere ‚Freiheit' aufgefallen"; erst als einmal etwas nicht funktionierte, habe Jäckh sich außerdem belustigt, hätten sich alle wohl und zu Hause gefühlt.[814]

Angesichts der Arroganz seiner Landsleute gegenüber den Osmanen kam es Süßheim vermutlich nicht ungelegen, als er selbst, frisch an der Universität München habilitiert, sich im Auftrag der Bayerischen Akademie der Wissenschaften (BAdW) nochmals auf eine Reise nach Konstantinopel begeben sollte. In den Archiven des Topkapı-Palasts waren Zeitungsberichten zufolge interessante Dokumente ans Licht gekommen[815] und europäische Orientalisten hofften auf eine lockerere Politik der Jungtürken, was die Einsichtnahme in osmanische Staatspapiere betraf. Süßheim war skeptisch, denn vor Jahren hatte er bereits vergeblich ver-

811 Ernst Jäckh: Der aufsteigende Halbmond. Auf dem Weg zum deutsch-türkischen Bündnis, Stuttgart 1909. Zu seiner Haltung vgl. die Arbeit von Sevil Özçalık: Promoting an Alliance, Furthering Nationalism. Ernst Jäckh and Ahmed Emin in the Time of the First World War (= SMO 30), Berlin 2018.

812 Tagebuch KS, 12.7.1911, Nachlass KS (SBB) Hs. or. 1 135/3, fol. 104v f.–106r.

813 „Dr. Jäckh [...] empfahl Vermehrung deutscher Schulen und Gründung deutscher Hochschule in Constaninopel. Da hierauf missbilligender Zwischenruf erfolgt sein soll, könnte dies, wie Dragoman Anders auf Wunsch Staatsministers v. Hentig hier meldet, durch Presse in Paris grundlos aufgebauscht werden, wohin sich Mitglieder der Kommission zu begeben beabsichtigen. Nach Ansicht Hentig's liegt Verhinderung der Verbreitung in deutscher Presse im Interesse [der] Sache. Auf hiesige Presse habe ich nach Möglichkeit eingewirkt." Zit. nach Kreiser, Damenbäder, S. 102.

814 Zit. nach ebd., S. 98.

815 Vgl. Tagebuch KS, 16.6.1909.

sucht, Zugang zu erhalten.[816] Mit Blick auf seine Karriere in München nahm er den Auftrag jedoch an und reiste im Dezember 1911 ab. Vor Ort hatte er sich mit der neu gegründeten *Taʾrīḫ-i ʿOs̱mānī Encümeni* (TOE, „Gesellschaft für osmanische Geschichte") auseinanderzusetzen, die nun über seine Zulassung zu den Archiven entschied. Süßheim nahm an ihren Treffen teil und versuchte, ihren Präsidenten, den Historiker und Politiker ʿAbdurraḥmān Şeref, den er schon länger persönlich kannte, von seiner Eignung zu überzeugen, aber der Mann zeigte sich uninteressiert und vertröstete ihn wiederholt.[817] Als Süßheim über Wochen hinweg weder über die TOE noch über die deutsche Botschaft weiterkam, suchte er sogar persönlich das Büro des Großwesirs auf. Erst Ende Februar 1912 erfuhr er schließlich, dass dessen Antwort negativ ausgefallen war: Es gebe in den Archiven des Topkapı-Palasts keine für Süßheim interessanten Dokumente (ergo: historische Stücke zu den deutsch-osmanischen Beziehungen im 15. und 16. Jahrhundert), und es sei zudem ein ungünstiger Zeitpunkt: Eineinhalb Millionen Dokumente seien zur Durchsicht in die Bibliothek der TOE gebracht worden.[818]

Später stellte sich heraus, dass ʿAbdurraḥmān Şeref allein über die Erlaubnisvergabe entscheiden konnte – und es sich hierbei eigentlich um eine bloße Formalität handelte.[819] Er wollte Süßheim also nicht an die Dokumente lassen. Der versuchte es, obwohl er bereits zu dem Schluss gekommen war, dass seine Mission misslingen würde[820], nun noch beim osmanischen Außenministerium – doch die politische Kursänderung, an der er selbst mitgewirkt hatte, fiel nun auf ihn zurück. Süßheim traf auf dem Amt Franzosen und Briten, die sich allesamt begeistert von den neuen „sehr fähigen Leuten" der jungtürkischen Regierung zeigten: „Wenn etwas zu erkennen ist", schrieb Süßheim am Ende des Tages, „dann ist es die Tatsache, dass die auf Deutschland ausgerichtete Politik vollständig durch eine auf England und Frankreich ausgerichtete Politik ersetzt worden ist".[821] Ein Assistenzdolmetscher der deutschen Botschaft namens Hayek, der Süßheim zu seinem Termin begleitet hatte, hatte sich nach einer Weile neben ihn gesetzt und gesagt: „Ich gebe Ihnen einen freundschaftlichen Rat: Geben Sie Ihre Pläne, in den Archiven zu arbeiten, auf, und gehen Sie nach Deutschland zurück!" Da Süßheim inzwischen zudem in Erfahrung gebracht hatte, dass sein ungarischer Kollege Imre Karácson, der die Erlaubnis der osmanischen Behörden, in den Palastarchiven zu arbeiten, sogar schon vor der Verfassungsrevolution erhalten hatte, seinen Erfolg einzig persönlichen Beziehungen des österreichischen Botschafters zum damaligen Großwesir zu verdanken hatte, berichtete der entmutigte Deutsche der BAdW schließlich von seinen vergeblichen Bemühungen.[822]

816 Vgl. ebd., 21.2.1905, siehe dazu auch Kap. I.3.
817 Vgl. Tagebuch KS, 7. u. 28.12.1911, 3., 4. u. 10.1.1912.
818 Vgl. ebd., 8. u. 20.2.1912.
819 Vgl. ebd., 12. u. 14.3.1912.
820 Vgl. ebd., 11.3.1912.
821 Hier und das folgende Zitat: ebd., 19.3.1912, Nachlass KS (SBB) Hs. or. 1135/4, fol. 33r–34v.
822 Vgl. ebd., 12 u. 22.3.1912.

Vor seiner Reise war Karl Süßheim noch klar aufseiten der jungtürkischen Regierung gewesen – im Januar hatte er sogar seinen teuren Fotoapparat für Propagandazwecke, die dem KEF im Wahlkampf helfen sollten, verliehen.[823] Doch nicht nur seine eigenen Erfahrungen mit der vergeblichen Archivmission, auch die Berichte seiner Bekannten vor Ort müssen ihm zu denken gegeben haben: Zekeriyā Maẓlūm zum Beispiel hatte seinen Posten als Staatsanwalt aufgegeben, nachdem er erlebt hatte, wie mit dem Mord an einem Deutschen in Syrien umgegangen wurde.[824] ʿAbdullāh Cevdets Einfluss tat sein Übriges. Er stellte Süßheim dem Historiker Yūsuf Aḳcuraoğlu vor, besser bekannt als Yusuf Akçura, der aus politischen Gründen aus der Armee ʿAbdülḥamīds geflohen war und jüngst die *Türk Yurdu* (TY, „Türkische Heimat") gegründet hatte.[825] Die Zeitschrift war ein Flaggschiff des türkischen Nationalismus – und sein Herausgeber kann als gutes Beispiel dafür gelten, dass die von Jürgen Osterhammel bezweifelte These des Nationalismus-Imports aus Europa durchaus ihre Berechtigung hat.

Der Globalhistoriker schrieb in seinem Buch „Verwandlung der Welt", dass man im Zusammenhang mit Nationalismus immer wieder zu lesen bekäme, „es handele sich dabei um eine europäische ‚Erfindung', die dann in vergröberter Form und mit mancherlei Missverständnissen von der übrigen Welt übernommen worden sei"[826]. Einer, der das hier kritisierte Narrativ durchaus überzeugend vorträgt, ist der Turkologe M. Şükrü Hanioğlu: In seiner Atatürk-Biografie untersucht er die europäischen Einflüsse auf das jungtürkische Milieu, in dem sein Protagonist sozialisiert wurde, um seine Gedanken schließlich im Kapitel „Nationalismus und Kemalismus" zusammenzuführen.[827] Jürgen Osterhammel verweist dagegen auf eine Studie des Indienspezialisten Christopher A. Bayly und führt dessen „These von einer Polygenesis nationalistischer Solidaritätsformen" ins Feld[828]: „In vielen Teilen der Welt gab es bereits *vor* dem Import nationalistischer Doktrinen aus Europa eigenständige ‚patriotische' Identitätsbildungen", schließt Osterhammel daraus, „die dann im Laufe des

823 Ein Mann namens Lazar war vom Kriegsministerium angeheuert worden, Berichte des Hamidischen Geheimdiensts, die den Polizeistaat dokumentierten, im Yıldız-Palast zu fotografieren, und bat ihn um seine Kamera. Süßheim lieh sie, überwarf sich aber mit besagtem Lazar, weil dieser sie nicht wie verabredet zurückgab, vgl. ebd., 8., 20. u. 25.1.1912.

824 Vgl. ebd., 7.12.1911 u. 5.3.1912.

825 Vgl. ebd., 11.12.1911.

826 Osterhammel, Verwandlung, S. 18.

827 Vgl. Hanioğlu, Atatürk, passim.

828 „Ich zeige […], dass das Erstarken des nationalistischen Empfindens im ausgehenden 19. Jahrhundert ein globales Phänomen war. Es trat in großen Teilen Asiens, Afrikas sowie Nord- und Südamerikas gleichzeitig auf, und nicht etwa zuerst in Europa, von wo es nach ‚Übersee' exportiert worden wäre. In vielen Fällen beruhte der Nationalismus auf einheimischen Legenden, Geschichten und Gefühlen gegenüber Land und Leuten und war keine bösartige Zumutung des Westens. Theoretiker des Nationalismus werden die außereuropäische Welt künftig ins Zentrum ihrer Analysen rücken müssen, statt sie als ‚zusätzliches Extra' zu betrachten." Christopher A. Bayly: Die Geburt der modernen Welt. Eine Globalgeschichte 1780–1914, Frankfurt a. M. 2006, siehe hier insb. S. 248 ff., das Zitat S. 248.

späteren 19. und des 20. Jahrhunderts nationalistisch uminterpretiert werden konnten“[829]. Er benennt hier durchaus einen wichtigen Punkt, der sich auch auf die Osmanen vor der jungtürkischen Bewegung anwenden lässt: Ihr Patriotismus sei ihnen keinesfalls vorenthalten. Dennoch lässt sich der Import von Ideen und deren Umdeutung – nicht aber im Sinne von Missverständnissen, sondern vielmehr im Sinne der Anpassung an vorhandene Strukturen und Bedürfnisse – im Falle der jungtürkischen Bewegung bis ins Detail nachvollziehen. Gewissermaßen war die Perspektive der Jungtürken nicht mehr oder weniger eurozentrisch als die ihrer europäischen Vorbilder, und zwar in doppelter Hinsicht: Sie akzeptierten nicht nur die Verengung des Blicks auf Europa mit seiner scheinbar überlegenen Fortschrittlichkeit, sie drückten ihre Gedanken auch mithilfe desselben Begriffsinstrumentariums aus und unterwarfen sie vielfach den gleichen Narrativen und Deutungsmustern. Ein besonders auffälliges Beispiel für ebendiese Adaption war die erwähnte *Türk Yurdu*, in der über das Wesen der Nation nachgedacht wurde. In Artikeln der Zeitschrift von 1912 wurde Nationalität beispielsweise als Summe dreier Kriterien beschrieben: zuallererst die gemeinsame Sprache, dann gemeinsame Religion, Moral und Gewohnheitsrecht sowie ein gemeinsames Territorium, geteilte Geschichte und geteiltes Schicksal; die konfessionellen Kämpfe gelte es darüber hinaus zu überwinden, um in ihnen keine Kräfte zu verlieren.[830] Gemeint waren hier die Auseinandersetzungen zwischen Schiiten und Sunniten, und dennoch handelt es sich um Gedanken, die fast gleichlautend auch aus der Zeit der 1848er-Revolution im Kaiserreich hätten stammen können, in der Karl Süßheims Großvater sich engagiert hatte.

Yusuf Akçura, den Kopf hinter der Publikation, beschrieb Süßheim als fröhlichen Mann, der wusste, wie er sein Umfeld zum Lachen bringen konnte[831] – er war ihm außerordentlich sympathisch. Süßheim, Akçura und Cevdet verbrachten nun viel gemeinsame Zeit in der Redaktion der Zeitschrift, und immer wieder wurde dabei auch kontrovers über die aktuelle Politik der jungtürkischen Regierung diskutiert, insbesondere über die Reform- und Bildungspolitik sowie die Rolle, die Europäer darin einnehmen sollten.[832] Akçura, dem die Modernisierung des Osmanischen Reichs nicht schnell genug gehen konnte, beschwerte sich einmal bitter über den Zustand der Fähren in Konstantinopel und sagte bei dieser Gelegenheit, dass das gesamte Staatswesen derart korrupt sei, dass die Dinge sich nicht zum Besseren entwickeln könnten.[833] Er sorgte sich zudem über seine schwierige finanzielle Situation, genau wie ʿAbdullāh Cevdet, der sogar erwog, Konstantinopel – „die Stadt, von der er angewidert ist“[834] – wieder zu verlassen und ganz nach Europa zu emigrieren: „Als ʿAbdullāh Cevdet von Ägypten nach Istanbul übersiedelte, war er sicher, dass er eine hohe Position in

829 Osterhammel, Verwandlung, S. 18.

830 Vgl. TY 10 (1912), S. 293 u. 14 (1912), S. 419, zit. nach Tadeusz Swietochowski: Russian Azerbaijan, 1905–1920. The Shaping of National Identity in a Muslim Community (= SEES), Cambridge 1985, S. 71f.

831 Vgl. Tagebuch KS, 11.12.1911.

832 Vgl. beispielsweise ebd., 15.1.1912.

833 Vgl. ebd.

834 Ebd., Nachlass KS (SBB) Hs. or. 1135/4, fol. 3rf.

der Welt der Politik oder Literatur erlangen und problemlos Abgeordneter werden würde. Aber bei den Wahlen vor vier Jahren konnte er im Distrikt Mamuretü l-aziz, für den er kandidierte, nur sechzehn Stimmen erhalten. Bei den Wahlen, die in Kürze in Mamuretü l-aziz stattfinden werden, haben sechsundsiebzig Personen ihre Kandidatur eingereicht, aber es sollen nur drei Kandidaten gewählt werden. Laut ʻAbdullāh Cevdet Bey wird die Einheits- und Fortschrittspartei die Wahlen überall gewinnen. Die Regierung wird die wichtigsten Wähler beiseite nehmen und [ihnen] empfehlen, diese und jene zu wählen…"[835]

ʻAbdullāh Cevdet hatte sogar öffentlich seiner früheren „dubiosen religiösen Ideen" abgeschworen und beteuerte, jetzt „ganz und gar Muslim" geworden zu sein, doch der einst so gefährliche Feind des Sultans versank in der neuen jungtürkischen Ära in der Bedeutungslosigkeit.[836] Auch der von Süßheim seit seiner Kairiner Zeit hochgeachtete İsmāʻīl Ḥaḳḳı hatte sich dem KEF inzwischen entfremdet: Er gehörte als Abgeordneter der liberalen Partei *Ḥürrīyet ve İʻtilāf* („Freiheit und Übereinstimmung")[837] an, welcher von ihren Gegnern der Spitzname „die Reaktionären" angeheftet wurde, wie er seinem deutschen Freund bei einem Treffen im Parlament erzählte. Süßheim erläuterte bei dieser Gelegenheit den Parteimitgliedern die Sichtweise der europäischen Staaten auf den osmanischen Krieg mit Italien, das einige Wochen zuvor in Libyen eingefallen war und Tripoli und Bengasi annektiert hatte.[838] Die Partei İsmāʻīl Ḥaḳḳıs, die siebzig Abgeordnete stellte, war zum Zeitpunkt des Treffens noch eine ernstzunehmende Konkurrenz für das KEF, deren Fraktion zwischen siebzig und achtzig Mitgliedern schwankte[839] – damit sollte es jedoch vorbei sein, als im Januar 1912 die Neuwahlen durchgeführt wurden[840].

Im Februar traf Karl Süßheim den zweiten Vorsitzenden der Partei Meḥmed Ṣādıḳ , ebenfalls ein Abtrünniger des KEF, der während der Revolution noch eine bedeutende Rolle gespielt hatte, und sich nun sogar unfähig zeigte, Süßheim Informationen über die Ziele und Forderungen seiner eigenen Partei zu geben.[841] Der einst so enthusiastische Kairiner Kreis der jungtürkischen Bewegung war völlig desillusioniert; auch der von Süßheim bewunderte Historiker Aḥmed Ṣāʻib hatte sich bereits 1908 kurz nach der Verfassungsrevolution vom KEF verabschiedet. Als Süßheim den erkrankten Mann im Dezember 1911 in Konstantinopel besuchte, nannte er die KEF-Mitglieder verächtlich „Zuhälter"[842]. Auch ʻAlī Ḥaydār, Sohn des gefeierten Verfassungsvaters Midḥat Paşa, den Süßheim im Hause Cevdets antraf, sah pessimistisch in die Zukunft des Landes und beklagte das triste Los der muslimischen

835 Ebd., 5.3.1912, Nachlass KS (SBB) Hs. or. 1135/4, fol. 27v.

836 Ebd., 14.3.1912, Nachlass KS (SBB) Hs. or. 1135/4, fol. 32vf.

837 Zu ihrer Rolle als Gegnerin des KEF vgl. Ali Birinci: Hürriyet ve İtilâf Firkası. II. Meşrutiyet devrinde İttihat ve Terakki'ye karşı çıkanlar, İstanbul 1990.

838 Vgl. Tagebuch KS, 17.12.1911.

839 Vgl. die Zahlen ebd.

840 Vgl. Feroz Ahmad: The Young Turks. The Committee of Union and Progress in Turkish Politics 1908–1914, Oxford 1969, S. 99ff.

841 Vgl. Tagebuch KS, 12.2.1912.

842 Ebd., 26.12.1911, Nachlass KS (SBB) Hs. or. 1135/3, fol. 135rf.

Frauen.[843] Rıżā Tevfīḳ [844] wiederum, ein Abgeordneter für Edirne, den Süßheim in London kennengelernt hatte und den er nun in Konstantinopel besuchte, beschwerte sich über die Innenpolitik des KEF. Es mache den Anschein, dass er kein Interesse daran habe, sein Mandat zu behalten, schrieb Süßheim, zudem halte Rıżā Tevfīḳ es für möglich, dass zwischen Deutschland und England ein Krieg ausbrechen könnte. Süßheim kommentierte den Gedanken nicht weiter.

Hin- und hergerissen zwischen den unterschiedlichen jungtürkischen Lagern, ließ Süßheim es sich dennoch nicht nehmen, dem Großwesir Ḳıbrīṣlı Meḥmed Kāmil einen Besuch abzustatten und ihm eine Kopie seiner in Kairo gedruckten Edition zu überreichen, bevor er sich auf den Weg zurück nach Deutschland machte.[845] Der Mann, der Karl Süßheim – gekleidet in einem innen mit weißem Fell gefütterten, rosafarbenen Kaftan – in einem gänzlich europäisch eingerichteten Empfangszimmer in seinem Haus erwartete, gab bei dieser Gelegenheit offenbar voller Hybris zum besten, dass „die politische Geschichte des osmanischen Staates, die vor fünfzehn Jahren begonnen hat, [...] mit seiner [also Kāmils, KM] Ankunft in Istanbul ihre Erfüllung fand“[846]. Und Süßheim besuchte noch einen weiteren überaus selbstbewussten Mann, der inzwischen zum Minister aufgestiegen war: Meḥmed Ṭal'at, den er, wie wir hörten, 1909 in London kennengelernt hatte.[847] Als er ihn nun in Konstantinopel traf, konnte sich dieser zunächst nicht recht an ihn erinnern; er hielt Süßheim für einen Ungarn. Doch die beiden Männer kamen offenbar rasch wieder ins Gespräch und empfanden Sympathie füreinander. Süßheims Freude und Stolz auf die ihm zugeteilte Aufmerksamkeit von Personen in Machtfunktionen schwang sicher mit, als er in sein Tagebuch schrieb: „Er zeigte sich erfreut darüber, dass ich in München eine Professur für Orientalistik erhalten hatte. Als ich mich von ihm verabschiedete, sagte er: ‚Es hat mich sehr gefreut, mein Bruder, lass uns eine Korrespondenz miteinander beginnen.‘“[848]

Wenige Tage später verließ Karl Süßheim Konstantinopel. Dass es Jahrzehnte dauern sollte, bis er die Stadt wiedersehen würde, ahnte er freilich nicht.

Auch wenn er seine Kontakte in die jungtürkischen Kreise in der Folge durch sporadische Korrespondenz aufrechterhielt, so hatte der jüngste Aufenthalt seine Sicht auf die neue osmanische Regierung doch nachhaltig verändert. Zurück in Deutschland, beschrieb Süßheim in einem Aufsatz anschaulich die inneren Grabenkämpfe der jungtürkischen Bewegung – und hier insbesondere die Konflikte zwischen Zentralisten und Dezentralisten in den Jahren 1908 bis 1912[849], die sich an der Frage entzündeten, wie die nationale Identität des Osmanischen Reichs sich künftig gestalten sollte. Während die Dezentralisten – wie

843 Hier und im Folgenden vgl. ebd., 10.2.1912.

844 Rıżā Tevfīḳ (Bölükbaşı) (1869–1949) wurde später Erziehungsminister und war 1920 einer der Unterzeichner des Vertrags von Sèvres, weshalb er sich den Hass türkischer Nationalisten zuzog.

845 Vgl. Tagebuch KS, 31.3.1912.

846 Ebd., Nachlass KS (SBB) Hs. or. 1135/4, fol. 37rff.

847 Hier und im Folgenden vgl. ebd., 1.4.1912.

848 Ebd., Nachlass KS (SBB) Hs. or. 1135/4, fol. 38rf.

849 Vgl. Süßheim, Zusammenbruch, S. 94ff.

Süßheims Kairiner Kreis – die Gestalt des multiethnischen und -konfessionellen Reichs verteidigten und im Osmanismus eine „Identitätsklammer"[850] für alle Völker des Staates erblickten, forderte die Gruppe der Zentralisten um Enver Paşa einen starken türkischen Nationalismus, der zugleich eine Stärkung der muslimischen Mehrheitsbevölkerung implizierte.[851] Die Ausrichtungsstreitigkeiten sah Süßheim schließlich als Ursache dafür, dass die Kontrahenten, „um die blinden Massen zu gewinnen", wie er es formulierte, „den Kampf auf das religiöse Gebiet hinüberspielten, wo dann vergiftete Pfeile von tödlicher Kraft hinüber- und herübersausten"[852].

Die Zentralisten hatten die Oberhand in der Bewegung erhalten. Karl Süßheim teilte schließlich die Enttäuschung vieler Bekannter über die immer autoritärer werdende Regierungsführung der Jungtürken, die man sowohl als Widerspruch zu deren ursprünglich propagierten Werten oder aber als Konsequenz ihrer elitären Haltung interpretieren kann.[853] Süßheim, dem, wie wir festgestellt haben, der verhängnisvoll überhebliche Habitus des jungtürkischen Milieus gegenüber der einfachen Bevölkerung selbst nicht fremd war und der lange dazu beitragen wollte, die neuen Machthaber zu unterstützen, sah sich rückblickend sogar gezwungen, über „das fünfjährige verhängnisvolle Regime der Jungtürken"[854] zu schreiben. Victor Bérard, den Autor des Buches „La mort de Stamboul" von 1913, wird er schließlich für seinen „überlegene[n] Scharfsinn" und die „ansprechend[e] Sympathie für politisch und administrativ misshandelte Nationalitäten"[855] loben. Zum osmanischen Christentum, das 1908 in Kairo und Konstantinopel weitverbreitet seine Solidarität mit den Gegnern ʿAbdülḥamīds bekundet hatte, hatte der einst so skeptische Süßheim unter dem Einfluss seiner liberalen Freunde in der Zwischenzeit ein geradezu herzliches Verhältnis entwickelt: 1911 nahm er sogar die Einladung einer armenischen Familie an, mit ihr Weihnachten zu feiern.[856] Doch die Jungtürken diskriminierten und verfolgten nach ihrer Machtübernahme die nicht-muslimische Bevölkerung im Reich immer schärfer – insbesondere die Armenierinnen

850 Cevdet Gürle: Zypern in seinen Beziehungs- und Konfliktverhältnissen zu Türkei und Griechenland, Münster 2002, S. 30.

851 Vgl. ebd.

852 Süßheim, Zusammenbruch, S. 95.

853 Erdal Kaynar argumentiert zum Beispiel, dass das Regime dem ursprünglichen Aufklärungsanspruch der jungtürkischen Bewegung nicht widersprach, sondern ursächlich damit zusammenhing: "The issue of the Young Turks in power might be less their liberalism or authoritarianism than their perception of the people as a mass to be tutored according to the enlightened elite. The authoritarian frame presents itself as a possible and even necessary frame to ensure the logic of Enlightenment." Erdal Kaynar: The Logic of Enlightenment and the Realities of Revolution: Young Turks after the Young Turk Revolution, in: Lévy-Aksu u. Georgeon, Revolution, S. 40–66, hier S. 60f.

854 Karl Süßheim: [Rezension von] Victor Bérard: La Mort de Stamboul. Considérations sur le Gouvernement des Jeunes-Turcs, Paris 1913, in: OLZ 16/12 (1913), Sp. 564.

855 Der einzige Kritikpunkt, den Süßheim in der Rezension anführt, bezieht sich auf den „reklameartig dramatische[n] Titel" des Werks: Bérard beschäftige sich ausschließlich mit dem europäischen Teil des Osmanischen Reichs, von Konstantinopel sei darin kaum die Rede, ebd.

856 Vgl. Flemming u. Schmidt, Diary, S. 49.

und Armenier. Süßheim sah es lange nicht kommen, doch diese Politik führte in brutale Akte der ethnischen „Säuberung" und kulminierte schließlich im Genozid. Mitverantwortlich dafür wird Süßheims „Bruder" Meḥmed Ṭal'at sein, der unter seinem romanisierten Namen Talât Paşa bald auch im Kaiserreich den meisten ein Begriff werden sollte.

Die als islamisch kaschierte Unterdrückung durch 'Abdülḥamīd war dem angeblich rationalen Despotismus einer skrupellosen Gruppe gewichen, die den Islam zwar im Grunde oftmals verachtete, aber durchaus als identitätsstiftendes Merkmal der türkischen Nation gebrauchte. Karl Süßheim fühlte mit seinen Freunden, die über diese Entwicklung bitter enttäuscht waren – so wie 'Abdullāh Cevdet, der einstige Gründervater der jungtürkischen Opposition. Der Deutsche aber fühlte nun nur mehr aus der Ferne mit. Mit all seinen nahöstlichen Erfahrungen im Kopf entschied er sich im Frühjahr 1912, die aufregende Zeit des Reisens endgültig hinter sich zu lassen und sich ein Leben als Orientgelehrter in der bayerischen Heimat aufzubauen. Nach seiner Rückkehr pflegte er denn auch seine wichtigen Kontakte ins Osmanische Reich: So startete Süßheim beispielsweise eine Korrespondenz mit İbrāhīm Ḥaḳḳı, mit dem er bereits in dessen Funktion als Innen- und stellvertretender Unterrichtsminister zu tun hatte, als er sich auf seine zweite Anatolien-Reise begab, um die dortigen Bibliotheken und Archive in Augenschein zu nehmen.[857] Nach einem Intermezzo als Botschafter in Rom hatte Ḥaḳḳı von Januar 1910 bis September 1911 nun das Amt des Großwesirs inne. Über ihn verfasste Karl Süßheim einen biografischen Text für die EdI.[858] Als Ḥaḳḳı eine Reise nach München ankündigte, lud er ihn sogar ein, bei ihm zu wohnen.[859] Die Verbindung sollte sich noch lange als vorteilhaft erweisen, da der Osmane 1915 den Botschafterposten in Berlin annahm.

* * *

Wir haben gesehen, dass die politischen Überzeugungen des jungen Karl Süßheim zu Beginn des 20. Jahrhunderts im Osmanischen Reich mehrere entscheidende Wendungen nahmen und sein Verhältnis zu den unterschiedlichen Milieus, in denen er sich bewegte, sich wesentlich veränderte. Nach seiner Rückkehr war es ihm nichtsdestoweniger ein dauerhaftes Anliegen, osmanischen Staatsbürgern im Kaiserreich zu helfen. Er traf sich deshalb mit Gaststudenten; im März 1914 etwa kam im Münchner Restaurant Max Emmanuel eine bunte Gruppe zusammen – mit dabei waren ein Armenier und ein Muslim aus Konstanti-

857 Vgl. Karl Süßheim: Aus anatolischen Bibliotheken, in: Hugo Grothe (Hrsg.): BKO, Bd. 7, Halle a. d. Saale 1909, S. 77–88, hier S. 77.

858 Vgl. Tagebuch KS, 1.4., 18. u. 22.6.1913. Der Text erschien erst 1927, das vierseitige maschinengeschriebene und überarbeitete Manuskript befindet sich in Süßheims Papieren, vgl. Karl Süßheim: Ibrāhīm Ḥakkī Pasha, in: Nachlass KS (LOC), Box 9.

859 Vgl. Tagebuch KS, 1.4., 18. u. 22.6.1913 sowie 2. u. 3.7.1914.

nopel, ein Kurde aus Mossul sowie junge Männer aus Jerusalem, Damaskus und Arabgir.[860] Der bayerische Wissenschaftler bemühte sich, die jungen Osmanen in seiner Heimat willkommen zu heißen – und seine Haltung gegenüber der Krone war tatsächlich ungebrochen, wie seine bereits erwähnten Besuche von Festivitäten der Wittelsbacher in dieser Zeit bezeugen[861]. Süßheims Loyalität gegenüber dem deutschen Kaiser hatte dagegen insbesondere durch seine Erfahrungen mit der judenfeindlichen Stimmung in der Hauptstadt Berlin Risse erhalten. Auch hatte er sich für seine deutschen Landsleute im Ausland oftmals geschämt. Dennoch blieb er Patriot und war überzeugt von der Überlegenheit der europäischen Zivilisation. Die Vorstellung einer guten Monarchie, die all ihre Bürger, auch die Minderheiten, anständig behandelte, war in Süßheims Vorstellungswelt nach wie vor ein Ideal. Allzu gerne war er bereit, unter dieser Bedingung seine Rolle als loyaler Untertan zu akzeptieren – zu seinem politischen Portfolio neu hinzugekommen war die Überzeugung von der Rechtmäßigkeit eines Tyrannensturzes. Süßheim war in seiner elitären Haltung nach wie vor mitnichten Demokrat – schon gar kein Sozialdemokrat –, in der Auseinandersetzung mit den Kairiner Jungtürken aber sicher in politischer Hinsicht ein ganzes Stück freiheitsliebender geworden.

Die journalistischen Projekte Karl Süßheims in der Heimat weisen in eine ähnliche Richtung: Die Zeitungen, in denen er seine Artikel nun unterbrachte – die *Allgemeine Zeitung* (AZ)[862] und die *München-Augsburger Abendzeitung* (MAA)[863] – folgten, zumindest zum Zeitpunkt seiner Veröffentlichungen, einer liberalen Blattlinie. 1913 gelang es ihm, einen Feuilleton-Aufmacher in der prominenten und viel gelesenen *Frankfurter Zeitung* (FZ) zu platzieren[864] – ein Forum, das „der sozialliberalen Linie der Deutschen Volkspartei [folgte], ohne ein Parteiblatt zu sein"[865]. Der Historiker Jörg Später, der mit Siegfried Kracauer einen der führenden Köpfe der Zeitung mit einer Biografie würdigte, bezeichnet das Blatt als „Sinnbild der jüdischen Verbürgerlichung".[866] Karl Süßheim war ein Bildungsbürger durch und durch, und es lohnt sich, an dieser Stelle den Journalisten Paul Arnsberg zu zitieren, der zwar die FZ allgemein zu charakterisieren im Sinne hatte, doch damit gänzlich ungewollt auch eine sehr treffende Beschreibung ihres Gastautoren lieferte: Auch Süßheim

860 Vgl. ebd., 4.3.1914.

861 Vgl. seine beschriebenen Aufzeichnungen aus den Jahren 1912 und 1913.

862 Süßheim, Volksliteratur.

863 Karl Süßheim: „Bagdad", in: MAA 145 (17.3.1917), Vorabendblatt, S. 1; Ders.: „Türkische Musik", in: MAA 19 (11.1.1918), Morgenausgabe, S. 2; Ders.: Die Malerei in der Türkei, in: Sammler 72 (15.6.1918), S. 1–3 [Teil 1] u. 73 (18.6.1918), S. 1f. [Teil 2].

864 Süßheim, Konstantinopel. Bereits ein halbes Jahr zuvor war in der zum damaligen Zeitpunkt noch liberal-bürgerlich geprägten lokalen Tageszeitung in Süßheims fränkischer Heimat ein deutlich kürzerer Text zum gleichen Thema erschienen: Süßheim, Bibliotheksschätze. Süßheim reagierte damit auf den Artikel „Die Bibliothek von Konstantinopel", in: FK 531 (16.10.1912), Mittwoch-Abend-Ausgabe [Feuilleton], S. 10, vgl. dazu auch Kap. I.3.

865 Später, Kracauer, S. 24.

866 „[S]ie war prokapitalistisch und lehnte zugleich den Scheinkapitalismus des Kaiserreichs ab. Zudem war sie von [einer] eigentümlichen Frankfurter paradoxen Modernität geprägt." Ebd.

„galt sicher als fortschrittlich und liberal, war aber [...] in [seiner] ‚Infrastruktur' beinahe im Barockstil patrizierhaft und konservativ“[867]. Mit seiner politischen Haltung war Süßheim für seine Zeitgenossen in der Heimat dennoch nur schwer zu verorten, denn er hatte den anderen seine Erfahrungen aus dem Nahen Osten voraus. Vielen seiner Mitbürgerinnen und Mitbürger, darunter auch Familienmitgliedern, erschien er aufgrund seines Festhaltens an der Monarchie anachronistisch; die wirklich Konservativen aber konnten mit seinen Ansichten, die er sich als Teilzeitrevolutionär – und sei es im fernen Orient – erworben hatte, wohl wenig anfangen.

Seinen Text in der FZ veröffentlichte Süßheim vor dem Hintergrund der Balkankriege, die wenige Monate, nachdem er aus Konstantinopel zurückgekehrt war, begonnen hatten: „Es ist in den letzten Monaten wiederholt aus politischen Gründen gegen den Einzug der Bulgaren in Konstantinopel geeifert worden“, schrieb er, „[a]llein die Träger dieses lauten und gewiß sehr berechtigten Protestes haben einen anderen als den politischen Gesichtspunkt ganz aus den Augen verloren: die Eigenschaft Konstantinopels als Depots [sic!] unendlich kostbarer Kunstschätze, die aus dem ganzen vorderen Orient hierher zusammengetragen worden sind und einen geradezu phantastischen Wert besitzen. [...] [W]as heute geblieben ist, ist immer noch unendlich viel. Und wenn auch der Ausruf eines von der Menge blinkender Perlen und Geschmeide geblendeten Schriftstellers – daß der Kronschatz hinreiche, alle Schulden des türkischen Reiches zu decken – eine starke Uebertreibung darstellt, so ist doch unleugbar, daß eine fremde Macht (etwa Bulgarien), welcher der Schatz in die Hände fällt, damit ihre Finanzen ganz namhaft aufzufrischen in der Lage ist.“[868]

Sprach hier in erster Linie der deutsche Nationalist? Der Freund der bedrängten Osmanen? Oder der aufklärende Nahostexperte, der es besser wusste? Süßheim betonte seine patriotische Haltung, strich gekonnt sein fachliches Wissen heraus und wandte es in einen politischen Denkanstoß um. Seine Rolle als gefragter Orientkenner jedenfalls gefiel ihm sehr. Ihr Fundament war seine wissenschaftliche Expertise.

867 Zit. nach ebd.
868 Süßheim, Konstantinopel.

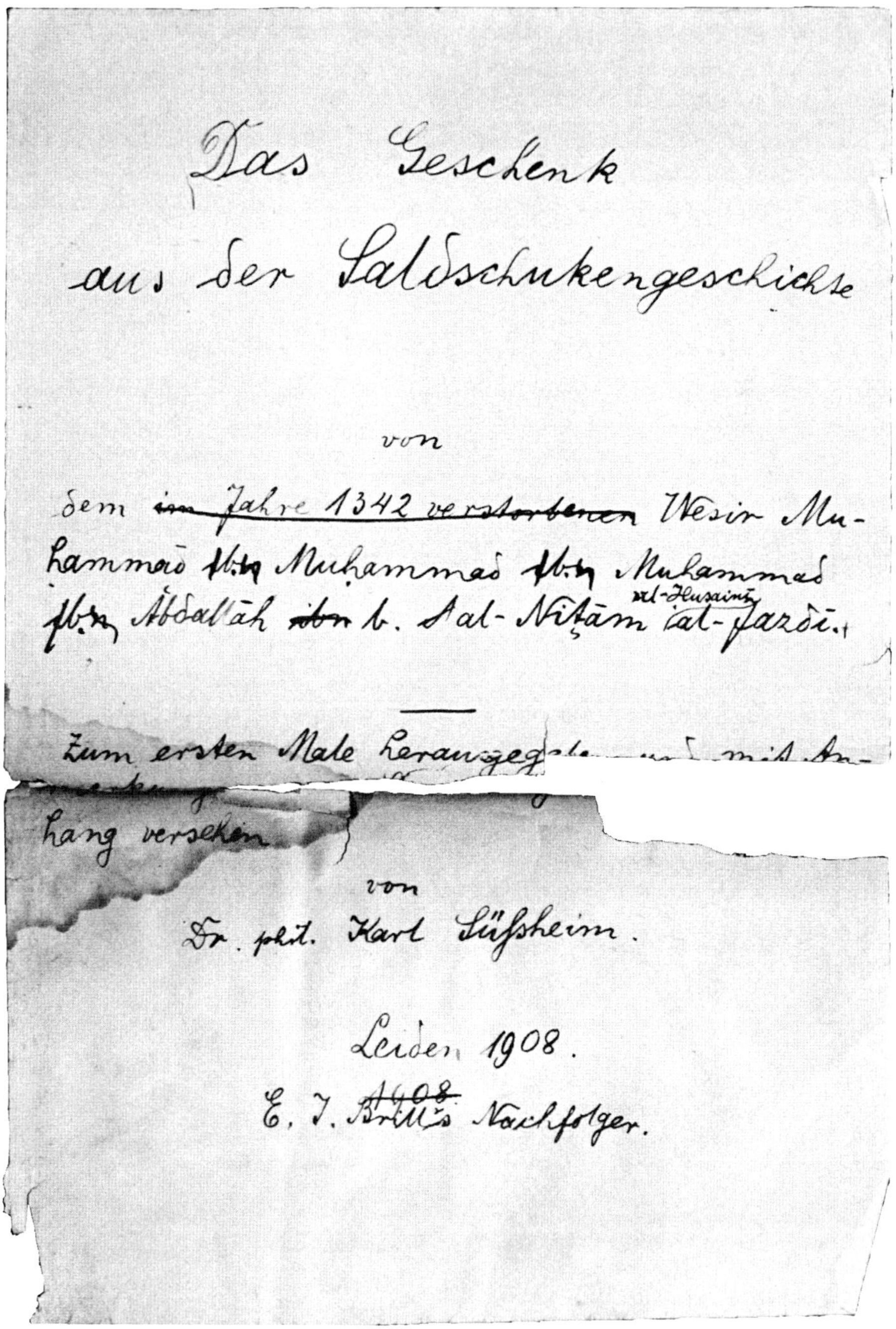
Das Geschenk
aus der Saldschukengeschichte

von

dem ~~im Jahre 1342 verstorbenen~~ Wesir Muhammad ~~ibn~~ Muḥammad ~~ibn~~ Muhammad ~~ibn~~ Abdallāh ~~ibn~~ b. Aal-Niẓām al-Ḥusainī al-Jazdī.

Zum ersten Male herausgegeben und mit Anmerkungen ... Anhang versehen

von

Dr. phil. Karl Süßheim.

Leiden 1908.
~~1908~~
E. J. Brill's Nachfolger.

„Das Geschenk aus der Saldschukengeschichte“: Für sein Gesellenstück in der Orientalistik war Karl Süßheim sogar nach Kairo aufgebrochen. Die deutsche Übersetzung schaffte es in den Leidener Verlag Brill – Süßheims handschriftliches Manuskript hat wohl schon bessere Zeiten gesehen, doch es findet sich nach wie vor in seinem Nachlass (LOC, Box 9).

Grau, teurer Freund, ist alle Theorie,
Und grün des Lebens goldner Baum.
Mephistopheles[869]

3. Grau ist alle Theorie. Ein Orienthistoriker

Süßheim "was to be the scholar of the family"[870], schreiben Barbara Flemming und Jan Schmidt im Prolog ihrer Tagebuchedition. War dies wirklich vorgezeichnet? Woher stammte Karl Süßheims Begeisterung für die Wissenschaft, woher kam sein Interesse für den Nahen Osten? Hatte es vielleicht mit seiner jüdischen Identität zu tun?[871] Und welches Berufsverständnis entwickelte er, der doch ursprünglich in der deutschen Historiografie beheimatet war, als Orientalist? Um Süßheims beruflichen Weg nachvollziehen zu können, muss der Blick zunächst dorthin gehen, wo seine Ausbildung begann: auf die Nürnberger Schulbank.[872]

Die bildungsbiografische Sozialisation Karl Süßheims begann am humanistischen Gymnasium seiner Heimatstadt: Büsten von Homer und Platon wiesen die Lernenden dort täglich auf die Bedeutung klassischer Bildung hin; Direktor Max Lechner, der seinen Schülern angeblich eher als gütige Vaterfigur denn als strenger Schulmeister entgegentrat und dies auch von den anderen Lehrern der Schule erwartete, hatte ein ausgeprägtes Faible für die griechische Antike.[873] Einen lebendigen Eindruck vom Fleiß und der Sprachbegabung des jüdischen Schülers gewährt uns Süßheims Nachlass in Washington: Dutzende Hefte aus der Schulzeit hat er bis zu seinem Tod aufbewahrt, beschrieben mit Vokabeln aus dem Altgriechischen und Lateinischen, auf Englisch und Französisch, die Seiten jeweils sorgfältig in der Mitte gefaltet, um die Selbstkontrolle zu erleichtern. Hinzu kommen Exzerpte und mit

869 Johann Wolfgang von Goethe: Faust. Der Tragödie Erster Teil [1808], Stuttgart 2000, S. 57.

870 Flemming u. Schmidt, Diary, S. 5.

871 Dieser Gedanke drängt sich mit Blick auf die Thesen des Nahosthistorikers Bernard Lewis auf, der die Bedeutung des jüdischen Beitrags zum Verständnis des Islam, der muslimischen Geschichte und Gesellschaft in der europäischen Moderne hervorhob, vgl. Lewis, Jews. In ganz verschiedenen Disziplinen des orientalistischen Felds in Deutschland waren Juden tatsächlich deutlich überrepräsentiert, wie schon ein Blick in die Listen der Nahostpublizisten sowie der Lehraufträge an Universitäten und am SOS im Anhang bei Wokoeck, Orientalism, S. 223–289 verrät.

872 Seit 1887 war Karl Süßheim Schüler des Melanchthon-Gymnasiums (damals noch die Kgl. Studienanstalt zu Nürnberg), das wegen des großen Andrangs 1889 in zwei Schulen aufgeteilt wurde. Süßheim nahm fortan am Unterricht des Königlich Neuen Gymnasiums zu Nürnberg an der Frauentormauer im Süden der Altstadt teil. Vgl. Heinrich Müller: Die Geschichte des Neuen Gymnasiums, in: Ursel Fischer u. a. (Hrsg.): 125 Jahre Neues Gymnasium Nürnberg, Nürnberg 2014, S. 27–127, hier S. 28.

873 Vgl. ebd., S. 28 f. u. 31 f.

„Präparationen“ überschriebene Übungshefte: Sie behandeln die Römer Tacitus, Cicero und Horaz, die Griechen Lykurg, Sophokles, Homer und Xenophon.[874]

Karl Süßheims Affinität für Sprachen, die bereits zu Schulzeiten deutlich hervortrat, schien keine geografische oder linguistische Grenze zu kennen: Allein die orientalischen Idiome, die er beherrschte und die sich im Osmanischen verbanden, gehören völlig unterschiedlichen Sprachfamilien an.[875] Mindestens 16 Sprachen erlernte Süßheim im Lauf seines Lebens – die meisten davon auf höchstem Niveau. Neben seiner deutschen Muttersprache und den antiken Sprachen waren dies Englisch, Italienisch, Spanisch, modernes Griechisch, Arabisch, Farsi, Osmanisch-Türkisch und später modernes Türkisch. Karl Süßheim nahm aber auch Russisch-Stunden, lernte ein wenig Ungarisch und brachte sich selbst Mongolisch bei.[876] Warum er sich einmal bei einem Berliner Antiquariat nach einem chinesisch-portugiesischen Wörterbuch erkundigte[877], bleibt sein Geheimnis, doch es nähme kaum wunder, wenn er sich als zwischenzeitliche Herausforderung auch mit Mandarin beschäftigt hätte. Süßheim, der im Juli 1896 mit 18 Jahren das Abitur absolvierte[878], scheint seine außergewöhnliche Sprachbegabung dennoch zunächst unterschätzt zu haben, als er sich von seinem Förderer Karl Theodor von Heigel überzeugen ließ und sich für ein klassisches Studium der deutschen Geschichte entschied. Heigel war ein akribischer Archivforscher, oder, um es mit den Worten seines Kollegen Erich Marcks zu sagen: „Er holte seine Steine stets selber vom Marmorbruch“[879]. Nicht nur das: Er legte auch den Grundstein für Karl Süßheims Karriere in der akademischen Welt.

„Ein Mediziner werde ich nie“ | Der Student oder die Geschichte der großen Männer

1896 schrieb Karl Süßheim sich in der heimatnahen Universität Erlangen zum Studium ein und nahm dort auch an Lehrveranstaltungen des bekannten Althistorikers Robert von Pöhlmann teil.[880] Im Frühjahr 1897 wechselte er für ein Semester ins sächsische Jena, wo er für

874 Nachlass KS (LOC), Hefte 5, 11, 13, 17, 20 u. 28.

875 Das Osmanische war der komplexe, historisch gewachsene Versuch, drei Sprachen gänzlich unterschiedlicher Stämme – Arabisch als semitische Sprache, Persisch als indoeuropäische Sprache und Türkisch als asiatische Turksprache – in einem einheitlichen Sprach- und Schriftsystem zu verbinden. Atatürks Schriftreform im Jahr 1928 diente nicht zuletzt der Vereinfachung des Türkischen, vgl. Kap. II.2.

876 Vgl. Flemming u. Schmidt, Diary, S. 93 u. 146.

877 Vgl. Paul Gottschalk an Karl Süßheim, 3.5.1927, Nachlass KS (LOC), Box 3.

878 Vgl. Tagebuch KS, 23.3.1915.

879 Marcks, Nekrolog, S. 154.

880 Vgl. Süßheim, Annexionsbestrebungen, S. 36. Robert von Pöhlmann (1852–1914) lehrte beispielsweise über die „Geschichte der sozialen Frage in der antiken Welt (mit Einschluss des Juden- und Christentums)“, vgl. VVFAU. Winter-Semester 1896/97, S. 11. Von 1884 bis 1901 war Pöhlmann Professor in Erlangen, danach Lehrstuhlinhaber in München. Er gilt in seinen Forschungsbereichen des althistorischen Fachs als herausragender Vertreter seiner Zeit und hinterließ bei seinem Studenten

zwei Fächer – Medizin und Philosophie – immatrikuliert war.[881] Dort besuchte er die Vorlesungen und Übungen etlicher Historiker.[882] Im folgenden Halbjahr setzte Süßheim sein Studium in Berlin fort[883]; in seinen vier Semestern in der Hauptstadt des Kaiserreichs[884] hörte er unter anderen auch bei Max Lenz, der später sein Doktorvater werden sollte.[885] Warum Karl Süßheim sein Studium in Berlin für ein Semester unterbrach und im April 1899 nach München wechselte[886], ist nicht bekannt. Dort traf er jedenfalls auch auf seinen frühen Förderer Karl Theodor von Heigel[887], der in München Geschichte lehrte, dessen Kurse Süßheim aber wie bereits erwähnt nicht wirklich zu überzeugen vermochten[888].

Dass Karl Süßheim beizeiten mit seiner Entscheidung für das Geschichtsstudium haderte, lässt sich nicht nur an seinem kurzen Ausflug ins medizinische Fach ablesen[889], der vermutlich von seinen Eltern angestoßen wurde. Dass er für den Arztberuf nicht geeignet war, erkannte Süßheim aber recht schnell. Seinem Vater, der keinen Hehl daraus machte, dass er sich für seinen jüngeren Sohn einen praktischen Beruf wünschte, schrieb er:

> „Du fragtest mich noch, wie mir das med[izinische] Studium behagt. Behagen ist ein dehnbarer Begriff, demgemäß könnte auch die Antwort ausfallen. Ich bin ja dessen mir

aus Nürnberg offenbar nachhaltigen Eindruck: In Süßheims Nachlass findet sich eine Dankeskarte für die „Beweise liebevoller Teilnahme bei dem uns betroffenen schweren Verluste“ der Familie aus dem Jahr 1914, in dem Pöhlmann starb. Nachlass KS (LOC), Box 4.

881 Vgl. AVGUJ. Sommer-Semester 1897, Jena 1897, S. 31.

882 Friedrich Wilhelm Eduard Keutgen, Ottokar Lorenz, Georg Hugo Mentz, Eduard Rosenthal, Stephan Stoy und Paul Weber, vgl. Süßheim, Annexionsbestrebungen, S. 36. Folglich besuchte Süßheim in diesem Semester einige dieser Lehrveranstaltungen: „Geschichte des Mittelalters“ (Keutgen), „Geschichte der neueren Zeit“ (Lorenz), „Geschichte Thüringens und Sachsens (Mentz), „Deutsche Rechtsgeschichte“, „Geschichte der deutschen Rechtsquellen“ und „Deutsches Reichs- u. Landesstaatsrecht“ (Rosenthal), „Geschichte der französ. Revolution“ (Stoy), „Kunst und Kultur Deutschlands vom Ausgang des Mittelalters bis zum Ende der Reformationszeit“ und „Kunstgeschichtl. Heimatkunde“ (Weber) sowie verschiedene Übungen der genannten Dozenten. Vgl. VVGUJ. Im Sommer vom 26. April bis 14. August 1897, S. 4, 10 u. 12.

883 Vgl. AVFWU. Auf das Winterhalbjahr vom 16. October 1897 bis 15. März 1898, Berlin 1897, S. 169.

884 Vom Wintersemester 1897/98 bis zum Halbjahr 1898/99 und nach einer halbjährigen Pause in München wieder im Wintersemester 1899/1900. Vgl. ebd., S. 169; AVFWU. Auf das Sommerhalbjahr vom 16. April bis 15. August 1898, Berlin 1898, S. 150; AVFWU. Auf das Winterhalbjahr vom 16. Oktober 1898 bis 15. März 1899, Berlin 1898, S. 176; AVFWU. Auf das Winterhalbjahr vom 16. Oktober 1899 bis 15. März 1900, Berlin 1899, S. 187.

885 Zudem hörte er bei Kurt Breysig, Hans Delbrück, Wilhelm Dilthey, Adolf von Harnack, Otto Hirschfeldt, Paul Scheffer Boichorst, Gustav von Schmoller und Michael Tangl, vgl. Süßheim, Annexionsbestrebungen, S. 36.

886 In der Landeshauptstadt war Süßheim in der Philosophischen Fakultät immatrikuliert, vgl. AVLMU. Sommer-Semester 1899, München 1899, S. 113.

887 Neben dem Wirtschaftshistoriker Lujo Brentano, dem Philologen Engelbert Drerup und dem Historiker Hermann von Grauert, vgl. Süßheim, Annexionsbestrebungen, S. 36.

888 Vgl. Kap. I.2.

889 Vgl. Süßheim, Annexionsbestrebungen, S. 36 u. AVGUJ. Sommer-Semester 1897, Jena 1897, S. 31.

voll bewußt, daß mir als Mediziner nun Sterne leuchten werden; [doch] wenn mir auch das Studium gefallen sollte – aber auch das nicht, weil es Medizin ist, sondern weil es Studieren ist, Erweiterung meines geistigen Horizonts – wenn auch dieser Wille vorhanden ist, mich der Medizin hinzugeben, ein richtiger Mediziner werde ich nie. Einem Optimisten bleibt ja immer noch die Hoffnung; wenn auch mancher sagen wird, es sei betrübend, daß ein junger Mensch so gar keine Ideale hat, oder, wenn es sie gibt, sie feige hingibt. Du wirst nun die Frage an mich richten, ob ich keinen anderen Weg zur Lösung dieser Schwierigkeit finden könnte.
Meine Antwort: Ich kann – Ich kann nicht."[890]

Unsichere Zukunftsperspektive und Erwartungsdruck hin oder her – es war die Geisteswissenschaft, die Karl Süßheim gefiel, und mit seiner Begabung weckte er offenbar das Interesse von Max Lenz in Berlin. Fachlich-methodisch ähnlich gepolt wie Süßheims bayerischer Förderer Heigel, scheute Lenz jedoch nicht wie jener davor zurück, im Richtungsstreit unter Historikern klar Position zu beziehen.[891]

Karl Süßheims Doktorvater war ein leidenschaftlicher Anhänger Leopold von Rankes – sein Werk über den österreichischen Erbfolgekrieg von 1740 widmete er sogar dem in die Jahre gekommenen Gründervater der modernen Historiografie.[892] Max Lenz gilt als Begründer der sogenannten „Ranke-Renaissance". Diese Strömung innerhalb des Fachs forderte eine Rückbesinnung auf das von Ranke postulierte Objektivitätsideal[893] in der Geschichtswissenschaft. Lenz spürte Kategorien wie Staaten und Nationen als Verkörperung bestimmter Ideen in der Geschichte nach, und dies mit klarer Agenda, wie der Wissenschaftshistoriker Rüdiger vom Bruch beschreibt: „Sein Werk zielte programmatisch auf eine deutsche Nationalgeschichte ‚von Luther zu Bismarck'[894] ab; für ihn wurzelte der deutsche Kultur- und Machtstaat – mit seinen Höhepunkten im 18. und 19. Jh. – im individualethischen Geist der

890 Karl Süßheim an Sigmund Süßheim, Jena, 19.5.1897, Privatnachlass KS.

891 Über Heigel heißt es in einem Nachruf: „Mit Richtungen und Programmen seines Faches hat er gelegentlich abgerechnet, mit Treitschke, mit Taine, er nennt wohl auch Lamprecht. Grundsätzlichen methodischen Streit, theoretische Formulierungen aber vermied er, er ging den Weg des Praktikers und tat, was ihm gemäß war." Marcks, Nekrolog, S. 154.

892 Vgl. Karl Theodor Heigel: Der Oesterreichische Erbfolgestreit und die Kaiserwahl Karls VII., Nördlingen 1877 sowie Marcks, Nekrolog S. 153.

893 Ranke erhob bekanntermaßen den Anspruch, darzustellen, „wie es eigentlich gewesen" ist. Die „Neue Geschichtswissenschaft" des Historikers und seiner Schüler hatte den Primat der Textnähe postuliert und für die Nutzung von, insbesondere auch unveröffentlichten, Primärquellen plädiert. Damit einher ging eine neue Qualität der Wissenschaftlichkeit im Sinne der Überprüfbarkeit der Ergebnisse und einer geringeren Anfälligkeit für Mythengeschichtsschreibung; gleichzeitig handelte es sich um eine klare Privilegierung staatlicher Quellen und Perspektiven, die sich insbesondere mit Außenpolitik und Kriegsgeschichte befassten. Zur Bedeutung der Ranke-Schule vgl. z.B. Osterhammel, Verwandlung, S. 32.

894 Hier handelt es sich um eine Anspielung auf den Titel folgenden Werks: Max Lenz: Kleine historische Schriften, Bd. 2: Von Luther zu Bismarck, München 1920.

Reformation. Das prot[estantische] Vermächtnis, bezogen auf Kulturentwicklung und wissenschaftlichen Fortschritt, galt ihm, dem Imperialisten und Ideologen eines weltpolitisch zu erweiternden Gleichgewichtssystems der ‚Großen Mächte', über Rankes europazentrierte Perspektive hinaus als der eigentliche ‚deutsche Gedanke' in der Welt."[895]

Diese Deutung der deutschen Geschichte fand zunehmend Eingang auch in die außenpolitische Sphäre des Kaiserreichs, um eine nationalistische „Weltpolitik" zu legitimieren. Max Lenz war ein Ideologe des Wilhelminismus, und 1914 wird er folgerichtig an das Hamburgische Kolonialinstitut (HKI)[896] wechseln, an welchem der Name auch Programm war. Gleichzeitig war der Historiker ein erklärter Gegner Heinrich von Treitschkes, welcher einer bewusst tendenziösen Geschichtsschreibung der kleindeutsch geprägten borussischen Schule anhing. Nicht nur in dieser Hinsicht waren die beiden Berliner Kollegen grundverschieden: In Treitschke nämlich, der mit seinen judenfeindlichen Veröffentlichungen den „Antisemitismusstreit" ausgelöst hatte[897], hätte der junge Jude Karl Süßheim wohl schwerlich einen Förderer gefunden. Lenz, seinerseits ein Schüler Theodor Mommsens (welcher sich in dieser Frage öffentlich gegen Treitschke positioniert hatte), war anders. Er betreute den jüdischen Doktoranden gerne. Dessen ungeachtet wurden ihm antisemitische Tendenzen unterstellt. Der Publizist Götz Aly macht diese an der Beschreibung des in der ersten Hälfte des 19. Jahrhunderts wirkenden jüdischen Historikers und Juristen Eduard Gans in Lenzens Hauptwerk – einer mehrbändigen Geschichte der Universität Berlin – fest.[898] Tatsächlich finden sich hier einige stereotype Passagen, doch lesen sich die Ausführungen eher wie eine ausgeprägte Aversion gegen die Wissenschaftler-Persönlichkeit Gans'.[899] Wird in Zukunft nach Max Lenz' Haltung zum deutschen Judentum gefragt, sollte jedenfalls nicht unerwähnt bleiben, dass dieser der „verehrt[e] Lehrer"[900] des jüdischen Studenten Karl Süßheim war. Auch lange nach dessen Promotion blieben die beiden in Kontakt, und Lenz – sprachlos über Süßheims im Ausland erworbene Bildung und sein Wissen – stattete seinen ehemaligen Doktoranden mit Empfehlungsschreiben aus.[901] Süßheim war nach seiner Rückkehr aus Konstantinopel auch bei Lenz zu Hause zum Bierabend eingeladen, wenn dieser sich mit seinen Schülern traf.[902] Das Verhältnis zu seinem durch und durch preußisch-protestantischen Doktorvater

895 Bruch, Lenz.

896 Vgl. ebd.

897 Vgl. dazu Kap. I.1.

898 Vgl. Götz Aly: Warum die Deutschen? Warum die Juden? Gleichheit, Neid und Rassenhass. 1800–1933, Frankfurt a. M. 2011, S. 180 f.

899 Vgl. Max Lenz: Geschichte der Königlichen Friedrich-Wilhelms-Universität zu Berlin, Bd. 2, 1, Halle a. d. S. 1910, S. 216–224. Lenz thematisierte auch die Bedenken der Fakultät gegenüber Gans, die sich aus seiner jüdischen Herkunft ergaben – jedoch ohne diese zu kommentieren oder sich zu eigen zu machen. Weitere Belege führt Aly nicht an.

900 Vgl. die Danksagung in der Dissertationsschrift, Süßheim, Annexionsbestrebungen, S. 3.

901 Vgl. Tagebuch KS, 7. 2. 1906.

902 Auch Lenz' freundliche Söhne und die arrogante Tochter waren dabei anwesend, wie Süßheim im Tagebuch bemerkte, vgl. ebd., 17. 2. 1906.

scheint ein herzliches, zum Teil auch humorvoll-neckisches gewesen zu sein, in dem durchaus auch die unterschiedlichen Religionszugehörigkeiten eine Rolle spielten. Einmal notierte Süßheim: „Nicht länger [mit mir] über das Christentum diskutierend, sagte er, ich solle Paşa von Jerusalem werden.“[903] Noch Jahrzehnte nach dem Betreuungsverhältnis dachten Lenz und Süßheim gerne aneinander, wie ein dicht beschriebener, zweiseitiger Brief belegt, in dem Lenz seinem einstigen Schüler auf Glückwünsche antwortete: „Lieber Herr Kollege und Freund! Herzlich habe ich mich über Ihre freundlichen Gedanken zu meinem 70. Geburtstag gefreut, denn es kann doch kaum Erfreulicheres geben, als bei seinen Schülern in gutem Gedächtnis zu bleiben, zumal wenn man sie auf der Straße, die vor ihnen gewesen, so richtig fortschreiten sieht, wie Sie es bereits beschrieben haben u. nach Ihrer Weise [...] es weiter thun. Auch ich habe in diesen Jahren [...] an Sie gedacht und mich gefreut, wenn etwa meine lieben Stud. mir von Ihrer Tätigkeit berichteten. Sie sind mir mit Ihrem Schaffen ja untreu geworden, oder eigentlich war es wohl nur ein Ausflug auf mein Gebiet, das für Sie als Nürnberger überdies Heimatsland war, als Sie ‚ins Land der Franken sahen‘.“[904]

Diese Anspielung lässt aufhorchen: Ausgerechnet bei Max Lenz in Berlin nämlich wurde der patriotische junge Bayer 1902 im Alter von 24 Jahren mit einer 32-seitigen Arbeit mit dem Titel „Preussische Annexionsbestrebungen in Franken 1791–1806“ – einer Darstellung Frankens während des Machtkampfs zwischen Preußen und Österreich zu Ende des 18. Jahrhunderts – zum Doktor der Geschichte promoviert.[905] Methodisch folgte Süßheim ganz dem Vorbild seines Betreuers, den Götz Aly als „staubtrockene[n] Aktenfuchs“[906] bezeichnet: Der Doktorand verschwand über Monate in Berliner, Nürnberger und Wiener Archiven und widmete sich dem kritischen Quellenstudium.[907] Bereits der Untertitel der Arbeit – „Ein Beitrag zur Biographie Hardenbergs“[908] – verrät die Dominanz der politischen Historiogra-

903 Ebd., 26.3.1906, übers. nach der osman. Translit. bei Schmidt, Orientalist (2018), S. 376.

904 Max Lenz an Karl Süßheim, 16.7.1920, Privatnachlass KS. Süßheim hatte sich, wie dem Brief zu entnehmen ist, auch nach Lenz‘ Söhnen erkundigt, über deren Fortgehen in Beruf und Weltkrieg dieser ihm daraufhin ausführlich berichtete. Die besondere Verbundenheit unterstreicht auch eine Passage aus dem beigefügten gedruckten Blatt, das Lenz seinen Gratulanten zukommen ließ, denn viele andere erhielten offenbar keine persönlichen Zeilen: „Die Fülle der Glückwünsche und Gaben, die mir zu meinem 70. Geburtstag dargebracht wurden, war zu groß, als daß ich den Dank dafür jedem einzelnen aussprechen und ihn überhaupt in Worte kleiden könnte [...]. Ein Ton vor allem war es, der, wie er mir aus jedem Wort entgegenklang, so den hellsten Widerhall in meinem Herzen geweckt hat: die Zuversicht, daß die Arbeit meines Lebens von Dauer und nicht ohne Wirkung sein werde.“

905 Die öffentliche Verteidigung fand am 5. März 1902 statt. Vgl. Süßheim, Annexionsbestrebungen, Deckblatt.

906 Aly, Deutschen, S. 181.

907 Und dies auch im eigentlichen Wortsinn. So lauten zwei seiner Hauptthesen: „Das in den Gesta Innocentii aufbewahrte Fragment eines Testaments Kaiser Heinrichs VI. ist für echt zu erklären“ und „[a]n der Fälschung des Otto v. Pack ist Landgraf Philipp von Hessen nicht beteiligt“. Süßheim, Annexionsbestrebungen, S. 34.

908 Karl August von Hardenberg (1750–1822) leitete in den 1790er-Jahren als „Vizekönig“ die Eingliederung der Provinz Ansbach-Bayreuth in den Besitz der Hohenzollern. 1804 bis 1806 war

fie, die oft so treffend als „Geschichte der großen Männer" bezeichnet wurde. Süßheims Ergebnisse, die er am Ende der Arbeit zusammenfasst, lesen sich denn auch wie folgt[909]: „Hardenberg wollte 1795 ausser Norddeutschland auch die nördliche Hälfte Süddeutschlands in die preussische Einflusssphäre einbeziehen. Es war das Kabinettsministerium, welches die Beschränkung auf den Norden verlangte." – „Als Friedrich Wilhelm III. 1806 in den Krieg gegen Napoleon eintrat, plante dieser nicht, wie man in Berlin irrig annahm, ein erneutes Eingreifen in den Länderbestand Preussens."

Folgenreiche Entscheidungen wichtiger Männer: Von innovativeren Perspektiven wie etwa der Wirtschafts- und Sozialgeschichte, die sich zu dieser Zeit herausbildeten, war Karl Süßheim mit seiner Dissertationsschrift denkbar weit entfernt und folgte hier den Idealen seines Doktorvaters, der am mehr persönlich-diffamierenden als sachlich geführten „Lamprecht-Streit"[910] (welcher sich deshalb auch nicht als echte Historiker-Kontroverse bezeichnen lässt) wortführend beteiligt war. Max Lenz hatte sich in diesem Zusammenhang vehement gegen kultur-, sozial- und strukturgeschichtliche Ansätze gewandt, und auch der Nachwuchshistoriker Karl Süßheim lebte mit seiner methodischen Herangehensweise in einer Welt, die den Vor- und Querdenkern der modernen Wissenschaft geradezu anachronistisch erscheinen musste.

Die Ideen und Perspektiven, die die intellektuelle Elite – darunter nicht wenige Mitglieder der jüdischen Minderheit – zur Jahrhundertwende umtrieben, die Soziologie, Psychologie und Philosophie der Moderne, sollten für Karl Süßheim bloße Möglichkeitsräume bleiben, die sich ihm auch später nie erschlossen. Auf die gefühlte Unübersichtlichkeit, Beschleunigung und Kontingenz der Gegenwart, diese eigentümliche Mischung aus Fortschrittseuphorie und Zukunftsangst, die so charakteristisch für Süßheims Jugendzeit war, reagierte er ganz anders als Ausnahmeerscheinungen wie Georg Simmel oder Sigmund Freud, die im Begriff waren, die Grundlagen des Wissens und der Wissenschaftlichkeit auf den Kopf zu stellen. Der junge Karl Süßheim dagegen zelebrierte nicht die (Selbst-)Verunsicherung, er gab sich nicht der mal destruktiven, mal konstruktiven Kraft des wieder und wieder Infragestellens aller Prämissen und Figuren, die dem eigenen Denken zugrunde lagen, hin. Anstelle der steten Konfrontation mit revolutionären Sichtweisen, anstatt sich eindeutig anhand sozialer Utopien und politischer Ideologien zu positionieren und diesen Standpunkt später gleichsam überzeugt zu verwerfen, um sich wiederum gänzlich einer anderen Weltanschau-

Hardenberg preußischer Außenminister, 1810 bis 1822 Staatskanzler. Eine aktuelle Biografie stammt von Lothar Gall: Hardenberg. Reformer und Staatsmann, München u. Berlin 2016, das Zitat S. 68.

909 Die folgenden Zitate: Süßheim, Annexionsbestrebungen, S. 34.

910 Dabei handelte es sich um eine Auseinandersetzung über die angemessene methodische Herangehensweise zwischen der preußisch-liberalen Geschichtswissenschaft und der Ranke-Schule in den 1890er-Jahren. Ein bereits älterer, aber noch immer lesenswerter Aufsatz mit überraschendem Blickwinkel auf die Kontroverse stammt von Lutz Raphael: Historikerkontroversen im Spannungsfeld zwischen Berufshabitus, Fächerkonkurrenz und sozialen Deutungsmustern. Lamprecht-Streit und französischer Methodenstreit der Jahrhundertwende in vergleichender Perspektive, in: HZ 251/2 (1990), S. 325–363.

ung zu widmen, suchte Süßheim auf wissenschaftlichem Gebiet genauso wie im politischen Bereich in seiner Jugend das Konstante und in seinen Augen Bewährte. Sicher ist es also eine ganz und gar irrige Vorstellung, dass der Student als leidenschaftlicher Gesprächspartner in politisch-philosophischen Diskussionszirkeln auftrat, sich über bahnbrechende Theorien den Kopf zerbrach und seine Kommilitonen mit pathetischen Worten – wie etwa sein Bruder Max – aus der Reserve lockte, sie beeindruckte und ihre Weltbilder erschütterte. Karl Süßheim zog es vielmehr vor, akribisch Quellen zu erforschen, nah am Text zu bleiben und herauszufinden, wie es eigentlich gewesen.

Sein wieder und wieder überarbeitetes handschriftliches Dissertationsmanuskript im Nachlass[911] bezeugt den Fleiß des sorgfältigen Archivstudiums. Mit der nüchternen Arbeit über die „Preussischen Annexionsbestrebungen" in seiner Heimat gelang Süßheim auf diese Weise sicherlich kein großer analytischer Wurf. Doch er hatte sein Gesellenstück solide und erfolgreich zum Abschluss gebracht, und eine stark erweiterte Version seiner Dissertationsschrift wurde noch im selben Jahr in die Reihe „Historische Studien" aufgenommen und veröffentlicht.[912] Wie Süßheim auf die sehr gemischt ausgefallene Rezension seiner Arbeit durch den Direktor des Nürnberger Stadtarchivs reagierte, wissen wir nicht, doch im Kern wird ihn die Kritik, die die „treffliche Charakteristik" großer Männer lobte und sich letztlich vor allem gegen seinen trockenen Stil richtete, vermutlich nicht getroffen haben.[913] Der letzte Satz der Rezension allerdings ist bemerkenswert. Es sei „zu hoffen, daß der Verfasser dieser seiner Erstlingsarbeit noch viele gediegene Arbeiten folgen lassen wird", schrieb Emil Reicke – „wenn auch, wie wir zu erwarten haben, auf einem ganz anderen Felde der Geschichte"[914]. Woher auch immer diese Erwartung stammte: Echte Leidenschaft hatte den Nachwuchswissenschaftler Karl Süßheim in der Tat längst auf – im Wortsinne – anderem Gebiet erfasst.

911 Karl Süßheim: Preußens Politik in Ansbach-Bayreuth. 1791–1806 [Manuskript], Nachlass KS (LOC), Kiste 14.

912 Ders.: Preussens Politik in Ansbach-Bayreuth 1791–1806 (= HS 33), Berlin 1902.

913 Der Rezensent erkannte explizit den Fleiß und die Gründlichkeit des Verfassers an und erwähnte, dass Süßheim wichtiges Urkundenmaterial zum Teil als Erster heranzog – „[d]eshalb wird die Arbeit für den Geschichtsforscher immer von hohem Werte sein". Er war aber auch der Meinung, dass Süßheim es bisweilen mit wörtlichen Zitaten zu allgemein bekannten Tatsachen übertrieben, in Detailfragen aber zu viel Wissen vorausgesetzt habe und monierte beispielsweise, dass Süßheim sich zu wenig mit „Material volkstümlicher, sozusagen menschlicher Strömungen" beschäftigt habe und seine nicht chronologische Darstellungsform den Leser verwirre. Ein weiterer Kritikpunkt richtete sich gegen Süßheims Sprache, in Reickes Worten dessen „süddeutsche Provinzialismen". Emil Reicke: [Rezension von] Preußens Politik in Ansbach-Bayreuth 1791 bis 1806. Von Dr. phil. K. Süßheim, Berlin 1902, in: MVGN 15 (1902), S. 224–229, die Zitate S. 226f.

914 Ebd., S. 229.

„Politisch und ökonomisch verwertbares Wissen" | Der Schüler vom SOS

Karl Süßheim besuchte an der Universität neben seinen Kursen zur deutschen und europäischen Geschichte schon früh auch Lehrveranstaltungen zum Nahen Osten: Bei den Dozenten, die sein Studium in Jena prägten, gab er den Indogermanisten Otto Schrader, in dessen Gebiet auch Farsi und Armenisch fielen, sowie dessen Kollegen Karl Vollers an, der Professor für orientalische Sprachen geworden war, nachdem er ein Jahrzehnt die ägyptische Nationalbibliothek in Kairo geleitet hatte. Vollers gab im Sommer 1897, also in Süßheims Jenaer Semester, drei Lehrveranstaltungen – wir dürfen davon ausgehen, dass der Nachwuchshistoriker auf jeden Fall die Vorlesung „Mohammed, der Koran und der älteste Islam" hörte.[915] Spätestens hier scheint Süßheims Interesse am Nahen Osten geweckt worden zu sein, seine Passion entwickelte er allerdings abseits der Alma Mater. Ausschlaggebend für seine fachliche Umorientierung nämlich waren nicht Ausführungen über die muslimischen Ursprünge vom Katheder herab, sondern die Begegnung mit dem zeitgenössischen Orient – und zwar in Berlin.

Nach seiner Zeit in Jena finden wir Karl Süßheim nicht nur als Student der Geschichte wieder, sondern auch als Schüler des Seminars für Orientalische Sprachen (SOS), das oftmals als Teil der Berliner Universität wahrgenommen wurde, 1887 aber explizit außeruniversitär gegründet worden war.[916] Abseits der gängigen akademischen Strukturen begann Süßheim hier Osmanisch, Arabisch und Farsi zu lernen. Das Studium bei Karl Foy, dem Türkisch-Lehrer des Seminars, und Martin Hartmann, der die arabische und türkische Moderne unterrichtete, motivierte ihn offenbar ungemein, und fern des Hörsaals begann er, jungen Männern, die aus dem Osmanischen Reich zum Studium nach Berlin gekommen waren, Deutschunterricht zu geben – im Gegenzug profitierte er von deren muttersprachlichen Kenntnissen. Mit dem Albaner Bedrī Murād[917] und dem bereits erwähnten Jurastudenten

915 Das „Semitisch[e] Seminar: Erklärung des Buches Hiob" begeisterte Süßheim wohl kaum, da er zu diesem Zeitpunkt weder religiös noch sprachlich sonderlich am Judentum interessiert war. Auch das Seminar „Arabisch für Vorgeschrittene, zugleich Erklärung mohammedanischer Münzen" lag zum damaligen Zeitpunkt sicher noch außerhalb der Sprachfertigkeiten Süßheims. Zu den Kursen vgl. VVGUJ (Sommer 1897), S. 10 f.

916 Das SOS war als eigenständige „öffentliche akademische Hochschule jedem Reichsdeutschen zugänglich […], der den erforderlichen Bildungsgrad nachweisen kann und außerdem bürgerlich unbescholten ist". Personell war das Seminar auf den ersten Blick eng mit der Berliner Universität verflochten – der Direktor des SOS, Eduard Sachau, durfte sich zugleich Lehrstuhlinhaber nennen. Dies beschränkte sich jedoch auf seine eigene Position: Die anderen Dozenten des Seminars hatten bewusst keine Anstellung an der Universität. Die ungleiche Stellung führte nicht selten zu Konflikten zwischen Sachau und den anderen. Vgl. Mangold, Wissenschaft, S. 229 f. u. 241. Das Zitat siehe Ed[uard] Sachau: Denkschrift über das Seminar für Orientalische Sprachen an der Königlichen Friedrich-Wilhelms-Universität zu Berlin 1887 bis 1912, Berlin 1912, S. 17.

917 Bedrī Murād wurde später Offizier und jungtürkischer Aktivist. Nach seinem Studium im Kaiserreich leitete er das Zollamt in Akkon im Norden des heutigen israelischen Staatsgebiets. In den 1920er-Jahren wurde er zum Polizeidirektor von Istanbul ernannt. Vgl. Tagebuch KS, 25.9.1908,

'Ömer Lutfī entstanden auf diese Weise dauerhafte Freundschaften. Insbesondere Letzterer machte Eindruck auf Süßheim, wie aus seinem Tagebuch hervorgeht: „Als ich 1898 seine Bekanntschaft machte, sah er aus wie ein sehr starker junger Mann, voller Knochen, Muskeln und Fleisch. Er war mal ausgelassen, mal ernsthaft gestimmt, aber er blieb immer würdevoll. Aus diesem Grund schickten osmanische Studenten in Berlin, die eine Beschwerde über das Ausbleiben ihres Stipendiums einreichen wollten, manchmal Lutfī Bey zu einem der Abgesandten von 'Abdülḥamīd II. [...].“[918]

1915 wird der charismatische 'Ömer Lutfī als osmanischer Generalkonsul in Deutschland aufs Parkett treten. Süßheim zufolge hatte der Kommilitone allen Grund, ihm dankbar zu sein: „Bis zu einem gewissen Punkt war ich der Grund für die Gnade, die Lutfī Bey genoss“, schrieb er im Rückblick, „denn 1903 habe ich die Arbeit, mit der er an der Universität Erlangen promoviert wurde[919], teilweise [selbst] geschrieben, den anderen Teil habe ich ihm diktiert“.

Über solche Bekanntschaften sehr konkret mit dem Orient konfrontiert, ließ Karl Süßheim die Region jedenfalls nicht mehr los – doch in welcher Form sollte er sein Interesse zum Beruf machen? Dass er mit seiner Sozialisation am Berliner SOS in der Orientalistik landen würde, war keinesfalls ausgemacht, denn hier wurde, wie wir bereits hörten, nicht in erster Linie wissenschaftlicher Nachwuchs herangezogen.

„Mit Ausnahme eines Semesters, in welchem ich mich auch mit Medizin befasste“, schrieb Karl Süßheim in den Lebenslauf, den er seiner Dissertation beifügte, „lag ich während meiner achtsemestrigen Universitätszeit dem Studium der Geschichte ob“[920]. Dies war, wenn nicht eine glatte Lüge, so doch zumindest eine bewusste Fehlinformation: Seine Studien am SOS überging Süßheim an dieser Stelle, obwohl sie alles andere als einen unbedeutenden Zeitvertreib darstellten. Es ist nicht sicher, warum er dies tat[921], doch mit Blick auf seine Karriere ergibt sein Schweigen durchaus Sinn: Die Spannungen zwischen den altehrwürdigen Universitäten und den neuen außeruniversitären Forschungseinrichtungen waren Süßheim sicher nicht verborgen geblieben. Nicht grundlos wurde das SOS, insbesondere von

19.3.1912 u. 14.6.1923. Süßheims ehemaliger Kommilitone wird in der Literatur auch als enger Freund Talât Paşas geführt, vgl. Ulrich Trumpener: Germany and the Ottoman Empire 1914–1918, Princeton 1968, S. 44.

918 Hier und das folgende Zitat: Tagebuch KS, 23.4.1918, Nachlass KS (SBB) Hs. or. 1135/9, fol. 44r ff.

919 K. Omer Lutfi: Die völkerrechtliche Stellung Bulgariens und Ostrumeliens. Inaugural-Dissertation der juristischen Fakultät der Friedrich-Alexanders-Universität zu Erlangen, Erlangen 1903. Lutfī arbeitete zeitweise auch für die bulgarische Regierung, vgl. Tagebuch KS, 28.5.1904.

920 Süßheim, Annexionsbestrebungen, S. 36.

921 Bei Holger Stoecker findet sich der Hinweis, dass die Schüler des SOS keine Vorlesungen an der Universität belegen durften – möglicherweise verschwieg Süßheim schon allein aus diesem Grund seine Doppelbeschäftigung in der Hauptstadt. Ob er am SOS als regulärer Hörer eingeschrieben war, lässt sich nicht nachvollziehen. Vgl. Holger Stoecker: Das Seminar für orientalische Sprachen, in: Ulrich van der Heyden u. Joachim Zeller (Hrsg.): Kolonialmetropole Berlin. Eine Spurensuche, Berlin 2002, S. 115–125, hier S. 117.

den Professoren an den Universitäten, als eine Anstalt kritisiert, die den Pfad der traditionellen Wissenschaft und das viel beschworene Ideal zweckfreien Wissens verlassen hatte und stattdessen, wie die Historikerin Sabine Mangold(-Will) schreibt, auf „politisch und ökonomisch verwertbares Wissen setzte“[922]. Die Skepsis, mit der man im philologisch geprägten Establishment an den Universitäten diesen neuen Orient-Experten gegenüberstand, erklärte sich auch aus der öffentlichen Wahrnehmung des SOS in seinen Gründungstagen, wie sie beispielsweise 1889 in der Bremer *Weser-Zeitung* zum Ausdruck kam: „[E]s ist nicht die silbenstechende, partikelchenforschende, nach ungelüftetem Pergament riechende philologische Stubengelehrsamkeit, welche hier herrscht, sondern eine frische nach der freien Luft praktischer Tätigkeit verlangende Wissenschaft. Von den früheren ‚orientalischen Seminaren‘ an deutschen Universitäten, in welchen ein Professor der Theologie hebraistische Studien trieb, Sanskritgelehrte Wurzelstämmen nachforschten, hier und da wohl auch ein Sinologe die classische Schriftsprache Chinas tractirte – welch ein Schritt von ihnen […] bis zu diesem neuen Reichsinstitut […]. Energisch ist hier alle rein philologische, als Selbstzweck unfruchtbar hinaufgeschraubte Theorie abgeschüttelt und eine Pflegestätte für ‚des Lebens goldenen Baum‘ gegründet worden.“[923]

Dass die Zeitung ihren Lobgesang auf das Seminar mit einem ins Positive gewandten Mephisto-Zitat[924] anreicherte, mag schlicht unglücklich gewählt worden sein, eine geradezu sinnbildliche Lesart drängt sich dennoch auf: Die Anfälligkeit, ja, die Verführbarkeit der neuen Nahost-Experten hinsichtlich politischer Vereinnahmung war augenfällig – und sollte ein Vierteljahrhundert später die wildesten Blüten treiben.[925] Mangold(-Will) bescheinigt der deutschen Orientalistik um die Jahrhundertwende ganz allgemein „eine deutliche Nähe zu den wirtschaftlichen und politischen Interessen des Reiches im Zeitalter von Imperialismus und Kolonialismus“; Kritik an Deutschlands Politik im Orient sei von einer „Anstalt, die sich der Dolmetscherausbildung für den Auswärtigen Dienst widmete, nicht zu erwarten“ gewesen.[926] Am SOS entstand aber auch eine neue orientalistische Tradition, die heute als „Berliner Schule“ bezeichnet wird.[927] Diese wandte sich also von der Wissenschaft in ihrer traditionellen philologischen Prägung, die zunehmend als l'art pour l'art empfunden wurde, ab und verfocht einen ganz neuen Ansatz: Sprache wurde für sie verstärkt Mittel zum Zweck.[928] Lehrer Martin Hartmann formulierte sogar den Anspruch, die Studenten und Dozenten am SOS „müssen Werte schaffen“[929]. Man wolle, wie Carl Heinrich Becker, ein anderer wichtiger Vertreter der neuen Richtung, es formulierte, „von einem möglichst

922 Mangold, Wissenschaft, S. 235.

923 Zit. nach ebd., S. 246 f.

924 Im zweiten Teil der Studierzimmerszene in Goethes Faust weist Mephisto einen Schüler auf die Unzulänglichkeit theoretischen Wissens hin, für den Wortlaut vgl. das Eingangszitat dieses Kapitels.

925 Vgl. dazu den „*Jihad* made in Germany“ während des Ersten Weltkriegs, Kap. II.1.

926 Mangold, Wissenschaft, S. 247.

927 Vgl. ebd., S. 250.

928 Vgl. ebd., S. 251 f.

929 Martin Hartmann: Neue Bahnen der Orientalistik, in: BKO, 1 (1902/3), S. 26–46, hier S. 44.

unparteiischen Standpunkt aus ohne Schönfärberei“[930] als Politikberater wirken und somit „die praktische Politik in manchen Punkten aus dem reinen Zufallsexperimentieren“ herausführen – hin „zu einem wissenschaftlich begründeten, verständnisvollen Eingehen auf die Psyche des Orientalen“[931]. Jegliche Trennung von politischen Ansichten und zweckungebundener Forschung wurde mit diesem Ansatz zunichtegemacht. Stattdessen wurde eine „angewandte Wissenschaft“ im Dienst an der Nation und damit auch an der Weltpolitik des Wilhelminischen Kaiserreichs propagiert.[932]

Am SOS galt der erklärte politische Auftrag, den Schülern „Verständnis für Land und Leute“ zu vermitteln: Neben der reinen Sprachenlehre standen die „Realien der betreffenden Sprachgebiete, insbesondere Religion, Sitten und Gebräuche, Geographie, Statistik und neuere Geschichte“ auf dem Programm.[933] Was dies in der Praxis bedeutete, erfuhr Süßheim zum Beispiel in den Vorlesungen Karl Foys. Dessen Kollege Martin Hartmann zeichnete in einem Nachruf ein Bild des Türkisch-Lehrers, das erstaunliche Berührungspunkte mit Karl Süßheims Persönlichkeit aufweist: ausgesprochene Heimatverbundenheit, Begeisterung für die Antike, die Liebe zur Sprache, ein „schwächliche[r] Körper“ bei wachem Geist.[934] Foy, der eigentlich sprachlich-kritisch ausgerichtet war, lehrte am SOS auch die „kulturellen Erscheinungen Vorderasiens und Südeuropas“[935]. Er habe sich „von vornherein […] willig und einsichtsvoll der speziellen Lehraufgabe des Seminars gewidmet“, stellte Institutsleiter Eduard Sachau in einer Denkschrift fest, „und sich um die Konsolidierung des Seminarunterrichts in der ihm von der Regierung angewiesenen Richtung große Verdienste erworben“[936]. Bei diesem Lehrer besuchte Süßheim Kurse über die „Verwaltung der Türkei“ und deren „Geschichte, Geogr[aphie], Ethnogr[aphie]“.[937] Während er die meisten Ausführungen über das Osmanische Reich und seine „Völker“ kommentarlos mitschrieb, wunderte Süßheim sich gelegentlich doch über einige Bemerkungen: Zur jüdischen Gemeinde in Konstantinopel etwa wurde gelehrt, dass diese aus deutsch-polnischen Aschkenasen sowie Sepharden, die 1492 aus Spanien vertrieben wurden, bestehe; letztere seien „große, blonde Gestalten“. Weiter protokollierte der Student: „In Konstant[inopel] wohnen etwa 45000 Juden. Sie treiben Weinhandel, kommen aber gegen Griechen u[nd] Armenier an Gerissenheit nicht an.“ In Klammern fügte er hinzu: „Sinn?“ Eine gewisse Empfindlichkeit gegenüber pauschalisierenden

930 C[arl] H[einrich] Becker: Ist der Islam eine Gefahr für unsere Kolonien?, in: KR 1 (1909), S. 266–293, hier S. 293.

931 Ders. zit. nach Erich Wende: C.H. Becker. Mensch und Politiker. Ein biographischer Beitrag zur Kulturgeschichte der Weimarer Republik, Stuttgart 1959, S. 24. Neben Becker formulierte dies auch Martin Hartmann ähnlich, vgl. Mangold, Wissenschaft, S. 271f.

932 Vgl. ebd., S. 273.

933 So hieß es in der Ministerialverfügung vom 5.8.1887, zit. nach ebd.

934 Vgl. Martin Hartmann: Dem Andenken Karl Foys, in: MSOS. Zweite Abteilung. Westasiatische Studien, Berlin 1907, S. 299–305, das Zitat S. 300.

935 Ebd., S. 302.

936 Sachau, Denkschrift, S. 30f.

937 Hier und die folgenden Zitate siehe die Mitschriften im Nachlass KS (LOC), Notizbuch 7.

Aussagen über religiöse und ethnische Gruppen ist hier unschwer zu erkennen, auch wenn Süßheim, wie wir noch sehen werden, als junger Orientalist selbst häufig davon Gebrauch machen wird.

Karl Süßheims Erfahrung mit der Rücksicht auf antisemitische Befindlichkeiten bei der Vergabe freier Stellen am SOS wurde bereits geschildert, und sie sprechen, was das dort vorherrschende Klima für jüdische Schüler und Dozenten betraf, für sich. Auch der interkulturellen Toleranz am Seminar, das sich seiner muttersprachlichen Angestellten rühmte, waren, so scheint es, enge Grenzen gesetzt: 1905 wurde zum Beispiel ein afrikanischer Suaheli-Lektor entlassen, weil er eine deutsche Frau geheiratet hatte.[938] Dass der zeitgenössische Orient aber überhaupt zum Untersuchungsgegenstand der Wissenschaft erhoben wurde, war eine Neuerung, die das politikgebundene außeruniversitäre Forschungsinstitut mit sich brachte und einem völlig anderen Zugang zum Fach der Orientalistik den Weg ebnete: Aus diesem Geist heraus wurde, um es so plakativ wie korrekt zu formulieren, die deutsche Islamwissenschaft geboren, die später als Avantgarde der Nahost-Expertise gelten sollte. Im Wilhelminischen Zeitalter war die Forderung laut, die Wissenschaft für die „Nation" nutzbar zu machen – Historiker wie Süßheims Doktorvater Max Lenz, die sich vor allem mit der deutschen Geschichte auseinandersetzten, hatten dies verstanden und perfektioniert, doch die Philologen der herkömmlichen Orientwissenschaft verwehrten sich. An ebendieser Stelle traten die außeruniversitären Forschungseinrichtungen – und also zunächst Karl Süßheims Lehrer am SOS – auf den Plan; fest entschlossen, den Ruf des Zeitgeists zu erfüllen. Zusammen mit C.H. Becker, dem später die Leitung des Hamburgischen Kolonialinstituts (HKI) übertragen wurde, bildeten sie zu Beginn des 20. Jahrhunderts eine „weitgehend unabhängig[e] disziplinär[e] Subgemeinschaft"[939], die einen neuen Zweig des Fachs begründete, den sie als Islamwissenschaft bezeichneten.[940]

Der eifrige Sprachenschüler Süßheim konnte sich also am Puls der Zeit fühlen, und noch etwas anderes kam ihm zugute: Besonderer Wert wurde am SOS explizit auf die „Praxis des Sprechens"[941] gelegt; Lesen und Übersetzen reichten nicht aus. Das Seminar engagierte wie gesagt Muttersprachler – und richtete die Kurse dialogorientiert aus. Viele Schüler kamen hier erstmals mit „echten Orientalen" in Kontakt.[942] Unter diesen optimalen Bedingungen legte der überaus sprachbegabte Karl Süßheim den Grundstock seiner Kenntnisse im Osmanischen, Arabischen und Persischen, und im Laufe seines Lebens wird er nahezu

938 Vgl. Stoecker, Seminar, S. 118.

939 Mangold, Wissenschaft, S. 226.

940 Vgl. dazu auch Alexander Haridi: Das Paradigma der „islamischen Zivilisation" – oder die Begründung der deutschen Islamwissenschaft durch Carl Heinrich Becker (1876–1933). Eine wissenschaftsgeschichtliche Untersuchung (= MISK 19), Würzburg 2005.

941 Dies war auch in den Unterrichtszielen zum SOS politisch festgehalten, vgl. Mangold, Wissenschaft, S. 273.

942 Vgl. ebd., S. 238.

an das Niveau eines Muttersprachlers herankommen.[943] Für den Beruf eines Dolmetschers oder Sprachlehrers wäre er geradezu prädestiniert gewesen – und warum sollte er sich nicht auch als Dozent ans SOS wünschen? Karl Süßheim war durch seinen Doktorvater sicher hinreichend nationalistisch geprägt worden, um hinter den Idealen der Schule zu stehen, auch wenn er kein glühender Verehrer des Kaisers war. Für die deutschen Lehrer des Berliner Seminars ergab sich aus dem politischen Zuschnitt jedoch ein völlig neuer Anspruch: Aus direkter Erfahrung sollten sie mit den Landesverhältnissen und der Sprache, die sie unterrichteten, vertraut sein – und aus diesem Grund auch „in dem betreffenden Sprachgebiet gelebt" haben.[944] Da es nicht einfach war, entsprechendes Personal zu finden, kamen auf diese Weise auch ältere Orientalisten zum Zug, die sich in der Zwischenzeit anderweitig orientiert hatten – so etwa geschehen bei Arabisch-Dozent Martin Hartmann[945], der zum bekanntesten Kopf des Seminars wurde. Mit solchen Vorbildern vor Augen und fest entschlossen, sich beruflich mit dem Orient zu befassen – sei es als Wissenschaftler oder als Praktiker –, fasste Karl Süßheim den Entschluss, ins Osmanische Reich aufzubrechen.

Die Sehnsucht nach dem Orient war den Eltern zunächst kaum zu vermitteln. Süßheims Leidenschaft für den Nahen Osten teilte niemand in der Familie, doch zumindest seine Geschwister gaben ihm wohl Rückendeckung: Ein Brief Paula Süßheims in der Abschlussphase seines Studiums zeugt von Nähe und Solidarität unter Geschwistern. Sie bedauere es zwar, so die Schwester, dass er nicht mit ihr und den Eltern eine Reise unternehmen wolle, denn sie habe sich „so gefreut, wieder einmal mit [ihm] zusammen zu sein", aber „[d]er eigentliche Grund" ihres Schreibens sei, „Dir recht, recht viel Glück zu Deinem bevorstehenden Examen [zu wünschen]. Hoffentlich hast Du den gewünschten Erfolg u. daß Dein großer Fleiß recht belohnt wird."[946] Der Zusammenhalt scheint nötig gewesen zu sein. Bruder Max, der mit dem Anwaltsberuf immerhin etwas Handfestes erlernt hatte, schrieb in einem Büchlein, das er den Eltern zur Silberhochzeit widmete: „Wohl waren es schwere Kämpfe für den Vater, seine Zustimmung zu geben, daß keiner der beiden Söhne sich dem

943 Der Münchner Turkologe Christoph K. Neumann, der diese Biografie, die als Dissertationsschrift entstanden ist, mitbetreute, kommt zu einer vorsichtigeren Einschätzung der Sprachkenntnisse Karl Süßheims als Barbara Flemming und Jan Schmidt, die dessen Tagebücher ins Englische übertrugen („Süssheim was an accurate speller and he followed the rules of Turkish and Arabic grammar." Flemming u. Schmidt, Diary, S. 2): Insbesondere in den frühen auf Osmanisch geführten Tagebüchern sei, so Neumann, eine beachtliche Anzahl von grammatischen und auch orthografischen Fehlern enthalten, die typisch für Deutsche seien, die die Sprache erlernten. Dennoch lasse die rasche und sichere Aneignung des Osmanischen, die andere Fachleute Jahrzehnte kostete, auf Süßheims außergewöhnliches Talent schließen. Die Süßheim'schen Tagebücher eigneten sich Neumann zufolge hervorragend für eine philologische Betrachtung eines gelungenen Lernprozesses. Dass Karl Süßheim später von Einheimischen wiederholt für einen Osmanen gehalten wurde, spricht in der Tat für sich.

944 Vgl. Mangold, Wissenschaft, S. 238. Das Zitat: Sachau, Denkschrift, S. 16.

945 Hartmann hatte ein Orientalistik-Studium bei Fleischer in Leipzig absolviert und war dann als Hauslehrer in Konstantinopel und als Dolmetscher im diplomatischen Dienst am Generalkonsulat in Beirut tätig, bevor er nach Berlin wechselte, vgl. Mangold, Wissenschaft, S. 241f.

946 Paula Süßheim an Karl Süßheim, 10.5.1901, Privatnachlass KS.

Kaufmannstande widme"[947]. Die Differenzen waren indes kein familiär gehütetes Geheimnis: Der Nürnberger Rabbiner sah sich sogar bei Sigmund Süßheims Beerdigung veranlasst, sie zu erwähnen.[948] Die berufliche Zukunft der Söhne war ein überaus konfliktbehaftetes Thema, und der Vater war mit seiner Skepsis gegenüber der Geisteswissenschaft keine Ausnahme im emanzipierten jüdischen Bürgertum, das auf kaufmännischem Wohlstand fußte und damit der nächsten Generation erst die finanziellen Rahmenbedingungen dafür erarbeitet hatte, sich der höheren Geistesbildung widmen zu können. Ein Brief Arthur Scholems im Ersten Weltkrieg an seinen Sohn, der später ein Schüler Süßheims werden sollte, zeigt anschaulich, dass die elterliche Protektion kein selbstverständliches Gut war[949]: Noch habe er Zeit, eine feste Tätigkeit anzunehmen, schrieb Vater Scholem: „Du wirst dann sehen, wie selbstverdientes Brot schmeckt und es wird Deinem Hochmut sehr gut tun, wirkliche Arbeit zu leisten. Denn was du als solche betrachtest, ist doch nur Spielerei und die Leute, die Dir für Deine Schriftstellereien und Sprachstunden jetzt Geld geben müssen, sind sicher im Innern nicht wenig darüber entrüstet. Denn Geld ist etwas sehr Konkretes und Leuten, die sich nur mit Abstraktem beschäftigen, gilt es als anrüchig, es zu verdienen."[950]

Karl Süßheims Vater, ebenfalls alles andere als begeistert von den Ambitionen seines jüngeren Sohns, zeigte sich im Vergleich dazu geradezu kulant. Die Familie finanzierte ihm für die Zeit seiner Bewährung – und darüber hinaus – Wohnung und täglich Brot.[951] In seinem Testament von 1909 schrieb Sigmund Süßheim darüber hinaus von 150 000 Mark, die jedes seiner Kinder als „Mitgift" bereits erhalten habe.[952] Die Unterstützung der Eltern war im Hause Süßheim allerdings an die Bedingung geknüpft, nach wie vor Anteil am Leben der Kinder haben zu dürfen.[953] Sohn Karl versuchte stets, wenngleich widerwillig, diesen Ansprüchen gerecht zu werden. Der vorwurfsvolle Ton in den Briefen seiner Eltern, insbesondere

947 Süßheim, Thätigkeit, [S. 45].

948 Vgl. Tagebuch KS, 2.5.1910.

949 Genauso erging es übrigens auch Siegfried Kracauer, dessen Familie ihn zu einem „Brotberuf" drängte, während er der „philosophische[n] Schriftstellerei" anhing, vgl. Später, Kracauer, S. 45.

950 Arthur Scholem an Gerhard Scholem, 12.5.1917, zit. nach Itta Shedletzky (Hrsg.): Gershom Scholem. Briefe, Bd. 1: 1914–1947, München 1994, S. 13. Unterstützung erfuhr der Student jedoch von seiner Mutter, die die Ansichten ihres Mannes oftmals kurzum überging: „[W]ir […] haben nun wirklich keinerlei Sorge mehr, daß Du Dich durchsetzen u. Dir Stellung u. eigene Befriedigung erringen wirst. Welch ein Glücksfall ohne Gleichen, wenn Du in dem, was Dir Inhalt u. Ziel Deines Lebens bedeutet, auch zugleich den Unterhalt Deines Lebens findest, also beglückwünschen wir Dich herzlich!" Betty Scholem an Gerhard Scholem, 23.10.1923, zit. nach ebd., S. 87.

951 Dasselbe galt – anders als für Schwester Paula, die wie fast alle Frauen ihrer Zeit nicht in den Genuss einer akademischen Ausbildung kam – auch für Süßheims Bruder Max, der ebenfalls in Militär- und Studienzeit finanziell unterstützt wurde, vgl. Sigmund Süßheim: Letztwillige Verfügung, 2.7.1909, Privatnachlass KS.

952 Ebd. Der Begriff ist im Falle Karl Süßheims als vorzeitiges Erbe zu verstehen.

953 „[W]elche Mutter gäbe es, welche gewissenhafter und unermüdlicher mit liebevollem Auge über das Gedeihen und Fortkommen ihrer Kinder gewacht […]?", so die rhetorische Frage Max Süßheims. Süßheim, Thätigkeit, [S. 45].

vonseiten der Mutter, ist kaum zu überlesen: „Obwohl Du mi[r] nich[t] geschrieben hast, daß Du die letzte Sendung mit Wäsche pp. erhalten hast, sende ich Dir heute Eßwaren", schrieb sie, und weiter: „Was hast Du mit Deinem Studium vor, bleibst Du weiter in Berlin? [...] Den blauen Kragenschoner trage, denn warm ist['s], u[.] die Krägen [sollen] nicht so schwitzen, Max trägt nun hell blauen. Er kommt heute Nachmittag [...]. Grüße u[.] schreibe etwas öfters [sic!] u[.] ausführlicher, wo Du Abends u. Sonntags hingehst u. wer [in] Deiner Gesellschaft ist."[954]

Karl Süßheim machte die Erwartungshaltung seiner Eltern während seiner Studienjahre ihnen gegenüber auch explizit zum Thema: „Es ist ja nicht mein Wunsch, so oft zu schreiben; aber immer wieder mit Fragen bestürmt, die vielleicht mir selbst unwichtig erscheinen, Euch aber vermöge[ns] der Teilnahme, die ihr mir entgegenbringt, nicht gerade unerheblich, sehe ich mich natürlich veranlaßt, Euren Wünschen zu willfahren."[955] In, vermutlich bewusst gewähltem, gelangweiltem Ton folgte sodann eine Beschreibung seiner Wohnverhältnisse als Student in Jena.[956]

Trotz des Unverständnisses, das ihm bezüglich seiner Berufswünsche entgegengebracht wurde, entschied Süßheim sich, seinen eigenen Interessen zu folgen und ins Osmanische Reich aufzubrechen. „Deinen jüngsten Brief, woraus Du erkennen ließest, daß Du Deinen Plan nach Konstantinopel zu gehen, nicht aufgegeben hast, haben wir erhalten", schrieb der Vater verdrossen – „[Du] kannst [...] die Behandlung dieses Themas hier weiter fortsetzen. Ich hoffe[,] Dich gegen Ende des Monats hier zu sehen [...]."[957] Es wird angenehmere Gespräche zwischen Vater und Sohn gegeben haben, aber nichtsdestotrotz: Wohl als Belohnung für den Doktortitel – seine Dissertationsschrift widmete Süßheim seinen „lieben Eltern"[958] – finanzierte der Vater schließlich seine Reise gen Osten.[959] Die Fürsorge ging sogar so weit, dass die Süßheims, zu dieser Zeit mit erheblichem Aufwand und Kosten verbunden, ihren Sohn in Konstantinopel besuchten, als er dort ernstlich erkrankte, wie aus einem Brief eines Onkels hervorgeht: „Aus den letzten Zeilen [...] entnehme ich zu meiner großen Überraschung, welch große Reise Ihr unternommen; freilich ist die Ursache derselben leider trauriger Natur, doch hoffentlich tritt die Unterleibsentzündung[960] bei [...] Karl nur in gelindem Grad auf, so daß Ihr mehr mit dem Schreck davonkommt, ohne Euch lange Sorgen machen zu müssen. [...] Eure Gegenwart in Konstantinopel ist das letzte, das ich mir hätte träumen lassen."[961]

Für Karl Süßheims Entscheidung, nach Konstantinopel zu gehen, sollten die Eltern sich nie erwärmen, auch wenn sie nun selbst nahöstliche Luft geschnuppert hatten. In seinem

954 Clara Süßheim an Karl Süßheim, o. D., Privatnachlass KS.
955 Karl Süßheim an Sigmund Süßheim, Jena, 19.5.1897, Privatnachlass KS.
956 Vgl. ebd.
957 Sigmund Süßheim an Karl Süßheim, 15.7.1902, Privatnachlass KS.
958 Süßheim, Annexionsbestrebungen, Widmung.
959 Vgl. Flemming u. Schmidt, Diary, S. 6.
960 An welcher Krankheit genau Süßheim litt, lässt sich aus dem Quellenmaterial nicht nachvollziehen.
961 Max Morgenstern an Clara Süßheim, New York 5.5.1903, Privatnachlass KS.

Tagebuch zitierte Süßheim Briefe seines Vaters, die ihn aufforderten, regelmäßig über sein Fortkommen zu berichten. Ein sehr knappes Schreiben, das Süßheims Unwillen, dem stets nachzukommen, demonstrierte, stammt aus dem Jahr 1905: „Liebe Eltern! Lediglich zu Eurer Beruhigung schreibe ich heute“, ist darin zu lesen: „Mir geht es durchaus wohl. […] Übermorgen werde ich die Zeit finden, Euch einige Worte mehr zu schreiben. Mit herzlichen Grüßen an Euch alle Euer dankbarer Sohn Karl“[962]. Was Süßheim die meiste Zeit über in Konstantinopel tatsächlich machte, konnte er den Eltern, die darauf pochten, dass er endlich bezahlte Arbeit finden solle, nicht schreiben. „Ich kann mein Arabisch-Studium nicht beichten. Ich muss lügen“[963], vertraute er seinem Tagebuch an. Etliche Passagen beschreiben Versuche, ihn zur Rückkehr zu bewegen. Doch Karl Süßheim konnte stur sein, wenn er überzeugt war. 1902 war er ausgezogen, um ein Nahost-Experte zu werden, und er sollte seine deutsche Heimat erst Jahre später wiedersehen.

In Konstantinopel angekommen, hatte Süßheim sich offenbar schnell daran gemacht, seine Sprachkenntnisse auszubauen. Die Notizen zu Beginn der Tagebuchüberlieferung im Herbst 1903 sind noch auf Italienisch (das Süßheim bereits zu Schulzeiten erlernt hatte), wechseln aber im September 1904 kommentarlos ins Osmanische. Spätestens zu diesem Zeitpunkt also muss der junge Mann die Sprache verinnerlicht haben, mit der er nun täglich zu tun hatte und die er mit seinem Lehrer Jak übte – im Gegenzug gab er diesem Deutschstunden.[964] Auch lange Gespräche zum Beispiel mit seinem ehemaligen Kommilitonen ʿÖmer Lutfī werden zu Süßheims Sprachroutine beigetragen haben.[965]

Farsi-Stunden nahm Süßheim bei Mīrzā Taqī, der Lehrer an der Debistan-ı İran („Schule des Iran“) und der Acem mektebi (der „persischen Schule“) war, und, so Süßheims Urteil, „ein guter, anständiger und freundlicher Mann“[966]. Der Unterricht bei Taqī begann mit den Geschichten Ḥabīb Efendis, einem Dichter des 19. Jahrhunderts aus der Nähe Isfahans, der nach Konstantinopel gezogen war und dort Persisch unterrichtet hatte.[967] Schon bald lasen sie auch Saʿdīs *Golestān*[968] – die bekannte Gedicht- und Geschichtensammlung „Rosengarten“[969] aus dem 13. Jahrhundert, eines der bedeutendsten Werke der persischen Literatur, das Süßheims Lehrer auswendig kannte.[970] Wir können dem jungen Deutschen beim Lernen nur

962 Karl Süßheim an Sigmund und Clara Süßheim, Pera-Cple [Konstantinopel] 3.10.1905, Privatnachlass KS.

963 Tagebuch KS, 9.8.1904, Diario II dell Karl Süssheim, dottore di filosoph[ia], Nachlass KS (LOC), [o. S.].

964 Vgl. ebd., 3.4. u. 19.10.1905.

965 Vgl. ebd., 26.5., 21.6., 19.7. u. 26.10.1904.

966 Ebd., 13.11.1904, übers. nach der osman. Translit. bei Schmidt, Orientalist (2018), S. 335.

967 Vgl. ebd., 15.11.1904 u. Schmidt, Orientalist (2018), S. 82.

968 Vgl. ebd., 30.11.1904.

969 Eine deutschsprachige Ausgabe ist beispielsweise Muṣliḥ ad-dīn Saʿadī: Der Rosengarten. Auf Grund der Übersetzung von Karl Heinrich Graf neu bearbeitet, herausgegeben und kommentiert von Dieter Bellmann, München 1998.

970 Vgl. Tagebuch KS, 30.11.1904.

„Diario II dell Karl Süssheim, dottore di filosoph[ia]", 26. September 1904: Süßheims Tagebuch wechselt kommentarlos vom Italienischen ins Osmanische.

staunend zusehen; die Konversationsstunden begannen bereits im folgenden Monat.[971] Süßheim lernte auch Ferdōsīs Nationalepos „Buch der Könige" (*Shāhnāme*[972]) kennen – es sei einfacher als der Golestān, schrieb er, „witziger und lebendiger. Ich mag seinen [Ferdōsīs, KM] Stil sehr. Nur die Monotonie des Versmaßes wird [mit der Zeit] langweilig"[973]. Zweieinhalb Monate später, „[n]achdem ich 4500 Zweizeiler von Firdawsī gelesen habe", schrieb Süßheim, „habe ich das Werk zur Seite gelegt und einen Briefsteller [ein anleitendes Buch zum Briefeschreiben, KM] begonnen"[974]. Zur gleichen Zeit begann er, Anwarīs *Diwan*[975] zu

971 Vgl. ebd., 29.12.1904.

972 Eine neue Ausgabe ist Abu'l-Qasem Firdausi: Schahname. Das Buch der Könige. Aus dem Persischen übersetzt von Robert Adam Pollak. Bearbeitet und herausgegeben von Nosratollah Rastegar (Hrsg.), 4 Bde., Berlin 2018.

973 Tagebuch KS, 2.3.1905, übers. nach der osman. Translit. bei Schmidt, Orientalist (2018), S. 347.

974 Ebd., 30.5.1905, übers. nach der osman. Translit. ebd., S. 352.

975 Awḥad-ad-Dīn Anwarī: Dīwān. Ba muqaddima wa taṣḥīḥ wa muqabala-i hašt nushā ba-kūšiš-i Sa'īd-i Nafīsī, Tahran 1337 [in Farsi, Teheran 1959].

lesen und die persischsprachige Presse auszuwerten.[976] Bereits ein halbes Jahr später bezeichnete er Taqī als seinen „alten Lehrer“[977], den er in Zukunft nur noch damit beauftragen sollte, für ihn Handschriften abzuschreiben – „[e]r hatte die beste Handschrift in Istanbul [und] darum ein literarisches Werk für den jetzigen Schah abgeschrieben“[978].

Süßheims Persisch-Kenntnisse waren also schnell erworben, und auch sein Arabisch ging er sofort an: Mit dem bereits erwähnten Albaner Debreli Ḥüseyin wählte er sich einen „maestro“[979], der mit ihm in langen Spaziergängen durch die Stadt oder einem Kaffeehaus am Bayezid-Platz Arabisch sprach.[980] Obwohl Süßheim sich zu Beginn aufgrund seiner eigenen Schwächen im Arabischen nicht sicher war, wie es tatsächlich um die Fähigkeiten des prahlenden Ḥüseyin stand, war er später davon überzeugt, dass es auf der ganzen Welt keinen besseren Lehrer für die grundlegenden Schritte in arabischer Grammatik und Syntax gegeben habe.[981] Die Beziehung zu Ḥüseyin war alles andere als einfach, was nicht nur an dessen bereits geschildertem antisemitischen Verschwörungsglauben lag. „Mein Lehrer war sehr irritiert von einem unbedeutenden Missgeschick und meckerte“, schrieb Süßheim im November 1903 – „er gibt mir unmissverständlich zu verstehen, dass er mich [...] nicht länger als bis zum Ende dieses Monats [...] unterrichten wird“[982]. Später hielt Süßheim fest, dass er zunehmend unzufrieden werde, obwohl er vom Arabisch-Unterricht sehr profitiere: Er habe den ganzen Tag nicht mehr mit ihm sprechen wollen, nachdem Ḥüseyin ihn wieder einmal angegriffen hatte: „Die depressiven Gefühle dauern die ganze Woche an“[983]. Einmal verbat ihm der dominante Mann sogar unter der Androhung, andernfalls den Kontakt abzubrechen, einen Bekannten zu treffen.[984] Doch der Ärger lohnte sich: Stundenlang saßen die beiden zusammen in einer öffentlichen Bibliothek und lasen gemeinsam mittelalterliche arabische Texte wie die des Philosophen al-Ghazalī, des Grammatikers Ibn Mālik, eine Sammlung langer Gedichte wie auch einen Text über die Kunst des Briefeschreibens[985]; sein Arabisch wurde rasch besser.

Süßheim nahm jede Gelegenheit wahr, seine Sprachkenntnisse auszubauen, und als ein junger Araber aus Damaskus in der Bibliothek auf ihn aufmerksam wurde und vorschlug, sich gegenseitig Sprachstunden zu geben, willigte er sofort ein.[986] Er nahm sogar Kalligrafie-Stunden.[987] Die Handschrift seines Lehrers namens Şükrī Bahut, – ein arabischer Christ

976 Vgl. Tagebuch KS, 22.11.1905.
977 Ebd., 19.7.1906, übers. nach der osman. Translit. bei Schmidt, Orientalist (2018), S. 382.
978 Ebd., 29.12.1904, übers. nach der osman. Translit. ebd., S. 339.
979 Ebd., 5.11.1903, Diario II dell Karl Süssheim, dottore di filosoph[ia], Nachlass KS (LOC), [o. S.].
980 Vgl. ebd., 16.11.1903 u. 22.1.1904.
981 Vgl. ebd., 14.4.1904 u. 7.12.1911.
982 Ebd., 5.11.1903, Diario II dell Karl Süssheim, dottore di filosoph[ia], Nachlass KS (LOC), [o. S.].
983 Ebd., 29.2.1904, ebd.
984 Vgl. ebd., 11.11.1903.
985 Vgl. ebd., 21.11. u. 20., 26. u. 29.12.1903, 4.6. u. 19.7.1904.
986 Vgl. ebd., 16.11.1903.
987 Vgl. ebd., 16.6.1904.

aus Beirut – war nicht völlig zu Süßheims Zufriedenheit, doch er zeigte sich zuversichtlich und nahm später auch Arabisch-Stunden bei ihm.[988] Auch dies offenbar letztlich mit überwältigendem Erfolg: “To enlarge my linguistic knowledge I passed three years and a half in Turkey”, gab Süßheim später in einer Bewerbung an, „and gained hereby a thoroug [sic!] mastership of Turkish, Arabic and Persian. I speak and write fluently these 3 languages“[989].

Kurz überlegte Karl Süßheim auch, Armenisch zu lernen, um entsprechende Quellen lesen zu können. Wie bereits erwähnt informierte er sich in einer armenisch geführten Schule in Galata darüber, ob die Mühe sich lohnen würde. Schließlich sah er vorerst offenbar keine hinreichende Notwendigkeit[990], aber er begann, modernes Griechisch zu lernen.[991] Neben seiner Begabung war Süßheim fleißig und ausdauernd, und seine Fähigkeit, sich Sprachen schnell und gründlich anzueignen, bildete die Grundlage seines späteren Schaffens. Seiner Fertigkeiten auf diesem Gebiet war der junge Mann sich durchaus bewusst: In seinem Tagebuch machte er sich immer wieder über holprige Formulierungen und mangelndes Talent anderer lustig.

Während Karl Süßheim seine Sprachkenntnisse perfektionierte, blieb ihm nichts anderes übrig, als auch über seine berufliche Zukunft nachzudenken. Diese sah er lange im Ausland, zumal er befürchtete, in der Heimat als schlechtbezahlter Bibliothekar zu enden. Spätestens zum Sommer 1905, so nahm er es sich vor, sollte sein weiteres Fortkommen geklärt sein.[992]

„Translator, dragoman or similar“ | Auf Arbeitssuche

Karl Süßheim strebte in Konstantinopel eine Festanstellung als Dolmetscher, wie es seiner Ausbildung am SOS entsprochen hätte, oder als Deutschlehrer an. Seine Bemühungen an der deutschen Schule, an der auch der Turkologe Friedrich Giese[993] – Süßheim zufolge „unser bester Orientalist hier“[994] – unterrichtete, bei der europäisch geführten Schuldenkommis-

988 Vgl. ebd., 16. u. 29.6.1904 u. 9.1.1905.

989 Karl Süßheim: Bewerbung bei der Anatolischen Eisenbahn-Gesellschaft [Entwurf], in: Nachlass KS (LOC), Kiste 3.

990 Später wird er Armenisch durchaus noch lernen – er brachte es sich in München kurzerhand selbst bei, vgl. dazu Kap. II.2.

991 Vgl. Tagebuch KS, 26.7.1906.

992 Vgl. ebd., 5.4.1904.

993 Friedrich Wilhelm Carl Giese (1870–1944) wurde in Greifswald über die altarabische Poesie promoviert, konzentrierte sich dann aber auf die Turkologie. Er folgte 1899 einem Ruf an die Deutsche Realschule in Konstantinopel und unternahm zu Forschungszwecken ausgedehnte Reisen durch das Osmanische Reich. Vgl. den Artikel seines Schülers Gotthard Jäschke: „Giese, Friedrich“, in: NDB 6, Berlin 1964, S. 377. Giese wird in Süßheims beruflichem Leben noch eine Rolle als Konkurrent spielen.

994 Tagebuch KS, 3.11.1904, übers. nach der osman. Translit. bei Schmidt, Orientalist (2018), S. 334.

sion, an der militärischen Medizinschule (wo bereits zwei deutsche Spezialisten eingestellt worden waren, um die Ausbildung zu modernisieren[995]) sowie an der Deutschen Botschaft blieben allesamt ohne Ergebnis.[996] Genauso erfolglos bemühte er sich direkt beim Yıldız-Palast, wie der bereits erwähnte Dragoman Hermann Gies es ihm geraten hatte.[997] Sein Status als Ausländer erschwerte die Arbeitssuche: Wely Bolland, ein Deutschlehrer an der Galatasaray-Schule, mit dem er sich darüber unterhielt, bezweifelte, dass der Sultan den jungen Deutschen einstellen werde.[998] Als Süßheim mit einer Stelle an einer Ingenieursschule liebäugelte, warnte Bolland ihn vor dem Neid einheimischer Kollegen, die ihm seinen Alltag dort verleiden würden. Auch eine Stelle in der Auslandspresseabteilung des osmanischen Außenministeriums konnte Süßheim sich vorstellen, doch auch dies sei kompliziert, sagte ihm sein Bekannter, denn der Minister dürfe eigentlich keine Ausländer einstellen. Gut gefiel Süßheim auch die Vorstellung einer festen journalistischen Tätigkeit: Er wäre gern Korrespondent der Zeitung *Zeit*, notierte er einmal – von Korrespondenten anderer Zeitungen habe er gehört, dass sie gut verdienen. Dies allerdings vor allem deshalb, weil der Palast sich exklusive Informationen und Spitzeldienste einiges kosten ließ, wie Süßheim seinem Tagebuch anvertraute. Wely Bolland versprach ihm, seine Kontakte für ihn spielen zu lassen, doch Süßheim überlegte es sich anders: „Obwohl ich mich Wely Beys Ermutigungen nicht widersetzte", schrieb er, „spürte ich später, dass ich nicht in eine so schmutzige, korrupte Karriere einsteigen will, für die ich unausweichlich nur Scham empfinden könnte. Was würden meine Mutter und mein Vater dazu sagen?"[999] An anderen Stellen wäre er durchaus kompromissbereit gewesen, und Süßheim suchte etliche Bekannte und immer wieder auch Fremde auf, um eine Anstellung zu ergattern – doch all seine Anstrengungen führten zu nichts, sodass er sich mit gelegentlichen Deutschstunden für Studenten begnügen musste.[1000]

Die anhaltende Erfolglosigkeit auf dem Konstantinopler Arbeitsmarkt war ein Thema, das nicht nur ihn selbst beschäftigte, sondern vor allem auch seine Eltern in Nürnberg. Ende 1904, am Silvestertag, verfasste Karl Süßheim einen (leider nicht überlieferten) achtseitigen Brief, in dem er erklärte, dass er eigentlich im Nahen Osten bleiben wolle, er aber nach Deutschland zurück oder auch in jedes andere Land ziehen würde, wenn es der ausdrückliche Wunsch der Eltern sei.[1001] Eine Reaktion kam prompt, wie Süßheims Tagebuch ausführt:

995 Vgl. ebd., 5.4.1904.

996 Gershom Scholem dachte fälschlicherweise, dass Karl Süßheim für einige Jahre Dragoman der Deutschen Botschaft in Konstantinopel war, vgl. Flemming u. Schmidt, Diary, S. 222. Wie es zu diesem Missverständnis kam, ist unklar – möglicherweise konnte Scholem sich Süßheims hohes Sprachniveau nicht anders erklären.

997 Vgl. ebd.

998 Hier und im Folgenden vgl. Tagebuch KS, 4.6.1905.

999 Ebd., 4.6.1905, übers. nach der osman. Translit. bei Schmidt, Orientalist (2018), S. 352.

1000 Vgl. beispielsweise ebd., 27.12.1906.

1001 Vgl. ebd., 31.12.1904.

> „Abends fand ich die Antworten Mutters und Vaters auf meinen letzten Brief zuhause vor. Obwohl Vater seine Verärgerung über all meine Studien und Reisen nicht verbirgt, lässt er mich gewähren. Meine Mutter hat – wie üblich – andere Vorstellungen, und schreibt einen Brief, der sich von dem meines Vaters unterscheidet, welchen sie, wie es scheint, nicht gesehen hat; sie bittet mich, eine Stelle in Deutschland anzunehmen, auch wenn es eine Beamtenstelle selbst mit geringem Gehalt ist – aus einem Grund, über den Vater in all seiner Vehemenz und seinen Vorwürfen nicht spricht, der aber lautet: reich zu heiraten. Die Idee, ins Ausland wie [zum Beispiel nach] England zu gehen, wird weder von Vater noch von Mutter aufgegriffen. Wenn ich [aber] wirklich eine [solche] staatliche [schlecht bezahlte, KM] Stelle in Deutschland bekäme, würde vor allem Mutter es als eine Beleidigung ihrer selbst betrachten. Auch wenn es noch 2 oder 3 Jahre dauern würde, bis ich eine amtliche Stelle [...] erhalte, würden Mutter und Vater mir die Erlaubnis [nur] unter der Bedingung geben, dass ich später nach Deutschland zurückkehre. Paula schrieb zwei sehr berührende Seiten, in denen sie sich nach meiner Rückkehr sehnt."[1002]

Süßheim versprach seinen Eltern daraufhin, dass er alles dafür tun werde, Arbeit im Deutschen Kaiserreich zu finden.[1003] Die Reaktion des Vaters darauf wiederum entrüstete ihn: „Obwohl die Briefe, die ich heute aus Nürnberg erhalten habe, es mir schon eher erlaubten, in Istanbul zu bleiben, zieht Vater es vor, dass ich ein unbezahlter und nicht regulärer Geschichtsdozent an einer Universität in Deutschland werde – wenn es sein muss, für einen Zeitraum von 10 Jahren oder länger. Ich habe eine lange Antwort geschickt, in der ich sagte, dass das [überhaupt] nicht in Frage komme."[1004]

Wenig später ließ sein Vater ihn resigniert wissen, dass er machen könne, was er wolle – doch die Eltern bestanden darauf, dass er „zur Beratung"[1005] nach Nürnberg kam. Süßheim befürchtete, dass sie ihn von dort nicht mehr gehen lassen würden: „Ich verkünde sofort, dass ich eine solche Reise nicht will."

Derart unter Druck gesetzt, versuchte Süßheim immer hektischer, endlich an eine Stelle zu kommen: Er schrieb Briefe mit der Bitte um Hilfe an den Direktor des Nürnberger Stadtarchivs Ernst Mummenhoff, den er vermutlich im Zuge seiner Dissertation kennengelernt hatte, an seinen Doktorvater Max Lenz und seinen frühen Förderer Karl Theodor von Heigel, der mittlerweile zum Präsidenten der Bayerischen Akademie der Wissenschaften (BAdW) aufgestiegen war.[1006] Antworten mit Empfehlungsschreiben kamen umgehend, und Heigels demonstratives Wohlwollen „ging weit über alles hinaus, was ich mir hätte vorstellen können"[1007], schrieb Süßheim. Derart protegiert wurde er etliche Male beim Botschafts-

1002 Ebd., 9.1.1905, übers. nach der osman. Translit. bei Schmidt, Orientalist (2018), S. 341.
1003 Vgl. ebd., 12.1.1905.
1004 Ebd., 19.1.1905, übers. nach der osman. Translit. bei Schmidt, Orientalist (2018), S. 342.
1005 Hier und das folgende Zitat: ebd., 30.1.1905, übers. nach der osman. Translit. ebd., S. 343.
1006 Vgl. ebd., 12.2.1905.
1007 Ebd., 25.2.1905, übers. nach der osman. Translit. bei Schmidt, Orientalist (2018), S. 346.

dragoman Hermann Gies mit der Bitte um Vermittlung an eine Konstantinopler Hochschule vorstellig, doch dieser wurde immer abweisender. Gies habe seine gewohnte Höflichkeit und Feinfühligkeit verloren, schrieb Süßheim einmal verzweifelt.[1008] Wie als Strafaufgabe für einen Schuljungen forderte der Dolmetscher zu allem Überfluss von Süßheim einen Bericht darüber, der erörtern sollte, ob die Türken solche Lehrer wie Süßheim an ihren Schulen überhaupt wollen und warum es so schwierig für ihn war, eine der gewünschten Stellen zu erhalten. Gies sagte ihm möglichst unverbindlich, dass er sich melden würde, falls er von einer passenden Vakanz höre und beendete das Gespräch – und „[s]o wurden die schönsten Hoffnungen, die ich seit drei Tagen gehegt hatte, innerhalb einer Viertelstunde zunichte gemacht“[1009], schloss Süßheim bitter. Dennoch schickte er den geforderten Bericht tatsächlich ein „und flehte ihn [Dragoman Gies, KM] nochmals an, mich einstellen zu lassen“[1010].

Karl Süßheims Verzweiflung war groß, und den Kontakt zu seiner Familie vermied er in dieser Zeit. Selbst auf die Nachricht, dass seine Schwester nun offiziell mit Eugen Kirschbaum verlobt sei, reagierte er nicht – drei Telegramme seiner Eltern und seines künftigen Schwagers, die sich nach seiner Gesundheit erkundigten und ihn zu einer schnellen Antwort aufforderten, gingen innerhalb weniger Tage bei ihm ein.[1011] Der Druck stieg. Von dem deutschen Offizier Heinrich Karl Abraham Imhoff, den Süßheim aufsuchte, erfuhr er, dass die Botschaft nicht vorhatte, ihm zu helfen.[1012] Trotz dieser Information ließ er nicht locker: Dragoman Gies befand sich derweil mit dem Botschafter auf einer Auslandsreise und Karl Süßheim entschied, deren Rückkehr abzuwarten, obwohl dies bedeutete, dass er die Hochzeit seiner Schwester verpassen würde.[1013] Er hatte Gies schriftlich um ein Treffen gebeten, doch auch Tage nach Süßheims Entscheidung, Konstantinopel für das große Familienfest nicht zu verlassen, wartete er noch auf Antwort.[1014]

20. Juni 1905: „Paulas Hochzeit“ – so Süßheims knapper Tagebucheintrag. Das schlechte Gewissen beim Gedanken an die jüngere Schwester war sicher schwer zu ertragen und das vergebliche Warten machte ihn mürbe. Der Tag, an dem er aufgab, war der 1. August: „In einem Brief an meine Eltern erklärte ich, dass, wenn meine Anfragen, hier in Istanbul eine feste Stelle zu erhalten, [auch] nach der Rückkehr des Botschafters erfolglos bleiben sollten, ich beabsichtigte, [ins Deutsche Kaiserreich] zurückzukehren und Handel zu studieren; ich wollte wissen, was sie darüber denken.“[1015]

Neun Tage darauf erhielt er die vernichtende Antwort: „In den Briefen meiner Eltern wurde meine erbärmliche Situation […] sehr treffend dargelegt“, hielt er für sich fest: „[V]or allem Vater machte mich voll verantwortlich für die verheerenden Ergebnisse meiner

1008 Hier und im Folgenden vgl. ebd., 3.4.1905.

1009 Ebd., 4.4.1905, übers. nach der osman. Translit. bei Schmidt, Orientalist (2018), S. 350.

1010 Ebd., 14.4.1905, übers. nach der osman. Translit. ebd., S. 350.

1011 Vgl. ebd., 14., 15., 18. u. 20.4.1905.

1012 Vgl. ebd., 29.5.1905.

1013 Vgl. ebd., 6.6.1905.

1014 Vgl. ebd., 9.6.1905.

1015 Ebd., 1.8.1905, übers. nach der osman. Translit. bei Schmidt, Orientalist (2018), S. 356.

nutzlosen Studien, die er immer missbilligt hat – und er hat Recht."[1016] Unerwarteterweise erhielt Süßheim nun aber doch noch eine Antwort von Hermann Gies, der ihn zu einem Gespräch in einem Restaurant einlud.[1017] Das Treffen verlief überraschend gut, und Wochen später erreichte Süßheim tatsächlich ein Empfehlungsschreiben des Dolmetschers. Gerichtet war es an den bereits erwähnten Karl Testa, einen Repräsentanten des Kaiserreichs bei der Staatsschuldenkommission, der Süßheim, wie wir hörten, später aus den Fängen des Hamidischen Geheimdiensts retten wird[1018]. Dieser sollte den Generaldirektor der Anatolischen Eisenbahngesellschaft (*Société du Chemin de Fer Ottoman d'Anatolie*, CFOA) (Johannes) Kurt Zander zu Süßheims Gunst aktivieren.[1019] Die Gesellschaft betrieb ein gigantisches Projekt, das unter Führung der Deutschen Bank an Land gezogen worden war: der Bau der Bagdad-Bahn.[1020] Süßheim ließ sich gerne überzeugen, bei diesem geopolitischen Mammutprojekt mitzuwirken, und er besuchte Testa, der ihm versprach, ihn mit Zander bekannt zu machen, welcher bald wieder in Konstantinopel sein würde.[1021] Doch wieder gingen Wochen ins Land, ohne dass etwas passierte. Stattdessen wurde Süßheim unverhofft eine Anstellung bei der kürzlich gegründeten Gesellschaft für Fränkische Geschichte (GFG) angeboten.[1022]

Richard Fester, Professor für Neuere Geschichte in Erlangen, hatte Süßheim wegen seiner Dissertationsschrift als Herausgeber einer mehrbändigen Edition zur fränkischen Geschichte von 1488 bis 1806 im Auge und ließ ihm sogar bereits ein konkretes Gehaltsangebot zukommen – Süßheim schrieb seinen Eltern und bat sie um ihre Meinung.[1023] Ohne eine Antwort abzuwarten, forderte er von Professor Fester ein Drittel mehr als das angebotene Gehalt sowie eine umstandslose Verbeamtung als Archivar oder Bibliothekar. Zudem ließ er den Mann wissen, dass er den beschriebenen inhaltlichen Zuschnitt der Edition als zu eng empfand. Süßheims Verhalten lässt nur einen Schluss zu: Er wollte nicht zur fränkischen Geschichte arbeiten. Karl Süßheim hatte sich auf den Nahen Osten festgelegt, doch über seine neuerlichen Versuche, eine Stelle im Osmanischen Reich zu ergattern, informierte er die Eltern nicht. Er blieb bei Karl Testa am Ball, doch wieder verliefen die Bemühungen im Sande – schließlich erhielt er „einen sehr offenen, ja sogar brutalen Brief von Vater": „Es

1016 Ebd., 9.8.1905, übers. nach der osman. Translit. ebd., S. 356.

1017 Vgl. ebd., 29.8.1905.

1018 Vgl. Kap. I.2.

1019 Vgl. Tagebuch KS, 3.10.1905.

1020 Die Strecke von Konstantinopel nach İzmit war dem osmanischen Staat abgekauft und bis Eskişehir erweitert worden, 1892 wurde von dort der erste Streckenast nach Ankara eröffnet, einige Jahre später der nach Konya, welcher ab 1903 als Ausgangspunkt für den Bau der Bagdad-Bahn diente. Aus der Fülle an Literatur bieten einen Überblick zum Thema die Monografie von Mehmet Yilmazata: Die Bagdadbahn. Schienen zur Weltmacht, Marburg 2013 u. der Sammelband von M[ax] Florian Hertsch u. Mutlu Er (Hrsg.): Die Bagdadbahn. Ein Umriss deutsch-türkischer Beziehungen. Gesammelte Beiträge (= Studien zur Geschichtsforschung der Neuzeit 91), Hamburg 2016. Vgl. dazu auch Kap. I.2.

1021 Vgl. Tagebuch KS, 6.10.1905.

1022 Hier und im Folgenden vgl. ebd., 9.11.1905.

1023 Hier und im Folgenden vgl. ebd., 12.11.1905.

gebe keinerlei Verständnis dafür, dass ich meine Reise bereits um ein Jahr verschoben hatte", berichtete er im Tagebuch, „und das habe sie zum Nachdenken gebracht. Er verlangt, dass ich sofort zurückkomme."[1024] Fünf Tage später saß Karl Süßheim im Zug.

Als er im Januar 1906 seinen Auslandsaufenthalt unterbrach, war einer der ersten, die er aufsuchte, nun doch Geschichtsprofessor Richard Fester von der GFG. Dieser ließ sich über die mangelnde Qualität der universitären Lehre seines Fachs in Bayern und dem daher schlecht qualifizierten Nachwuchs aus und bat Süßheim inständig, das Angebot anzunehmen.[1025] Der befürchtete, dass seine Eltern ihn ebenfalls dazu drängen würden – ihr einziges Ziel sei es, ihn reich zu verheiraten, schrieb er genervt.[1026] Auch Süßheims Überlegung, noch einmal ganz neu anzufangen und eine Kaufmannsausbildung anzutreten, lehnten die Eltern aus diesem Grund offenbar ab. Unerwartete Schützenhilfe erhielt Süßheim schließlich vom Bruder seiner Mutter: Friedrich Morgenstern, der selbst studiert hatte und promoviert war[1027], habe mehr Verständnis für seine Situation, schrieb Süßheim.[1028] Dem Onkel gelang es tatsächlich, seinen Schwager Sigmund davon zu überzeugen, dass es besser wäre, wenn Karl eine Stelle in Konstantinopel anträte. Doch sie hatten die Rechnung ohne Paula gemacht: Sie insistierte, dass ihr geliebter Bruder nun endlich in der Heimat bleiben solle. Die Entscheidung wurde schließlich bis zur Rückkehr ihres Ehemanns Eugen Kirschbaum verschoben, dem die Familie zu diesem Zeitpunkt noch besondere Weitsicht unterstellte, den Süßheim aber persönlich noch gar nicht kennengelernt hatte. Der ihm bereits aus der Entfernung heraus überaus unsympathische Mann, den seine Familie ihm offenbar als Vorbild präsentiert hatte[1029], sollte nun also über seine berufliche Zukunft entscheiden dürfen. Seinen Geburtstag hatte Karl Süßheim sich sicher schöner vorgestellt: Eugen Kirschbaum versuchte ihn an diesem Tag davon zu überzeugen, dass es besser sei, in der Heimat zu bleiben, um eine passende Frau zu finden.[1030] Doch Süßheim stellte sich stur, woraufhin der gut vernetzte Schwager ihm schließlich versprach, ihn bei der Suche nach einer Stelle im Ausland, allerdings im benachbarten Frankreich, zu unterstützen. Zunächst aber sollte Süßheim sich nach diesen

1024 Ebd., 30.12.1905, übers. nach der osman. Translit. bei Schmidt, Orientalist (2018), S. 364.

1025 Die GFG habe große Schwierigkeiten, jemanden für die Stelle zu finden, denn es gebe nur wenige junge Historiker, die in der Lage seien, Dokumente zu edieren – Süßheim sei allererste Wahl. Richard Fester machte umfangreiche finanzielle Zugeständnisse und bat ihn, sich bis spätestens Ende des Monats zu entscheiden: „Wenn er mich nicht bekommt, so sagte er, sei er gezwungen, sehr geringqualifizierte Männer einzustellen". Ebd., 10.1.1906, übers. nach der osman. Translit. ebd., S. 367.

1026 Hier und im Folgenden vgl. ebd., 15.1.1906.

1027 Vgl. Radlmaier, Süßheims, S. 61.

1028 Hier und im Folgenden vgl. Tagebuch KS, 18.1.1906.

1029 Süßheim schrieb, er solle Eugen Kirschbaum wohl „wegen dessen Völlerei als Beispiel [sehen], dem ich folgen solle". Ebd., 20.1.1906, übers. nach der osman. Translit. bei Schmidt, Orientalist (2018), S. 368. Süßheim hatte im Gegensatz zu seinem Schwager eine sehr schmächtige Gestalt, was den Eltern ein Dorn im Auge war.

1030 Hier und im Folgenden vgl. ebd., 21.1.1906.

wenig erfreulichen Wochen in der Heimat auf nach München machen, um seinen Marktwert in Bayern auszuloten.[1031]

Erste Anlaufstation in der Landeshauptstadt war natürlich: Professor Karl Theodor von Heigel. „Er sagte mir, dass er für meine Studien mache, was immer ich wünsche und dass er wisse, dass das seine Pflicht sei", schrieb Süßheim gerührt: „Er wird mir in mein Hotel ein Empfehlungsschreiben an den bayerischen Ministerpräsidenten Baron Podewils[1032] schicken"[1033]. Herzlich wenig hielt Süßheims verlässlicher Förderer vom Angebot der Kollegen aus Franken – niemand werde ihn für diese Arbeit wertschätzen, zitierte er Heigel. Eine Stelle in einer Bibliothek sei ebenfalls indiskutabel: „Zwischen so dummen Beamten zu sitzen, passt nicht zu Ihnen"[1034]. Dieser Aussage zum Trotz machte der reichlich verzweifelte Süßheim sich auf den Weg zur Hof- und Staatsbibliothek, die 1919 in Bayerische Staatsbibliothek (BSB) umbenannt werden wird.[1035] Hier wurde er bei dem in die Jahre gekommenen Direktor Georg von Laubmann vorstellig. Das absurde Vorstellungsgespräch unterstrich nicht nur die geringen Chancen eines jungen Akademikers abseits der etablierten Netzwerke, einen Fuß in die Tür der altehrwürdigen Einrichtungen zu bekommen, sondern wirft auch ein interessantes Licht auf das Verhältnis von Franken und Oberbayern zu Beginn des 20. Jahrhunderts: „Direkt neben der Tür richtete er [Laubmann, KM] seine Augen auf den Boden und zwirbelte seinen grauen Schnurrbart mit der rechten Hand; noch im Stehen hörte er sich meine Wünsche an. Er erklärte, dass der Chefbibliothekar, Herr Aumer[1036], mitsamt Syrisch, Assyrisch und Ägyptisch alle orientalischen Sprachen beherrsche, und lehnte kategorisch ab, dass es notwendig sei, mich einzustellen, auch weil dieser [Aumer, KM], sobald es sich als notwendig erweisen würde, den jungen Orientalisten Doktor Gratzl[1037] in die Geheimnisse der Wissenschaften einführen werde; außerdem glaubte er, dass ich aus Norddeutschland komme und [sagte, dass] er im Moment niemanden aufnehmen würde, der kein Bayer sei."[1038]

Seinen fränkischen Dialekt hatte Süßheim für das Gespräch in München offenbar ausnahmsweise abgelegt, doch sein gestochenes Hochdeutsch erfüllte hier nicht den gewünschten Zweck – dass er in Wahrheit gebürtiger Nürnberger war, was Süßheim sicher aufklärte, änderte an der zurückweisenden Haltung des Münchners offenbar nichts. Süßheim blieb keine Zeit, lange darüber nachzudenken. Sofort nach dieser Ansage hatte er im unteren Teil desselben Gebäudes einen zweiten Termin: Er traf den Direktor des Königlich Bayerischen

1031 Vgl. hier und im Folgenden ebd., 26.1.1906.

1032 Clemens von Podewils-Dürniz (1850–1922) war seit 1903 Vorsitzender im Ministerrat, das Vorläuferamt des bayerischen Ministerpräsidenten, das in Personalunion mit dem Außenminister einherging.

1033 Tagebuch KS, 26.1.1906, übers. nach der osman. Translit. bei Schmidt, Orientalist (2018), S. 368.

1034 Ebd.

1035 Hier und im Folgenden vgl. ebd., 27.1.1906.

1036 Georg Aumer (1835–1922) arbeitete seit 1857 für die Bibliothek und war seit 1898 Oberbibliothekar.

1037 Der mit Süßheim fast gleichaltrige Emil Gratzl (1877–1957) war seit 1899 bei der BSB für die Akquise zuständig.

1038 Tagebuch KS, 27.1.1906, übers. nach der osman. Translit. bei Schmidt, Orientalist (2018), S. 368.

Allgemeinen Reichsarchivs (der alte Name des Bayerischen Hauptstaatsarchivs). Franz Ludwig Baumann, ein umgänglicher Typ mit weißem Rauschebart, so Süßheims Beschreibung, empfing ihn zwar freundlicher, doch auch er riet ihm von einer Bewerbung im Archiv ab: Es gebe bereits etliche Assistenten, und davon abgesehen würde das bayerische Innen- und auch das Außenministerium seine Einstellung sicher nicht begrüßen. Mit dieser nicht näher begründeten, ernüchternden Information in der Tasche musste Karl Süßheim zwei Tage später einen Termin beim Vorsitzenden des Ministerrats – also beim bayerischen Ministerpräsidenten – antreten.

Clemens von Podewils-Dürnitz, mit dem er sein Interesse am Bagdad-Bahn-Projekt besprach, empfing den jungen Franken Süßheims Beschreibung nach überaus freundlich und aufgeschlossen: Er zeigte sich bereit, ihn mit Empfehlungsschreiben an den ehemaligen Direktor der Anatolischen Eisenbahngesellschaft (CFOA) Otto von Kühlmann auszustatten – der im Übrigen der Onkel eines früheren Schulkameraden Karl Süßheims war.[1039] Auch die Bitte nach einem Schreiben an Kurt Zander, den Süßheim wie erwähnt schon lange im Visier und der inzwischen zur Deutschen Bank gewechselt hatte[1040], schlug Podewils nicht aus.[1041] Süßheim berichtete dem Ministerpräsidenten auch von seiner Dissertationsschrift und schenkte ihm ein Exemplar, woraufhin Podewils sein historisches Interesse kundtat. Der wichtige Mann schien tatsächlich Gefallen an Süßheim zu finden, denn er versprach ihm, den bayerischen Botschafter in Berlin anzuweisen, ihm dort zur Seite zu stehen. Süßheim wollte im Zuge seiner Arbeitssuche nämlich als nächstes nach Berlin aufbrechen – er solle ihm gerne ein Telegramm schicken, falls er in der deutschen Hauptstadt an Grenzen stoße, fügte der Ministerpräsident hinzu. Süßheim, der, wie wir gesehen haben, den Eliten der bayerischen Politik seit jeher mit großer Ehrfurcht begegnete, fasste die Begegnung zusammen: „Sein Verhalten war freundschaftlich. Man möchte [fast] meinen, dass er tut, was ich will. Auf diese Weise empfangen zu werden, machte mich sehr glücklich“[1042]. Und tatsächlich: Der Ministerpräsident hielt Wort[1043], und die Protektion zeigte Wirkung. Endlich kam Süßheim an Kurt Zander heran, den zu treffen er ein halbes Jahr lang vergeblich versucht hatte.[1044] Dieser war bei der Eisenbahngesellschaft zwar nicht mehr entscheidungsbefugt, doch seine Empfehlung hatte nach wie vor Gewicht, und mit einer solchen bewarb er sich nun offiziell als "translator, dragoman or similar"[1045].

1039 Vgl. ebd., 9.10.1919.

1040 Vgl. ebd., 7.1.1906.

1041 Hier und im Folgenden vgl. ebd., 29.1.1906.

1042 Ebd., 29.1.1906, übers. nach der osman. Translit. bei Schmidt, Orientalist (2018), S. 369.

1043 Seine Empfehlungsschreiben erhielt Süßheim zwei Tage später. Damit suchte er Kühlmann auf, der ihn ebenfalls mit einem Empfehlungsschreiben ausstattete. In Berlin traf er den bayerischen Botschafter und den stellvertretenden Direktor der Deutschen Bank, vgl. ebd., 31.1.1906 u. 1. u. 7.2.1906.

1044 Vgl. ebd., 22.2.1906.

1045 Der Entwurf ist undatiert, aber wir wissen aus Süßheims Tagebuch, dass er seine Bewerbung im Februar 1906 einreichte, was mit seinem angegebenen Alter im Text (28 Jahre) übereinstimmt, vgl.

"In order to illustrate my linguistic knowledge, I endorse translations of this application: in French, Italian, Turkish, Arabic and Persian"[1046], schrieb Karl Süßheim an Edouard Huguenin, den neuen CFOA-Generaldirektor in Konstantinopel. In seiner Bewerbung gab er, anders als noch im Lebenslauf für die Dissertation, sein Studium mit den Fächern "history, political economy and oriental languages" an. Er verwies auf seine Kenntnis des deutschen Kurzschriftsystems Gabelsberger[1047] und gab selbstbewusst zu Protokoll, auch die französische Kurzschrift bei Bedarf schnell – "a short work" – erlernen zu können. Auch anderweitig wusste sich der junge Mann ins beste Licht zu rücken: "As the Bagdad Railway crosses Arabian territory and industrial enterprises are being founded", schrieb er, "I could, being entirely master of Arabic and ready to go to the country, do a good deal of useful work also in this respect". Trotz des Unmuts seiner Familie war Karl Süßheim also noch immer bereit, auf unbestimmte Zeit im Osmanischen Reich, sogar im arabischen Gebiet, das er gar nicht kannte, zu leben – er schrieb sogar, er könne die Stelle sofort antreten. Süßheim gab in seinem Schreiben auch konkrete Gehaltsvorstellungen an: Zwanzig Pfund halte er entsprechend seiner Qualifikation für angemessen, sei aber vorerst, als Einstiegsgehalt, auch mit weniger zufrieden. Als Referenzen gab er neben Ministerpräsident Podewils das Bayerische Außenministerium, den Ersten Bürgermeister seiner Geburtsstadt Nürnberg[1048], das Auswärtige Amt in Berlin, die ehemaligen CFOA-Direktoren Kühlmann und Zander sowie "some of the most renowned German Professors" an.

Mit den renommierten deutschen Professoren standen die Dinge für Süßheim in Wahrheit alles andere als einfach. Abgesehen von Karl Theodor von Heigel in München und Doktorvater Max Lenz in Berlin rief der junge bayerische Jude bei seinen Gunstgesuchen oftmals wenig Begeisterung hervor. Seine Verbindungen zum Seminar für Orientalische Sprachen (SOS) erwiesen sich als wenig hilfreich: Süßheims ehemaliger Türkisch-Lehrer Karl Foy, der über beste Kontakte verfügte, habe sich leider geweigert, ein gutes Wort bei der Eisenbahngesellschaft für ihn einzulegen, weil er nicht genug über ihn wisse, richtete SOS-Direktor Eduard Sachau Süßheim aus.[1049] In einer merkwürdigen Mischung aus Verzweiflung und Größenwahn kam er nun sogar auf das Angebot des bayerischen Ministerpräsidenten zurück und schickte diesem ein Telegramm.[1050] Mit seinen Wünschen ging er dabei eindeutig zu weit: Er bat Podewils um ein Empfehlungsschreiben an Reichskanzler Bernhard von Bülow.

ebd., 27. 2. 1906 u. Karl Süßheim: Bewerbung bei der Anatolischen Eisenbahn-Gesellschaft [Entwurf], in: Nachlass KS (LOC), Kiste 3.

1046 Letzteres – Persisch – strich er nachträglich. Hier und die folgenden Zitate: ebd.

1047 Tatsächlich finden sich in Süßheims Nachlass etliche Notizen, die in dieser Kurzschrift verfasst wurden, welche vor der heute von Stenografen gebräuchlichen Deutschen Einheitskurzschrift die am weitesten verbreitete war.

1048 Georg von Schuh (1846–1918), war Mitglied der liberalen Freisinnigen Volkspartei, die 1910 in der Fortschrittlichen Volkspartei aufging. Von 1892 bis 1913 war er Erster Bürgermeister von Nürnberg.

1049 Vgl. Tagebuch KS, 13. 2. 1906.

1050 Hier und im Folgenden vgl. ebd., 23. 2. 1906.

Der bayerische Botschafter, dem er davon erzählte, zeigte seine Missbilligung deutlich und die negative Antwort des irritierten Ministerpräsidenten kam noch am selben Tag.

Seine Bewerbung gab Süßheim schließlich einem Angestellten der Deutschen Bank mit der Bitte, sie Kurt Zander zu überreichen, der sie wiederum persönlich weiterleiten solle.[1051] Eine Antwort aber ließ auf sich warten: Einen Monat später informierte Zander ihn, dass er noch nichts gehört habe. Stattdessen fragte er Süßheim, ob er ihn für einige Zeit als Leiter des Nahost-Büros der Deutschen Bank vertreten könne.[1052] Süßheim hat seine Antwort darauf nicht notiert, aber wir wissen, dass er der Bitte nicht nachkam, sondern stattdessen einer ganzen Reihe von Historikern und Orientalisten der Universität Berlin seinen Besuch abstattete – eine akademische Karriere hatte er schließlich nie ausgeschlossen.[1053]

Auch während der insbesondere wegen des Drucks seiner Eltern zuletzt nervenaufreibenden Monate in Konstantinopel hatte Karl Süßheim versucht, einen kühlen Kopf zu bewahren und herauszufinden, welche Schätze die osmanischen Staatsarchive für die historische Recherche bereithielten – seine „nutzlosen Studien", wie der Vater sie genannt hatte. Er scheiterte am Zugang, suchte aber in öffentlichen Bibliotheken nach unbekannter Literatur und trug Informationen über Historiker aus dem Nahen Osten und deren Arbeiten zusammen.[1054] Karl Foys Angebot, in einer Publikation des SOS einen Artikel über die Dynastie der Seldschuken und die Provinz Karaman zu veröffentlichen, schlug er dennoch aus – er müsse zuerst Arbeit finden.[1055] Den Gedanken an Konstantinopel hatte er noch immer nicht aufgegeben, und er wandte sich an den bereits erwähnten ungarischen Orientalisten Ármin Vámbéry. Dieser hatte ihm einst versprochen, für Süßheims Wunsch, eine Arbeit im Osmanischen Reich zu finden, beim Sultan persönlich ein gutes Wort einzulegen.[1056] Doch auch Vámbérys Antwort fiel nun negativ aus: Die Deutschen hätten ihn im Palast diskreditiert, er habe leider keinen Einfluss mehr.[1057]

Schwager Eugen Kirschbaum hatte in der Zwischenzeit seine Kontakte spielen lassen – und Süßheim machte sich auf nach Paris. Dort suchte er den Schwiegersohn des berühmten Pariser Bankiers Rothschild auf, der ihm ein Empfehlungsschreiben an den klassischen Archäologen Salomon Reinach, Professor an der École du Louvre und „ein weltweit gerühmter Dozent"[1058], aushändigte. Dieser habe vorab bereits vernehmen lassen, dass Süßheim eine sehr hohe Position verdiene, hieß es. Doch als er den Professor traf, lies dieser ihn wissen, dass es so viel Nachwuchs in der französischen Wissenschaft gebe, dass, egal wie gut er sei, kein Deutscher genommen werden könne.[1059] Dasselbe bestätigte ihm der Orientalist

1051 Vgl. ebd., 27.2.1906.
1052 Vgl. ebd., 26.3.1906.
1053 Vgl. ebd., 27.3.–1.4.1906.
1054 Vgl. ebd., 12.1., 21.2., 13.5. u. 26.8.1905.
1055 Vgl. ebd., 6.4.1906.
1056 Vgl. ebd., 6.5.1906 sowie Kap. I.1.
1057 Vgl. ebd., 10.5.1906.
1058 Ebd., 18.5.1906, übers. nach der osman. Translit. bei Schmidt, Orientalist (2018), S. 379.
1059 Vgl. ebd., 21.5.1906.

Hartwig Derenbourg.[1060] Süßheim war niedergeschlagen, doch er startete weitere Versuche in der Pariser jüdischen Community: Er suchte Emanuel Weil, einen französischen Rabbiner, auf, der Kontakte nach Amerika hatte: Sein Sohn war Französischlehrer am New York City College.[1061] Weil versprach ihm, nach Süßheims Möglichkeiten in den Vereinigten Staaten zu fragen, doch ein amerikanisch-jüdischer Student von Professor Derenbourg, den Süßheim kennengelernt hatte, hatte ihm wie erwähnt bereits zu verstehen gegeben, dass er auch an den amerikanischen Universitäten keine Chance habe – insbesondere, weil er Jude sei. Kontaktiert wurde nun auch der Banker Noël Bardac, der mit dem Generaldirektor der Staatsschuldenkommission in Konstantinopel verwandt war und versprach, über diesen eine Stelle zu finden. Süßheim verfasste ein vierseitiges französisches Anschreiben, das nach Konstantinopel geschickt wurde.[1062] Doch wieder hatte er ausgesprochenes Pech: Der Generaldirektor der Kommission hatte in der Zwischenzeit gewechselt – und der ehemalige schrieb, dass alle Stellen besetzt seien und er nichts tun könne.[1063] Süßheim spielte nun sogar mit dem Gedanken, die französische Staatsbürgerschaft anzunehmen, um an eine Stelle an einer Pariser akademischen Einrichtung zu gelangen – doch Voraussetzung hierfür war es, ein bis drei Jahre in Frankreich gelebt zu haben.[1064] Er kam zum einzig richtigen Schluss: Auch Paris war keine Option für ihn.[1065]

Nach einem kurzen Aufenthalt bei seiner Familie machte sich ein erschöpfter Karl Süßheim im Juli 1906 wieder auf nach Konstantinopel.[1066] Seinem Schwager hatte er zuvor versprechen müssen, dass er nach Hause zurückkehren werde, wenn er nun nicht schnell einen gut dotierten Posten im Osmanischen Reich fände. Doch seine Bewerbung bei der CFOA stand weiter unter keinem guten Stern: Edouard Huguenin, bei dem er sich beworben hatte und den er in Konstantinopel treffen wollte, sollte ausgerechnet jetzt für zwei Monate nach Europa aufbrechen.[1067] Stattdessen traf Süßheim nun dessen Kollegen Karl Helfferich, der ihm erklärte, dass seine Bewerbung aussichtslos sei; er habe aber gehört, dass die Palastkanzlei einen Privatsekretär für die Hedschas-Bahn suche.[1068] Mit Helfferichs Empfehlung wurde Süßheim noch am selben Abend dort vorstellig, doch die Antwort war unmissverständlich: „Was wir wollen, ist ein Ingenieur, während Sie Philosophie und so weiter studiert haben“[1069]. Einige Tage wird Süßheim noch versuchen, auf Helfferich einzuwirken – doch erfolglos.[1070] Eine Festanstellung war also nach wie vor nicht in Sicht, und der vermutlich zunehmend

1060 Vgl. ebd., 23.5.1906.
1061 Hier und im Folgenden vgl. ebd., 22.5.1906.
1062 Vgl. ebd., 30.5.1906.
1063 Vgl. ebd., 19. u. 23.6.1906.
1064 Hier und im Folgenden vgl. ebd., 27.6.1906.
1065 Vgl. ebd., 27. u. 28.6.1906.
1066 Vgl. ebd., 8.7.1906.
1067 Vgl. ebd., 20.7.1906.
1068 Vgl. ebd., 28.7.1906.
1069 Ebd., übers. nach der osman. Translit. bei Schmidt, Orientalist (2018), S. 383.
1070 Vgl. ebd., 30.7. u. 3.8.1906.

auch in finanzielle Bedrängnis geratende Süßheim, der sich in der Vergangenheit noch gegen die Vorstellung gewehrt hatte, als Journalist zum Informanten der osmanischen Regierung zu werden, begann nun, wie wir bereits erfahren haben, im Sommer 1906 sporadisch für die Zensurstelle des osmanischen Bildungsministeriums zu arbeiten. Dabei handelte es sich sicher nicht um Süßheims liebste Beschäftigung, wie aus einem langen Tagebucheintrag hervorgeht, in dem er das Büro und seine Angestellten beschrieb. Im Rückblick porträtierte Süßheim seine Kollegen und schilderte den ganz normalen Wahnsinn einer osmanischen Behörde zu Beginn des 20. Jahrhunderts:

> „Während ich [im Ministerium für] Bildung arbeitete, waren dies die Männer, mit denen ich in Kontakt stand: der Leiter des Büros, Dāvud Efendi, der, obwohl jeder dachte und behauptete, dass er ein Araber sein muss, türkischer Herkunft war, aber nach dem, was er selbst sagte, sein ganzes Leben in einem arabischen Land verbracht hatte, hauptsächlich [im libyschen, KM] Tripolis, aber zu Hause [...] sprach man Türkisch. Einige behaupten, er sei in Istanbul geboren worden. Während der Zeit, in der Hāşim Paşa Gouverneur von Tripolis war, war er stellvertretender Sekretär, er kam mit dem Paşa nach Istanbul. Er will seine arabische Identität nicht zu sehr zur Schau stellen. [...] Diejenigen, die am meisten auf ihn angewiesen sind, sind die Araber, insbesondere die Libyer, die ihn um Rat fragen. Unter den Arabern ist er ziemlich bekannt. [...] Auf der rechten Seite von Dāvud Efendi saß für gewöhnlich ein Sohn des Ministers. Seitdem er einmal gestürzt ist, ist er geistig behindert und für niemanden von Nutzen, und er ging nur mit einem Diener an seiner Seite hinaus. Manchmal, wenn es sehr heiß ist, hat er einen epileptischen Anfall und stößt eine Reihe von sinnlosen Lauten aus. Er hat eine zügellose Art zu schauen. [...] [U]nter dem Fenster saß Meḥmed Bey, der sich um die üblichen Aufgaben im Zusammenhang mit Kopierarbeiten für die Zensurkommission kümmerte. Früher war er beim Statistikamt im Büro des Großwesirs angestellt, aber seit einigen Jahren ist er als Beamter bei der Bildung. Er ist klein, sieht [ungefähr] 20 Jahre alt aus, stottert, sein Gesicht ist blass und er trägt keine Brille [...]. An seiner Seite war der Ungar und Leiter der Gesundheitsabteilung bei der Bildung, Dr. Wellisch[1071], der mich vor 2 Jahren mit Dāvud Efendi bekannt machte [...]. Er ist derjenige, der die Führung einer Gesundheitsstatistik an den Schulen eingeführt hat. Manchmal geht er hinaus, um Schulen entlang des Bosporus oder andere in Istanbul zu besuchen. Da im Großen und Ganzen wenig Arbeit zu leisten ist, übernahm er den Vorsitz von Gesellschaften, die hebräische Sprachschulen in Dörfern und auch in Galata betreiben. [...] Neben ihm befand sich sein Assistent İḥsān Bey, Lehrer für Zoologie an der Kaiserlich-Medizinischen Hochschule. Wenn er Dich begrüßt, drückt er für gewöhnlich seinen Rücken durch, bis er fast bricht. Wenn dieser Mann eine banale Geschichte über das Wetter oder den Matsch, oder über Wissenschaft und Medizin erzählt, tut er das mit der Unschuld eines Kindes und auf [so] seltsame Weise, als ob er diesem Stadium nie entwachsen wäre. Als ich neben ihm saß, konnte

1071 Zu Soma Wellisch vgl. Kap. I.1.

ich es mir nicht verkneifen, laut loszulachen, sobald er anfing zu sprechen. Gegenüber Dāvud Efendi ist der Platz des Schwiegersohnes des Ministers. Einige Jahre lang war er Lehrer für Literatur an der Beiruter Studienvorbereitungsanstalt. Er ist charmant, spricht Französisch, aber er weiß nicht viel. Er hat kein Arabisch gelernt. Wie Dāvud Efendi beherrscht er weder Italienisch noch Englisch, aber er bescheinigt [diese] Abschlüsse und hat Einfluss auf die Vergabe von [entsprechenden] Stellen an Schulen. Seine ursprüngliche Aufgabe vor seiner Ernennung war der des Siegelbewahrers, die sich [nun] in den Händen von Dāvud Efendi befindet. Er sammelt die an den Paşa gerichteten Anfragen in den Büros und bringt sie in das Zimmer seines Schwiegervaters. Er lässt sich nicht so leicht auf das Niveau gewöhnlicher Beamter und Besucher herab. Der Bürojunge Ḥamza ist der Sohn von jemandem, der den gleichen Job hatte, er hatte in einem kleinen Dorf in der Provinz Konya gelebt. Er war nicht älter als 25 Jahre und sehr anständig."[1072]

Karl Süßheim beobachtete die osmanischen Zensurbeamten, als sei er ein Außenstehender, und wahrscheinlich fühlte er sich auch so. Als er seine Hoffnungen, bei einem der großen Bahnprojekte angestellt zu werden, schließlich aufgab, hielt er fest: „Von diesem Moment an gewöhnte ich mich an den Gedanken, [...] nach Deutschland zurückzukehren und eine Professur an der Universität Berlin anzustreben“[1073]. Süßheims frustrierender Aktionismus war damit beendet. Im Oktober informierte er den bayerischen Botschafter in Berlin, dass er bei der CFOA gescheitert war.[1074] Stattdessen schickte er sich nun entschieden an, seine wissenschaftliche Expertise durch Spezialisierung zu optimieren, um in der Orientalistik Fuß zu fassen.

Es war mutig, dass Karl Süßheim, wie auch seine Ablehnung des Angebots der Gesellschaft für Fränkische Geschichte bereits verdeutlichte, sich auf wissenschaftlichem Gebiet endgültig von der deutschen Geschichtsschreibung verabschiedete und in die Turkologie wechselte. Während die Historiografie im Kaiserreich eine etablierte und angesehene Profession war, hatte er sich nun ein von vielen belächeltes „Orchideenfach“ auserkoren.[1075]

1072 Tagebuch KS, 27.12.1906, übers. nach der osman. Translit. bei Schmidt, Orientalist (2018), S. 397 f.

1073 Ebd., 3.8.1906, übers. nach der osman. Translit. ebd., S. 383 f.

1074 Vgl. ebd., 19.10.1906.

1075 Im gesamten 19. Jahrhundert widmeten sich nur sehr vereinzelt Gelehrte professionell der Orientalistik. Der Sanskritist Hermann Brockhaus nannte sein Fach im Jahr 1856 eine „kleine Kirche“. Nach einer Zählung des SOS-Leiters Eduard Sachau waren im Sommersemester 1903 an den deutschen Universitäten immerhin 94 Dozenten der orientalischen Sprachen vertreten, davon 57 regulär an den philosophischen Fakultäten, hinzu kamen die Dozenten der außeruniversitären Forschungseinrichtungen und einige Privatgelehrte. Noch 1914 bemerkte Carl Heinrich Becker aber noch, „auf wie wenig [sic!] Schultern auch heute noch die gewaltige Arbeitslast ruht, die im Interesse des Deutschlands von Morgen geleistet werden muß“. Brockhaus zit. nach Mangold, Wissenschaft, S. 20; vgl. auch Eduard Sachau: Semitische und andere orientalische Sprachen, in: W[ilhelm] Lexis (Hrsg.): Die Universitäten im Deutschen Reich (= Das Unterrichtswesen im Deutschen Reich 1), Berlin 1904, S. 193–198, hier S. 198; Carl Heinrich Becker: Die orientalischen Wissenschaften. Der vordere Orient

Die Zeiten aber waren im Umbruch: Wie wir bereits gesehen haben, wuchsen die politischen und wirtschaftlichen Interessen des Wilhelminischen Deutschlands im Osmanischen Reich. Süßheims Entscheidung, sich auf die Türkei zu spezialisieren, war dem Turkologen Klaus Kreiser zufolge weise, und eröffnete zahlreiche Möglichkeiten: In Deutschland habe es zu diesem Zeitpunkt bloß zwei oder drei Experten gegeben, die sich in erster Linie mit der osmanischen Kultur beschäftigten.[1076] Wer sollte besser geeignet sein, mit frischen Eindrücken die deutschsprachige Turkologie aufzumischen, als Karl Süßheim, der viele Jahre im Osmanischen Reich verbracht hatte?

Als Süßheim im März 1915 vom Pförtner der Philosophischen Fakultät der Universität München vom Tod Karl Theodor von Heigels nach wochenlanger Krankheit erfahren wird[1077] – „es war unmöglich, über diese Nachricht nicht betrübt zu sein"[1078] – wird er festhalten: „Seit 1902 leistete mir abgesehen von meinen Eltern niemand solche unschätzbaren Dienste wie er." Diese Bemerkung offenbart einerseits den hohen Stellenwert des Historikers für die wissenschaftliche Laufbahn Karl Süßheims, da Heigel sich auch abseits seines eigenen Fachs, zum Beispiel als BAdW-Präsident, für ihn verwandte[1079], sie deutet andererseits aber auch auf ein Problem hin, mit dem der junge Wissenschaftler ganz besonders zu kämpfen hatte: Wer sich zu Beginn des 20. Jahrhunderts als Quereinsteiger in der Orientalistik zu etablieren versuchte, hatte hohe Hürden zu überwinden. Auf wen konnte Süßheim sich dabei stützen? Zumindest hatte er in den vergangenen Jahren keine Gelegenheit ausgelassen, Orientalisten zu treffen und sein Netzwerk zu erweitern.

„Ich habe sehr davon profitiert" | Ein eurasisches Netzwerk

Etliche in Karl Süßheims Tagebuch erwähnte Namen lassen jeden Orientalisten und jede Orientalistin noch heute aufhorchen: Es waren durchaus die Größen der Zunft, die Süßheim im Laufe der Zeit persönlich kennenlernte. Doch auch Experten, über die heute kaum etwas in Erfahrung zu bringen ist, werden in seinen Aufzeichnungen lebendig. Einer derjenigen, dessen Bekanntschaft der junge Deutsche bereits sehr früh in Konstantinopel gemacht hatte, war der heute weitgehend in Vergessenheit geratene Theophil Löbel, der ein deutsch-osmanisches Wörterbuch sowie den Band „Hochzeitsbräuche in der Türkei" herausgegeben hatte, letzteres mit einem ausführlichen Vorwort des bekannten ungarischen Kollegen

und Afrika, in: Siegfried Körte u. a. (Hrsg.): Deutschland unter Kaiser Wilhelm II., Bd. 3, Buch 10, Berlin 1914, S. 1183–1188, hier S. 1188; vgl. dazu auch Mangold, Wissenschaft, S. 20 u. 289.

1076 Vgl. Kreiser, Süßheim, S. 62.

1077 In Süßheims Papieren findet sich zudem eine Benachrichtigung des Rektors der Universität über den Tod des Präsidenten der Akademie der Wissenschaften, vgl. [Rektor] Müller an sämtliche Herren Professoren und Dozenten, 23. 3. 1915, in: Nachlass KS (LOC), Box 4.

1078 Hier und das folgende Zitat: Tagebuch KS, 23. 3. 1915, Nachlass KS (SBB) Hs. or. 1 135/5, fol. 70v ff.

1079 Heigel drängte ihn zum Beispiel zu einem Vortrag in der Akademie und verschaffte ihm Empfehlungsschreiben vom bayerischen Außenministerium für seine Reise in den Orient, vgl. ebd.

Ármin Vámbéry, der hier bereits einige Erwähnung gefunden hat.[1080] Theophil Löbel hatte drei Monate im Kaiserreich verbracht, bevor er Süßheim zum ersten Mal traf, – er habe sich noch nicht wieder an Konstantinopel gewöhnt, erzählte er ihm.[1081] Die Männer diskutierten eine Bibliografie über berühmte Deutsche und die Zugangsmöglichkeiten zum osmanischen Staatsarchiv: Die Dokumente waren nach Ministerien aufgeteilt und wurden im Zentralbüro der Regierung aufbewahrt, wie Süßheim bei dieser Gelegenheit erfuhr.[1082] Löbel berichtete ihm auch, dass der Rechtsberater des Büros, ein Armenier, damit beschäftigt sei, Vertragstexte der osmanischen Regierung zu edieren, wofür er eine spezielle Erlaubnis erhalten habe: „[D]iese Erklärungen waren hilfreich für mich“[1083], schrieb Süßheim. Ein anderes Mal bat er den Mann um Rat, als er verzweifelt versuchte, eine Anstellung in Konstantinopel zu erhalten: „Er erklärte, dass es notwendig sei, mit außergewöhnlicher Kompetenz und Eloquenz zu argumentieren“, notierte sich Süßheim – „ich verfehlte nicht, ihm zu zeigen, [wie schwer] ich in seiner Schuld stand“[1084]. Die beiden pflegten lange regen Kontakt[1085]; mit Löbel, der früher als „Zensur-Inspektor im kaiserlich-ottomanischen Unterrichtsministerium“[1086] gearbeitet hatte, hatte er sich sicher viel zu sagen.

Ebenfalls nachhaltig beeindruckte Süßheim der ungarische Turkologe Ignác Kúnos, der fast zwanzig Jahre lang immer wieder durch das Osmanische Reich reiste, um türkische Erzählungen und Gedichte zu sammeln und seit 1899 Direktor der Orientalischen Handelsakademie in Budapest war. Die Einrichtung wurde später an die dortige Universität angegliedert und gilt als „besonders wichtiger Ort für die türkisch-ungarischen […] Beziehungen“.[1087] Süßheim lernte Kúnos im März 1905 kennen, als er mit 25 Schülern in Konstantinopel eintraf: Er halte „nicht viel von Kollegen wie Foy und Jacob“[1088], notierte Süßheim danach. Mit dem Ungar blieb er lange in Kontakt, auch wenn er Süßheims erstem Türkisch-Lehrer am Seminar für Orientalische Sprachen (SOS), Karl Foy, so skeptisch gegenüberstand. Von dem anderen, den Kúnos offenbar geringschätzte, war Süßheim allerdings sehr angetan:

1080 Theophil Löbel: Deutsch-türkisches Wörterbuch enthaltend alle zur täglichen Unterhaltung, in Geschäften und auf Reisen erforderlichen Wörter; eine Sammlung geopgraphischer Namen; eine Reihe von Gesprächen; eine Auswahl türkischer Sprichwörter und einen Auszug der osmanisch-türkischen Grammatik, 2. Aufl. Constantinopel 1894; Ders.: Hochzeitsbräuche in der Türkei. Nach eigenen Beobachtungen und Forschungen und nach den verlässlichsten Quellen, Amsterdam 1897.

1081 Vgl. Tagebuch KS, 1.11.1903.

1082 Hier und im Folgenden vgl. ebd., 30.10.1904.

1083 Ebd., 30.10.1904, übers. nach der osman. Translit. bei Schmidt, Orientalist (2018), S. 334.

1084 Ebd., 3.2.1905, übers. nach der osman. Translit. ebd., S. 343.

1085 Zuletzt trafen sie sich am 30.12.1905.

1086 Löbel, Wörterbuch, [Titelblatt].

1087 Vgl. Schmidt, Orientalist (2018), S. 54. Das Zitat: Zsófia Turóczy: Freimaurerei: ausgrenzende Entgrenzung? Eine ungarische Freimaurerloge in Smyrna, in: Hohberger u. a., Grenzräume, S. 253–271, hier S. 267.

1088 Tagebuch KS, 12.4.1905, übers. nach der osman. Translit. bei Schmidt, Orientalist (2018), S. 350.

Der deutsche Turkologe Georg Jacob[1089] war Professor in Erlangen und eine Koryphäe des Fachs – seine Forschung inspirierte Süßheim später zu Veröffentlichungen, und Jacob sollte einer seiner wichtigsten Förderer werden.

Als Süßheim Anfang 1906 in diversen Städten des Kaiserreichs eine ganze Reihe Professoren aufgesucht hatte, von denen er sich Unterstützung erhoffte, war er auch bei Georg Jacob vorstellig geworden, der ihm die Erlaubnis verschaffte, Bücher aus der Präsenzbibliothek der Universität Erlangen nach Nürnberg auszuleihen. Und, noch viel wichtiger: Jacob erzählte ihm, dass unter der Federführung des Niederländers Martinus Theodorus Houtsma der erste Band eines außergewöhnlichen, internationalen Gemeinschaftsprojekts – die *Enzyklopädie des Islam* (EdI), die heute, zumindest in der überarbeiteten Ausgabe, aus keiner Fachbibliothek mehr wegzudenken ist – auf Deutsch, Englisch und Französisch veröffentlicht werden solle, und er bot Süßheim umstandslos an, Beiträge für das wegweisende Lexikon zu schreiben.[1090] Der Professor hielt Wort: Keine Woche später wurde Karl Süßheim für drei Artikel beauftragt[1091], die er in kürzester Zeit lieferte.

Ein anderer, sehr spezieller Fachvertreter, dessen Bekanntschaft Süßheim machte, war der jüdische Forscher Eduard Glaser, der in den 1880er- und 1890er-Jahren exzessiv durch das südliche Arabien gereist war und in Wien studiert, aber nie einen akademischen Abschluss gemacht hatte.[1092] Süßheim hatte ihn im Januar 1906 in München getroffen: „Dieser Orientalist ist ein seltsamer Mann. Obwohl er sich selbst als Entdecker bezeichnet, ist er seit 11 oder 12 Jahren nicht mehr nach Arabien gefahren. Auf seinem Kopf befindet sich ein eleganter Fez, die Quaste baumelt aber nicht auf seinem Hinterkopf, sondern auf seiner Stirn. Es sind so viele Bücher in dem Raum, der seine Bibliothek ist, dass es keinen Platz gibt, um sich überhaupt hinzusetzen. Auf seinem Schreibtisch lagen viele Manuskripte. Nachdem er ein altes sabäisches Buch gelesen und beendet hatte, korrigiert er nun Druckfahnen und hat Kopfschmerzen. Im Morgengrauen isst er sein Abendessen im Restaurant Neue Börse. Er lädt mich dorthin ein. Ein neugieriger Mann. Er lebt allein, er kennt Vámbéry nicht."[1093]

1089 Georg Jacob (1862–1937) war 1892 in Greifswald habilitiert worden und lehrte seit 1896 als außerordentlicher Professor in Erlangen. 1911 erhielt er einen Ruf an die Kieler Universität und bekleidete fortan den Lehrstuhl für Orientalistik.

1090 Vgl. Tagebuch KS, 9.1.1906.

1091 Und zwar biografische Texte über ʿAbdülḥamīd I., über ʿAbdülʿazīz sowie über Aḥmed Cevdet Paşa, vgl. ebd., 15.1.1906 und Karl Süßheim: „ʿAbd al-ʿAzīz", „ʿAbd al-Ḥamīd I.", „Aḥmed Ḏjewdet Pa<u>sh</u>a", in: EdI (1913), S. 38, S. 41f., S. 209f.

1092 Eduard Glaser (1855–1908) sammelte Tausende Inschriften, Handschriften sowie kartografische und ethnografische Aufzeichnungen. Er war nie promoviert worden, was ihn zeit seines Lebens daran hinderte, eine akademische Karriere zu erreichen. Seine letzten Lebensjahre verbrachte Glaser, der „unbestritten als einer der bedeutendsten und erfolgreichsten Erforscher Südarabiens" gilt, in München – doch auch an der dortigen Universität biss er auf Granit. Egon Komorzynski: „Glaser, Eduard", in: NDB 6 (1964), S. 429f. [Onlinefassung], http://www.deutsche-biographie.de/pnd118695223.html.

1093 Tagebuch KS, 30.1.1906, übers. nach der osman. Translit. bei Schmidt, Orientalist (2018), S. 369.

Bei Ármin Vámbéry, dessen Ruf ihm eigentlich vorauseilte, war Süßheim, wie wir hörten, in Budapest, auf dem Weg aus dem Osmanischen Reich in die Heimat, vorstellig geworden. Dieser hatte ihn sehr herzlich empfangen, sprach Farsi offenbar wie ein Perser, beruhigte seinen Besucher, dass er bestimmt auch als Jude eine staatliche Stelle erhalten würde und bestärkte ihn darin, in Konstantinopel zu bleiben – er würde ihn notfalls mit einem Empfehlungsschreiben direkt an den Sultan versorgen.[1094] Vámbéry berichtete ihm auch über sprachliche Mängel von Kollegen: „Die Unfähigkeit der Orientalisten, zu sprechen, habe sich gezeigt, als in Leipzig zu seinen [Vámbérys, KM] Ehren ein Bankett abgehalten wurde und er eine Rede auf Farsi hielt. Der berühmte Brockhaus, Übersetzer des *Golestān*, der neben ihm saß[1095], dachte allerdings, die Sprache sei [das osttürkische, KM] Tschagataisch."[1096]

Ein Gespräch zweier Eingeweihter, die sich miteinander wohlfühlten – und Süßheim wurde sogleich noch einem Schüler Vámbérys vorgestellt, der es selbst zu einiger Bekanntheit bringen wird: Ignaz Goldziher, seit 1894 Professor in Budapest.[1097] Da Süßheims Ungarisch nicht gut war (er hatte also auch Grundkenntnisse im Ungarischen, wie wir an dieser Tagebuchstelle ganz nebenbei erfahren) unterhielten sich die beiden auf Arabisch. Goldziher beherrsche die Sprache besser als Vámbéry, aber er schenke der Sprechpraxis nicht so viel Aufmerksamkeit, lautete Süßheims erstes Urteil über einen der Gründerväter der modernen Islamwissenschaft.[1098]

Auch im Kaiserreich versuchte Süßheim natürlich, sein Netzwerk auszubauen. In München hatte er sich zum Beispiel bei dem Semitisten Fritz Hommel[1099] vorgestellt, der zunächst keinen tieferen Eindruck hinterließ[1100], doch über das Verhältnis der beiden wird später noch ausführlich zu berichten sein. In Berlin besuchte Süßheim neben seinen altbekannten

1094 Bei einem späteren Besuch versprach er ihm sogar, ihn persönlich dem Sultan vorzustellen, vgl. ebd., 6.1.1906 u. 24.3.1908. Vgl. dazu auch Kap. I.2.

1095 Jan Schmidt vermutet hinter dieser Figur den deutschen Orientalisten Hermann Brockhaus (1806–1877). Eine Übersetzung des *Golestān* – des berühmten Werks von Sa'dī, das auch Süßheim gelesen hatte – von Hermann Brockhaus existiert allerdings nicht, wohl aber eine dreibändige Hafis-Ausgabe; Süßheim hatte sich also entweder im persischen Dichter vertan, oder es war ein anderer Brockhaus gemeint. Eine *Golestān*-Ausgabe erschien nämlich durchaus im Verlag F. A. Brockhaus, weshalb auch ein Verleger und nicht der Übersetzer gemeint sein könnte. Vgl. Schmidt, Orientalist (2018), S. 108; Hermann Brockhaus: Die Lieder des Hafis. Persisch mit dem Commentare des Sudi, Osnabrück 1969 [zuerst: Leipzig 1854–1860]; die Ausgabe des *Golestān* im Brockhaus-Verlag stammt von Karl Heinrich Graf: Sadi Moslicheddin. Sadi's Rosengarten. Nach dem Texte und arabischen Commentare Sururi's, Leipzig 1846.

1096 Tagebuch KS, 6.1.1906, übers. nach der osman. Translit. bei Schmidt, Orientalist (2018), S. 366.

1097 Vgl. ebd., 6.1.1906.

1098 Vgl. ebd. Zu Goldzihers Verortung in der Orientalistik vgl. z. B. den Aufsatz von Lawrence I. Conrad: Ignaz Goldziher on Ernest Renan: From Orientalist Philology to the Study of Islam, in: Kramer, Discovery, S. 137–180.

1099 Fritz Hommel (1854–1936), 1877 habilitiert, seit 1885 Extraordinarius, erhielt 1892 den ordentlichen Lehrstuhl für semitische Sprachen an der Münchner Universität, den er bis zu seiner Emeritierung 1925 innehatte.

1100 Vgl. Tagebuch KS, 28.1.1906.

Lehrern vom SOS auch den jüdischen Orientalisten Jacob Barth, der offenbar aufgrund seiner Religionszugehörigkeit keine Professur erlangt hatte, Süßheim aber auch mit mangelnden Sprachkenntnissen enttäuschte.[1101] Einen ähnlich schwierigen Stand in Berlin hatte der Altorientalist Hugo Winckler, dem aufgrund seiner sozialistischen Überzeugung und seines unsteten Lebenswandels eine ordentliche Professur lange verwehrt geblieben sei, wie Süßheim festhielt.[1102] Inzwischen jedoch hatte es der Experte für Keilschriften – Süßheim zufolge „ein merkwürdiger Mensch“[1103], der seinen Bekannten Soma Wellisch sehr schätzte – zum Professor für Orientalische Sprachen gebracht. 1896 hatte er die Vorderasiatische Gesellschaft (VAG) gegründet, und er lud Süßheim zu einer Veranstaltung ein, die dieser schließlich auch besuchte. Seine Begeisterung hielt sich allerdings in Grenzen: „Ein Mitarbeiter des Museums für Völkerkunde sprach viel zu detailreich über antike Siegelkunde“, schrieb er. Eigentlich hatte Süßheim seine Vorstellungsrunde bei der deutschen Orientalistik noch in Leipzig und Jena fortsetzen wollen, doch sein Vater beorderte ihn nach München, wo er einer Konferenz beiwohnen sollte, auf der er weitere Orientalisten treffen könne – die Tagung wurde allerdings abgesagt.[1104] Doch Süßheim beließ es ohnehin nicht dabei, sich in einer Blase zu vernetzen, die die deutschen oder mitteleuropäischen Wissenschaftsstrukturen ihm anboten.

Karl Süßheim schätzte in hohem Maße, wie vielleicht zu wenige andere Orientalisten seiner Zeit, den neuen Horizont, den muttersprachliche Gelehrte ihm eröffnen konnten. Seine Texte ließ er später zum Beispiel hin und wieder von einem nicht näher bezeichneten persischen Freund namens Rāsim gegenlesen.[1105] Bekanntschaften mit Muttersprachlern pflegte Süßheim stets in besonderer Weise. 1904 hatte er in Konstantinopel den bereits erwähnten Zeki Magamız kennengelernt, einen Christen aus Aleppo, der Texte über Sprache und Literatur veröffentlichte und Bücher vom Arabischen ins Osmanische übersetzte, später auch den Koran. Mit ihm traf er sich im Café Tokatliyan; Magamız war Korrespondent für ägyptische Zeitungen und „Lehrer des berühmten Pierre Loti“[1106], was Süßheim natürlich sehr interessierte. Loti, der reisewütige Schriftsteller, war einer der meistgelesenen französischen Autoren in der zweiten Hälfte des 19. Jahrhunderts und hatte auch einige exotistische Geschichten geschrieben, die in einer orientalischen Umgebung spielen – Süßheims Bekannter Magamız hatte ihm offenbar zwei Jahre lang die osmanische Sprache beigebracht, wie wir aus dem Tagebuch erfahren.[1107]

Süßheim machte im Osmanischen Reich auch die Bekanntschaft von Veled Çelebi (İzbudak), der zu dieser Zeit an einem zwölfbändigen Osmanisch-Wörterbuch arbeitete,

1101 Vgl. ebd., 27. u. 28.3.1906.

1102 Hier und im Folgenden vgl. ebd., 2.4.1906.

1103 Hier und das folgende Zitat: ebd., 2.4.1906, übers. nach der osman. Translit. bei Schmidt, Orientalist (2018), S. 376.

1104 Hier und im Folgenden vgl. ebd., 7. u. 8.4.1906.

1105 Vgl. ebd., 8.4.1908.

1106 Ebd., 7.4.1904, Diario II dell Karl Süssheim, dottore di filosoph[ia], Nachlass KS (LOC), [o. S.].

1107 Vgl. Schmidt, Orientalist (2018), S. 52.

das allerdings nie erscheinen sollte.[1108] Der Sprachwissenschaftler berichtete ihm über seinen Austausch mit dem Literaten (Şemseddin) Sami Frashëri, einem der wichtigsten Aktivisten der frühen albanischen Nationalbewegung, der neben vielerlei anderer Arbeiten ein französisch-türkisches Wörterbuch und eine bahnbrechende sechsbändige türkische Enzyklopädie herausgegeben hatte, und deshalb heute nicht nur in Albanien, sondern auch in der Türkei verehrt wird.[1109] All dies faszinierte Karl Süßheim über alle Maßen, und den gut vernetzten İzbudak traf er wieder: „Ich sprach mehr als eine Stunde lang mit [ihm] über die osmanische Sprache", schrieb er; er habe „sehr davon profitiert. [...] Ich verstehe jetzt die Etymologie von ‚eleğim sağma' [Regenbogen, KM]. [...] Veled Efendi lehrte alles auf meisterhafte Weise"[1110]. Der Mann half ihm nicht nur mit der Sprache: Über ihn lernte Karl Süßheim den Historiker und „first real Turcologist in Turkey"[1111], wie Bernard Lewis schreibt, kennen – Necib ʿĀsım Yazıksız.

Als Süßheim ʿĀsım erstmals besuchte, arbeitete dieser gerade an einem Wörterbuch zur kiptschakischen, also älteren westturkischen Sprache, „für das er auch den berühmten Codex Cumanicus[1112] [benutzen] will"[1113], wie Süßheim notierte. Der Historiker, der an der Militärschule nicht nur osmanische Geschichte, sondern auch die französische Sprache unterrichtete, bat Süßheim darum, ihm mit einem bisher nicht angenommenen Aufsatz zu helfen, den er auf Französisch in einer deutschen Zeitschrift veröffentlichen wollte – sein „Französisch ist eines Französisch-Lehrers unwürdig"[1114], so Süßheims hartes Urteil. Ähnlich gering schätzte er auch ʿĀsıms Kenntnisse zur europäischen Geschichte: „Necib ʿĀsım

1108 Vgl. Tagebuch KS, 12.11.1903. Veled Çelebi İzbudak (1869–1950) gehörte dem Mevlevi-Derwisch-Orden an, der auf den persischen Mystiker Rūmī zurückgeht. Als nationalistischer Politiker stand er später in engem Kontakt zu Muṣṭafā Kemāl „Atatürk".

1109 Vgl. ebd., 3.5.1904. [Sami Frashëri] (Hrsg.): Kāmūs-ı Fransevī. Dictionnaire Français-Turc, [Konstantinopel 1882 u. 1885] u. das Faksimile aus den 1990er-Jahren Şemsettin Sāmi (Hrsg.): Kāmūsu'l-A'lām, 6 Bde., Ankara 1996 [zuerst: Konstantinopel 1889–1898]. Politisch relevant war insbesondere seine Schrift „Albanien. Was war es, was ist es und was wird es sein? Gedanken zur Rettung des Vaterlandes vor den Gefahren, die es umgeben" – Sami Frashëri: Shqipëria. Ç'ka qenë, ç'është e ç'do të bëhet? Mendime për shpëtimt të mëmëdheut nga reziket që e kanë rethuarë, Bukuresht [Bukarest] 1899. Siehe dazu auch den Aufsatz von Bülent Bilmez: Sami Frashëri or Šemseddin Sami? Mythologization of an Ottoman Intellectual in the Modern Turkish and Socialist Albanian Historiographies based on „Selective Perception", in: Balkanologie 7/2 (2003), S. 19–46.

1110 Tagebuch KS, 11.12.1904, übers. nach der osman. Translit. bei Schmidt, Orientalist (2018), S. 337 f.

1111 Bernard Lewis: The Emergence of Modern Turkey, London u. a. 1962, S. 342.

1112 Eine Handschrift aus dem 14. Jahrhundert, die ein dreisprachiges Wörterbuch für Latein, Persisch und Komanisch sowie auch Wortlisten zum Spätmittelhochdeutschen enthält und heute in der Biblioteca Marciana in Venedig aufbewahrt wird, vgl. Ingeborg Baldauf: Missionshilfe oder Kuriositätensammlung? Das komanisch-deutsche Glossar im Codex Cumanicus (14. Jh.), in: Kreiser, Germano-Turcica, S. 15–18.

1113 Tagebuch KS, 21.3.1904, Diario II dell Karl Süssheim, dottore di filosoph[ia], Nachlass KS (LOC), [o. S.].

1114 Ebd., 25.3.1904, ebd.

hat [ungefähre] Vorstellungen [...], kein exaktes Wissen; er bringt alles durcheinander"[1115]. Auch wenn er an seinen fachlichen Fähigkeiten zweifelte, hielt Süßheim mit ʿĀsım Kontakt. Dies sollte sich auszahlen, denn ʿĀsım machte ihn immer wieder auf wichtige Handschriften aufmerksam, von denen Süßheim zuvor nichts gehört hatte, so beispielsweise eine persische Chronik des Autors Karimaddin Aqsarayi aus dem beginnenden 14. Jahrhundert, aufbewahrt in der Bibliothek der Aya Sofia, wie die Hagia Sophia vor Ort genannt wurde.[1116] Süßheim erhielt schon früh die Erlaubnis des Bibliotheksdirektors, sie einzusehen; die Handschrift wurde erst Jahrzehnte später ediert.[1117]

Die Liste an Süßheims Bekanntschaften mit osmanischen Intellektuellen und Wissenschaftlern ließe sich fortsetzen; nur einige sollen an dieser Stelle noch genannt werden: Süßheim kannte, wie bereits erwähnt, den Verleger Aḥmed Cevdet[1118], dessen Vater früher Direktor der staatlichen Archive im Büro des Großwesirs war und von dem er über Art und Erschließungsgrad der dortigen Dokumente informiert wurde[1119]; mit Aḥmed Midḥat, wie erwähnt ebenfalls Verleger und einer der berühmtesten osmanischen Autoren und Journalisten, diskutierte er unter anderem die Ursprünge eigentümlicher türkischer Wörter[1120]. Auch machte er bereits in seinen frühen Konstantinopler Tagen Bekanntschaft mit dem Historiker und Direktor der Galatasaray-Eliteschule ʿAbdurraḥmān Şeref, dem er Grüße zum Ramadan zukommen ließ und der (zunächst, wie wir bereits wissen[1121]) „immer große Freundlichkeit zeigte"[1122]. Wer Süßheim ganz besonders beeindruckte, war, wie bereits eingehend dargestellt, der Jungtürke und Historiker Aḥmed Ṣāʿib, den er 1908 in Kairo kennenlernte und dem er einen unvoreingenommenen Wissenschaftsstil bescheinigte.[1123] Und auch mit dem Libanesen Jurji Zaydan machte Süßheim in Ägypten Bekanntschaft; er war ein wichtiger Historiker der arabischen *Nahda*[1124], der mit seiner fünfbändigen „Geschichte der islamischen Zivilisation", in der er ein ausgesprochen negatives Bild der Araber zeichnete, berühmt wurde.[1125]

1115 Ebd., 13.5.1904, ebd.

1116 Vgl. ebd., 21.10.1908.

1117 Vgl. ebd., 6.11.1908. Die Edition: Osman Turan (Hrsg.): Müsāmeret ül-Akhbār. Mogollar Zamanında Türkiye Selçukları Tarihi. Aksaraylı Mehmed oğlu Kerīmüddin Mahmud (= TTKY 3/1), Ankara 1944.

1118 Vgl. Kap. I.1.

1119 Vgl. Tagebuch KS, 13.11.1904.

1120 Vgl. ebd., 24.12.1903.

1121 Vgl. Kap. I.2.

1122 Tagebuch KS, 10.12.1904, übers. nach der osman. Translit. bei Schmidt, Orientalist (2018), S. 337.

1123 Vgl. Kap. I.2.

1124 Als *Nahḍa* (نهضة) wird im Arabischen wörtlich die Bewegung eines Körpers von unten nach oben bezeichnet. Der Begriff steht für eine Art arabische Renaissance-Bewegung, die im 19. und 20. Jahrhundert die in den muslimisch-religiösen Schriften transportierten Werte mit denen der Moderne zu verbinden suchten. Einen Überblick über das Denken verschiedenster Vertreter liefert der Band von Charles Kurzman (Hrsg.): Modernist Islam, 1840–1940. A Sourcebook, Oxford 2002.

1125 Vgl. Tagebuch KS, 2.5.1908; Ǧurǧī Zaidān: تاريخ التمدن الاسلمي [Tāʾrīḫ at-tamaddun al-islāmī], 3 Bde., [Kairo] 1958, [zuerst: 4 Bde., Kairo 1902–1906]. Zur Bedeutung Zaydans vgl. Thomas Philipp: Jurji

Karl Süßheim hatte sich also ein breites Netzwerk aufgebaut. So unterschiedlich die einzelnen Männer waren, mit denen er im Laufe der Jahre in Kontakt trat, so homogen war doch das Milieu, in dem sie sich aufhielten und dem sie in den meisten Fällen auch entstammten: Süßheim hatte mit osmanischen Gelehrten mehr gemein als mit einem Bauernsohn in Franken; sein Freund ʿAbdullāh Cevdet hatte mit einem europäischen Intellektuellen, der ihn bei seiner Shakespeare-Übersetzung beraten konnte[1126], mehr zu besprechen als mit einem anatolischen Hirten. Die gebildeten und ökonomisch etablierten Kreise schafften hier eine Gesprächsbasis, einen Raum des Dialogs, ein ganz eigenes Milieu bürgerlicher Prägung, dessen Beteiligte in verschiedenen lokalen, aber, über ihre Interessen und gemeinsamen Überzeugungen, auch in transnationalen Netzwerken verankert waren. Dass ihm dies beruflich nur bedingt nutzen würde, konnte Karl Süßheim zu diesem Zeitpunkt nicht ahnen – genauso wenig aber, dass es ihm einst das Leben retten würde.[1127] Als junger Wissenschaftler jedenfalls tat er gut daran, seine Kontakte auszubauen und zu pflegen, denn ein funktionierendes Netzwerk und der kollegiale Austausch waren in der Orientalistik noch ungleich bedeutsamer als in anderen Disziplinen: Das Fach war nicht nur kleiner, sondern auch hinsichtlich seiner Stellung an den Universitäten unsicherer als die Geschichtswissenschaft oder auch die klassische Philologie, was zu enormem Selbsterhaltungsdruck führte.[1128] Dies galt insbesondere im Kaiserreich, wo wie bereits erwähnt ein interner Kampf um die Deutungshoheit über die orientalischen Studien entstanden war, in dem die traditionell arbeitenden Philologen mit den Vertretern der außeruniversitären Forschungsinstitute rangen. Der Nachwuchs war gewissermaßen gezwungen, sich in diesem Streit zu positionieren. Süßheim, der sich in beiden Welten umzusehen pflegte, hatte bisher nur begrenzten Erfolg: Abgesehen von Georg Jacob in Erlangen hatte er unter den deutschen Fachvertretern noch keine echten Förderer gefunden.

Um seine Chancen auf eine wissenschaftliche Karriere zu steigern, wollte Karl Süßheim sich im Rahmen seiner Möglichkeiten breit aufstellen. Er versuchte daher nicht nur, die Anforderungen der außeruniversitären Einrichtungen zu erfüllen, sondern auch, sich auf dem traditionellen philologischen Weg einen Namen zu machen. Inhaltlich fokussierte er sich hier schnell auf die Erforschung der Seldschukendynastie im 11. und 12. Jahrhundert, die in der damaligen Zeit bedeutende Fortschritte machte[1129]: Verständlicherweise habe er ein Thema gewählt, das an die Forschungen des orientalistischen Mainstreams anschluss-

Zaidan and the Foundations of Arab Nationalism (= Modern Intellectual and Political History of the Middle East), New York 2014 u. Anne-Laure Dupont: Ǧurǧī Zaydān (1861–1914): Écrivain Réformiste et témoin de la Renaissance arabe, Beyrouth [Beirut] 2006. Von anderen Kairiner Bekannten Süßheims wie Rafīq al-ʿAzm und Rashīd Riḍā (vgl. Kap. I.2) wurde Zaydan scharf kritisiert, vgl. Werner Ende: Arabische Nation und islamische Geschichte. Die Umayyaden im Urteil arabischer Autoren des 20. Jahrhunderts (= BTS 20), Beirut 1977, S. 32–59.

1126 Vgl. die Bitte Cevdets an Süßheim, Kap. I.2.

1127 Vgl. insb. Kap. II.3.

1128 Vgl. Mangold, Wissenschaft, S. 291.

1129 Vgl. Flemming, Süssheim, S. 3.

fähig war, schreibt Klaus Kreiser über diese Wahl.[1130] In Konstantinopel legte Süßheim den Grundstock seiner umfangreichen und wertvollen Sammlung orientalischer Handschriften, die neue Schlaglichter auf die Geschichte des Nahen Ostens zu werfen vermochten. Er beauftragte auch Kalligrafen wie etwa seinen früheren Persisch-Lehrer Mīrzā Taqī, Handschriften für ihn abzuschreiben[1131] – zum Beispiel die persische Chronik *al-ʿUrāḍa fī ʾl-ḥikāya as-salǧūqīya* („Das Geschenk aus der Seldschukengeschichte") von Ibn an-Nizām aus der Bibliothek der Aya Sofia. Entstanden war die Chronik vermutlich im Jahr 1311[1132]; sie berichtete über „die Taten der in Persien zur Herrschaft gelangten Grosssultane der Saldschuḳen"[1133]. Zum Verständnis der Schrift suchte Süßheim sich Hilfe bei osmanischen Gelehrten.[1134] Mit Text und Kontext gerüstet, kehrte er schließlich Ende Dezember 1906 zurück ins Deutsche Kaiserreich, um mit seiner Forschung vorstellig zu werden: „Eine Reise zwischen Europa und den Ländern des Orients erscheint mir nicht länger als etwas, das ernsthaft zu erwägen ist"[1135], schrieb er in dieser Zeit, in der er, wie wir hörten, massiv unter Druck stand, in einem geordneten Leben anzukommen.

Nach dem obligatorischen Besuch bei der Familie hörte Karl Süßheim sich zunächst in Wien um: Er suchte die Universitätsprofessoren Rudolf Geyer (Experte für semitische Sprachen), den Turkologen Friedrich Kraelitz, den auf die südarabischen Sprachen spezialisierten Maximilian Bittner und Joseph Maria von Karabacek auf, der zugleich Direktor der Wiener Hofbibliothek war.[1136] Zudem wurde er beim österreichischen Pendant des SOS, der traditionsreichen Kaiserlich-königlichen Akademie für Orientalische Sprachen vorstellig, die inzwischen in Konsular-Akademie umbenannt worden war.[1137] Der von Süßheim sehr bewunderte Joseph von Hammer-Purgstall[1138] hatte hier einst seine Ausbildung absolviert

1130 Vgl. Kreiser, Süßheim, S. 63.

1131 Dieser arbeitete zunächst nicht so sauber, wie Süßheim es sich erhofft hatte. Über seinen Ärger machte Taqī sich lustig, woraufhin Süßheim tagelang nicht schlafen konnte. Vgl. Tagebuch KS, 19.7., 27. u. 28.8.1906.

1132 Dieses Entstehungsjahr des Textes hielt Süßheim für am wahrscheinlichsten, vgl. Karl Süßheim: Das Geschenk aus der Saldschuḳengeschichte. Von dem Wesir Muḥammad B. Muḥammad B. Muḥammad B. ʿAbdallah B. al-Nitʾām al-Ḥusainī al-Jazdī. Zum ersten Male herausgegeben und mit Anmerkungen, zwei Einleitungen und einem Anhang versehen, Leiden 1909, S. XIX. Das handschriftliche Manuskript dazu, welches noch auf 1908 datiert ist, befindet sich in Washington, Nachlass KS (LOC), Box 9.

1133 Süßheim, Geschenk, [S. V].

1134 Vgl. Tagebuch KS, 24.10. u. 24.11.1906.

1135 Ebd., 29.12.1906, übers. nach der osman. Translit. bei Schmidt, Orientalist (2018), S. 399.

1136 Vgl. ebd., 2.1.1907.

1137 Zur Geschichte der Einrichtung vgl. den Sammelband von Oliver Rathkolb (Hrsg.): 250 Jahre. Von der Orientalischen zur Diplomatischen Akademie in Wien, Innsbruck u. a. 2004 sowie den Abschnitt „L'Académie Orientale de Vienne, 1754–2002, une création de l'Impératrice Marie-Thérèse" in: Marie de Testa u. Antoine Gautier (Hrsg.): Drogmans et diplomates européens auprès de la Porte ottomane (= AI 71), Istanbul 2003, S. 53–61.

1138 Der Orientalist Joseph von Hammer-Purgstall (1774–1856) sammelte für sein nach wie vor berühmtes zehnbändiges Geschichtswerk eine Fülle an osmanischen historiografischen Texten, vgl. Schmidt,

– doch der deutsche Besucher erfuhr eine herbe Enttäuschung, als er das Personal kennenlernte.[1139] Sein Urteil war vernichtend: Der Direktor spreche Persisch nur mit großen Schwierigkeiten, Türkisch ebenfalls schlecht; er sei ein ignoranter und unscheinbarer Mensch, der selbst nichts publiziert und seine Position allein über Kontakte erhalten habe. Der Arabisch-Lehrer spreche kein Arabisch, ein anderer Dozent – und dies sei typisch für die Akademie – habe niemals im Orient gelebt. Es gebe lediglich 35 Studenten, die vor allem Ungarisch lernten, wenn sie in den auswärtigen Dienst eintreten wollten. Der Kurs „Geschichte der Nationen" werde auf Französisch gehalten. Anstatt die orientalischen Sprachen zu lernen, müssten die Schüler sich hier mit Wirtschaft, Militärwissenschaft und Recht auseinandersetzen, schrieb Süßheim, der seine eigene sprachliche Ausbildung in Berlin nun umso mehr zu schätzen wusste.

Süßheims erste Station in der deutschen Hauptstadt war denn auch das SOS, denn, wie wir hörten, galt hier die Devise, dass potenzielle Dozenten den Orient in eigener Anschauung erlebt haben sollten. Das war dem jungen Forscher nicht mehr abzusprechen, und tatsächlich: Sein einstiger Türkisch-Lehrer Karl Foy, der ihm vor nicht allzu langer Zeit nicht einmal ein Empfehlungsschreiben verfassen wollte, sei nun sehr freundlich zu ihm, schrieb Süßheim; der Arabist Julius Lippert habe ihm sogar versichert, dass er an seiner ehemaligen Ausbildungsstätte an seiner Seldschuken-Chronik arbeiten dürfe.[1140] Der Besuch bei Institutsleiter Eduard Sachau dagegen war, wie wir bereits erfahren haben, erschütternd: Es gebe bereits drei andere Juden, die die semitischen Sprachen lehren könnten, sagte ihm dieser – Süßheim habe daher keine Chance.[1141] Nach dieser deutlichen Absage verlor dieser zunächst die Hoffnung, eine Dozentenkarriere in Berlin einschlagen zu können und wollte sich in anderen deutschen Universitätsstädten umsehen, doch nach kurzer Krankheit starb überraschend Karl Foy.[1142] Karl Süßheims Aufzeichnungen anlässlich der Beerdigung zeigen, dass er seinem einstigen Lehrer mit gemischten Gefühlen gedachte: Er bezeichnete sich zwar (ohne dies näher auszuführen) als Mitglied in dessen engstem Kreise, zeigte sich aber überaus irritiert, dass „die beiden Priester das Lob des Verstorbenen ausgiebig und übertrieben sangen, so als hätte er [im Alleingang] die griechische und türkische Sprache entdeckt"[1143]. Die Stunde des Schülers jedenfalls schien gekommen: Süßheim bemühte sich umgehend um Foys Nachfolge, doch „[o]bwohl ich den stellvertretenden Direktor der Schule und meinen früheren Lehrer, Professor Lippert, anflehte, an meinen Namen für einen Lehrauftrag zu

Orientalist (2018), S. 85 sowie Joseph von Hammer[-Purgstall]: Geschichte des Osmanischen Reiches. Grossenteils aus bisher unbenützten Handschriften und Archiven, 10 Bde., Pest 1827–1835.

1139 Im Folgenden vgl. Tagebuch KS, 3.1.1907.

1140 Hier und im Folgenden vgl. ebd., 24.1.1907.

1141 Vgl. hierzu auch Kap. I.1.

1142 Vgl. Eduard Sachau (Hrsg.): MSOS, Jahrgang X, Dritte Abteilung: Afrikanische Studien, Berlin 1907, S. I. Aus Süßheims Tagebuch erfahren wir, dass Foy seiner Alkoholsucht erlag, vgl. Tagebuch KS, 23. u. 29.3.1907.

1143 Ebd., 29.3.1907, übers. nach der osman. Translit. bei Schmidt, Orientalist (2018), S. 402.

denken, erhielt ich die Antwort, dass ein anderer von Sachaus Männern, der Gymnasiallehrer Doktor Giese […] ausgewählt worden sei."[1144]

Süßheim hatte besagten Friedrich Giese wie erwähnt einst selbst als besten deutschen Orientalisten in Konstantinopel bezeichnet. Als direkter Konkurrent war dieser also durchaus eine Herausforderung:[1145] Er war philologisch und historiografisch ausgebildet, denn er hatte lange bei Theodor Nöldeke[1146] studiert, der mit seinem umfangreichen Werk sowohl geschichts- auch als sprachwissenschaftlich ein Pionier der deutschsprachigen Orientalistik war. Zudem hatte Giese wie Süßheim viele Jahre im Osmanischen Reich verbracht und war bestens vernetzt, aber im Gegensatz zu Süßheim bereits habilitiert – er lehrte an der Universität Greifswald.

Nachdem Karl Süßheims Bemühungen vor Ort ins Leere liefen, versuchte er, einflussreiche Unterstützer für sein Vorhaben zu finden, die ihm bei Institutsleiter Eduard Sachau den Rücken stärken konnten. In München bat er den renommierten Professor Karl Theodor von Heigel, nochmals auf den Ministerpräsidenten einzuwirken, auf dass dieser Reichskanzler Bülow aktiviere – und sein treuer Förderer empfand die Idee offenbar nicht als Aprilscherz, sondern versprach ihm tatsächlich, sein Bestes zu tun.[1147] (Dass Süßheim ihm von seinem ersten, gescheiterten Versuch in dieser Sache erzählt hatte, darf getrost bezweifelt werden.) Mit einem Schreiben Heigels gerüstet kreuzte er also erneut in Podewils' Büro auf. Der Ministerpräsident, der plötzlich unvermittelt im Vorzimmer stand, kanzelte ihn mit dem Hinweis auf die Unterstützung des bayerischen Botschafters kurzerhand ab.[1148] Zunehmend erschöpft und enttäuscht, blieb Süßheim nichts anderes übrig, als wieder nach Berlin zu fahren. Auf einem Zwischenstopp in Nürnberg traf er seine Eltern: „Mein Vater schrieb mir später […], dass er geschockt war, wie blass ich als Ergebnis meines Leidenswegs aussah"[1149].

Zunächst aber schien es aufwärts zu gehen: Graf Lerchenfeld, der bayerische Botschafter in Berlin, versprach Süßheim, ihn bei Sachau als Foys Nachfolger dringend zu

1144 Ebd., 30.3.1907, übers. nach der osman. Translit. ebd., S. 402.

1145 Im Folgenden vgl. Jäschke, Giese.

1146 Theodor Nöldeke (1836–1930) studierte in Göttingen klassische Philologie und Orientalistik. Heinrich August Ewald gewann ihn letztlich ganz für die Orientwissenschaft. Nöldeke beschäftigte sich insbesondere mit osmanischen Handschriften, bevor er, 1861 habilitiert, zunächst als außerordentlicher Professor, ab 1868 als Ordniarius an der Kieler Universität beschäftigt war. 1872 wurde er an die neugegründete Straßburger Universität gerufen, wo er auch nach seiner Emeritierung noch bis 1920 lehrte. Nöldeke kannte den Orient nicht aus eigener Anschauung, doch er prägte die Erforschung der semitischen Sprachen nachhaltig. Neben seiner philologischen Forschung beschäftigte Nöldeke sich mit dem Koran und war als Übersetzer arabischer Lyrik tätig. Einer seiner Schüler war auch Süßheims Förderer Georg Jacob. Zu Leben und Œvre vgl. Hartmut Bobzin: „Nöldeke, Theodor", in: NDB 19 (1999), S. 311f. [Online-Version], https://www.deutsche-biographie.de/sfz72233.html#ndbcontent.

1147 Vgl. Tagebuch KS, 1.4.1907.

1148 Vgl. ebd., 8.4.1907.

1149 Ebd., übers. nach der osman. Translit. bei Schmidt, Orientalist (2018), S. 403.

empfehlen.[1150] Am Tag darauf suchte Süßheim den Institutsleiter auf, der ihm jedoch mitteilte, dass in absehbarer Zukunft niemand ernannt werden würde, da es so viele Interessenten gebe.[1151] Er selbst protegiere im Moment niemanden speziell, behauptete er; Süßheim solle sich an den stellvertretenden preußischen Kultusminister Ludwig Elster wenden. Noch am selben Tag wurde der Bayer dort vorstellig: „[E]r [Elster, KM] fragte mich nach allen Einzelheiten meiner Situation. Weil meine Stimme sehr schwach war, war er verwundert und fragte, ob ich jemals eine Rede gehalten hatte. Ich war gezwungen, zu verneinen. Er sagte mir, dass Professor Sachau 2 Tage später, nächsten Montag, zum Ministerium kommen würde und dass der Mann ernannt würde, der von Sachau vorgeschlagen wird. Das Misstrauen, das ich gegenüber Sachau hegte, stieg nun auf eine noch höhere Stufe, und ich eilte zu Graf Lerchenfeld und verlangte, Kultusminister von Studt[1152] zu sehen."[1153]

Botschafter Lerchenfeld versprach Süßheim stattdessen, dass er selbst zum Minister gehen würde und schickte ihn derweil zu einem Ministerialbeamten, welcher ihm augenzwinkernd zu verstehen gab, dass er quasi schon gewonnen habe. Doch weit gefehlt. Einige Tage später hörte Karl Süßheim, dass ein ehemaliger Schüler des SOS namens Kamke[1154], der soeben mit der Bestnote promoviert worden war, vorläufig mit der Türkisch-Lehre für das Sommersemester beauftragt wurde: Die Entscheidung über die Foy-Nachfolge war also vertagt worden.

Süßheim wandte sich nun auch an den ungarischen Turkologen Ignác Kúnos, den er, wie wir erfahren haben, persönlich kannte. Von ihm ist ein Antwortschreiben überliefert. „Bis jetzt habe ich aus Berlin keine Anfrage bekommen. Soll ich auch ohne dies Sachau schreiben?", fragte er seinen deutschen Bekannten: „Wenn sie [sic!] es wünschen, so tue ich es selbstverständlich sehr gerne. Auch meiner Überzeugung entspricht es, dass sie [sic!] der geeignetste [sic!] wären, Foys Nachfolger zu sein."[1155] Diese Notiz ist zumindest überraschend, denn Kúnos kannte den direkten Konkurrenten Friedrich Giese sicher besser als Karl Süßheim.[1156] Dennoch: Weder Süßheims Protektion durch Kúnos sowie sein mehrjähriger Aufenthalt im Osmanischen Reich und seine profunden Sprachkenntnisse noch seine Vergan-

1150 Vgl. ebd., 12.4.1907.

1151 Hier und im Folgenden vgl. ebd., 13.4.1907.

1152 Conrad von Studt (1838–1921) war seit 1899 Minister des preußischen Ministeriums der geistlichen, Unterrichts- und Medizinalangelegenheiten.

1153 Tagebuch KS, 13.4.1907, übers. nach der osman. Translit. bei Schmidt, Orientalist (2018), S. 404.

1154 Jan Schmidt transliteriert und übersetzt hier falsch mit „Dr. Kample": Schmidt, Orientalist (2018), S. 150 u. 404. Die Institutsveröffentlichungen offenbaren die tatsächliche Personalie: Vertretungsweise sei zunächst der SOS-Absolvent Kurt Kamke mit der Abhaltung des Türkisch-Unterrichts und der Verwaltung der Vakanz betraut worden, vgl. Sachau, MSOS (1907), S. II.

1155 Ignác Kúnos an Karl Süßheim, Budapest, 20.5.1907, Nachlass KS (LOC), Notizbuch 17, Beilage.

1156 Mit Giese nämlich gab Kúnos in einem Gemeinschaftsprojekt eine turkologische Fachzeitschrift heraus; der erste Band war in ebendiesem Jahr erschienen. Friedrich Giese (Hrsg.): Materialien zur Kenntnis des anatolischen Türkisch, Teil 1: Erzählungen und Lieder aus dem Vilajet Qonjah. Gesammelt, in Transkription, mit Anmerkungen und einer Übersetzung der Lieder (= BSTSL 1), Halle a. S. u. New York 1907.

genheit als Schüler des SOS reichten aus, um Eduard Sachau zu überzeugen – die Nachfolge Karl Foys trat in der Tat Friedrich Giese an.[1157] In seiner Enttäuschung war Süßheim offenbar durchaus bewusst, dass die Besetzung nicht ungerechtfertigt war: Die beiden schickten sich wenig später sogar gegenseitig Neujahrsgrüße.[1158] Für Süßheim rührte die ehemalige Schule indessen keinen Finger: Sie verlangte plötzlich sogar Geld für die Nutzung der Bibliothek und zeigte keinerlei Interesse daran, seine angestrebte Habilitation zu begleiten oder die geplante Edition seiner Seldschuken-Chronik in ihrer Schriftenreihe aufzunehmen.[1159]

Wenigstens der Herausgeber der *Enzyklopädie des Islam* (EdI), der Niederländer Martinus Theodorus Houtsma, schien mit seiner Arbeit zufrieden zu sein: Er hatte Süßheim allein für den Buchstaben A eine Liste mit 21 Themen übersandt, die im Lexikon behandelt werden sollten, und bat um Rückmeldung, „welche von diesen Artikeln Sie bereit sind ein zu liefern [sic!]“ – „wo möglich [sic!] vor August, damit ich Zeit habe[,] um für die nicht von Ihnen übernommenen Artikel andere Bearbeiter zu finden“[1160]. Der Brief Houtsmas an Karl Süßheim ist bemerkenswert: In der Regel wurde nur herausragenden Fachvertretern die Mitwirkung an der Enzyklopädie angetragen; Süßheim mit seiner kaum existierenden Publikationsliste bildete hier eine Ausnahme. Seine Texte aber überzeugten – weitere Artikel lieferte Süßheim 1911.[1161] Der erste Band des Lexikons wird 1913 erscheinen: mit zwölf Beiträgen aus seiner Feder.[1162] Überschneidungen mit Houtsmas Liste waren dabei eher selten, Süßheim scheint also selbstbewusst Gegenvorschläge angebracht zu haben. Im Herbst 1907, kurz nach seinem Misserfolg am SOS, traf Karl Süßheim Houtsma erstmals persönlich. Dieser sagte ihm, dass er wegen der Arbeit an der EdI für keine anderen wissenschaftlichen Projekte Zeit habe (sie seien gerade erst beim Wort „Abu“ angelangt), dass er aber danach eine arabischsprachige Seldschukenchronik herausgeben wolle, so er denn an eine geriete.[1163] Dies war für Süßheim, der im Begriff war, sich auf die Seldschuken zu spezialisieren, gewiss eine interessante Information, die letztlich aber nicht in eine Zusammenarbeit mündete. Der junge Deutsche hatte ohnehin bereits eigene Pläne: Süßheim reiste nämlich nach London, um im Britischen Museum eine weitere Handschrift der Seldschuken-Chronik von Ibn an-Niẓām

1157 Giese blieb bis 1914 Türkisch-Professor am SOS und konzentrierte sich auf die Frühgeschichte des Osmanischen Reichs. Im August 1907 hatte Süßheim noch gehört, dass Giese die Stelle abgelehnt habe, doch dabei handelte es sich offenbar lediglich um ein Gerücht. Vgl. Jäschke, Giese u. Tagebuch KS, „Anfang August“ 1907 [ohne tagesgenaue Angabe des Datums, KM].

1158 Vgl. ebd., „Januar 1908“ [ohne tagesgenaue Angabe des Datums, KM].

1159 Süßheim war darüber traurig, wie er seinem Tagebuch anvertraute, vgl. ebd., „Mitte Juli“ 1907 [ohne tagesgenaue Angabe des Datums, KM] u. 19.7.1907.

1160 Martinus Theodorus Houtsma an Karl Süßheim, 21.5.1907, Nachlass KS (LOC), Box 8.

1161 Er erhielt ein Honorar von 294,10 Mark, vgl. Tagebuch KS, 15.3. u. 18.7.1911.

1162 Neben den bereits genannten vgl. Karl Süßheim: „Aḥmed Iḥsān“, „Aḥmedī“, „Aḳ Deñiz“, „Aḳ Ḥiṣār“, „ʿAlāʾ al-Dīn Pasha“, „ʿĀlī“, „ʿAlī (Sīdī ʿAlī)“, „Arnauten“ u. „Āyā Ṣōfia“, in: EdI (1913), S. 210 f., S. 217 f., S. 235 f., S. 236 f., S. 259–261, S. 295 f., S. 301 f., S. 466–477, S. 545–549.

1163 Vgl. Tagebuch KS, 9.9.1907.

abzuschreiben.[1164] Monatelang arbeitete er hier morgens im Museum, abends in der Bibliothek der Spezialsammlung und sah deshalb kaum etwas von der Stadt; nicht einmal für den beeindruckenden Ort, an dem er arbeitete, zeigte er wirklich Interesse: „Abgesehen von der Orientalisten-Abteilung und dem allgemeinen Lesesaal habe ich vom Britischen Museum, das ich jeden Tag besuchte, nichts gesehen“[1165], schrieb er. Süßheim hatte sich wie bereits in seiner Promotionsphase exzessiv in Archivarbeit gestürzt; nun setzte er alles daran, sein Erstlingswerk aus dem orientalistischen Fach zur Veröffentlichung zu bringen. Da das SOS seine Arbeit nicht aufnehmen wollte und ihm die Konditionen bulgarischer Verlage nicht zusagten[1166], ließ Karl Süßheim sein Werk, wie wir bereits verfolgt haben, schließlich im Sommer 1908 in Kairo drucken[1167] – und nicht in Konstantinopel, wie er ursprünglich angedacht hatte.[1168] Die rigide osmanische Zensurpraxis, die den mittelalterlichen Text derart beschneiden wollte, dass er zur weiteren wissenschaftlichen Auseinandersetzung untauglich geworden wäre, musste umgangen werden: Der rankeanisch geprägte Historiker verweigerte sich dieser Form von Geschichtspolitik entschieden.

Karl Süßheims Bekanntschaft mit den jungtürkischen Oppositionellen in Kairo war vor diesem Hintergrund wohl auch ein aufregendes und willkommenes Intermezzo hinsichtlich seiner anhaltenden Probleme, beruflich Fuß zu fassen. Unter widrigsten Umständen jedenfalls fand er in Kairo schließlich einen Verlag für sein Gesellenstück, das er so dringend brauchte, um sich im Fach einen Namen zu machen. Mit dem fertigen Buch in der Hand konnte er sich nun, zurück in Konstantinopel, an das Verlagshaus Brill in Leiden, das er im Zuge seines Besuchs bei Houtsma kennengelernt hatte, wenden – und seine Edition erschien dort später tatsächlich nochmals mit einer deutschsprachigen Einleitung.[1169] In Konstantinopel bemühte Süßheim sich, noch so viele Handschriften und Bücher wie möglich zu erwerben, die er in die Heimat schicken ließ.[1170] Er hatte zudem schon einen weiteren Text im Blick, den er edieren und kommentieren wollte – eine arabische Chronik des Seldschukischen Reiches (أخبار الدّولة السّلجوقيّة – *Aḫbār ad-daula as-salǧūqiyya*) eines unbekannten Autors aus dem 12. Jahrhundert[1171]. In anatolischen Bibliotheken vermutete er diverse Handschriften des Textes, weshalb er mehrere Wochen durch Anatolien reiste.[1172] Die Ausbeute war allerdings gering, und Süßheim verfasste schließlich einen ausführlichen Bericht über den Bestand an Handschriften zur osmanischen Geschichte in den diversen Einrichtungen,

1164 Vgl. ebd., 12.–14.9.1907.
1165 Ebd., 31.12.1907, übers. nach der osman. Translit. bei Schmidt, Orientalist (2018), S. 408.
1166 Vgl. seine Erfahrungen in Filibe, ebd., 25.–27.3.1908 u. Kap. I.2.
1167 Die Edition des Originaltextes war von einer von ihm verfassten Einleitung auf Osmanisch begleitet, vgl. Süßheim, al-ʿUrāḍa.
1168 Vgl. Kap. I.2.
1169 Vgl. Tagebuch KS, 11.9.1907 u. 24.9.1908. Die Veröffentlichung: Süßheim, Geschenk.
1170 Vgl. ebd., 24. u. 30.9.1908.
1171 Mit dieser Arbeit wird er sich später habilitieren.
1172 Vgl. Tagebuch KS, 25.9.–17.10.1908.

der im Jahrbuch der Münchner Orientalischen Gesellschaft (MOG) veröffentlicht wurde.[1173] Vor seiner Rückkehr in die Heimat beauftragte Süßheim noch zwei Perser mit der Abschrift diverser Handschriften, so beispielsweise einen Mann namens Mīrzā Sayyid Aḥmad für die für Turkologen besonders wichtige Seldschukengeschichte von Ibn Bībī.[1174] Er bereitete alles so vor, als käme er nie wieder: Süßheim engagierte sogar einen Vertreter namens Sayyid Ḥasan, der für ihn die Arbeit der Perser an der Abschrift überwachen und sie nur bezahlen sollte, wenn sie ordentlich lieferten.[1175]

Mitte November 1908 trat Süßheim also den Heimweg an, und er hatte sich entschieden: Er würde alles daran setzen, im Kaiserreich eine akademische Laufbahn einzuschlagen. Als Teil der neuen islamwissenschaftlichen Avantgarde hatte er keine Chance, dafür sprach nicht nur sein Misserfolg am SOS. Karl Süßheim war nämlich auch bereits bei einem anderen vorstellig geworden: Carl Heinrich Becker. Im Februar 1908, als dieser noch Professor in Heidelberg war, hatte er den Mann aufgesucht, der der neuen „Islamwissenschaft" seinen Stempel aufdrückte wie kein anderer, um über eine mögliche akademische Karriere zu sprechen.[1176] Wenig später wird C. H. Becker das bereits erwähnte Hamburgische Kolonialinstitut (HKI) leiten, neben dem SOS die wichtigste außeruniversitäre Einrichtung zur Erforschung des Nahen Ostens, die Süßheim als Arbeitgeber natürlich ebenfalls interessierte. Doch die erhoffte Förderung beschränkte sich auch Jahre später noch lediglich auf den Austausch von Höflichkeiten: Erst nach zwei Monaten antwortete Becker etwa auf einen Brief Süßheims vom September 1913.[1177] Süßheims Schreiben, auf das er reagierte, ist nicht überliefert, doch die Stoßrichtung wird aus der Antwort ersichtlich: Süßheim wollte in der von Becker gegründeten und herausgegebenen Zeitschrift *Der Islam* veröffentlichen, dem wichtigsten Publikationsorgan der jungen Islamkunde. „Es würde mich sehr freuen, wenn auch Sie gelegentlich einmal etwas zu meinem Islam beisteuern wollten", schrieb Becker daraufhin: „Ich leide zwar nicht an Manuskriptmangel, könnte ich doch sogar fast den doppelten Raum ausfüllen, aber ich lege Wert darauf, dass alle deutschen Islamforscher sich als Mitarbeiter an meinem Unternehmen fühlen möchten. Für kleine Notizen ist z. B. unter allen Umständen immer Platz."[1178]

Süßheim muss ernüchtert gewesen sein. Eine einzige von ihm verfasste Rezension schaffte es später in die Zeitschrift – 1927.[1179] Zeit seines Lebens sollte Süßheim keinen

1173 Süßheim, Bibliotheken.

1174 Vgl. Tagebuch KS, 16.11.1908 u. Flemming u. Schmidt, Diary, S. 17.

1175 Vgl. Tagebuch KS, 14.11.1908.

1176 Vgl. ebd., 15.2.1908.

1177 Dieser hatte ihm zu seiner Berufung an die Rheinische Friedrich-Wilhelms-Universität gratuliert: „Ich danke Ihnen verbindlichst [...]. Ich habe Hamburg hauptsächlich deshalb verlassen, weil ich mehr Ruhe zu wissenschaftlicher Produktion gewinnen wollte. Diese Ruhe hoffe ich hier zu finden." Carl Heinrich Becker an Karl Süßheim, 8.11.1913, Nachlass KS (LOC), Box 11.

1178 Ebd.

1179 Karl Süßheim: [Rezension von] Oberst a. D. Ludwig Schraudenbach: Muharebe, der erlebte Roman eines deutschen Führers im osmanischen Heere 1916/17 mit 16 Tafeln nach Photographischen

Zugang zu den entscheidenden Persönlichkeiten der deutschen Islamwissenschaft finden. Wirklich wohlgefühlt aber hätte er sich in diesem Umfeld wohl ohnehin nicht: Karl Süßheims Weigerung, die Wissenschaft politischer Propaganda unterzuordnen, hatte sich schließlich bereits bei seiner ersten Publikation offenbart, und die Protagonisten der Islamwissenschaft kannten hier weniger Skrupel. Dass Süßheim diese Tendenzen zum damaligen Zeitpunkt bereits als höchst problematisch erkannte, darf zwar bezweifelt werden – doch nach seinem Misserfolg war er ohnehin endgültig gezwungen, das traditionelle Gleis zu befahren. Doch was erwartete ihn dort?

„Ob das Werk wirklich würdig ist" | Anlaufprobleme an der Alma Mater

Als mit dem SOS und dem HKI dezidiert zeitgenössisch-politisch orientierte Forschungsinstitute auf den Plan traten, fürchtete so mancher traditionell arbeitende Orientalist um sein Fach – Karl Süßheims fachliche Sozialisation stellte hinsichtlich einer traditionellen akademischen Karriere also vielmehr ein Hindernis als eine Chance dar, denn seine Ausbildungsstätte war eine von vielen als feindlich wahrgenommene, kleine Parallelwelt innerhalb des ohnehin kleinen Fachs. Diese Spaltung war nicht der erste innere Kampf der Zunft: In der deutschen Orientalistik hatte sich, auch aus taktischen Gründen, ein sprach- und literaturwissenschaftlicher Zugang gegenüber einem ebenfalls denkbaren historisch-kulturwissenschaftlichen Ansatz als dominierende Schule durchgesetzt.[1180] Auch die Unterscheidung zwischen „Wort"- und „Realphilologie" spielte allerdings eine Rolle: Erstere brachte Hardliner wie August Fischer hervor; letztere, zu der Henning Trüper zufolge durchaus auch der frühe Carl Heinrich Becker gezählt werden kann, vertraten „eine expansive Erforschung von Texten und anderen Dokumenten als Zeugen vergangener Wirklichkeit, sowohl der natürlichen Bedingungen als auch ihrer kulturellen Aneignungen"[1181] – Anklänge zu kulturwissenschaftlichen Zugängen in der Geschichtswissenschaft sind hier nicht zufällig. Sabine Mangold(-Will) aber schreibt, dass durch die methodische Entscheidung für die Philologie die Existenz von „Orient-Historikern" oder einer „historischen Orientalistik"[1182], wie sie für

Aufnahmen; Dreimaskenverlag, Berlin–München–Wien, 1925, in: Islam 16/1 (1927), S. 308–310.

1180 „Die Homogenität der disziplinären Orientalistik-Gemeinschaft spiegelte sich [...] in der Einheitlichkeit der Methodik, die wie bei allen Fächern auch über eine scharfe Exklusion angeblich unwissenschaftlicher Methoden und Fachvertreter hergestellt wurde. Obwohl nach der Ablösung von der Theologie durchaus Alternativen bestanden, die besonders mit den Namen Joseph von Hammer-Purgstall, Friedrich Rückert und Heinrich Ewald verbunden waren, begründete sich die Orientalistik an den deutschen Universitäten ausdrücklich als Orientalische Philologie." Mangold, Wissenschaft, S. 292, vgl. auch S. 22.

1181 Henning Trüper: Matte farbige Schatten: Zugehörigkeiten des Gelehrtenpolitikers Carl Heinrich Becker, in: ÖZG 25 (2014/3), S. 177–211, hier S. 186.

1182 Der Unterschied zwischen eher historiografisch oder eher philologisch arbeitenden Orientalisten war nicht die Bedeutung profunder Sprachkenntnisse für das Fach – denn darin war man sich einig

den promovierten Geschichtswissenschaftler Karl Süßheim prädestiniert gewesen wäre, in Deutschland „geradezu unmöglich" gemacht worden sei.[1183] Eine genauere Analyse der Entwicklung des Fachs sei der wissenschaftshistorischen Forschung überlassen – in der Tendenz mag hier durchaus ein wichtiger Punkt angesprochen sein; dennoch gab und gibt es natürlich durchaus Ausnahmen[1184]. Eine von ihnen trug den Namen Josef Marquart (später: Markwart). Karl Süßheim bezeichnete ihn als einen der besten deutschen Orientalisten.[1185] Bei seinem Besuch bei Martinus Theodorus Houtsma in Leiden lernte Süßheim den Mann kennen, der viele Jahre das ethnologische Museum der Stadt leitete und an der Universität Syrisch und Armenisch lehrte. Marquart, der auf das Osmanische Reich und Persien spezialisiert war, kann als Nahosthistoriker genauso wie als Philologe gelten, und so ist er auch in der *Encyclopaedia Iranica* verewigt: Er habe eine gute Beherrschung der philologischen Methoden mit der Fähigkeit zur historischen Kritik kombiniert, heißt es dort; seine Bücher seien voller tiefgründiger und schier unerschöpflicher Gelehrsamkeit, welche erkennen lasse, dass ihr Autor ein gelehrter Historiker, Philologe, Geograf und Ethnologe war.1186 Dass Karl Süßheim ausgerechnet diesen offenbar hervorragenden, heute allerdings weitgehend unbekannten Orientalisten[1187] als einen der besten bezeichnete, verweist in vielerlei Hinsicht auf sein eigenes berufliches Selbstverständnis und späteres Schicksal.

Ein weiteres Vorbild hatte Karl Süßheim in Georg Jacob gefunden, der sein Wissenschaftsideal verkörperte wie wenige andere. Schon Süßheims erste Veröffentlichung im Juni 1906, eine Rezension, die ihn als Nachwuchsorientalist erstmals sichtbar machte, war ein Lobgesang auf Jacob, der über die Volksliteratur der zeitgenössischen Türkei geschrieben hatte.[1188] Zu dieser Zeit traf Süßheim in Konstantinopel eine bekannte Figur des türkischen Schattentheaters, Kātib Ṣāleḥ , den persönlichen Karagöz-Spieler ʿAbdülḥamīds II.[1189] Er ent-

– sondern ein verschiedener Zugang zur Wissenschaft: Während für die Philologen das Verständnis orientalischer Quellen im Mittelpunkt steht und sie ihr Erkenntnisinteresse aus diesen oftmals erst generieren, stellen die Kollegen ihre Fragen aus ihrem Wissen zur Geschichte heraus – und suchen sich zur Beantwortung derselben entsprechende Texte.

1183 „Als Philologen blieben die Orientalisten allenfalls Zuträger für am Orient interessierte Historiker [...]". Mangold, Wissenschaft, S. 293.

1184 Sabine Mangold(-Will) führt selbst Weil, Nöldeke und Wellhausen an, vgl. ebd.

1185 Hier und im Folgenden vgl. Tagebuch KS, 11. 9. 1907.

1186 Vgl. Rüdiger Schmitt: „Markwart, Josef", in: EIr [Online-Version], 11. 4. 2014, http://www.iranicaonline.org/articles/markwart-josef.

1187 In der deutschsprachigen Wikipedia wurde ihm beispielsweise bisher kein Eintrag zuteil und auch Jan Schmidt gelang es nicht, den Mann näher zu identifizieren, vgl. Schmidt, Orientalist (2018), S. 152, Anm. 354.

1188 Vgl. Süßheim, Volksliteratur.

1189 Verwandt mit dem deutschen Kasperletheater werden beim türkischen Schattentheater aus Kamel- oder Kuhhaut geformte Figuren hinter einem weißen Vorhang bei Gegenlicht bewegt. Die bekannteste Figur ist der *Karagöz* (das „Schwarzauge"), ein einfacher, aber schlauer Mann aus dem Volk, der sich mit Gelegenheitsarbeiten über Wasser hält. Süßheim hatte während des Ramadan 1906 eines der Stücke Kātib Ṣāleḥs besucht: „Die Strafe der Charakterlosigkeit", vgl. Süßheim, Gestalt, S. 740 f.

schloss sich, eine Übersetzung des Stücks *İki kıskan karı* („Zwei eifersüchtige Frauen") zu veröffentlichen – von Ṣāleḥ persönlich organisierte er sich den Text.[1190] Seine Stücke seien „so voll des köstlichen Humors und [...] so weitschichtig gegliedert, daß sie das, was wir aus früheren Publikationen kennen, weit in den Schatten stellen"[1191], schrieb Süßheim schließlich in seiner von Georg Jacobs Forschungen inspirierten Arbeit.[1192] Mit seinen beiden ersten Projekten positionierte Süßheim sich aber nicht nur als dessen Schüler, sondern auch als Beobachter der zeitgenössischen Türkei. Dies wurde im Allgemeinen noch ausschließlich als journalistische Domäne wahrgenommen, und es war schwierig, damit eine akademische Karriere abseits der außeruniversitären Forschungsinstitute zu verfolgen. Sein Vorbild Jacob war eine Figur, die beides zu verbinden wusste. C.H. Becker würdigte den „streitbare[n] Gelehrte[n]"[1193] in einer Festschrift folgendermaßen: „[E]s gibt sehr viele verdienstvolle Gelehrte, die einfacher zu charakterisieren sind; denn Jacob hat in sich seltsame Gegensätze zu einer gelebten Synthese vereinigt. Er zeichnet große historische Zusammenhänge von der Vorgeschichte bis zur Gegenwart und widmet zugleich eine fast asketische Aufopferung mühsamen Detailforschungen auf eigentümlich abgelegenen Gebieten. Er kann gelegentlich als weltfremder Gelehrter wirken, und zugleich steigt er hinab in die praktischen Forderungen des Alltags. [...] In keine Schule einzugliedern, in gewisser Hinsicht ein wissenschaftlicher Einspänner, ist er dann wieder Begründer und Haupt einer großen Schule, einer der ganz wenigen unter seinen Zeitgenossen, die wirklich Schule gemacht haben."[1194]

Georg Jacob fand im Ringen zwischen Philologen der reinen Lehre und Islamwissenschaftlern genau den richtigen Ton, um einen aus dem historischen Fach stammenden aufstrebenden Orientalisten wie Karl Süßheim zu inspirieren. Auch die Begeisterung Jacobs für Julius Wellhausens Devise „die Dinge sehn, wie sie sind"[1195] erinnert nicht zufällig an das Leitbild des von Süßheim so verehrten Historikers Leopold von Ranke, der bekanntermaßen zeigen wollte, „wie es eigentlich gewesen". Trotz seiner ausgewiesenen philologischen Fähigkeiten vertrat Georg Jacob zudem folgende Ansicht: „Das Kriterium einer lebensfähigen Wissenschaft bleibt schließlich immer, daß sie indirekt auch der Praxis zu Gute kommt. Kenner des Orients und des türkischen Volkstums zu besitzen wäre [...] für uns wichtiger [...] als Autosuggestionen, welche, logische und historische Entwickelung verwechslend und

1190 Vgl. Tagebuch KS, 19., 20. u. 24.11. sowie 10.12.1906.

1191 Süßheim, Gestalt, S. 740.

1192 Vgl. Georg Jacob: Türkische Litteraturgeschichte in Einzeldarstellungen. Heft 1: Das türkische Schattentheater, Berlin 1900; Ders.: Geschichte des Schattentheaters. Erweiterte Neubearbeitung des Vortrags Das Schattentheater in seiner Wanderung vom Morgenland zum Abendland, Berlin 1907; Süßheim, Gestalt.

1193 Carl Heinrich Becker: Georg Jacob als Orientalist, in: Theodor Menzel (Hrsg.): Festschrift Georg Jacob zum siebzigsten Geburtstag. 26. Mai 1932. Gewidmet von Freunden und Schülern, Leipzig 1932, S. 1–8, hier S. 1.

1194 Ebd., S. 1f.

1195 Zit. nach Trüper, Schatten, S. 187.

die Priorität der Mannigfaltigkeit verkennend, prähistorische Einheitsformen konstruieren, die niemals existiert haben."[1196]

Mit dieser Einstellung, die freilich Interpretationsspielraum ließ, gefiel Jacob offenbar der islamwissenschaftlichen Avantgarde um C. H. Becker genauso wie den Herren Professoren an den Universitäten – zumindest stand diese Unentschiedenheit seiner Karriere keinesfalls im Weg.[1197] Jacob war also genau das, was Sabine Mangold(-Will) zufolge in der deutschsprachigen Orientalistik nahezu unmöglich war: Ein Orient-Historiker. Karl Süßheim nahm sich ein Beispiel und verknüpfte in seiner Wissenschaft die philologische Methode mit historiografischem Erkenntnisinteresse. Es sollte dauern, bis er mit diesem Zuschnitt Erfolg hatte.

Erst im April 1912 wird Karl Süßheim seinen Eid als Privatdozent an der Universität München ablegen.[1198] Jahre der schieren Verzweiflung sind diesem Ereignis vorausgegangen. Nach seiner Rückkehr aus dem Osmanischen Reich war Süßheim für einige Monate wieder bei seinen Eltern in Nürnberg eingezogen und bemühte sich um eine Stelle an einer deutschen Universität. Für den mittlerweile 30-jährigen Promovierten bedeutete dies, sich schnellstmöglich zu habilitieren und nach einer Privatdozentur zu streben. Als Quereinsteiger in der Orientalistik konkurrierte er mit deutlich jüngeren, bereits an einen bestimmten Lehrstuhl angebundenen Nachwuchsforschern – für ihn war es utopisch, sich über eine Assistenz bei einem Professor an eine Universität zu binden. Die Prophezeiung seines Vaters, die Süßheim wenige Jahre zuvor noch als völlig unzumutbar erschienen war, nämlich eine schlecht bezahlte Stelle in Forschung und Lehre anzunehmen, hatte sich so als einzig gangbarer Weg herausgestellt. Der Posten als Privatdozent hatte abgesehen von den Hörergeldern, die die Studenten für die einzelnen Lehrveranstaltungen direkt an den Dozenten entrichteten, zwar den Nachteil, dass er kein festes Honorar beinhaltete, doch bot er die Möglichkeit, Kurse außerhalb des regulären Lehrplans abzuhalten und die Aussicht darauf, später zum außerordentlichen Professor ernannt zu werden, ohne zuvor eine verbeamtete Planstelle vorweisen zu müssen.[1199]

Um sein Vorhaben in die Tat umzusetzen, war Süßheim auf einflussreiche Unterstützer angewiesen, und Karl Theodor von Heigel in München tat als BAdW-Präsident sein Möglichstes. Auch Ernst Kuhn, Indologe an der Münchner Universität, den er nun aufsuchte, war ihm wohlgesonnen; und Süßheim versuchte sein Glück zusätzlich bei den anderen Orientalisten in der bayerischen Hauptstadt: Anfang Februar 1909 sprach er erneut bei dem Assyriologen Fritz Hommel vor, den er wie erwähnt bereits kennengelernt hatte.[1200] Dieser riet ihm zunächst durchaus, sich in München zu bewerben. Anders sah dies dessen Schüler

1196 Georg Jacob: Aus Ungarns Türkenzeit. Vortrag, gehalten im Hamburgischen Kolonial-Institut am 13. Januar 1917, Frankfurt a. M. 1917, S. 31.

1197 Dies unterstreicht schließlich auch sein Ruf auf einen ordentlichen Lehrstuhl nach Kiel.

1198 Vgl. Tagebuch KS, 22. 4. 1912.

1199 Vgl. dazu auch Flemming u. Schmidt, Diary, S. 17.

1200 Hier und im Folgenden vgl. Tagebuch KS, 3.–6. 2. 1909.

Joseph Hell[1201], der sich auf die arabische Poesie spezialisiert hatte und Süßheim, ganz im Gegensatz, rundheraus sagte, dass er keine Chance habe. Derart hin- und hergerissen suchte Süßheim zudem den Byzantologen Karl Krumbacher[1202], Hugo Grothe[1203] von der Münchner Orientalischen Gesellschaft (MOG) und Robert von Pöhlmann auf, den er bereits als Student gehört hatte und der mittlerweile Dekan der Philosophischen Fakultät war, welcher damals auch die Vertreter der orientalistischen Subdisziplinen angehörten. Was Süßheim dort in Erfahrung bringen konnte, erschien ihm zu unsicher, und Georg Jacob, der ihn von Erlangen aus protegierte, stattete ihn schließlich mit einem Empfehlungsschreiben aus, mit dem er nach Straßburg reiste. Dort stellte er sich bei dem nur wenige Jahre älteren Orientalistik-Professor Enno Littmann[1204] und dessen Lehrer, dem bereits erwähnten, bekannten Theodor Nöldeke vor.[1205] Weitere Gespräche führte Karl Süßheim in Heidelberg mit dem Assyriologen

1201 Joseph Hell (1875–1950) hatte 1896–98 bei Hommel in München Semitische Philologie studiert und unternahm im Anschluss eine ausgedehnte Reise in den Orient, die ihn nach Ägypten, Palästina und Syrien führte. In Beirut studierte er fast ein weiteres Jahr, setzte, zurück in München, sein Studium bei Hommel fort, bei dem er 1900 promoviert wurde. Im Anschluss studierte er an der Berliner Universität bei Eduard Sachau, dem Leiter des SOS. Habilitiert wurde Hell 1903 jedoch wieder in München, wo er 1908 eine Titular-Professur erhielt. In dieser Funktion traf Süßheim nun auf den nur wenige Jahre Älteren. 1911 wird Hell als außerordentlicher Professor für Orientalische Philologie nach Erlangen berufen werden, 1913 erhält er dort einen ordentlichen Lehrstuhl. Hell beschäftigte sich insbesondere mit der altarabischen Dichtung. Über Hells Fachkenntnisse ist in der *Deutschen Biographie* nüchtern zu lesen: „Obgleich er in seinen Editionen den Text der Handschriften unter Verzicht auf eigene Textkritik wiedergab und seine Übersetzungen arabisch [sic!] Verse in Bezug auf das sprachliche und inhaltliche Verständnis nicht immer überzeugen, hat er doch die Kenntnis altarab[ischer] Poesie gefördert." Hans Wehr: „Hell, Joseph", in: NDB 8 (1969), S. 473, [Online-Version] https://www.deutsche-biographie.de/sfz29495.html#ndbcontent.

1202 Karl Krumbacher (1856–1909), ursprünglich klassischer Philologe, beschäftigte sich nach seiner Habilitation im Jahr 1884 vornehmlich mit der spätgriechischen-byzantinischen Literatur und Geschichte. Ab 1892 Extraordinarius, wandelte die Universität München seine Professur für mittel- und neugriechische Philologie 1896 in einen ordentlichen Lehrstuhl um. Krumbacher war Gründer der *Byzantinischen Zeitschrift.*

1203 Hugo Grothe (1869–1954) ist insbesondere für seine Reiseberichte aus dem Orient bekannt. Grothes Vater war am Bau der Bagdadbahn beteiligt; er selbst wurde zum Thema promoviert. Grothe gründete die Deutsche Kulturpolitische Gesellschaft und das Institut für Auslandskunde und Auslandsdeutschtum. Vgl. z. B. Hugo Grothe: Wanderungen in Persien. Erlebtes und Erschautes, Berlin 1910; Ders.: Die Bagdadbahn und das Schwäbische Bauernelement in Transkaukasien und Palästina, München 1902.

1204 Enno Littmann (1875–1958) hatte ursprünglich Theologie, Hebräisch, Deutsch, Latein und Englisch studiert. Georg Jacob war einer seiner Lehrer in der Orientalistik. Um die Jahrhundertwende führten ihn archäologische Expeditionen nach Syrien und Palästina. 1906 erhielt er einen Ruf auf den Straßburger Lehrstuhl für Orientalistik, als Nachfolger seines Lehrers Theodor Nöldeke. Weitere Stationen führten den Professor nach Göttingen, Bonn und Tübingen. Er hielt Gastvorlesungen an den Universitäten zu Kairo und Alexandria. Sein Forschungsschwerpunkt lag auf der semitischen Epigrafik und der äthiopischen Sprache.

1205 Vgl. Tagebuch KS, 7. 2. 1909.

Carl Bezold und dem Philosophen Wilhelm Windelband.[1206] Im Anschluss an diese Vorstellungsrunde trat Süßheim für sein geplantes Habilitationsprojekt (erneut zur Geschichte der Seldschuken) eine Archivreise in London an, die mehr als ein Jahr in Beschlag nehmen sollte. Hier studierte er vor allem Manuskripte und bereitete Veröffentlichungen vor.[1207] Von England aus versuchte er aber auch weiterhin, seine Karriere in Deutschland anzuschieben, und wieder waren es Heigel und Jacob, die ihn unterstützten: Süßheim sollte als offizieller Gesandter der BAdW die Konstantinopler Palastarchive erforschen – deutschen Zeitungen zufolge waren dort wertvolle historische Dokumente aufgetaucht.[1208] Obwohl er daran zweifelte, dass die osmanischen Behörden ihn in die Archive lassen würden, ließ Süßheim Heigel wissen, dass er den Auftrag annähme – wenn er im Gegenzug eine Stelle an einer deutschen Universität erhalte.

Von seinen bisherigen Enttäuschungen geprägt, verließ Karl Süßheim sich nicht darauf, dass sein Plan aufgehen würde, und er bewarb sich gleichzeitig beim Britischen Museum als Arabist. Doch er wurde abgelehnt – als Ausländer und wegen seines fortgeschrittenen Alters hatte er keine Chance.[1209] Und er musste noch einen weiteren Rückschlag hinnehmen: In der *Orientalistischen Literaturzeitung* (OLZ), der führenden Fachpublikation der akademischen Orientalistik, erschien eine vernichtende Rezension seiner in Leiden publizierten Arbeit über die persische Seldschuken-Chronik.[1210] Autor der Kritik war Oskar Mann[1211], Experte für Persisch und Kurdisch, der lange Reisen im Orient unternommen hatte und Direktor der Staatsbibliothek zu Berlin war. Barbara Flemming und Jan Schmidt schreiben über die Rezension knapp, dass sie die profunde und präzise Recherche Karl Süßheims lobte, er Oskar Mann zufolge aber eine unwichtige Sekundärquelle ediert habe, die nichts an bisher unbekanntem Material zutage gefördert hätte.[1212] Liest man die Kritik im Original, wird ungleich deutlicher, wie tief getroffen Süßheim gewesen sein muss: „Bevor man sich zur Herausgabe eines orientalischen Geschichtswerkes entschliesst, sollte man eingehend prüfen, ob das Werk wirklich der langwierigen Arbeit würdig ist […], [also] ob wir es mit einem wirklichen Quellenwerke zu tun haben, das heisst […] ob der Autor Augenzeuge auch

1206 Vgl. ebd., 8.2.1909. Carl Bezold (1859–1922) studierte Semitistik und wurde 1883 in München habilitiert. Er war ein Schüler Theodor Nöldekes und Fritz Hommels, mit welchem er die *Zeitschrift für Keilschriftforschung* gründete, die später in *Zeitschrift für Assyriologie und verwandte Gebiete* umbenannt wurde und zum führenden Fachorgan avancierte. 1894 wurde Bezold als ordentlicher Professor an die Heidelberger Universität berufen. Wilhelm Windelband (1848–1915) war im Laufe seines Lebens Professor in Zürich, Freiburg im Breisgau, Straßburg und Heidelberg.

1207 Vgl. Tagebuch KS, 30.12.1909 u. 4.3.1910; der Artikel: Süßheim, Gestalt.

1208 Vgl. ebd., 16.6.1909 u. Kap. I.2.

1209 Vgl. ebd., 21.6.1909 sowie Flemming u. Schmidt, Diary, S. 26.

1210 Oskar Mann: [Rezension von] Karl Süssheim: Das Geschenk aus der Saldschuḳengeschichte von dem Wesir Muḥammad Ibn al-Nit'ām al-Jazdī. Herausg. u. m. Amkgn., zwei Einltgn. u. einem Anh. versehen, Leiden, E. J. Brill, 1909, in: OLZ 12/10 (1909), Sp. 430–434.

1211 Oskar Mann (1867–1917) hinterließ einen umfangreichen Nachlass, der heute in der Staatsbibliothek zu Berlin aufbewahrt wird und komplett erschlossen ist.

1212 Vgl. Flemming u. Schmidt, Diary, S. 27.

nur eines Teiles der geschilderten Ereignisse war […] [oder] ob die Sprache des betreffenden Geschichtsschreibers sich von der bekannter etwa gleichzeitiger Autoren so weit unterscheidet, dass etwa unsere lexikalische, phraseologische oder sonstige grammatische Kenntnis der Sprache eine nennenswerte Bereicherung erfährt, ob dergestalt das rein sprachliche Interesse die Veröffentlichung des vielleicht sekundären Quellenwerkes fordert. Beide Fragen sind in bezug [sic!] auf das von Karl Süssheim herausgegebene Werk über die Geschichte der seldschukischen Gross-Sultane zu verneinen."[1213]

Das „Geschenk", so der Rezensent ironisch auf den Titel der Chronik anspielend, bringe „sehr wenig Tatsächliches mehr" als das bereits Bekannte; man lerne „[i]n sprachlicher Hinsicht […] aus dem Werke […] nichts Neues", und Süßheim hätte besser „seinen Fleiss einer wertvolleren Aufgabe gewidmet"[1214]. Oskar Mann kritisierte zudem die „von Süssheim beliebte Orthographie des Persischen und die Form des Druckes", die „mangelnde Sorgfalt beim Korrekturlesen" und warf ihm vor, „methodisch falsch"[1215] vorgegangen zu sein. Süßheim habe falsch zitiert, er offenbare „geographische Schwupper", die „nicht gerade von eingehender Bekanntschaft mit der Geographie von Iran zeugen"[1216], vernachlässige die Frage nach den Quellen des Autors der Chronik und – dies muss für das Ausnahmetalent Süßheim am schlimmsten gewesen sein: Er bescheinigte ihm mangelnde Sprachkenntnis. „Ganz ungeheuerlich […] sind die linguistischen Anschauungen, die der Herausgeber hier zutage fördert. Er weiss nicht, dass zwischen der dentalen spirans, und dem tönenden s-Laute ein ganz gewaltiger Unterschied ist. Das hätte er doch schon aus dem Englischen wissen können. […] So habe ich z. B. auf meinen über drei Jahre währenden Expeditionen in Persien nichts davon bemerkt, dass die Perser ‚in vielen Fällen Tschīm zu Dschīm erweichen'." Der Rezensent fühlte sich offenbar stellvertretend für sein Fach angegriffen: „[D]ie vorliegende Arbeit zeigt, wie sehr die Iranistik leidet, wenn das Neupersische als Anhängsel des Arabischen und Türkischen getrieben wird"[1217].

Zu dieser Zeit war man in Rezensionen nicht zimperlich – die Orientalistik bildete hier sicher keine Ausnahme, denn in ihr pflegten verschiedene Zugänge zum Fach geradezu Identitätsfragen zu sein, wie Henning Trüper in einem Aufsatz anhand der heftigen Reaktionen auf C. H. Becker, der sich zwischen Wissenschaft und Politik nicht entscheiden wollte, eindrucksvoll darlegt[1218]. Doch ein solcher Verriss aus der Feder eines angesehenen Wissenschaftlers hatte auch damals das Potenzial, eine junge Karriere im Keim zu ersticken. Karl Süßheim, der derweil im Britischen Museum an einer arabischen Seldschuken-Chronik arbeitete, war tief beunruhigt. Im Frühjahr 1910, er steckte mitten in der Arbeit an seiner Einleitung für die Veröffentlichung, hörte er völlig unerwartet, dass sein Vater im Sterben

1213 Mann, Rezension, Sp. 430.
1214 Hier und das folgende Zitat: ebd., Sp. 431.
1215 Ebd., Sp. 432.
1216 Hier und das folgende Zitat: ebd., Sp. 433.
1217 Ebd., Sp. 434.
1218 Vgl. Trüper, Schatten, S. 183 ff.

lag.[1219] Wie wir gesehen haben, kehrte er zwar umgehend nach Nürnberg zurück, stürzte sich aber schon bald darauf wieder in Arbeit: Kurz nach der Beerdigung ließ er seine Übersetzung tippen.[1220] Außerdem suchte er Georg Jacob auf, der ihm mitgeteilt hatte, dass die BAdW Süßheim tatsächlich mit der Archivmission im Osmanischen Reich betrauen wolle.[1221] Das war ein großer Erfolg, doch Süßheims Befürchtungen wegen der niederschmetternden Rezension waren gerechtfertigt: Jacob erzählte ihm auch, dass Fritz Hommel, der ihn einst ermutigt hatte, eine Karriere in München zu verfolgen, nun Vorbehalte gegen seine Bewerbung habe; in diesem Zusammenhang nannte er auch die Kritik Oskar Manns an Süßheims Erstlingswerk.[1222] Süßheim versuchte zu intervenieren und reagierte aktionistisch: Inmitten einer zweiwöchigen Archivreise in Paris und mehr als ein halbes Jahr nach Erscheinen der Rezension verfasste er eine Gegendarstellung, die offenbar nie publiziert wurde.[1223]

Zurück aus Frankreich standen Süßheim nun nervenaufreibende Begegnungen bevor. Unbedingt wollte er zur Habilitation zugelassen werden, noch bevor er seine Archivmission antreten würde – denn die Habilitation war unabdingbare Voraussetzung für seine Anstellung als Privatdozent. Süßheim strebte einen Lehrauftrag für islamische Geschichte sowie für die Sprachen Arabisch, Türkisch und Persisch an. Abhängig war dies von Fritz Hommel, denn als Professor für semitische Sprachen war es allein an ihm, Süßheims Karriere zu befördern oder sie zu beenden, noch bevor sie begonnen hatte. Er war der einzige in München, der Karl Süßheims Habilitationsschrift zur arabischen Seldschuken-Chronik aus London annehmen und ihn anschließend für eine Ernennung zum Privatdozenten vorschlagen konnte. Ein Blick auf die Forschungsschwerpunkte des Philologen verrät, wie schwer sich Hommel mit Süßheims Lebenslauf und Interesse für den lebendigen Orient getan haben muss.[1224] Nach einem Besuch bei ihm musste Süßheim, der sonst so nüchterne Reporter seines eigenen Lebens, schließlich merklich an sich halten. Er hatte dem Professor gesagt, dass die Kritik Oskar Manns völlig ungerechtfertigt sei, und er überdies vorhabe, seiner Habilitationsschrift eine ausführliche historische Einleitung voranzustellen, doch: „Er [Hommel, KM] schien nicht derselben Meinung zu sein. Nachdem er alle Anmerkungen hervorbrachte, die gegen mich sprechen, empfahl er, nein, wies er an, dass ich eine Dozentenkarriere in [Jacobs Stadt, KM] Erlangen beginne, da München im Gegensatz zu Erlangen keine Verwendung für mein Wissen habe. Wir gingen auseinander und als ich die Tür erreicht hatte, sagte er mir

1219 Vgl. dazu Kapitel I.1.

1220 Vgl. Tagebuch KS, 4.5.1910.

1221 Vgl. ebd., 15.9.1909.

1222 Vgl. ebd., 7. u. 11.5.1910.

1223 Vgl. ebd., 3.6.1910. In der OLZ, in der die Rezension Oskar Manns erschienen ist, findet sich keine entsprechende Antwort Karl Süßheims.

1224 „Er [Hommel, KM] war ein ausgezeichneter Kenner der Keilschrift-Literatur, ebenso war er in der altarabischen Poesie, in den ägyptischen Pyramidentexten, in den alttürkischen Inschriften heimisch. Ganz besondere Verdienste hat er sich um die alt-südarabischen Inschriften erworben." Ernst Weidner: „Hommel, Fritz", in: NDB 9 (1972), S. 591f., [Online-Ausgabe] http://www.deutsche-biographie.de/pnd116976055.html.

als Krönung der Unverschämtheit, die er mir gegenüber zeigte, dass er sich wahrscheinlich weigern würde, meine Arbeit [...] anzunehmen; dass er nicht der richtige Spezialist sei, um die Arbeit, die ich vorstellen wolle, zu beurteilen. Seine Unhöflichkeit erreichte ihren Höhepunkt, als er sagte, dass die Philosophische Fakultät für gewöhnlich diese Antwort gebe, wenn sie jemanden nicht aufnehmen wolle."[1225]

Hommel aber beging einen entscheidenden Fehler: Im Gespräch ließ er die Information fallen, dass noch am selben Nachmittag die reguläre Sitzung der Philosophischen Fakultät stattfinden würde. Süßheim, dem die Bedeutung des Treffens sofort bewusst war, suchte umgehend Heigel auf und berichtete ihm von Hommels Verhalten. „Darüber lächelte er", schrieb Süßheim, „sagte: ‚Hommel ist ein Kind' und sagte mir, ich solle keine Angst haben. Nach diesen Diskussionen schlief ich zwei Nächte lang sehr schlecht. In der ersten Nacht bekam ich sogar Fieber." Wieder bangte Karl Süßheim um seine Karriere, doch der Altphilologe Otto Crusius[1226], der Dekan der Literarischen Sektion war, beschwichtigte ihn: Er versprach, das Thema in der Fakultätssitzung anzusprechen und tat Süßheims Kritiker als „völlig unbedeutend" ab – aber „meine Klagen nahm er nicht ernst"[1227], meinte Süßheim misstrauisch. In der Tat sorgte er sich umsonst: Drei Tage nach den belastenden Unterredungen wurde er von der Philosophischen Fakultät als Kandidat für die Habilitation in islamischer Geschichte und Türkisch zugelassen – Fritz Hommel persönlich hatte diese Fächerkombination vorgeschlagen. Die Habilitationsschrift, die Süßheim zu diesem Zeitpunkt längst fertig hatte – eine Transkription der arabischen Handschrift, deren Übersetzung ins Deutsche und das Kernstück, die „Prolegomena" genannte Vorrede, die den Text in seinen historischen Zusammenhang einbettete, reichten Hommel aber nicht aus: Er informierte Süßheim, dass er ein weiteres Kapitel hinzufügen müsse, in dem er auf die Linguistik des Textes einzugehen habe.[1228] Zähneknirschend akzeptierte Süßheim die Bedingung und lieferte die Zeilen Ende August.[1229]

Von seiner Mutter erhielt der nun zuversichtliche Habilitationskandidat 30000 Mark[1230] und machte sich im September und Oktober auf den Weg nach Oxford, London und Paris, wo er der Bodleian Library, dem Britischen Museum und der Bibliothèque National Besuche abstattete. Im Frühjahr 1911 wird er sodann nach Wien reisen, um in der Kaiserlich-Königlichen Bibliothek das Manuskript der „Geschichte der Dynastien und Könige" des Ägypters

1225 Hier und das folgende Zitat: Tagebuch KS, 17.6.1910, Nachlass KS (SBB) Hs. or. 1135/3, fol. 70r f.

1226 Otto Crusius (1857–1918) war nach seinem Studium ursprünglich Gymnasiallehrer und wurde 1883 an der Universität Leipzig habilitiert. Als Professor wirkte er in Tübingen und Heidelberg, bevor er 1903 nach München berufen wurde. 1915 wurde Crusius zum BAdW-Präsidenten ernannt.

1227 Tagebuch KS, 17.6.1910, Nachlass KS (SBB) Hs. or. 1135/3, fol. 70r f.

1228 Vgl. ebd., 30.6.1910.

1229 Vgl. ebd., 31.8.1910. Dabei handelte es sich tatsächlich nur um einige Zeilen: Süßheims philologische Anmerkungen in der Veröffentlichung beschränken sich auf eine Erklärung seines Transkriptionssystems und einem kurzen Nachtrag zur Aussprache des Namens Sübüktikin, vgl. Süßheim, Prolegomena, S. IV f. u. S. 46 f.

1230 Vgl. Tagebuch KS, 1.9.1910.

Ibn Furat[1231] zu studieren. Hier entdeckte er in dem alten Professor für semitische Sprachen David Heinrich Müller einen Leidensgenossen: Müller erzählte ihm von Problemen, die er und seine Schüler mit Fritz Hommel hatten.[1232] Der Münchner Semitist bereitete Süßheim indessen erneut Kopfzerbrechen: Hommel weigerte sich standhaft, die längst eingereichte Habilitationsschrift zu lesen. Zunehmend verzweifelt versuchte Süßheim, über seine Förderer an der Universität Druck auszuüben. Georg Jacob in Erlangen, bei dem er ebenfalls Rat suchte, vermutete, dass Hommel von Joseph Hell beeinflusst werde, der Süßheim von Beginn an nicht in München haben wollte.[1233] Erstmals bereitete ihm nun aber auch Jacob selbst Kummer: Als Süßheim ihn im Dezember zum Abendessen traf, hatte dieser Überraschendes zu berichten[1234]: Theodor Menzel, der bei Jacob promoviert worden war und lange in Odessa gelebt hatte, wo er an der Neurussischen Universität bereits eine Professur für Türkisch innehatte[1235], verfolge ebenfalls den Plan, an der LMU Fuß zu fassen. Jacob hatte Süßheim bislang nichts davon erzählt, obwohl besagter Menzel bereits vor Monaten nach Erlangen gereist war, um die Sache zu besprechen. Der Konkurrent, derselbe Jahrgang wie Karl Süßheim, habe sich überdies bereits mit Professor Hommel getroffen. Süßheim brachte diese Gespräche nun mit seiner aufgeschobenen Habilitation in Verbindung: „Ich war nun wirklich erstaunt über diese Pläne von Menzel, ließ mir meine Gefühle aber überhaupt nicht anmerken. Als Menzel zuletzt mit Hommel gesprochen hatte, muss das dazu geführt haben,

1231 Eine Edition vgl. Aḥmad A. aš-Šāmī: دراسة في مخطوط تاريخ الدول والملوك: المعروف بتاريخ إبن الفورات الحنفي [Dirāsa fī maḫṭūṭ tārīḫ ad-duwal wa-ʻl-mulūk: al-maʻrūf bi-Tārīḫ Ibn al-Fūrāt al-Ḥanafī], [Kairo] 1983.

1232 Vgl. Tagebuch KS, 16. u. 28.3. sowie 22.9.1911. David Heinrich Müller (1846–1912), wie Süßheim jüdischen Glaubens, begann am Breslauer jüdisch-theologischen Seminar zunächst eine Ausbildung zum Rabbiner, gab dieses Vorhaben jedoch auf und studierte an der Universität Wien Germanistik, Geschichte und Philosophie. Ab dem dritten Semester widmete er sich unter dem Einfluss Eduard Sachaus der semitischen Philologie. In Wien wurde Müller habilitiert, lehrte dort zunächst als Privatdozent und außerordentlicher Professor, bevor er 1885 zum Ordinarius berufen wurde. Neben seinen Verpflichtungen an der Universität trug Müller auch an der 1893 gegründeten Israelitisch-Theologischen Lehranstalt vor. Der Wissenschaftler begründete das Wiener Institut für Orientalistik sowie die *Wiener Zeitschrift für die Kunde des Morgenlandes* mit. 1898/99 leitete er im Auftrag der kaiserlichen Akademie der Wissenschaften eine österreichische Südarabienexpedition. Fast alle österreichischen Semitisten zu dieser Zeit waren Müllers Schüler. Vgl. Stephan Procházka: „Müller, David Heinrich Freiherr von", in: NDB 18 (1997), S. 354 f. [Online-Version], https://www.deutsche-biographie.de/sfz66325.html#ndbcontent.

1233 Vgl. Tagebuch KS, 2.1.1911.

1234 Hier und im Folgenden vgl. ebd., 20.12.1910.

1235 Theodor Menzel (1878–1939) war gebürtiger Münchner, hatte dort orientalische und klassische Philologie studiert und in Berlin ein Dragomanexamen abgelegt. Er hatte darüber hinaus ein juristisches Staatsexamen vorzuweisen, sowie – anders als Karl Süßheim – eine Promotion im orientalistischen Fach, vgl. Theodor Menzel: Mehmed Tevfiq, Ein Jahr in Konstantinopel. Zweiter Monat: Helva-sohbeti (Die Helva-Abendgesellschaft) aus dem Türkischen zum ersten Mal ins Deutsche übertragen und durch Fussnoten erläutert, Erlangen 1905. Menzel war einer der treuesten Schüler Georg Jacobs und Herausgeber einer Festschrift für Jacob, vgl. Menzel, Festschrift.

dass er glaubt, dass Hommel meinen Fall ins Unendliche aufschiebt; seine Hoffnungen wurden geweckt, dass Hommel imstande wäre, mir im Weg zu stehen, und dass es ihm, Menzel, an meiner statt möglich sein würde, eine Dozentenkarriere zu beginnen."[1236]

Süßheim fühlte sich angegriffen, wie er seinem Tagebuch anvertraute, aber er versuchte, sich zu zügeln: Georg Jacob sei „wirklich immer ein loyaler Unterstützer derer, die hart auf dem Feld der orientalischen Studien arbeiten, und insbesondere auf dem der türkischen Sprache und Literatur", schrieb er weiter – er habe ihm geraten, Kuhn und Heigel aufzusuchen, wenn er „etwas gegen Hommels faule Nachlässigkeit tun möchte". Doch Süßheim beließ es nicht dabei. Tags darauf konfrontierte er Fritz Hommel persönlich mit seinen neuen Kenntnissen: „Er [Hommel, KM] berichtete mir mit scharfer Stimme und auf unfreundliche Weise über Menzels Pläne. Mir wurde zu verstehen gegeben, dass er noch keinen Blick auf die Arbeit geworfen hatte, die mir die Erlaubnis zu einer Dozentenkarriere geben würde. Er tat so, als hätte er keine Zeit, und es war nicht klar, ob er die in Zukunft hätte."[1237]

Karl Süßheims schlimmste Befürchtung schien wahr zu werden. Hommel halte es für vernünftig zu warten, bis Menzel seine Arbeit abgeschlossen hatte, bekam er zu hören, und: Er wolle nur einen der beiden Nachwuchswissenschaftler zulassen.[1238] Alarmiert suchte Süßheim den Indologen Kuhn auf, der ihn beschwichtigte, dass es keine Regelung an der Münchner Universität gebe, die Hommel in dieser Sache stütze: Jeder, der eine Dozentenkarriere beginnen wolle, sei willkommen, dies auch zu tun, zitierte er den ihm wohlgesonnenen Mann, der ihm sogar riet, beim Dekan eine Klage über Hommel einzureichen. Auch mit Heigel sprach Süßheim noch am selben Tag – dieser vermutete, dass Hommel beleidigt sei, weil er nicht in die BAdW gewählt worden war; deshalb bereite er auch Heigels Schützlingen Probleme.

Fritz Hommels Motive für die Torpedierung der Karriere Karl Süßheims sind nur schwer in Erfahrung zu bringen. Zerwürfnisse mit Süßheims Förderern mögen eine Rolle gespielt haben; doch Hommels fehlende Fachkenntnis auf dem Interessensgebiet des Jüngeren[1239] scheinen ihm tatsächlich ernste Kopfzerbrechen bereitet zu haben. Aus Hommels Nachlass erfahren wir, dass er Süßheims Habilitationsschrift an Georg Jacob (!) mit der Bitte um Einschätzung geschickt hatte: „Von der mir am 27. Dezember übersandten vierbändigen Habilitationsschrift [...] habe ich grössere Stücke gelesen und sende ihnen dieselbe voraussichtlich morgen zurück", schrieb Jacob Anfang Januar 1911, „da ich in der nächsten Zeit der beginnenden Quartalarbeit wegen für weitere Durchsicht wenig Zeit haben würde und die Angelegenheit nicht verzögern möchte"[1240]. Aus dem Papier können wir sehen, wie wenig Grund Karl Süßheim hatte, an seinem Förderer in Erlangen zu zweifeln: In einer zu verein-

1236 Hier und das folgende Zitat: Tagebuch KS, 20.12.1910, Nachlass KS (SBB) Hs. or. 1135/3, fol. 83r f.

1237 Ebd., 21.12.1910, Nachlass KS (SBB) Hs. or. 1135/3, fol. 83v–85r.

1238 Hier und im Folgenden vgl. ebd.

1239 Vgl. dazu auch Flemming u. Schmidt, Diary, S. 33.

1240 Hier und die folgenden Zitate: Georg Jacob an Fritz Hommel, 5.1.1911, S. 1, Nachlass Fritz Hommel, BSB Ana 335, Schachtel 35 (Gutachten Süßheim).

zelten Punkten durchaus kritischen Bewertung, die jeden Verdacht eines Gefälligkeitsgutachtens von vornherein ausräumte, schrieb Georg Jacob nicht nur, dass Süßheim ein höchst anspruchsvolles Vorhaben „mit grosser Sachkenntnis" umgesetzt habe, sondern auch dass er „bereits mit Sicherheit behaupten" könne, dass der edierte „Text ein nicht ausschließlich für den Historiker wichtiges Quellenwerk darstellt, dessen Herausgabe jeder Orientalist mit Freuden begrüßen muss" – „[d]ie notwendige Unterbrechung der Lektüre habe ich bei der vielen Anregung, welche ich aus ihr schöpfte, geradezu schmerzlich empfunden". Zuletzt schrieb Georg Jacob Sätze, die aufhorchen lassen: „Soll ich mein Urteil kurz zusammenfassen, so glaube ich, dass Herr Dr. Süssheim durch sein Studium im Orient sich zwar über manches hinweggesetzt hat, was man leichter auf den deutschen Universitäten erlernt, dafür aber, sprachlich hervorragend begabt und aus dem Vollen schöpfend, eine Leichtigkeit in der Lektüre türkischer, persischer und arabischer Historiker erlangt hat, wie sie wenige Orientalisten besitzen. Sicher glaube ich in ihm eine tüchtige Kraft zu erkennen, von der eine bedeutende Förderung zur Geschichte des späteren Islam zu erwarten ist."[1241]

Hommel hielt nicht viel von der neuen Islamwissenschaft, wie sie an den außeruniversitären Forschungsinstituten gelehrt wurde, wo, wie er natürlich wusste, auch Süßheim seine ersten Schritte gemacht hatte. Jacob hatte hier also eine offensiv vermittelnde Haltung eingenommen.

Ganz abseits fachlicher Fragen war Fritz Hommel offenbar ein schwieriger Charakter. Dies klingt auch in der Beschreibung seiner Person bei Süßheims späterem Schüler Franz Babinger an: „Er paßte so gar nicht in jenes Jahrhundert, in dem die Wissenschaft in Deutschland Ehren empfing wie nie zuvor, in dem ein Parlament von Professoren als die geistige Blüte und als die Mitte der Nation erscheinen konnte, in dem die Sonderwissenschaften [...] zu reichster Entfaltung gelangten und ihre Vertreter vor allem in Berlin, jeder ein kleiner Fürst in seiner Disziplin, im vollen Gefühl ihrer wilhelminischen Würden alte Wissenschaften teilten, neue schufen, von der Wissenschaft her ‚Bildung' und Schule bestimmten und an dem Maß akademischer Grade und zünftlerischer Ränge nicht nur das Gelehrte, sondern die Menschen einstuften und werteten. [...] Bei seiner [Hommels, KM] frisch zupackenden, Lob und Tadel vielleicht nicht immer gerecht verteilenden Art fehlte es ihm nicht an heftigen Widersachern, aber seine zahlreichen Schüler und Verehrer, die sich 1916 zu einer stattlichen Festschrift in zwei Bänden zusammengefunden hatten, werden das Andenken an diesen gedankenreichen, stets hilfsbereiten Mann immerdar in Ehren halten."[1242]

Auch Karl Süßheim wird später zu der erwähnten Festschrift beitragen – mit Verehrung hatte dies allerdings recht wenig zu tun, wie wir noch sehen werden: Die beiden Männer werden sich auch in Zukunft nicht viel zu sagen haben.[1243] Eine fraglos existierende und auf Gegenseitigkeit beruhende Antipathie mag hier den Gang der Dinge maßgeblich bestimmt haben. Dass eine antisemitische Haltung Hommels die Grundlage seines Verhaltens gegen-

1241 Ebd., S. 8.
1242 Babinger, Jahrhundert, S. 265 ff.
1243 Vgl. dazu Kap. II.2.

über Süßheim war, kann jedenfalls ausgeschlossen werden: Der jüdische Student Gerhard (später: Gershom) Scholem, der sowohl ein Schüler Hommels als auch Süßheims werden wird, wurde von dem Münchner Professor für semitische Sprachen tatkräftig unterstützt.[1244] Dass Hommels Misstrauen am Ende nichts mit Süßheims Religionszugehörigkeit zu tun hatte, dürfte für diesen angesichts zahlloser durchwachter Nächte nur ein schwacher Trost gewesen sein, doch die erwähnte Fürsprache des nicht direkt involvierten Ernst Kuhn hatte ihn schließlich einigermaßen beruhigt. Am Abend eines nicht enden wollenden turbulenten Tages, an dem Süßheim wieder einmal um sein Fortkommen bangte, traf er zufällig in der Bibliothek auf Georg Jacob und Theodor Menzel.[1245] Menzel bestätigte seine München-Pläne und erzählte Süßheim sogleich von seinem Forschungsvorhaben – eine Edition des Geschichtswerks von Neşrī[1246] –, er räumte aber auch ein, dass er noch nicht mit der Arbeit begonnen habe und versicherte, dass er nicht beabsichtige, Süßheim im Weg zu stehen: „Er bat mich inständig", schrieb Süßheim, „nicht das Gerücht zu verbreiten, dass sein Wunsch, eine Karriere zu beginnen, etwas mit einer Art Verschwörung [gegen mich] zu tun habe oder dass er ein Intrigant sei."[1247]

Süßheim reagierte vergleichsweise gelassen auf die Begegnung[1248], doch derlei Gespräche sollten noch viele geführt werden: Erst im April 1911 sagte Fritz Hommel Süßheim schließlich zu, ihn im Mai zu prüfen.[1249] Und es kam zu einer weiteren Verzögerung, denn der Professor gab die Habilitationsschrift nicht zur Vorbereitung an Süßheim zurück, und wieder bedurfte es einer Intervention. Diesmal griff sogar Dekan Robert von Pöhlmann ein und übte Druck aus – Karl Süßheim hielt seine Arbeit erst Mitte Mai wieder in Händen,

1244 Scholem, der die antisemitischen Stimmungen an der Universität München durchaus wahrnahm und beschrieb, war in seinen Erinnerungen voll des Lobes für den Professor, vgl. dazu Kap. II.2. Zudem setzte Hommel sich im Rahmen seiner Wissenschaft intensiv mit dem Judentum auseinander: „Dem Alten Testament und dem Volke Israel im Rahmen der Umwelt widmete er seine ‚Altisraelische Überlieferung in inschriftlicher Beleuchtung' (1897)". Weidner, Hommel.

1245 Hier und im Folgenden vgl. Tagebuch KS, 21.12.1910.

1246 Der „Weltatlas" (*Cihānnümā* – جهان نما), von dem nur der Teil über die Oghusen, die Seldschuken und Osmanen erhalten ist, ist eine historiografische Arbeit aus dem 16. Jahrhundert. Neşrī ist ein Pseudonym, über den Autor gibt es kaum gesicherte Angaben. Veröffentlicht wurde das Werk erstmals von Faik Reşit Unat u. Mehmet A. Köymen: Kitāb-ı Cihan-nümā. Neşrī tarihi (= TTKY III-2), 2 Bde., Ankara 1949 u. 1957.

1247 Tagebuch KS, 21.12.1910, Nachlass KS (SBB) Hs. or. 1135/3, fol. 83v–85r.

1248 Vgl. ebd. Süßheim tat gut daran, die Entwicklung abzuwarten: Erst 1919 wurde Menzel schließlich mit einer Arbeit über türkische Märchen habilitiert. In Kiel arbeitete er sodann zunächst als Privatdozent, dann als Professor für islamische Philologie. Die Veröffentlichung der Habilitationsschrift vgl. Theodor Menzel: Türkische Märchen I. Billur Köschk „Der Kristall-Kiosk". 14 türkische Märchen, zum ersten Mal nach den beiden Stambuler Drucken der Märchensammlung ins Deutsche übersetzt (= Beiträge zur Märchenkunde des Morgenlandes 2), Hannover 1923.

1249 Vgl. Tagebuch KS, 3.4.1911.

mitsamt einer wohlwollenden, offen auf Georg Jacobs Expertise verweisenden Bewertung[1250], der Hommel allerdings folgenden mäandernden Absatz vorausschickte:

> „Herr Dr. Süßheim hat schon früher persische Texte zur türkischen Geschichte (speziell der Seldschukenzeit) herausgegeben und legt nun einen die gleiche Geschichtsepoche behandelnden arabischen Text (nebst Übers[etzung] u. Einl[eitung]) als Habilitationsschrift vor. Er will sich für Geschichte (speziell der muhammedanischen Völker) und daneben auch noch für türkische Sprache habilitieren. Mir liegt das erstgenannte Gebiet, Geschichte des späteren (muhammedanischen) Orients [...] ebensofern, wenn nicht noch ferner, als es bisher den Historikern lag, die doch eben als H[istoriker] eigentlich hierüber das erste Referat haben sollten, und ich kann daher mein Urteil nur darüber abgeben, ob Dr. Süßheim seine arabische Quelle gut herausg[egeben] u. vor allem richtig übersetzt hat. Was aber das zweitgenannte Gebiet (türkische Sprache) belangt, so halte ich zwar Herrn Dr. S. nach alle dem, was ich durch persönliche Kenntnis von seinen türkischen Studien weiß, für durchaus fähig, das türkische, sofern nicht gerade in erster Linie Sprachvergleichung dabei in Betracht kommt, an unserer Univ[ersität] zu vertreten; ich muss es aber als vollständiges Novum bezeichnen, wenn einer zur Habilitation in einem Gebiet zugelassen wird, aus dem er bisher kaum Proben vorgelegt hat. [...] Falls sich die Herren Collegen so leicht über diesen doch prinzipiell wichtigen Punkt hinwegsetzen wollen, so habe ich nichts dagegen [– Einschub, KM:] Es ist dies umso weniger der Fall als ja Herr Dr. S. nicht türkische Philologie, sondern türkische Sprache als 2. Lehrgegenst[and] angibt [...] [–], [bei] Herrn Dr. S. auch noch türkisch als Lehrgegenstand dazuzunehmen. Zum mindesten müsste aber dann beim Colloquium der Hauptnachdruck auf das türkische gelegt werden. Da sich im Herbst ein bereits als Turkologe [...] bekannter junger Gelehrter, Herr Dr. Th. Menzel aus München, z. Z. in Odessa, bei uns habilitieren will, ein Umstand, der mir bei der Fak[ultäts]sitz[ung] vom vorigen Jahr, wo bereits über Dr. Süßheims Absichten gespr[ochen] wurde, noch unbekannt war, so würde ich es lieber sehen, wenn Dr. S. persische statt türkische Spr[ache] seinem Hauptfach hinzufügen würde. Damit wäre dann zugleich eine schon längst fühlbare Lücke in unseren oriental. Lehrfächern ausgefüllt. Oder falls er durchaus auf türkisch bestehen sollte, dann doch wenigstens persisch u. türkisch (mit Vorausstellung des persischen, dessen Kenntnis er bereits durch [die] Ausg[abe] eines pers[ischen] Seldschukenhistorikers, (wenn auch nicht ganz einwandfrei) dokumentiert hat; wenigstens

1250 Vgl. ebd., 13.5.1911 sowie Fritz Hommel: Gutachten über Dr. Süßheims Habilitationsarbeit, München, 10.5.1911, Nachlass Fritz Hommel, BSB Ana 335, Schachtel 35 (Gutachten Süßheim). Es handelt sich um ein überarbeitetes (an vielen Stellen ergänztes bzw. gestrichenes) handschriftliches Manuskript, das Hommel im Anschluss sicher noch abschreiben ließ. Als Zusammenfassung heißt es (S. 3f.): „Alles in allem glaube ich, dass wir Herrn Dr. Süßheim [...] aufgrund der eingereichten umfangreichen Arbeit zulassen können, zumal wenn auch die Historiker unter uns sich diesem Gutachten anzuschließen vermögen; denn eigentlich haben, da die Prüfung der sprachlichen Unterlagen befriedigend ausgefallen [ist], letztere nun das entscheidende Wort zu sprechen."

> um die Form zu wahren, dadurch dass türk[ische] Geschichte sein spezielles Gebiet ist, ja allerdings sein Wunsch gerechtfertigt [erscheint], gerade die türk[ische] Sprache noch als bes[onderes] Lehrgebiet dazu zu wählen[)].“[1251]

Es klang nach einer widerwilligen Kapitulation, doch nichtsdestotrotz gab Hommel nicht auf. Nachdem bereits die Zulassung zur Prüfung unterschrieben war[1252], machte er neue Einwände geltend: Süßheim habe sich schließlich auch an anderen Universitäten beworben.[1253] Mithilfe Heigels versicherte dieser, er habe in Straßburg und Berlin lediglich Informationen über mögliche Vakanzen eingeholt, und erinnerte Hommel daran, dass er selbst es gewesen sei, der ihm einst empfohlen hatte, es in München zu versuchen. Am 22. Mai erfuhr Süßheim endlich, dass er zur Prüfung zugelassen war; zudem erhielt er die Nachricht, dass er eventuell auch Arabisch und Persisch unterrichten dürfe – so wie es immer sein Wunsch gewesen[1254] und, wie wir gesehen haben, von Hommel höchstselbst ins Spiel gebracht worden war.

Karl Süßheims Bericht über die reichlich absurd anmutende Prüfung zur Habilitation am 27. Mai 1911 ist es wert, ausführlich zitiert zu werden. Anwesend waren die Professoren Hommel, Pöhlmann, Kuhn, der Historiker Hermann Grauert[1255], der Byzantinist August Heisenberg[1256] und ein nicht namentlich genannter „Orientalist aus dem Osten“ (der Einladung zu diesem „Colloquium“ zufolge, die sich im Nachlass Fritz Hommels findet, müsste es sich dabei um den Indogermanisten Wilhelm Streitberg gehandelt haben, der zuvor lange in Leipzig gelehrt hatte[1257]). „Ich litt nicht im Geringsten daran, was man ‚Prüfungsfieber‘ nennt“, schrieb Süßheim, und: „Hommel hatte einen türkischen Text mitgebracht, der grammatikalisch völlig falsch war und vor etwa zweihundert Jahren erdacht und geschrieben

1251 Ebd., S. 1f.

1252 Vgl. Tagebuch KS, 14.5.1911.

1253 Hier und im Folgenden vgl. ebd., 17.5.1911.

1254 Vgl. ebd., 22.5.1911.

1255 Der angesehene Historiker Hermann (von) Grauert (1850–1924), ab 1914 im Adelsstand, war 1883 in München habilitiert worden und hatte 1885 seinen ordentlichen Lehrstuhl erhalten. In den Jahren 1915/16 sollte er das Rektorenamt der Universität bekleiden. In München ist eine Straße nach ihm benannt. Süßheims Tagebucheditoren geben den Namen des Wissenschaftlers fälschlicherweise mit „Grauwert“ wieder, vgl. Flemming u. Schmidt, Diary, S. 34 mit Anm. 153.

1256 August Heisenberg (1869–1930) hatte 1910 an der LMU von Krumbacher den einzigen ordentlichen Lehrstuhl für Byzantinistik in Deutschland übernommen. Er leitete das international anerkannte Seminar für mittel- und neugriechische Philologie und gab die *Byzantinische Zeitschrift* (BZ) heraus. Heisenberg war ein Verfechter der interdisziplinären Forschung und legte hier besonderen Wert auf die Kombination von philologischen und historiografischen Methoden – man darf daher davon ausgehen, dass Heisenberg Süßheims Umgang mit seinem Forschungsgegenstand zusagte. Zu Heisenberg vgl. Werner Ohnsorge: „Heisenberg, August“, in: NDB 8 (1969), S. 455f., [Online-Version] https://www.deutsche-biographie.de/sfz29412.html#ndbcontent.

1257 Als einer der „Collequenten“ wird ein Professor Streitberg genannt, vgl. Dekanat der philosophischen Fakultät I. Sektion: Einladung zum Colloquium des Herrn Dr. Süßheim am Samstag, 27. Mai 1911, Nachlass Fritz Hommel, BSB Ana 335, Schachtel 35 (Gutachten Süßheim).

wurde; vermutlich von einem Nicht-Muslim"[1258]. Der Text, der ihm gegeben wurde, war offenbar von Hommel kopiert worden, während dieser selbst das Original behielt. Von dessen Problemen mit der arabischen Sprache hatte Süßheim bereits gehört – sein Tagebuch-Eintrag unterstützt den Eindruck, dass er auch im Osmanischen schwächelte.[1259]

> „Die Inhalte des Texts, aus dem Mythengenre, waren im Wesentlichen diese: Der Schah von Persien hatte eine Frau und einen Sohn. Die Frau liebte den Sohn wie verrückt. Als die Frau starb, liebte die neue Frau des Schahs nicht den Schah, sondern seinen Sohn. [...] Hommel sagte einige Male, dass er Fragen über die Orchon- und Turfan'schen Inschriften stellen würde, aber Kuhn verzog missbilligend den Mund und drängte Hommel dazu, ordnungsgemäß mit der Interpretation des Textes fortzufahren. Dann stellte Kuhn einige Fragen, unter anderen zur Eroberung Indiens durch die Muslime. Danach brachte Grauert seine Überraschung darüber zum Ausdruck, dass ich in meiner Arbeit die Bedeutung der Kriege zwischen den Kreuzrittern und auf der einen Seite den Griechen sowie auf der anderen Seite den Seldschuken nicht diskutiere.[1260] [...] Schließlich stellte Heisenberg einige Fragen zur Debatte, was die Osmanen vom Byzantinischen Staat übernommen haben [...]. Als ich abstritt, dass es irgendeinen Einfluss des Byzantinischen Staats auf das osmanische Staatswesen gegeben habe, sagte Pöhlmann ein paar Worte, aus denen sich schließen ließ, dass er anderer Meinung ist. Während Hommel immer noch versuchte, Fragen zu den Orchon-Inschriften vorzubringen, wurde die Prüfung beendet und ich wurde angewiesen, mich in den Konferenzraum der Philosophischen Fakultät zurückzuziehen. Zwei Minuten später öffnete Pöhlmann die Tür und gratulierte mir, dass ich [...] bestanden hätte..."[1261]

Fritz Hommel ließ Süßheim zur Überarbeitung die detaillierten Bemerkungen Georg Jacobs sowie des Historikers Grauert zu seiner Habilitationsschrift zukommen.[1262] Der Leipziger

1258 Tagebuch KS, 27.5.1911, Nachlass KS (SBB) Hs. or. 1135/3, fol. 100v ff.

1259 Kreiser schreibt beispielsweise in einem Aufsatz, dass der „bedeutend[e] Altorientalis[t]" Hommel noch 1915 die absurd anmutende These einer Verwandtschaft des Sumerischen mit dem Türkischen vertrat, vgl. Klaus Kreiser: Abschied von der arabischen Schrift, in: Ders. u. Dieter Karasek (Hrsg.): Germano-Turcica. Zur Geschichte des Türkisch-Lernens in den deutschsprachigen Ländern (= SUBB 4), Bamberg 1987, S. 121–128, hier S. 124.

1260 Dieser Kritik versuchte Süßheim dann in der Veröffentlichung der Habilitationsschrift vorzubeugen: Im Originaltext nämlich würden „[d]ie Kreuzzüge [...] mit keinem Worte erwähnt", schreibt er im Vorwort – „ebensowenig der Staat der kleinasiatischen Seldschuqen". Süßheim, Prolegomena, S. III.

1261 Tagebuch KS, 27.5.1911, Nachlass KS (SBB) Hs. or. 1135/3, fol. 100v ff.

1262 Georg Jacob hatte ihn explizit darum gebeten; sein Brief enthalte „keine Geheimnisse": „[E]s wäre mir lieb, wenn er auch zur Kenntnis von Herrn Dr. Süssheim gelangte, zumal Fragen wie die der Umschrift und des Glossars diskussionswürdig sind." Georg Jacob an Fritz Hommel, 5.1.1911, S. 8, Nachlass Fritz Hommel, BSB Ana 335, Schachtel 35 (Gutachten Süßheim). In Hommels Nachlass findet sich auch ein zugleich stocksteifes wie auch überschwängliches Dankesschreiben Süßheims für die Herausgabe der Gutachten, die das schwierige Verhältnis gut illustriert: „Indem ich Euer

Verlag Harrassowitz veröffentlichte sie; die Kosten für die Druckerei in München musste Süßheim selbst übernehmen.[1263] Das arabische Original der Chronik tauchte in der Publikation schließlich genauso wenig auf wie Süßheims Übersetzung derselben.[1264] Einem einleitenden Teil zur türkischen Geschichte[1265] folgte eine Auseinandersetzung mit der Frage nach den Quellen des anonymen Autors der Chronik, letztlich der Versuch, diesen zu identifizieren[1266]. Karl Süßheim bemühte sich vor allem, den historiografischen Quellenwert seiner Arbeit herauszustellen – dass die Kritik an seinem Erstlingswerk ihn noch immer beschäftigte, wird überdeutlich, wenn er von vornherein schreibt: „Wenn das Werk auch nicht als Originalquelle in dem Sinne gelten kann, dass seine Mitteilungen Selbsterlebtes berichteten oder – das Kapitel über den Zusammenbruch der Dynastie abgerechnet – direkt auf Augen- und Ohrenzeugen zurückgingen, so ist andererseits doch wieder hervorzuheben, dass die litterarischen Quellen für drei Viertel des Werkes [...] heute verschollen sind und die Hauptquelle des Restes [...] durch den Druck noch nicht bekannt gemacht ist. Ein Buch von so mässigem Umfange wie die ‚Chronik' kann natürlich nicht in allen Einzelheiten Neues bieten. Aber soviel lässt sich doch behaupten, dass wir mit Ausnahme des mittleren Teils kein Blatt aufschlagen, durch welches nicht unsere Kenntnis der Epoche der Seldschuqen wesentlich bereichert würde. Die Informationen [...] füllen empfindliche Lücken unseres Wissens über diese für die Geschichte des Orients so bedeutungsvollen Zeitabschnitte aus."[1267]

Die Besprechung seiner Prolegomena in der *Zeitschrift der Deutschen Morgenländischen Gesellschaft* (ZDMG), einem weiteren wichtigen Fachorgan der etablierten Orientalistik, fiel dennoch eher gemischt aus. Der junge Rezensent Erich Graefe lobte einerseits Süßheims „bewundernswert[e] Vertrautheit mit der historischen Literatur", bescheinigte ihm, „mit

Hochwohlgeboren hiermit die Bemerkungen Herrn Professor Jacobs zurücksende, spreche ich Ihnen meinen ergebensten Dank für die liebenswürdige, private Überlassung des sehr wichtigen Schriftstücks aus. Ich habe mir natürlich die Ausstellungen Herrn Professor Jacobs genauestens notiert, desgleichen die sehr beherzigenswerten Anregungen Herrn Geheimrats Professor Grauert. Um den Wünschen [...] gerecht zu werden, habe ich in einer „Vorbemerkung" die den abendländischen Historiker interessierenden Portionen der „Chronik" nochmals kurz zusammengestellt und bin an dieser Stelle auch auf die anderen von Herrn Professor Grauert berührten Ansichtspunkte (Byzantiner, Kreuzzüge) eingegangen. Mit bestem Dank und dem steten Wunsche Ihrer Gesundheit Euer Hochwohlgeboren gehorsamster K. Süßheim." Karl Süßheim an Fritz Hommel, München, 17.6.1911, ebd.

1263 Und zwar 150 Exemplare für 387,20 Mark. Vgl. Tagebuch KS, 24.7.1911 u. Süßheim, Prolegomena.

1264 „Mit Genehmigung der Hohen Philosophischen Fakultät gelangt zunächst nur ein Teil der Text und Übersetzung der ‚Chronik' mitumfassenden Habilitationsschrift zum Abdruck", heißt es bereits auf dem Titelblatt der Arbeit. Im Vorwort schrieb Süßheim von seinem Vorhaben, den arabischen Text mit deutscher Übersetzung in Zukunft noch drucken zu lassen – dazu scheint es jedoch nie gekommen zu sein. Süßheim, Prolegomena, Titel u. S. IV.

1265 Vgl. ebd., S. 1–12.

1266 Vgl. ebd., S. 13–46.

1267 Ebd., S. 9.

Erfolg die außerordentlich schwierige Arbeit des Quellennachweises unternommen und die verwickelten Verhältnisse mit großer Klarheit dargelegt" zu haben, und hoffte auf die baldige Herausgabe des edierten arabischen Textes wegen seiner „[w]ertvolle[n] Beiträge zur Kenntnis der Seldschukenherrschaft in Persien und Mesopotamien"[1268]. „Leider" aber müsse „man sich den Weg zu der trefflichen Arbeit durch Erörterungen hindurch bahnen", so Graefe, „in denen Süßheim sich über die von ihm gewählte Umschreibung des arabischen Alphabetes ausläßt": „Gewiß gibt es Wichtigeres als ‚Transkriptionsphilosophie', aber man möchte doch fragen: [W]ar es nötig, die zahlreichen Umschreibungsmethoden um eine neue zu vermehren? Bedurften wir dieses mißverständlichen Zeichens für Ḍād[1269], mußte das ط auf einmal mit ṯ widergegeben [sic!] werden, das man sich für ث zu setzen seit langem gewöhnt hatte, um von anderen Absonderlichkeiten zu schweigen!"[1270]

Süßheims eigenwillige Transkription mag für traditionell arbeitende Philologen wie Fritz Hommel durchaus ein Ärgernis gewesen sein[1271], auch wenn die Umschrift der Deutschen Morgenländischen Gesellschaft (DMG) als Transkriptionsnorm erst 1935 auf dem Internationalen Orientalistenkongress in Rom angenommen wurde. Erich Graefe aber war beileibe kein Vertreter der alten Schule, sondern ein besonders loyaler Schüler C. H. Beckers.[1272] Offenbar war Süßheim mit seinem Innovationsanspruch, den er in der Einleitung formuliert hatte[1273], zu weit gegangen – diesen Eindruck unterstützen auch diesbezüg-

1268 Erich Graefe: [Rezension von] Karl Süßheim: Prolegomena zu einer Ausgabe der im Britischen Museum zu London verwahrten „Chronik des Seldschuqischen Reiches". Eine literarhistorische Studie, Leipzig 1911, in: ZDMG 66 (1912), S. 336 f.

1269 An dieser Stelle ist dem Rezensenten selbst ein Fehler unterlaufen: Das „mißverständliche Zeichen", mit dem er wohl das von Süßheim genutzte ϑ meint, wird für den Buchstaben ث (*Thā*; DMG-Standard: *ṯ*) verwendet und nicht, wie von Graefe behauptet, für ض *(Ḍād)*, das in der heute gültigen DMG-Transkription als *ḍ* wiedergegeben wird. Für letzteres verwendet Süßheim *ṣ̱*, vgl. Süßheim, Prolegomena, S. IV.

1270 Graefe, Rezension Süßheim, S. 337.

1271 An ihn schrieb Süßheim beschwichtigend nach seiner Habilitationsprüfung über die Überarbeitung seiner Schrift: „In der ‚Vorbemerkung' habe ich auch meine Abweichung von der herkömmlichen Transkription begründet, so wie Herr Professor mir dies jüngst nahegelegt und eingeschärft hatten." Karl Süßheim an Fritz Hommel, München, 17. 6. 1911, Nachlass Fritz Hommel, BSB Ana 335, Schachtel 35 (Gutachten Süßheim).

1272 Dies wird in Beckers Nachruf auf Graefe, der 1914 bei den Marnekämpfen schwer verwundet wurde und zwei Wochen darauf seinen Verletzungen erlag, deutlich: „Wohl zehnmal habe ich angesetzt, um meinem treuen Graefe den Abschiedsgruß zu widmen, aber immer wieder legte ich die Feder aus der Hand. […] Er war mein Schüler und mein Freund; es gab wenige Menschen, auf die ich mich wissenschaftlich und persönlich so verlassen konnte, wie auf ihn." Carl Heinrich Becker: Erich Graefe, in: Islam 6/1 (1915), S. 88–90, das Zitat S. 88.

1273 Er hatte geschrieben: „Es wäre doch nunmehr an der Zeit, dass […] die Tongesetze der klassischen arabischen Sprache von theoretisch wie praktisch geschulter Seite einer gründlichen Untersuchung unterzogen würden, aber nicht mit schulmeisterlicher Engherzigkeit, sondern mit offenem Sinne für die bunte Mannigfaltigkeit der Laute und Formen, deren das Sprachgenie des Arabers in lebendiger Rede zu aller Zeit fähig gewesen ist." Süßheim, Prolegomena, S. VI.

liche Bemerkungen seines Förderers Georg Jacob gegenüber Gutachter Fritz Hommel[1274]. Die Kritik an seiner philologischen Arbeitsweise dürfte Süßheim weder besonders überrascht noch nachhaltig gekränkt haben – immerhin war sein Name nun offiziell mit einem wertvollen Beitrag zur Seldschukengeschichte verknüpft. Überdies teilte Süßheim in seinen Rezensionen bald selbst ordentlich aus, wie es eben dem Stil der akademischen Debatte seiner Zeit entsprach.

Einmal schrieb Karl Süßheim über ein Buch, dass es „[i]n wissenschaftlicher Hinsicht [...] ausserordentlich tief" stehe – „die sonderbarsten Irrtümer treten en masse auf, weshalb wir natürlich hier von Einzelheiten absehen müssen"[1275]. Die meisten seiner Besprechungen atmen vernichtende, oft auch polemische Kritik[1276]; penibel zählte er im Habitus des gönnerhaften Schulmeisters[1277] linguistische und sachliche Fehler auf[1278], die er belegte und

1274 „Der sehr gründlichen zweiten Einleitung über die Quellen des Werks folgt eine dritte philologische, die mich am wenigsten befriedigt. [...] Die Transkription und andere Äusserlichkeiten weichen von allem bisher Üblichen absichtlich wesentlich ab, ohne meiner Auffassung nach eine Verbesserung zu bedeuten [...]." Georg Jacob an Fritz Hommel, 5.1.1911, S. 7f., Nachlass Fritz Hommel, BSB Ana 335, Schachtel 35 (Gutachten Süßheim).

1275 Karl Süßheim: [Rezension von] Tewfik Ahsan und E. A. Rademacher: Türkisch-Arabisch-Deutsches Wörterbuch. Wien und Leipzig, A. Hartleben, (1911), in: OLZ 8 (1912), Sp. 367.

1276 „Gar manches kann man in europäischen wie türkischen Werken viel präziser und richtiger lesen. Aber ein mühsames Quellen- und Literaturstudium wollen wir dem Journalisten Ganlis denn doch nicht zumuten." Ein anderes Werk, „The Ottoman Empire" von William Miller, beschreibt Süßheim als „Buch, an dem alles gut ist mit Ausnahme des Titels, der etwa lauten sollte: The Balkan Peninsula". Miller habe die „Geschichte der Balkanstaaten von Anbeginn des 19. Jahrhunderts" sehr schätzenswert dargestellt. Dies war freilich nicht dessen Anspruch. Karl Süßheim: [Rezension von] Georges Ganlis: La ruine d'un empire; Abd-ul-Hamid et ses peuples. Préface de Victor Bérard. Librairie Armand Colin. Paris 1913, in: OLZ 12 (1914), Sp. 510 sowie Ders.: [Rezension von] William Miller, M. A.: The Ottoman Empire 1801–1913, Cambridge Historical Series edited by G. W. Prothero, Cambridge, University Press, 1913, in: OLZ 1 (1914), Sp. 39.

1277 Einmal schrieb Süßheim beispielsweise, er wolle „von allem übrigen sowie auch von Anmerkung der Druckfehler absehend, dem Neubearbeiter einige Verbesserungen zu den Versen vorschlagen", da die arabische Schrift, deren Edition er besprach, ohnehin in London neu herausgegeben werde. An anderer Stelle bemerkte er über ein Türkisch-Lehrbuch: „Einige Versehen sind auch in der neuen Auflage stehen geblieben." Karl Süßheim: [Rezension von] R. J. H. Gottheil: Abū ʿOmar Muḥammad b. Jūsuf b. Jaʿqūbi ʾl-Kindi: كتاب القضاة الل ين ولوا قضاء مصر (The History of the Egyptian Cadis) together with additions by Abū ʾl-Ḥasan Aḥmad b. ʿAbdi ʾr-raḥmān b. Burd, edited from the unique ms. in the British Museum. Paris, Paul Geothner, 1908, in: OLZ 7 (1909), Sp. 323–325, hier Sp. 324; Ders: [Rezension von] Karl Wied: Leichtfassliche Anleitung zur Erlernung der türkischen Sprache für den Schul- und Selbstunterricht (= Die Kunst der Polyglottie; 15. Teil). Vierte verbesserte Auflage. Wien und Leipzig (ohne Jahr), A. Hartleben's Verlag, in: OLZ 6 (1913), Sp. 274.

1278 Albrecht Wirth – der Süßheim noch eingehend beschäftigen wird (vgl. Kap. II.1) – flechte in seiner „Geschichte der Türken" beispielsweise „so viele Unrichtigkeiten ein, daß man versucht wäre, jeden zu warnen, sich auf das Buch zu berufen." Es folgte eine halbseitige Auflistung an Fehlern, die Süßheim mit dem Satz „Und so geht es weiter" schließt. Karl Süßheim: [Rezension von] A. Wirths „Geschichte der Türken", Stuttgart 1912, in: HJb 34/1 (1913), S. 174f., hier S. 174. Vgl. auch

berichtigte. Auch ließ Süßheim nur selten eine Gelegenheit aus, in dieser Textgattung lieber auf seine eigenen Forschungen zu verweisen[1279], das galt allerdings nicht nur für Rezensionen – auch in Zeitungsartikeln trat Süßheim als derjenige auf, der es einfach besser wusste. In einer Replik auf einen Artikel im *Fränkischen Kurier* (FK)[1280] stellte er beispielsweise klar, dass die „mohammedanische[n] Manuskripte“ in der Hagia Sophia – welche Süßheim im Gegensatz zum kritisierten Text als „Aja Sòfia (oder wie die Griechen sagen: Ajà Sofía)“ bezeichnete – keineswegs älter als tausend Jahre sein könnten, „denn der Islam, die mohammedanische Religion, existiert erst seit 1300 Jahren [...]; die meisten entstammen natürlich den letzten Jahrhunderten“.[1281] Auch schrieb er, dass zwar viele der Manuskripte einen hohen materiellen Wert besäßen, der kulturelle Wert – und hier verwies er auf sein eigenes

die peniblen Richtigstellungen bei Süßheim, [Rezension] Gottheil, Sp. 324f.; Ders.: [Rezension von] Jusuf und Ahmad: Ein özbegisches Volksepos im Chiwaer Dialekte. Text, Uebersetzung und Noten von H. Vambéry. Budapest 1911, in Kommission bei Otto Harrassowitz in Leipzig, in: OLZ 3 (1913), Sp. 133f., hier Sp. 134; Ders.: [Rezension von] L. Ronzevalle, S. J.: Les emprunts turcs dans le Grec vulgaire de Roumélie et spécialement d'Andrinople. Extrait du Journal Asiatique, Paris 1911 u. Ders.: Les emprunts turcs dans le Grec vulgaire de Roumélie et spécialement d'Andrinople. Mémoire lu au XVIe Congrès international des Orientalistes, section Xie (= Mélanges de la Faculté Orientale, Beyrouth (Syrie)), Athen 1912, in: OLZ 4 (1913), Sp. 177f.; Ders.: [Rezension von] Hanotaux G., La guerre des Balkans et l'Europe 1912–13. (L'Italie en Tripolitaine. Les Deux Guerres des Balkans. Les Balkans aux Balkaniques. La Conférence de Londres. La Politique des armements. L'Equilibre méditerranéen.) Paris, Plon-Nurrit et Cie., in: HJb 35 (1914), S. 726; Ders.: [Rezension] Ahmed Midhat: Oh weh! Türkisches Drama, zum erstenmal ins Deutsche übersetzt von Doris Reeck, (Türkische Bibliothek. Herausgegeben von Prof. Georg Jacob. 15. Band.) 1913. Berlin, Mayer & Müller, in: OLZ 10 (1914), Sp. 444; Ders.: [Rezension von] Hermann Thorning: Beiträge zur Kenntnis des islamischen Vereinswesens auf Grund von Basṭ Madad et-Taufīq (Türkische Bibliothek. Herausgegen von Prof. Jakob u. Dr. Rudolf Tschudi. 16. Band). Berlin, Mayer & Müller, 1913, in: OLZ 11 (1914), Sp. 472f., hier S. 473.

1279 Vgl. Karl Süßheim: [Rezension von] Fritz Hartung: Hardenberg und die preußische Verwaltung in Ansbach-Bayreuth von 1792 bis 1806. Tübingen 1906, in: FbpG 2 (1907), S. 289f., hier S. 289; Ders.: [Rezension von] N. Jorga: Geschichte des Osmanischen Reiches, nach den Quellen dargestellt (= Allgemeine Staatengeschichte, herausgegeben von Karl Lamprecht; 37. Werk), 5 Bände. Gotha, Friedrich Andreas Perthes, Aktiengesellschaft, 1908–1913, in: OLZ 10 (1913), Sp. 463–465, hier Sp. 465.

1280 Sein Text wurde mit folgendem redaktionellen Zusatz garniert: „Der ‚Fränk. Kur.‘ hat in seiner Nr. 531 vom 16. Oktober einen Artikel über ‚Die Bibliothek von Konstantinopel‘ gebracht. Hr. Dr. Süßheim, der jahrelang Forschungen halber in Konstantinopel gelebt hat [...], sendet uns zu dem Artikel, der in Gelehrtenkreisen Aufsehen erregt hat, die obigen ergänzenden und zum Teil berichtigenden Mitteilungen.“ Hier und die folgenden Zitate: Süßheim, Bibliotheksschätze.

1281 In dem Artikel war nämlich behauptet worden, dass die meisten der dort lagernden Manuskripte älter als 3000 Jahre sein sollen – „und jeder der Bände soll mindestens 30–40000 Mark wert sein“. „Die Bibliothek von Konstantinopel“, in: FK 531 (16.10.1912), Mittwoch-Abend-Ausgabe [Feuilleton], S. 10.

wissenschaftliches Steckenpferd, die Seldschukengeschichte – aber deutlich überwiege.[1282] Mehr noch als über sachliche Fehler empörte Süßheim sich über den investigativ-ignoranten Ton des nicht namentlich genannten FK-Autoren, der in seinem Artikel bemerkt hatte, dass es „wunderbar“ wäre, wenn ein europäischer Wissenschaftler sich doch einmal anschicken würde, „diesen Schatz zu heben, da es den Anschein hat, als ob er in der modernen Türkei keinen unüberwindlichen Schwierigkeiten bei diesem Versuch begegnen würde“[1283]. Dazu bemerkte Süßheim in der ihm eigenen Trockenheit: „Die gehaltvollen Manuskriptenschätze der türkischen Bibliotheken werden seit über 100 Jahren von Europäern besucht, und in den letzten Jahrzehnten pilgern europäische Gelehrte lediglich jener Bücher wegen alljährlich in steigender Zahl in die türkische Hauptstadt. Vieles ist aus den dortigen Bibliotheken dank der privaten Initiative wie dem Interesse der gelehrten Gesellschaften und Akademien schon veröffentlicht worden.“[1284]

Ein wiederkehrendes Motiv der Kritik Süßheims an anderen, die zum Nahen Osten veröffentlichten, war auch mangelndes Sprachvermögen: Er verwies nicht nur in seinem Tagebuch, sondern auch öffentlich immer wieder auf fehlende Kenntnisse seiner Kollegen[1285] und kehrte seine eigene sprachliche Überlegenheit hervor[1286]. Ganz der Historiker, kritisierte

1282 „Unter den Handschriften befinden sich solche, die nur ein paar deutsche Reichsmark wert sind, neben Exemplaren, die, sei es wegen ihrer Ausstattung, sei es wegen ihres Inhaltes, ein enormes Kapital repräsentieren. Das Original einer Geschichte der seldschukischen Dynastie Kleinasiens, das etwa im Jahre 1282 n. Chr. für einen Herrscher dieser Dynastie verfaßt worden und trotz seines monumentalen Umfanges in prunkvoller Weise geschrieben und mit Miniaturen geziert ist, läßt sich kaum mit Gold aufwiegen.“ Süßheim, Bibliotheksschätze.

1283 „Die Bibliothek von Konstantinopel“, in: FK 531 (16.10.1912), Mittwoch-Abend-Ausgabe [Feuilleton], S. 10.

1284 Süßheim, Bibliotheksschätze.

1285 Dies etwa bei Nicolae Jorga, den Süßheim selbst als „trotz seiner Jugend eine[n] der bedeutendsten zeitgenössischen Historiker Europas“ bezeichnet, der jedoch „keiner orientalischen Sprache kundig sei“. Er betonte dies auch für Wilhelm Zinkeisen, den Verfasser einer viel beachteten Geschichte des Osmanischen Reichs in Europa. Im Gegenzug stellte er es heraus, wenn Kollegen der orientalischen Sprachen mächtig waren. Süßheim, [Rezension] Jorga (1913), Sp. 464; Ders.: [Rezension von] Mahmoud Fathi, La doctrine musulmane de l'abus des droits. Introduction par Edouard Lambert [Travaux du Séminaire oriental d'études juridiques et sociales (Lyon) publiés sous la direction de Ed. Lambert, fasc. 1]. Lyon, Henri Georg und Paris, Paul Geuthner 1913, in: BZ 22/2 (1912), S. 530 f., hier S. 531; Ders., [Rezension] Ronzevalle, Sp. 177.

1286 So zerlegte Süßheim beispielsweise ein neu erschienenes türkisch-arabisch-deutsches Wörterbuch in einem Satz: „Das Werkchen stellt eine bunte Mischung von arabischen, türkischen sowie persischen Worten und Wendungen dar, die zum Teil in der heutigen osmanischen oder der jetzigen Konstantinopeler Umgangssprache gebräuchlich, zum grossen Teil aber ungebräuchlich sind und in der türkischen Hauptstadt in der von den Herren Ahsan und Radspieler [sic!] angeführten Bedeutung gar nicht verstanden würden.“ Süßheim, [Rezension] Ahsan u. Rademacher, Sp. 367. Subtiler stellt er seine eigene Kenntnis hier heraus: „Die am Rande der deutschen Uebersetzung angemerkten Seitenzahlen des türkischen Textes differieren merkwürdigerweise durchaus mit der Paginierung in Vambérys türkischer Textausgabe […].“ Ders., [Rezension] Vambéry, Sp. 134.

Süßheim in diesem Zusammenhang vor allem, dass den Sprachunkundigen das authentische Quellenstudium sowie entsprechende Fachliteratur aus den untersuchten Ländern praktisch verwehrt blieb.[1287] Daran wird deutlich: Für Süßheim war die philologische und praktische Kenntnis der orientalischen Sprachen der Schlüssel zur Geschichte des Orients. „Die [sprachliche, KM] Unkenntnis [...] verschuldet sehr schlimme generelle Auffassungen über gar vieles, was nicht direkt die europäischen Provinzen der Türkei angeht", schrieb er in einer Rezension über eine neu erschienene Geschichte des Osmanischen Reichs, – „und gibt häufig ein nur zu falsches Bild von der politischen Lage in der Türkei überhaupt"[1288]. Aus dem Studenten der fränkischen Geschichte war endgültig ein an der Erklärung der Gegenwart interessierter Orient-Historiker geworden, der sich immer entschiedener ein Urteil über die Arbeiten anderer erlaubte.[1289] Süßheims Zeit als Orientalist konnte nun beginnen.

Samstag, 29. Juli 1911, kleine Aula des Hauptgebäudes der Universität München: ein großer Tag im Leben Karl Süßheims. Hier hielt er vormittags seine Probevorlesung „Die Seldschuken und das Byzantinische Reich"[1290]. Zu gern wäre man dabei gewesen, nachdem Süßheim in seiner Habilitationsprüfung zu Robert von Pöhlmanns Verwunderung noch jede Übernahme byzantinischer Staatsstrukturen in die osmanischen bestritten hatte. Ob er sich das Thema nun trotzig selbst wählte oder es ihm sogar aufgedrückt worden war, lässt sich nicht in Erfahrung bringen, denn das Tagebuch schweigt sich darüber aus. Seine Antrittsvorlesung jedenfalls war ein Erfolg, und auch die Familie endlich gnädiger gestimmt: Sogar der Vater des ungeliebten Schwagers versorgte Süßheim nun zuweilen mit Zeitungsausschnitten, von denen er glaubte, dass die Lektüre seine Karriere befördern könnte.[1291] Die Philo-

1287 Ders., [Rezension] Wirth, S. 175.

1288 Ders., [Rezension] Jorga (1913), Sp. 465.

1289 Neben den bereits genannten verfasste Süßheim in seiner frühen Schaffensphase eine Reihe weiterer Rezensionen zu den unterschiedlichsten Veröffentlichungen, auf die in dieser Arbeit zum Teil noch eingegangen wird oder bereits wurde, vgl. Karl Süßheim: [Rezension von] Hugo Grothe: Durch Albanien und Montenegro. Zeitgemässe Betrachtungen zur Völkerkunde, Politik und Wirtschaftswelt der westlichen Balkanhalbinsel. Mit 71 photographischen Original-Aufnahmen, 2 Skizzen und 2 Karten im Text. München, Martin Mörikes Verlag, 1913, in: OLZ 10 (1913), Sp. 470; Ders.: [Rezension von] Ludwig Szamatolski: Aus türkischer Volks- und Kunstdichtung. (= Wissenschaftliche Beilage zum Jahresberichte der Sechsten Städtischen Realschule zu Berlin. Ostern 1913. – 1913, Programm Nr. 169). 1. Köroglu, der verbreiteste [sic!] der anatolischen Volksromane, nach einer Stambuler Lithographie des Jahres 1302 h. zum ersten Male ins Deutsche übertragen. – 2. Ahmed Hikmets Üsümdji, eine Charakteristik des anatolischen Volkes aus „Türk Yurdu" übersetzt. Berlin, Weidmannsche Buchhandlung, 1913, in: OLZ 12 (1913); Ders., Rezension Bérard; Ders.: [Rezension von] Mansoúr Fahmy [Diplôme d'études supérieures de la faculté des lettres. Licencié ès Sciences, docteur de l'univers. de Paris], La condition de la femme dans la tradition et l'évolution de l'islamisme. Paris, Félix Alcan, 1913, in: DLZ 36/37 (11.9.1915), Sp. 1906f.

1290 In den Washingtoner Papieren, Nachlass KS (LOC), finden sich noch etliche Einladungen. Auch im Universitätsarchiv wurde sie aufbewahrt: [Einladung] Probevorlesung Karl Süßheim: Die Seldschuken und das Byzantinische Reich, UAM-E-II-3323-135.

1291 „Ich fand soeben im Fränk[ischen] Kurier von heute Abend eine Notiz, welche vielleicht von Zukunft für Dich ist, weßhalb ich mich beeile, Dir solche anbei zu übersenden." Leopold Kirschbaum an Karl

sophische Fakultät entschloss sich, Karl Süßheim als Privatdozent für die „Geschichte der muhammedanischen Völker und türkische Sprache“ aufzunehmen.[1292] Ministeriell genehmigt wurde die Personalie zwar erst im Spätherbst[1293], doch Süßheim war sich seiner Sache nunmehr sicher: Zwei Tage nach der Probevorlesung stellte er einen offiziellen Urlaubsantrag für das Wintersemester 1911/12 wegen einer „Studienreise nach Konstantinopel im Auftrag der K. Akademie der Wissenschaften“[1294]. Die Archivmission ins Osmanische Reich war tatsächlich bewilligt worden.

Im Dezember 1911 reiste Süßheim also erneut nach Konstantinopel; in der Tasche hatte er einen Antrag auf Archivzugang, den BAdW-Präsident Heigel und Dekan Pöhlmann unterzeichnet hatten. Süßheim war vorsichtig optimistisch, denn es war ihm zu Ohren gekommen, dass der ungarische Orientalist Imre Karácson bereits in den Archiven des Topkapı-Palasts recherchieren durfte.[1295] Wie wir bereits gesehen haben, scheiterte Süßheim dennoch[1296], und er musste unverrichteter Dinge nach München zurückkehren. Doch es gab auch Lichtblicke, denn seine Fähigkeiten schienen sich allmählich herumzusprechen: Ehrgeizige Nachwuchsorientalisten wandten sich jetzt gezielt an Karl Süßheim. So ist ein Brief des motivierten Studenten Franz Babinger erhalten, dessen Form keinen Zweifel daran lässt, dass dieser den dringenden Wunsch hegte, die Gunst Süßheims zu gewinnen. Babinger bedankte sich „für die freundlichen Zeilen, die mich heute erreichten, besonders fuer die darin ausgedrueckte Zusage, mir bei meinen orientalistischen Studien behilflich sein zu wollen“[1297]. Er bedaure, dass er nicht bereits im kommenden Semester „das Vergnuegen haben werde, unter Ihrer

Süßheim, 28.2.1911, Nachlass KS (LOC), Notizbuch 9, Beilage. Der Zeitungsausschnitt berichtete über den Mailänder Fund des arabischen Kodexes „Compendium des Zeid ben Ali“, der auf die Zeit vor 740 datiert wurde. 1919 wurde er erstmals von seinem Finder Eugenio Griffini veröffentlicht. Mittlerweile ist umstritten, ob das Werk tatsächlich von seinem titelgebenden Verfasser stammt. Genaueres dazu findet sich bei Josef van Ess: Theologie und Gesellschaft im 2. und 3. Jahrhundert Hidschra. Eine Geschichte des religiösen Denkens im frühen Islam, Bd. 1, Berlin u. New York 1992, S. 262–265.

1292 Am 5.8.1911 schrieb der Rektor der Universität München „an den Herrn Prorektor und die Herren Senatoren“ unter dem Betreff „Habilitation des Dr. phil. Karl Süssheim aus Nürnberg“ an den Senat. Dieser stellte den Antrag auf Aufnahme Süßheims als Privatdozent am 16.9.1911. [Richard] Hertwig an [Senat der Universität München], UAM-E-II-3323-2649-15f. u. Senat der Universität München an St. 16: [Antrag auf Aufnahme Süßheims als Privatdozent], 16.9.1911, UAM-E-II-3323-2868-19f.; vgl. dazu auch Tagebuch KS, 29.7.1911.

1293 Vgl. ebd., 17.10.1911.

1294 Seinen Antrag stellte er also schon, bevor er formal als Privatdozent in die Universität aufgenommen wurde. Im Antrag des Senats auf seine Aufnahme als Privatdozent vom 16.9.1911 wurde denn auch sogleich der Urlaubsantrag befürwortet und empfohlen, seinem Ersuchen stattzugeben. Bewilligt wurde das Urlaubssemester am 4.10.1911. Karl Süßheim an Universität München: [Urlaubsantrag], 31.7.1911, UAM-E-II-3323-2650-13f.; Senat UM an St. 16 (16.9.1911); vgl. [Universität München]: Registratur-Vormerkung, 4.10.1911, UAM-E-II-3323-21.

1295 Vgl. Tagebuch KS, 2.11.1910.

1296 Zur missglückten Archivmission vgl. Kap. I.2.

1297 Hier und die folgenden Zitate: Franz Babinger an Karl Süßheim, 13.10.1911, Privatnachlass KS.

Leitung zu arbeiten". Babinger habe eine „projektierte Reise nach der europaeischen und asiatischen Tuerkei auf dringendes Anraten eines in Konstantinopel lebenden Vetters [...] aufgeben" müssen: „[I]ch hatte selbst nicht Lust mir in Constantinopel die Cholera zu holen, die mich so wie so vor einigen Wochen in Italien beinahe gepackt haette. Mein schon seit fruehester Jugend gehegter Wunsch, die Wunder des Morgenlandes aus eigener Anschauung heraus zu lernen, ist eben wieder einmal nicht in Erfuellung gegangen; ich hoffe jedoch im naechsten Jahr den Plan zur Ausfuehrung zu bringen und vorher durch Sie etwas tiefer in die Osmanli-Sprache eingeweiht zu werden[.]"

Franz Babinger, der einer der bekanntesten Schüler Süßheims werden und nach dem Zweiten Weltkrieg den ersten ordentlichen Lehrstuhl für Turkologie an der Universität München bekleiden wird, sah sich Klaus Kreiser zufolge später als „Wegbereite[r] und Bahnbreche[r]"[1298]. Er habe zu denjenigen gehört, „die definitiv das Kerngeschäft der deutschen Orientalistik in ihrer heroischen Epoche, Textherstellung auf strenger philologischer Basis, aufgaben", schreibt Kreiser, „um sich den ‚Realien', der Geschichte und Kultur zu widmen"[1299]. Bald wird Süßheim den jungen Babinger in seiner ersten Lehrveranstaltung begrüßen.

Als Privatdozent endlich lehrbeauftragt, leistete Karl Süßheim am 22. April 1912 seinen akademischen Eid. Nun ging alles sehr schnell: „Wird später ankündigen"[1300] war den Studierenden zu seiner Person noch im Vorlesungsverzeichnis vermerkt, doch schon bald gab er seinen ersten Kurs.[1301] Aus Süßheims Tagebuch wissen wir, dass er in seinem ersten Semester die osmanisch-türkische Sprache lehrte: Am Donnerstag, 2. Mai 1912, begann um 14 Uhr in Raum 112 sein Unterricht.[1302] Mindestens 15 Teilnehmer fanden sich ein, darunter auch einer, der an den deutschen Botschaften auf Kuba und in Spanien gearbeitet, bei dem erwähnten Derenbourg in Paris studiert und bereits Arabisch gelernt hatte, wie Süßheim hervorhob. Die Studenten hätten am Ende der Stunde gehörig Lärm gemacht und mit den Füßen gestampft, um ihre Zustimmung und Dankbarkeit auszudrücken, notierte Süßheim gerührt. Auch die obligatorische Vorstellungsrunde im Kollegenkreis an der Philosophischen Fakultät hatte er bereits hinter sich, doch ihm war nur wenig Interesse begegnet[1303] – der Beifall der Studenten war nun umso wichtiger. Doch die Enttäuschung folgte auf dem Fuße: Die Zahl

1298 Kreiser, Turkologie, S. 99.

1299 Ebd.

1300 VVLMU. Sommer-Semester 1912, München 1912, S. 26.

1301 Vgl. Tagebuch KS, 22.4.1912 u. 2.5.1912.

1302 Hier und im Folgenden vgl. ebd., 2.5.1912.

1303 Über die „peinlichen Antrittsvisiten", die „nie ein Ende nahmen", schrieb auch Victor Klemperer, der Anfang 1919 nach München kam, in seinem Tagebuch: „Die Fakultät hatte über 70 Mitglieder, und es galt als Pflicht des Neuhinzukommenden (und nun gar des Anfängers und Privatdozenten), alle zu besuchen, alle nach Möglichkeit am Sonntagvormittag, alle im Gehrock und Zylinder, die verheirateten gemeinsam mit der Frau, die Ledigen und Witwer allein." Victor Klemperer: Man möchte immer lachen und weinen in einem. Revolutionstagebuch 1919, 3. Aufl. Berlin 2015, S. 96f. Karl Süßheim besuchte 23 Kollegen zu Hause, um sich einzuführen, doch die Schilderungen im

der Kursteilnehmer sank rapide, zunächst auf acht, dann auf sechs und schließlich auf drei Personen.[1304] Zum harten Kern gehörte auch Franz Babinger, der Süßheim wie beschrieben kontaktiert hatte und seinen Unterricht nun bis zum Dezember 1913 besuchte. Viele andere dagegen gaben auf.

An geringes Interesse an seiner Lehre musste Süßheim sich wohl oder übel gewöhnen: Im darauffolgenden Semester unterrichtete er „Türkisch für Fortgeschrittene", „Neupersisch für Anfänger" und gab eine „Übersicht über die Literaturgeschichte der Perser und Türken".[1305] Seine drei Studenten aus dem ersten Türkisch-Kurs blieben ihm erhalten und für Persisch erschienen zunächst zehn Teilnehmer, doch auch hier verabschiedeten sich im Laufe des Semesters einige wieder. Der Literaturkurs fand sogar überhaupt kein Echo – die zwei Interessierten ließen ihn bereits in der zweiten Stunde im Stich.[1306] In seinen Sprachkursen las er mit den Schülern den Reiseschriftsteller Evliya Celebi (1611–1682), den berühmten Dichter Ḥāfiẓ und den Geschichtsschreiber Mīrḫānd aus dem 15. Jahrhundert.[1307] Wieder begeisterten sich nur wenige, und im Juli überlegte Süßheim, den Persisch-Kurs einzustellen.[1308] Sein Pessimismus bestätigte sich im darauffolgenden Semester, in dem nur drei Studenten den Farsi-Anfängerkurs belegen wollten, aber noch schlimmer: Kein einziger erschien in seinem Türkisch-Kurs, für den er „Grammatik und leichtere Lektüre" angekündigt hatte.[1309] Frustriert begann Süßheim, privat einen zusätzlichen Arabisch-Kurs anzubieten, den er jedoch abbrach, nachdem einer von nur drei angemeldeten Schülern sich verabschiedet hatte.[1310] Im Sommer 1914 hoffte Süßheim schließlich, mit seiner „Geschichte der orientalischen Frage"[1311] mehr Studenten anzuziehen, was zunächst auch aufging: Zehn Teilnehmer erschienen zur ersten Sitzung, doch wieder dünnte der Kurs merklich aus.[1312] Für seine „[l]eichtere neupersische Lektüre" konnte sich in diesem Halbjahr überhaupt niemand begeistern.[1313]

Diese Erfahrungen standen in starkem Kontrast zu dem Ruf, den er sich inzwischen erarbeitet hatte. Im März 1914 erhielt er öffentlich lauten Beifall: „In der Sektion Augsburg des […] Alpenvereins sprach […] Dr. Karl Süßheim, Privatdozent in München, über die asiatische Türkei. Der Vortragende verbreitete sich in eingehender Darstellung, die ebenso eine

Tagebuch erwecken nicht den Eindruck, dass sich daraus Beziehungen über das professionell-höfliche Verhältnis hinaus ergaben, vgl. Tagebuch KS, 27.4.–11.5.1912.

1304 Vgl. ebd., 7., 9. u. 14.5.1912.

1305 VVLMU. Winter-Halbjahr 1912/1913, München 1912, S. 46.

1306 Im nächsten Semester verzichtete Süßheim darauf, diese Lehrveranstaltung erneut anzubieten, vgl. Tagebuch KS, 5. u. 8.11.1912 u. 7.3.1913.

1307 Vgl. ebd., 29.4. u. 17.6.1913. Ersteres hatte er als „Erklärung türkischer Texte (Evlija Tschelebi)" angekündigt, die Perser liefen bei ihm unter „Neupersisch (leichtere Lektüre)". VVLMU. Sommer-Halbjahr 1913, München 1913, S. 45.

1308 Vgl. Tagebuch KS, 18.7.1913.

1309 Vgl. ebd., 4. u. 7.11. sowie 9.12.1913; VVLMU. Winter-Halbjahr 1913/1914, München 1913, S. 46.

1310 Vgl. Tagebuch KS, 19.11.1913.

1311 VVLMU. Sommer-Halbjahr 1914, München 1914, S. 37.

1312 Vgl. Tagebuch KS, 1. u. 15.5., 9.6., 7. u. 10.7.1914.

1313 Vgl. ebd., 1.5.1914; das Zitat: VVLMU (Sommer 1914), S. 37.

gründliche Kenntnis von Land und Leuten, als ein gewaltiges historisches, volks- und staatswirtschaftliches Wissen ersehen ließ, über dieses gerade in der jüngsten Zeit im Vordergrund des Interesses stehende Gebiet. Die auch von interessanten politischen Streiflichtern durchsetzten Ausführungen fanden lebhaften Beifall."[1314]

Die Meldung über seinen Vortrag in der *München-Augsburger Abendzeitung* (MAA) hat Süßheim aufbewahrt[1315], sie wird ihm ordentlich Rückenwind gegeben haben. Die geringe Resonanz seiner Lehre dagegen kränkte Süßheim nicht nur persönlich, sie stellte ihn auch vor finanzielle Schwierigkeiten: Als Privatdozent war er auf Publikum angewiesen, denn sein Gehalt ergab sich aus Beiträgen für die Teilnehmer pro Sitzung. Süßheim notierte dementsprechend lächerliche Beträge, die er für seine Mühen erhielt und von denen er freilich nicht leben konnte.[1316] Nach wie vor war er also vom Familienvermögen und, seit dem Tod des Vaters, von der großzügigen Unterstützung seiner Mutter abhängig, die seine Lebenshaltungskosten und die Schwabinger Wohnung bezuschusste.[1317] Standhaft gab er trotz der Schwierigkeiten seine Kurse und verfolgte eigene Forschungen. Er rechnete damit, spätestens 1917 eine reguläre Professur zu erhalten.[1318] Wie Karl Süßheim in diesen Jahren auf den ehrgeizigen jungen Franz Babinger blickte, wird noch zu betrachten sein – der ihm „in vz. Hochachtung ergebenst[e]"[1319] Schüler wird ihn nämlich noch intensiv beschäftigen: insbesondere während der Weimarer Republik, aber auch bereits im bald herannahenden Großen Krieg.

„Friedliche Eroberung" | Der Wissenschaftler und der kulturelle Imperialismus

Die Unheil verkündende Fin de Siècle-Stimmung scheint an Karl Süßheims Wissenschaft vorbeigegangen zu sein. Nach wie vor verweigerte Süßheim sich in seiner Arbeit jedem theoretischen Zugang; in seinem Frühwerk als Orientalist suchen wir vergeblich nach einem einzigen Verweis auf die philosophischen oder soziologischen Erklärungsmodelle seiner Zeit. Er, der so lange im Nahen Osten gelebt hatte, ließ es sich aber nicht nehmen, sich auch zu zeitgenössischen Fragen zu äußern, und er zeigte sich durchaus offen, sich mit seiner Expertise für die Belange des Vaterlands einzusetzen.

1314 [Meldung], in: MAA 68 (9.3.1914), S. 9.

1315 Nachlass KS (LOC), Kiste 7.

1316 Es handelte sich um Einnahmen in der Größenordnung von 34,10 M, 45,60 M, 44,80 M oder 15,16 M, vgl. Tagebuch KS, 3.6. u. 30.11.1912, 30.5. u. 4.12.1913.

1317 Im April 1912 hatte Süßheim sich zunächst ein Zimmer im westlichen Schwabing (in der Ansbacherstraße 2) bei einer Familie namens Rinsche genommen, im Juni 1914 zog er in die Hiltenspergerstraße 29 in derselben Gegend um, vgl. ebd., 10.4.1912 u. 30.6.1914.

1318 Vgl. ebd., 25.2.1913.

1319 Franz Babinger an Karl Süßheim, 13.10.1911, Privatnachlass KS.

„Bahn frei für deutsche Kulturarbeit im Orient“[1320], legten die *Lustigen Blätter* zur Jahrhundertwende Georg von Siemens in den Mund – das Kaiserreich, wie erwähnt fernab von territorialen Begehrlichkeiten im Nahen Osten, verfolgte dort einen impliziten – gewissermaßen „moralischen“ Imperialismus.[1321] Diesen suchte man durch auswärtige Kulturpolitik

1320 Vgl. die abgebildete Karikatur aus: Lustige Blätter 15/3 (1900), Titelseite.

1321 Vgl. Mangold, Wissenschaft, S. 275. Eine umfassende Studie zum Thema lieferte Jürgen Kloosterhuis: „Friedliche Imperialisten“. Deutsche Auslandsvereine und auswärtige Kulturpolitik, 1906–1918 (= EH Reihe III: Geschichte und ihre Hilfswissenschaften 588), 2 Bde., Frankfurt a. M. 1994.

umzusetzen: Vereine wurden gegründet; man engagierte sich im Bildungswesen. „Wir Orientalisten sind nur eine kleine Kirche, aber ich möchte sagen, wir sind Pioniere einer großen Zukunft. Alles im heutigen Orient ist bis in die tiefste Wurzel faul und morsch, der Staat und die Kirche, die Schule und die Familie, die Wissenschaft und die Kunst; nur vom Westen, vom christlichen Europa her kann dem Morgenlande wieder frisches Leben zugeführt werden, aus sich selbst wird es nichts mehr entwickeln. Aber dieses neue Leben wird einst die Welt wieder mit Erstaunen erfüllen, und die Mischung orientalischer und occidentaler Bildung welterobernde Ideen zu Tage fördern. Wir bahnen dieser großen Zukunft die Wege und hinter uns wird im Laufe der Jahrhunderte der Strom […] germanischer Bildung breit in die Gott gesegneten Länder sich ergießen. Lebte nicht dieser Gedanke in mir, daß wir Großes hier für die Zukunft vorbereiten, so möchte ich nicht dem Studium des Orients mein Leben widmen."[1322]

Diese Sätze stammen von Hermann Brockhaus, dem Sohn des großen Verlegers – geschrieben wurden sie 1856. „Jetzt, da wir im Orient uns eine Achtung gebietende Stellung zu erobern angefangen haben", wird Karl Süßheim genau ein halbes Jahrhundert später, im Jahr 1906, schreiben, „ist eine Vertiefung unseres Verständnisses türkischer Denkart eine zwingende Notwendigkeit"[1323]. Süßheim sah sich nicht nur als Erklärer des Orients – als sich ihm die Gelegenheit bot, sich am deutschen Kulturimperialismus zu beteiligen, nutzte er sie. Dieser äußerte sich, wie wir bereits hörten, oftmals in auswärtiger Bildungsarbeit. 1913, als Überlegungen, eine deutsche Hochschule im Osmanischen Reich zu gründen, gesammelt wurden, steuerte auch der Münchner Privatdozent Karl Süßheim ein Gutachten bei.[1324] Der bereits erwähnte Orientalist Hugo Grothe hatte hierfür ausgewiesene Experten um eine entsprechende Stellungnahme gebeten.[1325] Das Deutsche Vorderasienkomitee (DVAK), dessen Vorsitzender Grothe war und in dessen Jahrbuch die Gutachten veröffentlicht wurden, hatte sich zum Zweck der „Inangriffnahme und Unterstützung deutscher kultureller Arbeit […] zur Verbreitung deutschen Ansehens und deutscher Sprache […] im islamischen Orient"[1326] gegründet, und zwar mit dem Ziel, „in Deutschland das Verständnis für die große Bedeutung zu verbreiten, die den deutschen Interessen im Orient zukomme", verkündete die *Deutsche*

1322 Zit. nach Mangold, Wissenschaft, S. 113.

1323 Süßheim, Volksliteratur, S. 149.

1324 Karl Süßheim: [Gutachten], in: Hugo Grothe: Gedanken zur Errichtung einer deutschen Hochschule in der Türkei. Eine Sammlung von Gutachten, in: Ders. (Hrsg.): BKO, Bd. 10, Halle 1913, S. 103–172, hier S. 164–170. Ein Fragment des überarbeiteten Manuskripts für das Gutachten findet sich im Nachlass KS (LOC), Box 3.

1325 Von 26 Gutachtern sprachen sich lediglich drei gegen eine solche Gründung aus. Hugo Grothe betonte, dass elf der Experten eine Gründung in einer großen osmanischen Stadt befürworten, „in der Erwägung, daß für Deutschland dort die beste Ausstrahlungsmöglichkeit für seine kulturpolitische Arbeit gegeben ist. Und zwar sind es gerade die besten Kenner des Landes, die sich in diesem Sinne aussprechen." In der Fußnote verwies Grothe in diesem Zusammenhang u.a. auf Süßheim. Grothe, Gedanken, S. 104.

1326 So die Satzung des Komitees zit. nach Kloosterhuis, Imperialisten 2, S. 574.

Zeitung, – aber auch, um „die Deutschen in der Türkei und in Persien in geistig lebendigen Beziehungen zur deutschen Heimat zu erhalten und zu fördern“[1327]. In Adana, Aleppo, Bagdad und Teheran sollten Bibliotheken gegründet werden, um „den Angehörigen fremder Nationen, namentlich den Eingeborenen des Landes, die an deutsche Sprache Anschluß und bei deutschem Wissen Belehrung suchen“, wie das nationalistische Blatt fortfuhr, „die Meisterwerke deutscher Literatur zur Verfügung [zu] stellen“. Der DVAK-Vorsitzende Hugo Grothe war zugleich Geschäftsführer der zu Beginn des 20. Jahrhunderts gegründeten Münchner Orientalischen Gesellschaft (MOG). Auch Karl Süßheim war Mitglied dieser Vereinigung[1328], und auch sie war nur bedingt wissenschaftlicher Natur: In ihr waren Gelehrte und Professoren genauso vertreten wie städtische Honoratioren, Vertreter des Wirtschaftsbürgertums sowie politische Beamte und Militärs. Neben die wissenschaftliche Betätigung sollte hier der aus der „deutschen Expansivkraft“ gewonnene Wille zur „friedlichen Eroberung“ des Orients treten.[1329]

Im Vorwort seiner Gutachtensammlung für die Errichtung einer deutschen Hochschule im Osmanischen Reich schrieb Grothe, die geforderte Hochschule solle im Stande sein, „das Werk deutscher kultureller Arbeit im türkischen Orient zu krönen“[1330]. Manche sahen diese Aufgabe bereits gescheitert: Gutachter Joseph Hell, wie erwähnt einer von Süßheims Widersachern an der Münchner Universität, ließ angesichts der Machtübernahme der Jungtürken verlauten, dass „[d]er gegebene Zeitpunkt für die Errichtung einer deutschen Hochschule in der Türkei“[1331] verpasst worden sei: „Die gebildeten Elemente der Türkei sind inzwischen zu der gewiß wenig begründeten Meinung übergegangen“, schrieb er spitz, „daß sie reif seien, die geistige Bevormundung durch abendländische Nationen zu entbehren und selbständig an ihrer Zivilisation zu arbeiten“[1332]. Derlei Herabsetzungen der Osmanen waren keine Ausnahme, und auffällig bei der Lektüre der Gutachten ist auch, dass die Experten nahezu ausnahmslos politisch argumentierten und zuvorderst die Interessen des Kaiserreichs reflektierten.[1333] Barbara Flemming schreibt, Karl Süßheim habe in seinem Gutachten „nüchtern die türkische Hochschulsituation“[1334] beschrieben, und in der Tat liest sein Bericht sich tech-

1327 Hier und das folgende Zitat nach Mustafa Gencer: Bildungspolitik, Modernisierung und kulturelle Interaktion. Deutsch-türkische Beziehungen (1908–1918) (= KKVO 8), Münster 2002, S. 191.

1328 Vgl. beispielsweise die Aufforderung zur Überweisung des Mitgliederbeitrags für das Vereinsjahr 1918/19, o. D., Nachlass KS (LOC), Box 6.

1329 So MOG-Präsident von Mayr in der Eröffnungsrede, zit. nach Mangold, Wissenschaft, S. 281.

1330 Grothe, Gedanken, S. 103.

1331 Joseph Hell: [Gutachten], in: Grothe, Gedanken, S. 144–147, hier S. 144.

1332 Ebd., S. 145.

1333 Dies gilt sowohl für Befürworter als auch Gegner des Vorhabens: Grimme z. B. hielt den „geistige[n] Horizont der Türkei“ für „noch zu wenig geklärt, um ernsten Forschungen [...] die Aussicht auf ein Durchdringen zur Seele des Volkes zu gewähren“, und plädierte dafür, lieber eine Landwirtschaftsschule in Damaskus zu errichten, „an welcher der syrische Landwirt rationelle Bodenkultur lernen könnte“, damit „die Bevölkerung das Dominieren des Europäertums als eine Wohltat für das Land ansehe“. Hubert Grimme: [Gutachten], in Grothe, Gedanken, S. 127 ff., hier S. 128 f.

1334 Flemming, Süssheim, S. 5.

nischer als andere. Er äußerte sich nicht über das Bedürfnis oder den Nutzen einer deutschen Hochschule im Osmanischen Reich, sondern behandelt dies gewissermaßen als vom Herausgeber vorgegebene und nicht weiter zu kommentierende Prämisse. Das nimmt kaum wunder, wenn man liest, wie er sich noch zwei Jahre zuvor, im Juli 1911, in seinem Tagebuch über besagten Ernst Jäckh echauffierte, der sich im Rahmen des offiziellen Abendessens für eine osmanische Delegation in München äußerst respektlos gezeigt hatte.[1335] Jäckhs damaliger Vorschlag, „das osmanische Bildungssystem mit der Hilfe Deutschlands zu reformieren", beinhaltete Süßheim zufolge nicht nur „die Gründung einer deutschen Universität in Istanbul und einen Anstieg der nunmehr zwölf deutschen Schulen auf osmanischem Boden [...] auf sechshundert wie die französischen": „Alle Grundschulen sollten schließlich den Deutschen übergeben werden"[1336], notierte er irritiert Ernst Jäckhs forsche Ideen. Ungleich zurückhaltender beschäftigte Süßheim sich in seinem Gutachten nun mit möglichen Hindernissen und pochte auf die gebotene Sensibilität gegenüber osmanischen Befindlichkeiten angesichts ausländischer Einflussnahme: „Die weiten Schichten der muselmannischen Analphabeten, die in der türkischen Politik eine so große Rolle spielen", schrieb er, würden „gegen das Eindringen einer neuen fremden Universität vielleicht lauten Protest erheben, aber auch sonstige Kreise würden sich eventuell scharf äußern"[1337]. Süßheim sprach sich für die Errichtung einer technischen Hochschule aus, da „der Techniker nicht mit solcher Regelmäßigkeit wie der türkische Universitätsstudent Ausflüge auf das Gebiet der Politik unternimmt und [...] auch Versuche, die türkische Politik nachhaltig germanisieren oder im Übermaße europäisieren zu wollen, von einem auf einer deutsch-türkischen technischen Hochschule ausgebildeten türkischen Techniker nicht zu befürchten seien."[1338]

„Die Mohammedaner", so Süßheim, sähen „ihre bedeutende Inferiorität auf technischem Gebiete ei[n]" und seien allein „nicht in der Lage, Wandel zu schaffen"[1339]. Es folgten praktische Überlegungen wie beispielsweise die Warnung vor „seismischen Erschütterungen"[1340] in Bursa[1341] und Aleppo, weshalb andere Hochschulorte vorzuziehen seien. Süßheim erwog, was dem Kaiserreich wirtschaftlich am meisten nütze und verwies auf eine mögliche Kooperation mit der Habsburger-Monarchie.[1342] Der Gedanke des Wettbewerbs mit anderen europäischen Mächten aber zieht sich durch die Gutachtensammlung[1343], und auch Karl Süßheim

1335 Vgl. dazu Kap. I.2.

1336 Tagebuch KS, 12.7.1911, Nachlass KS (SBB) Hs. or. 1135/3, fol. 104v–106r.

1337 Süßheim, Gutachten, S. 165.

1338 Ebd., S. 165f.

1339 Ebd., S. 165.

1340 Ebd., S. 168.

1341 Süßheim verwendet in seinem Text den alten Namen „Brussa", vgl. ebd.

1342 Deren „20000 [...] Untertanen oder Schützlinge" hätten Süßheim zufolge „neben den in Konstantinopel lebenden etwa 1500 Reichsdeutschen von jeher so lebhaft zur Hebung des deutschen Ansehens in der türkischen Hauptstadt" beigetragen. Ebd., S. 169.

1343 So etwa bei dem Leipziger Experten Lamprecht: „Darüber, daß das Deutsche Reich in dem, was man Kultur-Expansion nennen kann, gegenüber den übrigen führenden Nationen der Erde in

blieb im Konkurrenzdenken verhaftet: „Die Zuziehung Österreich-Ungarns“, schrieb er, sei „nur dann in Erwägung zu ziehen, wenn Deutschland allein nicht in der Lage ist, die Kosten des wissenschaftlichen Unternehmens zu decken“[1344].

Versuche, kulturell auf das Osmanische Reich einzuwirken, betrieb Süßheim auch journalistisch: In einem Artikel, der 1909 in einer Konstantinopler Zeitung erschien, erläuterte er ausführlich die Funktionsweise eines modernen Bibliothekswesens nach europäischem Vorbild.[1345] Zwar habe Konstantinopel bereits im Nationalmuseum eine umfangreiche Bibliothek, doch die Stadt brauche eine noch größere; in den Nationalbibliotheken in Paris, London und Berlin gebe es Millionen Bücher. Die Bibliothek müsse Spezialliteratur zu Bergbau und Elektronik genauso führen wie die neuesten Titel aus der Wissenschaft; und die Bücher sollten in den Sprachen Türkisch, Französisch, Deutsch und Englisch erhältlich sein. Eine Nationalbibliothek erreiche mehr Menschen als die Universitäten, erklärte Süßheim. Auch wünschte er sich naturgemäß eine Archivabteilung mit Handschriften – von denen es allein in Istanbul 70 000 Exemplare in den Bibliotheken gebe, die aber oftmals schlecht erhalten seien. Süßheim schloss mit der Bemerkung, das Osmanische Reich könne stolz darauf sein, wenn man es schaffe, seinen Umgang mit dem Material zu ändern. Bei seiner Empfehlung griff er auch auf Erfahrungen zurück, die er bei seinen Recherchen in den Bibliotheken Anatoliens im Herbst 1908 gemacht hatte – für das Jahrbuch der MOG hatte er diese wie erwähnt in einem Aufsatz zusammengefasst. Als Förderer nannte Süßheim in diesem Text den damaligen Innen- und stellvertretenden Unterrichtsminister İbrāhīm Ḥaḳḳı – „[d]iese[n] Staatsmanne“, der, so Süßheim, „in der wissenschaftlichen Literatur seines Landes selbst einen bedeutenden Platz errungen hat“: Ihm dankte er für „Empfehlungen und Weisungen“, da sich aufgrund des Fastenmonats Ramadan „die niederen Bibliotheksbeamten, sämtlich Theologen, zum Predigen in die Dörfer, die besser gestellten auf ihre Weinberge zurückgezogen“ hätten, und er so in eine „mißlich[e] Lage“ geraten sei.[1346] Was er damit meinte, beschrieb er ungleich deutlicher in einem Brief an seine Eltern: „3 volle Tage habe ich hier zugebracht[,] allein nur den 1. Tag habe ich wirklich arbeiten können. Seit 2 Tagen suche ich vergebens nach einem Bibliothekar, der als Entgelt für seinen Privatstreit mit seinem Vorgesetzten seine Amtsgeschäfte seit längerer Zeit vernachlässigt u. noch dazu jetzt auf seinem 3 Stunden entlegenen Landgut wohnt. Die Regierung sandte auf mein Verlangen zwar noch gestern am Spätnachmittag einen berittenen Schutzmann nach dem trotzigen Herren aus.

bedenklicher Weise zurückgeblieben ist, kann heute kein Zweifel mehr bestehen. Vor allem ist die Überzeugung, daß eine derartige Expansion zu den unbedingten nationalen Pflichten gehört, bei uns noch nicht entfernt so in das nationale Bewußtsein eingedrungen, wie in Frankreich, England oder Amerika.“ Für Grothe, den Initiator des Projekts, stand wegen des Vergleichs mit Einrichtungen anderer Länder fest, dass „für Konstantinopel nur eine reichdotierte Musteruniversität mit glänzender moderner Einrichtung und in großangelegten […] Baulichkeiten in Betracht komm[e]“. Karl Lamprecht: [Gutachten], in: Grothe, Gedanken, S. 147 ff., hier S. 147 f.; Grothe, Gedanken, S. 130.

1344 Süßheim, Gutachten, S. 169 f.

1345 Hier und im Folgenden vgl. Süßheim, Nationalbibliothek.

1346 Alle Zitate: Süßheim, Bibliotheken, S. 77.

Da ich indes bis dato keinen Bescheid habe, reise ich heute Mittag ab – nach Konstantinopel. Sonst gesund."[1347]

In seinem Aufsatz schließlich zählte Süßheim wichtige arabische, persische und osmanische Handschriften aus acht anatolischen Bibliotheken in Bursa, Konya und Manisa[1348] auf und beschwerte sich an einer Stelle, dass der Bibliothekar einer Medrese – so der von Süßheim verwendete Fachbegriff für eine Schule, in der die islamischen Wissenschaften unterrichtet werden – „trotz vielen Suchens" den Band eines wichtigen osmanischen Geschichtswerks „nicht finden konnte (!)", und noch ein weiteres Werk ihm „nicht zugänglich" gewesen sei.[1349]

Der mangelnde Sinn für Kulturpflege stieß Süßheim immer wieder auf: 1912 kam er in einem Artikel erneut auf den Bibliotheksbestand des Reichs zurück, diesmal mit Blick auf Konstantinopel. „Die türkischen Bibliotheken Konstantinopels sind etwa 80 an der Zahl, und von 40 derselben wurden während der Regierung Abdul Hamids II. [...] Kataloge gedruckt", schrieb er und stellte mit einem Seitenhieb auf den ihm inzwischen so verhassten Sultan fest: „allerdings nicht mit der Sorgfalt und Zuverlässigkeit, die der Europäer beansprucht"[1350].

Inwiefern Süßheims Kritik am Osmanischen Reich nicht nur kulturimperialistisch war, sondern auch essenzialistische und rassistische Elemente in sich trug, ist damit noch nicht beantwortet. Während es bereits einige Einzelfalluntersuchungen zum publizistischen Werk deutscher Orientalisten gibt, die sich der Verortung des jeweiligen Gelehrten in der Orientalismus-Debatte[1351] widmen und naturgemäß zu sehr unterschiedlichen Ergebnissen kommen, harren Karl Süßheims Veröffentlichungen nach wie vor einer solchen Untersuchung. Auch jüdische Orientalisten bildeten an dieser Stelle nicht automatisch eine Ausnahme[1352]; insbesondere für sie aber, argumentiert der Kulturhistoriker John M. Efron, habe der Orientalismus eine andere Funktion erfüllt, als Edward Said es den Wissenschaftlern generalisierend unterstellte. Eine Suche nach den Wurzeln, nach Authentizität und orientalischen Vorbildern spielte Efron zufolge bei den jüdischen Vertretern der Zunft eine entscheidende Rolle; Orientalismus sei hier vielmehr Ausdruck einer tiefsitzenden kulturellen Unsicherheit als ein Zeichen der Selbstüberschätzung.[1353] Diese These

1347 Karl Süßheim an Sigmund und Clara Süßheim, [Manisa] 14.12.1908, Privatnachlass KS.

1348 Süßheim verwendete den antiken Namen der Stadt: „Magnesia am Sipolys".

1349 Alle Zitate: Süßheim, Bibliotheken, S. 81.

1350 Süßheim, Bibliotheksschätze.

1351 Vgl. die Hinführung.

1352 Edward Said selbst erwähnte namentlich Elie Kedourie, vgl. Said, Orientalism (1979), S. 373, andere Beispiele explizit für jüdische Wissenschaftler liefert John M. Efron: Orientalism and the Jewish Historical Gaze, in: Ivan Davidson Kalmar u. Derek J. Penslar (Hrsg.): Orientalism and the Jews, Hanover u. London 2005, S. 80–93. Er führt Abraham Geiger, Heinrich Graetz und Ignaz Goldziher in seinem Aufsatz an. Zum Thema vgl. auch den Sammelband mit diversen Aufsätzen zu verschiedenen jüdischen Orientalisten von Kramer, Discovery.

1353 Im Wortlaut: "For many central European scholars, among them Jews, orientalism was more than a system of domination. It could be genuinely celebratory and inspirational, as orientalism sometimes entailed a valorization of the Muslim Other. For Jews, such an exercise was often tantamount to a search for roots, for authenticity, and for oriental role models. Thus, rather than a straightforward

wird zu diskutieren sein, doch zunächst einmal ist es auffällig, dass keine der – zugegebenermaßen ohnehin spärlichen – Publikationen, die sich mit Karl Süßheim beschäftigen, auf sein Werk in diesem Zusammenhang eingeht. Wenn auch die Forschung bisher andere Fragen an sein Leben stellte, ist es doch wichtig, einen genauen Blick auf die Texte zu werfen, die Karl Süßheim veröffentlicht hat. Die Tagebuch-Editoren Barbara Flemming und Jan Schmidt jedenfalls lassen, trotz ihrer ausgewiesenen Fachkenntnis, einen kritischen Zugang zu Süßheims Werk in ihren Arbeiten vermissen. „[W]er seine Arbeiten liest", heißt es etwa in Flemmings Nachruf, „erkennt die unermüdliche Detailforschung und in den zeitgeschichtlichen Beiträgen die unerschöpflich scheinende Faktenkenntnis des ‚teilnehmenden Beobachters'"[1354]. Diese Einschätzung wird weder begründet noch belegt.[1355] Auch Klaus Kreiser schreibt recht pauschal: Der Fall Süßheim biete – trotz hartnäckiger Fehlschlüsse einiger von Edward Saids „Orientalismus" faszinierter Autoren, wie der Turkologe schreibt – einen weiteren Beleg dafür, dass sich ein lebhaftes Interesse an der Geschichte des islamischen Orients durchaus mit solider philologischer Arbeit verbinden lasse.[1356] In der Tat taugt Süßheims wissenschaftliches Lebenswerk, wie wir noch sehen werden, als Beispiel für die Möglichkeit einer fruchtbaren Verbindung verschiedener Zugänge zur Orientalistik. Aber ist damit wirklich alles gesagt? Lässt sich die Said'sche Kritik an wissenschaftlich reproduzierten kolonialistisch-rassistischen Stereotypen mit dem lapidaren Hinweis auf die Koexistenz beeindruckender sprachlich-philologischer Leistung und geschichtlichem Interesse in Süßheims Werk wegwischen? Schützt die „unerschöpflich scheinende Faktenkenntnis" eines Gelehrten denselben vor problematischen Schlüssen zu Kultur und Rasse „der Orientalen"? Ein solcher Befund wäre geradezu ahistorisch. Natürlich sprechen Karl Süßheims Veröffentlichungen eine andere Sprache, oder, mit Golo Manns Werk zur Neueren Geschichte gesprochen: „Nicht bloß die Vielen, die andere für sich denken lassen, auch Menschen ganz selbständigen Charakters sind den Behexungen der Zeit untertan"[1357]. Doch hatte der Orientalismus für Süßheim auch eine bestimmte Funktion, gar eine exklusiv jüdische? Welches Weltbild offenbart sich in Süßheims früher Wissenschaft?

means of asserting colonial, corporeal, and cultural authority, orientalism could be a profound expression of one's own cultural anxiety and insecurity, one that could provoke deep-seated fears of inferiority. Such is a far cry from the overconfidence and feelings of cultural superiority that Said and his followers attribute to all orientalists." Efron, Orientalism, S. 80.

1354 Flemming, Süssheim, S. 8.

1355 Dabei ist doch davon auszugehen, dass zumindest einige Texte Süßheims den Wissenschaftlern nicht nur dem Titel nach bekannt waren: Der Tagebuchedition ist eine zwar unvollständige und fehlerhafte, aber doch umfangreiche Publikationsliste des Gelehrten angefügt (Flemming u. Schmidt, Diary, S. 309–314) und an einigen Stellen fassen Barbara Flemming und Jan Schmidt kurz den Inhalt einer Veröffentlichung zusammen.

1356 Vgl. Kreiser, Süßheim, S. 65 f.

1357 Golo Mann: Deutsche Geschichte des 19. und 20. Jahrhunderts, Frankfurt a. M. 1958, S. 515.

„Die im Adamskostüm herumziehenden Jemeniten" | Orientalismus im Süßheim'schen Frühwerk

Die Überschrift dieses Kapitels wird heute kaum mehr befremden: Die Zeit, in der die deutsche Orientalistik als leuchtendes Gegenmodell zu den von Edward Said Ende der 1970er-Jahre heftig kritisierten Kollegen aus England und Frankreich galt, ist längst vorbei. Die deutschen Fachvertreter hatte der Literaturtheoretiker explizit ausgenommen[1358], und auf den ersten Blick ergab das Sinn, hatte das Kaiserreich im Vergleich zu seinen europäischen Nachbarn doch als ohnehin „verspätete Nation"[1359] auch lange das Nachsehen bei der Aufteilung der Welt und daher scheinbar weniger Bedarf an wissenschaftlicher Rechtfertigung des Kolonialismus – schon gar nicht in Nahost, wo man keine Kolonien hatte. In der Orientalismus-Diskussion wurde zudem lange mit der hier bereits beschriebenen explizit philologischen Tradition der deutschen Orientalistik argumentiert, um etwaige Vorwürfe bereits im Ansatz zu entkräften. Ein besonders plakatives Argument dafür, dass dies zu kurz greift, ist die neue Islamwissenschaft mit programmatischen Aufsätzen wie C. H. Beckers „Ist der Islam eine Gefahr für unsere Kolonien?"[1360] Aber auch weniger politisch engagierte Kollegen legten gegenüber ihrem Untersuchungsgegenstand eine Überlegenheitsattitüde an den Tag, die ganz dem Zeitgeist entsprach: Sie postulierten essenzialistische Stereotype, die zur Rechtfertigung des Imperialismus als Weltanschauung taugten.[1361] Die Topoi „Abendland" und „Morgenland" spielten hier eine wesentliche Rolle. In seiner „Geschichte des Wahns im

1358 Said schreibt offen, dass er die deutsch- und russischsprachige Fachliteratur hinsichtlich seiner Fragestellung als nicht wichtig erachte. Der Orientalismus sei insbesondere ein britisches und französisches kulturelles Unternehmen, vgl. dazu Said, Orientalism (1979), S. 17 ff.

1359 Der Begriff geht auf den Soziologen und Philosophen Helmuth Plessner zurück, der damit den Gedanken zum Ausdruck brachte, dass Deutschland – im Gegensatz zu seinen europäischen Konkurrenten Frankreich und England – seine nationalstaatliche Form nicht im Zuge der Aufklärung, sondern erst 1871 und also viel später, im Kontext des materialistischen Wertegefüges nach der Industrialisierung, erhielt. Daraus folgerte Plessner, dass dem Deutschen Kaiserreich der humanistisch-aufklärerische Gedanke im Grunde fern geblieben sei, woraus sich nicht nur ein verspäteter Einstieg ins imperialistische Zeitalter, sondern letztlich auch der fruchtbare Boden Weimars für die Ideologie des Nationalsozialismus erklären lasse. Auf Plessners These wurde in diversen Forschungsdiskussionen immer wieder verwiesen. Vgl. Helmuth Plessner: Die verspätete Nation. Über die politische Verführbarkeit bürgerlichen Geistes, Stuttgart 1959 u. den biografisch-ideengeschichtlichen Zugriff (der schon im Titel darauf verweist) bei Wolfgang Bialas: Politischer Humanismus und „verspätete Nation". Helmuth Plessners Auseinandersetzung mit Deutschland und dem Nationalsozialismus (= SHAI 42), Göttingen 2010.

1360 Becker, Islam.

1361 Für eine sorgfältige prosopografische Studie der deutschen Orientalistik ist hier freilich nicht der rechte Platz, und solche sind auch bereits geschrieben worden, vgl. z. B. den disziplingeschichtlichen, quantitativ angelegten Ansatz bei Wokoeck, Orientalism und einen mehr inhaltlich-qualitativen bei Marchand, Orientalism. Eine Zusammenfassung zum Stand des Diskurses liefert der knappe Aufsatz von Felix Wiedemann: Deutscher Orientalismus. Wissenschaft zwischen Romantik und Imperialismus, in: ZRGG 64/4 (2012), S. 400–406.

Zeitalter der Vernunft" äußerte Michel Foucault einen oftmals zitierten Gedanken über die konstruierte Dichotomie von Ost und West, die typisch für Europa sei: Der Orient sei für das „Abendland" der „Trennungsstrich", schrieb der Soziologe, und also „all das, was es selbst nicht ist"[1362]. Karl Süßheims Vorstellungswelt aber scheint sich dieser Prämisse entzogen zu haben, wie ein Zitat von 1920 zunächst nahelegt: „Wenn man über die Stellung des Orients zu Europa schreibt, muß man eigentlich immer erst ein halbes Dutzend einleitender Abschnitte vorausschicken", schrieb er, „um dem geneigten Leser begreiflich zu machen, daß die Dinge in den Landen der aufgehenden Sonne sich nicht so verhalten, wie sie sich der Europäer gerne vorstellt."[1363] Würde man Süßheim seinen Gedanken an dieser Stelle abschließen lassen (wie andere es in ihren Texten machen[1364]), so könnte man vermuten, dass hier ein geradezu ahistorisch reflektierter Fachvertreter die Feder führte. Doch der daran anschließende Satz legt eine ganz andere Lesart nahe: „Man muß immer wieder hervorheben", heißt es weiter, „daß selbst der gebildete Orientale die Welt unter ganz anderem Gesichtswinkel anzusehen pflegt als wir es tun"[1365]. Karl Süßheim war – wie die meisten seiner Zeitgenossen – vor essenzialistischen Anschauungen nicht gefeit: Die Gegenüberstellung eines „wir" und „sie", „des Europäers" und „des Orientalen", des „Westens" und des „Ostens" zieht sich, wie bei den meisten Orientalisten seiner Zeit, wie ein roter Faden durch sein Werk.[1366]

In Süßheims frühen Veröffentlichungen fallen zunächst einmal Textelemente auf, die wie eine Kreuzung aus Karl Mays Abenteuern und den Geschichten aus Tausendundeiner Nacht anmuten.[1367] Romantisierende Beschreibungen sagen freilich noch nichts über eine bestimmte Wertung des dargestellten Kulturraums, doch Süßheim wurde auch in dieser Hinsicht explizit. Nach einem kurzen Porträt des Jungtürken Meḥmed Murād bei-

1362 Foucault, Wahnsinn, S. 10, für das komplette Zitat vgl. die Schlussbetrachtung.

1363 Süßheim, Beziehungen (1919/1920), S. 3.

1364 Wie beispielsweise in ihrer Kurzbiografie Susanne Rieger: Prof. Dr. Karl Süßheim: Historiker und Orientalist. Nürnberg 21.1.1878 – München – Istanbul 17.1.1947, 9.7.2016, online: http://www.rijo.homepage.t-online.de/pdf/DE_MU_JU_suessheim.pdf.

1365 Süßheim, Beziehungen (1919/1920), S. 3.

1366 Zur Entwicklung des Begriffspaars im Werk deutscher Orientalisten vgl. den Aufsatz von Douglas T. McGetchin: "Orient" and "Occident", "East" and "West" in the Discourse of German Orientalists, 1790–1930, in: Riccardo Bavaj u. Martina Steber: Germany and "the West". The History of a Modern Concept, New York u. Oxford 2015, S. 111–123. McGetchin stellt dar, wie sich der Diskurs vom Orient als imaginierter Ort europäischer Heimat über eine eurozentrische Marginalisierung der orientalischen Kultur hin zu einer neuen Offenheit nach dem Ersten Weltkrieg entwickelte.

1367 So heißt es in einem Aufsatz über Albanien: „Das Gewand der muḥammedanischen Städterin ist trotz seiner Einfachheit eines der romantischsten, welches der Orient kennt. Eine in kräftigen Farben gehaltene weite Hose und die Dolma (aus dem türk. *Dōlāma*), ein scharlachrotes Tuch mit goldenen und schwarzseidenen, gestickten Rändern und Borten, das nach Art einer Kapuze über den Kopf gelegt wird. Obwohl in der Höhe der Schultern Ausschnitte für die Arme vorhanden sind, zieht es die schlanke Albanesin vor[,] nach der Sitte des Orients Körper und Arme in den Umwurf einzuhüllen und schwebt so mit verführerischer Grazie über die Strassen hin." Süßheim, Arnauten, S. 470.

spielsweise schrieb er in seinem Tagebuch: „Solch Schamlosigkeit ist nur bei Orientalen möglich"[1368]. Auch erinnern wir uns an seine Beschreibung des Muslimbruders 'Abdulmajīd in London: „Im Vergleich zu einem Europäer ist er eine seelenlose Kreatur."[1369] In seinen Veröffentlichungen hielt Süßheim mit abwertenden Aussagen über die „orientalische" Mentalität ebenfalls nicht hinter den Berg: Er ließ sich öffentlich über die „echt orientalisch[e] Selbstgefälligkeit"[1370] aus und beklagte Rückständigkeit, wo bis vor kurzem die Osmanen herrschten: „Es gibt wohl nur wenige Gebiete in Europa, deren Bevölkerung auf ähnlich niedriger Kulturstufe steht wie Albanien."[1371] An anderer Stelle heißt es: „Die Türken haben sich meistens nur langsam und widerwillig der Kultur ihrer höher stehenden Nachbarn und Feinde angepaßt"[1372]. Die Gleichsetzung Europas mit Fortschrittlichkeit, wohingegen der Orient sich dieser rückwärtsgewandt und stur entziehe, ist ein typisches Muster des von Postkolonialisten kritisierten Habitus; die Möglichkeit einer Andersartigkeit, ohne dabei schlechter zu sein, wird dem Gegenüber damit genommen. Der Historiker Robert B. Marks beschreibt diesen Gestus, der sich bei Süßheim an vielen Stellen wiederfindet: „Europa handelt, während der Rest der Welt gehorcht. Europa hat gestaltende Kraft, der Rest der Welt ist passiv. Europa macht Geschichte, der Rest der Welt besitzt keine, bis er mit Europa in Kontakt tritt. Europa ist das Zentrum, der Rest der Welt seine Peripherie. Nur Europäer sind in der Lage, Wandlungen oder Modernisierung einzuleiten, der Rest der Welt ist es nicht."[1373]

Über die Reformbemühungen Sultan Maḥmuds II., der im Osmanischen Reich – diesem Süßheim zufolge „mittelalterliche[n] Staatswesen, welches auf Grund eines religiösen Rechtes aus dem achten Jahrhundert regiert wurde"[1374] – von 1808 bis 1839 herrschte, schrieb er, dass solche Bestrebungen bis zum Jahr 1826 „vielleicht noch möglich" gewesen seien[1375], und zwar „mit Hilfe eines aufgeklärten Absolutismus, der, sich im wesentlichen auf die Mohammedaner und die mohammedanische Religion stützend, den in Dummheit und

1368 Tagebuch KS, 31.10.1908, Nachlass KS (SBB) Hs. or. 1135/3, fol. 17v ff.

1369 Ebd., 21.8.1909, Nachlass KS (SBB) Hs. or. 1135/3, fol. 35v f.

1370 Süßheim, Konstantinopel.

1371 Ders., Arnauten, S. 469.

1372 Und weiter: „Unglücklicherweise lehnten die Türken Kulturerrungenschaften, welche aus Europa kamen, meist von vornherein von dem doch nur teilweise richtigen Gesichtspunkte aus ab, daß dieselben nach und nach eine vollständige Zerrüttung der mohammedanischen Gesellschaft herbeiführen würden. [...] Diese ka[m] lediglich aus Bigotterie um die Vorteile, welche höhere Bildung einer Nation gewährt, und um die Möglichkeit, sich über die politischen, wirtschaftlichen und geistigen Fortschritte ihrer europäischen Feinde zu unterrichten." Ders., Zusammenbruch, S. 69 u. 74.

1373 Marks, Ursprünge, S. 20 f.

1374 Süßheim, Zusammenbruch, S. 76.

1375 Im Juni dieses Jahres nutzte der Sultan einen Putschversuch der *Janitscharen* (eine ehemalige Eliteformation, die sich zunehmend zu einer selbstständigen Macht im Reich entwickelt hatte), um Reformgegner auszuschalten. Diese hatten gegen eine Armeereform revoltiert, die den Zerfall des Vielvölkerstaates aufhalten sollte. In wenigen Stunden wurde der Putschversuch blutig niedergeschlagen; alle Verantwortlichen wurden später hingerichtet und es folgte eine landesweite „Säuberungs"-Aktion.

Stumpfheit versunkenen mohammedanischen Teil der Bevölkerung pädagogisch hob und zur Teilnahme am materiellen Leben der Nation erzog."[1376]

Damit sprach Süßheim der Bevölkerung die Möglichkeit einer Modernisierung aus eigenem Willen heraus ab; dazu imstande wäre lediglich ein absolutistischer Akt.[1377] Überdies: „[E]ine ganz modern europäische Erziehung der Mohammedaner" sei „wegen religiöser Empfindlichkeiten"[1378] stets unmöglich gewesen.[1379] Bildung ist ein wesentliches Motiv in Karl Süßheims Argumentation[1380], und die Europäer waren den Orientalen seines Erachtens in diesem Punkt meilenweit voraus. Dies zeigt sich beispielsweise an seiner Beschreibung des Publikums der *Meddahs* genannten Berufserzähler in Konstantinopel, die er selbst in Aktion erlebt hatte[1381]: Dieses, schrieb er nämlich, gehöre „den unteren und mittleren Klassen" an und habe nur begrenztes „Fassungsvermögen", weshalb die Erzähler der Komplexitätsreduzierung zuliebe stets kurzweilige, voneinander unabhängige Szenen zeigen mussten.[1382] Es sei zudem selbstverständlich, „dass in der Türkei, wo das Erziehungswesen noch in den Kinderschuhen steckt, nicht jeder Redekünstler auf der Höhe seiner Aufgabe steht".

Für Karl Süßheim stand außer Frage, dass einzig die Übernahme europäischer Errungenschaften dem Osmanischen Reich bei einer wünschenswerten Modernisierung helfen könne. Er schrieb über die „greisenhafte osmanische Kultur" und sah die „Hauptursache der Schwierigkeiten der türkischen Politik in der zweiten Hälfte des 19. Jahrhunderts" darin begründet, „daß die Türken seit 1856 immer weniger ein Verhältnis zu der Kultur der euro-

1376 Süßheim, Zusammenbruch, S. 76.

1377 Hier erkennt Süßheim im Übrigen ganz allgemein ein Wesensmerkmal der Osmanen: „Die Türken, die stets auf dem Kriegspfad gegen alle ihre Nachbarn waren, bedurften strenger Disziplin und mit der Vollgewalt von Diktatoren ausgestatteter Führer. Sie erscheinen daher von jeher als monarchisch und autokratisch regierte Nation, bei welcher der Befehl des Herrschers unbedingten Gehorsam heischte und selbst kleinere Vergehen ohne viel Aufhebens mit dem Tode bestraft wurden." Ebd., S. 69 f.

1378 Ebd., S. 76.

1379 „Ein Europäer würde meinen, die türkischen Staatsmänner, einmal zur Reform entschlossen, hätten nur europäische Fachmänner zu berufen brauchen, um innerhalb weniger Jahrzehnte eine neue Generation tüchtiger Kräfte heranwachsen und den verkümmerten Stamm des Staates zu neuem Leben erblühen sehen. Aber was hätten die Türken mit den Europäern anfangen können? Die Weltanschauung von Türken und Europäern war damals so verschieden, daß die Einrichtung einer Elementar-, Mittel- oder Hochschule von einigermaßen europäischem Anstrich Erhebungen der Mohammedaner in Konstantinopel und den Provinzen zur Folge gehabt hätte." Ebd., S. 78.

1380 So ist etwa auch seine Begründung für die „niedrige Kulturstufe" Albaniens die Rarität schulischer Bildung: „Öffentliche Schulen sind auf die Städte beschränkt; Lesen und Schreiben gilt überall als unschätzbare Kunst." Süßheim, Arnauten, S. 469.

1381 In einer Vorstellung, die er sah, ging es um die Liebesgeschichte eines nicht allzu hellen Backwarenverkäufers, vgl. Tagebuch KS, 5.11.1903.

1382 „Bei meinem mehrjährigen Aufenthalt in der Türkei begegnete ich nur einmal einem Meddah, der es wagte, einen ganzen Abend mit einem Stück auszufüllen. Aber da kam er schön an. Der unglückliche Neuerer, der, fein europäisch gekleidet, mit überlegener Würde für einen mehr vergeistigten Stil warb, sah seine Freunde wie Schnee zusammenschmelzen und mußte nach einigen Tagen seine Tätigkeit einstellen." Hier und das folgende Zitat: Süßheim, Volksliteratur, S. 148.

päischen Völker finden konnten und sich deren Annahme auf jede Weise entzogen".[1383] Dass Süßheim Europa und das Osmanische Reich als getrennte kulturelle Räume betrachtete, wird besonders offensichtlich, wenn er zum Beispiel die Wahrnehmung „in den Augen des Asiaten"[1384] beschreibt und die Türken damit meint. Es wäre durchaus im Bereich des Möglichen gewesen, das Osmanische Reich im kulturell-politischen Sinne als Teil Europas zu betrachten, doch durch diese klare Bestimmung bei Süßheim wird sehr deutlich, wo für ihn die Grenze verlief.[1385] Damit folgte er einer dezidiert deutschen Perspektive: Während in Medien des Kaiserreichs vom „kranken Mann am Bosporus" die Rede war, lauteten die in Großbritannien und Frankreich geläufigen Pendants „the Sick Man of Europe" und „l'Homme Malade de l'Europe"[1386] – eine Vorstellung, die Süßheim so nicht teilte. In einem Zeitungsartikel schrieb er einmal über „die so nahen und uns doch immer noch so fremd gegenüberstehenden Osmanen"[1387]. Diese Fremdheit veranschaulichte Süßheim etwa an den Albanern, die geografisch betrachtet selbst Europäer waren, ihm zufolge aber in einem Zustand lebten, „den die seltenen europäischen Besucher als qualvollstes Elend, sie selbst aber als beneidenswertes Los des freien Menschen empfinden"[1388]. Den „Zusammenbruch" des Osmanischen Reichs, der für einen Aufsatz Süßheims titelgebend war, sah er schließlich darin begründet, dass die Türkei „über fünfhundert Jahre lang als Vorstreiterin der kulturellen Ideale des Orients gegen die überlegene Zivilisation des Westens und die Ränke der großen europäischen Mächte Krieg geführt" hat: „Daß sie in dem Ringen erlag", schrieb er weiter, „war fast eine Notwendigkeit. Man muß sich nur wundern, daß sie den Kampf durch so viele Jahrhunderte aushielt"[1389]. Eines sollte bei der Betrachtung solcher Aussagen nicht vergessen werden: Im Gegensatz zu vielen anderen zeitgenössischen Autoren bedauerte Süßheim die in seinen Augen „verpasste Chance" des Osmanischen Reichs, da er diesem doch grundsätzlich mit Sympathie gegenüberstand und der Region das – seiner Ansicht nach – Beste wünschte. Dies wird unter anderem deutlich, wenn Süßheim den ehemaligen französischen Außenminister Gabriel Hanotaux[1390], der ein Buch über die Balkankriege verfasst hatte, für dessen „unverhohlen[e] Freude über die Niederlage der Türken und das Anwachsen der Macht des Slaventums"[1391] kritisiert. Auch zeigte Süßheim sich, wie wir bereits gesehen haben, insbesondere in seinem Tagebuch empfindlich, wenn er allzu offensichtlichen Überheblichkeiten seiner Landsleute gegenüber den Osmanen gewahr wurde.[1392]

1383 Ders., Zusammenbruch, S. 83.
1384 Ebd., S. 85.
1385 Vgl. dazu auch Kap. I.2.
1386 Vgl. dazu auch Hanioğlu, Atatürk (2015), S. 202.
1387 Süßheim, Volksliteratur, S. 147.
1388 Ders., Arnauten, S. 468.
1389 Ders., Zusammenbruch, S. 107.
1390 Der gelernte Historiker Gabriel Hanotaux (1853–1944) bekleidete das Amt des Außenministers zweimal (1893–1895 sowie 1896–1898); in letztgenanntem Jahr führte er zudem das Kolonialministerium.
1391 Süßheim, [Rezension] Hanotaux, S. 726.
1392 Vgl. Kap. I.1.

Karl Süßheims positive Aussagen über in seinen Augen besonders progressive Osmanen entsprechen seiner Überzeugung, dass einzig eine Verwestlichung das Reich voranbringen würde. Für ihn aber waren Männer wie sein Freund ʿAbdullāh Cevdet und andere aus den Reihen der westeuropäisch orientierten Jungtürken oder auch besonders bedeutende Intellektuelle aus der Vergangenheit des Nahen Ostens immer nur die Ausnahme von der Regel. Seine Faszination für diese Figuren speiste sich aus dem Gedanken, dass deren Genialität sich nicht aus ihrer Kultur heraus, sondern gewissermaßen trotz widriger Rahmenbedingungen entfaltete.[1393] In diesem Gestus verfasste er auch einen Artikel über den Staatsmann Aḥmed Cevdet Paşa, der neben seiner türkischen Muttersprache offenbar auch des Arabischen, Persischen, Französischen und Bulgarischen mächtig war, und, so Süßheim in seinem Text, „den Volksschulen […] einen moderneren Geist ein[hauchte]“[1394]. Cevdet Paşa habe „seine Landsleute vor den Krebsschäden orientalischer Verwaltung“ gewarnt, „jede[m] Schimmer von Fortschritt seine Aufmerksamkeit“ gewidmet und „in glänzenden Apostrophen zur Mitarbeit an der Wiedergeburt der Heimat auf[gefordert]“[1395]. Als „Hauptleistung“ des reisefreudigen Schriftstellers Aḥmed İhsan Tokgöz wiederum bezeichnete Süßheim „die Übersetzung der grossen französischen Romandichter (Jules Verne, Alphonse Daudet, Bourget, Octave Feuillet u.a.)“[1396]. İhsan, so Süßheim, „erschloss damit den kaum noch an westliche Lebensauffassung gewöhnten orientalischen Kreisen die raffiniertesten Schöpfungen der westeuropäischen Litteratur“. Und das Verdienst des Dichters Aḥmedī aus dem 14. Jahrhundert sah Süßheim in der „erstmalige[n] Einführung eines weltlichen Stoffes in die westtürkische Literatur“ – gemeint war das Heldenepos *Iskandername* über Alexander den Großen.[1397]

Dass Karl Süßheim die seiner Meinung nach überlegene europäische Kultur mit einer minderwertigen orientalischen vergleicht, wird noch an zahlreichen anderen Stellen seines Werks deutlich, und dass er hier auch in pauschalisierenden Kategorien dachte, wird schon bei der Beschreibung eines osmanischen Obersts deutlich: „Klein und unscheinbar von Gestalt“ habe dieser „einen eigenartigen Gesichtsausdruck, einen unruhigen Blick“ besessen, wie er, so Süßheim raunend, „auf Orientalen von jeher seine magische Zauberkraft auszuüben pflegt“[1398]. Dieser Biologismus war kein Ausrutscher: Die Darstellung des Osmanischen

1393 Den „großen arabischen Mystike[r] Muhji ed-Din“ al-ʿArabī nannte Süßheim sogar einen „vielseitigen Denke[r] und Schriftstelle[r], der an Tiefe der Problemstellung und Frische und Freiheit der Auffassung wohl sämtlichen europäischen Mystikern überlegen ist […].“ Süßheim, Bibliotheksschätze.

1394 Süßheim, Djewdet Pasha, S. 209.

1395 Ebd., S. 210.

1396 Hier und das folgende Zitat: Süßheim, Iḥsān, S. 210.

1397 Den Schriftsteller und Verfasser eines allgemeinen Geschichtswerks ʿĀlī aus dem 16. Jahrhundert hingegen rügte er: „Wenn auch der europäischen Völker öfters gedacht wird, es fällt dem guten Gläubigen nicht ein, über sie mehr als das Nötigste mitzuteilen.“ Ders., ʿĀlī, S. 296. Das Zitat: Ders., Aḥmedī, S. 217 f.

1398 Ders., Zusammenbruch, S. 99.

Reichs und seiner Untertanen bei Süßheim entspricht dem typisch rassistischen Wissenschaftsduktus seiner Zeit. „Die Türken gehören der mongolischen Rasse an. Sie treten im 3. Jahrhundert vor Christus in die Geschichte ein als ein Hirtenvolk, dessen Heimat Steppe und Wüste und dessen Lebenselement der Krieg um eine bessere Existenz darstellt[1399]. [...] Immer nach Bewegung und nach Aufenthalt in freier Luft sich sehnend, fühlten sie sich vor allem auf dem flachen Lande wohl, und wenn sie Städte eroberten, rissen sie mit Vorliebe zunächst die mächtigen Steinbauten nieder, die ihnen den Atem beengten."[1400]

Süßheim schloss von der „Rasse" auf bestimmte Charaktereigenschaften: Die „Verpönung von Auslandsreisen" etwa sei „eine von den Altvorderen der Osmanen überkommene urtürkische Eigenart, welche wir bei den Türken Zentralasiens schon zu Beginn des Mittelalters antreffen"[1401]. Auch andere Bevölkerungsgruppen im Osmanischen Reich beschrieb Süßheim auf der Grundlage rassischen Denkens; in seinem Artikel über die „Arnauten" (Albaner)[1402] wird dies besonders deutlich: „Der Albanese zeichnet sich im allgemeinen durch hohe Statur, stark gewölbte Brust und schlanken, elastischen Körper aus. Häufig ist er an der flachen Stirn und den kurzen Augenbrauen kenntlich. Sein Blick ist ernst; kaum dass er einen Scherz äussert oder ohne zu widersprechen anhört. Im Marsche lässt er, dank seiner Zähigkeit, alle anderen weit hinter sich; in den Bergen bewegt er sich mit Leichtigkeit auf steinigem Terrain und erklettert Felsen gleich einem Gemsbock. Sein Gang zeigt die Kraft eines Athleten und das Theatralische des Schauspielers; seine Natur hat etwas Wildes, gleich als ob ihm seine Nation zur Züchtigung der widerspenstigen Welt berufen dünkte. Man ersieht leicht, dass der Krieg des Albanesen ureigenstes Element ist [...]. Die Albanesin ist als Gattin treu und fleissig. In der Stadt beschränkt sich ihre Tätigkeit auf die Haushaltung und eifrigen Besuch der Freundinnen, in den Dörfern und Bergen indes verrichtet sie jegliche Feldarbeit und widmet ihre Musse, namentlich im Winter, der Arbeit am Wollspinnrad."[1403]

Süßheims Blick durch die europäische Brille wird insbesondere deutlich, wenn er sich im Reportage-Stil dem Leben der einfachen Albaner widmet, das er mit dem herrlich offen fremdelnden Satz „Es gibt nichts Seltsameres als das albanesische Haus auf dem Lande"[1404] beginnt.

1399 An anderer Stelle schrieb Süßheim: „Das einzige Gebiet, für welches die Türken ein angeborenes Geschick besaßen, war das militärische [...]." Süßheim, Zusammenbruch, S. 79.

1400 Ebd., S. 69.

1401 Ebd., S. 89.

1402 Der Begriff „Arnauten" ist dem türkischen *Arnavutlar* entlehnt und wurde im 18. Jahrhundert von europäischen Autoren übernommen, die ihn meist exklusiv für die muslimischen Albaner verwendeten. Für Süßheim gilt dies nicht; er verwendet einen ethnischen Begriff: „Allgemein wird bezeugt, dass der Albanese der Religion mit Gelassenheit, ja Gleichgültigkeit gegenüberstehe. Ob Muḥammedaner, Katholik oder griechisch-orthodox, ihm ist wie vielfach dem modernen Europäer der Glaube an das Dogma mehr Gewohnheit als tief innerliche Überzeugung." Süßheim, Arnauten, S. 469.

1403 Ebd., S. 468.

1404 Er fährt fort: „Meist auf einer unwegsamen Anhöhe aus Lehm gebaut, dient es zur Verteidigung gegen die nie fehlenden Feinde. Die schmalen Öffnungen der Mauer sind Schiessscharten, die nur nebenbei den Zweck von Fenstern erfüllen und im Winter mit Papier verstopft werden. Von

Er unterschied die „auf ihre völkische Eigenart so stolzen Albanesen" von den „blutrünstigen Kurden", die ebenfalls „von anderer Rasse waren als die Türken"[1405]. Auf der arabischen Halbinsel wiederum, so räumte er ein, gelte es zu unterscheiden, denn hier gebe es innerhalb des Osmanischen Reichs „[d]ie größten Kulturunterschiede": Dem „hochzivilisierten Syrer" nämlich stünden „die im Adamskostüm herumziehenden Jemeniten"[1406] gegenüber. Auch gängige Vorurteile, die innerhalb des Osmanischen Reichs einzelnen Volksgruppen galten und durch die *Meddahs* transportiert wurden, reproduzierte Süßheim, ohne diese einzuordnen oder zu kommentieren. Das anatolische Kastamuni[1407] bleibt auf diese Weise „die Heimat unbeholfener und bornierter Burschen"[1408]. Und weiter: „Mit dem gleichen Talent läßt der Meddah den gutmütigen Karamanen sprechen, den trotzigen Arnauten, der hinter der unschuldigsten Bemerkung einen grausamen Mordplan wittert, den gewandten Armenier, den hausierenden Juden oder den griesgrämigen, alles dirigieren wollenden Pfortenbeamten [...]."

Dass Süßheim hier nicht einmal den „hausierenden Juden" wegließ, ist umso bemerkenswerter, als er doch gegenüber antisemitischen Stereotypen hinreichend sensibilisiert war und seine eigenen Glaubensgenossen in seinen wissenschaftlichen Publikationen traditionell ignorierte.

Die Religion betrachtete Süßheim als Faktor, der die Kultur maßgeblich prägte. Türken und Muslime benutzte er oftmals als synonyme Kategorien und verglich sie mit anderen Gruppen des Vielvölkerstaats. „In erschreckender Gestalt trat hier wieder die Schwerfälligkeit der Mohammedaner hervor, sich geänderten Lebensformen, neuen Bedürfnissen, verbesserten Fabrikationsmethoden anzupassen", schrieb er zum Beispiel über die wirtschaftliche Rückständigkeit des Osmanischen Reichs, – „während Griechen und Armenier auch hier eine Behendigkeit und Geschmeidigkeit ohnegleichen an den Tag legten"[1409]. Eine rigide Auslegung des Islam war für Süßheim allerdings die den Türken naturgemäß entsprechende Form der Religiosität, denn, so ließ er seine Leserschaft wissen, „[d]ie Engherzigkeit, welche die spätere theologische Entwicklung der Mohammedaner charakterisiert, harmoniert vor-

Möbeln gewahrt man drinnen keine Spur, man müsste denn die da und dort ausgebreiteten Matten aus Pappelblättern als solche betrachten. [...] Bei Festen wird in reichlicher Brühe angemachter Braten (*Yā<u>kh</u>nī*) mit Kichererbsen als Beilage aufgetragen, ein Gericht, das selbst der verwöhnteste Geschmack als unübertrefflichen Leckerbissen rühmt. Bei solchen, immer reichlichen Gelagen werden vom Stammesbarden die Heldentaten der nächstverstorbenen Vorfahren besungen und schliesslich von der Versammlung aus voller Kehle der alte nationale Schlachtenmarsch angestimmt, für den wilden Sinn des Einheimischen ebenso erhitzend wie für den Fremden von niederschmetternder Wirkung." Ebd., S. 469f.

1405 Süßheim, Zusammenbruch, S. 88.

1406 Ebd., S. 93.

1407 Heutiger Name ist Kastamonu und bezeichnet sowohl eine Provinz als auch deren Hauptstadt im Norden der Türkei; weitere Synonyme sind Kastambol oder Kastambul.

1408 Hier und das folgende Zitat: Süßheim, Volksliteratur, S. 148.

1409 Es folgte wieder der Vergleich mit Europa: „Und doch, welcher Umschwung vollzog sich damals in der Wirtschaftsverfassung Europas! Die daselbst längst eingeleitete Wandlung von Kleingewerbe zum Fabrikbetrieb ging an der Türkei spurlos vorüber." Süßheim, Zusammenbruch, S. 80.

trefflich mit den Instinkten der für eng begrenzte Satzungen und strenge Orthodoxie schwärmenden Türken. Auch die Kunstfeindlichkeit des Islam[1410] fand bei den für idealisierende, abstrakte Auffassung wenig zugänglichen Türken eine kongeniale Geistesrichtung."[1411]

Auch eine Ausweitung der Frauenrechte im Osmanischen Reich sei unmöglich, und die „Aufrollung der Frauenfrage" durch den Dezentralistenführer Sabah-ed-Din[1412] bezeichnete Süßheim interessanterweise als „[s]achlich und taktisch [...] grobe[n] Fehler"[1413]. Ganz im Gegensatz zum typischen „Islamkritiker" unserer Tage führte Süßheim als Begründung dafür die sexuelle Offenheit des Islam an: „[W]eil der Koran und, nach dem Vorbilde Mohammeds die ganze islamische Doktrin, die möglichst gesteigerte Sexualität derart preist, daß mit Ausnahme sehr weniger Leute alle Mohammedaner, ob hoch oder niedrig, gebildet oder ungebildet, ob Mann oder Frau, in diesem Punkt ganz eigene Anschauungen besitzen, die sich nicht ändern werden, solange die Bekenner des Islams nicht eine gründliche Wandlung durchgemacht haben, und diese kann den Mohammedanern wahrscheinlich nur durch Fremdherrschaft annehmbar gemacht oder aufgedrungen werden. Die islamische Frau im osmanischen Reiche schon jetzt mitten in das Getriebe des Lebens stellen oder von dem Zwange des Schleiers befreien, würde das in gewissem Sinne hoch über der europäischen Sittlichkeit stehende Sittenleben der dortigen mohammedanischen Frauen und Männer vollständig untergraben."[1414]

Es ist bemerkenswert, dass Süßheim das strenge „Sittenleben" der Muslime derart hervorhob.[1415] Die außereheliche sexuelle Zurückhaltung – Süßheim zufolge ein Gegensatz zur eigentlichen muslimischen „Doktrin", erreicht allein durch die weibliche Verschleierung –, galt ihm als moralisches Ideal, und diese (sicher auch religiös gefärbte) Haltung im intim-privaten Bereich zeigte sich hier ganz offen in seinem publizistischen Werk. In diesem einen Punkt also sah Karl Süßheim die osmanische Kultur als der europäischen überlegen an – in jedem Fall aber war sie anders.

Die von Michel Foucault formulierte „abendländische Ratio" mit dem Orient als „Trennungsstrich" hatte Süßheim verinnerlicht. Und doch übte diese andere, orientalische

1410 Hier spielt Süßheim vermutlich auf das sogenannte muslimische Bilderverbot an, eine „Kunstfeindlichkeit" im allgemeinen Sinne lässt sich für die islamisch geprägte Kultur jedenfalls nicht feststellen.

1411 Süßheim, Zusammenbruch, S. 69.

1412 Gemeint ist Prinz Sabāḥaddīn – zu ihm und dem Konflikt zwischen Zentralisten und Dezentralisten innerhalb der jungtürkischen Bewegung vgl. Kap. I.2.

1413 Süßheim, Zusammenbruch, S. 96.

1414 Ebd., S. 96 f.

1415 Umtriebigere Nahostreisende hatten wohl einen gänzlich anderen Eindruck vom Umgang der Muslime mit der Sexualität – erinnert sei an dieser Stelle zum Beispiel nur an Gustave Flauberts dezidierte Berichte aus Ägypten im Jahr 1849. In Kairo angekommen, verbrachte dieser die erste Nacht in einem Bordell mit türkischen Prostituierten und genoss „Kairos unzüchtiges Straßenleben" – „Flaubert fickte sich sozusagen nilaufwärts", schreibt Shereen El Feki in ihrer zu Recht viel rezipierten Monografie. Shereen El Feki: Sex und die Zitadelle. Liebesleben in der sich wandelnden arabischen Welt, Berlin 2013, S. 32.

Welt bereits in frühen Jahren eine Anziehungskraft auf ihn aus wie keine andere Region. Als Wandler zwischen den Welten, gewissermaßen als „verwurzelter Kosmopolit“[1416], sah Süßheim sich nicht etwa als Internationalist oder Vertreter eines propagierten „Weltbürgertums“: Die Herausforderung, sich in verschiedenen Kontexten zurechtzufinden, könne auch lokale Bindungen und partikularistische Einstellungen stärken, wurde jüngst in Überlegungen zur transkulturellen Biografik argumentiert.[1417] Mit seinem eurozentrischen Weltbild jedenfalls und seiner Überzeugung, einer überlegenen Kultur anzugehören, war Karl Süßheim wahrlich keine Ausnahme im Kollegenkreis; und es ist im Gegenteil bemerkenswert, dass er trotzdessen Respekt für das imaginierte Gegenüber einforderte und positive Entwicklungen hervorhob, wo immer er sie wahrzunehmen glaubte. Auch seine selbstbewusst aufklärerische Haltung zeigte Süßheim nicht nur gegenüber den Osmanen (wenn er diese, wie wir gesehen haben, zum Beispiel darin beriet, wie sie ihre Bibliotheken modernisieren könnten) – er stellte in seinen Veröffentlichungen auch irrige Interpretationen der osmanischen Geschichte in Europa richtig[1418]: Die Behauptung etwa, Midḥat Paşa[1419] sei an einem Mordkomplott gegen den 1876 entthronten osmanischen Herrscher ʿAbdülʿazīz beteiligt gewesen, entlarvte Süßheim in einer Rezension als eine von Sultan ʿAbdülḥamīd II. bewusst verbreitete und von deutschen Autoren ungeprüft übernommene Legende, die sich hartnäckig halte, obwohl es dazu bereits anderslautende türkische, englische und französische Literatur gebe.[1420]

In seinen Veröffentlichungen machte Süßheim auch aus seinen politischen Ansichten keinen Hehl: Seine bereits dargestellte Abneigung gegen Sultan ʿAbdülḥamīd II. und seine Sympathie für die Ideale der jungtürkischen Bewegung prägten sein publizistisches Frühwerk.[1421] Bei allem tagespolitischen Engagement waren es allerdings doch die Methoden der Geschichtswissenschaft, die den Quereinsteiger im orientalistischen Fach auszeichneten. Das lässt sich auch daran festmachen, dass Süßheim immer wieder auf die Notwendigkeit des sorgfältigen Quellenstudiums verwies.[1422] Durch seine Sprachkenntnisse war es

1416 Zur Bezeichnung „rooted cosmopolitan“ vgl. die Hinführung.

1417 Vgl. Panter u. a., Mobility, S. 7.

1418 Im Folgenden vgl. Karl Süßheim: [Rezension] Wirth.

1419 Vgl. zu Aḥmed Şefik Midḥat Paşa Kap. I.2.

1420 ʿAbdülʿazīz habe sich, schrieb Süßheim – und dies entspricht durchaus der Vermutung der heutigen Forschung – in Wahrheit das Leben genommen: „Das Verhalten Abdül-Hamids gegenüber Midhát Paschá ist eine der bedeutendsten Episoden im inneren Leben der Türkei unter diesem Herrscher: denn ‚Rache für den ermordeten Midhát‘ hieß der Schlachtruf der Jungtürken im Kampfe gegen das absolutistische System Abdül-Hamid’s, sodaß von der türkischen politischen Polizei in Konstantinopel der persönliche Charakter eines Mannes, ob nun In- oder Ausländers, häufig nach seiner Ansicht beurteilt wurde, die sich derselbe über das Ende Abdül-Asis gebildet hatte.“ Süßheim, Rezension Wirth, S. 175.

1421 Vgl. dazu ausführlich Kap. I.2,

1422 In einer Rezension kritisierte er z. B. den rumänischen Historiker Nicolae Jorga (der später einmal Ministerpräsident seines Landes werden sollte): Dieser habe „kaum zwanzig Prozent des in Betracht kommenden gedruckten Quellenmaterials zu Rate gezogen und von Benutzung ungedruckter

ihm möglich, auch in seiner neuen Disziplin mit Originalquellen zu arbeiten, was ihm das Selbstbewusstsein verschaffte, gängigen Geschichtsdeutungen zu widersprechen: „Als die Türken Konstantinopel eroberten (29. Mai 1453), flüchtete sich die wehrlose Bevölkerung scharenweise in die Kirche, in dem Wahne[,] ein Engel werde, sobald die Gegner bis zur Säule Konstantins des Grossen vorgedrungen seien, am Himmel erscheinen und die Sieger auf Nimmerwiedersehen in ihre asiatische Heimat verscheuchen. Allein die Türken kamen, erbrachen die Türen des Gotteshauses und schleppten das geängstigte Volk, Männer und Weiber, als leichte Beute in die Sklaverei. Indes von einem den heiligen Ort schändenden Blutbad, von welchem so gern erzählt wird, wissen Augenzeugen nichts zu melden."[1423]

Der Forscher Karl Süßheim war bereits in jungen Jahren ein Hybridwesen: Wissenschaftliche Integrität suchte er stets zu wahren, auch wenn es ihm sicher ein Leichtes gewesen wäre, Fakten in die Richtung seiner politischen oder ideellen Haltung zu verdrehen oder sie aus ebensolchen Gründen zu verschweigen. Gleichzeitig gehörten eurozentrische und essenzialistische Überzeugungen zur Grundausstattung seiner Weltanschauung, was sich auch in seinen Veröffentlichungen spiegelte. Welche Funktion aber hatte der Orientalismus in Süßheims Werk?

Der bereits zitierte Aufsatz von John M. Efron argumentiert anhand dreier Fachkollegen (Abraham Geiger, Heinrich Graetz und Ignaz Goldziher[1424]), es seien deren jüdische Empfindungen – namentlich ihr Wunsch nach bürgerlicher Gleichberechtigung, ihre Antipathie gegenüber dem Christentum und ihre Ablehnung des orthodoxen Judentums –, die ihren Orientalismus färbten.[1425] Auch der deutsche Historiker Markus Kirchhoff unterstreicht geteilte Diskriminierungserfahrungen: „Wenn Juden sich selbst als eine kolonisierte Gruppe wahrnahmen, ist es […] naheliegend, dass sie Sympathien für andere Objekte des Kolonialismus, insbesondere den Islam empfanden, zu dem sie eine gewisse Affinität sahen. Der Gegendiskurs äußerte sich hier, neben eigener Selbstbehauptung, in einer bisweilen antiwestlichen Rhetorik jüdischer Orientalisten, die nicht den Diskurs des europäischen Triumphalismus aufnahm."[1426]

Natürlich war auch Karl Süßheim, wie wir gesehen haben, an der jüdischen Gleichberechtigung alles andere als uninteressiert, doch äußerte sich seine Sensibilisierung als

Autoren oder gar von Erschließung neuer Archivalien überhaupt abgesehen." Der besprochene Band sei „daher für den Historiker nur mit großer Vorsicht zu gebrauchen". Süßheim, Rezension Jorga 1916, S. 584.

1423 Ders., Āyā Ṣōfia, S. 546 f.

1424 Zwar schließt Efron seine Überlegungen als Aussage über jüdische Orientalisten im 19. Jahrhundert ab – doch zwischen Süßheims und Goldzihers Geburt (1850–1921) liegen nicht einmal drei Jahrzehnte. Süßheims Frühwerk wurde also zur selben Zeit geschaffen wie das Spätwerk Goldzihers.

1425 Vgl. Efron, Orientalism, S. 81.

1426 Markus Kirchhoff: Erweiterter Orientalismus. Zu euro-christlichen Identifikationen und jüdischer Gegengeschichte im 19. Jahrhundert, in: Raphael Gross u. Yfaat Weiss (Hrsg.): Jüdische Geschichte als Allgemeine Geschichte. Festschrift für Dan Diner zum 60. Geburtstag, Göttingen 2006, S. 99–119, hier S. 111.

Mitglied einer diskriminierten (aber sicher nicht kolonisierten) Gruppe mehr in seinem Eintreten für die Minderheiten im Osmanischen Reich, und zwar insbesondere für die dort unterdrückten christlichen Gruppierungen – das Judentum wird, wie wir gesehen haben, nicht einmal erwähnt.[1427] Auch war Süßheim sicher kein besonderer Freund des Christentums, aber doch auch kein prinzipieller Gegner wie angeblich Abraham Geiger, der Efron zufolge allein vor diesem Hintergrund ein extremes Ausmaß an Respekt gegenüber dem Propheten Muḥammad und dem Islam an den Tag gelegt haben soll.[1428] Auch wenn Süßheim die muslimische Religion per se durchaus respektierte und seine Kritik sich nicht gegen religiöse Inhalte richtete, sondern sich vor allem auf die religiöse Praxis im Osmanischen Reich bezog, lag dies nicht in einem besonderen Hass auf das Christentum begründet, sondern vielmehr in der Achtung des Glaubenden gegenüber Glaubenden, wenn auch solchen einer anderen Religion, und die theologische Nähe zwischen Judentum und Islam mochte hier durchaus eine Rolle spielen. Auch die von Efron betonte grundsätzliche Ablehnung des orthodoxen Judentums wie etwa bei Ignaz Goldziher[1429] lässt sich für Karl Süßheim nicht feststellen. Seiner konfessionellen Gesinnung nach war er zwar durch und durch liberal, wenn auch in mancherlei Hinsicht konservativ, er gehörte aber, wie wir wissen, dem Lager der dezidiert um interkonfessionellen Dialog bemühten Juden an.

Obwohl sie sich eindeutig als Europäer sahen und stolz darauf waren, behauptet Efron über die jüdischen Orientalisten, sei ihr Orientalismus kein Projekt gewesen, das auf den Grundlagen eines europäischen, kolonialistischen Triumphalismus aufbaute.[1430] In Karl Süßheim hätte der amerikanische Historiker den Gegenbeweis zu einem von ihm pauschal unterstellten „spezifischen deutsch-jüdischen Orientalismus"[1431] gefunden. Im Gegensatz zu Geiger, Graetz und Goldziher nämlich – akzeptiert man denn die an sie adressierten Zuschreibungen – entstand der Orientalismus bei Süßheim gerade aus seinem Selbstverständnis als aufgeklärter und überlegener Europäer heraus, weshalb er sich auch am Projekt des kulturellen Imperialismus beteiligte. Bei aller Fachkenntnis und Detailtreue war er geprägt von kolonialistisch-rassistischen Stereotypen und reihte sich in die Riege seiner nicht-jüdischen Fachkollegen ein – Karl Süßheims Jüdisch-Sein spielte in seinem Orientalismus, von dem sein Frühwerk durchdrungen war, tatsächlich keine Rolle. Mit seiner Publi-

1427 Vgl. Kap. I.1.
1428 Vgl. dazu Efron, Orientalism, S. 81f.
1429 Vgl. ebd., S. 88.
1430 Vgl. ebd., S. 81.
1431 Efron schreibt explizit vom "specific German Jewish Orientalism", ebd., S. 82. Der Vorwurf an Edward Said und seine Schüler, den Efron in seinem Aufsatz formuliert – nämlich eine "monolithic classification and definition of orientalism", welche sowohl in der Frage nach ihren Beweggründen als auch ihren Endprodukten "highly problematic" sei – ist ihm letztlich selbst zu machen. Efron liegt falsch, wenn er seine Beispiele unter dem Hinweis auf eine "galaxy of names that can be added" zur Allgemeingültigkeit erklärt und behauptet, dass jüdische Orientalisten "under an entirely different set of assumptions" funktionierten als ihre "Christian counterparts". Hier und das folgende Zitat: ebd., S. 93.

zistik über Geschichte, Politik und Kultur des Osmanischen Reichs verfolgte er, dies zeigen Süßheims Veröffentlichungen überdeutlich, genau das, was Efron den deutsch-jüdischen Orientalisten abspricht: eine „mission civilisatrice".

* * *

Karl Süßheim war davon überzeugt, dass er an den Orient genauso herantreten konnte wie seine nicht-jüdischen Kollegen. Die Religion des „deutschen Staatsbürgers jüdischen Glaubens" trat hinter seiner professionellen Rolle vollkommen zurück – so weit, dass er das osmanische Judentum in seinen Veröffentlichungen unterschlug, vermutlich um als Experte wie jeder andere deutsche Orientalist und nicht als Vertreter von Minderheitsinteressen wahrgenommen zu werden. Dies ging mit dem Berufsverständnis des aufgeklärten europäischen Wissenschaftlers, wie Süßheim es pflegte, nahtlos einher. Innerhalb seines Fachs oszillierte er, genau wie sein Vorbild Georg Jacob, zwischen den unterschiedlichen Schulen und methodischen Zugängen und verwehrte sich einer entschiedenen Positionierung. Süßheim arbeitete philologisch wie historiografisch, und er beschäftigte sich nicht nur mit der Vergangenheit, sondern auch mit der Gegenwart des Nahen Ostens. Seine Weigerung, sich hier zu entscheiden, sorgte dafür, dass seine Texte sich auch heute noch schwer zuordnen lassen und sich daher oftmals auch interessanter lesen als andere Darstellungen von Kollegen seiner Zeit. Auch von allzu trockener Ereignisgeschichte, wie er sie noch als Doktorand der Geschichtswissenschaft betrieben hatte, verabschiedete er sich später. Wenngleich Süßheim nach wie vor jeder Theorie den Rücken kehrte, verband er in seinen Arbeiten geschickt profunde und anstrengende Quellenarbeit mit historischem und zeitgenössischem Wissen. Wie wenige andere hatte er sich ein internationales Netzwerk aufgebaut, und er blieb stets im Dialog mit Gelehrten und Intellektuellen des Nahen Ostens. Auch zeigte er sich offen, seine politischen und moralischen Deutungen und Wertungen, die er in seiner wissenschaftlichen Arbeit nicht verbarg, zu überdenken und zu überschreiben. Süßheims wissenschaftliches Hybridwesen hielt, wie wir gesehen haben, aber auch erhebliche Nachteile für ihn bereit: Nirgends wirklich zuzuordnen, tat er, der sich ohnehin in einem antisemitisch geprägten akademischen Umfeld behaupten musste, sich auch schwer damit, seinen Fuß in die Tür einer der Einrichtungen zu bekommen, an denen er arbeiten wollte: Weder am Seminar für Orientalische Sprachen (SOS), wo die moderne Islamwissenschaft ihre Anfänge nahm, noch an der Universität Berlin hatte er eine Chance. Nur mit vereinten Kräften schafften es seine beiden treuesten Förderer, der Historiker Karl Theodor von Heigel und Georg Jacob, sein Mentor in der Orientalistik, ihn an der Münchner Universität zu platzieren.

„Es ist die Lebensgeschichte eines genialen Autodidakten, der durch seine bedingungslose Liebe zum Orient zu einem Außenseiter wurde"[1432], lautet die pathetische Schlussfolgerung in einer Rezension zur Edition der Tagebücher Süßheims. Dass seine Sympathie für den

1432 Friedrich Niewöhner: Von München nach Stanbul, in: FAZ 217 (18.9.2002), S. N3.

Orient keinesfalls bedingungslos war, hat er uns in seinen Publikationen selbst vor Augen geführt. Doch die Außenseiter-Analyse trifft, und dieser Status beschränkt sich nicht auf seine Rolle in der Wissenschaft, sondern galt, wie in der ersten Hälfte dieser Biografie gezeigt wurde, in Süßheims jungen Jahren in mehrfacher Hinsicht: Einen eigenen Platz im Glauben und im politischen Bekenntnis hatte er sich ebenfalls erst hart erkämpfen müssen, und die zwanghafte Sehnsucht seiner Umwelt nach Eindeutigkeit, das „Kästchen-Denken", wie Thomas Bauer diese Erscheinung der Moderne bezeichnet[1433], ließ ihn dabei wieder und wieder an Grenzen stoßen. Der eigenwillige junge Mann wollte auch in keine Schublade des innerjüdischen Spektrums so recht passen. Dasselbe galt für seine politischen Ansichten – wir werden sehen, dass keine Partei je imstande sein wird, ihm eine Heimat zu bieten.

Und doch haben wir es, dies darf nicht vergessen werden, mit einer überaus privilegierten Persönlichkeit zu tun, denn dem jungen Karl Süßheim war es allen Widerständen zum Trotz vergönnt, seiner Leidenschaft nachzugehen. Sozialisiert in seiner Nürnberger Familie, die sich allmählich vom Besitz- zum Bildungsbürgertum entwickelte, bewegte er sich auch transnational in einem intellektuellen und wohlhabenden Milieu, das es ihm nicht nur erlaubte, seinen geistigen Horizont zu erweitern, wie er es sich seit seinem Studium gewünscht hatte, sondern ihn auch interkulturelle Erfahrungen machen ließ, die er den allermeisten seiner Zeitgenossen voraushatte: Er hatte in einem Teil der Welt gelebt, den seine Landsleute lediglich aus Karl Mays Fantasiewelten kannten. Nachdem eine Dolmetscher- oder gar Diplomatenlaufbahn in Konstantinopel für ihn als Ausländer und Jude unerreichbar blieb, schlug der Nahost-Experte eine andere Richtung ein, die er nie aus den Augen verloren hatte, und begann eine akademische Karriere als Orientalist. Auf seinem Weg dorthin musste er nicht am Existenzminimum leben, sondern konnte auf die finanzielle Unterstützung seiner Familie vertrauen.

Trotz seines Außenseiterdaseins scheint Karl Süßheim in seinen Mittdreißigern vorerst an einem Punkt angekommen zu sein, an dem er sich wohlfühlte. Über Umwege hatte er zum Glauben gefunden und war sich darin sicherer als je zuvor. Seine politische Haltung hatte sich, nicht zuletzt in Kairo, weiterentwickelt; sogar das ihm in die Wiege gelegte revolutionäre Potenzial schaffte er, in eine für ihn sinnvolle Verbindung mit seinem Konservatismus und Patriotismus treten zu lassen. Und nach all den Zukunftsängsten durfte Süßheim sich nun endlich den Alltagsproblemen eines jungen Universitätsdozenten widmen: lächerliche Bezahlung, mangelndes Interesse an seinen Lehrveranstaltungen und widerspenstige

1433 „Wenn [...] keine Aussicht darauf besteht, Eindeutigkeit durch Beseitigung des Ambigen herzustellen, bleibt als zweitbeste Lösung immer noch die Möglichkeit, die Welt in Kästchen zu sortieren, innerhalb derer dann aber wenigstens größtmögliche Eindeutigkeit herrschen soll. Die Existenz des Anderen bleibt zwar immer noch ein Ärgernis, doch wird die eigene Identität wenigstens nicht durch Vermischung kontaminiert. [...] Kästchenbildung wirkt nicht integrativ, sondern abschottend, trennend, segregierend." Vgl. das Kapitel „Vereindeutigung durch Kästchenbildung" bei Bauer, Vereindeutigung, S. 71–81, das Zitat S. 78 f.

Studenten; dafür verbreitete sich sein Ruf als Orientexperte jedoch zuverlässig. Doch die Atempause hielt nur kurz.

Die Geschichte – wer sollte dies besser wissen als ein Historiker wie Karl Süßheim? – macht keinen Halt vor Einzelnen. Von Kollegen wie C.H. Becker unterschied ihn, dass er nicht bereit war, seine Wissenschaft vollends in den Dienst einer wie auch immer gearteten politischen Agenda zu stellen. Bald schon sollte ihn dieses Berufsverständnis in akute Bedrängnis bringen: In Zeiten des „Burgfriedens" und vorgeblich allgemeiner Kriegsbegeisterung[1434] stand Karl Süßheim als gläubiger Jude, Patriot und Orientalist vor der Herausforderung, sein Gesicht zu wahren und die komplexe Struktur seines Selbstverständnisses nicht zu zerstören. Während er sich physisch längst aus Nahost zurückgezogen hatte und in München seine akademische Karriere verfolgen wollte, avancierte sein wissenschaftlicher Untersuchungsgegenstand, das Osmanische Reich, zum Verbündeten im Großen Krieg.

1434 Vgl. zu dieser Diskussion Kap. II.1.

Das Porträt eines gezeichneten Emigranten: Er hat es sich nicht ausgesucht, doch am Ende seines Lebens wird Karl Süßheim wieder dort leben, wo seine Persönlichkeit zu Beginn des 20. Jahrhunderts ganz besonders gereift war – in Istanbul, einst Konstantinopel.

Eine stigmatisierte Identität geht einem voraus, man wird sie eines Tages bewohnen und verkörpern und auf irgendeine Weise versuchen, mit ihr klarzukommen. Es mag viele Möglichkeiten geben, das zu tun. Allen gemeinsam ist, dass sie von der konstituierenden Macht der Herabsetzung geprägt sind.

Didier Eribon[1]

II. Kampf eines Außenseiters. Zwei Welten und zwei Kriege

Lange hatte München den Ruf des alleinigen kulturellen Zentrums der Deutschen, das Intellektuelle und Kunstschaffende wie magisch anzog.[2] Mit Beginn des neuen Jahrhunderts büßte Karl Süßheims Wahlheimat diesen zwar allmählich ein, doch noch immer war sie die Stadt der Münchener Secession, des *Simplicissimus*, des Jugendstils, des Blauen Reiters.[3] Der Standort bot optimale Voraussetzungen dafür, später als „gute alte Prinzregentenzeit" auch von jüdischer Seite konservativ verklärt zu werden: „Man hat das Bild vor Augen", schreibt der Historiker Michael Brenner, „wie sich der orthodoxe jüdische Familienklan der Feuchtwangers nach dem morgendlichen Synagogenbesuch am Samstag und dem kleinen Mittagsimbiss zu Hause am Nachmittag geschlossen zum Kaffeetrinken an seinen Stammtisch ins Hofbräuhaus begab. Selbstverständlich ließen sie, da das Mitführen von Geld am Schabbat verboten ist, anschreiben und beglichen die Rechnung an einem Wochentag. Nicht selten endete das Fasten am Versöhnungstag Jom Kippur bei einer Maß im Festzelt auf dem Oktoberfest. […] Die Münchner Juden, die mit Ausnahme von wenigen Familien […] ihre Strenggläubigkeit längst abgelegt hatten, pflegten die gleiche bayerische Mundart wie ihre christlichen Nachbarn. Sie liebten die Berge und verbrachten die Sommerferien an den bayerischen Seen, sie waren treue Anhänger der Wittelsbacher Monarchie. Jüdische Familien wie das Trachtenhaus Wallach trugen zur Verbreitung von Lederhosen und Dirndln bei.

1 Didier Eribon: Rückkehr nach Reims, 7. Aufl. Berlin 2016, S. 192.

2 Auch aus dem Habsburgerreich kamen immer wieder junge Talente an die Isar – nicht zuletzt, wie in einer herausragenden dreiteiligen Biografie beschrieben, ein gewisser Franz Kafka, der seinem verhassten Vater wiederholt damit drohte, von Prag nach Bayern abzuwandern. Zu Kafkas München-Erfahrung von 1903, die seinen idealisierenden Hoffnungen nicht standhalten konnte, vgl. den ersten Band von Reiner Stach: Kafka. Die frühen Jahre. 1883–1910, 4. Aufl. Frankfurt a.M. 2015, S. 271–274.

3 Vgl. dazu auch Brenner, Schatten, S. 33 f.

Das Judentum als Selbstverständlichkeit? München 1887: Die beiden Türme der Frauenkirche neben der neu errichteten Synagoge waren ein beliebtes Postkartenmotiv.

Münchner Juden standen an der Spitze der Löwenbräu-Brauerei und des FC Bayern München. Unter ihnen waren Bankiers und Kaufhausbesitzer, Ärztinnen und Anwälte, Salondamen und Sekretärinnen, aber auch Lumpenhändler und Bettler, ostjüdische Industriearbeiter und Handwerker."[4]

Scheinbar waren die jüdischen Bürgerinnen und Bürger hier ein selbstverständlicher Teil des gesellschaftlichen Lebens, ohne viel Aufhebens darum zu machen. Auch in München aber war die Ambivalenz, mit der man dem deutschen Judentum allerorten begegnete, mit Händen zu greifen: Während, wie es stolz auf vielen Ansichtskarten zu sehen war, die 1887 errichtete liberale Hauptsynagoge neben der Frauenkirche prominent das Stadtbild mitprägte, war auf der neugotischen Fassade des noch jungen Neuen Rathauses ein jüdisches Paar dargestellt, wie man es sich offenbar eben vorstellte: Den Mann hatte man mit einem Geldsack versehen, seine Frau mit einem Schmuckkästchen.[5] Die Stereotype waren nicht nur in Stein gemeißelt, sie begleiteten die Mitglieder der jüdischen Gemeinde wie selbstverständlich in ihrem Alltag.

Hier also hatte Karl Süßheim im April 1912 seine Lehrtätigkeit als Privatdozent aufgenommen und hoffte auf eine ordentliche Professur. Er wohnte in der Hiltenspergerstraße in

4 Ebd., S. 30 f.

5 Vgl. ebd., S. 31 u. 34.

Schwabing. In dem bekannten Münchner Stadtviertel – „diesen wenigen Quadratkilometern zwischen dem als Café Größenwahn bekannten Café Stefanie und dem Café Luitpold, zwischen dem Alten Simpl und dem Kabarett Elf Scharfrichter" – wähnte man sich, wie Michael Brenner es formuliert, „als Wallhalla und als Olymp, als Hauptort der deutschsprachigen Kultur und als gemütliche bayerische Provinz, als Bohème und als Avantgarde zugleich"[6]. Sicher war Karl Süßheim kein Bohemien wie etwa ein Erich Mühsam, der sich seit 1908 aktiv am Münchner kulturellen Leben beteiligte und in engem Kontakt zu zentralen Figuren wie Frank Wedekind stand[7], doch nicht nur physisch finden wir ihn an diesem Ort zwischen Moderne und Tradition wieder. Es schien, als hätte sich das Blatt nun endlich zu Süßheims Gunsten gewendet. Die unerfüllte Sehnsucht nach einem Familienleben aber nahm bisweilen depressive Züge an und neben dem Unterricht, seiner Vortrags- und Publikationstätigkeit suchte er, zunehmend verzweifelt und, wie wir bereits hörten, seit dem Winter 1913 unglücklich verliebt[8], nach einer geeigneten Ehefrau. Während Süßheim seine Schüler unterrichtete, sich über die Rechnung seines Vermieters ärgerte[9] und nach wie vor an der unerwiderten Liebe zu Susi Stern litt, spitzte sich in Europa das Kräftemessen zu.

Die sogenannte Julikrise von 1914 ist der Ausgangspunkt eines neuen Kapitels nicht nur in der europäischen Geschichte, sondern auch im Leben Karl Süßheims. Hier beginnt denn auch die zweite Hälfte dieser Biografie, die sich nunmehr chronologisch entlang der Ereignisse und der damit verbundenen Grenzerfahrungen unseres Protagonisten fortsetzt. Die verschiedenen Dimensionen seiner Persönlichkeit sollen dabei nie aus dem Blick geraten: Wie greifen die kommenden Systemumbrüche und gesellschaftlichen Entwicklungen in Süßheims Leben ein – und wie verhält er sich dazu als Jude, als Patriot, als Wissenschaftler? Wir werden ihn beobachten, wie er den Ersten Weltkrieg erlebt, wie er sich in der Weimarer Demokratie zurechtfindet und von der nationalsozialistischen Rassenpolitik zur Emigration gezwungen wird. Diese wird ihn letztlich in die türkische Republik, den Nachfolgestaat des Osmanischen Reichs, führen. Der Verfolgung und Ermordung der europäischen Jüdinnen und Juden entkam Karl Süßheim, wie wir sehen werden, als einer der letzten Münchner Juden nach einem langen Leidensweg. Diese Entwicklung war in Süßheims früher Münchner Zeit noch keineswegs absehbar: Der Nationalismus hatte seine Fratze noch nicht vollständig entblößt, und der Erste Weltkrieg traf den leidenschaftlichen Anhänger des bayerischen Könighauses in seinem neuen Alltag völlig unerwartet. Ob nun der deutsche „Griff nach der Weltmacht" oder böses Erwachen nach der verhängnisvollen Politik vieler

6 Ebd., S. 33f.

7 Vgl. ebd., S. 94.

8 Vgl. Kap. I.1.

9 Vgl. Flemming u. Schmidt, Diary, S. 90f. Ende Juni 1914 zog er schließlich um: „In der Hoffnung, daß ihr alle wohl seid, teile ich Dir meine neue Adresse mit […]. Es sind 2 ziemlich große Zimmer, die allerdings der Sonne entbehren. Aber im Sommer leistet man schließlich auf die Hitze gerne Verzicht. Ich werde jetzt langsam meinen Auszug bewerkstelligen u. hoffe bis Mittwoch früh damit fertig zu sein." Karl Süßheim an Clara Süßheim, 28.6.1914, Privatnachlass KS.

„Schlafwandler“[10] – die Reaktion auf ein Ereignis sollte die Welt noch lange beschäftigen: Am 28. Juni 1914 erschoss Gavrilo Princip den österreichischen Thronfolger Franz Ferdinand und dessen Frau Sophie Chotek. Karl Süßheim erwähnte das Attentat von Sarajevo in seinem Tagebuch mit keinem Wort, doch einen Monat später wurden die verheerenden Folgen auch den Mitgliedern des Insel-Clubs, die sich im Münchner Café Fahrig versammelt hatten, klar: Meine Herren, Europa befindet sich im Krieg.

10 Mit Fritz Fischers Buch „Griff nach der Weltmacht“ aus dem Jahr 1961 begann die nach ihm benannte, Jahrzehnte währende und geschichtspolitisch begleitete Historiker-Kontroverse zur Strategie des Deutschen Kaiserreichs vor und während des Ersten Weltkriegs, die nach der deutschen Verantwortlichkeit für den Kriegsausbruch fragte. In den vergangenen Jahren wurde sie durch das insbesondere in Deutschland hitzig diskutierte Werk „Die Schlafwandler. Wie Europa in den Ersten Weltkrieg zog“ des britischen Historikers Christopher Clark wiederbelebt. Die Gegner seiner These kritisierten diese als geschichtsapologetisch, er fand aber auch viel Beifall. Vgl. Fritz Fischer: Griff nach der Weltmacht. Die Kriegszielpolitik des kaiserlichen Deutschland 1914/18, Düsseldorf 1961 u. Christopher Clark: The Sleepwalkers. How Europe Went to War in 1914, London 2012.

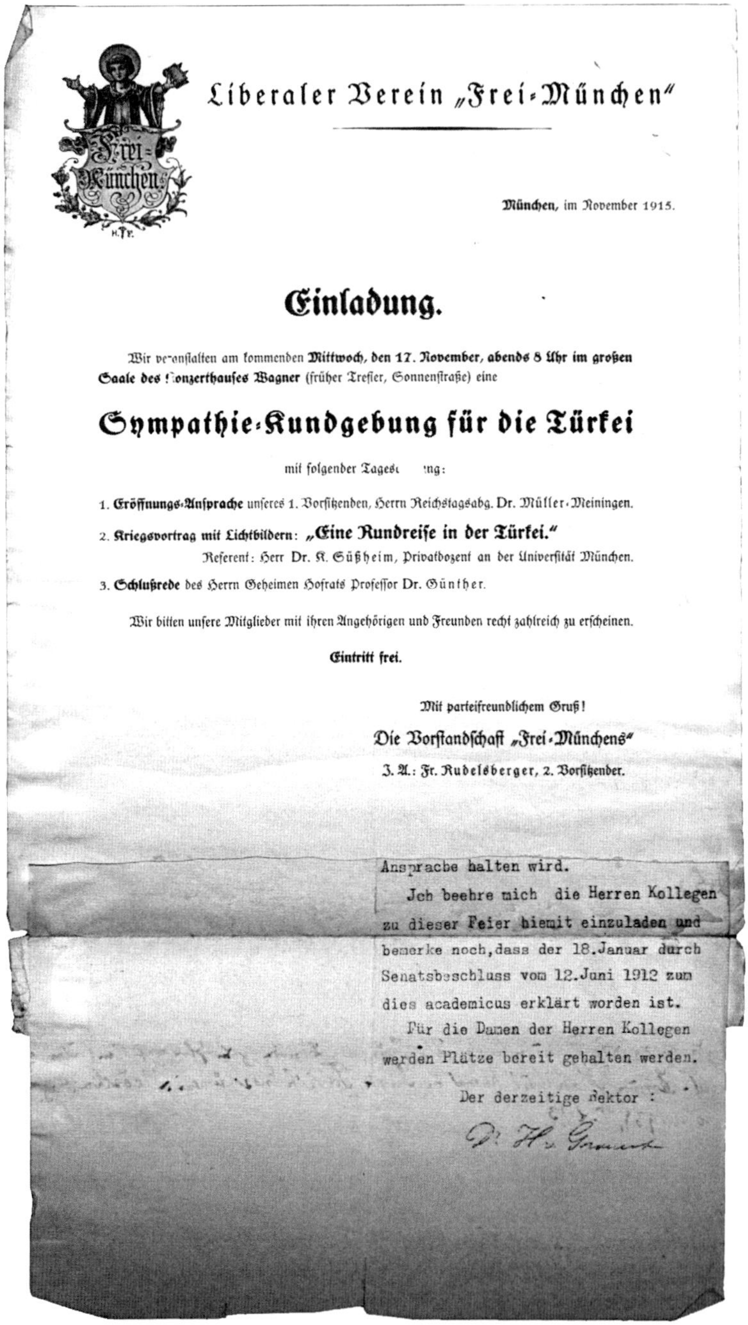
Liberaler Verein „Frei-München"

München, im November 1915.

Einladung.

Wir ve-anstalten am kommenden **Mittwoch, den 17. November, abends 8 Uhr im großen Saale des Konzerthauses Wagner** (früher Trefler, Sonnenstraße) eine

Sympathie-Kundgebung für die Türkei

mit folgender Tages[illegible]ng:

1. **Eröffnungs-Ansprache** unseres 1. Vorsitzenden, Herrn Reichstagsabg. Dr. Müller-Meiningen.
2. **Kriegsvortrag mit Lichtbildern: „Eine Rundreise in der Türkei."**
   Referent: Herr Dr. K. Süßheim, Privatdozent an der Universität München.
3. **Schlußrede** des Herrn Geheimen Hofrats Professor Dr. Günther.

Wir bitten unsere Mitglieder mit ihren Angehörigen und Freunden recht zahlreich zu erscheinen.

Eintritt frei.

Mit parteifreundlichem Gruß!

Die Vorstandschaft „Frei-Münchens"

J. A.: Fr. Rudelsberger, 2. Vorsitzender.

Ansprache halten wird.
Jch beehre mich die Herren Kollegen zu dieser Feier hiemit einzuladen und bemerke noch, dass der 18. Januar durch Senatsbeschluss vom 12. Juni 1912 zum dies academicus erklärt worden ist.
Für die Damen der Herren Kollegen werden Plätze bereit gehalten werden.
Der derzeitige Rektor:
Dr. H. Grauert

„Mein Vortrag beinhaltete einen großen und wesentlichen Fehler: [Er] war weder nationalistisch noch emotional, sondern eine wissenschaftliche Analyse." – Karl Süßheims öffentliche Auftritte als Nahostexperte waren während des Ersten Weltkriegs zweifellos eine Herausforderung.

Nichts Bessers weiß ich mir an Sonn- und Feiertagen,
Als ein Gespräch von Krieg und Kriegsgeschrei,
Wenn hinten, weit, in der Türkei,
Die Völker aufeinander schlagen.
Man steht am Fenster, trinkt sein Gläschen aus
Und sieht den Fluss hinab die bunten Schiffe gleiten;
Dann kehrt man abends froh nach Haus,
Und segnet Fried und Friedenszeiten.
Johann Wolfgang von Goethe[11]

Die Zeiten, da es dem Deutschen gleichgültig sein konnte, wenn „hinten, fern in der Türkei die Völker aufeinanderschlugen", sind endgültig vorüber.
Carl Heinrich Becker[12]

1. „Unentbehrlich" an der Heimatfront: Der Nahostexperte im Großen Krieg

München, Karlstor, 25. Juli 1914[13]: Karl Süßheim diskutiert mit seinen Freunden im Café Fahrig[14] die Lage. Der österreichische Kaiser Franz Joseph hat an diesem Samstag die diplomatischen Beziehungen zum Königreich Serbien abgebrochen. Süßheims Meinung kommt eine besondere Bedeutung zu, ist er doch der Experte für das Osmanische Reich, dem Serbien noch bis 1878 angehört hatte. Auch die „bosnische Annexionskrise"[15] und die beiden Balkankriege mit ihren bitteren Gebietsverlusten für die jungtürkische Regierung in Konstantinopel sind noch in guter Erinnerung: Vor einigen Jahren war Europa einem Krieg nur knapp entkommen, doch nun hatte das Deutsche Kaiserreich Österreich seinen berühmten „Blankoscheck" ausgestellt. Während die anderen Club-Herren sich angesichts der politischen Entwicklung sorgen, geht Süßheim nach wie vor davon aus, dass der serbische Ministerpräsident Pašić einlenken und das zwei Tage zuvor gestellte Ultimatum der kaiserlich-königlichen Monarchie akzeptieren wird. Mit gemischten Gefühlen gehen die Männer nach Hause. Am nächsten Morgen liegt das Café, in dem sie sich trafen, in Trümmern.

11 Goethe, Faust I, S. 26.

12 Becker, Wissenschaften, S. 1183.

13 Im Folgenden vgl. Tagebuch KS, 25.7.1914.

14 In der Tagebuchedition ist vom Café „Farich" in der „Neusiedler Strasse 40" die Rede (Flemming u. Schmidt, Diary, S. 91) – ein Übertragungsproblem aus dem Osmanischen.

15 Österreich-Ungarn besetzte 1908 die bis dahin völkerrechtlich zum Osmanischen Reich gehörenden Gebiete Bosniens und der Herzegowina, was zu wütenden Protesten nicht nur in Konstantinopel, sondern auch in den panslawistischen Kreisen Russlands führte.

Die „Schlacht im Café Fahrig“ ist als „erste ‚Kampfhandlung‘ des Ersten Weltkrieges in München“[16] bezeichnet worden. Was war passiert in der Nacht vom 25. auf den 26. Juli 1914 am Stachus, im Zentrum der bayerischen Hauptstadt? „Die Leute sammelten sich vor den Zeitungsgebäuden und vor den angeschlagenen Extrablättern“, beschrieb der Münchner Schriftsteller und Kabarettist Joachim Ringelnatz in seiner Autobiografie die nächtliche Szene: „Man nahm Stellung. Man erregte sich. Im Café Fahrig erhoben sich plötzlich die Gäste und zerschlugen die Fensterscheiben, weil eine serbische Kapelle spielte“[17]. Sein Wissen hatte Ringelnatz vermutlich vom Hörensagen, genauso wie Ödön von Horváth, der die Geschehnisse in sein Romanfragment „Charlotte“ einfließen ließ: „In München landete angeblich ein französisches Kriegsflugzeug, das vergiftete die Brunnen, alle Staaten erklärten einander den Krieg, das Café Fahrig wurde zertrümmert, weil an einem Tische ein bodenlos unrasierter Mann saß, der für einen Serben gehalten wurde, eine dicke, alte Nonne wurde fast erschlagen, weil man dachte, sie sei ein verkleideter Mann, ein Spion.“[18]

Es kursiert noch eine andere Version der Geschichte: Der Kapellmeister habe sich geweigert, patriotische Lieder zu spielen, woraufhin zahlreiche Besucher das Lokal demolierten.[19] Was wirklich passierte, kann uns auch Karl Süßheims Tagebuch nicht beantworten, denn er hörte erst am nächsten Tag von der Eskalation – er und seine jüdischen Bekannten hatten das Lokal bereits verlassen[20], als die Gäste begannen, das Mobiliar zu zerschlagen. Das genaue Geschehen also wird ein Rätsel bleiben, in jedem Fall aber zeichnete sich in dieser Nacht in der Neuhauser Straße etwas ab, das charakteristisch für die Zeit der Julikrise ist: Die Gesellschaft zeigte sich angesichts des herannahenden Krieges tief gespalten und nicht wenige waren bereit, ihren Standpunkt auch mit den Fäusten zu vertreten.

Süßheim notierte seine Beobachtungen in diesen Tagen akribisch: Die Bevölkerung ängstige die Vorstellung einer Auseinandersetzung mit Russland, einzig niederes Pack zeige sich angesichts der Aussicht auf Krieg enthusiastisch, schrieb er.[21] Mit dieser Einschätzung befand er sich in seltener politischer Eintracht mit seinem engagierten Bruder, der noch am 29. Juli, dem Tag nach Sarajevo, in Nürnberg eine Protestveranstaltung gegen den drohenden

16 Reinhard Bauer u. a. (Hrsg.): Im Dunst aus Bier, Rauch und Volk. Arbeit und Leben in München von 1840 bis 1945. Ein Lesebuch, München 1989, S. 137.

17 Joachim Ringelnatz: Mein Leben bis zum Kriege, Berlin 1983, S. 319.

18 Ödön von Horváth: Charlotte. Roman einer Kellnerin, in: Traugott Krischke u. Dieter Hildebrandt (Hrsg.): Ödön von Horváth. Gesammelte Werke, Bd. 4: Fragmente und Varianten. Exposés. Theoretisches, Briefe, Verse, Frankfurt a. M. 31978, S. 409–417, hier S. 414.

19 Vgl. Bauer, Dunst, S. 137.

20 Vgl. Flemming u. Schmidt, Diary, S. 91.

21 Vgl. Tagebuch KS, 30.7.1914. Die Forschung gibt Süßheim Recht: Die These der Kriegsbegeisterung einer überwältigenden Mehrheit der Deutschen ist mittlerweile hinreichend widerlegt, vgl. z. B. den Aufsatz von Andreas Wirsching: „Augusterlebnis“ 1914 und „Dolchstoßlegende“ 1918 – zwei Versionen derselben Legende?, in: Volker Dotterweich (Hrsg.): Mythen und Legenden in der Geschichte (= Schriften der Philosophischen Fakultäten der Universität Augsburg 64), München 2004, S. 187–202, hier insb. S. 188–192.

Krieg abgehalten hatte, die viel Zuspruch fand.[22] Zwei Tage später herrschte in der Königlichen Bibliothek in München Karl Süßheim zufolge Grabesstille: Um 13 Uhr war der „Zustand der drohenden Kriegsgefahr“ verkündet worden.[23] Als Süßheim am Abend eine Studentin zum Bahnhof begleitete, begegnete er einigen Ausflüglern, die aus den Bergen zurückkamen. Einer von ihnen habe begeistert „Hoch!“ gerufen, doch niemand habe darin eingestimmt – dieses Mal war auch Süßheim nicht danach, seinen Patriotismus zu demonstrieren[24], schon gar nicht dem preußischen Kaiser gegenüber. Als Wilhelm II. am 2. August Russland den Krieg erklärte, beobachtete Süßheim in der Bevölkerung sowohl Vorfreude als auch Furcht: Im Zug nach Nürnberg sah er Frauen verzweifelt weinen.[25] Andreas Wirsching betont, dass sich für die weibliche Bevölkerung im August 1914 „kaum irgendwelche Manifestationen einer Kriegsbegeisterung nachweisen“ lassen: „Tatsächlich scheint fast überall und schichtenübergreifend das Gegenteil der Fall gewesen zu sein: Angst, Bestürzung, tränenreiche Sorge“.[26] Süßheim hatte für die Ängste Verständnis.[27] Und auch in seinem Umfeld wurden sehr bald viele Männer eingezogen, darunter Bruno Stern, der Schwager seines Onkels Heinrich Morgenstern, und sein Cousin Fritz, Sohn der Tante Anna Reiss, die dieser Nachricht wegen einen Nervenzusammenbruch erlitt.[28]

Was hatte Karl Süßheims Mutter zu erwarten?

„Kämpfen wie ein Moslem“| Als Jude an die Front?

Wie ihre Schwester aus Metz musste auch Clara Süßheim um ihre Söhne bangen: Ende August teilte Karl, der der bayerischen Armee als Reservist angehörte, seiner besorgten Mutter in gewohnt nüchterner Weise mit, dass er sich vor Krieg und Tod nicht fürchte, es aber doch vorziehe, weiterhin seiner Tätigkeit als Wissenschaftler nachzukommen.[29] Sollte es nötig werden, würde er sich – „wie ein Moslem“[30] – auch an andere Umstände anpassen

22 Zu diesem Tag schreibt Dieter Rossmeissl: „Als Redner fand sich keiner der etablierten Parteiführer, geschweige denn der Reichstagsabgeordnete der Stadt, bereit. Süßheim erhielt für seine Antikriegsrede jedoch noch einmal dieselbe begeisterte Zustimmung, die schon im Frühjahr Rosa Luxemburg bei ihrer Friedensrede entgegengeschlagen war.“ Dieter Rossmeissl: Arbeiterschaft und Sozialdemokratie in Nürnberg 1890–1914 (= Nürnberger Werkstücke zur Stadt- und Landesgeschichte. Schriftenreihe des Stadtarchivs Nürnberg 22), Nürnberg 1977, S. 204. Die Rede fand im Nürnberger Hercules-Velodrom statt, vgl. Katrin Kasparek: 100 Jahre Sozialdemokratie im Nürnberger Rathaus 1908–2008, Nürnberg 2008, S. 90 u. Gardill, Süßheim, S. 211 f., Anm. 13.

23 Hier und im Folgenden vgl. Tagebuch KS, 31. 7. 1914.

24 Vgl. die peinliche Szene im Königlichen Kurhaushotel wenige Jahre zuvor, Kap. I.2.

25 Vgl. Tagebuch KS, 2. 8. 1914.

26 Wirsching, Augusterlebnis, S. 192.

27 Vgl. Tagebuch KS, 2. 8. 1914.

28 Vgl. ebd., 3. 8. u. 6. 9. 1914.

29 Vgl. ebd., 26. 8. 1914.

30 Ebd., 1. 9. 1914, Nachlass KS (SBB) Hs. or. 1135/5, fol. 42v.

und in den Kampf ziehen. Die offene Auseinandersetzung der rivalisierenden europäischen Mächte forderte nun jeden und jede dazu auf, sich als loyale Bürgerin oder patriotischer Bürger zu positionieren, und manch andere jüdische Eltern, die die Chance gekommen sahen, demonstrativ ihren Nutzen für das Land unter Beweis zu stellen, waren bereit, auch mit dem Leben der Söhne dafür zu bezahlen. Nicht so Clara Süßheim: Endlich hatte ihr Sohn es geschafft, erste Früchte seiner Arbeit zu ernten – sollte es nun schon wieder damit vorbei sein?

Auf dem Höhepunkt der Julikrise 1914 nahm Karl Süßheim seinem Schüler Franz Babinger, der mit einer (Süßheim zufolge ziemlich flachen) biografischen Arbeit über den Indologen Gottlieb Siegfried Bayer[31] promoviert wurde, die mündliche Prüfung ab.[32] Der ehrgeizige Schüler sollte schon bald von sich reden machen, denn er wusste sich in den nächsten Jahren geschickt in Position zu bringen: Unter den schon bald ins Osmanische Reich entsandten deutschen Soldaten[33] war auch Franz Babinger, der mit dem Vermerk „im Heere“ an der Universität eingeschrieben blieb.[34] Er hatte, schreibt Klaus Kreiser mit Verweis auf dessen Lehrer Karl Süßheim, „sehr brauchbare Osmanisch-Kenntnisse im Gepäck“[35], als er 1915 „in türkische Heeresdienste übertrat und den Dardanellenfeldzug, zuerst bei Troja, darnach auf Gallipoli mitmachte“[36], wie Babinger selbst es in der Druckversion seiner Dissertation angab. Sein Einsatz wird belohnt werden[37], doch der beginnende Krieg markierte

31 Süßheim hielt fest, dass die privaten Papiere Bayers, die Franz Babinger aus St. Petersburg für seine Arbeit angefordert hatte, nie angekommen waren. Babinger schreibt diesbezüglich im Vorwort von „widrigen Arbeitsverhältnissen“ und „im Verkehr mit den wissenschaftlichen Behörden in Petersburg mancherlei in der Sache begründete[n] Schwierigkeiten, die um so empfindlicher waren, als infolgedessen wichtige handschriftliche Aufzeichnungen im Archiv der dortigen Akademie mit unzugänglich blieben. So kam es, daß außer einigen mühsam erlangten ungedruckten Notizen in der Hauptsache bereits veröffentlichte Unterlagen für die Lebensbeschreibung herangezogen werden mußten.“ Vgl. ebd., 23.7.1914; das Zitat: Franz Babinger: Gottlieb Theophil Siegfried Bayer (1694–1738). Ein Beitrag zur Geschichte der morgenländischen Studien im 18. Jahrhundert, München 1915, S. 5.

32 Neben Süßheim prüften die Betreuer der Dissertation Hommel und Kuhn sowie der Literaturwissenschaftler Franz Muncker: „Er [Babinger, KM] ist ein fähiger Mann, aber sicher kein Examensmensch“, zitierte Süßheim Munckers Urteil im Tagebuch. Er selbst hielt Babingers Sprachkenntnisse für nicht besonders tragfähig. Tagebuch KS, 23.7.1914, Nachlass KS (SBB) Hs. or. 1135/5, fol. 34vf.

33 25000 deutsche Soldaten werden bis Kriegsende ihren Dienst im Osmanischen Reich angetreten haben, vgl. Jehuda L. Wallach: Anatomie einer Militärhilfe. Die preußisch-deutschen Militärmissionen in der Türkei 1835–1919 (= SIDGUTA 1), Düsseldorf 1976, S. 253.

34 Vgl. Kreiser, Turkologie, S. 100.

35 Ebd., S. 101.

36 Babinger, Bayer, S. [85].

37 Franz Babinger kam nach mehreren Verwundungen und Kriegsgefangenschaft nicht nur mit dem Eisernen Kreuz II. Klasse und der Osmanischen Liakat-Medaille in Silber aus dem Felde zurück, sondern hatte auch endlich selbst den Nahen Osten erkundet und sein Netzwerk ausgebaut, vgl. Kreiser, Turkologie, S. 100 und Babingers Brief an Süßheim in Kap. I.3. Zu Babingers Rückkehr vgl. Kap. II.2.

zunächst einmal eine Phase der Unsicherheit – und nicht nur die jungen Studenten mussten ihre Rolle erst finden.

Direkt nach Ausbruch der Kampfhandlungen wandte Karl Süßheim sich an das militärische Hauptquartier in München, um herauszufinden, was ihn erwartete.[38] Obwohl er als Reservist zum Kriegsdienst verpflichtet war, wurde er (genau wie sein Bruder, der schon seit Jahren Landtagsabgeordneter war) vorerst nicht eingezogen. Seine Solidarität demonstrierte Süßheim – unabhängig davon, dass er den Krieg nun wirklich nicht herbeigesehnt hatte –, indem er wie viele andere in Kriegsfonds einzahlte und in Kriegsanleihen im Wert von insgesamt 9000 Reichsmark investierte.[39] Patriotischer Einsatz wurde als Bürgerpflicht wahrgenommen, und insbesondere die jüdische Minderheit sah sich gefordert, Farbe für das Vaterland zu bekennen: „In dieser Stunde gilt es für uns aufs neue zu zeigen, dass wir stammesstolzen Juden zu den besten Söhnen des Vaterlandes gehören", titelte im August 1914 paradoxerweise sogar ein bekanntes zionistisches Blatt: „Wir erwarten, daß unsere Jugend freudigen Herzens freiwillig zu den Fahnen eilt"[40].

Abseits der Öffentlichkeit aber schuf der Große Krieg, der auf die Julikrise folgte, eine ganze Reihe an Identitätskonflikten, und dies auch für den gläubigen Karl Süßheim in München. Für ihn stellte sich die Frage: War das Judentum tatsächlich mit Krieg zu vereinbaren, wie es die (tendenziell in Glaubensdingen völlig indifferenten) Zionisten behaupteten, die „im Sinne des alten jüdischen Pflichtgebots" die deutschen Juden dazu aufriefen, „mit ganzem Herzen, ganzer Seele und ganzem Vermögen [sich] dem Dienste des Vaterlandes hinzugeben"? Süßheim quälten grundsätzliche Bedenken religiöser Natur, und erst im Februar 1915 wurden diese endgültig zerstreut. Bei einer Zusammenkunft der jüdischen Münchner Loge, die 1887 nach dem Vorbild der New Yorker *B'nai B'rith* (בני ברית)[41] gegründet worden war und sich dem innerjüdischen Dialog der Konfessionen verschrieben hatte[42], referierte der orthodoxe Rabbiner Jona Ernst Ehrentreu über den „Krieg und die jüdischen Schriften".[43] Obwohl Ehrentreu der aktuellen politischen Situation durchaus Aufmerksamkeit schenkte, habe er mehr als Rabbiner gesprochen: Dies sei sehr nützlich für ihn gewesen, schrieb Süßheim danach in sein Tagebuch. Auch Coßmann Werner – wie wir gesehen haben, Süßheims engster Vertrauter in Glaubensdingen – ergriff bei der Zusammenkunft das Wort: Der liberale Münchner Rabbi habe unterstrichen, hielt Süßheim fest, dass die Torah für den Krieg plädiere, während sich die Evangelien – ein Problem für die Christen – grundsätzlich dagegen

38 Vgl. Tagebuch KS, 2.8.1914.

39 Vgl. ebd., 1.9.1914; Flemming u. Schmidt, Diary, S. 99.

40 Hier und das folgende Zitat: [Aufruf des Reichsvereins der Deutschen Juden und der Zionistischen Vereinigung für Deutschland], in: JR 19/32 (7.8.1914), S. 1.

41 Die zunächst geheime Organisation („Söhne des Bundes") war 1843 in New York von jüdischen Einwanderern gegründet worden und hatte sich Erziehung, Bildung, soziale Fürsorge und Aufklärungsarbeit über das Judentum – um den Antisemitismus zu bekämpfen – als Leitmotive gesetzt. Einen Überblick liefert Andreas Reinke: „B'nai B'rith", in: EJGK 1, Stuttgart 2011, S. 365–369.

42 Vgl. Cahnmann, Juden, S. 33.

43 Hier und im Folgenden vgl. Tagebuch KS, 10.2.1915.

aussprächen. Den Rabbinern zufolge also mussten sich die Münchner Jüdinnen und Juden in diesen Tagen nicht mit religiösen Zweifeln aufhalten, und angesichts des gesellschaftlichen Antisemitismus schickten sich die meisten schnell an, ihre Vaterlandstreue verstärkt nach außen zu kehren: Die Münchner Insel-Mitglieder – darunter, wie wir wissen, auch Süßheim – veranstalteten im Frühjahr 1915 sogar eine „[g]rosse Schaustellung in den Clubräumen“ des Regina Palast-Hotels. Thema: „Der Club als militärische Anstalt betrachtet“.[44]

Der Club Insel (CI) war das Forum, in dem Süßheim sich für gewöhnlich am ehesten über die politischen Entwicklungen austauschte. Im Oktober 1914 berichtete er von einem Treffen:

> „Der jüngere Bruder von Herrn Loewy, der einen Souvenirladen in Venedig betreibt, war zum Zeitpunkt der Kriegserklärung in München. Auf dem Weg zu seinem Regiment in Straubing [...] legte er irgendwo in Niederbayern bei einer Brücke eine Pause ein und schaute mit ernster Miene über die Felder in der Gegend, als ein Auto mit einigen Männern erschien. Er wurde in ein Dorf gebracht, weil er verdächtigt wurde, einer von den üblichen serbischen oder russischen Spionen zu sein. Dort wurde unter der Aufsicht eines Reserveoffiziers hastig ein Kriegsgericht gebildet und er wurde zum Tode verurteilt. Der Beweis: In seinen Taschen befanden sich einige französische Goldmünzen, ein normales Medikament, von dem sie fälschlicherweise behaupteten, dass es sich um Nitroglycerin handle, und eine Kritzelei, die sie ‚den Brücken-Plan‘ nannten [...]. Er wurde für seine Hinrichtung in ein unterirdisches Gefängnis in einem Dorf in der Nähe gebracht. Zwanzig Minuten vor der Hinrichtung wurde er freigelassen und nach Straubing geschickt, nachdem ein Telegramm seines Regiments angekommen war. Als er in Straubing ankam, kamen alle Regimentsoffiziere, um ihn zu begrüßen.“[45]

Ungerührt fuhr Süßheim sogleich mit der nächsten Geschichte fort („Ich machte die Bekanntschaft der hässlichen Frau des Strohhuthändlers Herrn Eppstein“), denn die lebensbedrohliche Episode des jungen Loewy, die ihm zu Ohren gekommen war, war typisch für die paranoide Stimmung während der ersten Kriegswochen: Überall wurden vermeintliche Spione gesichtet; sogar das Gerücht von vergifteten Wasserleitungen machte die Runde.[46] Was Karl Süßheim nachhaltiger beschäftigte als die willkürliche Beinahe-Hinrichtung des Bruders eines Bekannten, war der Bericht eines anderen Klub-Mitglieds, eines Hauptfeldwebels namens Basch: „Er erzählte uns seltsame Dinge über aus dem Krieg zurückkehrende Soldaten“, schrieb Süßheim: „Dass unsere Truppen Stiefel und Schmuck von französischen Korps’ erplündern würden, und dass sie der Bevölkerung gewaltsam alle möglichen Dinge

44 Vgl. die Aufforderung zum „sichere[n] Erscheinen“, 30.3.1915, Nachlass KS (LOC), Box 4.

45 Hier und das folgende Zitat: Tagebuch KS, 18.10.1914, Nachlass KS (SBB) Hs. or. 1135/5, fol. 49v.

46 Vgl. Ulrike Heikaus: Krieg! Juden zwischen den Fronten. Eine Wechselausstellung im Jüdischen Museum München, in: Dies. u. Julia B. Köhne (Hrsg.): Krieg! 1914–1918. Juden zwischen den Fronten, München 2014, S. 8–44, hier S. 19.

nähmen, ob wertvoll oder nicht."[47] Seine Missbilligung war unmissverständlich, doch nichtsdestotrotz: Für die jüdische Minderheit war die Zeit gekommen, die Unterstellung, dass das Judentum mit dem „Deutschtum" nicht zu vereinbaren sei, endgültig zu widerlegen, und auch der Centralverein deutscher Staatsbürger jüdischen Glaubens (C.V.) forderte von seinen Mitgliedern wie Karl Süßheim eines war, sofort nach Kriegsbeginn in einem gemeinsamen Aufruf mit dem Verband deutscher Juden (VdJ), „über das Maß der Pflicht hinaus die Kräfte dem Vaterland zu widmen"[48].

Der „Burgfrieden", den sich der Kaiser angesichts der äußeren Feinde wünschte, sollte nicht nur zwischen Parteien herrschen, sondern auch von den verschiedenen Religionen und Konfessionen getragen werden. Die jüdischen Vereinigungen kamen dieser Forderung unisono nach. Dennoch erstarkte der gesellschaftliche Antisemitismus mit fortschreitender Kriegsdauer, und judenfeindliche Organisationen wie der Reichshammerbund und der Alldeutsche Verband machten die Minderheit für den andauernden Krieg und die materielle Not, die schnell um sich griff, verantwortlich.[49] „Butter ist diese u. vergangene Woche hier knapp gewesen", schrieb Süßheim seiner Mutter im März 1916 über die schwindenden Lebensmittelvorräte in München: „Seife kostet das 4fache des Friedenspreises, u. manche kleinere Geschäfte geben von dem kostbaren Artikel nur mehr 1 Stück ab. Auch Kartoffel scheint nur schwer erhältlich zu sein, Gemüse noch schwerer".[50] Im darauffolgenden Winter sollte auch Heizmaterial knapp werden, wie seine Schwester an Clara Süßheim, die sich auf Kur befand, meldete: „Besten Dank für Dein beschriebenes Menü, es scheint, daß Briefpapier in Wiesbaden schon rar ist", schrieb Paula Kirschbaum: „Das Ärgste ist [...] die schreckliche Kälte, ich kann meine Heizung [...] noch 8 Tage gehen lassen, dann ist es Schluß. Für die armen Leute ist es am ärgsten, sie müssen sich stundenlang anstellen, um 1 Z[en]t[ne]r Kohlen zu bekommen."[51] Ihre vier Kinder verfassten wenig später gemeinsam einen Brief an die Großmutter: „Bei uns in Nürnberg war es [...] die letzten Wochen sehr kalt und man hat am Eisplatz jeden Tag Schlittschuhlaufen können. Wie steht es in Wiesbaden mit den Kohlen? Bei uns ist schon [...] die Schule wegen Kohlen [...] geschlossen worden. [...] Beim Rudi ist auch darum der Stundenplan gekürzt worden. Jede Familie hat einen Zettel bekommen um anzugeben[,] wie viele Kohlen man hat. Die Leute, die keine Kohlen haben, müssen sich jetzt am Gaswerk anstellen[,] um nur 1 Zentner Kohlen zu bekommen. Mit Lebensmittel[n] geht es bei uns auch sehr rar zu. Mutter [...] weiß gar nicht[,] was sie immer zu Essen machen soll. Sei froh, dass Du dafür nicht sorgen brauchst und ich rate Dir, daß Du länger in Wiesbaden bleiben sollst. [...] Ich [Erna, KM] habe heute Nachmittag Schule gehabt und habe

47 Tagebuch KS, 18.10.1914, Nachlass KS (SBB) Hs. or. 1135/5, fol. 49v.

48 Zit. nach der Abbildung bei Heikaus, Krieg, S. 10.

49 Vgl. ebd., S. 23.

50 Karl Süßheim an Clara Süßheim, 4.3.1916, Privatnachlass KS.

51 Paula Kirschbaum an Clara Süßheim, [Winter 1916/17], Privatnachlass KS.

in der Kälte fort gehen müssen und dabei haben mir meine Füße sehr weh getan[,] weil sie erfroren sind.“[52]

Unter dem Krieg litt die jüdische Bevölkerung nicht weniger, dennoch kam es in dieser Zeit zu einem vorläufigen Höhepunkt des Antisemitismus, der die Juden als Drückeberger diffamierte. Die sogenannte „Judenzählung“ lieferte den antisemitischen Kräften schließlich jedoch nicht die gewünschten (ergo: niedrigen) Zahlen zur Kriegsbeteiligung.[53] Der Anteil der Juden in der deutschen Armee im Ersten Weltkrieg war deutlich überproportional: Von 550 000 jüdischen Männern dienten 100 000 dem Vaterland im Felde, zwölftausend werden im Weltkrieg ihr Leben lassen.[54] „Ich bin als Deutscher ins Feld gezogen, um mein bedrängtes Vaterland zu schützen“, schrieb ein jüdischer Leutnant im Krieg in sein Testament, „[a]ber auch als Jude, um die volle Gleichberechtigung meiner Glaubensbrüder zu erstreiten“[55]. Ein altbekanntes Motiv: Die Hoffnung der jüdischen Minderheit auf Anerkennung durch ihren vollen Einsatz für das Vaterland war mit Blick auf die Emanzipation schon lange weitverbreitet.[56]

52 Erna, Karl, Rudi und Anni Kirschbaum an Clara Süßheim, 8. 2. 1917, Privatnachlass KS.

53 Die „Nachweisung der beim Heere befindlichen wehrpflichtigen Juden“, eine amtlich angeordnete statistische Erhebung des Anteils der jüdischen Deutschen in der Armee, wurde im Winter 1916 durchgeführt. Der VdJ hatte schon zu Kriegsbeginn im Wissen um den Einsatz der Juden selbst gefordert, „dass Umfang und Art der Beteiligung der deutschen Juden an dem sich entwickelnden Feldzuge zuverlässig festgestellt wird“, um etwaige antisemitische Vorbehalte von vornherein zu entkräften. Zit. nach Heikaus, Krieg, S. 10. Zunächst kann die „Judenzählung“ als Reaktion auf den Antisemitismus und zur Entkräftung der Unterstellung, die deutschen Juden seien „Drückeberger“, die sich dem Frontdienst entzögen, betrachtet werden. Allerdings wurde nur diese eine Bevölkerungsgruppe in die Erhebung miteinbezogen, was deren Diskriminierung illustrierte und ihren vermeintlich überprüfenswerten „Sonderstatus“ nach außen unterstrich. Zudem wurden die Zahlen, die eine überproportionale Beteiligung der jüdischen Bevölkerung am Frontdienst offenbarten, erst nach dem Krieg veröffentlicht. Vgl. Karl Heinrich Pohl: Gustav Stresemann. Biographie eines Grenzgängers, Göttingen 2015, S. 104.

54 Vgl. Benz, Legende, S. 13.

55 Zit. nach ebd.

56 „Wir leben in einer Zeit, von der man nicht weiss, was der nächste Tag bringt. Es ist möglich, dass wir in der nächsten Zeit alle Kräfte aufbringen müssen, um dieses heilige Russland zu bekämpfen […]. Ich glaube, meine Herren, wenn die Mittel hierzu geschaffen, wenn die Soldaten gesammelt werden, die ihr Blut in diesem, ich sage heiligem Kampfe zu vergiessen haben, man wird die Juden nicht ausschliessen, man wird ihre Steuern, ihre freiwilligen Beiträge annehmen, die vielleicht so gross sein werden, als die ihrer Nichtglaubensgenossen. Man wird die jüdischen Soldaten auch nicht ausschliessen […]. Also, meine Herren, es ist möglich, dass wir Steuern zahlen, freiwillige Beiträge leisten, dass wir unser Blut vergiessen für die Rettung dieses christlichen Staates, aber mitberaten, mitbeschliessen sollen wir nicht?“ Diese Sätze stammen nicht etwa aus der Zeit vor dem Ersten Weltkrieg – Süßheims Großvater David Morgenstern äußerte sie bei einer Rede im Bayerischen Landtag im Jahr 1855 mit Blick auf den Krimkrieg, der sich auch auf die deutschsprachigen Gebiete auszuweiten drohte. David Morgenstern: Rede im Bayerischen Landtag, Januar 1855, zit. nach Eckstein, Beiträge, S. 21.

Sein „lieber Kollege Dr. Zucker“, derzeit vermutlich im Lazarett in Erlangen, sei „bei Verdun derart verwundet“ worden, „daß der rechte Arm gelähmt“ sei[57], schrieb Süßheim einmal seiner Mutter. In seinem Nachlass häufen sich bald nach Kriegsbeginn nicht nur die Benachrichtigungen über an der Front gefallene oder verletzte Kollegen[58], auch in seinem privaten Umfeld fand der Krieg schnell zahlreiche Opfer.[59] Bereits in den ersten Monaten starben einige Bekannte Karl Süßheims an der Front – sein alter Schulfreund Wilhelm Schelling genauso wie ein Freund namens Bacharach, den Süßheim aus der Insel kannte.[60] In den folgenden Jahren war der Tod allgegenwärtig, und Anbieter von Lebensversicherungen hatten Hochkonjunktur: „In unserer ernsten Zeit steht die Sorge für die wirtschaftliche Zukunft der Angehörigen [...] noch eindringlicher warnend als sonst vor uns“[61], lautete ein Werbetext, den Süßheim aufbewahrt hat. 1916 fiel sein Kollege, der bekannte Kunsthistoriker Fritz Burger[62], bei Verdun. Er hinterließ seine Frau und die vier gemeinsamen minderjährigen Kinder – „Prof. Burger war Offiziersstellvertreter, und demgemäß hält sich die Witwen- und Waisenpension der Hinterbliebenen in sehr bescheidenen Grenzen“[63], ist auf einem Schreiben in Süßheims Nachlass zu lesen. Die erwähnte Vereinigung der Honorarprofessoren, ausserordentlichen Professoren und Privatdozenten der Universität München (VHaPPD), für die Karl Süßheim als Stellvertreter eines einberufenen Kollegen das Amt des Schriftführers übernommen hatte, sammelte zur Unterstützung der Familie.[64] Im selben Jahr, ebenfalls in

57 Karl Süßheim an Clara Süßheim, 12.1.1917, Privatnachlass KS.

58 Pragmatisch nutzte Süßheim alle möglichen Zusendungen – Werbezettel, Benachrichtigungen und zum Teil sogar Briefe – für seine Arbeitsnotizen, die er an den Rand oder auf die Rückseite der Blätter schrieb. Auf diesem Umweg haben sich in Süßheims Nachlass in der LOC viele Dokumente erhalten, die auch abseits seiner Biografie für die Wissenschaft von Wert sind.

59 Zunächst schon aus finanziellen Gründen: Ein entfernter Verwandter Süßheims, ein Banker, beging Suizid, nachdem er 250 000 Mark verloren hatte – Deutsche, die in Großbritannien oder den USA Geld investiert hatten, gerieten nun in enorme Schwierigkeiten, vgl. Flemming u. Schmidt, Diary, S. 95 u. Tagebuch KS, 9.8.1914. Auch Süßheims Schwager hatte damit zu kämpfen: Eugen Kirschbaum hatte seinen Vater 1905 als Mitinhaber einer Firma abgelöst; die Hauptniederlassung war ab diesem Zeitpunkt in Nürnberg, vgl. Georg Benda: Bekanntmachung, 15.9.1905, in: Nachlass KS (LOC), Box 11. Vgl. zur Firma auch Radlmaier, Süßheims, S. 120.

60 Vgl. Tagebuch KS, 20.10. u. 13.12.1914.

61 Schreiben der Gothaer Lebensversicherungsbank auf Gegenseitigkeit, 23.12.1916, Nachlass KS (LOC), Box 9.

62 Über das Leben des Professors ist eine Dissertation an der LMU entstanden, vgl. Rolf M. Hauck: Fritz Burger (1877–1916). Kunsthistoriker und Wegbereiter der Moderne am Beginn des 20. Jahrhunderts, München 2005.

63 VHaPPD: Vertrauliche Mitteilung, 24.7.1916, Nachlass KS (LOC), Box 4.

64 Vgl. VHaPPD: Mitteilung (24.7.1916); Dies.: Aufruf zur Mitgliederversammlung am 19.7.1916 zur „Besprechung notwendiger Maßnahmen zugunsten der Hinterbliebenen des im Kriege gefallenen Kollegen Professor Dr. Fritz Burger“; Dies.: Aufruf zur Versammlung am 14.11.1916 mit dem Tagesordnungspunkt „Bericht über die Sammlung zugunsten der Hinterbliebenen des gefallenen Kollegen Professor Dr. Burgers, nebst Verwandtem (Antrag Professor Hellmann)“, alle aufbewahrt in: Nachlass KS (LOC), Box 5.

Verdun, fiel mit Karl Löffler[65] ein weiteres Mitglied der Insel. Seine Freunde widmeten ihm eine Trauersitzung: „Der Krieg hat eine neue schmerzliche Lücke in unsere Reihen gerissen und uns einen unserer Besten geraubt", schrieben die Klub-Herren: „Unser lieber Freund [...] ist [...] den Soldatentod gestorben. Aus ganzem Herzen betrauern wir diesen seltenen Menschen, den wir als treuen und bewährten Freund verehrten"[66].

Karl Süßheim blieb die tödliche Front erspart. Dennoch wollte auch er sich in den Dienst des Vaterlandes stellen, und seine Familie war bald der Ansicht, er solle sich der bayerischen Regierung als Dolmetscher anbieten.[67] Bruder Max ließ ihn außerdem wissen, er solle seine patriotische Pflicht tun, indem er Artikel schrieb und Vorträge hielt, die die Beziehungen zwischen Deutschland und dem verbündeten Osmanischen Reich befördern würden. Weil er um seine akademische Reputation fürchtete, zögerte Süßheim zunächst, die Initiative zu ergreifen.[68] Er war zwar mittlerweile habilitiert worden und als Privatdozent tätig, doch eine reguläre Professur hatte man ihm noch nicht in Aussicht gestellt. Seine Bedenken richteten sich wohl auch ganz grundsätzlich gegen eine politische Vereinnahmung der Wissenschaft: Wie nahezu die gesamte Dozentenschaft des Kaiserreichs unterschrieb zwar auch Süßheim im Oktober 1914 die nationalistische „Erklärung der Hochschullehrer"[69], doch er war nicht bereit, der Kriegspropaganda zuliebe Fakten zu verbiegen. Diese Haltung entsprach allerdings nicht dem gewünschten Habitus eines patriotischen Wissenschaftlers in Kriegszeiten: Nachdem Süßheim einmal in einem Vortrag nüchtern die finanzielle Instabilität des Osma-

65 Der Münchner Kaufmann Karl David Löffler (1883–1916) starb am 25. Mai bei Bezonvaux. Süßheim notierte, dass er von einem Granatsplitter verletzt worden war. Vgl. Reinhard Weber (Bearb.): Max Hirschberg: Jude und Demokrat. Erinnerungen eines Münchener Rechtsanwalts 1883 bis 1939, München 1998, S. 95 u. Tagebuch KS, 28.5.1916.

66 Benachrichtigung des Klub Insel München, 31.5.1916, Nachlass KS (LOC), Box 5.

67 Vgl. Tagebuch KS, 1., 5. u. 11.9.1914.

68 Vgl. ebd., 23.9.1914.

69 Wörtlich hieß es darin: „Wir Lehrer an Deutschlands Universitäten und Hochschulen dienen der Wissenschaft und treiben ein Werk des Friedens. Aber es erfüllt uns mit Entrüstung, daß die Feinde Deutschlands, England an der Spitze, angeblich zu unsern Gunsten einen Gegensatz machen wollen zwischen dem Geiste der deutschen Wissenschaft und dem, was sie den preußischen Militarismus nennen. In dem deutschen Heere ist kein anderer Geist als in dem deutschen Volke, denn beide sind eins, und wir gehören auch dazu. Unser Heer pflegt auch die Wissenschaft und dankt ihr nicht zum wenigsten seine Leistungen. Der Dienst im Heere macht unsere Jugend tüchtig auch für alle Werke des Friedens, auch für die Wissenschaft. Denn er erzieht sie zu selbstentsagender Pflichttreue und verleiht ihr das Selbstbewußtsein und das Ehrgefühl des wahrhaft freien Mannes, der sich willig dem Ganzen unterordnet. Dieser Geist lebt nicht nur in Preußen, sondern ist derselbe in allen Landen des Deutschen Reiches. Er ist der gleiche in Krieg und Frieden. Jetzt steht unser Heer im Kampfe für Deutschlands Freiheit und damit für alle Güter des Friedens und der Gesittung nicht nur in Deutschland. Unser Glaube ist, daß für die ganze Kultur Europas das Heil an dem Siege hängt, den der deutsche ‚Militarismus' erkämpfen wird, die Manneszucht, die Treue, der Opfermut des einträchtigen freien deutschen Volkes." Dietrich Schäfer (Hrsg.): Erklärung der Hochschullehrer des Deutschen Reiches. Déclaration des professeurs des Universités et des Écoles supérieures de l'Empire allemand, Berlin, 23.10.1914, der Text S. 1, Süßheims Name: S. 23.

nischen Reichs skizziert hatte, kommentierte er die Missbilligung des Publikums: „Mein Vortrag beinhaltete einen großen und wesentlichen Fehler: [Er] war weder nationalistisch noch emotional, sondern eine wissenschaftliche Analyse."[70] Eines sollte Karl Süßheim in diesen Jahren besonders Kopfzerbrechen bereiten: Er war alles andere als begeistert von der deutsch-osmanischen Waffenbrüderschaft, die er in den Augen der Nation zu feiern hatte.

Süßheim, wie wir gesehen haben, von seiner anfänglichen Begeisterung für den osmanischen Sultan längst kuriert und auch von der Entwicklung, die die jungtürkische Bewegung genommen hatte, tief enttäuscht, war der Meinung, dass in der jüngeren Geschichte in weltpolitischer Hinsicht einzig das Osmanische Reich von der Beziehung zum Kaiserreich profitiert habe, während sich die Deutschen allein über wirtschaftliche Vorteile freuen durften.[71] Bereits seit 1902, schrieb Süßheim in einem Aufsatz, bei dessen Abfassung er sich vielleicht auch an sein Gespräch mit dem Abgeordneten Rıżā Tevfīḳ erinnerte[72], hätten „[d]ie gebildeten türkischen Klassen bis weit hinauf in die Hofkreise" mit einem baldigen Zusammenstoß Deutschlands und Englands gerechnet, „der es der Türkei ermögliche, an England für die erlittene Unbill grausame Rache zu nehmen"[73]. „Man dachte sich dabei in die schmeichelhafte Rolle eines Verbündeten Deutschlands hinein", fuhr er fort – „nur den intimsten Mitgliedern der türkischen Diplomatie schien es bekannt zu sein, daß Deutschland nicht im entferntesten daran denke, sich durch ein Bündnis mit der herabgekommenen, kulturfeindlichen Türkei in üblen Ruf zu bringen". Dieser Text erschien im Kriegsjahr 1914. Laut Vorwort beruhte er auf einem Vortrag, den Süßheim im Winter 1913/14 gehalten hatte.[74] Das jüngste politische Ereignis, auf das im Text verwiesen wird, ist jedoch der osmanische Friedensschluss mit Serbien vom 14. März 1914[75] – für die Veröffentlichung hatte Süßheim sein Vortragsskript also überarbeitet, was auch ein Schreiben des zuständigen Redakteurs von der Münchner Handelshochschule, die für die Publikation verantwortlich war, im Nachlass bestätigt.[76] Süßheims Tagebuch verrät, dass seine Fehleinschätzung noch gravierender

70 Tagebuch KS, 11.4.1918, Nachlass KS (SBB) Hs. or. 1 135/9, fol. 42r.

71 Süßheims Bewertung 1914: „Der Verlust der englischen Sympathien war für die Pforte ein unersetzlicher Verlust. Einigermaßen wurde sie dafür durch gute und für die Türkei auch nützliche Beziehungen zu Deutschland entschädigt. Die Besuche, welche der deutsche Kaiser in den Jahren 1889 und 1898 dem Sultan abstattete, trugen mächtig zur Knüpfung engerer Beziehungen zwischen Deutschland und der Türkei bei. Deutschland wurde für seine Dienste durch Eisenbahnkonzessionen in Kleinasien sowie durch große Aufträge an deutsche Industriewerke belohnt. Die unter deutscher Oberleitung gebauten Bahnen von Haidar-Pascha nach Angora (1892) und Konia [Ankara und Konya, KM] (1896) verliehen in den Augen des Asiaten dem Namen des Deutschen Reiches, das man bisher als armes Land mit Mitleid betrachtet hatte, ungeahnten Glanz." Süßheim, Zusammenbruch, S. 84f.

72 Vgl. Kap. I.2.

73 Hier und das folgende Zitat: Süßheim, Zusammenbruch, S. 85.

74 Vgl. das Vorwort des Herausgebers und Direktors der Handelshochschule: Bonn, Balkanfrage, [o.S.].

75 Vgl. Süßheim, Zusammenbruch, S. 106.

76 Es zeigt, dass Süßheim zumindest bis Mai 1914 Gelegenheit hatte, den Text zu überarbeiten, denn der Redakteur lud ihn ein, seine Kürzungsvorschläge zu besprechen, die im Wesentlichen den ersten

war: Erst kurz nach Ausbruch des Krieges stellte er den Artikel fertig[77], doch an seiner Meinung hatte sich offenbar nichts geändert. Das Deutsche Kaiserreich würde sich nicht auf die Osmanen als Verbündete einlassen: Er relativierte diese Aussage im Text später nicht, und mit dieser Überzeugung stand er ganz und gar nicht allein da. Auch Generalstabschef Helmuth von Moltke[78] und der deutsche Botschafter in Konstantinopel Hans von Wangenheim[79] hatten den Wert einer militärischen Allianz mit den Jungtürken noch im März bzw. Juli 1914 als völlig nutzlos erachtet.[80] Süßheim hatte also keinen Anlass zur Scham, dass er sich nicht vorstellen konnte, was bekanntermaßen folgte: Schon am 2. August 1914 wurde der geheime Bündnisvertrag unterschrieben; im November stand das Osmanische Reich offiziell an der Seite Deutschlands und Österreich-Ungarns. Frankreich, Großbritannien und Russland erklärten der Pforte den Krieg, und der überrumpelte bayerische Orient-Experte Karl Süßheim war nun gezwungen, sich dazu zu verhalten. Derweil planten andere in Berlin längst den *Jihad*[81].

„Jihad made in Germany“ | Der Nahe Osten im Krieg: Ein Spielplatz für Orientalisten

Rückblick: Nordostsyrien, 1912. Da die Karriere des bereits erwähnten Max von Oppenheim im diplomatischen Dienst stockt, leitet dieser seit geraumer Zeit die archäologischen Ausgrabungen am Siedlungshügel Tell Halaf, den er selbst entdeckt hat. Beim Besuch einer

Abschnitt beträfen, „weniger den zweiten und dritten, die wegen ihres aktuellen Materials für unseren Zyklus wohl von ganz besonderem Interesse sind“, Frithjof Noack an Karl Süßheim, 18.5.1914, Nachlass KS (LOC), Box 4.

77 Vgl. Tagebuch KS, 4.12.1914.

78 Helmuth Johannes Ludwig von Moltke (1848–1916), genannt „Moltke, der Jüngere“, war von 1906 bis zum 14. September 1914 Chef des Großen Generalstabs. Er ist nicht zu verwechseln mit seinem bekannteren Onkel, dem preußischen Generalfeldmarschall Helmuth von Moltke (1800–1891) aus den deutschen Einigungskriegen.

79 Hans Freiherr von Wangenheim (1859–1915) war seit 1912 bis zu seinem Tod deutscher Botschafter in Konstantinopel.

80 Vgl. Hanisch, Oppenheim, S. 38 sowie ausführlich das Kapitel „German-Ottoman alliance negotiations during the July Crisis“ bei Mustafa Aksakal: The Ottoman Road to War in 1914. The Ottoman Empire and the First World War, New York 2008, S. 93–102.

81 Der arabische Begriff (جهاد) bedeutet wörtlich „Anstrengung“, „Kampf“ oder „Bemühung“ und meint das islamische Konzept des Einsatzes auf dem Wege Gottes, ein allen Musliminnen und Muslimen auferlegtes Gebot. Im Koran ist mit *Jihad* in erster Linie militärischer Kampf bezeichnet, unter muslimischen Gelehrten sind aber auch nichtmilitärische oder aber bewusst ausschließlich verteidigungstechnische Deutungen des Begriffs verbreitet. Deshalb ist die gängige Übersetzung mit „Heiliger Krieg“ – zumal sie in der europäischen Debatte oftmals mit der Abgrenzung von der islamischen Religion und ihrer angeblich kriegerischen Natur im Gegensatz zur christlichen Tradition einhergeht – scharf umstritten.

britischen Ausgrabungsstätte trifft er auf einen gewissen Thomas Edward Lawrence[82], doch die beiden Orientliebhaber und glühenden Patrioten ahnen zu diesem Zeitpunkt nicht, dass sie sich in absehbarer Zeit als erbitterte Feinde im Weltkrieg gegenüberstehen werden. Sowohl *Abu Jihad* Oppenheim, wie die Nahost-Historiker Barry Rubin und Wolfgang G. Schwanitz ihn nennen[83], als auch „Lawrence von Arabien" werden Geschichte schreiben.

„[W]enn wir uns verbluten sollen, dann soll England wenigstens Indien verlieren": In der Juli-Krise 1914 erteilte Kaiser Wilhelm II. die Anweisung, „die ganze Mohamedan[ische] Welt gegen dieses verhaßte, verlogene, gewissenlose Krämervolk zum wilden Aufstand [zu] entflammen"[84]. Generalstabschef Moltke bemerkte dazu selbstbewusst: „Durch den Vertrag mit der Türkei wird das Auswärtige Amt in der Lage sein, diesen Gedanken zu verwirklichen und den Fanatismus des Islam zu erregen."[85] Die Notwendigkeit, Großbritannien in Nahost zu schwächen, wurde im Ersten Weltkrieg immer drängender. Der Schlieffen-Plan scheiterte bekanntlich, weil das neutrale Belgien sich dem Durchmarsch der deutschen Truppen verwehrte und Großbritannien in den Krieg eintrat. Das Kaiserreich war auf einen Zweifrontenkrieg nicht ausreichend vorbereitet, der Kampf gegen Frankreich wurde zum kräftezehrenden Stellungskrieg und an der russischen Front sah es nicht besser aus. Das Kaiserreich sah die Lösung darin, eine dritte Front aufzutun: Sie sollte weit abseits liegen – im Orient erhofften die Generäle sich, mithilfe der Muslime den Krieg für sich zu entscheiden.

Da der osmanische Sultan nur mehr als Marionette der Jungtürken galt, hatte Wilhelm II. darüber nicht mit ihm zu verhandeln, sondern mit dem bereits erwähnten İsmaʿil Enver, der inzwischen Kriegsminister war – und einer der führenden Zentralisten.[86] Im Gegensatz zu anderen jungtürkischen Offizieren wie einem gewissen Muṣṭafā Kemāl war Enver von der Idee einer deutsch-osmanischen Bündnispartnerschaft überzeugt.[87] Gegen den erklärten Willen des Marineministers Aḥmet Cemāl[88] setzte er sich damit durch. Cemāl

82 Thomas Edward Lawrence (1888–1935), besser bekannt als „Lawrence von Arabien", war britischer Offizier, Archäologe, später Geheimagent und Schriftsteller. Zur Begegnung der beiden vgl. Gossman, Passion, S. 119f.

83 Vgl. die Bildunterschrift bei Barry Rubin u. Wolfgang G. Schwanitz: Nazis, Islamists and the Making of the Modern Middle East, New Haven u. London 2014, S. 17.

84 Randbemerkung des Kaisers zu Telegramm 189 (Der Botschafter in Petersburg an das Auswärtige Amt, 30.7.1904 (Nr. 401)), abgedr. bei Max Montgelas u. Walter Schücking (Hrsg.): Die Deutschen Dokumente zum Kriegsausbruch. Vollständige Sammlung der von Karl Kautsky zusammengestellten amtlichen Aktenstücke mit einigen Ergänzungen, 5 Bde., Charlottenburg 1919, Bd. 2, S. 130–133, hier S. 133.

85 Der Chef des Generalstabs des Feldheeres an das Auswärtige Amt, 5.8.1914 (Nr. 876), abgedr. bei Montgelas u. Schücking, Dokumente 4, S. 94f., hier S. 95.

86 Vgl. Kap. I.2.

87 Die Rivalität Envers mit dem späteren Republikgründer, den er während des Ersten Weltkriegs noch von entscheidenden Machtpositionen fernhielt, speiste sich nicht zuletzt aus diesen divergierenden Vorstellungen.

88 Aḥmet Cemāl (1872–1922), besser bekannt als Cemāl Paşa, schloss sich als junger Offizier den Jungtürken an und war neben Mehmed Ṭalʿat einer der Gründer des KEF. Nach dem gescheiterten

Konstantinopel, 28. Oktober 1914: Süßheims guter Bekannter, der Şeyhülislām Mūsā Kāẓim ruft den *Jihad* aus – ein bezeichnender Beginn der deutsch-osmanischen Waffenbrüderschaft.

war einer der beiden anderen Köpfe des jungtürkischen Triumvirats, das seit 1913 mit nahezu diktatorischen Vollmachten regierte. Der Dritte im Bunde war Innenminister Meḥmed Ṭal'at, mit dem Süßheim nach wie vor korrespondierte[89], und der zunächst für eine neutrale Außenpolitik plädierte. Cemāl verfolgte einen ganz anderen Plan: Im Juli 1914 führte er geheime Bündnisverhandlungen mit Großbritannien. Nach seiner Rückkehr aber wurde er von Enver vor vollendete Tatsachen gestellt: Das Militärbündnis an der Seite Deutschlands war beschlossene Sache. Noch war es geheim und offiziell befand sich das Osmanische Reich im Zustand der „bewaffneten Neutralität“, doch im November trat es offiziell an der Seite der Mittelmächte in den Krieg ein. Şeyhülislām Mūsā Kāẓim, der Karl Süßheim einst fast zum Islam geführt hätte[90], erließ eine Fatwa, die den *Jihad* zu einer „individuelle[n] Pflicht für die Gesamtheit der Muslime in allen Ländern, […] seien sie alt oder jung, zu Fuß, oder beritten“, erklärte, – „entsprechend dem Wort des Erhabenen ‚Rückt aus, leicht und schwer,

Putsch vom April 1909 und 'Abdülḥamīds Entthronung, an dessen Vereitelung er maßgeblich beteiligt war, war er zunächst als Gouverneur von Adana und Bagdad eingesetzt, verlor im Zuge des Machtwechsels 1912 aber sein Amt und nahm am Balkankrieg teil. Durch den Putsch von 1913 stieg er als Militärgouverneur Konstantinopels in die jungtürkische Führungsriege auf und wurde schließlich, zunächst als Minister für öffentliche Arbeiten, einer der drei wichtigsten Regimemitglieder. Im Februar 1914 wurde er Marineminister.

89 Vgl. Kap. I. 2.

90 Vgl. Kap. I.1.

und führt Krieg mit eurem Vermögen und in eigener Person"[91]. Auch der Sultan rief zum Glaubenskrieg auf: Die Gegner, verkündete Meḥmed V. Reşad, würden Millionen Muslime unterdrücken und sie dem Kalifat entfremden.[92] Wenn es an die Waffen ging, waren dergestalte Aufrufe im Osmanischen Reich altbekannte Tradition, doch dieses Mal hatte der Sultankalif Unterstützung aus Deutschland – hierzulande nämlich nahm man den *Jihad* besonders ernst.

In Berlin wurde eine Nachrichtenstelle für den Orient (NfO) eingerichtet – wie Salvador Oberhaus schreibt, sozusagen ein „*think tank* der deutschen Orientpropaganda"[93], dessen Köpfe eine Strategie ausarbeiteten, die später als „*Jihad* made in Germany"[94] bekannt werden wird: Im Auswärtigen Amt wurde ein Aufstand von Marokko bis Indien erdacht.[95] Er sollte alle vom europäischen Imperialismus beherrschten islamischen Gebiete betreffen. Einer tat sich bei diesen Planungen besonders hervor: Ausgerechnet Max von Oppenheim, dem einst im antisemitischen Umfeld des Auswärtigen Amts so verhassten konvertierten Juden, wurde die Leitung der Abteilung übertragen. Oppenheim hatte hervorragende Kontakte in arabisch-islamische Führungskreise und betonte seit langem gemeinsame Interessen der Deutschen und der Muslime.[96] Ende 1914 lieferte er die „Denkschrift betreffend die Revolutionierung der islamischen Gebiete unserer Feinde"[97]. Dabei handelte es sich um eine Art „Maßnahmenkatalog"[98] zur Entfachung und Umsetzung indigener Aufstände gegen die Kolonialmächte Frankreich, Russland und Großbritannien.[99] Schon Fritz Fischer dienten Oppenheims Denkschriften aus den ersten Kriegsmonaten als Nachweis für seine These des „Griffs nach der Weltmacht" – die Vereinnahmung der islamischen Welt führte er als Beweis

91 Zit. nach Flugblatt Nr. 8,7, übers. bei Gottfried Hagen: Die Türkei im Ersten Weltkrieg. Flugblätter und Flugschriften in arabischer, persischer und osmanisch-türkischer Sprache aus einer Sammlung der Universitätsbibliothek Heidelberg eingeleitet, übersetzt und kommentiert (= HoS 15), Frankfurt a. M. 1990, S. 67–69, hier S. 67. Mūsā Kāẓim nimmt hier Bezug auf die Koran-Sure 9.41.

92 Hier und im Folgenden vgl. Wilfried Loth: „Dschihad made in Germany"? Einleitung, in: Ders. u. Hanisch, Weltkrieg, S. 7–12, hier S. 7.

93 Salvador Oberhaus: „Zum wilden Aufstande entflammen". Die deutsche Propagandastrategie für den Orient im Ersten Weltkrieg am Beispiel Ägyptens, Saarbrücken 2007, S. 135.

94 Bereits während des Krieges veröffentlichte der Leidener Arabist Snouck Hurgronje eine entsprechend betitelte Monografie, vgl. dessen The Holy War „Made in Germany", New York u. London 1915. Die Bezeichnung wurde von vielen übernommen, vgl. etwa Tilman Lüdke: Jihad made in Germany. Ottoman and German Propaganda and Intelligence Operations in the First World War (= SZNN 12), Münster 2005 oder die bereits zitierte Einleitung von Loth, Dschihad.

95 Vgl. Hanisch, Oppenheim, S. 13.

96 Vgl. Loth, Dschihad, S. 8.

97 Sie wurde jüngst im Verlag Das Kulturelle Gedächtnis neu aufgelegt: Max von Oppenheim: Denkschrift betreffend die Revolutionierung der islamischen Gebiete unserer Feinde, in: Steffen Kopetzky (Hrsg.): Dokumente von Max Freiherr von Oppenheim mit dem Titel Denkschrift betreffend die Revolutionierung der islamischen Gebiete unserer Feinde, Berlin 2018, S. 14–93. Zur Diskussion um die genaue Datierung der Schrift vgl. Hanisch, Oppenheim, S. 16 f.

98 Oberhaus, Aufstande, S. 121.

99 Hier und im Folgenden vgl. Hanisch, Oppenheim, S. 14.

„The Kaiser's Spy"? Der deutsche Archäologe Max von Oppenheim in einem Beduinenzelt auf einer seiner Forschungsreisen im Jahr 1893.

für die Rücksichtslosigkeit deutscher Kriegspolitik an.[100] Andere sehen Oppenheim ganz im Gegenteil als Idealisten islamischer Selbstbestimmung.[101]

100 Vgl. Fischer, Griff, S. 140–148. Marc Hanisch schreibt, dass Fischer Oppenheim zur Stützung seiner These zum Hintergrundakteur aufgebaut habe, welcher dem Kaiser schon zu seiner bekannten Rede an die Muslime 1898 als Inspirationsquelle gedient haben soll – dies aber sei leicht zu widerlegen, vgl. Hanisch, Oppenheim, S. 16.

101 Stefan M. Kreutzer ist der Ansicht, Oppenheims Ideen müssten „neu bewertet werden“. In seiner Monografie von 2012, die dessen Denkschrift in den Mittelpunkt der Betrachtung rückte, vertrat Kreutzer die These, dass Oppenheims Orientpolitik im Kern antiimperialistisch gewesen sei; im Vordergrund habe das Selbstbestimmungsrecht der Völker des Nahen Ostens gestanden. Warum Kreutzer seine gewagte, aber durchaus diskussionswürdige These im Zusammenwirken mit dem Grazer Verlag Ares publiziert hat, der auf rechtspopulistische Literatur spezialisiert ist, bleibt sein Geheimnis; die Gefahr, mit seinem Narrativ das narzisstische Rechtfertigungsmodell zu füttern, demzufolge der eigene Imperialismus moralischer gewesen sei als der der anderen, liegt auf der Hand (vgl. dazu auch Shohat u. Stam, Afterword, S. 386 f.). Zuletzt forschte Kreutzer über den Diplomaten Wilhelm Waßmuß (1880–1931), der auf Grundlage der Oppenheim'schen Strategie während des Ersten Weltkriegs in Persien eingesetzt war. Vgl. Stefan M. Kreutzer: Dschihad für die Freiheit. „The Kaiser's Spy“, in: zenith. Zeitschrift für den Orient, 1 (2013), S. 94–99, das Zitat S. 94; Ders.: Dschihad

Was hatte der Nahostexperte konkret vorgeschlagen? Oppenheims militärstrategische Zielsetzung bestand in einer Kombination regulärer Truppeneinsätze der osmanischen Marine und Armee mit Sabotageakten durch paramilitärische Gruppen, darüber hinaus entwarf er Leitlinien für eine zielführende Propaganda im islamisch geprägten Raum.[102] Das Osmanische Reich nahm dabei die Schlüsselrolle ein: Die erwähnte Doppelfunktion von Sultanat und Kalifat sowie die Existenz eines schlagkräftigen Heeres machten Oppenheim zufolge ein Mitwirken der Osmanen zur „Hauptvorbedingung"[103] des Erfolgs. Im britisch besetzten Ägypten sei ein schnelles militärisches Auftreten notwendig, schrieb er, der an einen isolierten Aufstand der Ägypter nicht glaubte – zunächst also sollten Propaganda betrieben werden sowie „[m]öglichst viele kleine Putsche, Attentate etc. […], ganz gleichgültig, ob diese gelingen oder nicht"[104] erfolgen, um das Land zu destabilisieren. Ganz ähnliche Hoffnungen hegte Oppenheim für den Kaukasus, um Russland zu treffen. Seine Strategie wurde anstandslos umgesetzt: Es wurden Missionen nach Afghanistan, Persien, in die arabischen Gebiete, den Kaukasus und den Maghreb entsandt, die zusammen mit den jeweiligen lokalen Oppositionsbewegungen für Kriegsallianzen gegen die Entente werben und zum Guerillakrieg anstiften sollten.[105] Afghanistan sollte zum Krieg gegen Britisch-Indien angestachelt werden; deutsche U-Boote versorgten Aufständische in Libyen mit Waffen und Munition; im Süden Persiens wurde eine für die Briten wichtige Öl-Pipeline sabotiert: Deutsche Offiziere, osmanische Soldaten und einheimische Aufständische sprengten die Pipeline der Anglo Persian Oil Company, die die englische Kriegsmaschinerie am Laufen hielt. Max von Oppenheim pendelte während des Weltkriegs zwischen Berlin und Konstantinopel, um seine Strategie zu koordinieren: 1915 traf er sich in der osmanischen Hauptstadt mit Faisal, dem Sohn des Şerīfen von Mekka. Die Haschemiten-Familie herrschte über die heiligen Stätten und hatte daher großen Einfluss auf die muslimischen Araber, die sich bisher kaum bemüßigt sahen, an den Kampfhandlungen teilzunehmen. Oppenheim wollte Faisal davon überzeugen, ebenfalls den *Jihad* auszurufen; dieser forderte im Gegenzug eine moderne Ausrüstung und gehörige Finanzspritzen aus Deutschland.

Für solche, die sich im Nahen Osten nicht auskannten, erschien Oppenheims Strategie vielversprechend. Doch sie krankte nicht nur am demonstrativ zur Schau gestellten vorgeblichen Antikolonialismus, der dem Deutschen Kaiserreich (das schließlich selbst seinen „Platz an der Sonne" gefordert hatte und Kolonien unterhielt) nicht abgenommen wurde.[106] Der

für den deutschen Kaiser. Max von Oppenheim und die Neuordnung des Orients (1914–1918), Graz 2012; Ders.: Wilhelm Waßmuß – Ein deutscher Lawrence, in: Loth u. Hanisch, Weltkrieg, S. 91–117.

102 Hier und im Folgenden vgl. Hanisch, Oppenheim, S. 14 f.

103 Oppenheim, Denkschrift, S. 14.

104 Ebd., S. 26.

105 Vgl. Hanisch, Oppenheim, S. 13.

106 Um es mit den Worten des Schriftstellers Steffen Kopetzky, der nicht nur Oppenheims Denkschrift herausgab, sondern mit dem Roman „Risiko" auch einen Bestseller über die deutsche Islampolitik im Ersten Weltkrieg schrieb, zu sagen: „In Afrika schwang das Kaiserreich die Nilpferdepeitsche[,] bis das Blut ganzer Volksstämme spritzte, aber im islamischen Orient, also jener gewaltigen Weltregion

Jihad, ein ursprünglich religiöses Konzept, war für alle offensichtlich von einer christlichen Macht angeordnet und dramatisch umgedeutet worden, was in den Augen vieler Muslime von vornherein unglaubwürdig war. Dass es im Osmanischen Reich zudem ausgerechnet jungtürkische Kreise waren, wo sich in der Vergangenheit so viele mit scharfer Religionskritik hervorgetan hatten und sich nun einer muslimischen Rhetorik bedienten, machte die Instrumentalisierung allzu durchschaubar.[107] Viele Intellektuelle im Nahen Osten genauso wie im Kaiserreich aber störte die Instrumentalisierung der Religion angesichts der erhofften Resultate nicht. Die NfO erwies sich daher als beliebtes Betätigungsfeld auch für deutsche Orientalisten. In den ersten Kriegsmonaten gingen dutzende Anregungen – „[g]etragen von einem Optimismus hinsichtlich der einfachen Durchführbarkeit des jeweiligen Unternehmens und in der Regel [...] in Empfehlung der eigenen Person“, wie der Historiker Marc Hanisch schreibt – im Auswärtigen Amt ein, so etwa ein „Memorandum über die Möglichkeit der Vernichtung der britischen Okkupationstruppen in Egypten und die in der Folge leicht durchführbare Sperrung des Suezkanals“.[108] Verfasst worden war die Schrift von Curt Prüfer, ehemals Dragoman am deutschen Konsulat in Kairo, der als hoffnungsvoller Nachwuchs-Orientalist galt und es mit seinem Engagement für den *Jihad* zum politischen Agenten und Nachrichtenoffizier im Ersten Weltkrieg brachte. Ein anderer, der für die NfO zum Einsatz kam, war der bereits erwähnte Ernst Jäckh, dem sein Ruf vorauseilte – kaum überraschend war der Mann, den Süßheim beim Empfang einer jungtürkischen Delegation erlebt und wegen seiner Überheblichkeit gegenüber den Gästen als unerträglich empfunden hatte, im Ersten Weltkrieg als Berater tätig.[109]

Ganz im Gegensatz zu Max von Oppenheim und anderen Orientkundigen war Karl Süßheim davon überzeugt, dass das Osmanische Reich den Deutschen im Krieg als Verbündeter eher schaden als nutzen würde. Die Idee eines deutsch provozierten *Jihad* tat ihr Übriges: Nicht dass man ihn darum gebeten hätte, sich zu beteiligen, doch Süßheim hätte sicher nichts ferner gelegen. Er war ein scharfer Kritiker der politischen Instrumentalisie-

zwischen den Säulen des Herkules und New Delhi, hatte [sic!] wir eine saubere Weste und zogen die Schuhe aus, wenn wir das Zelt eines Stammesfürsten betraten.“ Steffen Kopetzky: Nachwort des Herausgebers, in: Ders., Dokumente, S. 97–106, hier S. 100.

107 Der niederländische Kolonialbeamte und Orientalist Christiaan Snouck Hurgronje – nicht zuletzt um die überseeischen Besitzungen seiner eigenen Heimat bangend (vgl. dazu Hanisch, Oppenheim, S. 37) – wies 1915 besonders auf die gebildeten Schichten hin: “In the more highly developed circles of all Mohammedan countries the conviction has become general that the mediæval mixture of religion and politics, which the system of Islām wanted to uphold for ever, is not of our times. The Mohammedans have become inferiors in this world, politically and socially; so much that the idea of a world-dominion founded on their religion could not keep anything of its attraction for all but the ignorant. The others are almost ashamed of the presumption expressed by the teaching of the *jihad*, and try hard to prove that the law itself restricts its application to circumstances which do not occur any more.” Hurgronje, War, S. 15.

108 Hier und im Folgenden vgl. Marc Hanisch: Curt Prüfer – Orientalist, Dragoman und Oppenheims „man on the spot“, in: Loth u. Hanisch, Weltkrieg, S. 167–191, hier S. 167, das Zitat: ebd.

109 Vgl. Hanisch, Oppenheim, S. 18 sowie Kap. I.2.

rung des Islam und hob in seinen Veröffentlichungen deutlich seinen Unmut über den Erfolg hervor, den die zentralistischen Jungtürken auf diesem Gebiet hatten.[110] Süßheim, dem die Unruhen in den arabischen Gebieten bekannt waren, hätte sich zudem wohl kaum mit einem vorgeschobenen religiösen Argument aufs Glatteis der Stammeslogik begeben. Der für das Auswärtige Amt tätige Curt Prüfer musste schon bald, im Februar 1915 vor Ort, angesichts des Suezfeldzugs (und der von ihm unterstellten Feigheit und Türkenfeindschaft der Araber) einräumen, dass das Sultankalifat als einigendes Moment der Muslime ausgedient hatte: „Der heilige Krieg ist eine Tragikomödie“[111], schrieb er an Max von Oppenheim, und nur wenige Monate darauf bezeichnete er den *Jihad* in einem Bericht an den deutschen Botschafter in Konstantinopel als „vollständiges Fiasko“[112]. Oppenheim in Berlin aber wollte Hanisch zufolge „seine seit fast 20 Jahren verfestigten Vorstellungen“ von einer „islamischen Solidargemeinschaft, dem Wunsch nach Befreiung vom europäischen Imperialismus, der Autoritätshörigkeit wie Lenkbarkeit der Bevölkerung“, vor allem aber „die Prognose von der Vorbedingung eines großen europäischen Krieges“[113] nicht aufgeben. Die Anstrengungen wurden also noch intensiviert, doch die Skeptiker sahen sich durch den weiteren Kriegsverlauf bestätigt: Im Sommer 1916 sagte sich der Şerīf von Mekka offiziell von Konstantinopel los. Im Auswärtigen Amt war man davon überrascht[114]: Die Haschemiten hatten nämlich ein doppeltes Spiel getrieben.

Während Faisal sich mit dem Deutschen Max von Oppenheim traf, nahm sein Vater, Şerīf Ḥusayn, Kontakt zu den Briten auf. In Kairo hatte in der Zwischenzeit Thomas Edward Lawrence Position bezogen: Der einstige Archäologen-Kollege arbeitete hier für den britischen Geheimdienst. London versprach den Haschemiten die vom Osmanischen Reich zu erobernden arabischen Gebiete, sollten sie die Bevölkerung dazu bringen, an der Seite des Empires zu kämpfen und sich gegen die jungtürkische Regierung aufzulehnen. Ḥusayn ibn ʿAlī phantasierte derweil längst von einem arabischen Großreich unter seiner Führung – und der britische Plan ging auf. T. E. Lawrence wurde auf die Arabische Halbinsel geschickt, um die dortigen Aufständischen aufzusuchen, und traf sich mit Faisal, um den Kostenpunkt zu klären. Die Araber waren der osmanischen Fremdherrschaft, als solche sie in der Regel empfunden wurde[115], seit langem überdrüssig und schlugen sich auf die Seite Groß-

110 Die politische Entwicklung im Osmanischen Reich habe Europa wieder einmal vor Augen geführt, „daß selbst in der modernen Türkei politische Parteien nur dann ihre Existenz fristen können, solange sie das verknöcherte religiöse System des Islams vergöttern“, schrieb er 1914 aber auch mit kritischem Blick auf die muslimische Bevölkerung im Osmanischen Reich. Süßheim, Zusammenbruch, S. 100.

111 Curt Prüfer an Max von Oppenheim, 9.2.1915, zit. nach Hanisch, Prüfer, S. 181.

112 Ders. an Hans von Wangenheim, 19.5.1915, zit. nach ebd., S. 182.

113 Alle Zitate: ebd.

114 Vgl. ebd., S. 185.

115 Max von Oppenheims Überzeugung, mit einer Unterstützung des Osmanischen Reichs anti-imperialistisch zu fungieren, sowie Süßheims Bedenken passen auch hierher: Oppenheim hatte Kairo in den 1890er-Jahren erlebt, wo er die Solidarität der Ägypter mit dem Sultan im griechisch-türkischen Krieg beobachtete – Süßheim dagegen beobachtete dort 1908 die vorrevolutionäre Stimmung

britanniens. Die Guerilla-Taktik der Beduinen – es erfolgten immer wieder gezielte Angriffe auf die Bagdad-Bahn – brachte den türkischen Nachschub ins Stocken, und zu Ende des Jahres 1916 befanden sich die Osmanen allseits auf dem Rückzug: Von Ägypten aus drängten die Briten sie immer weiter nach Norden; im Dezember 1917 standen die englischen Offiziere vor Jerusalem. Kampflos mussten Deutsche und Osmanen sich dort geschlagen geben. Die Einnahme der „Heiligen Stadt“, in der Kaiser Wilhelm sich einst als Anti-Kreuzritter feiern ließ[116], war ein Sinnbild für das restlose Scheitern der deutschen Orient-Strategie.[117] Die Akteure, schreibt Wilfried Loth, „überschätzten allesamt das revolutionäre Potential, das im vermeintlichen religiösen Fanatismus der islamischen Massen steckte“, während sie „die vielfältigen Gegensätze in der islamischen Welt und die Schwierigkeiten bei der Entwicklung moderner Staatswesen, die nicht zuletzt daraus resultierten“, unterschätzten.[118] Die Begleiterscheinungen der naiven deutschen Islam-Strategie im Kaiserreich gingen derweil auch an Karl Süßheim nicht vorbei.

der ins Exil geflohenen, dezentralistisch gesinnten Jungtürken, die sich über eine Stärkung der Minderheitenrechte im Reich Gedanken machten. Oppenheim hielt eine Dekolonisierung der islamischen Welt für wünschenswert, sah aber nicht, dass wesentliche Teile der Gesellschaft die osmanische Herrschaft selbst als Kolonialmacht wahrnahmen. Es ist mittlerweile zu einer Forschungskontroverse geworden, ob und inwiefern das Osmanische Reich als Kolonialmacht in Nahost und Nordafrika zu untersuchen ist: Überzeugte Vertreter der Postcolonial Studies betonen neuerdings, dass darüber noch keine endgültige Aussage zu treffen ist, wie beispielsweise das Kürzel „tbd“ (to be discussed) in der „Übersicht formaler Kolonialherrschaften“ in der überarbeiteten Ausgabe eines Leitfadens zur Provenienzforschung und Restitution von Kolonialgütern verdeutlicht, vgl. Deutscher Museumsbund: Leitfaden zum Umgang mit Sammlungsgut aus kolonialen Kontexten, Berlin 2019, online: https://www.museumsbund.de/wp-content/uploads/2019/08/dmb-leitfaden-kolonialismus-2019.pdf, S. 175–186. Zur Erklärung des Kürzels heißt es: „Die Übersicht enthält auch Gebiete, die unter der Herrschaft Chinas, des Osmanischen Reiches oder Russlands standen. Diese Herrschaftsverhältnisse ähneln denen kolonialer Herrschaft, fehlen aber gleichwohl in gängigen Darstellungen kolonialer Herrschaft. Die Gebiete werden häufig auch als Reichserweiterungen beurteilt […]. Nicht immer hat die Bevölkerung dieser besetzten Gebiete die Herrschaft selbst als Vorherrschaft, Ausplünderung von Ressourcen und Stagnation der eigenen Kultur und somit – dem europäischen Kolonialismus gleichgesetzt – als imperiale Beherrschung angesehen, sondern in manchen Fällen eher als ‚Schutz‘ vor dem europäischen Kolonialismus“ (S. 174). Mit einer grundlegenden Neubewertung des Osmanischen Reichs im postkolonialen Diskurs müsste freilich die Geschichte an entscheidenden Stellen umgeschrieben werden – insbesondere auch im Zusammenhang mit der Bündnispolitik im Ersten Weltkrieg.

116 Vgl. Kap. I.2.

117 Wilfried Loth bezeichnet ihren Architekten Max von Oppenheim treffend als „Orientalisten, der große Sympathien für die panislamischen Bestrebungen entwickelte und in ihrem Erfolg eine Voraussetzung für die Steigerung deutscher Machtstellung und deutschen Wohlstands sah. Sein Glaube an das revolutionäre Potential der islamischen Welt beruhte jedoch mehr auf Wahrnehmung der zeitgenössischen Diskurse als auf realer Beobachtung der politischen Kräfte, weswegen er sich in der Konfrontation mit der Realität des Krieges als weitgehend illusorisch erweisen sollte.“ Loth, Dschihad, S. 9.

118 Ebd., S. 11.

„Dolce far niente im Sonnenschein" | Währenddessen im Kaiserreich: Ein Flirt mit dem Islam

Bisher hatte Kaiser Wilhelm lediglich auf seinen Reisen in den Nahen Osten die Gelegenheit ergriffen, offensiv mit dem Islam zu flirten[119], doch nun war die Zeit gekommen, Gastfreundschaft zu zeigen. Die Presse war entsprechend indoktriniert worden: Sie wurde 1917 angewiesen, nichts Herabsetzendes über den osmanischen Bündnispartner zu schreiben: „In allen Zukunftsbetrachtungen über unser Verhältnis zur T[ürkei] muß taktvolle Zurückhaltung herrschen", wurden die Medien angewiesen, „und alles vermieden werden, was so gedeutet werden könnte, als sähen wir in der T[ürkei] nicht einen in jeder Hinsicht gleichberechtigten Bundesgenossen"[120]. Es wurde auch konkret: Forderungen nach einer Zurückdrängung der türkischen Sprache im Osmanischen Reich (zugunsten des Deutschen) durften nicht erhoben werden, genauso wenig wie die Idee, „deutsche Ansiedler in die T[ürkei] zu verpflanzen". Auf den Islam sei außerdem besonders Rücksicht zu nehmen: „Aufsätze, die die religiösen Gefühle der Mohammedaner verletzen können, besonders solche, die eine Ausbreitung des Christentums auf Kosten des Islam empfehlen", seien, so das Urteil der Zensoren, „unstatthaft".

119 Vgl. Kap. I.2.

120 Hier und die Zitate im Folgenden: Oberzensurstelle: Kommunikationsüberwachende Vorschriften des Jahres 1917, abgedr. bei Heinz-Dietrich Fischer (Hrsg.): Pressekonzentration und Zensurpraxis im Ersten Weltkrieg. Texte und Quellen, Berlin 1973, S. 194–275, hier S. 267.

Nicht nur Muslime aus dem verbündeten Osmanischen Reich hielten sich während des Ersten Weltkriegs in Deutschland auf. Unweit von Berlin lag das Lager Zossen-Wünsdorf für muslimische Soldaten, in dem Kriegsgefangene aus der russischen Armee, aber auch Muslime aus Indien und den von den Westmächten kolonisierten Gebieten in Afrika untergebracht waren.[121] Es handelte sich um eine beispiellose Propagandaeinrichtung: Hier sollte das Bild deutscher Islamfreundlichkeit gepflegt werden, weshalb die Gefangenen eine Vorzugsbehandlung erfuhren.[122] So wurden etwa religiös bedingte Speiseregeln beachtet und eine Moschee erbaut,[123] und die Gefangenen konnten auch ein umfangreiches Bildungs-, Sport- und Freizeitangebot wahrnehmen. Postkarten, die sie in ihren „exotischen“ Gewändern zeigten, wurden gedruckt: Darauf war ihr „süßes Nichtstun“ zu betrachten, denn im Kaiserreich wurden Muslime angeblich empfangen wie Touristen – „Dolce far niente im Sonnenschein“. Freilich geschah all dies nicht selbstlos, und in der Berliner Nachrichtenstelle für den Orient (NfO) wurde sogar eine Zeitung für die Kriegsgefangenen hergestellt, die, gemäß der dort geplanten Agenda, einen sprechenden Namen trug: *El Dschihad*. Das eigentliche Ziel nämlich war es, die muslimischen Gefangenen, die oftmals von den Kolonialmächten an die Front gezwungen worden waren, für die angeblich „muslimische Sache“ zu begeistern, damit sie die Seiten wechselten. Auch auf die in den Lagern predigenden Geistlichen wurde entsprechend Einfluss genommen: Sie sollten die Gläubigen indoktrinieren. Und die Propaganda zeigte Wirkung.

Von Oktober bis November 1915 wurden im Kriegsgefangenenlager Zossen osmanische Delegationen empfangen. Die deutschen Behörden luden anlässlich des muslimischen Opferfests *Bayram* beispielsweise den (Süßheim über Korrespondenz gut bekannten[124]) Botschafter İbrāhīm Ḥaḳḳı mit einer Gruppe osmanischer Gaststudenten ein. Zusammen mit den 12 000 Gefangenen beteten sie, wie einer der Gäste, ein Student namens Süleymān Şükrī, es beschrieb.[125] Danach, berichtete der junge Mann, seien Predigten von Hocas[126], die von den Behörden zu diesem Zweck bestellt worden waren, zu hören gewesen. Als Geschenk der deutschen Behörden seien sodann drei Ochsen und vierzehn Schafe, mit roten und weißen Bändern geschmückt, zum Beifall der Menge geopfert worden. Danach traten offenbar ein deutscher Kommandant, der Botschafter und die Studenten in seinem Gefolge vor die türkischen, arabischen oder indischen Gefangenen, die in einer Reihe standen und denen man nun zum Bayram gratulierte. Etwas weiter entfernt beobachteten Süleymān Şükrī zufolge

121 Zur Einrichtung ist eine Monografie erschienen, vgl. Gerhard Höpp: Muslime in der Mark. Als Kriegsgefangene und Internierte in Wünsdorf und Zossen, 1914–1924 (= SZMO 6), Berlin 1997.

122 Vgl. dazu ausführlich das Kapitel „Die Propaganda“ ebd., S. 69–101.

123 Vgl. dazu ebd., S. 113 ff.

124 Karl Süßheim verfasste für die „Enzyklopädie des Islam“ einen biografischen Artikel über Ḥaḳḳı, der erst 1927 erscheinen sollte. Das Manuskript findet sich im Nachlass KS (LOC), Box 9, die Veröffentlichuung: Karl Süßheim: „Ibrāhīm Ḥaḳḳī Pas͟ha“, in: EdI 2 (1927), S. 465 f.; vgl. Tagebuch KS, 1. 4., 18. u. 22. 6. 1913.

125 Im Folgenden vgl. ebd., 4. 11. 1915.

126 Osmanisch-türkisches Wort für Lehrer, meist für islamische Religionsgelehrte verwendet.

الجهاد

Berlin
den 27. Juli 1918

EL DSCHIHAD

Zeitung für die muhammedanischen Kriegsgefangenen

Nr. 86
Turkotatarische Ausgabe.

Für die muslimischen Kriegsgefangenen hatten die Deutschen eine besondere Lektüre vorgesehen: Die *El Dschihad.*

russische Gefangene hinter einem Zaun aus Eisendraht die Szene: Die Osmanen seien froh gewesen, dass ihre (muslimischen) Freunde frei seien, während die Russen eingeengt waren. Mit den Kommandanten und Offizieren hätten sie anschließend gesehen, wo die Gefangenen leben, was sie herstellen, wie sie kochen. Froh darüber, dass sie gesehen hatten, dass ihr Wohlbefinden gesichert sei, seien sie zurückgekehrt. Ein ebenfalls anwesender Musikstudent berichtete: „Der Berliner Militärattaché stand neben mir. Während der Gebete sprachen wir die ganze Zeit mit ihm. Danach gingen einige von uns zu den Gefangenen. Ich begann, das bisschen Tatarisch zu sprechen, das ich konnte. Ich fragte, was sie essen, an wievielen Tagen sie sich waschen, ob sie arbeiten, Geld verdienen oder Briefe nach Hause schicken dürfen, wie sie von den Deutschen behandelt werden […]. Sie waren sehr zufrieden. […] Dann gingen wir weiter, durch die ganze Gefangenenkompanie. Sie jubelten dreimal: ‚Lang lebe der Großherr [der Sultan, KM]!' […] Danach sahen wir die Dinge, die sie herstellten: Spielzeug, Körbe,

Seile, Handtaschen und so weiter. Danach kehrten wir zurück. [...] Die Kapelle spielte, der Botschafter stieg in sein Auto und fuhr durch die Menge der Gefangenen [...].“[127]

Nicht nur bei den jungen Osmanen kam die deutsche Fürsorge für die muslimischen Kriegsgefangenen an wie erwünscht. Ein Beobachter, den die jungtürkische Regierung im Oktober 1915 zur Begutachtung des Lagers Zossen geschickt hatte, schloss seinen Bericht an ein Mitglied der Staatskanzlei im osmanischen Kriegsministerium wie folgt: „Die Gefangenen waren insgesamt zufrieden und glücklich“[128]. Einer der Vorbeter in Zossen beschrieb dem jungtürkischen Verleger Edhem Rūḥī (welchen Süßheim im März 1908 noch zu überzeugen versucht hatte, sich nicht gegen den Sultan aufzulehnen[129]) die Situation im Gefangenenlager ganz ähnlich. Rūḥī war wie erwähnt Leiter der einflussreichen osmanischsprachigen bulgarischen Zeitung *Balkan*, die auch als Plattform des christlich-islamischen Dialogs diente – und mittlerweile Mitglied des osmanischen Senats.[130]

Das islamfreundliche Image der Deutschen war vor den Waffenbrüdern natürlich besonders wichtig, und einige Osmanen sahen sich dadurch ermutigt, in einem Leben im Kaiserreich eine echte Alternative zu erkennen. Ein Student namens ʿO̱smān İpekçi, der im sächsischen Mittweida lebte, schrieb an seinen Bruder in Konstantinopel:

> „Bedi, das erste, das ich Dir sagen muss: Wann immer Du eine Möglichkeit siehst, nach Deutschland zu kommen, mach es; je früher, desto besser. [...] Wenn es etwas gibt, das ich Dir raten kann, Bedi, ist es: Beschränke Deine Bemühungen nicht nur auf Berlin, weil es viele Türken in Berlin gibt. [...] Insbesondere im nördlichen, westlichen und südlichen Teil Deutschlands, das heißt in Bayern und Mecklenburg, haben die Leute Sympathien für Türken, aber nicht in den anderen Teilen. Dafür wird in Hamburg, Hannover, Leipzig, Dresden, Nürnberg, Kassel, Karlsruhe, Bremen, München und all den

127 Zit. nach Tagebuch KS, 4.11.1915, Nachlass KS (SBB) Hs. or. 1135/6, fol. 5r.

128 Ausführlich hieß es dort: „Dort gab es bis jetzt 12000 Muslime, alle aus Russland. [...] In dieser Riesenmenge wurden bis jetzt an drei Freitagen Gottesdienste genauso wie die fünf Gebete an normalen Tagen abgehalten. Jeden Tag wird nachmittags eine Predigt mit Ratschlägen gehalten. An den Freitagen genauso wie an den anderen Tagen werden [...] von einer großen trauernden und klagenden Gemeinde „Amen“-Rufe vom Grunde ihrer Herzen gen Himmel gerichtet, und es ist unmöglich, inmitten dieser tiefen Trauer nicht zu weinen. Es ist, als ob wir bei [den Wallfahrtsorten in der Nähe von Mekka, KM] Arafat oder Mina wären [...]. [...] Wir haben Programme organisiert; einer unserer Freunde hat [einen Kurs über] den Edlen Koran eingerichtet, einen anderen über Religionswissenschaften und einen dritten zur Orthographie [...]. Nach dem Mittagsgebet werden Gruppen mit zwanzig Personen von Herren, die den Koran auswendig können, an vier verschiedene Plätze in der Moschee gewiesen und dort üben sie dann auch. [...] Außerdem gibt es reichlich zu essen und sie geben ihnen gute Kleidung.“ Zit. nach ebd., 30.10.1915, Nachlass KS (SBB) Hs. or. 1135/6, fol. 2rf.

129 Vgl. Kap. I.2.

130 Vgl. „Balkan“ [Zeitung], in: Hermann Goltz u. Axel Meissner (Hrsg.): Thematisches Lexikon zu Personen, Institutionen, Orten, Ereignissen (= Deutschland, Armenien und die Türkei 1895–1925. Dokumente und Zeitschriften aus dem Dr. Johannes-Lepsius-Archiv an der Martin-Luther-Universität Halle-Wittenberg 3), München 2004, S. 60f. u. Tagebuch KS, 1.11.1915.

anderen Städten wie diesen eine ehrliche Freundschaft für Türken empfunden. Es wird Dir nicht schaden, wenn Du darüber nachdenkst, einen Job zu finden [...]. Es wird auch hilfreich sein, wenn Du Empfehlungsschreiben [...] mitbringst, denn hier räumen sie großen Namen und wichtigen Persönlichkeiten einen hohen Stellenwert ein. Je bedeutender Du Dich selbst gibst, desto mehr Respekt wirst Du Dir hier verdienen. Als ich erwähnte, dass ich ein Reserveoffizier der Schwarzmeer[flotte] in Istanbul bin, habe ich hier unter den Offizieren viele Freunde gefunden. Als sie mitbekamen, dass ich ein Korrespondent für *Tasvīr-i efkār*[131] bin, wurde ich in Diskussionen über alle möglichen Themen mit vielen Journalisten einbezogen. Diese Leute geben viel auf diese Dinge. Obwohl wir Offizieren nicht so viel Bedeutung beimessen, wurde ich, als ich ihnen sagte, dass ich ein Reserveoffizier sei, behandelt, als wäre ich der wichtigste Mann der Türkei. [...] Wenn ich mich jemandem vorstelle, gebe ich sofort meine Karte her, erkläre, dass ich in Berlin auf der Schule war und nun Dolmetscher bin, ein wenig Journalismus betreibe, Türkischstunden gebe, türkische Artikel für deutsche Zeitungen schreibe, über die Türkei schreibe und nenne dann meine Adresse. Es gibt hier sogar einige Frauen und intime Beziehungen und viele Eroberungen! Bedi, ich habe Dir das erzählt, um Dir die Dinge klar zu machen. Als wie groß auch immer ein Mann sich ausgibt, für so groß halten sie ihn – aber unter der Bedingung, dass er auch zeigt, dass er arbeitet [...]. Ich sage Dir eine Sache über Geld: Du kannst hier [schon] von 150 Mark anständig leben. Wenn Du 350 bis 400 Mark im Monat verdienst, wäre das großartig."[132]

Karl Süßheim, dessen Tagebuch wir diese Zeilen wie auch die anderen auf den vergangenen Seiten zitierten Briefausschnitte entnehmen können, erfuhr von all dem schriftlich. Wie er an die vertraulichen Dokumente kam, wird noch ausführlich zu beschreiben sein. Wie andere Kollegen diente nämlich auch Süßheim während des Kriegs dem Vaterland mit seinem Wissensvorsprung: Die Zeit der Nahostexperten war gekommen, und dies galt nicht nur für politische Strategen wie Max von Oppenheim.

Für diejenigen Orientalisten, die die Trennung ihrer Wissenschaft von der Politik endgültig aufgegeben hatten, begann mit dem Ersten Weltkrieg freilich eine besonders interessante Zeit. Anders als Karl Süßheim bedauerte C.H. Becker, der ehemalige Leiter des HKI und nunmehr Lehrstuhlinhaber in Bonn, dass er nicht an die Front gerufen wurde; er schrieb im Zusammenhang mit seiner gesundheitsbedingten Kriegsuntauglichkeit sogar von einem „zersetzenden" Gefühl der Ohnmacht.[133] An der geistigen Mobilmachung im Kaiserreich

131 Das jungtürkische Blatt („Erleuchtung der Gedanken") war eine traditionsreiche und überaus einflussreiche Zeitung im Osmanischen Reich, die 1862 von İbrāhīm Şināsī (1826–1871), einem der wichtigsten Autoren der *Tanzimat*-Zeit, gegründet worden war.

132 ʿOṣmān İpekçi an seinen Bruder Bedi, 13.11.1915, ins Deutsche übertragen nach der engl. Übers. bei Flemming u. Schmidt, Diary, S. 116f. (Leider konnte ich das osmanische Original in Süßheims Tagebuch nicht finden.)

133 Zit. nach Bonniot, Homme, S. 411.

nahm er denn auch nach Kräften teil, und bald wird er eine steile Karriere in der preußischen Kulturverwaltung beginnen.[134] Die Bündnispartnerschaft brachte aber auch eine weitere Intensivierung der deutschen kulturellen Einflussnahme im Osmanischen Reich mit sich.[135] Einer von Karl Süßheims späteren Kollegen in München, Gotthelf Bergsträßer[136], wurde gebeten, am ersten Großprojekt des deutsch-osmanischen Bildungstransfers mitzuwirken: Gemeinsam mit 19 anderen Habilitierten[137] nahm der Semitist einen Ruf ans Konstantinopler *Darü l-fünun* an.[138] Die Professorenmission veranschaulicht einen Strategiewechsel im

134 C. H. Becker beteiligte sich an verschiedenen vom Auswärtigen Amt angestoßenen Veröffentlichungen, die die britische Kriegspropaganda bekämpfen sollten. Er verfasste auch eine scharfe Polemik gegen den holländischen Kollegen Snouck Hurgronje, die ihm den Vorwurf einbrachte, seine wissenschaftliche Objektivität vollends aufgegeben zu haben. Und in der Tat: Becker unterstützte auch die annexionistische sogenannte „Intellektuellen-Eingabe“ vom Juni 1915, mit der 352 deutsche Professoren nicht nur behaupteten, „Deutschlands und Europas Kultur verteidigen zu müssen gegen die Barbarenflut aus dem Osten und die Rache- und Herrschaftsgelüste aus dem Westen“, sondern auch den Wunsch äußerten, sich „fest und [...] breit auf gesicherten und vergrößerten Heimatboden stellen“ zu wollen – es gehe um das „Durchsetze[n] unseres Volkes in der Welt“, das „[ü]berlege[n] unter den Völkern sei“. Ab 1916 arbeitete der verdiente Becker für das preußische Innenministerium als Personalreferent für die Hochschulen und betätigte sich mit einer Denkschrift zum Ausbau der Auslandsstudien an vorderster Stelle am kulturell-imperialistischen Projekt Deutschlands: Es wurde ein Ausbau des Berliner SOS zur deutschen Auslandshochschule diskutiert und Becker plädierte dafür, die Auslandsstudien an allen deutschen Universitäten zu stärken, vgl. die Argumentation von [Carl Heinrich Becker]: Die Denkschrift des preußischen Kultusministeriums über die Förderung der Auslandsstudien [Drucksache Haus der Abgeordneten, 22. Legislaturperiode, IV. Session 1916/17 Nr. 388], abgedr. bei IMWKT 11/5 (1. 2. 1917), Sp. 513–532. Damit legte er den Grundstein für seine zweite Karriere, und die Jahre 1918 bis 1930 sollten in der preußischen Kulturverwaltung zur „Ära Becker“ werden. Vgl. Bonniot, Homme, S. 412–416; zur „Intellektuellen-Eingabe“ vgl. den nach wie vor lesenswerten Aufsatz von Klaus Schwabe: Ursprung und Verbreitung des alldeutschen Annexionismus in der deutschen Professorenschaft im Ersten Weltkrieg (Zur Entstehung der Intellektuelleneingaben vom Sommer 1915), in: VfZ 14/2 (1966), S. 105–138. Der Text des Aufrufs findet sich, nach dem Verfasser benannt, bei Reinhold Seeberg: „Seeberg-Adresse“ (20. 6. 1915), in: Klaus Böhme (Hrsg.): Aufrufe und Reden deutscher Professoren im Ersten Weltkrieg, Stuttgart 1975, S. 125–135, die Zitate S. 125 u. 135.

135 Vgl. dazu Kap. I.3 sowie ausführlich Gencer, Bildungspolitik, S. 189–219 und den Aufsatz von Sabine Böhme: Deutsche Kulturmission während des Ersten Weltkriegs am Divan Yolu: das deutsch-türkische Haus der Freundschaft, in: Kummer, Präsenz, S. 271–284.

136 Gotthelf Bergsträßer (1886–1933) war Privatdozent für semitische Sprachen an der Universität Leipzig und kam nach seinem Aufenthalt in Konstantinopel und Rufen an diverse deutsche Universitäten wieder zurück nach München, wo er ab Mitte der 1920er-Jahre den Lehrstuhl für semitische Philologie und Islamwissenschaft bekleidete. Barbara Flemming und Jan Schmidt schreiben fälschlicherweise, dass er ein ehemaliger Student Karl Süßheims war, doch als dieser mit seiner Lehre begann, war Bergsträßer schon längst Privatdozent in Leipzig. Vgl. Flemming u. Schmidt, Diary, S. 110.

137 Vgl. die vollständige Liste bei Kreiser, Dienste, S. 24 f.

138 Klaus Kreiser, der sich in zwei Aufsätzen mit der Professorenmission auseinandergesetzt hat, nennt diese mit Bezug auf die beiden geistigen Väter das „Şükri-Schmidt-Modell". Erdacht wurde die Mission nämlich vom osmanischen Unterrichtsminister Aḥmed Şükrī und seinem engsten

deutschen kulturellen Imperialismus in Nahost: Während, wie wir gesehen haben, noch ein Jahr zuvor über die Gründung einer deutschen Universität diskutiert worden war, wofür auch Karl Süßheim seine Überlegungen beisteuerte[139], ging es nunmehr ganz im Sinne der Sensibilitäten des jungtürkischen Nationalismus zumindest vorgeblich nicht länger darum, die Türkei zu „germanisieren", sondern ihr dabei zu helfen, sie zu „türkisieren".[140] „Im Dienste [ist] der Fes zu tragen"[141], lautete daher eine der vertraglich festgehaltenen Regeln für die Herren Professoren. Ihnen wurde auch abverlangt, ihren Unterricht bereits ab dem zweiten Jahr auf Osmanisch zu halten – ein besonders deutlicher Hinweis auf das veränderte Klima, genauso wie die Bemühung, eine Besetzung kulturell sensibler Fächer mit Deutschen durch irreführende Bezeichnungen zu verschleiern: So firmierte der am Zeitgeschehen durchaus nicht uninteressierte Friedrich Giese, mit dem Süßheim einst um Karl Foys Nachfolge am SOS konkurriert hatte[142], hier offiziell als Professor für „Uralaltaische Sprachen", und der Experte für osmanische Geschichte Johannes Heinrich Mordtmann lehrte auf dem Papier die „Methodologie der Geschichte".[143]

Im Sommer 1915 waren im Berliner Hotel Adlon die Kandidaten für die Mission empfangen worden. In einem darüber verfassten Bericht ans Auswärtige Amt hieß es: „Die Auswahl der Bewerber erfolgte unter dem Gesichtspunkt, daß die Professoren hier nicht nur Vertreter ihres Wissensgebietes, sondern vor allem Lehrer der Methode ihrer Wissenschaft sein sollten; denn der Zweck ihrer Berufung ist natürlich die Erziehung der türkischen Studenten zu eigener wissenschaftlicher Arbeit und Leistungsfähigkeit. Bei der Auswahl wurde deshalb einerseits Wert gelegt auf anerkannte wissenschaftliche Tüchtigkeit und volle Beherrschung der Forschungsmethoden, andererseits auf die Fähigkeit, sich den von den Grundlagen der deutschen Kultur so völlig verschiedenen Voraussetzungen des islamisch-türkischen Bildungswesens anzupassen."[144]

Mitarbeiter, einem Deutschen namens Franz Schmidt, Geheimer Regierungsrat und *Müşavir* (Beirat) des osmanischen Unterrichtsministeriums, welcher zuvor die Auslandsabteilung des preußischen Innenministeriums geleitet hatte. Vgl. Kreiser, Professoren, S. 212 sowie Ders., Dienste, das Zitat S. 22. Aḥmed Şükrī (1875–1926) war von Januar 1913 bis September 1917 osmanischer Unterrichtsminister. Süßheim traf ihn im Sommer 1917, als er die Münchner Universität besuchte, vgl. Tagebuch KS, 11. u. 12.7.1917. Şükrī wird 1926 hingerichtet werden, nachdem er sich an einem Attentatsversuch auf Muṣṭafā Kemāl beteiligte.

139 Vgl. Kap. I.2.

140 Vgl. Kreiser, Dienste, S. 22. Einen Überblick zum Unterrichtswesen liefert der Aufsatz von Mustafa Ergün: Die deutsch-türkischen Erziehungsbeziehungen während des Ersten Weltkrieges, in: OTAM 3 (1992), S. 193–208.

141 Zit. nach Kreiser, Dienste, S. 26. Im Folgenden vgl. ebd.

142 Vgl. Kap. I.3.

143 Zit. nach Kreiser, Dienste, S. 24 f.

144 Dies entsprach auch den osmanischen Erwartungen, wie in *Hilal*, der französischen Parallelausgabe zur Tageszeitung *Hilal-i Osmani*, am 31. 8. 1915 nachzulesen war: „[N]ous aurons pour le moment plus besoin d'apprendre la méthode scientifique que les sciences elles-mêmes, une fois que la première est acquise, les secondes viendront toutes seules. Pourvu, que nous apprénions à penser, à travailler,

Man hatte sich explizit nach „etwa 30–35[-]jährige[n] Privatdozenten oder außerordentliche[n] Professoren“ umgesehen, doch zwei der Auserwählten sollten schließlich bedeutend älter sein. Einige Kandidaten wurden dafür gerühmt, „daß sie sich schon früher im Auslande bewährt hatten“, andere für „die völlige Beherrschung der türkischen Sprache“ oder dass sie, wie beispielsweise Gotthelf Bergsträßer, „anerkannt sprachbegabt“ seien. Der Münchner Privatdozent Karl Süßheim aber – mit seinen 37 Jahren nur knapp über dem Wunschalter, mit mehrjähriger praktischer Orienterfahrung, fließenden Kenntnissen im Osmanisch-Türkischen, Arabischen und Persischen – war einfach übergangen worden. Dies bereitete nicht nur ihm, sondern auch der Familie und Freunden Sorgen bezüglich seiner akademischen Karriere. Dass die entsandten Professoren unter erheblichen organisatorischen Schwierigkeiten, Ernährungsmangel und Unterbezahlung leiden würden[145], konnte er nicht wissen, und Süßheim dachte nun darüber nach, auf eigene Faust gen Orient zu reisen. Er erwog, sich nochmals um eine Dolmetschertätigkeit an der deutschen Botschaft in Konstantinopel zu bemühen. Von allen Seiten wurde er dazu gedrängt: Seine Freunde vom Club Insel und Verwandte forderten ihn dazu auf; sogar Susi Stern, in die Süßheim so verzweifelt verliebt war und die sich sonst kaum für ihn interessierte[146], gab ihm ungefragt diesen Rat – und als sie sich schließlich mit einem anderen Mann verlobte, dachte er kurz sehr ernsthaft darüber nach, das Land zu verlassen.[147] Die Initiative mochte er dann aber doch nicht ergreifen; seine zermürbende Suche nach Arbeit in Konstantinopel[148] hatte er sicher noch recht klar vor Augen. Seiner politischen Loyalität entsprechend konzentrierte sich Karl Süßheim im Großen Krieg nun voll und ganz auf sein geliebtes Bayern.

„Der König kannte meinen Namen“ | Öffentliche Expertise im Ausnahmezustand

Der Unterricht des Türkisch-Lehrers Karl Süßheim an der Universität München sollte sich im Zuge der deutsch-osmanischen Bündnispartnerschaft plötzlich größter Beliebtheit erfreuen. Während des Kriegs saßen wegen der hohen Nachfrage – und dem fehlenden Angebot an anderen Einrichtungen – in Süßheims Kursen nun auch Studenten der Handelshochschule.[149] Nachdem er sich im Wintersemester 1914/15 neben seinem „Türkisch für

à faire des recherches méthodiquement, suivant une voie réelle, pourvu qu'on réveille en nous la curiosité, l'amour des recherches et du savoir, nous arriverons à acquérir les sciences nous-mêmes.“ Hier und im Folgenden zit. nach ebd., S. 23 u. 26.

145 Der Unmut entlud sich im Sommer 1918 in einer Streitschrift gegen Schmidt, vgl. Kloosterhuis, Imperialisten 1, S. 264.

146 Vgl. dazu Kap. I.1.

147 Vgl. Tagebuch KS, 23.9., 22. u. 30.11.1914 sowie 1.5. u. 4.9.1915.

148 Vgl. Kap. I.3.

149 Im Nachlass findet sich ein Schreiben des Direktors, in dem er Süßheim dafür dankt, „den Studierenden der Handelshochschule München die generelle Erlaubnis zum Besuche Ihrer Vorlesungen“ erteilt zu haben, sowie ein Brief der Handelshochschule mit der Bitte um Übersendung seiner

Anfänger"-Kurs noch mit einer Übung namens „Muhammed und der Koran" interessant zu machen versuchte[150] und erfolgreich die Erweiterung seiner Lehrbefugnis auf Arabisch und Persisch durchsetzte[151], musste Süßheim sich um die Relevanz seiner Lehre plötzlich keinerlei Gedanken mehr machen, und bald gab er drei Osmanisch-Kurse pro Semester, nach Niveau gestaffelt.[152] „Von hier wüßte ich nichts Neues, außer daß meine Vorlesungen ihrem Ende nahen", schrieb er im März 1916 seiner Mutter zufrieden: „Ich bin wohl der am längsten lesende Dozent, der Not gehorchend und dem Verlangen meiner Hörer."[153]

Die neue Begeisterung für alles Türkische war keine spezifisch Münchnerische Erfahrung: „Tatsächlich hat es wohl niemals zuvor und nirgendwo anders in der westlichen Welt eine solche Massenbewegung zum Erlernen einer nichteuropäischen Sprache gegeben"[154], schreibt der Turkologe Klaus Kreiser. Der bereits zitierte osmanische Student ʿOs̱mān İpekçi schrieb seinem Bruder im November 1915: „Vielleicht glaubst Du das nicht, aber am letzten Tag, bevor ich Berlin verlassen habe, kamen sie auf mich zu, weil sie in Leipzig mit türkischen Abendkursen angefangen haben. 300 Leute wollen Türkisch lernen. Jeder von ihnen wird 1 Mark pro Stunde zahlen. Denk mal darüber nach, Bedi [...]. Stell Dir die Menge Geld vor, die man damit verdienen kann! [...] Um ehrlich zu sein, hätte ich Berlin besser nicht verlassen: Ich habe dort 500 Mark im Monat verdient."[155]

In der Tat: Der Sprachunterricht boomte. Fast fünfzig Lehrmittel erschienen in den Weltkriegsjahren zum Osmanisch-Türkischen, darunter auch Schallplatten für die „Sprechmaschine" und Sprachlehrzeitschriften; Klaus Kreiser zufolge kann von mindestens

Vorlesungsankündigung, vgl. Leo Jordan an Karl Süßheim, 23.3.1915 u. Sekretariat an Karl Süßheim, 16.4.1915, beides in: Nachlass KS (LOC), Box 4.

150 VVLMU. Winter-Halbjahr 1914/1915, München 1914, S. 36.

151 Vgl. dazu die Benachrichtigung des Dekans [Hermann] Paul an Senat der Universität München: [Antrag auf Erweiterung der Lehrbefugnis Karl Süßheim], 20.1.1915, UAM-E-II-3323-250-23; K. bayerisches Staatsministerium des Innern für Kirchen- und Schulangelegenheiten an Senat der Universität München: Gestattung der Erweiterung der Lehrbefugnis Karl Süßheim, 14.2.1915, UAM-E-II-3323-557-25 sowie K. bayerisches Staatsministerium des Innern für Kirchen- und Schulangelegenheiten an den Senat der K. Universität München: Erweiterung der Lehrbefugnis des Privatdozenten an der K. Universität München Dr. Karl Süßheim, 14.2.1915, BayHStA MK 44426.

152 So beispielsweise im Wintersemester 1916/17, in dem er gleich fünf Lehrveranstaltungen anbot: Neben „Neuarabisch für Anfänger" und „persische Lektüre" unterrichtete er „Türkisch für Anfänger", „Türkisch II" und „Türkische Lektüre für Fortgeschrittenere", VVLMU. Winter-Halbjahr 1916/1917, München 1916, S. 41 f.

153 Karl Süßheim an Clara Süßheim, 4.3.1916, Privatnachlass KS.

154 Kreiser, Dienste, S. 26. Vgl. dazu auch den Aufsatz von Dems.: Halbmond im letzten Viertel und die Konjunktur des Türkisch-Lernens während des Weltkriegs (1914–1918), in: Ders. u. Karasek, Germano-Turcica, S. 93–99, wiederabgedr. bei Ders.: Türkische Studien in Europa (= AI 31), Istanbul 1998, S. 75–79.

155 ʿOs̱mān İpekçi an seinen Bruder Bedi, 13.11.1915, ins Deutsche übertragen nach der engl. Übers. bei Flemming u. Schmidt, Diary, S. 116 f., hier S. 116. (Leider konnte ich das osmanische Original in Süßheims Tagebuch nicht finden.)

50000 Käuferinnen und Käufern ausgegangen werden.[156] Auch Süßheims ehemaliger Lehrer Martin Hartmann, ein, wenn man so will, „zum Turkophilen konvertierte[r] Islamwissenschaftle[r]“[157], der dem Seminar für Orientalische Sprachen (SOS) bis zu seinem Tod 1918 als Dozent erhalten blieb, setzte seine Expertise bei diesem Thema ein, und im Hessischen Landtag wurde nach seiner öffentlichen Empfehlung in der *Frankfurter Zeitung* (FZ)[158] sogar die Einführung des Türkischen als Wahlfach in der Schule diskutiert. Ein „Orchideenfach“ war im Begriff, zum Massenphänomen zu avancieren, das allerdings die wenigsten Lernwilligen wirklich langfristig beschäftigen sollte: Zu anstrengend und zeitraubend war der Aufwand, sich in der komplexen osmanischen Sprache[159] ein Niveau zu erarbeiten, das es erlaubt hätte, schnell auch Konversationserfolge zu erzielen. Vor diesem Hintergrund ist auch Martin Hartmanns Forderung nach der Latinisierung des osmanischen Alphabets zu sehen: „Die Franken [gemeint sind die Europäer allgemein[160], KM], die für neuartige Beziehungen der Türkei mit der Außenwelt in Betracht kommen, können nicht Zeit und Kraft der Erlernung einer Schrift opfern, die einer vollkommen anderen Welt angehört [...]. Der Deutsche, der die türkische Umgangssprache und Geschäftssprache kennt, wird mit Leichtigkeit das, was er sagen will, in lateinischer Schrift niederlegen, sobald er einmal die wenigen Normen der Orthographie sich angeeignet hat.“[161]

Auf diese kühne Idee reagierte in München auch der Türkisch-Dozent Karl Süßheim: Für das Sommersemester 1916 kündigte er erstmals auch einen Kurs zur „Lektüre von türkischen Texten in lateinischer Transkription“[162] an – gewissermaßen ein deutscher Vorgriff auf die türkische Schriftreform, die Muṣṭafā Kemāl als türkischer Präsident 1928 verbindlich durchsetzen wird.[163]

Der Türkeiexperte Karl Süßheim hielt sich auch an den Rat seines politisch engagierten Bruders und trug sein Wissen aus der Universität heraus. Während der Kriegsjahre entwickelte er eine rege Vortragstätigkeit. Während 1912 ein von Süßheim vorgeschlagener Vortrag von Generalkonsul Kemmerich persönlich im Namen der Münchner Orientalischen Gesellschaft (MOG) noch brüsk abgelehnt worden war – das Thema „Die Ursachen des Niederganges der Türkei“ sei „leider für uns nicht geeignet[,] solange der [Balkan-]Krieg, dessen Ausgang ja ungewiss ist, noch andauert“[164] –, erhielt er im Januar 1915 eine offizielle Anfrage der Gesellschaft. Unter dem Titel „Die Türkei im Kampfe mit Russland und England“ trug er denn auch

156 Hier und im Folgenden vgl. Kreiser, Dienste, S. 27.
157 Ebd.
158 Martin Hartmann: „Türkisch als Weltverkehrssprache“, in: FZ 60/303 (1.11.1915), Morgenblatt, S. 1.
159 Vgl. dazu die Hinführung.
160 Vgl. dazu Kap. I.2.
161 Hartmann, Türkisch.
162 VVLMU. Sommer-Halbjahr 1916, München 1916, S. 41.
163 Vgl. Kap. II.2.
164 Süßheim wurde dazu aufgefordert, ein anderes Thema anzubieten: „In Ihrem reichen Studiengebiet wird ja gewiss kein Mangel daran sein.“ Max Kemmerich an Karl Süßheim, 25.10.1912, Nachlass KS (LOC), Box 4. Es ist gut möglich, dass Süßheim bereits hier, im Herbst 1912, begonnen hatte, an seinem

vor. In seinem Tagebuch berichtete Süßheim über den Abend, der für ihn als treuer Anhänger der Wittelsbacher ein ganz besonderer werden sollte: „Der bayerische König ist zur westlichen Armee gereist, aber Prinz Leopold[165], der mit seinem Bruder Erbschaftsstreitigkeiten hat und bei keinem der Wintersitzungen der Gesellschaft anwesend war, kam an diesem Abend. [...] Mein Vortrag dauerte fast eineinhalb Stunden. Es wurde laut geklatscht. [...] Das Publikum hörte aufmerksam zu und der Prinz brachte danach seine Zufriedenheit zum Ausdruck. [...] Die Worte, mit denen der [MOG-]Vorsitzende meinen Vortrag schloss, waren lobend: Meine Ausführung war verständlich und frei von Übertreibung."[166]

Die *Münchner Neuesten Nachrichten* (MNN), eines der liberalen Leitmedien, berichteten eine Woche später über Süßheims „interessante Beiträge zur Vorgeschichte des Krieges"[167], und vergaßen auch nicht zu erwähnen, dass der Prinz höchstselbst anwesend war. Karl Süßheim, „der lange in der Türkei gelebt hat und mit den leitenden Männern, insbesondere mit dem Minister des Innern Talat-Bey, auf freundschaftlichem Fuße steht", so war es zu lesen, habe dargelegt, dass die Osmanen an der Seite der Mittelmächte in den Krieg eintraten, um gegen England, das „an der Zerbröckelung und Aussaugung der Türkei" arbeite, vorzugehen. Am Ende seines Vortrags las Süßheim dem Artikel zufolge aus einer „briefliche[n] Mitteilung" des osmanischen Ministers vor.[168]

Auch in der fränkischen Heimat empfing man den weitgereisten Sohn der Stadt Nürnberg nur allzu gern: Im April 1915 hielt Süßheim auf Einladung der städtischen Handelshochschule im großen Rathaussaal einen Vortrag mit dem schlichten Titel „Türkei und Deutschland", und überall in der Stadt, so hielt er stolz fest, hingen große bunte Plakate, die ihn ankündigten, auch die Lokalpresse berichtete vorab.[169] Im *Fränkischen Kurier* (FK) wurde

Artikel „Der Zusammenbruch des türkischen Reiches in Europa" zu arbeiten, der 1914 erschien und auf einem Vortrag aus dem Wintersemester 1913/14 beruhte, vgl. Süßheim, Zusammenbruch.

165 Leopold Maximilian Joseph Maria Arnulf von Bayern (1846–1930) war der jüngere Bruder von Ludwig III.

166 Tagebuch KS, 30.1.1915, Nachlass KS (SBB) Hs. or. 1135/5, fol. 59v f.

167 Hier und die folgenden Zitate: „Die Türkei im Kampfe mit Rußland und England", in: MNN 68/71 (9.2.1915), Vorabendblatt, S. 3 f.

168 Ṭal'at habe seine Zufriedenheit darüber ausgedrückt, wie wohlwollend das Kaiserreich und insbesondere die deutsche Presse die Abschaffung der „Kapitulationen" aufgenommen habe, vgl. ebd. Damit sind Staatsverträge bezeichnet, denen zufolge das Osmanische Reich ausländische Posteinrichtungen, eine eigene Konsulargerichtsbarkeit und Steuerfreiheit der Ausländer dulden musste, vgl. dazu auch Franz Carl Endres: Die Türkei. Bilder und Skizzen von Land und Volk, München 1916, S. 127. Das Kaiserreich versuchte allerdings später durchaus, die bestehenden Rechte der deutschen Kirchen und Schulen in der Türkei zu retten und 1917 kam es zu einem entsprechenden Geheimvertrag, vgl. dazu Kloosterhuis, Imperialisten 1, S. 262.

169 Vgl. Tagebuch KS, 29.4.1915. In der Zeitung war zu lesen: „Herr Privatdozent Dr. Süßheim hat eine Reihe von Jahren in Konstantinopel, Aegypten und Kleinasien die Verhältnisse des Orients eingehend studiert und lehrt an der Universität München Geschichte der orientalischen Staaten und türkische Sprache." „Handelshochschulkurse", in: FK 203 (22.4.1915), S. 4, aufbewahrt in: Nachlass KS (LOC), Kiste 7.

mit Verweis auf mögliche Kriegsspenden sogar ein zweites Mal auf das Ereignis hingewiesen.[170] „Es war unmöglich, dass mein Vortrag der öffentlichen Aufmerksamkeit entgangen wäre“, schrieb Süßheim: „Mutter hat sich über den öffentlichen Enthusiasmus so gefreut, dass sie mir vor dem Vortrag 100 Mark geschenkt hat. Weil ich ihn gut vorbereitet hatte, spürte ich überhaupt keine Nervosität oder Angst, weder davor, noch am Tag des Vortrags selbst.“[171]

Viele Größen der Stadt – darunter der osmanische Honorarkonsul Siegfried Bach, der Süßheim im Vorfeld launig erzählte, wie er angeblich zu seinen Ehren gekommen war[172] – erschienen schließlich, um den Vortrag zu hören. Auch seine Familie, sogar die Morgensterns aus Fürth, und alte Bekannte wie ein ehemaliger Schullehrer, der mittlerweile zum Direktor aufgestiegen war, ließen sich die Gelegenheit nicht entgehen. Alle siebenhundert Plätze seien besetzt gewesen, schrieb Süßheim, das Publikum habe sich auf den Stehplätzen bis zu den Treppenstufen gedrängt: „[Der Direktor der Handelshochschule, KM] Professor [Hanns] Dorn führte mich in den Vortragssaal und bat mich auf die Kanzel. Als ich dort stand, scheine ich – ohne jede Spur der Heiterkeit im Gesicht – einen blassen und sehr ernsten Eindruck gemacht zu haben. Das Thema meines Vortrags war der Einfluss der deutschen Weltpolitik auf den Nahen Osten. […] Der Vortrag hatte eine historische Ausrichtung und ich bewies den Anwesenden eine Menge Dinge, die sie noch nicht wussten. […] Die Aussage, die letztlich am meisten Aufmerksamkeit zu erregen schien, war meine Idee, dass die Engländer die Halbinsel Gallipoli deshalb angegriffen haben, um es in ein zweites Gibraltar zu verwandeln, etwas, was bisher noch in keiner Zeitung geschrieben wurde.“[173]

Gibraltar: Das bedeutete ein Desaster für die Gegner der englischen Krone. Im Spanischen Erbfolgekrieg zu Beginn des 18. Jahrhunderts hatten die Habsburger die Südspitze der Iberischen Halbinsel eingenommen; sie wurde unter den Schutz der englischen Königin gestellt. Die spanischen und französischen Truppen belagerten die Stadt ein halbes Jahr lang unter schwersten Verlusten und mussten schließlich aufgeben – seither war sie in englischer bzw. britischer Hand. Süßheims Meinung nach diente die Invasion der Alliierten auf die türkische Halbinsel Gallipoli im April 1915 also sowohl dem Zweck, gegnerische Truppen zu binden und ihnen Verluste zu bescheren, als auch dazu, ein Einfallstor für die Eroberung

170 „Bei dem Vortrag, den der Münchener Privatdozent Hr. Dr. Karl Süßheim, ein geborener Nürnberger, nächsten Donnerstag abend [sic!] im großen Rathaussaal […] hält, werden im Einverständnis mit Hrn. Oberbürgermeister Dr. Geßler und dem Kgl. türkischen Konsul Hrn. Komm.-Rat Bach freiwillige Spenden zugunsten des Roten Halbmondes und der Städt. Kriegsfürsorge angenommen. Der Gedanke, unseren türkischen Verbündeten auch durch eine Unterstützung des Roten Halbmondes tatkräftig beizustehen, ist im gegenwärtigen Zeitpunkt gewiß besonders am Platze.“ „Türkei und Deutschland“, in: FK 83/215 (28.4.1915), Abend-Ausgabe, S. 3.

171 Tagebuch KS, 29.4.1915, Nachlass KS (SBB) Hs. or. 1135/5, fol. 83r.

172 Bach habe Aḥmed Tevfīḳ, der 1908 für einen Monat Botschafter in Berlin war, (zu ihm vgl. Kap. I.2) bei einer Automobilausstellung in Berlin kennengelernt. Dieser sei so begeistert von ihm gewesen, dass er mit den Worten „Ou vous, ou personne!“ umstandslos alle anderen Kandidaten für den Posten in den Wind geschlagen habe, vgl. ebd.

173 Ebd., fol. 83rf.

von Gebieten im Nahen Osten zu haben, die, dem kolonialistischen Drang folgend, in der Hand der Briten bleiben sollten. In der Schlacht von Gallipoli, die in der Türkei nach der dortigen Provinz „Çanakkale-Krieg" (*Çanakkale Savaşı*) genannt wird, kamen – dies konnte Süßheim zum Zeitpunkt seines Vortrags freilich noch nicht wissen – 350 000 Mann um. Die Entente plante, in einer gemeinsamen Operation die Halbinsel zu besetzen und von dort aus Konstantinopel zu erobern. Doch die Aktion wurde, ganz im Gegenteil, der siegreiche Höhepunkt der deutsch-osmanischen Verbindung im Ersten Weltkrieg. Sie gebar auch den Kriegshelden Muṣṭafā Kemāl[174], der später die türkische Republik gründen wird. Dieser zu diesem Zeitpunkt noch kaum bekannte Offizier findet 1915 weder im Tagebuch des deutschen Nahostexperten noch in seinen Veröffentlichungen Erwähnung – doch Süßheim stand mit anderen wichtigen Jungtürken in Kontakt.

Karl Süßheim machte, wie schon bei seinem Vortrag im Januar in München, auch in Nürnberg aus seiner Bekanntschaft mit dem osmanischen Innenminister keinen Hehl und berichtete freimütig aus dessen Briefen: „Der Name Ṭal'at Paşa wurde wiederholt erwähnt", kommentierte er seine eigene Rede, „und, am Ende, sein Versprechen wirtschaftlicher Begünstigungen der Deutschen, basierend auf unserer Korrespondenz"[175]. Süßheim empfand den Tag als vollen Erfolg: Das Publikum habe seinen Ausführungen lebhaft applaudiert, der Konsul sich beeilt, ihm zu gratulieren und „Mutters Gesicht strahlte". Mit Bruder Max und weiteren Zuhörern ließ Süßheim den Abend in der beliebten Nürnberger Gaststätte Zum Krokodil ausklingen, wo der Konsul über ein Treffen mit dem osmanischen Landwirtschaftsminister und seiner knapp entkommenen Verhaftung während einer *Selāmlık* berichtete[176] und den Anwesenden versicherte, dass selbst er an der Grenze *Bakschisch*, das obligatorische Schmiergeld für Konstantinopel-Reisende, zahlen müsse.[177]

Der Folgetag sollte sich weniger erfreulich gestalten. Im *Fränkischen Kurier* (FK) wurde Süßheims Vortrag schlechter als erhofft aufgenommen: „Seine Ausführung [sic!] begegneten, obwohl sie nichts grundsätzlich neues brachten, lebhaftem Interesse beim Publikum"[178], hieß es mäßig enthusiastisch, bevor eine lange Zusammenfassung abgedruckt wurde, aus der

174 „[A]n einem der entscheidenden Punkte dieser Schlacht [...] nahm Mustafa Kemal die Sache in die eigene Hand. Als an einer Stelle ein ungeordneter osmanischer Rückzug drohte, eilte er selbst dorthin, obwohl er dazu seinen eigenen Befehlsbereich verlassen musste. Vor Ort angekommen, formierte er die panischen Soldaten neu und befahl ihnen einen kühnen Ausfall mit aufgepflanzten Bajonetten, um den alliierten Vorstoß bis zum Eintreffen der Verstärkung zumindest zu verlangsamen. Anschließend führte er seine Männer zu einer Reihe von ebenso waghalsigen Gegenangriffen ins Feld. [...] Auf beiden Seiten gab es entsetzliche Verluste, die sich insgesamt zu der schrecklichen Zahl von 340 000 Opfern summierten, davon über 100 000 Gefallene. Mustafa Kemal jedoch ging aus diesem Ringen auf Leben und Tod als Held hervor", beschreibt M. Şükrü Hanioğlu dessen Rolle, vgl. Hanioğlu, Atatürk (2015), S. 92.

175 Hier und das folgende Zitat: Tagebuch KS, 29. 4. 1915, Nachlass KS (SBB) Hs. or. 1 135/5, fol. 83r f.

176 Er habe seine Hände in die Taschen gesteckt und ein Polizist habe gedacht, dass er eine Pistole ziehen wollte, erzählte Siegfried Bach.

177 Vgl. Tagebuch KS, 29. 4. 1915.

178 „Türkei und Deutschland", in: FK 83/219 (30. 4. 1915), S. 2 f., hier S. 2; vgl. auch Tagebuch KS, 30. 4. 1915.

sich kaum ersehen lässt, welche kriegspropagandistischen Phrasen vom Redner, welche vom Reporter stammten. Süßheims lauwarmes Verhältnis zum *Jihad*, mit dem er auch öffentlich nicht hinter den Berg hielt, mag ein Grund für die zurückhaltenden Töne über seine Expertise gewesen sein: „Den Schluss der Ausführungen des Redners bildeten Betrachtungen über den Heiligen Krieg“, ist zu lesen: „Ganz falsche Ansichten herrschen bei uns über seine Kraft.“[179] Immerhin wurde Süßheims persönliche Bekanntschaft und Korrespondenz mit Talât Paşa gewürdigt[180], doch sein Bruder verleidete ihm den bescheidenen Erfolg: „Seit er Mitglied des Stadtrats ist[181], mischt er sich in alle Angelegenheiten ein, privat und öffentlich, und gibt alle möglichen Ratschläge und Anweisungen. Sobald er von meinem Vortrag gehört hatte, wurde er bei Professor Dorn vorstellig und schickte sich an, meine Angelegenheiten zu regeln. Er bestätigte, dass meine Stimme kräftig genug war, alle Ecken in dem riesigen Saal des Rathauses zu erreichen, kritisierte mich aber, dass ich zu Beginn zu leise gesprochen hätte – das habe einen schwachen Eindruck gemacht – und mahnte mich, in Zukunft von Anfang bis Ende laut zu sprechen. Er machte mir Vorwürfe, dass ich etwa eine Viertelstunde verloren hätte, weil ich in der ersten Stunde so langsam gesprochen habe [...], aber erklärte, dass ich es im Ganzen betrachtet, besser hinbekommen habe als erwartet...“[182]

Max Süßheim traf einen wunden Punkt, denn sein Bruder, der schon häufiger scharf für seine Art zu sprechen kritisiert worden war[183], hatte sehr genau darauf geachtet.[184] Obwohl

179 Wie so oft rief Süßheim offenbar zur Anerkennung von Komplexität auf. Weiter hieß es im FK, seine Worte zusammenfassend: „Erst glaubte man, die grüne Fahne des Padischah werde wie ein Windstoß die feindlichen Kolonialländer in Aufruhr versetzen. Als dies nicht gleich der Fall war, zweifelte man überhaupt an der Wirksamkeit der Verkündigung des Heiligen Krieges. Man darf sich weder der einen noch der anderen Ansicht anschließen. Zum Kriegführen gehören Waffen und Munition. In ihren Kolonialländern haben aber Frankreich und England den Handel mit diesen Gegenständen unter ihrer Kontrolle. Eine Versorgung der Bevölkerung mit Waffen ist also unmöglich und infolgedessen auch ein groß angelegter Krieg ausgeschlossen. Wir dürfen aber nicht verkennen, daß in den Grenzgebieten der feindlichen Kolonialreiche, die mit Waffen versehen sind, unsere Gegner mit ernsten Schwierigkeiten zu rechnen haben.“ Ebd., S. 3.

180 „Der Vortragende hat sich selbst längere Zeit in der Türkei aufgehalten und mit manchen leitenden Persönlichkeiten der jungtürkischen Partei Fühlung genommen. [...] [M]it den Erfolgen des türkischen Reichs geht ein Wachsen unserer Stärke Hand in Hand, wie auch von dem bekannten jungtürkischen Minister und Führer Talaat Bey dem Redner in einem Brief versichert wurde. In diesem hofft jener, daß das Bündnis, welches durch Blut und Eisen zwischen Deutschland und der Türkei gefestigt wurde, als Grundlage neuer Beziehungen zwischen den beiden Reichen den Krieg überdauere und Deutschland in den Besitz jener wirtschaftlichen Vorteile setze, welche die Türkei an Bundesgenossen zu vergeben habe.“ Ebd.

181 Max Süßheim war 1914 ins Nürnberger Gemeindekollegium gewählt worden, das zunächst inoffiziell und schließlich ab 1919 in neuer Formierung auch offiziell Stadtrat genannt wurde, vgl. zu dieser Zeit Radlmaier, Süßheims, S. 71.

182 Tagebuch KS, 30.4.1915, Nachlass KS (SBB) Hs. or. 1135/5, fol. 85r.

183 Vgl. z. B. die Episode in Kap. I.3.

184 Direkt nach der Veranstaltung hatte er vermerkt: „Ich sprach so laut wie möglich.“ Nachdem er dazu aufgefordert worden sei, „langsam zu sprechen, habe ich es übertrieben und in der letzten halben

er nun also mit gemischten Gefühlen aus Nürnberg abreiste, ließ Süßheim bald kaum eine Gelegenheit aus, mit seiner Expertise an die Öffentlichkeit zu treten. Noch im selben Jahr wurde er von dem liberalen Abgeordneten Ernst Müller-Meiningen[185] eingeladen, im Rahmen einer „Sympathie-Kundgebung für die Türkei" des Vereins Frei-München vorzutragen.[186] In Süßheims „Kriegsvortrag mit Lichtbildern" mit dem Titel „Eine Rundreise in der Türkei", in dem er hauptsächlich über die aufregende Zeit der Revolution von 1908 sprach, welche er schließlich hautnah miterlebt hatte, wurde von Müller-Meiningen eingeführt; die Schlussrede hielt der angesehene Geografie-Professor und ehemalige Reichstagsabgeordnete Siegmund Günther.[187]

Anfang Dezember 1915 trug Karl Süßheim auf Einladung des Alpenvereins im Münchner Löwenbräukeller vor, wie später auch in der zugehörigen *Alpine Zeitung* gewürdigt wurde.[188] Im ersten Teil der Rede (welcher bereits eine Stunde und 15 Minuten dauerte) beschäftigte Süßheim sich mit Anatolien; nach einer Pause, in der er wieder einmal aufgefordert wurde, lauter zu sprechen, widmete er sich Syrien und Palästina. Dabei ging er auch auf die aktuelle Situation vor Ort ein: Der Schlussteil behandelte die Eisenbahnstrecke nach Bi'r as-Saba' (heute bekannt unter dem hebräischen Namen Be'er Scheva), die erst am 12. November 1915 eröffnet worden war. Süßheim erwähnte, dass man damit immer noch sehr weit vom Suez-Kanal entfernt sei: „Als ich 290 Kilometer[189] sagte, verbreitete sich unter den Anwesenden eine gewisse Niedergeschlagenheit und tiefe Seufzer waren hörbar. Um die Sorge nicht zu vertiefen, verschwieg ich die Tatsache, dass Militäroperationen in der Sinai-Wüste nur noch bis Ende Februar möglich sind[190], und dass es nicht möglich sein wird, den Suez-Kanal

Stunde musste ich mein Tempo erhöhen, nachdem ich die Uhr ticken hörte". Tagebuch KS, 29.4.1915, Nachlass KS (SBB) Hs. or. 1 135/5, fol. 82v–84v.

185 Zu dem späteren Justizminister vgl. Ernst Müller-Meiningen: Aus Bayerns schwersten Tagen. Erinnerungen und Betrachtungen aus der Revolutionszeit, Berlin u. Leipzig 1924 sowie die biografischen Angaben bei Erika Bosl: „Müller-Meiningen, Ernst", in: Karl Bosl (Hrsg.): BBB, Regensburg 1983, S. 536; Jürgen Frölich: „Müller-Meiningen (bis 1898 Müller), Ernst", in: Otto zu Stolberg-Wernigerode (Hrsg.): NDB, Bd. 18, Berlin 1997, S. 505 ff.; Joachim Reimann: Ernst Müller-Meiningen senior und der Linksliberalismus in seiner Zeit. Zur Biographie eines bayerischen und deutschen Politikers (1866–1944) (= MBM 11), München 1968.

186 Vgl. Tagebuch KS, 3.11.1915. Flemming und Schmidt übersetzen fälschlicherweise mit „Young Munich", doch die Einladung zu der Veranstaltung ist im Nachlass erhalten. Müller-Meiningen war der Vorsitzende des Vereins. Vgl. Flemming u. Schmidt, Diary, S. 151 u. die abgebildete „Sympathie-Kundgebung für die Türkei" [Einladung], Nachlass KS (LOC), Kiste 18.

187 Vgl. die oben zitierte Einladung im Nachlass sowie Tagebuch KS, 17.11.1915. Süßheim hatte sich wie erwähnt einen Fotoapparat angeschafft, bevor er in den Nahen Osten aufbrach – bedauerlicherweise sind die Bilder aus dem Ausland nicht überliefert.

188 Vgl. den Zeitungsausschnitt aus Alpine Zeitung: „Kurorte, Touristik, Reisen", 4.2.1916, UAM-E-II-3323-29. Im Folgenden vgl. Tagebuch KS, 8.12.1915.

189 Dabei war das noch eine heftige Beschönigung: Be'er Scheva liegt 71 Kilometer südwestlich von Jerusalem, zur Suez-Kanal-Brücke sind es 460 Kilometer Luftlinie.

190 Von März bis Oktober herrscht dort massive Hitze.

vor November nächsten Jahres zu überqueren. [...] Als das Publikum zu gehen begann, diskutierten sie die Risiken der Eroberung von Suez weiter [...].“[191]

Süßheim betrachtete den Kampf, in dem die Mittelmächte bis Mitte 1916 versuchten, den Briten die Kontrolle über den wichtigen ägyptischen Schifffahrtskanal, der das Mittelmeer mit dem Roten Meer verbindet, streitig zu machen, als aussichtslos. Schon die vernichtende Niederlage der Osmanen an der Kaukasusfront zur Jahreswende 1914/15 hatte Süßheim in seinem Pessimismus bestätigt – erstmals hatte er von Rabbi Coßmann Werner davon gehört.[192] Seine kritische Haltung zur deutsch-osmanischen Verbindung brachte Süßheim auch gegenüber einem US-Journalisten zur Sprache. Der für Süddeutschland zuständige Korrespondent der *New Yorker Staats-Zeitung*[193] und der *St. Louis Republic*[194], Sohn des amerikanischen Botschafters in Teheran, erzählte ihm von einem Interview, das er mit einem Enkel des früheren ägyptischen Khediven İsmā'īl Paşa (1830–1895) geführt hatte. Der Khediven-Spross habe, entrüstete sich Süßheim, „in übertriebener und phantasmagorischer Weise [...] erklärt, dass die Osmanen den Suez-Kanal überqueren und einen enormen Aufstand in Ägypten auslösen würden, und dass sie die Russen im Kaukasus besiegen, also kurz gesagt, in allem erfolgreich sein würden. Er [der amerikanische Journalist, KM] hat das zweiseitige Interview voller fälschlicher Vorstellungen [tatsächlich] an die New Yorker Staatszeitung geschickt.“[195]

Der Journalist erzählte Süßheim zudem, dass er in einem Gespräch mit dem Pangermanisten Albrecht Wirth[196] hörte, dass Deutschland siegreich sein werde – Süßheim widersprach und sagte ihm, dass er die Situation der Türkei für ernst halte und die Aussichten überhaupt nicht rosig seien. Von Albrecht Wirth, dem bekannten deutsch-völkischen Rassenforscher, hielt Süßheim nicht nur aus den naheliegendsten Gründen herzlich wenig, und Wirths „Geschichte der Türken“[197] hatte er 1913 im *Historischen Jahrbuch* verrissen: Der Autor flechte „so viele Unrichtigkeiten ein, daß man versucht wäre, jeden zu warnen, sich auf das Buch zu beziehen“[198], schrieb Süßheim. Er habe einen Häuptling einfach erfunden, den Sufismus „in der haarsträubendsten Weise“ definiert und sträflicherweise die von Sultan

191 Tagebuch KS, 8.12.1915, Nachlass KS (SBB) Hs. or. 1135/6, fol. 16r.

192 Vgl. ebd., 8.1.1915. Deutsch-osmanische Kriegsschiffe hatten Russland bereits im Herbst 1914 mit Aggressionen auf dem Schwarzen Meer provoziert. Der daran anschließende Feldzug in den Südwestkaukasus endete in einer Katastrophe für die Mittelmächte: Mehr als die Hälfte der dort eingesetzten 120000 Soldaten des Osmanischen Reichs starben und in den östlichen Provinzen breiteten sich Epidemien aus.

193 Das Blatt war eine von Einwanderern gegründete deutschsprachige Auslandspublikation und eine der ältesten und auflagenstärksten Zeitungen der USA; es erschien erstmals 1834.

194 Die Tageszeitung mit demokratischer Blattlinie erschien von 1888 bis 1919.

195 Tagebuch KS, 5.3.1915, Nachlass KS (SBB) Hs. or. 1135/5, fol. 66r.

196 Albrecht Wirth (1866–1936) war Historiker, Sprach- und völkischer Rassenforscher, er lehrte zu diesem Zeitpunkt an der Technischen Hochschule in München Kolonial- und Weltgeschichte und war Generalsekretär der MOG.

197 Albrecht Wirth: Geschichte der Türken, Stuttgart 1912.

198 Hier und im Folgenden: Süßheim, [Rezension] Wirth, S. 174f., die Zitate S. 174.

ʿAbdülḥamīd gestreute Legende des Mords an seinem Vorgänger ʿAbdülʿazīz durch Midḥat Paşa[199] weiterverbreitet. Abermals ist es bezeichnend, dass Süßheim den scharfen Antisemiten Albrecht Wirth kritisierte, indem er auf nachweisliche, sachliche Fehler hinwies, denn sicher wollte er in der Auseinandersetzung mit einem bekannten Rassenforscher nicht als persönlich angefasster Vertreter einer Minderheit auffallen. Dabei hätte er sicher einiges hinzuzufügen gehabt, denn Wirths Veröffentlichungen strotzten vor hanebüchenen rassistischen Aussagen und Angriffen.

Der Historiker Stefan Ihrig betont, dass Wirth genau wie Houston Stewart Chamberlain die Ansicht vertrat, dass Juden und Armenier gemeinsame Wurzeln hätten, was zu einer „judenähnliche[n] Physiognomie" Letzterer geführt habe; auch im „Rassencharakter" der beiden Gruppen gab es Wirth zufolge große Ähnlichkeiten.[200] Die Unterdrückung der Christenheit im Osmanischen Reich stritt er ab und stellte diese als Täter dar, die die Verfolgung provozierten, indem sie den muslimischen Bauern das Blut ausgesaugt hätten.[201] Die hier bereits beschriebenen Massaker von 1896[202] hätten Wirth zufolge auch deutsche Augenzeugen in Konstantinopel als gerechte Lektion empfunden, die jedoch nicht zum Erfolg geführt habe; als Belege führte er nicht näher bezeichnete anonyme Experten an. Die Armenier hätten deutsche Siedler im Kaukasus ausgebeutet und über Jahrhunderte die Kurden unterdrückt. Diese wiederum stellte Wirth als herrliche Rasse dar: frisch, mutig und aufrichtig, genau wie Tacitus die Germanen beschrieben habe. Dem Problem, dass die Armenier gemeinhin als arisch galten[203], entledigte sich der Autor, indem er schrieb, dass deren Blut dünn geworden sei; wohingegen die Kurden ihr selbiges gepflegt hätten – letztere seien daher der ideale arische Verbündete im Nahen Osten.

Mit „Orient-Experten" wie Albrecht Wirth, den er, wie wir noch hören werden, bald auch persönlich kennenlernen sollte, wollte Karl Süßheim nichts zu tun haben; er tauschte sich lieber mit denen aus, die das Geschehen nüchtern beobachteten. Im Februar 1916, nach einem Besuch bei seinem Bruder im Bayerischen Landtag notierte Süßheim, er habe die Bekanntschaft mit einem „politischen Freund" gemacht, einem Herrn namens „Müller, Abgeordneter für München"[204]. Es handelte sich um den SPD-Mann Adolf Müller[205], der

199 Vgl. dazu Kap. I.3.

200 Vgl. Stefan Ihrig: Justifying Genocide. Germany and the Armenians from Bismarck to Hitler, Cambridge u. London 2016, S. 309.

201 Hier und im Folgenden vgl. die Analyse von Hilmar Kaiser: Imperialism, Racism, and Development Theories. The Construction of Dominant Paradigm on Ottoman Armenians, Ann Arbor 1997, S. 17 f.

202 Vgl. Kap. I.2.

203 Wirth kritisierte z. B. den Rassentheoretiker Houston Stewart Chamberlain dafür, dass er den arischen Einfluss auf die Armenier vernachlässige, vgl. Ihrig, Genocide, S. 309.

204 Hier und die folgenden Tagebuch-Zitate: Tagebuch KS, 24. 2. 1916, Nachlass KS (SBB) Hs. or. 1 135/6, fol. 51r f.

205 In der Tagebuchedition wird der Abgeordnete fälschlicherweise als Ernst Müller-Meiningen identifiziert, der spätere „German Minister of Justice" (Flemming u. Schmidt, Diary, S. 97 – Müller-Meiningen war im übrigen auch nie deutscher Justizminister). Der linksliberale Politiker, der in seinem

Süßheim zufolge „mit Baron von Rosenberg bekannt [war], dem Leiter der Türkei-Abteilung im Auswärtigen Amt in Berlin“. Tatsächlich ist ein reger Briefwechsel zwischen Adolf Müller und dem späteren Außenminister Frederic von Rosenberg überliefert.[206] Dieser bezeichnete den Sozialdemokraten in einem Brief einmal als „eine[n] der besten Diplomaten, die wir [...] haben“; er sei „kein Blender und kein geschniegelter Salonmensch, aber ungewöhnlich klug, ein durch und durch anständiger Charakter und ein guter Mensch“[207]. Ein Mann ganz nach Karl Süßheims Geschmack also[208], und Müller teilte auch seine Bedenken hinsichtlich der deutsch-osmanischen Verbindung. „Die Türken machten in letzter Zeit so viele Probleme, dass er [Müller, KM] bereits fürchtete, sie würden die Allianz aufkündigen“, hielt Süßheim im Tagebuch fest. Das Kaiserreich habe keine Lebensmittel und keine Milch aus der Türkei importieren können, im Gegenteil, erfuhr Süßheim: „[W]ir waren in den vergangenen zwei, drei Monaten gezwungen, Weizen in die Türkei zu schicken“.[209]

Mit Gleichgesinnten sprach Süßheim freier als bei seinen öffentlichen Auftritten, wo ihm jedes Wort als unpatriotische Kritik an der deutschen Kriegsführung ausgelegt werden konnte. Für den Alpenverein trug er noch zweimal vor, wobei er „Mesopotamien und Arabien“ (also das Gebiet um die Flüsse Euphrat und Tigris) und die Golfregion in den Blick

Leben sowohl Landtags- als auch Reichstagsabgeordneter werden sollte, hatte in der entsprechenden Wahlperiode aber nicht, wie es Süßheim über seinen neuen Bekannten im Tagebuch angibt, für den Wahlkreis München, sondern für Hof in Oberfranken kandidiert. Hinzu kommt, dass Süßheim bereits zuvor schon mit Müller-Meiningen bekannt war, er diesen also bei seinem Besuch im Landtag gar nicht erst hätte kennenlernen müssen: Er hatte ihn wie bereits erwähnt schon im November 1915 eingeladen, einen Vortrag zu halten, bei dem er selbst die Eröffnungsansprache hielt. Zwei weitere Landtagsabgeordnete namens Müller lassen sich nun für die entsprechende Wahlperiode nachweisen: Der Zentrumspolitiker Ferdinand Müller (später BVP), der allerdings für den Wahlkreis Aichach (Oberbayern) im Parlament saß, und Adolf Müller, ein Sozialdemokrat, der tatsächlich für München kandidierte, er hatte seinen Wahlkreis laut Register im westlichen und südwestlichen Erweiterungsbereich Münchens (München VIII/Obb). Vgl. [Verzeichnis der Abgeordneten], in: HdBG (Hrsg.): 36. Landtag: 1912–1918 (21. Wahlperiode), online: http://www.hdbg.de/parlament/content/ltDetail.php?id=36. Eine Biografie des Mannes wurde erarbeitet von Karl Heinrich Pohl: Adolf Müller. Geheimagent und Gesandter in Kaiserreich und Weimarer Republik, Köln 1995.

206 Rosenbergs Biograf zitiert immer wieder aus dieser Korrespondenz, vgl. Winfried Becker: Frederic von Rosenberg (1874–1937). Diplomat vom späten Kaiserreich bis zum Dritten Reich, Außenminister der Weimarer Republik (= SHKBAdW 83), Göttingen 2011, S. 48, 51, 80 u. weitere. Die Berichte Müllers als, von Rosenberg empfohlener, Schweizer Gesandter ab 1919 fanden oftmals Beachtung, vgl. S. 49.

207 Frederic von Rosenberg an Henriette von Tschirschky, Kopenhagen 16.6.1922, zit. nach Becker, Rosenberg, S. 49.

208 Adolf Müller war außerdem Jude, doch dies hielt er geheim – dass Süßheim sich also aus religiösen Gründen mit ihm verbunden fühlte, kann ausgeschlossen werden, vgl. Pohl, Müller, S. 10 u. Becker, Rosenberg, S. 49.

209 Deshalb habe man über Schweden Weizen aus Russland importieren und im Gegenzug Zeiss-Ferngläser liefern müssen, zitierte Süßheim das offene Gespräch mit Müller, vgl. Tagebuch KS, 24.2.1916.

nahm.[210] Der einstige Schüler des Seminars für Orientalische Sprachen (SOS) hatte in der Zwischenzeit aber auch die Aufmerksamkeit seines ehemaligen Lehrers Martin Hartmann erregt, der ihn einlud, in Schweinfurt einen Vortrag zu halten – auch dieser Aufforderung kam Süßheim selbstverständlich nach.[211] Zwei Jahre später sprach er beim Münchner Deutsch-Türkischen Verein (DTV): Generalkonsul Max Kemmerich, der ihn einst so brüsk abgewiesen hatte, fragte Süßheim dafür persönlich an.[212] Barbara Flemming und Jan Schmidt, die Süßheims Tagebuch edierten, wundern sich darüber, dass Süßheim die Einladung annahm, nachdem er es wegen der politischen Ausrichtung des Vereins explizit abgelehnt habe, selbst Mitglied zu werden.[213] Dabei handelt es sich allerdings um eine Verwechslung: Die Organisation, mit der Süßheim nichts zu tun haben wollte, war die Deutsch-Türkische Vereinigung[214], die noch vor dem Ersten Weltkrieg in Berlin gegründet worden war. Diese entsprang explizit globalstrategischen Überlegungen und stand unter dem Protektorat des Auswärtigen Amts; ihr erklärtes Ziel war es, im Osmanischen Reich „den übermächtigen kulturellen Einfluss Frankreichs zurückzudrängen"[215]. Prägende Gestalten der Vereinigung waren neben dem Süßheim so verhassten Ernst Jäckh („[d]er ‚Türken-Jäckh' versuchte sogar, die türkische Armenier-Politik für das deutsche Bildungsbürgertum akzeptabel zu machen"[216], schreibt Jürgen Kloosterhuis) SOS-Leiter Eduard Sachau und Hugo Grothe vom Deutschen Vorderasienkomitee. Mit allen dreien hatte Süßheim wie dargestellt seine Probleme, und sein bereits diskutiertes, vergleichsweise nüchternes Gutachten zur Errichtung einer Hochschule im Osmanischen Reich[217] – in Grothes Auftrag – ist auch in diesem Zusammenhang zu lesen.[218] Zu Süßheims Skepsis passt auch, dass er der persönlichen Aufforderung, einen Beitrag für die Schriftensammlung „Länder und Völker der Türkei" zu liefern, welche „ziemlich reges Interesse gefunden"[219] habe, offenkundig nicht nachkam. Hugo Grothe hatte ihm geschrieben, dass die ersten acht Bände bereits erschienen seien und Band neun bis zwölf sich im Druck befänden.[220] Es ist davon auszugehen, dass Süßheim die Reihe kannte, und obwohl es sicher eine gute Gelegenheit gewesen wäre, als Nahostexperte sichtbarer zu werden und der Herausgeber es ihm sogar selbst überließ, ein Thema vorzuschlagen – er könne sich „ein

210 Vgl. ebd., 12.1. u. 2.2.1916.

211 Vgl. ebd., 12.2.1916.

212 Vgl. ebd., 10.4.1918.

213 Vgl. Flemming u. Schmidt, Diary, S. 151 mit Bezug auf Tagebuch KS, 15.5.1915.

214 Vgl. ebd.

215 Klaus Kreiser: Deutsch-türkische Gesellschaften von Kaiser Wilhelm II. bis Konrad Adenauer, in: Dietrich Schlegel u. Norbert Reitz (Hrsg.): Festschrift. 60 Jahre Deutsch-Türkische Gesellschaft e.V. Bonn, Bonn 2014, S. 9–16, hier S. 10.

216 Kloosterhuis, Imperialisten 1, S. 255.

217 Vgl. Kap. I.3.

218 1912 war zunächst ein Ausschuss gegründet worden, der sich der „Begründung einer deutsch-türkischen Hochschule" verschrieben hatte – aus dessen Reihen rekrutierte sich die spätere Deutsch-Türkische Vereinigung, vgl. Kreiser, Gesellschaften, S. 10.

219 Hier und das folgende Zitat: Hugo Grothe an Karl Süßheim, 1.10.1915, Nachlass KS (LOC), Kiste 18.

220 Vgl. ebd.

Kapitel aus der neuen türkischen Literatur“ vorstellen, schrieb Grothe – stammte schließlich keiner der Bände, die noch erscheinen sollten, von Karl Süßheim. Offensichtlich hatte er ernste Bedenken, sich der Kriegspropaganda zuliebe zu weit von seiner wissenschaftlichen Integrität zu entfernen; zudem waren in der Reihe einige Bände erschienen, die ihm zutiefst zuwider gewesen sein müssen.[221]

Der Münchner DTV dagegen, bei dem Süßheim nun vortrug und dessen Vorsitz der angesehene Generalkonsul Max Kemmerich innehatte[222], passte in sein Selbstverständnis. In Süßheims Nachlass sind mehrere Dokumente zu finden, die darauf schließen lassen, dass er sogar zu den Mitgliedern gehörte.[223] Auch einen Aufruf zum Eintritt in den Verein vom Mai 1917 hat er aufbewahrt. Darin heißt es vergleichsweise zurückhaltend und respektvoll:

> „Nachdem der Verlauf des Weltkrieges eine mächtige Staatengruppe von der Nordsee bis zum Orient geschaffen hat, und die neue große Main-Donau-Wasserstraße uns und unsere Verbündeten in unmittelbare Wechselbeziehung bringt, gilt es vornehmlich, die wirtschaftlichen Beziehungen zur Türkei auf der Grundlage eines kulturellen Verständnisses gegenseitig auszugestalten. Vorbedingung zum vollen Verstehen ist Vertrauen zur Tüchtigkeit des anderen Volkes und Achtung vor seiner berechtigten Eigenart. Hierzu stellt sich der Deutsch-Türkische Verein München nach seiner Satzung die Aufgabe, ‚mitzuwirken bei den Bestrebungen, die Angehörigen der beiden miteinander verbündeten Reiche durch Aufklärung in geistiger und wirtschaftlicher Beziehung einander näherzubringen‘. Besprechungen und Vorträge über das uns befreundete Land und seine Bewohner, seine alte Kultur und sein Wirtschaftsleben, ferner zweckdienliche Auskunftserteilung und Sprachkurse sollen dies Ziel erreichen helfen. Des weiteren will der Verein den hier lebenden türkischen Staatsangehörigen und namentlich den zur Vervollständigung ihrer Ausbildung hier weilenden jungen Herren eine Heimstätte bieten, woselbst sie Freunde finden, die ihnen mit Rat und möglichst auch Tat unterstützend zur Seite stehen. So wird ein Stück deutschen Geistes und deutschen Wesens zur weiteren Verbrüderung der beiden Völker die Zurückkehrenden in die Heimat begleiten. Den deutschen [sic!] andererseits, die die Ausübung ihres Berufs ins Freundesland führt, will der Verein den Weg ebnen.“[224]

221 Der Text über die jüdische Minderheit in der Türkei zum Beispiel, geschrieben von einem deutschen Juden, argumentierte gleich im Vorwort, die Juden seien „in Deutschland ein vorderasiatisches und in der Türkei ein deutsches Element“ (Davis Trietsch: Die Juden in der Türkei, in: Hugo Grothe (Hrsg.): Länder und Völker der Türkei. Schriftensammlung des Deutschen Vorderasienkomitees, 12 Bde., Bd. 8, Leipzig 1915, S. 217–246, hier S. 219) – eine Lesart, die Süßheims Verständnis wie dargestellt völlig widersprach. Auch Heft 10 über Armenien und Deutschland wird Süßheim kaum gefallen haben, als es schließlich veröffentlicht wurde.

222 Vgl. Kreiser, Gesellschaften, S. 11.

223 Vgl. die Mitglieder-Rundschreiben im Nachlass KS (LOC), Kiste 18.

224 [Aufruf des DTV], Mai 1917, in: Nachlass KS (LOC), Kiste 18. Ungleich forscher trat Hugo Grothe auf. Seine Buchreihe hatte er im Vorwort wie folgt begründet: „Der gegenwärtige Weltkrieg hat uns

Auch wenn Karl Süßheim die Osmanen als Kriegsverbündete kritisch betrachtete: Er konnte sich mit diesen Zielen identifizieren, denn er legte großen Wert auf einen respektvollen Umgang. Genauso achtete er auf eine Vereinbarkeit seiner Vortragstätigkeit mit seinem wissenschaftlichen Anspruch, und das Publikum des DTV war ihm in dieser Hinsicht schwierig genug. In der bereits zitierten Tagebuchpassage vom April 1918, in der er schrieb, sein Vortrag habe in den Augen des Publikums einen großen Fehler beinhaltet, nämlich weder nationalistisch noch emotional gewesen zu sein, berichtete Süßheim über besagten Abend beim DTV. Weiter schrieb er: „Indem ich die großen Schwierigkeiten und den Kostenaufwand, die Deutschland bereit war, für das Wohl der Türkei auf sich zu nehmen, aufzählte und den höchst übertriebenen Gedanken zu erwähnen vergaß, dass Deutschland am Ende seine Kredite […] zurückgewinnen würde […], bestärkte ich versehentlich die gegenwärtig negativen Gedanken der Deutschen über die türkische Gier […]. Ich präsentierte außerdem Fakten, die den anwesenden Türken nicht gefielen, indem ich die türkischen Niederlagen an der anatolischen Front zu Beginn des Weltkriegs aufzählte und die Schwäche der türkischen finanziellen Situation untersuchte, da es zur rhetorischen Gewohnheit geworden war, darüber hinwegzugehen. Der Beifall war ungewöhnlich lau.“[225]

Süßheim, der sich bemühte, mit realistischem Blick auf die Ereignisse im Ersten Weltkrieg zu schauen, musste sich oftmals ärgern, wenn er nicht nur Unwissen über die fatale Entwicklung des Kriegs für das Kaiserreich und seine Verbündeten feststellte, sondern auch Ressentiments und mangelnde kulturelle Sensibilität. So traute er zum Beispiel kaum seinen Augen, als bei einem Empfang einer osmanischen Abgeordnetendelegation Schweinefleischbällchen und Schinken serviert wurden.[226] Karl Süßheim respektierte Gläubige, die sich an Speisegebote hielten (welche sich im Übrigen in der jüdischen und muslimischen Praxis kaum unterscheiden) und machte die Gäste darauf aufmerksam – die sich allerdings in ihrem Genuss davon nicht stören ließen, wie er bemerkte; er legte sich sogar mit Konsul Wilhelm Padel darüber an, der eine ansehnliche Karriere vorzuweisen hatte.[227]

Bisweilen eckte Karl Süßheim mit seinen Überzeugungen in der Kriegsgesellschaft also ordentlich an, doch seine außergewöhnlichen Sprachkenntnisse hatten sich herumge-

die Türkei als Bundesgenossen zur Seite gestellt. Aus der Waffenbrüderschaft werden sich unstreitig überaus enge Beziehungen auf dem Gebiete des Staats-, Bildungs- und Wirtschaftslebens zu entwickeln vermögen. Die vorliegende Sammlung trägt diesen Fragen und Gedanken in zeitgemäßer Weise Rechnung und wird dem Politiker, dem Manne der Wissenschaft, dem Kaufmann wie jedem gebildeten Laien wertvolle Anregungen bieten.“ Dieser Absatz war als Erklärung jedem Band vorangestellt. Grothe, Länder.

225 Tagebuch KS, 10.4.1918, Nachlass KS (SBB) Hs. or. 1135/9, fol. 41vf.

226 Hier und im Folgenden vgl. ebd., 29.5.1916.

227 Wilhelm Padel (1866–1950) war wie Süßheim ein ehemaliger Schüler des SOS und schloss danach eine Dragoman-Ausbildung in Konstantinopel an. Obwohl er 1907 die konsularische Prüfung ablegte, quittierte er den auswärtigen Dienst, um Bankdirektor in der Stadt zu werden. Nach dem Ersten Weltkrieg wird er das Türkeireferat im Auswärtigen Amt leiten, vgl. Sabine Mangold-Will: Begrenzte Freundschaft. Deutschland und die Türkei. 1918–1933, Göttingen 2013, S. 187.

sprochen und erfuhren eine zuvor ungekannte Würdigung. Schon im Januar 1915 war er zum Gründungsakt der Münchner Abteilung des Roten Halbmonds eingeladen[228], und im Mai 1916 wurde er offiziell angefragt, als eine osmanische Abgeordnetendelegation, die zu seinem Bedauern nahezu ausschließlich aus Türken oder „Türkisierten" bestanden habe – in der sich also keinerlei Nichtmuslime befanden –, München besuchte.[229] Süßheim übersetzte die zu diesem Anlass vorbereitete Rede des Bürgermeisters[230] und empfing schließlich gemeinsam mit dem Ministerpräsidenten und Außenminister Georg von Hertling[231] wie auch dem Generalkonsul Max Kemmerich die Abgeordneten am Münchner Bahnhof. Im Hotel Bayerischer Hof wurde die Delegation vom König erwartet; Süßheim, zum royalen Empfang selbst nicht eingeladen, war dazu verdammt, stattdessen heiße Schokolade zu trinken. Enttäuscht begleitete er die Gäste am Nachmittag zu einem Pferderennen in München-Riem, wo er den Konstantinopler Delegierten Salah Cimcoz vor einer Dummheit bewahrte.[232] Am Abend sollte ein Bankett im Künstlerhaus stattfinden, wo Süßheim die Reden des Präsidenten der Münchner Orientalischen Gesellschaft (MOG) und des Generalkonsuls dolmetschte – „obwohl mir die Übersetzung [selbst] nicht gefiel, schien das Publikum von meiner Vorstellung höchst beeindruckt zu sein"[233]. Sein Sitznachbar war ein Abgeordneter aus Smyrna, dessen Konversation mit den Ministern er ebenfalls vermittelte. Auf diese Weise machte Süßheim natürlich auch selbst deren Bekanntschaft: „Der Kultusminister[234] dachte zunächst, ich sei Osmane und fragte mich, wie lange ich schon hier sei", notierte er merklich vergnügt: „Ich antwortete: ‚Vier Jahre'. Als er mich danach fragte, was ich [beruflich] mache, konnte ich meine Identität nicht länger verbergen."[235]

Am nächsten Morgen wurden die Delegierten in der Stadthalle empfangen, und Süßheim war gebeten, ein Freundschaftstelegramm an den Sultan zu entwerfen, das der Gesandtschaft auf Deutsch vom Bürgermeister vorgetragen wurde; Süßheim verlas die

228 Vgl. Tagebuch KS, 19. 1. 1915.

229 Hier und im Folgenden vgl. ebd., 27. u. 28. 5. 1916.

230 Wilhelm Georg Borscht (1857–1943) war Zentrumspolitiker und seit 1907 Oberbürgermeister von München.

231 In der Tagebuchedition ist für diese Stelle der Jurist und Diplomat Anton Freiherr von Hirschberg (1853–1924) als bayerischer Außenminister während des Weltkriegs angegeben (Flemming u. Schmidt, Diary, S. 155), tatsächlich aber hatten das Amt, das in der Regel in Personalunion mit dem Vorsitz im Ministerrat geführt wurde, im Krieg zuerst Georg von Hertling (1912–1917), dann Otto von Dandl (1917–1918) inne. Zu Hertling vgl. Kap. I.1.

232 Dieser habe eine hohe Summe einsetzen wollen, schrieb Süßheim, „aber es gelang mir, ihn im Zaum zu halten, indem ich bemerkte, dass es einen schlechten Eindruck mache, in diesen schweren Zeiten verschwenderisch zu sein. Er nahm dann nur Wetten über jeweils fünf Mark an [...]." Tagebuch KS, 28. 5. 1916, Nachlass KS (SBB) Hs. or. 1 135/6, fol. 89r.

233 Ebd.

234 Eugen von Knilling (1865–1927) von der BVP war 1912 bis 1918 bayerischer Kultusminister und später, bekanntlich auch während des gescheiterten Hitler-Ludendorff-Putsches, Ministerpräsident (1922–24).

235 Tagebuch KS, 28. 5. 1916, Nachlass KS (SBB) Hs. or. 1 135/6, fol. 89v.

Der Spiegelsaal des Schlosses Herrenchiemsee im Mai 1916: Karl Süßheim (2. v. r.) begleitet eine Delegation der jungtürkischen Regierung des Osmanischen Reichs als Dolmetscher. Auch der antisemitische Rassenforscher Albrecht Wirth (6. v. r.) war dabei – auf der Hinfahrt aschte er in Süßheims Hut.

osmanische Übersetzung. Im Anschluss begleitete er die Gruppe im extra dafür reservierten Zug bei ihrem Ausflug ans „Bayerische Meer". Eine Fotografie von diesem Ereignis hat in Karl Süßheims Nachlass überlebt: Sie zeigt ihn und andere deutsche Begleiter inmitten der jungtürkischen Delegation im Schloss Herrenchiemsee. Das Dokument versinnbildlicht geradezu die schwierige Gemengelage, mit der sich Karl Süßheim während des Ersten Weltkriegs konfrontiert sah: Als sprachkundiger Experte war er gefragt wie nie, doch als Jude wurde er immer heftiger attackiert. Hinten mittig auf dem Bild sticht ein Mann mit Hut ins Auge, und der charakteristische Bart verrät seinen Träger: Mit von der Partie war der antisemitische Rassenforscher Albrecht Wirth. Es war nun länger als ein Jahr her, dass Süßheim wie beschrieben mit dem US-amerikanischen Journalisten über Wirth gesprochen hatte, und der rassistische Hass, den Wirth an den Tag legte, ging über alles hinaus, was Karl Süßheim bisher erlebt hatte. In seinem Tagebuch beschrieb er zunächst das Verhalten des Mannes gegenüber den Osmanen, die er beständig mit Fragen gegängelt habe, obwohl diese, für jeden offensichtlich, sehr müde und über Wirths Insistieren äußerst verärgert gewesen seien.[236] Seine Unverschämtheit sei überdeutlich geworden, schrieb Süßheim, als Wirth das sensible Thema der Nationalitäten im Vielvölkerstaat aufmachte und stur darauf beharrte,

236 Hier und im Folgenden vgl. ebd., 29.5.1916.

dass Enver Paşa albanischer und nicht tscherkessischer Herkunft sei, obwohl die anwesenden Osmanen ihn bereits eines Besseren belehrt hatten.[237] Er habe ihm nicht ständig ins Wort fallen können, bedauerte Süßheim, denn Albrecht Wirth sei ein bekannter Autor, dessen Meinung von der deutschen Regierung geschätzt werde.

In der Tat war Wirth nicht nur im Kaiserreich bekannt, sondern ein Vorreiter der globalen völkischen Szene; der US-amerikanische Rassist Alfred Paul Schultz beispielsweise hatte sein Buch mit dem sprechenden Titel „Rasse oder Bastard“ von 1908 neben Arthur de Gobineau und Houston Stewart Chamberlain auch dem deutschen Rassenforscher gewidmet.[238] Besonders abgesehen hatte Albrecht Wirth es nun auf den Juden im Zug: Karl Süßheim. Ob Wirth auch dessen vernichtende Rezension seiner „Geschichte der Türkei“ erinnerte, wissen wir nicht, doch die Anwesenheit eines Juden dürfte genügt haben. Schon auf der Hinfahrt schnappte der Mann sich Karl Süßheims Hut und verwendete ihn als Aschenbecher, wie dieser entsetzt in seinem Tagebuch festhielt. Auf die perplexe Frage, was er da mache, habe Wirth nur geantwortet: „Ist ja nicht mein Hut“.[239] Er wird es später zum Mitarbeiter des *Völkischen Beobachters* (VB) und persönlichen Bekannten Adolf Hitlers bringen.[240]

Karl Süßheim, mit antisemitischen Herabsetzungen seit langem vertraut, doch nie zuvor öffentlich derart gedemütigt, ließ sich dennoch nicht entmutigen und begleitete die Delegation auch am Folgetag. Sie besuchten Münchner Sehenswürdigkeiten wie das Deutsche Museum, die Löwenbräu-Brauerei, den Botanischen Garten und Schloss Nymphenburg.[241] Wiederholt fiel ihm in diesen Tagen auf, dass die Osmanen von der deutschen Bevölkerung mit „Hoch“-Rufen empfangen wurden.[242] Auch für sich selbst zog er ein positives Fazit[243]: Der offizielle Besuch der Türken habe ihm willkommene Zerstreuung von seinen üblichen Aktivitäten geboten und sei nützlich gewesen, denn er habe viele Neuigkeiten aus Istanbul erfahren. Auch habe es dabei geholfen, ihn besser in der hohen Münchner Gesellschaft bekanntzumachen; die erschütternde Szene mit Albrecht Wirth schob er beiseite: Die drei Tage seien sehr nützlich und glücklich gewesen, schrieb Süßheim, und in den vier Jahren, in denen er nun in München lebe, habe er sich nie zuvor mit solch hoher und respektierter

237 Enver Paşa war der „Sohn eines kleinen Beamten aus Bitola (Manastir), […] dessen Vorfahren gaugasischer Herkunft sein sollen“. Hans-Jürgen Kornrumpf: Enver Pascha, in: BioLexSOE, Bd. 1, München 1974, S. 462ff. [Onlineausgabe] https://www.biolex.ios-regensburg.de/BioLexViewview.php?ID=779.

238 Vgl. die Widmung bei Alfred P. Schultz: Race or Mongrel. A Brief History of the Rise and Fall of the Ancient Races of Earth. A Theory that the Fall of Nations is Due to Intermarriage with Alien Stocks. A Demonstration that a Nation's Strength is Due to Racial Purity. A Prophecy that America Will Sink to Early Decay Unless Immigration is Rigorously Restricted, Boston 1908.

239 Vielleicht war diese Szene der Grund dafür, warum Süßheim auf dem Foto im Schloss untypischerweise ohne Kopfbedeckung zu sehen ist.

240 Vgl. Ihrig, Genocide, S. 309.

241 Vgl. Tagebuch KS, 29.5.1916.

242 Vgl. ebd., 28. u. 29.5.1916.

243 Im Folgenden vgl. ebd., 29.5.1916.

Gesellschaft umgeben. Das Erlebnis sollte im folgenden Jahr noch übertroffen werden: Im April 1917 traf Karl Süßheim den König persönlich.

Ermöglicht wurde der besondere Höhepunkt in Süßheims Leben durch den Besuch eines alten Bekannten in München, der mittlerweile nicht mehr nur Innenminister, sondern Großwesir und also Regierungschef des Osmanischen Reichs war: Talât Paşa gab sich die Ehre. Entgegen dem erklärten Willen des Generalkonsuls Max Kemmerich fand Süßheim sich am Bahnhof ein, um Meḥmed Ṭal'at zu empfangen und schaffte es, als Teil des offiziellen Komitees wahrgenommen zu werden.[244]

> „Die osmanische Delegation wurde in den Empfangsraum neben dem ersten Gleis geführt. Dort wartete der König von Bayern auf sie. [...] Der erste Osmane, der dem König vorgestellt wurde, war der Großwesir; er grüßte auf türkische Weise. Der König gab Talât Paşa einen Orden [...]. Daraufhin stellte Talât Paşa seine Gefährten, einen nach dem anderen, dem König vor, und alle erhielten eine Auszeichnung aus der Hand des Königs. Während der König an seiner Seite stand, wandte Talât Paşa sich mir zu und sagte lächelnd: ‚Süßheim'. Als ich meinen Freund meinen Namen aussprechen hörte, spürte ich eine große Freude in meinem Herzen. Als ich neben den Osmanen stand, erwies mir Herr Kemmerich die Ehre, mich dem König vorzustellen. Der König kannte meinen Namen [bereits] aus der [Münchner] Orientalischen Gesellschaft. Daraufhin öffnete der Zeremonienmeister [...] die Tür zum Bahnhof und forderte die Anwesenden auf zu gehen. Er beförderte mich hinaus, indem er meine Hand schüttelte. Drinnen saß der König neben dem Großwesir und fragte nach Informationen über die politische und militärische Situation."[245]

Nachdem König Ludwig III. zurück an die Westfront geeilt und der Großwesir mit seiner Entourage ins Regina Palast-Hotel gebracht worden war, unterhielt Süßheim sich mit einem von Talât Paşas Bediensteten.[246] Ohne eingeladen zu sein, erschien er auch beim Mittagessen der Delegation, und Konsul Kemmerich warf ihn kurzerhand hinaus: „Er kam sofort zu mir, nahm mich am Arm und drängte mich auf freundliche Weise zu gehen."[247] Zuvor hatte Süßheim im Vorbeigehen gehört, dass Kemmerich Talât Paşa gegenüber fälschlicherweise behauptet hatte, Sprachstunden bei ihm, Süßheim, zu nehmen, um sein Osmanisch zu verbessern. Wohl halb verärgert, halb belustigt begab Süßheim sich zum Warten ins Restaurant des Hotels, wo er einem Journalisten von den *Münchner Neuesten Nachrichten* (MNN) begegnete, dem er sogleich ein Interview gab, das den (ihm ganz und gar nicht unange-

244 Vgl. ebd., 29. u. 30.4.1917.

245 Ebd., 30.4.1917, Nachlass KS (SBB) Hs. or. 1135/8, fol. 37v.

246 Meḥmed Ṭal'at lebe nun in einem kleinen Haus in der Nähe der Aya Sofia an der Ecke zur Yere-Batan-Straße; er lebe dort mit seiner Mutter und empfange zu Hause niemanden, wie Süßheim auf diese Weise erfuhr, vgl. ebd.

247 Ebd., fol. 39v.

nehmen) Eindruck erweckte, er habe hochoffiziell mit der Delegation zu tun. Am nächsten Morgen stand im Zeitungsbericht, dass sich zum Paşa auch „der Orientalist Privatdozent Dr. Süßheim gesellt“ habe, „der dem Großwesir schon von der Türkei her bekannt, ja befreundet war“[248].

Doch Karl Süßheim hatte bezüglich seines Bekannten nun gemischte Gefühle: Am Nachmittag war er nochmals auf Meḥmed Ṭal'at getroffen, der sich ihm gegenüber freundlich, aber reservierter als üblich zeigte – Süßheim erklärte es sich mit seinem ungeschickten Versuch, am Mittagessen teilzunehmen. Die Verabschiedung am Bahnhof ließ er sich dennoch nicht entgehen, und wieder einmal empörte er sich über das unmögliche Benehmen seiner Landsleute: „Alle Augenblicke wurde schrecklich deutlich, wie sehr sich die Deutschen über die türkische Politik und den osmanischen Staat lustig machen. [...] Bei ihrer Abreise aus München wurden sie [die Osmanen, KM] in zwei gesonderte Waggons gesteckt und daran gehindert, sich [unter andere Leute] zu mischen. [...] Nachdem sie abgefahren waren, lachten General Lossow[249] und Major von Kreß[250] lange und laut über die Ahnungslosigkeit und Dummheit der Türken. Baron Kreß, der eine wegwerfende Handbewegung machte, war offenkundig darüber amüsiert, dass die Türken wie Gefangene hinter Schloss und Riegel gingen. Zweifellos kommen solche Respektlosigkeiten und solch unangemessenes Verhalten sehr oft vor.“[251]

Süßheim schlug vor, dass die Delegation mit dem Expresszug fahren solle, doch einer der Männer „antwortete sarkastisch, dass es nichts ausmache, dass der Zug langsam vorankomme und erst am nächsten Morgen in Wien eintreffe – ‚Es ist gut, wenn sie lange

248 [Hermann Roth]: „Talaat Pascha in München“, in: MNN 70/217 (1.5.1917), S. 3.

249 Otto Hermann von Lossow (1868–1938) hatte als Oberstleutnant im Generalstab der Osmanen an den Balkankriegen teilgenommen. Im Ersten Weltkrieg war er zunächst Generalstabschef an der Westfront, danach Militärattaché im Osmanischen Reich.

250 Friedrich Kreß von Kressenstein (1870–1948) gehörte während des Weltkriegs als Oberstleutnant der Militärmission des Kaiserreichs im Osmanischen Reich an. Er wurde zum Kommandeur des 1. Türkischen Expeditionskorps ernannt, und trug im Rahmen der Suez-Offensive im Jahr 1915 die Verantwortung für den Marsch über den Sinai. Kreß wurde vor allem für seinen Erfolg in der zweiten Gaza-Schlacht im April 1917 bekannt.

251 Tagebuch KS, 30.4.1917, Nachlass KS (SBB) Hs. or. 1 135/8, fol. 40rf. In seinen Lebenserinnerungen, in denen der Empfang der Delegation nicht erwähnt wird, schilderte Kreß von Kressenstein seine Sicht auf die Osmanen freilich ganz anders: „Rückblickend kann ich nur wiederholen, daß die vier Jahre, die ich in der Türkei verlebte, von großem Einfluß auf meine ganze Entwicklung waren, daß ich in ihrem Verlauf sehr viel gelernt und meinen Horizont erweitert habe und vor Allem wertvolle Erfahrungen in der Behandlung der Menschen und ihrer Beurteilung gesammelt habe. Ich möchte sie nicht missen. [...] Daß mit meiner Rückkehr nach Deutschland alle Beziehungen zu den türkischen Kameraden – soweit sie nicht vorübergehend in Deutschland lebten – abgerissen sind, ist wohl zu einem großen Teil auf den bei Kriegsende eingetretenen Wechsel in der politischen Orientierung der Jungtürken zurückzuführen.“ Zit. nach. Winfried Baumgart (Hrsg.): Friedrich Freiherr Kreß von Kressenstein. Bayerischer General und Orientkenner. Lebenserinnerungen, Tagebücher und Berichte. 1914–1946, Paderborn 2020, S. 90f.

schlafen'"[252]. „Damit wollte er sagen, dass es überhaupt nichts ausmache, dass die Osmanen schliefen und von der Welt keine Ahnung hätten", fuhr Süßheim fort: „[g]anz im Gegenteil: Deutschland könne dann leichter seine Pläne durchführen." Allem Ärger zum Trotz: Süßheims Expertise machte die Runde, und er dolmetschte wenig später auch bei einem Bankett zu Ehren einer Delegation osmanischer Journalisten.[253] Die Tagespresse berichtete darüber: „In Deutschland fand die junge türkische Generation, die das Werk der Reform in die Hände nehmen wollte, einen Freund und Berater", hieß es: „Welch eine unverwüstliche Kraft steckt doch in diesem Volke, [...] das mitten in den Wehen seiner Umwandlung einem solchen Orkan Widerstand zu leisten vermag"; „Söhne dieses groß veranlagten Volkes sind es, die wir begrüßen".[254] Karl Süßheim freute sich sehr über diese Resonanz, auch wenn sein Name leider nicht erwähnt wurde, wie er im Tagebuch anmerkte.[255]

Süßheim wurde während des Weltkriegs auch selbst für die Presse tätig: Schon im Februar 1915 schickte er einen Artikel über die politische Strategie des Osmanischen Reichs gegenüber Briten und Russen an die angesehene *Frankfurter Zeitung* (FZ)[256], zu deren Feuilleton er zwei Jahre zuvor schon einmal beigetragen hatte[257]. Sein Text bediente sich aus exklusiven Informationen, die Süßheim einem Brief Meḥmed Ṭal'ats entnahm, die Zeitung nahm seinen Text aber trotzdem nicht ins Blatt und schickte den Artikel zurück[258] – in Süßheims Nachlass findet sich keine Korrespondenz mit der Redaktion, weshalb der Grund für diese Entscheidung unklar bleibt. Jedoch erfahren wir aus dem Tagebuch, dass die Kriegszensur bisweilen durchaus sogar Texte von Orientalisten betraf, die sich ausschließlich an ein Fachpublikum richteten: Sein Artikel über den mehrmaligen Großwesir Meḥmed Sa'īd Paşa[259] etwa wurde im April 1915 aus Zensurgründen zunächst zurückgewiesen – für die Dauer des Krieges könne man den Text nicht drucken, hieß es.[260] Zwei Jahre später, im Februar 1917, wurde er schließlich doch noch akzeptiert.[261] Mit anderen Projekten war Süßheim auf Anhieb sehr erfolgreich: Für die *München-Augsburger Abendzeitung* (MAA) verfasste er einen Artikel über die Belagerung Bagdads[262], in dem er die imperialistische Strategie der Briten im Nahen Osten erklärte und es damit auf den Titel der Ausgabe schaffte:

252 Hier und das folgende Zitat: Tagebuch KS, 30.4.1917, Nachlass KS (SBB) Hs. or. 1135/8, fol. 40v.
253 Vgl. ebd., 17.7.1917.
254 „Türkische Gäste in München", in: MNN 70/357 (18.7.1917), Morgenausgabe, S. 1f., alle Zitate: S. 1.
255 Vgl. Tagebuch KS, 18.7.1917.
256 Vgl. ebd., 14.2.1915.
257 Vgl. Kap. I.2.
258 Vgl. Tagebuch KS, 18.2.1915.
259 Karl Süßheim: Die Memoiren Kûčük Sa'īd Paša's, ehemaligen osmanischen Großwesirs (gestorben am 1. März 1914), in: Orientalistische Studien. Fritz Hommel zum sechzigsten Geburtstag am 31. Juli 1914 gewidmet von Freunden, Kollegen und Schülern, Bd. 2 (= MVAG 22), Leipzig 1918, S. 295–312.
260 Vgl. Tagebuch KS, 27.4.1915.
261 Vgl. ebd., 27.4.1917.
262 Die Stadt wurde im März 1915 von der britischen Armee belagert und kapitulierte nach zwei Jahren.

> „Die Engländer haben den Feldzug nach Bagdad unternommen, weil diese Stadt einen der Schlüssel zur Erschließung Mesopotamiens bildet und dieses Land verspricht, unter einer tüchtigen Verwaltung zu einem der ertragreichsten Gebiete der Erde zu werden. [...] Seit fast dreihundert Jahren ist es das osmanische Banner, welches in Bagdad die Herzen der Bevölkerung an sich zu fesseln gewußt hat. Heute zählt Bagdad 150 000 Einwohner und ist Mittelpunkt einer blühenden Baumwoll-, Woll- und Seidenindustrie. Auch das Metallgewerbe hat die alte Ueberlieferung noch nicht verloren und stellt getriebene Arbeiten von auserlesenem Geschmack und künstlerischen Werte her. Bagdad war das Ziel der ehrgeizigsten englischen Staatsmänner und nun ist dieser Traum zur Tatsache geworden. [...] Das Jahr 1908 brachte in der Türkei die Revolution, das konstitutionelle Regime. Die Engländer hofften, die allgemeine Verwirrung der Verwaltungsmaschinerie, die Unerfahrenheit der neuen Regierungsmänner, sofort zu einem Hauptschlage gegen Mesopotamien ausnützen zu können. [...] Da rührte sich der Hauptbeteiligte, die Bevölkerung Bagdads. [...] Die Bevölkerung von Bagdad besitzt eine etwas lose Zunge und hat von jeher ihrem Unwillen gegen England Luft gemacht.“[263]

Karl Süßheim betonte in seinem Text, in dem er die Osmanen mit Kritik verschonte (und sich sogar wie zitiert zu der mehr als gewagten Behauptung hinreißen ließ, die Araber in Bagdad hätten ein herzliches Verhältnis zum Reich), wie überheblich die Briten sich in Bagdad seit jeher benähmen und wie neidisch sie auf die Deutschen wegen der Bagdadbahn gewesen seien: „England erhob gegen den Bauplan aus Eifersucht gegen Deutschland vielerlei Einwände.“ Auch eine Erklärung für den Kriegseintritt der Osmanen lieferte Süßheim in diesem Text: „England trachtete nach türkischem Lande, und so schloß sich die Türkei im Oktober 1914 den Mittelmächten an.“ Die Bedeutung der Belagerung Bagdads dürfe man nun „nicht ins Maßlose [...] übertreiben, darf es aber doch auch nicht unterschätzen“, schrieb er, wies unter anderem auf die „verkehrspolitische Bedeutung“ der Stadt hin, und betonte, dass die Frage, welchen Fortgang das Kriegsgeschehen dort nun nehmen werde, noch unmöglich zu beantworten sei.[264]

Süßheim bemühte sich, in der deutschen Öffentlichkeit Verständnis für das Osmanische Reich zu wecken und seine Kultur näherzubringen. Im *Deutschen Offizierblatt* pries er 1916 ein Buch eines bayerischen Majors über die Türkei in den höchsten Tönen an.[265] Franz

263 Hier und die Zitate im Folgenden: Süßheim, Bagdad.

264 Er wagte allerdings eine reichlich rassistisch gefärbte Prognose: „Das Gebiet am östlichen Tigris ist fruchtbar und in seinen höher und nördlich gelegenen Regionen von einem außerordentlich kriegerischen Menschenschlag bewohnt, der fremden Eindringlichen den schärfsten Widerstand entgegenzusetzen pflegt. Es sind die Kurden, die, von den meisten Reisenden als wild und grausam geschildert, die ungebetenen Gäste mit kräftigen Schlägen empfangen werden.“ Ebd.

265 Vgl. Karl Süßheim: „Die Türkei“ (Neues vom Büchermarkt), in: DOB 20/14–Kriegsausgabe 87 (6.4.1916), S. 326f. über Endres, Türkei.

Carl Endres[266] war während des Balkankriegs in den Jahren 1912/13 Mitglied des Stabs im türkischen Oberkommando, danach Instrukteur an der osmanischen Generalstabsschule und im Weltkrieg bis 1915 Generalstabschef der ersten türkischen Armee, die die Entente auf der Halbinsel Gallipoli schlug.[267] Süßheim bescheinigte dem Major die Fähigkeit, „in die Seele des Volkes einzudringen, den fremden Menschen nach der Vergangenheit des fremden Landes, nach dem orientalischen Milieu zu verstehen und zu schätzen“[268]. In der hymnischen Rezension wird nicht zuletzt der Rezensent deutlich sichtbar:

> „Das Buch […] gehört zum Besten, was man in deutscher Sprache über die Türkei lesen kann. Gesellschaft und Sitten, die neuere Geschichte der Türkei, die Kriege der letzten Zeit, die so heiklen völkischen Verhältnisse, Volkswirtschaft, Kunst und Literatur werden in besonderen Kapiteln in so verständnisinniger Weise behandelt, daß man sagen kann, selbst in Deutschland, wo die Türkei von jeher viele Freunde besaß, hat sie noch selten einen gütigeren Beurteiler gefunden. Endres besitzt eine meisterhafte Beobachtungsgabe, eine seltene Fähigkeit, sich in das Detail der Umwelt zu vertiefen, das Charakteristische herauszuholen und […] wohltuende, ja häufig blendende Lichtstrahlen auf die großen Zusammenhänge der Gegenwart zu werfen. Nur eine bedeutende Persönlichkeit konnte dem deutschen Publikum ein so glänzend geschriebenes Buch über eines der wichtigsten Gebiete der deutschen Politik liefern. Im Verlaufe von wenigen Monaten war die erste Auflage vergriffen. Eine zweite ist im Druck erschienen, und ihr wird gewiß noch manche weitere folgen. Wer in den Orient reist und sich über die neuen Verhältnisse gesellschaftlicher, religiöser, kultureller Art rasch und gründlich unterrichten will, der greife vertrauensvoll zu jenem Buche, das ihm reiche Belehrung und Stunden angenehmer Unterhaltung gewährt! Vor allem den deutschen, im Orient lebenden Offizieren wird ein derartiges Vademekum sehr zustatten kommen. Es bringt ihnen das Ergebnis jahrelanger Erfahrung mit einem Schlage nahe und befähigt sie, als Mittler zwischen Deutschland und der Türkei erfolgreich zu wirken.“

Der derart gerühmte Franz Carl Endres war im Vorfeld mit seinem Buchprojekt bei Süßheim vorstellig geworden und hatte ihn um Rat gebeten.[269] Wir wissen nicht, wie viel Einfluss Karl Süßheim durch seine Beratung genommen hat, doch das Ergebnis entsprach offenbar

266 Der bayerische Absolvent der Kriegsakademie Franz Carl Endres (1878–1954) war 1912 als Hauptmann in den osmanischen Dienst eingetreten.

267 Vgl. Süßheim, Türkei, S. 326.

268 Hier und das folgende Zitat: ebd.

269 Vgl. Tagebuch KS, 25.9.1915. Endres und Süßheim, beide Jahrgang 1878, kannten sich schon eine Weile: Im Juli 1912 notierte Süßheim, dass er auf der Feier des 70. Geburtstags des Geschichtsprofessors Karl-Theodor von Heigel neben ihm saß. Endres habe in den vergangenen zwei Jahren Dokumente über den Dreißigjährigen Krieg ediert und strebe eine Assistenzprofessur in der Geschichtswissenschaft an der Universität München an, notierte Süßheim an diesem Tag, vgl. ebd., 16.7.1912. Der Major tauchte später auch in seinem Sprachkurs auf und Süßheim notierte, dass seine

exakt seinen Vorstellungen: Geschickt verurteilte der Major über den Umweg einer Kritik am Hauptfeind England sogar die (mithin, wie wir gesehen haben, vom Kaiserreich perfektionierte) politische Instrumentalisierung von Religion.[270] Die Deutschen, schrieb Endres mit Blick auf die Nahostpolitik, gerieten allzu „leicht bei Beurteilung positiver Leistungen in einen Zustand der Selbstbe[weih]räucherung [...], der uns schädlich war"; er fuhr damit fort, dass davon auszugehen sei, dass dies „nach dem Kriege einen Grad annehmen wird, vor dem jetzt schon mit Ernst zu warnen ist"[271]. Schon im Vorwort hatte Endres festgestellt, „wie wenig man in Deutschland über unseren Bundesgenossen am Bosporus weiß und wie viel man doch eigentlich von einem Volke wissen sollte, um es zu verstehen. Man weiß und spricht so viel von deutscher Orientpolitik, man hat ein ganzes Programm und ist sich über so vieles scheinbar so klar – und doch ist die einfache Vorstellung vom Alltäglichen, vom Historischen, von all den tausend Bedingungen richtigen Verstehens noch so wenig gefördert, daß sie zwischen kindlichem Glauben und unbekehrbarem Skeptizismus schwankt, also das Gebiet der Erkenntnis noch nicht erreicht hat."[272]

Endres schrieb explizit, dass er es nicht als Aufgabe seines Buchs betrachte, „ein deutsch-türkisches politisches Programm zu entwickeln"[273]. Die daran anschließenden Sätze hätten auch direkt von Karl Süßheim stammen können: „Für uns, in diesem Buche, handelt es sich [...] um nichts anderes als um Förderung des deutschen Verständnisses für das türkische Volk". Auch in vielen anderen Punkten werden die gemeinsamen Überzeugungen der beiden Männer offensichtlich: Die „Frauenemanzipation in der Türkei" sei „noch mindestens ein Jahrzehnt abzuwarten", warnte Endres genau wie Süßheim[274] beispielsweise vor allzu raschen gesellschaftlichen Veränderungsprozessen. Doch es dürfte noch einen anderen Grund gegeben haben, der Süßheim überzeugte: Franz Carl Endres' Blick auf die nichtmuslimischen Gruppen im Osmanischen Reich. Nicht nur den Armenierinnen und Armeniern gegenüber zeigte er offen Sympathien, der bayerische Major lobte das „mustergültig[e]" Familienleben der osmanischen Jüdinnen und Juden „auf der gesunden Grundlage der Pietät", und betonte, dass diese „bei der Befreiung aus dem Joche Abdul Hamids ganz auf der Seite der jung-

Sprachkenntnisse sehr gering seien, vgl. ebd., 8.6.1916. Es muss sich um den Kurs „Einführung in türkische Konversation" gehandelt haben, VVLMU (Sommer 1916), S. 41.

270 Vgl. Endres, Türkei, S. 163. In einem späteren Werk, das nicht mehr der Kriegszensur anheimfiel, wurde er konkret: „Man mag aber auch erkennen, daß der Heilige Krieg, erklärt von einem türkischen Kalifen, in Arabien von vornherein ohne jede Wirkung bleiben mußte. Diese Tatsache mußte jedem klar sein, der in Damaskus auch nur einen Tag lang ‚hinter die Kulissen' gesehen hatte. Aber gerade dieses hinter die Kulissen Sehen, das Allerwichtigste für die Diplomatie im Orient, ist unseren Vertretern nie und nirgends gelungen." Franz Carl Endres: Die Ruine des Orients. Türkische Städtebilder, München u. Leipzig 1919, S. 14.

271 Endres, Türkei, S. 182.

272 Ebd., S. VII f.

273 Hier und die folgenden Zitate: ebd., S. 134 f.

274 Vgl. Kap. I.3.

türkischen Partei standen".[275] Über die Loyalität der Juden gegenüber dem Staat schrieb er: „Ihre politische Vernunft, die sich weise darauf beschränkte, erträgliche Verhältnisse für die Einzelgemeinden zu schaffen, und politisch-territoriale Vereinigung mit politisch-nationaler Freiheit im großen und ganzen als eine nicht erfüllbare Phantasie von der Hand wies, hat ihnen die Sympathie der Muhammedaner erworben."[276]

Auffällig sind insbesondere auch Endres' Beschreibungen des jüdischen „Typus", geradezu eine positive Gegenkarikatur zur gängigen rassistischen Darstellung: „Interessant zu beobachten ist es, wie viel blonde, blauäugige und dabei ganz blasse Juden in Jerusalem sich finden, ein Typus, der in seiner verzerrten Germanenähnlichkeit den germanischen Schönheitsbegriff am meisten verletzt. [Man] trifft […] alte Männer von geradezu idealer Schönheit der Gesichtszüge. Die Frauen sind in der Jugend sehr schön, altern aber, wie alle Orientalinnen, sehr früh und bekommen dann sehr häßliche scharfe Züge. Die schönsten Frauen des ganzen Orients traf ich in Galiläa. Das sind Augen, Gesichtszüge, Haare, Arme, Gelenke, Hände, die jede künstlerische Natur in Begeisterung versetzen müssen. Die Gewohnheit der Frauen, das Wasser in einer Amphora auf dem Kopfe zu halten, gibt der ganzen Figur etwas Gestrafftes, läßt die Linien auch unter verhüllender Kleidung ahnen und macht den Schritt der Magd zu dem Wandeln einer Göttin."[277]

Endres zeichnete nicht nur ein überaus positives Bild des osmanischen Judentums, er fand an dieser Stelle auch deutliche Worte gegenüber seinen eigenen Landsleuten, denen er erklärte „daß ein sehr gutes Auskommen mit ihnen [den Juden, KM] für die türkische Regierung möglich ist, ja daß insbesondere die Juden Palästinas sehr wohl zu guten osmanischen Staatsbürgern erzogen werden können bei aller Wahrung ihrer Sonderrechte"[278]. Dieser Befund, schloss Franz Carl Endres sein Kapitel über die Juden, sei „immerhin auch für den deutschen Leser nicht ganz ohne Interesse". Die Vermutung liegt nahe: Durch seine überschwängliche Rezension nutzte Karl Süßheim die Gelegenheit, über den angesehenen Major seine eigene Sicht nicht nur auf das Osmanische Reich zu verbreiten.

Auch selbst publizierte Süßheim aber fleißig weiter: Mit einem zweiteiligen Artikel über „Die Malerei in der Türkei" lieferte er einen Überblick zu Geschichte und Gegenwart der osmanischen Kunst und forderte einen intensiven kulturellen Dialog zwischen Deutschland und dem Osmanischen Reich.[279] Dabei ließ er keinen Zweifel daran, wer seiner Meinung

275 Endres, Türkei, S. 177 u. 165.

276 Ebd., S. 165.

277 Ebd., S. 176.

278 Hier und das folgende Zitat: ebd., S. 184.

279 Die Beziehungen seiner Heimatstadt München (die Süßheim als „Mittelpunkt der Kunstpflege" bezeichnete) zur türkischen Kunst seien „in vergangener Zeit nicht so rege gewesen, wie man wünschen möchte", gab er etwa zu bedenken. Eingeleitet wurde der Text mit einer Anmerkung der Redaktion: „Die im Folgenden wiedergegebenen Ausführungen haben eine zeitgemäße Bedeutung, da bekanntlich vor kurzem eine Ausstellung ‚Münchner Kunst und Kunstgewerbe' in Konstantinopel stattfand, ferner in nächster Zeit eine Ausstellung türkischer Malerei nach Deutschland, insbesondere nach München kommen wird. Die Einführung in die türkische Malerei wird um so willkommener

nach in dieser Beziehung von wem profitierte: Mit keinem Wort erwähnte Süßheim, nach wie vor überzeugt von der europäischen kulturellen Überlegenheit[280], orientalische Einflüsse auf deutsche Künstler[281]. Den gemeinsam geführten Krieg beschrieb er denn auch als Katalysator einer wünschenswerten osmanischen Modernisierung: „Die türkische Regierung hat während des Weltkrieges viele Hunderte junger Leute zum Studium oder zur beruflichen Ausbildung nach Deutschland entsandt. Industrie, Gewerbe, Handwerk wurden dabei bevorzugt. Nur sehr wenig fiel dabei für die Kunst ab, und vollends zum Studium der Malerei, soll, soweit wir unterrichtet sind, bisher kein türkischer Student mit Regierungsunterstützung in Deutschland eingetroffen sein. Das wird sich wohl in Zukunft ändern, und München, welches die so sehr gelungene erste deutsche Kunstausstellung in der türkischen Hauptstadt ins Leben gerufen hat, wird dann sicherlich die Stadt sein, in welcher die türkischen Zöglinge der Malerei den Meistern der Farbenkunst ihre Geheimnisse abzulauschen suchen.“[282]

Eine deutsche Kunstausstellung in Konstantinopel vom März 1918 beschrieb Süßheim als „vollen Erfolg“: „[D]ie ausgestellten Gegenstände wurden fast restlos verkauft“, und die „türkischen ‚Kriegsgewinnler‘“ seien schließlich froh gewesen, „ihr Geld in den kostbaren Werken deutschen Kunstfleißes anzulegen“. Süßheim hob aber auch die Leistungen der Verbündeten im Krieg hervor: „Der Weltkrieg bot den Malern in der Türkei […] Stoff für ihre Arbeit. Und wie sollte das auch anders sein?“, fragte er rhetorisch: „[s]pielte sich doch eine der wichtigsten Episoden des Weltkrieges, der für die Türken so ruhmreiche Kampf um die

sein, als die europäische Literatur sich über diesen Gegenstand nahezu vollständig ausschweigt.“ Süßheim, Malerei I, S. 1.

280 Dies spiegelte sich auch überdeutlich in seinem Text zur türkischen Musik. Über das türkische Orchester schrieb er: „Man merkt diesem Orchester sofort seine Schwäche an: unter anderem fehlen verschiedene unserer Instrumente, welche in die Harmonie der feinen, hohen Töne mehr Mannigfaltigkeit, Leben und Bewegung bringen könnten. Das Uebermaß der hohen Töne drückt der türkischen Nationalmusik ein zu unfestes, mattes Gepräge auf. Zur Verdeckung dieses Mangels, zur Hebung der musikalischen Wirkung wird die türkische Instrumentalmusik fast stets von Gesang begleitet […]. Der Charakter der türkischen Instrumentalmusik kann auch von dem begleitenden Gesange nicht verwischt werden: auch der Gesang kennt kaum tiefe Stimmlage […] – welch ein Gegensatz zu unserem Gesange!“ Süßheim, Musik.

281 Die Faszination, die deutsche Expressionisten wie beispielsweise der junge August Macke (1887–1914) auf ihren Reisen nach Nahost fanden, sprechen aus etlichen ihrer bekanntesten Bilder. Schon weit ins 19. Jahrhundert zurück aber diente nicht nur die orientalische Umgebung als Inspirationsquelle europäischer Kunst: Die orientalische Ornamentik war ein beliebtes Element zeitgenössischen Geschmacks und Maler wurden auch von orientalischen Kunstformen inspiriert, vgl. eine Analyse dieses Themas bei Karin Rhein: Deutsche Orientmalerei in der zweiten Hälfte des 19. Jahrhunderts. Entwicklung und Charakteristika, Berlin 2003.

282 Die türkische Kunst habe zudem auch indirekt vom Ausbruch des Kriegs profitiert – die Maler aus dem Osmanischen Reich, die nach der jungtürkischen Revolution in die Welt hinaus strömten und ihre künstlerische Ausbildung in Paris genossen, mussten „ihre Studien abbrechen und nach Konstantinopel zurückkehren. Die Anwesenheit dieser tüchtigen und ehrgeizigen Elemente brachte die schwerfällige Konstantinopeler Künstlerwelt in Bewegung“. Hier und die folgenden Zitate: Süßheim, Malerei II, S. 2.

Dardanellen und die Halbinsel Gallipoli, so nahe vor den Toren Konstantinopels ab". Süßheims öffentliche Bewertung der Bündnispartnerschaft im Krieg fiel deutlich milder aus als seine innere Skepsis es zunächst vermuten ließ. Im Januar 1919 trug er wieder einmal in der Münchner Orientalischen Gesellschaft (MOG) vor, Thema: „Die Beziehungen zwischen Bayern und der Türkei im Wandel der Jahrhunderte"[283]. Sein Redemanuskript schaffte es, entsprechend überarbeitet, mehrmals in den Druck.[284] „Die Krönung erhielt das Verhältnis zwischen Bayern und der Türkei im Weltkriege, den die Zentralmächte von 1914 bis 1918 Seite an Seite mit der Türkei ausfochten"[285], schrieb Süßheim in der Rückschau. „Bayern und die Türkei waren zu weit entfernt, um in normalen Zeiten in nähere Verbindung miteinander zu treten. Ein Sichkennenlernen, Beziehungen größerer Intimität vermochten erst außerordentliche Umstände anzubahnen. Diese Gelegenheit bot der große Weltkrieg, in welchem Deutsche und Türken vom Ende Oktober 1914 bis Ende Oktober 1918 vier Jahre ununterbrochen Schulter an Schulter fochten."[286]

Es seien, so Süßheim, „die gemeinsamen Waffentaten des bayerischen und des türkischen Heeres, die wir hier noch besonders feiern wollen"[287] – sein Urteil nach dem Krieg war

283 Das handschriftliche Manuskript findet sich in: Nachlass KS (LOC), Box 9.

284 Karl Süßheim: Die Beziehungen zwischen Bayern und der Türkei im Wandel der Jahrhunderte, in: Bayerland 30/25 (1.9.1919), S. 411–419 u. Ders.: Die Beziehungen zwischen Bayern und der Türkei im Wandel der Jahrhunderte. Vortrag, gehalten am 31. Januar 1919 in der Münchener Orientalischen Gesellschaft (= Sonderdruck aus der „Altbayerischen Monatsschrift" 15/2 (1919/20)), München 1920, S. 1–10.

285 Süßheim, Beziehungen (1919), S. 418.

286 Ders., Beziehungen (1919/1920), S. 6.

287 Ebd. Freilich hob Süßheim dabei vor allem die Leistungen der bayerischen Offiziere hervor und besonders angetan hatte es ihm nach außen hin der Artilleriegeneral Friedrich Kreß von Kressenstein. „Bayerische Generalstabsoffiziere wirkten damals mit Auszeichnung im Orient", ging das Zitat weiter; über Kreß schrieb er: „Freiherr von Kreß war für schwierige Lagen wie geschaffen. Körperlich elastisch und rüstig, litt er während seines mehrjährigen Aufenthalts in Syrien und der Wüste nie an Unwohlsein. Ein unermüdlicher Arbeiter, gönnte er sich vor Mitternacht kaum Erholung. Stets äußerliche Ruhe bewahrend und vielfach Heiterkeit zur Schau tragend, gewann er allgemeines Vertrauen und Zuneigung. Sowohl Zivil wie Militär, Deutsche wie Osmanen waren für ihn eingenommen. Die einander so hart befehdenden Nationalitäten und Religionsparteien Jerusalems und der umliegenden osmanischen Provinzen waren mit Kreß zufrieden." Süßheim, Beziehungen (1919/20), S. 9. Sein persönlicher Eindruck von Kreß war wie geschildert ein anderer. Süßheims nachträgliches Lob könnte auch damit zusammenhängen, dass er für seine Recherche Kreß' Bruder interviewt hatte, vgl. Tagebuch KS, 21.11.1918. Süßheim hob aber nicht nur Einzelne hervor, sondern betonte auch die Erfolge der Partner – in erster Linie natürlich Gallipoli. Hier lobte er wiederum über alle Maßen seinen Bekannten Endres: „Major Franz Carl Endres war von Ende November 1914 bis Ende März 1915 als Generalstabschef eines großen, sieben Armeekorps umfassenden türkischen Heeres tätig. Dieses Heer hatte in der europäischen Türkei und an beiden Ufern der Dardanellen nach allen Seiten Front zu machen. Major Endres war es, welcher in seiner Eigenschaft als Generalstabschef teilweise die Vorbereitungen traf zu der glänzenden Verteidigung der Dardanellen durch die Türken." Süßheim, Beziehungen (1919/20), S. 6. Doch, so Süßheim, „[w]ir würden [...] dem türkischen Heere nicht gerecht werden, wenn wir nicht seiner Leistungen auf einem anderen Kriegsschauplatze

also betont wohlwollend, und wieder stellte er sich hier gegen die im Kaiserreich beliebtere Erzählung. Nicht wenige nämlich begründeten die Niederlage im Weltkrieg nun plötzlich vor allem mit dem Versagen der Türken. Sogar dem Suez-Manöver, das Süßheim, wie wir gesehen haben, überaus kritisch sah, schaffte Süßheim es nun, etwas Gutes abzugewinnen: „Die Unternehmung hatte zwar nicht den gewünschten Erfolg“, schrieb er, gleichwohl bilde „der Feldzug der türkisch-deutschen Truppen gegen Ägypten für die Teilnehmer eine der romantischsten Erinnerungen aus dem Weltkrieg und eine der merkwürdigsten Episoden in den Beziehungen zwischen Bayern und der Türkei“[288]. Womit er allerdings nach wie vor nicht an Kritik sparte, waren deutsche Großmannssucht und der „*Jihad* made in Germany“: „Die politische Reklame der Zentralmächte arbeitete in jener Zeit mit Hochdruck und stellte ihren gläubigen Untertanen das Phantom einer Eroberung des Orients als nahe Wirklichkeit dar. Die Armee Mackensen[289] [...] wurde nicht selten als die Truppe hingestellt, welcher die Erfüllung der stolzen Pläne Deutschlands in Asien und Afrika beschieden sei. Eines der Hauptziele, welche die offiziellen deutschen Kreise mit ihren großsprecherischen Ausstreuungen verfolgten, war die Einwirkung auf das Ausland, auf England. Man wollte die britischen Machthaber einschüchtern, um sie zu zwingen, eine große Zahl ihrer Streitkräfte vom französischen Kriegsschauplatze zurückzunehmen und zur Abwehr der im Orient drohenden deutschen Vorstöße dorthin zu werfen. [...] Kreß [...] dachte, wie eingeweihte Kreise überhaupt, über die hochfliegenden Unternehmungen Deutschlands im Orient, und namentlich auch über einen Angriff auf Ägypten, viel skeptischer.“[290]

gedächten, auf dem die Türken eine schwierige Aufgabe mit der ihnen eigenen Zähigkeit und Tapferkeit durchführten. Wir meinen Ostgalizien.“ Um die wankende Ostfront zu stabilisieren, wurden 1916 zwei osmanische Divisionen zur Verfügung gestellt, die zusammen das 15. Armeekorps bildeten, vgl. Edward J. Erickson: Ordered to Die: A History of the Ottoman Army in the First World War, Westport u. London 2001, S. 141f. Bei Süßheim ging es indes weiter: „Ungeheuer waren die Lücken der österreichisch-ungarischen und der deutschen Front, die ausgefüllt werden mußten. Es kann den Türken nicht hoch genug angerechnet werden, daß sie in diesen für uns kritischen Tagen und obwohl weite Strecken ihres eigenen Landes in Asien vom Feinde besetzt waren, uns die so nötige Hilfe gewährten.“ Süßheim, Beziehungen (1919/20), S. 7.

288 Ders., Beziehungen (1919), S. 419.

289 Die Heeresgruppe, benannt nach deren deutschem Oberbefehlshaber August von Mackensen (1849–1945), war von 1915 bis 1918 an unterschiedlichen Fronten im Osten und Südosten Europas im Einsatz.

290 Süßheim gab sogar zu bedenken: „Eine für Kreß glückliche Fügung hatte es gewollt, daß der Verlust der dritten Schlacht von Gasa nicht mehr unter seinem Oberbefehl erfolgte und die Räumung Jerusalems den Türken abgenötigt wurde, als Kreß bereits jeglichen Kommandos enthoben war. Man hat sich schon viel den Kopf darüber zerbrochen, ob der Rücktritt von Kreß die Lage [...] im ungünstigen Sinne beeinflußt habe. Leute, welche den Ereignissen sehr nahe gestanden haben, erklären demgegenüber, daß im Oktober 1917 durch die gewaltige Überlegenheit der Briten die Stellungen der Türken bei und östlich von Gasa nahezu unhaltbar geworden waren und bei herzhaftem Zugreifen und geschickter Leitung des Gegners zusammenbrechen mußten. Es ist aber zuzugeben, daß die Dinge in Palästina und Syrien [...] sich wohl besser für die Türken gestaltet hätten, wenn der mit

Das Kapitel über Karl Süßheims Rolle im Ersten Weltkrieg könnte hier enden: Im Windschatten der politischen Weltlage hatte er sich zu einem Experten entwickelt, der sich nicht scheute, die Öffentlichkeit zu suchen; bei offiziellen Anlässen war er gefragt und kam mit der großen Politik in Berührung. Doch weshalb war er die ganze Zeit über vom Dienst an der Front verschont worden? Und warum scheint es, als sei er stets ein bisschen besser informiert gewesen als viele andere, die sich als Orientkundige gerierten? Dies hatte nicht nur mit seinem Wissen aus vergangenen Zeiten zu tun, mit seinem Gespür für osmanische Befindlichkeiten oder der Bekanntschaft mit Männern wie Talât Paşa – Karl Süßheim hatte im Krieg noch eine andere Aufgabe. Sie unterlag dem Gebot oberster Geheimhaltung, und die Wissenschaft darf froh darüber sein, dass Süßheim nicht im Entferntesten daran dachte, sie einzuhalten. Als Übersetzer und Zensor in der militärischen Postüberwachung in der Münchner Bayerstraße[291] war er selbst Teil der von ihm angeführten „eingeweihten Kreise" – und zitierte in seinem Tagebuch seitenweise aus Briefen, die nicht für die Augen der Öffentlichkeit bestimmt waren.

„Totale Verschwiegenheit" | Militärzensur: Das Leben der Waffenbrüder

Einer von Karl Süßheims Studenten während des Ersten Weltkriegs war der nur drei Jahre jüngere, bereits promovierte und überaus sprachbegabte Ignaz Hösl.[292] Die beiden tauschten sich am Rande der Übungen auch über den Kriegsverlauf aus – von Hösl hörte Süßheim zum Beispiel erstmals von den Schwierigkeiten der deutschen Truppen bei Verdun.[293] Bald bat dieser ihn um Hilfe bei der Übersetzung von Briefen, denn er arbeitete als Zensor bei der Militärischen Überwachungsstelle des I. bayerischen Armeekorps, angesiedelt beim Bahnpostamt I in der Münchner Bayerstraße.[294] Karl Süßheim, mit derlei Tätigkeiten seit

Land und Leuten gut bekannte Kreß seit dem Herbste 1917 auch fernerhin dortselbst Oberbefehlshaber geblieben wäre." Süßheim, Beziehungen (1919/20), S. 9 f.

291 Über Süßheims Tätigkeit publizierte Jan Schmidt zwei Aufsätze, die sowohl die Tagebuchnotizen als auch Archivmaterial befragen und eine wichtige Grundlage für den folgenden Abschnitt boten: Schmidt, Süssheim (1985) u. Ders., Süssheim (2002).

292 Ignaz Hösl (1881–1963) hatte Geschichtswissenschaft studiert und trat nach seiner Promotion 1906 in den bayerischen Archivdienst ein. Er beanspruchte für sich, 24 Sprachen zu beherrschen, vgl. Verzeichnis der bei der Milit. Überwachungs-Stelle I. A. K. verwendeten freiwilligen, ehrenamtlichen Mitarbeiter, die noch im milit., dienstpflicht. Alter stehen, aber unentbehrlich sind, 5. 4. 1916, BayHStA-KA, Nr. 1621/[3076 Rückseite].

293 Vgl. Tagebuch KS, 22. 9. 1914.

294 Hösl sollte Post aus Rumänien, Bulgarien, der Türkei und Ägypten in den Sprachen Rumänisch, Osmanisch, Arabisch, Rätoromanisch, Bulgarisch und Persisch bearbeiten, vgl. Verzeichnis der bei der Milit. Überwachungs-Stelle I. A. K. verwendeten freiwilligen, ehrenamtlichen Mitarbeiter, die noch im milit., dienstpflicht. Alter stehen, aber unentbehrlich sind, 5. 4. 1916, BayHStA-KA, Nr. 1621/[3076 Rückseite]. Eine Monografie zur Zensurstelle in Bayern, die sich allerdings im Rahmen dieser Arbeit als unergiebig erwies, lieferte Doris Fischer: Die Münchner Zensurstelle während des Ersten

seinem Einsatz im osmanischen Unterrichtsministerium vertraut[295], half gerne und übernahm schnell auch selbständig Übersetzungsarbeiten.[296] Seine solide Arbeit sprach sich in den Kreisen der Militärzensur herum: „Als ich in der Königlichen Bibliothek um halb eins auf Doktor Reismüller[297] und Doktor Hösl traf, baten sie mich, um vier nachmittags ins Zensurbüro zu kommen, um einige türkische Dokumente zu übersetzen. Ich ging dorthin und nachdem ich dem Direktor, Oberstleutnant Sixt[298], vorgestellt worden war, brachte er seine Dankbarkeit im Namen des Oberbefehlshabers der Ersten Armee zum Ausdruck. Anstatt den Eid zu leisten, musste ich mein Ehrenwort geben, dass ich totale Verschwiegenheit wahren würde. Ich musste vier Postkarten und zwei Briefe aus dem Türkischen und einen persischen Brief […] übersetzen.“[299]

Von diesem Tag an kamen Ignaz Hösl oder der Oberpostinspektor Hermann Rauscher selbst regelmäßig mit osmanisch-türkischer, arabischer und persischer Korrespondenz zu Süßheims Wohnung in Schwabing oder passten ihn an Orten ab, wo er sich für gewöhnlich aufhielt – so etwa im Restaurant Lohengrin in der Türkenstraße, wo Süßheim oftmals seine Mahlzeiten einnahm. (Er sollte hier sogar einen „türkische[n] Stammtisch“ für „muselmanische Student[en] […], türkische Jünger der Wissenschaft“ gründen, der „bis in den Dezember 1918 beisammen“ blieb und, wie er in einem Aufsatz selbst schrieb, „durch das daselbst postierte türkische Fähnchen allen Gästen in die Augen fiel“[300].) Im Herbst 1915 trug Inspektor Rauscher Karl Süßheim schließlich eine feste Tätigkeit für die Postüberwachung an.[301] Für ihn kam diese Bitte wie gerufen, denn inzwischen hatte er zwei Musterungen hinter sich, die ihn für kriegstauglich befunden hatten.[302] Alles sah danach aus, als müsse er im kommenden Herbst an die Front.

Weltkrieges. Alfons Falkner von Sonnenburg als Pressereferent im bayerischen Kriegsministerium in den Jahren 1914 bis 1918/19 (Inaugural-Dissertation zur Erlangung des Doktorgrades der Philosophischen Fakultät der Ludwig-Maximilians-Universität zu München), München 1973.

295 Vgl. Kap. I.3.

296 Vgl. Tagebuch KS, 6.9.1914.

297 Georg Reismüller (1882–1936), später Generaldirektor der Staatsbibliothek, war bei der Zensur für die Post aus Großbritannien, der Schweiz und Russland zuständig. Zudem dolmetschte er aus dem Chinesischen, Japanischen, Schwedischen und Dänischen. Er gab an, 18 Sprachen zu beherrschen, vgl. Verzeichnis der bei der Milit. Überwachungs-Stelle I. A. K. verwendeten freiwilligen, ehrenamtlichen Mitarbeiter, die noch im milit., dienstpflicht. Alter stehen, aber unentbehrlich sind, 5.4.1916, BayHStA-KA, Nr. 1621/[3076 Rückseite].

298 Friedrich Sixt (1860–1921) arbeitete nach dem Ersten Weltkrieg im Kriegsarchiv (1908–1919), sein Sohn war der bekanntere gleichnamige Generalleutnant (1895–1976).

299 Tagebuch KS, 29.9.1914, Nachlass KS (SBB) Hs. or. 1 135/5, fol. 45v.

300 Süßheim vergaß nicht, darauf in einer Veröffentlichung zu den bayerisch-türkischen Beziehungen hinzuweisen. Süßheim, Beziehungen (1919/20), S. 6.

301 Vgl. Tagebuch KS, 9.9.1915.

302 Im März 1915 wurde er als tauglich für die Artillerie, im Juni für die Infanterie erachtet. Als seine Mutter die Ladung zur ersten Musterung auf seinem Schreibtisch in München fand, war sie darüber sehr verzweifelt, vgl. ebd., 6.3. u. 8.6.1915.

Nachdem Süßheim sich, wie wir gesehen haben, zu Beginn des Krieges seiner Mutter gegenüber noch dafür bereit erklärt hatte, wollte er einen Fronteinsatz nun unbedingt verhindern: Der zermürbende Stellungskrieg an der Westfront war kein Geheimnis; auch war dort bereits Giftgas eingesetzt worden, wodurch Tausende Soldaten ihr Leben ließen oder für immer gezeichnet blieben. Im Osten hatte man die russische Armee zwar aus Ostpreußen verdrängt und die Truppen rückten vor (im Sommer waren Warschau und Brest-Litowsk eingenommen worden), doch es ging langsamer voran als erwartet. Und im Süden hatte sich eine weitere, sehr verlustreiche Front für die Mittelmächte aufgetan, denn Italien war im Mai aufseiten der Entente in den Krieg eingetreten. Viele seiner Kollegen wurden nun also in diesem Herbst 1915 eingezogen[303], Süßheim selbst aber hatte Glück: Major Ivo Schneider[304], der Friedrich Sixt als Direktor der Münchner Zensurstelle nachgefolgt war[305], wollte auf seine Dienste nicht mehr verzichten. Süßheim traf den Mann erstmals im September 1915 in dessen Büro: Er habe zunächst mit Inspektor Rauscher die Möglichkeiten diskutiert, eine Ausnahme vom aktiven Militärdienst zu erwirken, schrieb er in sein Tagebuch.[306] Danach sei er in das Büro des neuen Direktors, Major Schneider, gegangen. Der kleine, rundliche und freundliche Mann habe ihm gesagt, dass Süßheims Name ihm bereits bekannt sei. Als Süßheim ihn fragte, ob er wohl für weitere Dienste gebraucht würde, habe Schneider geantwortet, dass er ihm mehr als willkommen sei. Im Januar 1916 musste er dennoch erneut zur Musterung[307], ein Einberufungsbefehl aber erfolgte nicht. Im April dann erhielt er endlich die erleichternde Nachricht: Zusammen mit fünf anderen Angestellten der Zensurstelle war Süßheim offiziell vom aktiven Kriegsdienst befreit worden.[308] In den folgenden Jahren wurde diese Entscheidung immer wieder neu bestätigt: Der Orientalist Karl Süßheim, zuständig für Osmanisch,

303 Im Wintersemester 1915/16 war bei sieben von 26 Privatdozenten in Süßheims Sektion „Zurzeit beim Heere“ vermerkt. Im Halbjahr 1918/19 sollten es vier von nur noch 17 verbliebenen Privatdozenten sein – der Krieg forderte auch im Kollegium der Philosophischen Fakultät Opfer, vgl. VVLMU. Winter-Halbjahr 1915/1916, S. 40–43 u. Winter-Halbjahr 1918/19, München 1918, S. 27 ff. wie auch die bereits erwähnten sich häufenden Benachrichtigungen über gefallene Kollegen.

304 Ivo Schneider (1853–1924) war früher Kavallerieoffizier in der bayerischen Armee, musste jedoch seine Karriere beenden und den Dienst quittieren, nachdem er nicht standesgemäß geheiratet hatte. Er arbeitete als Versicherungsdirektor, wurde aber im Ersten Weltkrieg reaktiviert, vgl. den autobiografischen Text seines gleichnamigen Enkels Ivo Schneider: Stationen und Begleiter meines Lebensweges als Mathematik- und Naturwissenschaftshistoriker, in: Rudolf Seising, Menso Folkerts u. Ulf Hashagen (Hrsg.): Form, Zahl, Ordnung. Studien zur Wissenschafts- und Technikgeschichte. Festschrift für Ivo Schneider zum 65. Geburtstag, Wiesbaden 2004, S. 15–47, hier S. 15.

305 Sixt war im August seine Beförderung mitgeteilt worden, vgl. Tagebuch KS, 30. 8. 1915. Er übernahm die Dienststelle „Postüberwachung“ beim Stellvertretenden Generalstab der Armee. Durch diesen Schritt sollte die Zensurpraxis in den verschiedenen zivilen Postüberwachungsstellen koordiniert werden, vgl. Bernd Ulrich: Die Augenzeugen. Deutsche Feldpostbriefe in Kriegs- und Nachkriegszeit 1914–1933 (= SBZG 8), Essen 1997, S. 86.

306 Im Folgenden vgl. Tagebuch KS, 16. 9. 1915.

307 Vgl. ebd., 12. 1. 1916.

308 Vgl. ebd., 20. 4. 1916.

Arabisch und Persisch, wurde vom Zensurbüro für „unentbehrlich“ befunden – die Voraussetzung für ehrenamtliche Mitarbeiter im eigentlich dienstpflichtigen Alter –, „[d]a die von ganz Deutschland an die Überw.-Stelle München zugeteilten türkischen Briefe oft so zahlreich sind, daß ein Übersetzer [allein, KM] dieselben nicht bewältigen kann“[309]. Der Postverkehr mit Nahost bedurfte der ständigen Überprüfung, und Süßheim musste auch melden, wenn er zwischendurch einmal verreiste.[310] „Ich habe dieser Tage wieder ziemlich viel zu tun: litterarische, amtliche Pflichten“, schrieb er seiner Mutter im Februar 1916 auf seine Tätigkeit anspielend: „Aber ich bin sehr befriedigt.“[311] Clara Süßheim wird ihren Sohn in den nächsten Jahren tatkräftig unterstützen. Ob Essenspakete oder die Wäsche: In Nürnberg wurde alles dafür getan, dass der jüngere Sohn seiner kriegsrelevanten Arbeit ohne größere Reibungsverluste nachkommen und sich gelegentlich auch eine Auszeit nehmen konnte.[312]

Zu den osmanischen Kriegsverbündeten gab es einen eigenen Eintrag im Zensurbuch, das 1917 vertraulich an die deutsche Presse gegeben wurde: „Alle Ausführungen, die das Ansehen unserer türkischen Bundesgenossen irgendwie herabsetzen oder sie selbst verletzen könnten, müssen vermieden werden“[313], hieß es darin, konkret: „Der Heeresersatz der Türkei ist stark und ausreichend. Gegenteilige Nachrichten sind falsch und zu vermeiden“, und „Die Versorgung der T[ürkei] mit Lebensmitteln und Bedarfsartikeln aller Art (namentlich Kohle, Zucker, Petroleum) ist durchaus günstig“ – „[a]nderslautende Meldungen“ seien „unrichtig und daher zu verhindern“. Dieselben Leitlinien hatten sicher auch die Zensoren zu beachten, Süßheims Tätigkeit zielte aber auch in die andere Richtung: Negative Bemer-

309 Verzeichnis der bei der Milit. Überwachungs-Stelle I. A. K. verwendeten freiwilligen, ehrenamtlichen Mitarbeiter, die noch im milit., dienstpflicht. Alter stehen, aber unentbehrlich sind, 5.4.1916, BayHStA-KA, Nr. 1621/[3076 Rückseite].

310 Er unterbreite die Meldung, „dass der ehrenamtlich bei der Militär. Ueberwachungsstelle arbeitende Herr Dr. Karl Süssheim vom 1. bis 22. August 1917 einen Urlaub nach Tegernsee antreten wird“, schrieb einmal der Chef der Zensurstelle Ivo Schneider an K. Stellv. Generalkommando I. b. A. K., 28.7.1917, BayHStA-KA, Nr. 1621/Nr. 6036.

311 Karl Süßheim an Clara Süßheim, 8.2.1916, Privatnachlass KS.

312 „Hab vielen Dank für die große Lebensmittelsendung, die ich gestern erhielt“, schrieb Süßheim zum Beispiel im September 1917: „Beim Empfang eines Pakets von der Mutter, die kräftige Speisen doch wirklich selbst benötigt, kann ich mich eines Gefühls der Scham nicht erwehren. Ich werde an den Kostbarkeiten wohl noch längere Zeit zehren. Weniger gelungen ist der Wäscheauftrag, den ich Deiner Köchin erteilte. Es ist ihr leider nicht gelungen, die Taschentücher nass zu waschen!! Ich hoffe, daß Du Deinen Haushalt gut mit Lebensmitteln versorgen kannst. Nach Maxens Beschreibung werde man in den Münchener Gaststätten nicht so ausgiebig versorgt als in den Nürnbergern. Morgen werde ich bei gutem Wetter einen Ausflug unternehmen.“ Ders. an Dies., 8.9.1917, ebd. Zwei Monate später musste er die stolze Mutter in ihrer Fürsorglichkeit sogar (zumindest halbherzig) bremsen: „Ich danke Dir vielmals für die jüngste Zusendung von Proviant. Ich bin jetzt ohnehin mit allem Nötigen versorgt, so daß ich Dich bitte, Dir um meinetwegen ja nichts abgehen zu lassen. […] In München ist in den letzten 14 Tagen alles wieder knapp geworden. Die Restaurants bieten wenig. Abends halten sie jetzt schon mit Kartoffeln zurück. Am besten soll man in Pensionen versorgt sein; sie seien daher auch recht voll.“ Ders. an Dies., 8.11.1917, ebd.

313 Hier und die folgenden Zitate: Oberzensurstelle, Vorschriften, S. 266f.

kungen von Osmanen über das Kaiserreich und das deutsch-osmanische Bündnis sollten den Nahen Osten nicht erreichen. Nicht jeder Türke in Deutschland zeigte sich so begeistert wie der Student, den Süßheim in seinem Tagebuch zitiert hat.[314] In Wiesbaden zum Beispiel wurden osmanische Soldaten behandelt, die in der Schlacht von Gallipoli verwundet worden waren, regelmäßig Briefe nach Hause schickten und sich sowohl über mangelnde finanzielle Unterstützung der jungtürkischen Regierung als auch über die hohen Lebenshaltungskosten im Kaiserreich beschwerten: Viele von ihnen sehnten sich nach Konstantinopel zurück, hielt Süßheim fest.[315] Er machte die Zensurstelle auch darauf aufmerksam, als die osmanischen Schüler an der Landwirtschaftsschule im fränkischen Triesdorf sich mehrfach über ihr Essen beklagten.[316] Nachdem der Schule größere Rationen zugeteilt worden waren – „[e]s ist möglich, daß auf Weisung des kgl. Generalkommandos die Leitung der Landwirtschaftsschule [...] einen Wink erhalten hat"[317], schrieb Süßheim –, hörten diese Beschwerden auf.[318] Als sich im Frühjahr 1918 ein Hauptmann namens ʿOsmān Cevdet bei seiner Frau und den Militärbehörden in Konstantinopel „sehr ausführlich u. zwar in dem schon mehrfach gemeldeten Sinne" über schlechte Behandlung im Sanatorium Wehrawald im badischen Todtmoos sowie die „Lebensmittel- u. Wasserknappheit in Deutschland" echauffierte, schrieb Süßheim in seinem Bericht, die Korrespondenz „dürft[e] sich [...] nicht zur Beförderung eignen"[319]. „Die Briefe sind zurückzuhalten"[320], entschied der Stabschef.

Der lungenkranke Hauptmann („von Natur sehr reizbar, aber ein ehrenwerter, prächtiger Charakter"[321], so Süßheims Urteil) wollte schließlich aber sogar in ein schweizerisches Sanatorium verlegt werden, wie Süßheim berichtete: „Er meint, in diese[m] [...] könne seine Genesung in 2–3 Monaten so weit fortschreiten als in Wehrawald in 6 Monaten. [...] Erläuterung: Das Sanatorium Wehrawald ist, was Versorgung mit Lebensmitteln betrifft, eines

314 Vgl. S. 330 f. u. 335.

315 Vgl. Tagebuch KS, 3. u. 4.10.1915.

316 „Dem stellv. Generalkommando unterbreite ich die Meldung, dass ich auf Veranlassung des ehrenamtlichen Uebersetzers und Privatdozenten Dr. Süssheim der Ueberwachungsstelle [...] die Meldung vorlegte, es sei aus durchlaufenden türkischen Korrespondenzen ersichtlich, dass bei den in Triesdorf untergebrachten türkischen Schülern Unzufriedenheiten mit der Behandlung vorhanden seien." Ivo Schneider an K. Stellv. Generalkommando I. b. A. K, 16.11.1917, BayHStA-KA, Nr. 1523/Nr. 8349.

317 Karl Süßheim an Ivo Schneider, 13.11.1917 [beigeheftete handschriftliche Notiz], BayHStA-KA, Nr. 1523/8349.

318 „Es dürfte nun von Interesse sein, durch anliegende Meldung des Herrn Dr. Süssheim zu ersehen, dass voraussichtlich auf Grund an die landwirtschaftliche Schule ergangene höhere Weisung die Stimmung der betreffenden jungen Türken vollständig umgeschlagen hat und dieselben sich jetzt durchaus zufrieden äußern." Ivo Schneider an K. Stellv. Generalkommando I. b. A. K, 16.11.1917, BayHStA-KA, Nr. 1523/Nr. 8349.

319 Karl Süßheim an Ivo Schneider, Bericht, [Februar 1918], BayHStA-KA, 1523/1783.

320 So die handschriftliche Notiz: [Stabschef] Stv. G. Kdo I. A. K. an Militärische Überwachungsstelle, 15.2.1918, BayHStA-KA, Nr. 1523/1783.

321 Hier und die folgenden Zitate: Karl Süßheim an Ivo Schneider, Bericht, [April 1918], BayHStA-KA, 1523/1783.

der besten in Deutschland. Herr Hauptmann Osmān Dschewdét meint aber, daß er in der Schweiz besser verpflegt würde, u. zwar, trotzdem er an der Verpflegung in Wehrawald nichts zu tadeln findet. Er erwähnt lediglich zuweilen, daß er sich Butter und Eier dann u. wann für teueres Geld in der Umgebung kaufe. [...]. Ein Antrag zur Übersiedlung von W[ehrawald] nach der Schweiz schließt nicht begründete Kritik an einem der besten deutschen Sanatorien in sich und setzt damit in den Augen des Generalinspektors des türkischen Militärsanitätswesens den Wert der deutschen Sanatorien in wohl ungebührlicher Weise herab."

Hauptmann Cevdet hatte sein Schreiben mit der Bitte um Verlegung an den Adjutanten des Generalarztes des osmanischen Heeres Süleymān Nuʿmān Paşa gerichtet. Nuʿmān Paşa habe viele Jahre in Deutschland studiert und das Kaiserreich oftmals besucht – er fühle sich daher für die hierzulande behandelten Offiziere persönlich verantwortlich, argumentierte Süßheim dafür, die Korrespondenz nicht weiterzuleiten. Dasselbe empfahl er für Briefe, die ein osmanischer Offizier, der sich zu Trainingszwecken vermutlich an der Marinefliegerschule in Norderney aufhielt, an den Stab der Fliegerausbildungsschule in San Stefano[322] schickte: Er beklagte sich darin über die schlechte Behandlung durch den Generalinspekteur der Wilhelmshavener Bucht, was Süßheim gleich direkt an Schneider meldete.[323]

Briefe wurden nicht immer ganz zurückgehalten, sondern oftmals passagenweise zensiert: Dies schlug Süßheim beispielsweise vor, als ein Student namens Rifḳī in einem Brief nach Konstantinopel über steigende Preise und problematische Einstellungen seiner deutschen Vorgesetzten in der Kartenabteilung im Großen Generalstab in Berlin berichtete. „Er behauptet, dass der Nachfolger seines vor 6 Monaten verstorbenen Chefs kein Türkenfreund sei", fasste Süßheim zusammen, „und dass der deutsche General, welcher die Berliner Kartenabteilung leite, mit ‚unserem Pascha' (=dem türkischen Botschafter in Berlin, Hakki Pascha?) nicht gut stehe"[324]. In seinem Bericht empfahl Süßheim ergänzend, den Studenten, seinem Wunsch entsprechend, seine Ausbildung fortsetzen zu lassen, um weitere Komplikationen zu vermeiden:

> „Sollten die angeführten Missverständnisse und Misshelligkeiten es erschweren, dass der derzeitige deutsche Chef des Rifkī einer Verlängerung seines Studiums zustimme oder sollte der ‚Pascha' sich scheuen, dem deutschen General der Kartenabteilung in Berlin das Anliegen des Rifkī vorbringen zu lassen, dann wünscht Rifkī gleichwohl weiter zu studieren – [...] an der militärischen kartographischen Abteilung in Berlin. Nun ist aber Rifkī eine kapitalkräftige Persönlichkeit. Er gibt in dem Briefe Weisung zum Ankauf von Aktien im Nominalwert von etwa 8000 M und macht auch in Berlin im Auftrage seines Konstantinopeler Schwagers beachtenswerte Einkäufe. Es dürfte sich daher vielleicht empfehlen, dass eine hohe Militärbehörde in Berlin – falls keine sons-

322 Heutiger Name: Yeşilköy, ein Ortsteil Bakırköys, im Großraum Istanbul gelegen.

323 Vgl. Tagebuch KS, 16.5.1916.

324 Karl Süßheim an Ivo Schneider, Bericht, [März 1918], BayHStA-KA, Nr. 1523/2738, vgl. dazu auch Tagebuch KS, 7.3.1918.

> tigen Hindernisse bestehen – allenfalls in Erwägung ziehe, mit bekannter Liebenswürdigkeit[325] dem Rifkī entgegenzukommen und ihm die ersehnte Fortsetzung seiner Studien in der Kartenabteilung in Berlin zu ermöglichen. Falls eine derartige Entscheidung zugunsten des Rifkī erfolgt, wäre es vielleicht nicht unangebracht, wenn diese Entscheidung dem Rifkī baldmöglichst mitgeteilt würde. Rifkī würde sonst [...] sich wohl an seine übergeordnete Militärbehörde wenden und sein Gesuch mit den oben angeführten angeblichen Unstimmigkeiten zwischen Deutschen und Türken begründen. Derartige Gesuche, die in gewisser Hinsicht Beschwerden ähneln, sind an sich einigermassen peinlich. Beschwerden türkischer Herren in Deutschland haben in letzter Zeit manchmal zur Folge gehabt, dass das türkische Kriegsministerium auffallend rasch militärische Inspektoren zur Untersuchung nach Deutschland entsandte. Es dürfte aber im allgemeinen Interesse liegen, derartigen weitgeholten Untersuchungen vorzubeugen."[326]

Der weitere Umgang mit dem Studenten ist aus den Archivdokumenten leider nicht zu rekonstruieren, doch dass Karl Süßheim die Zensurlogik längst verinnerlicht hatte, wird aus seinem Schreiben klar ersichtlich. Bisweilen geriet sein Pflichteifer aber auch in Konflikt zu seiner eigenen Meinung: Im Januar 1918 schickte ein Türke namens Risā Hüsnī, Mitinhaber und Leiter einer deutschen Zigarettenfabrik, einen Zeitungsartikel aus den *Münchner Neuesten Nachrichten* (MNN) über den Auftritt „der jüngst auch nach München gekommenen türkischen Hofkapelle" im Löwenbräukeller an Welī Schefīk, eines der Orchestermitglieder.[327] Süßheim empfahl, den Zeitungsausschnitt mit der kritischen Rezension aus dem Brief zu entfernen, was auch geschah[328] –, obwohl er selbst bei einem Konzert der Kapelle zugegen gewesen war und in seinem Tagebuch bemerkte, dass die Türken die westlichen Stücke ohne wirkliches Verständnis gespielt hätten.[329] Als Zensor argumentierte er aber wie folgt: „Sämtliche türkische Karten u. Briefe, welche die Mitglieder der türkischen Hofkapelle von München aus nach Konstantinopel sandten, haben sich über die Aufnahme äußerst günstig, ja begeistert geäußert: unter anderen auch sowohl über den Empfang im Rathaus als auch über das Konzert im Löwenbräukeller. Nun bringt der Generalanzeiger der Münchener Neuesten Nachrichten einen Artikel [...]. Dieser Artikel stellt die Art der Aufnahme der türkischen Hofkapelle als mehr oder minder verfehlt hin u. erlaubt sich nach dieser Richtung sonst bedenkliche Unterstellungen. Der Artikel würde eine amtliche Entgegnung u. Richtigstellung wohl verdienen. Der falsche u. verfehlte Artikel liegt mit anderen Beilagen dem Briefe [...] an eines der Mitglieder der türkischen Palastkapelle bei. Es wird sich empfehlen, [...] den

325 Dieser (ironische?) Einschub wurde nachträglich gestrichen.

326 Karl Süßheim an Ivo Schneider, Bericht, [März 1918], BayHStA-KA, Nr. 1523/2738.

327 Ders. an Dens.: Bericht, [Januar 1918], BayHStA-KA, Nr. 1523/889.

328 So die handschriftliche Anweisung: „Der Brief ist nach Entnahme des fraglichen Artikels zu befördern". [Stabschef] Stv. G. Kdo I. A. K. an Militärische Überwachungsstelle, 27.1.1918, BayHStA-KA, Nr. 1523/889.

329 Vgl. Tagebuch KS, 13.1.1918.

Artikel „Sympathien und – Ungeschicklichkeiten“ [so der Titel in den MNN, KM] aus Risā Hüsnī's Briefe herauszunehmen u. von der Beförderung auszuschließen.“[330]

Karl Süßheim beschäftigte sich bei seiner Arbeit freilich nicht nur mit den Befindlichkeiten türkischer Musiker, er sollte auch ein Auge auf die Nahost-Strategien der feindlichen Mächte haben. Entsprechende Passagen in der von ihm durchgesehenen Korrespondenz übersetzte Süßheim ins Deutsche und meldete sie in dringenden Fällen sofort schriftlich an Ivo Schneider, der sie dem Militärkommandanten der ersten Bayerischen Division – oder gleich direkt dem militärischen Geheimdienst in Berlin – weiterleitete. In der Regel aber brachte Ignaz Hösl Süßheims Übersetzungen und Berichte, die er zu Beginn ausschließlich in seiner eigenen Wohnung anfertigte, in die Bayerstraße. Dieses Vorgehen barg ein hohes Sicherheitsrisiko, denn sensible Korrespondenz wurde auf diese Weise von Tür zu Tür durch München getragen. Das Militärhauptquartier war sich dessen zunehmend bewusst und zitierte die Mitarbeiter der Zensurstelle im Mai 1917 zu einer Versammlung, an der auch Karl Süßheims väterlicher Freund, der liberale Rabbiner Coßmann Werner, teilnahm, der ebenfalls für die Zensur arbeitete[331]:

> „Ich ging dorthin, Rabbi Professor Werner, Professor Steinmayer[332], Doktor Reismüller, Herr Rauscher und ein anderer Postbeamter wurden in Major Schneiders Büro eingelassen. [...] Major Schneider hielt ein langes Papier Feldmarschalls von der Tann in der Hand und erläuterte, was er las. Er besagte, dass Personen mit Interessen an der Entente, insbesondere an Frankreich, kürzlich Kriegsgefangene im Kriegsgefangenenlager des Hauptquartiers unter Vorwänden und mit größter Geschicklichkeit dazu angestiftet hätten, zu spionieren. Dokumente, die dem Postüberwachungsbüro zugeleitet werden, sollten aus Sicherheitsgründen niemals das Büro verlassen. An diesem Morgen, dem 15. Mai, hatte Major Schneider dem Militärhauptquartier erklärt, dass es nötig sei, Post, sei es durch Herrn Rauscher, sei es mit einem Militärkurier in die Wohnungen einiger Personen zu transportieren, die ehrenamtlich für das Büro arbeiteten, weil sie nicht immer die Zeit hätten, in das Büro zu kommen. Ihm war auch Recht gegeben worden. Wenn ein Briefpaket das Büro verlassen müsse, solle es versiegelt werden.[333] Wir wurden

330 Karl Süßheim an Ivo Schneider: Bericht, [Januar 1918], BayHStA-KA, Nr. 1523/889.

331 Als er im Sommer 1918 starb, meldete Schneider den Verlust des „ehrenamtliche[n] Mitglied[s] der Ueberwachungsstelle, Herr Rabbiner Professor Dr. Werner“, Ivo Schneider an k. stellv. Generalkommando I. b. A. K., 22.6.1918, BayHStA-KA, Nr. 1621/Nr. 7693. Werner wurde durch den „Rabbinats-Substitut[en] Dr. Israel Finkelscherer“ ersetzt, vgl. Ivo Schneider an stellv. Generakkommando I. b. A. K., 17.7.1918, BayHStA-KA, Nr. 1621/Nr. 8543.

332 Der Realschullehrer Josef Steinmayer (*1872) übersetzte aus verschiedenen osteuropäischen Sprachen und gab an, 42 Sprachen zu beherrschen, vgl. Verzeichnis der bei der Milit. Überwachungs-Stelle I. A. K. verwendeten freiwilligen, ehrenamtlichen Mitarbeiter, die noch im milit., dienstpflicht. Alter stehen, aber unentbehrlich sind, 5.4.1916, BayHStA-KA, Nr. 1621/[3076 Rückseite].

333 In Süßheims Nachlass findet sich tatsächlich ein Schreiben der militärischen Überwachungsstelle vom September 1915 mit der Bitte um Prüfung und Inhaltsangabe eines Briefs in osmanisch-türkischer

nachdrücklich darauf hingewiesen, niemals mit irgendjemandem über unsere Angelegenheiten zu sprechen. Wir wurden gebeten, die Behörden zu informieren, wenn wir auf eine verdächtige Person treffen."[334]

Es stellte sich heraus, dass auch die Korrespondenz der Mitarbeiter der Zensurstelle geprüft wurde: Süßheim wurde einmal getadelt, nachdem er in einem Brief an den Abgeordneten von Bursa, Meḥmed Ṭāhir[335], über den häufigen Diebstahl von Briefen und Büchern durch Postbeamte berichtet hatte, und im Oktober musste er schriftlich versichern, dass er im Rahmen seiner Tätigkeit Geheimhaltung wahren werde.[336] Karl Süßheims Arbeitsweise ist der beste Beweis, dass auch die erhöhten Sicherheitsmaßnahmen (die offenbar ohnehin nicht allzu restriktiv gehandhabt wurden[337]) nichts daran ändern konnten, dass die Mitarbeiter nach wie vor Informationen nach außen dringen lassen konnten, wenn sie denn wollten. Im Sommer erhielt Süßheim zwar offiziell die Anweisung, nur noch in der Bayerstraße zu arbeiten, doch er nahm eigenmächtig weiterhin Briefe mit nach Hause.[338] Ungerührt zitierte er in seinem Tagebuch seitenweise aus der Korrespondenz, die ihm interessant erschien.

Eine besonders wichtige Aufgabe bei der militärischen Postüberwachung war es, mögliche Spione und Agenten zu identifizieren. Seinen ersten „Fall" hatte Süßheim diesbezüglich im Frühjahr 1916, als Ignaz Hösl ihm Briefe brachte, die rasch der Übersetzung bedurften: Die Polizei verdächtigte einen gewissen ʿOs̲mān Nūrī der Spionage. Süßheim übersetzte die Korrespondenz[339], hörte aber nichts mehr darüber, bis er Ende Mai im Rahmen des Banketts zu Ehren einer osmanischen Delegation zufällig auf dem Platz neben dem Polizeiinspektor landete. Dieser sagte ihm, dass der Verdächtige „bloß ein Großmaul" sei.[340] Anders lagen die Dinge bei dem Studenten Bekir Sıdkı Yoldaş. Der junge Mann aus der Gegend um Smyrna,

Sprache, vgl. [Hermann] Rauscher an Karl Süßheim, 30. 9. 1915, Nachlass KS (LOC), Box 8.

334 Tagebuch KS, 15. 5. 1917, Nachlass KS (SBB) Hs. or. 1 135/8, fol. 44r ff.

335 Meḥmed Ṭāhir (1861–1925) war ein jungtürkischer Politiker und Schriftsteller, den Süßheim vermutlich bereits in Konstantinopel kennengelernt hatte. Er ist noch heute bekannt für sein bio- und bibliografisches Nachschlagewerk über osmanische Autoren (*Osmanlı Müellifleri*), vgl. Ahmet Yasin Tomakin: Bursalı Mehmed Tahir: Hayatı, Eserleri ve Bibliyografya Üzerine Düşünceleri, in: Şırnak Üniversitesi İlahiyat Fakültesi Dergisi 8/17 (2017–2), S. 101–118.

336 Vgl. Tagebuch KS, 1. 9. u. 31. 10. 1917.

337 Im August 1918 wurde im Augustiner in der Neuhauser Straße „ein spaniolisch-jiddischer Einschreibbrief" gestohlen, den Rauscher einem von Süßheims Kollegen an der Universität, dem Semitisten Ernst Lindl (1872–1921), zur Übersetzung bringen wollte. Rauscher hatte die Post einfach zum Mittagstisch mitgenommen und „den betreffenden Brief in seinem Ueberzieher stecken. Der Ueberzieher nebst Schirm des Herrn Verwalters wurde ihm aber während seiner Anwesenheit im Lokale gestohlen […]. Anzeige bei der K. Polizeidirektion ist erstattet. Als Zeuge gibt Herr Verwalter Rauscher Obergeometer und Landtagsabgeordneten Kanzler an, der bei ihm sass". Ivo Schneider an K. Stellv. Generalkommando I. b. A. K., 5. 8. 1918, BayHStA-KA, Nr. 1621/9994.

338 Vgl. Tagebuch KS, 22. 6. u. 31. 12. 1917 sowie 1. 4. 1918.

339 Vgl. ebd., 29. 4., 7. u. 14. 5. 1916.

340 Vgl. ebd., 29. 5. 1916.

Sohn eines Steuereintreibers, der durch eine Fliegerbombe ums Leben gekommen war, war 1915 für seine Ausbildung in die Schweiz gegangen: „Als er im Juni 1917 im Café de la Paix in Zürich saß, setzte eine Person namens Matthews, angeblich der britische Konsul in Basel, sich neben ihn und sagte ihm, dass Ṭal‘at und Enver Paşa, die das Osmanische Reich dazu gedrängt hatten, am Weltkrieg teilzunehmen, eliminiert werden müssten. Ḥasan Midḥat, ein Mann des Konsuls, begleitete Sıdkı in den folgenden Tagen und gab ziemlich viel Geld für ihn aus. Am 25. Juni brach er [Bekir Sıdkı Yoldaş, KM] von Zürich über Buchs und Wien nach Istanbul auf, um Informationen über die Situation in der Stadt zu sammeln. [...] Ḥasan Midḥat dient England und ist in Zürich eine bekannte Persönlichkeit. [...] Im Juni 1917 gab [er] Sıdkı einen Schwefelstift, mit dem [dieser] ihn wissen lassen sollte, wann er Informationen schicken wird. Er [Sıdkı, KM] wurde offenbar entdeckt, als er solche Briefe und Karten schrieb. Er wurde am 22. und 23. Februar auf der Polizeiwache verhört und hat viel preisgegeben, stritt aber vehement ab, spioniert zu haben.“[341]

Süßheim hatte diese Informationen aus etlichen Briefen und Karten zusammengeführt und verfasste einen sieben Seiten langen Bericht für das Zensurbüro.[342] Auf der Grundlage neuer Korrespondenz schrieb er später noch zwei Ergänzungen zum Fall; der Student wurde schließlich verurteilt.[343]

Ein weiterer interessanter Fall, in den Karl Süßheim involviert war, betraf die ägyptische Politik während des Weltkriegs. Er übersetzte arabisch abgefasste Berichte eines nicht namentlich bekannten Mannes in der Schweiz[344], die sich mit dem britischen Geheimdienst

341 Ebd., 6.3.1918, Nachlass KS (SBB) Hs. or. 1135/9, fol. 29v ff.

342 Die Berichte zu diesem Spionagefall haben sich leider im entsprechenden Akt des Kriegsarchivs nicht erhalten. Süßheim notierte in seinem Tagebuch jedoch penibel genau selbst die einzelnen Geldbeträge, die der junge Mann von verschiedenen osmanischen Persönlichkeiten für seine Tätigkeiten erhielt.

343 Vgl. Tagebuch KS, 18.3. u. 12.8.1918. Süßheim erfuhr nach dem Krieg aus der Zeitung, dass Sıdkı 1918 während der Novemberrevolution entlassen und auf eine Mission nach Budapest geschickt wurde – er sollte offenbar dabei helfen, den Kommunismus in Osteuropa zu propagieren, vgl. ebd., 20.4.1919. Über sein weiteres Schicksal ist nicht viel bekannt. 1935 wurde an der Universität Freiburg eine Dissertation zur Bagdadbahn eingereicht, der Name des Autors: Bekir Sitki. Jan Schmidt bringt den Autor mit dem Protagonisten aus Süßheims Spionagefall in Verbindung, vgl. Schmidt, Censorship, S. 230. Der Dissertation ist allerdings ein Lebenslauf angefügt, über den sich ausschließen lässt, dass es sich um ein und dieselbe Person handelt, denn der Doktorand stammte aus Viçe – und sein Geburtsdatum gab er mit dem 23.12.1908 an; er war also deutlich jünger als der Verdächtige, vgl. Bekir Sitki: Das Bagdad-Bahn-Problem 1890–1903, Freiburg i. Br. 1935, S. 171.

344 Während Süßheim vermutete, dass der Bericht an der Grenze abgefangen worden war, war Ignaz Hösl der Meinung, dass er in einer Botschaft gestohlen und der Umschlag im Münchner Militärhauptquartier chemisch geöffnet worden war. Hösl war überzeugt, „dass derlei Methoden von uns nun allgemein akzeptiert werden“, und er erzählte Süßheim auch von einem Interview, das der osmanische Botschafter in Bern, Fu’ād Selīm, einer ungarischen Zeitung gegeben hatte – es sei auf dieselbe Weise nach München gekommen und Hösl habe es aus dem Ungarischen übersetzt. Der Botschafter habe sich daraufhin über die deutsche Einmischung in osmanische Angelegenheiten beschwert. Tagebuch KS, 31.8.1918, Nachlass KS (SBB) Hs. or. 1135/9, fol. 86r f.

und der Haltung verschiedener berühmter ägyptischer Persönlichkeiten beschäftigten sowie Empfehlungen für eine nationalistische Politik sowohl gegenüber den Mittelmächten als auch gegenüber der Entente enthielten.[345] Der Bericht vom August 1918 skizzierte detailliert das Netzwerk des britischen Geheimdiensts im Orient: Er zählte vier britische Offiziere in der Schweiz mit ihren jeweiligen Kontakten bis in höchste Kreise in Militär und Politik des Osmanischen Reichs auf.[346] Süßheim ging davon aus, dass der Text „von einem Ägypter mit Verbindungen zur nationalistischen Partei verfasst wurde und an einen ihrer Führer geschickt werden sollte"[347]. Es ging aber auch niedrigschwelliger. Süßheim wurde zum Beispiel zur Identifizierung von Kriegsdeserteuren eingesetzt. Im März 1918 bat ihn die bayerische Polizei, nach der Verhaftung zweier Männer beim Verhör als Dolmetscher zu fungieren.[348] Süßheim identifizierte sie als Albaner aus dem Kosovo; einer von ihnen sprach fließend Osmanisch. Die Deserteure waren offenbar von der galizischen Front geflohen, nachdem sie lange keine Nachrichten ihrer Familien erhalten hatten. Wenig später dolmetschte Süßheim dann bei der Aussage eines marokkanischen Kriegsgefangenen, der einen Diebstahl im Lager bezeugen konnte.[349]

Zum Teil war es aber auch schlicht belangloser Klatsch und Tratsch, womit Süßheim zu tun hatte: Ein nicht öffentlich bekannter junger Mann aus Üsküdar etwa schrieb seinem Freund, einem Studenten in Berlin, dass sein Vater unfähig sei, eine Frau für ihn zu finden.[350] Doch auch royale Korrespondenz ging über Süßheims Schreibtisch: Die Söhne des Prinzen Ṣalāḥeddīn[351] berichteten beispielsweise über ein Treffen mit Kaiser Wilhelm II.[352] Und auch die Mitglieder der ägyptischen Khediven-Dynastie tauschten sich im Exil[353] aus. Eine Frau aus der Familie, Emīne[354], schrieb aus der Schweiz an eine Nichte in München:

> „Das Chaos in Ägypten ist im Moment sehr groß. […] Der [abgesetzte, KM] Khedive [ʿAbbās II.] lebt hier in Saus und Braus. Wenn es einen Mann auf dieser Welt gibt, den ich niemals verstehen werde, ist es ohne jeden Zweifel er. Es sind jetzt 15 bis 20 Tage vergangen, in denen er nicht einmal [das schweizerische Dorf, KM] Territet verlassen

345 Hier und im Folgenden vgl. Schmidt, Censorship, S. 230 ff.

346 Vgl. die namentliche Darstellung ebd., S. 230.

347 Tagebuch KS, 31.8.1918, Nachlass KS (SBB) Hs. or. 1 135/9, fol. 86rf. Gemeint war wohl die 1879 gegründete antiimperialistische *Al-Hizb al-Watani* („Nationale Partei").

348 Hier und im Folgenden vgl. ebd., 8.3.1918.

349 Vgl. ebd., 4.4.1918.

350 Vgl. ebd., 14.1.1916.

351 Meḥmed Ṣalāḥeddīn (1861–1915) war der Sohn des ehemaligen Sultans Murād V. (1840–1904), der im Jahr 1876 wenige Monate im Osmanischen Reich herrschte.

352 Vgl. Tagebuch KS, 20.11.1914.

353 Nach dem Kriegseintritt des Osmanischen Reichs hatte Großbritannien sein Protektorat über das de facto längst beherrschte Ägypten ausgerufen und setzte den Khediven, ʿAbbās II., ab. Zur Vorgeschichte vgl. Kap. I.2.

354 Die nach ihr benannte Nichte gab später eine Familienchronik heraus, vgl. Emine Foat Tugay: Three Centuries. Family Chronicles of Turkey and Egypt, London u. a. 1963.

hat. Nachdem er ein wenig in der Schweiz herumgereist ist, ging er nach Genf. Er hatte eine Kugel in seiner Zunge. Sie haben ihn operiert und sie herausgeholt. Er scheint von Genf gelangweilt zu sein und beschwert sich die ganze Zeit. Aber warum verlässt er [die Stadt] dann nicht und geht nach Istanbul? Er verlässt die Schweiz nicht, damit er sich nicht von einer französischen – verzeih den Ausdruck – Schlampe trennen muss. In so einer Zeit sich vor Freund und Feind mit der Leidenschaft für so eine Frau wie in diesem Fall abzugeben! Ich habe in meinem ganzen Leben noch nicht solch skandalöses Verhalten, immoralité, gesehen, als zu der Zeit, als sie im Grand Hotel mit seiner Tochter und dem Schwiegersohn waren – und diese Frau die ganze Zeit um ihn herum! Aber noch wichtiger: Er fühlt sich davon angegriffen, dass dieser oder jener nicht auf seiner Seite stehe. Welche Seite gab es denn da noch, auf der man hätte stehen können? Musste der Sohn eines Vaters[355], der wirklich ein Heiliger war, so werden?“[356]

Die Frau nahm auch kein Blatt vor den Mund, als sie über ihre Schwester Niʿmetullāh berichtete, die mit Maḥmūd Muḫtār, dem ehemaligen osmanischen Botschafter in Berlin, verheiratet war.[357] Dieser war im Juli 1915 aus dem Dienst entlassen worden, weil er (zumindest der Beschreibung seiner Tochter zufolge) sich der jungtürkischen Regierungsführung entfremdet und dafür plädiert hatte, im Weltkrieg neutral zu bleiben.[358] Süßheim, mit seiner Skepsis gegenüber dem Bündnis durchaus auf Linie des Botschafters, hatte darüber ironischerweise nun als Zensor einen kritischen Bericht zu verfassen.[359] Muḫtār lebte nun mit seiner Frau in München, der es ihrer Schwester Emīne zufolge nach all den Sorgen und der Müdigkeit gesundheitlich sehr schlecht ging.[360] Süßheim zitierte nicht nur großzügig aus solchen privaten Briefen, sondern notierte sich sogar die Geldbeträge, die die Familienmitglieder sich aus ihren Besitzungen in Ägypten, Syrien und Konstantinopel holten[361] – als zeitgenössisch interessierter Nahostexperte konnte man offenbar nie wissen, wofür die Informationen einmal nützlich sein könnten.

Ebenfalls interessant waren für Süßheim die Briefe hochrangiger osmanischer Offiziere, die, wenngleich eher inhaltsleer, über förmliche Anlässe in Bayern berichteten.[362] Süßheim

355 Muḥammad Tawfīq (1852–1892) war von 1879 bis 1892 Khedive von Ägypten.

356 Tagebuch KS, 16.12.1915, Nachlass KS (SBB) Hs. or. 1135/6, fol. 18r f.

357 Vgl. dazu auch Tugay, Centuries, S. 52 ff. u. 190 ff. Maḥmūd Muḫtār (1866–1935) – Sohn von Aḥmed Muḫtār, von dem noch die Rede sein wird – war einst Marineminister im Kabinett von İbrāhīm Ḥaḳḳı. Von April 1913 bis April 1915 war er osmanischer Botschafter in Berlin.

358 Vgl. ebd., S. 64.

359 Vgl. Tagebuch KS, 29.1.1917.

360 Vgl. ebd., 16.12.1915.

361 Vgl. ebd., 23.3. u. 13.6.1915 sowie 9.4., 8.5. u. 3.6.1917.

362 Einer von ihnen reiste durch die deutschen Lande, um Auszeichnungen einzusammeln. Süßheim zitierte einen Brief an dessen Bruder in Konstantinopel, in dem der Offizier erzählte, dass er Gast des bayerischen Königs war und die Bekanntschaft nahezu aller Majestäten, der Prinzen von Preußen und der Prinzen von Bayern, Sachsen und Württemberg wie auch des Kronprinzen des Deutschen

اوروپا – „Europa": Eine Karte in Karl Süßheims Nachlass.

schnupperte auf diese Weise nicht nur ein wenig in die royale Welt hinein, die ihn seit jeher faszinierte, seine Arbeit bei der Postüberwachung brachte es auch mit sich, dass er in den Kriegsjahren vergleichsweise gut über die Situation im Osmanischen Reich Bescheid wusste.

Kaiserreichs gemacht habe. Mit dem bayerischen Kronprinzen habe er sogar zu Abend gegessen, und überall sei er respektvoll empfangen worden, vgl. ebd., 8.1.1916. Seiner Frau schrieb der Offizier schließlich: „Gestern am Spätnachmittag wurden wir von Seiner Majestät, dem König von Bayern, empfangen und er verlieh mir eigenhändig den Militärverdienstorden. Er bat uns um ein gemeinsames Mittagessen. Nach dem Essen blieben wir zwei Stunden mit ihm zusammen und er wies mich an, die Kriegsmedaille, die Seine Hochwürdige Majestät, der [Sultan], ihm verliehen hatte, persönlich an seine Brust zu heften. Heute wurde ich Ihrer Majestät, der gegenwärtigen Königin, [und] Ihren Majestäten, ihren vier Töchtern, vorgestellt." Ebd., 11.1.1916, Nachlass KS (SBB) Hs. or. 1135/6, fol. 32r.

Seine eigene Korrespondenz mit Nahost stockte zuweilen ganz erheblich[363], er informierte sich denn auch wie viele andere täglich in der Presse über den Kriegsverlauf und dokumentierte ihn auf dafür angeschafften Landkarten. Manche Artikel über die Kampfhandlungen im Nahen Osten bewahrte er auf, so etwa eine Essay-Reihe von Hugo Grothe über „Die türkischen Kriegsschauplätze“.[364] Auch diese Texte unterlagen aber natürlich der Kriegszensur, und Süßheim versuchte, sich über die Lektüre von „Feindpresse“ ein realistischeres Bild zu verschaffen. Im Winter 1915, als er sich in Wiesbaden aufhielt, um heiratswillige Frauen zu treffen, scheute er sich nicht einmal, bei der Städtischen Kurverwaltung anzufragen, ob man nicht die Zeitung *Rußkije Wjedomosti* (Русские ведомости – „Russische Nachrichten“), ein Organ liberal gesinnter Professoren aus Moskau, für das schon Tolstoi und Tschechow geschrieben hatten, für die Lesezimmer des Kurhauses anschaffen könne. Das Anliegen verrät nicht nur nebenbei, dass Süßheim sich in der Zwischenzeit offenbar auch im Russischen hinreichendes Leseverständnis angeeignet hatte, sondern zeigt vor allem, dass er die Chuzpe besaß, eine solche Anfrage zu stellen. Im Antwortschreiben des Kurdirektors nämlich hieß es, man könne ihm nicht weiterhelfen, da „nach einer Verfügung des stellv. General-Kommandos des 18. Armee-Korps das Auslegen von Tageszeitungen des feindlichen Auslandes […] im Kurhause verboten ist“; Zuwiderhandlungen würden „mit Gefängnis bis zu einem Jahr bestraft“, bekam Süßheim noch mit auf den Weg.[365] Es war sicher nicht zuletzt seine Position als Mitarbeiter der Zensurbehörde, die ihm das Selbstbewusstsein verschaffte, deshalb nicht zu sehr zu bangen.

Russische Informationen hin oder her – als Zensor erfuhr Süßheim ohnehin mehr über die Entwicklungen als andere. So las er beispielsweise auch den Brief des osmanischen Generals und Verbindungsoffiziers Ẕekī Paşa an Kriegsminister Enver, in dem dieser berichtete, dass das Auswärtige Amt ihn als Bevollmächtigten für Friedensverhandlungen während des Kriegs vorsehe und er Auszeichnung sowie Beförderung verlange.[366] Und in der Tat: Ẕekī Paşa sollte später das Osmanische Reich bei den Friedensverhandlungen mit Russland vertreten, die in den Waffenstillstand vom Dezember 1917 führten. Durch seine Tätigkeit kam Süßheim also an Informationen, die sich in der zensierten Presse des Kaiserreichs (noch) nicht finden ließen. Er wusste so auch bereits seit dem Frühsommer 1915, dass die wirtschaftliche Lage in Konstantinopel verzweifelt war, auch wenn in der Zeitung beständig berichtet wurde, dass es damit keinerlei Probleme gäbe.[367] Über den Erfolg der Dardanellen-Kampagne war

363 Größere Postsendungen erwiesen sich offenbar als besonders schwierig: „Ich habe seit mehr als 1 ½ Jahren zum ersten Male wieder Bücher aus Konstantinopel erhalten u. bin damit zufrieden“, schrieb er seiner Mutter im Februar 1916. Karl Süßheim an Clara Süßheim, 8.2.1916.

364 Die Reihe begann im April 1915, vgl. Süßheims Ausriss des Artikels von Hugo Grothe: Die türkischen Kriegsschauplätze, in: MNN (7.4.1917), Morgenblatt, [S. 2], in: Nachlass KS (LOC), Box 10.

365 [Otto] Ebmeyer an Karl Süßheim, 28.12.1915, in: Nachlass KS (LOC), Box 11.

366 Vgl. Tagebuch KS, 4.2.1915.

367 So stand beispielsweise in dem Artikel über den Besuch Ṭal'ats in München Ende April 1917: „Die Ernährungsfrage in der Türkei begegnet keinen größeren Schwierigkeiten als anderwärts, zudem das türkische Volk an sich sehr genügsam ist und sich in den Genußmitteln, die knapp geworden

Süßheim ebenfalls rasch informiert, nachdem er den Brief einer ägyptischen Prinzessin in die Finger bekam. Die Vertreibung der „ungläubigen Hummer" aus der Gegend um Anafarta habe allen gefallen, schrieb die Frau über die Engländer auf Gallipoli, und: Bald seien die Franzosen an der Reihe, danach werde Ägypten gesäubert![368] Die Stimmung in der Familie sollte sich bald ändern, wie Süßheim in einem Bericht für die Zensurstelle zusammenfasste:

> „Seit Sommer 1916 ist die ägyptische Sultansfamilie besonderen Qualen ausgesetzt. Wenn in den Briefen ein Urheber dieser Qualen auch nicht namhaft gemacht wird, so darf vermutet werden, dass sowohl von englischer wie von ägyptisch-nationalistischer Seite der Sultan mit Misstrauen beobachtet wird. Dass gerade der Hochsommer 1916 als Ausgangspunkt der peinigenden Lage hingestellt wird, darf vielleicht darauf zurückgeführt werden, dass die Türken im Juli und August 1916 einen ziemlich weitgediehenen, aber doch bald darauf missglückten Vorstoss gegen den Suezkanal unternommen haben, und England dadurch zu erhöhten Vorsichtsmassregeln genötigt wurde. Andererseits darf daran erinnert werden, dass nach englischen Zeitungsberichten die Bevölkerung Kairos im Sommer 1916 in grösster Ungeduld dem türkischen Einmarsch entgegengesehen hat. Die Bevölkerung Kairos wird damals und später ihren Unmut gegen den Sultan Ḥusayn wohl nicht allzu straffe Züge[l] angelegt haben. Die unaufhörlichen Aufregungen der Sultansfamilie lassen sich vollends nur dadurch erklären, dass der Sultan fortwährend von Verschwörungen seiner Umgebung und seiner Untertanen bedroht ist oder sich wenigstens bedroht glaubt. Man lässt am besten Sultanstochter Kadrijje die Lage der Familie beschreiben: ‚Tante, ohne Dir die Zeit zu lassen zu fragen, will ich Dir unseren Zustand in 2 Worten schildern: Gott möge uns vor noch schlimmerem bewahren! Die letzten 6 Monate haben die früheren Tage ganz in Vergessenheit gebracht. Würde ich die von uns durchlebten Ueberraschungen, Qualen, Aufregungen schildern, Ihr würdet ausser Fassung geraten. […] Die einzige Hoffnung liegt in dem Wunsche, Gott möge in Zukunft das Andenken dieser Tage auslöschen. Früher phantastisch, ist mein seelischer Zustand ein ganz anderer geworden. Ich fühle, dass meine Seele verwelkt ist. Ich bin ganz und gar um den Verstand gekommen. […] Ohne Unterlass muss man sich Gewalt antun, und das richtet die Menschen zugrunde.'"[369]

sind, […] willig Beschränkungen auferlegt. […] Von einer Erschöpfung der Türkei kann jedenfalls keine Rede sein. Das Bündnis mit Deutschland hat sich Kriege aufs glänzendste bewährt und wird wohl auch nach dem Krieg seine Früchte tragen." Roth, Talaat. Eine Konstantinoplerin berichtete ihrem Sohn im Juni jedoch, dass kaum mehr Kerosin verfügbar und das noch vorhandene extrem überteuert sei. Auch die Preise für Lebensmittel seien enorm angestiegen, sie habe seit zwei Tagen nichts gegessen, schrieb die Frau – die Welt sei für sie zum Gefängnis geworden. Vgl. ebd., 24.6.1915.

368 Der Brief stammte von Prinzessin Tevhide, die während des Kriegs in Konstantinopel lebte, und war an eine Verwandte gerichtet, die sich im Hotel Bayerischer Hof in München aufhielt, vgl. ebd., 19.1.1916.

369 Karl Süßheim: Türkei [Bericht], 4.5.1917, BayHStA-KA, Nr. 1509/399.

Das große Sterben im Ersten Weltkrieg, der als viel beschworene „Urkatastrophe des 20. Jahrhunderts“[370] die traditionellen bürgerlichen Gesellschafts- und Ordnungsmodelle in Europa destabilisierte, hat auch Königskinder in Nahost bewegt.

Über die politischen Entwicklungen in Ägypten war Süßheim auch über andere Quellen auf dem Laufenden: Ein dort zurückgebliebener Verwandter beispielsweise schickte der Khediven-Familie in der Schweiz regelmäßig Telegramme.[371] Der Korrespondenz konnte Süßheim auch Details entnehmen, die nützlich für Berichte über die aktuellen Entwicklungen der nahöstlichen Kriegsschauplätze waren, die er verfassen sollte: Im April wollte man über Maḥmūd Muḫtārs Auftrag aus Konstantinopel[372] unterrichtet werden, im Mai 1917 schrieb Süßheim über die schwierige Position des kranken ägyptischen Sultans Ḥusayn Kāmil[373], der sowohl von den Briten als auch von ägyptischen Nationalisten argwöhnisch beäugt wurde. Besondere Aufmerksamkeit aber erregten Karl Süßheims Berichte über die wirtschaftliche Situation in Ägypten, das – nicht zuletzt wegen des deutschen U-Boot-Kriegs – unter enormer Treibstoffknappheit litt.[374] Sein Wissen entnahm Süßheim der Berichterstattung in der Kairiner Zeitung *al-Muqattam*, die aus der Schweiz „an die Adresse des Osmanen Dr. Himmet, eines Arztes arabischer Nationalität, der längere Zeit in München studierte“, geschickt

370 Vgl. dazu den Ursprung des Begriffs als “*the* great seminal catastrophe of this century” und “the heart of the failure and decline of this Western civilization” bei George F. Kennan: The Decline of Bismarcks's European Order. Franco-Russian Relations, 1875–1890, Princeton 1979, S. 3.

371 Vgl. Tagebuch KS, 17.10.1915.

372 Der ehemalige osmanische Botschafter in Berlin sollte auf Geheiß der jungtürkischen Regierung den Oberbefehl an der Kaukasus-Front übernehmen, was er jedoch ablehnte, vgl. ebd., 4.5.1917 u. Karl Süßheim: Türkei [Bericht], 4.5.1917, BayHStA-KA, Nr. 1509/399.

373 Ḥusayn Kāmil (1853–1917) sympathisierte mit der Nationalbewegung, die sich vom Osmanischen Reich losgesagt hatte, und war von den Briten im Dezember 1914 zum Sultan erhoben worden. Wenige Monate nach Süßheims Bericht erlag Kāmil seiner Krankheit.

374 „Aegypten bezieht zur Zeit sein Petroleum aus Persien, und zwar auf dem Wasserwege. Das Petroleum wird zu Mohammard in Persien (oberhalb der Euphrat-Tigris Einmündung in den Persischen Golf gelegen) oder auch zu Buschir (im Persischen Golf) auf Dampfer verladen und dann auf dem Wege des Indischen Ozeans und des Roten Meeres zu Schiffe nach Suez gebracht. Aegypten versorgt sich aus Persien, weil [...] der Indische Ozean und das Rote Meer (damals!!) von U-Booten verschont seien. [...] Feuerungsmittel werden in Aegypten, ausser im häuslichen Bereich, gebraucht: auf den Schiffsdampfern, im Gewerbe u. vor allem bei den Bewässerungsanlagen des Nils. Vor dem Kriege wurde in Aegypten als Feuerungsmittel lediglich die Kohle gebraucht. Infolge der Steigerung des Kohlenpreises im Verlaufe des Weltkrieges konnten sich in Aegypten Gewerbetreibende und Bauern, die damit ihre Bewässerungsmaschinen betrieben, den Luxus der Kohlenbeschaffung nicht mehr leisten. Sie heizten mit Holz. Aber bald schmolz der Holzvorrat zusammen [...]. Die Aegypter gingen schließlich dazu über, mit Mazut, einem flüssigen Heizkörper zu heizen. [...] Es ist wohl wahrscheinlich, dass Mazut auf dem Wege über das Rote Meer nach Suez gelangt. Seit 1 Monat haben sich deutsche U-Boote auch im Indischen Ozean gezeigt, so dass die Zufuhren Aegyptens auch von jener Seite ernstlich bedroht sind.“ Vgl. Karl Süßheim: Aegypten [Bericht], 6.4.1917, BayHStA-KA, Nr. 1509/300.

wurde und im Kriegspresseamt nicht zugänglich war.[375] Die Blattlinie fasste Direktor Schneider (auf Grundlage von Süßheims Bericht) dem Nachrichtenoffizier in Berlin folgendermaßen zusammen: „Al-Mokattam ist diejenige einheimische grössere Zeitung Kairos, welche der englischen Politik von jeher am energischsten das Wort redete. Al-Mokattam stellt in jeder Nummer Deutschland als den Störenfried hin; sagt Kaiser Wilhelm II. nach, die Weltherrschaft anzustreben; behauptet, Deutschland habe durch den Uebergang zum uneingeschränkten U-Bootskrieg der ganzen Welt den Krieg erklärt; u.s.w. Al-Mokattam ist gut unterrichtet über Unternehmungen und Ziele der englischen Politik in Nord- u. Zentralafrika, und natürlich vor allem über Aegypten. Aegypten wurde früher mehrfach als eines der deutsch-türkischen Kriegsziele bezeichnet und wird in jüngster Zeit durch den U-Bootskrieg sehr in Mitleidenschaft gezogen."[376] Der Geheimdienst in Berlin war daran sehr interessiert und ermutigte Süßheims Vorgesetzten Schneider zu weiteren Berichten[377], wollte allerdings den Bezug der Zeitung über die Schweiz, wie Süßheim es empfohlen hatte, nicht bezahlen[378].

Auch die Entwicklungen in Europa blieben Süßheim nicht verborgen: Im Oktober 1915 las er den Brief eines Malers, der wegen der Maßnahmen, die im Zuge der bulgarischen Generalmobilmachung getroffen wurden, für eine Reise von Konstantinopel nach München acht Tage benötigte und in Bulgarien zwei Tage auf seinen Koffern saß, die er dann letztlich in Rumänien zurücklassen musste.[379] Bulgarien war aus dem Zweiten Balkankrieg 1913 mit enormen Verlusten herausgegangen und musste mehr als 100 000 Flüchtlinge aus Ostthrakien, die von der osmanischen Armee vertrieben worden waren, integrieren.[380] Das Königreich war vor dem wirtschaftlichen Zusammenbruch gestanden und hatte sich darüber Berlin angenähert, das großzügige Kredite gewährte. Im September 1915 wurde schließlich ein Bündnisvertrag geschlossen, und Süßheim notierte dazu auch Auszüge aus Briefen an den

375 Vgl. Ivo Schneider an Nachrichtenoffizier Berlin des Generalstabs des Feldheeres, 6.4.1917, BayHStA-KA, Nr. 1509/Nr. 300 u. Tagebuch KS, 20.4.1917. Das Zitat: Ivo Schneider an Nachrichtenoffizier Berlin des Generalstabs des Feldheeres, 13.4.1917, BayHStA-KA, Nr. 1509/Nr. 300.

376 Ivo Schneider an Nachrichtenoffizier Berlin des Generalstabs des Feldheeres, 6.4.1917, BayHStA-KA, Nr. 1509/Nr. 300 u. Tagebuch KS, 6.4.1917.

377 „Nachrichten politischen und wirtschaftlichen Inhalts über Aegypten haben hier ganz besonderes Interesse. Es wird um regelmässige Zusendung solcher vom Herrn Dr. Karl Süssheim gemachten Auszüge gebeten", schrieb der Berliner Nachrichtenoffizier [Hauptmann] Trollemann an Militärische Überwachungsstelle I. Bayr. Armeekorps, 9.4.1917, BayHStA-KA, Nr. 1509/Nr. 300. Schneider antwortete, er werde „bemüht sein, Auszüge über Aegypten etc. von Herrn Dr. Karl Süssheim stets vorzulegen, wenn solche bei uns durchlaufen", Ivo Schneider an Nachrichtenoffizier Berlin des Generalstabs des Feldheeres, 12.4.1917, BayHStA-KA, Nr. 1509/Nr. 300. Später erinnerte Süßheim sich noch einmal daran: „Der Bericht, den ich ungefähr 1916 über die schwierige Situation in Ägypten schrieb, wurde von einem Offizier des Geheimdiensts im deutschen Generalstab gelobt […]." Tagebuch KS, 19.9.1920, Nachlass KS (SBB) Hs. or. 1135/12, fol. 34v.

378 Vgl. Schneider an Nachrichtenoffizier (13.4.1917) u. Nachrichtenoffizier [Hauptmann] Trollemann an Militärische Überwachungsstelle I. Bayr. Armeekorps, 18.4.1917, BayHStA-KA, Nr. 1509/Nr. 300.

379 Vgl. Tagebuch KS, 6.10.1915.

380 Vgl. dazu Schwartz, Säuberungen, S. 100 f.

früheren Großwesir Aḥmed Tevfīḳ , den er aus seiner Zeit in London persönlich kannte[381]. Tevfīḳs Sohn, ein Hauptmann namens ʿAlī Nūrī , hielt sich nun im Rahmen einer medizinischen Behandlung im Kaiserreich auf. Er berichtete seinem Vater über ein zufälliges Treffen auf seiner Reise über den Balkan mit dem (einst verfeindeten, doch inzwischen verbündeten) bulgarischen König Ferdinand.[382] Dieser habe ihm gesagt: „Sie sind den Engländern in Gallipoli entkommen. Nun haben wir freie Hand und die Pflicht, sie [die Briten, KM] aus dem Irak zu vertreiben.“[383] Auch die Muslime im Land sollten dabei helfen.[384] Bulgarien kämpfte also Seite an Seite mit den einstigen osmanischen Feinden – Vergeltung für die brutale Vertreibung der Christen durch die Jungtürken im Jahr 1913 war man angesichts der weltpolitischen Lage im Königshaus durchaus bereit, hintanzustellen.

Für die Minderheiten ihrer jeweiligen Gesellschaften aber, die nun oftmals als Verräter und Verschwörer einer feindlichen Macht dargestellt wurden, brachte der Erste Weltkrieg zuvor ungekannte Verfolgungsmaßnahmen mit sich. Karl Süßheim, in dieser Frage seit Jahren engagiert, erfuhr bei seiner Arbeit zum Beispiel vom Leid der muslimischen Bevölkerung auf Kreta nach der Generalmobilmachung Griechenlands[385], das aufseiten der Entente-Mächte in den Krieg eingetreten war. Was sich zur gleichen Zeit im Osmanischen Reich abspielte, aber hatte bis dahin noch kein Beispiel: Aaron Aaronsohn, Zionist und Mitglied der jüdischen Untergrundbewegung in Palästina schrieb im November 1915, einzig der Vernichtungsfeldzug unter dem römischen General Titus, der der Beschreibung des jüdisch-römischen Historikers Josephus zufolge mehr als einer Millionen Jüdinnen und Juden das Leben gekostet hatte, könne als Analogie für den Mord an den Armeniern gelten.[386] Der Genozid des jungtürkischen Regimes an den christlichen Minderheiten[387] war in vollem Gange. Die Komitee-Regierung wollte das wankende Großreich sichern; innerhalb des Vielvölkerstaats verfolgte sie eine Politik unter dem Schlagwort *Türk Yurdu* („Türkische Heimat“), die gemäß

381 Vgl. Kap. I.2.

382 Vgl. Tagebuch KS, 27.1.1916.

383 Ebd., Nachlass KS (SBB) Hs. or. 1135/6, fol. 41v ff.

384 Karl Süßheim betonte später: „Einige Abteilungen des 15. Armeekorps […] waren muhammedanische Freiwillige aus ehemaligen türkischen Gebieten wie Bulgarien und besonders Albanien. Diese Freiwilligen waren kampfesmutige Rekruten, die sich eben erst in die Freiwilligenlisten eingeschrieben hatten, aber allerdings manchmal der militärischen Schulung sowie des Ordnungssinnes entbehrten.“ Süßheim, Beziehungen (1919/20), S. 7.

385 Vgl. Tagebuch KS, 8.11.1915. Zur Geschichte der wechselseitigen Vertreibungen von Muslimen und Christen auf Kreta vgl. Schwartz, Säuberungen, S. 278 ff., zu Süßheims früheren Bemühungen in dieser Sache vgl. Kap. I.2.

386 Vgl. Kieser, Genozid.

387 Eine ausführliche Studie zum Thema, die mittlerweile auch auf Englisch und Türkisch vorliegt, lieferte Raymond H. Kévorkian: Le Génocide des Arméniens, Paris 2006, die engl. Ausgabe: The Armenian Genocide. A Complete History, London 2012, die türkische: Ermeni Soykırımı, İstanbul 2015. Wichtige deutsche Studien stammen von Annette Schaefgen: Schwieriges Erinnern: Der Völkermord an den Armeniern (= DTM 60), Berlin 2006 u. dem Leiter des Potsdamer Lepsiushauses Rolf Hosfeld: Tod in der Wüste. Der Völkermord an den Armeniern, 2. Aufl. München 2015.

der türkistischen Ideologie[388] ein Nationalheim für Türken in Kleinasien schaffen und hier auch hunderttausende muslimische Flüchtlinge aus den Balkankriegen integrieren sollte.[389] Mit Vertretern der armenischen Minderheit, die, wie wir gesehen haben, 1908 noch Seite an Seite die Revolution mittrugen und den Jungtürken die Hand reichten[390], überwarf sich das Regime spätestens am Vorabend des Weltkriegs über die Frage international kontrollierter Reformen im kurdisch-armenischen Siedlungsgebiet, das Verhältnis war allerdings schon im April 1909 erschüttert worden, als sich KEF-geführte Soldaten an einem Pogrom in Adana beteiligt hatten, das 20000 Menschenleben forderte: „Reflexe gegen die Gleichstellung der Armenier und sunnitische Solidarität hatten bei den KEF-Männern die zarte Pflanze rechtsstaatlichen Verfassungspatriotismus erstickt“[391], schreibt der Schweizer Historiker Hans-Lukas Kieser. Die Politik richtete sich während des Weltkriegs im Innern nun in erster Linie gegen die Armenierinnen und Armenier, und mehr als die Hälfte der 1,5 bis 2 Millionen von ihnen sowie etwa 200000 Angehörige des assyrischen Christentums (denn die Entscheidungsträger in den östlichen Provinzen Diyarbakır, Bitlis und Van unterschieden kaum zwischen unterschiedlichen christlichen Gruppierungen) fielen dem Wahn mit Deportationen, Massenmord, Vergewaltigung und Versklavung zum Opfer. Der „Aghet“ – die „Katastrophe“ –, wie Überlebende das Geschehen bezeichneten, spielte sich, wie wir heute zweifelsfrei wissen, „unter den Augen der Weltöffentlichkeit“[392] und vor allem: vor den Augen der deutschen Bündnispartner ab, deren Militärvertreter vor Ort das Geschehen tatenlos beobachteten und teilweise sogar aktiv unterstützten.[393] Was von all dem wusste Karl Süßheim, der in München geblieben war?

388 Zu Süßheims Bekanntschaft mit deren Vordenker Yūsuf Akçuraoğlu vgl. Kap. I.2.

389 Vgl. hier und im folgenden Kapitel auch die Zusammenfassung des Zürcher Historikers, mit Schwerpunkt auf die Geschichte der osmanischen und nachosmanischen Welt, Hans-Lukas Kieser: Der jungtürkische Genozid im Ersten Weltkrieg, 26.4.2016, https://www.bpb.de/geschichte/zeitgeschichte/ genozid-an-den-armeniern/218601/der-jungtuerkische-genozid-im-ersten-weltkrieg.

390 Vgl. Kap. I.2.

391 Kieser, Genozid.

392 Wolfgang Benz: Aghet und Holocaust. Vergleichende Betrachtungen, 26.4.2016, https://www.bpb.de/geschichte/zeitgeschichte/genozid-an-den-armeniern/218115/aghet-und-holocaust.

393 2015, als der Genozid sich zum 100. Mal jährte, rückte die Mitverantwortung des Deutschen Kaiserreichs in einer Reihe von Veröffentlichungen in den Fokus, so beispielsweise bei Jürgen Gottschlich: Beihilfe zum Völkermord. Deutschlands Rolle bei der Vernichtung der Armenier, Berlin 2015. Gottschlich hebt – schon durch den gewählten Titel – die aktive Beteiligung deutscher Soldaten am Genozid hervor. Es handelt sich dabei um nachgewiesene Einzelfälle; für eine systematische oder gar von der Führung angeordnete Unterstützung der Verfolgung und Vernichtung fehlen Belege. Wolfgang Gust schreibt mit Blick auf die kompletten Originalakten der Berichte der deutschen Militärvertreter an das preußische Kriegsministerium, die heute unter höchster Geheimhaltung im Kriegsministerium der Türkei aufbewahrt werden (in Deutschland existieren nur noch die ans Auswärtige Amt gerichteten Kopien), dass noch kein deutscher Historiker ernsthaft zur Rolle der deutschen Militärs in der Türkei und dessen Einfluss auf den Genozid geforscht habe, vgl. Wolfgang Gust: Der Völkermord an den Armeniern 1915/16 in deutschen Akten, 26.4.2016, https://www.bpb.de/geschichte/zeitgeschichte/genozid-an-den-armeniern/224092/der-voelkermord-1915-16-in-deutschen-akten.

„Ich habe einen Freund verloren" | Der Genozid von 1915/16 und Talât Paşa

„Sollte die Leugnung des Völkermordes an den Armeniern nach Auffassung der Bundesregierung für Ausländer auch aufenthaltsrechtliche Konsequenzen haben?"[394] Während für Alexander Gauland, Mitunterzeichner dieser Frage an die Bundesregierung, die Zeit der nationalsozialistischen Herrschaft inklusive ihres grausamen Kulminationspunkts bekanntermaßen „nur ein Vogelschiss in unserer über 1000-jährigen Geschichte"[395] war, so ist es dem AfD-Politiker offenbar ein Kernanliegen, das Bekenntnis zur Verantwortung der Türkei für die Verbrechen des jungtürkischen Regimes auch von Türkinnen und Türken in Deutschland einzufordern. In der Tat haben sich die politischen Entscheidungsträger auch aus Rücksicht auf die deutsch-türkischen Beziehungen lange geweigert, sich klar zu diesem Teil der Geschichte zu äußern, und dass mit dem Leid ganzer Völker auch heute noch Politik betrieben wird, führt schon die zitierte Anfrage der Abgeordneten der AfD-Fraktion im Deutschen Bundestag vom März 2019 eindrücklich vor Augen. Ihr Betreff lautete: „Umsetzung der Bundestagsresolution […]"[396]. Gemeint war die Annahme des Antrags zu „Erinnerung und Gedenken an den Völkermord an den Armeniern und anderen christlichen Minderheiten in den Jahren 1915 und 1916"[397] im Juni 2016, womit der Bundestag die „Massentötung von Hunderttausenden Armeniern im Osmanischen Reich" formal als

Eine Sammlung einschlägiger deutscher Dokumente machte eine Forschergruppe um Gust über die Homepage www.armenocide.net öffentlich. Er gab auch den wichtigsten Dokumentenband heraus, vgl. Wolfgang Gust (Hrsg.): Der Völkermord an den Armeniern 1915/16. Dokumente aus dem Politischen Archiv des deutschen Auswärtigen Amts, Springe 2005. Gust setzt sich seit Jahrzehnten mit dem Genozid auseinander, vgl. seine Publikation Der Völkermord an den Armeniern. Die Tragödie des ältesten Christenvolkes der Welt, München u. Wien 1993. Weitere wichtige deutsche Dokumente veröffentlichte das Bundesarchiv in einer virtuellen Ausstellung aus seiner Abteilung Militärarchiv: http://www.bundesarchiv.de/DE/Content/Virtuelle-Ausstellungen/Der-Volkermord-An-Den-Armeniern/der-volkermord-an-den-armeniern.html. Im März 1915 fand außerdem eine internationale Tagung der Stiftung Deutsches Historisches Museum und des Lepsiushauses Potsdam zum Thema statt: „Zeuge eines Jahrhundertverbrechens – Das Deutsche Reich und der Völkermord an den Armeniern", 1.3.–3.3.2015.

394 Alice Weidel u.a.: Große Anfrage der Abgeordneten Beatrix von Storch, Jürgen Braun, Waldemar Herdt, Anton Friesen und der Fraktion der AfD. Umsetzung der Bundestagsresolution zum Völkermord an den Armeniern, 18.2.2019, Deutscher Bundestag, 19. Wahlperiode, Drucksache 19/8355, 14.3.2019, http://dip21.bundestag.de/dip21/btd/19/083/1908355.pdf, S. 4.

395 Der Satz fiel auf dem Bundeskongress der AfD-Nachwuchsorganisation Junge Alternative am 2. Juni 2018, zusammen mit der Aussage, „Ja, wir bekennen uns zu unserer Verantwortung für die 12 Jahre, aber […]" Die umstrittene Passage der Rede von Alexander Gauland im Wortlaut: https://www.afdbundestag.de/ wortlaut-der-umstrittenen-passage-der-rede-von-alexander-gauland/.

396 Weidel u.a., Anfrage, S. 1.

397 Volker Kauder u.a.: Antrag der Fraktionen CDU/CSU, SPD und BÜNDNIS 90/DIE GRÜNEN. Erinnerung und Gedenken an den Völkermord an den Armeniern und anderen christlichen Minderheiten in den Jahren 1915 und 1916, 31.5.2019, Deutscher Bundestag, 18. Wahlperiode, Drucksache 18/8613, 31.5.2019, http://dip21.bundestag.de/dip21/btd/18/086/1808613.pdf, S. 1.

„Ohne Rücksicht auf Frauen, Kinder und Kranke [...] ist, ohne auf die Gefühle des Gewissens zu hören, ihrem Dasein ein Ende zu machen": Der schriftliche Befehl zur Vernichtung der osmanischen Armenierinnen und Armenier trägt die Unterschrift von Karl Süßheims Freund Talât Paşa.
Die hier abgebildete Deportationsszene wurde im April 1915 von einem anonymen deutschen Reisenden fotografiert.

Genozid anerkannte, was erhebliche diplomatische Verstimmungen nach sich zog.[398] Nahezu jede Diskussion um das Geschehen beginnt heute mit der Auseinandersetzung um Wesen und Bezeichnung dieser Vernichtung, die Raphael Lemkin, Pionier der Genozid-Konvention der Vereinten Nationen neben der Shoah später ausdrücklich als „Genozid" bezeichnete.[399] Dass es sich in der Tat um einen Genozid nach den geläufigen Kriterien handelte, ist wissenschaftlich erschöpfend nachgewiesen worden.[400] Der Entschluss zum Völkermord fiel

398 Die Türkei hatte auch auf das französische Parlament, das den Genozid in Anerkennung der armenischen Diaspora in Frankreich gesetzlich als Tatsache verankerte, entsprechend reagiert: Präsident Abdullah Gül brachte einen Abbruch der diplomatischen Beziehungen ins Gespräch, vgl. Benz, Aghet.

399 Vgl. dazu Kieser, Genozid.

400 Die geläufigen Handlungsmuster fasst Wolfgang Benz, der ehemalige Leiter des Zentrums für Antisemitismusforschung der TU Berlin, wie folgt zusammen: „Schuldzuweisung an eine ethnische, religiöse, kulturelle Minderheit, ihre Verfolgung unter dem Vorwand, die Mehrheit sei provoziert worden; es folgt die ‚politische Lösung', die als ‚ethnische Säuberung', als Umsiedlung, als friedensstiftende Maßnahme verkündet und in den Formen von Vertreibung, Deportation, Raub und Mord praktiziert wird". Die Forschung, betont Benz, habe „sich lange und gründlich mit den Verbrechen an den Armeniern beschäftigt, den Sachverhalt beschrieben und beim Namen genannt: Völkermord.

dem Autor Wolfgang Gust zufolge im Frühjahr 1915 im jungtürkischen Komitee für Einheit und Fortschritt (KEF).[401] Sogar ein expliziter schriftlicher Vernichtungsbefehl, wie er für die Ermordung der europäischen Jüdinnen und Juden durch das nationalsozialistische Deutschland nicht gefunden werden konnte[402], war im Fall der christlichen Minderheiten im Osmanischen Reich spätestens seit 1921 auch öffentlich bekannt: „Es ist bereits mitgeteilt worden, daß die Regierung auf Befehl des Djemiet [Komitees, KM] beschlossen hat, alle Armenier, die in der Türkei wohnen, gänzlich auszurotten. Diejenigen, die sich diesem Befehl und diesem Beschluß widersetzen, verlieren ihre Staatsangehörigkeit. Ohne Rücksicht auf Frauen, Kinder und Kranke, so tragisch die Mittel der Ausrottung auch sein mögen, ist, ohne auf die Gefühle des Gewissens zu hören, ihrem Dasein ein Ende zu machen.“[403]

Diese Sätze stammen von Karl Süßheims Bekanntem Meḥmed Ṭalʿat, der sich in seiner Funktion als Innenminister in seinen Erlassen an nachgeordnete Behörden keinerlei Mühe machte, die Intentionalität des Massensterbens zu verschleiern. Der deutsche Theologe Johannes Lepsius, der als bekannter Vertreter der christlichen Mission im Nahen Osten hier bereits Erwähnung fand[404], und den der jüdische Schriftsteller Franz Werfel in seinem an den historischen Ereignissen erschütternd nahen Roman „Die vierzig Tage des Musa Dagh“ von 1933 als „de[n] von Gott gesandte[n] Schutzengel des armenischen Volkes“[405] bezeichnete, hat das Verbrechen dokumentiert. In Jerewan wird er noch heute als Nationalheld gefeiert.

[…] Die Tatsache des planmäßigen Vernichtungswillens und mithin des Völkermords am armenischen Volk steht außer jedem Zweifel“. Benz, Aghet. Türkische Wissenschaftler, die nach wie vor in der Heimat arbeiten, halten sich öffentlich zurück, wenngleich viele von ihnen im persönlichen Gespräch die Fakten nicht abstreiten. Türkischstämmige Historiker im Ausland werden dafür oftmals umso expliziter, vgl. z. B. die Arbeit von Taner Akçam: The Young Turks' Crime against Humanity. The Armenian Genocide and Ethnic Cleansing in the Ottoman Empire, Princeton 2012.

401 Vgl. Gust, Völkermord (2016).

402 Die Holocaustforschung positionierte sich bezüglich der Planmäßigkeit des Geschehens bekanntlich lange anhand der Kategorien Funktionalismus und Intentionalismus. Forscherinnen und Forscher, die letzteren Standpunkt vertreten, gehen davon aus, dass es spätestens ab dem Sommer 1941 explizite Vernichtungsbefehle Adolf Hitlers gab, und diese Vorstellung überwog noch bis in die 1980er-Jahre hinein. Die neuere Forschung aber hat längst gezeigt, „dass es einen einzigen, alles zentral in Gang setzenden Befehl gar nicht gegeben haben konnte, sondern dass sich das Mordgeschehen in einem Wechselspiel zwischen Zentrale und Peripherie radikalisierte“, wie Frank Bajohr u. Andrea Löw schreiben: Tendenzen und Probleme der neueren Holocaust-Forschung. Eine Einführung, in: Dies. (Hrsg.): Der Holocaust. Tendenzen und neue Fragen der Forschung, Frankfurt a. M. 2015, S. 9–30, hier S. 18.

403 [Meḥmed] Ṭalʿat: [Verfügung] vom 15. 9. 1915, zit. nach Der Prozeß Talaat Pascha. Stenographischer Bericht über die Verhandlung gegen den des Mordes an Talaat Pascha angeklagten Studenten Salomon Teilirian vor dem Schwurgericht des Landgerichts III zu Berlin, Aktenzeichen: C.J. 22/21, am 2. und 3. Juni 1921. Mit einem Vorwort von Armin T. Wegner und einem Anhang, Berlin 1921, nachgedr. in: Tessa Hofmann (Hrsg.): Der Völkermord an den Armeniern vor Gericht. Der Prozeß Talaat Pascha, 2. Aufl. Göttingen 1980, S. 133.

404 Vgl. Kap. I.1.

405 Franz Werfel: Die vierzig Tage des Musa Dagh, Berlin u. a. 1933, Bd. 1, S. 193.

Dass ausgerechnet Deutsche sich bemüßigt fühlten und fühlen, diesen Genozid festzustellen, ist in der bitteren Ahnung begründet, dass er mit deutscher Hilfe hätte verhindert werden können – das Geschehen war keine „deutsche Idee“, wie Wolfgang Gust betont[406], doch der wichtigste Verbündete im Krieg dachte auch nicht daran, zu intervenieren. Der Artikel 61 des Berliner Vertrags von 1878, den Bismarck für das Kaiserreich verhandelt hatte, hatte noch explizit Sicherheit für Leben und Eigentum der Armenierinnen und Armenier gefordert, und das erste Reformprojekt für die armenisch-kurdischen Siedlungsgebiete im Osten unterschrieb die Pforte 1895, doch kurz darauf folgten die bis dahin beispiellosen „Hamidischen Massaker“[407]. Die Untätigkeit der europäischen Mächte veranlasste Johannes Lepsius schon damals zu seinem Buch „Armenien und Europa: Eine Anklageschrift wider die christlichen Großmächte und ein Aufruf an das christliche Deutschland“: Auf der ganzen Reise durch Anatolien sei er „keinem Muhammedaner begegnet, der nicht in seinem Urteil über die Ereignisse [...] von der selbstverständlichen Voraussetzung ausging“, schrieb der Theologe im Vorwort, „daß die Niedermetzelung und Ausplünderung des armenischen Volkes von der Regierung angeordnet sei und dem Willen des Sultans entspreche“[408]. Als „einzige[n] Zweck“ seines Buchs bezeichnete Lepsius es, daran „mitzuwirken, daß die öffentliche Meinung in Deutschland nicht mehr so unempfindlich wie bisher den Leiden der Christenheit des Morgenlandes gegenüberstehen möge“[409]. Die Schrift wurde mehrfach aufgelegt und wird als Vorbild des publizistischen Gestus des wesentlich bekannteren, 1898 veröffentlichten „J'accuse“-Briefs von Émile Zola im Zuge der Dreyfus-Affäre in Frankreich betrachtet.[410]

Johannes Lepsius befand sich mit seinem Engagement lange allein auf weiter Flur[411] – das Kaiserreich, auch unter dem Gesichtspunkt der von Wilhelm und ʿAbdülḥamīd II. beschlossenen deutsch-osmanischen Freundschaft, war lange untätig, und erst in den Jahren vor dem Ersten Weltkrieg engagierte es sich für die armenische Minderheit: 1912 waren die in Berlin versprochenen Reformen wieder ins Bewusstsein gerückt, als die widerrechtliche Aneignung armenischen Landbesitzes durch muslimische Lokalherren zur Diskussion stand.[412] Zusammen mit Russland erarbeiteten Vertreter des Kaiserreichs einen Plan, den die

406 Entsprechende Gerüchte hatten zum Teil auch die Jungtürken gestreut, vgl. Gust, Völkermord (2016).

407 Vgl. Kap. I.2.

408 Die Imame in den Moscheen hätten „die Ausrottung der Armenier“ zudem als Befehl des Şeyhülislām dargestellt. Alle Zitate: Johannes Lepsius: Armenien und Europa. Eine Anklageschrift wider die christlichen Großmächte und ein Aufruf an das christliche Deutschland, 3. Aufl. Berlin 1897, S. 5.

409 Ebd., S. 7.

410 Vgl. Rolf Hosfeld: Johannes Lepsius – eine deutsche Ausnahme. Armenophilie als Lebenspraxis, 26.4.2016, https://www.bpb.de/geschichte/zeitgeschichte/genozid-an-den-armeniern/218105/johannes-lepsius-eine-deutsche-ausnahme u. Émile Zola: J'Accuse ...! Lettre au Président de la République, in: L'Aurore. Litteraire, Artistique, Sociale, 2/87 (13.1.1898), S. 1f.

411 Er gründete ein Hilfswerk für die Überlebenden der Massaker unter ʿAbdülḥamīd und versuchte, das Thema mit seiner Zeitschrift *Der christliche Orient* in der Öffentlichkeit zu halten, vgl. Hosfeld, Lepsius (2016).

412 Hier und im Folgenden vgl. Kieser, Genozid.

osmanische Regierung im Februar 1914 unterschrieb: Dieser sollte, unter europäischer Aufsicht, die Rückgabe der Ländereien, eine Beteiligung aller Minderheiten in den regionalen Räten, bei den Sicherheitskräften und in der Verwaltung sowie die offizielle Anerkennung der regionalen Sprachen garantieren. Stattdessen vertrieb das KEF-Regime im Frühsommer 1914, nicht zuletzt als Racheakt für die vertriebene muslimische Bevölkerung im Balkankrieg, etwa 200 000 Christinnen und Christen nach Griechenland. In Europa stand die Julikrise vor der Tür, und für das Kriegsbündnis mit den Jungtürken zeigte sich das Kaiserreich gerne bereit, sich nicht in „innere Angelegenheiten“ einzumischen. Noch im selben Jahr wurde die Reformvereinbarung aufgehoben, stattdessen schmiedete man nun wie dargestellt gemeinsame *Jihad*-Pläne gegen die Entente. Mit ähnlicher Rhetorik wurde im Innern des Osmanischen Reichs eine gezielte Vernichtungspolitik vorbereitet. Die Mobilmachung ging mit exzessiver türkistischer und islamistischer Propaganda einher, und die Ostfront vom Schwarzen Meer bis in den Nordiran wurde zum Schauplatz auch einer muslimisch-christlichen Polarisierung: Armenische, assyrische und kurdische Gruppen fanden Rückhalt in Russland, russisch-muslimische Milizen schlossen sich den Osmanen an.

Die meisten Deutschen vor Ort, willig, der jungtürkischen Darstellung zu folgen, nach der die armenische Minderheit mit den Feinden sympathisiere und sie deshalb aus kriegswichtigen Regionen zu entfernen sei, protestierten nicht, als in Konstantinopel und anderen Provinzen die Mitglieder der armenischen Gemeinden gesammelt und in die syrische Wüste geschickt wurden – hochrangige deutsche Militärs bedienten sich wider besseres Wissen durch entsprechende Berichte der eigenen Leute des jungtürkischen Narrativs.[413] Aus dem Osten kamen die Vertriebenen zu Fuß, aus dem Westen wurden sie zum Teil mit Viehwagen der Bagdadbahn gefahren, diesem Zeugnis der deutsch-osmanischen Freundschaft, für das auch Karl Süßheim sich so begeistert hatte. Die Hälfte der Opfer des Genozids kam bereits zuvor oder während der Deportationen ums Leben. In den östlichen Provinzen aber wurden die meisten vor Ort ermordet – es beteiligten sich nicht nur Mitglieder einer dem KEF nahestehenden Spezialorganisation, sondern auch türkische Gendarmen, Kriminelle, die man aus den Gefängnissen entlassen hatte, einzelne kurdische Stämme und etliche Gelegenheitstäter, darunter auch ganze Dorfbevölkerungen. Auch Offiziere vergewaltigten Kinder und Frauen, das Schicksal Zehntausender in diesen Wochen. Der deutsche Konsul in Aleppo, Walter Rößler, schrieb in einem Brief an den Reichskanzler über das „Entsetzen, von dem jeder erfasst wird, der mit den verhungernden, absichtlich dem Hungertode preisgegebenen Massen der Vertriebenen in nahe Berührung kommt“[414]. Auch Otto Liman von Sanders, Leiter der deutschen Militärmission im Osmanischen Reich, dem die deutschen Offiziere offiziell unterstanden (in Wahrheit folgten sie in der Regel den Befehlen des Kriegsministers Enver[415]), setzte sich ein, womit er alteingesessene Armenierinnen und Armenier in Smyrna tatsächlich schützen konnte. Die politischen Entscheidungen aber wurden in

413 Vgl. Gust, Völkermord (2016).

414 Zit. nach Kieser, Genozid.

415 Vgl. Gust, Völkermord (2016).

Berlin getroffen: Am 7. Juli 1915 informierte der deutsche Botschafter Hans von Wangenheim Reichskanzler Theobald von Bethmann Hollweg darüber, dass das KEF das Ziel verfolge, „die armenische Rasse im türkischen Reiche zu vernichten"; dies würde „die Art, wie die Umsiedlung durchgeführt wird", zweifellos zeigen.[416] Doch es geschah nichts, um die Menschen zu retten, und anstatt Vorschläge zu machen, wie das Morden verhindert werden könnte[417], sorgte sich Wangenheim um das Image des Kaiserreichs: Der Botschafter verfasste zwei schwächliche Protestnoten, die offensichtlich dazu dienen sollten, sich später aus der Affäre ziehen zu können.[418]

Der Publizist Jürgen Gottschlich führt einzelne Beispiele auf, in denen deutsche Militärs das Geschehen eindeutig begrüßten: „[F]ür die Türkei würde es eine Erlösung sein, wenn sie den letzten Armenier umgebracht hat", notierte beispielsweise Admiral Wilhelm Souchon in seinem Tagebuch, „sie würde dann die staatsfeindlichen Blutsauger los sein"[419]. Marineattaché Hans Humann, befreundet mit Kriegsminister Enver, bezeichnete das Vorgehen der Jungtürken in einer Randbemerkung als „hart, aber nützlich", nachdem der deutsche Konsul in Mossul einen Bericht über die Massaker geliefert hatte, und also, Humann zufolge, „leider, sehr zum Nachteil unserer Politik, das Lamentieren darüber nicht sein lassen" konnte.[420] Generalstabschef Friedrich Bronsart von Schellendorf hatte sich sogar selbst an der Planung der Deportationen beteiligt.[421] Wolfgang Gust nennt weitere Namen: Der Artillerie-Offizier Eberhard Graf Wolffskeel von Reichenberg ließ die Armenier von Zeitun, Fundadschak und Urfa erschießen; Sylvester Boettrich, der im Großen Türkischen Generalstab für das Eisenbahnwesen verantwortlich war, schickte Tausende, die zunächst bei der Bagdadbahn Schutz gefunden hatten, in den Tod.[422] Wangenheims Nachfolger als Botschafter, Wolff Metternich[423], forderte dagegen in einem Bericht nach Berlin vom Dezember 1915, die

416 Zit. nach Gust, Völkermord (2005), S. 185.

417 Die Bitte des armenischen Patriarchen vom April 1915, sein Volk als – nach dem Abzug der englischen, französischen und russischen Diplomaten – einzige vor Ort verbliebene christliche Macht zu schützen, hatte Wangenheim an den Reichskanzler weitergegeben und mit dem Zusatz versehen, dass dies nicht möglich sei, denn „[a]ndernfalls laufen wir Gefahr[,] durch das Eintreten für eine vielleicht aussichtslose Sache wichtigere und uns näher liegende Interessen aufs Spiel zu setzen". Zit. nach Gust, Völkermord (2005), S. 137.

418 Vgl. Jürgen Gottschlich: Die Deutschen und der Völkermord, Osmanisch-deutsche Allianzen, 26.4.2016, https://www.bpb.de/geschichte/zeitgeschichte/genozid-an-den-armeniern/218106/deutschlands-rolle.

419 Zit. nach Gottschlich, Beihilfe, S. 206.

420 Zit. nach ebd., S. 197.

421 Jürgen Gottschlich vermutet, dass Friedrich Bronsart von Schellendorf auch selbst Deportationen angewiesen hat, vgl. Gottschlich, Deutsch[e]. Noch im November 1939 befand er die Armenier jedenfalls für „schlimmer […] wie die Juden", zit. nach Gottschlich, Beihilfe, S. 277.

422 Vgl. Gust, Völkermord (2016).

423 Wangenheim starb im Oktober 1915 überraschend an einem Schlaganfall. Sein Nachfolger Paul Wolff Metternich zur Gracht (1853–1934) hatte sich einen Namen als langjähriger Botschafter in London (1901–1912) gemacht.

deutsche Öffentlichkeit über das Schicksal der armenischen Minderheit zu unterrichten sowie Sanktionen des Kaiserreichs, um „der türkischen Regierung Furcht vor den Folgen ein[zu]-flössen", denn andernfalls sei man dazu verdammt, „zuzusehen, wie unser Bundesgenosse weiter massakriert".[424] Doch Bethmann Hollweg hielt nichts davon: „Unser einziges Ziel ist, die Türkei bis zum Ende des Krieges an unserer Seite zu halten, gleichgültig ob darüber Armenier zugrunde gehen oder nicht". Man werde die Türken im Krieg noch brauchen – „[i]ch begreife nicht, wie Metternich diesen Vorschlag machen kann", schrieb der Reichskanzler, und die Tage des Botschafters waren gezählt.

Die Post mit wirklich brisanten politischen oder militärischen Informationen wurde natürlich über andere Kanäle geteilt – Karl Süßheim hatte es als Zensor ausschließlich mit dem öffentlichen Briefverkehr zu tun, der zum Beispiel über den *Balkan-Express* zwischen Konstantinopel und dem Kaiserreich transportiert wurde.[425] Auch in seinem Tagebuch erfahren wir deshalb über den Genozid nicht allzu vieles; und wir dürfen davon ausgehen, dass Innenminister Talât Paşa als einer der Hauptverantwortlichen dieses „Detail" in seinen Briefen an seinen deutschen Bekannten nicht erwähnte. Dennoch steht zweifelsfrei fest: Süßheim wusste, was die Armenierinnen und Armenier im Osmanischen Reich erlitten. Das Narrativ, welches den Opfern selbst die Verantwortung zuschrieb[426], teilte er nicht, und er tat sein Möglichstes, auf das Geschehen aufmerksam zu machen.

Die Unterdrückung der Christinnen und Christen im Osmanischen Reich hatte Süßheim, wie wir gesehen haben, bereits in einem Aufsatz von 1914 klar beschrieben.[427] Eine Studie, die auf die deutsche Berichterstattung zum Thema eingeht, betont, dass entsprechende öffentliche Stellungnahmen während des Krieges dann kaum zu lesen waren; angesichts der Zensur und der dringenden Empfehlung der kaiserlichen Regierung, den Umgang mit den Armeniern publizistisch nicht anzusprechen, seien auch „vermutlich selbständige Veröffentlichungen zum Thema eher selten"[428] gewesen, schreibt Uwe Feigel. Im Oktober 1915 nämlich hatte Friedrich Faber, der Vorsitzende des Vereins deutscher Zeitungsverleger (VDZ), an die Presse „ein vertrauliches informierendes Schreiben hinausgehen lassen und […] nahegelegt, aus Rücksicht auf unsere nationalen Interessen die Armenierfrage nicht zu erörtern"[429]. Entsprechend verärgert zeigte sich die deutsche Regierung über Berichte Schweizer Medien, die auch im Kaiserreich erhältlich waren und die von Johannes Lepsius, der sogar im Reichstag

424 Hier und im Folgenden zit. nach Gust, Völkermord (2005), S. 395.

425 Vgl. Schmidt, Süssheim (2002), S. 211 f.

426 Seine eigene Verantwortung wies Ṭal'at in seinen im Berliner Exil verfassten Erinnerungen entschieden von sich – posthum mit großem Erfolg. Sein Narrativ, die Armenierinnen und Armenier hätten den Genozid an ihrem Volk selbst verschuldet, lässt sich bis heute als nationaler Mythos in der Türkei wiederfinden, vgl. den Aufsatz von Adak, Tumors u. die Hinführung.

427 Vgl. dazu Kap. I.2.

428 Uwe Feigel: Das evangelische Deutschland und Armenien. Die Armenierhilfe deutscher evangelischer Christen seit dem Ende des 19. Jahrhunderts im Kontext der deutsch-türkischen Beziehungen (= KuK 28), Göttingen 1989, S. 241.

429 Zit. nach Hosfeld, Lepsius (2016).

die deutschen Pressevertreter zu bearbeiten versuchte, weiterverbreitet wurden.[430] Nach einer Anweisung des Auswärtigen Amts erschienen daraufhin ganz im Gegenteil betont antiarmenische Artikel.[431] Lepsius veröffentlichte seinen dreihundertseitigen, dezidierten „Bericht über die Lage des Armenischen Volkes"[432] im Sommer 1916 trotzdem, doch schon kurz nach Erscheinen wurde er verboten. Andere Publikationen auf dem deutschen Markt übergingen die Massaker entweder ganz oder nahmen das jungtürkische Regime in Schutz, indem sie die Erzählung übernahmen, dass armenische Banden im Vanseegebiet zusammen mit russischen Truppen gewütet hätten und ein bewaffneter Aufstand ausgebrochen sei.[433] Dem folgte auch der schwedische Reiseschriftsteller Sven Hedin, der in einem Buch über seinen Aufenthalt in Mesopotamien im Jahr 1916, welches auch in Deutschland veröffentlicht wurde, zwar über hunderttausende Tote berichtete, aber betonte, dass die Zahlen von den Engländern übertrieben würden und dass die Armenier den Osmanen große Probleme bereitet hätten.[434] „Daß die Türkei hier energisch mit Waffengewalt vorging, war ihr gutes Recht", schrieb der deutsche Armenologe Karl Roth ungleich kälter in einem Aufsatz: „Als man sich entlarvt sah und die osmanische Regierung der Bewegung Herr geworden war, da begann das Gezeter der Ententemächte und in einem scharfen Protest gegen die türkische Regierung suchte man die ganze Welt gegen die brutale, blutrünstige Türkei scharfzumachen."[435]

Eine viel beachtete Veröffentlichung des Journalisten und Schriftstellers Carl Adolf Bratter hielt die Berichte über das Massensterben kurzerhand für britische Kriegspropaganda und also den Versuch der Feindmächte, „Deutschland und seine Bundesgenossen moralisch zu vernichten"; man habe „lediglich die ‚armenischen Greuel' aus den Geheimkammern der englischen Orientpolitik hervorgezogen und sie den Zeitumständen entsprechend

430 Vgl. ein internes Schreiben an den Reichskanzler, zit. ebd.

431 1917 wurde nochmal im Zensurbuch für die deutsche Presse explizit festgehalten: „Aufsätze über die armenische Frage unterliegen der Vorzensur", Oberzensurstelle, Vorschriften, S. 266.

432 Johannes Lepsius: Der Todesgang des Armenischen Volkes. Bericht über das Schicksal des Armenischen Volkes in der Türkei während des Weltkrieges, 3. Aufl. Potsdam 1927 [zuerst: 1916].

433 Vgl. Feigel, Deutschland, S. 241. Diese Sicht der Dinge war auch gegenüber dem befreundeten Ausland über Jahre hinweg rhetorisch geradezu vorbereitet worden. Schon in Max von Oppenheims *Jihad*-Denkschrift von 1914 fand sich nicht grundlos ein Absatz über die Armenier, der auch direkt aus der Feder von so manchem Jungtürken hätte stammen können: „Armeniern und anderen christlichen Kaukasusvölkern gegenüber kann ich nicht anders wie zur Vorsicht mahnen. Sie werden, fürchte ich, in einem Krieg nicht viel nützen können, nur dann aufstehen, wenn ihre muhammedanischen Landsleute für sie die Kämpfe gewonnen haben, aber später um so größeren Lohn verlangen." Oppenheim, Denkschrift, S. 47.

434 Vgl. Sven Hedin: Bagdad, Babylon, Ninive, Leipzig 1917, S. 45ff. Wörtlich schrieb er zum Beispiel: „Die Verfolgung der Armenier, vor allem die Grausamkeiten gegen unschuldige Frauen und Kinder, gehören zu den dunkelsten Kapiteln des Weltkriegs. Sie übertrifft nur die Grausamkeit, mit der zwei Millionen in Rußland ansässiger Deutschen [sic!] bei Kriegsausbruch in die Pesthöhlen Sibiriens verschleppt wurden, um dort das Schicksal der unglücklichen Opfer aus Ostpreußen zu teilen. Was aber die Engländer über die armenischen Massaker in die Welt hinausposaunen, ist ungeheuer übertrieben und fordert den Widerspruch heraus." Ebd., S. 45.

435 Karl Roth: Armenien und Deutschland, in: Grothe, Länder, Heft 10: S. 279–308, hier S. 297.

appretiert“[436], schrieb er mit Blick auf die Massaker zu Ende des 19. Jahrhunderts, und rechtfertigte im darauf folgenden Text die Morde ebenfalls mit dem Aufstandsnarrativ. Besonders perfide Worte fand 1917 auch der bereits vielfach erwähnte Hugo Grothe. Im Vorjahr hatte dieser noch die armenische Tüchtigkeit gelobt und die Deportationen (die er als „Umsiedlung“ bezeichnete und auf „blutig[e] Kämpf[e] zwischen Kurden und Armeniern“[437] reduzierte) bedauert[438], nun hieß es in der Reihe „Schützengrabenbücher für das deutsche Volk“: „Die türkischen Armenier haben [...] nicht verstanden, den fremden Lockungen Widerstand zu leisten. Sie ließen sich vielfach zu Handlungen treiben, die von den Türken als hochverräterische betrachtet werden mußten. Angesichts dieser politischen Tatsachen begreift man, wenn die Türkei in den hochgehenden Wogen des Weltkrieges die ‚armenische Frage‘ nach orientalischer Art zu lösen entschlossen war.“[439]

Die Rechtfertigungspropaganda der Jungtürken zeigte aber auch bei denen Wirkung, die selbst nicht unter Verdacht standen, antiarmenisch zu sein. Der bereits erwähnte General Liman von Sanders, der wie beschrieben in seinem eigenen Befehlsbereich viele Angehörige der Minderheit rettete, schrieb nach dem Krieg: „Es ist beinahe wie eine Nemesis des Geschicks, daß die Austreibung der Armenier derart einen tiefen Schatten in das türkische Heer geworfen hat. Es ist hier nicht der Ort, um den Grund der türkischen Armenierverfolgungen klar zu stellen. Neben allen den Vorwürfen und Anklagen aber, welche den türkischen hieraus mit Recht erwachsen sind, darf, wenn man gerecht sein will, das Nachstehende nicht übersehen werden: Diese Machthaber haben die türkische Armenierpolitik nicht erfunden. Sie selbst sind in diesem Gedankengang erzogen worden und groß geworden und haben geglaubt, ihrem Vaterlande einen patriotischen Dienst für die Zukunft zu leisten, wenn sie die der Regierung feindlichen Mächte entfernen. [...] Die Handhabe zu den Ausweisungen bot sich an vielen Stellen [an], da die Armenier oft mit den eindringenden Russen gemeinschaftliche Sache gemacht hatten und ihnen so manche Grausamkeit gegen die mohammedanische Bevölkerung nachzuweisen war.“[440]

Wie war Karl Süßheims Haltung in der Armenierfrage, und wie ist sie vor diesem Hintergrund zu bewerten?

Süßheim hatte sich von seinen anfänglichen Berührungsängsten mit der armenischen Bevölkerung im Osmanischen Reich, die ihn in den ersten Jahren seines Aufenthalts in Konstantinopel begleitet hatten, wie wir gesehen haben, längst gelöst.[441] Auch in seiner Wahlheimat München traf er nun Armenier, die ihm über die Situation ihrer Verwandten vor Ort berichteten. So nahm er beispielsweise Russischstunden bei einem Mann namens Ḫrıstiyān,

436 C[arl] A[dolf] Bratter: Die armenische Frage, Berlin 1915, S. 3f.
437 Hugo Grothe: Türkisch Asien und seine Wirtschaftswerte, Frankfurt a. M. 1916, S. 78.
438 Vgl. dazu auch Feigel, Deutschland, S. 242.
439 Hugo Grothe: Die Türkei. Landschaften und Menschen. Eine Skizze zur Landes- und Volkskunde, Berlin 1917 (= Schützengraben-Bücher für das deutsche Volk 75), S. 48.
440 [Otto] Liman von Sanders: Fünf Jahre Türkei. Mit zahlreichen Textskizzen und drei Kartenbeilagen, Berlin 1920, S. 200f.
441 Vgl. Kap. I.2.

den er auf der Geburtstagsfeier eines Kollegen kennengelernt hatte und der seine Türkisch-Kurse besuchte.[442] Gegen Kriegsende traf Süßheim sich mit einer Frau namens Tertzakian, um für seinen Artikel über die Malerei in der Türkei etwas über einen bestimmten Künstler zu erfahren.[443] Die Frau, die mit ihrem 78-jährigen Vater in München lebte, berichtete ihm von ihrem Verwandten, einem Abgeordneten aus Van, der sich bei Kriegsausbruch in seiner Heimatstadt aufgehalten hatte und kurz darauf vom Vali, dem Statthalter, mit dem er eigentlich freundschaftlich verbunden war, festgenommen wurde. Seither hatte sie nichts mehr von ihm gehört: „Das Fräulein war sich sicher, dass er gehängt wurde“[444], notierte Süßheim. Die Familie wusste es nicht, doch der Fall war den Deutschen spätestens seit dem Sommer 1915 bestens bekannt: In einem telegrafischen Erlass schrieb der Unterstaatssekretär des Auswärtigen Amts an Botschafter Wangenheim, dass Johannes Lepsius darum gebeten habe, zu intervenieren, da Tertzakian „vermutlich zur Hinrichtung“ nach Konstantinopel gebracht werden solle; „[i]n armenischen Kreisen ist über die Sache nichts Näheres bekannt“, hieß es dazu in einer ergänzenden Notiz: „Der Patriarch sagte mir heute: Vramian (alias Onik Tertzakian) sei schon vor 1 ½ Monaten, als Van noch in türk. Händen war, verhaftet u. von Van fortgeschafft, und dann auf dem Transport in Bitlis umgebracht worden“[445]. Von diesen Vorgängen konnte Karl Süßheim keine Kenntnis haben, und dennoch dürfen wir davon ausgehen, dass er durchaus eine Vorstellung davon hatte, was im Osmanischen Reich vor sich ging – auch wenn er in seinem Artikel auf das Schicksal einiger armenisch-osmanischer Künstler, die er nannte, schließlich nicht näher einging.[446] Die Aufgabe, öffentlich auf den Genozid aufmerksam zu machen, überließ Süßheim einem anderen Mann, jemandem, der als kaiserlich-osmanischer Major a. D. sprechen konnte und im Gegensatz zu ihm sicher nicht im Verdacht stand, als persönlich Betroffener Minderheiteninteressen zu vertreten.

„Ich habe den aus Erfahrung gewonnenen Grundsatz mir zu eigen gemacht, daß jedes Vorurteil unser Erkenntnisvermögen schwächt, und daß allein das Verständnis für das uns Wesensfremde uns mit der Welt zu versöhnen vermag. Haß erfordert Blindheit, aber jeder Sehende muß lieben.“[447] Diese Sätze entstammen einem Buch mit dem Titel „Zionismus und Weltpolitik“. Süßheims bereits erwähnter Bekannter Franz Carl Endres hat es 1918 verfasst.[448] Der heute in Vergessenheit geratene bayerische Offizier war ein führendes Mitglied

442 Vgl. Tagebuch KS, 31.7.1914, 16. u. 30.9. sowie 2.11.1918; siehe auch Flemming u. Schmidt, Diary, S. 136.

443 Vgl. ebd., 21. u. 22.2.1918; der Text: Süßheim, Malerei I u. II.

444 Ebd., 21.2.1918, Nachlass KS (SBB) Hs. or. 1135/9, fol. 28r f.

445 Unterstaatssekretär des Auswärtigen Amts [Arthur Zimmermann] an den Botschafter in Konstantinopel [Hans Wangenheim]: Telegraphischer Erlaß, Berlin 28.6.1915, mit Notiz Mordtmann, 5.7.1915, PA-AA/R14086, Nr. 1236, zit. nach http://www.armenocide.net/armenocide/armgende.nsf/$$AllDocs/1915-06-28-DE-001.

446 Vgl. Süßheim, Malerei.

447 Franz Carl Endres: Zionismus und Weltpolitik, München u. Leipzig 1918, S. 4.

448 „Daß ich kein Antisemit bin, wird aus meinen sonstigen Werken bekannt sein“, schrieb Endres darin – und in der Tat, sein Buch war der Versuch, „den Zionismus als eine Tatsache festzustellen und

des Bundes Neues Vaterland (BNV), der sich 1922 in Deutsche Liga für Menschenrechte (DLMR) umbenennen wird. Mit dieser Haltung schrieb Endres, der in der osmanischen Armee an den Dardanellen und in Syrien eingesetzt war, 1916 auch über die verfolgte christliche Minderheit im Nahen Osten. Beraten hatte ihn dafür, wie wir bereits wissen, der jüdische Münchner Professor Karl Süßheim.

Im Kriegsjahr 1916, direkt nach der Vernichtung der christlichen Bevölkerung im Osmanischen Reich, erschien das von Süßheim hochgelobte Buch „Die Türkei. Bilder und Skizzen von Land und Volk“. Zur „über ein Jahrtausend währende[n] Leidenszeit Armeniens“ hatte Endres darin geschrieben: „Mongolen, Seldschuken, Kurden, Türken durchfluteten die armenischen Gebiete, ließen sich teilweise dort nieder und zehrten von der Kraft und dem Wohlstand des Landes. Aber die Armenier glichen dem Weidenbaume, der sich im wildesten Sturme bis zu Boden beugt und deshalb nicht entwurzelt wird wie die starke Eiche, die hart und unnachgiebig sich dem Sturm entgegenstellt.“[449] Endres empfahl den Türken, den nichtmuslimischen Gruppen, explizit auch „de[m] Armenier“, den er als den „weitaus [...] sprachgewandteste[n] und musikalischte[n] Mensch des Orients“[450] bezeichnete, Verständnis entgegenzubringen und sie zu schonen. Ein Urteil über den Charakter des armenischen Volkes aber sei obsolet: „Der Armenier als Charakter stellt keinen einheitlichen Typus dar, ebensowenig wie der Jude.“[451] Endres hob seine Erfahrungen mit „prachtvolle[n] Menschen“ aus der armenischen Bildungsschicht hervor, kritisierte dagegen die wirtschaftlichen „Emporkömmlinge“ aus ihren Reihen als „skrupellos berechnend“ und betonte, dass man es hier allerdings mit demselben Phänomen wie auch in Europa zu tun habe.[452] Moralische Verfehlungen, die Endres durchaus zu sehen glaubte, ergäben sich insbesondere auch aus wirtschaftlicher Not[453] und seien in jedem Fall nicht zu verallgemeinern[454]. Empathisch

ihn in das Gebiet der weltpolitischen Fragen einzuordnen“. „Mein Standpunkt ist insofern neutral“, betonte der Christ, „als ich sine ira et studio über den Zionismus, den ich gut kenne und der mich als eine zur Tat gewordene menschliche Sehnsucht berührt, schreiben kann“. Endres, Zionismus, S. 3.

449 Endres, Türkei, S. 158.

450 Weiter schrieb er: „Gebildete und halbgebildete Armenier, die englisch, französisch, türkisch, kurdisch, griechisch, dazu noch persisch oder arabisch, deutsch oder russisch fließend sprechen, sind ganz normale Erscheinungen. Wenn im Orient jemand 7–9 Sprachen beherrscht, dann kann man 100 gegen 1 wetten, daß der Betreffende Armenier ist.“ Ebd., S. 159.

451 Die biologistische Rassenkunde fließt, ähnlich wie bei Süßheims Texten, allerdings auch hier ein: „Der Typus des Armeniers ist unverkennbar. Im allgemeinen kleiner Körperbau, aber grobknochig. Ganz auffallend sind die großen Füße und breiten Gelenke der meist häßlichen Mädchen und Frauen. Die Nase ist sehr oft eingesattelt, der Körper der Männer stark behaart, die Augen sind bei beiden Geschlechtern meist groß, langbewimpert und von starken Brauen überschattet. Häufig findet man jenen feuchten Glanz in ihnen, der sie besonders anziehend macht.“ Ebd., S. 161.

452 Vgl. ebd., S. 161 ff., die Zitate S. 161 f.

453 „Je tiefer man in das Volk hinuntersteigt, desto kleinlicher wird der Erwerbssinn, der moralische Tiefstand durch die Not freilich auch eher entschuldbar.“ Ebd., S. 163.

454 „Der armenische Kleinhändler, Börsenjobber, Kommissionär hat zweifellos nichts an sich, was dem germanischen Empfinden sympathisch wäre. Im notgedrungenen Verkehr mit diesen Leuten und

nutzte der Autor die Mittel der Reportage, wenn er Armut und Unterdrückung der Minderheit auf dem Lande hervorhob: „In den armenischen Bergdörfern herrscht große Armut. Die Bauart der Häuser, in die Berglehne hineingeschoben mit flachem Dach über dem einzigen, nur durch eine halbhohe Lehm- oder Strohwand vom Stall getrennten Wohn-, Ess- und Schlafraum der Familie, deutet schon auf das Schutzbedürfnis der Menschen hin. Über dem Dach des einen Hauses beginnt der Flur des höher liegenden nächsten. Auf kleinem Raum zusammengedrängt, Haus an Haus, grau in grau, fensterlos, von nächster Entfernung aus noch kaum zu erkennen, sind diese Dörfer Abbilder der Armut und des Elends. [...] In diesen weltentlegenen Gegenden läuft das Rad der Geschichte nicht so schnell wie in den Mittelpunkten der Welt. Hier im finstersten Armenien lebt man noch immer in der Furcht Abdul Hamids. Die Umwandlung von solcher Angst in Vertrauen, von Starrsinn in Loyalität geht nicht von heute auf morgen vor sich, sie will ihre Weile haben."[455]

Franz Carl Endres betonte, dass es im Osmanischen Reich viele Armenierinnen und Armenier gebe, die dem Staat gegenüber loyal seien, aber er ging auch auf die Verbindungen zu den Gegnern im Krieg ein: „Wir wollen nur kurz feststellen, daß die in Armenien wohnenden Armenier mehr als ihnen lieb ist durch die außertürkischen Armenierkomitees in Paris und namentlich in London leiden. Die Armenier sind zu politischen Puppen Englands geworden. Mit welchen Mitteln das ‚edle England' arbeitete, geht daraus hervor, daß man einmal, um einen armenischen Aufstand zu erregen, den unwissenden Bauern erzählte, eine englische Armee würde in Luftschiffen angefahren kommen, um die Armenier zu befreien, nur müßten diese natürlich zuerst einmal mit Revolten anfangen. Das nennt sich christliche Politik im Orient."[456]

Jeder, der sich zum Zeitpunkt der Veröffentlichung mit der deutschen *Jihad*-Propaganda für die islamische Welt auseinandersetzte, konnte aus dieser Bemerkung unschwer scharfe Kritik am Kaiserreich erkennen, auch wenn diese nicht explizit geäußert wurde. Über „jung[e] Armenier aus guter Familie oder auch aus emporstrebenden einfacheren Kreisen" schrieb Endres zudem, seine Wortwahl sorgfältig abwägend: „Leider werden diese jungen Leute sowohl durch die französische und englische Kultur, die sie auf ihren Studienreisen gierig in sich aufnehmen, als auch von den politischen Hetzern dieser Völker ungünstig beeinflußt. Vielleicht würde die türkische Regierung Vorteile daraus ziehen, wenn sie diesen jungen Armeniern Erleichterungen für Studien in Deutschland und Erschwerungen für das

mit armenischen Wirten, Kutschern und Dragomanen wird der Türke wie der Fremde übervorteilt, betrogen und hintergangen. Das ist mit einer der Hauptgründe des Hasses, unter dem der Armenier zu leiden hat und der sich dann auf isolierte armenische Ansiedelungen und auf die Leute in Armenien selbst erstreckt, obwohl er da weit weniger Grund zur Betätigung hat. Der in der Diaspora lebende Armenier, der seinen höheren Intellekt gegenüber dem Türken und Kurden skrupellos zur Geltung bringt und dadurch wohlhabend wird, während seine Opfer verarmen – das ist der Typus, der Haß erzeugt und Haß verdient." Ebd.

455 Ebd., S. 156f.

456 Ebd., S. 163f.

Studium in Frankreich und England bereiten würde. In Deutschland würde ihnen politikfreie Kultur dargeboten werden können."[457]

Der letzte Satz lässt sich mit Blick auf die deutsche Nahostpolitik (und das Wissen um Endres' kritische Haltung dazu) nur ironisch verstehen. Doch der Autor konnte auf den Wortlaut bestehen, und er musste dafür sorgen, dass sein Buch in Zeiten der Kriegszensur – die, so Endres selbst, „jedes ungünstige Wort über türkische Verhältnisse glatt verbot"[458] – zumindest mit versteckter Kritik am Kaiserreich und seinen Bündnispartnern erscheinen konnte, denn andere Passagen waren offenbar durchaus gestrichen worden.[459]

Dass dieser Text nach der Erstveröffentlichung unverändert nun sogar mehrere Auflagen erfuhr[460], ist allein vor diesem Hintergrund ein bemerkenswerter Triumph. Dennoch wurde das Buch in einer Studie darauf reduziert, sich den Armeniern zwar „wohlwollend, aber nicht überschwenglich" zu nähern, und sich zur Vernichtung nicht klar zu positionieren.[461] Endres verfasste es ausweislich des abgedruckten Vorworts im Sommer 1915 in Raineralpe in den bayerischen Bergen, und es liegt die Vermutung nahe, dass er wie die meisten seiner Art nicht in die Zukunft sehen konnte.[462] In späteren Veröffentlichungen wurde der Autor zudem durchaus explizit. Kurz nach dem Waffenstillstand, im Dezember 1918, wird Endres schreiben: „Es wurden nach den Berichten des Dr. Johannes Lepsius sämtliche 79 600 Armenier [aus Adana, KM] zwangsweise deportiert oder getötet. In Deutschland verbot die Zensur jede Äußerung zugunsten des verfolgten christlichen Volkes und lediglich ganz nichtssagende und zudem erlogene Berichte des jungtürkischen Komitees erblickten in Deutschland das Licht der Öffentlichkeit. Versuchte man auch nur im geringsten für die

457 Ebd., S. 160.

458 Endres, Ruine, S. 61.

459 In einer späteren Veröffentlichung schreibt Endres: „Eine der betrüblichsten Erscheinungen eines falschen Nationalismus ist die Vermengung Gottes mit den eigenen politischen Wünschen. [...] Als ich im Kriege in einem Buch geschrieben hatte, daß Gott ein Gott der Menschheit sei und über den Schicksalen aller Völker walte, daß jeder pflichttreue Soldat aller Nationen mit Recht sich in seinen Gebeten an Gott wende – da wurde mir das von der Oberzensurstelle in Berlin gestrichen." Franz Carl Endres: Vaterland und Menschheit. Ein Buch der Versöhnung, Leipzig 1920, S. 59. Endres' Auseinandersetzung mit der Kriegszensur muss beachtlich gewesen sein, im Vorwort vom Dezember 1918 in einem anderen Buch schrieb er: „Nur die Zensur – die glücklich verstorben ist – hat die Türkei in Deutschlands Gesamtbewußtsein gerettet. Ach ... die Zensur! Aber es ist nicht wert, eine Zeile darüber hier zu schreiben. Wir sind frei! Und frei wollen wir auch über türkische Verhältnisse sprechen. Endlich frei!" Endres, Ruine, S. 5.

460 Vgl. die bereits zitierte Bemerkung Süßheims in seiner Rezension. Eine vierte Auflage erschien, unverändert, 1918.

461 Uwe Feigel schreibt, dass Endres die Vorgänge 1915 nur eine Fußnote wert gewesen seien und zitiert ihn korrekt mit folgendem Satz: „Auch während des Weltkrieges spielte die armenische Frage eine gewisse Rolle, insofern als törichterweise sich gewisse armenische Kreise dazu verleiten ließen, russisch-englische Interessen durch Spionage und Verschwörung zu unterstützen." Endres, Türkei, S. 104; Feigel, Deutschland, S. 245.

462 Vgl. das Vorwort in Endres, Türkei. Sogar auf der Seite, die Feigel zitiert, befinden sich gleich mehrere Hinweise auf den Redaktionsschluss Mitte 1915, vgl. ebd.

Armenier einzutreten, so wurde jeder Satz mit peinlicher Gewissenhaftigkeit von der Zensur gestrichen. Es ist notwendig, dies festzustellen, damit nicht die aufrichtigen deutschen Publizisten oder gar das deutsche Volk für die schweren Sünden, die gegen die Armenier begangen worden sind, einst vor der Geschichte verantwortlich gemacht werden."[463]

Jetzt lieferte Endres auch so schnell wie möglich die Zahlen nach, die Johannes Lepsius eruiert hatte[464]: 1 895 000 Armenierinnen und Armenier seien „im Weltkriege durch Maßnahmen der türkischen Behörden deportiert oder getötet worden" – und die nun folgende Zahl der Todesopfer ließ er in der nächsten Zeile für sich stehen, „1 396 350 Menschen"[465].

Endres hatte während des Weltkriegs mit seiner leisen, aber nur schwer zu überlesenden Kritik am Umgang mit den Armeniern offenbar den einzig richtigen Ton getroffen, um nicht als Verbreiter feindlicher Propaganda abgestempelt und dennoch gehört zu werden. Karl Süßheim half ihm, wie wir aus seinem Tagebuch erfahren haben, nicht nur dabei, das Buch zu verfassen, sondern auch, es weiterzuverbreiten – mit der bereits ausführlich zitierten, vor Lob berstenden Rezension im *Deutschen Offizierblatt* (DOB) noch während des Krieges und obwohl die deutsche Regierung dringend „empfohlen" hatte, das Thema publizistisch auszusparen. Mit dem neuen Wissen im Kopf lohnt es sich, Karl Süßheims Sätze zu wiederholen: „Nur eine bedeutende Persönlichkeit konnte dem deutschen Publikum ein so glänzend geschriebenes Buch über eines der wichtigsten Gebiete der deutschen Politik liefern. [...] Vor allem den deutschen, im Orient lebenden Offizieren wird ein derartiges Vademekum sehr zustatten kommen. Es bringt ihnen das Ergebnis jahrelanger Erfahrung mit einem Schlage nahe und befähigt sie, als Mittler zwischen Deutschland und der Türkei erfolgreich zu wirken."[466] Ganz seinem Charakter entsprechend war Süßheims Vorgehen mutig, aber nicht lebensmüde. Als jüdischer Nahostexperte in einem antisemitischen Umfeld im Kriegszustand nutzte er den Spielraum, den er hatte, und trat selbst in den Hintergrund, wenn es der Sache diente.

Das Wissen um die Vertreibung und Ermordung der Armenierinnen und Armenier verschaffte Süßheim dennoch persönlich ein veritables Dilemma: Schließlich nannte er Talât Paşa seinen Freund. Auch wenn er dessen genaue Rolle während des Weltkriegs vielleicht noch nicht einzuschätzen vermochte, so muss ihm doch bewusst gewesen sein, dass die Geschehnisse sich nicht außerhalb des Einflussbereichs des osmanischen Innenministers abspielen konnten. Süßheim brachte es auch nach dem Krieg nicht über's Herz, Meḥmed Ṭal'ats Namen in diesem Zusammenhang öffentlich zu erwähnen – vielleicht schämte er sich auch, denn schließlich hatte er seine Bekanntschaft mit dem Innenminister stets öffentlich zur Schau gestellt und ihn als neuen Großwesir 1917, nach dem Genozid, noch herzlich in München in Empfang genommen. Damals schrieb Süßheim, wie wir hörten: „Als ich meinen Freund meinen Namen aussprechen hörte, spürte ich eine große Freude in meinem

463 Endres, Ruine, S. 108.
464 Vgl. Ebd., S. 139 f.
465 Ebd., S. 140.
466 Süßheim, Türkei.

Herzen.“[467] Eine öffentliche Distanzierung Karl Süßheims von Talât Paşa erfolgte schließlich nie, umso abfälliger aber äußerte er sich über einen anderen Hauptverantwortlichen am Genozid: Marineminister Cemāl Paşa. Süßheim bezeichnete ihn als „schrankenlose[n] Despot[en]“ und beschrieb Cemāls brutales Vorgehen in Syrien.[468] Nach dem Stand der heutigen Forschung war dieser allerdings weit weniger antiarmenisch als seine Mitstreiter Talât und Enver: Er zwangsislamisierte armenische Waisenkinder[469] und ließ sie an muslimische Familien verteilen, womit er sie ihrer Religion, Sprache und Kultur entfremdete, aber vor der Verfolgung schützte; auch rettete Cemāl etwa 150 000 Menschen vor dem Tod in der Wüste, indem er sie zu Musliminnen und Muslimen erklärte und unter anderem in Palästina ansiedelte.[470] Für seine dennoch zweifellose Verantwortung für den Genozid wurde Cemāl Paşa später ermordet.[471] Dasselbe Ende sollte Talât Paşa finden, der nicht nur, wie dargestellt, den Vernichtungsbefehl gegeben hatte, sondern (wie schon der Titel der Biografie des „Architekten des Völkermords“ von Hans-Lukas Kieser ahnen lässt[472]) klar als wichtigster Ideologe und Vollstrecker des Genozids bezeichnet werden kann, oder, wie schon Botschafter Wolff Metternich es im Dezember 1915 ausdrückte: „Die Seele der Armenierverfolgungen ist Talaat Bey“[473].

Im Frühjahr 1915 hatte Meḥmed Ṭalʿat in Telegrammen an die Gouverneure der Provinzen und an die Armeespitze die Situation in Kleinasien als allgemeine armenische Rebel-

467 Das ganze Zitat siehe S. 351.

468 „Der türkische Marineminister Dschemāl Paschá gebot als nomineller Oberbefehlshaber der 4. türkischen Armee über alle Hilfsquellen Syriens […]. Falkenhahn mußte diesen ungekrönten König durch die Konstantinopler Behörden aus Syrien entfernen lassen.“ Süßheim, Beziehungen (1919/20), S. 10.

469 Aḥmed Cemāl hatte als Gouverneur von Adana, als dort 1909 Massaker an der christlichen Bevölkerung stattfanden, die Situation noch beruhigt und ein Waisenhaus für armenische Kinder gegründet, deren Eltern ermordet worden waren.

470 Vgl. Kieser, Genozid.

471 Am 21.7.1922 wurde Cemāl in Tiflis von zwei jungen Armeniern erschossen. In seinem Todesjahr erschienen in Deutschland seine Memoiren, in denen er zum einen seine eigene Verantwortung für den Genozid bestritt („Einige Tage nach der Kriegserklärung wurde ich zum Kommandanten der IV. Armee ernannt und verließ Konstantinopel, um mich nach Syrien zu begeben. Ich habe von da ab nichts mehr über die Zustände in den Wilajets von Ostanatolien erfahren, auch nicht, aus welchem Grunde sich die Regierung veranlaßt sah, alle Armenier umzusiedeln. Ebensowenig wie ich an den in Konstantinopel gepflogenen Verhandlungen teilnahm, wurde ich um Rat befragt. Ich erfuhr erst durch den Regierungserlaß an die Wilajets, daß alle Armenier provisorisch nach Mesopotamien abzutransportieren seien, wo sie bis zum Kriegsende zu verbleiben hätten.“), und diesen, zum anderen, als Reaktion auf Pläne der europäischen Staaten, das Osmanische Reich unter sich aufzuteilen, darstellte. Schon historisch betrachtet sei „nur die russische Politik an der Feindschaft, welche zwischen den türkischen und armenischen Elementen besteht, schuld“ gewesen. Ahmed Djemal Pascha: Erinnerungen eines türkischen Staatsmannes, München 1922, S. 354 u. 313.

472 Kieser, Talât Pascha.

473 Paul Wolff Metternich an Theobald von Bethmann Hollweg: [Bericht aus Konstantinopel], 7.12.1915, zit. nach Mihran Dabag: Der Genozid an den Armeniern, 22.8.2014, https://www.bpb.de/internationales/europa/tuerkei/ 184983/genozid-an-den-armeniern.

lion klassifiziert, obwohl die Berichte seiner eigenen Leute sie explizit anders einschätzten; er sprach von organisiertem armenischen Widerstand in Van.[474] Er war es auch, der in der Nacht vom 24. auf den 25. April in Konstantinopel die Mitglieder der armenischen Elite verhaften, verhören, foltern und, in den meisten Fällen, töten ließ; in den darauffolgenden Wochen folgten nach entsprechender Anweisung die kleinasiatischen Provinzstädte. Ein grausamer Akt, aber auch ein perfider Schachzug, denn die armenische Minderheit, auf diese Weise ihrer Führungspersönlichkeiten beraubt, konnte nun weitgehend widerstandslos aus den Heimatprovinzen vertrieben werden: Viele dienstpflichtige Männer aus ihren Reihen waren ohnehin an der Front, wo sie nun in Sammelaktionen ermordet wurden; die Zurückgebliebenen wurden noch vor dem Start der Deportationen verhaftet und getötet. Der Genozid destabilisierte schließlich die innere Lage des Osmanischen Reichs erheblich, doch Talât Paşa stieg zum Großwesir auf. Zur Umsetzung seiner Nationalökonomie als Regierungschef nutzte er armenisches Raubgut. Nach der Vernichtung der christlichen Bevölkerung rückte nun zudem die jüdische in den Mittelpunkt jungtürkischer Verdächtigungen, doch die Befürchtung des neuen deutschen Botschafters Johann Heinrich Graf von Bernstorff[475], dass die osmanische Judenheit ein ähnliches Schicksal ereilen könnte wie die Armenierinnen und Armenier, beschwichtigte Meḥmed Ṭal'at: „Nous avons fait beaucoup de mal aux Arméniens, mais nous ne ferons rien aux Juifs"[476]. Als Russland 1917 aus dem Krieg austrat, sahen sich die Nationalimperialisten um den Großwesir in ihrem Vorgehen bestätigt. Erst im September 1918 realisierte Talât Paşa, dass der Weltkrieg verloren war: Bei seinem Besuch in Berlin sagte ihm der Reichstagsabgeordnete und Zentrumsmann Matthias Erzberger, dass das demokratische Deutschland das Verbrechen der Türken an den Armeniern nicht mehr decken werde.

Die Gespaltenheit, die Karl Süßheim gegenüber Meḥmed Ṭal'at empfand, offenbart sich in einem Satz, den er im März 1921 in sein Tagebuch schrieb, nachdem sein Bekannter von einem Armenier namens Soghomon Teghlirian, einem Mitglied des armenischen Kommandos Operation Nemesis, das die Täter des Genozids verfolgte, in seinem Berliner Exil auf offener Straße erschossen worden war: „Auch wenn ich einen Freund verloren habe – es ist Gerechtigkeit geschehen."[477] Karl Süßheim hatte aus der Presse von dem Attentat erfahren. „Man sollte nicht überrascht sein", kommentierte er das Geschehen, dass Ṭal'at, der „unzählige Gräueltaten gegen die Armenier beging", „von einem armenischen Studenten, dessen Familie ausgelöscht wurde, [...] ins Jenseits befördert" worden sei. Bereits 1918 hatte Süßheim gehört, dass Talât Paşa nach Deutschland geflohen war, sich aber nicht bemüht,

474 Hier und im Folgenden vgl. Kieser, Genozid.

475 Johann Heinrich Graf von Bernstorff (1862–1939) war nach dem Kriegseintritt der Vereinigten Staaten im Jahr 1917 von Washington nach Konstantinopel versetzt worden und blieb dort bis zum Kriegsende Botschafter.

476 So zitiert in der Meldung des Botschafters Johann Heinrich Bernstorff an das Auswärtige Amt, zit. nach Hansjörg Eiff: Die jüdische Heimstätte in Palästina in der deutschen Außenpolitik 1914–1918, in: ZfG 60/3 (2012), S. 205–227, hier S. 220.

477 Hier und das folgende Zitat: Tagebuch KS, 16.3.1921, Nachlass KS (SBB) Hs. or. 1135/12, fol. 52r f.

Kontakt aufzunehmen.[478] Der unter dem Namen Ali Salih in Berlin Untergetauchte war ihm 1920 in München ein letztes Mal begegnet, aber Süßheim erkannte ihn zunächst nicht, und über das Verhalten seines Bekannten schrieb er: „Er grüßte mich nicht“[479]. Die vielleicht aus diesem Satz sprechende Melancholie dürfte sich spätestens nach der Ermordung Meḥmed Ṭalʿats endgültig gelegt haben: In einem trotz entgegengesetzter Bemühungen des Auswärtigen Amts aufsehenerregenden Prozess[480] (in dem sich auch Süßheims Bekannter Franz Carl Endres als Zeuge zur Verfügung stellte, aber nicht benötigt wurde[481]) wurde die Schuld des damaligen Innenministers zweifelsfrei nachgewiesen. Das Gericht bemühte sich, die deutsche Mitverantwortung auszublenden[482], was allerdings nichts an der öffentlichen Wahrnehmung änderte: “It developed into a case against the German military authorities, who had at least allowed the massacres to continue without protest”[483], schrieb der Direktor der Armenia-America Society in der *New York Times* (NYT).

Die Amerikaner, bekanntlich 1917 in den Großen Krieg eingetreten[484], hatten keinen Anlass, die Deutschen zu schonen, doch der Autor des Artikels hob die Bedeutung und Rechtmäßigkeit des deutschen Urteils besonders hervor: Soghomon Teghlirian, der Talât Paşa erschossen hatte, wurde im Juni 1921 vom Berliner Landgericht III nach zweitägiger Verhandlung freigesprochen; die Geschworenen zeigten sich überzeugt, dass er im Affekt und im Zustand geistiger Unzurechnungsfähigkeit gehandelt hatte. Der Angeklagte hatte angegeben, als 18-Jähriger seine gesamte Familie verloren und selbst ein Massaker nur überlebt zu haben, weil er unter einem Leichenberg lag.[485] Diese Darstellung ist zu Recht angezweifelt

478 Vgl. ebd., 21.11.1918.

479 Ebd., 16.3.1921, Nachlass KS (SBB) Hs. or. 1135/12, fol. 52rf.

480 Man wollte dort nicht, dass die Verhandlung sich zu einem „politischen Mammutfall“ entwickelte, „die ganze Frage der aus dem Kriege bereits unliebsam bekannten Armeniergreuel“ erneut in die Öffentlichkeit rückte, und befürchtete eine nähere Erörterung der „allgemeine[n] politische[n] Rolle Talaat Paschas und seiner Stellung zu Deutschland“. Dies geht aus einem Schreiben an das Preußische Justizministerium hervor, zit. nach Hosfeld, Lepsius (2016).

481 Vgl. Feigel, Deutschland, S. 284.

482 Dem deutschen Konsul in Aleppo, Walter Rößler, einer der am besten informierten deutschen Zeugen des Geschehens, war sogar die Aussage verweigert worden, vgl. Gust, Völkermord (2016).

483 George R. Montgomery: Why Talaat's Assassin was Acquitted, in: Current History and Forum 14/4 (1.7.1921), S. 551–555, hier S. 551.

484 Oftmals wird der Kriegseintritt der Amerikaner als das Ereignis dargestellt, das den europäischen Krieg erst zum Weltkrieg machte (einer der ersten, die diesen Gedanken äußerten, war der Historiker Hans Herzfeld) – dies verstellt allerdings den Blick auf die zahlreichen Fronten außerhalb Europas vor 1917 und also, wie hier dargestellt wurde, insbesondere in Nahost. Die These muss also als sehr „westliches“ Narrativ betrachtet werden. Vgl. Hans Herzfeld: Der Erste Weltkrieg (= dtv Weltgeschichte des 20. Jahrhunderts 1), Nördlingen 1968, S. 13.

485 Hier und im Folgenden vgl. Benz, Aghet.

worden[486], doch die Beweisaufnahme, in der Johannes Lepsius als Hauptgutachter auftrat[487], hatte den Genozid eindeutig belegt. Es war, wie Karl Süßheim es empfunden hat, Gerechtigkeit geschehen. Doch die Türkei sollte den Genozid nie anerkennen. Staatsgründer Muṣṭafā Kemāl, der erwiesenermaßen an der Vernichtung persönlich nicht beteiligt war[488], vertrat die Ansicht, dass die junge Republik eine solche Hypothek nicht tragen könne. „Seither ist in der Türkei die Leugnung des Völkermords an den Armeniern Staatsdoktrin und auch Deutschland machte bei diesem Spiel weitgehend mit“[489], schreibt Wolfgang Gust. Nationalsozialisten bewunderten Atatürk später nicht nur für diese Entscheidung, und das Verhältnis der deutschen Rechten zur Neuen Türkei wird auch Karl Süßheims Leben noch maßgeblich beeinflussen. Zunächst einmal aber bestärkte das Schicksal der Armenierinnen und Armenier Süßheims Überzeugung, dass seine eigene Zeit im Nahen Osten der Vergangenheit angehörte.

„Ich würde meiner gesamten Vergangenheit abschwören" | Als Spion in den Orient?

Beratende Expertise wie im Falle des Buchprojekts von Franz Carl Endres, dessen Überzeugungen er teilte, ließ Karl Süßheim sich selbstverständlich nicht bezahlen, doch auch von den bayerischen Behörden wurde er für seine kriegsrelevante Tätigkeit in der Regel nicht entlohnt, obwohl sie ihn nicht selten mehrere Stunden täglich beschäftigte.[490] Angesichts seines Aufwands hatte er das Gefühl, ungerecht behandelt zu werden, denn man schuldete ihm nicht nur finanzielle Anerkennung, auch bei offiziellen Anlässen wurde Süßheim bisweilen einfach übergangen. Als die Zensurstelle im Dezember 1915 von einer königlichen Delegation besucht wurde, war er im Gegensatz zu seinen Kollegen nicht eingeladen.[491] Und es kam noch schlimmer: Neun andere Mitarbeiter der Postüberwachung wurden im April 1916 mit dem König Ludwig-Kreuz ausgezeichnet, das Ludwig III. zu Beginn des Jahres als Zeichen der Anerkennung für Personen, die dem Vaterland durch freiwillige Tätigkeit in der Heimat besonders dienten, gestiftet hatte – doch Karl Süßheims Name fehlte auf der Liste.[492] Er, der sich dem bayerischen Königshause so verbunden fühlte, war davon derart gekränkt, dass er sich beim Militärhauptquartier beschwerte.[493] Mit Erfolg: Man versicherte ihm, dass er eben-

486 Vgl. z. B. Tim Neshitov: Der Adler. Rächer für den Völkermord an den Armeniern, in: SZ (19. 4. 2015), S. 3.

487 Zur Rolle von Lepsius vgl. ausführlich den Sammelband des Leiters des Lepsiushauses Hosfeld, Lepsius (2013), eine Zusammenfassung lieferte Ders., Lepsius (2016).

488 Vgl. Hanioğlu, Atatürk (2015), S. 100.

489 Gust, Völkermord (2016).

490 Für den Spionagefall Sıdkı etwa hatte Süßheim notiert, er habe von Freitag bis Mittwoch insgesamt zwanzig Stunden daran in der Bayerstraße gearbeitet., vgl. Tagebuch KS, 6. 3. 1918.

491 Vgl. ebd., 11. 12. 1915.

492 Vgl. ebd., 29. 4. 1916.

493 Vgl. ebd., 2. 5. 1916.

falls ausgezeichnet werde[494], und zum Jahreswechsel 1916/17 sollte er tatsächlich sein eigenes König Ludwig-Kreuz in Händen halten.[495] Er war nun wieder besserer Dinge – seiner Mutter schrieb er im Januar 1917 selbstbewusst: „Die Beförderungen zu Königs Geburtstag habe ich gelesen u. auch gratuliert, z. B. dem Kultusminister.“[496] Im Mai wurde Süßheim denn auch eingeladen, als General von der Tann das Büro in der Bayerstraße besuchte[497], doch als 1918 in den Räumlichkeiten der Postüberwachung eine Ausstellung über deutschfeindliches Propagandamaterial der Entente[498] in Anwesenheit des bayerischen Königs eröffnet wurde, wurde er wiederum einfach übergangen. Erst einige Tage später war es ihm erlaubt, zusammen mit Vertretern des bayerischen Kultusministeriums einer Führung des Archivleiters durch die Ausstellung beizuwohnen: „Von den Besuchern der Ausstellung lachte ein Älterer die ganze Zeit. Ein anderer machte seiner Empörung Luft, indem er mit den Zähnen knirschte. Sie waren alle Männer in den hohen Rängen des Geheimrats oder Regierungsrats. Sie kannten mich namentlich und ahnten, dass ich mit dem bekannten sozialistischen Abgeordneten Süßheim verwandt war. Besonders zwei von ihnen waren misstrauisch und warfen prüfende Blicke in meine Richtung.“[499]

Süßheim war davon überzeugt, dass man ihm insbesondere deshalb mit Vorbehalten begegnete, weil sein Bruder Max sich einen Namen als linker Abgeordneter gemacht hatte. In der Tat war der SPD-Politiker vor allem in Kreisen der bayerischen Militärzensur nicht gerade beliebt: Im Mai 1916 hatte er im Landtag heftig gegen die Zensurpraxis protestiert, nachdem ihm aufgefallen war, dass an ihn persönlich, aber auch an andere Delegierte gerichtete Feldpostbriefe geöffnet worden waren.[500] Karl Süßheim als langjähriger ehrenamtlicher Mitarbeiter der Zensurstelle könnte so unter Verdacht geraten sein, innerhalb der Familie Interna weitergegeben zu haben. Zusammen mit seinen unverzichtbaren Sprachfertigkeiten schuf dies eine geradezu paradoxe Situation: Obwohl er im Mai 1918 sogar gebeten wurde, die Urkunde des *Mecidiye*-Ordens zu übersetzen, welcher der bayerischen Königin verliehen worden war[501], war er im September schließlich als einziger Mitarbeiter nicht eingeladen, als

494 Vgl. ebd., 6.5.1916. Im Archiv hat sich eine undatierte Vormerkung erhalten: „Seine Majestät der König haben das für Kriegsverdienste in der Heimat gestiftete ‚König Ludwig-Kreuz‘ dem Privatdozenten Dr. Karl Süßheim an der Univ[ersität] München im Monat August 1916 zu verleihen geruht“, o. D., BayHStA MK 44426.

495 Vgl. Schmidt, Süssheim (2002), S. 200.

496 Karl Süßheim an Clara Süßheim, 12.1.1917, Privatnachlass KS.

497 Vgl. Tagebuch KS, 28.5.1917. Luitpold Freiherr von der Tann-Rathsamshausen (1847–1919) war Infanteriegeneral und Kommandeur des III. bayerischen Armeekorps.

498 Süßheim notierte unter anderem, dass eine der abstoßendsten Verleumdungen, die die Engländer in die Welt gesetzt hätten, gewesen sei, dass die Deutschen Knochen menschlicher Leichen äßen, vgl. ebd., 25.4.1918.

499 Ebd., Nachlass KS (SBB) Hs. or. 1135/9, fol. 47r f.

500 Kriegsminister Otto Kreß von Kressenstein (1850–1929) antwortete ihm im Landtag, dass Feldpostbriefe notwendigerweise durchzusehen seien; dasselbe gelte für ausgehende Post an die Front. Zur Militärzensur von Feldpostbriefen vgl. die Arbeit von Ulrich, Augenzeugen, S. 78–105.

501 Die Arbeit beanspruchte ihn zwei Tage lang, vgl. Tagebuch KS, 18.5.1918.

der neue Kommandant des I. Armee-Korps Karl von Martini der Bayerstraße einen Besuch abstattete.[502]

Nicht nur die Unbeliebtheit seines in Militärkreisen berüchtigten Bruders machte Süßheim bei seiner Arbeit zu schaffen – auch über Ignaz Hösl ärgerte er sich. Als Kollege bei der Postüberwachung schmückte dieser sich offenbar mit fremden Federn und gab Süßheims Übersetzungen als seine eigenen aus.[503] Wie er selbst, schrieb Süßheim, fürchte Hösl eine Versetzung an die Front und bemühe sich daher, seine Unabkömmlichkeit in der Zensur unter Beweis zu stellen.[504] Süßheim und Hösl, der, wie wir hörten, seinen Sprachunterricht genossen hatte, waren die einzigen Mitarbeiter in der Bayerstraße, die imstande waren, die umfangreiche Korrespondenz aus dem Osmanischen Reich zu bewältigen. Um nicht weiter auf die Vermittlung seines illoyalen Schülers angewiesen zu sein, verabredete Süßheim mit dem Leiter der Zensurstelle Ivo Schneider, dass er künftig seine Übersetzungen und Berichte direkt in die Bayerstraße schicken oder gleich vor Ort arbeiten würde.[505] Der Plan ging nur bedingt auf: Weiterhin wurde Hösl zuweilen als Bindeglied eingesetzt, und wiederholt beanspruchte er anscheinend auch Süßheims Übersetzungen für sich selbst.[506] Die beiden Männer waren nicht nur in dieser Hinsicht Konkurrenten: Süßheim fürchtete auch, dass Hösl sich auf seine Kosten um eine Professur an der Universität München bewerben wollte.[507] Sein großes berufliches Ziel verlor Süßheim nämlich auch während des Ersten Weltkriegs nicht aus den Augen – und er war nicht mehr bereit, davon abzurücken.

Schon im November 1914 war ein Kollege von der Universität auf ihn zugekommen, der zu wissen glaubte, dass die Regierung Süßheim auffordern werde, nach Konstantinopel zu gehen[508], doch er wurde nie kontaktiert. Im Herbst des darauffolgenden Jahres vertraute er

502 Vgl. ebd., 15. 9. 1918. Karl von Martini (1855–1935) war von September 1918 bis Kriegsende der Kommandierende General des stellvertretenden Generalkommandos des I. Armee-Korps in München, vgl. Konrad Krafft von Dellmensingen u. Friedrichfranz Feeser (Hrsg.): Das Bayernbuch vom Weltkriege. 1914–1918. Ein Volksbuch, Bd. 1, Stuttgart 1930, S. 231.

503 Vgl. Tagebuch KS, 15. 5. 1916.

504 Vgl. ebd., 22. 3. 1916.

505 Vgl. ebd., 16. 5. 1916.

506 Vgl. ebd., 17. 5. 1917 u. 31. 8.–3. 9. 1918.

507 Vgl. ebd., 7. 5. 1916.

508 Vgl. ebd., 27. 11. 1914.

seinem Tagebuch an, dass er – sollte er seine Tätigkeit für die Postüberwachung einstellen müssen – sich noch eher um eine Dolmetscheranstellung in einem Kriegsgefangenenlager bemühen würde, als in den Nahen Osten aufzubrechen.[509] „Wenn das wiederum nicht möglich wäre, werde ich darüber nachdenken, einer offiziellen osmanischen oder deutschen Berufung nach Istanbul nachzukommen“, schrieb Süßheim über seine Optionen – „[n]ur wenn es keine andere Lösung gibt, bin ich dazu bereit, als unbezahlter Freiwilliger in den osmanischen Dienst einzutreten.“[510] Die Monate verstrichen und die Nachrichten über die jungtürkischen Gräueltaten an der christlichen Bevölkerung taten sicher ihr übriges, um Süßheim in seinem Entschluss zu bekräftigen, doch Anfang 1917 wurde er unerwartet ins Generaldirektorat der Münchner Polizei zitiert. Über den streng vertraulichen Termin hielt er ausführlich fest:

> „Graf Berchem[511], Hauptmann im bayerischen Generalstab, hat ein Büro im Generaldirektorat der Münchner Polizei, das aus drei Zimmern besteht, wo er politische und militärische Angelegenheiten im Orient untersucht. Die Angelegenheiten werden selbstverständlich strengstens geheim gehalten. […] Er lachte über die Inkompetenz der Jungtürken, die so ungeschickt waren, den Geheimdienst ʿAbdülḥamīds zu zerstören. […] Bis zu einem gewissen Punkt war ich imstande, seine Fragen zu beantworten und ihn über die gegenwärtigen politischen Parteien in der Türkei, die Bewegungen unterhalb der politischen Oberfläche, die gegen die gegenwärtige deutsche oder türkische Regierung aktiv sind, und die Personen, die diese repräsentieren, zu informieren. Die Probleme mit der Postverbindung – sie wurde fast vollständig abgeschnitten – machten es mir unmöglich, ihm alle Informationen zu geben, die er haben wollte. Sobald ich sagte: ‚Die Informationen zu erlangen, die Sie wünschen, wird nur möglich sein, wenn man nach Istanbul geht‘, antwortete er: ‚Es wäre sehr gut, wenn Sie nach Istanbul gehen würden‘. Eine direkte Antwort vermeidend, erklärte ich die Schwierigkeiten, die es mit sich bringen würde, eine Erlaubnis zu erhalten, die Militärkommandantur München zu verlassen. ‚Das machen wir schon‘, antwortete er. Was er von mir vor allem wollte, waren Informationen über die Verbindungen der Entente in Istanbul, die bis jetzt überlebt haben, und über die Männer, die diese aufrechterhalten. Als ich sagte, dass – auch wenn ich wüsste, wo man an diese Informationen käme – ich dies nicht selbst erledigen wolle, weil es bedeuten würde, sich unter alle möglichen gesellschaftlichen Kreise mischen zu müssen, erwiderte er schnell, dass ich dies nicht tun müsste. […] Ich gab ihm detaillierte Informationen […] über den Einfluss Meḥmed Cāvid Beys[512] vom

509 Vgl. ebd., 16. 9. 1915.

510 Ebd., 16. 9. 1915, Nachlass KS (SBB) Hs. or. 1 135/5, fol. 138r.

511 Dabei handelt es sich um keinen der beiden Männer, die Jan Schmidt und Barbara Flemming zur Identifizierung des Hauptmanns anbieten (vgl. Schmidt, Süssheim 2002, S. 205; Flemming u. Schmidt, Diary, S. 111), sondern vermutlich um Otto Freiherr von Berchem (1877–1949), der seit Januar 1913 im Generalstab des I. bayerischen Armeekorps diente.

512 Meḥmed Cāvid (1875–1926) war ein osmanisch-jüdischer Ökonom und als Politiker seit 1909 Finanzminister.

Finanzministerium und den Suizid des Thronfolgers Yūsuf ʿİzzeddīn[513]. Ich blieb etwa eine Stunde bei Graf Berchem. Ich erzählte ihm nicht, dass ich für die Postüberwachung arbeite. Bevor ich ging, bat ich ihn, die Sache zu überdenken, und dass er mich Mitte Februar wieder kontaktieren solle, falls er [wirklich] will, dass ich nach Istanbul gehe."[514]

Süßheim war von diesem Gedanken alles andere als begeistert: Das Ansinnen des Geheimdiensts bedeutete nicht weniger, als dass er Kritiker des jungtürkischen Regimes verraten müsste, denen, wie wir wissen, auch seine besten Freunde im Osmanischen Reich inzwischen angehörten. Wie sollte er Männern wie ʿAbdullāh Cevdet unter die Augen treten, wenn er in solcher Mission unterwegs war? „Bevor ich zu dem Gespräch bei Graf Berchem ging, hatte ich intuitiv gefühlt, dass er mich nach Istanbul schicken will. Aber auch wenn man solche Dinge oft spürt, stellen sie sich selten als wahr heraus. Nachdem ich den Grafen verlassen hatte, schämte ich mich wegen des Auftrags, der mir übertragen werden sollte. Das war keine einfache Befangenheit, sondern ich würde [damit] meiner gesamten Vergangenheit abschwören. Wenn ich so etwas tun würde, dann nur als Gegenleistung für den Professorentitel. Ich entschied, sie zu fordern und zu erhalten, noch bevor ich nach Istanbul gehe."[515]

Süßheim, der keine Möglichkeit sah, sich dem Willen des Geheimdiensts zu widersetzen, dachte also pragmatisch und beschloss, zumindest das Beste aus der Situation herauszuholen. Im Frühjahr wurde er erneut von Berchem vorgeladen. Er zitierte den Mann in seinem Tagebuch: „Wir wollen verlässliche Informationen über die Strömungen in der politischen Landschaft Istanbuls."[516] Auch wenn Talât Paşas Umzug ins Großwesirat ohne Zweifel günstig sei, sei zu fragen, ob es oppositionelle Bewegungen gebe: „Die Türken verlassen sich auf sich selbst und denken, sie können alles alleine machen." Karl Süßheim unterbrach ihn:

> „Ich […] erlaubte mir, Einspruch einzulegen, indem ich ihm sagte, dass die Türken keine Feiglinge seien und dass ihr Selbstbewusstsein sie so mutig mache, wie es die Fortfüh-

513 Yūsuf ʿİzzüddīn (1857–1916) war Sultan ʿAbdülʿazīz' erster Sohn und seit 1909 osmanischer Thronfolger. Er war gegen das Bündnis mit dem Deutschen Kaiserreich, kritisierte die Politik der Jungtürken im Ersten Weltkrieg und überwarf sich mit Enver, den er bei einem Truppenbesuch bei den Dardanellen vor den Soldaten geohrfeigt haben soll. Zu Beginn des Jahres 1916 wurde er mit aufgeschnittenen Pulsadern tot aufgefunden – bis heute sind die genauen Umstände seines Todes nicht geklärt; neben Suizid wird auch ein Mord im Auftrag Envers oder des deutschen Bündnispartners in Erwägung gezogen, vgl. die Überlegungen auf einer Konferenz des bekannten türkischen Historikers İlber Ortaylı: İnsan Hakları Perspektifinden Tanzimat Fermanı'na, Ankara 2005 [Protokoll], online: https://web.archive.org/web/20150923172254/http://www.ankarabarosu.org.tr/PANELLER/2005/16.06.2005%20İNSAN%20HAKLARI-İLBER%20ORTAYLI-İNSAN%20HAKLARI%20PERSPEKTİFİNDEN.doc, S. 15 f.

514 Tagebuch KS, 26.1.1917, Nachlass KS (SBB) Hs. or. 1135/8, fol. 6v ff.

515 Ebd., fol. 7v.

516 Hier und die folgenden Zitate: ebd., fol. 18r f.

> rung des Krieges erfordern würde. Daraufhin sprach Berchem den Fall Kut al-Amara[517] an. Die Türken würden diesen Vorfall den Deutschen zuschreiben. Dasselbe treffe auf das Fehlschlagen der ägyptischen Kampagne zu: Das Kommando in die Hände der Deutschen gelegt, würden nun die Deutschen als schuldhafte Verursacher dargestellt. Auf seine Frage, wie es um die Meinungen, die Gefühle in Syrien bestellt sei, ob ich da etwas herausbekommen könne, antwortete ich, dass es notwendig sei, selbst ins Land zu gehen, um Informationen über Syrien zu erhalten. Meine Zeit würde es mir nicht erlauben, das zu tun, aber ich würde die Orte in Istanbul kennen, an denen Araber verkehren und wäre imstande, von dort an Informationen zu kommen. Doch was wäre dann mit der Situation in Ägypten? Als ich abstritt, dass viele Nachrichten über Ägypten Istanbul erreichten, dachte er nicht, dass das wirklich sicher sei, und wendete ein, dass Istanbul ausgezeichnete Nachrichten über den griechischen Botschafter in der Schweiz erreichen könnten. Graf Berchem fuhr fort, indem er seinen Wunsch zum Ausdruck brachte, die türkische Sicht auf ein Friedensabkommen zu erfahren. Die Türken würden immer noch sagen, dass ihnen vor dem Krieg alles Mögliche versprochen worden sei, und nun seien sie so weit gekommen, dass sie in Friedenszeiten nicht weniger als den Status quo ante verlangen.“

Schließlich fragte Berchem ihn direkt, ob er bereit sei, nach Konstantinopel zu gehen und ihm von dort aus Informationen zuzuspielen. Süßheim verlangte zunächst zu wissen, welche Art von Informationen er sich genau erhoffe. Daraufhin, so Süßheim, habe Berchem sein Interesse detailliert erklärt.

> „Dass die Türken eine Menge Männer unter Waffen genommen hätten, die sie nicht gebrauchen könnten, gehe aus ihrer Erklärung vom vergangenen Jahr hervor; sie hätten ein Heer [einer Stärke] von zwei Millionen. Welche Gattungen von Soldaten stehen nun in Waffen und welche wurden bisher noch nicht zu den Waffen gerufen? Welche Männer im Komitee [für Einheit und Fortschritt, KM] üben wirklich Einfluss aus und welche Gedanken hegen sie? Wie ist die Nahrungssituation in Istanbul? Gibt es dort eine Hungersnot? Wie steht es um die Nahrungspreise? Wie stehen sie zu der türkisch-deutschen Annäherung? Wie könnte [die Situation] verbessert werden? […] Nachdem er mir sein Programm aufgezeigt hatte, sagte ich ihm, dass ich [bereits] bei einer anderen militärischen Einrichtung, die mit seiner konkurriere, angestellt sei, und dass es sehr schwierig für mich sei, München zu verlassen und nach Istanbul zu gehen, wann immer es mir gefiele. Obwohl ich ihm deutlich machte, darüber nichts sagen zu können, fragte er mich: „Es ist eine Postüberwachung, nicht wahr?“ und brachte aus mir die nötige

517 Die Osmanen belagerten ab dem Winter 1915 die heute im Irak gelegene kleine Stadt Kut, in der sich Tausende britisch-indische Soldaten aufhielten und erzwangen nach Monaten der Belagerung und mehreren Schlachten den englischen Rückzug. Die osmanischen Truppen wurden von dem deutschen General von der Goltz befehligt.

> Antwort heraus. Ich sagte ihm, dass es sehr schwierig sei, die Erlaubnis zu erhalten, das Land zu verlassen, und dass ich nicht wolle, dass während meiner Reise jemand anderes meine Stelle übernimmt."[518]

Berchem war davon überzeugt, dass dies kein echtes Problem darstellte, schließlich würde Karl Süßheims Auftrag vom selben Kriegsministerium erteilt werden, das auch die Postüberwachung kontrollierte. Zensurdirektor Ivo Schneider könne also leicht überstimmt werden – um ihn dennoch nicht zu brüskieren, solle Süßheims Aufenthalt auf einen Monat begrenzt sein. Derart in die Enge getrieben, brachte dieser nun seinen Plan mit der Professur ins Spiel:

> „Ich forderte, vor meiner Abreise nach Istanbul den Rang eines Professors zu erhalten. Obwohl Graf Berchem seine Zweifel äußerte, ob das Kriegsministerium sich in die Bildungsangelegenheiten einmischen wolle, erklärte ich, dass ich nicht nach Istanbul gehen würde, ohne zum Professor gemacht zu werden. Mein Standpunkt war folgender: Fünfzehn Jahre lang kannte man mich in Istanbul nun als ‚Doktor' und ich würde mich schämen, als ‚Doktor' nach Istanbul zurückzukehren, ohne mit einer Beförderung geehrt worden zu sein. Ein zweiter Grund war, dass viele Deutsche geringerer Stellung als ich kürzlich eine Berufung nach Istanbul erhalten haben, ich aber nicht.[519] Ich sei 39 Jahre alt und schon seit sechs Jahren ein Privatdozent. Von Beginn des Krieges an hätte ich als Freiwilliger dem Militär gedient, und ich sagte ihm, dass Herr von der Tann oder der Bildungsminister oder sogar der Ministerpräsident konsultiert werden müssten."[520]

Berchem fürchtete aber, dass sich auf diese Weise die Reise nicht geheimhalten ließ, „weil diese, wenn er sich an sie wenden würde, sich damit brüsten würden, dass sie so jemanden hätten": „Nachdem wir dies eine ganze Weile diskutiert hatten, befanden wir es für richtig", schrieb Süßheim, zwar die Anordnung seiner Beförderung vom Bildungsministerium zu fordern, dies aber „aus besonderen Gründen, welche Militärangelegenheiten betreffend das Kriegsministerium beinhalteten, [also] ohne ihnen den wahren Grund zu sagen."

Trotz der Aussicht darauf, nun endlich die ersehnte Professur zu erhalten, wurde Karl Süßheim schwer ums Herz. Er habe Berchem zwar gleich nach dem Gespräch nochmals angerufen, „um meiner Beförderung den Weg zu ebnen – doch der Leichtsinn, den ich zuvor verspürt hatte, hatte bereits zu verblassen begonnen". Süßheim aber sorgte sich umsonst: Seine Bedingung, den Auftrag nur als Professor anzutreten, ließ sich offenbar nicht erfüllen, und Berchem meldete sich nie wieder bei ihm. Im Winter traf er ihn zufällig auf der Ludwigstraße, wo dieser ihm zu verstehen gab, dass er immer noch nach Konstantinopel gehen könne, wenn er denn wolle.[521] Karl Süßheim wollte natürlich nicht.

518 Tagebuch KS, 5.3.1917, Nachlass KS (SBB) Hs. or. 1135/8, fol. 16v f.

519 Süßheim meinte die erwähnte Professorenmission ans *Darü l-fünun*.

520 Hier und die folgenden Zitate: Tagebuch KS, 5.3.1917, Nachlass KS (SBB) Hs. or. 1135/8, fol. 17v f.

521 Vgl. ebd., 28.11.1917.

Gegen Ende des Kriegs kam schließlich Süßheims Vorgesetzter Schneider in einer ähnlichen Sache auf ihn zu: Das preußische Kriegsministerium – beeindruckt von Süßheims Berichten für die Zensurstelle, die ans Militärische Hauptquartier in Berlin weitergeleitet wurden – sei daran interessiert, ihn ins Osmanische Reich zu schicken.[522] Da der genaue Einsatzort nicht genannt war und Süßheim Angst hatte, nach Syrien oder in den Kaukasus entsandt zu werden, lehnte er die Idee entschieden ab. Die Dinge aber hatten bereits ihren Lauf genommen, und in der Bayerstraße lag die offizielle Anforderung Karl Süßheims: „Weil ich wusste, was in den vergangenen 13 Tagen vor sich gegangen war, hatte ich diese Einbestellung schon erwartet. Ein offizieller Brief vom preußischen Kriegsministerium war im bayerischen Kriegsministerium angekommen. Er besagte, dass die Militärreform in der Türkei es erfordere, dass ich im [...] Übersetzerbüro meinen Dienst aufnehme.“[523]

Der Brief war vor sechs Tagen vom bayerischen Kriegsministerium an das Büro der Postüberwachung weitergegeben worden, nun wurde eine rasche Antwort gefordert: „Als ich um halb elf das Büro des Majors [Schneider, KM] betrat, sprach er [gerade] am Telefon über mich“, schrieb Süßheim und zitierte seinen Vorgesetzten, sicher nicht ohne Stolz: „Dieser Mann ist fast der einzige in Deutschland für unsere Art von Arbeit. Ich werde ihn nicht gehen lassen.“ Das preußische Kriegsministerium, so Schneider, habe gefragt, ob Süßheim bereit sei, zu gehen, wenn die Militärkommission in der Türkei nach ihm verlange: „Ich antwortete [...], dass ich viele Dinge wissen müsste, bevor ich auf diese Frage eine endgültige Antwort geben könne, zum Beispiel, wo die siebte Armee [wohin er sich begeben sollte, KM] stationiert ist und, noch wichtiger, [...] [dass] ich sicher sein müsse, dass meine offizielle Stellung bestätigt sei. Dafür müsse ich [allerdings] mit dem Dekan der Philosophischen Fakultät und den Beamten im Bildungsministerium sprechen, denn es würde das gegenwärtige universitäre Budget beeinflussen.“

Karl Süßheim tat gut daran, die Universität ins Spiel zu bringen – sicher noch mehr, als es ihm an diesem Vormittag in der Bayerstraße bewusst war. Noch am selben Tag nämlich sprach er bei Dekan Friedrich Wilhelm von Bissing vor, der Süßheim zufolge sagte: „Ich habe unsere Orientpolitik und die Bagdadbahn immer für einen Betrug gehalten. Ich habe immer jeden davor gewarnt, in den Osten zu gehen.[524] [Ich spreche nicht] als Dekan, sondern als Privatperson: Ich rate Ihnen, nicht zu gehen. Versuchen Sie, das sanft zu umgehen, indem Sie die dringliche Natur Ihrer akademischen Aufgaben unterstreichen. Ich muss Ihnen darüber hinaus mitteilen, dass unser Botschafter in Istanbul, Graf Bernstorff, es noch geschafft hat, mit dem letzten Balkan-Zug Istanbul zu erreichen, aber sein Bediensteter musste in Wien zurückbleiben. Die Kommunikationskanäle sind abgeschnitten.“

522 Vgl. ebd., 20.9.1918.

523 Hier, die Zitate und die Beschreibung im Folgenden: ebd., 3.10.1918, Nachlass KS (SBB) Hs. or. 1135/9, fol. 91r f.

524 Von Bissing hatte sich ganz im Gegenteil im Jahr 1915 Süßheims Tagebuchnotizen zufolge noch sehr optimistisch gezeigt, was die deutsch-osmanische Bündnispartnerschaft betraf, vgl. ebd., 5.3.1915.

Das Gespräch dauerte offenbar nicht länger als fünf Minuten: „Zufrieden dankte ich ihm und ging." Das Kultusministerium musste Karl Süßheim nun gar nicht mehr aufsuchen. Am frühen Abend kam er zurück ins Büro der Postüberwachung und sagte Major Schneider, „dass ich gerne meine Lehre fortsetzen würde, da der Bildungsminister es als höchste Wichtigkeit betrachte, dass ich meine Kurse an der Universität nicht unterbreche ..."

Die Szene ereignete sich im Oktober 1918. Schon bald musste Süßheim sich keine Gedanken mehr über solcherart Begehrlichkeiten machen, der Kriegsverlauf erledigte das Problem. Nach der deutschen Kapitulation wird sein Engagement eine Würdigung durch Ivo Schneider erfahren, der ihm offiziell für „50 Monate loyale Dienste"[525] dankte. Wichtiger noch für Süßheim wird seine Ernennung zum außerordentlichen Professor sein, doch bevor wir uns diesem Abschnitt in seinem Leben widmen, ist es nach den vergangenen aufregenden Jahren, in denen Süßheims Arbeit erstmals ernstlich geschätzt worden war, an der Zeit, eine Zwischenbilanz zu ziehen.

* * *

Den Krieg hatte er nie herbeigesehnt, und das Schicksal der Wittelsbacher wird der überzeugte Monarchist Karl Süßheim schließlich mehr bedauern als die Niederlage: Der Erste Weltkrieg hatte den leidenschaftlichen Anhänger des bayerischen Königshauses unerwartet getroffen, doch von der Front blieb er aufgrund seiner Sprachkenntnisse verschont. Als Experte setzte er, der der „Waffenbrüderschaft" mit den jungtürkisch geführten Osmanen kritisch gegenüberstand, seine Fähigkeiten für das Vaterland ein. Dabei schaffte er es, seinen Überzeugungen treu zu bleiben: Weder musste er seiner „gesamten Vergangenheit abschwören", indem er als Spion ins Osmanische Reich ging, um dort ausgerechnet diejenigen zu verraten, die er als seine Freunde und Brüder im Geiste betrachtete, noch hatte sich Süßheim, der zunächst von der Vereinbarkeit seines Glaubens mit dem Krieg überzeugt werden musste, an der Instrumentalisierung der Religion im Zeichen des in Berlin entworfenen *Jihad* beteiligt. Abgesehen von gelegentlichen Rücksichtnahmen auf die Befindlichkeiten einer Gesellschaft im Krieg, entfernte er sich auch in seiner Rolle als nunmehr öffentlicher Experte nicht zu weit von seinem Anspruch und Ideal, die Dinge wahrheitsgetreu wiederzugeben – und nahm lauen Beifall hierfür in Kauf. Mit seinen eigenen Veröffentlichungen, aber nicht zuletzt auch über seinen Bekannten Franz Carl Endres schaffte er es außerdem, seine Sicht auf die Türkei in die Öffentlichkeit zu tragen – freilich nicht mit der gewünschten Resonanz. Am Bündnis mit dem in seinen Augen entarteten jungtürkischen Regime konnte er genauso wenig ändern wie am Genozid an der christlichen Minderheit im Osmanischen Reich. Süßheims ablehnende Haltung der exkludierenden Jungtürken verschärfte sich dadurch noch mehr, und mit seiner politischen Analyse sah er sich durch den Kriegsverlauf immer wieder bestätigt: Bemerkenswert realistisch beobachtete er von Beginn an das Geschehen und seine Befürch-

525 Ebd., 21.11.1918, Nachlass KS (SBB) Hs. or. 1135/10, fol. 11rff.

tungen sollten sich bewahrheiten. Das größte Dilemma des Weltkriegs war für ihn sein Verhältnis zu Talât Paşa: Der osmanische Innenminister und spätere Großwesir war sein Freund – ein Urteil, das Karl Süßheim nie revidieren wird –, und doch war Meḥmed Ṭalʿat für ihn ein Kriegsverbrecher, der den Tod verdient hatte. Süßheim gelang es, diese kaum miteinander zu vereinbarenden Zuschreibungen nebeneinander stehen zu lassen und bewies damit eine erstaunliche Toleranz gegenüber ambivalenten Gefühlen.

Der Erste Weltkrieg brachte für Süßheim, wenngleich er im Kollegenkreis an der Münchner Universität kaum jemanden zu seinen Freunden zählen konnte, einen ordentlichen Karriereschub mit sich: Sein Fach war innerhalb weniger Wochen von einer Randerscheinung in den Fokus des öffentlichen Interesses gerückt, und für seinen Sprachunterricht rannte man ihm fast die Türen ein. Plötzlich war er, der sich lange genug für seine Studienwahl und seinen bisherigen Lebensweg zu verteidigen hatte, der geschätzte Experte – einer der wenigen, die zur aktuellen Entwicklung der Kriegshandlungen im Nahen Osten und zum Verhältnis zu einem der wichtigsten Kriegsverbündeten fundiert Auskunft erteilen konnte. Auch wenn er bei der offiziellen Professorenmission ans Konstantinopler *Darü l-fünun* übergangen wurde: Karl Süßheim war zu ausgesprochen gut besuchten Vorträgen geladen und bei öffentlichen Anlässen einer der gefragtesten Dolmetscher des Landes, was ihn bis zur persönlichen Bekanntschaft mit dem König führte. Nichtsdestotrotz war es auch die Zeit, in der er so heftig angegriffen wurde wie nie zuvor: Seine unsägliche Begegnung mit dem antisemitischen Rassenforscher Albrecht Wirth saß ihm noch lange in den Knochen. Besonders schwierig war Süßheims Stand als Jude in Kombination mit der sozialistischen Überzeugung seines Bruders, der mittlerweile SPD-Landtagsabgeordneter war und damit das antisemitische Klischee zu bestätigen schien. Max Süßheim hielt sich während des Krieges öffentlich nicht zurück, und die Auswirkungen spürte auch sein Bruder – nicht zuletzt im Zusammenhang mit seiner Arbeit für die Militärzensur, wo er wiederholt übergangen wurde, wenn es um Vertrauensbeweise oder öffentliche Ehrungen ging. Dennoch kam Karl Süßheim, schließlich doch noch mit dem König Ludwig-Kreuz ausgezeichnet, durch die unbezahlte Arbeit auch auf seine Kosten: Sie ersparte ihm die tödliche Front, erlaubte ihm das erhebende Gefühl, unersetzlich zu sein – und sie befriedigte seine schwer zu stillende Neugier, denn er hatte Zugang zu vielen Informationen, die anderen verwehrt blieben.

Insofern überrascht es kaum, dass Karl Süßheim nach dem Krieg nicht nur den Untergang der bayerischen Monarchie betrauerte, sondern auch auf seine Zeit bei der Zensurstelle bisweilen wehmütig zurückblickte. Zum letzten Mal besuchte er seinen einstigen Arbeitsplatz Anfang Januar 1919:

> „Heute war es, wie [schon] in den vergangenen Tagen, ziemlich warm – man könnte sogar sagen, dass es für die Jahreszeit außerordentlich heiß war. Ich wollte dem ehemaligen Direktor der Postüberwachung Schneider meine besten Wünsche für das neue Jahr aussprechen. [...] Major Schneider ist aber nicht mehr da. Sein Verhältnis zum im Büro eingerichteten Arbeiter- und Soldatenrat ist von Tag zu Tag schlechter geworden,

bis er am 16. Dezember [schließlich] zurücktrat.[526] Ein Major, der [schon] lange dort arbeitet, ersetzt ihn vorübergehend. Die einstige Energie und Effizienz sind verschwunden und es gibt nur noch wenig zu tun. [...] Während es früher 500 Männer und Frauen gegeben hat, ist die Zahl der Männer besonders gesunken; derzeit sind 150 Mädchen und nur 37 Männer vor Ort. Die Arbeit im Büro besteht ausschließlich darin, Briefe auf dem Weg ins Ausland durchzusehen. Am meisten Aufmerksamkeit schenkt man [nun] Briefen in die Schweiz. [...] Die zur Zeit am intensivsten diskutierte Frage ist, welches Ministerium für die Postüberwachung zuständig ist, ob es sich um das bayerische Post- oder das deutsche Finanzministerium handelt, ob das Militärpersonal bleibt oder geht, und ob [die Zensurstelle] unter der Kontrolle des Militärs bleiben wird oder nicht."[527]

Karl Süßheims Besuch in seinem früheren Büro machte auch ihm endgültig klar: In München waren neue Zeiten angebrochen.

526 Zum letzten Mal traf Süßheim Ivo Schneider Ende Februar – er war mittlerweile Bankmanager und sah weniger sonnengebräunt aus wie zu seinen Zeiten bei der Zensurstelle, wie Süßheim bemerkte, vgl. ebd., 25.2.1919.

527 Ebd., 3.1.1919, Nachlass KS (SBB) Hs. or. 1135/10, fol. 22rf.

„Ich fühle mich glücklicher, so oft ich das Mädchen bei mir sehe": In den späten 1920er-Jahren wird Karl Süßheim ungekanntes Glück erfahren – mit der Geburt seiner Tochter Margot wird das Leben des stillen Professors fröhlicher, aber auch zunehmend verletzlich.

Wir lehnen es ab, die Sündenböcke abzugeben für alle Schlechtigkeit der Welt.
Wir fordern unser Recht, wie bisher friedlich weiter zu arbeiten
in unserem deutschen Vaterland, mit dessen Gedeihen
in Zeiten der Macht wie der Niederlage
auch unser Wohl unauflöslich verbunden ist.
Centralverein deutscher Staatsbürger jüdischen Glaubens[528]

2. Vater und Sorgenkind – Münchner Jahre, Weimarer Zeit

Schon bevor München von der Revolution erfasst wurde, war klar geworden, dass der Weltkrieg verloren war: Österreich-Ungarn hatte die Alliierten um Frieden gebeten, Bulgarien hatte sie um einen bedingungslosen Waffenstillstand ersucht. All dies erfolgte im September 1918, genauso wie die endgültige Niederlage der osmanischen Armee. Die Schlacht bei Megiddo, bekannter unter dem Namen „Palästinaschlacht", war das letzte große Gefecht des Ersten Weltkriegs in Nahost. Die Front des deutschen Bündnispartners brach zusammen, die Briten nahmen das osmanische Hauptquartier im Westjordanland ein und der Waffenstillstand von Mudros im Oktober beendete den Krieg. Nicht nur der *Jihad* war grandios gescheitert[529], auch das Osmanische Reich stand vor dem Untergang und der Nahe Osten vor einer radikalen Umgestaltung. Seine Zukunftsvision für die Region hatte Max von Oppenheim in seiner Denkschrift von 1914 unter der Überschrift „Folgen eines glücklichen Krieges für den Orient" vorgestellt: „Die Türkei wird durch Landerwerb, vor allem in den Kaukasus-Gebieten, und durch die Wiedergewinnung von Inseln im Ägäischen Meere sowie Egyptens sich entschädigen, als islamische Vormacht sich etablieren und stärkere Garantien für den Schutz Mekkas und des Chalifats gewinnen als bisher. Die Egypter werden es jedenfalls nicht schlechter haben, als gegenwärtig. Statt der englischen Organisatoren werden andere kommen. Das Land wird die Möglichkeit besserer Erziehung gewinnen, in religiöser Hinsicht eine Genugtuung erhalten sowie eine ausgebildetere Selbstverwaltung bekommen, um nach und nach sich im eigenen Interesse besser entwickeln zu können. Persien wird frei und entwickelungsfähig. – Afghanistan wird eine neue glänzende Zukunft eröffnet. – Indien wird, selbst für den Fall, daß England vor dem Verluste dieses reichen Landes Frieden schließen wollte, ebenfalls große Konzessionen erhalten: in erster Linie das längst ersehnte Self-Government in irgend einer Form."[530]

528 Flugblatt der C.V.-Ortsgruppe München aus dem Jahr 1919, Faksimile bei Nachum T. Gidal: Die Juden in Deutschland von der Römerzeit bis zur Weimarer Republik, Gütersloh 1988, S. 325.

529 Vgl. Kap. II.1.

530 Oppenheim, Denkschrift, S. 93f.

In der Tat wurde die Welt nach dem Krieg neu geordnet, und Großreiche zerfielen. Bekanntermaßen betraf dies aber nicht eben Großbritannien, sondern die wichtigsten deutschen Verbündeten mit ihren Vielvölkerstaaten. Der von Oppenheim prophezeite „Landerwerb" der Türken war in sein Gegenteil verkehrt: Das „Selbstbestimmungsrecht der Völker" galt bekanntermaßen als entscheidendes Schlagwort der Nachkriegsordnung. Der US-amerikanische Präsident Woodrow Wilson forderte in seinen berühmten 14 Punkten die Unabhängigkeit der Völker Österreich-Ungarns und des Osmanische Reichs.[531] In London und Paris allerdings hatte man nie ernsthaft im Sinn, die Versprechungen, die den Arabern im Krieg gegeben worden waren[532], auch umzusetzen. Bereits 1916 hatten Großbritannien und Frankreich das geheime „Sykes-Picot-Abkommen"[533] unterzeichnet: Mit kerzengeraden Linealstrichen auf der Landkarte des Nahen Ostens einigten sie sich auf ihre künftigen Einflusssphären; die willkürlich gezogenen Grenzen der heutigen arabischen Staaten sind lebendiges Zeugnis imperialer Großmannssucht. In den Versailler Verhandlungen trat ein entsetzter „Lawrence von Arabien" als Berater des Haschemiten Faisal auf, scheiterte aber auf voller Linie.[534]

Aus der Konkursmasse des Osmanischen Reichs wird im Zuge weiterer Kriege und dem Vertrag von Lausanne später die Republik Türkei entstehen, doch was Karl Süßheim zu Ende des Weltkriegs mehr beschäftigte als das politische Erdbeben im Nahen Osten, waren die Ereignisse vor seiner eigenen Haustür: Die Novemberrevolution von 1918 empfand er als eine der verstörendsten Episoden in der Geschichte Münchens, und sein Tagebuch aus dieser Zeit kann als bedeutendes Zeitzeugnis fraglos neben die bekannteren Aufzeichnungen von Victor Klemperer und Thomas Mann treten, Letzterer in Michael

531 In seiner berühmten Rede vom 8. Januar 1918 im Kongress zählte der US-Präsident seine Vorstellungen der Nachkriegsregelungen auf, Punkt 10 lautete: "The peoples of Austria-Hungary, whose place among the nations we wish to see safeguarded and assured, should be accorded the freest opportunity of autonomous development", Punkt 12: "The Turkish portions of the present Ottoman Empire should be assured a secure sovereignty, but the other nationalities which are now under Turkish rule should be assured an undoubted security of life and an absolutely unmolested opportunity of autonomous development […]." Woodrow Wilson: An Address to a Joint Session of Congress, 8.1.1918, abgedr. bei Arthur S. Link u. a. (Hrsg.): The Papers of Woodrow Wilson. Volume 45: November 11, 1917–January 15, 1918, Princeton 1984, S. 534–539, hier S. 537 f.

532 Vgl. Kap. II.1.

533 Die Übereinkunft ist benannt nach den verhandelnden Diplomaten François Georges-Picot (1870–1951) und Mark Sykes (1879–1919), eine neuere Monografie zum Thema stammt von Michael D. Berdine: Redrawing the Middle East. Sir Mark Sykes, Imperialism and the Sykes–Picot Agreement, London u. New York 2018.

534 Nach dem Krieg hatte Faisal sich zum König von Syrien erklärt, doch die Franzosen, die das Gebiet für sich beanspruchten, vertrieben ihn kurzerhand – in den 1920er-Jahren gewährten ihm die Briten die Herrschaft im künstlich geschaffenen Irak. Aus Enttäuschung über das falsche Spiel seines Heimatlandes lehnte T. E. Lawrence nach dem Krieg alle Ehrungen ab und führte ein zurückgezogenes Leben im Süden Englands. Mit seinen Memoiren wird er sich dennoch ein Denkmal setzen, vgl. T[homas] E[dward] Lawrence: Die sieben Säulen der Weisheit, Leipzig 1936. Zu Lawrence und Oppenheim vgl. auch Kap. II.1.

Brenners Worten ein „Seismograph für die Gemütslage im Münchner Bürgertum".[535] Auch Süßheims Notizen lassen ein lebendiges Bild der Stadt in den letzten Kriegstagen entstehen: Die kriegsmüde bayerische Gesellschaft war der Durchhaltepropaganda überdrüssig, Großdemonstrationen waren geplant, und der bekannte Sozialist Kurt Eisner[536] hielt am 7. November auf der Theresienwiese eine Rede an das Volk. München war im Ausnahmezustand: Die Geschäfte hatten geschlossen und die Belegschaft der großen Unternehmen waren für den Nachmittag freigestellt worden, wie Karl Süßheim festhielt.[537] In Massen strömte die Bevölkerung zur Kundgebung. „Ihr Anblick war bedrohlich", schrieb er, der das Getreibe in der Innenstadt skeptisch beobachtete. Wenig später erhielt er einen Anruf seines Bruders: „Er erklärte mir kurz und bündig, dass diese Sache damit nicht abgeschlossen sei"[538]. Max Süßheim sollte Recht behalten: Als erster deutscher Monarch wurde der bayerische König gestürzt, seine Armee lief zu den revolutionären Kräften über und Ludwig III. floh ins Exil. Seine Freude sollte bald getrübt werden, doch während Max Anfang November 1918 noch den Aufbruch in neue Zeiten feierte, trauerte sein konservativer Bruder in München wie etliche Mitglieder der jüdischen Minderheit in Bayern eine ganze Weile um die Monarchie. Karl Süßheims Untertanenmentalität wird im Laufe der Weimarer Republik ein Ende finden, genauso wie sein scheinbar nicht enden wollendes Junggesellendasein. Zunächst einmal aber war er von den politischen Unruhen in München ganz und gar vereinnahmt.

„Vor überstürzten Experimenten bewahren" | 1918: Revolution – 1919: freie Wahl?

Der Alltag der Münchner Bevölkerung wurde in der Revolutionszeit stärker von der Politik erschüttert als während der zurückliegenden Kriegsjahre, und in seinem Tagebuch gab Karl Süßheim öffentlichen Ereignissen nun mehr Raum als je zuvor.[539] Seit Anfang November 1918 war der erwähnte jüdische Journalist und Politiker Kurt Eisner mit seinen „Unabhängigen" in der Stadt aktiv und plante den Umsturz der Verhältnisse. Die deutsche Sozialdemokratie hatte sich in Unabhängige (USPD) und Mehrheitssozialisten (MSPD, offiziell weiterhin schlicht als SPD auftretend) gespalten: Eisners Leute gingen aus dem linken Flügel der

535 Vgl. Klemperer, Revolutionstagebuch (zu ihm und der Bedeutung seiner Tagebücher vgl. auch die Hinführung); Thomas Mann: Tagebücher 1918–1921, Frankfurt a. M. 1979. Das Zitat: Brenner, Schatten, S. 149.

536 Kurt Eisner (1867–1919) war Journalist und Politiker. Er wurde bekanntlich Regierungschef nach der Münchner Novemberrevolution und fiel wenige Monate darauf einem Attentat zum Opfer. Biografien lieferten jüngst Bernhard Grau: Kurt Eisner. 1867–1919. Eine Biographie, München 2017 u. Albert Earle Gurganus: Kurt Eisner. A Modern Life, New York 2018. Ein längeres Porträt findet sich auch bei Brenner, Schatten, S. 43–74.

537 Vgl. Tagebuch KS, 7.11.1918.

538 Ebd., Nachlass KS (SBB) Hs. or. 1 135/9, fol. 96v.

539 Vgl. dazu auch Flemming u. Schmidt, Diary, S. 181.

Kundgebung der Arbeiter und Soldaten auf der Münchner Theresienwiese am 7. November 1918. Das Bild machte der spätere Fotograf und Vertraute Adolf Hitlers, Heinrich Hoffmann.

Partei hervor und lehnten 1917 neue Kriegskredite (nachdem sie diese zu Beginn im Zeichen des „Burgfriedens" noch widerwillig bestätigt hatten) vehement ab. Die sozialdemokratische Mehrheit dagegen trug die Kriegspolitik noch mit – in Bayern führte sie Erhard Auer[540] an, ein enger Genosse Max Süßheims. Die Massendemonstration in München am 7. November 1918, die im Zeichen des Jahrestags der russischen Revolution stattfand, wurde aber schließlich von beiden sozialistischen Parteien mit den Gewerkschaften organisiert und als Friedenskundgebung angekündigt. Mehrere zehntausend Menschen erschienen, und die revolutionäre Leidenschaft ließ sich nicht mehr eindämmen: Überall waren rote Flaggen zu sehen;

540 Erhard Auer (1874–1945) entstammte einer Arbeiterfamilie und schaffte als einer der führenden Politiker Bayerns einen bemerkenswerten sozialen Aufstieg. Für die Sozialdemokraten war er langjähriges Mitglied der Bayerischen Abgeordnetenkammer; im Laufe seines Lebens sollte er die Ämter des bayerischen Innenministers, des SPD-Vorsitzenden und des Vizepräsidenten des Bayerischen Landtags bekleiden sowie als Mitglied der verfassungsgebenden Nationalversammlung fungieren. Eine Biografie stammt von Markus Schmalzl: Erhard Auer. Wegbereiter der parlamentarischen Demokratie in Bayern (= MHSBG 20), Kallmünz 2013.

ein Soldat, der „Nieder mit der Dynastie“ rief, wurde Thomas Mann zufolge von begeisterten Demonstranten auf den Schultern getragen.[541]

In einer Resolution forderten die Organisatoren der Proteste den sofortigen Friedensschluss genauso wie den Rücktritt des Kaisers. Nach seiner Rede beließ Kurt Eisner mit seinen Anhängern es nicht – wie der restliche Demonstrationszug – beim Marsch zum Friedensengel im Münchner Osten. Stattdessen machten sie sich auf zu den Kasernen, und die meisten dort versammelten Soldaten schlossen sich Eisner an. Sie hätten in ihren Baracken randaliert, ihre Posten zerstört und sich brandneue Schuhe und Uniformen genommen, schrieb Karl Süßheim missbilligend.[542] Und die Revolutionäre zogen weiter, zunächst zur königlichen Residenz – was Ludwig III. mit seiner Familie kurzerhand zur Flucht in Zivil zwang –, später zum Hauptbahnhof und zu verschiedenen Regierungs- und Militäreinrichtungen. Die Besetzungen erfolgten widerstandslos, und umgehend wurde ein provisorischer bayerischer Arbeiter-, Soldaten- und Bauernrat gegründet. Süßheim zufolge waren auf den Straßen Münchens den ganzen Abend über Schüsse zu hören, Geschäfte wurden geplündert und Polizisten verhaftet; in der Nacht rief Kurt Eisner den Freistaat Bayern aus. Die Presse verkündete die Neuigkeiten am Morgen des 8. November, an dem der provisorische Rat Eisner zum Regierungschef und Außenminister wählte. „Es lässt sich nicht feststellen, was in Bayern schwerer wog“, bemerkt Michael Brenner, „dass der neue Herrscher ‚a Preiß‘ war oder ‚a Jud‘“[543]. Der in der erzkatholischen Provinz in der Nähe von Passau aufgewachsene MSPD-Mann Erhard Auer, der, wie Brenner schreibt, statt einer Revolution eher eine Evolution im Sinn gehabt hatte und neben dem „vermeintlichen Bolschewisten“ Eisner als „Hoffnung des bürgerlichen Lagers“ fungierte[544], war der neue Innenminister; die beiden waren sich in inniger Rivalität verbunden.

Karl Süßheims Bruder Max, Abgeordneter für Nürnberg, war 1914, wie wir hörten, einer der schärfsten Kritiker einer kriegstreiberischen Politik gewesen – in den vergangenen Jahren hatte er sich nun im Landtag laut für die Belange der Soldaten eingesetzt und sein rednerisches Talent hinreichend bewiesen.[545] Nur sein Hang zu radikalen Forderungen stand ihm in dieser Zeit bisweilen im Wege: Mitten im Ersten Weltkrieg, noch vor dem erfolgreichen Zarensturz in Russland, im September 1917, hatte er zusammen mit Erhard Auer einen Verfassungsreformantrag[546] gestellt, der die konstitutionelle Monarchie

541 Vgl. die Beschreibung bei Mann, Tagebücher, S. 17.

542 Hier und im Folgenden vgl. Tagebuch KS, 7.11.1918.

543 Brenner, Schatten, S. 47.

544 Erhard Auer hatte seine Anhänger bei der Demonstration nach Hause geschickt und drängte sogar den noch amtierenden Innenminister, den Umsturz militärisch zu verhindern, um die inzwischen in Aussicht gestellte konstitutionelle Monarchie mit Regierungsbeteiligung der Sozialdemokraten zu retten, vgl. ebd., S. 44, die Zitate S. 57.

545 Vgl. Gardill, Süßheim, S. 215 sowie Kap. II.1.

546 Antrag Auer-Süßheim auf eine Verfassungsänderung Bayerns, 18.9.1917, abgedr. bei Michael Doeberl: Sozialismus, Soziale Revolution, Sozialer Volksstaat, München 1920, S. 113 f.

in Bayern in ein parlamentarisches System verwandeln sollte.[547] Vor dem Hintergrund der Probleme, die der Krieg Deutschland zu diesem Zeitpunkt zunehmend bereitete, hätte sich wohl durchaus eine Mehrheit für das Anliegen gefunden, doch Süßheim und Auer forderten darin gleichsam auch die Abschaffung des Adelsstandes und der Privilegien der königlichen Familie, das Frauenwahlrecht, das System der Verhältniswahl, das sich für die einflussreiche katholische Zentrumspartei negativ ausgewirkt hätte, sowie die Trennung von Staat und Kirche.

Die Mehrheitsverhältnisse im Landtag ließen solch weitreichende gesellschaftliche Eingriffe (noch) nicht zu – sogar die meisten Liberalen stimmten gegen den Antrag.[548] Max Süßheim betrachtete, wie er damals im Plenum betonte, eine Demokratisierung als „Lebensnotwendigkeit" des Volkes, welchem der Staat, für den es im Krieg eintrat, seine Rechte zugestehen müsse; drohend fügte er hinzu: „Wer blind ist gegen die Lehren der Geschichte, den möge das Beispiel Russlands mahnen"[549]. Sein Bruder Karl sah die Sache bekanntlich anders. Über die russische Revolution schrieb er einmal: „Unterdessen fraß das Gift der revolutionären Parteikämpfe am Marke des russischen Heeres und Volkes"[550]. An vorderster Front nahm nun sein eigener Bruder am Systemsturz in der Heimat teil, denn die Demonstrationen erfassten sogleich auch Nürnberg.[551] Max Süßheim war einer der ersten, die öffentlich

547 Hier und im Folgenden vgl. Peter Claus Hartmann: Bayerns Weg in die Gegenwart. Vom Stammesherzogtum zum Freistaat heute, 3. Aufl. Regensburg 2012, S. 459.

548 Dass er auf entschiedenen Widerstand stoßen würde, war Max Süßheim durchaus bewusst, wie sich seiner Begründungsrede entnehmen lässt: „Wir wissen, daß noch harte politische Kämpfe bis zur Verwirklichung unserer Forderung durchzuführen sind. Keine privilegierte Schicht, gleichviel, ob es sich um einen Stand, eine Klasse oder eine Partei handelt, verzichtet freiwillig auf Vorherrschaft; nur durch den politischen Kampf kann ihr diese entrissen werden. [...] Das Verlangen nach Demokratisierung kann weder durch Verweigerung des Verfassungsausschusses noch durch Ablehnung unserer Anträge zum Schweigen gebracht werden, der Kampf wird dadurch erst recht in die Massen hineingetragen werden. [...] Was wir Sozialdemokraten fordern, ist [...] die Aenderung des ganzen Systems." Max Süßheim: Begründung des Antrages Auer und Genossen, 19.12.1917, abgedr. bei Doeberl, Sozialismus, S. 114–142, hier S. 121 ff.

549 Stenographischer Bericht Kammer der Abgeordneten 1917, 412. Sitzung vom 19.12.1917, S. 143, zit. nach Schmalzl, Auer, S. 218.

550 Süßheim, Beziehungen (1919/20), S. 7.

551 Hier strömten, so der *Fränkische Kurier* (FK), „teils in geschlossenen Zügen, teils in größeren und kleineren Gruppen, teils unter Benützung der überfüllten Straßenbahnwagen die Arbeiter und Arbeiterinnen wohl aller Nürnberger Betriebe nach dem Luitpoldhain, um an der Massenversammlung teilzunehmen, die dort zwischen 10 und 11 Uhr stattfinden sollte. Den Zügen wurden meist rote Fahnen oder rote Plakate mit verschiedenen Aufschriften vorangetragen. Auch aus den Kasernen bewegten sich Züge von Soldaten unter Vorantragung roter Fahnen nach dem Versammlungsplatz. Kurz nach 10 Uhr wurde als Zeichen zum Beginn der Ansprache eine rote Fahne vom Wasserturm geschwenkt. [...] Von der Brüstung des Pumpenhauses aus sprach Dr. Süßheim [...]." „Massenversammlung im Luitpoldhain", in: FK (12.11.1918), S. 3 f., abgedr. bei Jochem, Sohn, S. 199–202, hier S. 199 f.

den Rücktritt des deutschen Kaisers forderten.[552] Seine Rolle als „Sprecher der Revolution in Nürnberg“[553] führte dazu, dass sein politisches Handeln erstmals eine zentrale Rolle in der öffentlichen Wahrnehmung spielte – und mit dem linken jüdischen Kommunal- und Landespolitiker wurde ein prädestiniertes Feindbild der antisemitischen rechten Kräfte in Nürnberg geboren: Ein „Novemberverbrecher“[554], wie die Nationalsozialisten ihn sich nicht besser hätten ausdenken können.[555] Die Sündenböcke fand man Michael Brenner zufolge „dort, wo sie am leichtesten zu identifizieren waren: bei den Juden und bei den Linken. Wenn sie beides in einem vereinten, war die Zielscheibe besonders groß“[556]. In der Tat: Schon 1919, zum ersten Jahrestag der deutschen Revolution, wird Karl Süßheims Bruder in einem anonymen Flugblatt wüst angegriffen und – unter zweimaliger Angabe seiner Adresse – quasi für vogelfrei erklärt werden.[557]

552 Über seine Rede war in der Zeitung zu lesen: „Schärfster Beifall unterstrich jeden Satz, der eine vom deutschen Volk inzwischen als unbedingt notwendig erkannte Forderung der Stunde aussprach: Wilhelm II. Rücktritt von seinem Amt!“ „Das Volk erwacht“, in: FTP 259 (4.11.1918), S. 1, abgedr. bei Elfi Müller (Bearb.): Dokumente zur Geschichte der Arbeiterbewegung in Nürnberg, Bd. 3: Vom Fall des Sozialistengesetzes bis zur Novemberrevolution 1890–1918 (= QGKN 15), Nürnberg 1985, S. 256 f., hier S. 256.

553 So Kerstin Gardill mit Verweis auf die ausführliche Berichterstattung über Max Süßheim in der Nürnberger Stadtchronik, vgl. Gardill, Süßheim, S. 21; zu seiner wichtigen Rolle während der Revolution vgl. auch Klaus-Dieter Schwarz: Weltkrieg und Revolution in Nürnberg. Ein Beitrag zur Geschichte der deutschen Arbeiterbewegung (= KHS 13), Stuttgart 1971, passim.

554 Der Begriff wurde schon früh verwendet und ist entgegen der nationalsozialistischen Propaganda keine Wortschöpfung Adolf Hitlers, vgl. dazu Wolfgang Niess: Die Revolution von 1918/19 in der deutschen Geschichtsschreibung. Deutungen von der Weimarer Republik bis ins 21. Jahrhundert, Berlin u. Boston 2013, S. 125.

555 Vgl. dazu auch Gardill, Süßheim, S. 211 u. 214 sowie ausführlich Kap. II.3.

556 Brenner, Schatten, S. 28.

557 „Wer sagte in jener Rede im Luitpoldhain […]: ‚Wir sind stolz darauf, daß wir in Bayern diejenigen waren, die Unsern Volksbrüdern im übrigen Deutschen Reich den Weg zeigten, den sie zu gehen haben‘? Der Jude Max Süßheim, Dr. jur. und phil., Rechtsanwalt, Landtagsabgeordneter und Stadtrat, der schwerreiche Sammler von Zinn und Irdengeschirr, Adlerstraße 35 Nürnberg. Welchen Weg hat der Jude Süßheim ‚Seinen‘ Volksbrüdern gezeigt? Seinen Volksbrüdern […] hat er den Weg gezeigt, wie man deutsche Mädchen vergewaltigt (die Zeitungen nannten das ‚allein verhören‘) und sie mit armen Proletariern, die aber bewußt Deutsche waren, durch vertierte Menschen abschlachten lässt. […] Wer zahlt in Nürnberg die niedrigsten Löhne? In der Industrie die jüdische Firma Gebr. Bing AG, Blumenstraße 13, unter den Anwälten der Jude Max Süßheim, Adlerstraße 35, der schwerreiche Sammler.“ Anonymes antisemitisches Flugblatt zum ersten Jahrestag der Novemberrevolution, 1919 (Auszug) „Zum ersten Geburtstag der jüdischen Republik. Ein neues Frage- und Antwortspiel. Geschenk für Nürnbergs deutsche Arbeiter“, zit. nach Judit Pákh (Bearb.): Dokumente zur Geschichte der Arbeiterbewegung in Nürnberg, Bd. 4: Von der Novemberrevolution bis zur Errichtung der Diktatur 1918–1933 (= QGKN 16), Nürnberg 1985, S. 71 f., hier S. 72.

Ganz im Gegensatz zu seinem Bruder beäugte Karl Süßheim (wie übrigens die meisten Jüdinnen und Juden) die Ereignisse im Münchner November 1918 skeptisch[558] – von revolutionärer Leidenschaft, wie sie ihn 1908 in Kairo durchaus erfasst hatte[559], konnte ein Jahrzehnt später keine Rede sein: Während er das Aufbegehren seiner osmanischen Brüder im Geiste begeistert begleitet hatte, konnte er der Revolution Max Süßheims nun überhaupt nichts abgewinnen.[560] Die linke Wende in seiner Heimat beunruhigte ihn sehr: Am Tag nach der großen Demonstration und der Proklamation der Republik beobachtete er Soldaten, die in den Kellern von Wohngebäuden nach Lebensmitteln suchten.[561] Viele Münchnerinnen und Münchner hatten aus Angst vor einer Inflation schon am Morgen begonnen, Essen zu horten, doch diejenigen, die an die Revolution glaubten, waren bester Laune: Süßheim beobachtete zum Beispiel einen etwa 19 Jahre alten Gefreiten, der seiner Liebsten imponieren wollte, indem er ihr zeigte, wie man ein Gewehr abfeuert. „Ein unbewaffneter Korporal, der vor der Polizeistation an der Kreuzung stand, wollte den Gefreiten, der nur zum Spaß schoss, aufhalten und bat um die Hilfe der Umstehenden“, ist im Tagebuch zu lesen: „Ich reagierte sofort und eilte zu ihm. Während ich den Gefreiten ergriff, rief der Korporal laut sämtliche [erdenkliche] Schimpfwörter und nahm das Gewehr und den Schrot aus seinen Händen“[562]. Der revolutionäre Übermut gefiel Süßheim ganz und gar nicht, und die damit einhergehende Gewalt nahm er als große Bedrohung wahr. Tags darauf wurden die Rüstungsfabriken bestreikt und überall waren Schießereien zu hören – „[s]ogar in meinem Zimmer hörte ich die Schüsse von Maschinenpistolen vom Hauptbahnhof her“[563], schrieb er. Alle möglichen Gerüchte machten die Runde, und die Stadt schien ihm kurz davor zu sein, in Anarchie zu verfallen.[564]

München war der Ausgangspunkt der großen Novemberrevolution, die die Monarchie in Deutschland abschaffen sollte. Was sich auf die Ereignisse in Bayern hin in Berlin abspielte, suchte in der deutschen Geschichte seinesgleichen: Noch am selben Tag wurde durch den SPD-Mann Philipp Scheidemann die „Deutsche Republik“, durch Karl Liebknecht vom Spartakusbund aber die „Freie Sozialistische Republik Deutschland“ ausgerufen

558 „Genauso wie die jüdischen Revolutionäre nichts mit der offiziellen jüdischen Gemeinde zu tun haben wollten, distanzierte sich die große Mehrzahl der Mitglieder der jüdischen Gemeinde von der Revolution“, schreibt Brenner, Schatten, S. 25. Ein kurzes Sammelporträt verschiedener insbesondere mit der radikalen Linken hadernder (und sie zum Teil offen bekämpfender) Juden findet sich ebd., S. 113–117.

559 Vgl. Kap. I.2.

560 Wenn er im Oktober des darauffolgenden Jahres Frau von Kühlmann, die Witwe des ehemaligen Direktors der CFOA, der 1915 in München gestorben war, für einen Aufsatz interviewen wird, wird er nicht einmal widersprechen, als diese die bayerischen Revolutionäre als einen „Haufen russischer Juden“ bezeichnet. Er habe sogar zustimmend genickt, schrieb er dazu auf, vgl. Tagebuch KS, 9.10.1919.

561 Hier und im Folgenden vgl. ebd., 8.11.1918.

562 Ebd., Nachlass KS (SBB) Hs. or. 1 135/10, fol. 1v ff.

563 Ebd., 9.11.1918, ebd., fol. 2v ff.

564 Vgl. ebd.

– zwei unterschiedliche politische Systeme innerhalb weniger Stunden. Die Linke war im gesamten Kaiserreich in dieser Frage gespalten: Die Anhänger eines Rätesystems nach russischem Vorbild sahen sich Befürwortern einer parlamentarischen Demokratie gegenüber. Die Bevölkerung wusste nicht, was sie nun erwartete, doch am 11. November erfolgte zumindest eine Erleichterung: der von vielen ersehnte Waffenstillstand im Ersten Weltkrieg.

In der akademischen Welt Münchens führten die Entwicklungen zum Jahresende 1918 zu einer Phase der Unsicherheit und Unruhe. „[D]ie Mehrzahl der Professoren und Studenten mochte eher ein bißchen reaktionär als demokratisch gesinnt sein“[565], schrieb der Literaturwissenschaftler Victor Klemperer über diese Zeit an der Münchner Universität. Eine Darstellung der LMU in Zeiten von Revolution und Räterepublik lässt nach wie vor auf sich warten[566], doch aus den Schilderungen Involvierter lassen sich die Geschehnisse teilweise recht lebendig rekonstruieren. Für den Tag nach dem Waffenstillstand wurde in der Münchner Universität zum ersten Mal seit zwanzig Jahren eine Vollversammlung des Personals anberaumt. In diesem Rahmen sollten die politische Situation und ihre Konsequenzen besprochen werden, wie Süßheim im Tagebuch festhielt – „[e]s waren 150 Personen anwesend, was bedeutet, dass Professoren, die bei früheren Anlässen nie erschienen, jetzt aufgetaucht sind“: „Der Stellvertreter des Rektors der Universität [der katholische Theologe Eduard Weigl, KM] hielt eine Rede, als würde er letzte Worte an eine Leiche auf einem Friedhof richten und ihre Taten lobpreisen. Dies war in der Tat der aktuellen Situation am ehesten angemessen.“[567]

Der Schock saß tief. Süßheim zufolge sagte Prorektor Weigl, dass – „obwohl wir nie vergessen werden, was wir dem Hause Wittelsbach, Bayern, Deutschland, dann König Ludwig III. und vor allem seinem verstorbenen Vater, Prinz Luitpold, verdanken“ – eine Loyalität zu den Wittelsbachern nunmehr nichts anders sei „als die [vergebliche] Sehnsucht nach dem Königreich und einer gestürzten Regierung“. Tatsächlich gab es sogleich auch sehr Konkretes zu besprechen, denn die Beamten des Außen-, Innen-, Kultus-, Religions- und Finanzministeriums hatten eine Erklärung abgegeben, in der sie versprachen, weiter ihre Arbeit zu tun, solange ihre persönliche Überzeugung Privatangelegenheit bliebe.[568] Friedrich Wilhelm von Bissing, der Dekan der Philosophischen Fakultät, der Süßheim unlängst dabei geholfen hatte, einem Einsatz im Nahen Osten zu entkommen[569], empfahl nun dasselbe für die Universität und wies darauf hin, dass das Kultusministerium bereits eine entsprechende Anfrage geschickt habe. Der Vorschlag sei heftig diskutiert worden, hielt Süßheim fest, denn einige

565 Klemperer, Revolutionstagebuch, S. 99.

566 Bisher erschien in den Reihen der LMU lediglich ein Aufsatz, der auch die Revolutionszeit umfasst, auf diese aber – der Logik des Textes folgend – nicht analytisch eingeht, vgl. Matthias Berg: Münchner Rektorats- und Universitätsreden. 1918–1933, in: Claudius Stein (Hrsg.): Der rhetorische Auftritt. Redekultur an der Ludwig-Maximilians-Universität München. Rektorats- und Universitätsreden 1826–1968 (=BGLMU 7), München 2016, S. 119–141.

567 Hier und das folgende Zitat: Tagebuch KS, 12.11.1918, Nachlass KS (SBB) Hs. or. 1 135/10, fol. 4r.

568 Hier und im Folgenden vgl. ebd.

569 Vgl. Kap. II.1.

Professoren hätten gefordert, dem Dokument eine politische Stellungnahme hinzuzufügen oder eine solche an die Presse zu geben, während andere überhaupt nicht bereit gewesen seien, irgendeine Loyalitätserklärung gegenüber den Revolutionären abzugeben. Letztlich konnten sie aber doch überzeugt werden: Alle hätten unterschrieben, notierte Süßheim, aber nur eine einzige der anwesenden Personen habe sich offen als Unterstützer des politischen Wandels gezeigt. Die Frage, ob man bereit sei, von der neuen Regierung Personalvorschläge entgegenzunehmen, sei schließlich vertagt worden. Zuletzt berichtete einer der Professoren, dass die Regierung nach sowjetischem Vorbild eine Vereinigung gegründet habe, in der alle Vertreter aus den Bereichen Wissenschaft und Kunst sich versammeln sollten.[570]

Wie viele seiner Kollegen fühlte Karl Süßheim sich als Wissenschaftler von der linken Revolution bedroht, und die Unruhe, die die Universität darüber erfasste, sollte sich nicht so schnell legen: Eine zweite Vollversammlung erfolgte bereits am Abend des 20. November, dem Tag, an dem das Gerücht die Runde machte, dass ein königstreuer Gegenputsch gescheitert sei.[571] Die Revolutionsregierung wollte nun in der Tat einen „Rat der geistigen Arbeiter" etablieren[572], und das Münchner Universitätspersonal musste sich irgendwie dazu verhalten.[573] Hektisch sei diskutiert worden, schrieb Süßheim, während draußen immer wieder Schüsse zu hören gewesen seien; einige Anwesende hätten deshalb die Sitzung verlassen. Die Mehrheit der versammelten Professoren aber habe sich entschlossen gezeigt, jeden Angriff der neuen Machthaber auf die finanzielle und geistige Freiheit der Universität zu bekämpfen.[574] Die Revolutionäre dagegen waren der Ansicht, dass die Freiheit gerade erst gewonnen wurde. „Nicht mehr sollen über Euch diejenigen gebieten, die durch Geburt und Vererbung an die Spitze berufen sind", hatte Max Süßheim in seiner Nürnberger Rede gesagt, „sondern Männer und Frauen Eures Vertrauens sollen es sein, in deren Hände Euer Schicksal gelegt wird": „Heute weiß in München kein Mensch, wo Ludwig III. sich aufhält. Es ist auch den Männern und Frauen Münchens vollständig gleichgültig, wo er sein künftiges Erdendasein zubringt. Uns genügt das Bewusstsein, dass wir gebrochen haben mit den alten vorsint-

570 Der Mann habe empfohlen, sich daran nicht zu beteiligen – stattdessen aber, schrieb Süßheim, sei nun ausgerechnet dieser Professor angewiesen worden, die Treffen zu besuchen und seine Kollegen über zukünftige Entwicklungen auf dem Laufenden zu halten, vgl. ebd.

571 Ludwig III. habe fliehen müssen, war zudem zu hören, vgl. Tagebuch KS, 20.11.1918. Tatsächlich hatte der König München schon am 7. November verlassen und einige Tage später die bayerischen Beamten von ihrem Treueeid auf seine Person entbunden. Allerdings weigerte er sich, förmlich abzudanken.

572 In München hatten sich inzwischen bereits zwei solcher Räte mit unterschiedlichen Stoßrichtungen formiert, einer unter Führung des Nationalökonomen Lujo Brentano (1844–1931), einer unter dem Schriftsteller Heinrich Mann (1871–1950). In der Presse wurden Mitte November Aufrufe beider Gruppierungen veröffentlicht, vgl. „Organisation der geistigen Arbeit", in: MNN 71/577 (15.11.1918), S. 3. Eisner hatte Brentano – einen der bedeutendsten Wirtschaftswissenschaftler seiner Zeit, der der Revolution mit großen Vorbehalten gegenüberstand – zum Vorsitz überredet, um nicht den radikal eingestellten Linken das Feld zu überlassen, vgl. Brenner, Schatten, S. 49 u. 59.

573 Hier und im Folgenden vgl. Tagebuch KS, 20.11.1918.

574 Es wurde schließlich entschieden, eine Kommission einzusetzen, vgl. dazu auch ebd., 2.12.1918.

flutlichen Gesetzen, welche die Herrschaft über Tausende und Millionen in die Hand eines Mannes gelegt hatten, der niemals das Vertrauen des breiten Volkes genoss."[575] Da hatte er wohl seinen eigenen Bruder vergessen: Bis zum 23. November beobachtete Karl Süßheim fassungslos den Untergang nicht nur der bayerischen Monarchie, sondern aller regierenden Fürsten der deutschen Länder einschließlich des Kaisers.

Süßheim hegte zwar keinerlei politische Sympathien, aber, anders als viele andere Gegner der Sozialdemokratie, als Bruder eines überzeugten Linken doch auch keine unüberwindbaren Berührungsängste. Abgesehen von gelegentlicher kompetitiver Konkurrenz unter Geschwistern[576] war das Verhältnis der beiden ungeachtet der politischen Unterschiede gut: Der Jüngere besuchte sogar hin und wieder Landtagssitzungen, in denen Max Süßheim sprach.[577] Wie erwähnt bezeichnete Karl Süßheim einen Parteigenossen seines Bruders, Adolf Müller, in seinem Tagebuch sogar als „politischen Freund" – wenngleich dies keine parteipolitische Aussage war, sondern vielmehr dessen Haltung zur Nahostpolitik würdigen sollte.[578] Wie wir gesehen haben, schaffte Süßheim es oft, Menschen, deren Meinungen seinen eigenen zum Teil vehement widersprachen, nicht allein danach zu beurteilen; für ihn stand eine divergierende politische Überzeugung einer Freundschaft nicht von vornherein im Weg. Schon während seines Aufenthalts im Osmanischen Reich pflegte Süßheim wie beschrieben eine „sehr enge Beziehung" zu einem überzeugten Sozialisten: Celalüddin Korkmaz(ov) saß einst als Abgeordneter in der ersten russischen Duma, war wegen seiner kommunistischen Überzeugung nach Sibirien ins Exil geschickt worden und nach einem Zwischenspiel in Frankreich, wo er mit den Jungtürken in Kontakt kam, zunächst in Saloniki und schließlich in Konstantinopel gestrandet.[579] 1912 war er nach Russland zurückgekehrt und zum Mitglied der bolschewistischen Partei geworden. Süßheims Urteil über den Sozialisten, nachdem er in der Zeitung *Golos Rossij* („Die Stimme Russlands") las, dass dieser im April 1920 zum kommunistischen Präsidenten der Republik Dagestan im Nordkaukasus[580] ernannt wurde, wird zwar weniger herzlich ausfallen als zuvor, doch er sagte sich nicht gänzlich von ihm los, auch weiterhin bezeichnete er ihn als seinen Freund.[581]

575 Massenversammlung, FK (12.11.1918), S. 200.

576 Vgl. beispielsweise Max' Verhalten nach Süßheims Vortrag in Nürnberg in Kap. II.1.

577 1912 notierte er im Tageuch beispielsweise, dass Max eine Rede gegen die ausufernde Praxis der Vergabe von Ehrentiteln und Auszeichnungen der bayerischen Regierung hielt, der er beiwohnte, vgl. Tagebuch KS, 16.4.1912.

578 Vgl. dazu Kap. II.1.

579 Vgl. Schmidt, Importance (2002), S. 184. Ein biografischer Abriss findet sich im Tagebuch KS, 30.10.1908. Zu dem erwähnten Besuch bei Korkmaz(ov) zu Hause vgl. Kap. I.1. Das Zitat siehe Kap. I.2.

580 1921, mit der Gründung der Sowjetunion, in Autonome Sozialistische Sowjetrepublik Dagestan umbenannt.

581 Während Süßheim Korkmaz(ov) früher als engen Freund bezeichnete, schrieb er nun: „Er neigte zur Übertreibung und war ein Liebhaber der extremen Freiheit, immer fröhlich, als ob er sich über die Naivität der Menschen und Türken lustig machen würde." Tagebuch KS, 10.5.1920, Nachlass KS (SBB) Hs. or. 1135/12, fol. 12vf.

Anders als etwa in der Familie Scholem[582] war durch diesen Charakterzug Karl Süßheims Verhältnis zu Eltern und Geschwistern von jeher durch politisch-ideologische Unterschiede kaum ernstlich beeinträchtigt. Konflikte darüber entstanden in der Familie aber durchaus, am häufigsten zwischen Max Süßheim und Eugen Kirschbaum, der als überzeugter Kapitalist – Industrieller und Besitzer einer international tätigen Firma[583] – mit der sozialistischen Linie des angeheirateten Verwandten über Kreuz lag. Einmal beschimpfte der Schwager die Mitglieder des Sozialistischen Frauenchors offenbar sogar als „Huren" – sein Bruder sei vor Zorn fast explodiert, hielt Karl Süßheim im Tagebuch fest.[584] Kirschbaum, der im Winter 1918 einen durch die Revolution bedingten industriellen Stillstand und das Ansteigen der Arbeitslosigkeit fürchtete, verurteilte den Sozialdemokraten in der Familie scharf. Als Süßheim ihn zu Weihnachten 1918 in Nürnberg traf, hielt er fest, dass der Mann seiner Schwester Paula sich vor allem davon angegriffen fühlte, dass „Max sogar derart in die Aktivitäten der Sozialisten verwickelt war, dass er zu einem der obersten Anstifter ihrer Unruhen wurde"[585]. Tatsächlich war die exponierte Rolle seines Bruders offenkundig, Süßheim hatte es nach der Revolution tagelang nicht geschafft, ihn zu Gesicht zu bekommen.[586] Schließlich trafen sie sich am Münchner Hauptbahnhof, denn Max war auf dem Weg nach Nürnberg, um den Soldaten den Loyalitätseid auf die neue Regierung abzunehmen. „Er sagte, es seien keine Maßnahmen in Bezug auf Bankkonten ergriffen worden, die Anlass zur Sorge geben würden. Aber ich vertraue solchen Zusicherungen nicht. Er sagte mir weiter,

582 Gershom Scholems deutschnational orientierter Vater Arthur verstieß seinen radikal-sozialistisch orientierten Sohn Werner. 1940 wurde dieser in Buchenwald ermordet; Gershom Scholem hat ihm mit der Widmung seiner Jugend-Autobiografie ein Denkmal gesetzt. Auch dem bekannteren Sohn drohte der Vater unmissverständlich: „Solltest Du aber Deiner antideutschen Gesinnung irgendwie erkennbaren Ausdruck geben, so würde ich das Tischtuch zwischen uns ebenso zerschneiden, wie ich es mit Werner – leider zu spät – getan habe." Gershom Scholem beklagte sich bei seiner Tante, dass sein Vater „die Unterdrückung [s]einer zionistischen Betätigung" zu erreichen im Sinn habe, vgl. Shedletzky, Scholem, S. 10, die Zitate: Arthur Scholem an Gerhard Scholem, Berlin 12.5.1917 sowie Gerhard Scholem an Käte Schiepan, Berlin 6.6.1917, zit. nach Shedletzky, Scholem, S. 14. Zu Werner Scholems Verhältnis zu seinem Vater vgl. insb. das Kapitel „Wider Kaiser und Vater" in der einschlägigen Biografie von Mirjam Zadoff: Der rote Hiob. Das Leben des Werner Scholem, München 2014, S. 75–94.

583 Eugen Kirschbaum war Teilhaber der zu einem global tätigen Unternehmen ausgebauten Bronzefarben- und Blattmetallfabriken Georg Benda, die im Jahr 1824 in Fürth gegründet worden war, sowie der 1910 gegründeten Aluminium- und Bronzepulver produzierenden Prinz-Landauer-Werke in Niederösterreich, vgl. Radlmaier, Süßheims, S. 120f. Wegen seiner Tätigkeit war Eugen Kirschbaum zu Hause offenbar wenig präsent: „[D]ie Kinder sind gesund, Eugen immer unterwegs u. ich sorge für das tägliche", berichtete Paula ihrer Mutter einmal; die Kinder schrieben der Großmutter wenig später: „Vater ist jetzt fast immer in seinen Fabriken verreist." Paula Kirschbaum an Clara Süßheim, [Winter 1916/17] u. Erna, Karl, Rudi und Anni Kirschbaum an Clara Süßheim, 8.2.1917, Privatnachlass KS.

584 Tagebuch KS, 16.5.1910, Nachlass KS (SBB) Hs. or. 1135/3, fol. 52v.

585 Ebd., 24.12.1918, ebd. Hs. or. 1135/10, fol. 16vf.

586 Hier und im Folgenden vgl. ebd., 14.11.1918.

dass in naher Zukunft Soldaten-, Arbeiter- und Bauernräte eingerichtet und überall Kriegsgerichte gebildet würden, um zu verhindern, dass aus dem Krieg zurückkehrende Soldaten Diebstähle, Mord und andere Verbrechen begehen. Ich habe aus seinen Worten geschlossen, dass die Sozialisten beabsichtigen, ein Scheinparlament nach ihrem Geschmack und Kriegsgerichte einzurichten, um ihre Hauptgegner einzuschüchtern. Das ist eine sehr gefährliche Initiative, die höchstwahrscheinlich von den Entente-Staaten gestoppt werden wird."[587]

Karl Süßheim ärgerte sich maßlos über das Unvermögen der Sicherheits- und politischen Kräfte, die Revolution zu bekämpfen – seiner Meinung nach hätte schon ein Armeeregiment gereicht, den Aufstand niederzuschlagen und München zu halten.[588] Seine rigorose Haltung erklärte sich nicht allein aus seinem politischen Konservatismus heraus, er blickte auch aus anderen Gründen angsterfüllt auf die Entwicklungen. Wie viele andere Jüdinnen und Juden fürchtete Süßheim alles, das dem Antisemitismus in die Hände spielen konnte: „Sie fühlten sich als direkte Opfer der Ereignisse, da sie ohne ihr Zutun mit der Revolution identifiziert wurden"[589], schreibt Michael Brenner: Die judenfeindliche Stimmung spitzte sich bereits merklich zu, auch in der Presse, und „[a]b 1919 verging kaum eine Woche, in der nicht von den Juden als Kommunisten oder Kapitalisten, Drückebergern oder Kriegsgewinnlern berichtet"[590] wurde. Die auffallende Präsenz von Juden im revolutionären Geschehen begünstigte das Wiedererstarken von Ressentiments, die von jeher zu Zeiten politischer Umbrüche besonders leichtes Spiel hatten; ihre Überrepräsentation wiederum erklärte sich nicht zuletzt daraus, dass sie von der politischen Betätigung in anderen Kontexten oftmals ausgeschlossen wurden.[591] Am prominentesten trat in diesem Amalgam aus Ursache und Wirkung nun Kurt Eisner hervor, der von vielen Gegnern der Revolutionsregierung nur noch „der Galizier" genannt wurde.[592] In Nürnberg, wo Eisner einst als Chefredakteur der

587 Ebd., Nachlass KS (SBB) Hs. or. 1 135/10, fol. 7r.

588 Vgl. ebd., 18.11.1918.

589 Brenner, Schatten, S. 25.

590 Ebd., S. 37.

591 Nur im linken und linksliberalen Parteienspektrum waren Juden wirklich akzeptiert. Der hohe Anteil jüdischer Revolutionäre nach dem Ersten Weltkrieg wird in der Literatur nach wie vor allzu häufig verschwiegen, oder, wie Brenner schreibt, nur „verschämt" eingeräumt: Das Thema werde „in der historischen Forschung zwar immer wieder erwähnt, ist aber letztlich eine Marginalie geblieben". Der Experte für die jüdisch-bayerische Geschichte erklärt das Phänomen damit, dass man sich damit allzu leicht auf Glatteis begebe, da die Antisemiten das Thema immer wieder für ihre Agitation missbrauchten, vgl. ebd. Den Zusammenhang zwischen dem hohen Anteil an Juden in der Revolution und dem wachsenden Antisemitismus bringt er auf den Punkt: „Eisner und seine Genossen verursachten den Antisemitismus nicht, die mit ihnen verbundenen Ereignisse reaktivierten ihn lediglich". Vgl. Brenner, Schatten, S. 22 u. 36, die Zitate: ebd.

592 Die zum Habsburgerreich gehörende osteuropäische Provinz Galizien, aus der viele Jüdinnen und Juden nach München übergesiedelt waren, galt vielen (und wie Michael Brenner betont: nicht nur nichtjüdischen) Bürgerinnen und Bürgern als „Inbegriff der kulturellen Rückständigkeit", Brenner, Schatten, S. 31. Die konservative Presse behauptete, Eisner sei eigentlich galizischer Herkunft und sein richtiger Name Salomon Kosmanowsky respektive Koschinsky respektive Karowskarek. Die

Fränkischen Tagespost (FTP) fungierte (und in dieser Funktion, wie Karl Süßheim notierte, noch deutlich weniger radikale Positionen vertreten hatte als sein eigener Bruder[593]), war der Politiker offenbar auch in der jüdischen Minderheit besonders unbeliebt: Er nahm zwar am Leben der jüdischen Religionsgemeinschaft nicht aktiv teil[594], seine Kinder seien allerdings von ihr abhängig gewesen, weil Eisner sein gesamtes Geld lieber anderweitig ausgab, machte es dort anscheinend die Runde.[595] Auch Kurt Eisners angeblich promiskuitives Privatleben war ein allseits beliebtes Gesprächsthema im Nürnberger Bürgertum, und Karl Süßheim war davon überzeugt, dass dessen angebliche Verachtung der traditionellen Ehesitten[596] den allgemeinen Hass noch verstärkte.

In München tauchten antisemitische Flugblätter auf, und die Rede vom Juden, der an den schwierigen Lebensbedingungen schuld sei, machte die Runde: „Das Entscheidende war", schreibt Michael Brenner, „dass [...] die Beteiligung von Juden als Vorwand dafür diente, die sogenannte ‚Judenfrage' erstmals in den Mittelpunkt des politischen Diskurses zu rücken",

Nationalsozialisten übernahmen die Legende genauso wie auch Jahrzehnte später der die deutsche Geschichtswissenschaft nach 1945 prägende Historiker Gerhard Ritter, vgl. Brenner, Schatten, S. 56, 126 u. 129 sowie Grau, Eisner, S. 477, Anm. 6.

593 Erst mit der Herausbildung seiner pazifistischen Einstellung während des Weltkriegs wechselte Eisner vom moderaten zum revolutionären Flügel der Sozialdemokraten, vgl. Brenner, Schatten, S. 55. Max Süßheim war als junger Wilder noch eifrig und erfolgreich daran beteiligt, Eisner aus seinem Nürnberger Redakteurssessel zu drängen, vgl. Schmalzl, Auer, S. 245. Nach der geglückten Revolution wollte er davon zunächst freilich nichts mehr wissen – bei seiner Rede in Nürnberg sagte er: „Wenn es gelungen ist, dieses machtvolle Werk durchzusetzen, das uns mit einem Schlag an die Spitze aller Bundesstaaten gesetzt hat, so ist es Pflicht, vor allem eines Mannes zu gedenken, der seine Freiheit und sogar sein Leben aufs Spiel gesetzt hat: Kurt Eisner ist dieser Mann." Massenversammlung, FK (12.11.1918), S. 200.

594 „Eisner, so wird man seine Einstellung knapp zusammenfassen können, verstand sich nicht mehr als Jude und verhielt sich auch nicht mehr so", schreibt sein Biograf (Grau, Eisner, S. 52). Kurt Eisner war vielleicht kein praktizierender Jude, er bekannte sich allerdings in anderer Hinsicht zum Judentum: Eine verfolgte und verachtete Gemeinschaft verlasse er nicht, hatte er seiner Tochter zufolge einmal argumentiert. In offiziellen Dokumenten gab Eisner seine jüdische Religionszugehörigkeit immer an, erst seine Sterbeurkunde führte ihn als „freireligiös". Michael Brenner führt Freuds Schlagwort von der „Heimlichkeit der gleichen seelischen Konstruktion" an, um Eisners Selbstverständnis als Jude zu fassen. Zu Eisners jüdischer Identität vgl. Brenner, Schatten, S. 50–55; Sigmund Freud: Ansprache an die Mitglieder des Vereins B'nai B'rith (1926), in: Ders.: Gesammelte Werke. Chronologisch geordnet, Bd. 17: Schriften aus dem Nachlass 1892–1938, London [1955, zuerst: 1941], S. 49–53, das Zitat S. 52.

595 Vgl. Tagebuch KS, 24.12.1918.

596 Das Gerücht, dass Eisner gleichzeitig zwei Frauen habe und die freie Liebe propagiere – wie es im Übrigen insgesamt ein Anliegen der Sozialisten sei –, war überall zu hören. Tatsächlich hatte Eisner sich von seiner Frau getrennt; sie wollte dies – wie auch die neue Frau an seiner Seite – aber offenbar nicht akzeptieren und mobilisierte in diesem Zusammenhang auch die Parteiinstanzen in Nürnberg, wo er damals lebte, vgl. Grau, Eisner, S. 229. Diese Phase in Eisners Leben führte, zusammen mit enormen finanziellen Schwierigkeiten, sogar zu ernsthaften Suizidgedanken, vgl. Brenner, Schatten, S. 56.

und, wie der Historiker betont, „auch gemäßigte Elemente sich dieser Frage nicht entziehen konnten“[597]. Die sich daraus ergebende gefährliche Stimmung hielt Karl Süßheim fest:

> „Die Münchner Juden haben eindeutig Angst vor Pogromen[598]. Da Eisner von Geburt her Jude ist, ist ein Teil der Münchner Bevölkerung sowohl auf ihn [persönlich] als auch auf die Juden [im Allgemeinen] wütend. Vor einigen Tagen war eine Delegation des Jüdischen Frauenbundes beim Minister für soziale Fürsorge […]. Er [Hans Unterleitner, KM] fragte, was sie wollen. Sie sagten, sie seien gekommen, um Hilfe für mittellose Frauen zu beantragen. Er versprach, dass er tun würde, was er könne […]. Als er aber begriff, dass sie eine Vereinigung darstellten, die sich auf jüdische Frauen beschränkte, änderte der Minister seine Haltung. Er behauptete nun, dass wegen Herrn Eisner in München [ohnehin bereits] ein Pogrom gegen Juden in der Luft liege. Die Frauen der Delegation waren ziemlich beunruhigt und ihre Angst infizierte die jüdische Gemeinde Münchens so sehr, dass sie den Sabbatgottesdienst in einem kleinen Gebetsraum statt in der Hauptsynagoge feierte, damit dies von den Christen nicht als Demonstration aufgefasst werden konnte.“[599]

Minister Unterleitner war selbst Mitglied der USPD und heiratete später eine Tochter Kurt Eisners[600], doch auf die antisemitische Stimmung in der Stadt glaubte er während der Novemberrevolution offenbar Rücksicht nehmen zu müssen. Sogar der liberale Abgeordnete Ernst Müller-Meiningen, der den jüdischen Universitätsdozenten Karl Süßheim zu Beginn des Weltkriegs noch zu einem Vortrag über die Türkei eingeladen hatte[601], ließ sich nun öffentlich zur Frage hinreißen, ob Bayern wirklich von so einem „Galizier“ regiert werden solle, wie Süßheim konsterniert feststellte.[602] Sein Bruder aber schien sich darüber keine Sorgen zu machen[603], der Erfolg der Revolution ihm vielmehr zu Kopf zu steigen. Nur wenige Tage nach

597 Ebd., S. 139.

598 Der Begriff geisterte seit der Ermordung mehrerer Juden im polnischen Kielce am 11. November 1918 und darauf folgende antijüdische Gewalt in ganz Osteuropa auch durch Deutschland, vgl. ebd., S. 137 f.

599 Tagebuch KS, 16.11.1918, Nachlass KS (SBB) Hs. or. 1 135/10, fol. 7r ff.

600 Die besondere Verbundenheit der beiden Männer betont auch Brenner, Schatten, S. 74.

601 Vgl. Kap. II.1.

602 Vgl. Tagebuch KS, 16.11.1918. Müller-Meiningen schlug in einer liberalen Ausschusssitzung offenbar mit der Faust auf den Tisch und sagte wörtlich: „Von dem galizischen Juden Kurt Eisner lassen wir uns nicht regieren!“ [Bericht], AZJ 82/48 (29.11.1918), Beilage „Der Gemeindebote, S. 3. Später wehrte der Politiker sich in seinen Memoiren gegen den Vorwurf, ein „krasser Antisemit“ zu sein, es habe sich um eine „streng vertraulich[e]“ Veranstaltung gehandelt und er habe sich stets für die Juden eingesetzt: „Eine mehr als 20jährige Kampftätigkeit für die staatsbürgerliche Gleichberechtigung der Juden war in einem Tage vergessen!“ Müller-Meiningen, Bayer[n], S. 49. Vgl. dazu auch Brenner, Schatten, S. 126 f.

603 Max Süßheim verband mit der Demokratisierung vielmehr große Hoffnungen auch für die jüdische Minderheit. In seiner Begründung für seinen Verfassungsantrag von 1917 hatte er festgestellt:

dem Sturz der Monarchien versprach er Karl Süßheim voller Hybris, seine Karriere an der Universität München voranzubringen: „Als ich ihn über die Verzögerung meiner Beförderung zu[m] Profess[o]r informierte, sagte er mir, er würde dafür sorgen, dass die Angelegenheit geregelt wird. [...] Er versicherte mir [...], dass er im Kultusministerium eine Professur arrangieren würde und gab sich außerdem als Befürworter einer vollständigen Änderung der Hochschulordnung zu erkennen."[604] Max Süßheim kandidierte nun also an vorderster Front, als es für die Bürger – und erstmals auch die Bürgerinnen – an die Urnen ging.[605]

Zum Jahresbeginn 1919 verabschiedeten die Sozialisten eine provisorische Verfassung, die eine parlamentarische Demokratie errichtete, aber (nachdem die MSPD sich durchsetzen konnte) keine Elemente des Rätesystems enthielt. Das Revolutionsregime betrachtete sich als Übergangsregierung und war zwischen USPD- und MSPD-Vorstellungen zerrissen. In einigen Regionen Deutschlands herrschten zudem bürgerkriegsähnliche Zustände, seitdem reaktionäre Freikorps sich daran schickten, die Revolution zu bekämpfen. Hätte Karl Süßheim die in dieser Situation angesetzten Wahlen nicht als zukunftsweisend empfunden – er hätte sich wohl wieder vor der Wahlurne gedrückt.[606] Doch dieses Mal entzog er sich nicht: Am 12. Januar 1919 wählte Süßheim erstmals in seinem Leben. Dabei war es alles andere als einfach für ihn, eine Wahl zu treffen. Das lag nicht etwa daran, dass er ein ziemlich

„[U]nerträglich ist der Zustand, wenn ganze Klassen, Konfessionen und Nationen von der Mitwirkung in dem Staate ausgeschlossen sind, an dessen Gedeih und Verderb sie in höchstem Maße beteiligt sind. Zu Beginn des Krieges fiel das Kaiserwort: ‚Ich kenne keine Parteien mehr.' Es sollte nicht nur Geltung haben für die Zeit des Krieges und für die Verwaltungspraxis, nein, es soll ein Grundpfeiler des ganzen Verfassungswesens werden; es soll sich nicht beschränken auf Parteien, sondern es soll den Weg frei machen für jede lebendige, der Allgemeinheit förderliche Kraft." Süßheim, Begründung, S. 115.

604 Tagebuch KS, 14.11.1918, Nachlass KS (SBB) Hs. or. 1135/10, fol. 7r.

605 Erstmals in der deutschen Geschichte galt die Aufforderung auch für die Frauen. Max Süßheim wird in einer Veröffentlichung über die bayerische Verfassung vom November 1919 in diesem Zusammenhang schreiben: „Gewiß entspricht die neue bayerische Verfassung nicht allen von sozialistischer Seite gehegten Erwartungen. Die Ursache liegt in der ungenügenden politischen Reife weiter Volksschichten, besonders in der politischen Unselbständigkeit zahlreicher unter klerikalem Einfluss stehender Frauen. Die Sozialdemokratie, deren Arbeit die Erkämpfung des Frauenwahlrechtes zu danken ist, wird es sich zur Ehrenpflicht machen, besonders den Frauen und mit ihnen der heranwachsenden Jugend politische Aufklärung zu vermitteln. Das setzt voraus, daß die großen Ziele des Sozialismus in den Vordergrund gestellt werden, Idealismus, Begeisterung und Vertrauen gepflegt und gestärkt werden." Max Süßheim: Revolution und bayerische Verfassung, Herausgegeben vom Landesvorstand d. Sozialdemokratischen Partei Bayerns, Augsburg [1920], S. 35. Für die Frauenemanzipation hatte auch Karl Süßheim, freilich mit ganz anderer Stoßrichtung als sein Bruder, durchaus ein offenes Ohr. Dies geht aus einer seiner Veröffentlichungen von 1915 eindeutig hervor, auch wenn er sich auf die Frauenrechte im Nahen Osten bezog: „[W]er soll für die armen weiblichen Geschöpfe sprechen, wenn diese selbst zum Schweigen verurteilt sind?", fragte er. Süßheim, Rezension Fahmy, Sp. 1907. Die wichtigsten Protagonistinnen der deutschen Frauenrechtsbewegung zu dieser Zeit porträtierte jüngst Unda Hörner: 1919 – Das Jahr der Frauen, Berlin 2018.

606 Vgl. dazu seine bisherige Verweigerungshaltung, Kap. I.2.

unpolitischer Typ gewesen wäre, wie Jan Schmidt ihn kurzerhand charakterisiert hat[607] – sein politisches Weltbild wurde schlicht von keinem Parteiprogramm wirklich bedient. Die *Allgemeine Zeitung des Judentums* (AZJ) brachte es auf den Punkt: „Tatsächlich wird es im Deutschen Reiche kaum einen Bürger gegeben haben, der die Qual der Wahl so ernst und so tief empfunden hätte als der frommgläubige Israelit in Bayern."[608]

In vielerlei Hinsicht war Karl Süßheim sicher fortschrittlich gesinnt, aber wie wir wissen, war er mitnichten Demokrat. Er glaubte, wie wir gesehen haben, an die Möglichkeit einer guten Monarchie, die sich für die Belange ihrer Bürgerinnen und Bürger stark machte, religiöse Minderheiten schützte und diesen, im Privaten, ein Leben entsprechend ihres jeweiligen Glaubens ermöglichte.[609] Die bürgerlichen Freiheiten waren ihm also durchaus wichtig – solange diese gewährleistet waren, lag ihm die politische Partizipation des Volkes aber nicht am Herzen. Darüber hinaus war er überzeugt von den Errungenschaften der Aufklärung, und er verurteilte den Missbrauch religiöser Befindlichkeiten zugunsten machtpolitischer Zwecke. Das Zusammenspiel dieser Überzeugungen machte es ihm fast unmöglich, eine parteipolitische Heimat zu finden: Mit der revolutionären Arbeiterromantik seines Bruders konnte Süßheim nur wenig anfangen; in seinem elitären Habitus entsprach er den Gepflogenheiten des akademisch-bildungsbürgerlichen Milieus. Seine aufklärerische Überzeugung und den Minderheitenschutz bedienten neben den Sozialisten die Linksliberalen, doch auch sie forderten den Systemwechsel. Die monarchistisch geprägten Parteien aber widerstrebten Süßheim wegen ihrer antisemitischen Tendenzen. Es war das Dilemma aller politisch konservativer Jüdinnen und Juden: Von Vereinen, Organisationen und Parteien, die ihnen ideologisch in großen Teilen entsprachen, wurden sie automatisch durch deren Antisemitismus ausgeschlossen.[610] Der Minderheitenschutz, dessen sie im immer judenfeindlicheren Deutschland so dringend bedurften, war mit den konservativen und deutschnationalen Kräften nicht zu haben. Hart stolpert man denn auch über die Behauptung der Tagebuch-Editoren, Karl Süßheim habe bei der Wahl zum Bayerischen Landtag die Deutschnationale Volkspartei (DNVP) gewählt.[611] Diese setzte sich zwar für die Restauration der Monarchie ein[612], doch wie könnte er als Jude, als einer, dem sein Jüdisch-Sein auch überaus wichtig war und der aufgrund der antisemitischen Tendenzen der deutschen Parteien bis dahin erklär-

607 "Despite his contacts with political activists, Süssheim himself was clearly a thorough conventional, law-abiding and rather apolitical citizen." Schmidt, Orientalist (2018), S. 10.

608 AZJ 83/10-11 (14.3.1919), S. [2].

609 Vgl. dazu seine politische Charakterisierung in Kap. I.2.

610 Organisationen wie der Reichsbund Jüdischer Frontsoldaten (RJFS) versuchten später, diese Lücke zu schließen.

611 Vgl. Flemming u. Schmidt, Diary, S. 188.

612 Der Erlanger Theologie-Dozent Hermann Strathmann, Gründungsmitglied des bayerischen DNVP-Ablegers und „Protestant in der Diaspora", bekannte sich allerdings nur „hier und da zur Monarchie, ohne deswegen der Konstituierung Bayerns als Republik die Zustimmung zu versagen". Christian F. Trippe: Konservative Verfassungspolitik. 1918–1923. Die DNVP als Opposition in Reich und Ländern (= BGParl 105), Düsseldorf 1995, S. 93.

Ausgerechnet ihr soll Karl Süßheim seine Stimme gegeben haben? Antisemitisches Wahlplakat der Deutschnationalen Volkspartei (DNVP) zur Nationalversammlung im Januar 1919.

termaßen überhaupt nicht gewählt hatte[613] – sein Kreuz nun bei einer Partei machen, die ganz offen ihre Judenfeindschaft demonstrierte[614]? Natürlich wählte er sie nicht.

Geradezu tragisch ist es, dass ausgerechnet diese Fehlinformation über Karl Süßheim inzwischen ihren Weg auch in die breitere Forschungsliteratur gefunden hat: Seine angebliche Wahl der DNVP wird in Michael Brenners jüngstem Band zur Revolution in München mehrfach erwähnt[615]; der Historiker Philipp Nielsen nimmt sie sogar zum Anlass, Süßheim als Beispiel eines rechtskonservativen Juden vorzustellen, der sich erst zu Mitte der 1920er-Jahre aufgrund des nicht mehr zu übersehenden Antisemitismus von den Deutschnationalen

613 Vgl. dazu Kap. I.2.

614 Zum Antisemitismus in der BMP (erst ab Februar 1920 DNVP in Bayern), „die trotz aller politischer Vorsicht bereits in der Wortwahl des Gründungsaufrufes zutage“ trat, vgl. die Dissertationsschrift von Elina Kiiskinen: Die Deutschnationale Volkspartei in Bayern (Bayerische Mittelpartei) in der Regierungspolitik des Freistaats während der Weimarer Zeit (= SbayLG 145), München 2005, S. 45–50, das Zitat S. 45; zum Anschluss an die DNVP mit dem Ziel, „alle nationalen Kreise unseres Vaterlandes zu einheitlichem und darum umso erfolgreicherem Wirken zusammenzufassen“, vgl. [Artikel], in: BBMP 10 (9. 3. 1920), S. 1.

615 Vgl. Brenner, Schatten, S. 28, 213 u. 308.

entfernte[616]. Beiden Wissenschaftlern ist hier kein Vorwurf zu machen, handelt es sich doch schlicht um eine falsche Interpretation des osmanischen Wortlauts in Karl Süßheims Tagebuch. Die Originalquelle verrät bei genauerem Hinsehen, dass dieser mitnichten die DNVP unterstützte, sondern die *Alman milli firkası* (المان ملی فرقسی), wörtlich zu übersetzen mit „Deutsche Nationalpartei“ – oder auch „Deutsche Volkspartei“.[617] Dies scheint zunächst mehrere Optionen im Parteienspektrum zuzulassen, doch das bayerische Parteiensystem von 1919 weist an dieser Stelle eine nicht unwichtige Besonderheit auf: Der Landesverband der linksliberalen Deutschen Demokratischen Partei (DDP) trug den Namen Deutsche Volkspartei in Bayern (DVPB), und es ist davon auszugehen, dass Karl Süßheim dieser Partei seine Stimme gab, obwohl sie das Ende der Monarchie begrüßte und sich klar zur Demokratie bekannte.[618] Eine andere Wahl nämlich blieb ihm nicht. Das nationalliberale Äquivalent, das auf Reichsebene als Deutsche Volkspartei (DVP) firmierte, hörte auf Landesebene auf den Namen Nationalliberale Partei in Bayern (NLPB). Süßheims konservativer Gesinnung hätte die nationalliberale Partei durchaus entsprochen, doch sie trat bei der Landtagswahl im festen Bündnis mit dem bayerischen Ableger der offen antisemitischen DNVP als Bayerische Mittelpartei (BMP) zur Wahl an.[619] Auch eine andere große Partei kam nicht infrage: Das katholische Zentrum war in der (insbesondere in ihrer Weimarer Frühphase) offen judenfeindlichen Bayerischen Volkspartei (BVP)[620] aufgegangen und betrieb im Wahlkampf „eine antisemitisch ausgerichtete Diffamierungskampagne gegen die ‚jüdisch-bolschewistische Revolution‘“[621].

616 Vgl. Nielsen, Heimat, S. 150 f. Wörtlich schreibt Philipp Nielsen an anderer Stelle auch: “[…] Süssheim had voted for the German Nationalist People’s Party (DNVP) in the Bavarian elections, despite the DNVP’s visible antisemitic tendencies“, und “For Süssheim, the events of 1923 had finally and completely alienated him from the German Right“, S. 121 u. 162.

617 ملی [*milli*] kann sowohl mit „National-“ oder auch „Volks-“ übersetzt werden. Tagebuch KS, 12.1.1919, Nachlass KS (SBB) Hs. or. 1 135/10, fol. 26r.

618 „Die Deutsche Volkspartei […] tritt ein [für] die Errichtung eines freien, auf bundesstaatlicher Verfassung aufgebauten deutschen Volksstaates, in dem alle öffentliche Macht allein auf dem Willen des gesamten Volkes beruht; sie bekämpft aufs entschiedenste alle Versuche, den alten Obrigkeitsstaat, der unfähig war, Volk und Vaterland in Zeiten der Not zu schützen, wiederherzustellen.“ DVPB: Flugblätter 1918–1919, BSB 20 H. Un. App. 32Z, Nr. 32.

619 Vgl. Trippe, Verfassungspolitik, S. 91.

620 Der Vorsitzende der BVP, Georg Heim, war bereits als Landtagsabgeordneter des Zentrums mit wüsten Verbalinjurien gegen die jüdischen Mitbürger aufgefallen: „Den Juden immer eine aufs Maul und sie mucken nicht mehr auf!“, vgl. Escher, Katholizismus, S. 495 ff., das Zitat Heims S. 495. Alfred Wolfsteiner: Georg Heim. „Bauerngeneral“ und Genossenschaftler, Regensburg 2014. Dies hielt nicht alle bayerischen Juden davon ab, die Partei zu wählen: Insbesondere ein Teil der Orthodoxen gehörte unter anderem wegen des Festhaltens der BVP an den Konfessionsschulen zur festen Wählerschaft. Der Regensburger Rabbiner Seligmann Meyer rief in der populären Beilage *Die Laubhütte* sogar zur Wahl der BVP bei den Landtagswahlen 1919 auf, und auch der Vorsitzende der Münchner Ortsgruppe des C.V., Ludwig Wassermann, unterstützte die Partei. Vgl. Brenner, Schatten, S. 115 f. u. S. 174 ff.

621 Wolfram Wette: Die deutsche Revolution von 1918/19. Ein historischer Essay, in: Klemperer, Revolutionstagebuch, S. 197–216, hier S. 208.

Süßheims Wahl für Bayern, die linksliberale DVPB, stellte bei aller Abkehr vom alten System klar: „Wir wollen nicht aus der Monarchie in die Anarchie geführt werden“[622]; man kämpfe „gegen Klassenherrschaft wie gegen Reaktion“[623]. Die Partei versuchte, sich als vernünftige Alternative zwischen den Forderungen an den Rändern des Parteienspektrums zu positionieren: „Wir werden mit der Linken gehen, wenn es gilt, die demokratischen Grundlagen des Staates aufzubauen“, war auf einem ihrer Flugblätter zu lesen – „und mit der Rechten, wenn es nötig ist, die bürgerliche Gesellschaft vor überstürzten sozialistischen Experimenten zu bewahren“[624]: „Ich bin nicht reaktionär[,] nicht Zentrumsmann[.] Deshalb wähle ich nicht Bayerische Volkspartei. Ich bin nicht bolschewistisch[,] nicht sozialistisch[.] Deshalb wähle ich nicht sozialdemokratisch[.] Aber ich bin freiheitlich und demokratisch[,] deshalb wähle ich Deutsche Volkspartei (Deutsche Demokratische Partei)“[625]

Anhand der Flugblätter der bayerischen Linksliberalen aus den Jahren 1918 und 1919 lässt sich auch rekonstruieren, dass die Partei sich als die politische Vertretung des bürgerlichen Milieus betrachtete. „Alles, was nicht sozialdemokratisch ist, das deutsche Bürgertum, der deutsche Bauernstand“, hieß es in einem Aufruf zur Landtagswahl, „darf nicht die Hände in den Schoß legen und sein Schicksal Leuten überantworten, die nie und nimmermehr solche Interessen vertreten können, noch wollen“ – dies vermöge „nur ein in einem großen, machtvollen Parteigebilde gesammeltes Bürgertum“.[626] Die DVPB hatte auch eine klare Vorstellung von der Beziehung zwischen Bund und Ländern: Von der BVP distanzierte sie sich insbesondere aufgrund deren Wunsch nach einer „Lostrennung Bayerns vom Reich“, was den Liberalen zufolge einer „Rückkehr zur unseligen Kleinstaaterei früherer Zeiten“ gleichgekommen wäre.[627] Die Partei kämpfe, so machte sie klar, „für ein ewig ungeteiltes, einiges Deutschland, das frei von dem Uebergewichte Preußens, jedem einzelnen Staat die Auswirkung seiner Eigenart ermöglicht. Weg alle Verpreußung, aber unbedingtes, rücksichtsloses Eintreten für die Einheit des deutschen Staatenbundes, der bald die deutschen Brüder in Böhmen und in den deutsch-österreichischen Landen umfassen möge.“[628]

Der Hinweis auf eine Stärkung der Einzelstaaten dürfte dem patriotischen Bayern Karl Süßheim gefallen haben – ebenso wie die klare öffentliche Positionierung der Partei in der Frage der religiösen Gleichberechtigung.[629] Für die Linksliberalen kandidierte nicht nur

622 DVPB: Flugblätter 1918–1919, BSB 20 H. Un. App. 32Z, Nr. 47.

623 Ebd., Nr. 32.

624 Ebd., Nr. 47.

625 Ebd., Nr. 23.

626 Ebd., Nr. 103.

627 Ebd., Nr. 50.

628 Ebd., Nr. 32.

629 Dazu hieß es: „Die Deutsche Volkspartei fordert völlige Gleichheit aller Staatsbürger und Staatsbürgerinnen vor dem Gesetz und in der Verwaltung, ohne Rücksicht auf Stand, Klasse und Bekenntnis. Sie erkennt in voller Wahrung der Glaubens- und Gewissensfreiheit ein unantastbares Grundrecht des deutschen Volkes und sieht alle Konfessionen, Kirchen und Religions-Organisationen und Gesinnungsgemeinschaften als gleichberechtigt an, ohne sich in ihre inneren Verhältnisse

der von Süßheim in seinem Tagebuch für seine antisemitische Äußerung kritisierte Ernst Müller-Meiningen[630] – mitnichten ein „politischer Freund" Süßheims, wie bei Barbara Flemming und Jan Schmidt zu lesen ist[631] –, sondern mit Ludwig Quidde auch einer der ersten Wortführer gegen den Antisemitismus im Kaiserreich.[632] Obwohl er der Partei mangels Alternativen nun also bei der Wahl zum Bayerischen Landtag seine Stimme gab: Karl Süßheim hatte freilich nicht die echt linksliberale Haltung vieler anderer deutscher Jüdinnen und Juden. Dies zeigte sich schon wenig später, denn nur eine Woche darauf wurde deutschlandweit an die Urnen gerufen.

In die deutsche Nationalversammlung wählte Karl Süßheim die nationalliberale DVP[633], die Partei des späteren Weimarer Außenministers und obersten Wahlkämpfers Gustav Stresemann, die, anders als in Bayern, auf Reichsebene nicht im Parteienbündnis mit der offen antisemitischen DNVP antrat.[634] Stresemann beteuerte im Zusammenhang mit seiner Zustimmung zur „Judenzählung" im Ersten Weltkrieg – die erst aus dem Blickwinkel der historischen Distanz als Wendepunkt ins Negative bewertet wird[635] –, er habe damit „antisemitische Tendenzen nicht verfolgt [...], denen er sowohl wie die Partei selbst abhold sei"[636]. Nichtsdestotrotz stellt sein Biograf Karl Heinrich Pohl fest, dass Stresemann sich gegenüber Angehörigen der jüdischen Minderheit, sofern sie politische Gegner waren, „keinerlei Zurückhaltung auferlegte, manche vernichtende Stereotypen [sic!] benutzte und vor rabiaten, antisemitisch klingenden Äußerungen nicht zurückschreckte."[637] Dem Politiker, der selbst mit einer Konvertitin aus einer jüdisch-bürgerlichen Familie verheiratet war,

einzumischen. [...] Jedem Kind ist Gelegenheit zu geben, den Religionsunterricht seiner Konfession in der Schule zu empfangen ohne jeglichen Zwang gegen Eltern und Lehrer." Ebd.

630 Vgl. die Bemerkung über Eisner, S. 423. Ernst Müller-Meiningen, der in der Landtagswahl mit Erfolg für die DVPB antrat, entwickelte sich vom patriotischen Linksliberalen zunehmend in Richtung nationalistische Positionen. Dazu ist eine interessante Episode aus dem Reichstag überliefert, die allerdings in ihrem politischen Kontext gesehen werden muss, denn sie stammt aus der Feder Rosa Luxemburgs: „Unter dem Schrei ‚Landesverrat!' stürzen sich die Hubrich und Müller-Meiningen mit Fäusten auf jeden, der die Reichstagstribüne besteigt, um Kritik an der Regierung zu üben." Rosa Luxemburg: Hundepolitik [Illegales Flugblatt der Spartakusgruppe vom Mai 1916], abgedr. bei Ders.: Gesammelte Werke, Bd. 4: August 1914 bis Januar 1919, Berlin 1974, S. 190–193, das Zitat S. 191.

631 Vgl. die fälschliche Zuschreibung des Zitats bei Flemming u. Schmidt, Kap. II.1.

632 Vgl. DVPB: Flugblätter 1918–1919, BSB 20 H. Un. App. 32Z, Nr. 80. Zu Quidde vgl. Kap. I.1.

633 Süßheim nennt die Partei in seinem Tagebuch اعوام فرقسی [*a'vamm firkası*], wörtlich: „Volkspartei", Tagebuch KS, 19.1.1919, Nachlass KS (SBB) Hs. or. 1 135/10, fol. 26v.

634 Zum Wahlkampf der DVP zur Nationalversammlung 1919 vgl. die Monografie von Ludwig Richter: Die Deutsche Volkspartei. 1918–1933 (=BGParl 134), Düsseldorf 2002, S. 46–55. Gustav Stresemann (1878–1929) war ab 1917 Fraktionsvorsitzender der Nationalliberalen und hatte später den Parteivorsitz der DVP inne. 1923 war er Reichskanzler, im Anschluss diente er in verschiedenen Kabinetten als Außenminister der Weimarer Republik. Zur Bedeutung Stresemanns im Wahlkampf 1919 vgl. Richter, Volkspartei, S. 55. Eine äußerst lesenswerte Biografie lieferte jüngst Pohl, Stresemann.

635 Vgl. Kap. II.1.

636 Zit. nach: Pohl, Stresemann, S. 104.

637 Ebd., S. 101 f.

waren „[b]ei einer Auseinandersetzung um Werte die billigsten Klischees nicht zu schade“[638], schreibt Pohl. Wahr ist aber auch: Er hatte sich bereits in Studientagen für die Gleichberechtigung der jüdischen Minderheit eingesetzt, sich klar gegen die antisemitischen Bestimmungen in vielen Verbindungen positioniert und zählte etliche jüdische Deutsche zu seinen Freunden und Bekannten.[639] „Stresemann [...] hat die Nähe zu national-patriotischen und bürgerlichen Juden geradezu gesucht“[640], schreibt der Biograf – Karl Süßheim hätte dem späteren Außenminister sicher gefallen.

Die DVP, die, genauso wie die Linksliberalen, Süßheims Überzeugung entsprechend auch die Trennung von Staat und Kirche forderte, grenzte sich von ihrer politischen Verwandten insofern ab, als sie deutlich nationalistischer geprägt war und viele ihrer Mitglieder und Anhänger dem Kaiserreich und der Monarchie offen nachtrauerten.[641] Für Gustav Stresemann scheint vielen die Charakterisierung als „Herzensmonarchist“ und „Vernunftrepublikaner“[642] nach den vollendeten Tatsachen von Weimar wie geschaffen, aber auch in der strikten Ablehnung jeglicher sozialistischer Forderungen kam das Programm seiner Partei Karl Süßheim entgegen.[643] Überdies forderte die DVP die Gewährleistung der

638 Ebd., S. 102.

639 Vgl. ebd., S. 103.

640 Ebd., S. 103.

641 Im Wahlkampf zur Nationalversammlung konnte sich die DVP „nicht zur [...] Erwähnung des Wortes ‚Republik‘ durchringen und einigte sich schließlich auf die blasse Formel einer ‚nationalen und wahrhaft demokratischen Politik‘“ (Richter, Volkspartei, S. 46). Nach der Wahl zur Nationalversammlung verabschiedete die DVP ein Grundsatzprogramm. Kolonialistisch-nationalistische Färbung („An der geistigen und sittlichen Hebung der auf niedriger Kulturstufe stehenden Völker mitzuarbeiten, ist auch das deutsche Volk berechtigt. [...] [Die DVP] verwirft alle Bestrebungen, die unser deutsches Empfinden zurückdrängen wollen zugunsten weltbürgerlicher, uns wesensfremder Auffassungen.“) sowie mäßige Begeisterung über das demokratische Projekt von Weimar („Die Deutsche Volkspartei wird den Wiederaufbau des Reiches mit allen Mitteln fördern. Daher wird sie im Rahmen ihrer politischen Grundsätze innerhalb der jetzigen Staatsform mitarbeiten. [...] Die Deutsche Volkspartei erblickt [im] [...] Kaisertum [...] die für unser Volk nach Geschichte und Wesensart geeignetste Staatsform.“) tritt darin deutlich hervor. Vgl. Grundsätze der Deutschen Volkspartei. Leipzig, 19. Oktober 1919, in: Treue, Parteiprogramme, S. 117–125, die Zitate S. 118 f.

642 „Ich bleibe, der Vergangenheit zugewandt, Herzensmonarchist und werde, der Zukunft zugewandt, Vernunftrepublikaner.“ Das Zitat des Ideenhistorikers Friedrich Meinecke (1862–1954) stammt aus dem Jahr 1919. Der Begriff ist in der Forschung lange unscharf und allein in Bezug auf Protagonisten im liberal-bürgerlichen Spektrum wie Stresemann oder auch Thomas Mann verwendet worden, zudem war er negativ konnotiert. Den Versuch, das Phänomen auf eine breitere Basis hin zu untersuchen und zu analysieren, stellt ein Sammelband von 2008 dar, vgl. Wirsching u. Eder, Vernunftrepublikanismus. Das Zitat: Friedrich Meinecke: Verfassung und Verwaltung der deutschen Republik (Januar 1919), in: Georg Kotowski (Hrsg.): Friedrich Meinecke. Politische Schriften und Reden, 4. Aufl. Darmstadt 1979, S. 280–198, hier S. 281.

643 In einer Wahlkampfrede von 1919 formulierte Stresemann: „Wir bekennen uns offen als bürgerliche Partei und als grundsätzliche Gegner der Sozialdemokratie“. Eine sozialistische Mehrheit zu verhindern, wurde gar als Hauptziel der Partei ausgegeben. Zit. nach Richter, Volkspartei, S. 47. Vgl. zur Ablehnung des Sozialismus auch die bereits zitierten Grundsätze (19. 10. 1919), S. 121 ff.

„Freiheit der Wissenschaft und ihrer Erforscher und Lehrer" sowie „eine ausreichende wirtschaftliche Sicherstellung für alle Diener der Wissenschaft"[644] – eine für einen aufstrebenden Akademiker mit nach wie vor ungewissen Zukunftsaussichten nicht gerade unerhebliche Forderung. Mit letztlichen 4,4 Prozent der abgegebenen Stimmen bei der Wahl zur Nationalversammlung[645] hatte die DVP freilich eingeschränkte Gestaltungsmöglichkeiten. Eine wirkliche politische Heimat konnte auch sie Karl Süßheim ohnehin nicht bieten, was nicht zuletzt daran lag, dass auch in ihr antisemitische Äußerungen geduldet wurden.

Ernst Müller-Meiningen wird später sogar den Begriff des „Dolchstoßes" für sich beanspruchen[646], der die Legende eines Verrats der deutschen Armee durch Sozialisten und Juden schuf. Karl Süßheims Verein, der Centralverein deutscher Staatsbürger jüdischen Glaubens (C.V.), versuchte, dieser gesellschaftlich immer stärker um sich greifenden Vorstellung entgegenzuwirken, bekanntermaßen vergeblich. Ein Nürnberger Nationalsozialist wird sie später in einem Pamphlet, dem er ein Zitat Adolf Hitlers voranstellte, mit zahlreichen Verweisen auf Süßheims Bruder noch einmal sehr explizit im Vorwort formulieren[647], und Max Süßheim neben den „offenen Führern der bolschewistischen Bewegung" als einen derjenigen bezeichnen, die in der Revolution „getarnt nach außen, als harmlose mehrheitssozialdemokratische Führer" auftraten: „Wenn im folgenden im Geiste des Dritten Reiches die Juden als die verantwortlichen Drahtzieher der seinerzeitigen blutigen Geschehnisse entlarvt werden, so zwingt dazu den Geschichtsschreiber die bestimmte, bezeugte Tatsache, daß [...] die jüdischen Intellektuellen, Rechtsanwälte, Professoren und Redakteure die geistigen Bazillenträger zur Zersetzung der staatlichen Ordnung und zur Aufpeitschung der niedersten Instinkte der besitzlosen Volksschichten waren. Die Exponenten dieser jüdischen politischen Wühlarbeit waren die Kreise um die Juden und Stadträte Freund und Dr. Süßheim, Dr. Eisenstätter,

644 Ebd., S. 120.

645 Das liberale Lager, DVP und DDP (18,5 %), vereinigte jedoch fast ein Viertel der Wählerstimmen auf sich, vgl. Richter, Volkspartei, S. 53.

646 An der Selbstdarstellung Müller-Meiningens, der in seinen Erinnerungen darüber berichtete, das Wort im Rahmen einer Kundgebungsrede in München am 2. November 1918 in Umlauf gebracht zu haben, gibt es Zweifel. Autoren verweisen auf einen Artikel in der NZZ von Mitte Dezember 1918, der das Sprachbild verbreitet habe. Vgl. Lars-Broder Keil u. Sven Felix Kellerhoff: Deutsche Legenden. Vom „Dolchstoß" und anderen Mythen der Geschichte, Berlin 2002, S. 36. Für Müller-Meiningen ist ein entsprechendes Zitat zwar überliefert, allerdings erst später. In einem Flugblatt des Kandidaten für den Bayerischen Landtag vom 1. 1. 1919 heißt es: „Wir stehen in einem Zustande völliger Auflösung und Gesetzlosigkeit in Bayern wie im ganzen Reiche. Unserer standhaften, tapferen militärischen Front wurde von einer Schaar [sic!] von Drückebergern und Heimkriegern der Dolch in den Rücken gestoßen. So steht unser Vaterland vor dem Zusammenbruche." DVPB: Flugblätter 1918–1919, BSB 20 H. Un. App. 32Z, Nr. 33.

647 „In der Tat bietet die kritische Beleuchtung der Judenfrage den einzigen Schlüssel zum Verständnis des Zusammenbruches des alten Heeres und der Schwierigkeiten und Hemmungen, die sich im Wiederaufbau des jungen Reichsheeres immer und immer wieder zeigten." Fritz Schmidt: Geschichte des II. Bataillons des 21. Infanterie-Regiments in Nürnberg vom Ende des Weltkrieges bis zur Einführung der allgemeinen Wehrpflicht, Nürnberg 1935, Vorwort [o. S.].

Dr. Boenheim. Sie haben Arbeiterführer als Hetzredner gekauft, das Gift des Bolschewismus in die Herzen der Massen zu tragen."[648] Die Nürnberger Matrosenkompanien seien in Wahrheit ein bloßes Werkzeug Max Süßheims gewesen – der Kieler Matrosenaufstand als Schlüsselereignis in der gesamtdeutschen Erzählung vom „Dolchstoß" wurde hier, wie Kerstin Gardill richtigerweise beobachtet, mithilfe des jüdischen SPD-Politikers Max Süßheim kurzerhand auf Nürnberg übertragen.[649] Nicht nur auf seinen Bruder in Franken aber, auch auf Karl Süßheim selbst sollten nun Zeiten zukommen, in denen solche Ansichten immer salonfähiger und für die jüdische Minderheit gefährlicher wurden: München, die Hauptstadt der Novemberrevolution, war nämlich zugleich ein Hort reaktionärer Kräfte. Ihre Brutstätte war die Universität München, Karl Süßheims Arbeitsplatz.

„Die aus dem Felde zurückkehrenden Kommilitonen" | Eine Universität im Krisenmodus

Auch an den Universitäten des Kaiserreichs hatte man sich zu Beginn des Ersten Weltkriegs zuversichtlich gezeigt, dass die Kampfhandlungen bald siegreich zu Ende gehen würden. Nach Anweisung des bayerischen Innenministeriums etwa wurde die Immatrikulationsfrist für Studenten, die an die Waffen gerufen worden waren, zunächst nur um einige Zeit verlängert, und man ging davon aus, dass sie im Laufe des Semesters wieder zu ihren Kommilitonen hinzustoßen würden.[650] In den darauffolgenden langen Kriegsjahren herrschte schließlich aber auch an der Universität München der Ausnahmezustand: Studenten aus Feindstaaten wurden rasch vom Lehrbetrieb ausgeschlossen[651], die Universitätsbibliothek durfte nur noch

648 Ebd., S. 6f.

649 Vgl. ebd., S. 12ff. u. Gardill, Süßheim, S. 216.

650 Reichlich optimistisch hieß es: „Die Anmeldung zur Immatrikulation oder die Kartenerneuerung kann durch den Studierenden schriftlich oder durch Vertreter erfolgen. Der Einzeichnung in das Matrikelbuch der Universität und der Verpflichtung auf die Universitätssitzungen mittels Handgelübde bedarf es zur Wirksamkeit der Immatrikulation nicht. Soweit tunlich sind diese Formalhandlungen nach Beendigung des Krieges nachzuholen. […] Die bei der mobilen Armee zum Heeresdienst eingerückten Studierenden gelten bis auf weiteres als beurlaubt. Die Vorschrift […], wonach ein Semester einem Studierenden nur dann angerechnet wird, wenn er wenigstens eine ordentliche Vorlesung belegt hat, tritt für sie zunächst für das Wintersemester 1914/15 außer Kraft, sofern sie nicht in der Lage wären, spätestens zu Beginn des Jahres 1915 den Universitätsbesuch noch aufzunehmen." Bekanntmachung des Universitäts-Rektorats, Betreff: Immatrikulation, Kartenerneuerung und Inskription von im Felde stehenden Studierenden, 15.10.1914, Nachlass KS (LOC), Box 11.

651 Vgl. K. bayerisches Staatsministerium des Innern für Kirchen- und Schulangelegenheiten an die Rektorate der drei Landesuniversitäten und der Technischen Hochschule, Betreff: Immatrikulation von russischen, serbischen und montenegrinischen Studierenden, 7.8.1914 u. K. bayerisches Staatsministerium des Innern für Kirchen- und Schulangelegenheiten an die Rektorate der drei Landesuniversitäten, Betreff: Immatrikulation von Ausländern, 11.8.1914, beide Nachlass KS (LOC), Box 6 sowie K. bayerisches Staatsministerium des Innern für Kirchen- und Schulangelegenheiten an

betreten, wer die deutsche oder österreichische Staatsbürgerschaft vorweisen konnte[652], man sammelte für verwundete Kriegsrückkehrer.[653] Im Wintersemester 1916/17 musste die LMU den Lehrbetrieb in andere Räumlichkeiten verlegen[654] und schließlich frühzeitig einstellen, weil die Kohlevorräte zur Neige gingen[655]. Nach der Kapitulation bemühten sich die Verantwortlichen sodann nach Kräften, für die Kriegsrückkehrer möglichst schnell wieder ein Stück Normalität einkehren zu lassen.[656] Kaum berücksichtigt wurden dabei die verbliebenen Studenten aus dem Osmanischen Reich, die nicht ohne weiteres in ihre Heimat zurückkehren konnten.

Ein Blick zurück: Nach der vernichtenden Niederlage kreuzten Kriegsschiffe der Siegermächte im Bosporus; Konstantinopel wurde im November 1918 besetzt, und einige Monate später folgte der Einmarsch griechischer Truppen in Smyrna (heute: İzmir) – der türkische Kampf um Unabhängigkeit sollte alsbald beginnen. Angesichts der schwindenden Bedeutung der einstigen Bündnispartner in der öffentlichen Wahrnehmung versuchte Karl Süßheim, den in München studierenden Osmanen zu signalisieren, dass sie nach wie vor willkommen waren. „Nur höchstselten hatte früher der eine oder andere muselmannische Student aus der Türkei eine bayerische Hochschule besucht", machte Süßheim öffentlich auf die Präsenz

die Rektorate der drei Landesuniversitäten und der Technischen Hochschule, Betreff: Ausländische Studierende, 27.8.1914, ebd., Box 11.

652 Vgl. die Bekanntmachung der Kgl. Universitäts-Bibliothek München, o.D., Nachlass KS (LOC), Box 11.

653 Vgl. den Aufruf mehrerer Professoren zur Abgabe von Betttüchern und Matratzen, 26.8.1914, Nachlass KS (LOC), Box 11.

654 Vgl. Rektorat der Ludwig-Maximilians-Universität München an Karl Süßheim, Betreff: Beheizung und Beleuchtung, 2.2.1917, Nachlass KS (LOC), Box 6.

655 Im Februar 1917 wurde aufgrund der Kohlenknappheit überlegt, die Hochschulen zu schließen. Davon wurde unter anderem abgesehen, da „eine Reihe von Hochschulinstituten auch für Kriegszwecke arbeitet". Dafür wurde die Universität angewiesen, die Heizung so sparsam als möglich zu verwenden: „Die Bibliotheken sind nur insoweit zu heizen und zu beleuchten, als es für den inneren Dienstbetrieb unbedingt erforderlich ist. Lesesäle und Lesezimmer sind von der Heizung abzusperren […]." K. bayerisches Staatsministerium des Innern für Kirchen- und Schulangelegenheiten an den Senat d. K. Universität München, 1.2.1917, Nachlass KS (LOC), Box 6; vgl. auch Rektorat der LMU an die Herren Professoren und Dozenten der Universität München, 5.3.1917, ebd.

656 „Für Kriegsteilnehmer, die seither durch Heeresdienst an dem Betriebe ihrer Hochschulstudien gehindert waren, ist die Frist zur Immatrikulation und Inskription für das laufende Semester bis Ende November 1918 verlängert worden. Die nachträgliche Immatrikulation und Inskription für das laufende Semester kann nur jenen Studierenden empfohlen werden, die ihre Kenntnisse auf einem Stande wissen, dass sie an den Vorlesungen und Übungen mit Nutzen teilnehmen können. Im übrigen ist den jetzt aus dem Heeresdienst entlassenen oder beurlaubten Studierenden anzuraten, sich zunächst durch Privatstudium die notwendige Ergänzung ihres Wissens zur Aufnahme oder zum Weiterbetriebe des Hochschulstudiums zu verschaffen. Hierbei werden ihnen ihre seitherigen Lehrer an den höheren Lehranstalten wie die Hochschullehrer mit Rat an die Hand gehen." Bekanntmachung des Staatsministeriums für Unterricht und Kultus, Hochschulstudium der Kriegsteilnehmer betreffend, 16.11.1918, Nachlass KS (LOC), Box 4.

der jungen bildungswilligen Osmanen aufmerksam: „Erst der Krieg führte mehr türkische Jünger der Wissenschaft nach München.“[657] Wie erwähnt hatte Süßheim nicht nur deren türkischen Stammtisch im Lohengrin, der „bis in den Dezember 1918 beisammen[blieb]“[658], selbst mitbegründet[659], auch danach besuchte er selbstverständlich weiterhin deren abendliche Zusammenkünfte mit Vorträgen, Musik und Tanz.[660] Vor allem aber war er ein wichtiger Ansprechpartner für den Verein türkischer Studierender München (VTSM)[661], der Ende 1918 gegründet wurde. „So wird Bayern auch später in der Türkei unvergessen bleiben, sich ein dankbares Andenken sichern“, schrieb Süßheim über die Hoffnung, die er dabei hegte.[662] Er jedenfalls tat sein Möglichstes, die jungen Türken zu unterstützen: Als sie einen offenen Brief verfassten, in dem sie forderten, die Kommunikation mit ihrer Heimat wieder zu ermöglichen, las Süßheim die deutsche Fassung Korrektur, genauso wie später, als sie ein Schreiben an den US-amerikanischen Präsidenten richteten, von dem sie sich erhofften, dass er der Zerstückelung des Osmanischen Reichs ein Ende bereiten würde.[663] Zum Dank für seine Hilfe wurde Karl Süßheim zum Ehrenmitglied des Vereins ernannt.[664] Durch den öffentlichen Protest des osmanischen Konsulats wurde schließlich bekannt, dass die Alliierten den in Deutschland verbliebenen Osmanen nicht erlaubten, in ihre Heimat zurückzukehren; wiederum half Süßheim bei der Übersetzung.[665] Auch später noch, nachdem die meisten osmanischen Studenten längst in ihre Heimat zurückgekehrt waren, war Süßheim den wenigen, die sich entschieden hatten zu bleiben, immer wieder behilflich, so etwa einem jungen Mann namens ʿAbdülḥamīd S̲ābit, für den er Dokumente übersetzte, die dieser für seine Zulassung an der Technischen Universität benötigte, oder auch solchen, die sich über die komplizierten Regeln des deutschen Bildungssystems im Unklaren waren.[666] Für die verbliebenen Osmanen nahm Süßheim in der Nachkriegszeit an der Universität München auf diese Weise eine Schlüsselposition ein, denn dort konzentrierte man sich nun voll und ganz auf den deutschen Nachwuchs.

Bei der beschriebenen Vollversammlung der LMU am Tag nach dem Waffenstillstand war nicht nur der Umgang mit der politischen Situation in München, sondern auch ein

657 Süßheim informierte nicht nur über die bayerische Hauptstadt: „In den bayerischen landwirtschaftlichen Mittelschulen zu Schönbrunn bei Landshut und zu Triesdorf bei Ansbach erhielten seit 1916 eine Anzahl türkischer Zöglinge ihre Ausbildung. Meist durch Verwendung der deutsch-türkischen Vereinigung wurden türkische Handwerker- und Fabriklehrlinge in München und anderen bayerischen Orten untergebracht.“ Süßheim, Beziehungen (1919/20), S. 6.

658 Ebd.

659 Vgl. Kap. II.1.

660 Vgl. Tagebuch KS, 9. 4. u. 23. 6. 1919 sowie 22. 1. u. 16. 7. 1920.

661 Vgl. z. B. den Brief mit dem Emblem des Vereins von 1919, Nachlass KS (LOC), Kiste 2.

662 Süßheim, Beziehungen (1919/20), S. 6.

663 Vgl. Tagebuch KS, 6. u. 21. 1. 1919.

664 Vgl. ebd., 2. 2. 1919.

665 Vgl. ebd., 3. 3. 1919.

666 Vgl. ebd., 18. 9. 1920 u. 8. 11. 1922.

zusätzliches Kursangebot für Kriegsveteranen diskutiert worden.[667] „Um die aus dem Felde zurückkehrenden Kommilitonen in ihren Studien möglichst zu fördern", informierte das Rektorat der Universität die Dozentenschaft im Anschluss, sollte „unter Kürzung der Weihnachtsferien" das Wintersemester 1918/19 bereits frühzeitig am 15. Januar beendet werden – dadurch wollte man Zeit für Ferienkurse gewinnen, in denen die ehemaligen Soldaten verpassten Stoff nacharbeiten konnten.[668] Ein weiteres Ziel war es, Kriegsteilnehmer, die durch ihren Einsatz das Abitur verpasst hatten, schnell zur Ablegung des Examens zu führen, während sie zugleich schon mit dem gewählten Studienfach beginnen durften.

Einer von Karl Süßheims Kollegen zu dieser Zeit war der bereits erwähnte Privatdozent Victor Klemperer, der wie er selbst in München auf eine Professur hoffte. Zur Lehrerfahrung dieser Tage hielt Klemperer fest, dass es sich bei seinen Kursteilnehmern noch nicht um „‚richtige deutsche Studenten' im Sinn von normalen und üblichen Studierenden unserer Universitäten" gehandelt habe, „denn am Kriegsnotsemester durften ausschließlich Heimkehrer aus dem Felde teilnehmen"[669]. Diese beschrieb er wie folgt: „Sie waren älter, sie waren reifer und verwilderter als normale Studierende, sie hatten vieles, wenn nicht alles von dem vergessen, was sie auf der Schule gelernt hatten, sie wollten so rasch als möglich nachholen und weiterkommen, viele waren geistig ausgehungert, sehr viele, ja die meisten in wirtschaftlicher Bedrängnis, alle sehnten sich danach, mit der Studienzeit fertig zu werden. Sie mußten konzentrierter unterrichtet, ihr Interesse mußte unmittelbarer und entschiedener erzwungen werden, als es unter normalen Umständen nötig ist. [...] Weniger erfreulich als diese Kollegien waren die Vorbereitungskurse zum Abitur, die mit Gruppen von fünfundzwanzig Schülern gehalten wurden. [...] Ihr gesamtes Interesse galt natürlich dem erwählten Studienfach, das nachzuliefernde Abitur galt als peinliche und unnütze Formalität, von den häuslichen Arbeitsstunden zum mindesten mochte man nichts opfern, sollten die Dozenten sehen, was sie einem einzutrichtern vermochten, sollte nachher ein Examinator die Stirn haben und alte Studenten durch ein kindisches Schulexamen fallen zu lassen!"[670]

Seitenweise schrieb Kollege Karl Süßheim die Erfahrungen nieder, die seine Studenten während des Weltkriegs gemacht hatten und von denen sie ihm nun berichteten. Ein Kursteilnehmer war zum Beispiel ein Major, dessen Namen Süßheim im Tagebuch offenbar absichtlich nicht nannte[671]: Dieser habe während des Kriegs zwei Jahre für den osmanischen Geheimdienst in Konstantinopel, danach für die Münchner Polizei gearbeitet. Ein anderer, der seinen Türkisch-Kurs besuchte, war ein gewisser Major Loewy, „der dreieinhalb Jahre im Orient war und Türkisch konnte, obwohl seine Kenntnisse der Grammatik und Literatur

667 Vgl. ebd., 12.11.1918.

668 Rektorat an die Professoren und Dozenten der Universität München, 15.11.1918, Nachlass KS (LOC), Box 4.

669 Klemperer, Revolutionstagebuch, S. 67.

670 Ebd., S. 67f.

671 Anstelle des Namens im Text des Tagebucheintrags findet sich eine Lücke, vgl. Flemming u. Schmidt, Diary, S. 224.

schwach waren“[672]. Süßheim lernte auf diese Weise aber auch einen Studenten kennen, der im Zuge der *Jihad*-Politik an der deutschen Militärmission in Tabriz und Teheran teilgenommen hatte.[673] Der junge Mann stimmte Süßheim in wesentlichen Bewertungen des Kriegsverlaufs im Nahen Osten zu, und auch über den inzwischen erschreckend exkludierenden Charakter des jungtürkischen Regimes waren die beiden sich einig: „Die Türken waren allen [anderen] Rassen, welcher Nationalität auch immer, feindlich gesinnt“, schrieb Süßheim. Der Dozent und sein neuer Schüler hatten auch gute gemeinsame „Bekannte“: Der Spionagefall Bekir Sıdkı, in den Karl Süßheim im Zuge seiner Tätigkeit für die Postüberwachung involviert war[674], hatte in Konstantinopel ebenfalls einige Aufmerksamkeit erregt, wie der Major, der zu diesem Zeitpunkt für das osmanische Kriegsministerium gearbeitet hatte, ihm nach einigen gemeinsamen Unterrichtsstunden erzählte.[675] Ein anderer Teilnehmer an Süßheims Unterricht, dessen Name im Tagebuch bewusst unkenntlich gemacht wurde, hatte noch ungleich Interessanteres aus dem Krieg zu berichten: Zweifelsfrei handelte es sich bei dem Beschriebenen um Oskar von Niedermayer, den Leiter der deutschen Afghanistan-Expedition im Ersten Weltkrieg.[676]

672 Hier und die folgenden Zitate: Tagebuch KS, 17.6.1919, Nachlass KS (SBB) Hs. or. 1 135/10, fol. 87r f. Loewy wolle Dramaturg werden und seinen Doktor in türkischer Literatur bei Süßheim machen, notierte er hier außerdem.

673 Vgl. ebd., 25.11.1918.

674 Vgl. Kap. II.1.

675 Vgl. Tagebuch KS, 17.7.1919.

676 Oskar von Niedermayer (1885–1948) studierte Naturwissenschaften, Geografie und Persisch. Nach seinem Studium wurde er 1912 für zwei Jahre wegen einer Forschungsreise, die ihn in den Iran und nach Indien führte, beurlaubt. Kurz vor Ausbruch des Ersten Weltkriegs kehrte er zurück, diente dann zunächst an der Westfront und wurde im Dezember 1914 mit der sogenannten „Niedermayer-Hentig-Mission“ nach Afghanistan geschickt. Nach dem Scheitern der Mission und dem Rückzug 1916 wurde Niedermayer Teil der Militärmission im Osmanischen Reich. Die in seinen Memoiren geschilderte Laufbahn ist mit Süßheims Beschreibung nahezu deckungsgleich, vgl. die Biografie von Hans-Ulrich Seidt: Berlin Kabul Moskau. Oskar Ritter von Niedermayer und Deutschlands Geopolitik, München 2002 sowie Oskar von Niedermayer: Unter der Glutsonne Irans. Kriegserlebnisse der deutschen Expedition nach Persien und Afghanistan, Dachau [1925]; Ders.: In der Hölle Irans (= Münchner Jugendbücher 4), München 1926. 2014 gab es eine Ausstellung zu Niedermayer im Bayerischen Hauptstaatsarchiv, das dessen Nachlass besitzt, vgl. Lukas Herbeck (Bearbeiter): Oskar Ritter von Niedermayer. Ein bayerischer Hauptmann im Orient 1912–1918. Eine Ausstellung der Bayerischen Archivschule, München 2014. Süßheim schrieb über ihn: „Vor dem Krieg ist er von der Bayerischen Akademie auf eine wissenschaftliche Mission in den Iran geschickt worden. Während des Weltkriegs war er im Iran und in Afghanistan. [...] Nach seiner Rückkehr nach Deutschland wurde er in Begleitung von General von der Goltz nach Istanbul und von dort an die iranische Grenze geschickt; die britische Armee im Irak sollte von Iran aus angegriffen werden. Aber im September 1917 [...] wurde er trotz seiner Siege angewiesen, den iranischen Feldzug abzubrechen, und wurde nach Aleppo beordert. [...] Im Januar 1918 kehrte er ins deutsche Hauptquartier zurück.“ Tagebuch KS, 16.10.1919, Nachlass KS (SBB) Hs. or. 1 135/11, fol. 37 f. Zur Identifikation des Mannes vgl. Flemming u. Schmidt, Diary, S. 225.

Ein Autorenfoto der ganz besonderen Art: Karl Süßheims Student Oskar von Niedermayer „in seiner Verkleidung als Mekkapilger Hadschi Mirsa Hussein in Hamadan".

Erstmals tauchte Oskar von Niedermayer im Oktober 1919 in Karl Süßheims Ḥāfiẓ-Lektürekurs auf.[677] Die spontane Abneigung gegenüber dem Mann, der einer der wichtigsten Vollzieher der von Oppenheim erdachten Islampolitik[678] war, ist im Tagebuch deutlich formuliert: „Er scheint ein unzuverlässiger, arroganter Mann zu sein. Er macht sich über die deutschen Diplomaten lustig, als wäre er selbst ein echter Diplomat. Seine Tagebücher befinden sich derzeit in Afghanistan und er behauptet, dass die Fehler und Mängel der deutschen Diplomaten in diesen Notizbüchern wunderbar dokumentiert sind[679]. Weil [sein] Dienst vor

677 Vgl. Tagebuch KS, 16. u. 21.10.1919.

678 Explizit zur Afghanistan-Strategie vgl. Kap. II.1.

679 In der Tat ließ Niedermayer sich darüber in seinen Memoiren aus, und kündigte schon im Vorwort an, dass er „rückhaltlos offen meine Tätigkeit und die aller Leute um mich schildern" würde, „an Hand meiner Tagebuchaufzeichnungen, die ich nach jahrelangen Bemühungen nach Deutschland in

dem Krieg seiner Meinung nach in höchstem Maße gewinnbringend war, hatten sie [gemeint sind wohl die Verantwortlichen im Militär, KM] ihn sozusagen vor mir [in Süßheims Funktion als Zensor, KM] geheim gehalten und nicht zugelassen, dass [er] sich mir näherte. Er tat so, als könne er Persisch gut, aber laut [dem persischen Studenten[680], KM] Asadullāh Khan beherrscht er Persisch überhaupt nicht."[681]

Niedermayer lud Süßheim, der sich seine Antipathie offenbar nicht besonders anmerken ließ, zu einem Vortrag ein, den er auf Einladung der Geographischen Gesellschaft München Anfang November 1919 über seine Reisen in Iran von 1912 bis 1914 hielt.[682] Vor seinem Publikum habe Niedermayer sich damit gebrüstet, dass er trotz entgegengesetzter Anweisungen der Deutschen Botschaft umherreiste und, als Muslim und Pilger getarnt, nicht nur Bushir, Isfahan und Shiraz, sondern sogar den berühmten Pilgerort Maschhad[683] gesehen habe. In Persien habe er sich auch mit dem britischen und dem russischen Konsul angefreundet, zitierte Süßheim den Mann – mittlerweile war es offenbar wieder möglich, derartige Feindkontakte öffentlich zum Besten zu geben. Am besten habe Niedermayer sich mit Percy Sykes[684] verstanden, behauptete dieser offenbar und garnierte Süßheim zufolge seine Geschichte mit einer Anekdote über eine persönliche Demütigung des bezeichneten britischen Konsuls, die dieser ihm anvertraut habe – und von der Niedermayer nun freimütig öffentlich zum Besten gab. Karl Süßheims Beschreibung fügt dem kolportierten Bild Oskar von Niedermayers nur einige unsympathische Facetten hinzu: Auch aus anderen Quellen tritt dessen „Selbstbild als schneidige bayerische Kraftnatur und Mann der Tat" sowie sein „überbordendes Selbstbewusstsein und schillerndes Auftreten" hervor, das ihn offenbar „häufig in Konflikte" brachte, wie Lukas Herbeck schreibt, der eine biografische Ausstellung erarbeitet hat.[685]

Nicht nur der Leiter der Afghanistan-Expedition aber, sondern auch altbekannte Schüler wurden bei Süßheim nach dem Krieg schnell wieder vorstellig. Franz Babinger, Karl Süßheims erster Prüfling, der in Nahost gekämpft hatte und nun hochdekoriert zurückkehrte[686], suchte ihn im Januar 1919 auf und erzählte ihm von seiner Kriegsgefangenschaft in Syrien, nachdem er – zum dritten Mal während des Kriegs – verwundet worden war.[687] Es sei ihm

Sicherheit bringen konnte. Noch leben freilich Menschen und wirken Umstände, die es mir angezeigt erscheinen lassen, bei meiner Schilderung ein gewisses Maß von Rücksicht und Zurückhaltung zu wahren". Niedermayer, Glutsonne, S. 5 f.

680 Vgl. Tagebuch KS, 28. 9. 1919.

681 Ebd., 16. 10. 1919, Nachlass KS (SBB) Hs. or. 1 135/11, fol. 37r f.

682 Hier und im Folgenden vgl. ebd., 6. 11. 1919.

683 Maschhad mit dem Schrein des nach Zählung der sogenannten Zwölferschiiten achten Imams ʿAlī Reẓā (768–818) gehört zu den sieben heiligen Stätten des schiitischen Islam.

684 Percy Molesworth Sykes (1867–1945) war ein britischer Offizier und Diplomat. Er ist nicht zu verwechseln mit dem englischen Verhandlungsführer des Sykes-Picot-Abkommens.

685 Alle Zitate: Herbeck, Niedermayer, S. 9.

686 Vgl. Kap. I.3 u. II.1.

687 Hier und im Folgenden vgl. Tagebuch KS, 7. 1. 1919.

aber die Flucht gelungen, erzählte Babinger – im Oktober 1918 schaffte er es aus der Region heraus. Nach einer Durchfallerkrankung noch ganz schwach auf den Beinen, wirkte der junge Mann außergewöhnlich nervös auf Süßheim – Babinger habe sogar Probleme damit gehabt, sich klar zu artikulieren, hielt er fest. Dies sollte sich schneller ändern als es Süßheim lieb sein konnte: Franz Babinger wurde in Bad Reichenhall behandelt und, wie wir noch sehen werden, bald zu einem seiner ambitioniertesten Konkurrenten. Auch Kriegsheimkehrer, die es mit der Orient-Wissenschaft überaus ernst meinten, fanden sich also in den Kursen ein – doch nicht alle an der LMU sorgten sich in der Nachkriegszeit in erster Linie um den Fortgang ihrer Studien.

In Hörsaal 148 der Münchner Universität saß im Juni 1919 ein Mann, der der Geschichte des 20. Jahrhunderts seinen Stempel aufdrücken sollte: Als V-Mann und Teilnehmer eines antibolschewistischen Kurses der Wehrmacht knüpfte Adolf Hitler hier Kontakte zur nationalkonservativen Szene. Vorgetragen wurde dort unter anderen von Karl Alexander von Müller, einem Schwergewicht des Historischen Seminars der LMU.[688] In diesem Rahmen fiel das Redetalent des späteren „Führers“ auf, und folgt man der Einschätzung des Autors Anton Joachimsthaler, so war dies nicht der einzige Effekt: „Hitler wurde durch die Vorlesungen mit den politischen Vorstellungen deutschnationaler bis alldeutscher sowie auch antisemitischer Richtung eingehend bekannt gemacht“[689]. Das Klima in München in diesem Sommer bot Hitler eine Bühne, wie der Historiker Andreas Wirsching betont: Die dazu passende Rolle fand Hitler eher zufällig, denn was er auf dieser Bühne „demagogisch repetierte, verstärkte, zuspitzte und am Ende wohl auch glaubte“, so Wirsching, „war zunächst nichts anderes als die in Bayern und in seinem Heere omnipräsente völkisch-nationalistische, antibolschewistische und antisemitische Propaganda“[690]. Seine Radikalisierung erfolgte schnell: „Der Antisemitismus aus rein gefühlsmäßigen Gründen wird seinen letzten Ausdruck finden in der Form von Progromen [sic!]“, wird Hitler noch im selben Herbst schreiben, „[d]er Antisemitismus der Vernunft“ müsse „zur planmäßigen gesetzlichen Bekämpfung und Beseitigung der Vorrechte des Juden“ führen – „[s]ein letztes Ziel aber muß unverrückbar die Entfernung der Juden überhaupt sein“[691]. Bevor Hitler sich anschickte, mit diesem Weltbild an die Öffentlichkeit zu treten, sollte ein Student der LMU der politischen

688 Vgl. das Original-Kursprogramm: BayHStA, Abt. IV, RWGrKdo 4, Nr. 312, abgedr. bei Othmar Plöckinger: Adolf Hitler als Hörer an der Universität München im Jahr 1919. Zum Verhältnis zwischen Reichswehr und Universität, in: Kraus, Universität II, S. 13–47, hier S. 30. Transkribiert bei Anton Joachimsthaler, Hitlers Weg begann in München. 1913–1923, München 2000, S. 229, das Original-Dokument ist hier abgedr. auf S. 230. Vgl. dazu auch Brenner, Schatten, S. 193. Zu Müller vgl. die Anmerkungen in der Hinführung und im Nachspiel.

689 Joachimsthaler, Hitle[r], S. 229.

690 Andreas Wirsching: Hitlers Authentizität. Eine funktionalistische Deutung, in: VfZ 64/3 (2016), S. 387–417, hier S. 406.

691 [Adolf] Hitler an [Adolf] Gemlich, 16.9.1919, abgedr. bei Ernst Deuerlein (Bearb.): Hitlers Eintritt in die Politik und die Reichswehr [Dokumentation], in: VfZ 7/2 (1959), S. 177–227, Dokument 12: S. 203–205, das Zitat S. 204.

Entwicklung in München eine entscheidende Wendung geben: Sein Name war Anton von Arco, er stammte aus Passau und war der Sohn eines bayerischen Offiziers, dessen Ehefrau derselben ursprünglich jüdischen, doch christlich getauften Bankiersfamilie angehörte, die auch Max von Oppenheim, den Architekten der deutschen Islampolitik im Weltkrieg hervorgebracht hatte.[692] Der junge Arco indessen war im Krieg Infanterie-Leutnant gewesen, hatte inzwischen begonnen, Jura zu studieren und beobachtete ungläubig, wie sein Weltbild erschüttert wurde: Die linke Revolution war dem Kriegsheimkehrer ein Graus. In seinem reaktionären Bekanntenkreis wurde er nichtsdestotrotz diskriminiert – er verkehrte zwar mit den Mitgliedern der antisemitischen Thule-Gesellschaft, war wegen der jüdischen Herkunft seiner Mutter aber aus der Vereinigung ausgeschlossen.[693]

Während der Hass des jungen Mannes auf die Sozialisten wuchs, sahen sich die Befürworter eines Rätesystems für Bayern nach der Januar-Wahl in einer schwierigen Lage: Die USPD hatte nur 2,52 Prozent der Stimmen erhalten, die MSPD dagegen rund 33, die katholisch-konservative BVP 35.[694] Ministerpräsident Kurt Eisner, der die Revolution angeführt und bald auch öffentlich die Schuld des Kaiserreichs am Krieg anerkannt hatte[695], war massiv angeschlagen. Nichtsdestotrotz erhoben sich bei einer von der Linken organisierten Massendemonstration Mitte Februar wieder auch Stimmen für eine räterepublikanische Staatsform, wie Karl Süßheim verständnislos beobachtete.[696] Zunehmend brodelte es an den politischen Rändern, und einige Tage später entdeckte Süßheim morgens ganze Einheiten von Matrosen auf den Straßen Münchens, die in teure elegante Uniformen gekleidet waren, was ihm

692 Arcos Mutter war Emmy geborene Freiin von Oppenheim (1869–1957).

693 Der völkische Geheimbund, benannt nach der Insel Thule einer nordischen Sage, wurde im August 1918 zur Bekämpfung der linken Revolution in München gegründet und erreichte im Winter 1918/19 seine höchste Mitgliederzahl. Der Gründer der Gesellschaft schrieb wörtlich: „Graf Anton Arco auf Valley hatte von der Mutter her […] Judenblut in den Adern, er ist Jüdling und war daher weder von der Thule Gesellschaft noch vom Kampfbunde aufgenommen worden." Rudolf von Sebottendorf: Bevor Hitler kam. Urkundliches aus der Frühzeit der nationalsozialistischen Bewegung, 2. Aufl. München 1934, S. 82. Die Rechtsextremen waren sich denn auch unsicher, wie sie den Studenten und seine spätere Tat beurteilen sollten, vgl. Brenner, Schatten, S. 65 f. Die genaue Verbindung Arcos mit der Gesellschaft ist nach wie vor ungeklärt, vgl. Hermann Gilbhard: Die Thule-Gesellschaft. Vom okkulten Mummenschanz zum Hakenkreuz, 2. Aufl. München 2015, vgl. S. 84 f.

694 Vgl. dazu Bemerkungen bei Wette, Revolution, S. 208 u. Nicholas Goodrick-Clarke: Die okkulten Wurzeln des Nationalsozialismus, Graz u. Stuttgart 2000, S. 131.

695 Kurt Eisner war davon schon während des Krieges überzeugt, aber von seinen Genossen daran gehindert worden, seine Meinung publik zu machen. Ende November 1918 gab er Dokumente, die diese Sicht stützten, auch an die Presse. Das Schuldeingeständnis sollte den Siegermächten einen Wandel Deutschlands durch die Revolution signalisieren, war aber auch innerhalb der Revolutionsregierung hoch umstritten. Auf dem Berner Sozialistenkongress im Februar 1919 wiederholte Eisner vor internationalem Publikum sein Bekenntnis und brachte seine Idee eines großen Aussöhnungswerks auf den Tisch, vgl. die Zusammenfassung des Eisner-Biografen Bernhard Grau: Kriegsschuldfrage. 1918/1919, in: HLB 17.1.2007 [Online-Version], https://www.historisches-lexikon-bayerns.de/Lexikon/Kriegsschuldfrage,1918/1919#Eisner_auf_dem_Sozialistenkongress_in_Bern_1919.

696 Vgl. Tagebuch KS, 16.2.1919.

zutiefst widerstrebte.[697] In der Türkenkaserne[698] bezogen sie Stellung. Auf diese Weise ausgerüstet und bewaffnet besetzten sie am Nachmittag die Hauptwache der Münchner Polizei und die Räumlichkeiten der Stadtverwaltung. „Es wurde klar", schrieb Süßheim, „dass die Matrosen – für gewöhnlich Unterstützer der extremen Radikalen[699] – gekommen sind, um die wankende Stellung von [...] Eisner zu festigen"[700]. Zwei Tage später, am 21. Februar 1919 sollte der Landtag wiedereröffnet werden. Ministerpräsident Kurt Eisner kam gerade vom Außenministerium und war auf dem Weg zur konstituierenden Sitzung des Landtags, dem er wegen des schlechten Wahlergebnisses seiner USPD den Rücktritt anbieten wollte, aber: „Nach fünfzehn bis zwanzig Schritten, noch bevor er den Eingang [des Landtags, KM] erreichte, wurde er durch einen Pistolenschuss in den Rücken ermordet. Der Mörder war Graf Arco-Valley, Student der politischen Wissenschaften an der Universität München, nachdem er im Krieg als Reserveoffizier gedient hatte. Der Graf wurde durch Gewehrkugeln eines Soldaten [...] schwer verletzt."[701]

Arco, der diskriminierte rechtskonservative Sohn einer Jüdin, habe „durch den Mord seine nationale Gesinnung zeigen woll[en]"[702], schreibt der britische Historiker Nicholas Goodrick-Clarke. In der Tat verfasste der Student vorab eine handschriftliche Notiz: „Eisner strebt nach der Anarchie, er ist Bolschewist, er ist Jude, er ist kein Deutscher, er fühlt nicht deutsch, er untergräbt jedes deutsche Gefühl, er ist ein Landesverräter."[703] Schnell beschäftigte das Attentat die ganze Stadt. Als die Nachricht die Universität erreichte, hielt Victor Klemperer, der gerade im Arbeitssaal über seinem Kolleg saß, in seinem Tagebuch fest, „da wurde die Tür laut aufgerissen, so daß alles aufschaute, ein Diener machte ein paar Schritte in den Mittelgang hinein und rief dann mit erregter Stimme: ‚Bitte aufhören und das Haus verlassen, die Universität wird sogleich geschlossen – der Ministerpräsident ist ermordet worden.' Es gab Tumult und Durcheinanderfragen. Der Diener wußte wenig. Anordnung vom Rektorat, die Herren möchten nur rasch gehen, daß man das Haus schließen könne – den Eisner sollte ein Korpsstudent auf offener Straße erschossen haben, auch die Handgranate gegen den Landtag neulich werde einem Korpsstudenten zugeschrieben, so hätten jetzt Universität und Technische Hochschule ‚fei nix z'lachen'."[704]

697 Hier und im Folgenden vgl. ebd., 19. 2. 1919.

698 Die Kasernenanlage der bayerischen Armee in Münchens Maxvorstadt, auch Prinz-Arnulf-Kaserne genannt, lag am sogenannten Türkengraben, einem nur zeitweise bestehenden Kanal, an dessen Arbeiten angeblich Kriegsgefangene aus dem „Großen Türkenkrieg" (1683–1699) beteiligt waren – dabei handelt es sich allerdings um eine Legende.

699 Der „Kieler Matrosenaufstand" am 3. November war bekanntlich der Ausgangspunkt der revolutionären Bewegung von 1918.

700 Tagebuch KS, 19. 2. 1919, Nachlass KS (SBB) Hs. or. 1 135/10, fol. 37r.

701 Ebd., 21. 2. 1919, ebd., fol. 37r f.

702 Goodrick-Clarke, Wurzeln, S. 131.

703 Zit. nach Hans Freiherr von Pranckh (Hrsg.): Der Prozeß gegen den Grafen Anton Arco-Valley, München 1920, S. 13.

704 Klemperer, Revolutionstagebuch, S. 83 f.

Ungleich technischer beschreibt Karl Süßheims Tagebuch-Eintrag das Geschehen.[705] Der Landtag wurde ihm zufolge umgehend informiert, und nach einem entsprechenden Antrag seines Bruders seien die dort stattfindenden Beratungen für eine Stunde unterbrochen worden:

> „Der Mord an Eisner fand um fünf nach zehn Uhr morgens statt. Daraufhin erreichte die Aufregung eine solche Höhe, dass die Zentralkasse der Stadtverwaltung München um 10.15 Uhr geschlossen wurde. Auch Banken und alle Geschäfte schlossen. Der Arbeiter- und Soldatenrat nahm die Dinge in die Hand und berief eine Protestveranstaltung auf der Theresienwiese ein. Für München wurden das Notstandsrecht verkündet[706] und die Straßenbahnen am Mittag zum Stillstand gebracht. Von den Mittags- und Abendzeitungen erschien nur die sozialistische Münchner Post. Ein Generalstreik wurde offiziell verkündet [...]. Um 7 Uhr abends mussten alle zu Hause sein. Ich hörte von dem Mord an Eisner um halb elf Uhr morgens in der Bayerischen Armeebibliothek[707]. Ein Polizist verkündete die Nachricht. Es hatte eine unmittelbare Wirkung auf das Militärpersonal und die Besucher und sorgte für allgemeine Freude. Die Worte ‚Eisner verdient die Kugel nicht, er hätte gehängt werden sollen' wurden lautstark ausgesprochen. Ich ging um halb elf und hörte vor dem Kriegsministerium mehr Einzelheiten darüber, was geschehen war. Hier und da lobten die Leute Eisner begeistert; die Umstehenden hörten zu, ohne zu protestieren. Am Morgen [...] waren Wachen vor dem Regina Palast-Hotel [wo die Anhänger Eisners tagten, KM] aufgestellt worden. Sie wurden um 7 Uhr abends aus einem vorbeifahrenden Bus beschossen. Er war wahrscheinlich mit reaktionären Offizieren besetzt. Sie [die Wachmänner, KM] schafften es, die Angreifer abzuwehren, indem sie hinter den Säulen der Veranda Schutz suchten und zum Gegenangriff übergingen."[708]

Die Geschichte hatte Süßheim von den Wachmännern selbst gehört – er war nämlich zu dem Hotel, in dem der Zentralrat der Bayerischen Republik unter Ernst Niekisch[709] versammelt war, gegangen, um sich über die Entwicklungen zu informieren.[710] Am Abend traf er sich mit

705 Im Folgenden vgl. Tagebuch KS, 21.2.1919.

706 Es wurde der Belagerungszustand verhängt.

707 Die Königlich-Bayerische Armee-Bibliothek war eine wissenschaftliche Spezialbibliothek (heute als Bayerische Armeebibliothek in Ingolstadt), die sich auf die Bibliothek des 1804 gegründeten Geheimen Kriegsarchivs stützte und ihre Räumlichkeiten zu dieser Zeit in der Münchner Residenz hatte.

708 Tagebuch KS, 21.2.1919, Nachlass KS (SBB) Hs. or. 1135/10, fol. 37vf.

709 Ernst Niekisch (1889–1967) wurde wegen seiner Beteiligung an der Räterepublik zu zwei Jahren Haft verurteilt und sollte später als Vertreter des sogenannten „Nationalbolschewismus" den Strasser-Flügel der NSDAP beeinflussen. Eine wissenschaftliche Biografie stammt von Michael Pittwald: Ernst Niekisch. Völkischer Sozialismus, nationale Revolution, deutsches Endimperium (= PapyRossa Hochschulschriften 37), Köln 2002.

710 Hier und im Folgenden vgl. Tagebuch KS, 21.2.1919.

seinen Freunden vom Insel-Klub. Einer von ihnen, Paul Drey, wie Süßheim ein überzeugter Monarchist und von ihm sehr geschätzt[711], berichtete nicht nur, dass seine Wohnung mehrmals nach Waffen durchsucht worden sei, sondern auch, dass zwölf Polizisten, die abgestellt gewesen seien, das Eigentum reicher Leute zu schützen, von Plünderern ermordet wurden. Gewalt lag in der Luft, und als Süßheim spät nach Hause kam, so schrieb er, sei seine Vermieterin so eingeschüchtert gewesen, dass sie sich bereit erklärte, ihm ab jetzt jeden Tag Kartoffeln zu kochen. Er führte diesen Gedanken nicht weiter aus, doch die antisemitischen Ressentiments der Vermieterfamilie werden an anderer Stelle noch eine Rolle spielen – vermutlich brachte die Frau Karl Süßheim als Jude und Bruder eines sozialistischen Landtagsabgeordneten mit der radikalen Linken in Verbindung und fürchtete sich.

Am nächsten Tag ging Süßheim zum Landtag, vor dem ein großes Porträt Eisners und Blumenbouquets aufgestellt worden waren; auf dem Gehweg war Sand aufgeschüttet, rot gefärbt vom Blut des Getöteten, wie er bemerkte.[712] Süßheim erfuhr, dass auch sein eigener Bruder sich tags zuvor in Lebensgefahr befunden hatte. Etwa zwei Stunden nach dem Attentat nämlich war es zu einer Schießerei im Landtag gekommen, bei der Innenminister Erhard Auer, der sich in der jüngsten Vergangenheit mit vehementer Kritik an Kurt Eisner hervorgetan hatte, schwer verletzt wurde. Ein junger Metzger namens Alois Lindner, Mitglied des Revolutionären Arbeiterrats (RAR), wollte damit den Mord an Eisner rächen – als der BVP-Abgeordnete Paul von Jahreiß, ein ehemaliger Adjutant Paul von Hindenburgs, die Flucht des bewaffneten Täters verhindern wollte, wurde auch er niedergeschossen; im daran anschließenden Tumult erwischte es zudem dessen Parteikameraden Heinrich Osel. Karl Süßheim war schockiert: Der getötete Jahreiß war sein „erster Schulkamerad“[713] in der Nürnberger Grundschule gewesen.

Der Konflikt zwischen USPD und MSPD war mit dieser Eskalation nicht eben befriedet, doch um zunächst die reaktionären Kräfte zu schwächen, wurden nun scharfe Maßnahmen ergriffen und konservativ-bürgerliche Führungspersönlichkeiten der Stadt als Geiseln genommen. Karl Süßheim schrieb, dass auch der Münchner Erzbischof unter den Geiseln sei. Dabei handelte es sich allerdings um ein Gerücht, das in der Stadt kursierte – tatsächlich hatte Michael von Faulhaber sich noch rechtzeitig in die Katakomben zurückgezogen.[714]

711 Süßheim traf sich schon länger gerne mit ihm, wie ein Brief an seine Mutter verrät: „Heute Abend treffe ich im Klub mit Freunden zusammen, da die Klubmitglieder Dr. Drey u. Paul Ebstein auf Urlaub hier sind.“ Karl Süßheim an Clara Süßheim, 8.2.1916, Privatnachlass KS. Möglicherweise handelte es sich um den Sohn des Münchner Kunsthändlers Aron Siegfried Drey (1859–1936), der zusammen mit einem Partner die Königlich Bayerische Hofantiquitätenhandlung A. S. Drey am Maximilianplatz betrieb. Ein Paul Drey übernahm später die New Yorker Filiale des Betriebs.

712 Hier und im Folgenden vgl. Tagebuch KS, 22.2.1919.

713 Ebd., Nachlass KS (SBB) Hs. or. 1 135/10, fol. 38v.

714 Michael von Faulhaber (1869–1952) war seit 1917 Erzbischof von München und Freising, ab 1921 Kardinal. Seine in der Gabelsberger-Kurzschrift verfassten und lückenlos überlieferten Tagebücher von 1911 bis 1952 werden in einem Projekt des Instituts für Zeitgeschichte München–Berlin (IfZ) ediert und auf der Homepage www.faulhaber-edition.de dem Arbeitsstand entsprechend aktualisiert und

Seine angebliche Geiselnahme kam schließlich auch dem Erzbischof selbst zu Ohren, der darüber in seinem Tagebuch schrieb: „Dienstag, 25. Februar 1919: Gut geborgen! Der Verwalter der psychiatrischen Klinik, dessen Haus gerade unter meinem Fenster liegt, sagt zur Gartenschwester im Flüstertone: Wissen Sie schon, der Herr Erzbischof ist auch als Geisel festgenommen! Das Geiselsystem ist die häßlichste Form des Militarismus und der Revolverpolitik. [...] Unschuldige für Schuldige leiden lassen, wenn man nur dabei den politischen Haß befriedigt, das ist eine Neuauflage von Militarismus, die [...] keine Ehre eintragen wird. Demokratie heißt: jeder ist für sich verantwortlich. Dagegen weiß eine Frau auf dem Markt: Eine Bekannte von ihr habe am Freitag den Erzbischof in der – Straße gesehen."[715]

Wer sich wirklich unter den Geiseln befand, war Dekan Friedrich Wilhelm von Bissing. Erst eine Woche später wurde er wieder freigelassen; und auch die LMU war vorübergehend geschlossen.[716] Karl Süßheim hielt fest, dass „sie Prinz Luitpold ebenfalls verhaften wollten", aber „das Palastpersonal schaffte es", wie er schrieb, „die Soldaten abzulenken und ermöglichte es dem Prinzen zu entkommen"[717]. Die revolutionären Münchner Arbeiter, notierte er am nächsten Tag, „sammeln Kräfte gegen die regulären Truppen in den Kasernen, die die unabhängigen Sozialisten nicht unterstützen"[718]. Nach dem ersten Schock über die politischen Entwicklungen interessierte Süßheim die aktuelle Lage inzwischen mehr als dass sie ihn aufwühlte. Über Eisners Beerdigung schrieb er: „[S]o viele Kränze sind hier noch nie gesehen worden. Eine riesige Menge war zusammengekommen. Alle Kirchen des Landes hatten den Befehl erhalten, ihre Glocken zwischen zehn und halb elf zu läuten. Gleichzeitig wurden in entsetzlicher Weise Kanonen abgefeuert. Der furchterregende Lärm dieses Saluts war, als ob eine riesige Bombardierung stattfände, wie sie die Münchner Bevölkerung und

online verfügbar gemacht. Über diese Tage schrieb er: „Residiere vom 16.–20. also in den Katakomben, weil immer wieder darum gebeten und weil der unberechenbare Demonstrationszug war, wollte dann zuhause bleiben, aber dann der 21 [Februar, also das Attentat auf Eisner, KM]. Dann wieder [in den Katakomben, KM] vom 21. Februar–4. März, ganz in der Früh. Warum ich fort war: 1) Die ewigen Drohungen ernst, Warnung und Bettverlust. Ich glaubte dabei, politisch könnte unsererseits nichts unternommen werden, wenn man mich in Gefahr wüsste[,] und um uns kein Hindernis zu sein ... 2) Um eine Anfrage über Trauerfeier [für Eisner, KM] auszuweichen, weil ich noch glaubte, es würde eine kirchliche Trauerfeier verlangt. 3) Weil ich zuerst für den Hirtenbrief und dann für die Reinschrift der Predigten absolute Ruhe brauchte und einfach nicht mehr arbeiten konnte. [...] 4) Wenn ich hörte, daß Geistliche als Geiseln festgenommen seien, dann natürlich hätte ich mich stellen müssen." Kritische Online-Edition der Tagebücher Michael Kardinal von Faulhabers (1911–1952). Tagebucheintrag vom 16. Februar–3. März 1919, in: EAM, NL Faulhaber 10003, S. 57, online: https://www.faulhaber-edition.de/dokument.html?idno=10003_1919-03-03_T01.

715 Ebd., Tagebucheintrag vom 25. Februar 1919, EAM, NL Faulhaber 10003, S. 54, online: https://www.faulhaber-edition.de/dokument.html?idno=10003_1919-02-25_T01.

716 Vgl. Tagebuch KS, 24. 2. u. 1. 3. 1919.

717 Ebd., 24. 2. 1919, Nachlass KS (SBB) Hs. or. 1 135/10, fol. 39v.

718 Ebd., 25. 2. 1919, ebd.

ich selbst noch nie zuvor gehört hatten. Es bekümmerte mich überhaupt nicht, aber meine Vermieterin dachte, dass die Gegenrevolution begonnen hat."[719]

Wer sich allerdings ernstlich zu sorgen begann, war sein Bruder: Die radikale Linke schien sich nun doch durchzusetzen und Max Süßheim, der zum Sprecher der Mehrheitssozialdemokraten im Bayerischen Rätekongress ernannt wurde, in dem ein Verfassungsentwurf diskutiert werden sollte, wollte den Auftrag nicht annehmen[720]: „[E]r hat erkannt, dass die Zahl der Unterstützer einer gänzlichen Abschaffung des Landtags in alarmierender Weise gestiegen ist"[721], kommentierte sein Bruder. Von Beginn an war Max Süßheim davon überzeugt gewesen, dass die neue deutsche Gesellschaft von einem breiten Bündnis getragen werden müsse.[722] Nachdem der Kongress, an dem er schließlich dennoch teilnahm, wie von ihm befürchtet gegen eine Wiedereinsetzung des Parlaments stimmte und es erneut zu einer blutigen Auseinandersetzung zwischen Spartakisten und Regierungsanhängern kam, versuchte Max Süßheim, die gespaltene Sozialdemokratie und den Bauernbund dazu zu bringen, den Landtag wieder einzusetzen.[723] Von der radikalen Linken schlug ihm daraufhin Hass entgegen, die Bürgerlichen in der SPD zeigten sich dankbar. In der Zwischenzeit war eine neue Regierung unter dem Mehrheitssozialisten Martin Segitz proklamiert worden, die vom Landtag aber nicht anerkannt wurde. Schon bald folgte darauf das Kabinett Hoffmann[724], doch es mangelte an politischem Rückhalt. Ende März 1919 traf Karl Süßheim seinen Bruder und fand ihn überaus pessimistisch vor: Er sei von der Entwicklung der Revolution bitter enttäuscht und habe jede Hoffnung verloren.[725] Sicher hatte der Jüngere dafür Verständnis, auch wenn er dessen politische Ansichten nicht teilte. Das verkaterte Gefühl einer postrevolutionären Zeit war Karl Süßheim seit dem Verwelken des „osmanischen Frühlings" schließ-

719 Ebd., 26.2.1919, ebd., fol. 39v f.

720 Vgl. ebd., 27.2.1919.

721 Ebd., Nachlass KS (SBB) Hs. or. 1135/10, fol. 40r.

722 Dies hatte er auch in seiner Nürnberger Revolutionsrede ausgeführt: „Dass die Bewegung sich nicht nur auf das städtische Proletariat stützt, beweist die Tatsache, dass [am 8. November, KM] auch der Bayerische Bauernbund vollzählig teilgenommen hat und dass die christlichen Gewerkschaften Münchens sich bereiterklärt haben, die Bewegung zu unterstützen. Daraus geht hervor, dass auch in jenen Kreisen, die sonst unseren politischen Auffassungen nicht immer sympathisch gegenüberstanden, die Erkenntnis sich machtvoll Bahn bricht, dass heute die Stunde gekommen ist, wo das deutsche Volk seine Geschichte kraftvoll selbst in die Hand genommen hat." Massenversammlung, FK (12.11.1918), S. 201. Auch Michael Brenner verweist auf die Unterstützung der Revolution durch den blinden Bauernführer Ludwig Gandorfer und dessen Bruder Karl, vgl. Brenner, Schatten, S. 47.

723 Hier und im Folgenden vgl. Tagebuch KS, 6.3.1919.

724 Der ausgebildete Lehrer und SPD-Politiker Johannes Hoffmann (1867–1930) wurde am 17. März 1919 zum Ministerpräsidenten in Personalunion mit dem Außenminister gewählt und behielt auch die Leitung des Kultusministeriums, das er bereits im Kabinett Eisner geführt hatte. Eine Biografie stammt von Diethard Hennig: Johannes Hoffmann. Sozialdemokrat und Bayerischer Ministerpräsident. Biographie (= SGVA 3), München 1990.

725 Vgl. Tagebuch KS, 29.3.1919.

lich selbst vertraut.[726] Max Süßheims Rückzug jedenfalls war eine gute Entscheidung: Anfang April verkündeten Zentralrat und RAR, dass die bayerische Regierung in ein Regime nach sowjetischem Vorbild gewandelt werden solle; in München strömten die Bürgerinnen und Bürger zu den Bankfilialen, um ihr Vermögen zu schützen.[727] Seinen Bruder Karl quälten als Dozent der LMU aber noch ganz andere Sorgen: Für den nächsten Tag war ein dringendes Treffen der Philosophischen Fakultät angesetzt worden – außerhalb der eigenen Räumlichkeiten, denn bewaffnete Kräfte hielten im Namen des Zentralrats die Universität besetzt.[728]

Karl Süßheims Kollegen zeigten sich entschlossen, die akademische Freiheit zu verteidigen. Während des Treffens aber erreichte Dekan Friedrich Wilhelm von Bissing (dieser führte, wie Süßheim bemerkte, seinen Adelszusatz nach wie vor, obwohl diese Attribute nun offiziell abgeschafft worden waren) ein Antrag der sozialistischen Universitäts-Partei. Achtzig Personen forderten darin Süßheims Aufzeichnungen zufolge die Suspendierung des gesamten Lehrpersonals der LMU – bis eine Universitätsreform erfolgt sei und die Dozenten ihren Nutzen jeweils bewiesen hätten. Das Schreiben schockierte die Versammelten, die davon ausgingen, dass dieses Vorgehen von der neuen Regierung unterstützt werde. Noch am selben Abend erfuhr Süßheim, dass das bayerische Parlament endgültig aufgelöst worden war, und in den Morgenzeitungen wurde schließlich der Systemwechsel verkündet: Nach längerem Zögern und gegen den Widerstand des kommunistischen Lagers hatten Anarchisten um den 25-jährigen Studenten Ernst Toller und die Schriftsteller Erich Mühsam und Gustav Landauer die „Räterepublik Baiern" ausgerufen.[729] „Obwohl das zu erwarten war, waren alle verblüfft"[730], schrieb Süßheim. Eine Protestkundgebung von Studenten und „Mitgliedern der höheren Klassen", wie er es formulierte, folgte auf dem Fuße – und sie war offen antisemitisch. Jüdische Konservative hatten dies befürchtet, einer von ihnen – Siegmund Fraenkel, der Vorsitzende des orthodoxen Synagogenvereins Ohel Jakob – schrieb einen offenen Brief an die neuen Machthaber: „Wir Münchner Juden haben in all den schweren, leiderfüllten Wochen der Vergangenheit geschwiegen, da Sie und andere landfremde, des bayerischen Volkscharakters unkundige Phantasten und Träumer die bittere Not und die seelische Depression unseres Volkes ausnützten, um Gläubige für Ihre vielleicht wohlgemeinten, aber verhängnisvollen und der menschlichen Natur zuwiderlaufenden Pläne einer zukünftigen Wirtschafts- und Gesellschaftsordnung zu werben."[731] Jetzt aber, so Fraenkel, werde die Gefahr offenkundig, „wenn die große Masse von Münchens werktätiger Bevölkerung die

726 Vgl. Kap. I.2.

727 Vgl. Tagebuch KS, 5.4.1919.

728 Im Folgenden vgl. ebd., 6.4.1919.

729 Vgl. Brenner, Schatten, S. 84.

730 Hier und das folgende Zitat: Tagebuch KS, 7.4.1919, Nachlass KS (SBB) Hs. or. 1135/10, fol. 51v.

731 Sigmund Fraenkel: Ein Brief aus der Räterepublik und ein Aufsatz aus der Frühzeit des Nationalsozialismus (6.4.1919), abgedr. bei Lamm, Tage, S. 373–375, hier S. 373. Der Brief wurde erst ein Jahr später in den MNN veröffentlicht, und einer der Angesprochenen, Erich Mühsam, antwortete darauf aus der Festungshaft, dass der Antisemitismus die Revolutionäre sicher nicht gebraucht habe, die Revolution denselben aber hätten abschaffen können, vgl. dazu Brenner, Schatten, S. 122f.

erhabenen Lehren und Dogmen der jüdischen Religion in ideellen Zusammenhang mit den bolschewistischen und kommunistischen Irrlehren"[732] bringe. „[D]as bodenständige bayerische Judentum", schrieb Fraenkel, rufe der bayerischen Bevölkerung zu: „Unsere Hände sind rein von den Greueln des Chaos und von dem Jammer und Leid, das Ihre Politik über Bayerns zukünftige Entwicklung heraufbeschwören muß"[733].

Die Universität München wurde in diesen Tagen zu einem geradezu lehrbuchhaften Schauplatz wachsender Judenfeindschaft: Auch im Rahmen öffentlicher Vorträge über die Veränderungen, die der Systemwechsel für die Akademiker mit sich bringen würde, kam es zu heftigen, antisemitisch gefärbten Protesten in den Hörsälen, wie Süßheim beunruhigt feststellen musste.[734] Victor Klemperer, der längst zum Christentum konvertiert war (und dafür auch von zionistischen Bekannten als „Verräter" angegriffen wurde[735]), bekam diese Entwicklung zu spüren, die sich in München ganz allgemein Bahn brach[736], seiner Beobachtung nach das studentische Milieu aber doch besonders intensiv erfasste, denn „für die Masse der Studierenden war der Jude der bequeme allgemeine Feind, und der Mehrzahl der Professoren fiel es nicht ein, dem steigenden Antisemitismus entgegenzutreten. Ich will nicht übertreiben: es gab in München damals eine ganze Reihe von Dozenten und Studierenden, die diese aufflammende Judenfeindschaft durchaus verwarfen, und persönlich habe ich die ganze Münchener Zeit über niemals unter Antisemitismus zu leiden gehabt, aber bedrückt und isoliert fühlte ich mich doch durch ihn. Und gerade in diesen Tagen wurde das Gefühl der Isoliertheit, dem ich durchaus entgehen wollte, [...] aufs peinlichste in mir berührt."[737]

Wie musste sich erst Karl Süßheim fühlen, der seinen jüdischen Glauben hochhielt wie die wenigsten anderen Mitglieder der Minderheit? Sein Tagebuch schweigt sich darüber aus, und wieder wird im direkten Vergleich besonders auffällig, wie wenig Raum er seinen persönlichen Empfindungen als Diarist zugestand.[738]

732 Fraenkel, Brief, S. 373.

733 Ebd., S. 374 f.

734 Vgl. Tagebuch KS, 8. 4. 1919.

735 Vgl. Klemperer, Revolutionstagebuch, S. 152 u. 186.

736 Den Zusammenhang beschrieb Klemperer wie folgt: „[J]etzt, da die Bürger zu merken begannen, daß das räterepublikanische Spiel, dem sie bisher halb apathisch, halb mißmutig zugesehen hatten, für sie doch wohl Schlimmeres bedeuten konnte als nur eine wilde karnevalistische Veranstaltung, wie zeigten sie jetzt ihr Erwachen zum Widerstand? Durch spontanen Antisemitismus. Saujuden! Schimpften einzelne vor Maueranschlägen, Saujuden! Brüllte manchmal ein kleiner Chor, und Flugblätter tauchten auf, die den Juden alle Schuld an der Räterepublik, an der Revolution überhaupt, an der Anzettelung des Krieges, an seinem unseligen Ausgang zuschrieben. Der Unterschied zwischen den Flugblättern und den auf der Straße geführten Reden bestand bloß darin, daß die Flugblätter die Juden allein für alles verantwortlich machten, während der bürgerliche Volksmund neben den Juden die Preußen nannte, und dies in so enger Gemeinschaft, daß Jud und Preiß oft wie Synonyma für dasselbe Prinzip des Bösen klangen." Klemperer, Revolutionstagebuch, S. 149 f.

737 Ebd., S. 150 f.

738 Vgl. dazu auch die Bemerkungen in der Hinführung.

Der Centralverein deutscher Staatsbürger jüdischen Glaubens (C.V.), dem Süßheim nach wie vor angehörte[739], reagierte auf die wachsenden Anfeindungen zum Beispiel in einem Flugblatt, das die irrationale Argumentation des Hasses thematisierte: Die Juden seien angeblich schuld am Krieg genauso wie an der Niederlage, sie hätten den Kapitalismus zu verantworten genauso wie den Versuch seiner Abschaffung durch die Revolution – wie sollte dies möglich sein? „Was ein paar Führer jüdischer Herkunft gewirkt haben zum Guten und zum Bösen, haben sie selbst zu verantworten, nicht die jüdische Gesamtheit“[740], stellte die C.V.-Ortsgruppe München öffentlich klar. Die meisten Jüdinnen und Juden hatten wahrlich kein Interesse daran, dass die politischen Unruhen weitergingen, und Süßheims Kollege Victor Klemperer bezeichnete sich bestimmt auch vor diesem Hintergrund als Sympathisant desjenigen Kreises an der Universität, der sich für den „Zusammenhalt des Vaterlandes, für Frieden und Ordnung im Innern einsetzte, [...] damit Deutschland bei den Friedensverhandlungen mit der Entente nicht allzu hilflos sei“[741]. Auch Karl Süßheim darf hier sicher verortet werden, nach Ruhe und Ordnung sah es an der LMU allerdings derweil gar nicht aus.

Die Einführung der Räterepublik hatte erhebliche Konsequenzen. Im April 1919 schrieb Klemperer als München-Korrespondent der *Leipziger Neuesten Nachrichten* (LNN) einen vermutlich unveröffentlicht gebliebenen Bericht[742] mit dem Titel „Die Vorgänge an der Universität München“; er begann mit dem Satz „Das ist nun ein ganz besonders tragikomisches Kapitel“[743]. Einer seiner Studenten, ein junger Mann namens Strasser[744], habe ihn in seinem Kurs gebeten, schrieb der Literaturwissenschaftler, „statt über den jungen Goethe über den Spartakusbund und seine Ziele“[745] sprechen zu dürfen: „Zur Ehre des Herrn Strasser sei gesagt, daß er sich von der Unmöglichkeit seiner Bitte überzeugen ließ. Wie verwundert aber war ich, am Montag einen fast wörtlich so lautenden Anschlag an der geschlossenen Universität zu finden: ‚Als Bevollmächtigter des Zentralrates erkläre ich die Universität für

739 Dies galt wohl für die gesamte Weimarer Zeit, wie Dokumente in Süßheims Nachlass nahelegen, die ihn wiederholt zu einer Teilnahme an entsprechenden Veranstaltungen motivierten, vgl. z. B. C.V.: Einladung zum Vortrag von Ludwig Freund: Die geistige und politische Lage der Gegenwart und die Aufgaben der deutschen Juden am 11. 11. 1926, o. D., Nachlass KS (LOC), Kiste 19a. Zu Süßheims Verortung im Verein vgl. Kap. I.1.

740 Flugblatt C.V.-Ortsgruppe München (1919).

741 Klemperer, Revolutionstagebuch, S. 150.

742 Victor Klemperer veröffentlichte unter dem Pseudonym „A.B.-Mitarbeiter“ – die Abkürzung stand für „Antibavaricus“. Ein Großteil seiner Texte aus dieser Zeit gelangte „in den Revolutionswirren zu spät an ihr Ziel oder erreichten es aufgrund abgeschnittener Postwege nie“. Klemperer, Revolutionstagebuch, S. 9.

743 [Victor Klemperer]: Die Vorgänge an der Universität München, 8. 4. 1919, abgedr. bei Klemperer, Revolutionstagebuch, S. 103–107, hier S. 103.

744 Ob eine Verwandtschaftsbeziehung zu den NSDAP-Männern Gregor Strasser (1892–1934) oder Otto Strasser (1897–1974) bestand, hat auch Klemperer nie in Erfahrung bringen können.

745 Hier und das folgende Zitat: Klemperer, Vorgänge, S. 104.

geschlossen, den Senat für abgesetzt, den Lehrkörper für aufgelöst. Nach den Ferien wird eine revolutionäre Volkshochschule eröffnet werden. Strasser.'"

In der Tat sollte der reguläre Lehrbetrieb zunächst unterbrochen werden, auf dass – in Klemperers Worten – nun „die Komödie der revolutionären Hochschule beginnen"[746] konnte, doch eine wirkliche Schließung erfolgte nicht. Etliche Versammlungen und Beratungen wurden stattdessen abgehalten, und auch die Studenten versuchten sich zu orientieren: „Gestern tagte im Auditorium maximum eine Studentenversammlung, in der aufgeklärt und beschwichtigt werden sollte. 1000 Sitzplätze sind vorhanden, eine doppelte Hörerzahl drängte sich, die Fenster zu den Korridoren des obersten Stockwerks waren entfernt, auch dort hingen ganze Büschel von Akademikern. Nie habe ich so viel Toben, so mannigfachen Menagerielärm, so virtuos gellendes Pfeifen gehört, nie auch so wütende, antisemitische Ausbrüche. Aller Zorn richtet sich gegen die kleine radikale Studentengruppe, die mit den neuen Regierungsmännern geht." Als schließlich jemand ein Manifest der geputschten SPD-Regierung unter Johannes Hoffmann verlas, sei es zu einem „Begeisterungsausbruch, wie man ihn seit dem August 1914 hier nicht mehr gehört hat"[747], gekommen. Dies allerdings nicht etwa, schrieb Klemperer, weil die Studentenschaft so sozialdemokratisch gewesen sei (und „leider auch zu einem sehr großen Teile nicht ein bißchen sozialistisch und nicht ein bißchen sozial gesinnt und nicht ein bißchen politisch reif"[748]), sondern weil man in Hoffmann noch das geringere Übel sah: „[I]n der alten Regierung verkörpert sich ihnen wenn auch in trauriger Verfassung, so doch noch Staat, Ordnung, Vaterland".

Ungeachtet der Proteste war die radikale Linke im Begriff, die Universität umzukrempeln, und die Politik brach nun immer wieder in die akademische Routine ein: Süßheim berichtete in seinem Tagebuch mehrmals von temporären Schließungen der Universität.[749] Besonders betroffen von den Eingriffen waren schließlich aber nicht die Lehrinhalte, sondern das Personal: „Sie wollen Skalpe sehen [...], die internen, die eigentlich wissenschaftlichen Änderungen sind ihnen viel weniger wichtig"[750], zitierte Victor Klemperer einen Professor, der mit den neuen Machthabern verhandelt und seinen Eindruck geschildert hatte. In der Tat: Diejenigen Dozenten, die politisch opponierten, sollten kurzerhand suspendiert werden.[751] Einer der ersten, der dieser Maßnahme zum Opfer fallen sollte, war Max Weber, der Doyen der deutschen Soziologie mit bewegter politischer Vergangenheit, der just in diesem Jahr an die Münchner Universität auf den Lehrstuhl für Nationalökonomie berufen

746 Hier und das folgende Zitat: ebd., S. 105.

747 Ebd., S. 105f. In der Tat war die Kriegsbegeisterung unter jungen Leuten, insbesondere im studentischen Umfeld, weitaus größer als im Rest der Bevölkerung, vgl. dazu Kap. II.1.

748 Hier und das folgende Zitat: Klemperer, Vorgänge, S. 106.

749 Vgl. Tagebuch KS, 21.2, 12.4. u. 22.7.1919.

750 Klemperer, Vorgänge, S. 106.

751 Von Karl Süßheim erfahren wir, dass die revolutionären Kräfte sich bereits im November 1918 die Loyalität der Dozentenschaft sichern wollte, indem sie ihr den Eid abnahm. Später verlangte dies auch die gewählte bayerische Regierung, vgl. Tagebuch KS, 12.11.1918 u. 15.7.1920.

worden war[752]. Nach langwierigen Diskussionen[753] demonstrierte die gesamte Kollegenschaft ihre Solidarität und beschloss – wie Klemperer berichtete – einstimmig: „[W]ird einer entsetzt, so gehen alle, um der Lehrfreiheit willen"[754]; dies bedeutete: „[S]ie hören auf zu lesen: ihr Amt legen sie nicht nieder, sie erklären die neuen Machthaber für unberechtigt, es ihnen zu nehmen". Die Strategie hatte Erfolg, die offiziell abgesetzten Professoren sowie der ebenfalls suspendierte Senat arbeiteten einfach weiter, „ohne daß die angedrohten Maschinengewehre eintrafen". Vonseiten der Räteregierung wurden keine weiteren Maßnahmen getroffen, am 12. April aber hörte Karl Süßheim, dass die Universität vom nächsten Tag an geschlossen sei.[755] Das akademische Personal, das auf die Freiheit von Lehre und Forschung bestehe, habe die von der Räteregierung eingesetzte Kommission ignoriert – in Zukunft habe jeder Dozent für jede einzelne Sitzung eine Erlaubnis einzuholen; das Universitätssiegel sei beschlagnahmt, die Gehälter geblockt worden, schrieb er. Zu dieser Eskalation aber sollte es nie kommen, denn in der Nacht darauf übernahmen die Kommunisten die Macht. Noch eine Woche zuvor hatten sie für das Projekt der Räterepublik nur Spott übrig, doch nach einem gescheiterten Putschversuch der Republikanischen Schutztruppe (hinter der die Regierung Hoffmann stand, die nach Bamberg geflohen war), entschieden

752 Max Weber (1864–1920) studierte Jura, Nationalökonomie, Philosophie und Geschichte und war Mitglied der Studentenverbindung Burschenschaft Allemannia (aus der er 1918 wegen „geistiger Inzucht" austrat). Er wurde in Berlin in Jura promoviert und habilitierte sich auch in der Hauptstadt des Kaiserreichs. Mit 29 wurde er hier 1892 außerordentlicher Professor für Handelsrecht und trat ein Jahr später in den nationalistischen Alldeutschen Verband ein, den er 1899 verließ, nachdem er sich mit seiner Forderung, die Grenzen für polnische Wanderarbeiter zu schließen, nicht durchsetzen konnte. 1894 war er einem Ruf nach Freiburg auf den Lehrstuhl für Nationalökonomie gefolgt, ging aber zwei Jahre später nach Heidelberg auf den dort renommierteren Lehrstuhl. Politisch unterstützte er in dieser Zeit den Nationalsozialen Verein um Friedrich Naumann (1860–1919). Wegen eines Nervenleidens musste er 1900 seine Lehrtätigkeit einstellen, 1903 gab er auch seine Professur auf. 1909 gründete Weber die Deutsche Gesellschaft für Soziologie (DGS) und zog nach Heidelberg. Im Ersten Weltkrieg diente er zunächst als Disziplinaroffizier und setzte sich dann schon seit 1915 vor allem in der *Frankfurter Zeitung* (FZ) öffentlich für einen Verständigungsfrieden ein, plädierte 1917 aber für eine Weiterführung des Kriegs. Im Sommer 1918 nahm er seine Lehrtätigkeit wieder auf, zunächst in Wien, nach der Novemberrevolution führte er einen Wahlkampf für die linksliberale DDP. In München trat er schließlich auch die Nachfolge des Lehrstuhls für Gesellschaftswissenschaft, Wirtschaftsgeschichte und Nationalökonomie von Lujo Brentano an. Über Max Weber sind etliche biografische Arbeiten erschienen, zuletzt eine Arbeit von Dirk Kaesler: Max Weber. Preuße, Denker, Muttersohn. Eine Biographie, München 2014; Webers Bedeutung für die LMU beleuchtete der Autor in einem Aufsatz, vgl. Ders: Max Weber (1864–1920), in: Weigand, Historiker, S. 185–203.

753 „Wie peinlich war das lange und schlaffe Hin und Her der Professoren, ehe sie sich darauf einigten (ich muß schon sagen, nach vielem Salbadern), gemeinsam ihr Amt niederzulegen, falls die Räterepublik einen von ihnen am Dozieren hindern sollte, wie lau standen auch sie in ihrer Gesamtheit Weimar gegenüber." Klemperer, Revolutionstagebuch, S. 150.

754 Hier und die folgenden Zitate: Klemperer, Vorgänge, S. 107.

755 Hier und im Folgenden vgl. Tagebuch KS, 12. 4. 1919.

sich die Männer um Eugen Leviné, einen kommunistischen Agitator russisch-jüdischer Herkunft, dass nun sie am Zug waren.[756]

Karl Süßheim vermutete verschiedene Gründe für diesen Schritt, doch ausschlaggebend war seiner Meinung nach das Ziel, das Chaos der vergangenen fünf Monate durch eine strenge Ordnung zu ersetzen, welche, wie er befürchtete, auch die geringfügigsten Verstöße mit der Todesstrafe ahnden werde.[757] In der Tat folgte nun ein zweites und wesentlich radikaleres Projekt einer Räterepublik Bayern. Die Entwicklungen in den folgenden Wochen wird Süßheim aus seiner konservativen Perspektive seitenweise niederschreiben: Für München begann eine beispiellose Phase der politischen Unruhe inklusive Straßenschlachten zwischen den verschiedenen linken Gruppierungen. Am Nachmittag habe er gehört, dass Doktor Leviné Oberbefehlshaber von München und Generaldiktator geworden sei, schrieb Süßheim am 15. April.[758] Die ersten Maßnahmen der neuen Machthaber, des „Vollzugsrats", waren zu seinem Entsetzen die Konfiszierung von Bankrücklagen, die Schließung aller Zeitungen und die Zensur des Post- und Telegrafenwesens, wie er aufzählte.[759] Bald flogen denn auch Flugzeuge über München, die Flugblätter der vertriebenen Regierung Hoffmann abwarfen, in denen verkündet wurde, dass sogenannte weiße Truppen unterwegs seien, die Stadt zu befreien, die mittlerweile tatsächlich praktisch umstellt war.[760] Nachdem der Münchner Bankenverkehr gesperrt wurde, erfasste das Putschregime eine finanzielle Krise: Die Gäste eines teuren Cafés wurden gezwungen, ihr Geld abzugeben, hielt Süßheim fest, die Besitzer kleinerer Geschäfte und Unternehmen waren nicht mehr imstande, ihr Personal zu bezahlen, die Behörden mussten Soldaten und Beamte mit Schuldscheinen vertrösten.[761] Auch Lebensmittel wurden nicht mehr in die Stadt gelassen.[762]

Die Kommunisten hielten derweil Großkundgebungen ab. Vom Sendlinger Tor aus beobachtete Karl Süßheim den Demonstrationszug, der von der Lindwurmstraße über das Siegestor zum Wittelsbacher-Palast führte, wo eine Rede über die großen Revolutionen der Geschichte gehalten wurde.[763] In der Nacht vom 23. auf den 24. April seien schließlich beständig Schüsse zu hören gewesen und die Putschregierung habe sich gezwungen gesehen, um Waffenstillstand zu bitten, welcher aber nicht gewährt wurde.[764] Bald hingen große rote Plakate an den Litfaßsäulen, die dazu aufforderten, den kommunistischen Truppen beizutreten.[765] „Das Regime möchte offensichtlich den Krieg in Bayern und vielleicht sogar in

756 Vgl. Brenner, Schatten, S. 84.
757 Vgl. Tagebuch KS, 13.4.1919.
758 Vgl. ebd., 15.4.1919.
759 Vgl. ebd., 16.–18.4.1919.
760 Vgl. ebd., 19.4.1919. Johannes Hoffmann hatte preußische und württembergische Truppen zu Hilfe gerufen, außerdem wurde er von Angehörigen der sich entwickelnden Freikorps unterstützt.
761 Vgl. ebd., 20., 22. u. 23.4.1919.
762 Vgl. ebd., 23.4.1919.
763 Vgl. ebd., 22.4.1919.
764 Vgl. ebd., 24.4.1919.
765 Vgl. ebd., 27.4.1919.

[ganz] Deutschland fortsetzen", kommentierte Süßheim trocken, „aber diese Absicht gefällt weder der Bevölkerung im Allgemeinen noch der roten Armee"[766]; der Schriftsteller und USPD-Mann Ernst Toller sei deshalb zum Rivalen Eugen Levinés geworden[767]. Am 30. April belagerten derweil Hoffmanns Unterstützer Schleißheim und näherten sich der Landeshauptstadt rapide – das Regime gerate in Panik, schrieb Süßheim – es ließ offenbar detaillierte Beschreibungen von Grausamkeiten der weißen Truppen plakatieren und bedrohte Süßheim zufolge jeden mit der Todesstrafe, der unbefugt mit einer Waffe gesehen wurde.[768] „Sie waren ziemlich verzweifelt"[769], beschrieb Süßheim eine Gruppe roter Wächter, die er auf seinem Nachhauseweg am Abend beobachtete. Am nächsten Morgen verbreitete sich in der Stadt das Gerücht, dass 21 von hundert Geiseln – darunter angeblich auch Johannes Hoffmanns Frau und Kinder – von russischen Kriegsgefangenen und deutschen Matrosen im Luitpold-Gymnasium in der Müllerstraße, wo der Vollzugsrat sein Hauptquartier eingenommen hatte, auf bestialische Art und Weise ermordet worden seien.[770] Tatsächlich waren zehn Geiseln genommen und ins Münchner Luitpold-Gymnasium gebracht worden: allesamt Mitglieder der erwähnten rechtsreaktionären Thule-Gesellschaft; alle wurden exekutiert.[771] Die Angehörigen des den radikalen Linken in der Tat verhassten Ministerpräsidenten befanden sich nicht darunter, doch die Stimmung in der Stadt war so gewaltsam geladen, wie Süßheim es noch nie zuvor erlebt hatte. Am selben Tag wurde Gustav Landauer, einer der bekanntesten Köpfe der Revolution, am Schreibtisch des ermordeten Kurt Eisner von Freikorpsmitgliedern festgenommen und ins Gefängnis Stadelheim verbracht, wo sie ihn brutal hinrichteten.[772] In der Hiltenspergerstraße, in der Süßheim mittlerweile wohnte, hörte er derweil hitzige Diskussionen zwischen den verschiedenen Lagern der Linken. Schließlich erschien ein Soldat, der die Passanten aufforderte, den Weg zu räumen, weil hier bald Gefechte stattfinden würden: „Wir zerstreuten uns verwirrt. In der Nacht waren extrem brutale Schüsse von weit entfernten Orten wie dem Stachus, der Corneliusbrücke und dem Bahnhof zu hören"[773], schrieb Süßheim, der nun zum ersten Mal in seinem Leben

766 Ebd., Nachlass KS (SBB) Hs. or. 1135/10, fol. 62rf.

767 Im Hofbräukeller habe Toller ein Treffen gegen den Vollzugsrat organisiert. Es machte das Gerücht die Runde, dass Leviné bereits mit einem Flugzeug aus der Stadt geflohen sei, vgl. ebd., 27. u. 28.4.1919.

768 Vgl. ebd., 30.4.1919.

769 Ebd., Nachlass KS (SBB) Hs. or. 1135/10, fol. 63rf.

770 Vgl. ebd., 1.5.1919.

771 Vgl. Heinrich August Winkler: Weimar 1918–1933. Die Geschichte der ersten deutschen Demokratie, München 1993, S. 81. Um einer Gleichsetzung der Münchner Juden mit der radikalen Linken etwas entgegenzusetzen, wies der C. V. später darauf hin, dass sich unter den erschossenen Geiseln mit dem Professor der Kunstakademie Ernst Berger auch ein Jude befunden habe, während keiner der später Angeklagten jüdisch gewesen sei, vgl. Brenner, Schatten, S. 221.

772 Vgl. ebd., S. 85.

773 Tagebuch KS, 1.5.1919, Nachlass KS (SBB) Hs. or. 1135/10, fol. 63v–65r.

Kampfhandlungen in seiner direkten Umgebung erlebte.[774] Der Horror aller Konservativen nahm ein rasches Ende, doch die Rache folgte auf dem Fuße und auf die Linken rollte, wie Michael Brenner schreibt, „eine Terrorwelle mit über tausend Todesopfern"[775] zu. Am nächsten Tag musste Karl Süßheim sein Viertel verlassen, doch dabei begegnete er bereits „einigen preußischen Soldaten aus Berlin": „Sie waren alle gute, starke, große junge Männer und vollkommene Gefreite"[776], schrieb er erleichtert, obwohl er, wie wir wissen, der preußischen Armee traditionell nicht allzu viel Sympathie entgegenbrachte.

Am 3. Mai wurde Karl Süßheim von einem Sicherheitsbeamten angerufen, der sich im Namen Johannes Hoffmanns persönlich – vermutlich aber vielmehr im Auftrag Max Süßheims – nach seinem Wohlergehen erkundigte.[777] Tags darauf war er schon wieder so gefasst, dass er in seinen Tagebucheintrag wie so oft einen kurzen Wetterbericht integrierte: „[E]s war ziemlich kalt und bewölkt, und insgesamt sehr unerfreulich"[778]. Ganz endeten die Kampfhandlungen allerdings erst am 5. Mai, und zwei Tage darauf brachte Max Süßheim seinem Bruder im Auftrag der besorgten Mutter aus Nürnberg Würste.[779] Der Sozialdemokrat berichtete erleichtert, dass die Regierung Hoffmann nun die Kontrolle über ganz Bayern wiedergewonnen habe.[780] Die Zeit der Revolution war vorbei und die radikalen Linken mussten sich vor Gericht verantworten. Eugen Leviné wurde zum Tode verurteilt.[781] Die Hinrichtung fand am 5. Juni statt, und Süßheim hielt interessanterweise fest, dass der als konservativ und königstreu geltende Rabbi Leo Baerwald, Coßmann Werners einstiger Assistent und nun dessen Nachfolger[782], darum gebeten wurde, Leviné vor dem Vollzug im

774 Nachdem er im Weltkrieg von der Front verschont geblieben war, war das Gefährlichste, das er bis dahin persönlich erfahren hatte, das Attentat auf Sultan ʿAbdülḥamīd II. in Konstantinopel, vgl. Kap. I.2.

775 Brenner, Schatten, S. 109.

776 Tagebuch KS, 2.5.1919, Nachlass KS (SBB) Hs. or. 1135/10, fol. 65r–67r.

777 Vgl. ebd., 3.5.1919.

778 Ebd., 4.5.1919, Nachlass KS (SBB) Hs. or. 1135/10, fol. 68r.

779 Hier und im Folgenden vgl. ebd., 7.5.1919.

780 Als Karl Süßheim seinen Bruder eine Woche später in Nürnberg besuchte, fand er ihn allerdings in einer deprimierten Stimmung vor: Nürnberg war unter die Kontrolle eines Militärkommandanten gestellt worden. Max Süßheim klagte – sicher in Erinnerung an seinen damals aktiven Großvater (vgl. Kap. I.2) –, dass dem Volk, wie 1848, die Früchte der Revolution genommen worden seien. Für ihn waren es ohnehin schwere Zeiten: Nachdem die Presse Max Süßheim vorgeworfen hatte, ein Vermögen am Staat vorbei in die Schweiz transferiert zu haben, zog er dagegen vor Gericht – erfolgreich. Karl Süßheim war sehr erleichtert und hielt in seinem Tagebuch fest, dass er selbst, im Gegensatz zu seinem Bruder, vor Gericht hätte stehen müssen, denn er unterstützte seine Mutter offenbar tatsächlich tatkräftig bei der Steuerhinterziehung: Clara Süßheim gab schon seit 1913 nur etwa ein Fünftel ihres Vermögens beim Staat an. Max Süßheim dagegen hatte sich offenbar nichts vorzuwerfen. Bald sah er sich sogar gezwungen, seine Arbeit für den Landtag aufzugeben, weil seine Anwaltskanzlei in Folge des Kriegs hoch verschuldet war. Vgl. Tagebuch KS, 15.5., 3.11. u. 29.12.1919 sowie 31.1. u. 27.4.1920.

781 Der Richterspruch führte erneut zu kurzzeitigen Schießereien auf den Straßen, vgl. ebd., 4.6.1919.

782 Coßmann Werner starb wie erwähnt im Juli 1918, zu Süßheims Reaktion auf seinen Tod vgl. Kap. I.1.

Gefängnis Stadelheim zu besuchen.[783] Der Rabbiner habe sich jedoch von Leviné distanziert und geweigert, womit er ganz auf Linie des Centralvereins deutscher Staatsbürger jüdischen Glaubens (C. V.) handelte.[784] Leo Baerwald hatte sich bereits im Dezember 1918 von Eisner und seinen jüdischen Mitstreitern distanziert und den katholischen Erzbischof Faulhaber – ohne Erfolg – gebeten, sich für die antisemitisch bedrohten Jüdinnen und Juden einzusetzen.[785] In ihm hatte Karl Süßheim einen neuen Ansprechpartner nicht nur in Glaubensdingen gefunden.

Das Ende der Räterepublik in Bayern bedeutete nicht das Ende der Demokratie, sondern vielmehr ihren Beginn. Die Bevölkerung erholte sich nun von den schlimmsten Strapazen der Revolutionszeit – vom September 1919 ist ein Brief Karl Süßheims an seine Mutter überliefert, der die allmähliche Normalisierung seines Alltags illustriert: „Ich habe heute eine kleine Schwarzwaldtour unternommen, nachdem ich gestern [...] in Stuttgart meine neue Touristenhose erhalten hatte. Ich werde fortan mehr Touren als bisher ausführen, wenn es das Wetter gestattet. [...] Ich bin auf Deine Mitteilungen neugierig. Denn in Nürnberg scheint es, wie verlautet, in den verschiedenen sozialistischen Parteigruppen zu gären. Ich

783 Hier und im Folgenden vgl. Tagebuch KS, 5.6.1919.

784 Für diese Entscheidung führt Süßheim Eugen Levinés angebliche Konversion zum Katholizismus an. Baerwald habe aber die geheime Beerdigung besucht und dort eine kurze Rede gehalten, vgl. ebd. In einer relativ neuen Biografie findet sich kein Hinweis auf eine Konversion Levinés, stattdessen der Befund: „Es fehlen wichtige Anhaltspunkte für die Annahme, dass Leviné sich intensiv mit seiner eigenen jüdischen Herkunft beschäftigt habe. Nachweisbar hingegen ist seine Auseinandersetzung mit dem Antisemitismus, die bereits in Jugendjahren begonnen hat." Christian Dietrich: Eugen Leviné. „Ich fühle russisch und denke jüdisch", Berlin 2017, S. 70. Michael Brenner zitiert Levinés Bekenntnis im Protokoll der Gerichtsakten als israelitisch und verweist auf die falsche Angabe in Süßheims Tagebuch. Nach Levinés Tod führte die Bekanntmachung der Zugehörigkeit des Räterevolutionärs zur jüdischen Gemeinschaft zu Konflikten mit dem C.V., der eine öffentliche Benennung seiner Konfession verhindern wollte, vgl. Brenner, Schatten, S. 111 f. u. 344.

785 Über das Anliegen des Rabbiners notierte Faulhaber in seinem Tagebuch: „Eine wohlgesetzte Rede, zum Schutze der verfolgten Juden aufzutreten. Die Juden in der Regierung gehörten nicht mehr zu ihnen. Alles lebe in Angst [...]. Der Jude sei fleißig, nüchtern, ‚durch die Beschäftigung mit dem Talmud auch intelligenter' (!). [...] Ich mißbillige alle Pogrome, kann aber keine Zusage machen, ob ich gegen Kurier und Morgenblatt auftreten kann." Kritische Online-Edition der Tagebücher Michael Kardinal von Faulhabers (1911–1952). Tagebucheintrag vom 7. Dezember 1918, in: EAM, NL Faulhaber 10003, S. 25, online: https://www.faulhaber-edition.de/dokument.html?idno=10003_1918-12-07_T01. Über Faulhaber wurde oftmals geschrieben, dass er ein komplexes Verhältnis zum Judentum hatte; für Michael Brenner präsentiert sich dessen Antisemitismus dagegen eher als „eindeutige, für einen konservativen Kirchenvertreter durchaus nicht ungewöhnliche Linie": „Er stand in der Tradition eines klerikal-konservativen Antijudaismus, teilte die Vorurteile gegen die osteuropäischen Juden und setzte oftmals Judentum mit Sozialismus gleich, lehnte dabei aber den modernen rassistisch begründeten Antisemitismus und die mit ihm einhergehende Gewalt ab. Hinter seinem theologischen Antijudaismus stand seine politische Überzeugung, dass eine sozialistische Regierung kirchenfeindlich sei und entschieden bekämpft werden müsse, und dass der politische Einfluss jüdischer Repräsentanten beschränkt werden solle." Brenner, Schatten, S. 141 f. Auch spätere Hilferufe an Faulhabers Adresse verpufften, vgl. ebd., S. 174 f.; zu Faulhabers Verhältnis zur Revolution vgl. ebd., S. 143 f.

habe vor, bis Ende nächster Woche in Frankfurt zu bleiben u. dann wohl zunächst nach München zurückzufahren."[786]

Schon Mitte Juni waren in München Stadtratswahlen abgehalten worden. Süßheim hatte sich für die Linksliberalen entschieden, und dabei sollte er von nun an bleiben[787] – die Partei widersprach seinen Überzeugungen zwar in wesentlichen Punkten, doch sie positionierte sich gegen den grassierenden Antisemitismus am deutlichsten, und dieser Punkt wurde zum wahlentscheidenden Kriterium für Karl Süßheim in der ersten deutschen Demokratie. Nach dramatischen Beratungen und dem Rücktritt der Regierung Scheidemann hatte Deutschland Ende Juni 1919 den kompromisslosen Versailler Vertrag unterzeichnet, der im Januar 1920 in Kraft trat[788], und die neuen Verhältnisse kamen allmählich auch in den Köpfen der Bayern an, die zuvor genug mit sich selbst zu tun hatten. Schließlich war es Karl Süßheims Bruder, der die neue bayerische Verfassung federführend vorbereitete und den offiziellen Kommentar seiner Partei dazu verfasste. Das junge demokratische Projekt aber wurde bald vehement von rechts herausgefordert. Max Süßheim hatte dies früher kommen sehen als viele seiner Genossen: „Deutlich machen sich die Anzeichen bemerkbar", schrieb er zum Jahreswechsel 1919/20, „dass unter dem Deckmantel ‚nationaler Gesinnung' […] die Kräfte der Reaktion gesammelt werden"[789]. In weiten Kreisen der Partei, schrieb er, werde die Gefahr unterschätzt.[790]

„Schändliche Gedanken in verdorbenen Köpfen" | Umdenken in der „Hauptstadt der Bewegung"

In den politischen Wirren der Nachkriegszeit hatte Karl Süßheim stets versucht, Normalität zu wahren, schließlich auch in ihrer vielleicht plakativsten Form: Im Sommer 1920 begann er, exzessiv Briefmarken zu sammeln – ein zeitfressendes und kostspieliges Hobby, das zeitweise sogar seine akademische Karriere in den Hintergrund treten ließ und ihm handfeste

786 Karl Süßheim an Clara Süßheim, 2.9.1919, Privatnachlass KS.

787 Süßheim schreibt wörtlich von der الماں دهموقرات فرقسى (*Alman demokrat firkası*), der „Deutschen Demokratischen Partei". Tagebuch KS, 15.6.1919, Nachlass KS (SBB) Hs. or. 1 135/10, fol. 76v. Er wählte sie auch bei den Reichstagswahlen im Juni 1920, vgl. ebd., 6.6.1920.

788 Philipp Scheidemann (1865–1939) hatte am 9. November 1918 auf dem Balkon des Reichstagsgebäudes die Republik ausgerufen und wurde in der in Weimar tagenden Nationalversammlung zum Reichsministerpräsidenten gewählt. Er selbst sprach sich klar gegen die Annahme der Friedensbedingungen von Versailles aus: Im Vertrag war die alleinige Kriegsschuld Deutschlands und seiner Verbündeten festgehalten, die zu Gebietsabtretungen und hohen Reparationszahlungen verpflichtet wurden. Da innerhalb der Regierungsfraktionen keine Einigung erzielt werden konnte, trat Scheidemann zurück, blieb aber SPD-Reichstagsabgeordneter. Eine jüngere Scheidemann-Biografie stammt von Christian Gellinek: Philipp Scheidemann. Gedächtnis und Erinnerung, Münster 2006.

789 Süßheim, Revolution, S. 35.

790 Vgl. ebd.

Probleme am Arbeitsplatz verschaffte.[791] In seiner Sammelwut wollte Süßheim natürlich auch der bayerischen Philatelisten-Vereinigung beitreten, doch er musste in deren mit Hakenkreuzen verzierten Verordnung lesen, dass Juden nicht beitreten durften.[792] Solche Entdeckungen sollten Angehörige der jüdischen Minderheit nun immer wieder machen[793], und auch die großen politischen Ereignisse holten Karl Süßheim wiederholt ein.

Der Putschversuch am 13. März 1920 in Berlin unter dem rechten Politiker Wolfgang Kapp und dem monarchistischen General Walther von Lüttwitz beunruhigte auch die Münchner Bevölkerung: Am Marienplatz im Zentrum der Stadt wurden Flugblätter angeschlagen, die eine neue deutsche Regierung verkündeten. „Es handelt sich um keine Reaktion und keinen Monarchistenputsch“[794], betonten die Blätter zwar, doch Süßheim machte „eine plötzliche Unruhe auf den Straßen“ aus, „wie sie seit Mai vergangenen Jahres nicht mehr aufgetreten ist. Viele schienen zu glauben, dass die Reaktionäre erfolgreich waren“[795]. Wie an vielen deutschen Orten hatte sich auch in München längst eine selbsternannte „Einwohnerwehr“ organisiert.[796] Eines ihrer Mitglieder sagte Karl Süßheim, dass die Reaktionäre

791 Als Süßheim im März 1921 nach einer Fakultätssitzung höchst verunsichert über seinen Stand an der Universität war, überlegte er, ob er sein Hobby aufgeben solle, dem er nahezu alle Freizeit widmete. Stattdessen sollte er vielleicht lieber noch einen zusätzlichen Kurs anbieten, vertraute er seinem Tagebuch an. Vgl. Tagebuch KS, 20.6.1920 u. 15.3.1921. Im Münchner Universitätsarchiv ist ein Briefwechsel zwischen dem bekannten Geografen und Polarforscher Erich Drygalski (1865–1949) als neuer Rektor und einem gewissen Laslo Mednyganszky – nicht zu verwechseln, aber eventuell verwandt mit dem ungarischen Landschaftsmaler László Mednyánszky (1852–1919) – überliefert. Letzterer beschwerte sich, dass Süßheim geliehene altungarische Briefmarken nicht mehr zurückgeben wollte. Drygalski lud Süßheim daraufhin ein, „mich gelegentlich auf meinem Amtszimmer aufzusuchen“; wenige Tage später schickte Mednyganszky eine Dankeskarte mit der Mitteilung, dass er sein Briefmarkenheft zurückerhalten habe. Süßheims Tagebuch schweigt sich über diese Episode offenbar aus, sie wird in der Edition zumindest nicht erwähnt. Vgl. Laslo von Mednyganszky an [Erich Drygalski], 7.3.1922, UAM-E-II-3323-41–46 u. Laslo von Mednyganszky an [Erich Drygalski], 21.3.1922, UAM-E-II-3323-55; das Zitat: [Erich] Drygalski an Karl Süßheim, 17.3.1922, UAM-E-II-3323-53.

792 Diese Regel wurde aber offenbar nicht rigoros befolgt, denn Süßheim wurde im März des darauffolgenden Jahres durchaus Mitglied, vgl. Tagebuch KS, 15.7.1920 u. 17.3.1921.

793 Im Juni 1921 wird auch Max Süßheim in Nürnberg deshalb einen Antrag im Stadtrat stellen: „Im städtischen Findelschulgebäude befindet sich ein Anschlag der deutsch-völkischen Verbindung Franko-Bavaria, der neben anderen verletzenden Aufnahmebedingungen die eidesstattliche Erklärung verlangt, dass der Eintretende niemals eine Heirat mit einem ‚jüdischen oder farbigen Weibe‘ eingeht. Hierin liegt eine unerhörte Beschimpfung der jüdischen Bevölkerungskreise und eine schwere Schädigung für die Handelshochschule. Ich stelle den Antrag, dass dieser Anschlag aus der Findelschule entfernt wird.“ Das Protokoll der Stadtratssitzung vom 1./2. Juni 1921 ist abgedr. bei Jochem, Sohn, S. 202 f. Die Entscheidung des Stadtrats geht daraus nicht hervor, vgl. ebd., S. 202, Anm. 8.

794 [Wolfgang] Kapp: Kein Monarchistenputsch [Flugblatt der Putschisten], Berlin März 1920, in: Deutsches Historisches Museum Berlin, Do2 1989/2040.

795 Tagebuch KS, 13.3.1920, Nachlass KS (SBB) Hs. or. 1 135/11, fol. 92v f.

796 „Einwohnerwehren waren Teil der Alltagserfahrungen der Deutschen unmittelbar nach dem Krieg. Die Menschen sollten selbst gegen Diebstähle und Einbrüche vorgehen. Zum eigenen Schutz und dem

in Berlin seiner Meinung nach zu früh losgeschlagen hätten und dass es seine Hoffnung auf die Restauration der bayerischen Monarchie verloren habe.[797] Die rechten Kräfte in Bayern fokussierten sich ohnehin nicht mehr auf die Wittelsbacher: Bald beobachtete Süßheim Gruppen von Männern auf den Straßen, die „genau wie die alten Soldaten aussahen und sich verhielten, als wünschten sie sich eine Militärregierung“[798]. Gerüchten zufolge war Ministerpräsident Johannes Hoffmann nach Leipzig geflohen, nachdem der bayerische Landeskommandant Arnold von Möhl ihn auf Druck einer rechten Offiziersgruppe zum Rücktritt aufgefordert hatte.[799] Am nächsten Tag fuhren in München keine Trambahnen.[800] Süßheim beobachtete eine große Menschenansammlung zwischen Hauptbahnhof und Stachus; die Münchner Arbeitervereinigung plakatierte, dass sie keine Regierung Kapp wünschte. Während der Putschversuch in Berlin am 18. März endgültig scheiterte, hatte er für Bayerns Regierung drastische Konsequenzen: Am 16. März wurde der Jurist und Politiker Gustav von Kahr Ministerpräsident – ein Protestant und Monarchist, zuvor im Amt des Regierungspräsidenten von Oberbayern. Bayern beendete damit endgültig sein linkes Experiment: Auch die gemäßigte Sozialdemokratie war abgewählt. Die neue rechtsbürgerliche Regierung begründete den Ruf des Freistaats als „Ordnungszelle des Reiches“[801] – Deutschland als demokratischen Staat zu bezeichnen kam vielen noch immer nicht in den Sinn. Süßheim hörte in diesen Tagen eine Gruppe Arbeiter, die wie so viele mit rechtsreaktionären Kräften sympathisierten: Sie schimpften auf die Regierung in Berlin und forderten die Loslösung Bayerns von der Weimarer Republik.[802] Die Stimmung in der Stadt war angespannt wie seit Monaten nicht mehr, und Karl Süßheim hielt seine Eindrücke im Tagebuch fest: „Während eine Reihe junger Männer von Polizisten zum Polizeirevier im Hauptbahnhof gebracht wurde, rannte eine weitere Gruppe von Jugendlichen nach vorne, um sie zu befreien. Die Polizisten zogen Gummischläger und schlugen einen der Angreifer mit solcher Gewalt, dass sich alle anderen aufgeregt wie ein Haufen Rebhühner etwa zwanzig bis dreißig Meter zurückzogen und die

des Eigentums sollten Wehren gebildet werden“, schreibt Hannsjörg Zimmermann; das Wissen um die paramilitärischen Einrichtungen sei allerdings bruchstückhaft. Klar ist: Die „Einwohnerwehren“ rekrutierten sich in ganz Deutschland vor allem aus dem reaktionären Umfeld. Im September 1919 war ein Landesverband der Einwohnerwehren Bayerns gegründet worden. Zur Geschichte dieser Form der bewaffneten Bürgerschaft vgl. Hannsjörg Zimmermann: Die Einwohnerwehren. Selbstschutzorganisationen oder konterrevolutionäre Kampforgane?, in: ZGSHG 128 (2003), S. 185–212, das Zitat S. 185.

797 Vgl. Tagebuch KS, 13. 3. 1920.

798 Ebd., 14. 3. 1920, Nachlass KS (SBB) Hs. or. 1 135/11, fol. 93r f.

799 Vgl. ebd.

800 Hier und im Folgenden vgl. ebd., 15. 3. 1920.

801 „Der Blick ist von auswärts deshalb vielfach auf Bayern gerichtet, weil man weit über die Grenzen des Reiches hinaus hier in Bayern die Zelle erblickt, von der aus die Ruhe und Ordnung ihren Weg sich bahnen und erobern werden über weite Teile des Deutschen Reiches“, sagte Kahr wörtlich auf dem Landesparteitag der BVP im Mai 1920. [Gustav von] Kahr: [Rede auf der Landesversammlung der Bayerischen Volkspartei], 2. 5. 1920, abgedr. bei BK 64/124 (3. 5. 1920), S. 1.

802 Vgl. Tagebuch KS, 17. 3. 1920.

schändlichen Gedanken, die sie in ihren verdorbenen Köpfen hatten, zum Ausdruck brachten, indem sie riefen: ‚Wir werden euch kriegen, Diebe!' Daraufhin kam ein junger Polizist aus dem Büro und hielt eine Pistole in der Hand […]. Er stand still da und weckte [damit das blanke] Entsetzen in der Menge der Zuschauer auf dem Platz."[803]

Nicht nur in München waren das Aufbäumen gewaltbereiter Bürger und die Reaktion der alten und neuen Eliten zu spüren: In Nürnberg war deshalb sogar eine Ausgangssperre verhängt worden.[804] Die Linke habe einen Generalstreik ausrufen wollen, aber Max Süßheim habe es geschafft, notierte sein Bruder, die Situation zu beruhigen, indem er darauf bestand, die Entscheidung zu vertagen. Wütende USPD-Mitglieder demonstrierten daraufhin vor seinem Haus und schimpften ihn einen Verräter. Max Süßheim war zum beliebten Hassobjekt geworden, ob links oder rechts. Bald sollten er und seine Mutter Drohbriefe erhalten: Jemand hatte seinen Namen auf die Abbildung eines roten Fadenkreuzes geschrieben und diese „Nachricht" eingeworfen.[805] Max Süßheim sei rot vor Wut geworden und habe den Brief der Kriminalpolizei übergeben, schrieb sein besorgter Bruder in München, doch die Drohkulisse sollte in den folgenden Jahren, in denen er sich auch vor Gericht wehrte, nicht eben kleiner werden.[806]

„Nie zuvor in meinem Leben spürte ich um mich einen solchen Grad haßerfüllter Leidenschaft wie in den Straßen dieser Stadt", schrieb eine erst kurz zuvor nach München gezogene Jüdin in einem Leserbrief Anfang April 1920: „Kaufe ich mir Zeitungen an der Straßenecke, blicke ich in die Auslagen der Buchhandlungen, höre ich Gespräche in Trambahn und Restaurant – so sind alle erfüllt von Haß und hetzerischen Verleumdungen der Juden."[807] Mit

803 Ebd., 14.3.1920, Nachlass KS (SBB) Hs. or. 1135/11, fol. 93rf.

804 Nach blutigen Straßenschlachten zwischen der Armee und radikalen Sozialisten, die versucht hatten, an Waffen aus den Kasernen zu kommen, wurde diese Maßnahme ergriffen. Zwanzig Linke seien erschossen und ein Mann, der seiner Verachtung gegenüber dem Militär Luft gemacht hatte, sei von Mitgliedern einer Erlangener Studentenverbindung zusammengeschlagen worden, hörte Süßheim bei einem Besuch bei der Familie. Hier und im Folgenden vgl. ebd., 19.3.1920.

805 Hier und im Folgenden vgl. ebd., 25.6.1920.

806 Nachdem Max Süßheim 1922 gegen die Verleumdungen klagte, war über ihn im Deutschen Volkswillen zu lesen: „Herr Süßheim mühte sich ab, dem Gerichte ein schönes Bild von sich zu zeichnen. Mit einem recht wehleidigen, bei ihm sonst nicht üblichen Unterton, versuchte er den Nachweis zu erbringen, wie übel unrecht man ihm nachsage, er sei Millionär und er hätte deshalb keine Berechtigung dazu, sich als Führer der Besitzlosen, der ‚Proletarier', aufzuspielen[.] Die Tatsache, dass er aus dem Wahlkampfe jederzeit als Gewählter hervorgegangen sei, sei Beweis genug dafür, welch großes Vertrauen die Arbeiterschaft in ihn setze. Er habe den politischen Kampf stets in anständiger Weise gekämpft und er müsse es ablehnen, in die Niederungen hinabzusteigen, in welchen sich der ‚Deutsche Volkswille' gefalle." „Süßheim gegen Streicher", in: Deutscher Volkswille 3 (24.5.1922), SAN E 39 I 2359/1-1. Das antisemitische Blatt, gegen das Max Süßheim erfolgreich geklagt hatte und in dem diese Zeilen nun erschienen, war über den Ausgang des Verfahrens natürlich nicht erfreut – seinen Kampf gegen Diskriminierung und Hetze führte Karl Süßheims Bruder konsequent mit den Mitteln des Rechtsstaats, vgl. dazu auch Kap. II.3.

807 Weiter schrieb sie: „Es macht – wie mir auch nichtjüdische Ausländer bestätigen – fast den Eindruck eines Wahnsinns, daß im Volk, das durch die schwersten Erlebnisse hindurchging und alle

dem ersten großen Erfolg der Rechtskonservativen, die nun in Bayern die Regierung stellten, wurde auch der öffentlich geäußerte Antisemitismus lauter und drohender als zuvor, denn der ohnehin weit geöffnete Raum des Sagbaren hatte sich in diesem Klima noch erweitert. Die Zeitungen, denen Karl Süßheim lange Jahre als Leser (und gelegentlich auch als Autor) die Treue gehalten hatte, drifteten derart nach rechts, dass ihre Lektüre sich bald erübrigte.[808] „Die Atmosphäre in der Stadt war unerträglich“, erinnerte sich Gershom Scholem, zur beschriebenen Zeit Süßheims Student mit Vornamen Gerhard: „Unübersehbar waren die riesigen blutroten Plakate mit dem nicht weniger blutrünstigen Text, die zu den Reden Hitlers einluden“[809]. Nicht nur von der neuen Nationalsozialistischen Deutschen Arbeiterpartei (NSDAP), auch von anderen Parteien war keine Zurückhaltung zu erwarten: Karl Süßheim entdeckte ein Plakat der DNVP, auf dem zu lesen war, dass die Juden aufhören sollten, sich in deutsche Angelegenheiten zu mischen.[810] Unter seinen Studenten war es nun offenbar ganz üblich, sich im rechtsextremen *Völkischen Beobachter* zu informieren, wie Süßheim schockiert feststellte.[811] Schließlich hörte er von einer Beamtenpetition aus Oberbayern, die von der Berliner Regierung forderte, dass Jüdinnen und Juden aus dem Staatsdienst ausgeschlossen werden. Die Entwicklungen beunruhigten die Münchner jüdische Gemeinde zutiefst, über den Umgang mit dem Antisemitismus aber war man sich uneins wie eh und je: „[E]s war doch erschreckend, die Blindheit der Juden, die von alledem nichts wissen und nichts sehen wollten, wahrzunehmen“, schrieb der junge Scholem: „Sie hielten das alles für eine vorübergehende Erscheinung. Das belastete meine Beziehung zu Münchener Juden sehr, da sie außerordentlich kribbelig und böse wurden, wenn man die Rede darauf brachte“[812]. Das galt freilich nicht für alle. Karl Süßheim beschrieb in seinem Tagebuch eine Rede des Dortmunder Rabbiners Benno Jacob für die akademisch gebildeten Mitglieder des Centralvereins deutscher Staatsbürger jüdischen Glaubens (C. V.) im Spatenbräu. Der Bibelkommentator hatte die schlagende Breslauer Studentenverbindung Viadrina mit ihrem Schlagwort *Nemo*

Veranlassung hat, an seiner inneren und äußeren Gesundung zu arbeiten, im Augenblick höchster Not auf nichts anderes denkt als auf Haß und Vernichtung der 2500 jüdischen Familien in den Mauern seiner Stadt München.“ Helene Hanna Cohn: [Leserbrief], in: JE 7/14 (2.4.1920), S. [2].

808 Die *München-Augsburger Abendzeitung* (MAA) war zum antisemitischen deutschnationalen Sprachrohr geworden, hinter dem der Medienmogul Alfred Hugenberg (1865–1951) stand, die *Münchner Neuesten Nachrichten* (MNN) waren fest in der Hand von Paul Nikolaus Cossmann (1869–1942), der sich trotz seiner eigenen jüdischen Herkunft nur als Antisemit bezeichnen lässt, vgl. dazu ausführlich Brenner, Schatten, S. 210 u. 229–239.

809 Gershom Scholem: Von Berlin nach Jerusalem. Jugenderinnerungen. Erweiterte Fassung, Frankfurt a. M. 1994, S. 153.

810 Vgl. Tagebuch KS, 17.3.1920.

811 Hier und im Folgenden vgl. ebd., 21.2.1920. Das Blatt war seit 1918 in Besitz der antisemitischen Thule-Gesellschaft, im Dezember 1920 wird es die NSDAP übernehmen und als Parteiblatt herausgeben.

812 Scholem, Berlin, S. 153.

me impune lacessit! – „Niemand reizt mich ungestraft!“[813] gegründet. Die Verbindung war explizit als Organ zur Bekämpfung des Antisemitismus gedacht.[814] Gleichzeitig war Benno Jacob ein scharfer Anti-Zionist: Er betrachtete den Zionismus als Ausdruck einer Säkularisierung des Judentums, der damit eine Grundlage für jüdischen Atheismus schuf.[815] Dass der Mann Süßheim grundsätzlich gefiel, kann also kaum verwundern:

> „Doktor Jacob war ein eloquenter Redner, der seine Gegner durch eine akribische [...] Kritik und Widerlegung ihrer Unterstellungen in Erregung versetzen konnte. Er versuchte, die Position der Juden zu erklären, indem er die Geschichte der Misshandlungen, denen sie ausgesetzt waren, und die Geschichte ihrer Verfolgungen erzählte. Einige Männer, die offenbar keine universitäre Bildung genossen hatten, waren hineingelassen worden. Sie bildeten mehr oder weniger den harten Kern der Studentenverbindung, die der nationalistischen und antisemitischen Bewegung angehört.[816] Die Gegner versuchten mehrmals, Doktor Jacob zum Schweigen zu bringen. Schließlich benutzte er für seine Gegner den Ausdruck ‚Schuft‘, woraufhin die Nationalisten sofort begannen, [demonstrativ] den Raum zu verlassen [...]. Als er sich einigermaßen entschuldigte, indem er sagte, dass der beleidigende Ausdruck nur für die Person bestimmt war, die ihn unterbrochen hatte, überredete er sie [die anderen, KM] [dadurch], zu bleiben [...].

813 Vgl. Marion Kaplan: Konsolidierung eines bürgerlichen Lebens im kaiserlichen Deutschland 1871–1918, in: Dies. (Hrsg.): Geschichte des jüdischen Alltags in Deutschland. Vom 17. Jahrhundert bis 1945, München 2003, S. 226–346, hier S. 274.

814 Vgl. zu den jüdischen Verbindungen auch Kap. I.2.

815 Informationen über den Rabbiner finden sich beispielsweise in einem kleinen Porträt in der Zeitschrift des Historischen Vereins für Dortmund von Günter Birkmann: Benno Jacob. Ein liberaler Rabbiner in Dortmund, in: HD 2 (2000), S. 9.

816 Michael Brenner deutet die Szene als Störung durch (nicht-jüdische) antisemitische Studenten, was in die Reihe der Veranstaltungen passen würde, die der C.V. explizit zur Aussprache mit bayerisch-konservativen Kreisen über die zahlreichen Vorwürfe an die Juden organisierte (vgl. Brenner, Schatten, S. 213 u. 219 f.). Ganz eindeutig ist die Schilderung hier aber nicht: Die störenden Teilnehmer der Veranstaltung könnten auch ideologisch dem Verband nationaldeutscher Juden (VnJ) nahegestanden haben, der im selben Jahr gegründet wurde. Es handelte sich um eine sehr kleine Randgruppe innerhalb der jüdischen Minderheit, die durch ihre radikalen Positionen viel Aufmerksamkeit erregte: Der VnJ war antidemokratisch und rechtskonservativ, hetzte gegen „Ostjuden“, biederte sich bei der völkischen und nationalsozialistischen Bewegung an und grenzte sich auch bewusst von antisemitischen Haltungen nicht ab. In der Vereinssatzung hieß es, der VnJ „bezweckt den Zusammenschluß aller derjenigen Deutschen jüdischen Stammes, die bei offenem Bekennen ihrer Abstammung sich mit deutschem Wesen und deutscher Kultur so unauflöslich verwachsen fühlen, dass sie nicht anders als deutsch empfinden und denken können. Er bekämpft alle Äußerungen und Betätigungen undeutschen Geistes [...], die das Widererstarken deutscher Volkskraft, deutscher Rechtlichkeit und deutschen Selbstgefühls beeinträchtigen und damit den Wiederaufstieg Deutschlands zu einer geachteten Stellung in der Welt gefährden.“ Zit. nach Matthias Hambrock: Die Etablierung der Außenseiter. Der Verband nationaldeutscher Juden. 1921–1935, Köln u. a. 2003, S. 1.

> Obwohl er fast eineindreiviertel Stunden lang sprach, berührte er das Thema des staatlichen Antisemitismus im Reich nicht, noch sprach er in irgendeiner Weise über seine Anführer.“[817]

In der anschließenden Diskussion, fuhr Süßheim fort, habe ein Wirtschaftsprofessor die Vermutung geäußert, dass sich das ganze Problem des Antisemitismus lediglich durch einen Mangel an Zivilisation erklären lasse: Offenbar spielte er dabei auch auf die Störer im Publikum an, was diese in die Luft gehen ließ: „Die Diskussion war um 11 zu Ende. Ich ging umgehend nach Hause“, schrieb Süßheim danach erschöpft. Er hoffte verzweifelt darauf, dass man dem Antisemitismus durch öffentliche Zurückhaltung und Betonung des Patriotismus Herr werde. Damit war er nicht allein: Im Dezember 1922 wird er ein Treffen der bereits erwähnten Studentenverbindung Licaria besuchen, die ihren 22 Mitgliedern gedachte, die als Soldaten ihr Leben für das Vaterland gelassen hatten.[818] Die Namen der Gefallenen waren in eine Bronzetafel eingraviert, schrieb Süßheim, und Rabbi Baerwald habe eine Rede gehalten, in der er die Notwendigkeit des Widerstands gegen den wachsenden Antisemitismus betonte. Auch die Einladungen des Centralvereins, die in Süßheims Nachlass aufbewahrt sind, wird er weiterhin wahrgenommen haben, darunter ein Vortrag Ludwig Freunds zum Thema „Die geistige und politische Lage der Gegenwart und die Aufgaben der deutschen Juden“[819]. Freund war Syndikus des C.V. und wird ab 1930 Landesgeschäftsführer des Reichsbunds jüdischer Frontsoldaten (RJFS) sein, welcher seine Arbeitsgrundlage „in einem restlosen Bekenntnis zur deutschen Heimat“ sah.[820]

Die Zeiten waren anstrengend, und auch die wirtschaftliche Situation war nach dem Krieg noch lange angespannt; die Preise stiegen, Nahrung wurde staatlich zugeteilt. Bayern hatte es dabei trotz der revolutionären Geschehnisse vergleichsweise gut getroffen[821]; die Entwicklung lässt sich auch in Karl Süßheims Tagebuch mit exakten Angaben verfolgen.[822] Sein in die USA ausgewanderter Onkel Max Morgenstern schickte noch im Frühjahr 1920 Essenspakete aus New York nach Bayern.[823] Zur ökonomischen Unsicherheit kam die politische, denn auf den Straßen sorgten derweil nicht nur Rechte, sondern auch die radikalen Linken immer wieder für Probleme. Karl Süßheim hatte von seiner Abneigung ihr gegenüber

817 Hier und das folgende Zitat: Tagebuch KS, 22.2.1921, Nachlass KS (SBB) Hs. or. 1135/12, fol. 50rf.

818 Hier und im Folgenden vgl. ebd., 10.12.1922.

819 C.V.: Einladung zum Vortrag von Ludwig Freund: Die geistige und politische Lage der Gegenwart und die Aufgaben der deutschen Juden am 11.11.1926, o.D., Nachlass KS (LOC), Kiste 19a.

820 Vgl. Barbara Kaufhold: Jüdisches Leben in Mülheim an der Ruhr, Essen 2004, S. 168. Das Zitat: Gründungsdokument des RJFS, zit. nach Ulrich Dunker: Der Reichsbund jüdischer Frontsoldaten 1919–1938. Geschichte eines jüdischen Abwehrvereins, Düsseldorf 1977, S. 151.

821 Vgl. dazu Brenner, Schatten, S. 59 mit Verweis auf die Forschungsergebnisse von Martin H. Geyer: Verkehrte Welt. Revolution, Inflation und Moderne, München 1914–1924, Göttingen 1998.

822 Vgl. Tagebuch KS, 19.12.1919, 6.4., 21.5. u. 19.6.1920. Die Ausgabe von Fleisch endete im Sommer 1920, von Brot erst im November 1922, vgl. ebd., 8.8.1920 u. 6.11.1922.

823 Vgl. ebd., 20.3.1920.

nichts eingebüßt. Am Tag der Ermordung des ehemaligen Finanzministers Matthias Erzberger durch rechtsextreme Attentäter der Organisation Consul – der Zentrums-Politiker hatte wegen seiner versöhnlichen Haltung gegenüber den Siegermächten des Ersten Weltkriegs die Wut der Rechten auf sich gezogen (oder aber, wie Süßheim vielmehr meinte, auch wegen der staatlichen Kürzungen und hohen Preise) – beriefen die linken Parteien ein großes Treffen im Bürgerbräukeller ein.[824] Karl Süßheim saß an diesem Abend mit seinem Bruder und seiner Schwägerin in einem Restaurant, als plötzlich Menschen ins Lokal strömten – in ihren Gesichtern „Angst und Entsetzen“[825]. Obwohl der Münchner Polizeidirektor Demonstrationen für diesen Tag verboten habe, seien die Teilnehmer der Versammlung im Anschluss bis zur Ludwigsbrücke an der Isar gezogen; die Polizei sei mit einer berittenen Einheit, der Armee und gepanzerten Wagen dagegen vorgegangen, schrieb Süßheim. Diese Szene spielte sich direkt vor dem Restaurant ab, in dem die Süßheims zu Abend aßen; die hereinströmenden Passanten waren in Panik geratene Teilnehmer der linken Demonstration. Für diese zeigte Süßheim keinerlei Verständnis: „Wären den Arbeitern die Waffen nicht vor zwei Jahren abgenommen worden, wäre die bayerische Regierung noch heute Nacht gestürzt worden“, schrieb er: „Die Situation der Regierung war entsetzlich. Die Gewissenhaftigkeit der Polizei rettete sie.“ Ministerpräsident Kahr wird später aus Protest zurücktreten: Er schaffte es nicht, die Auflösung der „Einwohnerwehr“ durch die deutsche Regierung in Berlin als Reaktion auf den Mord zu verhindern. Die Rechte tobte.

Eine bereits zitierte Darstellung der Genese des „Führers“ heißt nicht grundlos „Hitlers Weg begann in München“[826]: Die antisemitische rechte Propaganda schuf hier früh einen Mythos um die Person Adolf Hitler. Sie hatte auch unmittelbare Wirkung auf die Gewaltbereitschaft in der Gesellschaft, die durch die nun alarmierende Inflation noch gesteigert wurde.[827] Auch Karl Süßheim war in den ersten Jahren der Weimarer Republik damit beschäftigt, das Vermögen seiner Familie zu retten[828], doch als Jude hatte er mit der zunehmenden Polarisierung der Gesellschaft noch existenziellere Ängste. Bereits im Oktober 1920 hatte Rabbi Leo Baerwald sich gemeinsam mit fünf jüdischen Begleitern in eine Versammlung der seit Februar unter dem Namen NSDAP firmierenden antisemitischen Münchner Partei um Hitler begeben, aus der er unter Gebrüll und mit Gummiknüppeln hinausgeprügelt

824 Hier und im Folgenden vgl. ebd., 26.8.1921.

825 Hier und die folgenden Zitate: ebd., Nachlass KS (SBB) Hs. or. 1135/12, fol. 61v f.

826 Joachimsthaler, Hitle[r]. Der Autor überarbeitete und erweiterte für diese Ausgabe seinen Titel: Korrektur einer Biographie. Adolf Hitler 1908–1920, München 1989.

827 Auch diese Entwicklung lässt sich anhand der Angaben in Süßheims Tagebuch akkurat verfolgen: Nachdem die Preise für Briefmarken lange konstant geblieben waren, wurden sie im Januar 1923 verdoppelt, im Juni verdreifacht; im Februar kostete das Pfund Brot 400 Mark, im Juni 650, der Monat, in dem Süßheim für ein Straßenbahn-Ticket 500 Mark zahlen musste. Im August zahlte er 800 000 Mark für seine Miete, im September dreieinhalb Millionen. Vgl. Tagebuch KS, 14.1., 3.2., 2. u. 30.6.1921 sowie die Angaben bei Flemming u. Schmidt, Diary, S. 204.

828 Seine Bemühungen sind ausführlich beschrieben ebd., S. 209–214.

wurde[829]; im August 1921 war es im Allgäu zu einem pogromartigen Zwischenfall gekommen[830]. Die linken und rechten Unruhen häuften sich im Zuge der explodierenden Inflation nun gefährlich, und tatsächlich war auch vom neuen Kabinett des BVP-Politikers Eugen von Knilling, den Süßheim während des Kriegs in dessen Funktion als Kultusminister persönlich kennengelernt hatte[831], hinsichtlich der Bekämpfung des Antisemitismus nicht viel zu erwarten.[832] Über Bayern rief er den Notstand aus: Aus Angst um die (nicht vor den!) Aktionen Adolf Hitlers habe die Regierung auf diese Maßnahme zurückgegriffen, schrieb Karl Süßheim Anfang 1923 dazu – es habe den Anschein, dass es keinen anderen Zweck dahinter gegeben habe.[833] Natürlich wird Adolf Hitler ihm längst ein Begriff gewesen sein, doch bezeichnenderweise wird der Name des Mannes, der es sich zur Aufgabe machte, die erste deutsche Demokratie wieder abzuschaffen, in Süßheims Tagebuch in diesem Zusammenhang zum ersten Mal erwähnt.

Im April 1923 erfuhr Süßheim auf einem Treffen des C.V. in den Räumlichkeiten der Concordia von Ausschreitungen gegen Jüdinnen und Juden in Franken: Dabei sei sogar ein 85-Jähriger aus seinem Haus geworfen worden; die Antisemiten hätten es schließlich in Brand gesetzt.[834] Auf der Versammlung wurde nun Geld gesammelt, um gegen die Agitation Adolf Hitlers vorzugehen, und Karl Süßheim spendete 2000 Mark (eine angesichts seiner finanziellen Situation exorbitant klingende Summe, die aber im Kontext der grassierenden Inflation zu betrachten ist[835]). Auch die Veröffentlichung eines Protestschreibens wurde im Rahmen der Veranstaltung diskutiert, doch Rabbi Leo Baerwald warnte davor: Man müsse dringend vermeiden, mit den Sozialisten in Verbindung gebracht zu werden. Diese hätten im Parlament bereits Fragen zu Hitler aufgeworfen, zitierte Süßheim den Rabbiner im Tagebuch. Am Ende, schrieb Süßheim, seien sich die meisten darin einig gewesen, dass es klüger sei, diskret vorzugehen und niemanden zu provozieren. In Zeiten der Dolchstoßlegende erschien dies vielen als die zielführendste Herangehensweise: Die Niederlage im Ersten Weltkrieg hatte die Gesellschaft noch lange nicht verdaut. Dies galt im Übrigen nicht nur für die Deutschen.

829 Vgl. Brenner, Schatten, S. 182.

830 Vgl. ebd., S. 215.

831 Vgl. Kap. I.1.

832 Auch Eugen von Knilling war ein Antisemit, was er zumindest hinter verschlossenen Türen freimütig zugab: Robert Murphy, der amerikanische Generalkonsul in München, berichtete im Dezember 1923 an sein Außenministerium: „Der gegenwärtige bayerische Ministerpräsident hat mir gegenüber offen geäußert, dass er klar antijüdisch sei und das jüdische Element in Deutschland für einen großen Teil des deutschen Unglücks und der wirtschaftlichen Not seit dem Krieg verantwortlich macht." Report by Consul General in Munich to Secretary of State, 13.12.1923, in: USNA: Records of the Department of State Relating to Internal Affairs of Germany, 1910–29, Microcopy 336, Roll 79 862.00 862.4016, zit. nach Brenner, Schatten, S. 190.

833 Aber Monarchisten, wie sein Vermieter, hofften auf die Wiederherstellung der Krone von Prinz Rupprecht, schob Süßheim hinterher. Vgl. Tagebuch KS, 23.1.1923.

834 Hier und im Folgenden vgl. ebd., 12.4.1923.

835 Wenige Wochen später wird er für ein Pfund Brot bereits 650 Mark bezahlen, vgl. ebd., 2.6.1923.

Wie erwähnt besuchte Süßheim hin und wieder Veranstaltungen der wenigen im Lande verbliebenen Studenten aus dem Osmanischen Reich. Im Juli 1923 nahm er zum Beispiel an einem von ungarischen, bulgarischen und türkischen Studentenorganisationen für ihre bayerischen Kommilitonen organisierten Solidaritätstreffen im Prinzregententheater teil.[836] Die gemeinsame Erfahrung der Niederlage war in lebendiger Erinnerung, wie sich bei dieser Gelegenheit ganz offen zeigte: Ein ungarischer Student habe eine Rede gehalten, in der er zum Krieg gegen die Volksfeinde aufrief, hielt Süßheim fest, und als die Anwesenheit Erich Ludendorffs, des „Helden von Tannenberg"[837] erwähnt wurde, sei laut applaudiert worden. Auf dem Höhepunkt der Inflation kostete dieser denkwürdige Abend Karl Süßheim 124000 Mark.

Am 26. September 1923, nachdem der neue Reichskanzler Gustav Stresemann den Widerstand gegen die Ruhrbesetzung abgebrochen hatte, wurde in Bayern der frühere Ministerpräsident Gustav von Kahr zum quasi-diktatorischen Generalstaatskommissar ernannt, der umgehend den Ausnahmezustand ausrief. Karl Süßheim bemerkte dazu, dass diese autoritären Maßnahmen getroffen worden seien, um ein drohendes militärisches Eingreifen der deutschen Regierung zu vermeiden.[838] Die bayerischen Politiker nämlich, schrieb Süßheim, hätten nichts dagegen getan, die Rechten – insbesondere die Nationalsozialisten – einzudämmen; nicht einmal nachdem die *Münchener Post* geschrieben hatte, dass Hitler offenkundig einen Putsch nach dem Vorbild Primo de Riveras in Spanien plane, da er seine Anhänger in den großen Brauhäusern versammle.[839] Die einseitigen Maßnahmen gegen die Linke, gepaart mit der bayerisch-nationalistischen Politik des Ministerpräsidenten, befürchtete Süßheim, würden Hitler in seinen Aktivitäten im Gegenteil noch bestärken; ohnehin sei es ein offenes Geheimnis, dass Gustav von Kahr mit Hitler und Ludendorff in engem

836 Hier und im Folgenden vgl. ebd., 18.7.1923.

837 Vgl. dazu die Publikation von Jesko von Hoegen: Der Held von Tannenberg. Genese und Funktion des Hindenburg-Mythos (1914–1934) (=SHF 4), Köln 2007. Erich Ludendorff (1865–1937) war einer der Väter der Dolchstoßlegende und führender Kopf des Deutschen Kampfbundes, der im September 1923 gegründet wurde. Teil der Vereinigung war bekanntlich die SA unter Hermann Göring, und auch Adolf Hitler tat sich früh in der paramilitärischen Organisation hervor. Ludendorffs Unterstützung verschaffte letzterem schließlich auch in konservativ-monarchistischen Münchner Kreisen Respekt, vgl. Brenner, Schatten, S. 195f.

838 Hier und im Folgenden vgl. Tagebuch KS, 26.9.1923.

839 In der Tat war von einem möglichen Putsch Hitlers und seiner Verbündeter in München schon seit 1922 die Rede, 1923 verdichteten sich die Gerüchte, vgl. Brenner, Schatten, S. 278f. Miguel Primo de Rivera (1870–1930) war ein spanischer General und errichtete nach besagtem Putsch von 1923 eine bis 1930 währende Diktatur unter seiner Führung. Zu seinem Sohn, der 1933 die faschistische Bewegung Falange gründete, die später mit dem Franco-Regime ein politisches Bündnis einging, entstand eine Dissertation in München, vgl. Frank Peter Geinitz: Die Falange Española und ihr Gründer José Antonio Primo de Rivera (1903–1936) – im Rahmen der Bewältigung der Vergangenheit der Zweiten Spanischen Republik (1931–1939), München 2008.

Kontakt stünde.[840] Am stärksten beunruhigte Süßheim, wie er später im Tagebuch reflektierte, dass die Maßnahmen der Regierung Kahr nicht nur die Unterdrückung der kommunistischen Partei und der sozialistischen Presse beinhalteten, sondern auch Pläne, die bayerischen Jüdinnen und Juden dazu zu drängen, das Land zu verlassen.[841] Im Club Insel hörte er, dass bereits Mitte Oktober 200 bis 300 jüdische Familien mit osteuropäischen Wurzeln (und damit fast ein Drittel dieser Bevölkerungsgruppe) gezwungen worden seien, München zu verlassen.[842] Gustav von Kahr war zwar „kein ‚Radauantisemit' vom Schlage der Nationalsozialisten oder anderer extremer Gruppierungen“[843], wie Michael Brenner betont, doch es handelte sich nicht um ein Gerücht: Schon 1920 hatte dieser in einer deutschlandweiten antisemitischen Kampagne eine Massenausweisung der sogenannten „Ostjuden“ angeordnet, die letztlich nur wenige Menschen tatsächlich traf[844]; 1923 wiederholte sich das Vorgehen.[845] „An die Gesamtmasse der in Bayern wohnenden Juden wagte sich Kahr [...] nicht heran“, schrieb der Münchner jüdische Anwalt Philipp Löwenfeld im Rückblick: „Als ein schofler Feigling von Natur suchte er sich nach Hitler-Art die Wehrlosesten unter den Juden als Opfer seiner Willkür-Herrschaft heraus.“[846] Viele der betroffenen Familien – die Polizei erteilte einige dutzend Ausweisungsbefehle – hatten seit Jahrzehnten in München gelebt.[847] Karl Süßheim konnte nicht nur diese Entwicklung kaum fassen, ihm, der seit jeher selbst eine starke Verbundenheit mit Bayern fühlte, war auch Kahrs bayerischer Nationalismus suspekt – Süßheim zweifelte, zu Recht, an dessen Loyalität zur Weimarer Republik.[848] Dies waren neue Töne des einst überzeugten Monarchisten.

Süßheims Verhältnis zu den Wittelsbachern hatte in der jüngsten Vergangenheit gelitten, und wieder hatte sein politisches Umdenken mit seinem Selbstverständnis als Wissen-

840 Auch die Sozialdemokraten kritisierten den neuen alten Regierungschef scharf – Max Süßheim zufolge trug er schon lange gemeinsam mit der Münchner Polizei mit ihrer Patronage der rechten „Einwohnerwehr“ die Verantwortung für den Anstieg der Gewalt auf Münchens Straßen und die steigende Zahl der Fememorde im Süden Bayerns. So argumentierte Max Süßheim denn auch 1920 in seinem Redebeitrag auf dem SPD-Parteitag in Kassel, vgl. Schmalzl, Auer, S. 431 u. Anm. 2547.

841 Vgl. Tagebuch KS, 13.11.1923.

842 Vgl. ebd., 30.10.1923.

843 Brenner, Schatten, S. 188.

844 Darunter waren allerdings auch Personen, die fast ihr ganzes Leben in München verbracht hatten und keinerlei Verbindungen mehr zu ihrer Herkunftsregion hatten, vgl. ebd., S. 204 ff.

845 Vgl. Ludger Heid: Achtzehntes Bild: „Der Ostjude“, in: Julius H. Schoeps u. Joachim Schlör (Hrsg.): Bilder der Judenfeindschaft. Antisemitismus. Vorurteile und Mythen, Augsburg 1999, S. 241–251, hier S. 248. Aus Kahrs Mitte der 1920er-Jahre verfassten unveröffentlichten Memoiren geht seine insgesamt judenfeindliche Haltung klar hervor, vgl. dazu Brenner, Schatten, S. 188 f.

846 Peter Landau u. Rolf Rieß (Hrsg.): Recht und Politik in Bayern zwischen Prinzregentenzeit und Nationalsozialismus. Die Erinnerungen von Philipp Loewenfeld (= Abhandlungen zur rechtswissenschaftlichen Grundlagenforschung 91), Ebelsbach 2004, S. 502.

847 Vgl. Max Kalter: Hundert Jahre Ostjuden in München. 1880–1980, in: Lamm, Tage, S. 392–399, hier S. 394 f. u. Brenner, Schatten, S. 266–272.

848 Vgl. Tagebuch KS, 13.11.1923.

schaftler zu tun (wie bereits 1908 im Osmanischen Reich[849]). Schauen wir noch einmal zurück auf das Ende des Ersten Weltkriegs: Als Süßheim im Januar 1919 bei der Münchner Orientalischen Gesellschaft (MOG) seinen Vortrag über die bayerisch-türkischen Beziehungen gehalten hatte[850], befand sich im Publikum auch Prinz Leopold. Im Tagebuch hielt Süßheim fest: „Er [Prinz Leopold, KM] war in den letzten vier Jahren und zwei Monaten zu keinem einzigen meiner Vorträge über die Türkei gekommen. Der Prinz hatte damals leblos gewirkt. Der Krieg, die dauernde Bewegung unter freiem Himmel und die jahrelange Aktivität hat den Prinzen, der zum Skelett getrocknet ist, verhältnismäßig belebt. Als er in Begleitung des Vorsitzenden, Herrn Kemmerich, ankam, pries der Prinz die Wendigkeit der Türken, und sagte, dass einer der beiden osmanischen Prinzen, mit denen er sich an der irakischen Front angefreundet hatte, ein irgendwie israelitisches Aussehen hatte. Mein Vortrag begann um 8.10 Uhr und dauerte 1 Stunde [und] 25 [Minuten]. Als der Prinz den Raum verließ, kritisierte er mich und sagte, dass der Gegenangriff der Mittelmächte in Ostgalizien am 19. Juli 1917 nicht die unbedeutende Angelegenheit gewesen sei, als welche ich sie bezeichnet hatte, sondern im Gegenteil, eine sehr heftige Schlacht."[851]

Von der Reaktion des Prinzen, der seit August 1916 höchstpersönlich den Oberbefehl Ost geführt hatte, war Süßheim enttäuscht, hatte er doch gleichzeitig wieder einmal Gelegenheit erhalten, sich davon zu überzeugen, dass die Wittelsbacher ihre schützende Hand auf die jüdische Minderheit hielten – warum sonst sollte Prinz Leopold betonen, dass ein befreundeter Prinz „israelitisch" (nicht jüdisch![852]) aussehe? Doch bei Süßheims ambivalenter Gefühlslage sollte es nicht bleiben: Am nächsten Tag erhielt er einen Anruf von Konsul Max Kemmerich, der ihn darum bat, seinen Vortrag nicht zu veröffentlichen: (Der abgesetzte) König Ludwig III. würde sich zweifellos davon angegriffen fühlen und Süßheim anzeigen.[853] Nachdem er seinen Vortragstext noch einmal gelesen hatte, entschied dieser dennoch, dass er die Inhalte nicht verändern oder kürzen könne, und für seine Publikation betrieb er nur noch ein wenig Zusatzrecherche. Die dezidierte Kritik Prinz Leopolds an seiner Darstellung der Schlacht in Ostgalizien ignorierte er.[854] Und noch mehr, sogar Kritik an Ludwig III. war in Süßheims Aufsatz zu lesen, wenn auch bedächtig formuliert: „Es war die Zeit [des Weltkriegs, KM], da König Ludwig III. von Bayern im Rate der Staatslenker des Deutschen Reiches eine besonders einflußreiche Stellung einnahm. König Ludwig befürwortete eine weltumspannende Machtpolitik und tat als geschickter Redner sein

849 Vgl. dazu den Umgang der osmanischen Zensur mit seinem Erstlingswerk in Kap. I.2 u. I.3.

850 Die daraus resultierenden Aufsätze wurden im vorangegangenen Kapitel zitiert, vgl. z. B. Kap. II.1.

851 Tagebuch KS, 31.1.1919, Nachlass KS (SBB) Hs. or. 1 135/10, fol. 30v f.

852 Vgl. dazu die Bemerkung in Kap. I.1.

853 Hier und im Folgenden vgl. Tagebuch KS, 31.1.1919.

854 Im publizierten Aufsatz heißt es dazu explizit: „Als am 19. Juli 1917 die österreichisch-ungarischen und deutschen Truppen zur Gegenoffensive übergingen, weigerten sich einzelne russische Abteilungen zu kämpfen und räumten fast ohne Schwertstreich das Feld. So konnte die ganze ostgalizische Front der Zentralmächte den Vormarsch antreten und ziemlich leichte Siegesbeute einheimsen." Süßheim, Beziehungen (1919/20), S. 8.

Möglichstes, die Siegeshoffnungen des deutschen Volkes auf voller Höhe zu erhalten. Die bayerischen Minister folgten durch vielfache Reden in und außer dem bayerischen Landtage dem Beispiele ihres königlichen Herrn. Diese oft ziemlich verstiegenen Reden fanden, wenn auch nur auszugsweise, fast jedesmal ihr getreues Echo in der türkischen Presse. Denn auch dort zog man jede Gelegenheit, die gedrückte und immer gedrückter werdende Volksstimmung zu heben, an den Haaren herbei.“[855]

Wohin war nur der loyale Untertan Karl Süßheim verschwunden? Mit Begeisterung über die linke Revolution hatte seine Wandlung, wie wir wissen, jedenfalls nichts zu tun. Seine Redlichkeit als Experte aber wollte Süßheim sich unter keinen Umständen und von niemandem nehmen lassen, auch nicht vom König höchstselbst. Wenn denn auch die Sache – was angesichts der veränderten politischen Situation kaum verwundern kann – kein gerichtliches Nachspiel hatte und Süßheim später, zum Beispiel anlässlich der Festlichkeiten zum 450-jährigen Bestehen der Universität München im Sommer 1922, die Anwesenheit der bayerischen Prinzen noch immer als bedeutend in seinem Tagebuch erwähnte[856]: Sein Verhältnis zum Königshaus war massiv abgekühlt. Dass Karl Süßheim sich in den frühen Weimarer Jahren allmählich vom überzeugten Anhänger der Wittelsbacher durchaus, wenn man so will, zum „Vernunftrepublikaner“ entwickelte, der dann aber beileibe kein „Herzensmonarchist“ mehr war[857], wird spätestens Ende 1923 greifbar: Von einem Kollegen an der Universität hörte Süßheim, dass der ihm so verhasste Gustav von Kahr Pläne habe, einen Donau-Staat zu errichten, in dem Prinz Rupprecht den bayerischen Teil regieren solle.[858] Diese Information kommentierte Süßheim nicht weiter, aber danach hören wir bei ihm nicht mehr allzu viel von den Wittelsbachern. Die Desillusionierung kam zu diesem Zeitpunkt längst nicht mehr aus heiterem Himmel: Kahr und der Prinz waren gute Bekannte. Die Versuche, Teile der jüdischen Bevölkerung zu vertreiben, gingen nicht zuletzt auf eine Anregung Rupprechts von Bayern zurück: „Der Antisemitismus ist gegenwärtig aus begreiflichen und nicht ungerechtfertigten Gründen stärker denn je“, schrieb dieser 1923 in einer Denkschrift, die er selbst verbreitete – „[d]ie Minimalforderung ist die Ausweisung der Ostjuden, die unbedingt erfolgen muss, denn diese Elemente haben vergiftend gewirkt“[859].

855 Ebd., S. 6.

856 Vgl. Tagebuch KS, 24.6.1922.

857 Vgl. die Erklärung im Zusammenhang mit Gustav Stresemann, S. 430 mit Anm. 642.

858 Vgl. Tagebuch KS, 24.11.1923.

859 BayHStA, Geheimes Hausarchiv, Nachlass Kronprinz Rupprecht Nr. 774: Denkschrift zur „Betrachtung der politischen Lage“, zit. nach Lothar Machtan: Rezension zu: Dieter J. Weiß: Kronprinz Rupprecht von Bayern (1869–1955). Eine politische Biografie, Regensburg 2007, in: H-Soz-Kult, 2.8.2007, online: http://www.hsozkult.de/publicationreview/id/reb-10295. Der Versuch, Rupprecht von seinen antisemitischen Äußerungen freizusprechen, wird bis heute gepflegt, zuletzt auch in einer Diskussionsrunde zum Dokumentarfilm „Die Wittelsbacher im Konzentrationslager – Geiseln Adolf Hitlers“ im Bayerischen Rundfunk („Die Wittelsbacher im Nationalsozialismus. Gespräch zur Dokumentation“, Sendung vom 21.4.2021).

Gustav von Kahrs Flirt mit der extremen Rechten sollte ihm zum Verhängnis werden: Am 8. November 1923 stürmten Hitler, Ludendorff, Göring und andere eine Rede des Ministerpräsidenten im Bürgerbräukeller. Es war der Abend des „Hitler-Putsches“: In der bekannten Hinterzimmer-Szene wurde Kahr mit der Waffe bedroht und gezwungen, sich der „nationalen Erhebung“ anzuschließen. In der Nacht wütete der rechte Mob durch München, verfolgte Sozialdemokraten, nahm Geiseln, suchte jüdisch klingende Namen aus dem Adressbuch heraus, bespuckte, drangsalierte und verhaftete seine Opfer; Fensterscheiben wurden eingeworfen, Wertgegenstände gestohlen.[860] „Die Straße war in voller Aufregung“, schrieb die jüdische Ärztin Rahel Straus: „Am Sendlingertorplatz stand Streicher[861], der wild-antisemitische Volksschullehrer aus Nürnberg, und hielt eine wüste Hetzrede gegen die Juden. Einer ging gerade vorbei: ‚Schlagt ihn nieder‘, schrie Streicher“[862]. Rabbi Leo Baerwald wurde aus seiner Wohnung geholt, aus der Stadt gebracht und an einen Baum gebunden, wo man ihm mit Erschießung drohte – der liberale Münchner Rabbiner soll einen bleibenden nervösen Schock davongetragen haben.[863] Karl Süßheim hörte am nächsten Morgen von der Schwester seiner Vermieterin, dass „der Präsident des deutschen Staates, Friedrich Ebert, gezwungen wurde, zurückzutreten, dass Hitler zum Diktator gemacht wurde und General Ludendorff zum Oberbefehlshaber“[864]. In der Universität beobachtete Süßheim entsetzt eine Versammlung von Studenten, die den Putschisten ihre Unterstützung demonstrierten.[865] Er machte sich auf in die Innenstadt:

> „Als ich den Marienplatz erreichte, sah ich die ersten beiden Deklarationen der neuen Regierung. Diese wurden an die Bevölkerung verteilt und auch an den Fenstern der Geschäftseingänge der Konfektionsgeschäfte von Bach[866] und Neumeier angebracht.

860 Vgl. Brenner, Schatten, S. 282 f.

861 Julius Streicher (1885–1946) war der Sohn eines Volksschullehrers aus Augsburg, dem er in seinem Beruf nacheiferte. 1909 ließ er sich nach Nürnberg versetzen, wo er eine Bäckerstochter heiratete. Im Ersten Weltkrieg diente er in der bayerischen Infanterie, 1919 trat er in den völkisch-antisemitischen Deutschen Schutz- und Trutzbund ein, im Jahr darauf in die daraus hervorgehende Deutschsozialistische Partei. Der erklärte Judenfeind tat sich mit Hetzreden gegen die jüdische Minderheit und Sozialisten hervor und gründete 1922 die Deutsche Werkgemeinschaft, die später zur NSDAP-Ortsgruppe wurde. 1923 gründete Streicher die Wochenzeitung *Der Stürmer* mit vulgärantisemitischen, rassistischen und pornografischen Inhalten. Er nahm am gescheiterten Putschversuch um Hitler teil, weshalb er vom Schuldienst suspendiert wurde. Fortan konzentrierte er sich ganz auf Politik und Hetze. Zu seinem in dieser Hinsicht besonderen Verhältnis zu Max Süßheim vgl. Kap. II.3.

862 Rahel Straus: Wir lebten in Deutschland. Erinnerungen einer deutschen Jüdin 1880–1933. Herausgegeben und mit einem Nachwort versehen von Max Kreutzberger, Stuttgart 1961, S. 248.

863 Vgl. ebd., S. 283.

864 Hier und die folgenden Zitate: Tagebuch KS, 9. 11. 1923, Nachlass KS (SBB) Hs. or. 1 135/13, fol. 58v ff.

865 Die folgende Beschreibung der Ereignisse vgl. ebd.

866 Der alte Besitzer des Geschäfts für Knaben- und Herrenkleidung in der Sendlinger Straße, Isidor Bach (1849–1946), gehörte zu den Geiseln, die willkürlich als „angesehene Juden“ während des Novemberputsches in den Bürgerbräukeller verschleppt worden waren, vgl. dazu Dirk Walter:

Der Münchner Marienplatz am 9. November 1923: Der suspendierte Nürnberger Volksschullehrer Julius Streicher spricht zur Menge. Karl Süßheims Bruder wird den späteren „Frankenführer“ für kurze Zeit hinter Gitter bringen.

Das hat mir den Eindruck vermittelt, dass beide bekannten Geschäfte dazu verdammt waren, beschlagnahmt zu werden. […] Um viertel nach elf sah ich ein großes Auto mit Stadtpolizisten, die blaue Uniformen und Karabiner trugen [und] von der Seitenstraße, in der sich das Polizeirevier befindet, in die Neuhauser Straße abbogen. Sie befestigten eine von [Kultusminister] Matt[867] im Namen des bayerischen Kabinetts unterzeichnete Erklärung am Gebäude der Akademie. Dies war das erste Lebenszeichen der alten Regierung seit gestern Abend. Matt zeigte sich überzeugt, dass der von Hitler und dem preußischen Ludendorff herbeigeführte Staatsstreich inzwischen beendet sei und dass alle Streitkräfte und Polizeieinheiten loyal zur Regierung stünden. In diesem Moment war klar, dass die Polizei auf der Seite der Regierung war, aber die Bevölkerung dachte noch, dass Hitler die Kontrolle habe. Ich ging in die Bürgerküche, wo ich schon lange

Antisemitische Kriminalität und Gewalt. Judenfeindschaft in der Weimarer Republik, Bonn 1999, S. 102, 132 u. 284 sowie Brenner, Schatten, S. 283.

867 Franz Matt (1860–1929) war auch stellvertretender Ministerpräsident und wich am Tag des Putsches mit einem Rumpf-Kabinett nach Regensburg aus, um die legitimierte Regierung zu sichern, nachdem Eugen von Knilling sich in der Gewalt der Aufständischen befand.

nicht mehr gewesen bin, und nachdem ich zwei Schüsseln Suppe gegessen hatte, ging ich mittags zum Marienplatz. Eine Viertelstunde zuvor waren der Bürgermeister und einige Ratsmitglieder von einer Reihe von Hitlers Männern verhaftet und an einen unbekannten Ort gebracht worden. An einer erhöhten Stelle neben dem Geländer um die Mariensäule stand ein alter Mann, der Hitlers Ideen in dessen Namen in einem unverständlichen Dialekt ausbreitete. Bei dem Redner standen wenige Leute. Ich konnte nicht verstehen, was er sagte, und ging weiter. Eine ziemliche Menge hatte sich auf dem Platz versammelt. Sie sprachen in Gruppen. Ich erschreckte die Hitler-Anhänger, indem ich sagte, dass das Militär auf der Seite der alten Regierung steht."

Bekanntermaßen scheiterten die Putschisten in der Tat, ihr „Marsch" war vor der Feldherrnhalle gewaltsam gestoppt worden, zwanzig Menschen kamen dabei ums Leben. Nachmittags ging Karl Süßheim noch einmal durch die Stadt, um sich ein Bild von der Lage zu verschaffen. Als er aus dem Haus trat, seien gerade etwa zwanzig Hitler-Anhänger mit roten Hakenkreuzbinden vorbeigekommen, notierte er in sein Tagebuch. Trotzdem lief er erneut zum zentralen Marienplatz. Dort entdeckte er nur wenige Soldaten, denn das Geschehen spielte sich mittlerweile bei der Residenz ab: Süßheim machte sich auf den Weg und beobachtete, wie Hitler-Anhänger sich in Seitenstraßen flüchteten oder – dort, wo sie in der Mehrzahl waren – ihre Gegner anpöbelten. Schließlich geriet er selbst ins gewaltsame Gedränge. Ungerührt fuhr er im Tagebuch fort: „Um zwei gebrochene Lamellen meines Regenschirms reparieren zu lassen, ging ich bis zum Ostbahnhof und von dort an die Universität, wo ich bis acht Uhr blieb".

Die politische Situation beruhigte sich in den Wochen nach dem gescheiterten Putschversuch wohl nur, weil eine strikte Finanzpolitik die Inflation eindämmte. Auch die Gehälter der Universitätsdozenten waren davon betroffen, sie wurden drastisch reduziert.[868] Für Karl Süßheim begann nun eine Zeit des Darbens: Erst im Dezember, hielt er fest, war es ihm zum ersten Mal seit langem möglich, wieder auswärts zu speisen; es kam ihm vor, als hätte er jahrelang nicht so gut gegessen.[869] Auf Druck der Regierung in Berlin wurde Gustav von Kahr im Februar 1924 schließlich entlassen; Adolf Hitler war bekanntlich direkt nach dem Putschversuch festgenommen worden. In den Köpfen blieb er dennoch präsent: Als Süßheim seinem rechtsgesinnten Vermieter mitteilte, dass er nicht mehr als die vereinbarte Miete von 34 Mark zahlen könne – Süßheim hatte in dieser Hinsicht auch bei seinen vorherigen Wohnverhältnissen wahrlich kein Glück[870] –, antwortete dieser offenbar: „Das ist eine Kriegserklärung [...], ich werde zu Hitler gehen!"[871] Die rechte Propaganda hatte inzwischen Süßheims

868 Vgl. Tagebuch KS, 24.11.1923.

869 Vgl. ebd., 9.12.1923.

870 Karl Süßheim hatte bereits vor dem Krieg Probleme mit einem Vermieter (vgl. Kap. II.1) und kam auch mit den folgenden wegen der Höhe der Miete oder der Nebenkosten immer wieder in Konflikt, sodass er sich wiederholt an das städtische Wohnungsamt und Anwälte wenden musste, vgl. Tagebuch KS, 28. u. 29.6., 29.–31.10.1919 sowie 30.10.–1.11.1920.

871 Ebd., 10.2.1924, Nachlass KS (SBB) Hs. or. 1135/13, fol. 79r. Die Bischoffs, Süßheims Vermieter, waren, wie er schrieb, nicht nur Monarchisten, sondern auch Hitler-Anhänger, auch wenn sie diesen nach

privatestes Umfeld, seinen einzigen wirklichen Rückzugsort, die eigene Wohnung, erreicht. Wie sah es derweil an seinem Arbeitsplatz aus? Was bedeutete der Rechtsruck für die Universität München?

Der Lehrkörper der LMU hatte sich nach der Niederschlagung der Räterepublik erneut auf politisch bedingte Veränderungen einzustellen[872], dieses Mal fiel es dem Personal allerdings leichter, sich an den neuen Tonfall zu gewöhnen, denn das Konservative respektive Reaktionäre entsprach dem herrschenden akademischen Geist viel eher als die Revolution. Bezeichnend in diesem Zusammenhang ist auch, dass die Studenten zwar durchaus gewisse Selbstbestimmungsrechte erhalten und bei der Gestaltung ihres Stundenplans und des Lehrangebots mitreden sollten, ihre Vorschläge Süßheim zufolge aber von den Dozenten schlichtweg ignoriert wurden.[873] Demokratische Prozesse erschienen vielen in der altehrwürdigen Institution suspekt, und als im Juli 1920 ein Slawist mit sozialistischer Einstellung in den Lehrkörper eintreten wollte, sei er aus politischen Gründen abgelehnt worden, wie Süßheim schrieb – einen Aufschrei habe es deshalb nicht gegeben.[874] Das nimmt kaum wunder, wenn man sich den üblichen Tenor der deutschen Professorenschaft zur Revolution vor Augen führt. Karl Süßheims Doktorvater Max Lenz beispielsweise schickte 1920 an alle, die ihm (wie Süßheim) zum 70. Geburtstag gratuliert hatten, ein Dankesblatt.[875] „[N]ach allem, was wir im November 1918 erleben mußten und noch täglich neu erfahren", schrieb er darin, habe der Zweifel daran, „daß die Arbeit meines Lebens von Dauer und nicht ohne Wirkung sein werde"[876], schwer auf ihm gelastet: „Da hat mir nun jener Glaube der Freunde unbeschreiblich wohlgetan", versicherte er seinen Gratulanten – „Und so wollen wir denn fortfahren, gemeinsam unsern Acker zu bestellen, ihn wieder reinigen von dem Schutt, den die

dem Putsch heftig kritisierten – sie hatten offenbar sehr um Ludendorff gebangt, als das Gerücht umging, dass er am 9. November durch einen Schuss in den Bauch schwer verletzt worden sei, vgl. ebd., 9.11.1923.

872 Franz (Ritter von) Epp (1868–1947), der spätere NS-Reichsstatthalter in Bayern, war mit seinem Freikorps an der Niederschlagung der Räterepublik massiv beteiligt und wurde im Anschluss in die Reichswehr aufgenommen. Ihm waren auch die Münchner Stadtpolizei und die Einwohnerwehren unterstellt, mit denen er den Sturz der Regierung Hoffmann vorantrieb. Victor Klemperer berichtete: „Die Universität schloß mit Epp einen förmlichen Bund. Man würde das Sommersemester so einrichten, daß die Studenten ein paar Tage studieren könnten – später wurde dann auch […] den Abiturlosen, sofern sie ins Freikorps traten, die Reifeprüfung erlassen. Die Dozenten selber sollten ein gutes Beispiel geben und sich eine Zeitlang im Korps militärisch ausbilden lassen, von Seiten des Korps wurde ihnen die rücksichtsvollste Behandlung beim Drill und alle Rücksicht auf ihre wissenschaftliche Arbeit feierlich zugesagt. Wer den Krieg mitgemacht hatte, brauchte überhaupt nicht in die Kaserne: es genügte, wenn er durch Unterschrift der Eppschen Notreserve beitrat, die in Fällen dringender Notwendigkeit einberufen wurde." Klemperer, Revolutionstagebuch, S. 186 f.

873 Vgl. Tagebuch KS, 5. u. 11.11.1919.

874 Vgl. ebd., 1.7.1920.

875 Zum freundschaftlichen Verhältnis der beiden vgl. Kap. I.3.

876 Hier und die folgenden Zitate: Max Lenz an Karl Süßheim, 16.7.1920, beigelegtes Blatt, Privatnachlass KS.

Unvernunft darübergekarrt hat". Seine Auslassungen beendete Lenz mit dem Satz *Sanctus amor patriae dat animum* – „Die heilige Liebe zum Vaterland gibt den Mut".

An der Münchner Universität herrschten kaum zurückhaltendere Töne. Zu Süßheims Fakultätskollegen gehörte zum Beispiel Michael Doeberl, der bereits 1920 eine historische Darstellung der Revolution dargelegt hatte. Er schlug darin noch einen vergleichsweise gemäßigten Ton über die Mehrheitssozialdemokraten an, doch die Schrift war voller antisemitischer Aussagen und ließ sich darüber aus, „daß die bayerische Regierung lange Jahre einen so starken Zustrom fremder, nicht bloß stammes-, sondern auch volksfremder und zersetzender Elemente geduldet" habe; Doeberl schrieb auch über den „Bolschewismus des femininen Eisner"; diesen bezeichnete er als einen „Vertreter des internationalen Judentums mit seinem ‚internationalen Getue'", der „alles eher" gewesen sei „als ein deutscher Staatsmann".[877] Nicht nur Juden hatten nun eine zunehmend schwere Zeit in diesen Kreisen, der Hass traf beispielsweise auch Süßheims Kollegen Max Weber – schließlich war er einer der Gründer der linksliberalen DDP und Sachverständiger der deutschen Delegation bei den Versailler Verhandlungen gewesen. In den politischen Wirren nach dem Ersten Weltkrieg stand er ganz besonders unter Druck, und er geriet nicht nur, wie bereits dargestellt, von den radikalen Linken in Bedrängnis, sondern auch von rechts. Nach der gewaltsamen Niederschlagung der Münchner Räterepublik durch rechte Freikorps- und Reichswehrgruppen hatte Weber im „Hochverratsprozess" gegen seinen eigenen Studenten Ernst Toller ausgesagt.[878] Obwohl er selbst wahrlich kein Freund der Revolution war, wird Webers Aussage, in der er, wie Dirk Kaesler schreibt, Toller die „‚absolute Lauterkeit' eines radikalen Gesinnungsethikers attestierte"[879], als wesentlicher Grund dafür gesehen, dass dieser (im Gegensatz zu anderen Protagonisten der Bewegung) der Todesstrafe entging. Für den Doyen der Soziologie hatte sein Auftritt vor Gericht ebenfalls Konsequenzen: Max Webers Vorlesungen wurden nun auch zunehmend von rechtsradikalen Studentengruppen sabotiert.[880] Einer, der

877 Doeberl, Sozialismus, S. 34, 43 u. 31. Vgl. dazu Brenner, Schatten, S. 133 f. u. Katharina Weigand: Sigmund von Riezler (1843–1927) und Michael Doeberl (1861–1928), in: Dies., Historiker, S. 159–184.

878 Ernst Toller war aufgrund seiner Erfahrungen an der Front während des Weltkriegs vom begeisterten Soldaten zum überzeugten Pazifisten geworden, wurde nach einem Zusammenbruch ausgemustert und schrieb sich 1917 als Student in München ein. Nachdem er Max Weber im Rahmen der Lauensteiner Tagung kennenlernte, wechselte er zum Wintersemester nach Heidelberg. Im Januar 1918 kehrte er zurück nach München, wo er bald wieder auf seinen Dozenten treffen sollte. Als einer der wenigen Akteure spielte er in allen Phasen der Revolution eine wichtige Rolle. In der zweiten Räterepublik aber war er zum stellvertretenden Stadtkommandanten für München degradiert worden und musste – als erklärter Pazifist – einen Teil der revolutionären Armee kommandieren. In seiner Funktion versuchte er vergeblich, die Morde im Luitpold-Gymnasium zu verhindern, was ihm vor Gericht schließlich zugute gehalten wurde. Max Weber hatte weitere Verbindungen zu den Vertretern der ersten Räterepublik: Zu ihnen gehörte auch der Wirtschaftswissenschaftler Otto Neurath, der bei Weber in Heidelberg eine Privatdozentur innehatte. Vgl. Brenner, Schatten, S. 97 f. u. 100–104.

879 Kaesler, Weber, S. 892.

880 „Am Ende dieses Winters sprengten rechtsradikale Studenten seine Vorlesungen in der Münchner Universität. Es entstand ein ungeheures Tohuwabohu, in dem sich auch der herbeigeeilte Rektor kein

in dieser Zeit dagegen wie ein Held gefeiert wurde, war der Eisner-Attentäter Arco[881], der auch die volle Anerkennung seines Großonkels Max von Oppenheim genoss.[882] Das Todesurteil, das im Januar 1920 gegen den Kommilitonen verhängt wurde, rief Süßheim zufolge lebhafte Diskussionen und Studentenproteste hervor[883] – die milden Konsequenzen, die Arco für seine Tat letztlich zu spüren bekam (eine Entscheidung, die ein unheilvolles Schlaglicht auf das Programm der bayerischen Justiz auch in den folgenden Jahren warf[884]), fanden schließlich lebhaften Beifall in der Münchner Studentenschaft, die in Massen zu einer Solidaritätskundgebung in der Universität zusammengekommen war, wie Victor Klemperer festhielt.[885] Auch Teile der Dozentenschaft sympathisierten offen mit Kurt Eisners Mörder, was zum Beispiel eine ebenfalls bei Klemperer geschilderte Szene mit der Ehefrau des vom Judentum zum Protestantismus konvertierten, deutschnational gesinnten Historikers Paul Fritz Joachimsen verdeutlicht.[886]

Mit dem gescheiterten Putschversuch um Adolf Hitler erfuhr die antisemitische Agitation der Münchner Studenten schließlich einen vorläufigen Höhepunkt. Süßheim hielt in diesen Tagen fest, dass der Rektor der Universität, Carl von Kraus[887] den rechten Parteien

Gehör verschaffen konnte. Als er drohte, das Licht abdrehen zu lassen, wurde ihm zugerufen: ‚Um so besser, dann können wir die Juden im Dunkeln verprügeln.‘ Max Weber war kein Jude. Aber so weit waren wir damals schon wieder“, erinnerte sich dessen Student Joseph E. Drexel: Geschichte und Geschichten. Ein Leben in Franken. Vortrag: Bayerischer Rundfunk, Studio Nürnberg, 27. März 1969, Nürnberg 1969, S. 15.

881 Vgl. Wette, Revolution, S. 209.

882 Noch 1935 schrieb Oppenheim, wie stolz er auf seine Familie sei, die so viel für das Deutschtum getan habe. Dabei nannte er explizit seinen Großneffen Toni, „der mit Recht als Retter Bayerns gefeiert wurde“. Zit. nach Brenner, Schatten, S. 66.

883 Vgl. Tagebuch KS, 16.1.1920.

884 Vgl. dazu Brenner, Schatten, S. 226 ff.

885 Arcos Todesurteil wurde nie vollstreckt, sondern in eine lebenslange Haftstrafe verwandelt; er saß letztlich aber nur vier Jahre ein. „Graf Arco ist zu lebenslänglicher Festung begnadigt. Ein Toben, Mützen-, Armewerfen, Jubeln, wie es kaum einen deutschen Sieg begrüßt hat“, berichtete Klemperer für die LNN. [Victor Klemperer]: Münchener Tragikomik, 17.1.1920, abgedr. bei Klemperer, Revolutionstagebuch, S. 190–194, hier S. 194.

886 „Ich sagte, ich sei mit Eisners Politik gar nicht einverstanden gewesen, aber die Mordtat des Grafen Arco bringe alles in eine noch größere Verwirrung, als sie Eisner hätte anrichten können. Da bekam Frau Joachimsen einen hysterischen Anfall. ‚Sie wagen es, den Grafen einen Mörder zu nennen‘, schrie sie, ‚Sie wagen es, ihm Schuld an unseren gräßlichen Zuständen zu geben. Aber er hat sich für uns geopfert, er hat uns aufgerüttelt, er hat uns von dem Galizier befreit, ich verehre ihn wie einen Erlöser, ich wünschte, ich dürfte ihn pflegen, ich bin nicht wert, ihm die Schuhriemen zu lösen‘ – und sie lief schluchzend aus dem Zimmer. Ihr Mann sagte verlegen und begütigend, seine Frau sei mit den Nerven gänzlich herunter; ihr leidenschaftlicher Patriotismus habe allzusehr gelitten, ich sprach mein Bedauern darüber aus, sie erregt zu haben, und wir gingen mit betrübtem Händeschütteln auseinander.“ Ebd., S. 98.

887 In der Tagebuchedition ist der Rektor (den Süßheim – ohne Gewähr, denn dieser Tagebucheintrag ist in der Tat sehr schwer zu entziffern – كراوس schreibt) mit „Goetz“ angegeben (Flemming u. Schmidt, Diary, S. 206), es handelte sich aber zweifelsfrei um den österreichisch-deutschen Mediävisten

zuneige: Obwohl nach den Ereignissen Versammlungen aller Art verboten wurden, habe dieser es nicht für nötig gehalten, den rechten Studenten zu untersagen, am 10. November zusammenzukommen. Süßheim besuchte ihre Versammlung ebenfalls, denn als Betroffener der rechten Propaganda musste er notwendigerweise auf dem Laufenden bleiben. Einer der Sprecher, schrieb Süßheim im Tagebuch, habe den Studenten empfohlen, die Reihen der Hitler-Anhänger in Ramersdorf zu schließen; ein anderer habe sie gedrängt, sich vor dem Hauptgebäude zu versammeln und einen Protestmarsch ins Stadtzentrum zu initiieren: „Sofort reagierten alle zustimmend und strömten massenhaft in Richtung Stadt. Sobald sie ihre Reihen geschlossen hatten, rief der Rektor den Direktor der Münchner Polizei an und gab ihm die falsche Information, dass es sich nur um harmlose Jugendliche handle, die nicht daran denken würden, irgendeinen Schaden anzurichten. Im Zentrum teilten sich die Studenten in zwei bis drei Gruppen auf und demonstrierten bis zehn Uhr. Sie hielten vor dem Hotel Regina an und machten ihrer antisemitischen Gesinnung durch Geschrei Luft: ‚Juden raus!' Einer der Teilnehmer trat vor den Wittelsbacher Brunnen und sprach [...] für Hitler."

Zwei Tage später kam es erneut zu einer Versammlung: Ein Marineoffizier habe dabei gesprochen, schrieb Süßheim, und gerufen, dass er, wenn es nötig wäre, bereit sei, Hitlers Platz einzunehmen und gegen die Republik zu kämpfen.[888] Auch ein Professor der Technischen Hochschule, der Historiker Richard Moulin-Eckart, habe die Studenten begeistert, indem er sagte, dass „jeder einzelne von ihnen ihm lieber sei als die gesamte Regierung zusammen"[889]. Am Nachmittag habe der Senat schließlich widerwillig die Vorkommnisse beklagt und die Universität sei vorläufig geschlossen worden, beendete Süßheim seinen denkwürdigen Bericht. Die Münchner Studentenschaft ließ nicht locker: Nachdem die Ordnung in der Stadt nach dem Hitler-Putsch einigermaßen wiederhergestellt war, störten nationalsozialistische Studenten Süßheim zufolge Anfang Dezember eine Militärparade – am Odeonsplatz seien sie vertrieben worden; diejenigen, die Abzeichen verbotener Organisationen trugen, wurden verhaftet.[890] Als für den 15. Januar 1924 ein Tag zu Ehren des Dienstjubiläums des Rektors organisiert wurde, planten nationalsozialistisch gesinnte Studenten eine Demonstration gegen Kultusminister Matt und wollten dazu Ludendorff einladen – als dies ans Licht kam, wurde die Veranstaltung abgesagt.[891]

In diesen nervenaufreibenden Jahren besuchte wie erwähnt auch der jüdische Student Gerhard Scholem Süßheims Arabisch-Kurse. Schon 1919 hatte sich dessen Bruder einmal danach erkundigt, ob der Antisemitismus an der LMU „lebhaft" sei[892]. „Über die Studentenpolitik weiß ich nichts", schrieb Scholem seiner Familie daraufhin, „außer daß alle mit allen

Kraus, der zu dieser Zeit Rektor war. Süßheim gab selbst an, dass der Mann, von dem er berichtete, aus Wien stamme. Hier und das folgende Zitat: Tagebuch KS, 10.11.1923, Nachlass KS (SBB) Hs. or. 1135/13, fol. 59vf.

888 Hier und im Folgenden vgl. ebd., 12.11.1923.

889 Ebd., Nachlass KS (SBB) Hs. or. 1135/13, fol. 60r.

890 Vgl. Tagebuch KS, 2.12.1923.

891 Vgl. ebd., 14.12.1923.

892 Reinhold Scholem an Gerhard Scholem, München 25.11.1919, zit. nach Shedletzky, Scholem, S. 58.

uneinig sind, ein sehr wüster Antisemitismus herrscht und ich mein Wahlrecht zum Studenten-Ausschuß nicht ausnutze, da das nur eine komische Organisation ist."[893] Auch abseits des Hörsaals war es für einen jungen Juden in München schon lange schwierig, wie Scholem eindrucksvoll beschrieben hat.[894] Er, der sicher auch in Reaktion auf den Antisemitismus zum überzeugten Zionisten geworden war, schätzte seinen Arabischlehrer Karl Süßheim sehr. Viel wusste er nicht über ihn, doch die besondere Belastung der Familie durch die politische Tätigkeit Max Süßheims war auch dem Studenten nicht entgangen: "I knew that he was a brother of the *Landtagsabgeordnete* Süssheim, against whom the Antisemites agitated most stridently", schrieb Scholem im Rückblick über seinen Dozenten, und: "He wore a moustache and had a distincly Jewish physiognomy, and as far as I remember, dark crinkly hair."[895] Karl Süßheims „unverwechselbare jüdische Physiognomie" war im Falle Gershom Scholems, in dessen zionistischem Weltbild das jüdische Volk eine zentrale Kategorie ausmachte, sicher nicht abwertend gemeint. Wir dürfen davon ausgehen, dass Süßheim in Zeiten des zunehmenden Antisemitismus allerdings auch von anderer Seite (und mit anderer Intention) mit seinem angeblich „jüdischen" Aussehen behelligt wurde, und ihm dies sicher nicht zum Vorteil gereichte. Etwas ganz anderes war es allerdings, nahezu wöchentlich als antisemitische Karikatur zu erscheinen: So erging es schon bald Karl Süßheims Bruder in Franken.

Ein suspendierter Volksschullehrer aus Nürnberg ist uns hier bereits im Zuge des gescheiterten rechtsextremen Putschversuchs von 1923 in München begegnet. Seine rassistischen Energien setzte Julius Streicher schon früh auch als Herausgeber des antisemitischen Hetzblatts *Der Stürmer* ein. Eines der beliebtesten Motive darin war Karl Süßheims Bruder, auch aus ganz persönlichen Gründen. Es ist an dieser Stelle nicht möglich, die Geschichte des im öffentlichen Bewusstsein nahezu vollständig verdrängten Sozialdemokraten – des letzten jüdischen Landtagsabgeordneten in Bayern, wie wir bereits hörten – so zu erzählen, dass man ihrer Bedeutung gerecht würde. Mit wenigen Zeilen soll hier aber doch skizziert werden, warum es lohnen wird, sich einmal intensiver mit dem Politiker Max Süßheim auseinanderzusetzen.[896] Er war zeitgenössisch nämlich nicht nur einer der prominentesten Köpfe der Revolution von 1918/19, sondern gewissermaßen ein Widerstandskämpfer gegen den Nationalsozialismus, noch bevor dieser an die Macht gelangte. Quasi als Inkarnation des linken Juden war Max Süßheim der fleischgewordene Traum des Antisemiten und als solcher avancierte er zum omnipräsenten Hassobjekt der Rechten. Als auffallend redegewandter Anwalt kämpfte er in der Weimarer Republik in mehreren aufsehenerregenden Prozessen gegen die nationalsozialistische Bewegung. Dass sich der gelernte Jurist, nachdem er sich

893 Gerhard Scholem an Arthur und Betty Scholem, München 6.12.1919, zit. nach ebd., S. 59.

894 „Hier war es auch ziemlich aufgeregt. Ich hatte mit einem Antisemiten auf der Straße eine Schlägerei, hier war auch große Pogromhetze." Ders. an Dies., München 19.3.1920, zit. nach ebd., S. 68.

895 Gershom Scholem an Barbara Flemming, Jerusalem, 22.1.1978, zit. nach Flemming u. Schmidt, Diary, S. 222.

896 Eine Veröffentlichung, die Max Süßheims Verortung als jüdischer Sozialdemokrat in der bayerischen Politik in den Fokus nimmt, ist in Arbeit. Bisher hat sich lediglich das Umfeld des Nürnberger Stadtarchivs umfassender mit seiner Geschichte beschäftigt, vgl. Jochem, Sohn u. Gardill, Süßheim.

aus der Landespolitik zurückgezogen hatte, in Nürnberg erfolgreich gegen antisemitische Verleumdungen in der rechten Presse zur Wehr setzte, wurde schon erwähnt, nicht aber der Name des Verleumders. Im Prozess von 1922 saß Julius Streicher auf der Anklagebank, und es sollte nicht die letzte Begegnung der beiden sein.

Besonders im Fokus der Agitation Streichers in der Weimarer Republik stand nicht nur der verhasste „Jude Süßheim", der ihn vor Gericht gezerrt hatte, sondern auch der Nürnberger Oberbürgermeister Hermann Luppe, ein Linksliberaler.[897] 1924 erlangten die Nationalsozialisten als „Liste Streicher" – gewählt von etwa 20000 Bürgerinnen und Bürgern – sechs Sitze im Nürnberger Stadtrat[898]; im März desselben Jahres sollte es wegen der anhaltenden Beschimpfungen schließlich zum Prozess kommen: Streicher hatte unter anderem auf einer Versammlung gesagt, Luppe solle „verrecken wie eine Sau"[899]. Der so bedachte Bürgermeister, der als Nebenkläger auftrat, wurde nun anwaltlich von seinem Stadtratskollegen Max Süßheim vertreten. „Ermöglicht wurde Hitlers Aufstieg durch die ihm wohlgesinnte bayerische Justiz der zwanziger Jahre"[900], schreibt Michael Brenner mit Blick auf den Umgang mit den gescheiterten Putschisten von 1923. Der Prozess gegen Julius Streicher in Nürnberg unterstreicht diesen Eindruck abermals: Der Angeklagte wurde zu einer geringen Geldstrafe verurteilt, der Schuldspruch später vom Reichsgericht aufgehoben. „Auf welcher Seite die Sympathien des Gerichts standen, machten jeder Verhandlungstag und das Urteil deutlich", schreibt Daniel Roos, der den jüdischen Anwalt Max Süßheim bei seiner ausführlichen Beschreibung der „Luppe-Streicher-Prozesse" merkwürdigerweise nicht erwähnt.[901] Gleich im nächsten Jahr, im November 1925, sollte es zu einem zweiten Beleidigungsprozess kommen, der dreißig Verhandlungstage und die Aussagen von 122 Zeugen beanspruchte.[902] Streichers Männer hatten in Hermann Luppes Privatleben gewühlt und selbst so absurde Vorwürfe wie den „unberechtigten" Kauf eines Mantels in der Altbekleidungsstelle erhoben.[903] „Wenn sich heute Streicher über [einen] Erfolg freuen kann, so ist es doch der, daß es ihm gelungen ist, auch mir einen Teil der Nerven- und Schaffenskraft zu stehlen", sagte Max Süßheim der *Nürnberger Zeitung* (NZ) zufolge; „[d]er politische Kampf könnte auch

897 Bei Luppe, schrieb Streicher, handle es „sich um einen Menschen [...], dessen rechte Hand der Jude Süßheim ist und der so tut, wie die Nürnberger Judenschaft es haben will". Ohne Anspruch auf Konsistenz streute Streicher bisweilen auch das Gerücht, Hermann Luppe selbst sei Jude – er sei nämlich „aus Frankfurt importiert und sieht einem galizischen Juden [eine Anspielung auf Kurt Eisner, KM] sehr ähnlich. Und das genügt." Die Zitate: „Die Tagespost für Steuerhinterziehung", in: Stürmer 4 (1923), S. [1 f.], hier S. [2]; „Das Judensystem im Rathaus", in: Stürmer 17 (1923), S. [1 f.], hier S. [2].

898 Vgl. Martin Schieber: Geschichte Nürnbergs, München 2007, S. 136.

899 Zit. nach Gardill, Süßheim, S. 209.

900 Brenner, Schatten, S. 289.

901 Vgl. Daniel Roos: Julius Streicher und „Der Stürmer" 1923–1945, Würzburg 2013, S. 99–136, das Zitat S. 104.

902 Vgl. Gardill, Süßheim, S. 209 u. S. 217–223, die Zahlen S. 218.

903 Vgl. ebd., S. 218.

mit anderen, als mit Mitteln Streichers geführt werden“, meinte er und warnte: „Seine Vergiftung ist bereits bis herab in die Schulklassen durchgedrungen.“[904] Zu den wenigen, die dem jüdischen Anwalt in diesem Prozess zur Seite standen, gehörte der Staatsanwalt, der die rechte Gefahr ähnlich wahrnahm und Streicher sogar als „gemeingefährlich“[905] bezeichnete. Einer derjenigen, die diese Sätze im Schwurgerichtssaal 600 des Nürnberger Justizpalasts, wo zwanzig Jahre später auch die NS-Kriegsverbrecherprozesse stattfinden werden, wohl ebenfalls zu hören bekam, war Adolf Hitler.[906] Dieser hatte nur wenige Monate zuvor den ersten Band „Mein Kampf“ herausgebracht und sagte im Prozess im Zeugenstand gegen Luppe aus – wobei er offen über seine Ansichten sprach.[907] Die *Bayerische Volkszeitung* (BVZ) schrieb nachher, Hitler habe erklärt, „daß in diesem Prozeß durch die Vernehmung seiner Person die ganze nationalsozialistische Bewegung vernommen wird“[908]. Und zwar, um dies einmal festzuhalten, erfolgreich von Karl Süßheims Bruder. Der Staatsanwalt beantragte sechs Monate Haft, zu acht Wochen wurde Streicher schließlich verurteilt – Hermann Luppe zufolge wurde ihm „zugute gehalten, daß er aus fanatischer völkischer Überzeugung handle und einzelne Tatsachen in ihm den Glauben an die Richtigkeit seiner Behauptungen nahegelegt hätten“. Dieses Mal allerdings hob kein übergeordnetes Gericht die Strafe wieder auf.[909] Über die Prozesse berichtete die gesamte Nürnberger Tagespresse[910], und wem in der Stadt der Name Süßheim bis dahin nicht bekannt gewesen ist, der kannte ihn spätestens jetzt. Karl Süßheims Bruder, der den späteren „Frankenführer“ hinter Gitter brachte, sah sich vor diesem Hintergrund umso mehr permanenten Anfeindungen ausgesetzt.

Bereits während der laufenden Gerichtsverhandlungen hatte Max Süßheim diverse Auftritte im *Stürmer*.[911] Nicht nur, dass Streicher in seinen wirren Texten von „süßheimelnden Stadträte[n]“, „zusammengestopseltem Süßheim-Deutsch“ oder den „Vollblut-Internationale[n] wie Doktor Süßheim“ fabulierte[912]; der kurz nach dem Ende des Prozesses

904 Zit. nach dem Redeprotokoll „Die Plädoyers im Luppe-Streicher-Prozeß“, in: NZ (11./12.12.1925), S. 7.

905 Das Wort findet sich zum Beispiel in dem Artikel „Sechs Monate Gefängnis für Streicher beantragt“, in: NZ (10.12.1925), S. 6. In der Rückschau vgl. Hermann Luppe, Mein Leben (= QGKN 10), Nürnberg 1977, S. 155.

906 Er wurde nach der ersten Prozesshälfte in den Zeugenstand gerufen, vgl. Gardill, Süßheim, S. 211 u. 220.

907 Vgl. die Berichterstattung in der BVZ (5.12.1925), zit. nach ebd., S. 211.

908 Hier und das folgende Zitat: „Der Luppe-Streicher-Prozeß. Die Vernehmung des Zeugen Hitler“, in: BVZ (5.12.1925), SAN F 5 401.

909 Vgl. Gardill, Süßheim, S. 210, Anm. 8 u. S. 222 f.

910 Bezeichnenderweise erfolgte dies abgesehen von der FTP allerdings zumeist rein protokollarisch, also ohne die Prozesse zu kommentieren, vgl. ebd., S. 212 u. 218 f.

911 Süßheim wies während der Verhandlungen auch darauf hin und sagte dem Gericht, dass diese Darstellungen die nächsten Klagen nach sich ziehen würden, vgl. ebd., S. 222.

912 Die Zitate: „Die Polizeiwache in der Pfannenschmiedsgasse unter der Luppe-Peitsche“, in: Stürmer 11 (1923), S. [3 f.], hier S. [3]; „Streicher gegen Oberbürgermeister Luppe“, in: Stürmer 2 (1923), S. [1–4], hier S. [3]; „Luppe im Trommelfeuer“, in: Stürmer 3 (1923), S. [1–4], hier S. [4].

engagierte und unter dem Pseudonym „Fips“ oder „Rupens“ arbeitende Karikaturist des Blattes, Philipp Rupprecht, zeigte in seiner stumpfen antisemitischen Gesinnung erstaunliche Fantasie und Wendigkeit darin, den jüdischen Sozialdemokraten wieder und wieder zu verunglimpfen, oftmals auch auf dem Titel.[913] Unter dem Treitschke-Zitat „Die Juden sind unser Unglück“[914] also fanden sich nun sich in ihrer Bildsprache geradezu grotesk widersprechende Darstellungen Max Süßheims: Sie zeigten ihn als Manipulator der Presse[915] oder Souffleur Luppes im Theater[916], aber auch als Zionist an den Rockschößen des Teufels Luppe hängend[917]. Eine Karikatur fantasierte pornografische Bilder an Süßheims Wand[918], eine andere zeigte ihn als angeblich maßlosen Bürger mit seinem Sozius Albert Rosenfelder und den beiden Ehefrauen im Speisezimmer der Süßheim'schen Wohnung.[919] Kontrastiert wurde diese Darstellung mit einer kärglichen Arbeiterhütte – die Botschaft an die Zielgruppe der Sozialdemokratie ist unschwer zu erraten. Auch Max Süßheims Frau Hedwig tauchte immer wieder im Blatt auf, einmal erschien sogar ein Artikel mit dem widerlichen Titel „Der kleine Fuß der Jüdin Süßheim“.[920]

Der Blick in Karl Süßheims Geburtsstadt war nicht nur notwendig, um die immense familiäre Belastung in dieser Zeit zu verdeutlichen, am Beispiel seines Bruders lässt sich die Radikalisierung der deutschen Judenfeindschaft zeigen wie an kaum einer anderen Figur. Dass Süßheim mit seinem derart öffentlich angegriffenen Bruder mitfühlte, wird nicht zuletzt dadurch greifbar, dass er Flugblätter, die gegen diesen hetzten, aufbewahrt hat – im privaten Nachlass finden sich einige Spuren der Diffamierungskampagne, wie etwa ein Wahlaufruf der „Liste 2 – Nationalsozialistische Deutsche Arbeiterpartei (Hitlerbewegung)“, in dem der „Luppe-Süßheim-Stadtrat“ des „Riesenbetrugs“ am Volk bezichtigt wird, weil er angeblich „in geheimer Sitzung beschlossen“ habe, „dem Juden-Rechtsanwalt Dr. Süßheim ein Extrahonorar von 6000 Goldmark für die Verteidigung Luppes im Streicherprozeß zuzusprechen“[921]. Zuletzt schrieben die Nationalsozialisten um Streicher in ihrem Aufruf: „Macht endlich ein Ende mit der Lupperei! Gebt Eure Stimme am Sonntag der einzigen judenfreien Partei!“ Auch wenn Max Süßheims Austritt aus der jüdischen Gemeinde im Jahr 1926[922] sicher nicht – und

913 Vgl. z. B. Stürmer 3/51 (1925), S. 1 u. Stürmer 5/42 (1927), S. 1. Auch einige Originale der Zeichnungen Rupprechts, die ich einsehen durfte, sind im Nürnberger Stadtarchiv erhalten, vgl. z. B. auch die hier abgebildeten.

914 Vgl. dazu Kap. I.1.

915 Vgl. Stürmer 7/18 (1929), S. [1].

916 Vgl. Stürmer 5/43 (1927), S. [1].

917 Vgl. Stürmer 4/1a (1926), S. [1].

918 Vgl. Stürmer 7/40 (1929), S. [3].

919 Vgl. Stürmer 4/51 (1926), S. [1]. Vgl. die Abbildung auf S. 479.

920 Darin hieß es: „Man glaubt gar nicht, was für herzige Fußerln so eine Nürnberger Jüdin haben muß. Den [...] [S]tiefeln aber, die seinerzeit den Fuß der Frau Süßheim schmücken durften, sprechen wir nachträglich noch unser Bedauern aus.“ „Der kleine Fuß der Jüdin Süßheim“, in: Stürmer 3/48b (1925), S. [2].

921 Hier und das folgende Zitat: Wahlaufruf NSDAP Nürnberg, o. D., Privatnachlass KS.

922 Vgl. Gardill, Süßheim, S. 210.

Der Stürmer

Nürnberger Wochenblatt zum Kampfe um die Wahrheit

Herausgeber: Julius Streicher

Nürnberg, im Dez. 1926

Jud im Palast

Wohnung des Arbeiters im Ziegenstall

Warum die Sozialdemokratie zusammenkracht

Die Juden sind unser Unglück!

Julius Streichers Fantasien: „Wir kennen im zweiten Stock in der Adlerstraße eine hochherrschaftliche Wohnung. Es ist eine Flucht von großen, hellen und ‚vornehmen‘ Räumen. Ueberall stehen Kunstgegenstände, Altertümer aus Ständern, in Schränken usw. In dieser hochherrschaftlichen Wohnung ist Gesellschaftsabend. Dick und satt hockt man herum. Auf den Tischen wird Wein in alten silbernen Kannen aufgetragen. Besteck, Schüsseln, Teller, alles ist von schwerem alten Silber. Es wird gegessen und getrunken, bis man nahezu platzt. Schließlich hockt man sich mauschelnd in Ledersesseln zusammen bei Likör und Zigarren. Diese hochherrschaftliche Wohnung gehört dem Rechtsanwalt Dr. Süßheim. Süßheim ist Jude, ist Proletarierführer und ist Millionär in einer Person. Er ist ‚Führer‘ der Sozialdemokraten.“
Karikatur zum Stürmer-Titel „Jud im Palast. Wohnung des Arbeiters im Ziegenstall“ von 1926.

ganz bestimmt nicht ausschließlich – vor dem Hintergrund solcher Anfeindungen zu bewerten ist[923], so ist das völlig konträre Verhalten seines Bruders in München doch bemerkenswert: Karl Süßheim dachte nicht daran, dem jüdischen Glauben den Rücken zu kehren.

„Die Münchner Juden spürten den wachsenden Einfluss der NSDAP in der Lokal- und Landespolitik auch auf religiösem Gebiet“[924], schreibt Michael Brenner – das Schächten beispielsweise war seit Mitte der 1920er-Jahre in aller Munde und ein fortwährender Gegenstand von Landtagsdebatten. Im Gegensatz zu seinem Bruder hoffte Karl Süßheim in der Bekämpfung des Antisemitismus auf die Bemühungen der jüdischen Organisationen, wie wir wissen vergeblich. Ohnmächtig musste er dabei zusehen, wie seine Wahlheimat sich in wenigen Jahren von einem lebendigen Zentrum der „heiteren Humanität“ – wie Thomas Mann (der im Übrigen selbst ein ausgesprochen komplexes Verhältnis zur jüdischen Bevölkerung hatte[925]) es in Worte zu fassen versuchte – in einen „Hort der Reaktion, als Sitz aller Verstocktheit und Widerspenstigkeit gegen den Willen der Zeit“ verwandelt hatte, „sein gesundes und heiteres Blut vergiftet [...] durch antisemitischen Nationalismus“[926]. Die „Judenfrage“ sei in München in der öffentlichen Wahrnehmung präsent gewesen, schreibt Michael Brenner, „lange bevor sie in anderen Teilen des Reichs [...] wahrgenommen wurde“: „Bevor München die Hauptstadt der nationalsozialistischen Bewegung wurde, war sie bereits die Hauptstadt des Antisemitismus in Deutschland.“[927] In der Tat: Schon im Januar 1923 war hier ein amerikanischer Staatsbürger in Schwabing dazu gezwungen worden, seinen Hosenladen aufzuknöpfen, um zu beweisen, dass er nicht beschnitten ist; Antisemiten störten die Uraufführung des „Holländischen Kaufmanns“ von Lion Feuchtwanger; Lessings bekannter Aufruf zur interreligiösen Toleranz, „Nathan der Weise“, wurde kurzerhand aus dem Spielplan gestrichen; im September brannte zum Sukkot-Fest eine Laubhütte als sichtbare Präsenz jüdischen Lebens und mehrere Fenster der orthodoxen Synagoge werden zertrümmert.[928] An diesem Ort versuchte der jüdische Professor Karl Süßheim, seinem Lehrauftrag nachzukommen.

923 Max Süßheims indifferente Haltung gegenüber der jüdischen Religion ist hier bereits beschrieben worden (vgl. Kap. I.1), zudem war er aber ein Kritiker der Konversion aus opportunistischen Gründen. 1917 hatte er im Landtag gesagt: „Ich glaube, alle anständig denkenden Menschen ohne Unterschied der Partei und des Glaubens auf meiner Seite zu haben, wenn ich behaupte, daß es bedauerlich ist, auf gesinnungslosen Glaubenswechsel eine Prämie zu setzen. Damit erzieht der Staat seine Bürger zur Charakterlosigkeit, Heuchelei und Gesinnungslumperei“ (Süßheim, Begründung, S. 140). Ein Übertritt Max Süßheims zum Christentum – was ihn vielleicht zumindest in den Augen mancher Antisemiten aufgewertet hätte – ist ebenfalls nicht dokumentiert, weshalb es naheliegend ist, dass sein Austritt aus der jüdischen Gemeinde schlicht die Konsequenz einer atheistischen oder agnostischen Einstellung war.

924 Brenner, Schatten, S. 294.

925 Vgl. ebd., S. 125 f.

926 Thomas Mann: [Vortrag], in: Kampf um München als Kulturzentrum. Sechs Vorträge, München 1926, S. 7–12, hier S. 9.

927 Brenner, Schatten, S. 37.

928 Vgl. ebd., S. 255–261.

„As an academic teacher he was very good, but outside …" | Ein außerordentlicher Professor

Ein funktionierendes Netzwerk an der LMU wird er sich nie erobern – Karl Süßheim in den 1920er-Jahren.

Obwohl Karl Süßheim während (und nicht zuletzt auch wegen) des Ersten Weltkriegs zweifellos den Höhepunkt seiner bisherigen Karriere erreicht hatte, war ihm eine Professur zunächst nach wie vor verwehrt geblieben. Die Versprechungen seines Bruders, im Zuge der Revolution dabei nachzuhelfen, sind bereits beschrieben worden, doch schon bald wurde Süßheim von der Pressemeldung alarmiert, dass in der neuen sozialistischen Zeit der Titel des Professoren angeblich ganz abgeschafft werden solle.[929] Umgehend suchte er das Kultusministerium auf, wo man ihm versicherte, dass eine solche Maßnahme nicht geplant sei. Außerdem erfuhr er, dass sein Name sich bereits auf einer Beförderungsliste vom August 1917 befunden hatte. Auf keinen Fall wollte er nun noch länger warten: Mit einem Nachweis seiner Tätigkeit für die Militärzensur in seinen Händen drohte er, eine Rechnung für diese fünfzig Monate Arbeit einzureichen, wenn er nicht endlich seine Beförderung erhielte. Süßheim war erbost, und er beschwerte sich, dass andere aus nicht nachvollziehbaren Gründen befördert worden seien[930], während er selbst bei der Besetzung des Balkan-Instituts[931] übergangen worden sei. Eine Woche später tauchte Süßheim nochmals im Ministerium auf und überreichte seine Publikationsliste mit 58 Titeln, denn er ging davon aus, dass

929 Hier und im Folgenden vgl. Tagebuch KS, 22.11.1918.

930 Sogar eine Gestalt wie Ḥüseyin Meḥmed Vahtaki, fügte Süßheim als Beispiel hinzu: ein Arzt aus Kreta, den er im März 1915 kennengelernt hatte. Damals hatte dieser erst seit drei Jahren in München gelebt und suchte verzweifelt nach einer Möglichkeit, als Türkischlehrer zu arbeiten. Vor zweieinhalb Jahren sei er nun zum Dozenten an der Kadettenschule und an der höheren Wirtschaftsschule ernannt worden, empörte er sich. Vgl. ebd., 12.3.1915 u. 22.11.1918.

931 Das Institut war als übergeordnete Einheit der LMU gegründet worden und erstreckte sich auch auf das Seminar für Slavische Philologie, vgl. dazu Helmut W. Schaller: Das Institut für Slavische Philologie an der Universität München, in: Dietrich Gerhardt u. a. (Hrsg.): Materialen zur Geschichte der Slavistik. Teil 2 (= VSSLO 50,2), Wiesbaden 1987, S. 189–230, hier S. 198.

die Unkenntnis seiner Veröffentlichungen der Grund für seine Übervorteilung war.[932] Seine Beförderung sei ungerechtfertigt eineinhalb Jahre lang hinausgezögert worden, betonte er; seine Kollegen sähen deshalb bereits auf ihn herab. Dass es Süßheim nicht nur um seinen Ruf an der Universität ging, sondern er vielmehr auch finanziell verzweifelt war, verrät schon die Tatsache, dass er den Vorschlag der Vereinigung der Honorarprofessoren, ausserordentlichen Professoren und Privatdozenten der Universität München (VHaPPD), allen Dozenten an der Universität einen Professorentitel zu geben, hoffnungsvoll aufnahm – er neidete es anderen nicht. Den Druck, den er verspürte, artikulierte er deutlich, und im Ministerium versuchte man, ihn zu beruhigen: Er werde seinen Titel sicher zu Beginn des kommenden Jahres erhalten.

Die neuen Politiker sollten Wort halten: Am 23. Januar 1919 wurde Karl Süßheims Beförderung zum außerordentlichen Professor in der Presse verkündet; einige Tage später erhielt er den erlösenden Brief des Rektors der Universität.[933] Süßheims schwieriger Stand an der Universität wurde auch zu dieser für ihn so erfreulichen Gelegenheit offenkundig: Um die dreißig Gratulationsgrüße erhielt er, aber, wie er traurig feststellte, nur einen einzigen von einem Kollegen – ironischerweise war dies ausgerechnet der Geschichtsprofessor Karl Alexander von Müller, der wie erwähnt wenig später den jungen Adolf Hitler in einem Propaganda-Kurs schulte und in der NS-Zeit eine Karriere machte wie kaum ein anderer seines Fachs.[934] In seinem akademischen Umfeld hatte Süßheim noch immer keine Freunde[935], und er nahm (abgesehen von den regelmäßigen Treffen der Fakultät oder der VHaPPD) auch nach dem Krieg am geselligen Leben der Universität kaum teil.[936] Als außerordentlicher Professor konnte Süßheim nun vielleicht Räumlichkeiten für eine Privatbücherei, ein neues Arbeitszimmer oder ministerielle Zuwendungen beantragen[937], eine reguläre Professur aber

932 Vgl. Tagebuch KS, 23.1.1919 u. die handschriftliche „gedrängte Liste meiner bisherigen Veröffentlichungen" von Karl Süßheim an bayerisches Kultusministerium, 18.12.1918, BayHStA MK 44426. Viele der Titel waren Lexikon-Artikel und Rezensionen in Fachzeitschriften, vgl. dazu das Quellenverzeichnis mit Süßheims Schriften bis 1918. Im Folgenden vgl. Tagebuch KS, 29.11.1918.

933 „Durch Entschließung des Bayerischen Staatsministeriums für Unterricht und Kultus vom 13. Januar lf. Jahres Nr. 36730 wurde Ihnen für die Dauer ihrer Wirksamkeit als Privatdozent im bayrischen Hochschuldienst der Titel und Rang eines außerordentlichen Professors verliehen." [Clemens] Baeumker an Karl Süßheim: [Bescheid zur Verleihung des Titels außerordentlicher Professor], 23.1.1919, UAM-E-II-3323-27; vgl. auch Tagebuch KS, 23. u. 29.1.1919 sowie Bayer. Staatsministerium für Unterricht und Kultus an den Senat der Universität München: Verleihung des Titels und Ranges eines a.o. Professors an Privatdozenten, 13.1.1919, BayHStA MK 44426.

934 Vgl. Tagebuch KS, 29. u. 30.1.1919. Zu Karl Alexander von Müller vgl. auch die Hinführung und das „Nachspiel".

935 Vgl. auch seine Erfahrung bei seinen Antrittsbesuchen in Kap. II.1.

936 Manchmal besuchte er zumindest das Jahrestreffen der Professoren, vgl. z. B. Tagebuch KS, 11.2.1922.

937 Vgl. Karl Süßheim: [Entwurf Antrag Privatbücherei], 18.10.1919, UAM-E-II-3323-33; Ders.: [Entwurf Antrag Arbeitszimmer], 21.9.1920, UAM-E-II-3323-35; Ders. an Staatsministerium für Unterricht und Kultus: [Antrag auf Gewährung freiwilliger Zuwendungen], 18.6.1920 u. Ders. an Staatsministerium für Unterricht und Kultus: [Festsetzung der freiwilligen Zuwendung], 29.7.1920,

war nach wie vor in weiter Ferne und für seine Stellung im Kollegenkreis bedeutete die Beförderung nichts. Das sollte er auch zu spüren bekommen.

Seine größte zwischenmenschliche Herausforderung an der Universität war und blieb vorerst Fritz Hommel. Der Mann, der seine Habilitation hinausgezögert hatte, bis Süßheim fast daran verzweifelt wäre[938], sollte als Kollege weiterhin eine äußerst merkwürdige Figur abgeben, und keiner der beiden gab sich ernsthaft Mühe, das Verhältnis zu verbessern.[939] Die Probleme, die die Kollegen miteinander hatten, waren wohl nicht zuletzt in ihren ganz gegensätzlichen Persönlichkeiten begründet – Süßheim mit seinem zurückhaltenden und stillen Wesen konnte Hommels aufbrausende Art kaum ertragen. Einmal beschimpfte ihn der Professor in der Staatsbibliothek laut vor den versammelten Mitarbeitern, weil Süßheim ihm ein Buch nicht leihen wollte: „Ich war immer so gut zu Ihnen und nun behandeln Sie mich so. Das werde ich Ihnen nie vergessen und ich werde nie mehr in dieser Sache auf Sie zukommen“[940], zitierte er den Ausbruch des Professors in seinem Tagebuch. Beide Männer verbargen voreinander, woran sie aktuell genau forschten, und Süßheim ging davon aus, dass Hommel fürchtete, dass sie (mithilfe des besagten Buchs) eine ähnliche Arbeit vorbereiteten.[941] Nach dem unangenehmen Vorfall in der Bibliothek ignorierte Süßheim sogar eine Einladung zu einem Vortrag, den Hommel am selben Abend ausgerechnet zu diesem Thema in der Gesellschaft für Völkerkunde gab, ein ausnehmender Affront unter engen Fachkollegen.

Ende 1920 kam es schließlich zum Eklat: Eine Germanistik-Studentin namens Böhm – eine der wenigen weiblichen Studierenden in Süßheims Kursen – kam auf ihn zu und bat ihn, sie bei ihrer Disputatio im Nebenfach zu prüfen.[942] Die junge Frau studierte im Nebenfach osmanisches Türkisch, hatte jedoch in ihrem offiziellen Antrag zur Prüfungszulassung den Zusatz „Osmanisch“ nicht angegeben – Fritz Hommel, der vorosmanisches Türkisch als Spezialgebiet hatte, wurde automatisch als Prüfer eingetragen.[943] Karl Süßheim wollte seine Studentin, die vom Alttürkischen nichts wusste, schützen (und bestimmt auch seine eigene Auszeichnung als Doktorandenprüfer[944] nicht gefährden), er suchte also seinen Kollegen auf, um ihn auf die Verwechslung aufmerksam zu machen. Hommel gab ihm dabei unmiss-

UAM-E-II-3323-39 f.; Staatsministerium für Unterricht und Kultus an Karl Süßheim: [Bescheid] Festsetzung der freiwilligen Zuwendungen, 23. 3. 1922, UAM-E-II-3323-59 u. 61; Übersicht über die bewilligten staatlichen Beihilfen Karl Süßheim, 22. 10. 1922, UAM-E-II-3323-49–52.

938 Vgl. Kap. I.3.

939 1914 trug Süßheim immerhin zu einer Festschrift für Hommel bei, eine Absage wäre allerdings einem erheblichen Affront gleichgekommen und hätte sich sicher rasch herumgesprochen. Vgl. Süßheim, Memoiren sowie Kap. II.1.

940 Tagebuch KS, 17. 2. 1919, Nachlass KS (SBB) Hs. or. 1 135/10, fol. 35r ff.

941 Hier und im Folgenden vgl. ebd., 17. 2. 1919.

942 Hier und im Folgenden vgl. ebd., 21. 12. 1920.

943 Später stellte sich heraus, dass Hommel an dieser Entscheidung keinen Anteil hatte, vgl. ebd., 6. 4. 1921.

944 Franz Babinger war bis dahin der einzige Doktorand, in dessen Prüfungskommission Karl Süßheim saß, vgl. Kap. I.3.

verständlich zu verstehen, dass die Entscheidung nicht geändert werden könne – Süßheim wandte sich an den Dekan der Fakultät, zu dieser Zeit der Musikwissenschaftler Adolf Sandberger.[945] Dieser sagte ihm, dass die Prüfung nicht nur die türkische Sprache, sondern auch die türkische Literatur und Geschichte betreffe und sie deshalb von Professor Hommel vorgenommen werde: „Als ich sagte, dass Herr Geheimrat Hommel überhaupt kein Osmanisch kann, sagte er: ‚Wie können Sie das sagen? Der Herr Geheimrat sagt, er kann Osmanisch und er ist ein erfahrener Mann: Er weiß, wovon er spricht. Der Herr Geheimrat hat in der Tat in letzter Zeit höchst erfolgreich auf dem Gebiet der osmanischen Studien gearbeitet.'"[946]

Süßheim, der, wie wir wissen, von den Kenntnissen des Herrn Geheimrat ganz und gar nicht überzeugt war[947], brachte das Thema in der nächsten Fakultätssitzung auf.[948] Fritz Hommel war darüber offenbar so brüskiert, dass er in diesem Kreis betonte, dass Süßheim lediglich ein außerordentlicher Professor sei und kein Recht dazu habe, eine Prüfung abzunehmen[949] – und Erich Drygalski, der ebenfalls anwesende Universitätsrektor, tadelte Süßheim, Hommels Fähigkeiten auf dem Gebiet der Osmanistik bezweifelt zu haben. Als Süßheim dies abzustreiten versuchte, unterbrach Drygalski ihn harsch und brachte ihn zum Schweigen. Diese peinliche Situation vor seinen versammelten Kollegen verunsicherte Süßheim zutiefst; er fürchtete, dass nun auch Dekan und Rektor seine Karriere torpedieren würden. Die Sache ließ ihm keine Ruhe. Einige Monate später wurde er nochmals bei Drygalski vorstellig und forderte ihn auf, die öffentliche Rüge zurückzunehmen; genau wie bei Sandberger wurde Süßheim aber auch vom Rektor an den neuen Dekan Walter Otto verwiesen; dieser sagte ihm schließlich, er solle einen offiziellen Antrag in der Fakultätssitzung stellen.[950] In Abwesenheit Süßheims wurde der Fall schließlich in einer Sitzung diskutiert; vom Dekan erfuhr er im Anschluss, dass die harten Worte, die der Rektor an ihn gerichtet hatte, nicht als öffentliche Rüge, sondern „nur" als Warnung gemeint gewesen seien, damit Süßheim nicht weiter die Tagesordnung behindere.[951] Für ihn stellte es sich nun so dar, dass die Rüge einfach geleugnet wurde, damit man sich nicht die Mühe machen musste, sie wieder aufzuheben. Was Süßheim aber noch mehr überraschte: Ausgerechnet Fritz Hommel hatte ihn offenbar in der Besprechung sehr gelobt.

Wieder einmal erschien Karl Süßheim das Verhalten des Mannes unerklärlich – schon während seines unseligen Habilitationsverfahrens 1911 hatte dieser ihn plötzlich doch noch mit einem positiven Gutachten überrascht.[952] Auch musste Süßheim sich durchaus eingestehen, dass Hommel ihn bisweilen sogar aktiv förderte, wie eine im Tagebuch geschilderte

945 Vgl. Tagebuch KS, 2. u. 7. 2. 1921.
946 Ebd., 7. 2. 1921, Nachlass KS (SBB) Hs. or. 1135/12, fol. 49v.
947 Vgl. Kap. I.3.
948 Hier und im Folgenden vgl. Tagebuch KS, 15. 3. 1921.
949 Dies war in der Tat die Regel und in den Treffen der VHaPPD wurde wiederholt über eine diesbezügliche Änderung diskutiert, vgl. ebd., 15. 7. 1921.
950 Vgl. ebd., 21. 7. u. 26. 10. 1921.
951 Hier und im Folgenden vgl. ebd., 6. 11. 1921.
952 Vgl. Kap. I.3.

Szene zeigt.[953] Im Januar 1924 trug ein Erlanger Professor in München zur „Weinpoesie in der islamischen Literatur“ vor. Es handelte sich um Hommels einstigen Schüler Joseph Hell, jemand, mit dem Süßheim, wie wir hörten, in der Vergangenheit bereits mehrere unschöne Begegnungen hatte.[954] Hells Ausführungen seien allgemein scharf kritisiert worden, ist im Tagebuch zu lesen, und schließlich habe Hommel ausgerechnet ihn, Süßheim, aufgefordert, dem Publikum die Bedeutung der Weindichtung in der türkischen Tradition zu erklären. Damit verschaffte Hommel ihm einen großen Auftritt, denn er wusste bestens Bescheid: Obwohl es bei den Arabern wenig Dichtung über Wein gebe, sei diese doch über die Perser in Asien und über die Christen in Andalusien in die Kultur eingegangen, dozierte er. Zur türkischen Literatur betonte Süßheim, dass diese Art der Dichtung wegen der strengen religiösen Regeln – und damit auch der einhergehenden Gesetzeslage – nie sonderlich gut angekommen sei; sie sei daher den wirklich großen Dichtern vorbehalten gewesen, die Kontakte zu persischen Gelehrten unterhielten.[955] Nach der Beschreibung seiner Wortmeldung fügte Süßheim im Tagebuch hinzu, dass er Joseph Hell für seinen Vortrag absichtlich nicht gedankt habe, nachdem dieser ein Jahr zuvor einen seiner eigenen Vorträge offenbar durch beständiges Reden gestört hatte. Die Vorlage, sich für diese Respektlosigkeit zu revanchieren, hatte Karl Süßheim ausgerechnet sein ungeliebter Kollege und Hells Förderer Fritz Hommel geschenkt, der natürlich um seine Expertise auf dem Gebiet wusste. Auch später wird Hommel Süßheim hin und wieder interessante Kontakte verschaffen.[956] Gerade die Unberechenbarkeit des Älteren aber war es, die Süßheim Abstand halten ließ, und die Isolation, die er in seinem Umfeld an der Universität erfuhr, machte ihn umso misstrauischer.

Um Süßheims Förderer war es still geworden: Sein treuester Unterstützer in München, der Historiker Karl Theodor von Heigel, war wie erwähnt während des Ersten Weltkriegs gestorben. Mit seinem wichtigsten Vorbild in der Orientalistik, Georg Jacob, traf Süßheim sich, wenn dieser in München vortrug[957], doch der Ältere hatte das vergleichsweise nahe

953 Im Folgenden vgl. Tagebuch KS, 11.1.1924.

954 Vgl. Kap. I.3.

955 In seinem Artikel über Ḥāfiẓ in der *Enzyklopädie des Islam* (EdI) wird Süßheim seine Expertise zum Thema später auch in die Öffentlichkeit tragen: „Ḥāfiẓ ist der grösste Ghazelendichter und der grösste Lyriker der Perser. In den Liebesszenen legt er sich Zurückhaltung auf und vermeidet das Zotenhafte. Als Verherrlicher des Weines hat er früher oder später im Orient nicht seinesgleichen gefunden. […] Infolge des allgemeinen Gedankeninhalts seiner Dichtungen hat sich die Frage erhoben, ob Ḥāfiẓens rastloser Preis von Liebe und Wein im Sinne der Ṣūfiker als eine Bekräftigung muḥammedanischen Pantheismus aufzufassen sei. Die Frage ist, von gelegentlichen Ausnahmen abgesehen, zu verneinen. Es wird auch behauptet, Ḥāfiẓ habe einem Derwischorden angehört (welchem?) [Einschub im Original, KM]; aber hierfür fehlt eine zuverlässige litterarische Quelle.“ Karl Süßheim: „Ḥāfiẓ“, in: EdI 2, Leipzig 1927, S. 223 ff., hier S. 224.

956 Hommel verwies beispielsweise einen jungen Libanesen namens Fu'ād Sa'd aus Beirut an Süßheim, der im Sudan für die Briten gedient hatte und mit einem Sohn des wichtigen arabischen Historikers Jurji Zaydan bekannt war, den Süßheim in Kairo kennengelernte hatte, vgl. Tagebuch KS, 28.10.1923 sowie Kap. I.2.

957 Vgl. Tagebuch KS, 28.10.1921.

gelegene Erlangen schon 1911 verlassen und war einem Ruf nach Kiel auf den Lehrstuhl für Orientalistik gefolgt. Jacob versuchte sein Bestes, Süßheim weiter nach vorne zu bringen. In einer Rezension erwähnte Jacob beispielsweise: „Mancherlei hätte der Verfasser [...] auch aus der ausgezeichneten, auf gründlichster Quellenkenntnis fußenden Besprechung [...] durch SÜSSHEIM“[958] lernen können. Vom äußersten Norden Deutschlands aus waren Jacobs Einflussmöglichkeiten zugunsten eines Schülers mit Netzwerkproblemen in München aber freilich begrenzt.

Wie wir gesehen haben, brachten die frühen 1920er-Jahre Süßheim keine Erlösung aus seiner schwierigen Stellung im Kollegium. Für sein Fach bedeutete das Ende des Ersten Weltkriegs zudem einen entscheidenden Wandel: Die Turkologie hatte ihren Zenit vorerst überschritten. Nach der Niederlage war sozusagen vor dem Krieg: Warum und zu welchem Ende sollte man nun noch das Osmanische Reich studieren? Lange war nicht klar, wie es mit der Region weitergehen würde – wie ein wichtiger Partner in den zukünftigen auswärtigen Beziehungen wirkte das endgültig gescheiterte Großreich zunächst einmal nicht; die Deutschen im Osmanischen Reich waren nach der Niederlage von den Alliierten ohnehin ausgewiesen worden. Die Mitgliederzahlen der Münchner Orientalischen Gesellschaft (MOG) sanken Süßheim zufolge drastisch.[959] Abseits der Hörsäle fand in Deutschland kein Türkisch-Unterricht mehr statt, und auch „[d]ie volkstümlichen Kurse hatten ihre Klientel verloren“[960], schreibt Klaus Kreiser. Nach der Bekanntgabe der deutsch-osmanischen Bündnispartnerschaft 1914 waren Süßheim in seinem Sprachunterricht noch die Türen eingerannt worden[961], nun musste er sich wieder mit einer verschwindend geringen Teilnehmerzahl zufriedengeben. Die Nachfrage schwankte zwischen einem und fünf Studenten pro Kurs; 1922/23 sank das Interesse schließlich dramatisch auf ein bis zwei Teilnehmer, und Süßheim sah sich gezwungen, Lehrveranstaltungen abzusagen.[962] „Das heißt, dass die Orientalistik ihre Bedeutung für Deutschland verloren hat“[963], schrieb er in sein Tagebuch. Im Lichte der erwähnten restriktiven Inflationspolitik sollte diese Entwicklung bald auch drastische finanzielle Konsequenzen für ihn haben, und Süßheim versuchte verzweifelt, das erschlaffte Interesse der Studenten am Nahen Osten wiederzubeleben. Aus der Historiker-Abteilung der Fakultät, zu deren Treffen Süßheim eingeladen war, kam schließlich der hilfreiche Vorschlag, er solle doch eine Veranstaltungsreihe zur islamischen Geschichte

958 Georg Jacob: [Rezension von] Friedrich v. Kraelitz-Greifenhorst: Die Bedeutung Konstantinopels und der Meerengen, Vortrag, gehalten zu Wien am 14. März 1916, S.-A. Aus „Balkan und naher Orient“: Freie Vereinigung für staatswissenschaftliche Fortbildung in Wien, Wien 1916, in: Islam 7 (1917), S. 256 f., hier S. 257. Jacob verwies hier auf Karl Süßheim: [Rezension von] Hasenclever A[dolf], Die orientalische Frage in den Jahren 1838–1841. Leipzig, K. F. Koehler. 1914, in: HJb 36/4 (1915), S. 845–855.

959 Vgl. Tagebuch KS, 16. 6. 1919.

960 Vgl. Kreiser, Abschied, S. 124.

961 Vgl. Kap. II.1.

962 Vgl. Flemming u. Schmidt, Diary, S. 221 u. Tagebuch KS, 6. 11. 1923.

963 Ebd., 20. 11. 1923, Nachlass KS (SBB) Hs. or. 1 135/13, fol. 61r f.

anbieten.[964] Tatsächlich hatten diese Kurse, mit denen er im Februar 1920 startete[965], deutlich mehr Resonanz als der anstrengende Sprachunterricht: Im Schnitt zehn bis 15 Teilnehmer sollten in den folgenden Semestern bei Süßheim einiges über die „Geschichte der Türkei", die „Gesch[ichte] d[er] Muhammedaner, ihrer Reiche u[nd] ihrer Kultur im Mittelalter", die „Geschichte d[er] orientalischen Frage" oder – gleich in zwei aufeinanderfolgenden Semestern – über die „Zivilisation bei den Muhammedanern" erfahren.[966] Daneben unterrichtete er bei sinkenden Teilnehmerzahlen die orientalischen Sprachen: Türkische Grammatik und Texte wie beispielsweise die *Seyahatnāme* von Evliya Celebi (zu dem er wie erwähnt bereits 1913 einen Kurs angeboten hatte), arabische Grammatik und so unterschiedliche Texte wie den Koran, die Geschichten aus tausendundeiner Nacht oder Schriften des Islamgelehrten Ibn al-ʿArabī, arabische Konversation, persische Gedichte von Saʿdī und Ḥāfiẓ und, erneut, Prosa des an anderer Stelle erwähnten Historikers Mīrḫānd; Süßheim gab sogar Kalligrafie-Kurse, worin er sich in seiner Konstantinopler Zeit hatte schulen lassen.[967] In den frühen 1920er-Jahren entwickelte Süßheim dabei ein besonderes Faible für das Arabische, das er lieber unterrichtete als Farsi.[968]

Zu seinen Studenten in dieser Zeit gehörte auch Albert Lippmann, der Sohn einer Verwandten in den Vereinigten Staaten, mit der Süßheim einst wegen der Erstellung des Familienstammbaums ausführlich korrespondiert hatte.[969] Dem Rektor der LMU erzählte Süßheim, dass der Vater des jungen Mannes sich während des Ersten Weltkriegs in den USA unbeliebt gemacht hatte, weil er sich öffentlich gegen einen Kriegseintritt aufseiten der Entente positioniert habe.[970] Daraufhin, so Süßheim im Tagebuch, habe Albert Lippmann sich einschreiben dürfen und, mehr oder weniger interessiert, Süßheims Persisch-Unterricht besucht.[971] Der frisch Immatrikulierte dachte allerdings schon bald darüber nach, nach Paris zu wechseln: Die Studiengebühren in München waren ihm zu hoch und die Feindschaft gegenüber Amerikanern in seinem Umfeld machte ihm zu schaffen.[972] In seiner unglücklichen Lage war der junge Mann Süßheim zufolge anfällig für schlechten Umgang – die Freundschaft zu einem betrügerischen Medizinstudenten, der ihm anscheinend sogar damit

964 Vgl. ebd., 5. u. 11.11.1919.

965 Vgl. ebd., 10.2.1920.

966 VVLMU, Zwischenhalbjahr 2. Februar–31. März 1920, München 1920, S. 9; VVLMU. Winter-Halbjahr 1920/21, München 1920, S. 14; VVLMU. Winter-Halbjahr 1921/1922, München 1921, S. 16; VVLMU. Sommer-Halbjahr 1923, München 1923, S. 28 u. Winter-Halbjahr 1923/24, München 1923, S. 27; vgl. dazu auch die Angaben im Tagebuch KS, 26.10.1920 u. 3.11.1921.

967 Vgl. VVLMU. Sommer-Halbjahr 1921, München 1921, S. 16 u. Winter-Halbjahr 1921/22, München 1921, S. 16 u. VVLMU. Winter-Halbjahr 1922/23, München 1922, S. 28. Nicht alle Angaben lassen sich über das Vorlesungsverzeichnis nachweisen, da Süßheim etliche Sprachkurse gab, die nicht weiter spezifiziert waren. Im Tagebuch aber erwähnte er die Texte, vgl. Flemming u. Schmidt, Diary, S. 221.

968 Vgl. Tagebuch KS, 2.3.1922.

969 Vgl. Kap. I.2.

970 Vgl. Tagebuch KS, 17.12.1921.

971 Vgl. ebd., 17.1. u. 2.3.1922.

972 Vgl. ebd., 18.1.1922.

drohte, ihn zu töten, brachte ihn in große Schwierigkeiten.[973] Karl Süßheim kümmerte sich gemeinsam mit Bruder Max, Schwager Eugen und Onkel Friedrich um eine Lösung, doch Lippmann entschied sich, wieder zurück in die USA zu gehen; zum letzten Mal sah Süßheim ihn im Sommer desselben Jahres, als er gemeinsam mit seinen Eltern München besuchte.[974] Wieder hatte er einen Studenten verloren, und in seinen spärlich besuchten Kursen war der junge Verwandte nicht der einzige, der von Süßheim sozusagen zwangsrekrutiert worden war: Sogar eine junge Frau, an der der heiratswillige Dozent vor allem aus ganz anderen Gründen interessiert war, lud er, mit nachlassendem Erfolg, immer wieder in seinen Unterricht ein. Das Bemerkenswerteste an ihrem Beitrag war offenbar, dass sie stets zu spät kam.[975]

Doch es gab auch solche, die seine Expertise durchaus einzuschätzen wussten: „In Wirklichkeit konnte [...] kein Arabischlehrer der Münchener Universität literarisches Arabisch korrekt aussprechen“, schrieb ein besonders prominenter Student in seinen Jugenderinnerungen: „Eine Ausnahme bildete der jüdische Extraordinarius Karl Süßheim, der [...] mit uns Sufi-Texte des Ibn Arabi las, wobei wir uns vergeblich bemühten, es ihm gleichzutun“[976]. Süßheims Sprachkenntnisse imponierten den Schülern, die es mit der Orientalistik ernst meinten, enorm, und so mancher ging wie Gershom Scholem selbstverständlich davon aus, dass dieser Mann als Dolmetscher in Konstantinopel gearbeitet haben musste.[977] Weniger Eindruck machte Süßheims Lehrpersönlichkeit – Scholem erinnerte sich später daran: “As an academic teacher he was very good, but outside the lecture he was practically non-existent. He always ran away quickly and rather made the impression of a man very much preoccupied by other matters. I never had a chance to talk to him personally. [...] He spoke with a rather Franconian accent. I think I remember once asking the vice president of the Jewish Community in Munich, the lawyer Emil Strauss, whether Süssheim belonged to the Jewish Community, and that he answered in the affirmative.”[978]

Es kann gut sein, dass Karl Süßheim, der seinen Studenten bisweilen eigenartig erschien – diese aber, wie wir aus seinem Tagebuch wissen, in der Regel sehr genau beobachtete –,

973 Vgl. Flemming u. Schmidt, Diary, S. 215 f.

974 Vgl. Tagebuch KS, 24. 3. u. 16. 8. 1922. In Süßheims Nachlass findet sich ein vielsagender Brief seines Onkels Friedrich: „Seit Albert L[ippmanns] Abreise Dienstag Abend haben wir nichts mehr von ihm gehört, obwohl er uns fest versprochen hatte, uns sofort vor Abreise nach B.Baden und Lausanne[,] die er in ein bis zwei Tagen zu erledigen hoffte, Mitteilung zu machen. Bis heute haben wir nichts von ihm gehört und ich hielt mich verpflicht[et,] anliegend an seine Eltern zu schreiben, damit ich in m. Verantwortung entlastet bin. Dich aber bitte ich, in einem Begleitschreiben Deine persönliche Meinung auszusprechen, auch etwaige Ergänzungen meiner Mitteilungen zu machen, die sich ja aus Deiner jüngsten Tätigkeit für Albert ergeben haben. Du hast in dieser Angelegenheit in den letzten Wochen Mühe und Sorgen genug gehabt.“ Friedrich [Morgenstern] an Karl Süßheim, 27. 3. 1922, Privatnachlass KS.

975 Vgl. dazu S. 500 f.

976 Scholem, Berlin, S. 143.

977 Vgl. Flemming u. Schmidt, Diary, S. 222.

978 Gershom Scholem an Barbara Flemming, Jerusalem, 22. 1. 1978, zit. nach Flemming u. Schmidt, Diary, S. 222.

absichtlich den Kontakt zu Scholem mied. Der begabte junge Mann war ein Zögling Fritz Hommels, seine Dissertation von 1923 widmete er sogar dem bei Süßheim so unbeliebten Münchner Kollegen.[979] Schon seine Prüfung in der Semitistik hatte Scholem im März 1922 bei Hommel abgelegt, und dieser zeigte sich über alle Maßen angetan, wie der Student später in seinen Erinnerungen festhielt.[980] Hommel habe ihn dazu ermutigt, der Universität München als Dozent für Judaistik erhalten zu bleiben, schrieb Scholem[981] – wenn er denn wollte, konnte Hommel offenbar ganz anders mit dem Nachwuchs umgehen als er es damals bei Karl Süßheim getan hatte. Scholem hatte als überzeugter Zionist zu diesem Zeitpunkt allerdings bereits entschieden, nach Palästina zu gehen – vielleicht ein weiterer Grund für Süßheim, zu diesem Studenten Abstand zu halten, da er der zionistischen Bewegung bekanntermaßen ablehnend gegenüberstand.[982] Zu anderen Teilnehmern in seinen Kursen baute Süßheim durchaus ein relativ intimes Verhältnis auch abseits des Unterrichts auf, zumindest erfuhr er etliche Details aus deren Leben, und wenn sie ihm interessant erschienen, hielt er diese auch in seinem Tagebuch fest, wie wir anhand der Weltkriegserlebnisse seiner Schüler gesehen haben. In Süßheims Unterricht hatte sich aber auch eine Person angemeldet, die alle Türkeikundigen aufhorchen lässt – nicht nur, weil es eine Frau war. Es handelte sich um die junge Ṣāfiye Sāmī, die 1923 an Karl Süßheims Kursen zu Ibn al-ʿArabī und auch an einem Geschichtskurs teilnahm.[983] Unter dem Namen Ṣāfiye Erol wird sie es zur gefragten Übersetzerin, aber auch zur bekannten Schriftstellerin der türkischen Republik bringen.[984]

Nicht selten war es der exzellente wissenschaftliche Nachwuchs, der sich von Karl Süßheim in München Türkisch, Arabisch oder Persisch beibringen und in die Geschichte des Nahen Ostens einführen ließ. Mit seinem Perfektionismus mochte er den ein oder anderen Kollegen quälen[985], Süßheims Schüler aber profitierten offensichtlich enorm, und viele

979 Gershom Scholem: Das Buch Bahir. Ein Schriftdenkmal aus der Frühzeit der Kabbala, Hamburg 2008 [zuerst: Leipzig u. Berlin 1923]. Seine Dissertation schrieb er offenbar ohne große Unterstützung, vgl. die Bemerkung bei David Biale: Gershom Scholem. Kabbalah and Counter-History, Cambridge u. London 1982, S. 29. Scholems Vater, der, wie wir gesehen haben, seinen Sohn wegen seiner angestrebten Laufbahn stets verachtet hatte, hatte die Arbeit in Druck geben lassen. Zu dem schwierigen Verhältnis im Hause Scholem vgl. Kap. I.1.

980 Hommel habe Scholem gefragt, wie er ihn in Hebräisch und Aramäisch prüfen solle, wo er doch diese Sprachen besser beherrsche als er selbst, vgl. Scholem, Berlin, S. 170.

981 Vgl. ebd., S. 171.

982 Vgl. dazu auch die Zusammenfassung in Kap. I.

983 Vgl. Flemming u. Schmidt, Diary, S. 240.

984 Vgl. die ausführliche Beschreibung bei Selim İleri: Türk Romanından Altın Sayfalar, 2. Aufl. İstanbul 2001, S. 507–514.

985 „Manches war schon in der ersten Auflage nicht ganz richtig; anderes, wenn auch nur weniges, ist seitdem vollständig veraltet […]. Der Verfasser hat versäumt, diesen Änderungen in allen Fällen Rechnung zu tragen. Wir wollen hier einige Berichtigungen anmerken“, schrieb Süßheim einmal in einer Rezension – es folgte eine ganze Seite mit Fehlern und Richtigstellungen. Karl Süßheim: [Rezension von] Shumā Farsī härf mīzänid? (Sprechen Sie Persisch?) Neupersischer Sprachführer für Reise und zum Selbstunterricht, enthaltend eine kurze Grammatik, Wörtersammlung, Gespräche

wurden zu Größen ihres Fachs. Er nahm seinen Lehrauftrag sehr ernst: „Mit einer meiner Vorlesungen (historischen Übungen) werde ich dieses Semester ziemlich viel Arbeit haben", schrieb Süßheim einmal seiner Mutter über die Lehre, „da diese Übungen die Eroberung Syriens durch die Araber vor 1300 Jahren zum Gegenstande haben"[986]. An dieser Stelle erfahren wir auch, wie viel er seinen Schülern abverlangte: „Das Quellenmaterial über diese Eroberung ist lückenhaft u. widersprechend und ich habe die Studenten anzuleiten, wie sie diese Widersprüche klären und lösen können". Der produktive Umgang mit Ambivalenzen und (scheinbaren) Widersprüchen in der Quellenüberlieferung war eines von Süßheims Kernanliegen als Nahosthistoriker. Dieses Handwerk lernten bei ihm Wissenschaftler wie Anton Spitaler, Bertold Spuler, Hans Striedl und Hans Joachim Kißling.[987] So mancher wird noch eine Rolle in Süßheims Biografie spielen, in ganz verschiedenen Zusammenhängen. Besonders beschäftigte Süßheim in dieser Zeit aber einer seiner ehemaligen Studenten: Franz Babinger, bei dessen Disputatio Süßheim vor dem Krieg als Prüfer fungiert und der ihn nach seiner überstandenen Kriegsgefangenschaft schnell wieder aufgesucht hatte.[988] Seinem Ärger über ihn machte Süßheim regelmäßig im Tagebuch Luft. Schon beim ersten Treffen nach dem Krieg konnte er das Verhalten des Jüngeren kaum glauben: Nicht nur, dass Babinger kurzerhand ein Werk über die Geschichte der osmanischen Presselandschaft mithilfe einer Zeitschrift schrieb, die Süßheim ihm zu Studienzwecken geschickt hatte[989] – der ambitionierte Nachwuchswissenschaftler legte noch nach: „Im September vergangenen Jahres war er als Dragoman bei der Abteilung F im Nahen Osten tätig. Doktor Babinger behauptet, dass es seiner Anregung zu verdanken sei, dass ich gebeten wurde, nach Istanbul zu kommen, und dass ich dazu bestimmt war, seinen Platz einzunehmen. Aber es war [gar] nicht die Siebte Division, über die ich damals kontaktiert wurde."[990]

Abgesehen davon, dass Süßheim Babinger kein Wort glaubte – die Anforderung in den Nahen Osten hatte ihm damals, wie wir gesehen haben, schlaflose Nächte bereitet.[991] Die Frechheit des Jüngeren, ihn angeblich ungefragt – als Nachfolger (!) – zu empfehlen und sich dafür auch noch einen Dank zu erwarten, konnte Süßheim nur erzürnen. Doch für die Befindlichkeiten seines Lehrers hatte Babinger kein Gespür: Als die beiden sich zufällig im Zug von Nürnberg nach München trafen, schrieb Süßheim nachher, habe er keine Chance

und Lesestücke von Friedrich Rosen. Dritte, verbesserte Auflage. Berlin, Ferd. Dümmlers Verlagsbuchhandlung 1925, in: ZII 4 (1926), S. 171 f., das Zitat S. 171.

986 Hier und das folgende Zitat: Karl Süßheim an Clara Süßheim, 10.5.1929, Privatnachlass KS.

987 Die zuletzt Genannten finden sich auf undatierten Inskriptionslisten – Striedl war damals im zehnten Semester, Spuler im sechsten, Kißling im vierten, vgl. Inskriptionslisten, o. D., in: Nachlass KS (LOC), Box 3.

988 Vgl. Kap. I.3.

989 Vgl. Tagebuch KS, 7.1.1919.

990 Aus der englischen Übersetzung in der Tagebuchedition (Flemming u. Schmidt, Diary, S. 226) ins Deutsche übertragen. Bei der Tagesangabe (7.1.1919) muss ein Fehler unterlaufen sein; die entsprechende Textstelle lässt sich dort (Nachlass KS (SBB) Hs. or. 1 135/11, fol. 25r) nicht finden.

991 Vgl. Kap. II.1.

gehabt, sein mitgebrachtes Buch auch nur aufzuschlagen (er hatte sich eigentlich der armenischen Grammatik widmen wollen), weil er sogleich in ein vierstündiges Gespräch verwickelt worden sei.[992] Babinger habe Süßheim mit allen Details seiner Forschungen behelligt. Gerade schreibe er zum Beispiel einen Aufsatz über den religiösen Führer Bedrüddin Maḥmūd: „Er [Babinger, KM] übertreibt deutlich die historische Bedeutung von Bedrüddin, der im fünfzehnten Jahrhundert n. Chr. in Anatolien auftauchte, indem er so tut, als sei dieser ein Handlanger der Safawiden-Dynastie gewesen.[993] Er hat auch einen ziemlich langen Artikel über die Entwicklung und Geschichte der Orientalistik[994] geschrieben, dessen Fußnoten er eifrig im Zug las. Sein ehrgeizigstes Projekt ist es, eine Geschichte der osmanischen Literatur zu schreiben, vergleichbar mit Brockelmanns Geschichte der arabischen Literatur[995]. In Kürze wird er seine akademische Laufbahn in Marburg beginnen. Ich habe nicht gefragt, wer [dafür] stimmen wird […]. Doktor Babinger gab einige Auskunft über seine Beziehung zu Professor Hommel; er sagte mir, dass er Professor Hommel geraten habe, in Ruhestand zu gehen."[996]

Karl Süßheims schwieriges Verhältnis zu Hommel wird Babinger nicht entgangen sein. Indem er derart damit angab, wie gut er selbst sich mit dem Professor verstand – anscheinend sogar so gut, dass er dem Älteren weise Ratschläge bezüglich seines weiteren Lebens erteilen konnte – traf er Süßheim vermutlich ins Mark. Mit den Marburger Ambitionen des Promovierten aber wurde es derweil nichts. Von Bibliothekar Emil Gratzl[997] erfuhr Süßheim später, dass Babinger von der dortigen Philosophischen Fakultät abgelehnt worden sei, und zwar wegen der Unzulänglichkeit seiner Übersetzung der *Menākıb-i hünerverān* („Die Leistungen des Künstlers")[998], einer, wie Süßheim es beschrieb, „kleinen Geschichte der Kalligraphie und Illustratoren"[999] des berühmten osmanischen Historikers ʿAlī, über den Süßheim selbst schon für den ersten Band der *Enzyklopädie des Islam* (EdI) geschrieben hatte[1000]. Im

992 Hier und im Folgenden vgl. Tagebuch KS, 16.10.1919.

993 Franz Babinger: Schejch Bedr ed-dīn, der Sohn des Richters von Simāw. Ein Beitrag zur Geschichte des Sektenwesens im altosmanischen Reich, in: Islam 11/1 (1921), S. 1–106. Dass Babinger den Text in C.H. Beckers *Islam* unterbrachte, dürfte zu Süßheims Ärger noch zusätzlich beigetragen haben.

994 Franz Babinger: Die türkischen Studien in Europa bis zum Auftreten Josef von Hammer-Purgstalls, in: WdI 7 3/4 (31.12.1919), S. 103–129.

995 Carl Brockelmann: Geschichte der arabischen Litteratur, 2 Bde., Weimar 1897 u. 1902, Nachdruck: 2 Bde., 2. Aufl. Leiden 1943 u. 1949.

996 Tagebuch KS, 16.10.1919, Nachlass KS (SBB) Hs. or. 1 135/11, fol. 49r.

997 Süßheim hatte erstmals im Zusammenhang mit einer Bewerbung von Gratzl gehört, vgl. dazu Kap. I.3.

998 Babingers Übersetzung wurde tatsächlich nicht veröffentlicht, der türkische Gelehrte İbnülemīn Maḥmūd Kemāl (İnal) hat den Text 1926 veröffentlicht. Eine neuere, persische Ausgabe ist Mustafa ʿAli Efendi: مناقب هنروران[The Merits of Artists]. Translated from Turkish into Persian by Tofiq H. Sobhani, Teheran 1991.

999 Hier, die Beschreibung und die Zitate im Folgenden: Tagebuch KS, 11.6.1920, Nachlass KS (SBB) Hs. or. 1 135/12, fol. 17rf.

1000 Süßheim, ʿĀlī.

Tagebuch triumphierte er nun über Babingers Misserfolg: „Vor einem Jahr sagte er [Babinger, KM], er wolle eine Karriere als Professor beginnen und fragte mich, ob er dies durch die Übersetzung einer in Wien aufbewahrten Geschichte [der Stadt] Edirne oder der *Menākıb-i hünerverān* tun solle. Ich sagte, dass die Geschichte von Edirne vielleicht einfacher wäre, aber dass die *Menākıb-i hünerverān* ihm mehr Anerkennung bringen würde. Er antwortete sofort, dass er, wenn das der Fall wäre, die *Menākıb-i hünerverān* übersetzen würde. Als ich sagte, dass eine solche Übersetzung ihn ein Jahr kosten würde, antwortete er: ‚Ich werde es in zwei Monaten schaffen.' Er war bereits im Sommer 1919 fertig."

„Die Übersetzung erfordert profunde Kenntnis der Literatur über [...] die islamische Kunstgeschichte, von der Babinger überhaupt keine besitzt", schrieb Süßheim. Als Gutachter der abgelehnten Arbeit hatte der berühmte Professor Carl Brockelmann fungiert, dem Franz Babinger wie beschrieben offenbar äußerst ambitioniert nacheiferte. Süßheim hielt von seinem ehemaligen Schüler gar nichts: „Babinger hat drei Jahre lang studiert, sich aber nicht ernsthaft mit den orientalischen Sprachen beschäftigt", schrieb er: „Er hat sich mit Themen wie Biografie und bildende Kunst beschäftigt und wusste 1914, am Ende seines Studiums, fast nichts über die orientalischen Sprachen." Obwohl Babinger sich danach, neben dem Militärdienst, intensiv seinen wissenschaftlichen Veröffentlichungen gewidmet habe, seien diese nicht besonders begeistert aufgenommen worden, fuhr Süßheim fort – dessen auf Türkisch verfasster Aufsatz über die Orientalisten, der kürzlich veröffentlicht worden sei, habe weitverbreitete Irritation hervorgerufen.[1001] Süßheims hartes Urteil hatte vermutlich auch mit der Bewertung seiner eigenen Person als Wissenschaftlerpersönlichkeit in diesem Text zu tun: „Er zeichnete mich so unbedeutend wie möglich", schob er hinterher. Babinger nämlich schiele auf Süßheims Stelle in München, vielleicht sogar auf einen Lehrstuhl für Islamwissenschaft, welcher erst geschaffen werden müsste. Ob Konkurrenzdenken tatsächlich eine Rolle spielte, ist schwer auszumachen, das öffentlich verkündete Urteil des Jüngeren über Süßheim sollte sich aber auch später nicht ändern. In einem Aufsatz über „ein Jahrhundert morgenländischer Studien" an der LMU wird Babinger 1957 schreiben: „Ich erinnere etwa [...] an den trefflichen Karl Süssheim (1879 [sic!] –1947), einen Nürnberger von Geburt, der eine erstaunliche, wohl nur selten erreichte praktische Kenntnis der drei islamischen Hauptsprachen und daneben ein ausgebreitetes Wissen über Realien des Orients besaß, ohne freilich damit als Lehrer oder als Schriftsteller viel beginnen zu können."[1002] Diese Beschreibung überrascht umso mehr, als Babinger 1922 noch ganz andere Töne anschlug, als es um Süßheim als Dozent ging – wenngleich der paternalistische Tonfall diesem vermutlich ebenfalls zutiefst missfallen hätte. „Kann denn für Süssheim nicht einmal etwas geschehen?", fragte er in einem Brief an C.H. Becker (ausgerechnet![1003]): „Er spricht und schreibt doch

1001 Leider konnte ich besagten Aufsatz nicht ausfindig machen.

1002 Babinger, Jahrhundert, S. 267f.

1003 Vgl. dazu die Zurückweisung Karl Süßheims durch den Grandseigneur der deutschen Islamwissenschaft, Kap. I.3.

das Arabische, Persische und Türkische wie ein Eingeborener! Der wäre am [S]OS am Platz gewesen!“[1004]

Dieses Verhalten setzte sich offen fort: Jahre nach ihrer unglücklichen Begegnung im Zug sollte Babinger, inzwischen an der Universität Berlin, seinem einstigen Lehrer gönnerhaft zu verstehen geben, dass er sich dafür einsetzen wolle, dass Süßheims Forschungen auch endlich publiziert würden – und dass er selbst nach wie vor ein Auge auf München habe.[1005] Trotz aller Kritik, die Süßheim an seinem Schüler übte: Franz Babinger war in der Tat einer derjenigen, die das Fach künftig prägen sollten. Er gehörte Klaus Kreiser zufolge (neben anderen wie Süßheims einstigen Konkurrenten Friedrich Giese[1006] und Theodor Menzel[1007]) zu einer neuen Turkologen-Generation, welcher durch den Krieg ermöglicht worden war, sich alsbald im Fach führend zu positionieren, „obwohl ihre akademischen Anfänge mit anderen Fächern verbunden waren“[1008]. Anderes galt für Karl Süßheim, obwohl er, wie wir gesehen haben, selbst ein Quereinsteiger war: Eine irgendwie führende Stellung im Fach wird er nie erreichen, obwohl er sicher der Re-Akademisierung, die Kreiser für die Zeit nach dem „Dilettantismus der Kriegsjahre“[1009] konstatiert, viel abgewinnen konnte und, in seinem Beharren auf die wissenschaftliche Sauberkeit und Faktentreue, wohl einiges dazu hätte beisteuern können. Dass er keine Chance erhielt, sich in einer ordentlichen Professur zu profilieren, mochte auch mit der Berufungspolitik an der LMU zu tun haben, wo man sich insbesondere nach dem gescheiterten Putschversuch um Adolf Hitler hütete, zusätzliche Juden in Amt und Würden zu stellen: Der einst nur widerwillig berufene Richard Willstätter[1010], inzwischen einer der wichtigsten Forscher der Universität und Nobelpreisträger, trat in dieser Zeit aus Protest von seinem Lehrstuhl zurück.[1011] Antisemitische Vorbehalte also, aber auch Süßheims eigenes bisweilen allzu ungeschicktes Sozialverhalten trugen sicher zum Stocken seiner Laufbahn bei – hinsichtlich der Gabe, Netzwerke zu knüpfen, die das spätere Fortkommen ungeachtet eigener Schwächen sicherten, hätte er von seinem ehemaligen Studenten wohl einiges lernen können. Mit Babinger korrespondierte er später nur mehr ausschließlich im Tonfall höflich-distanzierter Kollegialität.[1012] Dass ausgerechnet dieser Schüler

1004 Franz Babinger an Carl Heinrich Becker, 3.4.1922, zit. nach Hanisch, Nachfolger, S. 118.

1005 Süßheim traf Babinger zum nächsten, und, soweit dies nachvollziehbar ist, damit auch zum letzten Mal schließlich im Dezember 1923. Damals erwartete Babinger, demnächst eine Professur in Berlin zu erhalten, vgl. Tagebuch KS, 12.12.1923.

1006 Vgl. Kap. I.3, u. II.1.

1007 Vgl. Kap. I.3.

1008 Kreiser, Halbmond (1987), S. 99.

1009 Kreiser, Abschied, S. 124.

1010 Zur Erinnerung: „Das ist aber das letzte Mal, daß ich ihnen einen Juden unterschreibe“, hatte Ludwig III. seinem Kultusminister anscheinend schon damals, 1915, mit Blick auf Richard Willstätter zu verstehen gegeben, vgl. Kap. I.2.

1011 Vgl. dazu Brenner, Schatten, S. 292f.

1012 Im Nachlass findet sich z.B. folgendes Schreiben Babingers: „Sehr geehrter Herr Kollege, gern sage ich Ihnen, was ich weiss: [Der Orientbuchhändler, KM] Lafaire vergütet m.W. 10% oder 5% der betr. Ladenpreise; man hat also am Buch 15% Verdienst[.] Ich finde das im allgemeinen ganz in der

es zum ersten ordentlichen Lehrstuhlinhaber für Turkologie an der LMU München bringen sollte, musste Süßheim nicht mehr erfahren[1013], doch wie wir gesehen haben, beschäftigte der forsche junge Mann seine Gedanken nachhaltig. Während das gesellschaftliche Klima in München sein Dasein als jüdischer Professor zunehmend beengte und er unter seiner Isolation im Kollegenkreis litt, hatte Karl Süßheim aber auch noch anderes zu tun, als an Schüler oder Kollegen zu denken, die ihm das Leben schwer machten. Er hatte zum Beispiel immer noch keine Frau gefunden.

„He had been single until he met my mother" | Eine späte Hochzeit und eine verheimlichte Scheidung

Die ersten Nachkriegsjahre waren auch privat eine schwierige Zeit für die Familie: Clara Süßheim war an der Spanischen Grippe erkrankt, die zwischen 1918 und 1920 weltweit mehr Todesopfer forderte als der Erste Weltkrieg.[1014] Karl Süßheims eigenwillige Mutter heizte ihr Haus trotzdem nicht ordentlich, wie der Sohn sich in seinem Tagebuch beschwerte.[1015] Schließlich sollte sie an einem Kurort in Wiesbaden genesen, doch kaum dort ange-

Ordnung, denn Lafaire arbeitet wirklich nicht mit erheblich. Gewinn, am allerwenigsten bei den QWIS. Ich weiss abe[r] nicht, ob Sie eine besondere Abmachung mit ihm treffen wollen und können. Mir und Mordtmann hat er seinerzeit die Fotos beschafft, weitere Forderungen haben wir beide nicht gestellt. Man muss doch schließlich froh sein, wenn überhaupt dergleichen Sachen gedruckt werden! Ich will mit L[afaire], wenn er demnächst hieher [sic!] kommt, Ihre Angelegenheit besprechen, Sie erhalten sofort Bescheid. Haben Sie Houtsma's Seldschukenartikel im III. Bd. der Acta Orientala gelesen? […] Die oxforder [Handschrift] kannte er […] schon; ich habe Fotos davon, wenigstens von einem Teil. – – Was machen die Orientalia in München? Ist Hommels Nachfolger schon ernannt? Ich bin hier schon lang eingerichtet und mit meiner Literaturgeschichte beschäftigt; dieser Tage wird Mordtmanns Suhejl und Nevbehar erscheinen: Ich schrieb für die [Deutsche Literaturzeitung] eine längere Anzeige des Buches, die auch bald, im Heft VII, zu lesen sein wird. Mit den besten Grüßen und Empfehlungen bin ich Ihr ergebenster F[.] Babinger". Franz Babinger an Karl Süßheim, 28.1.1925, Privatnachlass KS.

1013 Die Besetzung erfolgte erst nach Süßheims Tod im Exil; zu Franz Babingers unrühmlichem Verhalten nach seinem Tod vgl. Kap. II.3.

1014 Die Zahl wird mit bis zu 50 Millionen angegeben; die Dunkelziffer liegt vielleicht sogar doppelt so hoch, vgl. Niall P. A. S. Johnson u. Juergen D. Mueller: Updating the Accounts: Global Mortality of the 1918–1920 "Spanish" Influenza Pandemic, in: BHM 76/1 (2002), S. 105–115, hier S. 105. Die COVID-19-Pandemie, die die Welt seit dem Frühjahr 2020 in Atem hält, hat eine Fülle an Literatur über die Spanische Grippe hervorgebracht; als publikumsorientiertes, aber fundiertes Überblickswerk über die gesellschaftlichen Auswirkungen kann das Buch einer britischen Wissenschaftsjournalistin gelten, das schon zuvor erschienen war: Laura Spinney: 1918. Die Welt im Fieber. Wie die Spanische Grippe die Gesellschaft veränderte, München 2018.

1015 Vgl. Tagebuch KS, 21.11.1919. Noch zehn Jahre später wird Karl Süßheim seine Mutter daran erinnern müssen: „Zu Deinem Geburtstag gratulieren wir Dir herzlich u. wünschen Dir baldige vollständige Wiederherstellung Deiner Gesundheit. […] Hüte Dich nur vor der Kälte. Deine Krankheiten seit

kommen, erfuhr sie von der schweren Erkrankung ihres Enkels Rudolf Kirschbaum, Paulas Sohn.[1016] Auch für Karl Süßheim war diese Nachricht schrecklich, denn er pflegte eine innige Beziehung zu seinem Neffen. Im Nachlass findet sich ein Brief Rudis an seinen Onkel in München aus dem Jahr 1920, in dem er sich rührend für ein Weihnachtsgeschenk – natürlich eine Briefmarke – bedankte.[1017] Ein Jahr später, Rudi war 14 Jahre alt, kam es bei einer Mandeloperation zu unerwarteten Komplikationen, und der Körper des Jungen entzündete sich daraufhin derart, dass die Ärzte ihm nicht mehr helfen konnten: Rudi starb am 19. Januar 1922 an einer septischen Lungenentzündung in der Privatheilanstalt des Martha-Maria-Vereins[1018], was Karl Süßheim erst am Tag darauf erfuhr, als er in Nürnberg ankam.[1019] Die Beschreibung des leblosen Kinderkörpers im Krankenhausbett durch den trauernden Onkel ist eine der liebevollsten und anrührendsten Episoden in der gesamten Überlieferungszeit des Süßheim-Tagebuchs.[1020] Karl Süßheim vergaß über den Verlust seinen eigenen Geburtstag; seine Schwester Paula, Rudis Mutter, erlitt mehrere Zusammenbrüche.[1021] Vor Kummer war sie nicht imstande, die Beerdigung zu besuchen, und sein Schwager Eugen habe sich am Grab vor Weinen kaum beruhigen können, wie Süßheim schrieb. Die ganze Familie war schwer mitgenommen, und Süßheims Mutter, die ihren Kuraufenthalt unterbrochen hatte, sorgte sich zudem aus religiösen Gründen: Nach dem Willen Eugen Kirschbaums sollte Rudis Leiche entgegen der jüdischen Tradition verbrannt und im Wind verstreut werden.[1022] „Sie fragte mich immer wieder, ob er nicht neben ihr begraben werden könne“, hielt Süßheim im Tagebuch fest: „[I]ch versprach ihr, dass seine Asche zu Vaters Grab gebracht werden wird“.[1023]

1916 sind großenteils Folgen mangelhafter Beheizung deiner Wohnräume.“ Karl Süßheim an Clara Süßheim, 12.5.1930, Privatnachlass KS. Ihr Verhalten hatte offenbar mit Sparsamkeit zu tun, denn ein anderes Mal schrieb ihr Sohn: „Heize, bitte, Deine Räume Tag für Tag sehr warm. Denn diese Wärme schützt den Körper u. erwärmt Dich u. kostet pro Tag nur 30–40 Pfennig.“ Ders. an Dies., 31.1.1929, ebd.

1016 Vgl. Tagebuch KS, 25.12.1922.

1017 „Lieber Onkel Karl! Herzlichen Dank für den Brief und die schöne Marke; sie scheint sehr selten zu sein […]. Wir haben Weihnachten am Mittag […] gefeiert. Ich habe einen sehr schönen Fußball bekommen […]. Mit dem Rodeln ist es jetzt nichts mehr und ich hätte auch Ski lernen dürfen. […] Ich wünsche dir ein recht gutes neues Jahr[,] Dein Rudi“. Rudi Kirschbaum an Karl Süßheim, 29.12.1920, Privatnachlass KS.

1018 Vgl. Radlmaier, Süßheims, S. 145.

1019 Vgl. Tagebuch KS, 19.12.1921, 11. u. 18.1. u. 21.1.1922.

1020 „Seine Augen sahen gräulich blau aus […], sein Gesicht, nach rechts gedreht, war schön und er schien fast zu lächeln. Seine Wangen waren fleischig und sein Hals wirkte lang. Er hatte schöne Hände und die Haut seines Gesichts und seiner Stirn war weich […]. Während seiner Krankheit musste er schreckliche Schmerzen erleiden, aber er hat sich niemals beschwert.“ Ebd., 21.1.1922, Nachlass KS (SBB) Hs. or. 1135/12, fol. 74f.

1021 Hier und im Folgenden vgl. ebd.

1022 Dies war bereits ein konfliktbehaftetes Thema nach dem Tod Sigmund Süßheims, vgl. Kap. I.1.

1023 Tagebuch KS, 21.1.1922, Nachlass KS (SBB) Hs. or. 1135/12, fol. 73v–75r.

Trotz des geteilten Leids eskalierte einige Monate später nach einem harmlosen Missverständnis ein Streit zwischen Karl Süßheims Mutter und Schwester: Clara Süßheim, die sich zu dieser Zeit besonders an ihren Sohn in München klammerte[1024], warf ihrer Tochter Paula vor, dass sie sich nicht um ihre beiden Brüder schere, da der ältere nicht anwaltlich mit den Angelegenheiten der Fabrik seines Schwagers betraut würde (obwohl er das Geld dringend hätte brauchen können) und sie Karl nicht dabei helfe, endlich eine Frau zu finden.[1025] Paula erwiderte zu ihrer Verteidigung, dass sie Karl einmal durchaus eine sehr gute Partie vermittelt habe – daraus war aber offenbar, wie bei so vielen anderen Bemühungen auch[1026], nichts geworden. Clara Süßheim war vor Wut nicht mehr zu bremsen[1027], und wie so häufig war es ihr jüngerer Sohn, der nun versuchte, die Wogen zu glätten.[1028] Karl Süßheims Mutter scheint den nüchternen Zweitgeborenen mit ihrer pathetischen Art oftmals geradezu gequält zu haben: Nach dem Bruch mit Paula und Eugen Kirschbaum[1029] sagte sie ihm, dass sie sich wünsche zu sterben.[1030] Clara Süßheims ohnehin angeschlagene Gesundheit litt offenbar

1024 Im April lud sie sich offenbar sogar selbst ein, eine Weile bei ihm in München zu wohnen – in einem Brief führte Süßheim viele verschiedene Gründe an, warum das mit seiner Wohnsituation nicht möglich sei und erwog, selbst nach Nürnberg zu fahren, vgl. Karl Süßheim an Clara Süßheim, 10.4.1922, Privatnachlass KS.

1025 Hier und im Folgenden vgl. Tagebuch KS, 5.6.1922.

1026 Vgl. Kap. I.1.

1027 Ihr Sohn, der in ihrem Haus auf sie wartete, schrieb nachher im Tagebuch: „Schließlich brachte sie [auch noch] […] Rudis Tod zur Sprache und sagte in rücksichtsloser Weise, dass sie Rudis Verlust viel stärker spüre [als Paula]. ‚Zuerst hast Du Deinen Sohn verloren, jetzt hast Du Deine Mutter verloren', beklagte sich [dann noch] Eugen am Ende. Paula, ratlos, sagte, sie würde verrückt werden. Mutter verließ das Haus vor dem Abendessen, kehrte aber zurück und verlangte, dass Paula sich entschuldigt. Danach ging Mutter wieder und kam aufgeregt und schwach nach Hause. Sie entkleidete sich gleich und ging zu Bett. Als sie von dem Streit, der stattgefunden hatte, erzählte, machte ich ihr klar, dass sie selbst in jedem Punkt dafür verantwortlich war." Tagebuch KS, 5.6.1922, Nachlass KS (SBB) Hs. or. 1135/12, fol. 90r.

1028 Am nächsten Tag besuchte er seine Schwester und ihren Mann: „Eugen gab das Geschenk zurück, das Mutter ihm gestern gegeben hatte. […] Laut Eugen war Mutter gestern mit dem Ziel gekommen, sich zu streiten. Ich bestritt dies und sagte, dass die ganze Sache nur ein Streit zwischen Frauen sei. Daraufhin sagte Eugen: ‚Wie auch immer, diese Frau hat diese Gedanken und Gefühle offensichtlich schon lange gehegt. Sie wird dieses Haus nicht mehr betreten. Einmal kam Dein Vater zu meinem Vater und hat ihm sein Herz geöffnet: Hätte ich keine Kinder, würde ich mich, jetzt, heute, scheiden lassen – ich bin mit der Frau ganz und gar fertig', und er wiederholte, dass sie das Haus nicht mehr betreten würde. Paula versuchte aber, seine Heftigkeit und brutalen Ausbrüche zu mildern." Tagebuch KS, 6.6.1922, Nachlass KS (SBB) Hs. or. 1135/12, fol. 91r.

1029 Nachdem einer von Clara Süßheims Mietern ihr Probleme bereitete, näherten sie sich wieder an, aber immer wieder sollte es zu Streitigkeiten über finanzielle Themen kommen, und Karl Süßheim wurde von allen Seiten als Vermittler herangezogen, vgl. ebd., 23.12.1922–2.1.1923, 14. u. 15.3.1923. Ob es je zu einer echten Aussöhnung zwischen Clara Süßheim und ihrem Schwager kam, lässt sich nicht nachvollziehen, weil beide in der Zeit starben, für die Süßheims Tagebücher verloren gegangen sind.

1030 Vgl. ebd., 8.6.1922.

tatsächlich unter dem Streit, und ihr Verhalten sorgte nicht unbedingt dafür, dass ihr Umfeld beruhigt war: Im August wirkte sie sehr schwach auf ihren Sohn und Anfang Oktober war sie scheinbar nicht imstande, allein die Treppe hinaufzugehen, als er sie besuchte – auch wenn sie Ende September noch allein auf dem Feld nach Kartoffeln gesucht hatte, wie Süßheim irritiert im Tagebuch festhielt.[1031] Seine Mutter sagte ihm auch, dass sie ihre Einsamkeit hasse und, wiederum, dass sie bereit sei zu sterben, aber erst, wenn er sich verlobt habe[1032] – ein reichlich eigenartiges Argument, seinen Sohn davon zu überzeugen, endlich zu heiraten. Die Sorge der Mütter um ihre unverheirateten Kinder war aber nicht nur in der Familie Süßheim ein ständiges Thema: Einmal berichtete Karl Süßheim in seinem Tagebuch darüber, dass sich seine Nachbarin in München, die Frau des bayerischen Generalmajors und Archivars Karl Staudinger, das Leben genommen habe, weil sie darüber verrückt geworden sei, dass ihre Tochter sich nicht an den Mann bringen ließ.[1033] Zwei Tage, bevor die Frau aus dem Toilettenfenster sprang, hatte sie Süßheim in ihrer Verwirrung offenbar noch gefragt, ob er nicht einen der Prinzen Alfons oder Ludwig Ferdinand anrufen und fragen könne, ob er ihre Tochter zur Frau nehmen wolle.

Süßheim wurde aber nicht nur von seiner Mutter massiv unter Druck gesetzt, auch er selbst war über sein Junggesellendasein schier verzweifelt. Während des Weltkriegs hatte er sich, wie wir bereits hörten, auf andere Dinge konzentriert (zudem litt er nach wie vor an der unerwiderten Liebe zu Susi Stern).[1034] Dennoch hielt seine Mutter ihn an, nach einer Frau zu suchen, und er hatte ihr offenbar regelmäßig Bericht zu erstatten, wie Briefe im Nachlass dokumentieren.[1035] Nach dem Krieg wurden Süßheims Bemühungen wieder sehr intensiv; wie früher besuchte er die Bälle jüdischer Verbindungen wie der Licaria oder der Concordia, aber auch Feste, die vom Club Insel organisiert wurden und häufig bis in die frühen Morgenstunden dauerten.[1036] Im November 1919 nahm er zu einem Abendessen eine junge Frau

1031 Im März des darauffolgenden Jahres, nachdem sie sich wieder erholt hatte, gab sie ihm schließlich die fragwürdige Information, dass ihre schlechte Stimmung und Müdigkeit von ihren Plattfüßen hergerührt hätten, vgl. ebd., 20.8., 28.9. u. 4. u. 19.10.1922 sowie 23.3.1923.

1032 Vgl. ebd., 4.10.1922.

1033 Hier und im Folgenden vgl. ebd., 18.9.1921.

1034 Vgl. Kap. I.1, u. II.1.

1035 So schrieb er zum Beispiel wie folgt: „Dr. Paul Drey wird am 9. Dez[ember] d[es] J[ahres] heiraten. Ich besuchte heute seine Mutter […]. Eben war sie von der Frisörin aufgestanden u. nun war ihre geschiedene Tochter Luise an der Reihe. Sie erzählte von Heilbronners. Das Vermögen des 42-jährigen Vaters hatte sie früher […] auf 10 Millionen […] angegeben… Jetzt waren es nur noch 6! Herr Heilbronner hat […] seine deutsche Staatsangehörigkeit mit der schweizerischen verknüpft u. dann seinen französischen Besitz, der wahrscheinlich viel mehr wert war, um 1 Millionen Francs losgeschlagen. Die größere, ältere der beiden der bekannten Töchter sei 28, die jüngere, kleinere angeblich nur 23 Jahre. Den Sommer hat die Familie in der Schweiz verbracht u. wird dann nach München zurückkommen. Mitgift: 250 000 francs. Mit Max war ich gestern Abend beisammen. Gesprächsstoff unter anderem: Frl. Pauson." Karl Süßheim an Clara Süßheim, 8.9.1917, Privatnachlass KS.

1036 Vgl. Flemming u. Schmidt, Diary, S. 202 u. S. 240 f. Zu den Veranstaltungen als Gelegenheit, Frauen kennenzulernen, siehe auch Kap. I.1.

mit, die er während seines Urlaubs im Schwarzwald kennengelernt hatte, und die zwar eine hohe Mitgift versprach, offenbar aber ein eher schlichter Geist war.[1037] Im Anschluss berichtete er denn auch weniger über seine Begleitung als über die eigenwillige Abendgestaltung: „Nach dem Abendessen gab es ein Fotospiel. Das Spiel war so gestaltet, dass es sich über die Klubmitglieder [...] lustig machte. Ich war völlig nackt – nur mein Geschlechtsorgan war mit einem Feigenblatt bedeckt – auf einem Boot in der Mitte eines Sees dargestellt [und] schoss Pfeile mit einem riesigen Bogen auf schöne Mädchen, die am Himmel zu sein schienen, das heißt, als Mann, der mit einem schönen Körper ausgestattet Frauen jagte, mit anderen Worten, als Adonis [...]."[1038]

Das war natürlich auch eine mögliche Interpretation dieser Botschaft und für Süßheims angeschlagenes Selbstbewusstsein in punkto Frauen war es sicher die zuträglichste Variante. Karl Süßheims „Adonis" jedenfalls erzielte 30 Mark – die Bilder der Klubherren wurden im Anschluss versteigert. Einer von ihnen, offenbar ausgestattet mit einer ordentlichen Portion Galgenhumor, war der Ansicht, man solle sie lieber den jeweils Abgebildeten geben, damit sie nicht über Umwege dem *Völkischen Beobachter* in die Hände fielen. „Ich habe mich auf der Party köstlich amüsiert und viel gelacht", schrieb Karl Süßheim, der durchaus über Selbstironie verfügte. Es war nicht das einzige Mal, dass seine Bekannten sich wegen seines Beziehungsstatus über ihn lustig machten.[1039] Bei einem anderen Treffen imitierten sie einen stadtbekannten Heiratsvermittler und zogen die noch ledigen Insel-Mitglieder damit auf. Süßheim schrieb: „Über mich sagten sie: ‚Was für ein Mädchen will Professor Süßheim? Das Mädchen muss schön sein und eine Million haben. Wenn das der Fall ist, müssen wir ihn aufgeben'"[1040]. In der Tat: Süßheims hohe Ansprüche, an denen sich mit der Zeit nichts geändert hatte, erschwerten seine Suche erheblich.[1041]

Karl Süßheim war Anfang Vierzig, und der Versuch, nun endlich eine Frau zu finden, wurde in dieser Zeit (neben den turbulenten politischen Entwicklungen in München) zum bestimmenden Thema seines Lebens: Er setzte zwar nur noch gelegentlich auf professionelle Heiratsvermittler[1042], aktivierte dafür aber viele Verwandte und Bekannte, die sich für ihn umsahen. Seine Mutter tat dies ohnehin unentwegt, doch auch seine Tante Bertha Morgenstern zeigte sich engagiert, und er selbst wandte sich an die Frau des neuen Münchner Rabbiners Baerwald.[1043] Sogar seine schwierige Vermieterin versuchte einmal, ihn an die Frau zu bringen[1044], dies allerdings, bevor ihr Mann Süßheim drohte, wegen der Miete zu Hitler zu gehen[1045]. Wieder aber schienen alle Bemühungen vergeblich: Das Mädchen aus dem

1037 Vgl. Tagebuch KS, 11.9.1919.
1038 Hier, die Beschreibung und das Zitat im Folgenden: Ebd., 29.11.1919.
1039 Vgl. ebd., 14.2.1920 u. 18.2.1922.
1040 Ebd., 18.2.1922, Nachlass KS (SBB) Hs. or. 1 135/12, fol. 79v.
1041 Vgl. dazu auch Kap. I.1.
1042 Vgl. Tagebuch KS, 3. u. 10.1.1919 sowie seine früheren Erfahrungen, Kap. I.1.
1043 Vgl. Tagebuch KS, 25.1.1920.
1044 Vgl. ebd., 10.6.1923.
1045 Vgl. zu dieser Szene S. 470.

Schwarzwald verlobte sich anderweitig und auch eine andere junge Frau, für die er sich interessierte, fand rasch eine Alternative. Diese war wie Süßheim ein Klub-Mitglied, das junge Glück musste er von nun an häufiger beobachten.[1046]

Erneut lernte er aber auch etliche Frauen neu kennen, mit denen es nicht klappte, bis er eine gewisse Fanny traf, die eine ausnehmende Schönheit gewesen sein soll.[1047] Nachdem sie sich eine Weile angefreundet hatten, erklärte ihm die junge Frau plötzlich unvermittelt, dass sie ihn heiraten wolle, und schon zu Neujahr 1921 besuchte er erstmals ihre Eltern; Fanny führte er im Anschluss ins Kino und zum Abendessen aus.[1048] Süßheims einigermaßen schwierigem Verhältnis zur Romantik zum Trotz sprang sie nicht ab: „Fräulein Fanny beanstandete, dass ich der Schönheit mehr Beachtung schenke als den inneren Werten, und obwohl sie wusste, dass diese gegensätzlichen Vorstellungen normalerweise ein Hindernis für Vertrautheit sind, überzeugte ich sie, indem ich sagte, dass ich im Allgemeinen innere Werte in mir selbst finde und dass ich mir wünsche, die Schönheit, die ich selbst verloren habe, [durch sie] an meiner Seite zu haben. Sie bekräftigte die Vorstellung, dass die Ehe warme Liebe sei. So wurde eine Einheit von Gedanken und Gefühlen zwischen uns geschaffen. Während wir im Restaurant saßen, erklärte sie ihre Zufriedenheit: ‚Fast fühle ich mich glücklich'. Sie wollte nur noch eines: dass ich mit ihrem Vater und, wie sie später sagte, mit beiden Elternteilen spreche. Sie wollte, dass das bald passiert. Widerwillig habe ich ihr das mehr oder weniger versprochen. Im Kino bezahlte ich 8, im Restaurant 39 Mark."[1049]

Karl Süßheim hielt Wort: Zwei Tage später machte er sich auf den Weg zu Fannys Eltern, und nachmittags kamen die beiden Heiratswilligen sich auch körperlich nahe.[1050] Sie trafen sich auch in den folgenden Tagen, und Süßheim suchte schließlich ihren Vater auf, um die Heirat zu besprechen.[1051] In dessen Geschäft legte er seine finanziellen Verhältnisse als Professor offen: Er verfüge über ein Jahresgehalt von 7500 Mark und ein zusätzliches Einkommen aus dem Familienvermögen von 12–13 000 Mark. Der Schwiegervater in spe schien überzeugt, und schlug Süßheim sogleich vor, in seinen Laden zu investieren, doch zu dessen großer Enttäuschung erfuhr er nun, dass die junge Frau mit einer Mitgift von lediglich 80 000 Mark rechnen konnte. „Lassen Sie mich Ihrem Wunsch meinen väterlichen Segen geben"[1052], zitierte Süßheim den Mann, der ihm die Hand reichte. Doch er schlug sie aus und erbat sich Bedenkzeit. Für Fanny folgte nun eine herbe Enttäuschung: Sie bemerkte schnell, dass Süßheim seine Meinung geändert hatte. Er sagte ihr zwar, dass alles in Ordnung sei, räumte aber ein, dass es noch Dinge zu überdenken gebe. Die junge Frau versuchte verzweifelt, ihn

1046 Vgl. Tagebuch KS, 8. u. 9.3., 11.5. u. 22.8.1919.

1047 Hier und im Folgenden vgl. ebd., 29.12.1920.

1048 Vgl. ebd., 1.1.1921.

1049 Ebd., Nachlass KS (SBB) Hs. or. 1 135/12, fol. 45r.

1050 Er schrieb, dass sie sich ein wenig liebkost und umarmt hätten und Fanny dies gefallen habe. Beim anschließenden Spaziergang an der Isar habe sie begonnen, ihn zu duzen – er war bereits zwei Tage zuvor zur vertraulichen Anrede übergegangen. Vgl. ebd., 3.1.1921.

1051 Im Folgenden vgl. ebd., 7.1.1921.

1052 Hier und die folgenden Zitate: ebd., Nachlass KS (SBB) Hs. or. 1 135/12, fol. 47r.

zu überzeugen[1053], aber: „Obwohl wir [schon] seit einiger Zeit Dinge getan hatten, wie [uns] zu küssen", schrieb Süßheim, „küssten wir uns nur in den Minuten, in denen die Geschichte ihr natürliches Ende fand, auf den Mund, und wir küssten uns sehr viel". Das „natürliche Ende" bedeutete: Karl Süßheim hatte sich gegen Fanny entschieden. Zwei Tage später traf er sie mit ihren Eltern auf einem Ball der Licaria im Hotel Bayerischer Hof und fühlte sich verpflichtet, an den Tisch der Familie zu gehen.[1054] Er bemühte sich aber demonstrativ um Distanz und tanzte nur zweimal mit Fanny; einige Tage später schrieb er ihrem Vater, dass er sie „in der momentan schwierigen Situation"[1055] nicht heiraten könne: Hier hatte zweifelsfrei der Geldbeutel entschieden.

Nach dieser Episode beschäftigte Süßheim die Tochter einer Bekannten seines Bruders aus Wien, die er ins Theater begleitete – sie war „nicht hübsch, aber süß, strahlend und schlicht"[1056]. Süßheim traf Familie Posiles kurz darauf in Nürnberg und war sehr angetan, was sich noch verstärkte, als Alice, genannt Sisi, ihm später eine kleine Briefmarkensammlung schickte: Er schrieb ihr umgehend, dass er sich mit ihr verloben wolle.[1057] Einige Tage später suchte er ihren Vater in Wien auf, doch der schickte ihn nach Bad Ischl, wo sie mit ihrer Mutter ihren Urlaub verbrachte.[1058] Dort angekommen, wurde er von beiden Frauen plötzlich sehr kühl empfangen.[1059] Obwohl Süßheim in den folgenden Tagen viel Zeit mit den Posiles-Frauen verbrachte (sie besuchten zum Beispiel die archäologischen Ausgrabungsstätten im österreichischen Salzkammergut Hallstatt) und er sich sehr um Sisi bemühte[1060], blieb die junge Frau distanziert und, wie er schrieb, „ununterbrochen unfreundlich"[1061] – enttäuscht fuhr er zurück nach München.[1062] Auch bei der nächsten jungen Frau, auf die er ein Auge warf, hatte er keinen Erfolg: Der inzwischen 44-Jährige interessierte sich eine ganze Weile für eine 17-Jährige namens Ilse Gutmann. Sie war die Tochter von Bekannten

1053 „Fräulein Fanny und ich umarmten und drückten uns fast ununterbrochen. Fräulein Fanny tat ihr Bestes, um die Ursache und den Anlass meiner Wandlung herauszufinden. Wie sie gestand, hatte sie seit gestern begonnen, mich wirklich zu lieben. Aber um ihre Ehre zu bewahren, [sagte sie], sei es vielleicht besser, unser Abenteuer rechtzeitig zu beenden. Sie versuchte, ihre tiefen Empfindungen zu kontrollieren, indem sie wegschaute. Es war ein bewegender Anblick, eine traurige Situation. Indem ich sie umarmte und drückte, hatte ich ihr neues Leben und neue Hoffnung gegeben. Ich wies [ihre] Befürchtung, dass ich dieses Abenteuer begonnen hatte, weil ich wünschte, meine Freizeit auf angenehme Weise zu verbringen, entschieden zurück." Ebd.

1054 Vgl. Tagebuch KS, 9.1.1921.

1055 Ebd., 15.1.1921, Nachlass KS (SBB) Hs. or. 1135/12, fol. 48v.

1056 Ebd., 26.8.1921, ebd., fol. 61rf.

1057 Vgl. ebd., 3. u. 5.9. sowie 22.12.1921.

1058 Vgl. ebd., 27.12.1921.

1059 Vgl. ebd., 28.12.1921.

1060 Er schenkte ihr sogar eine sündhaft teure Pralinenschachtel und einen Druck seines Aufsatzes über die bayerisch-türkischen Beziehungen: Süßheim, Beziehungen (1919/1920), vgl. dazu Kap. II.1.

1061 Tagebuch KS, 3.1.1922, Nachlass KS (SBB) Hs. or. 1135/12, fol. 69vf.

1062 Vgl. ebd., 2. u. 3.1.1922.

(erstmals hatte er sie 1913 gesehen, als sie noch ein Mädchen von acht Jahren war[1063]). Ihr Vater, ein Insel-Mitglied, gab nun ein Abendessen für Freunde, zu dem auch Karl Süßheim eingeladen wurde.[1064] Ilse Gutmann habe an diesem Abend neben ihm gesessen und mit ihm gescherzt, schrieb er in seinem Tagebuch. Nach der Begegnung lud Süßheim die junge Frau zu seinen Kursen an der Universität ein. Der Aufforderung kam sie nach, erschien allerdings immer zu spät.[1065] Er beschenkte Ilse mit teurer Schokolade und besuchte die Familie sogar in Tirol – ihre Mutter schien von der Idee einer Verbindung durchaus angetan, doch Süßheim befürchtete, dass die junge Frau sich nicht von den Wünschen ihrer Eltern leiten lassen würde.[1066] Nachdem Clara Süßheim ihm bereits Möbel nach München geschickt hatte, die für seine Ehe mit Fräulein Gutmann sehr nützlich seien, besprach er im September 1922 seinen Wunsch erstmals offen mit Ilses Mutter. Sie sagte ihm, dass er warten müsse, bis ihre Tochter ein wenig älter sei.[1067] Süßheim ließ sich davon zunächst nicht entmutigen, besuchte die Familie weiter zum Abendessen und lud Ilse in seinen Unterricht ein, doch nachdem sie auf seine Einladungen nicht mehr reagierte, wollte er den Kontakt schließlich abbrechen.[1068] Seinen Vorsatz hielt er nicht durch: Süßheim war ernsthaft an Ilse Gutmann interessiert und traf sie noch mehrmals; er besuchte mit ihr zum Beispiel Vorlesungen und Liederabende.[1069] Aus seinen Hoffnungen aber wurde nichts. Sein Alter war inzwischen zu einem derartigen Problem geworden, dass seine Mutter sogar darüber log, wenn sie sich für ihn umsah.[1070] Als Süßheim zu diesem Zweck Bekannte in Nürnberg besuchte, wurde er schließlich auch noch offen mit der Frage gequält, wie er finanziell zurechtkomme: „‚Sehr gut', sagte ich, woraufhin sie erneut ihre Überzeugung zum Ausdruck brachten, dass ich nicht heiraten könne, weil mein Gehalt unter keinen Umständen für eine Ehe ausreichen würde"[1071].

In der Tat war Süßheims wirtschaftliche Lage ein veritables Problem. Als außerordentlicher Professor hatte er nun zwar eine gesellschaftlich vergleichsweise angesehene Stellung, doch sie brachte ihm nicht genug Geld ein – angesichts der grassierenden Inflation klang die beeindruckend klingende Höhe seines Gehalts in Süßheims Ohren sicher wie der blanke Hohn.[1072] Als ab November 1923 eine strikter Sparkurs gefahren wurde, bekam dies wie erwähnt auch die Universität zu spüren: Reinigungskräfte wurden entlassen, Professoren mit 65 Jahren zum Ruhestand gezwungen, die Gehälter radikal gekürzt, und diejenigen, die

1063 Vgl. ebd., 21.12.1913.
1064 Hier und im Folgenden vgl. ebd., 8.6.1922.
1065 Vgl. ebd., 21.6. u. 25.11.1922. Vgl. dazu auch Süßheims Not, seine Kurse zu füllen.
1066 Vgl. ebd., 6.–10.8.1922.
1067 Vgl. ebd., 21.9.1922.
1068 Vgl. ebd., 22.10., 7. u. 25.11., 10. u. 8.12.1922 sowie 26.2.1923.
1069 Vgl. ebd., 20.11.1923, 30.1. u. 26.2.1924.
1070 Vgl. ebd., 15.2.1924.
1071 Ebd., 3.1.1924, Nachlass KS (SBB) Hs. or. 1135/13, fol. 72v.
1072 Süßheims Gehalt stieg von 2000 Mark im März 1922 über 6500 im September und November 1922 auf 42000 im Januar 1923, bis er im Juli schließlich über ein monatliches Einkommen von über einer Million verfügte, vgl. die Angaben ebd., 8.11., 23.12.1922 u. 25.6.1923.

– wie Süßheim – Fächer von nur „partiellem Interesse“ für die Gesellschaft unterrichteten, erhielten schon bald nur mehr sechzig Prozent des üblichen Professorengehalts.[1073] Die Leidenschaft für teure Briefmarken verbesserte eine solche Situation nicht. Am 21. Januar 1924, es war Karl Süßheims 46. Geburtstag, zog er in seinem Tagebuch bitter Bilanz: „Meine Situation verbessert sich nicht. In fünfeinhalb Jahren habe ich meinem Buchhändler in Istanbul meine Rechnung von 11 Lire immer noch nicht bezahlt. Es ist nur noch ein Schein von 5 Mark in meiner Tasche. Aber ich bin immer noch bei einem Briefmarkenhändler verschuldet. Meine Mahlzeit besteht aus einem kleinen Stück Wurst und etwas einfachem, trockenem Brot [...]. Ab elf Uhr war [heute] nur noch das trockene Brot übrig. Es war eine traurige Feier, aber ich bin das seit langem gewohnt.“[1074]

Diese hoffnungslosen Sätze sind die letzten, die wir über Karl Süßheims ungeschminktes Innenleben erfahren, bevor die Überlieferung für zwölf Jahre schweigt.[1075] Dass er es ab Mitte der 1920er-Jahre unterließ, seine Aufzeichnungen fortzuführen, darf angesichts der Bedeutung, die er seinem Tagebuch so lange beimaß, durchaus bezweifelt werden; viel wahrscheinlicher ist, dass die Notizbücher zerstört wurden oder noch irgendwo der Entdeckung harren. Wir treffen Süßheim als Reporter seines eigenen Lebens jedenfalls erst im Jahr 1936 wieder – als zweifachen Familienvater mitten im nationalsozialistischen Deutschland. “He had been single until age 44, when he met my mother”[1076], wird eine seiner beiden Töchter später in ihrem Genogramm schreiben. Aus deutschen Archiven aber wissen wir, dass sie sich nicht nur ein wenig beim Alter verrechnet hatte, sondern ganz fundamental irrte.

28. Mai 1924, Standesamt Nürnberg: Karl Süßheim heiratet im Alter von 46 Jahren eine 23-jährige Frau israelitischer Konfession namens Sidonie Frank, geboren am 8. Mai 1901 unweit von Nürnberg, in Neumarkt in der Oberpfalz.[1077] Ihr Name taucht im Tagebuch nicht auf, obwohl es bis wenige Monate vor der Hochzeit überliefert ist. Das deutet darauf hin, dass Süßheim sie entweder erst kurz zuvor kennenlernte – oder die junge Frau ihm zwar bekannt war, er sich aber länger nicht in dieser Hinsicht für sie interessiert hatte, denn sonst hätte sie sicher Eingang in seine zu diesem Thema besonders detailreichen Aufzeichnungen gefunden. Letzteres legt das Fragment eines Briefes im Nachlass nahe. Es muss aus der Zeit des Ersten Weltkriegs stammen und war, wenngleich die Adressatin nicht überliefert ist, zweifellos an Clara Süßheim gerichtet. Aus dem Schreiben geht hervor, dass ihr Sohn sie dabei unterstützte, ein neues Hausmädchen zu finden. Sie war sich offenbar unsicher mit einer Bewerberin und Karl Süßheim gab seine Einschätzung: „Daß Frl. Frank in Norddeutschland nicht aushielt, braucht Dich nicht zu schrecken“, schrieb er augenzwinkernd – „[a]uch andere

1073 Vgl. ebd., 12.1. u. 15.2.1924.

1074 Ebd., 21.1.1924, Nachlass KS (SBB) Hs. or. 1135/13, fol. 76r.

1075 Zur Überlieferungsgeschichte der Süßheim’schen Tagebücher vgl. die Hinführung.

1076 Gonda D’Angelo: My Genogram [undatiert], Nachlass Gioconda D’Angelo, Cynthia Kingsley (Philadelphia).

1077 Hier und im Folgenden vgl. Polizeimeldebogen Karl Süßheim, angelegt am 27.10.1920, SAM, PMB.

Bayern gehen gern nach Bayern zurück“[1078]. Dass die zweite Anstellung der Bewerberin auch von kurzer Dauer war, sei ebenfalls kein Hindernis und „schließ[e] nicht notwendigerweise einen Tadel in sich“, meinte er, da diese Arbeitgeberin „sich vielleicht infolge Kriegszeiten ein[schränke]“. „Aber vielleicht ist Dir die dann zu jung? Andererseits sind junge Damen geschmeidiger, flinker u. fleißiger“, überlegte der Sohn weiter und gab Ratschläge, welche Auskünfte Clara Süßheim noch über die Bewerberin einholen könnte, bevor sie sich entschied.[1079] Wir können es nicht mit Gewissheit sagen, doch es spricht einiges dafür, dass Clara Süßheim den Überlegungen ihres Sohnes folgte, das Fräulein Frank einstellte und dieser das Hausmädchen seiner Mutter Jahre später schließlich überstürzt heiratete.[1080] Sicher ist: Die junge Jüdin, die er zur Frau nahm, war die Tochter von Lazarus Frank und dessen Frau Franziska (genannt Fanny, geborene Hauser). Auf Unterlagen im Münchner Stadtarchiv ist vermerkt, dass die Franks ein Schuhwarengeschäft in Neumarkt führten; aus der Literatur lässt sich nachvollziehen, dass der Vater zunächst Geschäftsführer der Schuhfiliale Freudenberger war, das Geschäft später kaufte und es bis zu seinem Tod im Jahr 1932 führte; er scheint außerdem ein gläubiger Mann oder doch zumindest der jüdischen Gemeinde verbunden gewesen zu sein, denn im Juli 1919 war er als Ersatzmann in die israelitische Kultusverwaltung gewählt worden, und die Eheleute wurden auf dem jüdischen Friedhof begraben.[1081] Über ihre Tochter Sidonie erfahren wir am wenigsten, doch offenbar lebte Süßheims

1078 Hier und die Zitate im Folgenden: Karl Süßheim an [Clara Süßheim], [1914–1918, Fragment], Privatnachlass KS.

1079 „Falls Du am Alter keinen Anstoß nimmst, kannst Du […] durch Frau Isidor Lerchental in Reg[en] sburg […] etwa noch nach folgenden Punkten Erkundigung einziehen lassen: 1.) Welche Frau Strauß in Nürnberg war die Dame, bei welcher Frl. Frank in Stellung war. Darauf kannst Du durch Frau Lina Stern in Würzburg genauere Kunde einziehen. 2.) Ausschau, Ehrlichkeit u. Lebensführung von Frl. Frank nebst Ruf ihrer Eltern. 3.) Fähigkeit im Frisieren. 4.) […] Haushalt. Vielleicht aber kann Dir die Nürnberger Filiale des Jüdischen Frauenbunds vorher eine Stütze verschaffen.“ Ebd.

1080 In der Tagebuchedition wird darauf hingewiesen, dass sich in seiner Familie hartnäckig das Gerücht hielt, dass Süßheims zweite Frau Karolina ein ehemaliges Hausmädchen war, vgl. Flemming u. Schmidt, Diary, S. 249. Zu Karolina Süßheims Auftreten passt diese Geschichte ganz und gar nicht, wie nicht nur ihre Enkelin Lisa R. D'Angelo in Gesprächen betont hat, sondern auch deren selbstverständliche Inanspruchnahme von Hausangestellten vermuten lässt. Es ist gut möglich, dass es in entsprechenden Tagebuchstellen in Wahrheit nie um die zweite, sondern immer um Karl Süßheims erste Ehe ging, und es sich weniger um ein Gerücht als um Anspielungen auf eine ihm in der Tat unangenehme Episode seines Lebens handelte. Da die Nürnberger Meldekartei von 1890 bis 1925 im Krieg verbrannt ist und ein Vorläufer der Häuserkartei vom Einwohnermeldeamt vernichtet worden ist (Mitteilung des SAN, 7. u. 10.5.2021), lässt sich eine tatsächliche Anstellung Sidonie Franks im Hause Clara Süßheims allerdings nicht belegen.

1081 Für beide ließen sich auch Todesanzeigen im *Neumarkter Tagblatt* finden: „Tieferschüttert zeigen wir unseren Freunden und Bekannten an, dass meine vielgeliebte Gattin, unsere herzensgute, treusorgende, innigstgeliebte Mutter, Schwester, Schwägerin und Tante Frau Fanny Frank, geb. Hauser, im Alter von 52 Jahren nach langem qualvollen, mit grösster Geduld ertragenem Leiden sanft entschlafen ist. Neumarkt Opf., Frankfurt, Nürnberg, Regensburg, den 11. Dezember 1926. Familie L. Frank im Namen sämtlicher Hinterbliebenen“, [Todesanzeige Fanny Frank], in: NTB 40/285 (12.12.1926),

Braut vor der Hochzeit zumindest eine ganze Weile in Genua und Mailand.[1082] Nach der Hochzeit zog er mit ihr in die Münchner Horemansstraße 26 in eine Wohnung im dritten Stock[1083]; ab Mitte Dezember desselben Jahres lebten sie in der Wittelsbacherstraße 20, aus der Sidonie Süßheim sich schon im März 1925 wieder abmeldete.[1084] Auch über das rasche Ende der Ehe Karl Süßheims mit der jungen Sidonie war lange kaum etwas bekannt[1085], doch die hartnäckige Suche einer Münchner Archivarin[1086] deutet eine Geschichte an, die für Süßheim wohl nicht bitterer hätte sein können: Die Ehe überstand nicht einmal das zweite Jahr, ja, es sieht sogar alles danach aus, als hätte sich das Paar spätestens Mitte Dezember 1924, also nur wenige Monate nach der Hochzeit, schon wieder getrennt: Seitdem nämlich hielt Sidonie Süßheim sich in Italien auf, wie die Scheidungsurkunde verrät. Auffällig ist auch ein Brief, den Karl Süßheim im November kurz zuvor nach Nürnberg geschickt hat: Darin wird, in scharfem Gegensatz zu seinem späteren Verhalten, die Frau an seiner Seite mit keinem Wort erwähnt. Stattdessen haben wir es mit einem merklich deprimierten Mann zu tun, der unter der finanziellen Abhängigkeit von seiner Mutter leidet und ihr über seinen Alltag nach wie vor Rechenschaft schuldig ist:

S. 9. „Gestern morgen entschlief plötzlich u. unerwartet unser innigstgeliebter Vater, Schwieger- und Großvater, Onkel u. Schwager Herr Lazarus Frank im 62. Lebensjahr. Im Namen der trauernden Hinterbliebenen: Siegfried Frank", [Todesanzeige Lazarus Frank], in: NTB 41/46 (17.2.1932), S. 6. Zu den einzelnen Angaben vgl. Hans Georg Hirn: Jüdisches Leben in Neumarkt und Sulzbürg (=NHB 12), Neumarkt 2011, S. 300 u. 656; „Aus Stadt und Land", in: NTB 33/158 (13.7.1919), S. 2; Simon, Leben, S. 24f.; Mayer, Judenthum, S. 315.

1082 Vgl. Polizeimeldebogen Karl Süßheim, angelegt am 27.10.1920, SAM, PMB. Sidonie Frank hatte einen Bruder namens Alfred, der als Kaufmann in Mailand lebte (Mitteilung des SAN, 11.5.2021).

1083 In der Tagebuchedition steht, dass Süßheim sich erst jetzt offiziell in München meldete und bis dahin in Nürnberg gemeldet war (Flemming u. Schmidt, Diary, S. 245f.) – dass das nicht stimmt, zeigt seine Einwohnermeldekarte im Münchner Stadtarchiv, die vermerkt, dass er seit dem 23.10.1910 mit Unterbrechung in München war und 1920 in die Zieblandstraße 14/II zog, 1921 in die Hildegardstraße 1/II; die Horemansstraße (falsch geschrieben als Horemannstraße) war erst ab 1926 offiziell seine Meldeadresse. Noch im selben Jahr, am 2.10.1926 zog Süßheim in die Rüthlingstraße 6/III, der Umzug in die Haidhausener Preysingstraße, wo er bis zur Emigration leben sollte, erfolgte am 30.4.1934. Vgl. Einwohnermeldekarte Karl Süßheim, SAM, EWK 65.

1084 Vgl. Polizeimeldebogen Karl Süßheim, angelegt am 27.10.1920, SAM, PMB. Schon seit dem 23. Februar wohnte sie allerdings offiziell schon wieder in Neumarkt in der Oberpfalz, vgl. Scheidungsurkunde Karl und Sidonie Süßheim, 17.6.1926, SAM, STAN.

1085 In der Tagebuchedition beschränkt sich die Beschreibung auf zwölf Zeilen mit fehlerhaften Angaben, vgl. Flemming u. Schmidt, Diary, S. 245f. Das Stadtarchiv Nürnberg legte in seinem Band über die Süßheims aber nach, hier finden sich nun einige wichtige Eckdaten, vgl. Radlmaier, Süßheims, S. 104.

1086 Besonderer Dank gebührt der Mitarbeiterin des Münchner Stadtarchivs Brigitte Schmidt (†), die auf meine Bitte hin unermüdlich nach den Spuren Karl Süßheims suchte – und schließlich per Zufall ein Dokument entdeckte: Die Scheidungsurkunde der Eheleute Karl und Sidonie Süßheim, die einmal im Archiv falsch einsortiert worden war und nun zumindest ein wenig Licht ins Dunkel bringt. Im Folgenden vgl. Scheidungsurkunde Karl und Sidonie Süßheim, 17.6.1926, SAM, STAN.

„Liebe Mama! Vorgestern besuchte ich diesen Winter zum 1. Mal den Klub Insel im Bayerischen Hof. Das Essen kostete 5 M, eine kleine Flasche Apollinaris 1 M. Alles vorzüglich. Nach dem Essen fand Generalversammlung des Klubes statt. Der Zweck war Beratung über unser neues Klublokal. Bisher hatten wir im Bayerischen Hof 2 Zimmer, aber nur für Dienstag Abend u. für Sonntag Nachmittag u. Abend. Sonst waren uns die Räume entzogen. Dieser Zustand dauert schon mehrere Jahre, ist aber schon lange als lästig empfunden worden. Nun hat der Klub [...] 5 Zimmer gemietet, welche uns die ganze Woche hindurch zur Verfügung stehen sollen. Die Zimmer müssen erst eingerichtet werden. All das erfordert erhöhte Ausgaben u. Steigerung des monatlichen Klubbeitrags auf 20 M, abgesehen von einer einmaligen Abgabe von 50 M. Nun hat sich der Klub in den letzten 1–1½ Jahren in einen Klub von Kartenspielern gewandelt, der von mir weniger als früher besucht werden wird.[1087] Andererseits ha[t] sich der Aufwand [...] gemehrt, aber auch [die] Qualität des Klubs hat sich gehoben. Es fragt sich, ob für mich die erhöhten Ausgaben nicht zu drückend sind. 70 M am 1. Dez. u. je 20 M in den künftigen Monaten. Ich kann diese 70 M nicht zahlen u. bin auch sonst fortwährend in Geldnot. Im übrigen gebe ich mich meinen Vorlesungen hin. Kuchen habe ich noch sehr viel. Ich esse wenig davon. Mit herzlichen Grüßen Dein dankbarer Sohn Karl".

Erst eineinhalb Jahre später, am 3. Mai 1926, wurde die Ehe, die Süßheim ganz offensichtlich nicht erfüllte, „aus Versch[ulden] des Mannes" vor dem Oberlandesgericht München geschieden[1088]; Sidonie habe „ihren Mädchennamen Frank wieder angenommen".[1089] Karl Süßheim wird wenige Monate später in eine neue Wohnung ziehen[1090], und seine erste Ehe wird keine Rolle mehr spielen: Nicht in der Erinnerung seiner Töchter, die nie davon erfahren haben[1091], und auch nicht in seinem eigenen Tagebuch, in dem der Name seiner ersten Ehefrau später nie mehr erwähnt wird.[1092]

1087 Für das Kartenspiel der Herrengesellschaften hatte Süßheim sich noch nie begeistern können, vgl. dazu seine Suche nach einer für ihn geeigneten jüdischen Vereinigung in Kap. I.1.

1088 Rechtskräftig wurde die Scheidung am darauffolgenden Tag.

1089 Scheidungsurkunde Karl und Sidonie Süßheim, 17.6.1926, SAM, STAN.

1090 Süßheim zog am 2.10.1926 in die Rüthlingstraße 6, vgl. Einwohnermeldekarte Karl Süßheim, SAM, EWK 65.

1091 Seine jüngere Tochter sollte das Geheimnis ihres Vaters bis zu ihrem Tod nicht erfahren, seine ältere Tochter Margot Suesheim erfuhr erst im Zusammenhang mit den wissenschaftlichen Forschungen über ihren Vater davon, dass die Ehe ihrer Eltern bereits die zweite Karl Süßheims war. Dass er seine Scheidung auch vor seiner Frau geheim hielt, ist allerdings unwahrscheinlich – zumindest hat sie die Heiratsurkunde unterschrieben, auf der explizit vermerkt war, dass er geschieden war, vgl. Heiratsurkunde Karl Süßheim und Karolina Plank, 28.1.1927, SAM, STAN.

1092 Alle Bemühungen, etwas über das weitere Leben von Süßheims Ex-Frau herauszufinden, sind gescheitert. Offiziell war sie bis Februar 1928 in München gemeldet und verzog danach zurück nach Neumarkt (Mitteilung des SAM vom 28.10.2014). Vermutlich heiratete sie wie Süßheim selbst bald erneut und nahm anstelle ihres Mädchennamens wieder den Namen des Mannes an und zog um – Sidonie Frank jedenfalls taucht in den städtischen Archiven an keiner weiteren Stelle mehr auf. Auf

Solange Süßheims persönliche Notizen zu dieser Zeit verschollen bleiben, werden wir wohl nicht erfahren, welche Umstände dafür sorgten, dass dem Paar eine derart rasche Scheidung nötig schien; Spekulationen über einen durchaus vorstellbaren Einfluss Clara Süßheims auf die Beziehung verbieten sich an dieser Stelle – wir wissen es schlicht nicht. In religiöser Hinsicht dürfte Süßheim die Situation jedenfalls herausgefordert haben: Eine Scheidung war nach jüdischem Recht zwar möglich, aber höchst kompliziert, und traditionell geprägte Rabbiner sahen eine schnelle Trennung von der ersten Frau – sprich: wenn nicht alles daran gesetzt wurde, die Ehe zu retten –, als Sünde an.[1093] Für Karl Süßheim, der an seinem Glauben festhielt wie kaum ein anderer in seinem Umfeld, werden dies schwere innere Kämpfe gewesen sein. Er überrascht uns schließlich aber auch in dieser Hinsicht: Wenn es uns sein Tagebuch ab 1936 wieder erlaubt, Süßheims eigene Sicht auf sein Leben nachzuvollziehen, werden wir es plötzlich mit dem Ehemann einer Katholikin zu tun haben. Im Januar 1927 nämlich, ein gutes halbes Jahr nach der Scheidung von seiner ersten Frau, wird Süßheim erneut heiraten, und als Einziger seiner ganzen Familie fand er seine Gefährtin fürs Leben außerhalb der jüdischen Gemeinde. Wir können uns lebhaft vorstellen, wie die spontane Reaktion seiner Mutter zu dieser Wahl aussah[1094], auch wenn die jüdischen Gemeinden der Vermählung eines männlichen Mitglieds mit einer Nicht-Jüdin inzwischen oftmals vergleichsweise tolerant gegenüberstanden.[1095] Innerhalb der zweiten Ehe Süßheims, die bis zu seinem Tod währte, sollten religiöse Differenzen schließlich ein ständig schwelender Konfliktherd sein –

Nachfrage des SAN finden sich auch keinerlei Anhaltspunkte im Politischen Archiv bezüglich einer vorstellbaren Auswanderung.

1093 Für die religiöse Institution der Scheidung gibt es im Judentum hohe symbolische Hürden: „Um zu verhindern, dass ein Mann sich unüberlegt aus einer Laune heraus scheiden lässt, muss eine Reihe von Vorschriften minutiös befolgt werden", schreibt Heinrich Simon: „Es darf kein fertiges Formular benutzt werden, sondern der Get [Scheidebrief, KM] muss bei der Verhandlung speziell geschrieben werden. Das Papier oder Pergament, die Tinte und die Schreibfeder müssen Eigentum des Mannes sein. Das Dokument muss in hebräischer Quadratschrift geschrieben sein, die Buchstaben dürfen nicht miteinander verbunden werden, es darf nicht radiert werden, das ganze Schriftstück muss genau 12 Zeilen umfassen, und als dreizehnte, die zweigeteilt ist, erscheinen die Namen der Zeugen. […] [D]as Dokument wird zum Zeichen seiner Gültigkeit mit einem Riss versehen und beim Rabbinatsgericht archiviert." Simon, Leben, S. 24.

1094 Wie wichtig Clara Süßheim die jüdischen Traditionen waren, zeigt nochmals deutlich ihr Testament von 1921: „Sodann bestimme ich, dass im israelitischen Waisenhaus in Fürth für meines und meines verstorbenen Gatten Seelenheil alljährig am Todestage gebetet und hierfür die nötige Summe angewiesen werde. […] Ich vermache ferner der Süßheimschen Stiftung in Kronach 5000 Mark und bestimme 3000 Mark zur Pflege israelitischer dürftiger Kinder." Clara Süßheim: Mein letzter Wille, 27. 4. 1921, Privatnachlass KS.

1095 Strnad stellt hier einen „gender gap" fest, denn nur in rund 40 Prozent der gemischten Ehen vor 1933 war der jüdische Part weiblich. Frauen wurden von den jüdischen Gemeinden oftmals ausgeschlossen, wenn sie einen Nicht-Juden heirateten, denn „[e]ine Eheschließung außerhalb des Judentums bedrohte die Sicherheit ihres familialen und sozialen Umfeldes ungleich stärker als bei Männern". Maximilian Strnad: Privileg Mischehe? Handlungsräume „jüdisch versippter" Familien 1933–1945 (= HBGJ LIV), Göttingen 2021, S. 37.

„Ihre Art ist schick, aber ziemlich einfach", wird Karl Süßheim seine Frau bei Clara Süßheim in Nürnberg einführen. In der Tat entstammte Karolina nicht dem gesetzten Bürgertum – und sie war fromme Katholikin. Das Verhältnis zur jüdischen Schwiegermutter sollte anstrengend werden.

insbesondere auch deshalb, weil Süßheim noch im nationalsozialistischen Deutschland auf eine jüdische Erziehung seiner Kinder bestehen wird.[1096] Wer aber war die Frau, die ab 1927 bis zu seinem Lebensende treu an seiner Seite stand? Wer war Ina Süßheim?

„She was always very much intimidated by her in-laws" | Gestatten, Ina Süßheim

Karolina (genannt Ina[1097]) Plank kam am 12. August 1904 im kleinen niederbayerischen Thalöd in der Gemeinde Dietersburg bei Pfarrkirchen auf die Welt; ihre Eltern, Alois Plank und seine Ehefrau Anna (geborene Bauer), waren Katholiken und den Akten zufolge „Lederhändlerseheleute".[1098] "My mother came from a small suburb of Munich", schrieb Karl Süßheims jüngere Tochter später: "Her father owned a farm + bred horses. She came from a little town where everyone knew everyone[']s business. She got tired of the place + came to Munich to go to school"[1099]. Der Erinnerung eines Nachbarn zufolge – und Fotografien

1096 Vgl. dazu die Ausführungen in Kap. II.3.

1097 In Karl Süßheims Briefen an seine Mutter wird sie meist „Inna" geschrieben, in der Tagebuchedition, aber auch in anderen Originalquellen taucht die Abkürzung stets als „Ina" auf. Um keine Verwirrung zu stiften, wurde im Folgenden zu „Ina" vereinheitlicht, auch bei der Zitation der Briefe.

1098 Vgl. Einwohnermeldekarte Karl Süßheim, SAM, EWK 65.

1099 Gonda D'Angelo: My Genogram [undatiert], Nachlass Gioconda D'Angelo, Cynthia Kingsley (Philadelphia).

bestätigen diesen Eindruck – war Karolina Süßheim eine auffallend groß gewachsene und schöne Frau, eine „sehr gut gepflegte Dame, blond, bestens friseurmäßig versorgt"[1100]. Besagter Nachbar, der Sohn der Diakonfamilie Wohlmacher in München-Haidhausen, beschrieb sie im Zeitzeugengespräch auch als „offen und lieb"; aus den Schilderungen der Ehe in Karl Süßheims Tagebuch lässt sich zudem schließen, dass sie ausnehmend klug war – und ausgesprochen lebhaft.

Die Annahmen darüber, wie die Eltern sich kennenlernten, stimmen zwischen ihren Töchtern nicht überein: Während Gioconda, die jüngere Tochter, glaubte, Karolina Plank sei Studentin an der Universität München gewesen, berichtete Margot, die ältere, dass ihre Mutter keine höhere Schulbildung vorzuweisen hatte.[1101] Letzteres ist in der Tat naheliegender, denn aus Süßheims Tagebuch erfahren wir in späteren Bemerkungen, dass Karolina Plank in dem Textilgeschäft, das ihre Mutter betrieb, eine Schneiderlehre angefangen hatte.[1102] Auch die Anbahnung der Verbindung beschäftigte ihn Jahre später nochmals in einem Tagebucheintrag, aus dem wir erfahren, dass sie offenbar über eine Heiratsanzeige miteinander in Kontakt getreten waren; diesen Weg der Partnersuche hatte Süßheim, wie wir bereits hörten, schon früher gewählt.[1103] Die Angaben der Süßheim-Töchter taugen an dieser Stelle also weniger zur Klärung der historischen Fakten als vielmehr zur Illustration des Narrativs dieser Ehe, wie es in der Familie gepflegt – und von den Töchtern mit sinnvoll erscheinenden Inhalten angereichert wurde. Karl Süßheim war demnach sehr alt und gebildet[1104], seine Familie überaus wohlhabend, seine Frau dagegen aus ganz einfachen Verhältnissen: "My father's family was very wealthy – they owned hopp [sic!] factories and my mother has said that she was always very much intimidated by her in-laws."[1105]

Dies folgte auf den ersten Blick einem allgemeinen Muster jüdisch-christlich gemischter Ehen dieser Zeit: „Während für jüdische Männer, die eine Mischehe eingingen, die Chance auf Integration in die Mehrheitsgesellschaft eine wichtige Rolle spielte", schreibt Maximilian Strnad, „so bedeutete sie für ihre jüngeren Partnerinnen die Möglichkeit zum sozialen Aufstieg"[1106]. Süßheim aber zeigte kein besonderes Interesse an den Planks und ihrem

1100 Kristina Milz: Zeitzeugen-Interview mit Siegfried Wohlmacher in München am 12.1.2016.

1101 Gioconda schrieb: "He had been single until age 44, when he met my mother, who was a student at the university, and they were married." Gonda D'Angelo: My Genogram [undatiert], Nachlass Gioconda D'Angelo, Cynthia Kingsley, Philadelphia; vgl. zudem Kristina Milz: Zeitzeugen-Interview mit Margot Suesheim in Queens, New York, am 19.3.2016.

1102 Vgl. Tagebuch KS, 18.4.1938.

1103 Vgl. ebd., 11.6.1940. Siehe dazu auch den Text seiner früheren Annonce in Kap. I.1.

1104 In Giocondas Worten: "I was born in Munich, Germany. My father was 50 years old at the time. He was a historian + a professor of Middle Eastern History at the University of Munich. [...] My father's family was therefore of a still older generation and his parents + my uncle Max had died before I was even born." Gonda D'Angelo: My Genogram [undatiert], Nachlass Gioconda D'Angelo, Cynthia Kingsley (Philadelphia).

1105 Ebd.

1106 Strnad, Privileg, S. 37.

Umfeld, im Gegenteil wird er selbst dazu beigetragen haben, dass seine Frau zuweilen mit ihrer Herkunft haderte, denn er hielt ihren Vater für einen erfolglosen Bauern und mied den Kontakt zu seinen Schwiegereltern: Erstmals besuchte er Alois Plank offenbar zehn Jahre nach der Hochzeit, 1937, anlässlich eines Krankenhausaufenthalts in Schwabing kurz vor dessen Tod; zu dieser Gelegenheit hielt er die Trinkerei des Mannes fest, die Süßheim als nahezu vollständiger Abstinenzler scharf verurteilte.[1107] Nur Karolinas Bruder, seinen Schwager Joseph Plank sah Süßheim regelmäßig.

Die Verunsicherung seiner Frau durch die unterschiedlichen Familienhintergründe muss gravierend gewesen sein, denn aus den Quellen tritt uns eine an sich ausgesprochen selbstbewusste Person entgegen. Und nicht nur das: Süßheims zweite Ehefrau war auch eine zutiefst gläubige Christin. Als „überzeugte Katholikin“[1108] wurde sie auch Jahrzehnte später noch von dem erwähnten evangelischen Nachbarn erinnert. Wir dürfen davon ausgehen, dass die frisch Vermählten viel über Religion sprachen – und dass Süßheim das enge Verhältnis seiner Frau zu Gott vermutlich näher war als die weitverbreitete religiöse Indifferenz, mit der er in seinem jüdischen Umfeld so oft konfrontiert wurde. Ein späterer Tagebucheintrag verrät, dass er seiner Frau allerdings schon vor der Hochzeit das Versprechen abnahm, dass er allein über die religiöse (also: jüdische) Erziehung der gemeinsamen Kinder entscheiden würde.[1109] Süßheims Wahl ist dennoch erstaunlich: Nicht nur, dass er für sie mit seinem unbedingten Wunsch, eine Jüdin zu heiraten, brechen musste – Karolina war zudem eine junge Frau, die keinerlei Geld in die Ehe bringen konnte: Eigentlich ein Ausschlusskriterium, das, wie wir gesehen haben, einst zum Beispiel seine Verbindung mit der schönen Fanny im letzten Moment verhindert hatte.

Ob diese Fragen Süßheim lange quälten, wissen wir nicht, doch dass ihn letztlich nichts davon abhielt, die Katholikin aus bescheidenen Verhältnissen zu heiraten, erfahren wir aus den Papieren. Die Verlobung Karl Süßheims mit Karolina Plank muss kurz vor dem 13. Januar 1927 stattgefunden haben, denn im Nachlass ist ein Gratulations- (sprich: Werbe)schreiben eines Möbelhauses zu diesem Anlass überliefert.[1110] Das Paar heiratete am 28. Januar 1927 im Standesamt München II/63[1111]: „Zum Zwecke der Eheschließung“ erschienen „der außerordentliche Universitätsprofessor Doktor der Philosophie Karl Süssheim, geschieden, […] wohnhaft in München, Rüthlingstraße 6“ und „die berufslose Karolina Plank, […] wohnhaft in München, Friedrich Herschelstraße 1“, als Trauzeugen fungierten zwei städtische Verwaltungsobersekretäre.[1112] Es gibt nicht einmal ein Foto – alles, was wir über diesen Tag wissen,

1107 Vgl. Tagebuch KS, 20.1.1937.

1108 Milz, Zeitzeugen-Interview Wohlmacher.

1109 Vgl. Tagebuch KS, 9.10.1938. Für jüdisch-christlich gemischte Paare war dies unüblich, in der Regel wurden Kinder aus solchen Ehen christlich erzogen, vgl. Strnad, Privileg, S. 38.

1110 Werbeschreiben Möbelhaus, 13.1.1927, in: Nachlass KS (LOC), Box 4.

1111 Vgl. die Angabe mit Verweis auf die Mädchenkarte Karolina Planks in der Einwohnermeldekarte Karl Süßheim, SAM, EWK 65.

1112 Hier und das folgende Zitat: Heiratsurkunde Karl Süßheim und Karolina Plank, 28.1.1927, SAM, STAN; vgl. zudem den Heiratsschein Karl und Karolina Süßheim, 28.1.1927, Privatnachlass KS.

erfahren wir aus der nüchternen Beschreibung in den Akten: „Der Standesbeamte richtete an die Verlobten einzeln und nacheinander die Frage: ob sie die Ehe miteinander eingehen wollen", ist dort zu lesen: „Die Verlobten bejahten diese Frage und der Standesbeamte sprach hierauf aus, daß sie kraft des Bürgerlichen Gesetzbuchs nunmehr rechtmäßig verbundene Eheleute seien". Wie das Paar den Tag verbrachte, ob Süßheim in irgendeiner Form eigene religiöse Rituale integrierte – wir wissen es nicht. Das Verhältnis seiner Frau zu ihrer jüdischen Schwiegermutter in Nürnberg aber, das lässt sich mit Gewissheit sagen, wird schon bald so schwierig sein, dass es wie bereits zitiert später sogar noch im Genogramm der jüngeren Süßheim-Tochter Gioconda angedeutet wird, und auch Margot Suesheim, die ältere, berichtete im Zeitzeugengespräch immer wieder davon.[1113]

Wir dürfen davon ausgehen, dass Clara Süßheim, im Gegensatz zu früher, in die Anbahnung der zweiten Ehe ihres Sohnes nicht involviert war. Kaum zwei Wochen nach der Hochzeit nämlich erreichte sie ein Brief aus München, in dem er sich für Gemälde und andere Hochzeitsgeschenke bedankte – „Ich habe jetzt ein viel bequemeres Dasein als früher", schrieb Süßheim außerdem: „Ich brauche nicht mehr – wie bisher – einen großen Teil des Tages mit kaltem Wasser zu hantieren, da meine Frau alles besorgt. Auch im Kochen ist sie sparsam, im Essen mäßig. Ihre Art ist schick, aber ziemlich einfach. Besuch von Theater, Kino, Konzert beansprucht sie bisher von mir nicht. Wir besuchten lediglich Mittwoch abends die gemeinverständlichen wissenschaftlichen Vorträge in der Universität. Außer dem Hause zu speisen hat meine Frau kein Verlangen. [...] Heute hält meine Frau ihre 1. Wäsche ab. Ich hoffe, daß ich damit Babettes [Claras Hausmädchen, KM] Dasein einigermaßen erleichtere."[1114]

Dass Süßheims Mutter seine katholische Frau vor der Hochzeit nicht hatte kennenlernen wollen – und sich wohl nach wie vor zierte –, legen nicht nur seine auffallend lobenden Zeilen nahe, sondern auch ein weiterer Brief, der Nürnberg nur wenig später erreichte. „Es tut mir leid, aus Deiner Karte vom gestrigen zu entnehmen, daß Du Dich nicht ganz wohl fühlst", schrieb Süßheim, blieb aber hartnäckig: „Falls Du mir nichts Gegenteiliges mitteilst, werde ich diesen Freitag, den 18. Febr[uar], mittags 12^{13} in Nürnberg eintreffen. Ich werde Dir bei dieser Gelegenheit auch meine Frau vorstellen. Meine Frau hat tadellose Vergangenheit. Mein Wunsch ist, daß ihre einfache, bescheidene Art Dir zusagt. Ich habe immer sehr viel zu tun u. bitte daher, die Kürze dieses Briefes zu entschuldigen. Ich habe vor, Montag früh mit meiner Frau von Nürnberg nach München zurückzufahren. Mit herzlichen Grüßen, auch von meiner Frau, u. besten Wünschen für Deine Gesundheit Dein dankbarer Sohn Karl"[1115]

Es wird angenehmere Flitterwochen gegeben haben.

Karl Süßheim versuchte von nun an stets, zwischen den beiden wichtigsten Frauen in seinem Leben zu vermitteln und seine Mutter in Nürnberg an seinem neuen Leben als Ehe-

1113 Vgl. Milz, Zeitzeugen-Interview Suesheim (2016) u. Dies.: Zeitzeugen-Interview mit Margot Suesheim in Queens, New York, am 22.1.2018.

1114 Karl Süßheim an Clara Süßheim, 8.2.1927, Privatnachlass KS.

1115 Ders. an Dies., 15.2.1927, ebd.

mann, und später: als Familienvater, teilhaben zu lassen. Auf einer Fotografie, die ihn mit seiner Erstgeborenen, liebevoll eine Puppe im Arm, zeigt, wird er auf der Rückseite vermerken: „Karl Süßheim [und] Margot Süßheim mit Puppe Clara Süßheim“[1116]. Auch wenn das Fehlen der Tagebuchbände ab 1924 uns einigermaßen ratlos zurücklässt – in den überlieferten Briefen an seine Mutter wird immer wieder offenkundig, dass diese die Frau an seiner Seite als Konkurrenz wahrnahm. Was darin aber vor allem anderen Konturen bekommt, ist die Geschichte einer großen Liebe: eine Ehe in der Nähe und Wärme, wie Süßheim sie sich so lange gewünscht hatte.[1117]

Das Verhältnis des Sohnes zu seiner Mutter in Nürnberg nach dem frühen Tod Sigmund Süßheims war so eng, wie die beruflichen Verpflichtungen es nur irgendwie gestatteten. Der bereits zitierte Brief zur Suche nach einem Hausmädchen in Nürnberg wirft nicht nur Fragen über Fräulein Frank auf[1118] – nicht zuletzt zeigt er, wie intensiv der Sohn in München in alle Belange seiner verwitweten Mutter eingebunden war.[1119] Aus dem Testament Clara Süßheims vom Beginn der 1920er-Jahre spricht deutlich die besondere Stellung, die Karl für sie im Kreis der Geschwister einnahm: „[E]r sorgt für mich ruhezehrend“[1120], betonte sie darin nicht nur einmal.

Einige Jahre später aber wurden Süßheims Gedanken – und auch die Zeilen an seine Mutter – nun von der Frau dominiert, mit der er in einer Wohnung in der Münchner

1116 Vgl. die Fotografie auf S. 408, Privatnachlass KS, Margot Suesheim (New York).

1117 Vgl. seine Beschreibung gegenüber Fanny.

1118 Vgl. dazu S. 502 ff.

1119 Das Thema der Hausangestellten taucht auch Jahre später noch auf. In einem undatierten Brief, den Süßheim aus der Rüthlingstraße schickte (der also frühestens 1926 verfasst worden sein kann), heißt es: „Ich hoffe Dich wohl und nunmehr auch im Besitze eines Fräuleins.“ 1928 schrieb er: „Natürlich brauchst Du ein Fräulein, welches beständig um dich weilt.“ Karl Süßheim an Clara Süßheim, [nach 1926] sowie 21. 1. 1928 [Fragment], beide Privatnachlass KS.

1120 Der Text im Wortlaut: „Meine Sammlungen, welche ich mühsam zusammengetragen habe, fast so lange ich lebe, mein Lebenswerk ist, möchte ich erhalten haben, indem ich bestimme, daß das kleine Wohnzimmer, mit allem, was darin ist, mit Ausnahme des kleinen Schranks [mit] den Münzen, welche mir Karl vom Orient mitgebracht hat […], meinem Sohn Max gehört. Das genannte Schränkchen gehört Karl. Das große [Z]immer, das reiche Silber darin, Einrichtung, und schließlich das Bild Paula's, aber mit Ausnahme der sonstigen Familienbilder gehören Paula. Die Familienbilder darin meinen beiden Söhnen. Der sog. Saal mit allen Schränken, Sammlungen, bestimme ich meinem Sohn Karl, der sich so viel meiner annahm. Mein Schlafzimmer mit Wäscheschrank, […] Kommode u. s. w. gehören Karl, der keine Einrichtung hat […]. […] Meine Pelze, Kleider und Hüte vermache ich Karl's einstiger Frau. Karl kann bestimmen[,] was er davon hergeben will. Karl's Zimmer nebst sonstigem Inhalt des Zimmers soll Karl gehören. […] Die Kücheneinrichtung soll Karl zufallen. Die Sabbatlampe des alten Süßheim gehört meinen Söhnen, sie hängt in der Diele. Der große Lebensmittelschrank in der Diele mit Inhalt ist Karls Eigentum. […] [Nachträgliche Ergänzung vom 10. 10. 1922, KM] Auftrag: Mein lieber guter Rudi, der gestorben am 19. Januar 1922 ist, kann leider die 3 schwarze[n] Bayern-Marken nicht in Empfang nehmen, dafür bekommt diese 3 Marken mein Sohn Dr. Karl Süßheim, Professor in München, er sorgt für mich ruhezehrend.“ Clara Süßheim: Mein letzter Wille, 27. 4. 1921, Privatnachlass KS.

Horemansstraße sein Leben und, ein großes Glück, auch gemeinsame Interessen teilte. „Nach meiner Rückkehr von Nürnberg besuchte ich mit Ina die Ausstellung, welche die Münchener Staatsbibliothek seit einiger Zeit veranstaltet – ehrlich wie in Vorkriegszeiten", schrieb er; es seien die wertvollsten Handschriften und Drucke gewesen, „Ina interessierte sich dafür u. so blieben wir 2 Stunden [d]ortselbst zusammen"[1121]. Das Paar wanderte auch in den bayerischen Bergen: „Dienstag u. Mittwoch leisteten wir uns den 1. Ausflug ins Gebirge. Wir wollten zuerst das Kohlenbergwerk zu Hausham (zwischen Miesbach und Schliersee) besuchen. Allein seit 5 Jahren ist das Bergwerk dem allgemeinen Besuch gesperrt [...]. Durch den Aufenthalt in Hausham verloren wir 2 Stunden. Gegen 11 Uhr traten wir von Fischbachau aus unseren Aufstieg zum Wendelsteinhaus an, der statt 2½ Stunden infolge häufigen Rastens 5 Stunden währte. [...] Wir bestiegen noch den Gipfel. Um ½6 Uhr abends traten wir den Rückmarsch vom Hause auf Bayrischzell an. Ohne Inas Rat hätte ich mich bei Einbruch der Nacht im benachbarten Berggelände schwer verstiegen. In Bayrischzell, wo wir abends um ¾ 8 Uhr anlangten, übernachteten wir u. gingen am Mittwoch weiter auf Tegernsee. Unterwegs kaufte ich für Dich in einer Enzianbrennerei einen Literkrug Gebirgenzians. Ich bitte mich zu benachrichtigen, wann und wo ich den Krug für Dich hinterlegen soll, damit er gelegentlich, vielleicht durch Max, mit nach Nürnberg genommen werden kann."

Karolinas Rat nahm Süßheim immer wieder gerne an: „Ich traue in solchen Fragen meinem Geschmack nicht u. Ina erbot sich, mir zu helfen"[1122], schrieb er einmal über den Kauf eines neuen Hutes. Die offensive Wertschätzung seiner Frau tritt aus Süßheims Briefen an die Mutter immer wieder hervor: Er bemühte sich zum Beispiel bald auch darum, Karolina im Haushalt zu entlasten. Es sei zwar erst zweimal vorgekommen, schrieb Süßheim 1928 nach Nürnberg, aber „[a]m 1. Sept[ember] hatten wir [...] eine Zugeherin, was jetzt von Zeit zu Zeit sich fortsetzen wird"[1123]. Auch über die Bezahlung der Reinigungskraft berichtete er ausführlich: Neben ihrem Stundensatz erhalte sie „eine gehörige Portion Aufschnitt, 3 Semmeln u. ½ Liter Bier. Auf Bier haben es die Zugeherinnen in München besonders abgesehen". Im selben Brief schrieb er: „Ina hat heute für den Winter Preißelbeeren eingelegt. Sie hat besondere Vorliebe dafür" – Süßheim hob auch die Talente seiner Frau hervor. „Habe für Ina einige Wäschestoffe gekauft, da Ina sehr geschickt in Anfertigung von Wäsche ist"[1124], ließ er seine Mutter einmal wissen; ein anderes Mal schrieb er ihr, dass Karolina „einen noch ganz gut[en] schwarzen Mantel von mir [...] ganz neu und sehr schön gefüttert"[1125] habe, oder er berichtete ausführlich von ihrer eigener Garderobe: „Ina hatte einen neuen Winterhut in beige-Farbe erhalten", schrieb er zum Beispiel, „[d]er Wintermantel, den Ina brauchte, sollte demgemäß auch in beige sein. Nachdem wir die großen Geschäfte der inneren Stadt ausgesucht hatten, versorgten wir uns mit Stoff in Neuhausen; das Futter ist Kunstseide mit

1121 Hier und das folgende Zitat: Karl Süßheim an Clara Süßheim, [nach 1926], Privatnachlass KS.
1122 Ders. an Dies., 31.1.1929, ebd.
1123 Hier und die folgenden Zitate: Ders. an Dies., 3.9.1928, ebd.
1124 Ders. an Dies., 30.8.1928, ebd.
1125 Ders. an Dies., 21.1.1928, ebd.

Baumwolle und das ganze [sic!] ist bekrönt von einem einfachen, aber schicken Pelz. Die Rohmaterialien haben 85 M gekostet. Die Verarbeitung durch Inas geschickte Hand wurde über eine ganze Woche verteilt u. war letzten Dienstag[,] den 6. November[,] abgeschlossen. Der neue Mantel kleidet Ina vortrefflich und ist, der Mode entsprechend, bequem weit."[1126]

Karolina Süßheim sollte bald auch aus Gründen abseits der Mode weite Kleidung tragen: Zum Zeitpunkt des eben zitierten Briefes, im November 1928, nämlich war sie bereits im dritten Monat schwanger. Süßheims Vereinnahmung durch das neue Glück strafte seine Mutter offenkundig damit, dass sie ihn über ihren gesundheitlichen Zustand im Unklaren ließ. Er entschuldigte sich daraufhin bei ihr, dass er sie nicht in Wiesbaden besuchen käme, wo sie sich zur Kur aufhielt. Seine Frau hatte sich erkältet und musste das Bett hüten. „Leider bin ich durch Inas Zustand in meiner Lossagungsfreiheit sehr beschränkt", schrieb er schuldbewusst: „Ina braucht jeden Tag für sich jemanden, der sich ihrer annimmt."[1127] Karl Süßheim kümmerte sich während der Schwangerschaft liebevoll um Karolina und machte auch gegenüber seiner dominanten Mutter keinen Hehl daraus, dass er bereit war, sich dem Willen der Ehefrau unterzuordnen: „Am Samstag Abend wurde hier vom Rektor der Universität u. seiner Frau den Lehrern der Universität unter Zuziehung vieler sonstiger Persönlichkeiten ein Bierabend gegeben. Auf diesen Bierabenden sind das Büffet sowie die Getränke in der Regel sehr mannigfaltig u. sehr gut. Ich nehme indessen in solchen Dingen ganz auf Inas Wünsche Rücksicht und gebe ihrem Wunsche, sie nachts nicht allein zu lassen, gerne nach. Dafür gestattete mir Ina, am Sonntag[,] den 20. Januar[,] abends den Ball der Verbindung Licaria auf 1 Stunde zu besuchen. Um 8 Uhr sollte der Ball beginnen. Aber so langsam füllte sich der Saal, daß mit der Polonaise erst gegen 9 Uhr begonnen werden konnte. Ich traf eine Reihe Bekannter dortselbst. Als ich um ¾ 10 Uhr wieder zu Hause eintraf, hatte Ina alle Türen verschlossen u. lag seit 8 Uhr schlaflos im Bette."[1128]

Es war der Januar 1929, Karl Süßheim wurde in diesen Tagen 51. „Mein Geburtstag verstreicht schon seit Jahren fast lautlos", schrieb er seiner Mutter; er sei also „wie gewöhnlich früh 8 Uhr fort in die Staatsbibliothek [gegangen] u. kam mittags 1 Uhr nach Hause zurück. Das Geburtstagsessen bestand in Kalbshaxe mit Gemüse und Kartoffeln". Am Nachmittag aber habe er mit seiner Frau einen Arzt in der Nachbarschaft aufsuchen müssen, „da Ina in letzter Zeit vielfach über heftiges Drücken in der Gegend des Unterleibs klagte". Die Erleichterung des werdenden Vaters nach der Untersuchung ist Süßheims Zeilen deutlich anzumerken: „Der Arzt fand alles ganz natürlich und gab die Versicherung, daß Ina sich des besten Zustandes erfreue". In der Tat: Am 21. April 1929 erblickte die kleine Margot Karolina Süßheim gesund und munter das Licht der Welt. Verwandte und Bekannte schickten großzügige Willkommensgeschenke – „Ich schätze aber Glückwünsche höher ein als Präsente"[1129], wird Süßheim dazu bemerken. Der stolze Vater berichtete aber vor allem über Karolinas

1126 Ders. an Dies., 12.11.1928, ebd.
1127 Ders. an Dies., 19.11.1928, ebd.
1128 Hier und die Zitate im Folgenden: Ders. an Dies., 24.1.1929, ebd.
1129 Ders. an Dies., 18.5.1929, ebd.

Zustand: „Ina hatte am 8. früh und am 9. früh die Temperatur 36,4; heute früh aber hatte Ina schon wieder 36,9, worauf der behandelnde Arzt erklärte, daß Ina noch nicht aufstehen dürfe. Sonst ist Ina in bester Stimmung u. stillte heute morgen gegen ½ 9 das Kind, während ich in Inas Zimmer weilte. Margot macht sich sehr gut u. ich freue mich schon, sie immer in meiner Nähe sehen zu können. Ich vermute, daß Ina noch nahezu eine Woche in der Klinik wird bleiben müssen."[1130]

Zwei Tage später, er gratulierte seiner Mutter zunächst ausschweifend zu ihrem Geburtstag, schrieb er nach Nürnberg: „Ich würde mich freuen, wenn Ina wenigstens zu Pfingsten wieder zu Hause sein wird. Denn seit Ina vom Fieber befallen wurde, erhält sie nur sehr leichte Nahrung"[1131]. Und er schob hinterher: „Margot ist bereits 3 Wochen alt u. befindet sich andauernd wohl. Ich fühle mich glücklicher, so oft ich das Mädchen bei mir sehe." Die sorgfältige Zuwendung, mit der er sich zeit ihres Lebens den gesundheitlichen Problemen seiner Mutter widmete[1132], galt nun auch seiner Frau. Clara Süßheim, die sich an den „Wochenbettkosten" beteiligte[1133], schrieb er darüber ausführlich und detailreich[1134]. Wenig später hatten Mutter und Kind sich erholt:

> „Inas Zustand ist sehr gebessert. Ihre Beinwunde war heute eiterfrei. Ina durfte heute das erste Sitzbad nehmen, In[a] hat nach längerer Appetitlosigkeit seit letztem Donnerstag einen von Tag zu Tag steigenden Nahrungsbedarf. Sie ist [sic!] u. trinkt fast ununterbrochen und ist bei bester Stimmung. Auf einem Tablett hole ich Ina das Mittagessen aus einem Gasthof, in dem ganz vorzügliche Küche herrscht. Neulich holte ich gebackenes Hirn, ein andermal Nierenbraten, dann wieder Wiener Schnitzel u. heute eingemachtes Ochsenfleisch, dazu jeweils Suppe u. Beilagen. Gestern und heute habe ich Ina von außen noch je ¾ Liter Milch geholt, zur Befriedigung ihres erhöhten Milchbedarfes abends und nachts. Dabei habe ich fast täglich Inas und Margots Wäsche mitzubesorgen. Margot wird jetzt wieder anscheinend ausschließlich mit Muttermilch genährt. Margot gedeiht vorzüglich, gestärkt durch Schlaf und Muttermilch. Gestern sagten mir die beiden behandelnden Ärzte Inas, daß sie diesen Samstag nach Hause übersiedeln dürfe. Ina muss aber erst das Gehen wieder lernen. Nach 5[-]wöchentlichem Liegen wird sich Ina vor Krampfadern in acht nehmen müssen. Sie darf zunächst nicht schleppen, nicht stehen u. nicht viel gehen. Sie muß liegen u. sitzen. Zur Erledigung der Hausarbeit

1130 Ders. an Dies., 10.5.1929, ebd.

1131 Ders. an Dies., 12.5.1929, ebd.

1132 Vgl. hierzu insb. Kap. II.3.

1133 Vgl. Karl Süßheim an Clara Süßheim, 21.5.1929, Privatnachlass KS.

1134 „Ina hatte sich infolge wohl ungeschickt vorgenommener Kampfereinspritzung am Schenkel des rechten Beines einen Abszeß zugezogen, der vorgestern von einem Professor aufgeschnitten wurde. Seitdem ist der Schenkel verbunden u. Ina, die noch im Bett liegt, in ihren [G]ängen sehr behindert. Ina hat großes Verlangen nach Überführung in unsere Wohnung. Das wird sich aber vielleicht noch 1 Woche hinziehen. […] Margot schläft nicht bei Ina, sondern im Säuglingszimmer. Margot wird zu Ina zum Stillen gebracht; früh erst 8 Uhr, mittag nach 1 Uhr." Ders. an Dies., 18.5.1929, ebd.

werde ich ab 25. Mai auf 8 Tage eine so genannte „Hauspflegerin“ nehmen, halbtägig oder ganztägig. Sobald Ina in die Stadt fahren kann, werden wir den Kinderwagen zum Ausfahren Margots in einem Babybazar [am] Viktualienmarkt erstehen. Bis dahin werden aber vielleicht noch 10–14 Tage vergehen.“[1135]

Auch wenn Clara Süßheims Antworten auf die Briefe nicht erhalten sind: Im Wissen um ihre Befindlichkeiten, mit denen sie das Leben ihrer Kinder immer wieder vereinnahmte und erschwerte, erfordert es nicht allzu viel Fantasie, sich vorzustellen, welche Gefühle es in ihr weckte, in den Briefen des Lieblingssohns nun unzählige Male den Namen einer anderen Frau zu lesen und seiner liebevollen Fürsorge für sie gewahr zu werden. Die Liebe zu Karolina nämlich sprach, trotz der ihm eigenen Nüchternheit, aus nahezu jedem seiner Sätze: „Wenn wir früh nachmittags [...] zu Hause ankommen werden, werde ich versuchen, Ina die 3 Treppen hinaufzutragen. Wenn ich das allein nicht fertig bringen sollte, werde ich unseren Hausmeister zu Hilfe nehmen. [...] Für mich wird jetzt ein neues, aber mir sehr ansprechendes Leben beginnen. Schon gestern habe ich einen Teil der Tücher zum Ummanteln von Margot in die Klinik gebracht. Den Rest werde ich heute Mittag in die Klinik bringen, vor allem auch das große Tragekissen.“[1136]

Nun war da also auch noch die Tochter, an der Karl Süßheim sich erfreute: „Margot ist, wie die Kinderschwester sagt, sehr brav u. sehr gesund“, schrieb er erfreut, und: „Margot ist modern in dem Sinne, daß ihr 1. Ausgang im Auto erfolgen wird“. Die Entwicklung des Neugeborenen können wir in Süßheims Briefen genau nachvollziehen: „Margot ist jetzt vier Monate alt geworden u. war an dem Tage 62 cm lang. Sie verbrachte den Tag mit außerordentlich reichlichem Lallen“[1137]; „Seit einer Woche ist Margot soweit, daß sie sich in ihrem Bett ohne erhebliche Mühe allein aufsetzen kann“[1138]; „Die Impfung nimmt einen gutartigen Verlauf. Margot trinkt wenig Milch, verzehrt statt dessen Haferschleim [...], allerlei Obst [...], Schinken, Schokolade und etwas Honig“[1139]; „Sie geht jetzt, an Bänken sich anhaltend, herum u. macht dabei die ersten Gehversuche im Freien“[1140]; „Sie ist in letzter Zeit nicht mehr viel gewachsen u. ist 83–84 cm hoch“[1141]; „Margot hat seit unserer Heimkehr aus Nürnberg einige Fertigkeiten dazu gelernt, nämlich: in die großen Betten u. auf die Ottomane hinaufzuklettern; außerdem setzt sie sich jetzt selbst auf den Nachttopf“[1142]; „Margot schläft zurzeit, ½ 3 Uhr nachmittags. Wenn sie aufwacht, verlangt sie Papier u. Bleistift und schreibt an Dich ‚Liebe Großmama‘“[1143]; „Schon seit einiger Zeit hält Margot beim Gähnen [...] die Hand vor

1135 Ders. an Dies., 21.5.1929, ebd.
1136 Hier und die folgenden Zitate: Ders. an Dies., 25.5.1929, ebd.
1137 Ders. an Dies., 26.8.1929, ebd.
1138 Ders. an Dies., 25.4.1930, ebd.
1139 Ders. an Dies., 12.5.1930, ebd.
1140 Ders. an Dies., 26.5.1930, ebd.
1141 Ders. an Dies., 30.1.1931, ebd.
1142 Ders. an Dies., 5.6.1931, ebd.
1143 Ders. an Dies., 19.7.1931, ebd.

den Mund. Seit einiger Zeit spricht sie […] und nennt [das] Dienstmädchen per Sie“[1144]. Das Thema Hauspersonal, das Süßheim immer wieder mit Blick auf den Haushalt seiner Mutter beschäftigt hatte, war nun auch in München ständig präsent. Eine Woche nach Karolinas Rückkehr aus dem Krankenhaus hatte er eine Hauspflegerin eingestellt: „Früh um 8 Uhr tritt sie bei uns den Dienst an […]. Bei uns hatte sie Margot zu baden, die Wäsche zu waschen u. zu bügeln, das Essen zu kochen u. die Zimmer zu wischen. Das Kochen ist wohl ihre schwächste Seite. Aber man muß froh sein, wenn sonst alles stimmt. Als ich seinerzeit mich bei der städtischen Hauspflege vermerken ließ, bezeichnete ich als oberste Bedingung, daß die Pflegerin ehrlich sei, worauf ich die bestimmte Antwort erhielt: unsere Leute sind alle ehrlich.“[1145] Ina habe mit Krampfadern zu kämpfen und die Wohnung nicht verlassen, seit sie wieder zurück sei, sie „war aber dank der Tätigkeit der Hauspflegerin von Haushaltungsarbeit befreit. Inas Krampfadern haben daher seit ihrer Heimkehr von Tag zu Tag nachgelassen“; er selbst sei in den vergangenen acht Tagen sehr wenig zu seinen Studien gekommen. „Ab morgen“, schrieb er erleichtert, „wird Ina wieder die Leitung des Haushalts übernehmen“. Immer wieder aber werden die frischgebackenen Eltern nun auf Unterstützung zurückgreifen: „Heute hatten wir nachmittags die Zuspringerin für 2 1/2 Stunden, übermorgen auf 6–8 Stunden“[1146], berichtete Süßheim ein Jahr später: „Margot braucht jetzt nicht mehr so viele Kinderwäsche. Aber Ina wünscht, sich die jetzige Zuspringerin zu erhalten. Wir werden sie daher fortan vielleicht nicht einmal, sondern 2–3 mal in der Woche beschäftigen, aber“ – und der rechtfertigende Tonfall ist schwer zu überlesen – „natürlich jeweils nur für einige Stunden.“ Dabei jedoch sollte es nicht bleiben. „Bei uns ist […] eine große Änderung vor sich gegangen“, schrieb er seiner Mutter im September 1930:

> „Wir haben nämlich seit vorgestern (Freitag) ein ‚Tagesmädchen‘ in unserem Dienste. Das Mädchen ist 19 Jahre alt u. die Tochter des Hausverwalters im Münchener Polizeipräsidium. Wir hatten in den Münchener Neuesten Nachrichten annonciert, bekamen aber sehr wenige Briefe von Reflektantinnen [Bewerberinnen, KM]. Eine dieser letzteren machte dann das Mädchen, das sich zu Hause wohl überflüssig fühlt […], auf die Gelegenheit aufmerksam. Das Mädchen kommt früh um 8 Uhr u. geht nach dem Abendessen nach Hause. Dasselbe räumt die Wohnung u. Küche auf, wäscht, gibt sich mit Margot ab u. hilft auch etwas im Kochen. Ihre Kunst im Nähen scheint etwas bescheiden zu sein. Für Ina u. mich bedeutet ein Tagesmädchen eine […] Entlastung. Der Vater des Mädchens hat durch seinen Beruf anscheinend hohe Nebeneinnahmen. Dem Mädchen scheint es vor allem auf gute Behandlung u. reichliches Essen anzukommen. Ich bin erst gestern mit Ordnung meiner Bücher fertig geworden u. habe daher volle 2 Woche[n]

1144 Ders. an Dies., 11.11.1931, ebd.

1145 Hier und die folgenden Zitate: Ders. an Dies., 2.6.1929, ebd.

1146 Ders. an Dies., 26.5.1930, ebd.

nichts Berufliches arbeiten können. Margot weilt gegenwärtig, Sonntag vormittags, zusammen mit unserem Tagesmädchen im Hof, der mit Rasen bestanden ist."[1147]

Sie seien mit ihrem „Tagesmädchen nicht gerade allzu schlecht gefahren", berichtete er der Mutter einen Monat später: „Im Kochen war sie allerdings Anfängerin. Aber Margot fügte sich dem Mädchen, so daß vor allem die Verköstigung Margots bei den Mahlzeiten sehr erleichtert war. Allein unser Tagesmädchen, so pünktlich es im Dienste war, war auch Nachtmädchen u. pflegte bei Nacht die Männerjagd. So zog sich das Mädchen diese Woche eine Rippenfellentzündung zu. Der Vater war gestern 2 mal bei uns u. nahm schließlich seine unmündige Tochter aus freien Stücken wieder zu sich. Die offizielle Entlassung wird erst am 16. d. M. erfolgen."[1148]

Karl Süßheims feiner ironischer Humor tritt auch aus den Geschichten, die er über seine Tochter zu erzählen wusste, immer wieder deutlich hervor. Gönnen wir uns einige intime Momente mit dem faszinierten Vater:

„Anbei das Bild Margots vom Stadelberg. Sie befindet sich an der Seite eines 15jährigen Schuljungen, des Sohnes eines Bankkassiers. Dieser Junge, Fritz, ist auch jetzt von Margot noch nicht vergessen worden. Sonst erwähnt Margot aus dem Kreise ihrer Münchener Bekannten 2 Altersgenossinnen, von welchen Margot schon gekratzt und gebissen worden ist. Das war schon vor sehr langer Zeit. Die Täterinnen Maria u. Eva spielen in Margots Erinnerung eine große Rolle u. wenn Margot nicht schlafen oder essen will, da wird damit gedroht, daß Maria oder Eva geholt wird. Dann wird Margot in der Regel gefügig."[1149]

„Margot erinnert sich ihrer Nürnberger Verwandten sehr gut. Vor einiger Zeit fing Margot zu fragen an: ‚Papa, was tut Onkel Max?' Ich antwortete: ‚Lesen, schreiben u. sprechen'. Das kam Margot spanisch vor. Sie wiederholte sofort auf meine Antwort ihre 1. Frage noch mehrmals u. jedesmal gab ich die nämliche Antwort. Die Tätigkeit von Onkel Max kam

1147 Ders. an Dies., 14. 9. 1930, ebd.

1148 Süßheim fuhr fort: „Als Nachfolgerin bekommen wir ein Dienstmädchen, welches bei uns wohnen soll. [...] Das neue Dienstmädchen stammt aus der Oberpfalz u. ist uns von deren Tante, die wir kennen, anempfohlen worden; das Dienstmädchen arbeitet bereits seit gestern bei uns u. soll diese Nacht erstmals auf unserer alten Dienstmädchenmatratze übernachten. So haben auch wir jetzt mit Dienstbotenfragen zu tun, haben allerdings noch nicht mit den Schattenseiten uns zu befassen gehabt." Ders. an Dies., 14. 10. 1930, ebd. Immer wieder versuchten die Süßheims aber auch, ohne fremde Hilfe zurechtzukommen: „Seid [sic!] gestern Abend sind wir wieder ohne Dienstmädchen u. Ina ist darüber ganz glücklich. Wir gewinnen dadurch das Mädchenzimmer wieder für Haushaltszwecke u. das Leben geht bisher ganz gemütlich vor sich. Finanziell scheint es eine Ersparnis von 80 M zu bedeuten. An Margot ist der Wechsel spurlos vorüber gegangen, da Margots Speisung stets [...] von Ina besorgt wurde. Die Aufgabe unseres Dienstmädchens war hauptsächlich Geschirr putzen u. Schäuern [sic!] der Wohnung." Ders. an Dies., 1. 3. 1931, ebd. Nur einen Monat später aber beauftragen sie wieder eine sogenannte Zuspringerin: „Unser früheres Dienstmädchen hat noch keine Stellung gefunden u. wohnt hier bei ihren Tanten. Dort im Hause wohnt auch unsere frühere Zuspringerin, die heute wieder bei uns tätig ist u. Neuigkeiten mitgebracht hat." Ders. an Dies., 14. 10. 1930, ebd.

1149 Hier und das folgende Zitat: Ders. an Dies., 30. 9. 1931, ebd.

„Ich zeige ihr Kaiser Wilhelm I. u. Kaiser Wilhelm II. und sage Wilhelm I. war gescheit, aber Wilhelm II. hat Dummheiten gemacht und man hat ihn daher nicht brauchen können": Erziehung in den frühen 1930er-Jahren. Karl und Karolina Süßheim lachten viel mit ihrer kleinen Tochter.

Margot erst verständlich vor, als ich meine Antwort erweiterte u. sagte: ‚Onkel Max tut lesen, schreiben, sprechen u. Großmama besuchen'."

„Vergangene Woche hat Ina Margot billige Stoffschuhe gekauft, wie sie hier von Kindern zu Hause und bei schönem Wetter auch draußen allgemein getragen werden. Wegen ihrer Leichtigkeit hat Margot diese Schuhe sehr gern u. verlangt sie beim Schlafen mit ins Bett, eine Ehre, die bisher noch keinem Schuh zu teil geworden ist. Der Besitz der neuen Stoffschuhe ist Margot so wertvoll, daß sie zum Gehorsam veranlasst wird durch die Drohung, die Stoffschuhe würden sonst hergeschenkt."[1150]

„Margot hat, solange wir kein Dienstmädchen hatten, in ihrer Art Ina bei der Hausarbeit geholfen. Auch dem Dienstmädchen steht Margot ganz zur Seite. Ihre [...] Leistungen auf diesem Gebiete sind, dass sie unsere 3 Bettvorleger [...] aus dem Schlafzimmer durch das Wohnzimmer und den Wohnungsgang in die Küche trägt. Im geheizten Wohnzimmer steht sie auf dem Tisch hinter dem verschlossenen Zimmer und putzt mit Zeitungspapier die Fenster."[1151]

1150 Ders. an Dies., 19. 7. 1931, ebd.
1151 Ders. an Dies., 11. 11. 1931, ebd.

„Mit der Post gibt sie [Margot, KM] sich gerne ab. Jeden Tag verlangt sie nach einem richtigen, verschließbaren Kuvert, das sie dann ‚selber' zuklebt. Eine Briefmarke – Ebert oder Hindenburg – muß auch darauf sein. Dann wieder, ein anderes Mal, setzt sie sich auf meinen Schoß, holt aus meiner Weste die Taschenuhr hervor u. hält die Uhr als Telefonhörrohr ans Ohr. Denn die Uhr macht ticktack. Dann telefoniert sie: ‚Ich möchte mein Haus gegen Feuer versichern lassen'. Dann spricht sie die Antwort: ‚Nein, telefonisch geht das leider nicht'. Das Ganze kommt nämlich aus der Erzählung eines der Kinderbilderbücher, welche bei Oberpollinger halbmonatlich und gratis abgegeben werden."[1152]

„Ich besitze ein kleines Wörterbuch mit Abbildungen von Tieren, Pflanzen und Personen. Margot ruft ‚Erzählen!'. Da muß man ihr dann die einzelnen Abbildungen erklären. Immer fragt sie: ‚Was ist das?' Seit einigen Tagen interessiert sie sich für die Kaiser. Ich zeige ihr Kaiser Wilhelm I. u. Kaiser Wilhelm II. und sage Wilhelm I. war gescheit, aber Wilhelm II. hat Dummheiten gemacht und man hat ihn daher nicht brauchen können."

„Zu Margots neuesten Leistungen gehört, daß sie auf einen großen Stuhl durch Erklettern sich selber hinaufsetzt. Wenn sie fast sitzt, schlägt sie die Beine übereinander und verschränkt die Arme. Wenn sie dann so auf dem Stuhl sich aufgepflanzt hat, fühlt sie sich für einen Augenblick als Große. Im übrigen bezeichnet sie sich in neuerer Zeit als ‚Wichtelkindchen' dessen, dem sie sich innerlich ganz besonders nah fühlt. Zu viel Ernst liebt Margot nicht. Sie verlangt von den Leuten nachdrücklich, sie sollen lachen. Ihre Puppen bezeichnet Margot als ihre Kinder u. sich selbst als deren Mutter. Wenn Margot nach Einbruch der Dunkelheit müde geworden ist, kommt es wohl vor, daß sie sich unter den Tisch hinunter legt u. dort einschläft. Seit kurzem nennt sie mich nicht mehr Papa, sondern Vater[.] Die Anregung hierzu ist aber nicht von uns ausgegangen."[1153]

„Vor ca. 2 Wochen fing Margot an, mich alltäglich mehrmals zu sich zu rufen u. mir ans Ohr zu raunen: ‚Willst Du mit mir ins Kino gehen?' Ich fragte Margot, wer denn so spreche? ‚Die Dienstmädchen' war ihre prompte Antwort. Ich machte Margot begreiflich, daß Kinder nicht ins Kino gehen könnten. Sie sah das auch ein. Seit einigen Tagen fragt mich Margot ganz offen, ob ich, wenn sie groß sei, mit ihr ins Kino gehe. Meine Antwort kam natürlich nur bejahend lauten u. damit tröstet sich Margot für jetzt."[1154]

„Am meisten sagt ihr seit Weihnachten das Struwwelpeterbuch zu. Für einige der Geschichten hat sie besondere Vorliebe, so für die Geschichte vom Zappelphilipp. Statt Zappelphilipp verlangt sie aber, daß Zappel-Margot gelesen werde u. die ganze Geschichte muß auf Margot gemünzt werden. Einen wichtigen Gesprächsstoff Margots bildet auch ihre Befähigung zur Reise nach Nürnberg, die Notwendigkeit brav zu sein u. schön zu essen, um in Nürnberg aufgenommen zu werden."[1155]

1152 Hier und das folgende Zitat: Ders. an Dies., 30.11.1931, ebd.
1153 Ders. an Dies., 24.1.1932, ebd.
1154 Ders. an Dies., 28.11.1932, ebd.
1155 Ders. an Dies., [Januar 1933, Fragment], ebd.

Oftmals versuchte Karl Süßheim wie hier im letzten Zitat, seine Mutter ganz konkret in das Familienglück miteinzubeziehen. „In den letzten Wochen pflegte Margot von mir zu verlangen, daß ich Dir schreibe u. daß ich sofort mit ‚Liebe Großmama' beginne"[1156], berichtete er Clara Süßheim an anderer Stelle, und: Zuletzt habe Margot „sich für's Telefonieren interessiert; ich muß mich also immer wieder einstellen u. Dir telefonieren, aber derartige Telefongespräche 3mal wiederholen. Margot telefoniert Dir aber auch selbst". Ein ander Mal, nach einem längeren Besuch bei Clara Süßheim, schrieb er: „Margot zehrt noch von ihren Nürnberger Erinnerungen und spricht häufig von der lieben Großmama."[1157] Eine neue, von ihr geschenkte Puppe, tauften sie in Erinnerung an Süßheims verstorbenen, von Clara besonders geliebten Neffen „Rudi" – sie „durfte nachts sofort mitschlafen u. darf, weil mit [...] Pelzmantel bekleidet, auch mitausgehen"[1158], schrieb Süßheim im Februar 1931. Claras Geschenke wurden ausführlich gelobt: „Das große Bilderbuch, das Du ihr gelegentlich ihres Nürnberger Besuches geschenkt hast, ist beim Essen ihr steter Begleiter", versicherte ihr Sohn beispielsweise: „Ohne daß ihr beim Essen früh, mittags und abends aus jenem Bilderbuch vorgelesen würde, nimmt sie kaum etwas zu sich."[1159] Einige Monate später bedankte er sich für weitere Geschenke: „Den Handkorb nahm Margot gestern, Sonntag, früh mit zum Einkauf u. brachte im Korb Butter nach Hause. [...] Zu Hause dient der Korb zur Zeit als Spielzeug u. wird wie ein Helm auf dem Kopfe getragen. Das Jojo hat auch vielen Beifall gefunden, da das 1. Jojo Margots bereits zerbrochen war. Das neue Jojo wird von Margot beim Ausgehen in der Tasche ihres Mantels mitgenommen."[1160]

Auf dem Brief findet sich auch Kindergekritzel. Der Vater kommentierte: „Mit obigen Zeilen hat Margot ihre Grüße u. ihren Dank ausgesprochen." Karl Süßheim schickte auch immer wieder Bilder[1161] und berichtete über nötige Arbeiten im neuen Haushalt.[1162]

Seine neue Rolle vereinnahmte ihn offenbar ganz und gar, Bemerkungen über seine außerfamiliären Pflichten verkamen in Süßheims Briefen aus dieser Zeit in der Regel zu kurzen Randnotizen.[1163] Auch wenn er sich „wünschte [...], für meine berufliche Arbeiten noch mehr Zeit zu haben"[1164]: Das ewige, unglückliche Junggesellendasein, zu dem er verdammt

1156 Hier und das folgende Zitat: Ders. an Dies., 22.4.1931, ebd.

1157 Ders. an Dies., 19.5.1931, ebd.

1158 Ders. an Dies., 22.2.1931, ebd.

1159 Ders. an Dies., 19.7.1931, ebd.

1160 Hier und das folgende Zitat: Ders. an Dies., 11.12.1932, ebd.

1161 Vgl. Ders. an Dies., 12.5.1930 u. 24.1.1932, ebd.

1162 „Am Freitag hatten wir den Tüncher. Er scheint seine Arbeit gut gemacht zu haben. Nachdem Tags zuvor die beiden zu tünchenden Räume aufgeräumt worden waren, hatten wir Freitag Abend, Sonntag u. Montag die Zuspringerin zur Wiederinstandsetzung der Wohnung. Statt des bei meinem Einzug vor drei Jahren für das Wohnzimmer [...] erstandenen Vorhangs aus Papierstoff hat Ina heute einen neuen Vorhang gekauft." Ders. an Dies., 26.8.1929, ebd.

1163 „Leider habe ich in Nürnberg im Drange der Abreise einiges vergessen", schrieb er einmal bezeichnenderweise: „ein Buch Armenian Grammar, in welchem ich im kleinen Wohnzimmer las". Ders. an Dies., 22.2.1931, ebd.

1164 Ders. an Dies., 26.8.1929, ebd.

schien, war endlich vorbei; Süßheims „neues, ihn ansprechendes Leben" als Familienvater hatte begonnen. Sein Alltag war wie ausgewechselt, aus dem Ich ein Wir geworden: „Am Sonntag, den Silbernen Sonntag, gingen wir nachmittags zu Fuß in die Stadt bis zum Karlstor u. von da zu Fuß nach Hause, die Auslagen zu bewundern. Besonders war da Margot [von] den Spielsachen gefesselt: Hänsel u. Gretl mit der Hexe; eine Gruppe von Hunden, die fortwährend [...] Männchen macht[e]. Zu Oberpollinger sind wir nicht mehr gekommen, da es jetzt so zeitig Nacht wird u. wir vorzogen, nicht zu spät nach Hause zu gehen. [...] Heute hatte der von Max geschenkte Hund die Ehre, zum Einkauf mit uns getragen zu werden. [...] Sonst verlangt Margot, daß ihr Märchen erzählt werden. [...] Sonst gibt es nichts Neues in unserem kleinen Haushalt."[1165]

Dieser Bericht über den Einkaufsbummel mit Frau und Kind in der Münchner Innenstadt stammt vom Dezember 1932. Margot, die erste Tochter der Süßheims war noch in der Weimarer Republik zur Welt gekommen, die zweite, Gioconda, folgte am 8. März 1934: als Bürgerin des „Dritten Reichs". Dieser Einschnitt wird das Leben der interkonfessionellen Familie grundlegend verändern. Zunächst aber bleiben für die Weimarer Jahre einige Punkte festzuhalten: die rasche Scheidung Süßheims von seiner ersten Frau „aus Verschulden des Mannes"; eine schnell darauffolgende zweite Ehe mit Karolina Süßheim – und nicht zuletzt die in diesem Zusammenhang klare Missachtung seiner eigentlichen Vorstellungen von einer reichen und jüdischen Frau, die seine Suche über Jahrzehnte bestimmt hatte sowie zahlreiche Einblicke in Süßheims überaus liebevolles Beobachten der ersten Ehejahre. Eine Liebe gegen alle Widerstände also? Auch wenn die romantischste Erzählung in diesem Fall tatsächlich die naheliegendste Lesart der Verbindung ist: Die Lücke, die die fehlenden Tagebücher uns hinterlassen – das geradezu laute Schweigen Karl Süßheims über sich selbst zu sich selbst – soll an dieser Stelle nicht zum Anlass genommen werden, sich in Spekulationen zu ergehen. Vielmehr lohnt es sich, die erzwungene Atempause in der zweiten Hälfte der Weimarer Republik zu nutzen und einen Blick dahin zu werfen, wo auch Karl Süßheim als Türkei-Experte in den 1920er-Jahren sicherlich ganz besonders hinschaute: nach Konstantinopel. Die Stadt, in der er so viele Jahre gelebt hatte, wird ab 1930 endlich auch offiziell Istanbul heißen. Seinen Status als Hauptstadt hatte es zu diesem Zeitpunkt längst verloren; über die einstige Metropole „legte sich die introvertierte Stimmung der *hüzün*[1166]", schreibt der Historiker Charles King – eine Stimmung „der ausgehöhlten Melancholie, die, wie türkische Intellektuelle meinen, die zerbröselten Mauern, baufälligen Villen und verrottenden Bungalows entlang der Küste beseelte"[1167]. Wie so oft in ihrer Geschichte aber erfand die Stadt sich neu: Dieses Mal als heimliches Zentrum, als Mittelpunkt nicht mehr des politischen, aber durchaus des geistigen Lebens einer völlig neuen Türkei. Wie konnte diese selbstbewusste Republik aus der Niederlage im Ersten Weltkrieg entstehen?

1165 Ders. an Dies., 11.12.1932, ebd.

1166 Die treffendste Übersetzung ist „Schwermut".

1167 King, Mitternacht, S. 12.

– Stille – | … und ein Blick in die Atatürk'sche Republik

Über die Niederlage im Weltkrieg war das jungtürkische Triumvirat um die Paşas Enver, Talât und Cemāl gestürzt. Es begann die kurze Ära Sultan Meḥmeds VI., der sich dem Willen der Siegermächte beugte, und daher innenpolitisch zunehmend unter Druck geriet. Konstantinopel und Smyrna wurden von ausländischen Truppen besetzt – der nationalistische türkische Widerstand gegen die Siegermächte des Ersten Weltkriegs begann. Offizier Muṣṭafā Kemāl, der sich im Krieg bei der Verteidigung der Halbinsel Gallipoli verdient gemacht hatte und nun den Schwarzmeerhafen Samsun erreichte, führte eine Befreiungsbewegung an, die bald eine Art Gegenregierung in den besetzten Gebieten bildete und schon in den Wahlen im Dezember 1919 eine Zweidrittelmehrheit erlangte. Im Sommer 1920 schlossen die Siegermächte einen Friedensvertrag mit Meḥmed VI.: Der Vertrag von Sèvres entmündigte das Osmanische Reich und war wie Versailles eine Chiffre für die absolute Niederlage. Was bedeutete dieser Frieden für Karl Süßheim, den Freund der Türken in München? Die meisten der osmanischen Studenten kehrten nach Sèvres wieder in ihre Heimat zurück; schon bald waren nur noch 15 von ihnen in der Stadt verblieben und im Juli 1923 verließ auch der Sohn des mit Süßheim bekannten jungtürkischen Politikers Meḥmed Ṭāhir[1168], den er auf einem Treffen des Vereins türkischer Studierender München kennengelernt hatte, als einer der letzten die Stadt.[1169]

Nicht nur zu den Studenten verlor Süßheim den Kontakt nach und nach, für ihn ergaben sich ganz allgemein nur noch selten Gelegenheiten, Osmanen zu treffen. Seine wenigen Begegnungen zu Beginn der Weimarer Jahre aber sind aufschlussreich. ʿÖmer Luṭfī, Süßheims alter Freund aus Studientagen[1170], war während des Weltkriegs Generalkonsul, doch der Kontakt zu ihm war schon zuvor eingeschlafen. Nun war Luṭfī gestorben, und Süßheim besuchte seine Witwe, eine Frau namens Ḥurīye, im August 1919 in Bad Reichenhall.[1171] Luṭfī hatte Karl Süßheim als fleißigen Studenten und braven Untertanen kennengelernt, und zu seiner Überraschung erfuhr Süßheim nun Details aus dem Leben seines Freundes, die dieser ihm offenbar stets vorenthalten hatte.[1172] „Ḥurīye (Ḫānım)[1173]", hielt er außerdem fest, „sieht manchmal Talât Paşa"[1174]. Süßheim kommentierte dies nicht weiter. Wie erwähnt wusste er schon seit November 1918, dass Meḥmed Ṭalʿat nach Deutschland geflohen war, machte aber

1168 Vgl. Kap. II.1.

1169 Vgl. Flemming u. Schmidt, Diary, S. 236 u. Tagebuch KS, 14. 6. 1923.

1170 Vgl. Kap. I.3.

1171 Hier und im Folgenden vgl. Tagebuch KS, 8. 8. 1919.

1172 ʿÖmer Luṭfīs Schwiegervater war offenbar ein Jungtürke und lange vor seiner Heirat dessen väterlicher Freund. 1897 hatte Luṭfī anscheinend um die Hand der neunjährigen Tochter des Oppositionellen angehalten; kurz nach seinem Studium heiratete er sie. „Es ist eigenartig, dass Frau Luṭfī nicht weiß, dass ihr Ehemann sowohl vor als auch nach der Hochzeit ein schändliches Leben geführt und [sie] ständig betrogen hat", schrieb Süßheim. Ebd., Nachlass KS (SBB) Hs. or. 1 135/10, fol. 90v–92r.

1173 *Ḫānım / Hanım* – „Frau" – entspricht im Türkischen dem nachgestellten *Bey* bei den Männern.

1174 Tagebuch KS, 8. 8. 1919, Nachlass KS (SBB) Hs. or. 1 135/10, fol. 90v–92r.

keinerlei Anstalten, seinen Freund – respektive den Mann, der den Genozid an den osmanischen Christen zu verantworten hatte –, zu treffen.[1175] Nach der Begegnung mit ʿÖmer Lutfīs Witwe wäre es sicher ein Leichtes gewesen, Kontakt zu seinem Bekannten zu suchen, doch Süßheim unternahm auch jetzt nichts dergleichen. Seine Haltung zu den Kriegsverbrechern war bestimmt: Als er über einen Studenten den Araber Aḥmed Fu'ād kennenlernte, einen der Männer, deren Korrespondenz er einst für die Postüberwachung auszuwerten hatte[1176], schrieb er: „Jetzt fand ich mich vor diesem Fu'ād Bey wieder. Während des Krieges hatte Doktor Aḥmed Fu'ād Bey eine hohe Position erlangt. Er hatte seine Finger in allen Angelegenheiten des Innenministeriums; er stand notwendigerweise in ständigem Kontakt mit Talât Paşa. […] Nach dem Waffenstillstand mit der Türkei floh er und kam nach München. Obwohl die Türken hier auf der Seite der Araber stehen, verkehrt er nicht mit ihnen, sondern hält sich fern und versteckt sich [sogar] vor den Türken."[1177]

Aḥmed Fu'ād sei ziemlich dünn und überhaupt nicht beeindruckend, schrieb Süßheim weiter: Zweifellos habe er viel Unheil angerichtet. Um sich zu rechtfertigen, sagte er Süßheim zufolge, dass dies auf Befehl des Innenministeriums erfolgte, das heiße also: auf Befehl von Talât Paşa, wie Süßheim ergänzte.[1178] Es fällt auf, dass Karl Süßheim seine Kontakte nach Nahost in der Nachkriegszeit nicht mehr wie gewohnt pflegte, auch nicht, nachdem die Kommunikationskanäle nach Konstantinopel wieder offen waren. Dies hatte, wie Barbara Flemming und Jan Schmidt vermuten, sicher auch damit zu tun, dass viele seiner hochrangigen Bekannten ihre Posten verloren hatten – und darüber auch ihr Interesse an Süßheim als wichtigem Kontakt nach Deutschland.[1179] Auch von einem seiner engsten Bekannten aus den frühen Konstantinopler Jahren, dem osmanischen Juden Zekeriyā Maẓlūm, entfernte Süßheim sich immer weiter; schließlich hörte er, dass „mein Freund" als Geheimagent für die Briten arbeitete – „eine wichtige Information, weil ich mich immer gewundert habe, warum Maẓlūm Bey über Jahre in London geblieben und nicht nach Konstantinopel zurückgekehrt ist"[1180]. Seinen langjährigen deutschen Bekannten hatte dieser also nie ins Vertrauen gezogen, doch ganz sagte sich Süßheim nicht von ihm los. Auch das nächste Treffen der beiden aber (das erst viel später stattfand), wird eine große Enttäuschung sein.[1181]

1175 Vgl. ebd., 21.11.1918; dazu ausführlich: Kap. II.1.

1176 Vgl. Kap. II.1.

1177 Tagebuch KS, 19.9.1920, Nachlass KS (SBB) Hs. or. 1 135/12, fol. 34r.

1178 Vgl. ebd.

1179 Vgl. Flemming u. Schmidt, Diary, S. 234.

1180 Tagebuch KS, 2.8.1923, Nachlass KS (SBB) Hs. or. 1 135/13, fol. 51vff. Vgl. dazu auch dessen von Süßheim kritisch betrachtetes opportunistisches politisches Verhalten, Kap. I.2.

1181 Im Juni 1938 wird Zekeriyā Maẓlūm plötzlich vor seiner Tür in München stehen – die beiden hatten sich zu diesem Zeitpunkt 26 Jahre lang nicht mehr gesehen, obwohl Maẓlūm seit 1923 als Anwalt in Deutschland lebte. Die Wiedersehensfreude war zunächst groß, doch das Verhalten des alten Freundes frustrierte Süßheim: Er äußerte nicht nur abenteuerliche politische Meinungen, sondern hatte auch Geschichten im Gepäck, bei denen Süßheim sich nicht sicher sein konnte, ob sie nicht vielmehr frei erfunden waren. Er äußerte sich respektlos gegenüber Frauen und behauptete gegenüber

Auch die Korrespondenz mit Süßheims „Bruder" 'Abdullāh Cevdet[1182] ließ in dieser Zeit offenbar nach: Von März 1921 bis Oktober 1922 haben sich im Berliner Nachlass noch acht Briefe an Süßheim erhalten, der nächste datiert erst wieder von 1928.[1183] Die Briefe vom Beginn der 1920er-Jahre beinhalteten neben dem gegenseitigen Austausch von Büchern und Zeitschriften insbesondere Süßheims neue Leidenschaft, das Briefmarkensammeln: Cevdet besorgte in Konstantinopel seltene Stücke für seinen deutschen Freund, Süßheim sollte einen guten Fotoapparat und Kopien der Arbeit des persischen Autors 'Umar-i Ḫayyām organisieren.[1184] Die Korrespondenz berührte aber auch die Entwicklungen im Nahen Osten: 'Abdullāh Cevdet beklagte sich über die Intoleranz der Türken und die Angriffe auf ihn als liberalen Autor in der Presse. Nachdem er in seiner Zeitschrift *İctihad* einen Artikel über die religiöse Minderheit der Bahā'ī[1185] geschrieben hatte, der es unter Orientalisten zu einiger Bekanntheit bringen wird[1186], war er wegen Blasphemie zu zwei Jahren Gefängnis verurteilt worden – der Prozess, in dem er letztlich freigesprochen wurde, zog sich viereinhalb Jahre hin.[1187] Er wurde von heftigen öffentlichen Anfeindungen Cevdets in der Konstantinopler Presse begleitet, wovon er seinem deutschen Freund verärgert berichtete. „Wo ist die islamische Toleranz [geblieben]?", schrieb er an Süßheim: „Welche zivilisierte Regierung würde einen 52 Jahre alten Mann, der […] mehr als zehntausend Seiten zum Wohle seines Landes geschrieben hat, für so einen wissenschaftlichen Artikel über ein historisches Thema zu zwei Jahren Gefängnis verurteilen?"[1188] 'Abdullāh Cevdet bat seinen Freund in München darum,

Karolina, dass Süßheim sich im Osmanischen Reich ein ganzes Harem gehalten habe. Schließlich hatte das Auftreten Zekeriyā Maẓlūms auch noch den Anschein, als benötige er lediglich finanzielle Unterstützung. Vgl. Tagebuch KS, 20. 6. 1938.

1182 Zu dieser intensiven Freundschaft vgl. insbesondere Kap. I.2.

1183 Die Briefe finden sich unter den Nummern 4, 5, 10, 47, 48, 79, 81, 87 in Nachlass KS (SBB). Jan Schmidt hat die Inhalte der Briefe von Cevdet in einem Aufsatz beschrieben, vgl. Schmidt, Importance (2002), S. 189 ff. Im Washingtoner Nachlass finden sich ebenfalls einige Briefe von 'Abdullāh Cevdet, wie an dessen markanter Unterschrift gut zu erkennen ist. Die Briefe wurden im Rahmen dieser Arbeit nicht großflächig ausgewertet – hier ergibt sich ein Anknüpfungspunkt für weitere Recherche insbesondere von Turkologen, die sich noch mehr Aufschluss über einen der Gründerväter der jungtürkischen Bewegung erhoffen.

1184 Vgl. 'Abdullāh Cevdet an Karl Süßheim, 11. 9. 1921, Nachlass KS (SBB) Hs. or. 10648 5/47 sowie Schmidt, Importance (2002), S. 190.

1185 Die Bahā'ī sind eine vergleichsweise junge (in Persien von Bahā'ullāh Mīrzā Ḥusayn-'Alī Nūrī (1817–1892) gegründete) Religionsgemeinschaft, die sich in der Nachfolge der drei monotheistischen Weltreligionen sieht und daher in vielen islamisch geprägten Ländern – Muḥammad gilt hier in der Regel als definitiv letzter Prophet Gottes – diskriminiert oder verfolgt wird. Der Glaube versteht die gesamte Menschheit als Einheit und unteilbaren Organismus.

1186 'Abdullāh Cevdet: „Mezheb-i Bahā'ullāh – Dīn-i Ümem" („Die Doktrin Bahā'ullāhs – Eine Weltreligion"), in: İctihad 144 (1922), S. 3015 ff.; vgl. dazu auch Süßheim, Ḏjewdet, S. 59 u. Schmidt, Importance (2002), S. 190.

1187 Vgl. Süßheim, Ḏjewdet, S. 58, vgl. auch Hanioğlu, Cevdet, S. 338–341.

1188 'Abdullāh Cevdet an Karl Süßheim, 1. 7. 1922, ins Deutsche übertragen nach der englischen Übers. bei Schmidt, Importance (2002), S. 190.

den Fall in der europäischen intellektuellen Szene bekannt zu machen.[1189] Süßheim versuchte es über die Presse: An die *Neue Zürcher Zeitung* (NZZ) schickte er im November 1923 einen Artikel über die Bahā'ī, in dem er auf Cevdet einging; er wurde aber offenbar nicht angenommen.[1190]

Von Süßheims turkologischen Forschungen in den frühen 1920er-Jahren war bisher kaum die Rede, und dies liegt nicht zuletzt daran, dass sie nach seiner Ernennung zum Professor spürbar nachließen, was sich schon daran zeigt, dass er bald aufhörte, Bücher und andere Veröffentlichungen aus Konstantinopel zu beziehen und sich stattdessen seine Briefmarken schicken ließ.[1191] Als Wissenschaftler befand Süßheim sich während der Weimarer Republik in einer Krise: Neben einigen Rezensionen über Neuerscheinungen in den einschlägigen Fachzeitschriften[1192] publizierte er, soweit dies nachvollziehbar ist, während der Weimarer Jahre wohl ausschließlich im zweiten Band der *Enzyklopädie des Islam* (EdI)[1193]. Gemeinsam mit Kollegen nahm Süßheim zwar an den Vorbereitungen zum Deutschen Orientalistentag teil[1194], doch seine eigenen Forschungen verliefen oftmals im Sande. Im September 1919 war er kurz in die Schweiz gereist und recherchierte in Zürich mithilfe italienischer Literatur zu den Aktivitäten der Architekten-Brüder Fossati[1195] in Konstantinopel, jedoch

1189 Vgl. ebd.

1190 Vgl. Tagebuch KS, 27.11.1923. Für seinen Text stützte er sich neben den Ausführungen Cevdets vermutlich insbesondere auf Gespräche mit einem Elektriker aus Tabriz namens Wahhab – ein Bahā'ī, der in München Arbeit suchte und dem ʿAbdullāh Cevdet deshalb Süßheims Adresse genannt hatte – sowie mit einer Frau aus Stuttgart, die diesem Glauben angehörte und der er privat Persisch-Stunden gab. Vgl. ebd., 10. u. 11.11.1922 sowie 18.5.1923. Die NZZ hat auf ihrer Homepage (https://zeitungsarchiv.nzz.ch) eine Suchfunktion für alle Publikationen seit 1780. Ein Artikel von Karl Süßheim findet sich hier nicht.

1191 Vgl. Flemming u. Schmidt, Diary, S. 234.

1192 Karl Süßheim: [Rezension von] Tä͟dkärä-i šah Ṭahmāsb. Šärḥ-i väḳāïʿ vä aḥvalāt-i zindäg͏ānī-i šah Ṭahmāsb-i Ṣafävī bä-ḳaläm-i ḫodäš (Berlin 1924), in: OLZ 29/7 (1926), Sp. 517–519; Ders., Rezension Schraudenbach; Ders.: [Rezension von] Suheil und Nevbehār, Romantisches Gedicht des Mesʿūd b. Ahmed (Hannover 1925), in: OLZ 30/6 (1927), Sp. 507–509; Ders.: [Rezension von] Zambaur, E. de: Manuel de Généalogie et de Chronologie pour l'Historie de l'Islam (Hannover 1927) sowie von Lane-Poole, Stanley: The Mohammadan Dynasties (Paris 1925), in: OLZ 31/1 (1928), Sp. 388–394; Ders.: [Rezension von] Ḫalīl: Die islamischen Reiche, mit geschichtlichen Einleitungen, chronologischen und genealogischen Listen. Übersetzung des Werkes von Stanley Lane-Poole über die Dynastien der islamischen Reiche, mit Änderungen und Zusätzen (= Ausgabe des Unterrichtsministeriums, Konstantinopel 1927, in: OLZ 33/4 (1930), Sp. 252–274.

1193 Süßheim, Ḥāfiẓ u. Ḥaḳḳī sowie Ders:. „Īlg͟hāzī", in: EdI 2 (1927), S. 496 f.

1194 Vgl. Tagebuch KS, 5.6.1923 u. 22.2.1924.

1195 Die Fossatis – einer von ihnen, Gaspare Fossati (1809–1883), wird auch in italienischen Enzyklopädien erwähnt – waren persönliche Architekten des russischen Zaren und wurden nach Konstantinopel geschickt, um die russische Botschaft zu bauen, die 1837 fertig wurde. Sie blieben in der Stadt, und waren, nunmehr als persönliche Architekten des Sultans, sowohl an der Restaurierung der Hagia Sophia wie auch des Universitätsgebäudes beteiligt, vgl. Hillary Sumner-Boyd u. John Freely: Strolling through Istanbul. A Guide to the City, 2. Aufl. London u. New York 2016, S. 448.

ohne ein Ergebnis zu publizieren. Ab September 1922 beschäftigte er sich mit zwei Texten, die ihn schon interessierten, seit er von ihrer Existenz in Konstantinopel gehört hatte: mit einem der ältesten Überlieferungen der türkischen Literatur überhaupt, dem *Kutadgu Bilig* von Yusūf Hāṣṣ Ḥācib von 1096 und mit dem ersten umfassenden Wörtbuch der türkischen Sprachen, dem *Dīvān Lughāt at-Turk* von Maḥmūd al-Kāshgarī (1072–74).[1196] Süßheim hatte vor, eine Grammatik des Alttürkischen zu verfassen, doch auch dieses Projekt schloss er nie ab. Nichts schien in dieser Zeit so richtig zu funktionieren: Auch ein Antrag bei der Münchner Universitätsgesellschaft zur Förderung seiner Forschung über Ägypten und den Jemen wurde abgelehnt, wie wir aus den Unterlagen des Universitätsarchivs schließen können: Er hatte die Frist verpasst und die Mittel waren bereits ausgeschöpft.[1197]

Gewohnt intensiv und erfolgreich widmete Süßheim sich dagegen auch in der Weimarer Zeit seinen Sprachstudien. Er lernte eifrig Russisch, wofür er Stunden nahm; Armenisch und Mongolisch brachte er sich im Wesentlichen selbst bei.[1198] Auf diese Weise verdiente Süßheim auch ein wenig dazu: Für die Polizei übersetzte er einmal den Brief eines russischen Gefangenen, für die *Münchner Post* (die Verbindungen zu dem sozialistischen Blatt hatte er vermutlich über seinen Bruder) einen spanischen Artikel aus der Madrider *ABC*; für den Münchner Gerichtshof schrieb er einen Bericht über die Position des türkischen Vizekonsuls Heinrich Goldberg.[1199] Ärgern musste er sich über einen Auftrag des Anglisten Josef Schick, ein Münchner Kollege: Für ihn übersetzte Süßheim einen Teil des berühmten persischen Gedichts *Mathnawi* von Rūmī. Schick habe es in seinem *Corpus Hamleticum* veröffentlicht, sich – zu Süßheims Empörung – aber geweigert, den Namen des Übersetzers zu nennen.[1200]

Neben Lehre und Forschung hatte Süßheim, wie wir gesehen haben, sich mittlerweile aber auch an das Dasein als öffentlicher Experte gewöhnt. Die Nachfrage war zwar lange nicht mehr so hoch wie während des Kriegs, doch für einen Vortrag bei der Münchner Orientalischen Gesellschaft (MOG) über die bayerisch-türkischen Beziehungen arbeitete Süßheim in der unmittelbaren Nachkriegszeit im Militärarchiv.[1201] Auf Anfrage der MOG hielt er im Oktober desselben Jahres auch einen Vortrag über die Emanzipation der Frauen im

1196 Den Divan hatte er Fritz Hommel absichtlich vorenthalten, der mit dessen Hilfe ein Wörterbuch schreiben wollte, vgl. Tagebuch KS, 17.2.1919 u. 8.9.1922.

1197 Er hatte einen Zuschuss von 200 Mark beantragt, vgl. Karl Süßheim an Münchner Universitätsgesellschaft: [Antrag auf Unterstützung], 27.4.1929 u. Dekan der Philosophischen Fakultät der Universität München an Karl Süßheim: [Ablehnung des Antrags], 3.5.1929 UAM-O-XIV-14c.

1198 Vgl. Tagebuch KS, 16.12.1919, 5.1.1920 u. 15.9.1921.

1199 Vgl. ebd., 13.2., 7., 13, u. 15.3. sowie 17.4.1923.

1200 Vgl. ebd., 2. u. 8.3.1923. Josef Schick: Corpus Hamleticum. Hamlet in Sage und Dichtung, Kunst und Musik, 5 Bde., 1919–1938. In einer früheren Veröffentlichung, für die Süßheim offenbar auch mit einem türkischen Text geholfen hatte, hatte Schick ihn noch dankend erwähnt, vgl. Josef Schick: Das Glückskind mit dem Todesbrief. Orientalische Fassungen, Berlin 1912, S. 310.

1201 Vgl. Tagebuch KS, 8. u. 9.1. sowie 22.7.1919. Er hielt seinen Vortrag Ende Januar 1919; dieser mündete in zwei Publikationen, die bereits ausführlich zitiert wurden, vgl. Kap. II.1.

Nahen Osten.[1202] Dass Süßheim dagegen war, Musliminnen vom Kopftuch zu „befreien“, ist an anderer Stelle bereits erwähnt worden.[1203] Das Thema beschäftigte ihn auch weiterhin, und in einer Rezension beschrieb er einmal ausführlich seine Sichtweise:

> „Der Grund des Missgeschickes der Bewegung liegt nicht etwa in Gleichgültigkeit der Frauen, sondern in dem Zustande der Gesetzgebung. Denn immer noch gelten in allen Staaten mit muselmanischer Bevölkerung für die letztere im Ehe- und Familienrecht mehr oder weniger die über 1000 Jahre alten Bestimmungen des islamischen kanonischen Rechts aus dem 8.–9. Jahrh. n. Chr., Bestimmungen, die jedem Manne gestatten, seine Gattin einfach zu verstoßen, wenn sie sich irgendwelche Abweichungen vom heiligen Rechte erlaubt. Und wer soll für die armen Geschöpfe sprechen, wenn diese selbst zum Schweigen verurteilt sind? Die Männer wagen an dieser Säule der alten Überlieferung nur selten zu rütteln. Eine der wenigen Ausnahmen, ein muhammedanischer Frauenrechtler, ist Mansúr Fahmy. Er legt in seiner Schrift anhand der Quellen dar, daß im Islam die Stellung der Frau nach Ort und Zeit die verschiedenartigsten Wandlungen durchgemacht hat, und läßt sehr deutlich hindurchfühlen, daß eine Weiterentwicklung im Sinne der erstrebenswerten Befreiung der Frau von veralteten Schranken, besonders von ihrer Absperrung im Harem, dem Soziologen keine Überraschung bieten würde.“[1204]

Bei Süßheims Vortrag zum Thema erschienen nun 45 Zuhörerinnen und Zuhörer, den osmanischen Teil des Publikums konnte er mit seiner Offenheit allerdings nicht begeistern: „Mein Vortrag bestand aus zwei Teilen, der erste war historisch und der zweite soziologisch. Im historischen Teil [erklärte ich], dass sich die Dinge heute geändert hätten, aber dass die Türken früher sinnliche Männer gewesen sind. Im soziologischen Teil, als ich von den Reformen bezüglich der Stellung der Frauen sprach, stellte ich die Muslime in einem günstigeren Licht dar. Aber es war ein großer Fehler, dass ich ihnen von den turbulenten [sexuellen, KM] Abenteuern von Maḥmūd Muḫtar Paşa und Asadullāh Khan erzählte – natürlich, ohne ihre Namen zu nennen. Der Vorsitzende Kemmerich war sehr wütend [...] und entschuldigte sich nach meinem Vortrag öffentlich.“[1205]

Vom Gebaren des Diplomaten Muḫtar Paşa wusste Süßheim vermutlich aus der Korrespondenz, die er für die Zensur im Weltkrieg eingesehen hatte[1206], Asadullāh Khan wiederum war ein Student aus Teheran, der in München für Ingenieurswesen eingeschrieben war und den Süßheim im November 1918 kennengelernt hatte[1207]. Der junge Mann hatte ihn

1202 Vgl. Tagebuch KS, 20.10.1919.

1203 Vgl. Kap. I.3.

1204 Süßheim, Rezension Fahmy, Sp. 1906f.

1205 Aus der englischen Übersetzung in der Tagebuchedition (Flemming u. Schmidt, Diary, S. 232f.) ins Deutsche übertragen. Bei der Tagesangabe (20.10.1919) muss ein Fehler unterlaufen sein; die entsprechende Textstelle lässt sich dort (Nachlass KS (SBB) Hs. or. 1135/11, fol. 38rff.) nicht finden.

1206 Vgl. dazu die privaten Briefe in Kap. II.1.

1207 Vgl. Tagebuch KS, 2.11.1918.

gebeten, seinen Ehevertrag mit einer deutschen Bildhauerin zu übersetzen, die er als seine Frau mit in den Iran nehmen wollte.[1208] Süßheim war sich sicher, dass Khan die Deutsche, mit der er offenbar bereits in eheähnlichen Verhältnissen zusammenlebte, nur ausnutzen wollte – er zweifelte daran, dass er sie wirklich auch offiziell heiraten würde.[1209] Weil er dieses Verhalten missbilligte, weigerte er sich, Khan zu helfen, und brach den Kontakt ab. Süßheim, der das „Sittenleben" der Muslime, wie er es in einem früheren Text genannt und vor nicht allzu langer Zeit als dem europäischen deutlich überlegen beschrieben hatte[1210], schätzte, beäugte auch das Verständnis so manches Jungtürken von „Modernisierung" in diesen Fragen mit kritischer Distanz. Der Misserfolg seines Vortrags erwischte Karl Süßheim trotzdem kalt. Vor seinen Freunden im Club Insel hatte er ihn probeweise vorgetragen – diese hatten sich über seine anschaulichen Ausführungen zur Polygamie der Muslime anscheinend noch sehr gefreut.[1211]

Ob nun wegen der nachhaltigen Verärgerung Max Kemmerichs, oder weil das Erlebnis als solches ihn entmutigt hatte – Süßheim trug in den folgenden eineinhalb Jahren nicht mehr öffentlich vor, und auch seine Forschungen waren kein großes Thema im Tagebuch, in dem er sich stattdessen exzessiv seiner Briefmarkensammlung widmete.[1212] Der erste Vortrag nach dieser Pause sollte schließlich ebenfalls nicht richtig gelingen: Im März 1922 sprach er über die Entwicklung der Wissenschaften in der Türkei während des Ersten Weltkriegs und zeigte sich hinterher unzufrieden und selbstkritisch.[1213] Er sei schnell müde geworden, das Ende sei ihm nicht gelungen, sein Vortrag für Deutsche viel zu detailliert gewesen: „Mir wurde am Ende nicht [einmal] gedankt"[1214], schrieb er. Süßheim wird, bis uns die Möglichkeit, dies in seinem Tagebuch nachzuverfolgen verlässt, danach nur noch einen einzigen Vortrag halten.[1215] Die Misserfolge bei seinen öffentlichen Auftritten waren für ihn, der während des Weltkriegs so gute Erfahrungen mit seiner Vortragstätigkeit gemacht hatte, offenbar äußerst schwer zu verdauen. Der Tagebucheintrag über seinen Vortrag zur jüngsten Wissenschaftsgeschichte der Türkei ist allerdings noch aus einem weiteren Grund interessant, denn darin positionierte Karl Süßheim sich klar zum aktuellen Geschehen in Nahost: „Ich lobte die Türken. Ich überschüttete auch die Unabhängigkeitsbewegung mit Lob"[1216], schrieb er.

Während der Erste Weltkrieg im Westen Europas mit dem Waffenstillstand wirklich zu Ende ging, war er in Ostmitteleuropa und im Nahen Osten noch lange nicht vor-

1208 Vgl. ebd., 28. 9. 1919.
1209 Hier und im Folgenden vgl. ebd., 29. 9. 1919.
1210 Vgl. Kap. I.3.
1211 Vgl. Tagebuch KS, 15. 4. 1919.
1212 Vgl. Flemming u. Schmidt, Diary, S. 233.
1213 Hier und im Folgenden vgl. Tagebuch KS, 31. 3. 1922. Er ging bei seinem Vortrag sicher auch auf die deutsche Professorenmission ein, bei der er selbst übergangen worden war, vgl. Kap. II.1.
1214 Tagebuch KS, 31. 3. 1922, Nachlass KS (SBB) Hs. or. 1 135/12, fol. 86r f.
1215 An der Technischen Universität Aachen sprach er über persische Literatur, vgl. ebd., 5. 2. 1923.
1216 Ebd., 31. 3. 1922, Nachlass KS (SBB) Hs. or. 1 135/12, fol. 86r f.

bei.[1217] Die Gruppe um den jungtürkischen Offizier Muṣṭafā Kemāl erkannte den Vertrag von Sèvres nicht an und ließ es auf ein erneutes Kräftemessen ankommen: Der Krieg um Kleinasien 1919–22 folgte auf osmanischer Seite der Idee einer Nation, die nicht mehr multikulturell und daher osmanisch, sondern exklusiv türkisch und muslimisch sein sollte. Der Massenmord an den Armeniern von 1915/16 hatte in diesem Zusammenhang auch eine ideologische Funktion erfüllt: „Der Genozid des KEF steht beispielhaft für die Idee, durch Zerstörung einer rassischen oder ethno-religiösen Gruppe den Aufbau der eigenen Nation zu betreiben"[1218], schreibt der Schweizer Türkei-Experte Hans-Lukas Kieser. Dass die Gründung eines souveränen Staates tatsächlich gelingen würde, war nach der totalen Niederlage im Weltkrieg und dem Vertrag von Sèvres zunächst keineswegs absehbar, wie auch aus Karl Süßheims Tagebuch hervorgeht. Im Dezember 1921 stattete der niederländische Orientalist Johannes Hendrik Kramers, der einen Ruf an die Universität Leiden für Arabisch und Islamwissenschaften erhalten hatte, Süßheim auf seiner Heimreise aus Konstantinopel einen Besuch ab.[1219] Der Mann war der Meinung, dass die Muslime die Stadt verlieren würden – und berichtete Süßheim, dass das Leben für Deutsche dort mittlerweile unmöglich sei. Nicht nur das Verhältnis zu den Besatzern im besiegten Großreich war schwierig, auch die verbliebenen Minderheiten bereiteten Probleme: Als sich abzeichnete, dass die kurdische Bevölkerung trotz anderslautender Versprechungen kein autonomes Gebiet erhalten würde, revoltierten einige Stämme und forderten die Errichtung eines unabhängigen Staates. Der sogenannte Koçgiri-Aufstand wurde 1921 blutig niedergeschlagen. Zwei Jahre später wird Süßheim in München den kurdischen Nationalisten Celādet ʿAlī Bedir Ḫān treffen: „Er erläuterte mir den Kurdistan-Aufstand, den er selbst 1921 in Malatya angestachelt hatte, seinen Versuch eines Aufstandes, den er von Mossul aus über die osmanische Grenze marschierend, dort anzetteln wollte [...]. Weil er vom Gericht in Sivas zum Tode verurteilt worden ist, meidet er die Türken, die Osmanen hier. Das Deutsche hat er ziemlich gut gelernt."[1220]

Trotz der inneren und äußeren Hindernisse aber gelang den Türken das scheinbar Unmögliche: Im „nationalen Befreiungskrieg" wurden die Truppen der Besatzer zurückgeschlagen. Im September 1922 zogen sich die Griechen aus Kleinasien zurück; damit verbunden war eine Massenflucht der griechischen Bewohner von Smyrna. Die griechische Bevölkerung wurde aus dem Gebiet des Vielvölkerstaats vertrieben, im Gegenzug verwies Griechenland türkischstämmige Einwohner des Landes. In Konstantinopel trat die Regierung zurück, und der letzte Sultan des Osmanischen Reichs musste zusammen mit allen Mitgliedern der Dynastie das Land verlassen. Die türkischen Nationalisten fackelten nicht lange: In ʿAbdülmecīd II. war ein neuer Kalif gefunden, doch die Sultanswürde sollte er nicht

1217 So auch das Leitmotiv der jüngst ins Deutsche übersetzten Veröffentlichung von Włodzimierz Borodziej u. Maciej Górny: Der vergessene Weltkrieg. Europas Osten 1912–1923, 2 Bde., Darmstadt 2018, vgl. hier insbesondere Bd. 2: Nationen. 1917–1923.

1218 Kieser, Genozid.

1219 Im Folgenden vgl. Tagebuch KS, 9.12.1921.

1220 Ebd., 29.6.1923, Nachlass KS (SBB) Hs. or. 1135/13, fol. 49r.

mehr erhalten. Der Waffenstillstand von Mudanya im Oktober 1922 ebnete den Weg für die endgültige Machtübernahme der Männer um Muṣṭafā Kemāl.[1221] Als einstiger Kriegsverlierer und -verbrecher war die Türkei schließlich überaus erfolgreich: Im Vertrag von Lausanne 1923 gingen die Täter des Genozids straffrei aus, und auf ganz Anatolien – einschließlich der ehemaligen Kernsiedlungsgebiete der armenischen Minderheit – wurde die türkische Republik gegründet. Der brutale „Bevölkerungsaustausch" zwischen Griechenland und der Türkei wurde darin von den Großmächten abgesegnet und schließlich nahezu vollständig durchgeführt. Das beiderseitige Ziel, ein homogenes Staatsvolk zu regieren, wird heute unter der Bezeichnung „ethnische Säuberung" diskutiert.[1222]

Die nachwirkende Enttäuschung nicht nur von Teilen der kurdischen Bevölkerung über die Nachkriegsbestimmungen wird Karl Süßheim nicht verborgen geblieben sein: 1924 traf er wiederholt eine Gruppe junger Araber in Münchner Cafés[1223] – auch die Versprechungen an den arabischen Teil des Osmanischen Reichs waren, wie wir bereits gesehen haben, nie umgesetzt worden. Dafür waren nun aber türkische Fakten geschaffen: Die letzten Truppen der Siegermächte verließen Konstantinopel im Herbst 1923. Die türkische Republik wurde am 29. Oktober ausgerufen: Muṣṭafā Kemāl selbst fungierte als Staatspräsident, sein Vertrauter Muṣṭafā İsmet, später unter dem Namen İsmet İnönü (und als sein Nachfolger) bekannt, wurde der erste Ministerpräsident der Türkei. Der erfolgreiche Widerstand gegen den Vertrag von Sèvres verhalf Muṣṭafā Kemāl zu seinem kometenhaften Aufstieg: Die Selbstbehauptung der Türkei unter den widrigen Bedingungen des verlorenen Krieges machte aus ihm eine nationale Identifikationsfigur, die ihresgleichen sucht. Die Kemālisten, wie seine Anhänger sich nannten, fanden aber auch international schnell Anerkennung – die junge Republik war nun der offizielle Nachfolgestaat des Osmanischen Reichs, und hatte, so nicht zuletzt die deutsche Wahrnehmung, das Blatt in einer bewundernswerten Machtdemonstration gewendet.[1224] Im Gegensatz zu Deutschland hatte es der ehemalige Bündnispartner mithilfe eines starken Führers geschafft, die „Fesseln" der harten Friedensbedingungen abzustreifen. Der Historiker Stefan Ihrig bezeichnet den türkischen Unabhängigkeitskrieg dicht belegt als „major Weimar media event"[1225] und zeigt eine Karikatur aus dem *Kladderadatsch* von 1922, in der ein türkischer Kämpfer mit dem Krummsäbel die Vertragspapiere von Sèvres zerteilt.

Entgegen anderslautender Behauptungen hat Karl Süßheim Muṣṭafā Kemāl, den „Vatertürken", nie getroffen.[1226] Dafür machte er kurz vor der Republikgründung Bekanntschaft mit einer gefeierten Heldin des Unabhängigkeitskriegs, einer der prominentesten Frauenfiguren

1221 In dieser Vereinbarung einigte sich die Türkei mit Italien, Frankreich und Großbritannien auf ein Ende der Kampfhandlungen an der westlichen Front des Unabhängigkeitskriegs.

1222 Vgl. dazu Schwartz, Säuberungen, S. 396–424.

1223 Vgl. Tagebuch KS, 27.1. u. 17.2.1924.

1224 Kemāls berühmte mehrtägige sogenannte „Nutuk"-Rede im Oktober 1927 tat später ihr Übriges, um dessen, von nun an verbindliche, Darstellung und Deutung des Unabhängigkeitskrieges als allgemeine Lesart der Ereignisse festzuschreiben, vgl. Hanioğlu, Atatürk (2015), S. 191 f.

1225 Ihrig, Atatürk, S. 64.

1226 Diese Information liefert (ohne Beleg) Hanisch, Windschatten, S. 223.

der neuen Türkei. Im August 1923 traf Süßheim die türkische Autorin Ḫālide Edib (Adıvar)[1227], die führende Frauenrechtlerin ihrer Heimat.[1228] Er arbeitete zu dieser Zeit an einem Vortrag über das muslimische Theater und erhoffte sich Informationen über die jüngsten Entwicklungen auf den Bühnen des Nahen Ostens. Ḫālide Edib besuchte in München ihre beiden Söhne – „der ältere von ihnen studiert Ingenieurwesen, der jüngere Landwirtschaft“[1229], schrieb Süßheim. Ihm zufolge hatten die beiden ihre Mutter seit drei Jahren nicht gesehen; einer von ihnen erinnere mit seinem Haarschnitt, Aussehen und Verhalten an einen Griechen. Über die Mutter, der er diese Beobachtung sicher vorenthalten hat, schrieb Süßheim: „Obwohl Ḫālide Edib mindestens fünfunddreißig Jahre alt sein muss, sieht man es ihr nicht an; sie sieht jünger aus. […] Ḫālide Edib hat an der Schlacht am Sakarya teilgenommen, die im August 1921 stattgefunden hat. Es ist möglich, dass ihr Drehbuch ‚Das Flammenhemd‘ auf den Ereignissen beruht, die während dieses Feldzugs vorgefallen sind. Die englische Übersetzung wird in Amerika gedruckt werden. Sie findet es wichtig, eine deutsche Übersetzung drucken zu lassen.[1230] Nach ihrer Rückkehr nach Istanbul will sie mir ein Exemplar schicken. Stolz kündigte sie an, dass ihre beiden Söhne nach ihrer Ausbildung nach Istanbul zurückkehren werden, denn die Dame ist eine sehr leidenschaftliche Nationalistin.“[1231]

Die Schlacht am Sakarya war das wichtigste Gefecht des Unabhängigkeitskrieges und dauerte zwei Wochen: Am 13. September 1921 hatten die Griechen damit begonnen, sich zurückzuziehen; die Türken errangen den entscheidenden Sieg.[1232] Süßheims neue Bekannte hatte als Unteroffizierin gedient und war Muṣṭafā Kemāl eine willkommene Ikone des türkischen Feminismus. Schon bald aber sollte sie eine andere Seite seines Systems kennenlernen: Ein Jahr nach ihrem Treffen mit Karl Süßheim wird die Frauenrechtlerin zusammen mit ihrem Mann die erste Oppositionspartei der türkischen Republik gründen, die *Terrakiperver Cumhuriyet Fırkası* („Progressive Republikanische Partei“).[1233] Echte Kritiker und Andersdenkende aber hatten im neugeborenen türkischen Staat wenig Raum; wer das große Projekt des Staatsgründers störte, fand sich schon bald vor Gericht oder – wie Ḫālide Edib – im Exil wieder.

1227 Zwei jüngere biografische Arbeiten zu ihr stammen von İpek Çalışlar: Halide Edib. Biyografisine sığmayan kadın, İstanbul 2010 u. Hülya Adak: Halide Edib ve Siyasal Şiddet. Ermeni Kırımı, Diktatörlük ve Şiddetsizlik, İstanbul 2016.

1228 Hier und im Folgenden vgl. Tagebuch KS, 2.8.1923.

1229 Ebd., Nachlass KS (SBB) Hs. or. 1 135/13, fol. 51v ff.

1230 Chalide Edib: Das Flammenhemd, Wien u.a. 5. Aufl. 1925 [zuerst: Konstantinopel 1922]. Der Film *„Ateşten Gömlek“* („Flammenhemd“) basierte auf Edibs gleichnamiger Novelle, die 1922 in Konstantinopel veröffentlicht wurde; 1923 wurde er produziert, vgl. Giovanni Scognamillo: Türk Sinema Tarihi. Birinci Cilt, 1896–1959, [İstanbul] 1987, S. 38.

1231 Tagebuch KS, 2.8.1923, Nachlass KS (SBB) Hs. or. 1 135/13, fol. 51v ff.

1232 Zur Bedeutung der Schlacht vgl. Erik J[an] Zürcher: Turkey. A Modern History, 4. Aufl. London 2017, S. 155 f.

1233 Über die Partei gibt es eine türkischsprachige Untersuchung von Erik Jan Zürcher: Terrakiperver Cumhuriyet Fırkası (1924–1925), İstanbul 2003.

Sie war ein wichtiges Vorbild für viele türkische Frauen: die Feministin und glühende Nationalistin Ḫālide Edib. Mit Süßheim unterhielt sie sich über das Theater in der Türkei.

Der Weg für die Umgestaltung der Türkei nach den Vorstellungen Muṣṭafā Kemāls war frei, er konnte dabei auf spätosmanische Reformbemühungen genauso wie auf europäische Theorien und Modelle, wie sie in der jungtürkischen Bewegung seit jeher rezipiert worden waren, zurückgreifen.[1234] Im Zuge der gewünschten Modernisierung wurde mit einer Vielzahl bedeutender Traditionen gebrochen, die neue Türkei verfolgte einen rigorosen Reformkurs: Abschaffung des Kalifats 1924, Verbot des Fez 1925[1235], noch im selben

1234 Dies unterstreicht auch Hanioğlu, Atatürk, S. 227 ff. Vgl. dazu auch Kap. I.2.

1235 Im „Hutgesetz" (*şapka kanunu*) wurden alle Staatsbediensteten verpflichtet, als „eines der sichtbarsten Zeichen des Kampfes gegen Fanatismus und Unwissen", wie M. Şükrü Hanioğlu schreibt, Hüte nach europäischer Mode zu tragen. Der als griechisch „verunglimpfte" Fez wurde damit untersagt – was bemerkenswerterweise heftigere gesellschaftliche Proteste hervorrief als die Abschaffung des Kalifats. In der Folge wurden „Hutgegner" vor republikanische „Unabhängigkeitstribunale" gestellt und Anführer von öffentlichen Protesten mitunter sogar zum Tode verurteilt. Hanioğlu, Atatürk, S. 210 f.

Jahr die Adaption des europäischen Kalenders und, nach dem sogenannten „Scheich-Said-Aufstand" der Kurden[1236], das Verbot von oppositionellen Zeitungen und Gruppierungen. Etwa zu dieser Zeit müssen zwei Aufsätze von Karl Süßheim entstanden sein, die offenbar unveröffentlicht geblieben sind, die Titel: „Die Vorgeschichte der kurdischen Freiheitsbewegung" und „Mossul".[1237] Bei den Texten handelt es sich um ein besonderes Fundstück aus dem Washingtoner Nachlass. Da sie, wo sein Tagebuch schweigt, einigen Aufschluss über Süßheims Verhältnis zur Türkei in seiner zweiten Lebenshälfte bieten, sollen sie nicht das Schicksal seines Artikels über die Bahā'ī teilen, und werden hier ausführlich zitiert. „Die Ausrottung der Armenier aus der asiatischen Türkei begann im Jahre 1891 und endete etwa 1920", schrieb er darin zum Beispiel: „Sie ist grossenteils das Werk der Kurden, die im Auftrage oder nach den Eingebungen der türkischen Behörden handelten."[1238] Zwei Aspekte an dieser Passage sind bemerkenswert: Zum ersten Mal findet sich hier aus der Feder Karl Süßheims die klare Bezeichnung des Geschehens als „Ausrottung" und seiner Verantwortlichkeit („im Auftrage […] der türkischen Behörden"), was verdeutlicht, dass er nicht bereit war, Muṣṭafā Kemāls Narrativ zu stützen, der, wie wir hörten, den Genozid nicht anerkannte.[1239] Süßheim benannte überdies bereits damals – sicher in übertriebener Darstellung – die Mittäterschaft der kurdischen Stämme an der Vernichtung[1240], die bis heute bei der Auseinandersetzung mit dem Geschehen meist in einem Nebensatz abgehandelt wird. Sein allzu pauschales Negativbild der „blutrünstigen" Kurden[1241] hatte Süßheim aber indessen abgelegt – auch dies geht aus seinem Aufsatz hervor. Er zeichnete ein überaus differenziertes Bild der kurdischen Minderheit[1242], und er schrieb, dass die große Mehrheit der Kurden an einem eigenen Staat nicht interessiert sei:

1236 Die Erhebung war eine Reaktion einiger kurdischer Stämme auf die Säkularisierungslinie der Kemalistischen Republik und wurde binnen weniger Wochen niedergeschlagen, vgl. dazu Bruinessen, Osmanismus.

1237 Das letzte Ereignis, das Süßheim in diesen Texten erwähnt, ist eine Sitzung des Völkerbundes in Genf im August und September 1925. Karl Süßheim: Die Vorgeschichte der kurdischen Freiheitsbewegung u. Ders.: Mossul [undatierte, unveröffentlichte, maschinenschriftliche und handschriftlich überarbeitete Manuskripte, nach September 1925], in: Nachlass KS (LOC), Box 9. Bei der Zitation im Folgenden sind Süßheims nachträgliche Korrekturen ohne weitere Kennzeichnung aufgenommen.

1238 Süßheim, Vorgeschichte, S. [1].

1239 Vgl. Kap. II.1.

1240 Vgl. dazu Kap. II.1.

1241 Vgl. Kap. I.2, u. I.3.

1242 Eine der wichtigsten ihrer Vertreter, schrieb er, „[d]ie Familie Bedr Chans geniest [sic!] heutzutage unter Kurden bedeutendes Ansehen und scheint zu Grossem berufen zu sein. Bedr Chans Nachkommen sind fleissige, vielseitig gebildete, ernste Leute, die einem parasitischen Genussleben abhold sind. Zuweilen allerdings nehmen manche ihrer Glieder den Mund etwas voll. Ist doch im Juli 1924 eine ‚Prinzessin' Leila als Tänzerin in Wien aufgetreten und hat sich dort als Tochter des ‚Kaisers von Kurdistan' […] und Enkelin Bedr Chans feiern lassen." Süßheim, Vorgeschichte, S. [7]. Bedirxan Beg, auch bekannt als Bedir Ḫān (1802–1868) war ein Kurdenfürst in der türkischen Provinz Şırnak im heutigen Grenzgebiet zum Irak und zu Syrien. Einige seiner Nachfahren spielten in der kurdischen Nationalbewegung eine entscheidende Rolle. Vgl. Hasan Gökçe: Bedir Khan Bey,

„Die Kurden […], welche mit 60 % der Gesamtbevölkerung [der Provinz Mossul, KM] die absolute Mehrheit bilden, sträuben sich gegen den Gedanken, nationale Selbständigkeit zu beanspruchen. Sie sind seit fast 900 Jahren als Glieder türkischer Staaten von ihren Herren so glänzend behandelt worden und haben in diesem Zeitraum ihre Volkszahl und ihr Verbreitungsgebiet so sehr ausgedehnt, wie sie es auf der Grundlage kurdischer Staaten nie zu Wege gebracht hätten. Die Kurden erstreben also augenblicklich keine politische Selbständigkeit, sondern Unterordnung unter andere, benachbarte Staatengebilde, aber weniger unter das arabische Königreich Irak, als unter die türkische Republik. Auch sehr viele Araber und natürlich der kleine Bruchteil, welchen die Türken in der Provinz Mossul bilden, sehnen sich nach der Herrschaft der Türkei, weil sie, wie Muhammedaner überall in der Welt, die Herrschaft des rein muhammedanischen Staates, in diesem Falle der Türkei, einem von Engländern ‚bevormundeten' Staate vorziehen. Seltene Ausnahmen abgesehen, betrachtet es jeder Muhammedaner als eine religiöse und nationale Verunglimpfung, ja als eine persönliche Beleidigung, von Nichtmuhammedanern regiert zu werden."[1243]

Diese Perspektive ist bemerkenswert und unterstreicht, dass das Meinungsbild der kurdischen Bevölkerung zu dieser Zeit zumindest unentschieden und heterogen war. Auch in Süßheims zweitem Text aber, der sich Mossul widmete (der „letzte[n], noch nicht verteilte[n] Provinz des ehemaligen Osmanischen Kaiserreiches"[1244], um welche Großbritannien als Mandatsträger über Mesopotamien mit den Türken buhlte), machte er sich für die türkischen Ansprüche stark.[1245] Er plädierte für eine vernünftige „Zwischenlösung"[1246] und betonte, dass das „Selbstbestimmungsrecht der Völker" für die türkischen Provinzen auch dann gelte, wenn die Bevölkerungen unter dem Dach der türkischen Republik bleiben wollten, selbst

der Emir von Cezire – einer der letzten autonomen Kurdenfürsten des 19. Jahrhunderts, in: Hans-Lukas Kieser (Hrsg.): Kurdistan und Europa. Einblicke in die kurdische Geschichte des 19. und 20. Jahrhunderts, Zürich 1997, S. 77–112.

1243 Süßheim, Mossul, S. 2.

1244 Ebd., S. [1].

1245 „Die von England geltend gemachten Artikel 3 und 16 des Friedens von Lausanne (24. Juli 1923) sprechen weder ausdrücklich noch stillschweigend einen Verzicht der Türkei auf Mossul oder ein Recht des Völkerbundes zur Entscheidung des Streites um Mossul aus." Ebd., S. 5 f.

1246 „Der britische Kolonialminister Amery tut stets so, als ob die […] Mitglieder der Untersuchungskommission ihm keinen Mittelweg gezeigt hätten. Die drei Herren der Kommission des Völkerbundes haben im Gegenteil in Genf während der jüngsten Session des Völkerungsbundes [sic!] (August und September 1925) nicht den geringsten Hehl daraus gemacht, dass sie nötigenfalls zur Verhütung von offenem Zwist einen ganz bestimmten Fluss als Grenzlinie angelegentlichst empfehlen: den Kleinen Sab, einen östlichen Nebenfluß des Tigris. Dadurch würde die volle südliche Hälfte der strittigen Provinz mit der Hälfte ihrer Einwohner an das Königreich Irak fallen, aber auch die wichtigsten Petroleumgebiete. Es scheint indes fraglich, ob heute die türkische Regierung noch soweit in ihren Zugeständnissen an England gehen wird." Ebd., S. 7 f. Die ehemalige osmanische Provinz Mossul wurde dem Irak zugesprochen und liegt heute in der Autonomen Region Kurdistan im Nordirak.

wenn, wie er die Sache sah, eine „englische Verwaltung, ja auch nur englische Beratung der Bevölkerung jedes Staatswesens in Vorder- und Mittelasien zu grösstem Segen gereichen“[1247] könne. „Die Provinz Mossul würde […] unter englischer Oberhoheit materiell und kulturell zu einer lange nicht mehr gekannten Blüte emporschnellen“, schrieb Süßheim, „[a]ber England hat sich wegen gewisser Vorgänge in Indien bei fremden Völkern in den Ruf gebracht, diese mit wenig Rücksicht für deren eigenes Wohl auszubeuten, ja“, schob er hinterher, diese „bis aufs Blut auszusaugen“[1248]. „Und so halten es die Völker des asiatischen Kontinentes meist mit ihrer Menschenwürde für unvereinbar, das Geschenk englisch-europäischer Kultur anzunehmen“, fuhr er nicht weniger deutlich fort, und „sich unter britische Kontrolle zu stellen. Der Europäer ist geneigt, über englische Kolonialmethoden ein viel gelinderes Urteil zu fällen.“

Der in der Zeit der Aufklärung zu einem umfassenden philosophischen Konzept ausformulierte Begriff der Menschenwürde als zentrale Kategorie in Süßheims Denken ist hier erstmals verschriftlicht. An seiner Überzeugung von der Gültigkeit dieser Tradition hatte sich nichts geändert – diesen Teil der europäischen Kultur betrachtete Süßheim nach wie vor als Geschenk an den Rest der Welt. Das Neue war: Die türkische Republik unter Muṣṭafā Kemāl war seiner Meinung nach überaus gewillt, dieses auch anzunehmen. Es ist also offensichtlich und auch folgerichtig, dass der Orientalist Karl Süßheim zu Mitte der 1920er-Jahre ein ausgesprochen positives Bild von der Türkei und ihres Präsidenten hatte, der es in seinen Augen verstand, die Bevölkerung mit der Moderne zu versöhnen und nach innen und außen Vernunft an den Tag legte:

> „Die Türkei ist militärisch in einer sehr günstigen Position. Überall von der Bevölkerung unterstützt und mit offenen Armen aufgenommen, kann sie mühelos ihre alte Provinz Mossul wieder besetzen. Die Türkei ist aber bereit, westlich auf den größten Teil des Gebietes und östlich des Tigris im Süden auf einen schmalen Streifen Landes zu verzichten. […] Hätte England der Türkei rasch seine Hand zu friedlichem Austrag der Frage geboten, so hätte das irakische Königreich eine günstige Regelung seiner Nordgrenze erreichen können. […] In den letzten sechs Jahren pflegten manche europäische Staatsmänner hartnäckig auf ein mehr oder minder gewaltsames Ende des Retters der Türkei, Mustapha Kemal Paschas, zu warten[,] und haben sogar in ihren Parlamenten, halb triumphierend, auf dieses bevorstehende wichtige Ereignis hingewiesen. Allein die Türkei hat sich seit 1919 unter Kemal Pascha immer mehr befestigt und ausgebreitet, und ist, verbündet mit Russland und von dieser Macht tätig unterstützt, seit 1922 schwer angreifbar. Mustapha Kemal lebt und die Kugeln, welche für ihn bestimmt waren, sind auf seine Feinde zurückgeprallt.“[1249]

1247 Ebd., S. 3.
1248 Hier und die folgenden Zitate: ebd., S. 4.
1249 Ebd., S. 6f.

Der türkische Präsident war in der Tat sehr lebendig und trieb seine Umgestaltung der türkischen Gesellschaft kompromisslos voran: 1926 wurde das neue Zivilgesetzbuch verabschiedet, die islamische Rechtsprechung abgeschafft und das Verbot des Alkoholkonsums in der Öffentlichkeit aufgehoben. Als sichtbares Zeichen des Bruchs mit dem alten Reich hatte Muṣṭafā Kemāl gleich mit der Staatsgründung das politische Zentrum nach Ankara im anatolischen Herzen der Türkei verlegt. Konstantinopel erfand sich derweil auch offiziell unter dem Namen „İstanbul" neu, als „Insel der Ausgestoßenen und Tüchtigen", wie Charles King schreibt – die Stadt entwickelte sich „zur kosmopolitischen Ex-Hauptstadt eines islamischen Reichs, das den Traum vom Nationalstaat träumte" und rang „um ihren eigenen Weg zu einer sowohl islamischen als auch modernen Identität"[1250]. Im November 1928 kam es schließlich zum wohl radikalsten staatlichen Eingriff aller Zeiten in die Schriftkultur eines Landes: Die arabisch-persische Schrift des Osmanischen wurde durch eine modifizierte Form des lateinischen Alphabets ersetzt, Wörter nicht-türkischen, insbesondere kurdischen, Ursprungs, soweit als solche erkannt, wurden kurzerhand aus dem Wortschatz verbannt.[1251] Dies war unschwer auch als Vorgehen gegen religiöse Traditionen zu deuten, denn die orientalischen Zeichen waren stets auch als Schrift des heiligen Koran interpretiert worden.[1252] Zeit, sich an die Neuerungen zu gewöhnen, hatten die Türken nicht: Schon ab dem 1. Januar 1929 war der Druck von Büchern in der alten Schrift verboten, und im ganzen Land wurden „Schulen der Nation" gegründet, um die neue zu verbreiten.[1253] Während die Reform zeitgenössisch von deutschen Turkologen in ihrer Mehrzahl skeptisch betrachtet wurde, sind Linguisten sich heute weitgehend einig, dass das modifizierte lateinische Alphabet der türkischen Sprache tatsächlich besser gerecht wird.[1254] Ein wesentliches Argument: Für die meisten Europäer war das Erlernen der türkischen Sprache von nun an deutlich einfacher, und für die Wissenschaft entfiel die Aneignung komplizierter Transkriptions- und Transliterationsregeln.[1255] Für Sprachkundige wie Karl Süßheim bedeutete dies allerdings auch: Ihr Alleinstellungsmerkmal, das sichere Beherrschen des Osmanisch-Türkischen, war zwar für den Umgang

1250 King, Mitternacht, S. 13.

1251 Wie radikal diese Forderungen waren, wird auch mit Blick auf die Bemerkungen zum Osmanisch-Türkischen in der Hinführung klar ersichtlich.

1252 Dazu ist sogar eine Fatwa aus dem Jahr 1910 überliefert: Die religiösen Autoritäten des Osmanischen Reichs konstatierten, dass ein Muslim sich an seiner Religion versündige, wenn er ein anderes als das arabische Alphabet verwende, vgl. Hanioğlu, Atatürk, S. 217. Ähnlich religiös aufgeladen war auch Atatürks Entscheidung, die islamische Zeitrechnung durch die Einführung des Gregorianischen Kalenders mitsamt seiner Unterscheidung in vor- und nachchristliche Zeit zu ersetzen. Als endgültiger Bruch mit der religiösen Tradition wurde von vielen die Einführung des Sonntags als Wochenfeiertag empfunden, der fortan den muslimischen Freitag ersetzte.

1253 Vgl. Kreiser, Abschied, S. 121 f.

1254 Angeführt wurden zunächst insbesondere orthografische Schwierigkeiten bei der Ersetzung arabischer und persischer Wörter durch türkische, vgl. ebd., S. 122 f. Ein Hauptproblem der Verschriftlichung des Türkischen im arabisch-persischen Alphabet war dagegen stets die Darstellung der Vokale, vgl. dazu auch die Hinführung.

1255 Vgl. Kreiser, Abschied, S. 124.

mit historischen Quellen nach wie vor unerlässlich, doch bei der Analyse der zeitgenössischen Türkei würde es in Zukunft mehr Konkurrenz geben. Natürlich beherrschte Süßheim auch die latinisierte Form schnell und dass er seine Korrespondenz nach der Reform bis in die 1930er-Jahre hinein zum Teil in der alten Form aufrecht erhalten wird[1256], zeugt sicher nicht zuletzt schlicht von seiner sentimentalen Trauer ums Osmanische, das er wie seine Muttersprache beherrschte. Es macht aber auch deutlich, dass der alltägliche Gebrauch des latinisierten Türkisch, zumindest im Privaten, ein komplexeres Projekt war, als es von den Machern der Gesetze erhofft und kommuniziert worden war.

Ganz symbolisch wollte der Staatsgründer im Westen in Zukunft also ohne Hilfszeichen geschrieben werden, aus Muṣṭafā Kemāl wurde Mustafa Kemal. Der Staatsgründer unterdrückte auch das autonome islamische Bildungswesen, genauso wie er die rechtliche Gleichstellung der Frauen vorantrieb.[1257] Seine Anlehnung an europäische Traditionen zeigte sich schließlich darin, dass ab Juni 1934 verbindlich Familiennamen getragen werden mussten[1258] – ein Novum in der türkischen Gesellschaft, das nicht zuletzt dem Staatspräsidenten selbst zu seinem Ehrennamen „Atatürk" verhalf.[1259] Seine Ambitionen waren, bevor er die Macht erlangte, in ihrem Ausmaß und auch in ihrer Ausrichtung nicht unbedingt absehbar gewesen: Mustafa Kemal war ein Meister des Pragmatismus, wenn es der Erreichung seiner Ziele diente. So verwendete er trotz der eigentlichen Verachtung, die er für die Religion übrig hatte, lange durchaus islamische Rhetorik, da dies angesichts einer stark muslimisch geprägten Gesellschaft erfolgsversprechend schien; dasselbe galt für pseudo-kommunistische Sprachformeln, die es ihm erlaubten, sich die sowjetische Großmacht gewogen zu halten.[1260]

Die Bindung an die alten Mächte Europas aber, oder besser: eine Implementierung und Anpassung der Moderne an (jung-)türkische Bedürfnisse, war die Leitplanke des

1256 Vgl. dazu Kap. II.3.

1257 Lange vor der Umsetzung in vielen europäischen Ländern wurde das aktive Frauenwahlrecht in der Türkei schon in den 1920er-Jahren eingeführt; 1934 folgte auch das umfassende passive Wahlrecht. Die türkische Frauenbewegung wurde von Muṣṭafā Kemāl und seinen Gefährten so weit unterstützt, als sie sich dem republikanischen Programm unterwarf und eine kleine Elite an Vorzeigefrauen produzierte. Von einer umfassenden gesellschaftlichen Umwälzung des Verhältnisses von Mann und Frau blieb die Türkei weit entfernt und ein großer Teil der Bevölkerung seinen konservativen familiären Traditionen verhaftet, vgl. Hanioğlu, Atatürk, S. 212ff. Über die kurze Ehe des Staatsgründers mit der selbstbewussten Lāṭife und das Verhältnis zu seinen diversen Adoptivtöchtern ließe sich ein eigenes Buch schreiben; hier sei nur verwiesen auf die bereits zitierte wegweisende Arbeit der türkischen Journalistin İpek Çalışlar, Latife.

1258 Das „Familiennamengesetz" schaffte das verwirrende Namenssystem der osmanischen Zeit ab: Personen waren durch eine Vielzahl von unterschiedlichen Namen und Umschreibungen bezeichnet worden, die neben Eigennamen etwa auch Rückschlüsse auf den Vater oder den Herkunftsort zuließen. Dabei waren Verwechslungen von Personen mit ähnlichen „Merkmalen" an der Tagesordnung, vgl. Hanioğlu, Atatürk, S. 216.

1259 Vgl. dazu auch die Hinführung.

1260 Vgl. das Kapitel „Islamischer Kommunismus? Der Türkische Befreiungskrieg" bei Hanioğlu, Atatürk, S. 102–141.

Atatürk'schen Systems, und sie trug erfolgreich. „Bei allen Veränderungen, die das Atatürk-Bild noch erleben wird", schreibt Klaus Kreiser als letzten Satz seiner Biografie, „scheint aber doch festzustehen, dass die Brandhorizonte der Kriege zwischen 1912 und 1922 für zukünftige Archäologen weniger auffällig sein werden als die breite Kulturschicht der Jahre 1920 bis 1938."[1261] Neben den auch heute vielerorts als „positive Verwestlichung" wahrgenommenen Veränderungen in der türkischen Gesellschaft waren Atatürk und sein Gefolge wie bereits das jungtürkische Milieu, aus dem er stammte, vor problematischem Gedankengut der europäischen Eliten nicht gefeit: Mit dem Fortschrittsgedanken gingen sozialdarwinistischer Rassismus, aggressiver Nationalismus und autoritäre Herrschaftsmuster einher.[1262] Der demokratische Parlamentarismus war in der türkischen Republik zwar bloße Fassade, doch war die neue Türkei weder besonders militaristisch noch imperialistisch – sein Modernisierungsprojekt war Mustafa Kemal, wie Kreiser es ausdrückt, wichtiger als „rückwärtsgewandte Nationalromantik"[1263]: „Wenn es ein Feindbild gab, so waren es […] die unverbesserlichen Anhänger des osmanischen *Ancien Régime*".[1264] Atatürks Herrschaft ging seinem Biografen zufolge „weit über die zu Recht beschworene Erziehungsdiktatur (‚von der Überzeugung zur Erzwingung') hinaus"; sie lasse „sich aber nicht leicht typologisch in die anderen Diktaturen der Zwischenkriegszeit Europas und Lateinamerikas einordnen"[1265]. So viel steht

1261 Kreiser, Atatürk, S. 302.

1262 Als Auswüchse des Versuches, den Islam durch ein anderes Identifikationsobjekt zu ersetzen, können die pseudo-wissenschaftliche „Türkische Geschichtsthese" (*Türk Tarih Tezi*), die Zentralasien und namentlich Anatolien als Wiege der Menschheit und die Türken als Begründer der Zivilisation propagierte, und die sogenannte „Sonnensprachtheorie" des serbischen „Sprachpsychologen" Hermann Feodor Kvergić (1895–1848) gelten, der das Ur-Türkische als erste Sprache der Menschheit identifiziert haben wollte. In der Republik bediente man sich nun dieser angeblich wissenschaftlich verbürgten Genialität der türkischen Nation nur allzu gerne, um die eigene Überlegenheit gegenüber anderen Völkern herauszustreichen und die osmanische Geschichte, mit der man offiziell gebrochen hatte, stillschweigend zu übergehen. Hanioğlu betont richtigerweise die lange vernachlässigten Kontinuitäten der spätosmanischen zur türkisch-republikanischen Geschichte, indem er auf die intellektuellen Strömungen verweist, die schon längst Gedanken formuliert hatten, die Kemāl später für sich allein beanspruchte; hier sind insbesondere auch Süßheims Beschreibungen der Jungtürken relevant, vgl. Kap I.2. Vgl. dazu Hanioğlu, Atatürk (2015), S. 182f. Eine ausführliche Studie zur „Sonnensprachtheorie" lieferte Jens Peter Laut: Das Türkische als Ursprache? Sprachwissenschaftliche Theorien in der Zeit des erwachsenden türkischen Nationalismus (= Turcologica 44), Wiesbaden 2000.

1263 Kreiser, Atatürk, S. 300.

1264 Atatürk habe diese für so stark und gefährlich gehalten, „dass er sich gezwungen sah, seine wahren Ziele lange zu verbergen", wie Klaus Kreiser schreibt: „Die Mobilisierung der ‚Massen' musste ausbleiben, solange die ‚Republikaner' zum überwiegenden Teil auf dem Lande lebten und von ihrem neuen Status als ‚wahre Herren der Nation' nichts wussten." Ebd., S. 300f.

1265 Vgl. Kreiser, Abschied, S. 124. An anderer Stelle schreibt er: „Atatürks Regime hatte bei allen willkürlichen und rücksichtslosen Handlungen gegenüber Einzelnen und ganzen Gruppen nicht jenen totalitären Charakter, der anderswo zu den Herrschaftsinstrumenten von Geheimpolizei und Konzentrationslagern führte. Die Verhandlungen der Unabhängigkeitsgerichte widersprachen zwar

fest: In der Türkei hatte seit 1923 die „Republikanische Volkspartei" des Staatsgründers, die *Cumhuriyet Halk Partisi* (CHP), das Sagen. Mit Verweis auf den Juristen Hans Kelsen, der 1936 eine Einparteiendiktatur so definierte, dass die für demokratische Verhältnisse fundamentale Trennung von Staat und Parteiapparat nicht existiere, schreibt Kreiser: „In diesem Sinne war die Türkei in den Jahren 1925 bis 1946 eine moderne Autokratie, an deren Spitze aber nicht wie in den zeitgenössischen faschistischen Regimen ein charismatischer Führer stand, sondern ein manchmal schüchtern auftretender ‚Oberlehrer', mit sorgfältiger, aber alles andere als hinreißender Diktion."[1266]

Der quasi-religiöse Personenkult um den „Vatertürken" zeichnet freilich ein anderes Bild. Aber auch auf die Schwächeren der türkischen Gesellschaft wirkte die kemalistische Doktrin wohl kaum wie ein schüchterner Lernauftrag: „Der Assimilierungsdruck auf nicht türkisch sprechende Gruppen, allen voran die Kurden, war enorm", schreibt Kreiser über den Umgang mit Minderheiten; „die Bereitschaft, das Leid der vertriebenen und ermordeten Armenier anzuerkennen, ist bis heute gleich null". Den verhängnisvollen Nationalismus der jungtürkischen Bewegung, der während des Weltkriegs in den Genozid an der christlichen Minderheit gemündet hatte, vertrat Mustafa Kemal zwar in einer abgeschwächten Form: Während seiner Regierungszeit wird es zu keinen genozidalen Maßnahmen kommen. Auch war er selbst an den Armeniermorden des Weltkriegs nachweislich nicht beteiligt.[1267] Eine Anerkennung der historischen Schuld seiner Vorgänger aber lehnte er rigoros ab, denn er war der Meinung, dass die junge Republik Türkei eine solche Hypothek nicht tragen könne.[1268] Karl Süßheim, der sich einst im Kairiner Kreis der Jungtürken gerade wegen der hier vorherrschenden Toleranz gegenüber Minderheiten so wohl gefühlt hatte[1269], hatte nach seinem Wissen um den Genozid an den Armeniern vielleicht böse Vorahnungen zur Zukunft der übrigen Minderheiten in der neuen Türkei. Wie genau er sich in München über das gesellschaftliche Klima in Atatürks Republik auf dem Laufenden hielt, lässt sich nicht nachvollziehen – hier wird die Lücke in der Tagebuchüberlieferung besonders schmerzlich bewusst. In Deutschland, wo die nationalsozialistische Bewegung immer stärker wurde, sollten Juden wie Karl Süßheim allerdings bald mehr als genug mit sich selbst zu tun haben.

eklatant den eben erst als ‚Neues Türkisches Recht' eingeführten europäischen Gerichtsverfahren, waren aber von Schauprozessen weit entfernt." Kreiser, Atatürk, S. 301.

1266 Hier und die folgenden Zitate: ebd.

1267 „Obwohl er selbst ein Mitglied des KEF war, hatte er sich während des Krieges aus der Politik herausgehalten und war weder an den militärischen Patzern der KEF-Führung nach 1914 beteiligt noch hatte er in irgendeiner Weise auf die Massaker der osmanischen Armee an (beispielsweise armenischen) Zivilisten eingewirkt, die im gleichen Zeitraum ebenfalls auf das Konto des KEF gingen." Hanioğlu, Atatürk, S. 100.

1268 Vgl. dazu Kap. II.1.

1269 Vgl. Kap. I.2.

* * *

Die Weimarer Jahre waren für Karl Süßheim eine Herausforderung in vielfacher Hinsicht: Nachdem der Erste Weltkrieg ihn auf den Höhepunkt seiner Karriere und Bedeutung als Nahostexperte katapultiert hatte, mussten wir nun beobachten, wie hoch die von den politischen Umständen gesteckte Fallhöhe tatsächlich war. Die Turkologie fand sich nach dem Ende der deutsch-osmanischen Bündnispartnerschaft in die gesellschaftliche Bedeutungslosigkeit zurückgedrängt. Ihr Fachvertreter in München wurde zum Sorgenkind: Im Januar 1919 ernannte die LMU Süßheim zwar zum außerordentlichen Professor, aber auch in den folgenden Jahren wurde er nie mit einem Lehrstuhl belohnt, obwohl er mittlerweile als Dozent eine gefragte Anlaufstelle talentierter Nachwuchsorientalisten war. Er widmete sich nun insbesondere der Lehre und war weit davon entfernt, seine praktischen Erfahrungen, die er zu Beginn des 20. Jahrhunderts gemacht hatte, auffrischen zu wollen: Vom Münchner Schreibtisch aus pflegte Süßheim sein Netzwerk nach Nahost in dieser Phase sogar nur mehr sporadisch, und auch seine Forschung stagnierte. Während er in der Zeit der Weimarer Republik also in München blieb und neben anderen auch die spätere Avantgarde der deutschsprachigen Orientalistik in die Sprachen des Nahen Ostens einführte, wurde dieser ihm persönlich immer fremder: Das Osmanische Reich war kollabiert und ein Mann gelangte an die Macht, den Süßheim nicht kommen sah. Mustafa Kemal modernisierte die Türkei nach europäischem Vorbild, eigentlich ganz so, wie Süßheim es sich immer erhofft hatte. Dass der Staatsgründer dabei ohne Rücksicht auf Verluste auch tief in die Strukturen der Gesellschaft eingriff, mag zu Süßheims Schwierigkeiten, die Entwicklungen einzuordnen und öffentlich zu kommentieren, beigetragen haben: Von Deutschland aus über die neue Türkei zu schreiben, stellte den Kenner des Osmanischen Reichs jedenfalls vor hohe Hürden, und zur zeitgenössischen Türkei publizierte er kaum mehr.

Seine lange gereifte politische Überzeugung musste Karl Süßheim ebenfalls überdenken: Als Anhänger einer „guten Monarchie", wie er die Herrschaft der Wittelsbacher in Bayern so lange betrachtet hatte, wurde er von den politischen Entwicklungen in München zunächst völlig überrannt und sah sich plötzlich dazu gezwungen, sich zu einer sozialistischen Revolution zu verhalten, in der sein eigener Bruder eine wichtige Rolle spielte. Erstmals in seinem Leben sollte Karl Süßheim nun auch an die Wahlurne treten – widerwillig fand er einen Kompromiss in den liberalen Kräften, da das Parteienspektrum für die Kombination seiner Überzeugungen keine echte Heimat bot. Zu ernsthaftem politischen Umdenken aber zwang ihn, wie bereits im Osmanischen Reich, erneut sein Berufsverständnis, das ihn in einen Konflikt mit seiner politischen Loyalität führte: Ausgerechnet das bayerische Königshaus wollte ihn dazu bewegen, seine wissenschaftliche Redlichkeit aufzugeben. Der endgültige emotionale Bruch mit den Wittelsbachern erfolgte, als Süßheim sie als mögliche Kooperationspartner der rechten und antisemitischen Regierung Kahr wahrnahm. Der demokratischen Republik wird er alsdann nicht unbedingt herzlich gegenüberstehen, doch wir finden danach keine Hinweise mehr auf ein Betrauern der Monarchie.

Privat musste Karl Süßheim nach einer erneut langen Phase der verzweifelten Suche zunächst eine herbe Niederlage einstecken: 1924 wird er im Alter von 46 Jahren endlich heiraten. Wie wir gesehen haben, nahm er eine junge Jüdin zur Frau, doch das Paar trennte sich noch im ersten Jahr. Die Ehe scheiterte aus unbekannten Gründen, dem Scheidungsgericht zufolge aber aus Süßheims Verschulden. 1927 heiratete er aber erneut, eine ebenfalls wesentlich jüngere Frau namens Karolina Plank. Sie war Katholikin, und nicht nur deshalb hatte der gläubige Jude sich nun bald in einer neuen Situation zu bewähren: Der scheinbar ewige Junggeselle fand sich Ende der 1920er-Jahre endlich als Familienvater wieder. 1929 wird Süßheims erste Tochter Margot geboren; erstmals in seinem Leben sollte er nun, wie die Briefe an seine Mutter deutlich gezeigt haben, vom privaten Glück erfüllt sein. Wir haben hier an Karl Süßheim eine Seite kennengelernt, die uns lange verborgen geblieben ist: Aus den Beschreibungen seiner Frau und seiner Tochter geht eine Verletzlichkeit hervor, die bis dahin kaum in Erscheinung trat. Zuvor hatte er alle Schwierigkeiten, Zurücksetzungen und Zweifel mit sich selbst ausgemacht und gegen alle Widerstände, mal mehr, mal weniger erfolgreich, sein Leben in die Hand genommen. Nun trug er Verantwortung für andere Menschen, die er über alles liebte, und sein Befinden hatte unmittelbare Konsequenzen für deren Wohlergehen. Die kleine Margot aber wurde in ein gesellschaftliches Klima hineingeboren, das ihren Vater stigmatisierte: Seine gesellschaftliche Außenseiterposition hatte sich nach dem Ersten Weltkrieg rapide verschärft. Wenn Süßheim während des Kriegs als Bruder eines SPD-Landtagsabgeordneten noch kritisch beäugt und zum Teil übervorteilt worden war, bereiteten ihm Max' Aktivitäten bald ganz andere Probleme. In der Frühphase der Weimarer Republik als Jude für die „Schmach von Versailles“ mitverantwortlich gemacht, sollte der grassierende Antisemitismus in der „Hauptstadt der Bewegung“ das Leben des Wissenschaftlers in der ersten deutschen Demokratie immer schwerer machen. Er wird weiterkämpfen, doch letztlich wird ihm keine andere Wahl bleiben, als zu gehen.

„Was durch diese Barbarei verursacht wird, erregt Mitgefühl": Der antisemitische Hass der Nationalsozialisten zerstörte das Leben des jüdischen Orientalisten Karl Süßheim Stück für Stück. Als eine der letzten Münchner Familien entkamen die Süßheims dem Vernichtungswillen des Regimes im Sommer 1941.

Gesetzt den Fall, Sie wären in der Heimat verhasst:
Könnten Sie deswegen bestreiten, dass es Ihre Heimat ist?
Max Frisch[1270]

3. Auftritt Mehmed Arif. *Haymatloz*: Verfolgung, Emigration und Exil

Der Historiker Meḥmed ʿĀrif[1271] sei neidisch und wolle sein Wissen mit niemandem teilen, schrieb Karl Süßheim im Mai 1916 in sein Tagebuch.[1272] Der nicht besonders freundlich geschilderte Mann war Mitglied der osmanischen Delegation, zu deren Empfang Süßheim im Ersten Weltkrieg als Dolmetscher akquiriert worden war[1273], er kannte ihn aber bereits von früher: Meḥmed ʿĀrif gehörte der erwähnten Gesellschaft für osmanische Geschichte (TOE) an; mit ihm hatte Süßheim einen kurzen Blick auf die Papiere des Topkapı-Palasts geworfen, bevor seine Archivmission endgültig scheiterte.[1274] Obwohl er den Historiker nicht ausstehen konnte, hatte Süßheim versucht, den wichtigen Kontakt nach Konstantinopel aufrecht zu erhalten, offenbar vergeblich.[1275] Karl Süßheim verband mit dem Namen Meḥmed ʿĀrif also nichts Gutes. Jahrzehnte später, als es in seinem Leben längst nicht mehr um die Befindlichkeiten konkurrierender Wissenschaftler geht, wird er von seinen türkischen Bekannten ausgerechnet diesen Decknamen bekommen: „Meḥmed" ist die türkische Form von Muḥammad, im Nahen Osten ein Allerweltsname. „ʿĀrif" bedeutet „der Wissende" oder „der Erfahrene".

Auch andere jüdische Orientalisten waren im Verbergen ihrer Emigrationsvorbereitungen überaus fantasiebegabt[1276], das letzte Kapitel im Leben unseres Protagonisten wird aber noch andere Namen für ihn bereithalten: von „Jude Süßheim" bis „Süßbey". Die

1270 Max Frisch: Fragebogen, 2. Aufl. Frankfurt a. M. 2018 [zuerst: 1972], S. 251 (Frage IX/5).

1271 Der Mann ist nicht mit seinem bekannteren gleichnamigen Kollegen (1845–1898) zu verwechseln. Mit Süßheims gutem Bekannten Necib ʿĀsım Yazıksız hatte der hier erwähnte Meḥmed ʿĀrif offenbar eine osmanische Geschichte herausgegeben, den ersten Band vgl. Necib ʿĀsım u. Meḥmed ʿĀrif: عثمانلي تاريخي [ʿOs̱mānlı Tārīhī] 1 (1330) [1912]. Eine eigenständige Veröffentlichung war beispielsweise Meḥmed ʿĀrif (Hrsg.): Ḳānūn-nāme-ʾi Āl-i ʿOs̱mān, in: TOEM 14 (1330) [1912], Beilage.

1272 Er helfe niemandem und zeige seine Forschungen einzig und allein einem bestimmten Freund, ging es weiter, vgl. Tagebuch KS, 27. 5. 1916.

1273 Bei der Gelegenheit machte Süßheim auch, wir erinnern uns, die Bekanntschaft mit dem Rassenforscher Albrecht Wirth, vgl. Kap. II.1.

1274 Vgl. Tagebuch KS, 3. 3. 1912 sowie Kap. I.3.

1275 Noch im selben Jahr schickte er ihm einen Brief, vgl. ebd., 28. 4. 1912. Ein Antwortschreiben ist nicht überliefert, und auch im Tagebuch wird ein solches nicht erwähnt.

1276 Der französische Sprachwissenschaftler und Indogermanist Émile Benveniste (1902–1976) beispielsweise bereitete seine Flucht aus Frankreich in die Schweiz mit einem Kollegen anhand einer Geheimkorrespondenz auf Sogdisch, einer alten iranischen Sprache vor, zu der er bis zum Kriegsausbruch

Bezeichnungen symbolisieren in ganz unterschiedlicher Weise auch die neue Rolle, in der Karl Süßheim sich nun wiederfindet: ein von den Nationalsozialisten verfolgter jüdischer Wissenschaftler, einer, dem seine Heimat genommen wird.

Haymatloz: Der Begriff findet sich heute in jedem türkischen Wörterbuch. Er ist zum Synonym für die deutsche Emigrantenszene geworden.[1277] Erfunden wurde das Wort 1944 als Bezeichnung für den Status der Deutschen in der Türkei, darunter auch Verfolgte des nationalsozialistischen Regimes: Viele hatten nach der Emigration die türkische Staatsbürgerschaft angenommen, doch als Ankara in den letzten Monaten des Zweiten Weltkriegs die diplomatischen Beziehungen zu Deutschland abbrach, wurden alle Deutschstämmigen aufgefordert, das Land zu verlassen. Wer sich weigerte, weil er nicht wusste, wohin, wurde ausgebürgert, als „haymatloz" klassifiziert und oftmals auch interniert. Dieses Schicksal blieb der Familie unseres Protagonisten erspart. Doch auch wenn es ihnen nicht demonstrativ in ihren Pass gestempelt wurde[1278]: Auch Karl, Karolina, Margot und Gioconda Süßheim sollte der Raub ihrer Heimat, die völlige Entwurzelung ihres Lebens bitter quälen.

Die Überlieferung des Tagebuchs Süßheims reißt wie erwähnt im Jahr 1924 ab; erst 1936 dient es uns wieder als Quelle. Über die Briefe an seine Mutter durften wir dennoch erfahren, wie Karl Süßheim zur Halbzeit der Weimarer Republik endlich privates Glück fand. Mit keinem Wort erwähnte er gegenüber Clara Süßheim die gesellschaftlichen und politischen Entwicklungen, die sein neues Leben als Ehemann und Vater begleiteten. In der Familie war es nicht nötig, mit Abstand darüber zu sinnieren, denn schon Mitte der 1920er-Jahre hatte der Nationalsozialismus, wie wir gesehen haben, hier seine Schatten vorausgeworfen: Die Menschenverachtung der Ideologie, die Kompromisslosigkeit in der Verfolgung Andersdenkender und angeblicher „Volksschädlinge" – mit Max Süßheim fand sie in ihren Reihen lange vor der nationalsozialistischen Machtübernahme im Jahr 1933 ein prädestiniertes Testobjekt.[1279] Nun bleibt uns nichts, als dabei zuzusehen, wie die Entrechtung und Verfolgung der jüdischen Deutschen auch Karl Süßheims Leben Stück für Stück zerstörte.

geforscht hatte. Vgl. dazu den Band von Jean-Claude Coquet u. Irène Fenoglio (Hrsg.): Émile Benveniste: „Letzte Vorlesungen", Zürich 2015.

1277 Am prominentesten kommt der Begriff in einer türkischsprachigen Veröffentlichung zur Geltung: Kemal Yalçın: Haymatlos. Dünya Bizim Vatanımız, İstanbul 2011. Auch ein Ausstellungband zur deutschen Emigration in die Türkei trägt den Begriff als Titel, vgl. Haymatloz [Ausstellungsband]; ebenso ein Dokumentarfilm, der die Nachkommen emigrierter deutscher Professoren an die Schauplätze des Exillandes ihrer Vorfahren begleitet. Regie führte Eren Önsöz: Haymatloz. Exil in der Türkei, Deutschland 2015. Eine Veranstaltung der Konrad-Adenauer-Stiftung (KAS) im Jahr 2008 trug den Titel „Auf den Spuren der Haymatlozen. 75 Jahre Deutsches Exil in der Türkei". „Haymatloz" ist inzwischen auch ein beliebter Name für Lokale und kulturelle Events in der Türkei mit oder auch ohne Bezug zu Deutschland.

1278 Soweit wir wissen, haben sie sich um die türkische Staatsbürgerschaft nie bemüht, entsprechende Pässe konnten also nie eingezogen werden, vgl. dazu Kap. II.3.

1279 Vgl. Kap. II.2.

„Am 5. u. am 8. des Monats bin ich mit Ina ausgegangen", schrieb Karl Süßheim im Winter 1930 an seine Mutter: „Am 5. November hörten wir ein Konzert […], gestern einen Vortrag über die Rassenmerkmale der Bevölkerung im oberen Lechtal, im Allgäu (Oberstdorf) u. im Bregenzerwald. Alles sehr interessant."[1280] Mit seiner Frau nahm Süßheim am kulturellen Leben der Stadt teil, er genoss es sichtlich, sich mit Karolina in der Öffentlichkeit zu zeigen; gelegentlich ging sie aber durchaus auch ohne ihn in die Oper – „Ina hat jüngst im ehemaligen Hoftheater Wagners ‚Rienzi' gehört"[1281]. Mit ihren Nachbarn standen die Süßheims in der Regel in freundschaftlichem Verhältnis: In seinem Haus ließen ihn die anderen Mieter beizeiten telefonieren[1282]; Margot hatte eine Freundin gefunden, sodass die Eltern sich mit der Betreuung abwechseln konnten[1283].

Zu Beginn der 1930er-Jahre tritt uns aus den Briefen an seine Mutter also ein Mensch entgegen, der in vielerlei Hinsicht seinen Platz gefunden zu haben scheint. Mit seiner Familie fuhr Süßheim in Urlaubsorte wie Miesbach, wo sie mit der Tochter die städtische Badeanstalt besuchten[1284], oder nach Kiefersfelden bei Kufstein, wo „[d]as Roß u. die Kühe im Stall […], desgleichen die zahlreichen Kinder des Hauseigentümers u. der fremden Mietgäste" der kleinen Margot „viel Unterhaltung" bereiteten: „Margot schläft hier mehr als in München".[1285] Auch in Kirschberg bei Kitzbühel in Tirol gefiel es der christlich-jüdischen Familie: „Margot unterhält sich hier vortrefflich. Unsere Hauseigentümer haben 2 Kinder, mit welchen Margot gerne spielt. Die Besitzer haben aber auch Kühe im Stalle, Gemüsegarten u. große Wiese am Hause, so daß Margot, wenn wir zu Hause sind, immer Beschäftigung hat. […] Heute Nachmittag sind Ina u. Margot auf eine Alm zum Milchtrinken hinaufgestiegen. […] Unterwegs haben sie im Walde gute Schwarzbeeren gepflückt."[1286]

Zu Hause in München gab es für den Familienvater nun „immer viel zu tun": „Gestern mittags marschierten wir in die Stadt hinein, um am Stachus im Textilhaus Horn Stoff für Margots Sommermantel u. im Rosental für Margot neue Halbschuhe für die Straße u. leichtere für Haus u. Hof zu kaufen. […] Seit mehreren Tagen darf Margot einkaufen, aber nur das Einfachste: eine Semmel, eine Wurst. Dabei muß man aber an der Ladentüre stehen bleiben u. ihr zurufen[,] sich zu bedanken. […] Man versucht, Margot mit Hilfe von Geschichten

1280 Karl Süßheim an Clara Süßheim, 9.11.1930, Privatnachlass KS.

1281 Ders. an Dies., 28.12.1932, ebd.

1282 Vgl. Ders. an Dies., 30.1.1931, ebd.

1283 „Margot verkehrt jetzt viel mit einer etwas jüngeren Spielgenossin Irmgard, welche im 1. Stock wohnt. Bald sind die 2 Mädchen zusammen in der unteren, bald in unserer Wohnung. Auf diese Weise hat man wenigstens vorübergehend manchmal Ruhe." Ders. an Dies., 22.8.1933 [Fragment], ebd.

1284 Vgl. Ders. an Dies., 7.8.1931, ebd.

1285 Ders. an Dies., 10.8.1930, ebd.

1286 Ders. an Dies., 9.8.1932, ebd.

über den Osterhasen am Gängelbande zu halten. Es ist indes manchmal recht schwer[,] ihren Glauben an diese Märchen festzuhalten.“[1287]

Mit Glaubensdingen war es bei den Süßheims allgemein nicht unkompliziert: Der Vater bestand darauf, seine jüdische Religion zu leben – und wie bereits erwähnt, hatte er seiner Frau schon vor der Hochzeit das Versprechen abgenommen, über die religiöse Erziehung gemeinsamer Kinder bestimmen zu dürfen. Auch wenn seine ältere Tochter sich nicht mehr erinnern konnte[1288]: Wir wissen, dass beide Mädchen der israelitischen Konfession angehörten[1289] und die jüdische Schule in München besuchten – mit diesem Thema hatte Süßheim sich offenbar sogar schon vor der Geburt seiner ersten Tochter beschäftigt.[1290] Karolina Süßheim war es nichtsdestotrotz wichtig, dass ihre Töchter auch den christlichen Glauben kennenlernten. Ihr Mann trug dies bis zu einem gewissen Grad mit: Wie es auch in seiner eigenen, jüdischen Familie immer Brauch gewesen war, so wurde auch für die kleine Margot Weihnachten nicht weiter hinterfragt, wie ein Brief vom November 1932 zeigt: „Gestern Abend bin ich mit Margot ausgegangen. Dabei habe ich bei einer öffentlichen Telefonstelle vorsprechen müssen, das Hörrohr abgenommen, die Kreisscheibe gedreht u. an den Nikolaus telefoniert, er solle dem Weihnachtsmann einschärfen, gewisse Sachen zu bringen, da

1287 Ders. an Dies., 17. 3. 1933, ebd.

1288 Margot Suesheim zeigte sich im Gespräch überzeugt, dass die jüdische Religion in ihrer Kindheit keine Rolle spielte, was sicher auch im Zusammenhang mit der traumatisierenden Erfahrung der erzwungenen Emigration zu sehen ist, vgl. Milz, Zeitzeugen-Interview Suesheim (2016).

1289 Eine entsprechende Dokumentation der IKG München ist nicht überliefert; es haben keinerlei Unterlagen aus der Vor-, Kriegs- und Nachkriegszeit überlebt (Auskunft vom 29. 8. 2016 des Kulturzentrums der IKGM). Dokumente im Münchner Stadtarchiv belegen für beide Töchter bei der Religion den standesamtlichen Eintrag „isr[aelitisch]“. Für die Mitgliedschaft in der Kultusgemeinde sei grundsätzlich eine Erziehung im Sinne des jüdischen Religionsgesetzes obligatorisch, die Einstellung des örtlichen Rabbiners werde in Zweifelsfällen eine Rolle spielen. Für diese Auskünfte und Einschätzungen danke ich Brigitte Schmidt (†) vom SAM und Ellen Presser vom Kulturzentrum der IKGM.

1290 Im Nachlass findet sich ein Schreiben der Nürnberger Israelitischen Religionsgesellschaft Adas-Israel von 1927: „An die jüdischen Eltern! Am 18. Januar findet die Anmeldung für die 1. Klasse (Schuljahr 1927/28) der Volkshauptschule statt. Für jüdische Eltern entsteht die Frage: Schicken wir unser Kind in die Simultanschule oder in die jüdische Konfessionsschule? Können jüdische Eltern ihre Kinder in die Simultanschule schicken? Nein! Auch die Simultanschule soll nach gegenwärtig maßgebender Anschauung die Kinder christlich-konfessionell beeinflussen. Demgegenüber gewährt uns der Staat unsere Konfessionsschule. Kinder jüdischer Eltern müssen jüdisch-konfessionell beeinflußt werden. […] Die jüdische Schule erzieht die Kinder in jüdischem Geiste und ist, bei der kleineren Schülerzahl, in der Lage zu individualisieren und die Kinder nach ihrer Eigenart zu behandeln. In der jüdischen Schule sind die Kinder im zarten Alter, die Zeit der höchsten Empfindsamkeit, geschützt vor den bekannten Anfeindungen […].“ Israel[itische] Religionsgesellschaft Adas-Israel: [Schreiben zur Einschulung 1927], Nürnberg o. D., Nachlass KS (LOC), Kiste 19a. Wie Süßheim dafür sorgte, dass die Kinder (die gemäß der jüdischen Tradition eigentlich immer die Religionszugehörigkeit der Mutter übernahmen, vgl. dazu Kap. I.1) in der Münchner Gemeinde als Mitglieder und an der jüdischen Schule als Schülerinnen akzeptiert wurden, lässt sich leider nicht rekonstruieren.

Margot sehr brav sei, nachts fast schlafe u. sich nicht aufdecke. Beim Weggehen aus der Telefonzelle haben wir beide sehr gelacht. Ob Margot im nächsten Jahr wohl noch an diese Dinge glauben wird?“[1291]

Margot sei, schrieb er seiner Mutter eine Woche später, „sehr rührig, an Nikolaus u. Weihnachtsmann Briefe eigenhändig zu schreiben“[1292]. Und er gab nicht den Spielverderber, im Gegenteil: „Ich muß für diese Briefe ständig Kuverts mit zuklebbaren Deckeln bereithalten“, schrieb er – „entweder muß ich diese Briefe mit aus dem Hause nehmen, um sie in den Briefkasten zu werfen, oder ich muß im Hause dem Briefträger nachlaufen, um ihm die wichtigen Briefe Margots auszuhändigen“. Oft war Karolina mit ihr aber auch bei den katholischen Großeltern zu Besuch[1293], die mittlerweile im nahen Milbertshofen lebten, das 1913 in die Stadt München eingemeindet worden war. Karl Süßheim selbst mied, wie wir erfahren haben, den Kontakt zu seinen Schwiegereltern[1294] – in späteren Tagebuchaufzeichnungen wird deutlich, dass dies auch daran lag, dass er Karolinas Mutter verdächtigte, gegen eine jüdische Erziehung ihrer Enkel zu reden.[1295] Dieser Konflikt schwelte in seiner eigentlich glücklichen Ehe von Beginn an; später wird er, wie wir noch sehen werden, auch offen ausbrechen. Zu Ende der Weimarer Republik aber sorgte Süßheim sich vor allem um seinen Bruder in Nürnberg. Im Mai 1930 schrieb er seiner Mutter: „Hoffentlich ist es Max möglich, seine Tätigkeit im öffentlichen Dienste einzuschränken u. auch abends eher sich schlafen zu legen“[1296]. Immer wieder erkundigte sich Karl Süßheim bei seiner Mutter nach dem Wohlergehen des Bruders; er wünschte sich zum Beispiel, Max finde „Muße sich zu erholen, damit sich die Beinschmerzen verlieren“[1297]. Das hohe Arbeitspensum bereitete Max Süßheim offenbar handfeste körperliche Probleme, die permanente Verunglimpfung in der antisemitischen Presse und im Stadtrat[1298] tat wohl ihr Übriges, und mit der Wirtschaftskrise, die die Welt seit dem New Yorker Börsenkrach im Oktober 1929 im Griff hielt[1299], verbreiteten sich wütende antisemitische Reden in der Gesellschaft immer stärker. „Ich bitte Dich […], das Geld nicht wieder in Altertümern anzulegen“, schrieb Karl

1291 Karl Süßheim an Clara Süßheim, 20.11.1932, Privatnachlass KS.

1292 Hier und das folgende Zitat: Ders. an Dies., 28.11.1932, ebd.

1293 Vgl. Milz, Zeitzeugen-Interview Suesheim (2016).

1294 Vgl. Kap. II.2.

1295 Vgl. Tagebuch KS, 8.7.1938 u. 25.4.1940.

1296 Karl Süßheim an Clara Süßheim, 12.5.1930, Privatnachlass KS.

1297 Ders. an Dies., 26.5.1930, ebd.

1298 Vgl. dazu ausführlich Kap. II.2.

1299 Die Armut steigerte sich in diesen Jahren auch für viele Münchnerinnen und Münchner enorm; Hilfsbereitschaft auf der einen und Gier auf der anderen Seite, Dankbarkeit und Sozialneid wuchsen, wie wir auch einem Brief Süßheims entnehmen können: „Hier wird jetzt von Seiten der Stadt eine Wintersammlung auf Militärlastautos veranstaltet. Ich habe aber arme Leute klagen hören, daß die Beamten des Wohlfahrtsamtes die besseren der einlaufenden Gaben zum Teil an ihre Verwandten u. Bekannten verteilen, auch Geld aus dem Verkaufserlös in ihre eigenen Taschen fließen lassen.“ Karl Süßheim an Clara Süßheim, 20.11.1932, Privatnachlass KS.

Süßheim seiner Mutter einmal, vermutlich mit Blick auf die rechte Propaganda[1300]: „[D]as bedeutet für Max Unglück."[1301]

Wie viel Max Süßheim seiner Familie von den anhaltenden Kämpfen mit den Nationalsozialisten erzählte, wissen wir nicht. Ein Brief aus München legt nahe, dass er sich zurückhielt: „Die Schlaflosigkeit von Max hängt wohl mit seinem, jüngst noch gestiegenen Körperumfang zusammen"[1302], dachte nämlich sein Bruder, als er von dessen Plänen erfuhr, sich im Rahmen einer Kur zu erholen. „Nirgends hat Max solche Pflege wie in seiner Wohnung", schrieb der Jüngere der Mutter ungerührt: „Seine Wohnung ist so gut u. besser als ein Sanatorium. Sobald Maxens Körperumfang abnimmt, wird auch der Schlaf wiederkehren. Dazu braucht man nicht zu reisen. Man kann eine gelinde, langsam wirkende Abmagerungskur auch in Nürnberg mitmachen. In Meran magert man nicht ab. In Partenkirchen magert man nur ab, wenn man viel geht oder Berge besteigt. Durch Deine Reisebegleitung könntest Du an der Abmagerung oder an der Schlafpflege von Max nicht mitwirken. Das ist Aufgabe der Gattin, u. man muß froh sein, daß Hedwig so eine Geduld u. Hingabe besitzt."

„Ich freue mich sehr, daß Max seinen Schlaf wieder zurückgewonnen hat. Er soll sich jetzt nur schonen u. abends ab 6 Uhr nicht mehr arbeiten", schrieb er wenige Tage später: „Ich mache nämlich auch um 6 Uhr abends Schluß. Nach 6 Uhr abends unterlasse ich in der Regel zu lesen oder zu schreiben; ich esse einfach zu Abend, gehe spazieren, mache zu Hause Freiübungen u. lege mich dann zu Bett."[1303]

Ein knappes Jahr darauf war sein Bruder tot. Der 1. März 1933 war nicht nur der Tag, an dem der demokratisch gewählte Nürnberger Stadtrat zum letzten Mal tagte, es war auch der Tag, an dem sein langjähriges Mitglied Max Süßheim beim mittäglichen Spaziergang plötzlich zusammenbrach und starb.[1304] Beim Gedenken an ihn verließen die Nürnberger Nationalsozialisten aus Protest den Sitzungssaal. Deren „Vermutung" eines unnatürlichen Todes – freilich nichts anderes als eine bewusste Verleumdung, um Max Süßheims angebliche Feigheit zu demonstrieren[1305] –, findet eine Entsprechung auch in einem Narrativ innerhalb der Familie: Hier wurde im Wissen um den Umgang der Antisemiten mit Max Süßheim lange

1300 Die Karikatur Max Süßheims als angeblich maßloser Bürger (Kap. II.2) war nur ein Beispiel von vielen, das sich solcher Stereotype bediente.

1301 Karl Süßheim an Clara Süßheim, 2.4.1931, Privatnachlass KS.

1302 Ders. an Dies., 10.4.1932, ebd.

1303 Ders. an Dies., 13.4.1932, ebd.

1304 Die Sitzung ist gut dokumentiert, vgl. die Niederschrift über die im voraus bestimmte öffentliche Sitzung des Stadtrates Nürnberg am Mittwoch, den 1. März 1933, SAN C 7/IX SRP 533 wie auch Gerhard Hirschmann: Das Ende des demokratischen Stadtrates in Nürnberg 1933, Nürnberg 1983, S. 9f. u. Luppe, Leben, S. 288. Hier und im Folgenden vgl. Gardill, Süßheim, S. 223f.

1305 Max Süßheim, ätzte der *Stürmer* im November 1933, „segnete [...] noch so rechtzeitig das Zeitliche, daß ihn der Sturm der nationalsozialistischen Revolution nicht mehr erfassen konnte. Er machte den Platz frei, von dem ihm in kürzester Frist die Welle der nationalsozialistischen Volkserhebung hinweggefegt haben würde. Angeblich hatte ein Herzschlag seinem Leben ein Ende gemacht. Es wurde aber auch die Vermutung laut, daß er sich vergiftet hätte." [Hermann Busch]: „Ableben des Juden Dr. Max Süßheim", in: [Berichtsjahr] 1933, S. 21–23, hier S. 21, SAN F 5 400/5.

„Mit Bedauern sehe ich, wie der Antisemitismus immer weiter das deutsche Volk vergiftet […] und wie […] [ihm] selbst führende Genossen zuneigen." – Zumindest die Entmachtung des von ihm mitgeschaffenen parlamentarischen Systems musste Karl Süßheims Bruder Max nicht mehr miterleben. Er starb am 1. März 1933, an dem Tag, an dem der demokratisch gewählte Nürnberger Stadtrat zum letzten Mal tagte.

ein Mord für möglich gehalten.[1306] Die Quellen liefern dafür keinen Beleg, aber auch, wenn niemand faktisch seine Waffe auf Max Süßheim richtete: Diese Erzählung der Geschichte kommt der Wahrheit vielleicht näher als jede andere. “The political developments were so upsetting to him that he had a heart attack + died”[1307], schrieb später seine Nichte Gioconda, Karl Süßheims jüngere Tochter, die ihren Onkel nie kennenlernen durfte.

„Er starb zur rechten Zeit, ihm wäre sicher als Jude und Marxistenführer böse mitgespielt worden“[1308], ist über Max Süßheims Tod in den Memoiren des linksliberalen Hermann Luppe zu lesen, der seinen einstigen Anwalt darin auch als „Jude von der weicheren, labilen Art“[1309] bezeichnete. Auch Max Süßheims Verhältnis zu seinen Genossen hatte in den letzten Jahren seines Lebens Schaden genommen; der Umgang der Sozialdemokratie mit ihrem

1306 Vgl. Milz, Zeitzeugen-Interview Suesheim (2016).

1307 Gonda D’Angelo: My Genogram [undatiert], Nachlass Gioconda D’Angelo, Cynthia Kingsley (Philadelphia).

1308 Luppe, Leben, S. 289.

1309 Ebd., S. 54.

jüdischen Mitglied, das der Partei im Testament eine Vergiftung durch den Antisemitismus vorwarf[1310], wäre ein eigenes Kapitel wert. Nicht nur seinem Bruder und der kleinen Nichte in München vermachte Max Süßheim im Testament jeweils 1000 Mark – sondern, erklärtermaßen anstelle der SPD, auch der Deutschen Liga für Menschenrechte (DLMR)[1311], die, wie wir gesehen haben, der von Karl Süßheim so geschätzte bayerische Major Franz Carl Endres mitgegründet hatte[1312]. Auch ohne diese Auffälligkeit überzubewerten dürfen wir davon ausgehen, dass die Brüder sich im Laufe der Weimarer Republik angesichts Max' zunehmender Entfremdung von der Sozialdemokratie, Karls wachsender Zustimmung zur Demokratie und des gemeinsamen Leidens am Antisemitismus noch weiter angenähert hatten. Noch im Dezember 1932 hatte Süßheim seiner Mutter berichtet: „Heute hatte der von Max geschenkte Hund die Ehre, zum Einkauf mit uns getragen zu werden"[1313]. Nun war der Bruder tot, und an diesem Verlust wird Karl Süßheim schwer getragen haben. Max Süßheim ist nach seinem langen Kampf gegen den Rechtsextremismus mit den Mitteln des Rechtsstaats erspart geblieben, was für die Mitglieder der jüdischen Minderheit in Deutschland folgte: Verfolgung und hoffnungslose Verzweiflung, Vertreibung, Mord oder Suizid. In den Tagen zwischen Max Süßheims Tod und seiner Bestattung entschied sich bekanntlich nicht nur die Zukunft Nürnbergs – das Schicksal der ersten deutschen Demokratie wurde besiegelt, die systematische Entrechtung der jüdischen Deutschen begann.

Am 5. März 1933 fanden die letzten freien Reichstagswahlen statt. Zu gerne wüssten wir, welcher Partei Karl Süßheim seine Stimme gab – wenn er denn den Urnengang angesichts

1310 Max Süßheims verzweifelte Hoffnung auf Unterstützung durch seine Genossen war bis zu seinem Lebensende vergebens. In seinem Testament schrieb er wörtlich: „Meine Absicht, die sozialdemokratische Partei und die Stadt Nürnberg als Miterben meines Vermögens einzusetzen, habe ich infolge mehrfacher Zurücksetzungen, die mich schwer verletzt haben, aufgegeben. Statt der früheren dankbaren Anerkennung für meine Thätigkeit mußte ich in den letzten Jahren eine Reihe persönlicher, politischer und beruflicher Zurücksetzungen und Kränkungen über mich ergehen lassen. [...] Mit Bedauern sehe ich, wie der Antisemitismus immer weiter das deutsche Volk vergiftet, in zunehmendem Maße auch in die sozialdemokratische Partei eindringt und wie, namentlich in Nürnberg, selbst führende Genossen dem Antisemitismus zuneigen. Meine Zurücksetzung und systematische Ausschaltung im Laufe der letzten Jahre ist eine Folge persönlichen kleinlichen Hasses und antisemitischer Bestrebungen, die im sozialdemokratischen Parteibüro und seiner Leitung ihre hauptsächliche Stütze haben. Diese Verleugnung aller sozialistischen Grundsätze und Ideen ist eine Schande für die sozialdemokratische Partei! Sie hat nichts gethan, um dagegen Stellung zu nehmen!" Max Süßheim: Testament, StAN, AG Nürnberg, NA 624/33, vgl. dazu auch die sorgfältige Abschrift bei Radlmaier, Süßheims, S. 155–157, hier S. 155 f.

1311 „Der Betrag von 1000 Mark, den ich der Sozialdemokratischen Partei Nürnberg zugedacht hatte, soll, nachdem sie ihren einstigen Idealen und Grundsätzen untreu geworden ist und aus persönlichen und antisemitischen Gründen unter Mißachtung der ihr geleisteten Arbeit jede Rücksicht und Dankbarkeit vergessen hat[,] in gleicher Höhe der Friedensgesellschaft[,] der Liga für Menschenrechte und dem Verein zur Bekämpfung des Antisemitismus zufallen." Ebd., bei Radlmaier, Süßheims: S. 156.

1312 Vgl. Kap. II.1.

1313 Karl Süßheim an Clara Süßheim, 11.12.1932, Privatnachlass KS.

des steigenden Antisemitismus in den Weimarer Parteien nicht wieder aufgegeben hat.[1314] Nach dem Erfolg der Nationalsozialisten jedenfalls war Deutschland nun fest in deren Hand. In Nürnberg übernahm Julius Streicher die Macht, auch wenn die Mehrheit der Bürgerinnen und Bürger seine Partei nicht gewählt hatte: Am 9. März wurde die Hakenkreuzfahne an der Deutschlandkaserne, dem Sitz der Polizei, gehisst, in kürzester Zeit folgten Burg, Rathaus, Gewerkschaftshaus.[1315] In München, der „Hauptstadt der Bewegung", wo Karl Süßheim mit Frau und Tochter lebte, war alles noch schneller gegangen, und: „Im Gegensatz zu ihren Glaubensgenossen in den meisten anderen Orten des Reichs hatten die Münchner Juden [...] bereits eine konkrete Vorstellung davon, was sie nun erwarten würde", schreibt Michael Brenner mit Blick auf die Vorgeschichte der Stadt. In der Tat: Einer der ersten, der die neuen Machtverhältnisse am eigenen Leib zu spüren bekam, war der liberale Rabbiner Leo Baerwald, der bereits zehn Jahre zuvor während des gescheiterten Putschversuchs um Adolf Hitler entführt worden war: SA-Truppen brachten den Glaubensmann nun zum Oberwiesenfeld, zwangen ihn, sich auszuziehen und bedrohten ihn mit der Exekution, „um sich an seiner Angst zu weiden"[1316], wie Peter Hanke es formuliert hat. „Was zehn Jahre vorher als ein kurzes aber bedrohliches Gewitter über München hinweggezogen war", fasst Brenner zusammen, „sollte sich nun zu einem mächtigen Unwetter entwickeln, das den Himmel zunächst über Deutschland und schließlich über ganz Europa viele Jahre lang verdunkelte"[1317]. Bald nach der Machtübernahme der Nationalsozialisten wurden auf Befehl des SS-Leiters Heinrich Himmler die ersten Jüdinnen und Juden ins Konzentrationslager Dachau unweit von München gebracht. Wie wir noch sehen werden, wird einige Jahre später Karl Süßheim durch das Tor mit der zynischen Aufschrift „Arbeit macht frei" treten.[1318] Sein Alltag war zu diesem Zeitpunkt längst aus den Fugen geraten: Der plötzliche Tod seines Bruders im März 1933 war der grauenvolle Auftakt des bis dahin ohne jeden Zweifel schlimmsten Jahres in Süßheims Leben.

Die „nationale Revolution" bedrohte nicht nur die gesamte Familie, sondern zerstörte bald auch Karl Süßheims berufliche Existenz. Einige Jahre zuvor hatte er noch auf eine ordentliche Professur gehofft: „Während der ganzen Ferien habe ich mich andauernd auf 1 meiner 3 Vorlesungen vorbereitet", schrieb er seiner Mutter: „Die Vorbereitung auf die sprachlichen Vorlesungen müssen aus Konkurrenzgründen jetzt sehr sorgfältig sein. Seit Frühjahr 1925 ist Geheimrat Hommel pensioniert, liest aber noch weiter. Hommels

1314 Zu seinem Wahlverhalten vgl. Kap. I.2 u. II.2.

1315 Der Nürnberger Polizeipräsident war Max Süßheim lange ein Dorn im Auge gewesen: Heinrich Gareis (1878–1951) und seine Frau unterhielten offenbar schon früh enge Kontakte zu den Nationalsozialisten; im Nachgang zum zweiten Luppe-Streicher-Prozess dachte Max Süßheim sogar über eine Anzeige wegen Meineids nach, vgl. Gardill, Süßheim, S. 226 f. Im nationalsozialistischen Deutschland wurde Gareis Regierungspräsident von Oberbayern.

1316 Peter Hanke: Zur Geschichte der Juden in München zwischen 1933 und 1945 (= MBM 3), München 1967, S. 80.

1317 Brenner, Schatten, S. 320.

1318 Zu Süßheims Haft in Dachau vgl. ausführlich S. 586–596.

Nachfolger seit Frühjahr 1925 heißt Bergsträßer, dessen Arbeitsgebiete u. Vorlesungen sich stets teilweise mit den meinigen decken. Daher vermehrte Arbeit, nicht verringerte! Die Vorlesungen beginnen aber erst Anfang Mai."[1319]

Gotthelf Bergsträßer, der einst im Gegensatz zu Süßheim einen Ruf ans Konstantinopler *Darü l-fünun* erhalten hatte[1320], bekleidete in München eine ordentliche Professur: Er hatte den Lehrstuhl für orientalische Sprachwissenschaft und Philologie inne. In der Tat musste Süßheim neben einem wie ihm geradezu glänzen, um im selben Fach noch Aussichten auf dieselbe Karrierestufe zu haben. Auch die allgemeinen Entwicklungen an der LMU bereiteten Süßheim, der einem kleinen Fach angehörte und auf die Nachfrage seiner Kurse dringend angewiesen war, bisweilen Kopfzerbrechen, wie er seiner Mutter schrieb: „An der hiesigen Universität werden jetzt viele Fächer weniger studiert: Altphilologie, deutsche Philologie, Medizin. Dagegen werden Zahnheilkunde u. Theologie als sicher angesehen u. mehr studiert. Im ganzen nimmt jetzt die Studentenzahl der Münchener Universität jedes Semester um 200 Studenten mehr ab."[1321]

Um stets gut auf seine Lehre vorbereitet zu sein, verpasste er bisweilen sogar Gelegenheiten, wichtige Fürsprecher für sich zu gewinnen. „Auf Montag Abend bin ich zu einem Bierabend zum Rektor der Universität geladen", schrieb Süßheim im November 1932: „Ich werde mich aber entschuldigen, da ich am Tage darauf 3 Vorlesungen habe u. vorher die Nachtruhe nicht entbehren möchte"; der Rektor sei „jetzt der jüngere Bruder des Malers von Zumbusch, ein riesenlanger Mann, der eine ganz kleine Frau hat"[1322].

Grundsätzlich freute Süßheim sich in dieser Zeit an seinem Dasein als Universitätsprofessor aber sehr, wie aus einem weiteren Brief an Clara Süßheim hervorgeht. „Meine Wintervorlesungen haben wie üblich begonnen u. der Zuspruch der Studenten hat gegenüber früher keineswegs nachgelassen", beschönigte er vermutlich ein wenig die Resonanz seiner Lehre: „Zwei meiner Studenten sind wie Orientalisten, aber noch Anfänger. Dadurch[,] daß ich sehr einfache Vorlesungen halte [...], habe ich viel freie Zeit zu eigenen Arbeiten."[1323] Es scheint, als hätte Süßheim trotz des Karrieredrucks, den er verspürte, in dieser Zeit eine gesunde Balance zwischen Berufs- und Privatleben gefunden, wie auch eine in einem anderen Brief geschilderte Szene nahelegt, in der die Sphären scheinbar mühelos ineinander übergehen:

> „Margot schläft jetzt allein in ‚ihrem' Zimmer, unserem Wohnzimmer, wodurch Margot u. wir eine ruhigere Nacht haben. Dadurch daß Margot jetzt bei Tage selten schläft, ist sie abends müde, geht zwischen ½ 7 u. ½ 8 abends gern zu Bett u. schläft

1319 Karl Süßheim an Clara Süßheim, 16. 4. 1931, Privatnachlass KS.

1320 Vgl. Kap. II.1.

1321 „Ein alter Wunsch von Max scheint in Erfüllung zu gehen: Die schriftlichen Prüfungen werden so streng gehandhabt, daß nur ein kleiner Teil der Prüflinge ans Ziel gelangt", fügte er hinzu. Karl Süßheim an Clara Süßheim, 20. 11. 1932, Privatnachlass KS.

1322 Ders. an Dies., 4. 11. 1932, ebd.

1323 Ders. an Dies., 11. 11. 1931, ebd.

rasch ein. Margot will aber nicht allein zu Hause, sondern überall dabei sein. Wir sind dadurch in unserer Bewegungsfreiheit sehr beeinträchtigt. Am letzten Mittwoch war der Abschluss des akademischen Sportturnens. Wir gingen hin, u. Margot mit uns. Die Jüngsten neben Margot waren 17[-]jährige Studenten und Studentinnen. Aber Margot saß auf einem Ehrenplatz unter Professoren u. durch den Wettlauf, den Hochsprung, den Faustballwettkampf angeregt, hatte Margot keine Langeweile u. benahm sich während der 80 Minuten, da wir auf dem Sportplatze weilten, recht annehmbar. Gestern wurde die Nymphenburger Kirchweih, welche vor 200 Jahren – im Jahre 1732 – gegründet worden war, eröffnet. Heute Nachmittag waren wir draußen u. haben uns gut unterhalten. Kasperltheater, Schaukeln, Schaubuden [...] sind [...] vertreten. Den meisten Zuspruch finden der Spitzen-Jakob u. ein Freilufttheater mit sehr guten Vorführungen. Der Spitzen-Jakob ist ein leicht schwäbelnder, sehr heiterer Spitzenhändler, der Zielpunkt aller Damen, wo er auch auftritt. Wir haben ihm für 2,20 M Spitzen abgekauft."[1324]

Seine Rolle als Familienvater forderte Süßheim sehr, und „[u]m ruhig arbeiten zu können, habe ich in letzter Zeit den Tag in der Universität verbracht" – „[d]as wird bald wieder aufhören", schrieb er.[1325] Diese Sätze stammen vom 23. März 1933. Am 7. April wurde das „Gesetz zur Wiederherstellung des Berufsbeamtentums" erlassen, das es dem NS-Regime erlaubte, jüdische und politisch missliebige Beamte aus dem öffentlichen Dienst zu entfernen.[1326]

„Zunächst vergingen einige Wochen, bis auf dem Verwaltungswege die ersten Maßnahmen anliefen", schreibt der Historiker Helmut Böhm über die Aufnahme des Gesetzes an der LMU; manchen Studenten aber habe dies zu lange gedauert, „so daß sie das Kultusministerium zu schnellerem Durchgreifen aufforderten, ihrer – meist künstlichen – Erregung Ausdruck verliehen und auf die jüdische Abstammung einzelner Dozenten aufmerksam machten"[1327]. Die Agitation habe durchaus Gehör gefunden, schreibt Böhm weiter, man habe sie schließlich zum Anlass für ein beschleunigtes Verfahren genommen. Wie Karl Süßheim diese Zeit erlebte und wie er sich dabei fühlte, bleibt uns verborgen – wie erwähnt ist auch der Tagebuchband aus dieser Zeit verschollen; in den Briefen an seine Mutter ging er darauf nicht ein. Im ministeriellen Personalakt im Bayerischen Hauptstaatsarchiv wird seine Geschichte wie folgt zusammengefasst: „1916 König Ludwig-Kreuz. 1919 Titel u. Rang

1324 Ders. an Dies., 10.7.1932, ebd.

1325 Ders. an Dies., 23.3.1932, ebd.

1326 In der Durchführungsverordnung vom 11. April 1933 wurde die Abstammungsregelung wie folgt ausgelegt: „Als nicht arisch gilt, wer von nicht arischen, insbesondere jüdischen Eltern oder Großeltern abstammt. Es genügt, wenn ein Elternteil oder Großelternteil der jüdischen Religion angehört hat", zit. nach Böhm, Selbstverwaltung, S. 107. Bei Karl Süßheim stellte sich die Frage nach seiner genauen Abstammung mit zwei deutsch-jüdischen Elternteilen freilich nicht.

1327 Ebd., S. 110f.

eines außerordentl. Professors. 1933 27/6 entlassen."[1328] Dokumente in den Archiven[1329] belegen zudem Süßheims verzweifelten Versuch, eine Ausnahmeregelung zu erwirken. Als einer der ersten war er auf Weisung des Ministeriums zur Zwangsbefragung beim Rektor vorgeladen worden.[1330] Das dabei ausgefüllte Formular – die handschriftlichen Eintragungen sind im Folgenden kursiv gedruckt – zeigt, dass Karl Süßheim versuchte, seine Tätigkeit für die Kriegszensur geltend zu machen. „Auf meine Einladung fand sich heute Herr *Prof. Süßheim* bei mir ein" protokollierte Rektor Leo Zumbusch, dessen Einladung zum Bierabend er noch kurz zuvor ausgeschlagen hatte: „Meine Frage, ob er seine nichtarische Abstammung anerkenne, beantwortete Herr *Prof. Süßheim* wie folgt[:] *er sei nicht arischer Abstammung*[.] Meine weitere Frage, ob er Ausnahmegründe nach § 3 Abs. II des Gesetzes zur Wiederherstellung des Berufsbeamtentums[1331] vom 7. April 1933 (RGBl. I S. 175) geltend mache, beantwortete Herr *Prof. Süßheim* wie folgt: *er war im Krieg ehrenamtlich als Dolmetsch* [sic!], *Übersetzer etc. tätig, da er [dienstunfähig] war und reklamiert vom Generalcommando [von] Aug[ust] [19]14–Nov[ember] [19]18 (I. Bayr[isches Armeekommando])*".[1332]

Zumbusch, der letzte gewählte Rektor der LMU, war „ein rechtskonservativer Mann, der seine betont nationale Haltung wiederholt unter Beweis gestellt hatte", wie Helmut Böhm schreibt, der „aber trotz aller Übereinstimmung in nationalen Dingen nicht zum Nationalsozialismus fand"[1333]. Wenn aufgrund des jeweiligen Protokolls, das dieser nun anfertigen

1328 Mappenbeschriftung in BayHStA MK 44426.

1329 Herangezogen werden konnten (neben dem oben zitierten Personalakt im BayHStA) insbesondere aus dem Archiv der LMU die Akten des Akademischen Senates der Universität München, betreffend Dr. Karl Süßheim, Privatdozent für Geschichte der muhammedanischen Völker sowie türkische, persische und neuarabische Sprache (UAM-E-II-3323) und zwei Personalakte zu Karl Süßheim (UAM-O-XIV-668 u. UAM-O-XIV-140A).

1330 Bei einigen Dozenten sei bekannt gewesen, dass sie unter die rassistischen Bestimmungen des Gesetzes fallen würden – gegen sie wurde schnell vorgegangen, schreibt Böhm, Selbstverwaltung, S. 113. Mitte Mai hatte das Kultusministerium an den Rektor eine Liste der 15 Dozenten, die „unter den §3 des Gesetzes zur Wiederherstellung des Berufsbeamtentums [...] zu fallen [scheinen]", geschickt, darunter auch Karl Süßheim: „Um Schwierigkeiten wegen der Vorlesungsgebühren zu vermeiden, wolle der Herr Rektor schon jetzt die Genannten vorladen und befragen, ob sie ihre nichtarischer [sic!] Abstammung anerkennen und ob sie Ausnahmegründe nach § 2 des Gesetzes (Frondienst, Verlust des Vaters oder Sohnes an der Front) geltend machen." BSMUK an das Rektorat der Universität München, 18. 5. 1933, S. 1 f., BayHStA MK 44426. Auf der Bilanz über die Abstammung der Hochschullehrer, die der Rektor am 18. Juli 1933 dem Ministerium meldete, befanden sich schließlich die Namen von 34 „nicht-arischen" Dozenten, darunter Karl Süßheim, BSMUK an den Senat der Universität München, 18. 7. 1933, BayHStA MK 44426. Vgl. dazu auch Böhm, Selbstverwaltung, S. 114.

1331 Für Beamte „nicht arischer Abstimmung" wurde eine Ausnahme geschaffen, wenn sie „im Weltkrieg an der Front für das Deutsche Reich oder für seine Verbündeten gekämpft haben oder deren Väter oder Söhne im Weltkrieg gefallen sind", zit. nach ebd., S. 107.

1332 [Leo] Zumbusch: [Ausgefülltes Formular] Karl Süßheim zum „Gesetz zur Wiederherstellung des Berufsbeamtentums", 29. 5. 1933, UAM-E-II-3323-95.

1333 Zumbusch sollte 1935 nach einer Denunziationskampagne demselben Gesetz zum Opfer fallen und in den Ruhestand versetzt werden, vgl. Böhm, Selbstverwaltung, S. 529 ff., das Zitat S. 529.

musste, eine Entlassung bereits vorherzusehen war, musste er umgehend dazu anweisen, die Lehrveranstaltungen einzustellen.[1334] In der Tat: „Prof. Süßheim wird die Vorlesung einstellen“[1335], lautet Zumbuschs handschriftliche Ergänzung auf dem Formular. Das abrupte Ende seines „Überblick[s] über die Geschichte der muhammedanischen Staatenwelt, besonders im Mittelalter“, wie die letzte Vorlesung des außerordentlichen Professors Karl Süßheim an der Universität München hieß[1336], war damit besiegelt. „Zufolge Anordnung des bayerischen Unterrichtsministeriums u. auf Weisung seiner Magnifizenz [des Rektors, KM] [...] habe ich ab 29. Mai meine Vorlesungen eingestellt“[1337], meldete Süßheim am nächsten Tag dem Dekan seiner Fakultät, der es – „mit der Bitte, gegebenenfalls das Weitere veranlassen zu wollen“[1338] – an das Rektorat weiterleitete. Süßheim musste nun auch einen Fragebogen ausfüllen. Die Nationalsozialisten wollten wissen, ob er „im Weltkrieg an der Front für das Deutsche Reich oder für seine Verbündeten gekämpft“[1339] habe und ob er der Sohn eines im Weltkrieg Gefallenen sei. Als Konfession gab Süßheim hier, wie schon seit seiner Jugend, nicht jüdisch, sondern „israelitisch“ an[1340], zur Staatsangehörigkeit schrieb er, ebenfalls bezeichnend, „Bayer“.[1341] Über seine „nähere Abstammung“[1342] schrieb Süßheim schließlich ebenfalls: „israel[itisch]“.[1343] Dieses Schicksal, das in den Akten so nüchtern klingt und dabei doch eine, wie wir gesehen haben, mühsam erkämpfte berufliche Existenz vernichtete, wurde mit Mitteilung vom 27. Juni ministeriell bestätigt. Fünf Privatdozenten und

1334 Vgl. ebd., S. 113.

1335 [Leo] Zumbusch: [Ausgefülltes Formular] Karl Süßheim zum „Gesetz zur Wiederherstellung des Berufsbeamtentums“, 29.5.1933, UAM-E-II-3323-95.

1336 Darüber hinaus gab Karl Süßheim in seinem letzten Semester an der LMU eine Übung „zur Geschichte der muhammedanischen Reiche“ sowie „Neupersisch für Anfänger“, vgl. VVLMU. Sommer-Halbjahr 1933, München 1933, S. 37.

1337 Karl Süßheim an [Paul Lehmann], 30.5.1933, UAM-E-II-3323-93.

1338 [Paul] Lehmann an Rektorat der Universität München, 31.5.1933, UAM-E-II-3323-91 sowie die entsprechende Notiz, 31.5.1933, UAM-O-XIV-142.

1339 Karl Süßheim: [Ausgefüllter Fragebogen als] Beilage zur Entschließung des Bayer[ischen] Staatsministeriums für Unterricht und Kultus vom 24. Mai 1933, 30.5.1933, UAM-E-II-3323-87 f. u. 97 f. sowie ein Duplikat im BayHStA MK 44426. Der Fragebogen, der ausnahmslos allen Dozenten zugeschickt wurde, ist Teil der systematischen Erfassung und Überprüfung des gesamten Lehrpersonals der LMU. Im Juli wurde auch das Verwaltungspersonal entsprechend erfasst, vgl. Böhm, Selbstverwaltung, S. 112.

1340 Vgl. Kap. I.1.

1341 Karl Süßheim: [Ausgefüllter Fragebogen als] Beilage zur Entschließung des Bayer[ischen] Staatsministeriums für Unterricht und Kultus vom 24. Mai 1933, 30.5.1933, UAM-E-II-3323-87 f. u. 97 f.

1342 Diese war wie folgt definiert: „Nähere Angaben über die Abstammung: Vater, Mutter, Großvater väterlicherseits, Großmutter väterlicherseits, Großvater mütterlicherseits, Großmutter mütterlicherseits Konfession (auch frühere Konfession)“. Ebd.

1343 Auf die explizite Frage, ob er „arischer Abstammung“ sei, antwortete Süßheim: „Etwas Bestimmtes kann nicht behauptet werden, da irgendeine Angab[e] über die [...] Abstammung der Voreltern fehlt“. Ebd. Diese Angabe ist auch vor der ausufernden Recherche zur Familiengeschichte zu lesen, die Karl Süßheim bereits als junger Mann begonnen hatte, vgl. Kap. I.2.

außerordentliche Professoren wurden an diesem Tag „mit sofortiger Wirkung aus dem bayerischen Staatsdienst entlassen" – der Physiologe Ernst Heilner, die Kunsthistoriker Ernst Michalski und Ernst Strauss, der Internist Otto Neubauer und Karl Süßheim.[1344] Obwohl sich die Philosophische Fakultät offenbar für einzelne ihrer jüdischen Mitglieder stark machte und versuchte, sie vor der Entlassung zu bewahren[1345], sind entsprechende Anstrengungen für Süßheim nicht überliefert – nicht zuletzt ein Hinweis darauf, dass sich an seiner Außenseiterposition im Kollegenkreis bis 1933 nichts verändert hatte.

Im Gegensatz zu einem anderen Kollegen namens Ludwig Steinberger wurde Karl Süßheims Antrag der Fortzahlung seiner staatlichen Beihilfe für einen Übergangszeitraum von drei Monaten gewährt.[1346] Im August jedoch „beehr[t]e" sich der Prorektor, der Forstwissenschaftler Vinzenz Schüpfer, Süßheim „Mitteilung zu machen", dass er ab Oktober von der Altersversorgung ausscheiden wird[1347]: die schriftliche Benachrichtigung über die Ungewissheit seiner Zukunft. Die Philosophische Fakultät der LMU, an der seit Mitte der 1920er-Jahre auch Kurt Huber lehrte, der später der einzige Professor im Widerstandskreis der Weißen Rose sein wird, stand spätestens ab 1935 vollends im Schatten der NS-Bewegung.[1348] Dies illustrieren universitäre Auswüchse wie das Reichsinstitut für Geschichte des neuen Deutschlands[1349] mit seiner Forschungsabteilung Judenfrage, die dem Antisemitismus einen wissenschaftlichen Anstrich verpassen sollte und ausgerechnet von dem Historiker Karl Alexander von Müller nominell geleitet wurde[1350] – dem einzigen Kollegen, der Karl

1344 Bayer[isches] Staatsministerium für Unterricht und Kultus an den Senat der Universität München: Vollzug des Gesetzes zur Wiederherstellung des Berufsbeamtentums, 27.6.1933, UAM-E-II-3323-89 u. BayHStA MK 44426.

1345 Vgl. dazu Böhm, Selbstverwaltung, S. 123–127.

1346 Neben Süßheim wurde die Fortzahlung auch bei Dietrich von Hildebrand bewilligt. Steinberger allerdings könne „die Beihilfe nicht belassen werden", ist in den Akten zu lesen, „weil er im Hinblick auf § 4 des Gesetzes zur Wiederherstellung des Berufsbeamtentums, also infolge eigenen Verschuldens aus dem Staatsdienst entlassen worden ist", BSMUK an den Verwaltungsausschuß der Universität München: Staatliche Beihilfen für Privatdozenten, 3.10.1933, BayHStA MK 44426. Ludwig Steinberger war aus politischen Gründen entlassen worden, vgl. dazu die Bemerkungen im „Nachspiel".

1347 Rektorat der Universität München an Karl Süßheim, Nr. 3595, 21.8.1933, UAM-E-II-3323-83.

1348 In diesem Jahr setzte die Gründung neuer Institutionen originär nationalsozialistischer Wissenschaft ein, während in den Jahren zuvor die „Gleichschaltung" und Umgestaltung der universitären Strukturen im Vordergrund standen, vgl. Matthias Berg: Lehrjahre eines Historikers. Karl Bosl im Nationalsozialismus, in: ZfG 59 (2011), S. 45–63, hier S. 50.

1349 Vgl. hierzu die frühe und noch immer einschlägige Arbeit von Helmut Heiber: Walter Frank und sein Reichsinstitut für Geschichte des neuen Deutschlands, Stuttgart 1966.

1350 Die Aufzählung seiner Funktionen im nationalsozialistischen Wissenschaftssystem siehe: Schulze, Müller, S. 214f.; zum Reichsbund Volkstum und Heimat siehe: Reinhard Bollmus: Das Amt Rosenberg und seine Gegner. Studien zum Machtkampf im nationalsozialistischen Herrschaftssystem, München 2001, hier S. 49; zur Geschichte der Forschungsabteilung Judenfrage und der Rolle Müllers siehe ausführlich: Matthias Berg: Die „Forschungsabteilung Judenfrage" des „Reichsinstituts für Geschichte des neuen Deutschlands", in: Ingo Haar u. Michael Fahlbusch (Hrsg.): Handbuch der

Süßheim einst zu seiner Beförderung zum Professor gratuliert hatte[1351]. An der LMU war zudem die SS-Forschungsgemeinschaft Das Ahnenerbe[1352] ansässig, genauso wie die rassistische „Wissenschaft" von der Antike, vertreten und propagiert von der althistoriografischen Schule um Helmut Berve[1353].

Mit dem neuen Dekan Walther Wüst, einem der engagiertesten NS-Wissenschaftsfunktionäre, wurde das „Führerprinzip" an der Philosophischen Fakultät umstandslos durchgesetzt.[1354] Eine Ausnahme bildete die erfolgreiche Verdrängung des als Dilettanten empfundenen, wissenschaftlich schwach fundierten Dozenten Wilhelm von Kloeber: Diesem war von der NSDAP eine Dozentur eingerichtet worden.[1355] Das andere Extrem wird deutlich am Habilitationsverfahren Wilhelm Graus, welches dieser erfolgreich absolvierte, obwohl er fachlich mitnichten geeignet war.[1356] Mit der Universität München unterm Hakenkreuz[1357]

völkischen Wissenschaften. Personen – Institutionen – Forschungsprogramme – Stiftungen, München 2008, S. 168–178.

1351 Vgl. Kap. II.2.

1352 Vgl. hierzu die Monografie von Michael H. Kater: Das „Ahnenerbe" der SS 1935–1945. Ein Beitrag zur Kulturpolitik des Dritten Reiches, 3. Aufl. München 2001.

1353 Zu Berve vgl. die Hinführung.

1354 Vgl. Elisabeth Kraus: Die Ludwig-Maximilians-Universität im Dritten Reich. Konturen und Ergebnisse eines Forschungsprojekts, in: Stefanie Hajak u. Jürgen Zarusky (Hrsg.): München und der Nationalsozialismus. Menschen. Orte. Strukturen, Berlin 2008, S. 303–312, hier S. 308.

1355 Um ihn drehten sich schon seit 1933 Debatten am Historischen Seminar. Kloeber war auf Druck der Partei als „Historiker neuen Typs" als Dozent für das neue Fach zur NSDAP-Parteigeschichte unter dem Titel „Vom Weltkrieg zur nationalen Revolution" oktroyiert und schließlich aufgrund des Widerstands der Fakultät wieder entfernt worden, vgl. Schulze, Müller, S. 219; Böhm, Selbstverwaltung, S. 501–506 u. Heiber, Frank, S. 406.

1356 Vgl. den Aufsatz von Patricia von Papen-Bodek: Judenforschung und Judenverfolgung: Die Habilitation des Geschäftsführers der Forschungsabteilung Judenfrage, Wilhelm Grau, an der Universität München 1937, in: Kraus, Universität II, S. 209–264.

1357 Bisher gibt es trotz einiger Pionierarbeit keine umfassende Darstellung zur Münchner Universität im Nationalsozialismus, wie sie etwa die Wiener Forschung für die europäischen Universitäten im Allgemeinen hervorgebracht hat, vgl. Alma mater antisemitica. Akademisches Milieu, Juden und Antisemitismus an den Universitäten Europas zwischen 1918 und 1939 (=Beiträge zur Holocaustforschung des Wiener Wiesenthal Instituts für Holocaust-Studien 3), Wien 2016. Das Forschungsprojekt „Die Universität München im Dritten Reich", betreut von Elisabeth Kraus, hat zwei Sammelbände hervorgebracht; wie die Herausgeberin betont, erlauben die Ergebnisse noch kein kohärentes Gesamtbild der LMU in der nationalsozialistischen Zeit, vgl. Elisabeth Kraus: Einführung, in: Dies. (Hrsg.): Universität II, S. 9–12, hier S. 10. Umso bedauernswerter ist es, dass ein Aufsatz, der die Philosophische Fakultät systematisch in den Blick nimmt, fehlt. Einige in diesem Zusammenhang interessante Texte aber können genannt werden, insbesondere die Beiträge von Jedlitschka und Papen-Bodek, die sich der Historikerschaft an der LMU in der NS-Zeit exemplarisch nähern, vgl. Karsten Jedlitschka: Professor von Hitlers Gnaden: Der Münchner Neuzeithistoriker Ulrich Crämer (1907–1992), in: Kraus, Universität I, S. 299–344; Papen-Bodek, Judenforschung. Einen zusammenfassenden Zwischenstand zu den Ergebnissen des Projekts lieferte Kraus in einem anderen Sammelband, vgl. Kraus, Ludwig-Maximilians-Universität. Abseits des hauseigenen LMU-Projekts

aber, die seit 1933 nur noch seine Adresse weitergab, wenn jemand sie für Korrespondenz brauchte[1358], wird Karl Süßheim nicht mehr viel zu tun haben. Nun musste er versuchen, seine junge Familie als Privatgelehrter durchzubringen. „Vergangene Nacht gelang es mir – das kommt 1–2 mal im Jahre vor – die Nacht durchzuschlafen" schrieb Süßheim Mitte Juni 1933 tapfer – „bis wir morgens gegen ½ 5 Uhr durch die aus dem Wohnzimmer, wo sie schläft, anmarschierende Margot aus dem Schlafe geweckt wurden"[1359]. Offenbar stürzte er sich nach dem abrupten Ende seiner Tätigkeit an der LMU so entschieden in seine eigene Forschung wie lange nicht mehr: „Ich bin noch Strohwitwer u. habe diese kurze Frist zur Arbeit genutzt", ließ er seine Mutter im August wissen, aber: „Die Frist läuft morgen Abend ab, da Ina einer Verlängerung nicht zugestimmt hat. Ina u. Margot kommen morgen Abend zurück."[1360] Er „komme jetzt allwöchentlich nur 1mal in die Stadt u. arbeite sonst zu Hause"[1361], berichtete er wenig später.

Die entsetzlichen Wochen gingen aber freilich nicht spurlos an ihm vorbei, wie eine Bitte an seine Mutter verdeutlicht: „Es wäre mir sehr angenehm, wenn ich mich in Nürnberg ausruhen könnte, da ich diesen Sommer sonst nirgends hinkomme. Leider bin ich nicht mehr in der Lage, zu heben u. zu tragen u. die Schwestern zu ersetzen. Diese müssen ihre anstrengende Aufgabe selbst erfüllen u. sich glücklich schätzen noch in der Kraft der Jahre zu sein. [...] Ina war in letzterer Zeit öfters unwohl. Heute ist sie mit Margot auf 1 Woche nach Kiefersfelden [...] (1 Station vor Kufstein) gereist. Nur so habe ich Möglichkeit mich auszuruhen. Eine gemeinsame Reise nach Nürnberg läßt mir keinen Augenblick Ruhe bei Tage."[1362] Derart erschöpft hatte Karl Süßheim sich seiner Umwelt selten offenbart, doch die niederschmetternden Ereignisse sollten kein Ende finden: Noch im selben Jahr, kurz vor Weihnachten, starb seine Mutter.

Clara Süßheim war, wie schon mehrfach deutlich wurde, keine besonders umgängliche Frau. Immer wieder hatte sie ihren jüngeren Sohn, der ihr seit jeher ein wenig näher stand

ergänzen zwei weitere Arbeiten das Bild der Philosophischen Fakultät der LMU in der NS-Zeit: Im Band von Jakob Seibert werden die nationalsozialistischen Jahre anhand von Biografien eingehend behandelt; allerdings beschränkt auf die althistorische Teildisziplin der Geschichtswissenschaft, vgl. Jakob Seibert (Hrsg.): 100 Jahre Alte Geschichte an der Ludwig-Maximilians-Universität München 1901–2001, Berlin 2002. In einer anderen Publikation, die auf einer Ringvorlesung aus Anlass des 150-jährigen Bestehens des Historischen Seminars beruht, das man im Jahr 2007 feierte, finden sich Beiträge zu den Historikern Karl Alexander von Müller, Max Spindler (1894–1986) und Karl Bosl (1908–1993) sowie zu Hermann Bengtson (1909–1989), vgl. Weigand, Historiker. Auf die Entwicklungen an der LMU in der NS-Zeit wird im Folgenden nur an den Stellen eingegangen, wo sie Karl Süßheims Biografie tangieren – und dies war insbesondere posthum, vgl. dazu das „Nachspiel".

1358 Vgl. Wolf Keßler an Sekretariat der Universität München: [Anfrage Briefkorrespondenz mit Karl Süßheim], 22.1.1937 sowie Universitätskanzlei an Sekretariat der Universität München: [Auskunft Adresse Karl Süßheim], 28.1.1937, UAM-E-II-3323-85f.

1359 Karl Süßheim an Clara Süßheim, 14.6.1931, Privatnachlass KS.

1360 Ders. an Dies., 15.8.1933, ebd.

1361 Ders. an Dies., 22.8.1933, ebd.

1362 Ders. an Dies., 28.8.1933 [Fragment], ebd.

als der ältere, ungebeten in familiäre Streitigkeiten einbezogen – so etwa bei ihrer bereits geschilderten, unschönen Auseinandersetzung mit Paula und Eugen Kirschbaum.[1363] Als sie wieder einmal ihr Testament ändern wollte, war es Karl Süßheim, der den Entwurf schreiben und sich darüber mit Max verständigen musste.[1364] Das Erbe der alten Frau war ein ständiges Thema: Auch mit Max' Witwe Hedwig – wie wir gesehen haben, schon immer ein schwieriges Verhältnis[1365] – muss Clara Süßheim sich schon bald nach dem Tod ihres Sohnes so schwer überworfen haben, dass diese aus dem Testament gestrichen wurde.[1366] Trotz ihres impulsiven und eifersüchtig vereinnahmenden Wesens war die Beziehung zwischen ihr und ihrem Sohn in München überaus liebevoll und vertraut: Seine Schreiben an die Mutter aus den letzten Jahren der Weimarer Republik – zum Teil mehrere in der Woche – wurden bereits ausführlich zitiert, die beiden standen in ständigem Kontakt. Regelmäßig freute Süßheim sich über Karten, Briefe und Geschenke aus Nürnberg, einmal schrieb er etwa: „Wir danken Dir vielmals für die große Lebensmittelsendung, alles Waren erster Qualität. Es wäre mir aber lieber, wenn Du selbst kräftig essen würdest“[1367]. Das Befinden Clara Süßheims war in jedem seiner Briefe Thema. Er erkundigte sich immer wieder nach ärztlichen Diagnosen; die Korrespondenz dokumentiert jahrelange Anteilnahme an den gesundheitlichen Problemen seiner Mutter[1368]: „Hüte Dich auch in der wärmeren Jahreszeit vor Erkältung“, ist nur ein Beispiel für seine fortwährenden Ratschläge – „Erkältung ist fast Dein schwerster Feind; pflege auch Du der Ruhe zu Hause!“[1369] Rührend versuchte er auch immer wieder, die

1363 Vgl. Kap. II.2.

1364 Sein Bruder, ganz der Anwalt, machte ihm unmissverständlich klar, dass die Vorstellungen Clara Süßheims nicht rechtskonform waren: Es war schlicht nicht möglich, eines der Kinder vollständig zu enterben. Vermutlich ging es dieses Mal um Paula, da Clara Süßheim Probleme mit ihrem Mann hatte, vgl. Tagebuch KS, 25.4.1921.

1365 Zu Clara Süßheims Ausbruch nach Max' Verlobung vgl. Kap. I.1.

1366 Im April 1933 wollte sie noch eine gleichmäßige Aufteilung des Erbes an Karl, Paula und Max' Witwe, im Mai hatte sie es bereits wieder geändert und ihre noch lebenden Kinder sollten alles unter sich aufteilen, vgl. Radlmaier, Süßheims, S. 65.

1367 Karl Süßheim an Clara Süßheim, 12.5.1930, Privatnachlass KS.

1368 Er hoffe, dass Doktor Thinger mit ihrem Gesundheitszustand zufrieden sei, schrieb er beispielsweise. Weiter hieß es: Bei „den Witterungsverhältnissen des Winters scheint mir das Reisen [...] nicht ungefährlich zu sein. Natürlich brauchst Du ein Fräulein, welches beständig um Dich weilt“. Ders. an Dies., 21.1.1928 [Fragment], ebd. Seine Ratschläge gingen oftmals in diese Richtung – in einem anderen Brief steht: „Sei vorsichtig u. spare bei Deiner Rückreise nicht mit Geld. Hüte Dich auch vor Erkältung. Du verträgst keineswegs ohne weiteres Berührung mit kalter Luft.“ Ders. an Dies., 19.11.1928, ebd. Im Mai 1929 schrieb er: „Aus deiner l. Karte vom vorgestrigen erfahre ich, dass Du bereits die kühle Reise nach Bühlenhöhe unternommen hast. Hoffentlich bist Du vorsichtig und hältst Dich gesund.“ Ders. an Dies., 10.5.1929, ebd. Im Juli 1931 schrieb er: „Hoffentlich geht es Dir wohl, ohne dass Du durch die jüngsten kühlen Tage geschädigt worden wärst. Vielleicht rufst Du Dr. Thinger wieder einmal an, damit er den Stand Deiner Gehfähigkeit prüft und die seit dem 4. März eingetretene Schwerfälligkeit behebt. Dass Du den Arzt gelegentlich rufst, bist Du Dir und uns schuldig.“ Ders. an Dies., 19.7.1931, ebd.

1369 Ders. an Dies., 26.5.1930, ebd.

kränkelnde Frau aufzumuntern. „Ich [...] wünsche mir, dass Dir die Kur bekommt", schrieb er etwa im November 1928 nach Wiesbaden – „Verzeihung, keine Kur! Denn der Arzt hat Dir meines Wissens jede Selbstkur [...] schon oft untersagt. Es handelt sich nur um ruhigen gemütlichen Aufenthalt im Hotel, u. um Ausfahrten bei schönem Wetter, unter sorgfältig[er] Vermeidung aller Erkältungen."[1370]

Das von Clara Süßheim dennoch provozierte schlechte Gewissen ist aus den Briefen bisweilen überdeutlich herauszulesen.[1371] Geduldig versuchte ihr Sohn derweil, sie zu überreden, sich endlich einen Rollstuhl anzuschaffen: „Auch Leute, die ganz gesund sind, bedienen sich gelegentlich eines fahrbaren Stuhls oder fahrbaren Lehnsessels sowie eines rechts u. links zugleich bedienten Tragstuhles", schrieb er mit Rücksicht auf ihre Befindlichkeiten.[1372] Von seinen eigenen gesundheitlichen Problemen berichtete Süßheim eher unterhaltsam als klagend.[1373] Selbst kurz nach der Geburt seiner ersten Tochter versorgte er seine Mutter, die

1370 Ders. an Dies., 12.11.1928, ebd.

1371 Nachdem er sich einmal mehr um seine erkältete schwangere Frau als um sie kümmerte, meldete sich Clara Süßheim offenbar nicht mehr bei ihm: „Ich würde sehr gerne hoffen, dass es Dir besser geht. Ich bin leider ohne Nachricht von Wiesbaden u. möchte Dich bitten, jede Vorschrift walten zu lassen, um die Reise nach Nürnberg ohne Unfall u. ohne Gefahr zu bestehen. [...] Eine Gesellschafterin zur Rückreise nach Nürnberg wird kaum genügen. Am sichersten fährst Du, wenn Du diesem Arzte noch einen kräftigen Mann, einen Pfleger, zum Zwecke der Fahrt empfehlen lässt." Reuevoll schrieb er: „Es wäre meine Pflicht, mich nach Dir in Wiesbaden umzusehen u. Dich nach Nürnberg zurückzubringen", aber „[l]eider bin ich durch Inas Zustand in meiner Lossagungsfreiheit sehr beschränkt". Zum Schluss drückte er noch seine „Hoffnung bald beruhigende Nachricht von Dir zu empfangen", aus. Ders. an Dies., 19.11.1928, ebd.

1372 Ders. an Dies., 19.11.1928, ebd. Ob er mit seinem beständigen Drängen letztlich auch Erfolg hatte, ist unklar. Eineinhalb Jahre später schrieb er: „Wenn Deine Wohnung von der Sonne durchwärmt sein wird, wird Dir Herr Doktor wohl erlauben, im Fahrstuhl Deine Wohnung zu durchwandern. Es wäre gut, wenn der Fahrstuhl so gebaut wäre, daß Du den nämlichen Fahrstuhl auch auf der Straße gebrauchen kannst." – Bis dahin hatte sie sich also offenbar noch kein Gerät angeschafft. Ders. an Dies., 25.4.1930, ebd.

1373 Besonders trocken geriet ein ausführlicher Bericht über seine Plattfüße und Spezialschuhe, die er deshalb benötigte, vgl. Ders. an Dies., 12.5.1929, ebd. Ein anderes Mal versuchte er vielmehr, ihr Interesse für die neueren Erkenntnisse der Medizin zu wecken: „Ich habe hier in München mit Hochfrequenz an mir gute Resultate erzielt. Gegen meine erfrorenen Ohren – die stammen vom 12. Februar dieses Jahres – hatte ich zwei [...] Ärzte konsultiert u. [...] Salben verschrieben erhalten: vergebens. Durch 4malige Bestrahlung meiner Ohren mit Hochfrequenz wurde ich von dem Übel befreit. Die amtliche Medizin scheint noch nicht hinter das Geheimnis gekommen zu sein u. spöttelt über die Methode – gewiss nur so lange, bis die amtliche Medizin erforscht hat, wie auch sie ohne Schaden für den Patienten so starke elektrische Ströme in Tätigkeit setzen kann. Ich halte es für wahrscheinlich, daß die Erforschung des Geheimnisses bald gelingen wird. Bisher scheint das noch [das] Geheimnis von [Valentin] Zeileis zu sein. Er ist sehr sparsam mit Herausbildung von Konkurrenten. In Wien sollen nur 2 autorisierte Zeileisärzte bestehen, alle beide im 4. Bezirk (Mariahilf). Aber beide werden angeblich nicht sehr gerühmt. Ich vermute, daß in Nürnberg ein autorisierter Zeileisarzt nicht besteht, da Dr. [Fritz] Zeileis (der Sohn), mir vor 14 Tagen nichts davon geschrieben hat, obwohl ich ihm mitteilte, dass Du in Nürnberg wohnst." Ders. an Dies., 26.8.1929,

allein in ihrem Haus in Nürnberg wohnte, mit kurzweiligem Klatsch und Tratsch[1374], und auch ihre kleine Enkelin wurde bald in die guten Wünsche mit einbezogen: „Liebe Großmama! Hoffentlich bist Du ganz gesund!“[1375], schrieb er einmal in Margots Namen. Obwohl er nun selbst Familienvater war, sorgte Süßheim sich um „genügend [E]rholung und Unterhaltung“ seiner Mutter und versuchte, ihr das Gefühl der Einsamkeit, so weit es ihm möglich war, zu nehmen – er nahm zum Beispiel Anteil, wenn sie neue Mieter suchte.[1376] Von München aus organisierte er sowohl die Finanzgeschäfte[1377] als auch die Pflege seiner Mutter: „Ich hoffe, Du befindest Dich wohl u. Paula sorgt für Dein Wohlergehen. Paula hat für Dich genügend Haushaltungsgeld empfangen u. alles, was für Dich von dieser Seite besorgt wird (Hühner, Fisch, Fleisch usw.) wird[,] auf Grund einer unter uns vor langem getroffenen Vereinbarung, aus diesem Haushaltungsgeld bestritten. Ich bitte aber, Paula deshalb keine Vorhaltungen zu machen. Denn das wirkt beleidigend u. Beleidigungen soll man unterlassen.“[1378]

Dies war ungewöhnlich deutlich; das Verhalten der Mutter kommentierte er oftmals eher indirekt, wie beispielsweise mithilfe einer Geschichte aus München, von der er Clara Süßheim berichtete, nachdem er einige Zeilen über deren eigene Hausangestellten geschrieben hatte: „In München wohnt unter uns im 2. Stock eine junge Frau von 27 Jahren, die immer dicker wurde, so daß wir gewettet hätten, die Frau stehe vor ihrem 3. Wochenbett. Ja, wir meinten schließlich, das 3. Kind sei schon da […]. Allein wir hatten uns getäuscht. Die Frau von 27 Jahren, welche nur dicker geworden war, hatte Gelenkrheumatismus bekommen u. hat nicht 1, sondern 2 Krankenschwestern u. außerdem noch ein Tagesdienstmädchen zur Führung des Haushalts für 3 Männer u. 2 kleine Buben von 3 Jahren u. 1 Jahr. Dergleichen kommt überall vor u. muß mit Gleichmut u. Würde ertragen werden. Man muß aber auch so klug sein, das Dasein ihnen, auf die man angewiesen ist, einigermaßen angenehm zu machen. Tag- und Nachtdienst zusammen ist nämlich schwer.“[1379]

Clara Süßheim hatte nicht nur mit dem Personal ihre Schwierigkeiten, auch das Verhältnis zu ihrem älteren Sohn war von jeher kompliziert. Sein plötzlicher Tod im März 1933 wird für die Mutter dennoch erheblichen Kummer mit sich gebracht haben. „Bei uns

ebd. Valentin Zeileis war einer der ersten in Deutschland, der die elektrophysikalische Therapie nutzte. Er arbeitete mit hochfrequenten Wechselströmen, was von traditionell arbeitenden Ärzten als Kurpfuscherei massiv angegriffen wurde. In Oberösterreich gründete er 1929 das nach ihm benannte Institut Zeileis, das nach seinem Tod von seinem Sohn Fritz Zeileis fortgeführt wurde.

1374 So etwa „über den Bankrott des Bankiers Rheinstrom“, Ders. an Dies., 10.5.1929, ebd.

1375 Hier und das folgende Zitat: Ders. an Dies., 11.11.1931, ebd.

1376 „Hoffentlich geht es Dir gut u. erlebst an Deinen künftigen Mietern recht viel Freude. Teuere Wohnungen vermieten zu können, ist heute ja nicht leicht.“ Ebd.

1377 Einmal schrieb er: „Deine Finanzsachen habe ich erledigt. Aber die große, wichtige Mitteilung aus dem Finanzamt wird erst im Laufe des Dezembers an Dich gelangen. Ich bitte, diesen Steuerbescheid des Finanzamtes mir sofort nach München hinzuschicken.“ Karl Süßheim an Clara Süßheim, 30.11.1931, Privatnachlass KS.

1378 Ders. an Dies., 1.3.1931, ebd.

1379 Ders. an Dies., 28.8.1933, ebd.

vor dem Hause herrscht jetzt auf der Wiese buntes Leben“, schrieb der Jüngere ihr wenige Wochen nach der Beerdigung geradezu symbolisch: „[D]ie Ostermesse, bestehend aus Karussels [sic!] verschiedener Art, 1 großen Rutschbahn, 1 Schießbude u. 2 Süßigkeitsbuden hat begonnen. [...] Für Margot sind das Ergötzlichste die mitmusizierenden geschnitzten Figuren an 1 Orgel, von Margot ‚die Orgelpuppen‘ genannt. Letzten Sonntag wollte Margot auf einem kleinen Pferde eines kleinen Karussels reiten. Aber als das Karussel zu fahren sich anschickte, streckte Margot ihre Arme hilfesuchend nach mir aus u. ich mußte Margot eiligst herunterholen. Später faßte Margot wieder Mut: sie wurde wieder aufs Pferd gesetzt u. ich setzte mich hinter Margot auf das Pferdehinterteil. So kam ich nach vielen Jahrzehnten wieder zum Genusse des Karusselreitens.“[1380]

Nach dem Tod seines Bruders fuhr Karl Süßheim oft nach Nürnberg, um seine Mutter zu besuchen; manchmal, wenn Karolina es über sich ergehen ließ, mit Frau und Kind, immer wieder aber auch allein.[1381] Im März 1933, Clara Süßheim befand sich in dieser Zeit offenbar in einem Sanatorium, um sich zu erholen, schrieb er ihr: „Ich hatte vor, in der 2. Hälfte dieser Woche Dich in Nürnberg zu besuchen“; hin- und hergerissen fügte er hinzu: „Allein Ina möchte in gegenwärtiger Zeit nicht mit Margot allein in der Wohnung bleiben. Ina muß nächste Woche nochmals zum Zahnarzt. Wir werden dann vielleicht gegen Ende nächster Woche zu Dritt Dich in Nürnberg besuchen.“[1382] Die gegenwärtige Zeit war in der Tat nicht einfach für christlich-jüdische Familien, die unter dem Eindruck der antisemitischen Propaganda zunehmend unter Rechtfertigungsdruck gerieten. Karl Süßheim war weit davon entfernt, sich vom Judentum zu distanzieren, vielmehr versuchte er, seiner Glaubensgemeinschaft beizustehen, die unter der Wirtschaftskrise nicht weniger litt als die übrige Bevölkerung, wie er seiner Mutter schrieb: „Heute [...] ging ich in die bei der Synagoge am Karlstor gelegene Kanzlei der hiesigen israelitischen Gemeinde mit 2 Ledertaschen voll Schuhen, Hut u. Kleidungsstücken, teils von Ina, teils von Margot herrührend. Alles wurde dankbarst angenommen, da die Not in der hiesigen Gemeinde so groß sei, daß es gar nicht zum Sagen ist. Das Büro für Wohltätigkeitsgaben wird hier ehrenhalber von einem Herren verwaltet, welcher Dir sehr bekannt ist: Dr. Kleemann, dem Freunde von Onkel Friedrich.“[1383]

Doch nicht nur finanzielle Nöte, auch die Atmosphäre, die die Nationalsozialisten im Land verbreiteten, gab Anlass zur Sorge. „Albert Stamm wünscht zur Zeit Änderungen im Hause vorzunehmen“ schrieb Süßheim seiner Mutter im August 1933 bezeichnenderweise über seinen Münchner Vermieter: „Die Angst vor dem Luftkrieg u. vor den Fliegern soll ausgenutzt werden. Aber man kann das Haus nicht gegen Luftkrieg einrichten, d. i. umbauen. Hoffentlich gibt Albert Stamm jetzt Ruhe.“[1384] Seine tieferen Ängste verbarg er vor Clara Süßheim, so gut es ging: Im Juni 1933 – wie wir hörten, hatte er kurz zuvor seine Vorlesung

1380 Ders. an Dies., 23.3.1933, ebd.
1381 Vgl. Ders. an Dies., 7.4., 22.6. u. 5.10.1933, ebd.
1382 Ders. an Dies., 29.3.1933, ebd.
1383 Ders. an Dies., 3.5.1933, ebd.
1384 Ders. an Dies., 15.8.1933, ebd.

einstellen müssen – schrieb Süßheim nach einem Besuch in Nürnberg von seiner guten Heimreise: Er sei „bereits wieder im gewohnten Betrieb“[1385]. Natürlich wird Clara Süßheim die Entlassung ihres Sohnes aber nicht verborgen geblieben sein – immer wieder erreichten sie nun Nachrichten über Schicksale von Verwandten und Bekannten.[1386]

In all der Verzweiflung, die sich 1933 in der Familie breitmachte, gab es aber auch kleine Momente des Glücks: „Ich [...] gratuliere Dir zum 1. Urenkel, nachdem Dir bisher 2 Urenkelinnen beschieden waren“, schrieb Karl Süßheim seiner Mutter im August: „Hoffentlich überstehst Du den Ansturm der Besuche, die zur Beglückwünschung eintreffen.“[1387] Die Geburt von Karl Süßheims zweiter Tochter sollte die alte Frau nicht mehr erleben. Der Text der letzten überlieferten Postkarte vom Oktober 1933, auf der Briefmarke das obligatorische Porträt Adolf Hitlers, lautete: „Liebe Mama! Wenn du keine Einwände haben wirst, habe ich vor, kommenden Montag gegen 11 Uhr Dich in Deinem Heim zu begrüßen. Hoffentlich wärmst Du Deine Räume, damit Deine Atmungsorgane nicht wieder in Not geraten. Bei uns ist alles wohl, aber jetzt – abends 8:00 Uhr – Margot u. Ina bereits in tiefem Schlaf. Mit herzlichen Grüßen und auf gesundes Wiedersehen Dein dankbarer Sohn Karl“[1388]

Clara Süßheim starb zwei Monate später – fast wäre sie achtzig geworden. Sie wurde auf dem Alten Israelitischen Friedhof neben ihrem verstorbenen Mann begraben.[1389] Im Nachlass finden sich keinerlei Hinweise darauf, wie ihr Sohn den Verlust aufnahm, wir wissen nur, dass er ein teures „Grabmal aus schwarz schwed. Granit mit Bronzeschrifttafel“[1390] für ihre letzte Ruhe kaufte. In den ersten Jahren des „Dritten Reichs“ wird Karl Süßheim auch persönlich viel zu verarbeiten haben.

„Ina verzieh mir, dass ich das Geheimnis von Dachau preisgab“ | Ein jüdischer Vater im NS-Staat

Nach dem Tod der Mutter schrieb Karl Süßheim keine Briefe mehr nach Nürnberg, an denen wir uns orientieren könnten, und die Überlieferung seines Tagebuchs beginnt erst wieder im Jahr 1936: Seit drei Jahren waren die Nationalsozialisten an der Macht. Süßheims zweite Tochter, die der Familienerzählung zufolge nach seinem ausdrücklichen Wunsch den italie-

1385 Ders. an Dies., 22.6.1933, ebd.

1386 „Mein ehemaliger Mitschüler Otto Bernreuther[,] bis in den März Oberregierungsrat bei dem Polizeipräsidium München, ist jetzt für 1 Jahr pensioniert worden“, schrieb Süßheim ihr Mitte Juni, kurz nach dem „Gesetz zur Wiederherstellung des Berufsbeamtentums“, dem er selbst zum Opfer gefallen war: „So war heute in der Zeitung zu lesen.“ Ders. an Dies., 14.6.1933, ebd.

1387 Ders. an Dies., 22.8.1933 [Fragment], ebd.

1388 Ders. an Dies., 5.10.1933, ebd.

1389 Vgl. Radlmaier, Süßheims, S. 65.

1390 Vgl. die Rechnung des Nürnberger Bildhauerei- und Steinmetz-Geschäfts S. Schneider, Privatnachlass KS.

nischen Namen Gioconda trug[1391], war geboren; die Familie lebte seither in einer größeren Wohnung in der Preysingstraße 12 im Münchner Stadtteil Haidhausen[1392]. Im selben Haus wohnte auch die jüdische Familie Selz-Szkolny[1393], die ebenfalls massiv unter den antisemitischen Maßnahmen litt. Sein Tagebuch verfasste Karl Süßheim nicht länger auf Osmanisch, sondern inzwischen auf Arabisch – vermutlich schon allein deshalb, weil er, wie wir wissen, in den 1920er-Jahren ein besonderes Faible dafür entwickelt hatte, vielleicht aber auch, weil es ihm merkwürdig erschienen wäre, täglich weiter in einer Sprache zu schreiben, die offiziell abgeschafft worden war[1394]. Seine Korrespondenz allerdings führte er großflächig im Osmanisch-Türkischen fort, vermutlich nicht bloß aus nostalgischen Gründen, sondern vor allem, um sie vor den Nationalsozialisten zu verbergen, wie Yüksel Özgen und Mustafa Balcı überzeugend argumentieren.[1395] Seiner Stelle an der Universität beraubt, lebte Süßheim vom Ersparten des noch verbliebenen Familienvermögens und der Miete, die das Haus der verstorbenen Mutter in Nürnberg abwarf; gelegentlich erteilte er privat Sprachunterricht.[1396] Wie schon in der turbulenten Zeit nach

Sie nannte ihn „Süßbey“: Porträt der „Gefährtin des seligen Abdullah Cevdet Bey, Fatma A. Cevdet“ im Nachlass Karl Süßheims.

1391 Vgl. Milz, Zeitzeugen-Interview Suesheim (2016).

1392 Seit 30.4.1934, vgl. die Einwohnermeldekarte Karl Süßheim, SAM, EWK 65.

1393 Sigmund und Laura Selz waren die Eltern von Frieda Szkolny (1885–1941), letztere war mit dem Numismatiker Franz Szkolny (*1877) verheiratet, der 1935 verstarb. Von den jüdischen Familien berichtete der ehemalige Nachbar Siegfried Wohlmacher (vgl. Milz, Zeitzeugen-Interview Wohlmacher) – sie lassen sich über Angaben des Münchner Stadtarchivs im „Biografischen Gedenkbuch der Münchner Juden 1933–1945“ (https://gedenkbuch.muenchen.de) belegen. In der Tagebuchedition wird der Name mit „Sönczy“ (Flemming u. Schmidt, Diary, S. 274) oder „Szokolny“ (S. 284 u. 291) wiedergegeben, nach dem Zeitzeugengespräch ist aber davon auszugehen, dass es sich an diesen Stellen immer um die Szkolnys handelte.

1394 Zu Mustafa Kemals Schriftreform vgl. Kap. II.2.

1395 Vgl. Özgen u. Balcı, Şarkiyatcı.

1396 Vgl. Flemming u. Schmidt, Diary, S. 247. Vom Verkauf des, wie Karl Süßheim es in einem offiziellen Schreiben an die Behörden 1936 nannte, „bereits 75 Jahre alten, ganz unmodernen Hauses“ hatten er und seine Schwester aus wirtschaftlichen Gründen abgesehen und es vermietet, zit. nach Radlmaier, Süßheims, S. 65.

dem Ersten Weltkrieg widmete er sich hingebungsvoll seinen Briefmarken – abermals mutet diese Beschäftigung wie ein verzweifelter Versuch an, Normalität zu wahren, wo der Ausnahmezustand zum Alltag geworden war. Seine Forschung aber vernachlässigte Karl Süßheim darüber nun nicht mehr: „[S]everal fine essays were written in the nineteen-thirties“[1397], schreiben Barbara Flemming und Jan Schmidt. Verbunden war sein Werk in erster Linie mit einem zutiefst traurigen Ereignis: dem Tod seines Freundes Abdullah Cevdet.

Schon zu Ende der 1920er-Jahre war Karl Süßheims Kontakt mit der Türkei wieder etwas reger geworden, und auch die Korrespondenz zu seinem engsten Gefährten aus seiner Zeit im Osmanischen Reich lebte auf. Vermutlich im April 1930 kam die Idee auf, einen biografischen Artikel über den Gründervater der jungtürkischen Bewegung für die *Enzyklopädie des Islam* (EdI) zu schreiben.[1398] Abdullah Cevdet unterstützte Süßheim in diesem Vorhaben tatkräftig und half ihm, Ausgaben eigener Arbeiten zu finden, die seinem Freund in München noch nicht vorlagen. Einmal schickte er ihm sogar eine ausführliche Darstellung seiner politischen Überzeugungen, die er, bezeichnenderweise auf Französisch, als seine *Iconographie Intellectuelle* bezeichnete.[1399] Süßheim steckte mitten in seiner Arbeit, als Abdullah Cevdet im November 1932 überraschend starb. Umgehend kondolierte der deutsche Freund dessen Witwe. Bereits im Dezember antwortete Fatma Cevdet (Karlıdağ) und fand sogleich einen speziellen Namen für ihn, der so viel wie „Herr Süß“ bedeutete:

> „*Süßbey*, mein sehr verehrter und liebenswerter Freund, ich habe Ihr Kondolenzschreiben wegen des Verlusts meines einzigartigen Ehemanns Abdullah Cevdet erhalten, dessen Tod für unsere Familie den Zusammenbruch einer Welt, die Verfinsterung einer Sonne bedeutet. Für die anerkennenden und mitfühlenden Worte über den Seligen möchte ich Ihnen zusammen mit meiner Tochter Gül Dank und unsere Verbundenheit kundtun. Er [Abdullah Cevdet, KM] hatte gerade angefangen, die neue Ausgabe der *Ictihad* vorzubereiten, doch dann kam das traurige Ende; aber die letzte Ausgabe, die in einigen Tagen erscheinen wird, schicke ich [Ihnen]. Für diese hat der Selige die Adressbande noch selbst geschrieben. Ich bin der Meinung, dass Ihnen dies bei Ihrem Wunsch und der Bitte, die Biografie zu schreiben, helfen wird. Wenn Sie dazu darüber hinaus noch andere Wünsche [im Original ‚Befehle‘, KM] haben, bin ich mit vollster Freude dazu bereit, auch diese zu erfüllen, mein Herr. Die Gefährtin des seligen Abdullah Cevdet Bey, Fatma A. Cevdet“[1400]

Mit diesem Brief war eine umfangreiche Korrespondenz Karl Süßheims mit Cevdets Angehörigen eröffnet, die bis in den November 1939 anhalten wird: Von Fatma und ihrer Tochter

1397 Flemming u. Schmidt, Diary, S. 247.

1398 Der Ergänzungsband mit Süßheims Text wird erst 1938 erscheinen, vgl. Süßheim, Djevdet.

1399 Vgl. Abdullah Cevdet an Karl Süßheim, o. D., Nachlass KS (SBB), Hs. or. 10648, 5/10.

1400 Übersetzt aus dem osmanischen Original: Fatma Cevdet [Karlıdağ] an Karl Süßheim, Istanbul 26.12.1932, Nachlass KS (SBB) Hs. or. 10648 9/16.

Gül sowie von Mehmed Cevdet, dem Sohn des Verstorbenen aus erster Ehe, der in Erzurum als Französischlehrer arbeitete, sind 25 Briefe im Nachlass überliefert, die Süßheim als Grundlage für seinen biografischen Artikel dienten.[1401]

Mit der nationalsozialistischen Zeit hatte Süßheim in den Augen vieler Kollegen seine berufliche Existenzberechtigung allerdings endgültig eingebüßt: Ekkehard Ellinger arbeitete überzeugend heraus, wie die deutsche Orientalistik nach und nach ein Netzwerk von Wissenschaftlern bildete, die „durch ihre Parteimitgliedschaft, ihr persönliches Verhalten, ihre [...] Vereinstätigkeit, ihre Mitarbeit in den staatlichen Institutionen" (beispielsweise der Wehrmacht, den Geheimdiensten oder der Partei) dem neuen Regime „einen im Rahmen des Möglichen hohen Grad an Organisations-, Personen- und Aktionspotential zur Verfügung stellten".[1402] Ihre Veröffentlichungen stellten Ellinger zufolge nun „ein relativ geschlossenes ideologisches System" zur Legitimierung des hegemonialen Anspruchs des „Dritten Reichs" dar.[1403] In diesem fand ein Jude – noch dazu einer mit Hang zur Differenzierung – freilich keinen Platz mehr. Karl Süßheim musste also außerhalb des deutschen Fachs nach Räumen suchen, die ihm noch offenstanden. Er konzentrierte sich auf seine Forschung wie lange nicht mehr, und eine Publikationsplattform fand er 1935 in einer neugegründeten Istanbuler Zeitschrift zur Geschichte der türkischen Medizin, der *Türk Tıb Tarihi Arkivi* (TTTA). Karl Süßheims Beitrag, der schon mit der ersten Ausgabe der neugegründeten Zeitschrift erschien, beschäftigte sich mit der Verbreitung europäischer medizinischer Erkenntnisse in Konstantinopel im 18. Jahrhundert; er umfasste fast vierzig Druckseiten, die in sieben Teilen veröffentlicht wurden.[1404] Hier publizierte er mühelos in modernem Türkisch, das er sich inzwischen in gewohnter Perfektion beigebracht hatte. Als Autor war Süßheim in jeder Folge als Professor für orientalische Sprachen an der Universität München (*München Üniversitesi Doğu dilleri Profesörü*) angegeben – ein Triumph, der ihn bis zum Ende der Reihe im Jahr 1937 immer wieder besonders gefreut haben wird. Den Artikeln stellte die Redaktion einen vierseitigen biografischen Text über den Verfasser voran (unter dem Titel „Die Beschäftigung von Orientalisten mit der Geschichte der türkischen Medizin: Prof. Dr. phil

1401 Vgl. Schmidt, Importance (2002), S. 189.

1402 Ekkehard Ellingers Pionierstudie zur Orientalistik in der NS-Zeit bietet eine umfassende Analyse der Interaktion des Fachs mit dem Regime und arbeitete sowohl die institutionelle wie auch die ideologische Verankerung im Nationalsozialismus heraus, vgl. Ellinger, Orientalistik, das Zitat S. 272.

1403 Die Rassenkunde sei so ausformuliert worden, dass einerseits die Spitzenposition der arischen Rasse betont worden sei, während andererseits potenzielle deutsche Bündnispartner im Nahen Osten nicht abgeschreckt werden durften, vgl. ebd., S. 417 f., das Zitat S. 417.

1404 Karl Süßheim: Eski Viyana tıp talimi ve onun Adli sultan Mahmut zamanında Istanbula yayılması, I in: TTTA 1/1 (1935), S. 14–20; II in: TTTA 1/2 (1935), S. 60–63; III in: 1/3 (1935), S. 106–111; IV in: TTTA 1/4 (1935), S. 156–160; V in: TTTA 2/1 (1937), S. 15–18; VI in: TTTA 2/1 (1937), S. 40–44; VII in: 2/7 (1938), S. 76–82. Im Zentrum seiner Arbeit stand die Übersetzung eines medizinischen Handbuchs des Österreichers Anton Störck ins Türkische. Das Original („3. Aufl. 1834") und die Übersetzung (von „Mohammed Atha'allah Schänizädeh, Konstantinopel 1820") fragte er bei der Nationalbibliothek in Wien an, vgl. Generaldirektion der Nationalbibliothek an Karl Süßheim, Wien 3.5.1933, Nachlass KS (SBB), Hs. or. 10648 6/11.

Karl Süßheim"[1405]). Der Verfasser dieser besonderen Würdigung war Feridun Nafiz Uzluk, Bakteriologe im türkischen Gesundheitsministerium und einer der Pioniere der türkischen Medizingeschichte.[1406] Der Mann war ein Freund von Abdullah Cevdets Sohn Mehmed, mit dem Süßheim wie erwähnt korrespondiert hatte – dieser hatte den wichtigen Kontakt aber nicht hergestellt: Feridun Nafiz Uzluk hatte zu Beginn der 1930er-Jahre selbst in München studiert; damals war ihm Süßheim über İsmail Saib Sencer, den Direktor der Istanbuler Staatsbibliothek (*Kütüphane-i Umumi*), als gewogene Anlaufstelle genannt worden. Der Bibliothekar war ein alter Bekannter aus Süßheims Konstantinopler Zeit – und ein ehemaliger Dozent des jungen Mannes, der nun in Deutschland studierte und sich direkt an Süßheim wandte. Am Ende werden 75 Nachrichten von Feridun Nafiz Uzluk an Süßheim den regen Austausch der beiden bezeugen.[1407] Ab März 1936 beschäftigten sie sich zunehmend auch mit einer möglichen Emigration Süßheims in die Türkei[1408], wovon noch ausführlich die Rede sein wird. Zunächst einmal aber hatte Süßheim sein Netzwerk aus beruflichen Gründen aufleben lassen, und die im Berliner Nachlass aufbewahrte Korrespondenz befasste sich in der ersten Zeit vor allem mit seiner Forschung.[1409] Er wollte alle Möglichkeiten, die ihm geblieben waren, ausschöpfen, und arbeitete intensiv weiter an seiner Biografie über Abdullah Cevdet. Karl Süßheim versuchte nicht nur, über dessen Familie an weiterführende Informationen zu gelangen[1410], sondern nahm auch eine ausufernde Korrespondenz mit ehemaligen politischen Weggefährten seines verstorbenen Freundes auf. Etwa fünfzig Briefe mit biografischen Details erhielt er in dieser Zeit von Ali Kami Akyüz, der mit Cevdets Verlag und seiner Zeitschrift zusammengearbeitet hatte; weitere, sehr ausführliche Informationen stammen von einem einstigen Studienfreund des Verstorbenen namens Hüseyinzade Ali Turan.[1411] In den Papieren findet sich sogar Post aus Ägypten: Auch Achille Sekaly aus Kairo, der 1908 einen Artikel über Abdullah Cevdet für die Zeitung *Les Pyramides* verfasst hatte, schickte Süßheim einen Brief.[1412] Die unterhaltsamsten Zeilen aber erreichten ihn fraglos

1405 M. F[eridun] Nafiz [Uzluk]: Türk Tababet Tarihi ile Uğraşan Müsteşrikler: Prof. Dr. phil. Karl Süssheim, in: TTTA 1/4 (1935), S. 160–163. Siehe auch Fußnoten desselben in Teil VI in: 2/1 (1937), S. 40–44.

1406 Vgl. İshakoğlu Kadıoğlu u. Şahinbaş Erginöz, Belgele[r], S. 305.

1407 Sie sind gesammelt im Nachlass aufbewahrt: Feridun Nafiz Uzluk an Karl Süßheim, Briefe und Postkarten 1933–1940, Nachlass KS (SBB) Hs. or. 10648 12.

1408 Vgl. Ders. an Dens., [22.3.1936], ebd., Hs. or. 10648 12/47.

1409 Vgl. Schmidt, Importance (2002), S. 188f.

1410 In der bereits erwähnten Korrespondenz erfuhr Süßheim viel über die familiären Hintergründe, über Cevdets Verlag und die regelmäßigen Treffen von Intellektuellen, die er dort abhielt, vgl. ebd., S. 190.

1411 Letzterer hatte bereits 1915 unter einem Pseudonym seine eigene Autobiografie für die *Türk Yurdu* (TY) verfasst. Aus den Briefen an Süßheim ergeben sich neue Details über seinen Einsatz im Ersten Weltkrieg im Kaiserreich, in Schweden und im Kaukasus, vgl. ebd., S. 189 u. Hüseyinzade Ali [Turan] an Karl Süßheim, Üsküdar Ihsaniye 12.8.1934, Nachlass KS (SBB), Hs. or. 10648 7/10–13.

1412 Dieser beinhaltete allerdings nicht viel mehr als der Text von 1908, vgl. Schmidt, Importance (2002), S. 189. Der Zeitungsartikel: Achille Sekaly: [Artikel], in: Les Pyramides (3.9.1908), zit. nach Süßheim, Djewdet, S. 60.

aus Österreich: Hugo Eisenschiml, ein Übersetzer von Cevdets Arbeiten ins Deutsche, der den Jungtürken in seiner Wiener Zeit kennengelernt hatte, beschrieb dessen Auseinandersetzungen mit dem osmanischen Botschafter, die in die bereits erwähnte Ohrfeigenszene[1413] mündeten. Abdullah Cevdet habe damals erfahren, schrieb Eisenschiml, dass der Botschafter eine Beschwerde über ihn nach Konstantinopel geschickt hatte – darauf begab sich Cevdet angeblich „wutentbrannt in den Arbeitssalon des Botschafters, stellte sich mit den Händen in der Tasche vor ihm auf und stellte ihn brüsk zur Rede. Der Botschafter wollte sich die Manierlosigkeit des Auftrittes nicht gefallen lassen und sagte: ‚Ich mache Sie aufmerksam, Sie stehen vor Ihrem Vorgesetzten u. haben, wenn Sie mit mir reden, die Hände aus der Tasche zu nehmen.' Worauf [Cevdet] erwiderte, daß er dies nur tun werde, um sein Vis-à-vis zu züchtigen. Und schon bedachte er den Botschafter mit ein paar heftigen Maulschellen."[1414]

Mit İbrahim Temo tauschte Karl Süßheim sich über die Geschichte der frühen jungtürkischen Bewegung aus.

Die Korrespondenz über seinen impulsiven Freund hatte beizeiten durchaus Unterhaltungswert. Ein weniger humorvoller, aber besonders wichtiger Kontakt, den Süßheim nun im Zuge seiner Recherche knüpfte, war İbrahim Temo, der mit Cevdet einst die geheime Vorläuferorganisation des KEF gegründet hatte[1415] und inzwischen als Hals-Nasen-Ohren-Arzt in Rumänien lebte.[1416]

Abdullah Cevdets Witwe hatte viele der Fragen, die Süßheim zu den Ursprüngen der jungtürkischen Bewegung stellte, nicht beantworten können – und ihm geraten, sich an alte Weggefährten ihres Mannes zu wenden. Temo war dafür prädestiniert, und es entwickelte

1413 Vgl. Kap. I.2.

1414 Hugo Eisenschiml an Karl Süßheim, Wien 24.2.1935, Nachlass KS (SBB), Hs. or. 10648 7/6–7, das Zitat: 7/6d. Süßheim nahm die Geschichte in seinem EdI-Artikel ein wenig nüchterner auf: „Der türkische Botschafter in Wien, Maḥmūd Nedīm Bey (früher Gesandter in Athen und Belgrad), berichtete pflichtgemäss über die Gesinnung eines so gefährlichen Beamten. Das führte im weiteren Verlaufe dazu, dass Djewdet am 13. Sept. 1903 dem Botschafter zuerst eine Herausforderung zum Duell ankündigte und dann vier Ohrfeigen versetzte. Dies hatte am nächsten Tag Djewdet's Ausweisung [...] zur Folge". Süßheim, Djewdet, S. 57.

1415 Vgl. Kap. I.2.

1416 Vgl. Schmidt, Importance (2002), S. 191.

sich ein reger Austausch zwischen den beiden Männern: Die zahlreichen in Berlin lagernden Briefe İbrahim Temos an Karl Süßheim stammen aus den Jahren 1933 bis 1940; siebzig Antworten liegen im albanischen Staatsarchiv.[1417] Die ersten Briefe beschäftigten sich noch nahezu ausschließlich mit Hintergrundinformationen zu den frühen Jungtürken; man korrespondierte über Temos enge Freundschaft mit Abdullah Cevdet sowie über das Verhältnis zu İbrahim Naci, den die beiden als ihren „Schüler" betrachteten und über den bis heute kaum etwas bekannt ist – in der ihm offenbar eigenen Bescheidenheit verglich Temo die Beziehung mit der zwischen Jesus und Johannes respektive Paulus.[1418] Karl Süßheim ging darauf später in seinem Text nicht ein; er wusste solche Geschichten gut einzuordnen. Mit seinen Informationen aus erster Hand aber gelang ihm ein großer Wurf: ein faktengesättigter Artikel über den Urvater der jungtürkischen Bewegung, der noch heute als Referenz herangezogen wird. Im großen Gemeinschaftswerk der deutschsprachigen Orientalistik schaffte es der verfolgte Jude Karl Süßheim damit, noch im Jahr 1938 eine der wichtigsten Arbeiten – vielleicht die wichtigste – seines Lebenswerks unterzubringen.[1419] Doch es gelang nicht immer: Ein anderer Aufsatz, an dem Süßheim in dieser Zeit arbeitete, ist vermutlich nie erschienen – zumindest wurde eine entsprechende Veröffentlichung bisher nicht gefunden. An İbrahim Temo hatte Süßheim darüber hoffnungsvoll geschrieben: „Ein Jahr lang habe ich eine Abhandlung vorbereitet, einen langen Aufsatz, der die Geschichte der Türkei und vor allem die Geschichte [der Regionen] Chorasan und Anatolien von 600 bis 670 der Hidschra beschreibt. Es sind von Anfang bis Ende neue Erkenntnisse, jeder Türke, der es liest, wird erstaunt sein. Da es vollständig maschinell geschrieben wurde, wird es Anfang nächsten Jahres gedruckt."[1420]

Diese Zeilen stammen aus dem Jahr 1938 – es ist gut möglich, dass Süßheim es nicht schaffte, sich weiter um die Veröffentlichung seines Texts zu kümmern. Nur wenige Wochen später finden wir ihn als Häftling im Konzentrationslager Dachau wieder. Die Verfolgung der Jüdinnen und Juden in München war zu diesem Zeitpunkt längst zum bestimmenden Faktor im Alltag des inzwischen zweifachen Vaters geworden.

Auf die antisemitische Gesetzgebung des NS-Regimes reagierte die Gesellschaft mit immer unverhohlenerer, praktizierter Judenfeindschaft: Von seiner Schwester Paula erfuhr Süßheim im Januar 1937, dass ihr nach ihm benannter Sohn Karl keine Wohnung fand – wiederholt wurde er explizit mit der Begründung zurückgewiesen, dass er kein „Arier" sei.[1421] Im Mai desselben Jahres musste Süßheim selbst einen Urlaub mit Frau und Kindern

1417 Sie stammen aus den Jahren 1933 bis 1941, vgl. den Aufsatz von Özgen u. Balcı, Şarkiyatcı. Die Originalbriefe sind auf Osmanisch-Türkisch verfasst, Yüksel Özgen und Mustafa Balcı geben sie aber in lateinischer Schrift wieder, was die Grundlage für die Übersetzung ins Deutsche war, die in dieser Arbeit angeführt wird.

1418 Vgl. ausführlich dazu Schmidt, Importance (2002), S. 191 f. u. S. 195 f.

1419 Zur Bedeutung seiner Cevdet-Biografie vgl. Kap. I.2 sowie die noch folgenden Bemerkungen.

1420 Karl Süßheim an İbrahim Temo, 7. 9. 1938, DPA, Akte İbrāhīm Temo 19, Dossier 32/5, Nr. 215, übersetzt nach der türkischen Angabe bei Özgen u. Balcı, Şarkiyatcı.

1421 Vgl. Tagebuch KS, 21. 1. 1937.

Ein wenig Unbeschwertheit, als der Wahnsinn längst zum Alltag geworden war: Karl Süßheim fuhr mit Frau und Kindern auch während der NS-Zeit in den Urlaub, wie ein Fotoalbum im privaten Nachlass anhand zahlreicher Schnappschüsse belegt. Häufig wanderten sie in den bayerischen Bergen, ein anderer Ausflug führte sie nach Friedrichshafen am Bodensee, wo sie einen Zeppelin entdeckten – er war mit Hakenkreuzen „verziert".

im beschaulichen oberbayerischen Wallfahrtsort Miesbach, wohin sie schon lange immer wieder fuhren[1422], nach wenigen Tagen abbrechen: Einer der Gäste hatte sich über die Anwesenheit der Familie beschwert und den Inhaber gefragt, warum er diese Juden in seiner Pension dulde.[1423] Die Kleinstadt war ein Zentrum der judenfeindlichen Agitation: Im

1422 Vgl. dazu S. 512 u. 547.

1423 Vgl. Tagebuch KS, 18. 5. 1937. Dass Süßheim selbst in der NS-Zeit noch in oberbayerische Urlaubsorte fuhr, ist bemerkenswert: Bereits zu Beginn der 1920er-Jahre (!) bekamen Reisende den Antisemitismus

Miesbacher Anzeiger hetzte der Kolumnist Ludwig Thoma schon seit den 1920er-Jahren „auf einer Ebene antisemitischer Demagogie, die bis dahin in Deutschland noch nicht betreten worden war“[1424], schreibt der Holocaust-Forscher Frank Bajohr. Insbesondere Karolina Süßheim machten die nun alltäglichen Anfeindungen zu schaffen. Ihre Ehe mit einem Juden war aber nicht nur sozial zunehmend geächtet – die Zahl der gemischten Vermählungen war infolge der antisemitischen Stimmung rapide gesunken[1425] –, sondern inzwischen längst zum Gegenstand diskriminierender Gesetzgebung geworden.[1426] Bewusst hatte die nationalsozialistische Propaganda die Anzahl der christlich-jüdischen Ehen in Deutschland übertrieben und für das immer judenfeindlichere Volk ein bedrohlich wirkendes „Schreckgespenst“ aufgebaut, um, wie Maximilian Strnad schreibt, „ihre Verfolgungsmaßnahmen gegen Juden und gegen ihre nicht-jüdischen Partner zu legitimieren“[1427]. Die gemischten Ehen stellten für das NS-Regime ein Dilemma dar, da sie einer gewünschten Isolation der jüdischen Deutschen entgegenstanden – allzu radikal aber konnte man nicht vorgehen, da dies Unruhe bei den nicht-jüdischen Familienmitgliedern nach sich gezogen hätte.[1428] Man schickte sich also zunächst an, das „Problem“ nicht weiter zu verschärfen, indem man neue christlich-jüdische Familien kurzerhand verbot.

In Karl Süßheims Heimatstadt Nürnberg waren 1935 die Mitglieder des nationalsozialistischen Reichstags telegrafisch zum „Reichsparteitag der Freiheit“ einberufen worden, um den Guss ihrer Rassenideologie in Paragrafen zu feiern. Süßheim als Jude wurde im „Reichsbürgergesetz“ kurzerhand die Zugehörigkeit zum deutschen Volk abgesprochen, und das „Gesetz zum Schutze des deutschen Blutes und der deutschen Ehre“ verbot neue Eheschließungen zwischen Mitgliedern der jüdischen Minderheit und „Staatsangehörigen deutschen

dort bitter zu spüren, und selbst der C.V. riet in seiner Zeitung öffentlich ab: „Freunde fragen an, ob sie in diesem Sommer südbayerische Kurorte und Sommerfrischen besuchen sollen. […] Im allgemeinen soll derjenige, der auf bayerische Sommerfrischen verzichten kann, sie unbedingt meiden. […] Die meisten der kleineren Orte sind durch Judenhaß verseucht. […] Deshalb raten wir jüdischen Nichtbayern: Haltet euch von allen bayerischen Kur- und Sommerplätzen fern, von denen ihr nicht genauestens wißt, daß ihre Leitung, insbesondere ihre Bürgermeister, Gemeinde- und Kurverwaltungen, jüdischen Besuch wünschen.“ „Antworten“, in: CVZ 2/19 (12.5.1923), S. 155, vgl. dazu auch Brenner, Schatten, S. 216 f. sowie die Entwicklung dieser Form der Judenfeindschaft bei Frank Bajohr: „Unser Hotel ist judenfrei“. Bäder-Antisemitismus im 19. und 20. Jahrhundert, Frankfurt a.M. 2003.

1424 Ebd., S. 63.

1425 1933 waren noch mehr als ein Viertel der Ehen in der jüdischen Minderheit interreligiös, bereits im darauffolgenden Jahr sank die Quote auf 15 Prozent, vgl. Strnad, Privileg, S. 38.

1426 Selbst besonders regimetreue Bürgerinnen und Bürger waren vor den Konsequenzen bisweilen nicht gefeit: Im Juli 1937 hörte Süßheim, dass sein einstiger Kollege Karl Ernst Haushofer, der den Begriff „Lebensraum“ in die geopolitische Forschung eingebracht hatte und an der Entstehung des Antikominternpakts beteiligt gewesen war, seines Lehrstuhls enthoben wurde: Seine Frau sei nicht „arisch“. Vgl. Tagebuch KS, 1.7.1937, zu Haushofer vgl. Kap. I.2.

1427 Strnad, Privileg, S. 43.

1428 Vgl. ebd., S. 445.

Ein Spaziergang an der Isar: Karolina mit den beiden Töchtern, im Hintergrund die Mariannenbrücke und die protestantische Kirche St. Lukas.

oder artverwandten Blutes“. Fortan waren sogenannte „Mischehen“ endgültig ein Gegenstand öffentlichen Anstoßes, die bestehende Ehe der Süßheims als „Rassenschande“ gebrandmarkt, „der gesellschaftliche Umgang mit Juden und ‚jüdisch Versippten‘“ war bald, wie Maximilian Strnad schreibt, „nicht mehr opportun“, die Voraussetzung für deren Isolation: „Eine gemeinsame Freizeitplanung war kaum mehr möglich“.[1429] Welchen offiziellen Status aber hatten nun die Süßheim-Töchter? Später, in der „Ersten Verordnung zum Reichsbürgergesetz“, definierten die Nationalsozialisten, wer als „jüdischer Mischling“ Deutscher bleiben durfte. Margot und Gioconda Süßheim, in der NS-Terminologie nun „Halbjüdinnen“ oder auch „Mischlinge ersten Grades“ genannt, wurden wie „ganze“ Jüdinnen eingestuft, da sie nach dem Willen des Vaters der Israelitischen Kultusgemeinde (IKG) angehörten – später wird hierfür der Begriff „Geltungsjude“ erfunden werden. Vor diesem Hintergrund nimmt es kaum wunder, dass

1429 Ebd., S. 445f.

Karolina Süßheim zunehmend in Panik geriet. Schon 1933 hatte Süßheims Frau mit dem Gedanken an eine Emigration gespielt und begonnen, Englisch und Französisch-Unterricht zu nehmen, wie er einmal rückblickend im Tagebuch erwähnte.[1430] Vier Jahre später, im Frühjahr 1937, erlitt sie über die schwierige Situation, in der sie sich wiederfand, einen ernsten Nervenzusammenbruch.[1431] Nachdem ihre Schwägerin Paula entschied, ihre Kinder aus der jüdischen Gemeinde zu nehmen, drängte auch Karolina Süßheim ihren Mann zu diesem Schritt.[1432] Indem sie die jüdische Schule als ungesund und undiszipliniert bezeichnete, versuchte sie, ihn zu überzeugen[1433] – doch er zeigte sich unbeeindruckt. Seine Frau nahm daraufhin demonstrativ die jüngere Tochter zu einer Taufe mit; bald wird Süßheim christliche Traktate und eine Liste katholischer Dogmen in den handschriftlichen Aufzeichnungen der älteren finden – er nahm die Papiere umgehend an sich.[1434] Die Ehe durchlief eine schwierige Zeit und das gegenseitige Misstrauen wuchs.[1435] Immer häufiger schlief das Paar in getrennten Räumen und sprach nach einem Streit nicht mehr miteinander.[1436]

Brutal griff die Politik in Karl Süßheims Privatleben ein, und auch die als „Arisierung" bezeichneten Zwangsenteignungen gingen an seiner Familie nicht vorbei: Die Morgenstern-Onkel hatten Probleme mit dem Bezirk Franken wegen ihrem Unternehmen in Forchheim[1437], vor allem Süßheims Schwester Paula aber sollte darunter leiden – ihr Mann war bereits 1928 an einem Blinddarmdurchbruch infolge einer Lungenembolie gestorben und sie war oftmals auf sich allein gestellt.[1438] Nach dem „Weihnachtsboykott" jüdisch geführter Geschäfte und der sogenannten „Julius-Streicher-Spende" in Nürnberg zum Jahreswechsel 1937/38 fingen Paula Kirschbaum und ihr Sohn Karl an, ernstlich über eine Emigration nachzudenken.[1439] Im Frühjahr, Jüdinnen und Juden durften sich nun nicht einmal mehr in „arisch" geführten Restaurants und Cafés aufhalten, besuchte Süßheim seine Schwester, die mehrere Zusammenbrüche erlitten hatte – er hatte das Gefühl, dass sie ihre Ängste nicht mehr bewältigen konnte. Die Geschwister hatten einst ein enges Verhältnis gepflegt, sich in der Vergangenheit aber offenbar deutlich voneinander entfernt. Nun, nach dem Tod beider Eltern und des Bruders, hatten sie in dieser schweren Zeit nur noch einander, und der

1430 Vgl. Tagebuch KS, 1.2.1939 u. 25.4.1940.
1431 Vgl. Flemming u. Schmidt, Diary, S. 250.
1432 Vgl. Tagebuch KS, 2.6.1940.
1433 Vgl. ebd., 11.1. u. 13.10.1938.
1434 Vgl. ebd., 25.6.1940.
1435 Beizeiten verdächtigte Süßheim seine Frau nun sogar, dass sie nur hinter seinem Geld her sei, vgl. ebd., 4.12.1937 u. 29.11.1938.
1436 Vgl. Flemming u. Schmidt, Diary, S. 250.
1437 Vgl. ebd., S. 275. Die von David Morgenstern geerbte Folienfabrik wird im September 1938 der „Arisierung" zum Opfer fallen, Heinrich Morgenstern 1940 mit Frau und Sohn ausgebürgert werden, wie ein entsprechender Vermerk im Fürther Stadtarchiv belegt, vgl. Sponsel, Landtagsabgeordnete, S. 124.
1438 Vgl. dazu ausführlich Radlmaier, Süßheims, S. 121–131.
1439 Hier und im Folgenden vgl. Tagebuch KS, 10. u. 11.3.1938. Zu den Maßnahmen der Nürnberger Nationalsozialisten vgl. auch die ältere Arbeit von Helmut Genschel: Die Verdrängung der Juden aus der Wirtschaft im Dritten Reich (= GBGW 38), Göttingen u. a. 1966, S. 144 f.

Abschied fiel bei diesem Besuch emotionaler aus als gewöhnlich: Er habe seine Schwester zum ersten Mal seit dreißig Jahren geküsst, schrieb Karl Süßheim nach dem aufwühlenden Treffen in sein Tagebuch.[1440]

Paula Kirschbaum litt weiter: Nach dem „Anschluss" Österreichs wurde sie gezwungen, die dortige Fabrik für ein Fünftel des Marktwerts an Nationalsozialisten zu verkaufen[1441]; noch im selben Monat wurde die Firma ihres verstorbenen Mannes „arisiert" und ihr Sohn Karl entlassen, wie man aus der Presse erfahren musste.[1442] Wenige Wochen später war es Jüdinnen und Juden in Nürnberg verboten, öffentliche Bibliotheken oder das Rathaus zu betreten.[1443] Die Fluchtgedanken der verzweifelten Kirschbaums wurden immer präsenter. Ende August hörte Süßheim von seiner Schwester, dass sein Neffe Karl mit seiner Frau Edith das Land verlassen wolle, sie aber noch keine Ausreisevisa erhalten hatten – mehr als 100 000 Reichsmark werden sie als „Reichsfluchtsteuer", „Judenvermögens-" sowie „Golddiskontabgabe" bezahlen.[1444] Zum letzten Mal sah Süßheim den inzwischen Dreißigjährigen, als dieser ihn im Herbst in München besuchte, um sich zu verabschieden: Er würde lieber bleiben, gab Süßheim das traurige Gespräch im Tagebuch wieder, Karl habe sich nun aber endgültig entschieden, über die Niederlande in die USA zu emigrieren.[1445] Am 17. Oktober 1938 reisten die Kirschbaums aus; Süßheims Neffe wird durch die nationalsozialistische Verfolgung 95 Prozent seines Vermögens verlieren.[1446] Karl Süßheim selbst dagegen dachte gar nicht daran, seiner Heimat den Rücken zu kehren. Als er im März 1938 hörte, dass in seiner Abwesenheit die Zollfahndung in der Wohnung aufgetaucht war, um seinen Besitz zu inspizieren, weil er Deutschland ja vermutlich bald verlassen werde, suchte er die Beamten in ihrem Büro in der Münchner Arnulfstraße auf: Er habe keinerlei Ambitionen, aus Bayern, wo seine Familie seit unzähligen Generationen lebe, zu verschwinden, gab er den Männern zu verstehen.[1447]

Wenig später wurde die „Verordnung über die Anmeldung jüdischen Vermögens" verkündet: Alle Jüdinnen und Juden mussten bis Ende Juni, abgesehen von täglichen Bedarfs- und Einrichtungsgegenständen, eine Liste ihres in- und ausländischen Besitzes bei den Behörden abgeben, wenn der Wert 5000 Mark überstieg.[1448] Karl Süßheims Ersparnisse wurden offiziell registriert, und sein Konto war bald gesperrt: Er durfte nur mehr einen geringen Betrag abheben – Anfang November 1938 wurde ihm bei der Zollfahndungsstelle ein monat-

1440 Vgl. Tagebuch KS, 11.3.1938.

1441 Paula traf die neuen Eigentümer später in München, Karl Süßheim musste ihr und ihrem Sohn dabei beistehen, vgl. ebd., 11. u. 12.3. sowie 17.5.1938.

1442 Vgl. ebd., 28.3.1938; dazu auch Radlmaier, Süßheims, S. 145 f.

1443 Vgl. Tagebuch KS, 20.4.1938.

1444 Vgl. Flemming u. Schmidt, Diary, S. 275 u. Radlmaier, Süßheims, S. 146.

1445 Vgl. Tagebuch KS, 5.10.1938.

1446 Vgl. Radlmaier, Süßheims, S. 146 f.

1447 Vgl. Tagebuch KS, 25. u. 26.1.1938.

1448 Die Verordnung trat am 26.4. in Kraft, Süßheim hörte zwei Tage später davon, vgl. ebd., 28.4.1938.

licher Betrag von 650 Mark in Aussicht gestellt.[1449] Schockiert protestierte Süßheim vor Ort und äußerte seine Befürchtung, dass die Behörden in Zukunft all seinen Besitz konfiszieren und den Juden hohe zusätzliche Steuern aufbürden würden, falls ein Krieg ausbreche.[1450] Ein derart bestimmtes Auftreten gegenüber den Vollstreckern der NS-Gesetzgebung ist angesichts der Entwicklungen in seinem Umfeld überaus bemerkenswert. Im Frühsommer hatten die Nationalsozialisten die liberale Hauptsynagoge in der Herzog-Max-Straße zerstört, wie Süßheim festhielt: „Als Ina um halb zwölf vormittags nach Hause kam und Margot zwei Stunden später aus der Schule zurückkehrte, hörte ich, dass Hitler, als er an der Synagoge in der Herzog-Max-Straße vorbeikam, die Beschlagnahmung der Synagoge anordnete, weil es für München nicht gut sei, eine Synagoge mitten in seinem Zentrum stehen zu haben. Der *Führer* ordnete die Zerstörung der Synagoge an, ohne Zeit zu verlieren. Die Leitung der Jüdischen Gemeinde erfuhr dies erst am Nachmittag des 8. Juni. Am Abend wurde der letzte Gottesdienst in der Synagoge abgehalten und [Gläubige] fanden sich […] zum Gebet zusammen wie am 9. Av, wenn die Zerstörung des Tempels in Jerusalem von 70 n. Chr.[1451] beklagt wird. Am 9. Juni wurden für die Zerstörung Holzpfosten um die Synagoge errichtet."[1452]

Karl Süßheims Nürnberger Heimatsynagoge am Hans-Sachs-Platz, wo er im Jahr zuvor noch die Hochzeit seines Neffen Karl gefeiert hatte, erfuhr bald dasselbe Schicksal.[1453] Wie ein Strudel fortwährender zur Realität werdender Unvorstellbarkeiten ergriffen die antisemitischen Maßnahmen im Jahr 1938 die jüdische Minderheit in Deutschland. Karl Süßheims Pass, der ihn, seit 1899 in seinem Besitz, in den Nahen Osten und auf etlichen Reisen in Europa begleitet hatte, wurde eingezogen und mit einem „J" gestempelt.[1454] Derlei Schikanen aber waren nicht alles: Die vergangenen Monate hatten deutlich gezeigt, dass das nationalsozialistische Regime den Plan verfolgte, die jüdischen Deutschen endgültig aus dem Land zu drängen.

Von potenziellen Aufnahmeländern der verfolgten Jüdinnen und Juden wurde oftmals eine spezielle Ausbildung oder Umschulung gefordert, Ausreisewillige befanden sich in großer Abhängigkeit der jeweiligen Einwanderungspolitik. Um bessere Voraussetzungen für die jüdische Emigration zu schaffen, wurden in München zum Beispiel Koch- und Konditorei-

1449 Vgl. ebd., 23.8. u. 5.11.1938, ausführlicher zum Verlauf der finanziellen Schikane vgl. Flemming u. Schmidt, Diary, S. 277, Anm. 146.

1450 Die Beamten versuchten, ihn zu beruhigen; seine monatliche Gestattung erhielt er später auch schriftlich, vgl. Tagebuch KS, 5. u. 10.11.1938.

1451 Die Zerstörung des Tempels im Zuge der Eroberung Jerusalems durch die Römer bildet bis heute einen wichtigen Fixpunkt der jüdischen Glaubenstraditionen. Der sogenannte „Jüdische Krieg" endete mit der Einnahme der Bergfestung Masada 73 n. Chr. am Toten Meer und spielt in der Erinnerungskultur des israelischen Staates eine herausgehobene Rolle.

1452 Tagebuch KS, 9.6.1938, Nachlass KS (SBB) Hs. or. 1135/20, fol. 56v.

1453 Die Zerstörung erfolgte am 10.8.1938, wie Süßheim von seiner Schwester erfuhr, vgl. ebd., 30.8.1938. Zur Zerstörung der Synagoge vgl. die schon älteren Beiträge von Hans Lamm: Die Geschichte der Münchner Hauptsynagoge, in: Ders., Tage, S. 441–443 u. Müller, Geschichte, S. 236–239.

1454 Vgl. Tagebuch KS, 9.10.1938.

Karl Süßheim kannte sie alle beim Namen: Margots Kameradinnen und Kameraden von der Jüdischen Schule in München. Auf dem Klassenfoto hat er sie nummeriert und umseitig alle Namen vermerkt, Margot trägt auf dem Bild die Zahl 16. Seine Töchter galten den Nationalsozialisten als „Mischlinge", wurden wegen ihrer jüdischen Erziehung aber nicht „privilegiert".

kurse bei der Kochschule Albert Schwarz genehmigt, obwohl die NS-Behörden neue jüdische Einrichtungen in der Regel ablehnten.[1455] Die Nationalsozialisten waren zu diesem Zeitpunkt also noch bereit, die Jüdinnen und Juden bei der Emigration zu unterstützen, der Entschluss zur Vernichtung war noch nicht gefallen. Im Juni hörte Süßheim von seiner jüdischen Nachbarin Frieda Szkolny, von der er manchmal ungarische Briefmarken kaufte, das Gerücht, dass bis zum Jahresende 1939 alle Jüdinnen und Juden außer Landes gebracht werden sollten.[1456] Der ebenfalls jüdische und mit einer Katholikin verheiratete zwangspensionierte

1455 Vgl. Andreas Heusler u. Andrea Sinn: Die Erfahrung des Exils [Einleitung], in: Dies., Erfahrung, S. 1–18, hier S. 8 f.

1456 Hier und im Folgenden vgl. Tagebuch KS, 7. 6. 1938.

Leiter des Münchner Völkerkundemuseums, der Indologe Lucian Scherman[1457], berichtete Süßheim am selben Tag, dass Gauleiter Adolf Wagner Hitler versichert habe, dass es durchaus möglich sei, die gesamte jüdische Minderheit aus München, Bayern und sogar Deutschland innerhalb von drei Jahren zu entfernen. Den Exilanten solle es außerdem nicht länger erlaubt sein, ihr Vermögen ins Ausland zu schaffen, wenn sie den Nachweis schuldig blieben, es bereits länger als fünf Jahre zu besitzen. Im September hörte Süßheim schließlich im Büro der jüdischen Gemeinde, dass alle 1200 Linzer Jüdinnen und Juden gezwungen worden seien, die Stadt umgehend zu verlassen.[1458]

Woran Gustav von Kahr in den 1920er-Jahren in Bayern noch im großen Stil gescheitert war[1459], erfolgte nun in München, und wie immer waren es die Osteuropa-Stämmigen, die die antisemitischen Maßnahmen zuerst trafen. Im Oktober ordnete die Gestapo die Ausweisung aller polnischen Jüdinnen und Juden Münchens an – circa ein Viertel der jüdischen Bevölkerung der Stadt. Süßheim berichtete im Tagebuch: „Um etwa fünf Uhr heute morgen gaben Polizisten der Jüdischen Polizei [...] den Münchner Juden polnischer Nationalität bekannt, dass sie München in der folgenden Nacht verlassen müssen [...]. Um etwa elf Uhr kamen Polizisten zur Jüdischen Schule, um die polnischen Kinder aus der Schule zu holen und sie nach Hause zu ihren Eltern zu bringen. Bis jetzt gab es 37 Jungen und Mädchen in Margots Klasse. Heute nahmen sie etwa zehn von ihnen weg, so dass nun nur mehr etwa 27 Kinder übrig sind. Um elf Uhr nahmen sie auch den Lehrer [...] mit und ein Polizist ging mit ihm zum Haus seines polnischen Onkels, ein Mann, [der] keine Hände und Beine [mehr hat]. Nach dem, was unsere Tochter Margot sagte, müssen sie München nach Mitternacht des 29. Oktober verlassen [...]. Die Geschwindigkeit, mit der diese Familien vertrieben werden, ist erstaunlich und [was] durch diese Barbarei verursacht wird, erregt Mitgefühl."[1460]

Es wurde zunehmend gefährlich in Bayern – die Nerven der Süßheims lagen blank.

Im Oktober 1938, die Haidhausener Familie war an der Isar spazieren, schrieb Süßheim in sein Tagebuch: „Ich sagte zu Margot, dass wir am nächsten Tag, dem Laubhüttenfest, in die Synagoge gehen würden, aber sie weigerte sich"[1461]. Der Streit war vorprogrammiert: „Ihre Mutter Ina stimmte ihr zu und sagte, dass Margot nicht mehr als einmal im Jahr in die Synagoge gehen würde[1462]. Ich und Ina gingen bis zu diesem Moment Arm in Arm. Sofort ließ ich Inas Arm los und fiel hinter Ina und unseren Töchtern zurück, weil Ina in ihre religiöse Erziehung eingegriffen hatte. Später ließ ich sie ganz stehen und ging allein in die Wohnung. Der Streit zwischen uns geschah um vier Uhr und ich kehrte um halb fünf nach Hause

1457 1916 war an der Universität noch eigens für Lucian Scherman ein Lehrstuhl „für die Völkerkunde Asiens mit besonderer Rücksicht des indischen Kulturkreises" geschaffen worden; 1933 wurde er zwangspensioniert. Zu seiner Entlassung vgl. Böhm, Selbstverwaltung, S. 116.

1458 Vgl. Tagebuch KS, 5.9.1938.

1459 Vgl. Kap. II.2.

1460 Tagebuch KS, 28.10.1938, Nachlass KS (SBB) Hs. or. 1135/20, fol. 82rf.

1461 Hier und das folgende Zitat: ebd., 9.10.1938, Nachlass KS (SBB) Hs. or. 1135/20, fol. 79v.

1462 Margot hatte ihren Vater zwei Wochen zuvor bereits zum jüdischen Neujahrsfest in die Synagoge begleitet, vgl. ebd., 26.9.1938.

zurück. Ina und meine Töchter kamen eine Stunde später an. Ich habe Margot nach ihrer Rückkehr nur wenig Aufmerksamkeit geschenkt, und weit weniger noch Ina. Wegen Inas Fröhlichkeit und daran, dass sie nach ihrer Rückkehr viel sang, begriff ich, dass sie Margot [erfolgreich, KM] ein Gefühl der Scham für unseren Glauben eingeflößt [...] hatte, und dass Margot sie von ihre[m] Schuld[gefühl] befreite, indem sie sich weigerte, in die Synagoge zu gehen. Später verstand ich, dass ich falsch gehandelt habe, weil ich meine Wut zeigte."

Süßheim konfrontierte seine Frau mit ihrem vorehelichen Versprechen, sich nicht in die religiösen Belange der Töchter einzumischen – sie sei zum Zeitpunkt der Hochzeit sehr jung gewesen, entgegnete sie, die Konsequenzen habe sie nicht absehen können.[1463] Schon lange wurden jüdische Feiertage in München von antisemitischen Ausschreitungen begleitet[1464], und Karolina setzte sich durch: Karl Süßheim feierte das Laubhüttenfest ohne seine Töchter.[1465] Alleine besuchte er die Synagoge der orthodoxen jüdischen Gemeinde und war im Anschluss beim Rabbinerpaar Ehrentreu eingeladen, das sich wegen der Nachbarn nicht traute, die Hütte in ihrem Garten für das jüdische Fest zu nutzen. Die Familie tröstete Süßheim und sprach ihm für die Auseinandersetzung mit seiner Frau Mut zu. Karolina nämlich hatte ihn im Streit mit Trennungsgedanken konfrontiert – sie überlegte, mit den Kindern zu ihren Eltern nach Milbertshofen zu ziehen. Das Verhalten seiner Ehefrau war Süßheim vollkommen unverständlich; im Rückblick können wir sehen, dass sie die Gefahr für ihre Kinder realistischer betrachtete als er selbst. Die konfessionellen Unterschiede blieben insbesondere vor diesem Hintergrund ein stets schwelender Konfliktherd – auch wenn das NS-Regime auch fromme Christinnen und Christen angriff, wie Süßheim als Ehemann einer gläubigen Katholikin aufmerksam beobachtete.[1466]

1463 Vgl. ebd., 9.10.1938.

1464 Dies geht zum Beispiel aus einer in den Erinnerungen eines Münchner Zionisten geschilderten Szene hervor: „Nie habe ich es so stark empfunden, daß der Jude, außerhalb des Landes Israel, in der Verbannung lebt, als am ersten Abend eines Laubhüttenfestes, als es uns ein richtiger Münchener Schnürlregen unmöglich machte, die erste Festmahlzeit in der Laubhütte einzunehmen. [...] Die Familie Rotter und ich warteten also auf das Ende des Regens. Immer wieder steckte man die Nase heraus und endlich, gegen zehn Uhr abends, konnten wir die feuchte und duftende, mit Tannenreisern bedeckte Laubhütte auf dem Balkon aufsuchen. Kaum stand aber die Festsuppe auf dem Tisch, da ergoß sich von oben ... nicht der Regen, sondern ein Mülleimer, den liebe Nachbarn uns zudachten. Das war gar nicht so überraschend, denn unmittelbar gegenüber der Wohnung meiner frommen Wirtsleute befand sich die Redaktion des ‚Völkischen Beobachters'." Schalom Ben-Chorin: Jugend an der Isar, Gerlingen 1980, S. 33. Vgl. dazu auch Brenner, Schatten, S. 294 f.

1465 Hier und im Folgenden vgl. Tagebuch KS, 10.10.1938.

1466 Immer wieder ging Süßheim in seinem Tagebuch auch auf das Schicksal christlicher Ordensträger und Einrichtungen ein. Als ein Pfarrer der katholischen Michaelskirche verhaftet wurde, nachdem er das NS-Regime kritisiert hatte, schrieb Süßheim, dass die Kirchgänger von der Polizei vertrieben wurden. Nach der Zerstörung der liberalen Münchner Synagoge hatte er festgehalten, dass dort nun ein Parkplatz entstehen sollte – viele Christen seien um die Synagoge herum zusammengekommen und hätten mit leisen Stimmen und mit ernstem und besorgtem Ausdruck in ihren Gesichtern diskutiert, vgl. ebd., 9.6.1938. Wenige Tage später hörte Süßheim von einer Nachbarin, dass auch die protestantische Matthäuskirche in der Wilhelmstraße einem Parkplatz weichen müsse (vgl. ebd.,

Es ist ein Bild von ikonischer Kraft: Margot und Gioconda Süßheim Ende der 1930er-Jahre beim „Friedensengel" in Bogenhausen unweit ihres eigenen Wohnviertels. Das Denkmal trägt vier große golden glänzende Mosaike; eines steht für den Krieg, eines für den Sieg, das dritte für Wohlstand und Segen der Kultur – das zur Westseite, vor dem Karl Süßheims Töchter stehen, symbolisiert den Frieden.

Der bereits erwähnte Sohn des ehemaligen Diakons der evangelischen Gemeinde in Haidhausen, Siegfried Wohlmacher, geboren 1933 und also ein wenig älter als Süßheims jüngere Tochter, erinnerte sich im Zeitzeugengespräch an die Beziehung seines Vaters zum

12. 6. 1938) und dass es darüber zu einer hochemotionalen Konfrontation zwischen dem evangelischen Landesbischof Hans Meiser und Gauleiter Wagner gekommen sei: Der Gauleiter habe dem Glaubensmann mitgeteilt, dass die Zerstörung der Kirche vom „Führer" angeordnet worden sei. Der Bischof habe dem Minister daraufhin gesagt, dass die Masse des Volkes glaube, dass der Bolschewismus die deutsche Regierung übernehme. Da habe der Minister für eine halbe Stunde wie ein Löwe gebrüllt, der Bischof aber habe ihm gesagt, dass er keinen wehrlosen Juden vor sich habe, sondern einen deutschen Volksgenossen, vgl. ebd., 11. 6. 1938. Die mangelnde Solidarität der christlichen Einrichtungen im Zusammenhang mit der Verfolgung der jüdischen Minderheit stieß Süßheim immer wieder auf. Als die Nürnberger Synagoge zerstört worden war, hatte er gehört, dass die Kultusgemeinde zuvor die große Orgel verkauft habe – und zwar an die Katholiken. Die Nürnberger Zeitungen hätten daraufhin geschrieben, dass so etwas auch nur von der Katholischen Kirche erwartet werden könne, vgl. ebd., 29. 8. 1938. Nicht nur wegen der Auseinandersetzungen mit seiner Frau war Karl Süßheims Verhältnis zur christlichen Bevölkerung zu dieser Zeit also gespalten.

jüdischen Nachbarn.[1467] Karl Süßheim habe stets einen Ehrenplatz am Tisch der Diakonsleute Wilhelm und Elisabeth Wohlmacher erhalten. Die Männer hätten viel über „den Irrsinn Adolf Schicklgrubers[1468]" gesprochen – sein Vater sei überzeugt gewesen, dass Hitler vom Teufel besessen war, erzählte Wohlmacher. Süßheim und der Diakon sollen sich aber auch über religiöse Themen unterhalten haben: Die Psalmen seien ein verbindendes Element gewesen, denn über das Alte Testament war man sich anscheinend einig. Ein noch engeres Verhältnis hatten offenbar Karolina Süßheim und Elisabeth Wohlmacher, denn die Frau des Diakons habe ganz besonders den Kontakt zu den vom Antisemitismus betroffenen Familien gepflegt. Siegfried Wohlmacher erzählte auch, dass die Töchter der Süßheims einmal bei ihnen übernachtet haben: „Wir wurden ins Bett gebracht und meine Mutter betete mit uns und gab ein Abendlied. Da sagte Gondi [Gioconda Süßheim, KM]: ‚Singst Du bitte auch über mir?'. [Karl] Süßheim sagte dann später: ‚Mein Kind, Du bist doch nicht dumm, ein toter Mensch kann doch nicht auferstehen.' Er lehnte das ab."[1469]

Dass sich diese Geschichte tatsächlich wie beschrieben zugetragen hat, lässt sich nicht belegen, schließlich handelt es sich um eine Kindheitserinnerung. Zumindest aber illustriert es, dass die Auseinandersetzungen der Eheleute Süßheim um die religiöse Erziehung ihrer Töchter auch in der Nachbarschaft bekannt gewesen sein müssen, denn anders lässt sich die geschilderte Szene nicht erklären. Die Süßheims sollten auch in den folgenden Jahren über ihre religiösen Wünsche diskutieren; auf die Hilfe der evangelischen Nachbarn werden sie dessen ungeachtet bald dringend angewiesen sein. Im Gästebuch der Familie Wohlmacher findet sich folgender Eintrag: „Drückend war die Last, die ich die letzte Zeit in meiner Heimat zu tragen hatte. Doch hilfreiche Hände streckten sich mir entgegen, erleichterten die Bürde. Gott segne es Euch. Meines Dankes seid gewiß. Der Abschied würde mir schwer fallen, doch um der Kinder willen, vertraue ich auf Gott und blicke froh, frei und stolz in die Zukunft. In Dankbarkeit[,] München 14. Jan[uar] [19]41. Ihre Ina Süßheim."[1470]

Diese Zeilen sind nicht zuletzt ein Nachweis dafür, dass Karl Süßheims Frau trotz der Schikanen, Demütigungen und Gefahren, denen sie in ihrem jungen Leben ausgesetzt war, an ihrem Glauben festhielt. Wer ebenfalls in religiöser Hinsicht nicht ins Zweifeln kam, war Karl Süßheim selbst – nicht einmal, wie wir nun bald sehen werden, als er im Konzentrationslager von einem der Wächter direkt danach gefragt wird.

Der Name Süßheim war den Nationalsozialisten noch in gutem Gedächtnis. Am 1. November 1938 erhielt Karl Süßheim Besuch von seiner Schwester Paula, die ihm von einer Rede Julius Streichers „über die Verbrechen und die Machtlosigkeit der Behörden vor 1933" berichtete: „[I]n ihr erwähnte er auch, [in] verunglimpfend[er] Weise unseren Bruder Max

1467 Hier und im Folgenden vgl. Milz, Zeitzeugen-Interview Wohlmacher.

1468 Hitlers Großmutter väterlicherseits war Anna Maria Schicklgruber (1796–1847). Hitlers Vater Alois Schicklgruber (1837–1903), der sich erst später in Hitler umbenannte, war deren unehelicher Sohn.

1469 Milz, Zeitzeugen-Interview Wohlmacher.

1470 [Karoli]na Süßheim: Eintrag im Gästebuch Wilhelm und Elisabeth Wohlmacher, 14.1.1941, Privatbesitz Siegfried Wohlmacher.

Süßheim", schrieb er.[1471] Diese Drohkulisse empfand Paula vor dem Hintergrund der allgemeinen Entrechtung und Verfolgung der jüdischen Minderheit als unerträglich, und sie sagte ihm an diesem Tag, dass sie verzweifelt sei und inzwischen davon ausgehe, dass es ihr nicht möglich sein werde, in Deutschland zu bleiben: „[S]ie denkt auch, dass sie ihren Sohn Karl nie wieder sehen wird". Während auch um Karl Süßheim in der „Hauptstadt der Bewegung" die Luft zum Atmen immer dünner wurde, wehrte er sich nach wie vor entschieden gegen Emigrationsgedanken. Unbedingt wollte er mit seiner Familie in München bleiben: in seinem geliebten Bayern, wo er seine Wurzeln hatte, wie er immer wieder betonte – nicht nur gegenüber den nationalsozialistischen Behörden, wie wir gesehen haben, sondern auch im Bekannten- und Familienkreis. Fast wortgleich wie in seinem Tagebuch[1472] wird Jahrzehnte später seine ältere Tochter von den Überlegungen des Vaters zu dieser Zeit berichten.[1473] Ein Spruch, den Karl Süßheim in einer Beileidsbekundung im Jahr 1937 wählte, wirkt vor diesem Hintergrund geradezu programmatisch: „Der Ordnung, der hohen, / ihr strebe zu; / bevor dies Ziel erreicht / gönne Dir keine Ruh'. / Wenn alles seinen Platz erhält, / ist des Menschen Sein von Freud' erhellt!"[1474] Wie wir anhand seiner Briefe erfahren haben, hatte Süßheim seinen Platz in München, sein kleines familiäres Glück endlich gefunden – unter keinen Umständen wollte er es sich wieder nehmen lassen. Die Verfolgung der deutschen Jüdinnen und Juden aber mündete im Jahr 1938 in den Novemberpogrom, und Süßheim wird sich plötzlich dort finden, wo er vor Jahren als Nachwuchswissenschaftler einmal für kurze Zeit gewohnt hatte: in Dachau, unweit von München.[1475] Es muss ihm wie eine andere Welt vorgekommen sein – weniger als drei Kilometer Luftlinie zu seiner einstigen Wohnung in der Brucker Straße befindet sich heute die viel besuchte Gedenkstätte des Konzentrationslagers. Im Tagebuch stolpern wir im November 1938 über die einzige Zeichnung im gesamten Überlieferungszeitraum: eine Skizze des Lagers, sorgfältig auf Arabisch beschriftet. Wie war es zur Inhaftierung des Orientalisten gekommen? Wie für so viele Deutsche in der Geschichte war auch Karl Süßheims Schicksalstag der 9. November.

Am Morgen nach dem euphemistisch als „Reichskristallnacht" bezeichneten Pogrom berichtete Karl Süßheim im Tagebuch von seinen Eindrücken aus der Münchner Innenstadt. Die verheerenden Folgen des nächtlichen Wütens machten ihn fassungslos: „Ich sah ein Schuhgeschäft, dessen Fensterscheiben und [all] das, was sich hinter ihnen befand, zerschlagen war. Ich hörte, dass bei allen jüdischen Läden in gleicher Weise verfahren worden ist.[1476] Dann ging

1471 Hier und das folgende Zitat: Tagebuch KS, 1.11.1938, Nachlass KS (SBB) Hs. or. 1135/20, fol. 83r f.

1472 Vgl. dazu S. 576.

1473 Vgl. Milz, Zeitzeugen-Interview Suesheim (2016).

1474 [Karl Süßheim]: „Zum Geleit", 25.12.1937, Privatnachlass KS.

1475 Zwischen der Paris-Reise und seinem London-Aufenthalt im Jahr 1910 wohnte Karl Süßheim drei Monate in Dachau in der Brucker Straße 2, vgl. Flemming u. Schmidt, Diary, S. 30.

1476 Süßheim hörte, dass auch ein Geschäft mit einem jüdisch klingenden Namen, das aber einen christlichen Besitzer hatte, der Aktion, die unter Aufsicht der Polizei stattfand, zum Opfer fiel, vgl. Tagebuch KS, 10.11.1938.

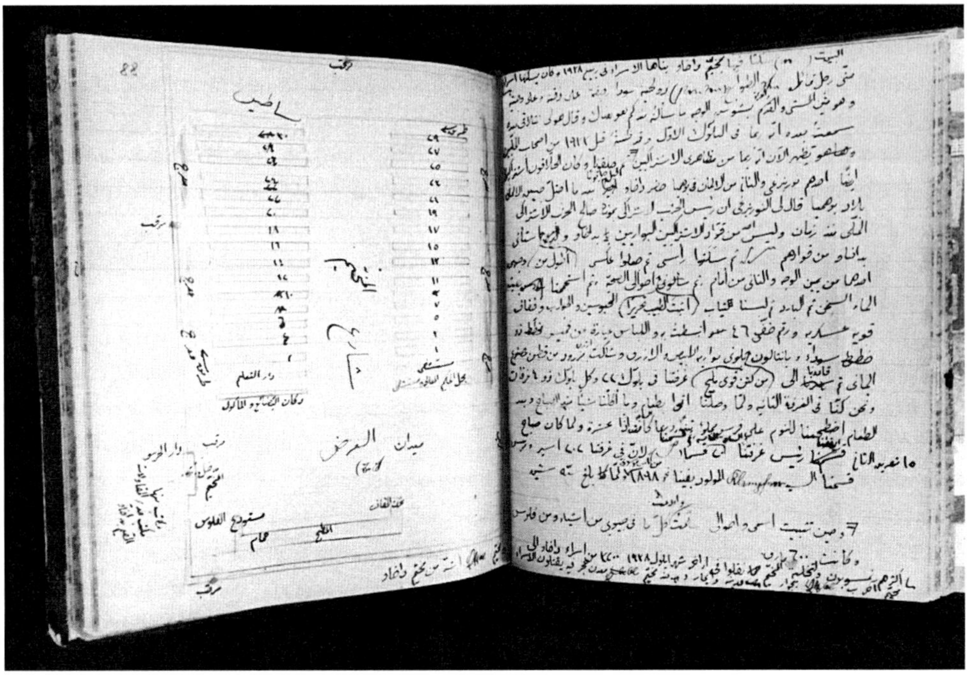

Ein einzigartiges Dokument in Karl Süßheims Nachlass: Die arabische Beschreibung seiner Haft im Konzentrationslager Dachau – mitsamt einer sorgfältig beschriften Skizze des Lagers.

ich zum Geschäft der Kalters[1477], ein Laden für Herrenkonfektionskleidung. Das Schaufenster war mit Eisen[gittern] versperrt. Eine Frau öffnete das Schaufenster ein wenig, und immer wenn sie die Eisen[gitter] ein bisschen anhob, sah ich die komplette Verwüstung."[1478]

Der Novemberpogrom von 1938 war teuer, und die Nationalsozialisten werden bald die Kollektivsumme von einer Milliarde Reichsmark als zynische „Sühneleistung" für „die feindliche Haltung des Judentums gegenüber dem Deutschen Volk" fordern, zu der auch Karl Süßheim in mehreren Raten ein kleines Vermögen beisteuern musste.[1479] Bei seiner Bank wurde ihm am Tag nach der Eskalation mitgeteilt, dass die Rücklagen aller Jüdinnen und Juden geblockt seien, weil ein gewisser Ernst Eduard vom Rath, Mitglied des Botschaftspersonals in Paris, von einem Juden getötet worden sei – bekanntlich war dies die offizielle

1477 Dabei handelte es sich vermutlich um das Herrenkleidergeschäft „Goldene 19" im Tal, gegründet 1895, vgl. die Autorenbeschreibung vom Sohn des Inhaber-Ehepaars Max Kalter in Lamm, Tage, S. 512.

1478 Tagebuch KS, 10.11.1938, Nachlass KS (SBB) Hs. or. 1 135/20, fol. 84v.

1479 Vgl. die Bescheide mit dem Betreff „Sühneleistung der Juden" des Reichsfinanzministeriums an Karl Süßheim: Rate 1 (15.12.1938) mit einem Betrag über 5428 RM; Rate 2 (15.2.1939): 5773,10 RM; Rate 3 (15.5.1939): 2958 RM; Rate 4 (15.8.1939): 5571,60 RM u. Rate 5 (15.11.1939): 5.391,90 RM, in: Privatnachlass KS. Im Folgenden vgl. Tagebuch KS, 10.11.1938.

Rechtfertigung der bis dahin beispiellosen Gewalt gegen die jüdischen Deutschen.[1480] Süßheim zog bittere Bilanz[1481]: Die meisten jüdischen Einrichtungen wie etwa die Volksschule, die Margot Süßheim besuchte, waren von den Behörden beschlagnahmt, geplündert oder zerstört, ein polnischer Jude in seinem Bett getötet worden. Die Synagoge der orthodoxen jüdischen Gemeinde Ohel Jakob in der Herzog-Rudolf-Straße und ihr Vereinshaus waren angezündet, die Bibliothek dabei vollständig vernichtet worden; Rabbi Ehrentreu, mit dem Süßheim noch kurz zuvor das Laubhüttenfest gefeiert hatte, war nur knapp entkommen, nachdem der Mob auch ihn in die Flammen geworfen hatte. Die Einrichtung in der Synagoge in der Reichenbachstraße war ebenfalls dem Feuer zum Opfer gefallen. Etwa eintausend Münchner Jüdinnen und Juden waren verhaftet und ins Konzentrationslager Dachau gebracht worden. Unter den Inhaftierten befand sich auch der liberale Rabbiner Leo Baerwald, der schon 1923 und 1933 von den Nationalsozialisten mit der Exekution bedroht worden war.[1482]

Wie so oft versuchte Süßheim reflexhaft, dem absoluten Wahnsinn mit größtmöglicher Normalität zu begegnen – am 11. November ging er schon wieder in die Staatsbibliothek.[1483] Nachdem er dort eine Stunde gearbeitet hatte, kam ein Mitarbeiter, dem der jüdische Benutzer aufgefallen war, auf ihn zu und forderte ihn auf, das Gebäude sofort zu verlassen: „Es war dreiviertel elf. Ich gab die Bücher zurück, mit denen ich mich beschäftigt hatte und verließ die Bibliothek, in der ich seit 1912 gearbeitet hatte“[1484]. Sein Verweis aus der Bibliothek sollte Süßheims Forschung schier unmöglich machen – in Zukunft wird er stets darauf angewiesen sein, dass Bekannte ihn heimlich mit Literatur versorgten. Am Abend dieses deprimierenden Tages traf er auf einen Nachbarn, ein SA-Mitglied, das unter den Süßheims wohnte.[1485] Alle Juden müssten das Land innerhalb von 24 Stunden verlassen, sagte ihm der Mann – mit derselben Botschaft habe er sich bereits an die anderen jüdischen Familien im Haus gewandt. Dies betraf scheinbar sogar das Ehepaar Selz, wie Süßheim fassungslos bemerkte. Wie erwähnt waren dies die alten Eltern von Frau Szkolny; Herr Selz sei bereits 88 Jahre alt[1486], schrieb Süßheim. Tausende Gedanken gingen ihm an diesem Abend in Haidhausen durch den Kopf: der drohende Verlust der Heimat, sein Verhältnis zu Gott, und nicht zuletzt kam ihm wohl auch sein verstorbener Bruder in den Sinn. „Ina bekam Angst, aber ich fürchtete

1480 Der Mord des 17-jährigen Herschel Grynszpan war ein willkommener Anlass für die Nationalsozialisten, die Gewalt gegen Jüdinnen und Juden vollständig eskalieren zu lassen.

1481 Im Folgenden vgl. Tagebuch KS, 10.11.1938.

1482 Vgl. Kap. II.2. Leo Baerwald schaffte es dennoch 1940 in die USA.

1483 Hier und im Folgenden vgl. Tagebuch KS, 11.11.1938.

1484 Ebd., Nachlass KS (SBB) Hs. or. 1135/20, fol. 85r f.

1485 Es könnte sich um einen gewissen Kirchheimer gehandelt haben, von dem auch Siegfried Wohlmacher berichtete, vgl. Milz, Zeitzeugen-Interview Wohlmacher.

1486 Das Alter stimmt mit den Angaben in der Datenbank des Stadtarchivs München überein: Sigmund Selz wurde 1850 geboren und starb 1940 aus unbekannten Gründen. Er lebte bereits seit 1931 in der Preysingstraße 12. Vgl. den Eintrag im Online-Gedenkbuch: https://gedenkbuch.muenchen.de/index.php?id=gedenkbuch_link&gid=12344.

mich nicht", schrieb Süßheim: „Der Grund für meinen Mut war, dass ich im Geiste mehrmals [verschiedene] Arten des Todes aus politischen Gründen und [verschiedene] Arten von Todesqualen durchgegangen bin."[1487] Er packte alle seine Sachen, die für das Reisen nötig waren, in seinen Koffer und eine Tasche, wobei er seine Arbeit nicht vergaß: Auch seine Rezension der gedruckten Version der *Maktubat-ı Mawlana* von Rūmī und seine Arbeit über die *Akhbar ad-dawlat as-Saldjuqiiya* – seine Habilitationsschrift von 1911 – nahm er mit, wie er in seinem Tagebuch notierte. „Nachdem ich ins Bett gegangen war, schlief ich in dieser Nacht nicht länger als zwei Stunden", schrieb er schließlich – „[d]asselbe galt für Ina"[1488]. Mit seiner Frau hatte Süßheim verabredet, dass er mithilfe von Bekannten versuchen würde, die Grenze zur Schweiz in der Nähe von Bregenz zu überqueren. Im Tagebuch entsteht nun ein zeitlicher Bruch: Alles weitere berichtete Karl Süßheim erst Wochen später, als er wieder Gelegenheit dazu hatte.[1489]

Am Tag seines überstürzten Ausreiseplans beging Süßheim, der seine Heimat und die Familie auf keinen Fall verlassen wollte, einen folgenreichen Fehler. Nachdem er sein Gepäck bereits zum Bahnhof gebracht hatte, vergewisserte er sich ausgerechnet bei der Polizei, ob es die von seinem Nachbarn verbreitete Emigrationspflicht wirklich gab: „Der Pförtner der Polizei[station] stritt ab, dass das Gerücht wahr ist, und schickte mich zur Geheimen Staatspolizei, um die Sache genauer zu klären. Als ich dort ankam, führten sie mich zu einem Büro im ersten Stock, setzten mich dort auf einen Stuhl und verhörten mich. Die Behandlung war so gut sie es [in Anbetracht der Umstände] sein konnte. Danach schickten sie mich in ein Büro, wo es das [Jüdische Gemeindeblatt] gab. Nachdem sie mich dort etwa eine Dreiviertelstunde festgehalten hatten, brachte mich einer in den Raum des Schreibers. Von dort brachten sie mich zu einer Zelle, die sie hinter mir verschlossen. Zu diesem Zeitpunkt war es exakt Mittag."[1490]

„Das war das erste Mal, dass sie mich verhafteten", schob Süßheim hinterher. Eineinhalb Wochen später, am 24. November 1938, wird Karolina Süßheim eine Postkarte aus dem Konzentrationslager Dachau im Briefkasten finden: abgesendet von „Schutzhaftjuda Süßheim Karl", versehen mit diversen „Anordnungen beim Schriftverkehr mit Gefangenen" des Lagerkommandanten.[1491] „Liebste Ina!", hatte ihr Mann geschrieben: „Ich darf wöchentlich bis zu 15.- RM. empfangen. Auf dem Empfänger-Abschnitt der Postanweisung muß unter ‚Betreff' stehen: Süßheim Karl, geboren 21.I.78. Block 22, Stube 2. Mir geht es gut. In Liebe euer Karl."

1487 Tagebuch KS, 11.11.1938, Nachlass KS (SBB) Hs. or. 1 135/20, fol. 85r.

1488 Ebd., fol. 85v f.

1489 Die Beschreibung seiner Erlebnisse vom 12. bis zum 29.11.1938 verfasste Süßheim rückblickend. Die folgenden Zitate finden sich im Nachlass KS (SBB) Hs. or. 1 135/20, fol. 85v–93v.

1490 Hier und das folgende Zitat: Tagebuch KS, 12.–29.11.1938 [Rückblick], Nachlass KS (SBB) Hs. or. 1 135/20, fol. 85v–86v.

1491 Siehe den gedruckten Text unter der Überschrift „Konzentrationslager Dachau 3K" auf der Postkarte. Hier und folgend: Karl Süßheim an [Karoli]na Süßheim, Dachau 17.11.1938, Privatnachlass KS.

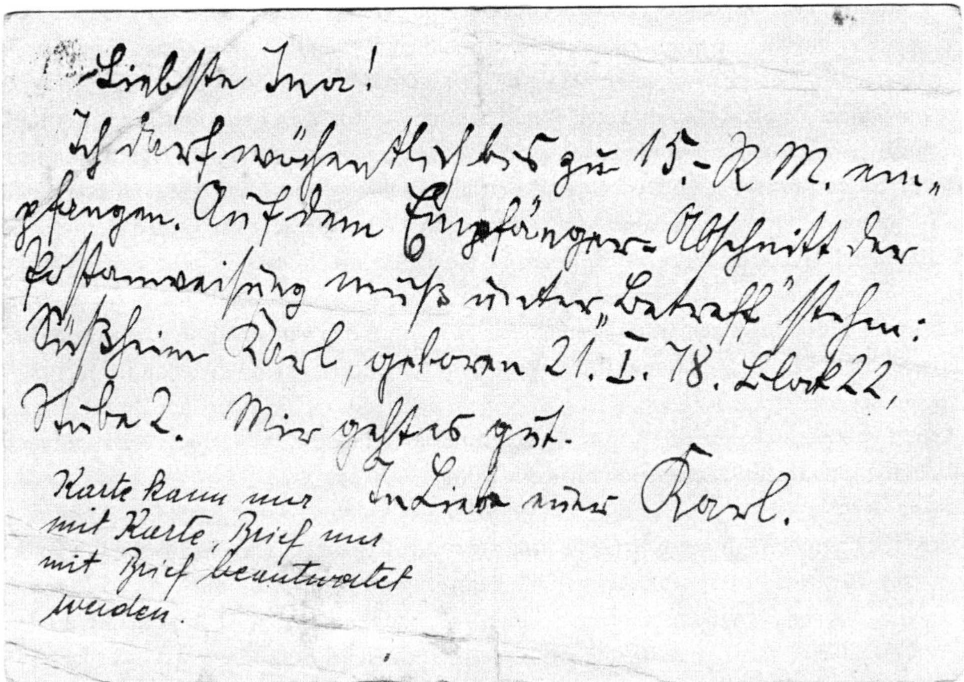
Liebste Ina!
Ich darf wöchentlich bis zu 15.- RM. empfangen. Auf dem Empfänger-Abschnitt der Postanweisung muß unter „Betreff" stehen: Süßheim Karl, geboren 21. I. 78. Block 22, Stube 2. Mir geht es gut.
In Liebe Dein Karl.
Karte kann nur mit Karte, Brief nur mit Brief beantwortet werden.

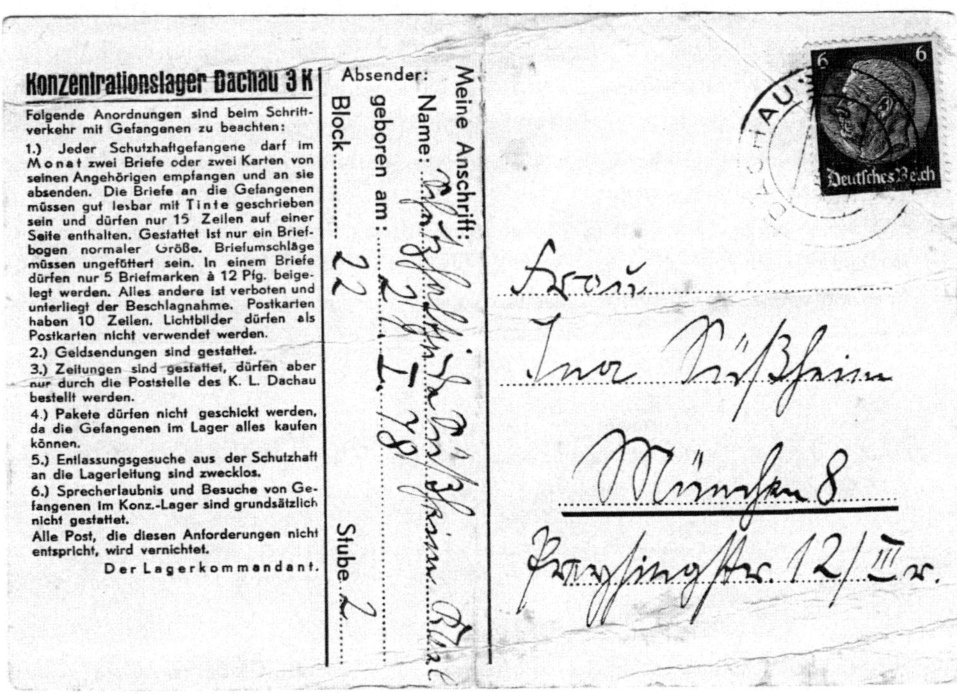
Konzentrationslager Dachau 3 K

Folgende Anordnungen sind beim Schriftverkehr mit Gefangenen zu beachten:

1.) Jeder Schutzhaftgefangene darf im Monat zwei Briefe oder zwei Karten von seinen Angehörigen empfangen und an sie absenden. Die Briefe an die Gefangenen müssen gut lesbar mit Tinte geschrieben sein und dürfen nur 15 Zeilen auf einer Seite enthalten. Gestattet ist nur ein Briefbogen normaler Größe. Briefumschläge müssen ungefüttert sein. In einem Briefe dürfen nur 5 Briefmarken à 12 Pfg. beigelegt werden. Alles andere ist verboten und unterliegt der Beschlagnahme. Postkarten haben 10 Zeilen. Lichtbilder dürfen als Postkarten nicht verwendet werden.
2.) Geldsendungen sind gestattet.
3.) Zeitungen sind gestattet, dürfen aber nur durch die Poststelle des K. L. Dachau bestellt werden.
4.) Pakete dürfen nicht geschickt werden, da die Gefangenen im Lager alles kaufen können.
5.) Entlassungsgesuche aus der Schutzhaft an die Lagerleitung sind zwecklos.
6.) Sprecherlaubnis und Besuche von Gefangenen im Konz.-Lager sind grundsätzlich nicht gestattet.
Alle Post, die diesen Anforderungen nicht entspricht, wird vernichtet.

Der Lagerkommandant.

Absender:
Meine Anschrift:
Name: Schutzhäftling Karl Süßheim Block 22
geboren am: 21. I. 78
Block: 22 Stube: 2

Deutsches Reich 6
DACHAU

Frau
Ina Süßheim
München 8
Preysingstr. 12/III r.

Was war nach Süßheims Verhör bei der Gestapo passiert? Zwei Nächte war er in der Zelle festgehalten worden, zu essen bekam er ausschließlich ein wenig Brot, wie er im Nachhinein niederschrieb. Am 14. November wurde er ins Gefängnis Stadelheim überführt. Von hier aus brachten die Nationalsozialisten ihn zusammen mit zwanzig anderen Juden ins Konzentrationslager Dachau, wohin einer von Süßheims Leidensgenossen, ein Händler namens Kohn[1492], vor kurzem noch Decken und Bettlaken geliefert hatte, wie dieser ihm erzählte. Karl Süßheims Ankunft im Lager lässt sich auch im Archiv der heutigen Gedenkstätte nachvollziehen: Laut Aktenanlage wurde er am 14. November als Universitätsprofessor registriert und 15 Tage später aus der Haft entlassen.[1493] Was Süßheim dort erlebte, hat er wie erwähnt in einem langen Tagebucheintrag festgehalten. Im Folgenden wollen wir ihn selbst sprechen lassen – weil dies der Situation, für die er die denkbar nüchternsten Worte fand, am ehesten angemessen scheint, aber auch, weil sein Bericht zweifellos ein einzigartiges Dokument der deutschen Zeitgeschichte ist[1494], dessen Bedeutung weit über das Interesse an Karl Süßheims Biografie hinausgeht. Beginnen wir mit der Fahrt:

> „Ich konnte nichts von der Umgebung sehen, da das Auto nach allen Seiten hin, außer zur Tür, geschlossen war. Als wir aus dem Auto stiegen, schlug mich ein SS-Mann in den Nacken, verlangte, dass ich meinen Hut abnehme und warf ihn auf den Boden. Dann ließen sie uns hinein, das heißt: auf der rechten Seite des Eingangs des Lagers. Wir blieben dort von [...] vormittags bis sechs abends stehen. Vor uns standen Österreicher aus Wien [...] und Umgebung. Sie waren von SA- und SS-Männern am Morgen des 10. November oder im Laufe jenes Tages verhaftet worden.[1495] Manche von ihnen sind gefoltert oder verletzt worden. Danach wurden sie in der Reitschule der Wiener Polizei für zwei Nächte, bis zum 12. November, inhaftiert. Sie wurden gezwungen, für zwei Tage auf den Beinen zu bleiben, Tag und Nacht, und man ließ sie, während sie von den SS-Männern gefoltert wurden, weder schlafen noch sitzen, noch wurde ihnen irgendetwas zu essen gegeben. Am 12. November wurden sie zum Zug gebracht, der sie nach Dachau bringen sollte. Sie waren vom 12. bis zum 14. November in diesem Zug, kamen um halb sieben am Morgen in Dachau an und wurden zum Lager transportiert [...].

1492 Der Mann lässt sich nicht genauer identifizieren, da Kohn als weitverbreiteter jüdischer Nachname häufig in den Dokumenten vorkommt, darunter auch bei vielen Kaufleuten (Auskunft des Archivs der KZ-Gedenkstätte Dachau vom 5. 11. 2014).

1493 Vgl. DA, NARA Zugangsbuch Nr. 105/26056, ITS 101/009.

1494 Dies bestätigte auch der Leiter des Archivs der Gedenkstätte Dachau, Albert Knoll, im Gespräch am Rande des „Dachauer Symposiums zur Zeitgeschichte 2014" zum Thema „‚... Zeugnis ablegen bis zum letzten'. Tagebücher und persönliche Zeugnisse aus der Zeit des Nationalsozialismus und des Holocaust" am 10. u. 11. 10. 2014.

1495 Mehr als tausend jüdische Häftlinge kamen bereits am 10. November nach Dachau, in den folgenden Tagen waren es 11 911 – davon stammten 3700 aus Österreich, vgl. Stanislav Zámečník: Das war Dachau, Luxemburg 2002, S. 105.

> Die Gefangenen aus Wien waren wegen ihrer schlimmen Folter verzweifelt.[1496] Als wir dort standen, kamen zwei SS-Männer auf uns zu, einer von ihnen hatte den Rang eines [Rottenführers], und fragte uns, einen nach dem anderen: ‚Was bist Du?' Die Antwort war zuerst: ‚ein Jude', woraufhin die SS sagte: ‚Ein Judenschwein bist Du' und er [der Rottenführer, KM] befahl, dies zu wiederholen. Als sie zu mir kamen, sagte ich: ‚ich bin Jude' und nicht, dass ich ein Judenschwein sei. Deshalb schlug mich [einer von ihnen] mit der Faust ins Gesicht und auf den Nacken, und trat mich ins Gesäß, etwa zwanzig Mal insgesamt. Das war um etwa elf Uhr."[1497]

Seine Weigerung machte Süßheim im Lager schnell bekannt und brachte ihm die Bewunderung so manches Mithäftlings ein. Andere aber fürchteten Vergeltungsmaßnahmen gegen die ganze Gruppe, und nachmittags wird Süßheim deshalb schließlich doch in der befohlenen Weise antworten. Mit der Beschreibung des Tages fuhr er wie folgt fort:

> „Kurz nach Mittag, als die Wächter nicht da waren, versuchte einer der Österreicher, ein Mann von kleiner Statur, zu entkommen. Er wollte durch das Tor treten; es war allerdings verschlossen und so musste er umkehren. Einer der Rottenführer tauchte auf, beschimpfte ihn und hielt ihn fest; aber der Österreicher schlug ihn auf die Brust und entkam ihm in Richtung des unteren Teils des Platzes und von dort zum Straßengraben. Er begann, den Graben entlangzulaufen, wo es eine erhöhte Stelle gibt, auf der SS-Wächter standen. Sie hinderten ihn daran, weiterzugehen. Der [Rottenführer] befahl, auf ihn zu schießen und sie schossen dreimal; beim dritten Mal töteten sie ihn. Der Zustand zweier anderer Österreicher verschlechterte sich; einer von ihnen wurde ohnmächtig und der andere war nicht mehr fähig zu stehen oder zu gehen. Den ersten brachten sie zum Lagerkrankenhaus. Sie fragten uns nach unseren Berufen. Sie lachten, als ich sagte,

1496 Diese Beschreibung deckt sich mit anderen Quellen. Über den Umgang mit Österreichern schreibt Stanislav Zámečník: „Die Leitung des Lagers ließ den Landsleuten Adolf Hitlers – offenbar auf dessen Anweisung – eine ganz besondere ‚Pflege' angedeihen. Die Wachmannschaften holten die Österreicher selbst ab und führten ihnen unterwegs, auf der Fahrt von Wien nach Dachau, das ganze Repertoire ihrer Gemeinheiten und Grausamkeiten vor. Es sind einige Zeugnisse der 150 Teilnehmer des ersten österreichischen Transports erhalten […]. Es war ein Transport des Grauens. Bereits auf dem Wiener Westbahnhof wurden diese Menschen schockiert von der Gewalttätigkeit der SS-Meute mit den Totenkopf-Abzeichen, die sich auf sie stürzte. In alphabetischer Reihenfolge wurden die Österreicher auf die Abteile des Personenzuges verteilt. Was dann folgte, beschreibt Viktor Matejka als eine Orgie von ‚Ohrfeigen, stundenlangem Ins-Licht-Starren, Kniebeugen, Fußtritten, Gebrüll, blutigen Gesichtern, Gewehrkolben in die Zähne.' In einigen Abteilen mussten die Häftlinge auf Befehl unter die Sitze und anschließend in die Gepäcknetze kriechen, manchmal sich gegenseitig ohrfeigen oder anspucken. […] Die Quälereien dauerten die ganze Nacht, bis zur Ankunft in München. Die SS-Wachen lösten sich während der Reise ab und wurden immer betrunkener und gewalttätiger." Ebd., S. 99 f.

1497 Tagebuch KS, 12.–29.11.1938 [Rückblick], Nachlass KS (SBB) Hs. or. 1 135/20, fol. 86v f.

dass ich Dozent an der Universität München gewesen sei.[1498] Sie fragten auch, was mein Gehalt an der Universität war. Um etwa sechs Uhr führten sie uns, die Leute aus München und die Österreicher, zum südlichen Teil des Appellplatzes, wo das Lagerhaus und das Lagerbüro sind. Dort erfassten sie den Namen jedes Häftlings, sein Geburtsdatum, seine Adresse, alles, was mit ihm zu tun hatte, und gaben ihm eine Nummer. Sie gaben mir die Nummer 26069. Der Mann, der mich registrierte, war aus Schwabing [...]. Er sagte zu mir: ‚Wie kann jemand, der die Trostlosigkeit in Dachau vor Augen hat, [noch] an Gott glauben? In den vergangenen Tagen haben sie sechzig Männer in Dachau getötet; die Zahl der Häftlinge in Dachau ist im Moment 25 000[1499].‘ [...] Bei der Erfassung meines Namens und meiner Verhältnisse gab ich [ihnen] alle Dinge und das Geld, das ich in meinen Taschen hatte, 600 Mark, zur Aufbewahrung. Dann rasierten sie uns. Die Rasierer waren auch Sozialisten. Einer von ihnen war aus Nürnberg und der andere war ein Deutscher aus Böhmen, der fünfzehn Tage zuvor nach Dachau gekommen war, nachdem die deutsche Armee Böhmen annektiert hatte.[1500] Der Mann aus Nürnberg erzählte mir, dass der Vorsitzende der sozialistischen Partei in München sich seit geraumer Zeit mit der nationalsozialistischen Partei versöhnt habe, und dass keiner der bayerischen Sozialistenführer in Dachau sei [...].[1501] Dann setzten sie meinen Kopf in Szene und machten Fotos von meinem Gesicht, das erste von der rechten Seite, das zweite von vorne. Danach hielt der Arzt den Zustand meiner Gesundheit schriftlich fest. Dann wuschen wir uns mit einem Schwall heißen und dann [eines] kalten Wassers. Dann zogen wir Häftlingskleidung an, Strümpfe, stabile Militärschuhe; meine hatten Größe 46 und ich war damit zufrieden. Die Kleidung bestand aus einem schwarz gestreiften Hemd, Hosen aus starken, guten Leinen in den Farben der bayerischen Flagge, weiß und blau, und einer blauen Jacke [...]. Dann führten sie uns zu unserem Raum in Block 22. Jeder Block hatte vier Räume. Wir waren im zweiten Raum. Als wir dort ankamen, brachten sie Essen. Wir hatten seit dem Morgen nichts gegessen. Nach der Mahlzeit legten wir uns zum Schlafen auf Matratzen, die mit Stroh gefüllt waren. Es mag zehn Uhr

1498 Als solcher wurde er wie erwähnt auch tatsächlich registriert, vgl. DA, NARA Zugangsbuch Nr. 105/26056, ITS 101/009.

1499 Diese Zahl war vermutlich zu hoch geschätzt. Sicher gab es Schwankungen, doch am 1. Dezember 1938 erreichte die Gesamtzahl der Häftlinge erst 14 232, vgl. Zámečník, Dachau, S. 105.

1500 Nach dem Münchner Abkommen vom 30. September 1938 wurden die tschechoslowakischen Grenzgebiete besetzt; in dieser Gegend wurde geradezu „Jag[d] auf die Gegner der Angliederung“ ans „Dritte Reich“ gemacht: „Allein in den Gebieten, die Ober- und Mittelfranken zugeschlagen wurden, brachte das [Sudetendeutsche] Freikorps rund 750 Personen ins Gefängnis, von denen dann ein erheblicher Teil nach Dachau transportiert wurde“, schreibt Stanislav Zámečník: „Die neuen Häftlinge waren überwiegend deutscher Nationalität, doch befand sich unter ihnen und den Österreichern auch eine kleine Zahl von Tschechen.“ Ebd., S. 101 f.

1501 In der Tagebuchedition wird hier falsch übersetzt: “The man from Nuremberg told me that the head of the Nazi Party in Munich had lately purged the Party, but that none of the Bavarian Nazi leaders were in Dachau [...].” Flemming u. Schmidt, Diary, S. 281.

gewesen sein. Am Morgen des 15. November weckte uns der Vorsteher unseres Raums um fünf Uhr. Er teilte uns in 20 [Rotten] auf, weil in unserem Raum 202 Häftlinge waren und ein Aufseher. Herr Klempfner teilte uns auf, geboren in Wien um 1898 in einer jüdischen Familie, aber mit sechs Jahren zum Katholiken getauft.[1502] […] Er war vollständig eingenommen von der Jagd auf wilde Tiere. […] Herr Klempfner wusste viel über die Gewohnheiten und Lebensweise wilder Tiere und sprach über diese sehr ausführlich, wie auch über die Details seines Handels […]. Nach der Vereinigung von Österreich und Deutschland 1938 kennzeichnete die NSDAP in Wien am 1. April 1938 bei jedem Geschäft, ob es mosaisch oder christlich [geführt] ist: ‚Der Besitzer dieses Geschäfts ist ein Jude'. Dasselbe hatten sie auch mit dem Weingeschäft von Klempfner getan. Viele Leute hatten seine mosaische Rasse [zuvor gar] nicht gekannt."[1503]

Der Mann habe sich entschieden, in die USA zu emigrieren, schrieb Süßheim, und das Geschäft seiner Frau und seinem Bruder zu überlassen. Seinen Mitgefangenen räumte Süßheim im Tagebuch viel Platz ein: In seinem Block fanden sich zum Beispiel ein schüchterner Klassizist und ein kettenrauchender, aber Tuberkulose-kranker Jude aus Odessa namens Fränkl[1504], Letzterer in Begleitung seines Bruders, welcher sich an ein Buch über theoretische Mathematik klammerte, was er den SS-Wächtern mehrmals erklären musste. Der Raumvorsteher habe einen österreichischen Assistenten zur Seite gehabt, der Brot und andere Notwendigkeiten wie Rasierklingen an seine Mitgefangenen verkaufte. Darüber hinaus gab es einen Metzgerlehrling namens Oskar Müller[1505], der Süßheim sagte, dass er wohlbehalten in seine Geburtsstadt Wien zurückkehren werde – aber nur, um mit einem Stein um seinen Nacken in die Donau zu springen. Süßheims Bericht ist aber auch zu entnehmen, dass offenbar die geringste Veranlassung ausreichte, um schallendes Gelächter in der Gruppe auszulösen – seine Zeilen beweisen wieder einmal, dass es in den Lagern auch menschlich Schönes wie Solidarität gab, und etwas, das trotz aller Umstände als Alltag bezeichnet werden kann.[1506] Vor allem anderen aber war es natürlich das reinste Grauen:

1502 Johann Klempfner, geboren am 17.6.1896 in Wien, wurde registriert als Automechaniker, Konfession: israelitisch. Klempfner wurde laut den Akten am 1.6.1939 aus Dachau entlassen, vgl. DA NARA Zugangsbuch Nr. 105/25876 ITS 102/236.

1503 Tagebuch KS, 12.–29.11.1938 [Rückblick], Nachlass KS (SBB) Hs. or. 1135/20, fol. 87r–88v.

1504 Dieser lässt sich nicht identifizieren: Ein Herr Fränkl mit Geburtsort Odessa taucht in den Dokumenten der Gedenkstätte Dachau nicht auf (Auskunft des DA vom 5.11.2014).

1505 Auch er lässt sich nicht eindeutig identifizieren: Während der Haftzeit Karl Süßheims waren zwei Häftlinge mit Namen Oskar Müller im Lager, jedoch hatten beide zum damaligen Zeitpunkt das 30. Lebensjahr bereits überschritten (Auskunft des DA vom 5.11.2014), womit auch Süßheims Beschreibung eines „Lehrlings" unwahrscheinlich ist.

1506 Die Holocaustforschung hat seit den 1990er-Jahren verstärkt entsprechende Studien hervorgebracht, vgl. z.B. Manuela R. Hrdlicka: Alltag im KZ. Das Lager Sachsenhausen bei Berlin, Opladen 1992; Guido Fackler: „Des Lagers Stimme" – Musik im KZ. Alltag und Häftlingskultur in den Konzentrationslagern 1933 bis 1936 (=DIZ-Schriften 11), Bremen 2000; Nikolaus Wachsmann: KL. Die

„Nach dem Kaffee […] ließ uns unser Raumvorsteher um etwa viertel nach sechs [morgens, KM] zum Appellplatz marschieren. Der Appell dauerte bis ungefähr halb acht oder etwas früher. Alle Häftlinge, außer denen, die schwindsüchtig waren, waren auf dem Appellplatz zusammengekommen. Die erste gemusterte Gruppe waren die Christen, die alle dieselbe Kleidung trugen, nämlich eine Hose und eine Jacke aus tiefblauem Stoff mit breiten, grauen Streifen. Sie [die Christen, KM] bestehen aus drei Gruppen: Die ersten sind die politischen [Gefangenen], meistens Sozialisten und Kommunisten – sie sind sehr zahlreich; die zweite Gruppe sind Leute, die gesellschaftliche Verbrechen begingen: Trinker und solche, die ihr Einkommen nicht ihren Familien gegeben haben.[1507] Die Männer dieser zweiten Gruppe [trugen] ein schwarzes Dreieck mit weißen Seiten am linken Teil ihrer Brust. Die dritte Gruppe der Christen [trägt] ein kleines braunes Stück Stoff links an der Brust.[1508] Die politischen Gefangenen sind die angesehensten Gefangenen, und aus ihnen werden die Vorsteher der restlichen Gefangenen ausgewählt. Bei der Musterung der christlichen Häftlinge wurde ihnen befohlen, ihren Kopf frei zu machen und ihre Hüte abzunehmen. Dann hörte man den Befehl, still zu stehen, der an jeden aus den Blöcken gerichtet wurde […]. Nach unserer Rückkehr zu Block 22 brachte uns unser Vorsteher einige militärische Anweisungen und körperliche Übungen bei […]. […] Unser Raum war in zwei […] Teile geteilt. Ich war im ersten Teil untergebracht, der 96 Häftlinge beherbergte. Ein Teil von ihnen, und sie waren die Mehrheit, schliefen auf Stroh in zwei Lagen, eine über der anderen; die Minderheit auf Strohmatratzen, die auf dem Boden des Raums lagen. Während der ersten Woche konnte ich das Lager-Geschäft nutzen, da sie etwa zwanzig Mark in meiner Tasche gelassen hatten, als ich

Geschichte der nationalsozialistischen Konzentrationslager, 2. Aufl. München 2015, zum Alltag der Häftlinge in Osteuropa vgl. S. 398–417.

1507 Die Nationalsozialisten bezeichneten diese insbesondere ab Juni 1938 mit der reichsweiten sogenannten „Aso-Aktion" inhaftierte Gruppe, in die auch viele Sinti und Roma gefasst wurden, als „Kriminelle und Asoziale" – ihr „Zustrom […] gab den Konzentrationslagern einen neuen Charakter", wie Stanislav Zámečník schreibt: „Zusammenhalt und Solidarität, die auf der gemeinsamen Ablehnung des nationalsozialistischen Regimes beruhten, verloren ihre Grundlage. Mit den kriminellen Häftlingen sicherte sich die SS ein Gegengewicht zu den politischen Häftlingen. Aus den schlimmsten Totschlägern wurden Kapos und Angehörige des Lagerpersonals. In Dachau, wo die Politischen die Selbstverwaltung fest im Griff hatten, vermochten sich die Kriminellen nicht durchzusetzen […]. Dagegen konnten sich die asozialen Häftlinge schlecht behaupten. In der Mehrheit handelte es sich bei ihnen um Personen mit niedriger Intelligenz, die sich passiv verhielten und sich zu einem großen Teil aus notorischen Alkoholikern rekrutierten. Unter den harten Lebensbedingungen der Lager erwiesen sie sich als wenig widerstandsfähig, und fanden überwiegend bald den Tod." Zámečník, Dachau, S. 83 f., zu den Sinti und Roma vgl. S. 231 f.

1508 Dabei handelte es sich um die „Bibelforscher" – Zeugen Jehovas, die unter anderem eine Beteiligung an den „Wahlen" im NS-Staat und den Hitler-Gruß verweigerten und daher von den Nationalsozialisten verfolgt wurden. Zum Thema vgl. die umfassende Darstellung von Detlef Garbe: Zwischen Widerstand und Martyrium. Die Zeugen Jehovas im „Dritten Reich" (= Studien zur Zeitgeschichte 42), 4. Aufl. München 1999; zur Präsenz dieser verfolgten Gruppe in Dachau vgl. Zámečník, Dachau, S. 227 ff.

ins Lager gekommen war. Ein bisschen Brot ernährte uns [...]. Am ersten Tag gaben sie jedem einen halben Laib Militärbrot, danach aber [nur noch] einen Viertel Laib pro Tag, während ich [doch] mindestens einen dreiviertel Laib am Tag brauche. Der Rest des Essens, wenn es auch gut und gut zubereitet gewesen wäre, war wenig [...]. Jeden Morgen um etwa halb sechs gaben sie uns heißen, schwarzen und reichlich gezuckerten Kaffee ohne Milch, außer am Sonntag. Da war der Kaffee weiß und mit Milch. Das restliche Essen [...] war hauptsächlich flüssig. Mittags waren in der Flüssigkeit Fleischstückchen darin, aber es waren nur wenige. Das Abendessen bestand aus Tee. Manchmal gaben sie Sago[1509] oder Reis, und ein- oder zweimal pro Woche gaben sie eine Leberwurst oder eine andere Wurstsorte dazu. Weil es so wenig Abwechslung gab, kaufte ich im Geschäft Gebäck. Im Geschäft verkauften sie Butter für vierzig Pfennige für ein Achtel Kilo, wie in München, aber im Gegensatz zu München war es jedem erlaubt, die Menge zu kaufen, die er wollte. Ich vervollständigte meine Ration mit Brot und Gebäck. Aber nach einer Woche war in dem Geschäft eine Notiz [angebracht], dass keine Butter mehr an Juden verkauft werde. Daraufhin ging der Verkauf von Butter zurück, weil die Nicht-Juden sie nicht kauften. Obwohl die neue Notiz stehen blieb, sagte der Verkäufer: ‚Wir werden [Ihnen] Butter verkaufen, wenn Sie [auch] eine Dose Sardinen für 45 Pfennige oder eine Wurst für 80 Pfennige kaufen.‘ Aber ich verzichtete auf die Butter, weil ich nicht genug Geld hatte.“[1510]

Karl Süßheim war davon überzeugt, dass die Juden verhaftet wurden, weil sie so auf bequeme Weise ihres Besitzes beraubt werden konnten. Tatsächlich war im Oktober 1938 im Wirtschafts- und Planungsstab des NS-Regimes vor dem Hintergrund eines gigantischen Rüstungsprogramms diskutiert worden, wie der jüdische Besitz – ein umfassendes Verzeichnis lag, wie wir bereits hörten, längst vor[1511] – konfisziert werden könnte: „Während SA-Kommandos in Zivil die Synagogen demolierten und jüdische Geschäfte plünderten“, schreibt der tschechische Historiker Stanislav Zámečník (der Dachau selbst erlebt hat) über den Novemberpogrom, „führten Gestapo und SS den Befehl Heydrichs aus, 20000–300000 wohlhabende Juden in Haft zu nehmen. Die Konzentrationslager waren auf ihre Einlieferung vorbereitet.“[1512] Allein in Dachau waren bald fast 12000 Juden inhaftiert.[1513] Am Eingang des Lagers amtierte ein Notar und Anwalt, wie Süßheim festhielt. Am 19. November wurde er dorthin bestellt, zusammen mit seinem Mithäftling Julius Baer[1514] aus Harlaching. Nach eineinhalb Stunden Wartezeit wurde ihnen gesagt, dass man ihre Häuser nicht einfach nehmen

1509 Geschmacksneutrales Verdickungsmittel aus granulierter Stärke.

1510 Tagebuch KS, 12.–29.11.1938 [Rückblick], Nachlass KS (SBB) Hs. or. 1135/20, fol. 89rf.

1511 Vgl. dazu S. 584.

1512 Zámečník, Dachau, S. 104f.

1513 Vgl. ebd., S. 105.

1514 Julius Baer, geboren am 22.6.1883 in Weingarten, wurde registriert als Kaufmann, Konfession: israelitisch. Baer wurde laut Akten am 10.12.1938 aus Dachau entlassen. Vgl. DA NARA Zugangsbuch Nr. 104/19647 ITS 101/039.

werde, sondern dass sie eine Entschädigung erhalten würden. Im Anschluss mussten sie wieder zum Appell, der dieses Mal sechs Stunden dauerte – und nachdem ein Fehler beim Zählen der Häftlinge bemerkt wurde, wiederholten die Wärter diese „Übung" zwei Tage später. „Das Leben in Dachau war schwer", erinnerte sich der Augenzeuge Stanislav Zámečník: „Was jedoch die Juden dort erleiden mussten, übersteigt die normale menschliche Vorstellungskraft. [...] Bei ihnen kulminierte die Willkür der SS."[1515] Das unermessliche Leid, das für viele andere jüdische Lagerhäftlinge in den nächsten Jahren folgte, blieb Karl Süßheim erspart: Am 29. November wurde er vom Morgenappell abgeholt. Nach einer Stunde, die er zusammen mit 173 Mitinsassen im Stehen warten musste, ging es weiter:

> „Dann führten sie uns zum Badehaus. Wir nahmen kein Bad, aber alle Christen nahmen eins. Sie befahlen uns, unsere Kleider auszuziehen und wir blieben dort für ungefähr drei Stunden, nackt. Der Raum war warm und ich fror nicht. Sie fragten uns nach unseren Namen und anderen Einzelheiten. Zum Entsetzen der Häftlinge war dort die Hyäne des Lagers, ein Rottenführer von hoher Statur und mit hervorstehendem Kopf wie dem einer Hyäne; er war es, der bei unserer Ankunft am 14. November da gewesen war, mir auf den Kopf geschlagen und mir befohlen hatte, meinen Hut abzunehmen. [...] Sie brachten uns zu einem Platz, an dem unsere persönliche Kleidung bereitlag. Es war ungefähr Mittag. Nachdem wir uns angezogen hatten, führten sie uns aus dem Gebäude hinaus und trennten die, die im Lagerhaus Geld deponiert hatten, von denen, die dies nicht getan hatten. Dann stand da auch eine Gruppe neuer christlicher Gefangener, [es waren] ungefähr dreißig, ihr Gesichtsausdruck ernst, als ob sie fanatische Sozialisten oder Kommunisten seien. Vielleicht waren sie aus Böhmen. Es war seltsam, dass die Statur dieser Gefangenen [recht] klein war. Nach langer Wartezeit ließen sie diejenigen ein, die ihr Geld beim Angestellten des Depots einbezahlt hatten [...]. Ich bekam mein Geld zurück, es waren 600 Mark. Daraufhin führten sie uns zu den Schulungsbaracken und musterten uns immer wieder, weil ein neuer Funktionär mit einem anderen Gefangenenregister gekommen war, in dem auch die Namen derer standen, die kürzlich entlassen worden waren, und derer, die in den Krankenhausbaracken des Lagers waren. Unter den anwesenden Häftlingen waren [...] zwei Anwälte [...]. Sie wurden gefragt: ‚Seid ihr Zwillinge?' Das bestätigten sie laut rufend.[1516] Der Appell dauerte lange. Es war das erste Mal, dass ich in den Schulungsbaracken war. [...] An diesem Tag

1515 Zámečník, Dachau, S. 102.

1516 Die Menschenexperimente in den Konzentrationslagern, in Dachau insbesondere im Rahmen des LMU-SS-Gemeinschaftsprojekts „Ahnenerbe", wurden erst nach Beginn des Zweiten Weltkriegs zum strukturellen Phänomen – insbesondere die Zwillingsversuche des Auschwitz-Arztes Josef Mengele sind in diesem Zusammenhang bekannt geworden. In der hier zitierten Bemerkung in Süßheims Tagebucheintrag kann durchaus ein Anhaltspunkt dafür gesehen werden, dass schon viel früher nach geeigneten Kandidaten für etwaige Versuche gesucht wurde. Zu den medizinischen Experimenten an Häftlingen in Dachau vgl. die erste Gesamtdarstellung des bayerischen Konzentrationslagers ebd., S. 262–295.

erinnerten sie uns wiederholt an unsere Pflicht, unseren Rassegenossen beizustehen, wenn sie bankrott seien. Sie fragten, wer 1000 Mark oder mehr habe. Unter uns war eine Person, die 2000 Mark in der Tasche hatte. Ich gehörte zu den reichsten der Anwesenden. Der Offizier sagte, es stehe uns frei zu gehen, unter der Bedingung, dass wir den Armen von uns helfen.[1517] Daraufhin stellten sie uns für das Verlassen des Lagers in Reihen auf. Wir verließen [es] um viertel vor fünf. Außerhalb des Lagers gab es viele weiße Gebäude. Wir wurden von SS-Männern geführt. Bis dahin hatten wir unsere Hüte in unseren Händen getragen und uns war nicht erlaubt, sie aufzusetzen. Aber als wir das Lager verlassen hatten, befahlen sie uns, unsere Hüte aufzusetzen; das bestätigte das Gerede unter uns Dachauer Häftlingen, dass wir unter der Tyrannei von Barbaren lebten. Wir liefen vierzig Minuten, bis wir den Bahnhof Dachau erreichten. Nachdem wir [ein wenig] gewartet hatten, kam ein Zug aus dem Norden an. Wir stiegen ein und fuhren Richtung München."[1518]

Am 30. November 1938 gegen sechs Uhr morgens erreichte Karl Süßheim den Münchner Hauptbahnhof, wo Funktionsträger der Münchner Jüdischen Gemeinde warteten:

„Sie führten uns zu einer speziellen Halle, vor der ein Polizist Wache stand. In der Halle sagten uns die Angestellten [der jüdischen Gemeinde München], dass die Gemeinde den Befehl ausführt, die rückkehrenden Häftlinge zu unterstützen und zu repatriieren. Die, die in München wohnten, durften gehen. Ich tätigte einen Telefonanruf und fragte, ob ich mit meiner Frau Ina sprechen könne. Ich sagte [meiner Nachbarin] Frau Szkolny, dass ich aus Dachau zurückgekommen sei. Sie wusste es nicht, weil Ina es ihr verschwiegen hatte. Es war niemand bei uns zuhause. Ich ging zu Fuß zur Wohnung und kam gegen viertel vor sieben dort an. Da niemand in der Wohnung war, vermutete ich Ina und unsere Töchter bei ihrer Mutter in [Milbertshofen]. Es war wenig Essen in der Wohnung und ich fand kein Brot. Frau Szkolny und ihre Eltern luden mich ein und servierten eine ausgezeichnete Mahlzeit. Nach kurzer Zeit kamen Ina und Margot; sie waren in Nürnberg gewesen. Ina verzieh mir, dass ich das Geheimnis von Dachau preisgegeben hatte. Nach dem Abendessen bei den Szkolnys aß ich ein zweites Abendessen in der Küche unserer Wohnung. Wonach es mir am meisten verlangte, war Brot; ich hielt das Münchner Brot, das wir hatten, für ausgezeichnet."[1519]

Karl Süßheim war davon überzeugt, dass seine plötzliche Entlassung auch mit dem beherzten Eingreifen seiner Frau bei der Gestapo zu tun hatte – Karolina hatte trotz ihrer Angst die nationalsozialistische Polizei aufgesucht, nachdem die Postkarte aus Dachau sie erreichte. Süßheim muss einen entsetzlichen Eindruck auf seine Frau gemacht haben, als sie ihn nun

1517 Süßheim wird einigen Männern 100 Mark leihen, wie er später festhielt.

1518 Tagebuch KS, 12.–29.11.1938 [Rückblick], Nachlass KS (SBB) Hs. or. 1135/20, fol. 91v–92v.

1519 Ebd., fol. 92v f.

endlich in der gemeinsamen Wohnung wiederfand: Siegfried Wohlmacher, der damalige Nachbarssohn, erinnerte sich fast achtzig Jahre später noch immer lebhaft, wie schlimm der Familienvater in diesen Tagen aussah.[1520] Der Mutter des Zeitzeugen habe Karolina Süßheim erzählt, dass sie ihrem Mann wegen seiner Brandverletzungen, die er sich bei einem Unfall in der Küche des Lagers zugezogen hatte[1521], Tag und Nacht kühlende Umschläge machen musste. Süßheim selbst erwähnte diese Wunden in der ihm eigenen Unempfindlichkeit gegenüber seiner Gesundheit im Tagebuch nicht länger. In der Nacht nach seiner Rückkehr konnte er kaum schlafen und litt an einer akuten Durchfallerkrankung, aber immerhin, so notierte er in der ihm eigenen Ironie: Seine rheumatischen Schmerzen, mit denen er offenbar schon seit Jahren kämpfte, seien verschwunden – der Aufenthalt an der frischen Luft habe also doch etwas Gutes gehabt.

Wie war es möglich, dem Geschehen auf diese Weise zu begegnen? Standhaft hielt Süßheim sich an dem fest, was blieb: die Liebe seiner Familie und seine Religion. Wie aber war es möglich, nach Dachau noch an Gott zu glauben? Diese Frage war Süßheim, wie wir gesehen haben, ausgerechnet von einem derjenigen gestellt worden, die das Lagersystem am Laufen hielten.[1522] Eine Ahnung von einer Antwort liefert uns der gläubige Jude in einem langen Brief an seinen Bekannten İbrahim Temo, in dem er davon berichtete, was er erleben musste. Darin erwähnte Süßheim auch, dass sich viele sehr alte Männer mit ihm in Haft befanden – sie hatten, so schrieb er seinem muslimischen Freund, etwas Göttliches an sich.[1523]

„Ich habe vermutet, dass Deine Situation schlechter wird" | Briefe aus der Türkei

Von seiner Frau wurde Karl Süßheim nach seiner Rückkehr über das unterrichtet, was in der Zwischenzeit passiert war: Wenige Wochen waren es gewesen, doch genug für ein halbes Leben. Heinrich und Kurt Morgenstern, Süßheims Onkel und Cousin, waren zu seiner Verwunderung ebenfalls nach Dachau transportiert worden – er hatte sie dort offenbar nicht gesehen. Das Haus seiner Schwester Paula in Nürnberg war in der Nacht des Pogroms geplündert worden, Möbel und Spiegel wurden zerschlagen. In ihrer Verzweiflung war sie zu ihrer Schwägerin nach München gefahren, Karolina Süßheim fuhr später mit ihr zurück nach Nürnberg. Die Töchter brachte sie aus Angst vor der Gestapo immer wieder bei den Nachbarsleuten Wohlmacher in deren Wohnung in der Holzhofstraße unter, direkt neben

1520 Hier und im Folgenden vgl. Milz, Zeitzeugen-Interview Wohlmacher.

1521 Als Süßheim beim Tragen eines heißen Kaffee-Kessels helfen musste, stolperte er und verbrannte sich seinen Ellbogen. Er verletzte sich dabei auch sein linkes Bein, woraufhin sich eine eitrige Wunde entwickelte.

1522 Ob der Mann ein zwangsrekrutierter Mithäftling war oder ein Lagerangestellter, geht aus der entsprechenden Tagebuchstelle nicht klar hervor.

1523 Vgl. Karl Süßheim an İbrahim Temo, 30.11.1938, DPA, Akte İbrāhīm Temo 19, Dossier 32/5, Nr. 222, zit. nach Özgen u. Balcı, Şarkiyatcı.

dem Pfarramt der Gemeinde St. Johannes.[1524] Die schlimmste Nachricht war zweifellos der Suizid seiner Schwägerin Hedwig: Die Witwe seines Bruders hatte sich am Tag nach dem Novemberpogrom das Leben genommen. „Die Rasse[-] und Bekenntnisjüdin", wie in den Akten der NS-Behörden zu lesen ist, wurde „in der leerstehenden Wohnung ihrer kürzlich verstorbenen Mutter [...] mit Leuchtgas vergiftet aufgefunden" – „Unterzeichneter stellte anlässlich der Sachbearbeitung aus der Handtasche der Süssheim den Betrag von 223,96 RM, [...] sicher."[1525]

Der einsamen Frau war schon längst alles zu viel geworden: diverse Hausdurchsuchungen nach dem Tod ihres geliebten Ehemanns, die auch danach nicht enden wollenden Demütigungen Max Süßheims in der nationalsozialistischen Presse – denen sie selbst schon zu dessen Lebzeiten auch ganz persönlich ausgesetzt war[1526] –, schließlich die Ausschreitungen des 9. November mit ihrer Zerstörung jüdischer Geschäfte und der Synagoge in der Nürnberger Essenweinstraße.[1527] Im Wissen um ihren Suizid schrieb der Nürnberger Chronist Bernhard Kolb, Hedwig Süßheim sei eines gewaltsamen Todes gestorben[1528], und die Beschreibung der Umstände ihres Todes im Tagebuch des Schwagers zeigt in der Tat, wie die nationalsozialistische Gewalt die Frau im November 1938 endgültig in die Verzweiflung trieb.[1529] Hedwig Süßheim hinterließ zwei fast identische Abschiedsbriefe, die heute in Nürnberger Archiven aufbewahrt werden. „Seid mir nicht böse, ich kann nicht mehr weiterleben. Ihr dürft versichert sein, daß ich so glücklicher bin", schrieb sie darin: „Zu schwer ist es geworden für mich, ich bin so allein."[1530] Im Nachlass Karl Süßheims findet sich außerdem der Entwurf eines Schreibens vom Tag des Suizids: „Meine liebe Mutter lebt nicht mehr und mir selbst liegt an

1524 Dies bestätigte auch Siegfried Wohlmacher, vgl. Milz, Zeitzeugen-Interview Wohlmacher. Dass sein Vater Karl Süßheim sogar im Konzentrationslager besuchte, wie Wohlmacher erzählte, muss dagegen vermutlich ins Reich der familiären Legenden verwiesen werden – in Süßheims langem Bericht über seine Haft wird ein solcher Besuch nämlich nicht erwähnt.

1525 Staatliche Kriminalpolizei Stelle Nbg.-Fürth an Amtsgericht Nürnberg: „Nachlasssicherung", 17.11.1938, Privatnachlass KS.

1526 Vgl. dazu Kap. II.2.

1527 Vgl. dazu auch Gardill, Süßheim, S. 230.

1528 Vgl. Kolb, Juden, S. 24.

1529 Paula berichtete ihrem Bruder erst mit deutlichem Abstand die Einzelheiten: Während der brutalen Zerstörung der Häuser und Geschäfte der Nürnberger Juden seien die jüdischen Frauen panisch in Hedwigs Haus zusammengekommen. Ein SS-Mann sei zur Wohnung eines Nachbars gekommen und habe nach Papieren gefragt. Nachdem dieser alle seine Schränke geöffnet habe, habe der SS-Mann gefragt, wer gegenüber von ihm wohne – gemeint war die Wohnung von Hedwig Süßheim. Der Nationalsozialist habe daraufhin kurzerhand die Wohnung betreten; als Hedwig ihn sah, sei sie ohnmächtig geworden. Der Mann sei wieder gegangen und habe dem Nachbar gesagt, dass er nichts getan habe und er nicht einmal mit der Frau gesprochen habe. Nachdem Hedwig wieder zu Bewusstsein gekommen sei, sei sie in die Wohnung ihrer Mutter gegangen, die wenige Monate zuvor gestorben war. Hedwig habe den Gashahn aufgedreht und Suizid begangen. Später am Tag sei der SS-Mann wiedergekommen, schrieb Süßheim weiter – nachdem dieser hörte, was passiert war, habe er der Nachbarsfamilie angeboten, bei der Emigration zu helfen. Vgl. Tagebuch KS, 28.8.1939.

1530 Hedwig Süßheim an Rose und Siegfried, 10.11.1938, StAN AG Nürnberg, NA VI 2342/38, S. 6.

dieser Zukunft nichts."[1531] Der Gedanke an eine Erlösung durch den Tod mag die unglückliche Frau schon länger beschäftigt haben. „Mein Leichnam soll eingeäschert, meine Asche in dem Grabe meines Mannes im Westfriedhof in Nürnberg beigesetzt werden", hatte sie in ihrem Testament von 1937 in Gedanken an ihren verstorbenen Mann gebeten – die Inschrift solle „in folgenden [sic!] Wortlaut ausgeführt werden[:] Dr. jur et phil. Max Süßheim, Justizrat, Stadtrat, geboren am 20. Juli 1876 gestorben am 1. März 1933. Edel, Hilfreich, Gut. Darunter mein Name und Daten."[1532] Auch der letzte Wunsch im Leben der Witwe sollte sich nicht erfüllen: Der Grabstein des Ehepaars Max und Hedwig Süßheim verweist nicht auf den deutschesten aller Dichter.[1533]

Karl Süßheim hatte in der Vergangenheit bereits mehrfach erlebt, dass Menschen in seiner Umgebung den Suizid als letzten Ausweg wählten: Erwähnt wurde hier bereits seine einstige Nachbarin in München, die sich Süßheim zufolge selbst tötete, weil ihre Tochter ledig geblieben war.[1534] Eine weitere Nachbarin, die Frau eines Französischprofessors, habe Gift geschluckt, nachdem sie entdeckte, dass ihr Mann sie mit diversen Frauen betrog.[1535] Seine persönlichen Notizen zu diesen Fällen erwecken den Eindruck, dass Süßheim für Suizide kein Verständnis hatte; das verzweifelte Handeln seiner Schwägerin kommentierte er im Tagebuch aber nicht. Dabei dürfte ihn der Suizid Hedwig Süßheims nicht nur persönlich, sondern auch aus religiösen Gründen beschäftigt haben: Das irdische Leben ist im Judentum der „höchst[e] Wert" für einen Menschen.[1536] Hannah Arendt dachte in einem längst berühmt gewordenen Essay über die hohe Suizidrate unter den Mitgliedern der jüdischen Minderheit in Deutschland nach. „Wir sind die ersten nichtreligiösen Juden, die verfolgt werden,

1531 Dies. an N.N., 10.11.1938. (Der abgeschickte Brief im gleichen Wortlaut trägt die Archivsignatur StAN AG Nürnberg, NA VI 2342/38, S. 5.) Sie schrieb hier vielleicht an ihren Nachlassverwalter, den Nürnberger Anwalt Otto Rosenberg, dessen Name in ihrem Testament erwähnt ist (vgl. Hedwig Süßheim: Testament, 31.12.1937). Eine andere Quelle legt nahe, dass das Schreiben an einen „Justizrat Sigmund Dormitzer" gerichtet war, den sie als „Generalbevollmächtigten zur Ordnung ihrer Hinterlassenschaften bestimmt hatte"; angeblich hatten die Polizeibeamten nämlich „versucht, mit diesem über die Angelegenheit zu reden, was aber nicht geschehen konnte, weil Dormitzer in der Zwischenzeit in das isr[aelitische] Krankenhaus nach Fürth eingeschafft wurde. Die [...] Schwägerin Dora Strauss, Kaufmannswitwe, die sich auch um die Leiche angenommen hatte, lehnte es ab, sich um die Hinterlassenschaften der Süssheim zu kümmern." Staatliche Kriminalpolizei Stelle Nbg.-Fürth an Amtsgericht Nürnberg: „Nachlasssicherung", 17.11.1938. Alle Dokumente finden sich im Privatnachlass KS.

1532 Hedwig Süßheim: Testament, 31.12.1937, Privatnachlass KS.

1533 Karl Süßheims Tochter bewahrte zeit ihres Lebens eine Fotografie davon auf, vgl. Fotografie Grabstein Max und Hedwig Süßheim, Privatnachlass KS, Margot Suesheim (New York).

1534 Vgl. Kap. II.2.

1535 Allerdings hatte das Paar zu diesem Zeitpunkt offenbar bereits entschieden, sich scheiden zu lassen, vgl. Tagebuch KS, 29.9.1919.

1536 Heinrich Simon beschreibt als „Charakteristikum der jüdischen Religion, dass das Leben auf der Erde nicht als Vorstufe für ein im Jenseits liegendes Glück aufgefasst, nicht das Leben nach dem Tode als das wahre Leben angesehen wird, sondern dass das irdische Leben die eigentliche Aufgabe des Menschen ist." Simon, Leben, S. 43.

und wir sind die ersten, die darauf – nicht nur *in extremis* – mit Selbstmord antworten“[1537], schrieb sie: „Vielleicht haben die Philosophen recht, die lehren, dass Selbstmord die letzte, die äußerste Garantie menschlicher Freiheit sei: wir besitzen zwar nicht die Freiheit, unser Leben oder die Welt, in der wir leben, zu erschaffen, sind aber dennoch darin frei, das Leben wegzuwerfen und die Welt zu verlassen. Gewiss können fromme Juden sich diese negative Freiheit nicht herausnehmen; sie sehen in der Selbsttötung Mord, nämlich die Zerstörung dessen, was Menschen niemals erschaffen können, sie sehen darin also eine Einmischung in die Rechte des Schöpfers. *Adonai nathan v'adonai lakach* (‚Der Herr hat's gegeben, der Herr hat's genommen‘); und sie fügen für gewöhnlich hinzu: *baruch schem adonai* (‚Der Name des Herrn sei gelobt‘). Für sie bedeutet Selbstmord, wie Mord, einen blasphemischen Angriff auf die gesamte Schöpfung. Ein Mensch, der sich selbst umbringt, behauptet damit, dass das Leben nicht lebenswert sei und die Welt nicht wert, ihn zu beherbergen.“[1538]

Sicher war Suizid die bitterste Möglichkeit, auf die nationalsozialistische Verfolgung zu reagieren. Andere Jüdinnen und Juden hatten Deutschland bereits während der Weimarer Republik den Rücken gekehrt: Die einen versuchten, wie Süßheims Nürnberger Verwandte, in die USA zu entkommen – auch der Zeitzeuge Siegfried Wohlmacher erinnerte sich daran, dass die jüdischen Eltern in der Nachbarschaft ihre Kinder verstärkt dazu anhielten, Englisch zu lernen.[1539] Andere, wie Karl Süßheims Schüler Gershom Scholem, sahen ihre Zukunft im Nahen Osten, in Palästina, dem Heiligen Land.[1540] Die zionistische Idee erhielt seit den 1920er-Jahren angesichts der wachsenden Judenfeindschaft immer mehr Zulauf.[1541] Viele jüdische Zeitgenossen erkannten Wolfgang Benz zufolge, „daß ihnen die deutsch-jüdische Synthese[1542] nur eine Hoffnung war, deren Zerbrechen am Ende der Weimarer Republik sie bis zu ihrem Ende mit Schmerz erfüllt“; dies gelte, so der Antisemitismus-Experte, „insbesondere auch für diejenigen, die ebenso bewußt in jüdischen Traditionen lebten wie sie zur deutschen Kultur hin offen waren.“[1543] Karl Süßheim aber, der mehr Anknüpfungspunkte im Nahen Osten hatte als die meisten seiner Schicksalsgenossen, verschwendete keinen Gedanken an eine Emigration gen Jerusalem. Er dachte nicht einmal an die Türkei, obwohl es für eine berufliche Perspektive naheliegend gewesen wäre und seine Bekannten aus Istanbul ihn nach der Machtübernahme der Nationalsozialisten zunehmend dazu drängten.

1537 Hannah Arendt: Wir Flüchtlinge, 7. Aufl. Ditzingen 2016, S. 19.

1538 Ebd., S. 19f.

1539 Vgl. Milz, Zeitzeugen-Interview Wohlmacher.

1540 Scholem emigrierte schon vergleichsweise früh, vgl. dazu Kap. II.2.

1541 In Süßheims Nachlass findet sich eine Einladung zu einer Kundgebung der Staatszionistischen Organisation vom Dezember 1935 mit der Ankündigung eines Vortrags ihres Direktors Georg Kareski (1878–1947) mit dem Titel „Das Programm der Juden Deutschlands[,] seine Lösung und seine Lehren!“ Staatszionistische Organisation: [Einladung zur Kundgebung am] 1.12.1935, Nachlass KS (LOC), Kiste 19a.

1542 Eine Anspielung auf die Diskussion um die „deutsch-jüdische Symbiose“, vgl. dazu Kap. I.1.

1543 Benz, Legende, S. 12.

In Süßheims Nachlass findet sich ein Brief, der verdeutlicht, dass die Nacht des Novemberpogroms nicht nur ein Schicksalsdatum der deutschen Geschichte ist, sondern auch eines für die junge Türkei: „Ich hatte bereits vermutet, dass Deine Situation schlechter werden würde und ich riet Dir, Dich über mich an Atatürk zu wenden, um in die Türkei zu kommen. Damals war Dir mein Vorschlag unangenehm. Indem ich dies schreibe, möchte ich Dich, Gott bewahre, nicht kritisieren, sondern Dir nur sagen, dass solche Gelegenheiten sich nicht immer ergeben [...]. [N]un ist dieser mein Vater [‚Ata', KM], auf den ich in dieser Sache vertraut habe, gestorben."[1544]

Mustafa Kemal starb in der Nacht vom 9. auf den 10. November 1938. Den hier zitierten Brief las Karl Süßheim erst Monate später, im März 1939. Er stammt von Mahmud Mesud Koman, dem Direktor der Abteilung für Sprache, Geschichte und Literatur der Staatsbibliothek zu Konya, der sich, wie wir hier erfahren, in der Türkei dafür einsetzen wollte, den verfolgten deutschen Wissenschaftler ins Land zu holen. Wie die beiden sich kennenlernten, ist nicht überliefert – es ist gut möglich, dass ihre Wege sich bereits im Zuge von Süßheims Bibliotheks- und Archivtour in Anatolien[1545] kreuzten, vielleicht lernten sie sich aber auch erst viel später und nur schriftlich kennen, denn Koman war Herausgeber der Zeitschrift *Konya* – ein potenzieller Publikationsort für den in seinen Veröffentlichungswegen massiv eingeschränkten jüdischen Wissenschaftler im NS-Staat. Was auch immer die beiden Männer zusammengebracht haben mag: In Süßheims Nachlass finden sich aus den Jahren 1933 bis 1940 38 Briefe des Türken, die sich ab Juni 1938, also schon vor Süßheims Haft im Konzentrationslager, zunehmend mit einer möglichen Emigration auseinandersetzten.[1546] Schon früh hatte Mahmud Mesud Koman ihm angeboten, dem verehrten Staatsgründer persönlich Süßheims Arbeit vorzustellen.[1547] Dieser war darauf offenbar nicht eingegangen – nun war der wichtigste Mann der neuen Türkei gestorben, die Chance verpasst. Warum hatte Karl Süßheim nach allem, was bis dahin bereits geschehen war, die helfende Hand nicht ergriffen? Wir müssen davon ausgehen, dass dies nicht nur an seinem unbedingten Willen lag, in der Heimat zu bleiben – Süßheims zunächst ganz und gar positive Haltung gegenüber der türkischen Republik, wie sie bereits skizziert wurde[1548], hatte offenbar Schaden genommen. Offenkundig geschah dies nicht ohne Grund: In einem Interview mit der türkischen Presse bezeichnete Adolf Hitler sich als Schüler Mustafa Kemals; eine der liebsten Einrichtungsgegenstände des „Führers" soll eine Atatürk-Büste des NS-Bildhauers Josef Thorak gewesen sein.[1549]

Wo ist die islamische Toleranz geblieben? Dies hatte, wir erinnern uns, Karl Süßheims Freund ʿAbdullāh Cevdet bereits in den 1920er-Jahren gefragt.[1550] Dass die von Mustafa

1544 Mahmud Mesud Koman an Karl Süßheim, 24.3.1939, Nachlass KS (SBB) Hs. or. 10648 11/1, ins Deutsche übertragen nach der englischen Übers. bei Flemming u. Schmidt, Diary, S. 287 f.

1545 Vgl. Kap. I.3.

1546 Vgl. Mahmud Mesud Koman an Karl Süßheim, 16. 6. 1938, Nachlass KS (SBB) Hs. or. 10648 11/36.

1547 Vgl. Ders. an Dens., 1. 7. 1938, ebd. Hs. or. 10648 11/39.

1548 Vgl. Kap. II.2.

1549 Vgl. Ihrig, Atatürk, S. 116 u. 129.

1550 Vgl. Kap. II.2.

Kemal gegründete Republik in ihrer ganz speziellen Umsetzung des jungtürkischen Drängens nach der Moderne nicht nur einen bemerkenswert brutalen Willen zur Bildung und Erziehung einer neuen Gesellschaft zeigte, sondern gleichsam auch rassistische und exkludierende Tendenzen, ist hier bereits dargestellt worden. Auch die deutsch-türkischen Beziehungen hatten längst wieder Fahrt aufgenommen: 1924 war die Weimarer Republik in ein offizielles diplomatisches Verhältnis zum Nachfolgestaat des einstigen Bündnispartners eingetreten. Die nationalsozialistische Bewegung entwickelte derweil eine ausgeprägte Faszination für die türkische Republik, die der Historiker Stefan Ihrig in seinem Buch „Atatürk in the Nazi Imagination" großflächig untersucht hat.[1551] Wie erwähnt lag dies zum einen daran, dass die junge Türkei nach der Niederlage insbesondere in den Augen vieler Deutscher mithilfe eines starken Führers schon Mitte der 1920er-Jahre wie Phönix aus der Asche stieg[1552], während Deutschland sich mit der „Schmach von Versailles" und der Demokratie von Weimar kleinhalten musste. Es hatte aber auch mit den überaus erfolgreichen „Maßnahmen" der Jungtürken zur Schaffung der türkischen Nation zu tun, die im Genozid an der christlichen Bevölkerung im Ersten Weltkrieg ihren schrecklichen Höhepunkt gefunden hatte – und in der nationalsozialistischen Vorstellung einer „Volksgemeinschaft" eine deutsche Entsprechung fand. Johannes Lepsius, wie wir hörten der Hauptgutachter im Prozess Talât Paşa[1553], verglich die „bevölkerungsstatistischen Phantasien des Kriegsministers"[1554], wie er die Ideologie der Jungtürken einmal nannte, schon 1921 mit denen der antisemitischen alldeutschen Bewegung. Er sah den „Völkermord, den die Jungtürken auf dem Gewissen haben"[1555], als gefährliches Modell, wie er auch in einem Brief im darauffolgenden Jahr nochmals explizit festhielt. „Die Parallelen zwischen dem osmanischen Genozid an den Armeniern und dem nationalsozialistischen Völkermord an den Juden sind nicht zufällig"[1556], schreibt heute auch der Antisemitismus-Forscher Wolfgang Benz; Stefan Ihrig hat dazu unter dem Titel „Justifying Genocide" einen eigenen Band vorgelegt[1557].

Die Entscheidung Mustafa Kemals, den Genozid an den Armeniern nicht anzuerkennen[1558], trug dazu bei, dass dessen Politik in Europa ideologischer wahrgenommen wurde,

1551 Dabei handelt es sich um einen innovativen Beitrag zur Ideengeschichte des Nationalsozialismus, als solcher er auch erklärtermaßen gelesen werden will, vgl. die Bemerkungen zum Zuschnitt der Studie bei Ihrig, Atatürk, S. 7 ff. Stefan Ihrig konnte für seine Forschungen unter anderem auf eine türkische Dissertation über die „Ansichten aus Nazi-Deutschland auf die kemalistische Türkei" zurückgreifen, vgl. Asker, Nazi Almany[a].

1552 Vgl. Kap. II.2.

1553 Vgl. Kap. II.1.

1554 Johannes Lepsius: Mein Besuch in Konstantinopel Juli/Aug. 1915, in: OLDOM 1/3 (1919), S. 21–33, abgedr. bei Andreas Baumann (Hrsg.): Johannes Lepsius. Die Wiedergeburt des Orients: Texte zur Mission (= EuI 7), Nürnberg 2007, S. 282–298, hier S. 289.

1555 Zit. nach Hosfeld, Lepsius (2016).

1556 Benz, Aghet.

1557 Stefan Ihrig untersucht in seiner Studie Gemeinsamkeiten und Unterschiede der beiden Genozide und beleuchtet die deutsche Rezeption des Armeniermordes, vgl. Ihrig, Justifying.

1558 Vgl. Kap. II.2.

als sie tatsächlich war.[1559] Für so manchen Deutschen galt die Vernichtungspolitik seit der erfolgreichen türkischen Staatsgründung nun als zwar abstoßendes, aber doch erfolgreiches Modell einer nationalen Revolution; Radikale erkannten darin ein effizientes und geradezu vorbildliches Mittel zum Aufbau eines Nationalstaats. Aus diesem Gedanken erwuchs wohl auch die erwähnte Bewunderung Adolf Hitlers für Mustafa Kemal.[1560] 1933 gab dieser der türkischen Zeitung *Milliyet* ein Interview, das auch in der deutschen Presse wiedergegeben wurde: Er sprach hier auch über seine Münchner Kampfzeit und sagte, dass die Türkei unter Atatürk dabei ein „leuchtender Stern" für ihn gewesen sei.[1561] Beim Empfang einer türkischen Delegation zur Feier seines Geburtstags am 20. April 1939 erklärte der „Führer" nochmals: „Unser Vorbild war die Türkei"[1562]. Auch die wohl bekannteste Referenz auf den Armenier-Genozid von einem Nationalsozialisten stammt von Adolf Hitler persönlich. Seine Rede vom 22. August 1939 an die militärischen Befehlshaber kalkulierte die Teilnahmslosigkeit

1559 Auch wenn das praktizierte System Atatürk als Diktatur zu bezeichnen ist, bleibt festzuhalten, dass die pluralistischen liberalen Demokratien des Westens von Ankara zu keinem Zeitpunkt zum Feindbild erklärt wurden, wie es etwa in der Sowjetunion oder im nationalsozialistischen Deutschland der Fall war, vgl. dazu Kreiser, Atatürk, S. 300.

1560 Die Nationalsozialisten beriefen sich früh auch auf andere starke „Führer" und ihre Nationalbewegungen wie etwa den Polen Józef Piłsudski (1867–1935), doch die Begeisterung für die Türkei stellte die anderen Vorbilder in den Schatten. Auch der Faschismus Benito Mussolinis mit seinem „Marsch nach Rom", der gemeinhin als wichtigster Referenzpunkt gilt, war Stefan Ihrig zufolge – und seine Argumente sind bestechend – nicht so wichtig für den Hitler-Putsch wie die Inspiration durch die kemalistische Türkei, vgl. Ihrig, Atatürk, S. 206 f. und den Abschnitt „Lessons: Turkey as a Role Model", S. 43–63.

1561 Stefan Ihrig übersetzt mit „shining star", Ihrig, Atatürk, S. 115. Eine Meldung über das Interview im *Völkischen Beobachter* (VB) lautete: „Konstantinopel, 20. Juli. Die Zeitung ‚Milliyet' veröffentlicht eine Unterredung des Reichskanzlers Adolf Hitler mit ihrem Chefredakteur Mahmut, der gleichzeitig Abgeordneter und Vorsitzender des Auswärtigen Ausschusses der Großen Nationalversammlung ist. In der Unterhaltung hat der Reichskanzler zum Ausdruck gebracht, daß der erfolgreiche Freiheitskampf, den der Ghasi [Mustafa Kemal, KM] vor Jahren zur Schaffung der neuen Türkei geführt habe, auch ihm seinerzeit die Zuversicht gegeben habe, daß die deutsche nationalsozialistische Bewegung zum Erfolge gelangen würde. In dieser Beziehung sei die Bewegung der Türkei ihm ein leuchtender Stern gewesen. Wie die Türkei sich auf das urwüchsige anatolische Bauerntum gründe, so gelte auch der Aufbau des deutschen Bauernstandes dem Reichskanzler als eine der wichtigsten Aufgaben im neuen Deutschland. Wenn auch die engen Wirtschaftsbeziehungen zwischen Deutschland und der Türkei das freundschaftliche Verhältnis beider Länder bestimmten, so gäbe, führte der Reichskanzler aus, es doch noch ein Mehr in den Beziehungen zwischen zwei Völkern, das wäre die Sympathie und das Verständnis, gegründet auf der Tatsache, daß beide Völker in der gleichen Richtung ihre Ziele sähen und dies sei in hervorragendem Maße hinsichtlich der Türkei und Deutschlands der Fall. Der Reichskanzler schloß mit den Worten, daß seiner Auffassung nach der Präsident der Türkei immer in der Geschichte dieses Jahrhunderts einen Platz in der vordersten Reihe der Staatsmänner einnehmen werde." „Der Führer über das Verhältnis Deutschlands zur Türkei", in: VB 46/202 (21. 7. 1933), S. [5]: Erstes Beiblatt.

1562 Zit. nach Gotthard Jaeschke: Türkiye Kronolojisi. 1938–1945, Ankara 1990, S. 8; „Turkey was our model", Ihrig, Atatürk, S. 116.

der Weltöffentlichkeit gegenüber der Verfolgung der Juden mit ein, argumentiert Wolfgang Benz und zitiert Hitler mit den Worten: „Wer redet heute noch von der Vernichtung der Armenier?“[1563] In einem Protokoll der Führeransprache auf dem Obersalzberg vor den Oberkommandierenden der Wehrmacht ist tatsächlich zu lesen: „So habe ich, einstweilen nur im Osten, meine Totenkopfverbände bereitgestellt mit dem Befehl, unbarmherzig und mitleidslos Mann, Weib und Kind polnischer Abstammung und Sprache in den Tod zu schicken. Nur so gewinnen wir den Lebensraum, den wir brauchen. Wer redet heute noch von der Vernichtung der Armenier?“[1564]

Ob Hitler diesen letzten Satz, der heute sogar auf der Fassade des United States Holocaust Memorial Museum (USHMM) in Washington steht[1565], nur wenige Tage vor dem Überfall auf Polen tatsächlich jemals aussprach, wird im Fach allerdings nach wie vor diskutiert: Es gibt mehrere Protokolle der Rede und die Referenz auf den Armenier-Genozid taucht nur in einem einzigen davon auf.[1566] Ob nun vom Redner selbst oder vom Protokollanten: Adolf Hitlers zweifellose Faszination für die Türkei passt zu diesem Satz, und als definitiv zeitgenössische Bemerkung verdeutlicht er, dass in der deutschen öffentlichen Wahrnehmung Parallelen in der Ideologie von Nationalsozialisten und türkischen Nationalisten gesehen wurden. Der Pogrom gegen Jüdinnen und Juden in Ostthrakien von 1934 mit dem Boykott jüdischer Geschäfte, Plünderungen und einer Gewalt, die Tausende jüdische Flüchtlinge produzierte[1567], wird Karl Süßheim genauso wenig verborgen geblieben sein wie die nationalsozialistische Vereinnahmung des türkischen Beispiels. Dass er vor diesem Hintergrund vorsichtig war, als seine Bekannten ihn zur Emigration drängten, ist nur allzu nachvollziehbar. Nicht nur Mahmud Mesud Koman aber wurde immer direkter, auch ein anderer insistierte: İbrahim Temo, der einstige Weggefährte Abdullah Cevdets.

Nach dem Tod seines wichtigsten Vertrauten in der Türkei und offenen Fragen zu dessen Biografie begann wie erwähnt auch eine intensive Brieffreundschaft zwischen München und Medgidia. Karl Süßheim und İbrahim Temo haben sich vermutlich nie persönlich getroffen, und doch, oder gerade deshalb, wurde es sehr privat: Die Korrespondenz beinhaltet (neben Süßheims obligatorischem Briefmarkenanliegen[1568]) immer wieder auch die Bedrohung durch einen in der Luft liegenden neuen Krieg und den sich steigernden Antisemitismus in Deutschland und Rumänien sowie, seit 1934, auch Temos Rat zu einer Emigration in die Türkei[1569]

1563 Vgl. Benz, Aghet.

1564 „Zweite Ansprache des Führers am 22. August 1939“, in: Akten zur deutschen auswärtigen Politik, Bd. D/7: Die letzten Wochen vor Kriegsausbruch: 9. August bis 3. September 1939, Baden-Baden u. a. 1961, S. 171.

1565 „Who, after all, speaks today of the annihilation of the Armenians?" Als Quelle verweist das berühmte Holocaust-Museum auf seiner Homepage auf Louis Lochner: What About Germany, New York 1942, S. 2, vgl. https://www.ushmm.org/collections/ask-a-research-question/frequently-asked-questions.

1566 Darauf weist auch das USHMM hin, vgl. ebd.

1567 Vgl. Guttstadt, Türkei, S. 186 f.

1568 Vgl. dazu auch Özgen u. Balcı, Şarkiyatcı.

1569 Vgl. İbrahim Temo an Karl Süßheim, 18. 8. 1934, Nachlass KS (SBB) Hs. or. 10648 10/44.

– im Wechsel mit Versuchen, Süßheim zu beruhigen, dass sich die schlimmsten Auswüchse nach der Vollendung der nationalsozialistischen „Revolution“ bald wieder legen würden.[1570] In den Briefen ging es bisweilen auch um die osmanischen Minderheiten: Süßheim erfuhr von Temo zum Beispiel interessante Einzelheiten zum Verhältnis der frühen jungtürkischen Bewegung zu den Armenierinnen und Armeniern: Nach dem Anschlag auf den Sultanspalast im September 1895[1571] hatten die Jungtürken Temo zufolge ein Manifest geschrieben, das verkündete: „In einem mutigen Schritt haben die Armenier die Hohe Pforte attackiert. Sie verlangen Freiheit; lasst es uns, anstatt ihnen die Köpfe einzuschlagen, ihnen gleichmachen und den Yıldız-Palast, die Hohe Pforte und das Büro des Şeyhülislām, diese Herde der Verwesung und Unterdrückung, attackieren und die Köpfe ʿAbdülḥamīds und derer einschlagen, die unser Vaterland in diesen bemitleidenswerten Zustand geführt haben.“[1572]

Wieder einmal wurde Süßheim auf die fatale exkludierende Entwicklung, die die Bewegung genommen hatte, hingewiesen; die einstige gemeinsame Freude osmanischer Oppositioneller gleich welcher Herkunft über die Revolution von 1908[1573] hatte er sicher selbst noch gut im Gedächtnis. Doch wie stand es seit seiner Rückkehr aus Nahost um die Jüdinnen und Juden im Land? İbrahim Temo schrieb Süßheim, dass er sich 1909 an Diskussionen in dem bekannten (und an anderer Stelle bereits protrãtierten[1574]) Hotel Pera Palace beteiligt habe, wo europäische Zionisten sich über die Gründung eines jüdischen Staates in Palästina austauschten.[1575] Temo war der Ansicht, dass es damals zwar Antizionismus, aber keinen Antisemitismus unter den Türken gegeben habe[1576]; für die Jüdinnen und Juden, die nach Anatolien immigrieren wollten, gebe es aber schon lange bestimmte Bedingungen, wie er aufzählte: Sie sollten die türkische Nationalität annehmen, den Anweisungen der Einwanderungsbehörde genau Folge leisten, Türkisch lernen, ihre Kinder auf türkische Schulen schicken, Hebräisch nur in der Synagoge sprechen und sich nicht mit Zionisten abgeben, um die Araber nicht zu verärgern; dafür dürften sie aber nach Jerusalem pilgern.[1577] Mit manchen dieser Regeln hätte Karl Süßheim sicher gut leben können, aber sein Deutschsein quasi aufzugeben? Insbesondere seine Vorstellungen von der Erziehung seiner Kinder waren bekanntermaßen andere: Margot und Gioconda sollten eine jüdische Schule besuchen. Entsprechend zurückhaltend reagierte Süßheim auf die Vorstöße seiner türkischen Bekannten. 1937 schrieb Temo, er bedaure es zutiefst, dass Süßheim nicht an einer Historiker-Konferenz in der Türkei teilgenommen habe, auf der er auch Mustafa Kemal persönlich hätte kennenlernen können.[1578] Er ließ Gelegenheit

1570 Vgl. Schmidt, Importance (2002), S. 191.

1571 Vgl. Kap. I.2.

1572 İbrahim Temo an Karl Süßheim, 9.10.1935, Nachlass KS (SBB) Hs. or. 10648 10/32, ins Deutsche übertragen nach der englischen Übers. bei Schmidt, Importance (2002), S. 192ff., hier S. 193.

1573 Vgl. Kap. I.2.

1574 Vgl. Kap. I.1.

1575 Hier und im Folgenden vgl. Schmidt, Importance (2002), S. 195.

1576 Vgl. dazu auch die dieser Annahme deutlich widersprechenden Ausführungen in Kap. I.1.

1577 Vgl. İbrahim Temo an Karl Süßheim, 18.12.1935, Nachlass KS (SBB) Hs. or. 10648 10/49.

1578 Vgl. Ders. an Dens., 5.10.1937, ebd. Hs. or. 10648 10/57.

um Gelegenheit verstreichen. Nach der Erfahrung von Dachau aber war Süßheim nun bereit, das „Dritte Reich“ zu verlassen, wenn auch nicht gen Osten.

Bevor die Verfolgung der deutschen Jüdinnen und Juden in ihre Vernichtung umschlug, versuchte das NS-Regime, sie mit allen Mitteln aus dem Land zu drängen. „[D]ie Konzentrationslager dienten nicht zuletzt auch dem Zweck, dieser Politik Nachdruck zu verleihen“, schreibt Stanislav Zámečník: Unter verschiedenen Vorwänden seien „vor allem wohlhabendere Juden ins KZ Dachau eingeliefert und einer brutalen Behandlung unterzogen [worden], ehe sie, an den Bettelstab gebracht, die Möglichkeit zur Auswanderung erhielten“[1579]. Karl Süßheim erwähnte in seinem langen Tagebucheintrag über die Haft in Dachau, dass Juden mit gültigen Ausreisevisa bereits nach ein oder zwei Tagen das Lager wieder verlassen durften – das nationalsozialistische Vorgehen in dieser Zeit tritt aus Süßheims Schilderungen besonders plastisch hervor:

> „Bevor die [Haft] dort am 29. November vorbei war, verlangten sie [die SS-Männer im Konzentrationslager, KM] zweimal unsere Unterschrift. Das erste Mal unterschrieb ich, ohne Fragen zu stellen oder den Text und seine Bedeutung zu prüfen. [Einschub:] Diese Unterschrift bedeutete [aber] das Versprechen, aus Deutschland zu emigrieren. [Randbemerkung, KM] Aber bevor ich ein zweites Mal unterschrieb, fragte ich einen Mann, der aussah wie ein Häftling. Er sagte, dass die zweite Unterschrift einer Erklärung [galt], dass ich gesund sei, dass ich das Lager in guter Verfassung verlassen habe und dass ich von jedem [Recht auf] Kompensation ablasse. [...] Nachdem der Appell vorüber war, führten sie uns zu dem Platz, an dem die Häftlinge, die am 14. November angekommen waren, für mehr als sechs Stunden gestanden hatten. Dort sprach uns ein Offizier an und fragte: ‚Wollt ihr emigrieren?‘. Sie antworteten, als seien sie [alle] einer Meinung: ‚Ja.‘ Der Offizier warnte sie, nach der Emigration aus Deutschland nicht wieder zurückzukehren; er sagte: ‚Wenn ihr nach Deutschland zurückkommt, werden sie euch mit eurer Familie lebenslänglich in ein Lager sperren.‘ Daraufhin warnte er uns, keine Geschichten über die Trostlosigkeit [des Lagers] zu verbreiten; jeder, der Geschichten über die Trostlosigkeit verbreite, würde ins Lager [zurück]gebracht werden – lebenslang.“[1580]

Derart eingeschüchtert schrieb er nach seiner Rückkehr an seinen Freund in Rumänien: „Ich möchte auch nicht mehr in Deutschland bleiben und in naher Zukunft mit meiner Familie auswandern. Jeder befasst sich damit.“[1581] Gezielt ging das NS-Regime Ende 1938 mit einer Reihe von Maßnahmen insbesondere gegen Mischehen vor, in denen der männliche Part jüdisch war, denn in diesen sah es „eine grundlegende Gefahr für die Reinheit der ‚Rasse‘, als deren Garant die ‚arische‘ Frau galt“, so Maximilian Strnad – „[j]üdische Männer bedrohten

1579 Zámečník, Dachau, S. 103.

1580 Tagebuch KS, 12.–29.11.1938 [Rückblick], Nachlass KS (SBB) Hs. or. 1 135/20, fol. 92r f.

1581 Karl Süßheim an İbrahim Temo, 30.11.1938, DPA, Akte İbrāhīm Temo 19, Dossier 32/5, Nr. 222, übers. nach dem türkischen Zitat bei Özgen u. Balcı, Şarkiyatcı.

der NS-Ideologie zufolge per se den Fortbestand der nationalsozialistischen ‚Volksgemeinschaft'. Zugleich waren sie als Haushaltsvorstände das Rückgrat ihrer Familien".[1582] Die Nationalsozialisten verboten zum Beispiel die Übertragung des Vermögens jüdischer Männer an ihre nicht-jüdischen Ehefrauen – diese Politik, schreibt Strnad, sollte die Frauen „dazu bringen, sich von ihren jüdischen Männern zu trennen, nicht zuletzt, damit sie wieder die ihnen zugedachte Reproduktionsfunktion innerhalb der ‚Volksgemeinschaft' einnehmen konnten"[1583]. Die Nationalsozialisten waren mit ihrer perfiden Strategie bei der Spaltung anderer Familien durchaus erfolgreich, und im Falle der Süßheims kam eines erschwerend hinzu, wie Strnad ausführt: „[A]lle Mischehen, in denen es nicht jüdisch erzogene Kinder gab, wurden von den meisten der nun rasant zunehmenden Verschärfungen in der Judenverfolgung ausgenommen. Dieser im NS-Sprachgebrauch als ‚privilegiert' bezeichnete Teil der Mischehen blieb [...] von den Einkaufsbeschränkungen und Fahrverboten, die verhinderten, dass Juden und Nichtjuden sich im Alltag über ein nötiges Mindestmaß hinaus begegneten[, ausgenommen]. In ‚privilegierten' Mischehen hatten, zum Schutz ihrer Angehörigen, auch die jüdischen Mischehepartner freien Zugang zu Geschäften und zu den öffentlichen Verkehrsmitteln."

All dies änderte nichts an Karl Süßheims Beharren auf der jüdischen Erziehung seiner Töchter. Eine Emigration der gesamten Familie schien der letzte Ausweg aus dieser Situation zu sein.

Schon während seiner Inhaftierung hatte Karolina Süßheim verzweifelte Briefe an Bekannte ihres Mannes verfasst: Sie wandte sich unter anderen an einen gewissen Tarpy in New Hampton (USA) und an den französischen Politiker Isidore Tournan, den Süßheim in seiner Studentenzeit (und den sie inzwischen wohl auch selbst) kennengelernt hatte.[1584] Daneben schrieb sie allerdings auch seinen Freunden in der Türkei: Feridun Nafiz Uzluk und Mahmud Mesud Koman. Süßheim selbst, der nun zwar emigrieren wollte, aber nach wie vor auf keinen Fall in die Türkei, schickte nach seiner Rückkehr umgehend Bewerbungen an die Universitäten London und Zürich. Er begann, eine Emigration mit ungewissem Ziel vorzu-

1582 Strnad, Privileg, S. 446.

1583 Hier und das folgende Zitat: ebd., S. 447.

1584 Der promovierte Jurist Isidore Tournan (1874–1939) hat in seinem politischen Leben verschiedenste Positionen bekleidet; viele Jahre war er Abgeordneter und Senator. Karl Süßheim schrieb einmal in einem Brief an seine Mutter, dass er den wenige Jahre älteren Mann in Berlin als Kommilitonen kennengelernt habe und sie seither miteinander korrespondierten; einmal versuchte er auch, ihn davon zu überzeugen, sich in der Kretafrage zu engagieren (vgl. ebd., 2.6.1910. sowie Kap. I.2). Ende der 1920er-Jahre befand Tournan sich mit einer französischen Delegation in Berlin und besuchte danach seinen alten Studienfreund in München, der ihn beherbergte und ihn zum Beispiel in die Alte Pinakothek führte. Hier erfahren wir nicht zuletzt, dass der Name Max Süßheims in linken Kreisen auch außerhalb Bayerns durchaus bekannt war: „Mein Freund sprach in Berlin über Max mit [Rudolf] Breitscheid, einem deutschen Sozialistenführer, welcher mit dem Kriegsende in Deutschland u. dem Auslande zu großer Berühmtheit gelangt ist. Breitscheid erzählte meinem Freunde, daß er Max sehr wohl kenne." Karl Süßheim an Clara Süßheim, 30.8.1928, Privatnachlass KS.

bereiten: Die Süßheims verkauften das Tafelsilber und tauschten Aktien ein – im Milbertshofener Garten von Karolinas Mutter vergruben sie offenbar sogar Goldbarren; Süßheim begann schweren Herzens, seine Briefmarkensammlung auszusortieren. Im Dezember dieses furchtbaren Jahres 1938 erhielten sie Antwort aus den USA: Er selbst könne leider nicht helfen, schrieb der amerikanische Bekannte, er habe aber ein Empfehlungsschreiben nach New York geschickt und warte auf eine Reaktion.[1585] Die Verfolgung durch die Nationalsozialisten wurde indessen immer rigider. Auf Karl Süßheims „Kennkarte", die ihm seit einiger Zeit als Ausweis diente[1586], war nicht nur ein Hakenkreuzadler auf's Passbild gestempelt[1587], sondern das Dokument auch mit einem großen „J" gekennzeichnet. Selbst vor den Namen der deutschen Jüdinnen und Juden machten die Nationalsozialisten bekanntlich keinen Halt: Auf der Heiratsurkunde des Ehepaars Süßheim findet sich ein Vermerk des Standesamts: „Karl Süßheim hat mit Wirkung vom 1. Januar 1939 ab zusätzlich den Vornamen ‚Israel' angenommen"[1588]. Die „Namensänderungsverordnung", wie sie genannt wurde, „erlaubte" es, sich selbst einen jüdisch klingenden Namen auszuwählen – was freilich die allerwenigsten taten und so automatisch in „Israel" oder „Sara" umbenannt wurden. Das Paar in München hatte in diesen Wochen das Gefühl, dass jeder Tag zählte – und Süßheim begann erstmals widerwillig, die Türkei als Exilstandort in Betracht zu ziehen.

Über Robert Dannemann (den Schwiegersohn seines alten Bekannten aus Konstantinopler Tagen Aḥmed Cevdet[1589]), der seit November 1937 der türkische Generalkonsul in München war, trat Süßheim an das türkische Bildungsministerium in Ankara heran.[1590] Und es kam auch bald Hoffnung auf: Feridun Nafiz Uzluk schrieb Süßheim, dass er seinen Fall mit einem Bekannten aus dem Bildungsministerium besprochen habe.[1591] Auf Karolinas Briefe in die Türkei kam nun ebenfalls eine Reaktion, diese war allerdings enttäuschend: Der Vizekanzler der Istanbuler Universität schrieb, dass es für die Spezialgebiete ihres Ehemanns keine freie Stelle gebe. Karl Süßheim begann zu realisieren, wie schwierig seine Situation mittlerweile war.[1592] Und es kam noch schlimmer: Am selben Tag wurde er zur Gestapo zitiert. Süßheim befürchtete das Schlimmste, verabschiedete sich von seiner Frau und gab

1585 Vgl. Tagebuch KS, 27.12.1938.

1586 Mit der Verordnung über Kennkarten vom 22. Juli 1938, die zum 1. Oktober in Kraft trat, wurden diese als „allgemeiner polizeilicher Inlandausweis" eingeführt. Auf Antrag erhielten sie alle deutschen Staatsangehörigen, die das 15. Lebensjahr vollendet hatten und im „Dritten Reich" wohnten bzw. sich ständig dort aufhielten. Für männliche Deutsche wurde eine Kennkartenpflicht binnen dreier Monate vor Vollendung des 18. Lebensjahres eingeführt. Für Juden gab es eine Reihe ergänzender Vorschriften: Sie mussten bei der Antragstellung darauf hinweisen, dass sie Juden waren, und sich nach Vollendung des 15. Lebensjahres auf amtliches Verlangen stets durch ihre Kennkarte ausweisen.

1587 Vgl. die Abbildung auf S. 544.

1588 Heiratsurkunde Karl Süßheim und Karolina Plank, 28.1.1927, SAM, STAN.

1589 Zu Aḥmed Cevdet vgl. Kap. I.2 u. I.3.

1590 Vgl. Tagebuch KS, 27.12.1938.

1591 Der Brief datierte vom 3.1.1939, vgl. ebd., 9.2.1939.

1592 Hier und im Folgenden vgl. ebd., 9.2.1939.

ihr alles Geld – als ob er auf dem Weg zu seinem Henker sei, schrieb er ins Tagebuch. Vor Ort wurde er schließlich aber bloß gefragt, ob er ein Buch des Verlags Harrassowitz, das er aus der Sowjet-Union bestellt hatte, wirklich brauche. Der Schock saß dennoch tief. Wenige Tage später traf Süßheim seine Schwester, die ihm mitteilte, dass sie lediglich ein Zehntel des Marktwerts für das Nürnberger Elternhaus am Marientorgraben erhalten würden; dasselbe galt für Paulas eigene konfiszierte Villa.[1593] Auch die Firma ihres gemeinsamen Bekannten Richard Kohn, der im April 1938 wegen „Rassenschande" inhaftiert worden war, weil er eine illegale Beziehung mit einer „arischen" Frau führte[1594], sei „arisiert" worden, berichtete Süßheims Schwester bestürzt weiter. Onkel Heinrich Morgenstern wolle in die USA emigrieren, aber sein Sohn Kurt, der Cousin der beiden Geschwister, sei noch immer in Dachau. Paula selbst wollte das Land nun ebenfalls endgültig verlassen, und zwar schnell: Mit ihrer Tochter Erna wollte sie in den nächsten zwei Wochen nach New York aufbrechen.[1595] Aus Sorge um seine eigene Familie packte Süßheim nun die blanke Panik: Er wandte sich an die Notgemeinschaft deutscher Wissenschaftler im Ausland und an die Society for the Protection of Science and Learning in London, doch nicht genug – er schrieb sogar dem jüdischen Kinderheim in Paris und bat um die Aufnahme seiner Töchter.[1596] Der Schritt war mit seiner Frau abgesprochen, doch Karolina Süßheim bereute ihn schnell, und die Ehe geriet darüber in eine ernste Krise: Süßheims Frau schrieb nicht nur nochmals in die USA und nach Frankreich, sondern bewarb sich kurzerhand als Hausmädchen beim Woburn House in London, wo ihre Schwägerin Paula auf dem Weg nach New York unterkommen wollte. Sie war bereit, das Land auch ohne ihren Mann zu verlassen, wie Süßheim in seinem Tagebuch festhielt.[1597] Die Angst hatte sich in die Seele der zweifachen Mutter gefressen: Karolina Süßheim, die sich trotz des wohl auch expliziten Drucks der nationalsozialistischen Behörden, sich von ihrem Mann scheiden zu lassen[1598], bisher stets zum Bleiben entschieden hatte, zog den Töchtern zuliebe nun erstmals ernsthaft eine Trennung in Betracht. Das Paar sollte sich wieder versöhnen und nahm von solchen Überlegungen Abstand, doch die Episode zeigt deutlich, wie angespannt die Situation im Hause Süßheim zu diesem Zeitpunkt nachvollziehbarerweise war. Es war nicht einfach, die Hoffnung auf eine Zukunft aufrechtzuerhalten.

1593 Hier und im Folgenden vgl. ebd., 13.1.1939. Ausführlich zur Geschichte der Enteignung Paula Kirschbaums vgl. den entsprechenden Abschnitt bei Radlmaier, Süßheims, S. 118–140.

1594 Vgl. Tagebuch KS, 13.4.1938.

1595 Paula Kirschbaums verzweifelte Versuche, zu emigrieren, werden letztlich erst 1941 gelingen. Nachdem sie zugestimmt hatte, ihren Anteil am Elternhaus zu „verkaufen", erhielt sie ihre Auswanderungsgenehmigung, vgl. dazu Radlmaier, Süßheims, S. 127.

1596 Vgl. Tagebuch KS, 20. u. 24.1. sowie 1.2.1939.

1597 Vgl. ebd., 9.2.1939.

1598 Davon berichtete Margot Suesheim im Zeitzeugengespräch: Ihre Mutter sei wiederholt persönlich dazu gedrängt wurden, vgl. Milz, Zeitzeugen-Interview Suesheim (2018). Vermutlich erzählte Karolina ihrem Mann nicht davon, um ihn nicht zu beunruhigen – Süßheim erwähnte in seinem Tagebuch nichts davon.

Einige Wochen später besuchte Süßheim den bereits erwähnten entlassenen Leiter des Völkerkundemuseums Lucian Scherman, der ihm erzählte, dass ein früherer gemeinsamer Kollege in Dachau gestorben sei: Dieser war offenbar Diabetiker, im Lager wurden ihm seine Medikamente verweigert.[1599] Scherman selbst wollte nun schnellstmöglich in die USA emigrieren und seine Bibliothek einem deutschen Kloster überlassen. Die Verdrängungstaktik der Nationalsozialisten war überaus erfolgreich: Ihren Höhepunkt erfuhr die jüdische Flucht aus München einer Statistik des Stadtarchivs zufolge mit 2300 Emigranten im Jahr 1939, 6000 Menschen insgesamt werden ihre Heimatstadt aufgrund der Verfolgung bis Ende 1939 verlassen haben.[1600] Die Hauptziele waren Großbritannien, Palästina, die Vereinigten Staaten. Auch Karl Süßheim war inzwischen mehr als bewusst, dass es keine andere Lösung geben würde – und endlich bereit, auf die Angebote seiner türkischen Freunde einzugehen. Unlängst war aber nicht nur Mustafa Kemal gestorben, der für die Nationalsozialisten weniger übrig hatte als diese für ihn. Die Beziehungen der Türkei zum „Dritten Reich" waren mittlerweile enger als erwartet: Unter Atatürks Nachfolger İsmet İnönü[1601] „wurde der internationale, laizistische und modernistische Kurs des Republikgründers fortgesetzt", schreibt der Turkologe Klaus Kreiser, und – wie er es formuliert – „in manchen Bereichen auf die Spitze getrieben."[1602] In der Tat, denn aus dem bereits zitierten Brief von Mahmud Mesud Koman, in dem dieser ihm vom Tod des Staatsgründers berichtet hatte, erfuhr Karl Süßheim noch etwas anderes:

> „Ich habe in dieser Sache [Süßheims möglicher Emigration in die Türkei, KM] auch einen Vorschlag an Cemal Bardakçı gerichtet, den Vali von Konya und Präsidenten des Verwaltungsausschusses der Gemeinde von der [Regierungspartei] CHP. Wie ich Dir zuvor geschrieben habe, war es unser Ziel, Dich nach Konya zu bekommen. Dieses mein Gesuch wurde vom Vali von Konya übermittelt, der nach Ankara schrieb. Vier Tage später wurde Cemal Bardakçı in den Ruhestand versetzt. Gleich danach kam eine negative Antwort an. Dieses Mal wandte ich mich mit einer detaillierten Biografie von Dir an Hasan Âli Yücel Bey[1603], der ins Bildungsministerium aufgestiegen und ein persönlicher Freund [von mir] ist. Der unglückliche Mann konnte bis heute keine Antwort geben, sei sie positiv oder negativ, weil die Regierung Deutschlands Antrag, keine deutschen Juden [mehr] in die Türkei zu lassen, angenommen hat. Dafür [um einen Juden einreisen zu lassen, KM] ist eine Kabinettsentscheidung notwendig, und um diese herbeizuführen, muss einer der Minister [sich persönlich einsetzen]. Deshalb habe ich [Yücel]

1599 Hier und im Folgenden vgl. Tagebuch KS, 24.3.1939.

1600 Vgl. Heusler u. Sinn, [Einleitung], S. 5 u. 7.

1601 Dieser regierte Kreiser zufolge „zwischen 1938 und 1950 als ‚Nationaler Führer' (*Millī Şef*) zusammen mit einigen von Atatürks engsten Weggefährten autoritär das Land" und steuerte es „geschickt durch die Klippen des Zweiten Weltkriegs". Kreiser, Atatürk, S. 297.

1602 Kreiser, Atatürk, S. 297.

1603 Hasan Âli Yücel (1897–1961) war von 1938 bis 1946 türkischer Bildungsminister.

> geschrieben, aber bis heute kam noch keine endgültige Antwort [...]. In jedem Fall bin ich mit einer ganzen Reihe an Familien hier übereingekommen, dass entweder Du oder Deine Frau ihnen Sprachstunden geben könnt. Aber das Betreten der Türkei ist Juden verboten worden. Nur das Kabinett kann dies aufheben. Zu Deinem Brief, in dem Du schreibst, dass Du Deine kleinen Mädchen in ein Waisenhaus geben wirst, damit Du frei bist, [die gefährliche Flucht allein auf Dich zu nehmen, KM] möchte ich Dir schreiben: Schick sie zu mir, wenn Du kannst, und lass mich für sie sorgen, als wären sie meine eigenen Töchter."[1604]

„[Ich] war verlegen über Mesud Komans Großzügigkeit hinsichtlich meines, oder vielmehr: unseres Falls", schrieb Süßheim in sein Tagebuch: „[I]ch hatte Angst um ihn, da sein Bestehen auf meine Einreise in die Türkei ihm schaden könnte und sie ihn aus der Direktion der Bibliothek entlassen könnten."[1605] Aus diesem Grund habe er ihm geantwortet, dass er seinen Einsatz aufgeben solle. Zu der deutsch-türkischen Vereinbarung, von der sein türkischer Freund ihm berichtet hatte, schob er hinterher: „Ich denke, dass die deutsche Regierung Ankara versprochen hat, Syrien zurückzuerhalten und dass die Nicht-Zulassung von Juden Teil dieser Übereinkunft zwischen Berlin und Ankara ist". Karl Süßheim hatte offenbar beschlossen, aus der Geschichte zu lernen: Er hatte den Kriegseintritt der Osmanen an der Seite des Kaiserreichs im Ersten Weltkrieg nicht für möglich gehalten[1606], nun aber fürchtete er ein Wiederaufleben der deutsch-türkischen Waffenbrüderschaft. Barbara Flemming und Jan Schmidt schreiben an dieser Stelle ihrer Tagebuchedition, dass die Maßgabe der türkischen Außenpolitik gegenüber Deutschland eine neutrale Haltung gewesen sei.[1607] Dies ist nichts anderes als die Übernahme eines lange gepflegten türkischen Narrativs[1608] und eine bemerkenswerte Fehleinschätzung. Die in Komans Brief beschriebene nationalsozialistische Bitte, keine deutschen Juden mehr aufzunehmen, wird bisher in der Diskussion um die türkische Haltung zum „Dritten Reich" kaum berücksichtigt; es handelte sich nicht um ein offizielles Abkommen. Dennoch besteht kein Anlass zum Zweifel am Wahrheitsgehalt der

1604 Mahmud Mesud Koman an Karl Süßheim, 24.3.1939, Nachlass KS (SBB) Hs. or. 10648 11/1, ins Deutsche übertragen nach der englischen Übers. bei Flemming u. Schmidt, Diary, S. 287 f.

1605 Hier und das folgende Zitat: Tagebuch KS, 28.3.1939, Nachlass KS (SBB) Hs. or. 1135/20, fol. 100v f.

1606 Vgl. Kap. II.1.

1607 "Whatever Ankara's ambitions with respect to Syria might have been at that time, Turkey's foreign policy was clearly one of neutrality *vis-à-vis* Germany." Flemming u. Schmidt, Diary, S. 288, Anm. 182.

1608 Bezeichnenderweise führen Barbara Flemming und Jan Schmidt einen türkischen Titel aus den 1960er-Jahren als Beleg an: Türkkaya Ataöv: Turkish Foreign Policy, Ankara 1965, S. 8 f., vgl. Flemming u. Schmidt, Diary, S. 288, Anm. 182. Der türkische Politologe Türkkaya Ataöv ist insbesondere bekannt für seine dutzenden Veröffentlichungen zum Genozid an den Armeniern, von dem er behauptet, dass er nicht stattgefunden habe und dass er ihn anhand von Dokumenten aus den osmanischen Archiven widerlegen könne; mit dabei sind so sprechende Titel wie Death Caused by Disease in Relation to the Armenian Question, Ankara 1985. Zur gängigen wissenschaftlichen Einschätzung des Geschehens vgl. Kap. II.1.

Information: Bereits am 29. August 1938 hatte das türkische Kabinett eine geheime Verfügung über „Vorkehrungen gegen die Einreise ausländischer Juden" (Nummer 2/9498) beschlossen; Jüdinnen und Juden, die in ihren Heimatländern verfolgt werden, hieß es darin, sei die Einreise zu verweigern: „unabhängig davon, welcher Religion sie aktuell angehören"[1609].

Die deutsch-türkische Absprache ist nicht nur ein Argument von vielen, mit dem sich die vorgebliche Neutralität der Türkei schnell widerlegen lässt, sondern auch ein Ereignis, das uns über den Zeitpunkt des Umschwungs der nationalsozialistischen Verdrängungs- in die Vernichtungspolitik noch einmal neu nachdenken lässt[1610] – oder doch zumindest dazu anregt, die Bedeutung des Geschehens vor diesem Hintergrund zu reflektieren. Stimmte es, was Karl Süßheims türkischer Bekannter ihm geschrieben hatte? Ging die Entscheidung, keine Juden mehr ins Land zu lassen, allein auf das Drängen der Nationalsozialisten zurück? Oder schämte Mahmud Mesud Koman sich für den Antisemitismus in seinem eigenen Land so sehr, dass er entsprechende Informationen zurückhielt? Wir können es nicht mit Sicherheit sagen, doch die Strategie der Nationalsozialisten gegenüber der deutsch-jüdischen Minderheit war sicher weniger stringent und kohärent, wie dies lange beschrieben worden ist. Für Süßheim und seine Familie jedenfalls schien es nach dem Beschluss der türkischen Regierung nun zu spät zu sein, ein neues Leben in der Türkei zu beginnen. Wie sollte ausgerechnet er die große Politik außer Kraft setzen?

„… zwischen Hangen und Bangen zu leben" | Ein besonderes Aufnahmeverfahren

Mahmud Mesud Koman meldete sich schnell wieder. Der in seinem vorhergehenden Brief erwähnte Ruhestand des wichtigen Kontaktmanns Cemal Bardakçı stehe einer Fürsprache in Süßheims Fall nicht im Wege, wie er seinen Freund in München wissen ließ – er wolle eine mögliche Einreise Süßheims nun in Ankara diskutieren.[1611] Koman fragte ihn außerdem, offenbar konnte er sich nicht vorstellen, wie prekär die Situation in München inzwischen war, ob er für die Zeitschrift *Konya* schreiben wolle, die er herausgab. Karl Süßheim, dessen Gedanken sich offenbar nur noch ums Entkommen drehten, erwähnte das Angebot im Tagebuch nicht einmal. Bei den Zeilen, die ihn einen Monat später, im Mai 1939, erreichten[1612], wurde er umso aufmerksamer: „Ich habe mit meinem sehr alten und engen Freund, dem Bildungsminister Hasan Âli Yücel, über Deine angesehene Person gesprochen", schrieb Koman: „‚Sorge Dich nicht, ich werde einen speziellen [Grund] für Deinen Freund finden und ihn

1609 Zit. nach Guttstadt, Türkei, S. 230.

1610 Bisher wird diese Radikalisierung vor allem mit dem Kriegsbeginn in Verbindung gebracht, so beispielsweise auch bei Zámečník, Dachau, S. 103. Die Editoren von Karl Süßheims Tagebuch schreiben sogar im direkten Zusammenhang mit dem genannten Abkommen: "Germany still wished to drive as many Jews out of the country as possible." Flemming u. Schmidt, Diary, S. 288, Anm. 182.

1611 Hier und im Folgenden vgl. Mahmud Mesud Koman an Karl Süßheim, 22. 4. 1939, Nachlass KS (SBB) Hs. or. 10648 11/2.

1612 Vgl. Tagebuch KS, 20. 5. 1939.

hierher bringen', sagte er [Yücel, KM]. ‚Ich werde ihm [Süßheim, KM] das schreiben', sagte ich. ‚Keine Eile', sagte er. [...] Ich glaube, dass er Dich auf jeden Fall der kürzlich eröffneten Geschichts- und Geographie-Fakultät in Ankara vorstellen wird. Nach dem, was ich herausgefunden habe, gibt es mehrere vakante Professuren dort. Auf jeden Fall will der Minister Dich mit einem guten Gehalt hierher bekommen."[1613]

Das war eine wirklich gute Nachricht. Hier alle belastenden Neuigkeiten auszuführen, die Süßheim in diesen Wochen und Monaten empfing, ist dagegen unmöglich. Alle Jüdinnen und Juden um ihn herum verließen das Land, wenn sie nur irgendwie konnten: Rabbi Ehrentreu[1614], Onkel Heinrich Morgenstern[1615], dessen Sohn, Süßheims Cousin Kurt Morgenstern[1616] und Tante Frieda Lessing-Löwensohn[1617] gingen ihrer Wege – und auch die Emigration seiner Schwester Paula, die sich wegen fehlender Papiere verzögert hatte, schien nun tatsächlich unmittelbar bevorzustehen[1618]. Noch schlimmer als der Abschied auf unbekannte Zeit: In Süßheims Verwandtschaft und unter Bekannten wird es nun zu weiteren Suiziden kommen.[1619] Süßheim selbst musste sich im Rahmen des „Arisierungs"-Verfahrens seiner Familie in Nürnberg wiederholt mit der Gestapo auseinandersetzen.[1620] Während die deprimierenden Nachrichten in der Heimat sich häuften, setzten seine Bekannten in der Türkei alle Hebel in Bewegung, um Karl Süßheim zu retten.

Natürlich blieb Süßheim in Kontakt mit Mahmud Mesud Koman[1621], doch zwischen Januar und Juni 1939 erhielt er auch etliche Briefe von Feridun Nafiz Uzluk sowie ein Schreiben von dessen ehemaligem Dozenten, dem Medizinhistoriker Süheyl Ünver, der sich an der Universität Istanbul nach einer passenden Stelle für Süßheim umsehen wollte. Sein junger Bekannter, den er einst bei seinen ersten Schritten in München unterstützt hatte, mobili-

1613 Mahmud Mesud Koman an Karl Süßheim, 11.5.1939, Nachlass KS (SBB) Hs. or. 10648 11/3, ins Deutsche übertragen nach der englischen Übers. bei Flemming u. Schmidt, Diary, S. 290.

1614 Süßheim erfuhr vom Schatzmeister der IKG, dass er mit seiner Familie nach Großbritannien ging, vgl. Tagebuch KS, 26.4.1939.

1615 Seine Schwester Paula sagte Süßheim im Mai 1939, dass dieser gut in England angekommen sei, ein Pfarrhaus in der Umgebung von London gekauft und für drei Jahre eine Anstellung bei einer britischen Firma erhalten habe, vgl. ebd., 10.5.1939.

1616 Er arbeitete von New York aus für dieselbe Firma, bei der sein Vater Anstellung fand, vgl. ebd., 10.5.1939.

1617 Sie war inzwischen in London und wollte weiter nach Chicago, vgl. ebd., 10.5.1939.

1618 Im Juni erzählte Paula ihm, dass sie die offizielle staatliche Erlaubnis erhalten hatte, das Land zu verlassen, vgl. ebd., 27.6.1939.

1619 Cousine Emmy Lessing-Löwensohn und ihr Ehemann Walter Lessing in Nürnberg wurden gezwungen, ihre Kohle-Fabrik für ein Drittel des tatsächlichen Wertes zu verkaufen, vgl. ebd., 10.5.1939. Wenig später starb der Mann. Emmy beging Suizid, als die SS kam, um sie in ein Vernichtungslager zu deportieren, vgl. Müller, Geschichte, S. 223. Die Frankenburgers aus Nürnberg, Justizrat Leonhardt, sein Bruder und seine Schwester Zora schnitten sich aus Angst vor der Deportation nach Dachau die Pulsadern auf; nur Zora überlebte, vgl. Tagebuch KS, 7.11.1939.

1620 Vgl. ebd., 10. u. 17.5. u. 28.8.1939 sowie 5.3.1940.

1621 Vgl. Mahmud Mesud Koman an Karl Süßheim, [9.5.1939] u. [12.5.1939], Nachlass KS (SBB) Hs. or. 10648 12/9 u. 10.

sierte, wo er konnte – er wandte sich sogar an den gemeinsamen Bekannten Hüseyin Daniş Han, der Süßheim vor einer gefühlten Ewigkeit, in seiner Konstantinopler Zeit, mit Rat und Tat zur Seite stand[1622] und inzwischen an der persischen Botschaft arbeitete, damit er sich nach Süßheims Möglichkeiten in Iran erkundigte.[1623] Seinen Onkel Veled Çelebi – für Süßheim ebenfalls kein Unbekannter[1624] –, bat Feridun Nafiz Uzluk, die Sache mit einem Untersekretär im Bildungsministerium zu besprechen, mit dem er bereits Kontakt aufgenommen hatte – dieser kenne inzwischen Süßheims Arbeit zu den Seldschuken.[1625] Ende Juni schien ein Durchbruch in greifbarer Nähe: Nafiz schrieb Süßheim, dass seine Immigration im türkischen Kabinett diskutiert worden war.[1626] Wie Mahmud Mesud Koman hatte er sich auch noch an Minister Yücel persönlich gewandt und ihm kurzerhand Karl Süßheims Publikationsliste geschickt.[1627] Der im Ministerium für das Universitätswesen zuständige Mitarbeiter habe ihn daraufhin angerufen und gesagt, dass sie diesen Wissenschaftler tatsächlich gerne ins Land holen wollen. Nafiz versorgte den Mann daraufhin mit den biografischen Angaben, die in der *Türk Tıb Tarihi Arkivi* (TTTA) veröffentlicht worden waren, und lobte Süßheim als vollendeten Gelehrten auf dem Gebiet der Geschichtswissenschaft. Nun müsse das Kabinett sich beraten. Süßheim glaubte nicht wirklich, dass dieses Vorgehen Erfolg haben könnte, wie er seinem Tagebuch anvertraute.[1628] Die Vorstellung, in die Türkei zu gehen, behagte ihm überdies nach wie vor nicht: Allein die Vorbereitungen würden ihn völlig erschöpfen, fürchtete er; es wäre ihm lieber, in ein nahe gelegenes Land wie Frankreich zu gehen. Doch, und dessen war er sich nun bewusst: Er war längst nicht mehr in einer Situation, in der er es sich hätte aussuchen können. Diese schlichte Erkenntnis wurde nun bald durch die politischen Ereignisse verschärft, denn wenig später brach der längst befürchtete Krieg aus.

Karl Süßheim berichtete in seinem Tagebuch von der am 1. September 1939 verhängten Ausgangssperre für Jüdinnen und Juden in Deutschland: Nach 20 Uhr dürfe er das Haus nun nicht mehr verlassen.[1629] Der Einmarsch in Polen, der von den Nationalsozialisten bekanntermaßen als Verteidigung inszeniert wurde, versetzte die regimetreue Bevölkerung in Ekstase. Von Frau Szkolny, einer Jüdin, die, wie wir bereits wissen, im selben Haus wie Süßheim wohnte, hörte er, dass ein Nachbarsmädchen sie als arrogant beschimpft habe – das Kind prophezeite ihr offenbar, dass sie ihr Zuhause verlieren werde, die Juden bei Kriegsende den gerechten Lohn erhalten und ihre Taten gerächt würden.[1630] Eine Woche später erschienen zwei Männer bei den Süßheims:

1622 Vgl. Kap. I.2.
1623 Vgl. Feridun Nafiz Uzluk an Karl Süßheim, Ankara 7.2.1939, Nachlass KS (SBB) Hs. or. 10648 12/23.
1624 Zu ihm vgl. Kap. I.3.
1625 Vgl. Feridun Nafiz Uzluk an Karl Süßheim, [22.2.1939], Nachlass KS (SBB) Hs. or. 10648 12/20.
1626 Vgl. Tagebuch KS, 24.6.1939.
1627 Hier und im Folgenden vgl. Feridun Nafiz Uzluk an Karl Süßheim, [20.6.1939], Nachlass KS (SBB) Hs. or. 10648 12/14.
1628 Hier und im Folgenden vgl. Tagebuch KS, 24.6.1939.
1629 Vgl. ebd., 1.9.1939.
1630 Vgl. ebd., 15.9.1939.

„Der ältere der beiden sagte, dass sie von der [Gestapo] kommen. Er zeigte seinen offiziellen Ausweis mit Foto. Ich ging mit ihnen ins Wohnzimmer und er zeigte mir seinen Ausweis mit seinem Bild nochmals und fragte, ob wir ein Radio hätten. Ich sagte, dass ich so etwas nicht besäße. Daraufhin fragte er, ob wir eine Antenne besäßen. Ich sagte ihm, dass wir keine hätten. Ich richtete mich an unser Hausmädchen und bat sie, ihnen weiterzuhelfen. Sie sagte, dass sie nichts über ein Radio bei uns wüsste. Sie [die Gestapo-Männer, KM] waren zufrieden mit ihrer Aussage. Dann fragte der Ältere nach unseren Vorräten. Ich sagte ihm, dass wir nur wenig hätten. Der Jüngere schaute dann in unser Badezimmer, wo er nur sehr wenig vorfand. Daraufhin kam er zurück und die beiden gingen in unsere Küche. Margot öffnete dort die Schränke für sie. Sie gingen ins Schlafzimmer und versuchten, den Damenschrank zu öffnen, in dem Ina und unsere Töchter ihre Kleider aufbewahrten, aber Margot konnte den Schlüssel nicht finden. Sie machten sich daran, ihn mit den Generalschlüsseln zu öffnen, die sie bei sich hatten. Ich sagte ihnen, dass die Kleidung meiner Ehefrau darin sei und dass sie erst am späten Nachmittag zurückkehren würde. Daraufhin gingen sie vom Schlafzimmer in das [andere] Schlafzimmer von Ina und mir und ich öffnete ihnen meinen Schrank. Der Jüngere machte einen kleinen Schrank auf, der unseren Töchtern gehörte. Daraufhin gingen sie in mein Arbeitszimmer. Ich machte ihnen meinen Manuskriptschrank auf. Der Jüngere öffnete die rechte Seite des Schranks mit meiner Kleidung und machte auch den Schreibtisch meines Vaters auf und untersuchte gründlich die Medizin darauf. Der Ältere fragte mich dann: ‚Sind Sie ein Kaufmann?'. Ich sagte ihm, dass ich Dozent an der Universität München war. Dann gingen sie in den Flur und der Ältere fragte, was in den Kisten auf dem Balkon sei. Es sind neun Kisten voll mit Büchern, eine Kiste voll mit Buchlisten und eine leere Kiste. Als ich ihm das gesagt hatte, zeigte er kein Interesse mehr an den Kisten. Daraufhin machte der Jüngere den mittleren Schrank [...] auf. Er näherte sich dem Wäscheschrank, für den ich den Schlüssel holte. Er beschäftigte sich mit der Seife, die darin war. Der Ältere fragte: ‚Gibt es viel davon?' Der Jüngere verneinte dies. Der Jüngere fragte dann, was im Briefmarkenschrank sei, und so holte ich den Schlüssel. Ich sagte ihm, was darin war. Er wandte sich davon ab, war zufrieden und sagte: ‚Da ist ein neues Fahrrad.'[1631] Ich sagte, dass meine Frau Fahrrad fahre. Er sagte: ‚Da ist ein weiteres.' Ich sagte ihm, dass es nicht neu sei und meiner Tochter gehöre. Daraufhin sagte der Jüngere: ‚Da ist eine neue Schreibmaschine', und ich sagte ihm, dass meine Frau auf der Maschine schreibe. Das stellte sie zufrieden. Der Ältere beschäftigte sich dann mit den Dingen im Flur und im Arbeitszimmer. Es gab zwei Säcke Mehl, ungefähr 70 Pfund insgesamt. Er fragte wiederholt nach der Anzahl der Personen in unserer Familie. Daraufhin konfiszierte er das Mehl in den zwei Säcken und sagte, dass wir Mehl herausnehmen sollen, das für heute und morgen reicht. Ich sagte ihm, dass

1631 Süßheim hatte ein neues Fahrrad und eine neue Schreibmaschine gekauft, weil seine Frau ihn aus Angst vor einer rapiden Geldentwertung infolge des Kriegs darum gebeten hatte, vgl. Tagebuch KS, 20.9.1939.

wir neue [Essensmarken] erst am 27. September [also in vier Tagen, KM] erhalten würden.[1632] Sie verabschiedeten sich und verließen unsere Wohnung."[1633]

Es sei absonderlich, schrieb Süßheim, wie die Gestapo jüdische Familien an ihrem großen Fest, dem Versöhnungstag Yom Kippur mit ihrer Suche nach Nahrungsmitteln belästige.[1634] Am Nachmittag kam ihm schließlich zu Ohren, dass die Radios der jüdischen Familien konfisziert worden waren, damit sie keine ausländischen Nachrichtensender hören könnten: darunter die Nachricht, dass die polnische Armee 150000 deutsche Soldaten gefangen genommen habe.[1635]

In der Zwischenzeit hatte die Familie die wichtigsten Vorbereitungen für die Emigration getroffen: Nicht nur Süßheims Bibliothek war wie in seinem Tagebucheintrag beschrieben in Kisten verpackt – Kleidung und Gegenstände, die sie nicht mitnehmen konnten, hatten sie bereits nach Milbertshofen zu Karolina Süßheims Mutter gebracht.[1636] „Mein Mann, wie es sich in den besten Vermögensverhältnissen befand, hatte seit Jahren antike Sachen gesammelt", wird Süßheims Frau später rückblickend schreiben und sich zum Beispiel an ein Biedermeierzimmer erinnern: „Die Mitnahme dieser antiken Sachen wurde nicht gestattet".[1637] Die Süßheims waren nun jederzeit bereit, aufzubrechen, und es gab keinen Grund mehr, den Emigrationsdruck auf die jüdische Bevölkerung zu erhöhen. Dennoch hörten die Schikanen der Nationalsozialisten nicht auf.[1638] Im Oktober hörte Süßheim schließlich, dass die polnischen Jüdinnen und Juden bis zum 31. Januar 1940 definitiv aus dem „Dritten Reich" ausreisen müssten[1639], wenig später wurde bekannt gegeben, dass die jüdischen Deutschen eine zusätzliche Vermögenssteuer von fünf Prozent entrichten mussten – zusätzlich zu den zwanzig Prozent, die ihnen bereits infolge des Novemberpogroms auferlegt worden war.[1640] Anfang November 1939 erfuhr Süßheim, dass seine Schwester Paula vor einiger Zeit einen Nervenzusammenbruch erlitten hatte, weil sie die Voraussetzungen für die Emigration

1632 Karolina suchte später die Gestapo auf und bekam ein bisschen Mehl zurück – im Austausch für Essensmarken, vgl. ebd., 2.10.1939.

1633 Ebd., 23.9.1939, Nachlass KS (SBB) Hs. or. 1135/20, fol. 123v–124r.

1634 Hier und im Folgenden vgl. ebd., 23.9.1939.

1635 Später las er allerdings in der Zeitung, dass Propagandachef Joseph Goebbels der Bevölkerung des kürzlich eroberten Danzig 10000 Rundfunkgeräte geschenkt habe, vgl. ebd., 1.12.1939.

1636 Vgl. ebd., 25., 26. und 28.9.1939.

1637 Caroline Süssheim O'Brien: [notariell bestätigte Erklärung zum Wiedergutmachungsverfahren], 17.1.1962, BayHStA LEA 35392.

1638 Die Münchner Juden, die die Stadt noch nicht verlassen hatten, wurden zu den Büros der jüdischen Gemeinde zitiert; sie, darunter auch Karl Süßheim, mussten vier Formulare ausfüllen, in denen sie wieder ihren Besitz, sofern er den Wert von 5000 RM überstieg, erklären mussten. Sie sollten darlegen, wie sie ihre Emigration zu finanzieren gedachten, und wurden nach Familienmitgliedern in den USA oder Australien befragt, vgl. Tagebuch KS, 28.9.1939.

1639 Vgl. ebd., 20.10.1939.

1640 Vgl. ebd., 23.10.1939.

immer noch nicht vollständig erfüllte – sie lag seither im Jüdischen Krankenhaus in Fürth, hatte ihn aber nicht darüber informiert.[1641]

Noch ein weiteres Ereignis beschäftigte den besorgten Bruder in diesen Tagen: Am Abend des 8. November, die Süßheims waren in ihrer Haidhausener Wohnung, hörten sie ganz in der Nähe eine laute Explosion: Karolina sei schlafend im Bett gelegen und von der Heftigkeit des Knalls erwacht; in der Verwirrung sei sie in den Flur gerannt, schrieb Süßheim.[1642] Andere verwirrte Menschen seien aus ihren Wohnungen ins Treppenhaus gelaufen und hätten begonnen, über das Geschehen zu reden: Süßheim zufolge hatte es den Anschein, als hätte sich die Explosion in unmittelbarer Nähe beim Haus ereignet; die Mieter seien geradezu froh gewesen, dass sie offensichtlich nicht im eigenen Haus stattgefunden hatte. Von Passanten hörten sie sodann, dass in den Straßen rund um den Bürgerbräukeller eine beachtliche Menschenmenge zusammengekommen war. Die Ereignisse, die die Süßheims so unmittelbar betrafen, sind längst Teil der deutschen Erinnerungskultur: Explodiert war an diesem Abend die Bombe eines Kunstschreiners namens Georg Elser. Ganz allein hatte der Handwerker bereits vor Monaten angefangen, in vielen Nachtschichten die Säule hinter dem Rednerpult im Bürgerbräukeller an der Rosenheimer Straße auszuhöhlen. Wo heute das Münchner Kulturzentrum Gasteig steht, platzierte Elser eine Bombe mit Zeitzünder, die Adolf Hitler töten sollte – weil er den Krieg verhindern wollte, wie er später in seinem Verhör sagen wird.[1643] Dieses Ziel war zum Zeitpunkt des Anschlags schon nicht mehr zu erreichen, und auch der „Führer" entkam der Explosion in Karl Süßheims Viertel bekanntlich um wenige Minuten. Ohne eine kontrafaktische Erzählung eröffnen zu wollen, drängt sich anhand der etwa 200 Meter Luftlinie entfernt lebenden Familie Süßheim doch der Gedanke auf, welche Erleichterung es vielen Menschen in diesem November in München verschafft hätte, hätte der Anschlag der Politik Adolf Hitlers und der versammelten nationalsozialistischen Führungsspitze ein Ende bereitet.

1641 Zwei Tage später besuchte er Paula Kirschbaum und sie glaubte, dass sie das Krankenhaus bald verlassen könne. Sie wollte über Schweden emigrieren, wo sie vermutlich bleiben müsse, bis die Eisberge im Atlantischen Ozean geschmolzen seien, wie sie es Süßheim zufolge formulierte; sie erhielt nun nur noch 300 RM im Monat von ihrem Bankkonto, obwohl sie eine monatliche Miete von 400 RM zahlen musste. Paula Kirschbaum hatte auch Nachricht von ihrem Sohn Karl und seiner Frau Edith Kirschbaum, die über ihr schwieriges Leben in New York klagten. Süßheim blieb über Nacht in Paulas Haus, wo er auch seine Nichte Erna antraf, die seit der Scheidung von ihrem Mann Max Moschkowitz im Jahr 1925 an Depressionen litt. Sie kümmerte sich nicht mehr um ihre beiden Söhne, die zusammen mit ihrem Ex-Mann nach Cardiff emigrierten. In der Nacht verließ sie das Haus voller Angst vor dem Hass, der ihr auf der Straße entgegenschlagen würde, vgl. ebd., 7.–9.11. u. 28.8.1939.

1642 Hier und im Folgenden vgl. ebd., 8.11.1939.

1643 Das Verhörprotokoll wurde 1964 zufällig im Zuge einer Recherche über die Justiz im Nationalsozialismus von Lothar Gruchmann, einem Mitarbeiter des Münchner Instituts für Zeitgeschichte (IfZ), gefunden. Der Archivleiter des Hauses publizierte daraufhin in einem Aufsatz erstmals den Nachweis der Alleintäterschaft Georg Elsers, die lange angezweifelt worden war, vgl. Anton Hoch: Das Attentat auf Adolf Hitler im Münchner Bürgerbräukeller 1939, in: VfZ 17/4 (1969), S. 383–413.

Das Regime schien kein Interesse mehr daran zu haben, die deutschen Jüdinnen und Juden ausreisen zu lassen: Die Gestapo habe nun „Gott und die Welt"[1644] verhört, berichtete Siegfried Wohlmacher, der ehemalige Nachbarsjunge, bevor sie Familie Süßheim ausreisen ließ.[1645] Sie hätten den entlassenen Professor unbedingt von der Emigration abhalten wollen, erinnerte er sich, doch die Nachbarn beharrten offenbar darauf, dass Karl Süßheim ein unpolitischer Mensch gewesen sei. Eine Frau Gumsheimer, die im selben Haus wie die Süßheims wohnte, zitierte Wohlmacher im Zeitzeugengespräch mit den Worten „Was wollen Sie denn? Das ist ein g'spinnerter Professor!"[1646] Sofern diese Geschichte auch ihm zugetragen wurde, wird die grantige Herzlichkeit seiner Münchner Nachbarin Karl Süßheim in dieser Zeit wie ein Relikt aus einer besseren Welt erschienen sein. Im Winter 1939 aber erfuhr er endlich, dass er seinen Beruf womöglich bald wieder ausüben könnte – an der İstanbul Üniversitesi[1647].

„Heute erhielt ich einen offiziellen Brief vom Rektorat der Universität Istanbul", schrieb Mahmud Mesud Koman Mitte November aus der Türkei: „Es ist die Antwort auf die Eingabe, die ich an [das] Bildung[sministerium] zu Deiner Anstellung geschrieben habe. Sie nehmen Dich für zwei Jahre an der Universität auf. Du wirst für den Vertrag kontaktiert werden. Das Gehalt ist im Moment gering, aber es wird in Zukunft gut sein."[1648]

Die letzte Bemerkung schien eine Befürchtung zu bestätigen, die Süßheim schon länger mit sich herumtrug: Er glaubte, dass die Istanbuler Universität ihn bloß als Übersetzer der *Enzyklopädie des Islam* (EdI) haben wollte und nicht als Professor, der eigenständig Forschung und Lehre betrieb.[1649] In der folgenden Nacht konnte Süßheim nicht schlafen; er sorgte sich wegen des nun erwartbar geringen Lohns für seine Arbeit und der schieren Unmöglichkeit, unter diesen Bedingungen eine Wohnung zu finden, die groß genug sein würde, seine Bibliothek zu beherbergen.[1650] Und wie sollte er die mühevolle Arbeit mit seinen schwachen Augen, die ihn seit 1936 quälten[1651], überhaupt erledigt bekommen? Sein eigenes

1644 Milz, Zeitzeugen-Interview Wohlmacher.

1645 Der Bestand „Gestapoleitstelle München" wurde 1944 durch Kriegseinwirkungen bis auf ca. 140 Akten komplett vernichtet; in den überlieferten Akten ist der Name Süßheim nicht nachweisbar (Auskunft des Staatsarchivs München vom 13.1.2016). Siegfried Wohlmachers Schilderung deckt sich aber mit Dokumenten aus dem Bayerischen Hauptstaatsarchiv, die belegen, dass noch 1941 sogar Ministerien des „Dritten Reichs" mit Karl Süßheims Ausreise beschäftigt waren.

1646 Milz, Zeitzeugen-Interview Wohlmacher.

1647 Vgl. Tagebuch KS, 22.11.1939.

1648 Mahmud Mesud Koman an Karl Süßheim, 14.11.1939, Nachlass KS (SBB) Hs. or. 10648 11/6, ins Deutsche übertragen nach der englischen Übers. bei Flemming u. Schmidt, Diary, S. 293.

1649 Das sollte sich später als richtig herausstellen. Süßheim überarbeitete auch eigene Artikel aus der EdI für die türkische Ausgabe der Enzyklopädie, vgl. z. B. Süßheim, Arnauten u. Ders.: „Arnavutluk", in: İA 1 (1943), S. 573–592.

1650 Hier und im Folgenden vgl. Tagebuch KS, 22.11.1939.

1651 „Ich […] habe […] mit Bedauern erfahren von Ihrem Augenleiden und es tut mir sehr leid. […] Ich hoffe, dass Sie, verehrter Herr Professor, bald genesen", schrieb ihm bereits zu diesem Zeitpunkt sein

Fortkommen war ihm aber nicht das drängendste Problem: Wie sollte er nur eine angemessene Ausbildung für seine Töchter bezahlen?

Schon bald meldete sich die Universität auch offiziell und fragte förmlich an, ob Süßheim der literaturwissenschaftlichen Fakultät beitreten wolle: Bildungsminister Yücel habe ihn darüber informiert, dass Süßheim sich vorstellen könne, der Philosophischen Fakultät beizutreten, schrieb der Dekan: „Ich bitte Sie höflichst, uns so schnell wie möglich mitzuteilen, ob es Ihnen möglich ist, [...] für ein Gehalt von 150 Lira [...] [für uns] zu arbeiten".[1652] Karl Süßheim, der keine Wahl hatte, sagte zu.[1653] Wenig später erhielt er einen Vertragsentwurf[1654] mit elf Paragrafen von einer Berliner Einrichtung des türkischen Staates für Studenten in Mitteleuropa (*Ortaavrupa Talebe İnspekterliği*): Süßheim müsse als Turkologie-Professor für die Fakultät tätig sein, Recherchearbeiten übernehmen (wenn nötig auch außerhalb Istanbuls), auf Abruf unterrichten und einen türkischen Assistenten schulen; er dürfe nicht für Institutionen außerhalb der Türkei arbeiten, seine Vergütung betrage 196,80 Türkische Lira (TL) (netto die in Aussicht gestellten 150 TL), der Vertrag laufe für zwei Jahre (vom 1. März 1940 bis 2. Februar 1942) mit der Option auf mehrmalige Verlängerung, ihm stehe eine Kostenerstattung von 200 TL für seine Reise in die Türkei zu und, im gegebenen Fall, nochmals 200 TL für die Rückreise. Süßheims Vergütung wurde offenbar als „Honorarium" gehandelt – seine Frau schrieb später, dass es sich dabei eher um ein Taschengeld gehandelt habe als um ein tatsächliches Gehalt, denn andere europäische Wissenschaftler, die von der Türkei angeworben wurden, verdienten deutlich mehr (Karolina erinnerte sich rückblickend an Beträge zwischen 800 und 1300 Lira).[1655] Obwohl für Süßheim neben dem erwarteten finanziellen Desaster vor allem der zweite Paragraf, der seine wissenschaftlichen Aktivitäten auf die Türkei beschränkte, kaum zu akzeptieren war, sah er nach quälenden Überlegungen angesichts der verschärften Sicherheitslage für seine Familie in München keine Alternative und stimmte zu.[1656] Der Arbeitsvertrag des verfolgten deutschen Wissenschaftlers Karl Süßheim an der İstanbul Üniversitesi spricht in der Diskussion um die Motivlage der türkischen Republik, Juden ins Land zu holen[1657], in vielerlei Hinsicht für sich.

Freund aus der Türkei in leicht holprigem Deutsch auf einer Postkarte. Feridun Nafiz Uzluk an Karl Süßheim, Ankara 10.10.1936, Nachlass KS (SBB–PKB–OA) Hs. or. 10648 12/40.

1652 Dekan der İstanbul Üniversitesi Edebiyat Fakültesi an Karl Süßheim, 21.11.1939, Privatnachlass KS, übers. aus dem türkischen Original.

1653 Vgl. Tagebuch KS, 25.11. u. 5.12.1939.

1654 Vgl. ebd., 15.12.1939. Kopien auf Türkisch und Deutsch werden in der Akte Süßheim im Archiv der Istanbuler Universität aufbewahrt. Die türkische Botschaft in Berlin wurde am 7.12.1939 informiert und gebeten, Süßheims Entscheidung weiterzugeben. Vgl. Cemil Bilsel [Vizekanzler] an Botschaft: tedris işleri [Unterrichtsangelegenheiten] 1025/566, İÜA, Akte Süßheim, zit. nach Flemming u. Schmidt, Diary, S. 294.

1655 Vgl. Caroline Süssheim O'Brien: [notariell bestätigte Erklärung zum Wiedergutmachungsverfahren], 13.3.1961, BayHStA LEA 35392, die Zitate ebd.

1656 Er antwortete dem Dekan erst einen Monat später, schickte die nötigen Dokumente und ergänzte als Bitte, dass er auch auf Französisch publizieren dürfe, vgl. Tagebuch KS, 16. u. 17.1.1940.

1657 Vgl. dazu auch S. 603 f.

Für Süßheim, der sich keinerlei Befindlichkeiten mehr leisten konnte, wurde es nun nichtsdestoweniger konkret: Schon vor längerem hatte er die Transportfirma Schenker wie auch die Zoll- und Wechselstube kontaktiert.[1658] Den Verbleib seiner Bücher, Manuskripte und sonstigen Papiere, die er wegen der Begrenzung des Ausreisegepäcks nicht mitnehmen konnte, diskutierte er mit Generalkonsul Robert Dannemann. Dieser hatte sich offenbar bereiterklärt, auf Süßheims Kosten dessen Sammlung, die etwa zwei Tonnen wog, an das Historische Seminar der Universität Istanbul zu schicken – er musste sie allerdings zunächst offiziell ans Konsulat spenden.[1659] Dieser Gedanke gefiel Süßheim ganz und gar nicht, er sah aber keinen anderen Weg. Von dem Diplomaten bekam er außerdem zu hören, dass er zwangsläufig nach Polen deportiert würde, wenn er Deutschland nicht so schnell wie möglich verlasse. Als Jude durfte Süßheim inzwischen nicht einmal mehr Butter kaufen[1660]; der Zugang zu seinem Konto war ihm gänzlich verwehrt. Er stellte Anträge bei der Israelitischen Kultusgemeinde (IKG) in München und beim Committee of Experts for Academic and Kindred Refugees from Germany in Genf: Hier bat Süßheim um ein Darlehen von 700 RM für die Transferkosten derjenigen Bücher, auf die er auf keinen Fall verzichten konnte.[1661] Auch in all diesen praktischen Fragen konnte er sich auf seinen Bekannten Mahmud Mesud Koman verlassen: Im Januar 1940 bat dieser den Rektor der İstanbul Üniversitesi, bei der Überführung der Privatbibliothek Süßheims finanziell zu helfen.[1662] Süßheim selbst fragte beim Fakultätsdekan um Unterstützung.[1663]

Die Situation für die Familie in München wurde immer prekärer: Wenige Tage später wurde Süßheim von den NS-Behörden zur jüdischen Gemeinde zitiert, wo man ihm mitteilte, dass er und seine Töchter, welche er schließlich jüdisch erziehe, nicht länger am allgemeinen Verteilungssystem der Essensmarken teilnehmen dürften; bald gebe es spezielle Regeln für Jüdinnen und Juden, die in naher Zukunft bekannt gegeben würden.[1664] Im IKG-Büro hörte Süßheim an diesem Tag von weiteren Emigrationen, darunter waren auch Rabbi Baerwald und Jakob Krämer, der Direktor der jüdischen Schule. Im Januar 1940 hörte er, dass alle jüdischen Namen aus den Adress- und Telefonbüchern gestrichen und alle

1658 Beim Zoll wurde ihm sogar gesagt, dass sie nur Kleidung mitnehmen dürfe, die sie vor 1933 gekauft hatte, vgl. Tagebuch KS, 7.–9. Dezember 1939.

1659 Hier und im Folgenden vgl. ebd., 14. 12. 1939.

1660 Vgl. ebd., 5. 12. 1939.

1661 Vgl. ebd., 16. 12. 1939.

1662 Vgl. M[ahmud] M[esud] Koman an Cemil Bilsel, Konya 4. 1. 1940, İÜA, Akte Süßheim, abgeb. bei İshakoğlu Kadıoğlu u. Şahinbaş Erginöz, Belgele[r], S. 309. Eventuell wurde ihm im Februar 1940 vom türkischen Bildungsministerium ein Darlehen von 325 Lira gewährt, vgl. den entsprechenden Antrag von Mahmud Mesud Koman an Cemil Bilsel, 4. 1. 1940, İÜA, Akte Süßheim, Nr. 488, zit. nach Flemming u. Schmidt, Diary, S. 295 und die Briefe von Mahmud Mesud Koman an Karl Süßheim, 5. 1. 1940, 2. 2. 1940 u. 6. 4. 1940, Nachlass KS (SBB) Hs. or. 10648 11/7, 10 u. 12.

1663 Vgl. Tagebuch KS, 17. 12. 1939.

1664 Hier und im Folgenden vgl. ebd., 20. 12. 1939. Mitte Januar 1940 wird Karl Süßheim seine ersten Marken mit „J“-Stempeln erhalten – er schrieb, dass Juden nur drei Fünftel der normalen Fleischration bekämen, von anderen Lebensmitteln nur die Hälfte der Ration für „Christen“, vgl. ebd., 15. 1. 1940.

verbliebenen Jüdinnen und Juden nach Lublin in Polen gebracht werden sollten.[1665] Bitter schrieb er in sein Tagebuch, dass die deutschen Juden nun genauso behandelt würden wie die Armenier im Ersten Weltkrieg – auch die loyalsten unter ihnen würden der Verfolgung und Ächtung brutal unterzogen. In der Tat: Sogar Max von Oppenheim, der für den Kaiser im Ersten Weltkrieg noch den *Jihad* geplant hatte und seinen Verwandten, den rechten Eisner-Attentäter Arco verehrte[1666], galt nun als unerwünschter „Halbjude". Seine Denkschrift aus vergangenen Tagen ließ Oppenheim Adolf Hitler zur Unterstützung des NS-Vormarsches in modifizierter Form vorlegen, doch der Vorschlag ging unter[1667], obwohl die Nationalsozialisten an die deutsche Tradition der Hofierung des Islam, wie Kaiser Wilhelm sie institutionalisiert hatte[1668], nur allzu gerne anknüpften.[1669] Jüdische Deutsche, die sich ihnen andienten, waren im „Dritten Reich" besonders verhasst: Eine der ersten Organisationen, die 1933 verboten wurden, war der Verband nationaldeutscher Juden (VnJ), dessen offensiver Flirt mit dem Antisemitismus[1670] dem Regime besonders übel aufstieß. Max von Oppenheim überlebte Holocaust und Zweiten Weltkrieg zwar in Berlin und Dresden, verstarb aber bereits 1946 völlig verarmt und missachtet in Landshut. Die meisten anderen deutschen Jüdinnen und Juden waren zu diesem Zeitpunkt bekanntermaßen entweder ermordet worden oder

1665 Hier und im Folgenden vgl. ebd., 8.1.1940.
1666 Vgl. Kap. II.2.
1667 Vgl. Kopetzky, Nachwort, S. 104f.
1668 Vgl. Kap. I.1.
1669 Das Verhältnis der Nationalsozialisten zur muslimischen Welt und zum Islam vor und während des Zweiten Weltkriegs ist in der aktuellen Forschung ein viel beachtetes Thema, das im Rahmen dieser Biografie nicht ausführlich behandelt werden kann und sich auf die Auseinandersetzung mit der Türkei beschränkt. Einige Literaturanregungen darüber hinaus: 2006 ist eine Studie über die Beziehungen der arabischen, insbesondere der palästinensischen Nationalbewegungen zum „Dritten Reich" erschienen, vgl. Klaus-Michael Mallmann u. Martin Cüppers: Halbmond und Hakenkreuz, Das „Dritte Reich", die Araber und Palästina (= Veröffentlichungen der Forschungsstelle Ludwigsburg der Universität Stuttgart 8), Darmstadt 2006. Zu beachten wären auch insbesondere die Veröffentlichungen von Motadel, Islam u. Dems., Prophet. Auch der Islamwissenschaftler Stefan Weidner beschäftigt sich mit dem Thema; in einem Artikel stellte er die bemerkenswerte „Tornisterschrift des Oberkommandos der Wehrmacht, Abt. Inland" von 1941 mit „Leitsätze[n] für das Verhalten des Europäers in mohammedanischen Ländern" vor, die ihm zufolge „keinerlei Anknüpfungsmöglichkeiten für die heutige Anti-Islambewegung bereithält, sondern eher für deren Gegner", da in ihr „[e]in Vorurteil über den Islam nach dem anderen […] auseinandergenommen" wurde. Darin war zu lesen: „Für viele menschliche Beziehungen ermöglichen diese Auffassungen [des Islam, KM] eine Toleranz, sowohl im weltlichen wie im religiösen Verhalten von Mensch zu Mensch, deren der im abendländischen Denken erzogene Mensch kaum fähig ist." Diese Anerkennung des Islam und die Aufforderung zur Toleranz lag freilich in erster Linie darin begründet, dass man in den Muslimen potenzielle Verbündete sah, die es zu umgarnen galt. Ernst Rodenwaldt: Der Islam. Eine Einführung in die Glaubenswelt islamischer Völker (= Tornisterschrift des Oberkommandos der Wehrmacht Abt. Inland 52), [Berlin] 1941, das Zitat S. 26; Stefan Weidner: Das Islambild der Nazis. Eine Tornisterschrift der Wehrmacht gibt Einblick, in: SZ (27./28.4.2013), S. 15.
1670 Vgl. dazu Kap. II.2.

sie waren zuvor noch rechtzeitig emigriert. Anfang 1940 in München, hatten die Süßheims zu Recht das Gefühl, dass ihnen die Zeit davonlief. Als Karl Süßheim seine jüngere Tochter Gioconda im Februar für das nächste Schuljahr an der jüdischen Schule in der Herzog-Rudolf-Straße einschrieb, erfuhr er, dass es – aus ganz München – nicht mehr als zehn neu eingeschulte Kinder gab.[1671] Bei dieser Gelegenheit traf er auch einen Ingenieur wieder, den er im Lager in Dachau kennengelernt hatte: Der Mann war ebenfalls mit einer Christin verheiratet; ihr gemeinsamer Sohn – vermutlich handelte es sich hier um eine „privilegierte" Mischehe, wie die Nationalsozialisten es nannten – diente in der nationalsozialistischen Armee. Der Bekannte erzählte Süßheim, dass viele ehemalige Mithäftlinge inzwischen das Land verlassen hätten, unter ihnen auch einer, der in einem kleinen Haus in Wales lebte, wo er unbezahlt als Chirurg arbeite und von der Nachbarschaft über Wasser gehalten werde.[1672] Er selbst sei in Besitz eines Visums für Südafrika, das nach Ausbruch des Krieges nun aber nichts mehr nutze.

Zu diesem Zeitpunkt hatte Feridun Nafiz Uzluk bereits einen Decknamen für den Deutschen, den zu retten er sich in den Kopf gesetzt hatte, erfunden: Karl Süßheim war für ihn nun Mehmed Arif.[1673] Die höchsten Politiker des Landes waren inzwischen mit der Sache Süßheim/Arif beschäftigt. Anfang März bat Bildungsminister Yücel das Büro von Staatspräsident İnönü offiziell um einen Erlass, der Karl Süßheim erlauben würde, mit seiner Familie in die Türkei zu kommen und dort zu arbeiten.[1674] Am 19. März 1940 erfolgte schließlich der Beschluss – ein historisches Dokument, unterschrieben von allen 14 Kabinettsmitgliedern der türkischen Republik: „Dem Orientalisten deutscher Herkunft und jüdischer Rasse, Prof. Dr. Karl Süssheim, wird die Erlaubnis erteilt, in die Türkei zu kommen, um am Institut für Türkische Studien der literaturwissenschaftlichen Fakultät der Universität Istanbul zu arbeiten. Dem Antrag des Bildungsministers vom 7. 3. 1940 mit der Nummer 732 wurde am 19. März 1940 vom Kabinett zugestimmt. REİSİCUMHUR [Staatspräsident, wörtlich: ‚Führer der Republik', KM] İsmet İnönü"[1675]

Dass der türkische Präsident persönlich für ihn tatsächlich die geheime Kabinettsentscheidung, keine europäischen Juden mehr ins Land zu lassen, umgangen hatte, erfuhr Karl Süßheim selbst erst Wochen später über Feridun Nafiz Uzluk: „Ich habe eben einen Telefon-

1671 Vgl. Tagebuch KS, 4. 2. 1940.

1672 Hier und im Folgenden vgl. Tagebuch KS, 4. 4. 1940.

1673 In den letzten Postkarten, die Süßheim selbst von Nafiz erhielt, wurde sein Fall in der dritten Person als der des „Mehmed Arif" bezeichnet, vgl. dazu auch Flemming u. Schmidt, Diary, S. 294. Einmal schrieb er Süßheim sogar aus Versehen auf einer Postkarte mit „mein Lieber Freund [Aziz Dostum] Mehmed Arif" an, überschrieb das „Arif" aber mit dem Wort Bey, sodass nur Eingeweihte die Sachlage verstanden hätten, vgl. Feridun Nafiz [Uzluk] an Karl Süßheim, [16. 3. 1940], Nachlass KS (SBB) Hs. or. 10648 12/7.

1674 [Hasan Âli] Yücel an Büro des Ministerpräsidenten, 7. 3. 1940, TCBA 41028/57/732, zit. nach Flemming u. Schmidt, Diary, S. 289.

1675 İsmet İnönü: Kararname 2/13100, 19. 3. 1940, İÜA Akte Süßheim, abgeb. bei Kadıoğlu u. Erginöz, Belegeler, S. 312, übers. aus dem türkischen Original.

anruf aus dem Bildungsministerium erhalten, in dem sie mich nach der Adresse meines Freundes Arif fragten; die Entscheidung des Kabinetts, dass er in unser Land kommen kann, soll unterzeichnet sein; sie würden ihm dies über die offiziellen Kanäle mitteilen; ich bin sehr glücklich darüber, meinen lieben Freund hier bald begrüßen zu dürfen."[1676]

Mitte April 1940 erhielt Süßheim schließlich die Bestätigung des türkischen Konsulats in Berlin, dass er eine Einreiseerlaubnis für die Türkei habe.[1677] Ina sei erleichtert, schrieb Süßheim, er selbst aber fühle sich tieftraurig, wie er seinem Tagebuch anvertraute. Die Entscheidung bedeutete die Rettung, dennoch wäre er lieber in seiner Heimat geblieben. Inmitten quälender Verlustängste realisierte Karl Süßheim plötzlich, dass die Einreiseerlaubnis nur ihm selbst galt. Für die Familie war diese Erkenntnis ein Schock. Umgehend wandte Süßheim sich an das Konsulat, und wieder hieß es warten. Einige Tage später kam es zu einem großen Streit: Karolina Süßheim hatte Margot trotz des üblichen Fastens vor dem Pessach-Fest Brot mit in die Schule gegeben, und die Eheleute zerstritten sich darüber so heftig, dass sie nicht mehr miteinander sprachen.[1678] Die Stimmung blieb noch lange angespannt, doch Ende Mai erhielten auch Karolina und die beiden Töchter eine Einreisegenehmigung für die Türkei.[1679]

Karl Süßheim wusste um die Beleidigungen, der seine Frau in München tagtäglich seinetwegen ausgesetzt war, doch die Aussicht auf eine baldige Emigration verlieh ihr nun offenbar neue Stärke: Als Karolina am Tag nach der erleichternden Nachricht von einer Nachbarin als „Juden-Schickse" beschimpft wurde, sei sie nicht allzu traurig gewesen, schrieb er bewundernd im Tagebuch.[1680] Die Vertrautheit des Paars schien allmählich zurückzukehren. Wenig später aber traf den Familienvater unvorbereitet etwas besonders Furchtbares: Seine elfjährige Tochter Margot, bei der in dieser schwierigen Zeit die Pubertät einsetzte[1681], bezeichnete Karl Süßheim in einem Streit abfällig als Juden.[1682] Natürlich machte dieser seine Frau dafür verantwortlich, welche ihm daraufhin zu verstehen gab, dass sie in Istanbul unter keinen Umständen mehr eine jüdische Erziehung der Mädchen dulden werde.[1683] Zwei Wochen lang sprachen die Eheleute nicht mehr miteinander, noch Monate später werden sie in getrennten Betten schlafen.[1684] In der Zwischenzeit aber mussten die Emigrationsvorbereitungen weitergehen.

Nicht nur die Einreiseerlaubnis, auch der türkische Kabinettsbeschluss hatte nur Karl Süßheim persönlich gegolten – die türkischen Minister mussten sich nun also nochmals mit

1676 Feridun Nafiz [Uzluk] an Karl Süßheim, [16.3.1940], Nachlass KS (SBB) Hs. or. 10648 12/7, übers. aus dem türkischen Original. Die Zustellung des Briefs dauerte sehr lange, vgl. Tagebuch KS, 13.4.1940.

1677 Hier und im Folgenden vgl. ebd.

1678 Vgl. ebd., 25.4.1940.

1679 Vgl. ebd., 21.5.1940.

1680 Vgl. ebd., 22.5.1940.

1681 Süßheims ältere Tochter schwärmte auch erstmals für einen jungen Mann: einen 19-Jährigen, der eine jüdische Mutter und einen christlichen Vater hatte, vgl. ebd., 30.6.1940.

1682 Vgl. ebd., 9.6.1940.

1683 Vgl. ebd., 10.6.1940.

1684 Vgl. Flemming u. Schmidt, Diary, S. 251.

dem Fall befassen, und das konnte dauern. Auszureisen wurde derweil immer schwieriger: Am 8. Mai erfuhr Süßheim, dass jüdische Familien aus München nach Hause zurückkehren mussten, nachdem sie herausgefunden hatten, dass die italienische Grenze für sie dicht war – später durften sie dann zwar nach Italien einreisen, wurden aber nicht auf die amerikanischen Schiffe in Genua gelassen.[1685] Die Jüdinnen und Juden, die noch in München ausharrten, waren aber auch wegen der anhaltenden Berichte über französische und britische Niederlagen deprimiert. Die Entwicklungen kulminierten bekanntlich im deutschen Sieg vom 31. Mai 1940 und der Kapitulation der ersten französischen Armee. Wieder kursierten Gerüchte, dass die jüdische Bevölkerung aus der Stadt getrieben würde, wie es der Ideologe Alfred Rosenberg bereits ein Jahr zuvor verkündet hatte. Anfang Juni hörte Süßheim, dass alle jüdischen Männer unter 55, die Frauen unter 50 Zwangsarbeit leisten müssten. Mit seinen 62 Jahren blieb er selbst davon verschont, doch beruhigen konnte ihn diese Entwicklung kaum.

Erst elf Tage später wurde Istanbul wieder aktiv: Bildungsminister Yücel bat das Kabinett mit Hinweis auf den ersten Beschluss um einen zweiten, der Süßheims Frau und die beiden Töchter mitumfasste; dem Gesuch wurde am 22. Juni stattgegeben.[1686] Eine Reise in die Türkei aber war immer schwieriger zu bewerkstelligen – insbesondere, nachdem der Krieg nun auch auf dem Balkan angekommen war: Griechenland war von italienischen Truppen überfallen worden, Ungarn, Rumänien und Bulgarien waren von deutschen Truppen besetzt. Mitte Juni hatte die jüdische Gemeinde Süßheim informiert, dass die entsprechenden Durchreisevisa nur sehr schwer zu erhalten seien – man riet ihm, über die Donau nach Istanbul zu reisen.[1687] Ohne einen genaueren Plan zu haben, packte die Familie das Reisegepäck. „In den vergangenen zehn Tagen war Ina damit beschäftigt, ihre Sachen in meinen langen, flachen Koffer, den ich 1913 gekauft hatte, zu packen. Es ist mein bester Koffer", schrieb Süßheim mit schwerem Herzen: „Heute nahm sie meinen zweiten Koffer, der auch gut ist, sicher und teuer, sogar noch bewährter, und höher und schwerer als der erste, und [sie] begann, auch ihn zu packen."[1688] Von Konsul Dannemann hatte Süßheim zuvor erfahren müssen, dass die politische Lage keine Aussage darüber zulasse, wann seine Bücherei nach Istanbul transferiert werden könne.[1689] Obwohl er den Transport bis zur jugoslawischen Grenze bereits bezahlt hatte, musste Süßheim nun Lagerungskosten für zwei Jahre entrichten. Als die beiden sich trafen, berichtete Robert Dannemann ihm auch von einem Gespräch mit dem türkischen Botschafter Hüsrev Gerede[1690] im Auswärtigen Amt in Berlin, bei dem es um die Haltung der Türkei im Weltkrieg ging: Die Türken zeigten sich anscheinend zuversichtlich, einer Involvierung weitere zwei Jahre standzuhalten, schrieb Süßheim – Gerede

1685 Vgl. Tagebuch KS, 8.5. u. 2.6.1940.

1686 [Hasan Âli] Yücel an Büro des Ministerpräsidenten, 22.6.1940, TCBA 41028/57/4/1705, zit nach Flemming u. Schmidt, Diary, S. 291.

1687 Vgl. Tagebuch KS, 11.6.1940.

1688 Ebd., 27.6.1940, Nachlass KS (SBB) Hs. or. 1 135/21, fol. 41r.

1689 Hier und im Folgenden vgl. ebd., 8.5.1940.

1690 Hüsrev Gerede (1886–1962), Offizier, Politiker und Diplomat, einst ein enger Vertrauter Mustafa Kemals, war von September 1939 bis Juli 1942 türkischer Botschafter in Berlin.

habe bestätigt, dass die Türkei den Krieg vermeiden wolle; Dannemann sei vom Sieg der Italiener und Deutschen überzeugt.[1691] Nur noch wenige Wochen lässt die Familie in München sich begleiten, bis die Tagebuchüberlieferung abrupt abreißt. Der letzte Eintrag, der uns von Karl Süßheims persönlichen Aufzeichnungen überliefert ist, datiert auf den 3. Juli 1940. Er endet mit dem Satz: „Man hört, dass die deutsche Regierung die Juden in Deutschland nach dem Krieg zur Zwangsarbeit in ihre Kolonien transportieren wird."[1692]

Wir wissen nicht genau, was in den folgenden Monaten passierte. Soviel ist klar: Die Emigration verzögerte sich und der Vertragsbeginn mit der Universität Istanbul musste auf den 25. Juni 1941 umdatiert werden.[1693] Aus dem Archiv erfahren wir, dass die Nationalsozialisten von Süßheims Ausreiseplänen Wind bekommen hatten: „Das Auswärtige Amt teilte mir mit, daß der ehemalige Professor Dr. Karl Israel Süßheim [...] beabsichtigt, mit seiner Ehefrau und den beiden minderjährigen Kindern nach der Türkei auszuwandern", schrieb das reichsweite Wissenschaftsministerium im Februar 1941 an die Kollegen in Bayern: „Süßheim ist nach Angabe seines Bevollmächtigten Professor der orientalischen Sprachen und hatte früher einen Lehrauftrag an der Universität München. Hier haben sich Vorgänge über Süßheim nicht ermitteln lassen. Ich bitte, mich über die Person Süßheim näher zu unterrichten. Zugleich bitte ich mir mitzuteilen, ob von dort die Genehmigung zur Verlegung des Wohnsitzes in das Ausland erteilt worden ist."[1694]

Auch eine Antwort ist überliefert: Außer den entsprechenden Eckdaten des Mannes an der LMU wisse man nichts; „[d]ie Genehmigung zur Verlegung des Wohnsitzes in das Ausland wurde von hier aus nicht erteilt"[1695]. Diese Zeilen scheinen Unheil hervorzurufen, doch die eigentlichen Probleme begannen schon früher, wie sich aus archivalischen Dokumenten nachvollziehen lässt: Im September 1940 wurde das Umzugsgut in der Wohnung der Süßheims einer Kontrolle durch die Zollfahndungsstelle unterzogen, die schwerwiegende Folgen für die Familie hatte.[1696] Seit Dezember 1938 musste bei einer Emigration für die Mitnahme von Hausrat bei der Devisenstelle eine Genehmigung auf Grundlage einer detaillierten Auflistung der Gegenstände eingeholt werden. Bei der Prüfung im Hause Süßheim wurden nicht angemeldetes Bargeld (3000 RM) sowie diverse nicht gemeldete Gegenstände konfisziert, darunter Möbel und (offenbar besonders wertvolle) Briefmarken. Den Zollfahndern entgingen

1691 Vgl. Tagebuch KS, 8.5.1940.

1692 Ebd., 3.7.1940, Nachlass KS (SBB) Hs. or. 1135/20, fol. 43v.

1693 Vgl. Mukavelename Karl Süssheim–İstanbul Üniversitesi Tedris İşleri Müdürlüğü, 25.7.1941, abgeb. bei Kadıoğlu u. Erginöz, Belegeler, S. 316 f.

1694 Der Reichsminister für Wissenschaft, Erziehung und Volksbildung an das Bayerische Staatsministerium für Unterricht und Kultus: W T Süßheim 1, 22.2.1941, BayHStA MK 44426.

1695 Staatsministerium für Unterricht und Kultus an Herrn Reichsminister für Wissenschaft, Erziehung und Volksbildung: Auswanderung des ehem. Professors Dr. Karl Israel Süssheim nach der Türkei, 14.3.1941, BayHStA MK 44426.

1696 Angaben dazu finden sich im Bestand BayHStA LEA 35392 sowie im Münchner Staatsarchiv, im Folgenden vgl. den Abschnitt „Devisenvergehen und Haft im Münchner Polizeipräsidium" bei Radlmaier, Süßheims, S. 107.

auch nicht die Wertpapiere über insgesamt 200000 RM, die Karl Süßheim verheimlicht hatte und offenbar als Lebenssicherung in die Türkei hatte mitnehmen wollen. Süßheim wurde daraufhin festgenommen und zwei Wochen im Polizeipräsidium in der Münchner Ettstraße inhaftiert. Wir wissen nichts darüber, wie ihm dort begegnet wurde. Erst nachdem er einer Überlassung der Wertpapiere an die Reichsfinanzverwaltung zustimmte und seine Schwester Paula die Strafzahlung in derselben Höhe – nochmals 200000 RM – übernahm, die er selbst nicht stemmen konnte, wurde er wieder entlassen. Zudem wurde ein Münchner Rechtsanwalt als Treuhänder der Konten Karl Süßheims eingesetzt – in der Folge wurden die beschlagnahmten Möbel und Briefmarken versteigert.[1697] Ein Plan zur Ausreise aber musste dennoch gefasst werden, und wie wir wissen, kümmerte sich nun insbesondere Süßheims Frau darum: Da sie noch keine Visa für Ungarn und Rumänien erhalten hatten, wandte sie sich im April 1941 an Mahmud Mesud Koman und bat um Kontakte der zuständigen Ämter in Budapest und Bukarest.[1698] In ihrem Brief schrieb sie auch, dass es „furchtbar schwer" sei, „so zwischen Hangen und Bangen zu leben"[1699]. Die Reisepässe der Süßheims (mit den türkischen Visa darin) waren jedoch zwischenzeitlich eingezogen worden, denn offenbar wollten die Nationalsozialisten ein Urteil abwarten: Im Frühsommer 1941 kam es zu einer Verhandlung, in der Karl Süßheim eine weitere Geldstrafe von 310000 RM auferlegt wurde.[1700] Beglichen wurde der Betrag durch den Verkauf sämtlicher Aktien und Wertpapiere, Sparkonten und Immobilienanteile, die ihm bis dahin noch geblieben waren. Die Entwicklungen in der Stadt riefen derweil die schlimmsten Ängste hervor: Zu Beginn des Jahres waren viele Münchner Jüdinnen und Juden nach Milbertshofen gebracht worden, wo auch Karolina Süßheims alleinstehende Mutter wohnte. Sie errichteten dort Baracken für eine „jüdische Siedlung". Andere arbeiteten sich in einem Kloster in Berg am Laim zugrunde. Alle, die konnten, emigrierten im Laufe der Zeit aus der Stadt, doch für annähernd 3000 von ihnen blieb die Rettung durch ein anderes Land unerreichbar.[1701]

Die Süßheims entkamen dem entfesselten nationalsozialistischen Vernichtungswillen Mitte Juni 1941 als eine der letzten Münchner Familien überhaupt in eines der ausgefallensten Emigrationsländer[1702]. Am 19. Juni meldeten sie sich offiziell aus Deutschland ab[1703] und nahmen einen Zug gen Osten. Zuvor hatten sie noch eine Reihe an Zwangsabgaben zu

1697 Vgl. ebd., S. 108.

1698 Koman gab ihren Brief ans Rektorat der Universität weiter, vgl. M[ahmud] M[esut] Koman an Cemil Bilsel, 28.5.1941, İÜA Akte Süßheim, abgeb. bei Kadıoğlu u. Erginöz, Belegeler, S. 314.

1699 Karolina Süßheims Brief ist nicht in der Veröffentlichung mit abgedruckt und daher zit. nach Flemming u. Schmidt, Diary, S. 298.

1700 Hier und im Folgenden vgl. Radlmaier, Süßheims, S. 108.

1701 Vgl. Heusler u. Sinn, [Einleitung], S. 12.

1702 In die Türkei gingen – von 6388 Menschen – lediglich zwanzig jüdische Emigrantinnen und Emigranten aus München, vgl. ebd., S. 13.

1703 Vgl. Einwohnermeldekarte Karl Süßheim, SAM, EWK 65.

Der Nachbarsjunge Siegfried Wohlmacher (rechts) mit Mutter
und Schwester kurz vor der Abreise der Süßheims.

entrichten, die ihnen auch den letzten Rest des noch verfügbaren Kapitals nahmen.[1704] An die Abreise der Nachbarn könne er sich klar erinnern, sagte Siegfried Wohlmacher im Zeitzeugengespräch, er habe sie noch immer vor Augen: Die Möbelwagen seien mit wasserabweisendem Ölpapier ausgeklebt worden, um es auf hoher See zu schützen; Ina Süßheim habe ihnen zum Abschied gewinkt.[1705] Im Nachlass findet sich eine Fotografie der Familie des Haidhausener Diakons Wohlmacher: „Unsern lieben Nachbarn mit den herzlichsten Abschiedsgrüßen u[nd] Wünschen. Siegfried u[nd] Gisela mit ihrer Mutter", steht auf der Rückseite.[1706]

Bereits die Reise über den Balkan muss entsetzlich anstrengend gewesen sein, und der Familie war später durchaus bewusst, wie knapp sie dem Tod entkommen war: "We quickly packed up and were on the last train to leave Germany, going to Eastern Europe", schrieb die jüngere Tochter in ihrem Genogramm: "We travelled to the Black Sea, then left on the last boat out of Bucharest, before the town was leveled by allied bombs."[1707] Die spätere Erinnerung der zum Zeitpunkt der Ereignisse siebenjährigen Gioconda zeigt klar, wie nachhaltig sich die Fluchterfahrung in ihr Bewusstsein eingeschrieben hat; freilich darf die Beschreibung aber

1704 Die restlichen eingefrorenen Vermögenswerte wurden schließlich durch einen Antrag der Gestapo auf „Vermögensverfall bei Juden" vom September 1942 enteignet, vgl. Radlmaier, Süßheims, S. 108 f.

1705 Vgl. Milz, Zeitzeugen-Interview Wohlmacher.

1706 Vgl. die auch die Abbildung oben, Privatnachlass KS.

1707 Gonda D'Angelo: My Genogram [undatiert], Nachlass Gioconda D'Angelo, Cynthia Kingsley (Philadelphia).

nicht wörtlich genommen werden – aus Bukarest mitten in Rumänien konnte natürlich kein Schiff fahren. Aus Briefen Süßheims an seinen Bekannten İbrahim Temo wissen wir, dass die Familie eine Weile in einer Hafenstadt bleiben musste[1708]: „Die Reise ist eigentlich über Rumänien geplant und wird mit einem Schiff aus Konstanza durchgeführt werden. Aber nur montags fährt ein Schiff. Also müssen wir ein oder zwei Tage in Konstanza warten“, schrieb er, und schob hinterher: „Sehr geehrter und geschätzter Herr Doktor, es wäre mir eine große und aufrichtige Ehre, Sie kennenzulernen. Ich hoffe, dass diese Begegnung stattfindet“[1709]. Ob die beiden Männer sich je persönlich trafen, wissen wir nicht.[1710]

Familie Süßheim erreichte die Türkei im Sommer 1941.[1711] Seine bayerische Heimat und sein Zuhause in der Münchner Preysingstraße sollte Karl Süßheim nie wiedersehen. Was würde die späte Rückkehr in den Nahen Osten für den in die Jahre gekommenen Orientalisten nun bereithalten? Im 15. Jahrhundert, vielleicht kannte Süßheim das Zitat, hatte der Rabbiner von Edirne geschrieben: „Ich, Isaak Zarfati, der ich […] in Deutschland geboren bin und dort zu den Füßen von Lehrern gesessen, rufe euch zu: daß die Türkei ein Land ist, in dem Nichts fehlt. Wenn Ihr einwilligt, so kann es euch gut gehen. […] Ist es nicht besser unter Mohammedanern als unter Christen zu wohnen? Hier dürft ihr euch in die feinsten Stoffe kleiden. Hier kann jeder unter seinem Feigenbaume und seinem Weinstocke ruhig leben.“[1712]

Wie ruhig hatten es die Süßheims in den 1940er-Jahren in Istanbul? Mehmed Arif, willkommen in der „Kolonie B“.

„Wie eine Erinnerung an eine unerfüllte große Liebe“ | Willkommen in der „Kolonie B“

Istanbul, wo die Süßheims von nun an leben sollten, spiegelte die Ambivalenz der Moderne seit den 1920er-Jahren wie kaum eine andere Stadt. Dem Historiker Charles King zufolge „machten sich die Istanbullus westliche Ideale mit einer Passion zu eigen, die sich niemand hatte vorstellen können“: „Die Stadt, deren geographische Lage sie zum Bindeglied zwischen Europa und Asien machte, wurde zum Schauplatz des weltweit größten Experiments einer

1708 Vgl. Özgen u. Balcı, Şarkiyatçı.

1709 Karl Süßheim an İbrahim Temo, 7.12.1940, DPA, Akte İbrāhīm Temo 19, Dossier 32/5, Nr. 248, übers. nach dem türkischen Original nach Özgen u. Balcı, Şarkiyatçı.

1710 Da die Familie ständig mit der Abfahrt der Fähre rechnen musste, nahm Süßheim den Weg nach Mecidiye, wo İbrahim Temo lebte, vermutlich nicht auf sich. Es ist also unwahrscheinlich, dass Süßheim und Temo sich jemals kennengelernt haben, denn das Reisen gestaltete sich wegen des Kriegs bald gänzlich unmöglich; Temo starb vor der deutschen Kapitulation, vgl. Özgen u. Balcı, Şarkiyatçı.

1711 Die Angabe der Wissenschaftler, die die Dokumente aus dem Universitätsarchiv veröffentlichten, dass Süßheim schon 1940 begonnen habe, an der Universität Istanbul zu arbeiten (vgl. Kadıoğlu u. Erginöz, Belegeler, S. 305), ist falsch.

1712 Zit. nach H[einrich Hirsch] Graetz: Geschichte der Juden von den ältesten Zeiten bis auf die Gegenwart. Aus den Quellen neu bearbeitet, Bd. 8: Geschichte der Juden von Maimuni’s Tod (1205) bis zur Verbannung der Juden aus Spanien und Portugal. Zweite Hälfte, 2. Aufl. Leipzig 1875, S. 212.

planvollen Metamorphose hin zu einer neuen, westlichen Identität. Im Verlauf dieses Experiments wurde die frühere osmanische Hauptstadt zum Spiegelbild sowohl der besten wie auch der schlimmsten Errungenschaften des Westens: seines Optimismus wie seiner ideologischen Obsessionen, seines Einstehens für die Menschenrechte wie seiner Tendenz zum bevormundenden Staat, seinem Trachten, die Vergangenheit hinter sich zu lassen, und der Anmaßung, sie vollständig auszulöschen. Wenn Besucher darüber klagten, dass das alte Istanbul unterzugehen drohte, meinten sie damit in der Regel, dass das neue Istanbul ihnen selbst immer ähnlicher wurde.“[1713]

Mit Konstantinopel, dieser ganz anderen, faszinierenden Reichshauptstadt, wie Süßheim sie in jungen Jahren kennengelernt hatte, hatte das Istanbul dieser Zeit nicht mehr viel zu tun. Dabei hatte es noch längst nicht seine heutige Größe, wie Jan Schmidt anschaulich beschreibt[1714]: In der Stadt lebten weniger als eine Million Menschen und zwischen den bebauten Gebieten gab es noch viele Freiflächen; die meisten Straßen waren noch ungepflastert und es gab nur wenige Autos; die Stadt außerhalb der alten byzantinischen Mauern war noch sehr ländlich geprägt; das Gebet von der Spitze der Minarette wurde noch nicht per Lautsprecher verstärkt, sondern vom Muezzin persönlich gerufen; man konnte Tango tanzen und die Musik amerikanischer Jazzbands genießen. Die Bevölkerung Istanbuls war beeindruckend polyglott: Es gab Einwohner, die zwischen Russisch, Türkisch, Französisch, Deutsch und Griechisch wechseln konnten – Französisch wurde von Juden, Christen und gebildeten Türken gleichermaßen gesprochen. Die Stadt war trotz ihres prächtigen Ambientes und der orientalischen Überbleibsel schmutzig und oftmals auch hässlich, wenn man auf Details achtete. Denkmäler lagen in Trümmern, aber es fehlte die Anmut des romantischen Verfalls; im Vergleich zu den Tagen der Sultane war Istanbul zu einem regelrechten Rückzugsort geworden. Der Islam war in den Hintergrund getreten, das Fasten eine Privatsache und die Derwische waren aus den Straßen verschwunden.

Istanbul hatte also seinen alten Glanz verloren, oder, wie Arnold J. Toynbee es bereits in den 1920er-Jahren formulierte: „Wir zivilisierten Menschen des Westens blicken mit Mitleid oder Verachtung auf unsere nicht-westlichen Zeitgenossen, die im Schatten einer stärkeren Macht stehen, die ihre Energien zu lähmen scheint, indem sie ihnen das Licht entzieht. In der Regel sind wir zu sehr in unser eigenes Leben vertieft, um genauer hinzuschauen, und gehen auf der anderen Seite vorbei – und vermuten (wenn unsere Neugierde ausreichend geweckt worden ist, um eine Erklärung zu verlangen), dass der Schatten, der diese kränklichen Gestalten bedrückt, der Geist ihrer eigenen Vergangenheit ist. Doch wenn wir innehalten, um diese schemenhafte, gigantische, übergroße Gestalt zu untersuchen, die, scheinbar bewusstlos, mit dem Rücken zu ihren Opfern steht, würden wir mit Erschrecken feststellen, dass ihre Züge die unseren sind.“[1715]

1713 King, Mitternacht, S. 14.

1714 Im ganzen Absatz vgl. die Beschreibung bei Schmidt, Jahre, S. 14.

1715 Übers. aus dem Englischen bei Arnold J. Toynbee: The Western Question in Greece and Turkey. A Study in the Contact of Civilisations, 2. Aufl. New York 1970 [zuerst: 1922], S. 1.

„Europäer, die in dieser Zeit nach Istanbul kamen, wussten sehr genau über die dunkle Unterseite ihrer Zivilisation Bescheid, weil sie deren Opfer waren“[1716], kommentiert Charles King diese denkwürdigen Zeilen. In der Tat: Aus einer, wie Georg Stauth und Faruk Birtek schreiben, „Welt der Scherben kamen sie an die Ufer des Bosporus, die meisten nicht als politische Rebellen oder Verfolgte, sondern als von einer neudeutschen Macht- und Monopol-‚Kultur' Ausgegrenzte. Von den Vorstellungen zu einer kulturellen Erneuerung Europas vor und nach dem Ersten Weltkrieg waren auch sie geprägt, hatten sie z. T. selbst mitgetragen. Aber dann kam die neudeutsche Realität und sie wurden von der Welle der stupiden und faschistischen Umsetzung solcher Ideen selbst überrollt. Sie konnten nicht mehr mitschwimmen, wurden aus dem Strom herausgetrieben, ganz eigne, einsame Wesen und als solche Ausgegrenzte und tendenzielle Opfer.“[1717] Eines dieser Opfer war Karl Süßheim. An seinen Gott glaubte er nach wie vor – im Gegensatz zu vielen anderen jüdischen Emigranten, die über ihre schrecklichen Erfahrungen jede Hoffnung verloren hatten.

„Ich weiß nicht, welche Erfahrungen und Gedanken des Nachts in unseren Träumen hausen. Ich wage nicht nach Einzelheiten zu fragen“, schrieb Hannah Arendt über ihre Exilerfahrung, „denn auch ich bliebe lieber optimistisch. Doch manchmal stelle ich mir vor, dass wir zumindest nachts an unsere Toten denken und an die einst geliebten Gedichte erinnern“[1718]. Was ging Karl Süßheim durch den Kopf, bei seiner Flucht aus Deutschland, in der ersten Zeit in der Türkei? Dass die Überlieferung seines Tagebuchs endgültig endet, noch bevor unser Protagonist sich in Istanbul wiederfindet, stellt uns vor eine Herausforderung: Nur bruchstückhaft lässt sich ermitteln, welche Gedanken und Gefühle ihn bei diesem Umbruch im letzten Jahrzehnt seines Lebens begleiteten, und welche Erfahrungen er in der Türkei ab dem Sommer 1941 machte. Mithilfe einzelner loser Dokumente aus den Archiven, Fotografien und den Erinnerungen Dritter lässt sich dennoch ein wenig Licht ins Dunkel bringen. Zunächst aber erscheint es sinnvoll, einmal ganz grundsätzlich zu fragen, was das türkische Exil und die Erfahrung, seine Heimat verloren zu haben, für einen Menschen wie Karl Süßheim bedeutet haben mag.

Ein berühmter Essay von Bernhard Schlink fasst präzise in Worte, was viele Menschen auf der Flucht spüren: Das Heimatgefühl ist mit der Heimatlosigkeit, also mit der Erfahrung des Verlusts, zentral verbunden[1719] – Heimat wird besonders spürbar, wenn man sie verlassen hat, und dort, wohin man gegangen ist, lebt sie als Sehnsucht fort. „Heimat lässt sich nicht festnageln an Orten, Menschen, Sprachen oder Ideologien“, schreibt auch der Emigrant

1716 King, Mitternacht, S. 14.

1717 Stauth u. Birtek, Einleitung, S. 13.

1718 Arendt, Flüchtlinge, S. 14.

1719 „Und doch bleibt die Verbindung seltsam“, schreibt der Autor: „Denn ursprünglich und eigentlich ist der Begriff des Exils der Gegenbegriff zum Begriff der Heimat, die man verlassen mußte. Man wurde aus ihr vertrieben, durch Gewalt oder durch Not; sie liegt irgendwo jenseits der Grenze; man sehnt sich nach ihr zurück und kehrt auch in sie zurück, wenn es die Verhältnisse dort erlauben, wenn die politische Unterdrückung endet oder die Hungersnot oder das Wüten der Seuche.“ Bernhard Schlink: Heimat als Utopie, Frankfurt a. M. 2000, S. 8.

Rafik Schami, der Syrien unter der Herrschaft des alten Assad verlassen hat: „Sie wandert mit uns, unsichtbar nistet sie sich in unserem Gedächtnis ein"; sie sei „wie ein Märchen, wie eine gute Idee, wie eine Erinnerung an eine unerfüllte große Liebe" und sie glühe „in dieser Erinnerung umso heftiger, je entfernter wir von unseren Kindheitsorten sind – geographisch oder zeitlich".[1720] Rafik Schami beschreibt das Exil als „seltsame Erfahrung", die man mit keinem anderen Aufenthalt, keinem touristischen, keinem begrenzten beruflichen, aber auch nicht mit dem Asyl vergleichen könne, denn in all diesen Fällen sei „das Zeitlimit ein sicherer Anker"[1721]. Das Exil dagegen, so der Schriftsteller, sei „ein nicht erfülltes Versprechen auf die Rückkehr ins Paradies, in eine befreite Heimat". Nicht nur Rafik Schamis Syrien heute, auch Karl Süßheims Sehnsuchtsort – das Bayern seiner Kindheit und Jugend, mit dem er trotz latenter antisemitischer Diskriminierung Geborgenheit und Sicherheit verband – existierte längst nicht mehr. Und doch hätte er Deutschland nicht verlassen, wenn es nicht um Leben und Tod gegangen wäre. Andere Emigranten änderten im türkischen Exil ihre Namen, um nicht mehr als Deutsche erkannt zu werden und ihren türkischen Mitmenschen die Aussprache zu erleichtern – die Süßheims nicht. Nur den ungewöhnlichen Namen seiner zweiten Tochter türkisierten sie vorübergehend zu Cokonda.[1722] Karl Süßheim bemühte sich, soweit wir wissen, nie um den türkischen Pass – die „Haymatlozigkeit", die die türkischen Behörden den deutschen Emigranten später wie erwähnt in die Pässe stempelten, traf seine Situation schon von Beginn an recht akkurat.[1723]

Dabei war seine Ausgangsposition im Exil besser als die vieler anderer: Die meisten Immigranten mussten sich – wie auch seine Frau und die beiden Töchter – erst mühsam ans Türkische gewöhnen, eine Sprache mit ihrer ganz eigenen Logik, den blumigen Bildern und den nicht enden wollenden Suffixen, die die Türken so mühelos an ihre Wörter ketten, um Ort, Zeit oder Person zu markieren. Süßheim als Quasi-Muttersprachler (daran hatte auch die Schriftreform nichts geändert) konnte in Istanbul sein Leben sofort in die Hand nehmen. Dank seines alten Netzwerks fand er auch schnell eine Wohnung für die Familie – Kasımzade Naci, einer seiner Buchhändler aus Konstantinopler Tagen[1724], half beim Ankommen, wie die Tochter erinnerte: "We moved into the ground floor of an old villa that was converted into

1720 Rafik Schami: Ich wollte nur Geschichten erzählen. Mosaik der Fremde, Berlin 2017, S. 56.

1721 Hier und das folgende Zitat: ebd., S. 82.

1722 Süßheims ältere Tochter Margot, die unverheiratet geblieben ist, änderte ihren Namen später auch nicht substanziell, sondern amerikanisierte ihn zu Suesheim.

1723 Offiziell wurde Süßheim die deutsche Staatsbürgerschaft mit der elften Verordnung zum „Reichsbürgergesetz" im November 1941 rückwirkend zum Datum seines Grenzübertritts entzogen. Im Antrag zur „Wiedergutmachung" des nationalsozialistischen Unrechts schrieb Karl Süßheims Witwe später zur Staatsangehörigkeit des Geschädigten, also über ihren Mann: „durch die allgemeine Ausbuergerung am 25. XI. 1941 verloren"; beim Punkt „fremde Staatsangehörigkeit und welche" notierte sie ein schlichtes „nein". Caroline O'Brien: [ausgefülltes Antragsformular], 14. 12. 1956, BayHStA MK 44426, Wiedergutmachungsakten des BSMUK, Dr. Süßheim, Karl, Privatdozent betr. Wiedergutmachung.

1724 Vgl. Flemming u. Schmidt, Diary, S. 11.

„Wir wohnten in einem Haus, das vor Wanzen strotzte und ernaehrten uns von billigen Fruechten wie Melonen und Feigen.“ Die Süßheim-Frauen lebten in einer anderen Welt, doch in einem konnte Karolina sich durchsetzen: Mit der jüdischen Erziehung ihrer Töchter war es in Istanbul vorbei.

apartments. The house belonged to Naci Bey, an old friend of our father. Naci Bey had a printing company. He had a wife and 2 daughters, both older than we were. Naci Bey was blind as a result of syphilis. [...] Naci Bey and his family lived on the top floor. They also had a house in the old town, so their home in Ortaköy may have been their summer home.”[1725]

Bitterer erinnerte sich Süßheims Frau an das neue Zuhause. „Aufgrund der Vergütung konnten wir nicht, wie es fuer den Europaeer allgemein üblich war, im europäischen Viertel wohnen“, schrieb sie später: „Wir wohnten in einem Haus, das vor Wanzen strotzte und ernaehrten uns von billigen Fruechten wie Melonen und Feigen“[1726]. In anderer Hinsicht aber war sie wohl auch erleichtert: „In the summer we usually went out in the YMCA camp [...]. I started going the first year we were in Istanbul“, schrieb die ältere Tochter – “later [...] I went to the American School in Arnavutköy”[1727].

1725 Margot Suesheim: Erinnerungen [Fragment], Privatbesitz Lisa R. D’Angelo (Chicago).

1726 Caroline Süssheim O’Brien: [notariell bestätigte Erklärung zum Wiedergutmachungsverfahren], 13.3.1961, BayHStA LEA 35392.

1727 Margot Suesheim: Erinnerungen [Fragment], Privatbesitz Lisa R. D’Angelo (Chicago).

ŞILKÖY

Karolina Süßheim hatte sich durchgesetzt: Mit der jüdischen Erziehung der Mädchen war es im Exil vorbei.[1728] Eine ihrer Mitschülerinnen war Günsel Koptagel-Ilal, die spätere Leiterin einer Abteilung an der psychiatrischen Klinik der Istanbuler Cerrahpaşa Üniversitesi, die sich an „Gondi und Margot, die Töchter von Professor Süssheim, meine Schulkameradinnen auf der English High School"[1729], noch lange erinnerte. Fotografien erwecken den Eindruck, dass die Süßheim-Töchter im Exil wieder in ein Leben fanden, das etwas wie einen geregelten Alltag mit seinen gewöhnlichen Höhen und Tiefen ermöglichte. Dennoch war das Leben abseits der vertrauten Heimat schwierig.

Die Akzeptanz einer „exilierten Identität zwischen Akkulturation und Hybridität", wie Said El Mtouni es treffend bezeichnet[1730], wird Karl Süßheim trotz seiner vergleichsweise guten Startbedingungen noch schwerer gefallen sein als vielen anderen neuen Einwohnerinnen und Einwohnern der Türkei[1731], schon allein seines Wesens wegen. Wir haben beobachtet, wie lange er im Gegensatz zu anderen Familienmitgliedern oder Bekannten an der Vorstellung festhielt, in München bleiben zu können. Nun aber befand er sich in der neuen Türkei, die ihm so fremd war und zugleich, gerade in ihrem Wandel, auf eine eigenartige Weise vertraut. „Das erzwungene Exil im kosmopolitanischen Istanbul setzte [...] Bedingungen"[1732], schreiben die Soziologen Georg Stauth und Faruk Birtek bildgewaltig:

> „Hier wirkte nicht die Anziehungskraft der Wüste oder die Sehnsucht, sich auf die Suche nach dem Ursprünglichen zu begeben. [...] [Hier] herrschte [...] eine bestimmte eigene Natur, ja man müsste sagen Zwitternatur vor [...]. Istanbul steht unter dem klimatischen Einfluss zweier gegensätzlicher Windrichtungen, die sich – gewissermaßen in Konkurrenz zueinander – in die Stimmung der Stadt einmischen. [...] Den je vom Nord- oder Südwind beherrschten Launen entsprechen zwei gegensätzliche Gemütslagen der Stadt, die zerstörerisch aufeinander wirken. Sie schaffen auf kultureller Ebene Erfahrungsbedingungen, die auf wechselhafter Orientierungslosigkeit beruhen, ja die man geradezu mit einem Mangel an Dezision und Wille bezeichnen könnte. [...] Der ‚Geist' des Ortes – so möchte man sagen – erscheint, als wäre er von einer paradoxen Beziehungslosigkeit geprägt. An den Punkt in einer anderen Welt und Kultur gesetzt zu

1728 Vgl. auch z.B. Margot Süßheims Schulzeugnis vom American College for Girls, Istanbul, 18.12.1947, BayHStA MK 44426, Wiedergutmachungsakten des BSMUK, Dr. Süßheim, Karl, Privatdozent betr. Wiedergutmachung.

1729 Generalkonsulat der Bundesrepublik Deutschland in Istanbul: Diskussionsabend im Deutschen Generalkonsulat am 8.6.2006 zum Thema „Exil und Gesundheitswesen: Deutsche Mediziner in der Türkei an 1933" [Protokoll], Istanbul [2006], online: https://tuerkei.diplo.de/blob/1572728/4bef627fb1c2dedd3e69 80571b2eaed/datei-exil-mediziner-data.pdf, S. 6.

1730 Vgl. die Monografie von Said El Mtouni: Exilierte Identitäten zwischen Akkulturation und Hybridität (= Literatur Kultur Theorie 21), Würzburg 2015.

1731 Vgl. dazu den Aufsatz von Sabine Hillebrecht: Vertürken? Die deutschen Emigranten zwischen *heimisch werden* und *fremd bleiben*, in: Haymatloz [Ausstellungsband], S. 162–171.

1732 Stauth u. Birtek, Einleitung, S. 8.

sein, von dem zurück man in die kulturelle und geschichtliche Ferne blickt, weil man am Gegenwärtigen der eigenen nicht teilhaben kann, ja mit Grausen sich von ihr abwenden muss, stellt einen Bruch ganz eigener Art dar."[1733]

Karl Süßheim war ein Ausgestoßener, einer, der in den vergangen Jahren auf der Schattenseite der Moderne leben musste und ihr nur mühsam entkommen war; nun fand er sich in der türkischen Republik wieder, die ihre Modernisierung feierte und den Stolz auf den verstorbenen Staatsgründer, der diese ermöglicht (oder: erzwungen) hatte, kultivierte – so sehr, dass Atatürk als Figur noch heute der Mythos ist, auf den sich nahezu das gesamte politische Denken in der Türkei bezieht, im Positiven wie im Negativen.

Genehmigen wir uns einen Blick auf die Gegenwart. Ankara im 21. Jahrhundert, *Anıtkabir*, das „Grabdenkmal": Hier liegt Mustafa Kemal Atatürks Leiche einbalsamiert in einem schwarz-weiß marmorierten Sarkophag. Dicke rubinrote Absperrungsbänder in goldener Halterung trennen die Betrachterin von den sterblichen Überresten. Das Atatürk-Mausoleum ist ein republikanischer Pilgerort: Mehrere Millionen Menschen besuchen den Ort jährlich, an dem auch offensiv türkische Staatsbürgerkunde betrieben wird. Hunderte von Kindern im Grundschulalter strömen, nachdem sie die 250 Meter lange Prunkstraße überwunden und den Wachwechsel der Soldaten hinter sich gelassen haben, über den weiten Platz die Treppenstufen hinauf. Sie schauen ehrfürchtig auf den Grabstein und bewundern im Anschluss beim kostenlosen Museumsbesuch das Fahrzeug des Staatsgründers – und propagandistische Ölschinken, die Kriege aus der ersten Hälfte des 20. Jahrhunderts verherrlichen. Auf dem Gelände des Mausoleums herrscht der Neoklassizismus: Monumentale Dimensionen, hünenhafte Säulen und Löwenfiguren, Travertin und Marmor. Der deutsche Betrachter fühlt sich unmittelbar an die Bauten des „Dritten Reichs" erinnert. Nichts hier entspricht der Ästhetik islamischer Architektur: Endlose in sich verschlungene Blumenranken und Ornamente sucht man vergebens, und das ist kein Zufall. Alle architektonischen Entwürfe mit religiöser Konnotation, die bei der Ausschreibung bis 1942 eingingen, sind rasch aussortiert worden. Wie sollte auch der Vater des türkischen Säkularismus unter einem islamischen Kuppelbau seine letzte Ruhe finden? Mustafa Kemal hat die Trennung von Staat und Kirche in den Nahen Osten gebracht, so das heute insbesondere, aber nicht nur in der Türkei gängige Narrativ.[1734] Eine beispiellose Toleranz gegenüber religiösen Minderheiten sei damit einhergegangen; Tausende in Europa verfolgte Jüdinnen und Juden seien auf

1733 Ebd., S. 8 ff.

1734 Im Aufsatz von Tunçay beispielsweise ist diese Vorstellung, obgleich die Politik Atatürks kritisiert wird, noch sehr präsent, vgl. Mete Tunçay: Der Laizismus in der Türkischen Republik, in: JGGVMO (1984), S. 53–93. Der türkische „Laizismus" aber bedeutete vielmehr eine Kontrolle der sunnitisch-muslimischen Religion durch den Staat – und die Marginalisierung anderer Bekenntnisse und Religionen, der Aleviten, der Christen und Juden. Auch aktuellere deutschsprachige Arbeiten lassen zuweilen einen entsprechend kritischen Blick auf die Atatürk'sche Politik ganz und gar missen, vgl. z. B. Kemal Bozay: Exil Türkei. Ein Forschungsbeitrag zur deutschsprachigen Emigration in der Türkei (1933–1945) (= Fremde Nähe – Beiträge zur interkulturellen Diskussion 15), Münster 2001.

diese Weise gerettet worden. Wie nah kommt diese beliebte Erzählung der Realität, auf die deutsch-jüdische Exilanten wie Karl Süßheim in den 1940er-Jahren stießen, als sie den rettenden Anker endlich erreichten? Wie radikal durfte er sein, der Bruch mit der Vergangenheit, der etwas Neues ermöglicht hätte? Wie sehr war es erlaubt, sein „Anders-Sein, das zu Hause nicht mehr geduldet wurde“[1735], wie Georg Stauth und Faruk Birtek schreiben, nun in der Fremde zu pflegen? Und wie erfolgreich schlugen die Geretteten von Istanbul als Geisteswissenschaftler tatsächlich einen Kurs ein, „der auf die Überwindung der Kultur-Grenzen gerichtet war“? War die Stadt wirklich „ein von der Zerstörung verschonter Außenposten“, ein Ort der „Stille“[1736] gar? Es war „eben nicht einfach der ‚Orient‘“, in dem sich die Emigranten nun wiederfanden, „es war auch der Kemalismus“, wie die oben zitierten Soziologen ausführen: „Hier [in Deutschland, KM] gibt die bio- und sozial-technische Nazi-Kultur der untergehenden abendländisch-humanistischen Kultur den letzten Stoß“, schreiben Stauth und Birtek, „dort [in der Türkei, KM] ist es der nationalistische und modernistische Kemalismus, der zugleich den ‚Orient‘ überwinden will.“[1737] In der Tat: Der Süßheim wohlbekannte „Orient“ sollte in der neuen Türkei überwunden werden – zu ihm hatte auch die traditionell gute Beziehung zur jüdischen Bevölkerung gehört.

In einem von Karl Süßheim hochgelobten Buch aus der Zeit des Ersten Weltkriegs[1738] hatte der bayerische Majors Franz Carl Endres geschrieben: „Von jeher war die Türkei eine Zuflucht der Juden und von jeher hat sie dem christlichen Europa Unterricht in Würde und Toleranz in Bezug auf die Judenfrage gegeben“[1739]. Endres, wie erwähnt ein Vorkämpfer in Menschenrechtsfragen, betonte die traditionell gute Behandlung der jüdischen Bevölkerung im Osmanischen Reich in seiner Veröffentlichung über alle Maßen.[1740] Pogrome hatten in der Geschichte des Vielvölkerstaats gleichwohl durchaus stattgefunden[1741], und auch in

1735 Hier und das folgende Zitat: Stauth u. Birtek, Einleitung, S. 13.

1736 Ebd., S. 14.

1737 Ebd., S. 11.

1738 Vgl. dazu ausführlich Kap. II.1.

1739 Endres, Türkei, S. 165.

1740 Franz Carl Endres, der die Deutschen zu mehr Toleranz gegenüber der jüdischen Minderheit anhielt (vgl. Kap. II.1), schrieb aber auch: „Die Juden schadeten sich im Orient […] durch ihre eigenen Streitigkeiten und die immer wieder auftauchenden Messiashochstapler, die oft derartige Bewegungen und Aufregungen unter den Juden hervorriefen, daß die Pforte politische Wirren befürchtete und auch wiederholt energisch eingreifen mußte.“ In der Fußnote ging es weiter: „Die messianischen Bewegungen entstanden fast immer als Auswüchse kabbalistischer Träume. Am berühmtesten wurde jener Sabbatai Zewi (geb. 1626) von spanischer Abkunft, der von Smyrna ausgehend die ganze orientalische Judenschaft verrückt machte. Aber auch in diesem Fall bewies die türkische Regierung größte Toleranz und taktvolle Geschicklichkeit.“ Ebd., S. 173.

1741 „Einmal kam es zu größeren Judenverfolgungen in der Türkei“, ist auch bei Endres zu lesen: „Das war im Jahre 1840 in Syrien. Zur Rechtfertigung der Türken sei erwähnt, daß sich Syrien damals unter der arabischen Herrschaft Mehemed Alis befand. Der angeblich durch Juden betätigte Mord an einem Mönch veranlaßte die Behörden zu einer Art Inquisition. Der arabische Pöbel zerstörte die Synagoge in Damaskus. Ähnliche Vorkommnisse in Rhodos hatten ähnliche Folgen. Es war meines

Der Stürmer

Deutsches Wochenblatt zum Kampfe um die Wahrheit

HERAUSGEBER: JULIUS STREICHER

Nummer 15 | Nürnberg im April 1934 | 12. Jahr 1934

Blutsauger von Berl

Dr. rer. Richard Hope schindet arme Leute, schwindelt und betrügt

Frühling

Es paßt der Jude nicht in dieser Tage Pracht
Abschaum der Menschheit, Kreatur der Nacht

Aus dem Inhalt
Jud bleibt Jud
Zwei Jahre unter Juden in Palästina
Papst und Rabbiner

Die Juden sind unser Unglück!

Sayı:6 CEVAT RİFAT 15 Temmuz 1934

MİLLÎ İNKILÂP

TAŞKIN MİLLİYETÇİ SİYASİ MECMUA

Yahudi, Beşer hayatının kâbusu ve insan cemiyetlerinin kirli bir köpüğüdür. Onun çekildiği yerlerde bahar havası altında ebedi saadetler vücut bulur.

der neuen Zeit kam es zu Ausschreitungen. Das bereits erwähnte Pogrom in Ostthrakien von 1934 war allerdings keine (nach außen offen kommunizierte) staatliche Aktion[1742], und auch Atatürks Bewunderung durch die Nationalsozialisten stieß wie erwähnt nicht auf die entsprechende Gegenliebe. Dies sollte jedoch nicht darüber hinwegtäuschen, dass sich in der nationalistisch geprägten Türkei, die sich mit dem Genozid von 1915/16 quasi selbst im Inneren ihres wichtigsten Feindbilds beraubt hatte, auch der Umgang mit den übrigen Minderheiten zuspitzte: „Nichtmuslimische Minderheiten wurden unter Atatürk im Alltag diskriminiert, und niemand schritt gegen ihre Verhöhnung in bestimmten Presseorganen ein"[1743], schreibt der Atatürk-Biograf Klaus Kreiser. Nicht zufällig erschienen antisemitische Karikaturen nun auch in der türkischen Presse. Die deutsch-türkische Freundschaft sollte in den 1930er-Jahren um eine weitere denkwürdige Facette bereichert werden: Der *Stürmer*-Herausgeber Julius Streicher, der, wie wir gesehen haben, einst Max Süßheim so perfide in

Wissens das einzige Mal, daß Europa sich der orientalischen Juden anzunehmen Veranlassung hatte. Mehemed Pascha verstand sich zur Niederschlagung des eingeleiteten Prozesses. Im selben Jahre 1840 fiel Syrien wieder an die Pforte und sofort erschien auch ein Irade [Erlass, KM] des Sultans, das jede Verfolgung und Belästigung der Juden strenge verbot." Ebd., S. 174. Zu dem erwähnten Pogrom von 1840 vgl. Florence, Blood Libel sowie die Bemerkungen in Kap. I.1.

1742 Staatliche Verantwortlichkeit aber war durchaus gegeben, vgl. zur offiziellen Kommunikation Ankaras und der davon abweichenden Einschätzung in- und ausländischer Beobachter wie auch neuerer Forschungsarbeiten Guttstadt, Türkei, S. 190 ff.

1743 Kreiser, Atatürk, S. 301.

Szene setzen ließ[1744], schätzte auch die Judenfeinde in Nahost. 1933/34 nahm Streicher für mehrere Monate den türkischen Antisemiten Cevat Rıfat Atilhan, der schon im Ersten Weltkrieg mit seiner Obsession an die Öffentlichkeit getreten war, als Gast in seinem Haus auf.[1745] Ausgestattet mit deutschem Geld und Propagandamaterial kehrte dieser zurück in die Türkei, versuchte, dort eine NS-Organisation zu gründen und verteilte an der Istanbuler Universität Hakenkreuze zum Anstecken. Als Atilhan damit nicht den erhofften Erfolg hatte, gründete er eine Zeitschrift. Zur tatkräftigen Unterstützung gab Streicher Karikaturen aus seinem eigenen Hetzblatt in solchen Blättern zum Druck frei – und ließ sie flexibel an die gesellschaftlichen Erfordernisse anpassen. Die beiden hier gezeigten Ausgaben des *Stürmer* und der *Millî İnkılâp* („Nationale Revolution“) von 1934 sind ein besonders anschauliches Beispiel dieser deutsch-türkischen Zusammenarbeit. Hatice Bayraktar hat mit Judenstereotypen in türkischen Zeitschriften eine ganze Arbeit zu füllen vermocht.[1746]

In einem Staat, in dem derlei antisemitische Verleumdungen in der Öffentlichkeit geduldet wurden, entstand auch das gesellschaftliche Klima, in dem konzertierte Hetzjagden gegen Jüdinnen und Juden wieder möglich wurden. Beim Thrakien-Pogrom handelte es sich auch vor diesem Hintergrund sicher nicht um einen „Betriebsunfall“[1747], wie Berna Pekesen richtigerweise einen gängigen Topos dekonstruiert hat.[1748] Doch nicht nur, dass in der türkischen Republik antisemitische Befindlichkeiten toleriert und entsprechende öffentliche Äußerungen akzeptiert waren, auch das scheinbar klare Bekenntnis des Staates zu den verfolgten europäischen Jüdinnen und Juden war durchaus ambivalent. Im Zuge nationalistischer Politik wurden Gesetze erlassen, die türkische Staatsbürger jüdischen Glaubens diskriminierten, und die Türkei weigerte sich beispielsweise auch, jüdische Staatsbürger aus Frankreich zu repatriieren. Nachdem bei der feierlichen Gründung der Universität Istanbul 1933 noch 42 deutsche Wissenschaftler – vier Professoren und 38 außerordentliche Professoren, darunter etliche Juden –, eingestellt worden waren[1749], gab man sich in dieser Hinsicht bald bedeckt: Im September 1933 hatte Albert Einstein als Ehrenpräsident der Union des Sociétés pour la Protection de la Santé des Populations Juives (heute bekannt als Oeuvre de Secours aux Enfants, OSE), die 1912 in Russland gegründet worden war, um verarmten oder verfolgten jüdischen Kindern zu helfen, der Türkei angeboten, deutsche jüdische

1744 Vgl. Kap. II.2.

1745 Hier und im Folgenden vgl. Guttstadt, Türkei, S. 170.

1746 Hatice Bayraktar: Salamon und Rabeka. Judenstereotype in Karikaturen der türkischen Zeitschriften Akbaba, Karikatür und Milli İnkilap 1933–1945, Berlin 2006. Zum Thema vgl. auch Berna Pekesen: Zwischen Sympathie und Eigennutz. NS-Propaganda und die türkische Presse im Zweiten Weltkrieg, Berlin 2014.

1747 Vgl. die Arbeit Ders.: Nationalismus, Türkisierung und das Ende der jüdischen Gemeinden in Thrakien. 1918–1942 (= Südosteuropische Arbeiten 145), München 2002, das Zitat S. 14.

1748 Nach dem Pogrom wurde die *Millî İnkılâp* eine Weile verboten, spätestens ab Ende der 1930er-Jahre konnten die Antisemiten aber „offen und nicht selten mit Duldung oder Unterstützung staatlicher Stellen agieren“, Guttstadt, Türkei, S. 170.

1749 Vgl. die Zahlen im Vorwort bei Yalçın, Haymatlos, S. xv.

Wissenschaftler und Ärzte zu schicken, die ein Jahr lang kostenlos arbeiten würden, wenn sie einreisen dürften.[1750] Die Regierung lehnte ab, wohl nicht zuletzt aus Rücksicht auf die Beziehungen zum „Dritten Reich".

Corry Guttstadt hat dem zwiespältigen Verhältnis der türkischen Republik zur nationalsozialistischen Judenverfolgung eine zu Recht viel beachtete Studie gewidmet, und der hier bereits erwähnte geheime türkische Kabinettsbeschluss, keine Juden mehr in der Türkei aufzunehmen, muss in diesem Zusammenhang gesehen werden.[1751] Der Bruch dieses Versprechens für den deutsch-jüdischen Orientalisten Karl Süßheim wiederum illustriert die Ambivalenz der türkischen Haltung besonders deutlich: Der Import versierter Wissenschaftler aus Europa, insbesondere dem deutschsprachigen Raum, wurde von den Machern der türkischen Modernisierungspolitik als unabdingbar betrachtet[1752]; es ist kein Zufall, dass die meisten jüdischen Immigranten in der Türkei hochgebildete Menschen waren und im universitären Umfeld unterkamen.[1753] Insgesamt betrachtet war die Zahl der auf diese Weise der Shoah Entkommenen allerdings marginal; bei der Türkei handelte es sich mitnichten um eines der Länder, die besonders viele Jüdinnen und Juden gerettet haben.[1754] „[I]ch glaube, daß nirgendwoanders die relative Bedeutung von Emigranten aus dem ‚Dritten Reich' so groß und ihre Arbeit so nachhaltig wirksam gewesen ist wie in der Türkischen Republik"[1755], merkte Fritz Neumark nichtsdestoweniger rückblickend an. Der Finanzwissenschaftler war einer der Deutschen in der Türkei, die trotz eines frühen Austritts aus der jüdischen Gemeinde dem „Arier-Paragraphen" zum Opfer gefallen waren. „Jedenfalls scheint mir der Einfluß deutschsprachiger Wissenschaftler und Künstler auf die einheimischen Ärzte, Anwälte, Chemiker, Physiker, Sprachlehrer und nicht zuletzt auch gewisse Beamtengruppen

1750 „I beg to apply to Your Excellency to allow fourty professors and doctors from Germany to continue their scientific and medical work in Turkey. The above mentioned cannot practice further in Germany on account of the laws governing there now. The majority of these men possess vast experience, knowledge and scientific merits and could prove very useful when settling in a new country. Out of a great number of applicants our Union has chosen fourty experienced specialists and prominent scholars [...]. These scientists are willing to work for a year without any renumeration in any of your institutions, according to the orders of your Government. In supporting this application, I take the liberty to express my hope, that in granting this request your Government will not only perform an act of high humanity, but will also bring profit to your own country." Albert Einstein an [Mustafa Kemal], Paris 17. 9. 1933, abgeb. bei Generalkonsulat, Diskussionsabend, S. 24.

1751 Guttstadt, Türkei.

1752 Vgl. Kap. II.2.

1753 Vgl. dazu den Band von Kubaseck u. Seufert, Wissenschaftler. Einen besonderen Fokus auf die Emigration aus München legte die Ausstellung des JMM, Münih.

1754 Das betont beispielsweise Guttstadt, Türkei, S. 212: „In keiner der einschlägigen Statistiken über Fluchtländer findet die Türkei überhaupt Erwähnung. [...] Für die Mehrheit der deutsch-jüdischen Flüchtlinge spielte sie als Exilland keine Rolle." Yalçın schreibt, dass sich 1939 1100 deutsche Emigranten in der Türkei aufhielten, vgl. Yalçın, Haymatlos, S. xvi.

1755 Hier und das folgende Zitat: Fritz Neumark: Zuflucht am Bosporus. Deutsche Gelehrte, Politiker und Künstler in der Emigration 1933–1953, Frankfurt a. M. 1980, S. 8 f.

ungewöhnlich breit und tief gewesen zu sein“, schrieb er, „und das gilt nicht nur für die Zeitgenossen, sondern auch die nächstfolgenden ein, zwei Generationen“. Über die Probleme, die das Aufnahmeland den Verfolgten des nationalsozialistischen Regimes bereitete, hielt sich Neumark, der 1951 nach Frankfurt zurückkehrte, bedeckt; er erwähnte in seinem Buch lediglich die Herausforderungen, die eine neue Alltagssprache und des Leben in einer Kultur mit anderer religiöser Prägung mit sich brachten.[1756] Tatsächlich sahen sich die Emigranten aber auch mit anderem konfrontiert: 1941, in dem Jahr, in dem Süßheim mit seiner Familie Istanbul erreichte, wurde der „Deutsch-Türkische Freundschaftsvertrag“ geschlossen, verhandelt von Franz von Papen – dem Mann, der bekanntlich einst Hitler mit an die Macht verholfen hatte; bereits seit 1939 war Papen Botschafter in der Türkei. Hitler hatte die Türkei gebeten, ihr Staatsgebiet passieren zu dürfen, um in den Irak zu gelangen – und Atatürks Nachfolger İsmet İnönü angeboten, das Land dabei nicht anzugreifen. Ankara ging darauf ein. Auch die Versenkung der Struma mit 800 toten jüdischen Flüchtlingen im Jahr 1942 war schließlich nicht zuletzt eine Folge der restriktiven Haltung der Türkei. Einzelne Diplomaten wie Selahattin Ülkümen und İsmail Necdet Kent widersetzten sich allerdings der deutschfreundlichen Linie Ankaras und stellten weiterhin Reisepässe an verfolgte Jüdinnen und Juden aus Europa aus.

Die zwiespältige Haltung der Türken gegenüber dem „Dritten Reich“ und seinen Opfern fand ihre Entsprechung in der gespaltenen deutschen Exilgemeinde in den großen Städten: Im Zuge des Modernisierungsstrebens der Türkei fanden auch „Reichs- und Volksdeutsche“ den Weg in den Nahen Osten; in Abgrenzung zu dieser Gruppe nannten sich die Verfolgten des NS-Regimes selbstironisch „Kolonie B“.[1757]

Besonders präsent war die Teilung an Karl Süßheims neuem Arbeitsplatz, der Universität Istanbul. Schon 1939 war Herbert Scurla, der nationalsozialistische Sonderreferent für Ostfragen, hierher geschickt worden, um Informationen über die Beschäftigung der aus Deutschland vertriebenen Professoren an den türkischen Universitäten einzuholen – das NS-Regime wollte diese nämlich durch regimetreue deutsche Wissenschaftler ersetzen. Der erst spät entdeckte „Scurla-Bericht“[1758], in dem die Flüchtlinge und deren Familienangehörige nach ihrer Nähe bzw. Ferne zum Nationalsozialismus und ihrem jeweiligen „rassischen“ Hintergrund bewertet wurden, wirft ein grelles Licht auf den langen Arm des „Dritten Reichs“ in der Türkei. Und dies sollte so bleiben, wie ein Aufsatz von Christiane

1756 Vgl. ebd., S. 9.

1757 Vgl. dazu ausführlich Christiane Hoss und Ursula Büchau: Deutsche Kolonie B. Daten und Fakten zu den in die Türkei Emigrierten, in: Haymatloz [Ausstellungsband], S. 100–111.

1758 Die Quelle wurde 1981 von Klaus-Detlev Grothusen im Rahmen einer Ausstellung zu den diplomatischen Beziehungen Deutschlands und der Türkei zur Atatürk-Zeit entdeckt und 1987 erstmals veröffentlicht: Klaus-Detlev Grothusen (Hrsg.): Der Scurla-Bericht. Die Tätigkeit deutscher Hochschullehrer in der Türkei 1933–1939, Frankfurt a. M. 1987. 2007 kam es zu einer Neuauflage mit umfassenderer Kommentierung: Faruk Şen u. Dirk Halm (Hrsg.): Exil unter Halbmond und Stern. Herbert Scurlas Bericht über die Tätigkeit deutscher Hochschullehrer in der Türkei während der Zeit des Nationalsozialismus, Essen 2007.

Hoss illustriert.[1759] „Dem türkischen Exil haftete nichts Idyllisches an, denn zum einen wurden die Vertriebenen durch die nationalsozialistischen Auslandsorganisationen bespitzelt", fasst Martin Vialon die Erfahrungen der deutsch-jüdischen Emigranten zusammen, „zum anderen gab es in der sich monolithisch verstehenden kemalistischen Staatsdoktrin und Geschichtsauffassung eindeutig chauvinistische, rassistische und antisemitische Tendenzen"[1760]. Auch wenn das Exil aus diesen Gründen kein echter Neuanfang sein konnte, darf freilich nicht vergessen werden: Karl Süßheim überlebte die Verfolgung und Ermordung der europäischen Jüdinnen und Juden einzig seiner türkischen Freunde wegen. Für die in Deutschland Zurückgebliebenen gab es kein Entrinnen mehr. Mit der „Polizeiverordnung über die Kennzeichnung der Juden" vom 19. September 1941 war die Tragepflicht des gelben Sterns an der linken Brustseite der Kleidung beschlossen worden; das generelle Ausreiseverbot für Jüdinnen und Juden in Deutschland, verhängt vom Reichssicherheitshauptamt unter Heinrich Himmler, erfolgte am 23. Oktober 1941, nur wenige Monate nach der Emigration der Süßheims. Im selben Herbst verließ der erste Deportationszug aus Berlin den Bahnhof Grunewald; im November rollten die Züge aus der bayerischen Hauptstadt Richtung Riga und Theresienstadt. Tausende Münchner Jüdinnen und Juden schafften es nicht mehr zu emigrieren und wurden deportiert. Zu Ende des Zweiten Weltkriegs lebten schließlich nur noch wenige Dutzend in der Stadt – sie hatten sich entweder versteckt gehalten oder ihre Ehepartner hatten sich bis zuletzt allen Schikanen zum Trotz geweigert, sich scheiden zu lassen. Auch eine Mischehe aber war keine Garantie, der Shoah zu entkommen, wie Maximilian Strnad in seiner Studie dokumentiert hat.[1761]

Dass das Leben der Süßheims in Istanbul nicht einfach war, sie in der Türkei aber zumindest vom Krieg und seinen schlimmsten Auswüchsen verschont blieben, illustriert auch ein Weihnachtsbrief aus dem Jahr 1943, den Karolina Süßheims Schwester schrieb, die nach wie vor im „Dritten Reich" leben musste:

1759 Christiane Hoss: Vogelfrei. Die Verfolgung der Emigrantinnen und Emigranten in der Türkei durch das Deutsche Reich, in: Haymatloz [Ausstellungsband], S. 130–155.

1760 Vialon, Auerbach, S. 5.

1761 In der Zusammenfassung der Ergebnisse heißt es: „Da Juden aus bestehenden Mischehen nicht in die Ghettos, Konzentrations- und Vernichtungslager deportiert wurden, hatten sie erheblich bessere Überlebenschancen. Nach einer Scheidung oder dem Tod des nichtjüdischen Partners wurden auch sie deportiert. […] Obwohl die meisten mit einem nichtjüdischen Partner verheirateten Juden von den Deportationen ausgenommen waren, stellte die Mischehe für sie keine Überlebensgarantie dar. […] Der Beginn des Jahres 1943 stellte einen wichtigen Scheidepunkt […] dar: Neben den zunehmenden Angriffen der verschiedenen Verfolgungsinstanzen vor Ort standen auch in der NS-Führung die Zwangsauflösung der Mischehen und eine anschließende Deportation der jüdischen Ehepartner auf der Tagesordnung." Strnad, Privileg, S. 448f. Wegen des Widerstands der nichtjüdischen Angehörigen habe die NS-Führung die „Lösung des Mischeheproblems" schließlich auf nach dem Krieg vertagt, was die Verfolgungsbehörden jedoch nicht davon abhielt, bei geringsten Verstößen gegen antisemitische Bestimmungen jüdische Partner weiter erbarmungslos zu verhaften und in die Lager zu bringen, wo die Überlebenschancen gering waren. Mehrere tausend Mischehepartner fielen der Shoah zum Opfer. Vgl. ebd., S. 449 u. 451.

„Deinen Brief vom 6. Nov[ember] haben wir erhalten, vielen Dank. Mama ist wieder ein wenig beruhigt, daß es bei euch wieder einigermaßen umgeht, sie sorgt sich halt mal zu viel um uns. Bis zum 27. Dez. bin ich noch daheim in Urlaub, dann ist es wieder aus mit der Herrlichkeit. In der 2. Hälfte des Oktober und den ganzen November war ich in der Nähe von Ingolstadt in einem Gut mit Brauerei zum Ernteeinsatz, da hatte [es] mir auch gut gegangen, der Besitzer ein Dr.[,] dann sein Bruder und seine Schwester waren sehr nette Leute. Daß ich nicht viel von der Landwirtschaft verst[ehe], hat da nichts zur Sache getan. Es hätte ruhig noch länger dauern können, was aber beim besten Willen des Dr.[,] nochmal verlängern zu lassen, nicht mehr ging. Vielleicht hat das mich doch über das Schlimmste hinüber gebracht, wenn man auch noch lange nicht weiß, was nun wird. [...] Den Hühnern geht es noch gut[,] der Miezi fehlt die gute Milch, man merkt ihrs aber nicht an, auf ihr Alter ist sie recht schön. Die meiste Zeit hab ich mit Lesen, Holzmachen und sonstigem Umräumen verbracht, die Tage werden nur zu schnell wieder vorüber sein. Vor ein paar Tagen war [unser Bruder] Siegfried da, er sagte[,] [unser Bruder] Alois käme auch in Urlaub, bis jetzt war er aber noch nicht bei uns.[1762] Vielen Dank auch für Margots und Gondi's Brief. Nun wünschen wir euch schöne ruhige Weihnachtszeit und alles Gute im neuen Jahr, vor allem volle Gesundheit und normales Durchkommen.“[1763]

Das „normale Durchkommen“ der Familie in Istanbul hing nicht zuletzt von Karl Süßheims Arbeit ab, mit der er nicht nur Frau und Kinder ernährte, sondern an der auch der Aufenthaltsstatus aller hing. Dies verdeutlicht nicht zuletzt ein Dokument vom Juli 1941, ein Schreiben der Literaturwissenschaftlichen Fakultät mit Fotografien nicht nur Karl Süßheims selbst, sondern auch seiner Frau und Kinder: „Die Fotos und die für die Aufenthaltserlaubnis ausgefüllte gelbe Erklärung wurden dem Amt für öffentliche Sicherheit Ankara zugesandt“[1764], ist darauf zu lesen. Regelmäßig musste die Gestattung verlängert werden[1765], zum Sicherheitsgefühl der gebeutelten Familie wird dies kaum beigetragen haben. In welchem Umfeld aber fand nun Lehre und Forschung des derart unter Druck stehenden Orientalisten statt?

Es sind verschiedene Erfahrungsberichte deutscher Wissenschaftler aus der „Kolonie B“ an der İstanbul Üniversitesi überliefert: Der Jurist Ernst Eduard Hirsch zum Beispiel hat eine Autobiografie verfasst[1766], und auch der bereits erwähnte Fritz Neumark erklärte an seinem

1762 Beide Brüder Karolina Süßheims fielen später an der russischen Front, vgl. Gonda D'Angelo: My Genogram [undatiert], Nachlass Gioconda D'Angelo, Cynthia Kingsley (Philadelphia).

1763 N. N. [Schwester] an Karolina Süßheim, 20.12.1943, Privatnachlass KS.

1764 Das Zitat ist die Übersetzung eines Auszugs des Schreibens, vgl. die Abbildung und den kompletten türkischen Text auf dem abgebildeten Dokument, Nachlass KS (LOC).

1765 Vgl. z.B. auch T. C. İstanbul Üniversitesi Edebiyat Fakültesi Dekanlığı, Sayı 1648, 26.6.1942, İÜA Akte Süßheim, abgeb. bei İshakoğlu Kadıoğlu u. Şahinbaş Erginöz, Belgele[r], S. 315.

1766 Ernst E[duard] Hirsch: Aus des Kaisers Zeiten durch die Weimarer Republik in das Land Atatürks. Eine unzeitgemäße Autobiographie, München 1982.

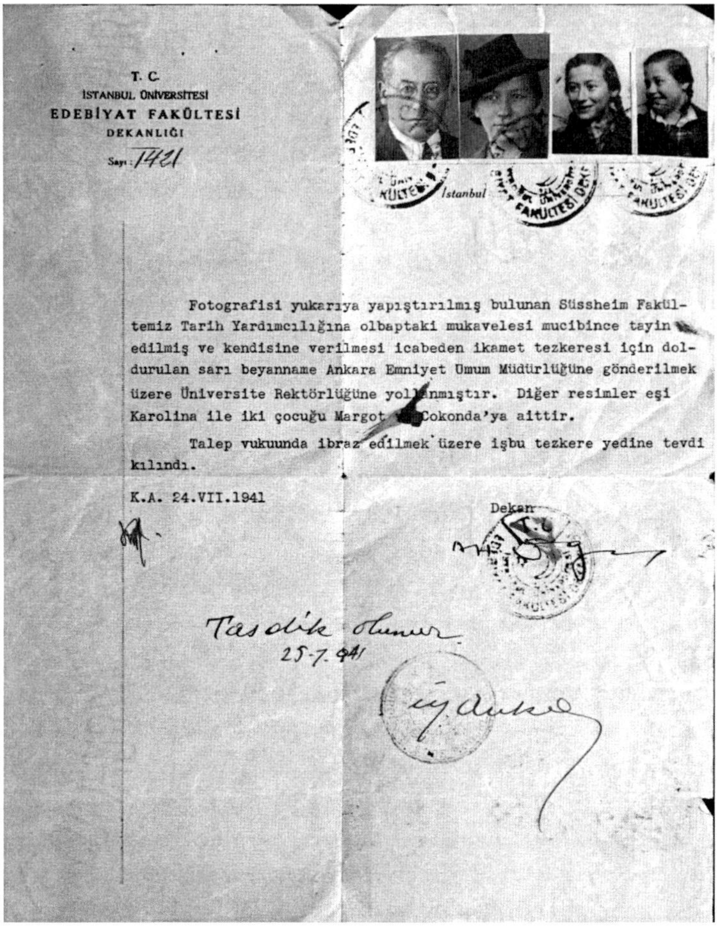

T. C.
İSTANBUL ÜNİVERSİTESİ
EDEBİYAT FAKÜLTESİ
DEKANLIĞI
Sayı: 1421

Fotografisi yukarıya yapıştırılmış bulunan Süssheim Fakültemiz Tarih Yardımcılığına olbaptaki mukavelesi mucibince tayin edilmiş ve kendisine verilmesi icabeden ikamet tezkeresi için doldurulan sarı beyanname Ankara Emniyet Umum Müdürlüğüne gönderilmek üzere Üniversite Rektörlüğüne yollanmıştır. Diğer resimler eşi Karolina ile iki çocuğu Margot [illegible] Cokonda'ya aittir.

Talep vukuunda ibraz edilmek üzere işbu tezkere yedine tevdi kılındı.

K.A. 24.VII.1941

Dekan

Tasdik olunur
25-7-941

Die Aufenthaltserlaubnis der Familie Süßheim musste immer wieder beim Amt für öffentliche Sicherheit in Ankara verlängert werden – hier ein Schreiben der Universität, das ihn über weitere Schritte informierte.

eigenen Beispiel die „Zuflucht am Bosporus".[1767] Beiden Texten ist gemeinsam, dass die Autoren ihr Aufnahmeland, dem sie nachvollziehbarer Weise ihr gesamtes restliches Leben über dankbar gegenüberstanden, kaum kritisch beleuchten.[1768] Das Buch von Kemal Bozay ist ein

1767 Fritz Neumark widmete das Buch „in erster Linie" seinen „ehemaligen türkischen Schülern und Kollegen sowie den noch heute am Bosporus oder in Anatolien lebenden Freunden". Neumark, Zuflucht, S. 9.

1768 Hirsch betonte überdies, dass er im Gegensatz zu anderen Emigranten Deutschland aus politischen Gründen den Rücken kehrte, es aber weder aus rassistischen noch anderen Gründen der Verfolgung verlassen musste, also dazu gezwungen worden wäre: Es habe sich „nicht um eine ziellose Flucht, sondern um eine von den zuständigen deutschen Behörden ‚abgesegnete' ordnungsgemäße Auswanderung unter Aufgabe des Wohnsitzes im Reichgebiet bei Aufrechterhaltung der deutschen Staatsangehörigkeit" gehandelt, was ihm sicherlich einen anderen Erfahrungshorizont bescherte wie anderen. Hirsch, Kaise[r], S. 172.

entsprechendes Beispiel aus der Wissenschaft[1769], und auch die türkische Monografie von Kemal Yalçın, die in bemerkenswert unreflektiertem Duktus daherkommt, muss an dieser Stelle erwähnt werden.[1770] Es gibt darüber hinaus bereits einige nüchternere biografische Studien[1771]; für unsere Fragen wertvoller aber sind systematische prosopografische Ansätze, die Karl Süßheims Kollegium an der Universität erhellen. Zu dieser Szene ist eine Beobachtung Georg Stauths und Faruk Birteks besonders evident: „Das Erstaunliche [...] ist, dass die meisten, ja selbst die Juden unter ihnen, in großen Teilen zutiefst in jenem deutschen Kulturkonservatismus verankert blieben, der [...] auch die geistig[e] Grundlag[e] für jene Zerstörungsmaschine war, die sie selbst zu potenziellen Opfern und Migranten gemacht hatte. Es ist diese eigentümliche Verbindung von Rückwärtsgewandtheit und zukunftsorientiertem individuellem [sic!] Karrierestreben, dem Bestreben, Anerkennung im kulturorientierten Wissenschaftsbetrieb zu finden [...], die das Substrat nicht nur für die Erneuerung der Geisteswissenschaften nach dem Zweiten Weltkrieg lieferte, sondern, wie neuerdings gehofft, auch das Substrat für eine humanistische multikulturelle Welt gegen eine menschenverachtende Globalisierung sein kann.“[1772]

Dieser Bemerkung ließe sich nun einiges hinzufügen (und sie könnte sicher auch infrage gestellt werden), doch mit Blick auf Karl Süßheim können wir zunächst einmal festhalten: Offenbar war das Istanbuler Exil ein Ort, an dem seine komplexe Persönlichkeit, die sich uns bisher vor allem als Störfaktor für seine ambiguitätsfeindliche Umwelt präsentiert hat, nun

1769 Vgl. die bereits angeführte Studie von Bozay, Exil.

1770 Kemal Yalçın schildert in seinem Buch anhand von Zeitzeugengesprächen mit Nachkommen die Szene der deutschen Emigranten um den bereits erwähnten Ernst Eduard Hirsch, den Gewerkschaftler Eduard Bischoff, den späteren Bürgermeister Berlins Ernst Reuter, den Architekten Clemens Holzmeister, Paul Hindemith und Eduard Zuckmayer. Im Vorwort steht: „Die damals mittellose, aber ehrenwerte Türkei bot den von anderen Ländern zurückgewiesenen Deutschen Zuflucht; die edelmütigen, gewissenhaften, hilfsbereiten und ehrlichen Bürger [der anatolischen Städte, KM] umarmten sie. [...] Die arme Türkei teilte Brot und Butter mit den wertvollen Kindern Deutschlands, die vor Hitlers Faschismus geflohen waren. Mein Ziel ist es, anhand der Erzählungen von [...] Zeitzeugen das abenteuerliche Leben [dieser] Deutschen zu erzählen [...]; das Gedenken in der deutschen und türkischen Gesellschaft wiederzubeleben; an diese zwischenmenschlichen Beziehungen auf der Grundlage von Freundschaft und Liebe zu erinnern [...]. [...] Ich würde mich sehr freuen, wenn diese Studie zur Entwicklung der gegenseitigen Liebe und des Respekts zwischen der Türkei und Deutschland und zum Verständnis der gemeinsamen historischen Vergangenheit beitragen kann.“ Übers. aus dem Türkischen bei Yalçın, Haymatlos, xvi u. xxi.

1771 So zum Beispiel die Monografie von Jan Schmidt über den Altorientalisten Fritz Rudolf Kraus (1910–1991), der von den Nationalsozialisten als „Halbjude“ klassifiziert wurde und 1937 emigrierte. Dass er wirklich ein ehemaliger Schüler Süßheims war (vgl. die Aufzählung bei Flemming u. Schmidt, Diary, S. 221), lässt sich nicht belegen: Weder taucht er in der Tagebuchedition oder im Nachlass explizit auf, noch war Karl Süßheim ein Thema in Kraus' Istanbuler Briefen. Allerdings studierte er 1928–1930 in München, vgl. Jan Schmidt: Dreizehn Jahre Istanbul (1937–1949). Der deutsche Assyriologe Fritz Rudolf Kraus und sein Briefwechsel im türkischen Exil, 2 Bde., Leiden u. Boston 2014, hier Bd. 1, S. 2–8.

1772 Stauth u. Birtek, Einleitung, S. 17.

erstmals wirkliche, in seiner unmittelbaren Nähe bleibende Äquivalente fand. „Fast alle Mitglieder dieser Gruppe waren Philologen, die über das Schaffen von Textsicherheit [...] hinaus die Textlosigkeit des faktischen Lebens erkannten", schreiben die eben zitierten Soziologen: „In der Faktizität des ‚Lebens in zwei Kulturen' erkannten sie die Möglichkeit, zwischen den rigiden Standpunkten der öffentlichen Religion und des Skripturalismus [...], aber auch zwischen Religion und Wissenschaft Verbindungen zu suchen, ja, strikte Gegensätze aufzuheben und zu einem Ausgleich zu kommen."[1773]

Ein besonderes Wesenselement Karl Süßheims, sein vergleichsweise souveräner Umgang mit der Mehrdeutigkeit der Welt, war demnach im Istanbuler Exil endlich geschätzt und geborgen. Besonders deutlich wird dies, wenn wir erfahren, mit wem er sich hier vor allem umgab: Seine wichtigsten Bezugspersonen waren offenbar ein Kollege aus der Orientalistik, Hellmut Ritter[1774] (der jüngere Bruder des bekannteren Historikers Gerhard Ritter), und der bereits erwähnte deutsch-jüdische Romanist Erich Auerbach.[1775] Letzterer war 1935 von seinem Lehrstuhl in Marburg suspendiert worden; sein Vorgänger (und der einstige Betreuer seiner Habilitation) Leo Spitzer[1776], der sich bereits in Istanbul befand, verwandte sich bei den türkischen Behörden für ihn. Auerbach konnte deshalb schon 1936 mit Frau und Kind nach Istanbul emigrieren, um dort die fremdsprachliche Fakultät der Universität mit aufzubauen.[1777] Die Charakterisierung des Mannes bei Martin Vialon erklärt unmittelbar, warum er und Karl Süßheim sich nahestanden: „Auerbach gehörte weder zur Fraktion der sich zum Zionismus bekennenden Gelehrten im frühen 20. Jahrhundert, noch teilte er die Maxime, dass das deutsch-jüdische Gespräch ‚nie zustande gekommen'[1778] sei. Vielmehr empfand er sein deutsches Judentum nicht als einen zu verleugnenden Makel und arbeitete während der Istanbuler Exilzeit mit jungen deutschen Assistenten zusammen, die aus Solidarität mit ihren zwangsentlassenen Lehrern emigriert waren."[1779]

Anders als Süßheim rückte Auerbach erst im Exil wieder näher an seine jüdische Identität heran, denn die „innere Auseinandersetzung mit der ihm von den Nazis aufgezwungenen Definition als Jude verdichtete sich mit seiner Erfahrung als Paria[1780] im Istanbuler

1773 Ebd., S. 18.

1774 Zu ihm entstanden mehrere Arbeiten, zuletzt Josef van Ess: Im Halbschatten. Der Orientalist Hellmut Ritter (1892–1971), Wiesbaden 2013. Zu seiner Zeit im Exil vgl. Thomas Lier: Hellmut Ritter in Istanbul 1926–1949, in: WdI 38/3 (1998), S. 334–385.

1775 Vgl. Vialon, Auerbach, S. 6. Zu Auerbach vgl. auch Kap. I.1. Über seine Erfahrungen im Exil ist auch eine wissenschaftliche Arbeit entstanden, vgl. Kader Konuk: East West Mimesis. Auerbach in Turkey, Stanford 2010. Zu Auerbach wurde ein Dossier an Dokumenten des Istanbuler Universitätsarchivs veröffentlicht, vgl. İshakoğlu Kadıoğlu u. Şahinbaş Erginöz, Belgele[r]le, S. 77–95.

1776 Auch zu ihm wurde entsprechendes Material der Universität veröffentlicht, vgl. İshakoğlu Kadıoğlu u. Şahinbaş Erginöz, Belgele[r], S. 295–302.

1777 Vgl. Vialon, Auerbach, S. 5.

1778 Vialon zitiert hier Scholem, Mythos, S. 8.

1779 Vialon, Auerbach, S. 4.

1780 Vgl. dazu die Typisierung nach Arendt, Kap. I.1.

Exil“, wie Vialon schreibt: „Diese doppelt ontologische Erfahrung vermochte die verhaltene Identifikation mit seiner jüdischen Herkunft anzustoßen“[1781]. In Karl Süßheim, der sich seit Jahrzehnten intensiv mit dem Judentum auseinandersetzte, wird er einen Ansprechpartner in diesen Dingen gefunden haben.

Auch die Beschreibung von Süßheims zweitem Vertrauten im Exil, seines direkten Fachkollegen Hellmut Ritter, ist aufschlussreich: „Ritter ließ sich [...] nicht darauf ein, in Istanbul die orientalische Lebensweise zu imitieren“, schreibt Georg Stauth in einem biografischen Aufsatz, dieser habe sich „– trotz aller Schwere – als Bürger in Deutschland“ verstanden, „so wie er sich in Istanbul als moderner Bürger verstand. Ritter betrachtete die Zirkulation von orientalischen Ideen und die dortige Lebensweise als Fingerzeig für kulturelle Produktion und Kreativität, als Lehrstücke für die Korrektur westlichen Denkens [...]. Ritters Karriere war – seine private Lebensorientierung als Homosexueller widersprach der damals [...] herrschenden öffentlichen Moral – nur im Ausland fortzuführen [...].“[1782]

Auch Hellmut Ritter war, wenngleich seine Emigration nicht politisch erzwungen wurde, ein Ausgestoßener – und es irritiert massiv, dass ausgerechnet er, der als erster Professor für orientalische Sprachen in der Türkei lehrte und als Leiter des „Orientalischen Seminars“ (*Şarkiyat Enstitüsü*) eine Fachtradition begründete[1783], in der Veröffentlichung der Istanbuler Universität, die die deutschen Exilanten porträtiert[1784], mit keinem Wort berücksichtigt wurde. Schon 1926 hatte Ritter seine Stelle am Hamburgischen Kolonialinstitut (HKI) als Mitherausgeber der C.H. Becker-Zeitschrift *Der Islam*[1785] aufgeben müssen, nachdem seine Homosexualität bekannt geworden war.[1786] Er ging, vermittelt durch Becker, nach Konstantinopel, und leitete dort 1927 bis 1949 eine neu eingerichtete Zweigstelle der Deutschen Morgenländischen Gesellschaft (DMG); 1935 wurde er an der von Mustafa Kemal gegründeten İstanbul Üniversitesi Professor. Auch wenn Ritter offenkundig den Reihen der Islamwissenschaft entsprang, so galt er doch als „Säule der deutschen orientalischen Philologie“[1787]; er war, wie Karl Süßheim, ein orientalistisches Zwitterwesen. „Vielleicht kann man diesen Typus des ‚Orientalisten‘ nur verstehen, wenn man weiß, dass Ritter ein harter Spracharbeiter war“, schreibt Georg Stauth, „und dass das professionelle Ethos in sich auf Verständnis und richtige Interpretation der Sprache und der arabischen, persischen und türkischen Texte gerichtet blieb“[1788].

Wo aber stand Karl Süßheim selbst als Orientalist, als er 1941 die Türkei erreichte? Er gehörte nun zu dem Pool aus rund achtzig Professoren und weit mehr als hundert sonstigen

1781 Vialon, Auerbach, S. 5.

1782 Georg Stauth: Hellmut Ritter in Istanbul – Migration und spiritueller „Orientalismus“, in: Ders. u. Birtek, Istanbul, S. 23–51, hier S. 24.

1783 Vgl. Ess, Halbschatten, S. 123.

1784 İshakoğlu Kadıoğlu u. Şahinbaş Erginöz, Belgele[r].

1785 Vgl. dazu Kap. I.3.

1786 Hier und im Folgenden vgl. Stauth, Ritter, S. 25 ff.

1787 Ebd., S. 27.

1788 Stauth, Ritter, S. 28.

Angestellten aus Deutschland, die an den Universitäten im Lande beschäftigt waren – die İstanbul Üniversitesi galt nicht grundlos „während der NS-Zeit sogar als beste deutschsprachige Universität“[1789], schreibt Reiner Möckelmann. Karl Süßheim mit seiner Verfolgungsgeschichte war einer derjenigen, wie Horst Widmann in einer frühen Studie zum Thema betont, „die einen entschiedenen Emigrantenstatus für sich beanspruchen konnten“[1790]. Mit was für einem Kollegen aber hatte es das Flaggschiff der türkischen Moderne in fachlicher Hinsicht zu tun?

„Ich dachte, die Professur sei angenommen worden“ | Assistent an der İstanbul Üniversitesi?

Süßheims Spätwerk ist – in erster Linie infolge der Umstände, in denen er seine zweite Lebenshälfte verbringen musste – in der Tat überschaubar. Vernachlässigbar aber ist es nicht; seine Rezensionen beispielsweise, bei denen man zunächst nur kleinere Beurteilungen der Arbeiten anderer erwarten würde, waren, gemessen an Inhalt und Länge, zum Teil fast eigenständige Forschungsbeiträge.[1791] Darüber hinaus können wir beispielsweise auf Süßheims ausführliche Lexikon-Artikel seit Erscheinen des zweiten Bandes der *Enzyklopädie des Islam* (EdI) im Jahr 1927 zurückgreifen. Diese Publikationen reichen aus, um Tendenzen analysieren und Aussagen über folgende Fragen treffen zu können: Wie entwickelte sich Süßheims Berufsverständnis, insbesondere im Vergleich zu dem Wissenschaftler, als der er uns bis zum Ersten Weltkrieg gegenübertrat?[1792] Welche Themen suchte er sich; was machte seinen Schreib- und Arbeitsstil aus?

Zunächst einmal fällt auf, dass Karl Süßheim in seinen späteren Arbeiten im Gegensatz zu früher (und ganz entgegen der zeitgenössischen Tendenz) an keiner einzigen Stelle mehr auf rassische Merkmale hinwies. Offenbar hatte er dem Biologismus als Mittel der wissenschaftlichen Erkenntnis abgeschworen, sicher auch deshalb, weil er die Auswirkungen dieses Denkens am eigenen Leib erfahren musste – man denke nur an seine unsägliche Begegnung mit dem Rassenforscher Albrecht Wirth[1793]. Wie wir inzwischen wissen, würde man Süßheims Persönlichkeit als Wissenschaftler aber kaum gerecht, führte man diese Entwicklung allein auf seine Erfahrungen als Mitglied einer rassistisch diskriminierten Minderheit

1789 Reiner Möckelmann: Wartesaal Ankara. Ernst Reuter – Exil und Rückkehr nach Berlin, Berlin 2013, S. 12.

1790 Horst Widmann: Exil und Bildungshilfe. Die deutschsprachige akademische Emigration in die Türkei nach 1933. Mit einer Bio-Bibliographie der emigrierten Hochschullehrer im Anhang, Bern u. Frankfurt a. M. 1973, S. 114.

1791 Vgl. z. B. Süßheim, Rezension Edhem; Ders., Rezension Hasenclever u. auch Ders.: [Rezension von] Le Vte de la Jonquière, Histoire de l'Empire Ottoman. Nouvelle edition entièrement refondue et complétée. Paris, Librairie Hachette de Cie., 1914. 2 Bände, in: HJb 36/3 (1915), S. 622–627.

1792 Eine entsprechende Analyse des Frühwerks Karl Süßheims erfolgte in Kap. I.3.

1793 Vgl. Kap. II.1.

zurück.[1794] Neu ist, dass er auch seiner Neigung zu pauschalisierenden Passagen über Türken und Muslime[1795] nicht mehr nachgab. Dass im Nahen Osten ein gewisser Opportunismus verbreitet sei, ist die allgemeinste Aussage, die sich in Karl Süßheims späteren Arbeiten finden lässt: Einmal schrieb er hier über die „im Orient üblich[e] und vielleicht auch nötig[e] Elastizität“[1796] der politischen Überzeugung (was mithin wohl nicht ausschließlich seiner eigenen Erfahrung entsprach). Süßheims Urteil über die Türken im Vergleich zu den Europäern war inzwischen aber deutlich milder als in seiner Jugend, ja, er verurteilte es sogar explizit, diese „an europäischem Maßstabe“[1797] zu messen und kritisierte, auch wenn er es nicht so nannte, eurozentrische Lesarten der türkischen Geschichte: „Die orientalische Frage hat eben doch auch eine ‚orientalische‘ Seite“, betonte er einmal, und man beachte hier insbesondere die gesetzten Anführungszeichen.[1798]

Das Fehlen bestimmter Elemente lässt sich naturgemäß nur schwer explizit belegen, deshalb soll die Aufmerksamkeit nun auch dahin gehen, welche Charakteristika in den Texten durchaus zu finden sind. Was überdeutlich hervortritt, ist die, teils auch penible, Genauigkeit[1799], mit der der Orientalist seinen Untersuchungsgegenständen nach wie vor gegenübertrat. Im Vergleich zu seinen früheren Arbeiten wurden Süßheims Texte im Laufe der Zeit noch kleinteiliger und immer dichter belegt. Er warnte regelmäßig vor Schnellschüssen und mahnte die Heranziehung ergänzenden Materials an, wenn das vorhandene ein tragfähiges Urteil nicht erlaubte: „Allein diese Darstellungen und Sammlungen sind doch zu lückenhaft und einseitig, um lediglich mit ihrer Hilfe eine Entwirrung […] zu gestatten“, schrieb er etwa: „Eine Lösung all der heiklen Probleme, welche hier der Forschung gestellt werden, können nur die staatlichen Archive bringen“[1800]. Süßheims Arbeiten wurden auch zunehmend nüchtern und weniger wertend. Am Beispiel seiner Charakterisierung zweier Personen zeigt sich deutlich, dass nun die unaufgelöste Ambivalenz und der Respekt gegenüber der Ambiguität der porträtierten Menschen und ihrer Zeit wesentlich für sein Schreiben war. Zunächst ist dies auffällig bei İbrāhīm Ḥaḳḳı Paşa, der hier schon mehrmals erwähnt wurde[1801], und uns

1794 Schon als junger Wissenschaftler hatte er sich bemüht, diesen Eindruck auf keinen Fall zu erwecken, und seine Selbstbeschränkung in dieser Hinsicht setzte sich fort. Wir werden in Süßheims Texten auch nach dem Ersten Weltkrieg keinen Hinweis auf Jüdinnen und Juden oder das Judentum finden; er setzte seine alte Gewohnheit fort, das Thema auszusparen, vgl. dazu Kap. I.1, u. I.3.

1795 Vgl. Kap. I.3.

1796 Süßheim, Ḥaḳḳī, S. 466.

1797 Ders., Rezension Hasenclever, S. 850.

1798 Er schrieb auch: „Aus vorstehendem ist ersichtlich, daß die Vorgänge im Orient doch nicht ganz so unwichtig gewesen sind, als sie dem europäischen Beobachter zu sein scheinen.“ Die Zitate ebd., S. 851f.

1799 Süßheims Empörung über die geringfügig falsche Datierung eines Ereignisses („Hasenclever läßt den Sultan Mahmúd am 30. Juni 1839 sterben“, obwohl er doch nach Nummer 181 des türkischen Staatsanzeigers vom 10. Juli 1839 am 1. Juli gegen Morgen gestorben sei) ist nur ein Beispiel von vielen, ebd., S. 854.

1800 Ebd., S. 848.

1801 Vgl. z. B. Kap. II.1.

nun als „packender Redner" und Befürworter „extrem moderne[r] Anschauungen", als „ein Mann von markanten, fest umrissenen politischen Überzeugungen" (und übrigens also nicht als orientalischer Opportunist) entgegentritt.[1802] Diese würdigenden Feststellungen hinderten Süßheim nicht daran, İbrāhīm Ḥaḳḳı Paşa als Publizisten zu kritisieren – „[a]ll die bisher genannten Werke bieten nichts Originelles" – und ihn in einem weiteren Text, der ebenfalls in der EdI erschien, namentlich für die Politik seines Kabinetts gegenüber ʿAbdullāh Cevdet heftig zu kritisieren, weil es dessen Buch über die Geschichte der muslimischen Religion als „gegen den islāmischen Glauben gerichte[t]"[1803] verboten hatte. Nicht zuletzt tritt uns hier wieder eines der widersprüchlichen Motive in Karl Süßheims Lebens entgegen: Zensurmaßnahmen scharf zu verurteilen, während er doch selbst wiederholt an dieser Praxis teilgenommen hatte. Die zweite Figur, an deren Ambivalenzen Süßheim sich annähert, ist der Staatsmann Aḥmed Vefīḳ . Dieser sei einerseits „der wohl gebildetste Türke des 19. Jahrhunderts gewesen"[1804], gleichzeitig jedoch „wie nur einer von der Unbrauchbarkeit europäischer Konstitutionen für die Türkei überzeugt"; dennoch habe er von ʿAbdülḥamīd II. Reformen und die „Freiheit von Palasteinflüssen"[1805] verlangt. Dabei, schrieb Süßheim, sei es übertrieben, Vefīḳ als „Vorkämpfer des Parlamentarismus" zu sehen. Dieses ausdifferenzierte Urteil ist im Vergleich zu seinen früheren Beschreibungen historischer Persönlichkeiten, insbesondere im Zusammenhang mit deren Einstellung gegenüber der europäischen Kultur[1806], bemerkenswert. Dass Süßheim es besonders hervorhob, wenn ein Kollege nicht mit einer spitzen These zu beeindrucken versuchte (obgleich die Quellen eine solche nicht hergaben), sondern lieber die weniger schillernden, weniger eindeutigen Fakten darstellte, „soweit es die lückenhaften Nachrichten der bisher gedruckten [...] Schriftsteller gestatten"[1807], spricht ebenfalls für sich. „Wir können ihm das Zeugnis ausstellen, daß sein das Ganze überschauendes Urteil, seine sorgfältige Abwägung des Für und Wider im Wesentlichen das Richtige getroffen hat"[1808], schrieb er einmal über einen Kollegen – aus Karl Süßheims Feder ein großes Lob. Sein eigenes Berufsideal lässt sich nicht zuletzt daran festmachen, was er bei anderen hervorhob oder als fehlend kritisierte: Ehrgeiz und Fleiß bis hin zu selbstschädigendem Verhalten[1809], für die

1802 Hier und das folgende Zitat: Süßheim, Ḥaḳḳī, S. 466.

1803 Süßheim, Dj̲ewdet, S. 58.

1804 „In Kenntnis der Geschichte, der europäischen und asiatischen Sprachen, sowie der Literatur der verschiedenen Völker, konnte wohl kaum einer seiner Landsleute mit ihm wetteifern und über alles wußte er sich mit soviel Geist und Feinheit zu äußern, daß die Fremden, die mit ihm in Berührung kamen, voll der Anerkennung, ja oft sprachlos vor Staunen waren." Hier und das folgende Zitat: Süßheim, Rezension Jonquière, S. 625.

1805 Hier und das folgende Zitat: ebd., S. 626.

1806 Vgl. Kap. I.3.

1807 Karl Süßheim: [Rezension von] W. Bang und J. Marquart, Osttürkische Dialektstudien. [Abhandlungen der Kgl. Gesellschaft der Wissenschaften zu Göttingen] Berlin, Weidmann, 1914, in: DLZ 34 (21.8.1915), Sp. 1743 f., hier Sp. 1743.

1808 Süßheim, Rezension Hasenclever, S. 847.

1809 Vgl. Süßheim, Dj̲ewdet, S. 59.

Leserschaft stete Nachvollziehbarkeit des genutzten Quellen- und Literaturmaterials[1810] und eine „vorsichtige Haltung“[1811] bei der Ergründung historischer Ereignisse.

Im Gegensatz zu Karl Süßheim zeigte sein Kollege in Istanbuler Tagen, Hellmut Ritter, sich offenbar den „Theorie-Fragen der Soziologie und der Politischen Theologie aufgeschlossen“[1812] – an Süßheims Desinteresse an solchen Ansätzen sollte sich nie etwas ändern.[1813] Ritters grundsätzliche Haltung gegenüber seinem Untersuchungsgegenstand beschreibt diejenige Süßheims allerdings gleich mit: “[H]e was attracted by the East and felt deep sympathy with its life and thought”, schrieb der ebenfalls verfolgte Kollege Richard Walzer in einem biografischen Artikel, “but he remained a Westerner and a German at heart”[1814]. Georg Stauth bezeichnet Süßheims Vertrauten im Exil, dem er ein „deutsch-konservatives“ Weltbild, eine „auf kritisch moderne Weltoffenheit zielende Haltung“ bescheinigt[1815], „als singuläre Erscheinung […], als ein manifestes ‚Exemplar‘ der geistigen Orientwanderung […], das nach dem begrifflichen Potenzial zur Ost-West-Überbrückung sucht und beides, wissenschaftliches Zweckinteresse und vom Eigenen bestimmte Weltsuche, miteinander verbindet. Ritters reale und zugleich spirituelle Migration an den Bosporus vereint eine rare und außergewöhnliche Gelehrtenexistenz mit empathischen Momenten des Lebens in der Fremde. Diese Verbindung aber konnte er erst im Übergang vom lebensbedingten Scheitern an der eigenen Kultur zur inneren Selbsterfahrung durch die ‚Kultur des Andern‘ entwickeln. […] Andere teilten sicher die Idee, der ‚Dekadenz des Abendlandes‘ oder dem ‚Europa in Scherben‘ zu entkommen, suchten nach neuen ideologischen Visionen oder in Bruchstücken nach einer neuen wissenschaftlich begründeten Welt – etwa im Islam, im Zionismus. Ritter versuchte ein im eigenen Tun, an den Zeichen der Zeit gescheitertes Berufsleben in Istanbul neu zu gestalten, vielleicht aber auch ein persönliches, Kunst-gestaltetes Leben im Orient neu zu erschaffen und zu erfüllen.“[1816]

1952, einige Jahre nach Karl Süßheims Tod, wird Hellmut Ritter in Oxford und Cambridge einen Vortrag über den Sufismus, die mystische Tradition des Islam, halten. Bei dieser Gelegenheit sagte er: „Es ist die Aufgabe einer Wissenschaft, die sich mit dem Menschen, mit seinen religiösen Empfindungen und philosophischen Ideen befasst, den Leuten weit weg

1810 Karl Süßheim: [Rezension von] G. Auboynean et A. Févret: Essai de bibliographie pour servir à l'histoire de l'Empire Ottoman. Fascicule I: Religion. – Mœrs et coutumes. Paris, Ernest Leroux, 1911, in: OLZ 10 (1915), Sp. 312 f.

1811 Süßheim, Rezension Edhem, Sp. 254.

1812 Insbesondere habe Ritter sich für die „Rolle von Ideologien in Ost und West“ interessiert, „die Wirkungen von religiösen Ideen, kulturspezifische Begriffe des Sozialen und universelle Bedingungen des sozialen Handelns“. Stauth, Ritter, S. 28 u. 31.

1813 Süßheims kleiner Ausflug in die Welt der Soziologie im Zusammenhang mit seinem Vortrag über die Frauenrechte im Nahen Osten zogen keine theoretisch untermauerte Publikation nach sich, vgl. Kap. II.2. Zu seiner Theorie-Aversion vgl. Kap. I.3.

1814 Richard Walzer: „Hellmut Ritter, 27. 2. 1892–19. 5. 1971“, in: Oriens 23/24 (Juli 1971), S. 1–6, hier S. 5.

1815 Vgl. Stauth, Ritter, S. 32.

1816 Ebd., S. 27 f.

Karl Süßheims Familie hat seine Visitenkarte aus Istanbul bis heute aufbewahrt: Um seinen Titel als Professor musste er in der Türkei hart kämpfen.

in Raum und Zeit zuzuhören und zu versuchen, ihre Ansichten zu verstehen. Wir studieren diese Themen, um aus der Enge unserer eigenen Welt herauszukommen, um zu sehen, wie Menschen anderer Länder und Zeitalter um die Lösung von Problemen gerungen haben und sich bemüht haben, die Schwierigkeiten, Konflikte und Bindungen zu überwinden, denen sich die Menschheit an jedem Ort und zu jeder Zeit stellen muss und stellen müssen wird."[1817] Es nimmt kaum wunder, dass ausgerechnet dieser Mann es war, dessen berufliche Nähe Karl Süßheim im Istanbuler Exil ganz besonders suchte.

Trotz der neuen Erfahrung, von Wissenschaftlern wie Ritter, im Kollegenkreis der „Kolonie B", akzeptiert zu sein, war Süßheims Position an der İstanbul Üniversitesi alles andere als einfach: „Die Arbeitsvertragsbedingungen waren äußerst beschränkt und entsprachen nicht seiner wissenschaftlichen Erfahrung und Reputation"[1818], schreibt Martin Vialon in einem der wenigen Texte außerhalb der Orientalistik, die sich eingehender mit Karl Süßheim beschäftigen. Dessen finanzielle Befürchtungen waren, wie wir hörten, Realität geworden, die Familie war auf die Unterstützung der Notgemeinschaft deutscher Wissenschaftler im Ausland angewiesen.[1819] „In der Tuerkei wurde zwar mein Mann als Professor der orientalischen Sprachen an der Universitaet beschäftigt, er erhielt jedoch kein regulaeres Gehalt", schrieb Süßheims Witwe später bitter, und: „Es kann keine Rede davon sein, dass mein Mann jemals bis zu seinem Tode eine ausreichende Lebensgrundlage erreicht hat"[1820]. Nicht nur das – auch die

1817 Übers. aus dem Englischen bei Hellmut Ritter: Muslim Mystics Strife with God (A Paper to Read to a Group of Orientalists at Oxford and Cambridge in May 1950), in: Oriens 5/1 (1952), S. 1–15, hier S. 15.

1818 Vialon, Auerbach, S. 7.

1819 Die Vereinigung übernahm zum Beispiel das Schulgeld der Süßheim-Töchter, vgl. die Angaben seiner Frau, BayHStA LEA 35392.

1820 Caroline Süssheim O'Brien: [notariell bestätigte Erklärung zum Wiedergutmachungsverfahren], 13.3.1961, ebd.

Sache mit der Professur gestaltete sich nicht so problemlos, wie es hier zunächst erscheint. Die Universität sah für Süßheim nämlich zunächst eine andere Position vor.

„Obwohl Karl Süssheim den Titel eines Professors innehatte, geht aus seiner Personalakte hervor, dass er zum ‚wissenschaftlichen Assistenten' an der Universität Istanbul ernannt wurde", ist in der bereits erwähnten Veröffentlichung der İstanbul Üniversitesi zu den deutschen Emigranten in ihren Reihen zu lesen: „Dem ersten Vertrag entsprechend wurde Süssheim für zwei Jahre [...] berufen, um ‚am Institut für Türkische Studien der Literaturwissenschaftlichen Fakultät zu arbeiten, studentische Forschungen zu unterstützen, Studien durchzuführen und zu veröffentlichen sowie die vom Dekanat zu erteilenden Forschungs-, Veröffentlichungs- und Übersetzungsarbeiten im Inland durchzuführen'. [...] Süssheim, der in der Türkei mit finanziellen Schwierigkeiten konfrontiert war und im ersten Vertrag als ‚Doktor' bezeichnet wurde, hat darauf hingewiesen, dass er, bevor er in die Türkei gekommen ist, als Professor an der Universität München tätig war [und] gefordert, dies in seinem neuen Vertrag zu korrigieren. Im Schreiben vom 23. Juni 1943, das der Dekan der Literaturwissenschaftlichen Fakultät an das Rektorat der Universität Istanbul richtete[1821], wurde festgehalten, dass der Berichtigung des Titels nichts im Weg stünde."[1822]

Karl Süßheim sah die Sache mit dem vergessenen Titel nicht ganz so entspannt, wie wir aus seinem Nachlass ersehen können. Er hatte sogar einen Beschwerdebrief an den Bildungsminister geschickt: „1940 wurde mir eine Einladung zugeschickt, in der mir eine Professur für Turkologie angeboten wurde und ich war der Meinung, sie sei angenommen worden"[1823], begann das Schreiben. Wie sehr das Thema ihn beschäftigte, zeigt auch, dass er, ganz untypisch, seinen erregten Brief sogar auf Deutsch vorformuliert hatte; der Entwurf liegt im Nachlass.

Ganze zwei Jahre dauerte es schließlich, bis Süßheim seinen so hart erkämpften Professorentitel wieder offiziell führen durfte. Mit seinem neuen Vertrag hielt er denn auch Vorlesungen zur osmanischen Geschichte und arbeitete an einer kritischen Edition eines Textes des persischen Historikers Ibn Bībī, wie wir aus dem Buch der Universität Istanbul erfahren.[1824] Wir dürfen außerdem davon ausgehen, dass Süßheim auch am Ende seines Lebens noch neue Sprachen erlernte: Zuletzt habe er die uigurische, mongolische und chinesische Sprache erforscht, stand nach seinem Tod in einer türkischen Zeitung.[1825] Von der Lehre an der Universität wurde er nichtsdestoweniger in seinen letzten Lebensjahren offenbar über alle Maßen vereinnahmt: Seitenlange Inskriptionslisten für einzelne seiner Kurse

1821 Dekan an İstanbul Üniversitesi Rektörlüğü, 23.6.1943, İÜA Akte Süßheim, abgeb. bei İshakoğlu Kadıoğlu u. Şahinbaş Erginöz, Belgele[r], S. 320.

1822 Übers. aus dem Türkischen ebd., S. 305.

1823 Übers. aus dem Türkischen: Karl Süßheim an Maarif Vekili, 20.3.1943, İÜA Akte Süßheim, abgeb. Ebd., S. 318f., hier S. 318.

1824 Vgl. ebd., S. 305. Die Vertragsverlängerung war tatsächlich explizit an diese Aufgaben gebunden, vgl. Mükrimin Halil Yınanç u. Zeki Velidi Togan an Edebiyat Fakültesi Dekanlığı, 13.3.1943, abgeb. Ebd., S. 317.

1825 Vgl. „Dr. Karl Süssheim vefat etti", in: Cumhuriyet, 20.1.1947, S. 3, abgeb. ebd., S. 323.

oder Vorlesungen[1826] zeugen von der hohen Nachfrage seines Angebots an die türkischen Studierenden. Karl Süßheim, der (abgesehen von der Hochphase des Fachs im Ersten Weltkrieg) seine Kursteilnehmer stets an einer Hand abzählen konnte[1827], wird dies sicher gefreut haben. Allerdings war er nicht mehr der Jüngste; die didaktische Umstellung, nachdem er sich zuletzt jahrelang als Privatgelehrter durschlagen musste, wird ihn stark gefordert haben. Eigenständige Forschungen abseits der Auftragsarbeit durch die Fakultät waren in dieser Situation wohl kaum zu bewältigen, zumal ihn die Gewöhnung an das Leben abseits der Heimat sicher ohnehin beanspruchte. Er sei „zu wenig Literaturwissenschaftler", schreibt Georg Stauth (Islamwissenschaftler und Soziologe) mit Blick auf Süßheims engsten Kollegen Hellmut Ritter, „um die tieferen psychologischen Herausforderungen erfassen zu können, die eine als Scheitern begriffene Migration auf die Verinnerlichung von Arbeitsprozessen und -richtungen haben, und wie sie sich auf das Forschen und Schreiben auswirken"[1828]. Karl Süßheims Arbeit im Exil jedenfalls war sehr eingeschränkt: An Veröffentlichungen sind über seine letzten Lebensjahre hinweg lediglich zwei Artikel für die *İslam Ansiklopedisi*, die türkische Ausgabe der EdI, nachzuvollziehen: „Ayasofia" (die Hagia Sophia) und „Arnavutluk" (Albanien) – für beide Texte konnte Süßheim auf seine entsprechenden deutschsprachigen EdI-Artikel zurückgreifen, die er aktualisierte und ergänzte.[1829] Wie viele Texte anderer Autoren er darüber hinaus für das Prestigeobjekt der modernen Türkei nun, wie er von Anfang an befürchtet hatte, übersetzen musste, wird wohl ein Geheimnis bleiben.

Eines der dominantesten Themen in Karl Süßheims Frühwerk, die nicht-muslimischen Bevölkerungsgruppen in Nahost, fand auch in seinen späteren Arbeiten Erwähnung. So schrieb er etwa über die osmanischen Christen, deren Genozid er in seinem bereits erwähnten, mutmaßlich unveröffentlichten Aufsatz aus der Mitte der 1920er-Jahre über die Kurden klar benannte[1830], wie auch in einer Veröffentlichung, in der er sich überaus positiv über eine historisch bedeutsame armenische Figur äußerte[1831]. Sogar von den Kurden, denen er in seinem Frühwerk, zurückhaltend formuliert, pauschalisierend und skeptisch gegenüberstand[1832], zeichnete er später, auch wenn er sie für die Armeniermorde maßgeblich mitverantwortlich machte, wie wir gesehen haben, ein durchaus differenziertes Bild[1833]. Karl Süß-

1826 Aus dem Jahr 1944 beispielsweise sind Kurslisten mit jeweils 51, 56 und 63 Namen mit Matrikelnummern überliefert, vgl. Inskriptionslisten, 11. u. 12. 2., 9. 3. 1944, in: Nachlass KS (LOC), Box 3.

1827 Vgl. dazu Kap. II.1 u. II.2.

1828 Stauth, Ritter, S. 29 f.

1829 Süßheim, Arnavutluk u. Ders.: „Ayasofia", in: İA 2 (1949), S. 47–53, der Beitrag ist ergänzt durch weitere Anmerkungen zum Thema von Arif Müfid Mansel („İlaveler", S. 53 ff.); Süßheim, Āyā Ṣōfia; Ders., Arnauten. Angaben zu neuer Literatur finden sich bei Dems., Arnavutluk, S. 592 u. Dems., Ayasofia, S. 52 f.

1830 Vgl. Kap. II.2.

1831 Konkret erinnerte er an „den Armenier Jusuf Bogos Bey, einen der tüchtigsten Mitarbeiter bei der Hebung Ägyptens". Süßheim, Rezension Hasenclever, S. 853.

1832 Vgl. z. B. sein Bild der „blutrünstigen Kurden", Kap. I.3.

1833 Vgl. Kap. II.2.

Sein jahrelanger Kampf ums Überleben war Karl Süßheim am Ende seines Lebens deutlich anzusehen.

heim hat in seinem Lebenswerk gewissermaßen immer wieder auch eine Geschichte der Minderheiten geschrieben – und damit bereits begonnen, noch bevor ihm dieser Begriff als gängige Analysekategorie zur Verfügung stand. Auch für andere gesellschaftlich schwächer Gestellte – zum Beispiel die Frauen im Nahen Osten[1834] – setzte er sich ein, und aus seinem Tagebuch ließ sich in Erfahrung bringen, dass er auf Anregung ʿAbdullāh Cevdets sogar einen Artikel über die in muslimischen Ländern massiv verfolgte und hierzulande bis heute kaum beachtete Religion der Bahāʾī geschrieben hat, der offenbar nie veröffentlicht wurde. Süßheim hatte diesen Text sicher nicht zufällig in die Schweiz geschickt. Dass seine Zurückhaltung in Deutschland an dieser Stelle auch mit dem gesellschaftlichen und politischen Druck, dem er als Mitglied einer zunehmend verfolgten Minderheit ausgesetzt war, zu tun hatte, ist eine Binsenweisheit. Mit Aussagen über Jüdinnen und Juden aber hielt er sich zurück, sowohl über seine deutschen als auch seine türkischen Glaubensgenossen. In dieser Hinsicht blieb Süßheim seiner Haltung, im wissenschaftlichen Werk nicht als Jude in Erscheinung zu treten[1835], sein gesamtes Leben lang treu.

Die letzten Lebensjahre zehrten an Karl Süßheim nicht nur als Wissenschaftler. Dass die Türkei im August 1944 die diplomatischen Beziehungen zu den Nationalsozialisten abbrach, hielt für die Deutschen im Land nicht nur Positives bereit – leider wissen wir nicht, wie Familie Süßheim die Zeit der damit einhergehenden Ausbürgerungen und Internierungen erlebt hat. Karl Süßheims Gesundheit jedenfalls war spätestens seit seiner Haft im Konzentrationslager Dachau schwer beeinträchtigt, und die Strapazen der Emigration waren an dem zu diesem Zeitpunkt 63-Jährigen auch nicht spurlos vorübergegangen. In Istanbul musste er häufiger behandelt werden. Aus dem Jahr 1943, zwei Jahre nach der Ankunft der Familie, sind Briefe überliefert, die seine Töchter ihm ins Krankenhaus schickten, verziert mit Zeichnungen: eine Katze von Gioconda, der jüngeren, von Margot, der älteren, ironischerweise ein Kirchturm. Sie haben ihre Botschaften auf Englisch geschrieben – vermutlich, um dem Vater ihren Erfolg der Ausbildung an der amerikanischen Schule zu demonstrieren:

“Dear Deddy! How are you? I hope you will come soon home. We would have come yesterday, but I was not able to come, because I had a stomachache, so only Muddy could come. Our Arithmetic teacher Mrs. Hood has gone and a new one is coming. When will you come out from the hastahane[1836]? please answer me. Love from your daughter Gondi Süß”[1837]

1834 Vgl. Kap. II.2.
1835 Vgl. Kap. I.3.
1836 Dies ist die korrekte ältere Form des Worts *hastane* – „Krankenhaus“.
1837 [Gioconda Süßheim] an Karl Süßheim, Oktober 1943, Privatnachlass KS.

"My dearest Daddy, How are you? I hope that you have not too much pain? We did do nothing special on the Bayram days, and we are glad that school begins again to-morrow. We wanted to come and see you to-day but Gondi said that she had a stomach-ache and so we could not come. We all send you our love. Wishing you a speedy recovery[.] I remain your loving daughter Margaret S."[1838]

Karl Süßheims Gesundheit aber wird sich im Exil nicht mehr wirklich erholen. Im Oktober 1946 wurde er krankgeschrieben[1839], und seine Fakultät wurde am Weihnachtstag vom behandelnden Arzt benachrichtigt, dass Süßheim seinen Dienst nicht fortsetzen könne, da er an Lymphogranulomatose, einem bösartigen Tumor des Lymphsystems leide[1840], heute bekannt als „Hodgkin-Lymphom". Ein Patientenbefund des biologisch-chemischen Instituts der Universität Istanbul vom 30. Dezember 1946, wenige Wochen vor seinem Tod, befindet sich in den Unterlagen im Privatnachlass.[1841] Karl Süßheim starb kurz nach der Diagnose, am 13. Januar 1947, wenige Tage vor seinem 69. Geburtstag im deutschen Krankenhaus im Istanbuler Stadtteil Taksim/Beyoğlu, Sıraselviler Caddesi 119. Auf die Frage, ob sein „Tod […] durch nationalsozialistische Verfolgungsmassnahmen eingetreten" sei, wird seine Witwe später schreiben: „nicht nachzuweisen".[1842]

„Die Beerdigung des Doktors", meldete die *Cumhuriyet* nach dem Tod des Universitätsprofessors, „wird heute um 14 Uhr in der jüdischen Synagoge [im Viertel] Yüksek Kaldırım stattfinden, nach der religiösen Zeremonie wird er auf dem Friedhof von Ortaköy beigesetzt".[1843] Dem Artikel zufolge war Süßheim in der Stadt für seine profunde Expertise in den Sprachen und Dialekten bekannt. Die Bestätigung, dass er in den letzten Jahren seines

1838 [Margot Süßheim] an Dens., [Oktober 1943], ebd.

1839 Süheyl Ünver: [Karl Süssheim'ın hastalığı], 12.10.1946, İÜA Akte Süßheim, abgeb. bei İshakoğlu Kadıoğlu u. Şahinbaş Erginöz, Belgele[r], S. 321.

1840 Vgl. Ph[ilipp] Schwartz an Edebiyat Fakültesi Dekanliği, 24.12.1946, İÜA Akte Süßheim, abgeb. ebd., S. 306.

1841 In der Tagebuchedition ist zu lesen, dass Karl Süßheim an Krebs starb (vgl. Flemming u. Schmidt, Diary, S. 299), im Genogramm seiner Tochter Gioconda ist Leukämie angegeben, vgl. Gonda D'Angelo: My Genogram [undatiert], Nachlass Gioconda D'Angelo, Cynthia Kingsley (Philadelphia). Notizen seiner anderen Tochter im Privatnachlass (Leukämie wurde hier nachträglich durchgestrichen), geben „uremic poisoning" als Todesursache an – also eine Harnvergiftung infolge einer Niereninsuffizienz. Dass Karl Süßheim nicht an seinem diagnostizierten Tumor starb, sondern letztlich daran, deckt sich auch mit den Untersuchungswerten im Patientenbefund, vgl. İstanbul Üniversitesi Biolojik Kimya Enstitüsü: Hastanın Adı: Prof. Süssheim, 30.12.1946, Privatnachlass KS.

1842 Caroline O'Brien: [ausgefülltes Antragsformular], 14.12.1956, BayHStA MK 44426, Wiedergutmachungsakten des BSMUK, Dr. Süßheim, Karl, Privatdozent betr. Wiedergutmachung.

1843 Übers. aus dem Türkischen: „Dr. Karl Süssheim vefat etti", in: Cumhuriyet, 20.1.1947, S. 3, abgeb. bei İshakoğlu Kadıoğlu u. Şahinbaş Erginöz, Belgele[r], S. 323. Im Nachlass findet sich ein Schreiben des türkischen Oberrabbinats, das auf Französisch und Türkisch diese Bestattungsform bestätigt. Die deutsche Übersetzung: „Wir, der Säkularrat des Oberrabbinats der Türkei, bescheinigen, dass Professor Dr. KARL SÜSSHEIM, Sohn von HR. SİGMUND[,] am 18. Januar 1947 verstarb und gemäß unseren religiösen Vorschriften auf dem İsraelitischen Aschkenasenfriedhof in Arnavutköy beigesetzt wurde. Der Präsident, Der Sekretär", Privatnachlass KS.

Lebens endlich auch Anerkennung und Wertschätzung auf fachlichem Gebiet und im Kollegenkreis fand, verdanken wir nicht zuletzt der Veröffentlichung seiner Grabrede.

„Der große Gelehrte" | Topografie eines Todes, Bilanz eines Lebens

Karl Süßheims Tod im Januar 1947 ist von hoher Symbolkraft. Der Orientalist starb in Istanbul, und zwar, wie wir hörten, in einem deutschen Krankenhaus[1844]; begraben wurde er auf dem jüdischen Friedhof. Die wesentlichen Elemente seines Lebens und Leidens sind auf diese Weise auch im letzten Akt vereint. Die Trauerrede hielt Süßheims Kollege Erich Auerbach.[1845]

> „Wir trauern um unseren verehrten Freund und Kollegen Karl Süssheim, der uns nach einem arbeits- und sorgenreichen Leben verlassen hat. Er hat nur wenige Jahre unter uns gelebt, und nur wenigen von uns ist es vergönnt gewesen, ihn näher kennen zu lernen; denn er war ein scheuer und wortkarger Mensch, und es war nicht leicht zu erkennen, welche Fülle und Tiefe des Wissens er besass. Zwar fehlte es ihm durchaus nicht an Liebenswürdigkeit und selbst an Zutraulichkeit, wenn es einmal gelang mit ihm ins Gespräch zu kommen; aber das geschah selten, er war gewöhnlich viel zu verschlossen und anspruchslos, um seine Person zur Geltung zu bringen, und diese übergrosse Bescheidenheit ist wohl auch schuld daran gewesen, dass er nie eine Stellung errang, die seiner wissenschaftlichen Bedeutung entsprach. Den grössten Teil seines Lebens hat er, als Forscher und Lehrer, an der Universität München zugebracht. [...] [S]eine besondere Liebe galt der türkischen Geschichte; und so war es ganz natürlich, dass, als ein widriges Geschick ihn wie viele von uns zwang[,] seinen langjährigen Wirkungsort zu verlassen, es seine türkischen Freunde waren, die ihm hier in Istanbul einen neuen Arbeitsplatz boten."[1846]

„Süssheim war", erinnerte Auerbach noch einmal, „ein scheuer und anspruchsloser Mensch, von unscheinbarem Aussehen und gebückten Ganges; an äusserem Erfolg war sein Leben nicht reich". Wie aber sah es zu Süßheims Lebensende in seinem Inneren aus? Die folgenden Seiten sollen ihn nochmals in den Bereichen verorten, die seine Persönlichkeit seit seiner Zeit als junger Erwachsener maßgeblich prägten. Wo Karl Süßheim zuletzt als Wissenschaftler stand, wurde bereits erkundet. Wie war es nach all seinen Erfahrungen in den unterschied-

1844 Zur Geschichte der traditionsreichen Klinik vgl. den Aufsatz von Malte Fuhrmann: Das Deutsche Krankenhaus, in: Kummer, Präsenz, S. 257–269.

1845 Sie ist in einem Zeitschriftenbeitrag komplett veröffentlicht worden: Erich Auerbach: Grabrede Karl Süßheim, 20.1.1947, Bundesarchiv Koblenz, Nachlass Alexander v. Rüstow, N 1169/689, abgedr. bei Vialon, Auerbach, S. 7f. Wohl aus Gründen konfessioneller Pietät sah Hellmut Ritter, der Süßheims fachliche Leistung sicher besser hätte einordnen können, davon ab, am Grab zu reden, vgl. ebd., S. 6.

1846 Hier und das folgende Zitat: Auerbach, Grabrede, S. 7.

lichsten Systemen nun um seine politische Haltung bestellt? Und, in der Konfrontation mit dem Tod für viele Menschen die entscheidende Frage: Wie war sein Verhältnis zu Gott? Schließlich soll hier aber auch ein Perspektivwechsel erfolgen und der Blick dahingehen, wie Karl Süßheim zuletzt von anderen gesehen wurde, und wie er heute gesehen wird: Wie wurde er und das, was er der Nachwelt hinterließ, rezipiert?

Süßheims Entwicklung als Wissenschaftler nach dem Ersten Weltkrieg wurde im vorhergehenden Abschnitt näher untersucht: Wir haben gesehen, dass seine späteren Arbeiten sich wesentlich von seinem Frühwerk unterscheiden. Je stärker der gesellschaftlich und auch wissenschaftlich hofierte Rassismus wurde, desto entschiedener grenzte Süßheim sich von essenzialistischen Denkstrukturen ab, bis er schließlich sogar den „Orient" in Anführungszeichen setzte – Jahrzehnte bevor Edward Said dem „Orientalismus" seine Kampfansage machte.[1847] Karl Süßheims politische Entwicklung präsentiert sich uns ähnlich: Der einstige „Herzensmonarchist", der durch und durch konservative, königstreue junge Mann, entwickelte sich zum „Vernunftrepublikaner" in einem ganz und gar nicht negativ konnotierten Sinne[1848], denn zuletzt war er auch innerlich von der Republik überzeugt. Stets nämlich blieb er einem Punkt, an dem er die Politik zeit seines Lebens maß, treu: dem Umgang mit den Minderheiten. „Man erkennt den Wert einer Gesellschaft daran, wie sie mit den schwächsten ihrer Glieder verfährt", wird der dritte Bundespräsident Gustav Heinemann später bekanntlich sagen; Karl Süßheim sah dies schon seit seiner Jugend so. Als Jude in einer antisemitischen Welt waren es vor allem die religiösen Minderheiten einer Gesellschaft, die ihm am Herzen lagen, ob in Deutschland oder in Nahost – und wer sie schlecht behandelte, war kein guter Herrscher[1849], egal in welchem System. Doch wie stand Süßheim an seinem Lebensende zur großen Frage, die die jüdischen Deutschen seiner Zeit umtrieb? Wie stand er zur deutsch-jüdischen Identität? Und wie hatte sich Karl Süßheims ganz privates Verhältnis zur Religion entwickelt?

Nach einer Phase der Indifferenz und Unsicherheit in Glaubensfragen in der Jugend fand Karl Süßheim in seiner zweiten Lebenshälfte stabilen Halt im Judentum, mit dem er sich intensiv auseinandersetzte. Hebräisch war zwar eine der letzten orientalischen Sprachen, die er lernte, dies aber offenbar sehr gründlich. An seinem Lebensabend muss er in der ihm eigenen Genauigkeit zudem ein auffallend präzises Bild seiner Religion entwickelt haben – so stellt ihn zumindest die Grabinschrift dar: „Der große Gelehrte" habe sich „besonders durch das Studium des babylonischen und Jerusalemer Talmud ausgezeichnet"[1850], ist dort zu lesen. Diese Beschreibung ist bemerkenswert und keinesfalls als gängiges Motiv jüdischer Grabinschriften zu deuten: In den 1990er-Jahren wurde der Jerusalemer Talmud von Peter Schäfer

1847 Vgl. dazu die Hinführung.

1848 Vgl. dazu Kap. II.2.

1849 Vgl. dazu auch seine frühen Ansichten über eine „gute Monarchie" in Kap. I.2.

1850 Das hebräische Original lautet המלומד להגדו בתלמוד בבלי וירושלמי. Grabstein Karl Süßheim [Fotografie], Privatbesitz Margot Suesheim (New York). Für die Übersetzung und wertvolle Hinweise zur Einordnung danke ich Ronny Vollandt.

wissenschaftlich ediert und erstmals komplett auf Hebräisch gedruckt[1851] – davor, also zu Süßheims Lebzeiten, musste er durch Querverweise in anderen Texten, oftmals ebenfalls in hebräischer Sprache, erschlossen werden, was eine hohe Bereitschaft zum zeitintensiven religiösen Quellenstudium voraussetzte.[1852] Doch Karl Süßheim verschwand nicht in den heiligen Texten, zugleich war er geprägt von den Idealen der Aufklärung, ein Europäer durch und durch, ein Deutscher und ein Bayer, der seine Heimat geografisch sehr genau benennen konnte – sie lag für ihn nie im Nahen Osten bei den Wurzeln seiner Religion.

Die zionistische Idee blieb Süßheim bis zum Schluss wesensfremd. Sein geschätzter Bekannter Franz Carl Endres hat 1916 über die Lebensbedingungen der Juden in Palästina, über welche, wie er meinte, „Fremde sich ganz falsche Vorstellungen" machten, Folgendes geschrieben: „Die ackerbautreibenden Juden, die Getreide und Wein bauen, arbeiten bei hohen Steuern und wechselndem Ertrag wirklich im Schweiße ihres Angesichtes und von den jüdischen Bewohnern Jerusalems leben vielleicht drei Viertel in beispielloser Armut. Die deutschen Juden in Palästina haben noch verhältnismäßig erträgliche Lebensbedingungen, aber bei allen anderen fragt man sich: Von was leben diese Menschen? Die Viertel von Jerusalem, in denen die armen Juden wohnen, werden jedem, der sie sah, in schrecklichster Erinnerung bleiben. Dieser Schmutz, dieses Elend, dieser Hunger! Die ganze Zähigkeit, Bedürfnislosigkeit und Ergebung des Orientalen sind nötig, um solches Leben zu ertragen."[1853]

Nach allem, was wir über Süßheim erfahren haben, ist die Vorstellung dieses deutschen Bildungsbürgers unter derartigen Bedingungen im gelobten Land geradezu absurd, auch wenn sich hier mit der Zeit durchaus bessere Lebensqualitäten für Jüdinnen und Juden entwickelten. Der Alltag der Zionistinnen und Zionisten war nichtsdestoweniger noch lange von harter körperlicher Arbeit und Entbehrungen geprägt. Nicht nur das: Auch mit den linken, sozialistisch geprägten Modellen der Kibbuzniks wäre Süßheim nur schwerlich warm geworden. Seine Tochter Margot berichtete, dass er auch im türkischen Exil nie ernsthaft darüber nachdachte, gen Jerusalem zu ziehen: Ein einziges Mal habe er sie gefragt, aus bloßem Interesse, ob sie sich das vorstellen könne – sie habe verneint und damit hatte die Sache sich erledigt.[1854] Karl Süßheim trug seinen Glauben in sich; sein Zion war, wie wir schon früh festgestellt haben[1855], überall, wo er sich befand: Göttlichkeit erkannte er, wie wir gesehen haben, sogar im Konzentrationslager. Er brauchte kein irdisches Jerusalem, Karl

1851 Die Bände heißen *Sinopsis la-Talmud ha-Yerushalmi* [סינופסיס לתלמוד הירושלמי] und wurden im Tübinger Verlag Mohr Siebeck in der Reihe „Texte und Studien zum antiken Judentum" herausgegeben; später folgte eine Übersetzung ins Deutsche.

1852 Der rund 300 Jahre jüngere, babylonische Talmud hatte sich im Judentum durchgesetzt: Er ist wesentlich länger und ausgeschmückter als sein palästinensisches Pendant. Auch die Abfolge der Traktate sowie vereinzelte praktische Handlungsanweisungen unterscheiden sich. Zu Aufbau und Inhalt der beiden Überlieferungen vgl. Günter Stemberger: Einleitung in Talmud und Midrasch, 9. Aufl. München 2011, S. 185–188 u. 212 f.

1853 Endres, Türkei, S. 175.

1854 Vgl. Milz, Zeitzeugen-Interview Suesheim (2016).

1855 Vgl. Kap. I.1.

Die Frauen seines Lebens: Nach Karl Süßheims Tod im Januar 1947 musste seine Witwe mit den Töchtern nochmals ein neues Leben beginnen. Sie entschieden sich, ihr Glück in den Vereinigten Staaten zu suchen, wo die Nachkommen der Familie bis heute leben.

Süßheim trug die Geschichte und Lehren seiner Religion genauso im Herzen wie die Traditionen seiner Heimat. Ernsthaft über eine Rückkehr nach Bayern nachzudenken, blieb ihm allerdings verwehrt: Direkt nach 1945 kehrten die allerwenigsten Jüdinnen und Juden wieder nach München zurück; die meisten blieben, traumatisiert von ihren Erlebnissen, noch lange im Exil. Bis 1949 aber kehrten doch zwei Drittel der Emigranten aus der Türkei in ihre Heimatländer zurück. Den Jüdinnen und Juden unter ihnen blieb, genau wie Karl Süßheim, der brutale Ausbruch des türkischen Antisemitismus im Istanbuler Pogrom von 1955[1856] erspart. Auch Erich Auerbach musste die Gewalt nicht mehr am eigenen Leib erleben; er emigrierte kurz nach Süßheims Tod in die Vereinigten Staaten. Martin Vialon zufolge bekundete Süßheims Freund und Grabredner in seiner Forschung „die Entdeckung des Anderen in sich selbst als die humane Bedingung des Menschseins in der Geschichte"[1857], ein Ansatz, der Süßheim sicher gefiel: „So verbindet sich die Rede auf Karl Süßheim mit [Auerbachs, KM] *Mimesis*[1858], das im doppelten Sinn ein Memorial-Buch ist, weil sein Mnemosynecharakter als Beitrag zur Selbstvergewisserung von skeptischen Menschen anzusehen ist, einer Selbstvergewisserung, die in ihren antiken, jüdischen, jüdisch-christlichen, christlichen und modernen Voraussetzungen ein elementarer Wesensbestand-

1856 Im Zuge der antigriechischen Stimmung in der Türkei nach der Verbreitung der Nachricht, dass Griechen einen Anschlag auf Atatürks Geburtshaus verübt hätten, wurden in Istanbul mehrere tausend Wohnungen nichtmuslimischer, auch armenischer und jüdischer Einwohnerinnen und Einwohner verwüstet. Eine deutschsprachige Zusammenfassung zum Thema lieferte Berna Pekesen: Der Pogrom von Istanbul, 15.10.2014, http://www.bpb.de/internationales/europa/tuerkei/181868/pogrom-von-istanbul.

1857 Vialon, Auerbach, S. 8.

1858 Erich Auerbach: Mimesis. The Representation of Reality in Western Literature. With a New Introduction by Edward W. Said, Princeton u. Oxford 2003 [zuerst: Bern 1946].

teil verbindet: Sie teilen das humane Leiden, Hoffen, Lieben und Nachdenken über Gott und die Welt als fühlende Wesen."[1859]

Für Karl Süßheims Familie bedeutete sein Tod im Jahr 1947 eine persönliche und finanzielle Katastrophe: Der Verlust des Mannes und Vaters ihrer Kinder, dem Karolina Süßheim trotz aller Schwierigkeiten bis zu seinem Tod treu zur Seite stand; der unsichere Aufenthaltsstatus; die Arbeits- und Mittellosigkeit einer jungen Witwe, die ihre Familie ernähren musste. Ohne ihn hielten sie es nicht mehr lange in der Türkei aus: Süßheims ältere Tochter Margot bemerkte im Zeitzeugengespräch schlicht, dass das Leben für eine alleinstehende Frau mit zwei Töchtern in der türkischen Gesellschaft zu schwierig war. In der Tat blieben die allerwenigsten Emigranten langfristig in der Türkei, da das Land den meisten mitteleuropäischen Ausländern enorme Anpassungsprobleme bereitete. Im großen Graubereich zwischen Fakt und Vorurteil schrieb Gioconda Süßheim rückblickend: "My family always placed great importance on education. I was never made to feel inferior because I was a girl. In fact, I would get into fights with the relatives of my Turkish girl friends because they would put women down. Duty and punctuality and hard work were considered important [in my family, KM]. To this day, my mother is always a half hour early to everything, because she is so concerned about being late."[1860]

Istanbul mit seinen Moscheen im Rücken: Karl Süßheims Tochter Gioconda ein Jahr nach dessen Tod an Bord der Hellenic Sky auf dem Weg nach New York. Die Frauen werden Ellis Island im März 1948 erreichen.

Etwa ein Drittel der Rückkehrer aus der Türkei in den „Westen" sah ihre Zukunft in den Vereinigten Staaten, und auch Karolina Süßheims Sehnsucht richtete sich auf einen Neubeginn in den USA. Im November 1947 erklärte sie der amerikanischen Botschaft, dass sie weder die türkische noch die deutsche Staatsbürgerschaft besäßen und nicht wüssten, wie sie ohne Papiere nach Amerika kommen sollten.[1861] "[W]e could have returned to Germany, where my mother's mother was still living in her own little house", schrieb die jüngere Tochter,

1859 Vialon, Auerbach, S. 8.

1860 Gonda D'Angelo: My Genogram [undatiert], Nachlass Gioconda D'Angelo, Cynthia Kingsley (Philadelphia).

1861 Karolina Süßheim: [Eidesstattliche Erklärung], 18.11.1947, Privatnachlass KS.

aber: “My mother decided it would be better for us to come to the U.S. so we came to N.Y. in 1948 + stayed with my aunt Paula until we could get ourselves oriented.”[1862] Karl Süßheims Schwester Paula, die letztlich, wie er selbst, erst 1941 aus Deutschland entkommen war[1863], war die erste Anlaufstelle für die Frauen in den USA. Sie bestiegen am 28. Januar 1948 in Istanbul das türkische Frachtschiff Hellenic Sky und erreichten New York am 20. März. Das Grab ihres Mannes musste Karolina Süßheim in Istanbul zurücklassen, doch die Erinnerung emigrierte mit ihr, genauso wie Karl Süßheims tonnenschwerer Nachlass.[1864]

Hier ist nicht der Ort, die verwirrende Geschichte der Papiere und Bücher Süßheims, die heute auf zwei Kontinenten in diversen Archiven und Privatbeständen verstreut sind, akkurat nachzuzeichnen.[1865] In ihrer finanziellen Not verkaufte Karolina Süßheim einen Großteil der Hinterlassenschaft ihres Mannes; für die umfangreiche Bibliothek fand sie in den USA einen Abnehmer. Dass sich darunter auch etliche Bände sehr privater Aufzeichnungen – die Tagebücher – befanden[1866], wusste sie vermutlich nicht: Sie konnte weder Osmanisch noch Arabisch lesen, und optisch waren die Hefte von Süßheims Forschungsnotizen kaum zu unterscheiden. Für die Wissenschaft war dies ein Glücksfall, und als die Leidener Orientalistin Barbara Flemming die Tagebücher bei ihrer Arbeit mit orientalischen Handschriften in Berlin entdeckte, begann auch die Auseinandersetzung mit dem Leben Karl Süßheims, die in der Edition seiner persönlichen Aufzeichnungen mündete: Ihre Pionierarbeit betrachten Flemming und ihr Kollege Jan Schmidt auch als Denkmal für einen der großen Diaristen des vergangenen Jahrhunderts.[1867] Die Bedeutung des erst später entdeckten frühen Tagebuchbands für die türkische Geschichte hebt Schmidt, der diesem eine eigene Publikation widmete, besonders hervor: Die Einträge zu diesen Themen vermitteln, so der Wissenschaftler, ein lebendiges Bild des politischen und intellektuellen Lebens der osmanischen Hauptstadt zu Beginn des 20. Jahrhunderts, und obwohl das Tagebuch sicherlich nicht zu unseren wichtigsten Quellen der osmanischen Geschichte jener Zeit gehöre, gewähre es das, was jeder Tagebuch-Liebhaber zu schätzen wisse: direkte und oft unerwartete Einblicke in eine verschwundene Realität, die wir auf keinem anderen Weg erhalten können.[1868] Insbesondere

1862 Ebd.

1863 Zur Verzögerung ihrer Emigration vgl. S. 616 mit Anm. 1641.

1864 Einen Teil der Bücher ihres Mannes verkaufte Karl Süßheims Witwe vermutlich bereits vor der Überfahrt an die Universität Yale, vgl. dazu die Hinführung.

1865 Am Beispiel des Süßheim’schen Nachlasses ließe sich ein langer Aufsatz über Erinnerungspolitiken, Kulturpflegestandards und transnationale Dokumentenmigration schreiben, vgl. die Bemerkungen in der Hinführung und den Aufsatz von Radlmaier, Süßheims.

1866 1960 wurde der größte Teil der überlieferten Tagebuchbände zusammen mit anderen privaten Papieren wie eines Teils seiner Korrespondenz und hunderter orientalischer Handschriften an die Westdeutsche Bibliothek Marburg verkauft, Nachfolger ist die Berliner Staatsbibliothek (SBB), wo sich dieser Teilnachlass heute befindet, vgl. Flemming u. Schmidt, Diary, S. 2, Flemming, Handschriften (1968), sowie die Hinführung.

1867 Vgl. Flemming u. Schmidt, Diary, S. 2.

1868 Vgl. Schmidt, Importance (2002), S. 184f.

die Geschichte der Jungtürken erhalte in der Auseinandersetzung mit Süßheims Papieren deutlichere Konturen: Seine Begegnungen mit Abdullah Cevdet und İbrahim Temo in Tagebuch und Korrespondenz werfen ein neues Licht auf die Gründerväter der Bewegung, viele Passagen in Temos Briefen an Süßheim beispielsweise widersprechen dessen Aussagen in seiner eigenen Autobiografie.[1869] Einige Briefentwürfe İbrahim Temos seien in der Forschung bereits berücksichtigt worden, schreibt Schmidt, aber auch die Originalbriefe aus diesem vielleicht faszinierendsten Teil der Süßheim-Papiere seien erhalten und sollten dem Orientalisten zufolge von jedem konsultiert werden, der sich mit dem Thema beschäftige, schon der Vollständigkeit halber.[1870] Die Aufmerksamkeit der direkten Fachkollegen erlangte zunächst allerdings vor allem Süßheims exquisite Handschriftensammlung, die er über Jahrzehnte hinweg zusammengetragen und -gehalten hatte. Sie hat Lücken im Berliner Archiv geschlossen, an das 338 Stück verkauft wurden: Manche von ihnen hätten dabei geholfen, die türkische Geschichte und Literatur besser kennenzulernen, schreiben die Leidener Orientalisten.[1871] Barbara Flemming hat den Bestand 1968 erstmals katalogisiert. Das zuvor gänzlich unerschlossene Material, das Karl Süßheim „mit wissenschaftlichem Spürsinn" zusammengetragen habe, berge „eine stattliche Anzahl von Unika, seltenen und fast oder ganz unbekannten Werken", dabei seien „Autographen, illuminiert[e], kunstvoll eingebunden[e] oder durch ihre Abschreiber- und Besitzernamen kulturgeschichtlich interessant[e] türkisch[e] Handschriften"[1872]. Der Wert dieser Schätze, die viele Kilometer mit den Süßheims migrierten, habe sich „vielfach hinter einem unscheinbaren, durch Kriegs- und Wettereinwirkungen beschädigten Äußeren"[1873] versteckt. Süßheim hatte aber nicht nur altosmanische Chroniken von einer „Reihe der bekanntesten und wichtigsten Geschichtsschreiber der Osmanen"[1874] wie beispielsweise dem „unter Sultan Süleymān schreibende[n] Ǧelālzāde Muṣṭafā, genannt Qoǧa Nišānǧi" gesammelt, sondern auch politisch relevante Papiere wie etwa ein Schreiben des Großbotschafters Ḥālet Efendi an Sultan Selīm III. aus dem Jahr 1804 oder den Pariser Gesandtschaftsbericht des Großbotschafters Seyyid Muḥibb Efendi.[1875]

Dass Süßheims Nachlass für die Wissenschaft von großem Wert ist, steht außer Frage – doch wie ist sein eigener Beitrag zum Fach einzuordnen? Die Bedeutung des Werks Karl Süßheims für den Fortgang der Orientalistik ist für eine Quereinsteigerin schwer zu beurteilen, doch einige Einschätzungen seiner Kollegen und Nachfolger können herangezogen werden. In Erich Auerbachs Grabrede beispielsweise wurde Karl Süßheim vor allem auch als Wissenschaftler gewürdigt:

1869 Vgl. ebd., S. 189 f. u. 191 ff.
1870 Vgl. ebd., S. 196.
1871 Vgl. Flemming u. Schmidt, Diary, S. 2.
1872 Flemming, Handschriften (1968).
1873 Ebd.
1874 Hier und das folgende Zitat: ebd.
1875 Vgl. ebd. Eine Würdigung einzelner Stücke kann im Rahmen dieser Biografie freilich nicht erfolgen; andere haben sich dem bereits angenommen, so z. B. Flemming, Faḫrī.

„Die Arbeiten seiner Reifezeit waren der Erforschung der Geschichte der islamischen Völker des Orients gewidmet […]. In München hat er seine wichtigsten Arbeiten veröffentlicht, teils Editionen, teils bedeutende Untersuchungen über die erste türkische Dynastie, die auf anatolischem Boden Fuss fasste, die Seldschuken. Auch seine Lehrtätigkeit in München war sehr fruchtbar; er hat dort Jahrzehnte lang als einziger türkisch und persisch gelehrt, und viele der heut [sic!] berühmtesten Orientalisten zählen zu seinen Schülern. Seine Kenntnisse umfassten ein weites Gebiet; einer seiner nächsten Fachgenossen, der hier neben mir stehende Kollege Ritter, hat mir versichert, dass er in seiner Generation, einer der besten Kenner der türkischen politischen Geschichte, der türkischen Staatseinrichtungen und Verwaltungsmethoden gewesen ist. Sein Interesse erstreckte sich insbesondere auch auf manch schwer zugängliche Sondergebiete der türkischen Geistes- und Kulturgeschichte; davon zeugen seine Monographien und Artikel, die zum grossen Teil in der von unserer Fakultät veranstalteten Neuausgabe der Enzyklopädie des Islam erschienen sind, wie der über Abdullah Cevdet; einige davon entstanden hier, in seinen letzten Lebensjahren, wie der über Albanien und der über die Hagia Sophia[1876]. Auch Lehrtätigkeit auszuüben war ihm hier noch vergönnt; und an ihr hing er mit besonderer Liebe; noch in den letzten Wochen, als er sich kaum noch aufrecht zu erhalten vermochte, erschien er in der Fakultät, um sein Seminar zu halten. […] [I]n seinem Fach hat er sich ein Ansehen gesichert, das ihn lange überleben wird. Seine Fachgenossen schätzen die Sauberkeit und Echtheit seiner Forschungsweise; sie schätzen vor allem die Fülle von schwer zu erwerbenden Kenntnissen, die nur er besass, um deren Willen man immer auf seine Arbeiten wird zurückgreifen müssen."[1877]

Ein Grab ist freilich nicht der Ort, an dem kritische Urteile gefällt werden. Wer Süßheims Arbeiten lese, urteilt aber auch Barbara Flemming, erkenne „die unermüdliche Detailforschung und in den zeitgeschichtlichen Beiträgen die unerschöpflich scheinende Faktenkenntnis des ‚teilnehmenden Beobachters'"[1878]. Und Klaus Kreiser, einer der wichtigsten deutschen Turkologen in den vergangenen Jahrzehnten, schreibt, dass der fränkische Jude und deutsche Orientalist Karl Süßheim einer der größten Experten für die zeitgenössische türkische Politik und Kultur gewesen sei.[1879] „Süßheim's name today, as then, is known only to a small circle of specialists"[1880], hieß es in diesem ersten biografisch würdigenden Text schon vor Jahrzehnten, und daran hat sich bisher nicht allzu viel geändert.

1876 Dies ist nur eingeschränkt richtig, da er die entsprechenden Texte bereits für die deutsche Erstausgabe der EdI verfasst hatte.

1877 Auerbach, Grabrede, S. 7.

1878 Flemming, Süssheim, S. 8.

1879 Vgl. Kreiser, Süßheim, S. 61.

1880 Ebd.

Fachexperten schätzen Karl Süßheim wohl in erster Linie als den Herausgeber seiner persischen Seldschuken-Chronik; türkische Historiker kennen ihn als Autor der *Enzyklopädie des Islam* (EdI), seine Artikel, insbesondere die Biografie Abdullah Cevdets und der Albanien-Text in der türkischsprachigen Ausgabe, wurden offenbar oft und anerkennend rezipiert.[1881] Der ausgewiesene Experte für spätosmanische Geschichte M. Şükrü Hanioğlu jedenfalls hat in seiner türkischen Cevdet-Biografie auch auf Karl Süßheims Arbeit zurückgegriffen.[1882] In der Tat findet sich dessen Name nach wie vor in der EdI: Auch in überarbeiteten Auflagen wird Süßheim als Autor geführt. Die türkischen Wissenschaftler Yüksel Özgen und Mustafa Balcı betonen schon im Titel – „ein außergewöhnlicher Orientalist" – die Bedeutung Süßheims für das Fach und beenden ihren Aufsatz wie folgt: „Die Studien über Süssheim in unserem Land sind unzureichend und doch sehr neu"[1883]. Auch andere Beiträge zeigen, dass eine Auseinandersetzung mit unserem Protagonisten in der Türkei inzwischen begonnen hat.[1884] Darüber hinaus taucht der Wissenschaftler Karl Süßheim mittlerweile auch in den größeren jüdischen Enzyklopädien als Person der Zeitgeschichte auf.[1885] Umso mehr irritiert die marginale Stellung, die ihm in der deutschsprachigen Orientalistik lange zugeschrieben wurde.

Als Dozent war Karl Süßheim, wie wir gesehen haben, kein Unbekannter. „Wer bei ihm hörte, rühmt die wissenschaftliche Strenge und Gründlichkeit seines akademischen Unterrichts"[1886], schreibt Barbara Flemming – vermutlich auf Gershom Scholem bezugnehmend[1887]. Dieser hob wie erwähnt insbesondere die Sprachkenntnisse seines Lehrers als herausragend hervor, und nach allem, was hier in Erfahrung gebracht wurde, suchte er auf diesem Gebiet in der Tat seinesgleichen. Die Aussage der Leidener Orientalistin verallgemeinert Süßheims Ansehen unter seinen Schülern aber so stark, dass ein schiefes Bild entsteht: Sein ehrgeiziger Student Franz Babinger ignorierte ihn fast gänzlich in einer Darstellung der Münchner Orientalistik, wie Süßheim schon zu seinen Lebzeiten bitter bemerken musste, und auch in einem späteren Aufsatz zeichnete Babinger kein schmeichelhaftes Bild.[1888] Ein anderer wird nach Karl Süßheims Tod Folgendes zu Protokoll geben:

> „Süssheim [ist] 1911 Privatdozent und 1919 aplnm. Professor geworden. Das ist er noch 1929 gewesen, als ich an der Universität München meine Studien begann und gleich im

1881 Vgl. Flemming u. Schmidt, Diary, S. 1. Ein Verweis auf Süßheims Cevdet-Artikel findet sich beispielsweise bei Bruinessen, Osmanismus, S. 130. Die genannten Artikel: Süßheim, Djewdet sowie ders., Arnavutluk.

1882 Man findet ihn in der Literaturliste bei Hanioğlu, Siyasal Düşünür, S. 426.

1883 Übers. aus dem Türkischen bei Özgen u. Balcı, Şarkiyatcı.

1884 So z. B. Zeki Arıkan: Münih-İstanbul Arasında Bir Doğubilimci. Karl Süssheim, in: Toplumsal Tarih 195 (2010), S. 94 f.

1885 Vgl. Flemming u. Schmidt, Diary, S. 1 und die Hinführung.

1886 Flemming, Süssheim, S. 8.

1887 Vgl. ihre Korrespondenz mit Scholem, zit. in Kap. II.2.

1888 Vgl. Kap. II.2.

1. Semester einen Anfängerkurs in Arabisch und Türkisch bei ihm belegte. Und er ist es geblieben, bis er im Alter von 55 Jahren 1933 entlassen wurde. Es hiesse sich Illusionen hingeben, wenn man annehmen wollte, dass er nach diesem Zeitpunkt noch einen Ruf an eine deutsche wissenschaftliche Hochschule erhalten hätte. Dass er vorher einmal einen Ruf bekommen haben sollte, ist ganz unwahrscheinlich, da er es sich kaum hätte leisten können ihn abzulehnen. Ich habe bei Süssheim eine Reihe von Semestern gehört und klassisches Arabisch sowie Türkisch und Persisch in Grammatik und Lektüre dabei getrieben, sogar eine Einführung in den palästinensisch-arabischen Dialekt bei ihm mitgemacht. Alle diese Vorlesungen und Übungen waren wenig selbstständig und originell. Süssheim war von Haus aus und der Methode nach Historiker und benützte seine Sprachenkenntnisse nur als Mittel zum Zweck, d.h. um die einschlägigen Quellen lesen zu können. Dagegen ist natürlich nichts einzuwenden, nur ist damit gesagt, dass seine sprachlichen Vorlesungen als Selbstzweck – unzweckmäßig waren und die souveräne Beherrschung der Materie vermissen liessen. Soweit er aber historisch, jedenfalls nichtsprachliche Vorlesungen und Übungen angekündigt bezw. gelesen hat, waren sie ohne Durchschlagkraft und vermochten Hörer kaum anzuziehen. Schulebildend im allgemeinsten Sinn des Wortes waren sie sicher nicht. Dementsprechend waren auch seine Publikationen. Süssheim war ein sehr kenntnisreicher und über ein ausgebreitetes Einzelwissen verfügender Gelehrter, aber nicht eigentlich eine schöpferische Natur. Abgesehen von den nichtorientalischen Nummern [...] seiner Bibliographie bis 1918 hat er nur 2 selbständige Veröffentlichungen [...], einige kleinere Aufsätze in Fachzeitschriften und eine Anzahl an Artikeln in der Enzyklopädie des Islam geschrieben, der Rest sind Buchbesprechungen und Artikel und Aufsätze in Tageszeitungen. Das meiste davon ist, soweit ich es kenne, aufschlussreich und belehrend, aber nicht weiter aufregend. Was Süssheim etwa nach 1918 veröffentlicht haben sollte, vermag ich ohne bibliographische Recherchen nicht anzugeben; wenn es von einiger Bedeutung wäre, müsste ich wenigstens den einen oder anderen Titel kennen. [...] Prof. Süssheim war ein liebenswürdiger, aber sehr zurückgezogener, ja scheuer Mensch, der sein Wissen nicht so recht an den Mann bringen konnte und auch in Diskussionen schwerfällig war. Ich persönlich bewahre ihm gleichwohl ein gutes Andenken, weil ich ihm tatsächlich Belehrung verdanke, auch wenn ich sie mehr aus ihm herausgeholt habe, als dass er sie mir gegeben hätte."[1889]

Der hier zitierte Text stammt von Anton Spitaler. 1946 habilitierte dieser sich in München in der semitischen Philologie und erhielt 1948, wie der Kollege Babinger, einen Lehrstuhl am Münchner Nahostinstitut, den er bis 1978 innehaben wird. Aus Spitalers Zeilen spricht nicht nur überdeutlich der Konflikt innerhalb des Fachs zu den angemessenen Arbeitsmethoden, sondern auch unumwunden der Wunsch nach einer „schöpferische[n] Natur" eines guten Dozenten. Über genaue Kenntnisse zu verfügen, „über ein ausgebreitetes Einzelwissen", wie

1889 Anton Spitaler an BSMUK zu Händen Ministerialrat v. Elmenau, 15.2.1958, UAM-O-XIV-140A, Nr. 132 Sp/H.

Spitaler schreibt, war „zwar aufschlussreich und belehrend“, aber nicht „aufregend“ genug. Dass Süßheim das Verlangen seines Schülers nach dem großen Wurf, der scharfen These, nicht bedienen konnte, liegt in seinem wissenschaftlichen Selbstverständnis begründet: Sicher gab und gibt es auch andere Möglichkeiten, mit der Geschichte umzugehen, als seine Schüler mit den Ambivalenzen und Ambiguitäten der Quellenüberlieferung zu behelligen.[1890] Die Vereinfachung, die „Vereindeutigung“ der Welt, um nochmals den Islamwissenschaftler Thomas Bauer heranzuziehen[1891], der Prozess also, den, wie wir gesehen haben, so viele Kollegen seiner Generation voranantrieben – sie lag Süßheim fern, vor allem dem späten. Ohne nun über das Wesen guter Lehre und Forschung zu sinnieren, wird aus Anton Spitalers Beschreibung seines Münchner Dozenten noch etwas anderes klar: Er kannte Süßheims Spätwerk nicht, das es (wenn auch angesichts der Umstände, in denen er leben musste, in weniger umfangreichem Maße, aber doch durchaus) gegeben hat. Und es ist, wie wir gesehen haben, auch rezipiert worden – dem selbstbewussten Professor Spitaler scheint hier etwas entgangen zu sein. Oder ignorierte er andere Urteile bewusst? Dass Süßheims Sprachkenntnisse die „souveräne Beherrschung der Materie vermissen“ ließen, wie er schreibt, ist eine Bemerkung, die ganz offensichtlich so grundsätzlich falsch ist, dass sie an dieser Stelle nicht weiter widerlegt werden muss. Warum gab sich der einstige Schüler so viel Mühe, Karl Süßheim schlechter darzustellen, als er war? Spitalers Bewertung ist unbedingt in ihrem Kontext zu lesen, und dieser wird im folgenden „Nachspiel“ zu Karl Süßheims Leben zur Sprache kommen. Zunächst aber gilt es, unter dessen letzten Lebensabschnitt einen Punkt zu setzen und einmal festzuhalten: Süßheims Schicksal als Verfolgter und Emigrant endete nicht so trostlos, wie man es vielleicht erwartet hatte.

* * *

Zwischen den Geburten von Karl Süßheims Töchtern lag ein europäischer Epochenschnitt: Das Jahr 1933 machte mit der Machtübernahme der Nationalsozialisten die Hoffnungen der jüdischen Deutschen auf eine Beruhigung der antisemitischen Stimmung zunichte. Für Karl Süßheim war diese Zeit, wie wir gesehen haben, auch über die politischen Ereignisse hinaus eine emotional höchst belastende Phase, die kein Ende zu nehmen schien: Im März starb sein Bruder Max, im Dezember folgte der Tod der Mutter, die im Positiven wie im Negativen stets ein wichtiger Orientierungspunkt für ihn geblieben war. Zu diesem Zeitpunkt hatte das „Gesetz zur Wiederherstellung des Berufsbeamtentums“ auch seiner Karriere in München ein Ende bereitet: Süßheim musste die Universität verlassen und war fortan zu einem Dasein als Privatgelehrter verdammt. Die systematische Entrechtung der Jüdinnen und Juden hatte begonnen und Familie Süßheim verfolgte ohnmächtig die sich radikalisierende Entwicklung: Das „Gesetz zum Schutze des deutschen Blutes und der deutschen Ehre“ vom

1890 Vgl. Kap. II.2.
1891 Vgl. dazu die Hinführung.

September 1935 diffamierte die Ehe der Süßheims als „Rassenschande" und etikettierte die gemeinsamen Töchter als „Halbjüdinnen". Auch seine Bekannten in der Türkei waren von der Verfolgung der jüdischen Minderheit in Deutschland alarmiert und drängten Süßheim in Briefen immer heftiger dazu, das Land zu verlassen. Das ihm vertraute Konstantinopel aber war inzwischen offiziell in Istanbul umbenannt worden und hatte seinen Hauptstadt-Status an Ankara verloren, von wo aus Mustafa Kemal rigoros seine Reformen vorantrieb, die die Türkei in mancherlei Hinsicht näher an die mitteleuropäischen Vorbilder brachte, als es Süßheim lieb sein konnte. Mit Aufklärungsideal und Bildungsstreben hatten die Jungtürken, aus deren Reihen Atatürk stammte, auch Nationalismus, Militarismus und Rassismus importiert; auch in der Türkei wurden Jüdinnen und Juden in der ersten Hälfte des 20. Jahrhunderts nun zunehmend zum Objekt nationalistischer Ausgrenzungslogik.

Auch vor diesem Hintergrund wollte Süßheim von einem Leben in der Türkei wohl lange nichts hören. Wie die meisten anderen deutschen Jüdinnen und Juden, und, wie wir beobachten mussten, noch länger und fast bis hin zu einer Realitätsverweigerung, die nicht nur ihn, sondern auch seine Familie in Gefahr brachte, hing Karl Süßheim an seiner Heimat. Das Erstarken der Judenfeindschaft bis zur Entrechtung und Verfolgung sah er mit Sorge, verlor aber lange nicht die Hoffnung, dass die Dinge sich zum Guten wenden würden. Im Konzentrationslager Dachau im November 1938 erlebte er schließlich, wie alles, das sein Selbstverständnis in den vergangenen Jahrzehnten geformt hatte, von den Nationalsozialisten zur Disposition gestellt wurde. Zeit seines Lebens war für Karl Süßheim persönliche Integrität die wichtigste Eigenschaft – nicht nur bei anderen, wie schon früh in seiner Beurteilung des Charakters jungtürkischer Offiziere deutlich wurde[1892], sondern in erster Linie in Bezug auf sich selbst. Seine wiederholten Kämpfe um wissenschaftliche Redlichkeit in der Konfrontation mit den Begehrlichkeiten der Geschichtspolitik seiner Zeit[1893] sind hier nur ein Beispiel von vielen. Dass er sich seine Würde auch im „Dritten Reich" nicht nehmen ließ, beweist nicht zuletzt sein Mut, sich im Angesicht der SS – im ungeschützten und rechtsfreien Raum eines Konzentrationslagers – zu weigern, sich selbst als „Judensau" zu bezeichnen. Zudem bestand Süßheim offenbar sogar darauf, dass er als Professor der Universität München registriert wurde, und er setzte sich durch. Auch schaffte er es, trotz seines de-facto-Berufsverbots weiter zu publizieren. In seiner politischen Haltung war Karl Süßheim ebenfalls ungebrochen: Er verachtete die Nationalsozialisten, die er als „Barbaren" bezeichnete, über alle Maßen, konnte aber auch „fanatische[n] Sozialisten und Kommunisten" nach wie vor nichts abgewinnen.[1894] Sein ironischer Hinweis auf die bayerischen Farben der Häftlingskleidung veranschaulicht zudem: Auch sein Heimatgefühl wollte er sich nicht nehmen lassen. Innerlich wird er mit dem Gedanken an eine Emigration deshalb noch lange zu kämpfen haben. Mehmed Arif aber, wie er schließlich von seinen türkischen Freunden genannt wurde, um seine Ausreisepläne zu verschleiern, wird nach seiner Erfahrung von Dachau

1892 Vgl. z. B. Kap. I.2.
1893 Vgl. insb. Kap. I.2 u. I.3 sowie II.2.
1894 Zu den Zitaten vgl. S. 594 f.

keine Wahl mehr bleiben. Letztlich waren es seine türkischen Freunde, die Karl Süßheims Leben vor dem bald grenzenlosen Vernichtungswillen der Nationalsozialisten retteten.

Ungewöhnlich spät, im Juni 1941 – nur wenige Monate vor dem offiziellen Ausreiseverbot für die Jüdinnen und Juden im nationalsozialistischen Deutschland –, entkam Süßheim mit seiner Familie der Shoah. Obwohl die Türkei sich während des Zweiten Weltkriegs nach außen hin lange neutral gab, unterhielt sie enge Beziehungen zum nationalsozialistischen Deutschland, die auch dazu führten, dass die Regierung einwilligte, keine jüdischen Deutschen mehr aufzunehmen. Um den Orientalisten Karl Süßheim an die İstanbul Üniversitesi zu holen, bedurfte es einer Ausnahmeregelung in Form eines Ministerialbeschlusses – undenkbar ohne den Einsatz einflussreicher Kontaktpersonen in der Türkei. Während Süßheims katholische Ehefrau mit ihrer standhaften Weigerung, sich scheiden zu lassen, sein Leben bis 1941 geschützt hatte, ermöglichte nun das berufliche Netzwerk, das Süßheim sich zu Beginn des 20. Jahrhunderts erarbeitet hatte, das Überleben seiner Familie im Exil. Dieses hielt jedoch auch altbekannte Probleme bereit, denn die deutsche Szene in Istanbul war durch ein Schisma geprägt: Sowohl überzeugte Nationalsozialisten als auch Verfolgte waren zur Modernisierung des türkischen Hochschulwesens angeworben worden. Die Opfer der Judenverfolgung mussten sich also auch hier gegenüber antisemitischen Landsleuten behaupten, und auch in der türkischen Gesellschaft war Judenfeindschaft kein Fremdwort. Die Republik Türkei hatte mit dem Osmanischen Reich, in dem Süßheim einst gelebt hatte, zudem kaum noch etwas zu tun; sogar das Osmanische, das er perfekt beherrschte, war latinisiert und turkisiert worden.

In diesem schwierigen Umfeld trat Karl Süßheim seine Stelle an der Universität Istanbul an, und der mittlerweile 63-Jährige musste sich auch didaktisch radikal umstellen: Nachdem er viele Jahre gezwungenermaßen einzelnen Schülern Privatstunden erteilt hatte, sah er sich nun plötzlich mit vollen Hörsälen konfrontiert. Für seine eigene Forschung fand er in der Türkei nur schwerlich Veröffentlichungswege; Süßheims letzte Lebensjahre müssen in beruflicher Hinsicht eine herbe Enttäuschung gewesen sein. Der lange Kampf des Außenseiters forderte seinen Tribut: Der gesundheitliche Zustand des Wissenschaftlers im Exil verschlechterte sich seit der anstrengenden Emigration zusehends.

Was das Leben in Istanbul betrifft, so ist es dennoch – gerade weil persönliche Aufzeichnungen für diese Zeit vergleichsweise schlecht überliefert sind – unbedingt notwendig, beide Seiten der Exilerfahrung zu sehen. In den wenigsten Veröffentlichungen zum Thema ist dies leider der Fall[1895]: Die einen beschreiben den Antisemitismus in der Türkei und die schwierigen Umstände, die das Aufnahmeland den von den Nationalsozialisten Verstoßenen bereitete[1896], die anderen betonen die Bereitschaft des Landes, ebendiesen einen Neuanfang zu ermöglichen[1897] und zeichnen eine Idylle der Solidarität unter den Exilanten[1898]. Gerade die

1895 Am ehesten gelingt der Spagat bei Kubaseck u. Seufert, Wissenschaftler.

1896 Guttstadt, Türkei, S. 210–234.

1897 Besonders evident ist das in der Türkei gepflegte Narrativ wie dargestellt bei Yalçın, Haymatlos.

1898 Stauth u. Birtek, Istanbul.

Ambivalenz, die das türkische Exil bot, sollte jedoch gesehen werden – denn die Emigranten teilten nicht nur einen Erfahrungshorizont der Ausgrenzung, der der Vergangenheit angehörte. Aus der erneuten Konfrontation mit den altbekannten Anfeindungen im Exil speiste sich die gemeinsame Gegenwart der „Kolonie B“, und paradoxerweise konnte wohl erst aus dieser Situation heraus eine Geborgenheit entstehen, in der Menschen wie Karl Süßheim sich plötzlich wiegten, in der solche wie er endlich gesehen und in ihrer ganz individuellen Persönlichkeit akzeptiert wurden – die Trauerrede seines Freundes Erich Auerbach hat dies deutlich gezeigt.

„Entscheidend beim ursprünglichen und eigentlichen Begriff des Exils ist nicht die negative und ist auch nicht eine positive Konnotation – es gibt beide“, schreibt Bernhard Schlink: „Entscheidend ist die Korrespondenz zum Begriff der Heimat, in der man zu Hause wäre, wenn man könnte“[1899]. Karl Süßheim, und dies wirft ein warmes Licht auf sein schwieriges Lebensende, ist im türkischen Exil etwas gelungen, das seinem Bruder in Nürnberg für immer verwehrt geblieben ist. Für seine Beerdigung hatte dieser sich ein bekanntes Arbeiterlied gewünscht:[1900]

„Es stand meine Wiege
im niedrigen Haus
die Sorgen, die gingen
drin ein und drin aus
und weil meinem Herzen
der Hochmut blieb fern
drum bin ich auch immer
beim Volke so gern
und guckt die Sorge auch mal
durch die Scheiben
ein Sohn des Volkes
will ich sein und bleiben

Tief drunten im Tale ging immer mein Lauf
zur Höhe, zur steilen, ich kam nicht hinauf
ich bleibe im Leben nur einfach und schlicht
und Orden und Sterne begehre ich nicht
Wie auch des Lebens Barke mich mag treiben
ein Sohn des Volkes will ich sein und bleiben

1899 Schlink, Heimat, S. 9 f.

1900 Vgl. Max Süßheim: Testament, StAN, AG Nürnberg, NA 624/33, in der Abschrift bei Radlmaier, Süßheims auf S. 155.

Und schließ ich die Augen zur ewigen Nacht
und habt ihr zur Ruh mich, zur letzten gebracht
dann schmücket die Stätte mit Grünkränzelein
und legt mir aufs Grab einen schmucklosen Stein
Auf diesen Stein laßt mir die Worte schreiben
ein Sohn des Volkes wollt
er sein und bleiben“

Max Süßheim hat seinen lebenslangen Kampf um Anerkennung und Zugehörigkeit verloren, er starb 1933 enttäuscht und verbittert. Karl Süßheim aber wurde in der Istanbuler Exilgemeinde unter den aus dem „Dritten Reich“ Verstoßenen endlich als Gleicher unter Gleichen gesehen, von Juden wie Nicht-Juden – als ein Verschmähter zwar, wie die anderen dort Gestrandeten eben auch, aber doch als Angehöriger des deutschen Volkes, genauer: seiner „Kolonie B“. Sie stand für das andere Deutschland, ein Land, das aus Weimar auch hätte entstehen können: die humanistische Hälfte des Janusgesichts der Moderne. In diesem Bewusstsein, davon können wir ausgehen, ging Süßheim zu seinem Lebensende auf; hier fand er Halt und auf diese Weise prägte er die leise Hoffnung auf eine bessere Zukunft seiner geliebten Heimat nach Krieg und Shoah mit. Im Gegensatz zum Schicksal seines Bruders hat sich die tiefe Sehnsucht nach Zugehörigkeit für Karl Süßheim ganz am Ende seines Lebens doch noch erfüllt.

„Erst als wir nach Istanbul reisten, ich war 13, es war in den Ferien, erfuhr ich es: Mein Großvater war jüdisch": Karl Süßheims Enkelin Lisa R. D'Angelo, das Kind seiner inzwischen verstorbenen Tochter Gioconda, erfuhr erst spät von der Verfolgungsgeschichte ihrer Familie. Das intime Bild zeigt Gioconda D'Angelo am Grab ihres Vaters.

Als ich aufwuchs, hörte ich von meiner Mutter nie irgendwelche Geschichten über ihre Familie. Ich fand es nicht seltsam, dass ich nichts über meinen Großvater Karl wusste. Meine Schwestern und ich wussten sehr wenig über das Leben meiner Mutter, bevor sie nach New York zog. Sie sagte: „Ich weiß nicht wirklich viel, ich kann mich nicht erinnern". Und sie erwähnte nicht ein einziges Mal, dass ihr Vater Jude war. Wir waren kirchentreue Katholiken; wir mussten […] jeden Sonntag in die Kirche gehen […]. Erst als wir nach Istanbul reisten, ich war 13, es war in den Ferien, erfuhr ich es: Mein Großvater war jüdisch. Wir besuchten sein Grab […]. Auf dem Grabstein war ein großer Davidstern. Ich zeigte auf den Stern und sagte: „Hey Mom!". Sie schaute einfach in eine andere Richtung.

Lisa R. D'Angelo[1]

Das Nachspiel.

Zwischen *damnatio memoriae* und Restitution

Die eindringlichen Sätze entstammen einer Rede, die am 19. Juni 2017 in den Räumen des Nürnberger Stadtarchivs gehalten wurde. Die Sprecherin war Lisa R. D'Angelo, Karl Süßheims Enkelin, die sich der Pflege ihrer Familiengeschichte heute im Besonderen annimmt. Über mehrere Wochen hinweg durfte ich ihre Gastfreundschaft in ihrem Haus in der Nähe von Chicago in Anspruch nehmen, um in Ruhe mit Karl Süßheims Privatnachlass zu arbeiten. Ihre Mutter war Gioconda Süßheim, die jüngere Tochter des Orientalisten, die 2006 gestorben ist. D'Angelos Tante Margot Suesheim, die ältere Tochter Karl Süßheims, feierte noch ihren 90. Geburtstag und lebte bis zu ihrem Tod im April 2020 in Queens, New York. Zweimal hatte ich die Gelegenheit, sie dort zu besuchen und mit ihr zu sprechen. Ihr Auftreten ähnelte der Vorstellung, die ich mir von ihrem Vater gemacht hatte: klug und nüchtern, still, freundlich, aber distanziert. Ihre Nichten Lisa R. D'Angelo und Cynthia Kingsley –

1 Im englischen Original: "When I was growing up I never heard any stories from my mother about her family. I didn't think it was strange that I knew nothing about my grandfather Karl. My sisters and I knew very little about my mother's life before she moved to New York. She said: 'I don't really know very much, I can't remember'. And she never once mentioned that her father was Jewish. We were church going catholics and we were required to […] go to church every Sunday […]. It was only when we travelled to Istanbul when I was 13, it was on a vacation, that I learned: My grandfather had been Jewish. We visited his grave […]. On the headstone was a big star of David. I pointed at the star and said 'Hey Mom!'. She just looked in another direction."

letztere traf ich 2016 erstmals in New York –, wirken dagegen wie eine Reinkarnation ihrer Großmutter Karolina, wie sie aus den Quellen hervortritt: lebhaft, emanzipiert, humorvoll. Und in der Tat: Gioconda soll ihrer Mutter sehr ähnlich gewesen sein, so das Familiennarrativ, Margot ihrem Vater. Wozu diese doch sehr persönlichen Zeilen? Für die Biografieschreibung ist es von unschätzbarem Wert, wenn die Nachlassverwalter an der Forschung über ihre Familiengeschichte interessiert sind, oder ihr zumindest nicht im Weg stehen. Wenn sie Fragen zu den familiären Hintergründen bereitwillig beantworten, auch zur kritischen Recherche ermutigen, ja, sogar selbst Nachforschungen betreiben und immer wieder Material schicken, so ist es ein wahrer Glücksfall. All das hat die Familie Karl Süßheims getan, und das ist keinesfalls eine Selbstverständlichkeit: Nicht wenige Biografinnen und Biografen mussten erfahren, dass die Angehörigen des oder der Porträtierten dem wissenschaftlichen Interesse, aus ganz verschiedenen Gründen, Steine in den Weg legten. Viele Facetten der ganz privaten, persönlichen Seite des Lebens bleiben in diesen Fällen zwangsläufig verborgen. Die Bedeutung meiner Gespräche mit Margot Suesheim und Lisa R. D'Angelo ist daher für dieses Buch kaum zu ermessen. Die Erinnerung an Karl Süßheim als der Mensch, der er war, wurde allerdings auch innerhalb der Familie in den USA lange unterdrückt, wie die Rede seiner Enkelin in Nürnberg deutlich machte.

Karl Süßheims Töchter, beide in Deutschland geboren – die eine noch in der Weimarer Republik, die andere schon im „Dritten Reich" – hatten als junge Frauen schwer an ihrer Geschichte zu tragen. Der jüdische Teil ihrer Erziehung, die Karl Süßheim selbst so wichtig war, ist nach seinem Tod lange verdrängt worden. Margot Suesheim konnte sich im Zeitzeugengespräch nicht einmal daran erinnern, jemals eine jüdische Schule besucht zu haben: Die Religion ihres Vaters habe in der Erziehung keine Rolle gespielt, sagte sie.[2] Auch Süßheims andere Tochter hat die nationalsozialistische Verfolgung verdrängt; wie wir hörten, erfuhren ihre Kinder erst im Teenager-Alter davon: als sie mit ihr das Grab in Istanbul besuchten – und zu ihrer Verwunderung feststellten, dass es sich auf dem jüdischen Friedhof befindet. Gioconda D'Angelo kam danach nicht mehr umhin, den Töchtern ihre Geschichte zu erzählen. Margot Suesheim, ihre Schwester, die kinderlos geblieben ist, hat sich entschieden, ihr Schweigen für die Wissenschaft zu brechen. Sie scheint das größte Talent ihres Vaters geerbt zu haben. Fast jeden Satz begann sie im Gespräch mit mir mit einem langgezogenen amerikanischen „well", um anschließend in gestochen scharfem Deutsch fortzufahren. Sie hat sich die Sprache ihrer Kindheit wie eingefroren bewahrt: das Deutsch, das im München der 1930er-Jahre gesprochen wurde, mit etlichen Wendungen, die heute längst nicht mehr gebräuchlich sind. Karl Süßheims ältere Tochter hat Deutschland nach dem Krieg nur ein einziges Mal wiedergesehen: Sie besuchte ihre Großmutter Anna Plank in München-Milbertshofen.[3] Von dieser ist im Nachlass ein Brief an ihre Enkelin überliefert: „Ich bin gespannt, ob ich es noch erlebe, daß ich Dich noch mal sehe. Die Zeit geht so rasch vorbei u. schnell werde ich 80 sein, wenn ich's noch erlebe. Das Leben ist wirklich ein Traum. Ich

2 Vgl. Milz, Zeitzeugen-Interview Suesheim (2016).
3 Vgl. ebd.

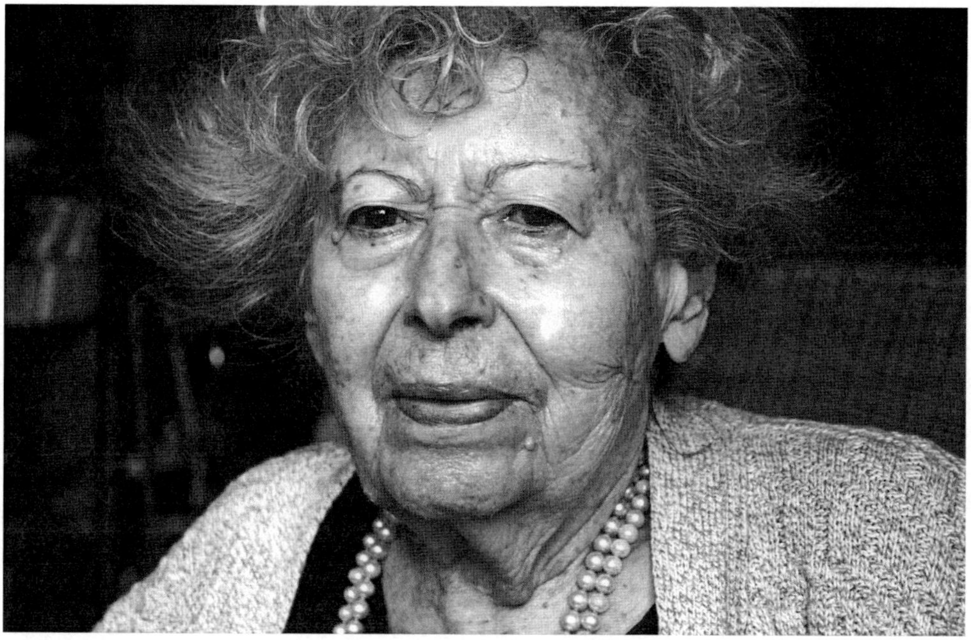

Margot Suesheim beim Zeitzeugengespräch im März 2016 in Queens, New York.

denke so oft an Euch, bei der Arbeit im Garten denk ich immer, wenn was schön ist: wenn ich das meinen Lieben zeigen könnte. [...] Gott möge Euch beschützen, daß Ihr gut durchkommt auf dieser Welt. Pepi schrieb noch im letzten Brief, alles ist nicht wichtig, wichtig ist nur, daß das, was nach diesem Leben kommt, recht ist. Ich muß halt so oft an meine Kinder denken. Dann von einem zum anderen mit meinen Gedanken. Deine Mama schrieb, wie es die kleine Karolinen machte, gerade so machte es Gonda auch. [...] Herzliche Grüße Euch allen, Deine Oma."[4]

Margot Suesheim sagte mir, sie habe nach ihrer einzigen Reise nach Deutschland nach dem Zweiten Weltkrieg kein Bedürfnis mehr gespürt, die Heimat ihrer Eltern erneut aufzusuchen.[5] Den Gedanken führte sie nicht weiter aus. Für die Süßheim-Töchter, die in den Vereinigten Staaten ein neues, weniger trauriges Leben begonnen hatten, war es schwierig, sich selbst als Mitglieder der Überlebenden-Familie zu sehen, die sie waren: eine der letzten in Deutschland, die der Shoah entkam. Wir dürfen davon ausgehen, dass Karl Süßheims Witwe in den USA für ein wenig Unbeschwertheit ihrer Töchter viele Kämpfe allein kämpfte. Der Antisemitismus hatte viel Leid über die Familie gebracht, doch nun hieß es nach vorne schauen. Jahrzehnte später aber sollten die Nachkommen Karl Süßheims wieder

4 Anna Plank an Margot Suesheim, 6.10.1960, Privatbesitz Lisa R. D'Angelo (Chicago). Der Brief ist hier in korrigierter Rechtschreibung wiedergegeben.

5 Vgl. Milz, Zeitzeugen-Interview Suesheim (2016).

einen unverstellten Blick zurück wagen, und vielleicht gilt auch für sie das jüdische Sprichwort: „Vergessen verlängert das Exil. In der Erinnerung liegt das Geheimnis der Erlösung."

Die Verdrängung der eigenen Vergangenheit durch die Opfer der Judenverfolgung oder deren Angehörige ist allzu nachvollziehbar. Anderes gilt für die, die mitverantwortlich waren für das Schicksal ihrer einstigen Nachbarinnen, ihrer Mitbürger, ihrer Kolleginnen oder Parteigenossen. Eine bewusste Verdrängung des Andenkens, die *damnatio memoriae* des Namens Süßheim, betraf in erster Linie Karl Süßheims Bruder, den jüdischen Sozialdemokraten Max Süßheim. Bis heute wird ihm kein nennenswerter Platz in der Geschichte eingeräumt. Der auch tagespolitisch engagierte Aufsatz der wissenschaftlichen Mitarbeiterin einer SPD-Bundestagsabgeordneten im Sammelband des Nürnberger Stadtarchivs kann als erster Schritt einer ernsthaften Würdigung des langjährigen Mitglieds vonseiten seiner Partei betrachtet werden.[6] Eine angemessene Erinnerung an Max Süßheim wäre aber nicht nur für die Sozialdemokratie angezeigt; sein Einsatz für Bayern im Landtag – nicht zuletzt seine Arbeit für dessen ersten parlamentarischen Verfassungsentwurf[7] – hat nach wie vor keinerlei Würdigung erfahren.[8] Karl Süßheims Andenken widerfuhr in seiner Heimat ein ähnliches Schicksal.

In den Wochen nach dem 30. April 1945, dem Tag, an dem amerikanische Truppen in München eingerückt waren, benutzten die bayerischen Beamten häufig einen Stempel mit der Aufschrift „ungültig". Auf den Briefbögen der ehemaligen „Führerstadt", die man wegen des Papiermangels auch weiterhin verwenden musste, wurde er über den Schriftzug „Hauptstadt der Bewegung" gedrückt – als ob sich die NS-Zeit einfach überstempeln ließe. „Ganz so schnell", kommentiert Hans Günter Hockerts diese Praxis, „lässt die Geschichte sich allerdings nicht entsorgen"[9]. Den Ballast der Vergangenheit wollte man rasch loswerden. Karl Süßheims ehemalige Kollegen an der LMU hielten es nach seinem Tod 1947 aber nicht einmal für nötig, ihm einige Zeilen zu widmen[10], obwohl das „Verfassen von Nachrufen auf ehemals verfolgte Wissenschaftler", wie Ludmila Hanisch richtigerweise bemerkt, nach 1945 geradezu eine „Strategie" war.[11] Vor allem war es Augenwischerei, um es einmal konkret zu benennen: Für die deutsche Orientalistik – die Semitistik, Arabistik und Islamwissenschaft – lässt sich der wissenschaftsgeschichtlichen Studie zufolge „[e]mpirisch [...] festhalten, dass [...] die nach 1945 vom Dienst suspendierten Lehrstuhlinhaber wieder in ihre alten Rechte

6 Vgl. Gardill, Süßheim, der Verweis auf das aktuelle politische Klima insb. auf S. 212, die Autorinnenbeschreibung vgl. Diefenbacher, Süßheims, S. 293.

7 Vgl. Kap. II.1.

8 Max Süßheims Leben konnte hier, in der Biografie seines Bruders, nicht annähernd angemessen behandelt werden. Ein Text, der den jüdischen Sozialdemokraten in seinem politischen Umfeld verortet, ist in Arbeit.

9 Hans Günter Hockerts: Warum war München die „Hauptstadt der Bewegung"?, in: Hajak u. Zarusky, München, S. 23-40, hier S. 40.

10 Der Nachruf der Leidener Orientalistin Barbara Flemming Ende der 1970er-Jahre war tatsächlich der erste, vgl. Flemming, Süssheim.

11 Hanisch, Nachfolger, S. 174.

eingesetzt wurden“[12]; demgegenüber habe es keinen einzigen Emigranten gegeben, der zurückberufen worden sei. Ernüchternde Ergebnisse zur Personalpolitik an der Universität München lassen sich auch am Beispiel der Geschichtswissenschaft feststellen.[13] Hier findet sich bestätigt, was Karsten Jedlitschka anhand eines Einzelfalls in seiner Dissertation über den Neuzeit-Historiker Ulrich Crämer[14] nachgewiesen hat: Persönliche Netzwerke waren nach 1945 entscheidender für das Schicksal eines Historikers als sein politischer Standort oder das Verhalten im „Dritten Reich“. Das war in der Orientalistik wohl nicht anders, die sich in der NS-Zeit „der Verwissenschaftlichung von Mythen und Ideologien verpflichtet“ sah und so „zum nationalen Dienstleistungsbetrieb verkommen war“[15], wie Ekkehard Ellinger überzeugend nachgewiesen hat. Das Problem eines fehlenden Netzwerks galt allen aus diesem System Ausgeschlossenen: in der unmittelbaren Nachkriegszeit, aber auch später noch und sogar posthum, wie der Fall Karl Süßheim zeigt. Er ist ein Lehrstück des Umgangs der frühen Bundesrepublik mit den Verfolgten des nationalsozialistischen Regimes.

Bei der Betrachtung der „Wiedergutmachungs“- und Personalpolitik der Philosophischen Fakultät der LMU nach 1945 offenbaren sich mehrere Spannungsfelder: Die Interessen der Fakultät waren mit der allgemeinen Universitätspolitik in Einklang zu bringen; die Universität ihrerseits musste ihren Anspruch auf Selbstverwaltung gegenüber dem zuständigen Kultusministerium verteidigen. Im Gegensatz zur zentralistisch organisierten NS-Zeit waren nun jedoch in der föderalistischen Ordnung Kompetenzbereiche erst zu erkämpfen und abzustecken; die Bildungspolitik hat sich hierbei bekanntermaßen als Hoheitsrecht der Länder erhalten.[16] Im Rahmen personalpolitischer Entscheidungen traf diese auf die allgemeine Linie Berlins, das im Begriff war, seinen Umgang mit der nationalsozialistischen Vergangenheit zu justieren. Natürlich waren es direkt nach 1945 aber zunächst die alliierten Besatzungsbehörden – im Falle der Universität München die US-amerikanische Militärregierung – die eine Entnazifizierung von Schulen und Universitäten mehr oder weniger rigide verfolgten und bei Personalentscheidungen den Ton angaben.[17] Beim akademischen

12 Ebd., S. 175.

13 Vgl. die Bemerkungen in der Hinführung.

14 Jedlitschka, Professor.

15 Ellinger, Orientalistik, S. 420.

16 Gerade in Bayern wurde ein starker Föderalismus gefordert, auch vonseiten der LMU-Wissenschaftler, besonders der Historiker, wie Ferdinand Kramer ausführt: „In deren Perspektive waren die Zurückdrängung der Staatlichkeit der Länder, die Tradition nationalistischer und preußischer Militär- und Machtstaatlichkeit sowie die dem Liberalismus geschuldete Säkularisierung und der revolutionäre Sozialismus die tieferen Ursachen für die Katastrophe des Nationalsozialismus. Im Gegensatz dazu sollte nach 1945 die Erneuerung von Staat und Gesellschaft aus der Kontinuität der bayerischen Geschichte und des bayerischen Staates entwickelt werden […].“ Ferdinand Kramer: Max Spindler (1894–1986) und Karl Bosl (1908–1993), in: Weigand, Historiker, S. 259–279, hier S. 265.

17 Zur Praxis der Entnazifizierung an der LMU siehe Stefan Wiecki: The Denazification of Munich University, in: Kraus, Universität II, S. 519–569 sowie allgemein zur diesbezüglichen Politik der Amerikaner: Ellen Latzin: „Reeducation“ – „Reorientation“: Theorie und Praxis zentraler Leitbegriffe der amerikanischen Besatzungspolitik nach 1945, in: Kraus, Universität I, S. 609–635.

Lehrkörper benötigte man Personal, das ein funktionierendes Hochschulwesen garantieren konnte, welches der Heranführung der Deutschen an die Demokratie dienlich war. Diese paradoxe Situation – es ist etliche Male beschrieben worden – führte bekanntermaßen dazu, dass oftmals nicht der Grad der persönlichen Belastung durch die NS-Vergangenheit entscheidend für eine Wiedereinstellung wurde, sondern vielmehr die jeweilige Tiefe der politischen Ideologisierung. An der Philosophischen Fakultät der LMU holte man sich Widerstandsprominenz in Gestalt eines Bruders des Hitler-Attentäters Stauffenberg genauso ins Haus wie den bekannten, von den Nationalsozialisten ins Abseits gedrängten Franz Schnabel[18], doch wer sich nach 1945 zum neuen demokratischen System bekannte, hatte in der Regel gute Aussichten darauf, dass auch persönliche Verantwortung im Wissenschaftsbetrieb zur nationalsozialistischen Zeit nicht zum langfristigen Hinderungsgrund für die akademische Karriere wurde.

Bald hatten sich die Universitäten zusätzlich mit Interessenvertretungen auseinanderzusetzen, und besonders tat sich hier der Verband der nicht-amtierenden (amtsverdrängten) Hochschullehrer (VNAH) hervor: die Lobby-Gruppe ebenjener Dozenten, die im Rahmen der Entnazifizierung ihren Platz räumen mussten.[19] Auf Druck der Militärregierung nämlich waren im Frühsommer 1945 86 von 96 Mitgliedern der Philosophischen Fakultät entlassen worden. Wie in so vielen anderen Bereichen der deutschen Gesellschaft, konnte es eine personalpolitische „Stunde Null“ aber nicht geben, wenn man den laufenden Betrieb an der Universität aufrechterhalten wollte. Einen noch wesentlicheren Grund für den oft laxen Umgang mit den NS-Biografien der Angestellten bildeten jedoch die persönlichen Bekanntschaften und Netzwerke unter Kollegen, die (während der NS-Zeit gepflegt und teilweise schon vor Jahrzehnten – in der Weimarer Zeit oder noch während des Kaiserreichs – geknüpft) auch 1945 nicht einfach aufhörten zu existieren. Diese Netzwerke und zwischenmenschlichen Verbindlichkeiten hatten nicht nur Einfluss auf Entscheidungsträger innerhalb der eigenen Fakultät, sie erstreckten sich naturgemäß auch auf die höheren Positionen in der Universität und bis ins bayerische Kultusministerium hinein. Daneben waren aber auch andere Interessen vielfach ausschlaggebend für die Politik nach 1945: Universität und Kultusministerium hatten in ihren eigenen Reihen mit Kontinuitäten zur NS-Vergangenheit zu tun; oftmals insbesondere damit, dieser Situation keine öffentliche Aufmerksamkeit zu bescheren. Geschickt wusste das vor allem der VNAH zu nutzen, der, nicht ganz ohne Grundlage, diese Doppelzüngigkeit in Szene und die Universität sowie die zuständigen Behörden damit unter Druck zu setzen wusste.[20]

18 Zu Schnabel vgl. die Hinführung.

19 Einen ersten Überblick zur in der Forschung lange vernachlässigten Rolle des VNAH gibt der Beitrag von Karsten Jedlitschka: Old Boys Network. Der „Verband der nicht-amtierenden (amtsverdrängten) Hochschullehrer“ und seine Lobbypolitik in Bayern am Beispiel der Universität München, in: Kraus, München II, S. 571–613.

20 Der Lobby des VNAH war die Universität in mehreren Personalentscheidungen ausgesetzt: Herbert Cysarz und Otto Koellreutter zum Beispiel waren Professoren, die auf den Verband vertrauten und, letztlich ohne Erfolg, auf eine Wiedereinsetzung in den Dienst drängten. Mit Blick auf die

Einsamer Kampf um Gerechtigkeit: „Bitte legen Sie ein Wort für uns ein, sehr geehrter Herr Rektor". Karl Süßheims wiederverheiratete Witwe Caroline O'Brien in ihrem neuen Leben in den USA.

Wozu all diese Zeilen über die LMU nach 1945? In dem eben skizzierten Klima schlug 1947 der „Wiedergutmachungs"fall Karl Süßheim auf. Im Universitätsarchiv finden sich (aus der erklärten Furcht, der Brief ginge möglicherweise verloren) zwei nahezu gleichlautende Schreiben, die Karolina Süßheim wenige Wochen nach dem Tod ihres Mannes an Aloys Wenzl, den Nachkriegs-Rektor, schickte:

> „Im vergangenen Herbst waren Sie so freundlich, uns auf meinen Brief zu antworten, daß Sie gerne helfen würden[,] aber nicht wißen wie. Da mein lb. Mann stark kränkelte[,] war [sein behandelnder Arzt, KM] Herr Professor Schwartz so lieb[,] an unsrer Stelle Ihren Brief zu beantworten. Leider ist nun mein lb. Mann Prof. Dr. Karl Süßheim verschieden u. ich mit 2 Kindern mittellos zurückgeblieben. Ich hoffe, daß ich das geringe Inventar mit Büchern so verkaufen kann, daß es uns die Heimreise u. den Aufenthalt bis dahin bezahlt. Aber auch in München ist uns nichts verblieben, da mein verstorbener Mann alles abzuliefern hatte 1941. Mein Mann bezahlte bis 1933 1 Beitrag, damit ich im Todesfalle meines Mannes von der Universität München 100 M monatlich bekommen sollte. Meine beiden Kinder [...] besuchen noch die Schule u. es wäre natürlich 1 große Wohltat wenn ich diese 100 M im Monat bekäme u. wenn Sie[,] sehr geehrter Herr Rektor[,] mir behilflich sein wollten. 1938 im Winter war mein Mann im Camp in Dachau u. wir wußten, daß es ums Leben ging. Um so schnell als möglich

Historikerschaft gestaltet sich hier vor allem der erfolglose Versuch Ulrich Crämers als interessant, aber auch Karl Alexander von Müller ließ sich von den Verbandsvertretern beraten – seine Bemühungen waren nicht umsonst, vgl. ebd., v. a. S. 599–606. Für letzteren, der seinen Namen während des Nationalsozialismus für die „Forschungsabteilung Judenfrage" zur Verfügung gestellt hatte, dem im Nachhinein aber „der dumpfe Haß des Antisemitismus" genauso „von Natur [...] zuwider" gewesen sein wollte wie „die Überheblichkeit des sogenannten nordischen Menschen", findet Michael Brenner klare Worte: „Viel schamloser kann ein Historiker wohl nicht an seiner eigenen Vergangenheit basteln." Die Zitate: Karl Alexander von Müller: Im Wandel einer Welt. Erinnerungen, Bd. 3: 1919–1932, hrsg. von Otto Alexander Müller, München 1966, S. 226 u. Brenner, Schatten, S. 233, vgl. zum Thema auch die Bemerkungen auf S. 232 f.

> fortzukommen, nahm mein lb. Mann an der hiesigen Universität die Stelle als Prof. für türkische Geschichte an, obwohl er dafür so wenig bezahlt bekam[,] daß wir ohne Hilfe [der Notgemeinschaft deutscher Wissenschaftler im Ausland[21], KM] nicht hätten auskommen können. Alle die Aufregungen, die Enteignung bei der Abreise haben ihn geschwächt, so daß [sic!] er der Krankheit nicht Wiederstand [sic!] leisten konnte. Bitte legen Sie ein Wort für uns ein, sehr geehrter Herr Rektor, daß wir dann wenigstens jeden Monat diese 100 M bekommen u. vor arger Not geschützt werden."[22]

Nach einer Stellungnahme der Universitätskasse, die alsbald eingeholt wurde, wandte sich Aloys Wenzl, offenbar ernstlich entschlossen, Karolina Süßheim zu helfen, ans Kultusministerium: „In Anbetracht der schwierigen Verhältnisse" der Frau, „Witwe des Herrn Prof. Dr. Karl Süssheim, der am 27.6.1933 aus rassischen Gründen aus dem Bayerischen Staatsdienst entlassen wurde", schrieb er, „bitte ich um Gewährung einer Unterhaltsbeihilfe".[23] Das Kultusministerium wandte sich daraufhin ans Finanzministerium: „mit der Bitte um Äußerung, ob der Witwe des Professors Dr. Karl Süßheim ein laufender Unterhaltszuschuß gewährt werden kann" – „[e]inen Anspruch auf Hinterbliebenenversorgung" habe Süßheim „durch seine Ernennung zum Privatdozenten an der Universität München nicht erworben".[24] Ganz typisch für diese Zeit, berief sich die Politik schließlich auch auf die Gesetze des nationalsozialistischen Regimes, wie aus der Antwort des Kultusministeriums an Aloys Wenzl hervorgeht:

> „Die Zahlung eines laufenden Unterhaltszuschusses an die Witwe des ehemaligen Privatdozenten und nbao. Professors Dr. Karl Süßheim ist nach Benehmen mit dem Bayer. Staatsministerium der Finanzen nicht möglich. Dr. Süßheim hatte als Privatdozent keine Anwartschaft auf Versorgung. Die Lehrbefugnis ist ihm auf Grund des § 3 des Berufsbeamtengesetzes entzogen worden. Daher trifft § 2 der 2. VO. zum Reichbürgergesetz für ihn nicht zu. Abgesehen davon ist das Reichsbürgergesetz vom 15.9.1935 nebst allen Ergänzungsvorschriften durch das Kontrollratsgesetz Nr. 1 über die Aufhebung von Nazigesetzen aufgehoben worden. Die Gewährung eines Unterhaltsbeitrages an die Witwe Ina Süßheim kann auch unter dem Gesichtspunkt der Wiedergutmachung

21 Vgl. dazu Kap. II.3.

22 [Karoli]na Süßheim an Aloys Wenzl, Istanbul, Ortaköy, 2.4.1947, UAM-E-II-3323-103–106. Der erste Brief war mit dem Hinweis versehen: „Da man von hier aus keine Briefe einschreiben laßen kann nach Deutschland[,] schicke ich in einigen Tagen 1 Kopie." [Karoli]na Süßheim an Aloys Wenzl, Istanbul, Ortaköy, 29.3.1947, UAM-E-II-3323-99–102.

23 [Aloys Wenzl] an Staatsminister für Unterricht und Kultus: Gewährung einer Unterhaltsbeihilfe [Karolina Süßheim], 27.5.1947, UAM-E-II-3323-109, die Stellungnahme der Universitätskasse, 19.5.1947, UAM-E-II-3323-107 f.

24 Vermerk [Hans] Rheinfelder [BSMUK]: zum Bericht des Rektors der Universität München vom 27. Mai 1947 Nr. I 1011 betr. Unterhaltszuschuß für die Witwe des Prof. Dr. Karl Süssheim: Einlauf an das B. Staatsministerium der Finanzen, 23.6.1947, BayHStA MK 44426.

> national-soz. Unrechts nicht in Betracht kommen, weil Dr. Süßheim zwar, wenn ihm 1933 die Lehrbefugnis an der Universität München nicht entzogen worden wäre, möglicherweise später für sich selbst einen Unterhaltsbeitrag bekommen hätte, daraus aber keine Versorgung für die Witwe erwachsen wäre. Frau Süßheim könnte allenfalls eine laufende Unterstützung erhalten. Voraussetzung wäre jedoch, daß sie ihren Wohnsitz ins Inland verlegt."[25]

Wir dürfen davon ausgehen, dass sich die unangenehme Angelegenheit für die Universität damit vorerst erledigt hatte. Zweieinhalb Jahre später findet sich allerdings wieder eine Spur zur Sache: Im März 1950 beantragte Karolina (inzwischen als Caroline Süssheim in New York lebend) erneut 100 Mark Witwengeld von der Witwenkasse – der neue LMU-Rektor Walther Gerlach leitete ihr Schreiben, das nicht überliefert ist, „mit der Bitte um weitere Veranlassung"[26] an den Verwaltungsausschuss der Universität weiter.

Das Anliegen muss zunächst im Sande verlaufen sein, denn im Januar 1951 bevollmächtigte Süßheims Witwe die United Restitution Organization (URO), sich ihrer Sache anzunehmen.[27] Im Mai desselben Jahres wurde in der Bundesrepublik Deutschland das „Gesetz zur Regelung nationalsozialistischen Unrechts für Angehörige des öffentlichen Dienstes" verabschiedet. Eine „Wiedergutmachung" war darin explizit auch für Geschädigte vorgesehen, deren „Übernahme in das Beamtenverhältnis trotz Vorliegens der Voraussetzungen"[28] abgelehnt worden war. Das Bayerische Kultusministerium kam dennoch rasch zu dem Schluss, dass keine Ansprüche bestünden, „da der verstorbene Dr. Süssheim als Privatdozent keine Versorgungsansprüche hatte, solche auch nicht in regelmäßiger Dienstlaufbahn erworben hätte"[29]. Zu der Frage, ob Karl Süßheim unter anderen Umständen eine reguläre Professur an der LMU erhalten hätte, wurde in dem Schreiben nicht einmal angesetzt. Den nächsten Brief erhielt die Münchner Universität 1955 von der URO: eine Anfrage zu Süßheims Hochschullehrertätigkeit.[30] Rektor Alfred Marchionini antwortete und verwies lapidar auf die Korrespondenz von 1947.[31] Nicht nur Richtung LMU aber schickte Caroline O'Brien, Karl

25 Hans Rheinfelder i. A. des BSMUK an Rektorat der U[niversität] M[ünchen], 26.8.1947, UAM-E-II-3323-111 wie auch in BayHStA MK 44426. Fast gleichlautend leitete man damit die Antwort des Finanzministeriums weiter, vgl. Bayerisches Staatsministerium der Finanzen (Ringelmann) an BSMUK: Gewährung einer Unterhaltsbeihilfe; hier Witwe des Herrn Prof. Karl Süssheim, 7.8.1947, BayHStA MK 44426.

26 Walther Gerlach an Verwaltungsausschuß der Universität München: Schreiben von Frau Caroline Süssheim 143-18-41Av Flushing L. J. NewYork USA vom 19.3.1950, 28.3.1950, UAM-E-II3323-115.

27 Caroline O'Brien: Vollmacht an die United Restitution Organization, 3.1.1951, BayHStA MK 44426, Wiedergutmachungsakten des BSMUK, Dr. Süßheim, Karl, Privatdozent betr. Wiedergutmachung.

28 Gesetz zur Regelung nationalsozialistischen Unrechts für Angehörige des öffentlichen Dienstes, Bundesgesetzblatt 21 (1951), 12.5.1951, S. 291–296, hier S. 291.

29 BSMUK an das Bayer. Landesentschädigungsamt, 10.6.1954, BayHStA MK 44426, Wiedergutmachungsakten des BSMUK, Dr. Süßheim, Karl, Privatdozent betr. Wiedergutmachung.

30 Vgl. URO an Universität München, 11.7.1955, UAM-E-II-3323-117.

31 A[lfred] Marchionini an URO, 14.7.1955, UAM-E-II-3323-119.

Süßheims inzwischen wiederverheiratete Witwe[32], Anträge auf Entschädigung: Der Hilferuf an den Rektor der Münchner Universität war nur der Auftakt einer langen Auseinandersetzung um Gerechtigkeit, die hier nicht detailliert beschrieben werden kann.[33] Auch in Sachen Universität aber wollte die kämpfende Frau nicht so schnell klein bei geben. Ende 1956 wurde ihre Aussage aus New York ans Auswärtige Amt geschickt: „Mir sind keine Tatsachen bekannt, die Zweifel an der Richtigkeit der Angaben des Antragstellers begründen könnten, insbesondere auch nichts über Tatsachen, die [...] eine Wiedergutmachung ausschliessen"[34], ließ das Generalkonsulat der Bundesrepublik die Kollegen in Bonn wissen. „Wie hätte sich die regelmässige Laufbahn [...] ohne die Schädigung gestaltet [?]", wurde im Antrag gefragt – „Dr. Suessheim wäre voraussichtlich zum ordentlichen Professor ernannt worden", lautete die Antwort Caroline O'Briens.

Im Dezember 1956 wurden die Ansprüche von der URO beim Bayerischen Kultusministerium angemeldet – wenige Wochen später kam dieses auf den einstigen Arbeitgeber ihres verstorbenen Mannes zu und bat um den Personalakt Karl Süßheims.[35] Aus New York wurden Papiere geschickt und Süßheims Witwe musste zahlreiche Nachweise beibringen – bis hin zum Schulzeugnis aus Istanbul.[36] Erstmals wurden nun auch Gutachten in der Sache eingeholt. In diesem Zusammenhang wurde Anton Spitaler, der aktuelle Dekan der Philosophischen Fakultät und wie dargestellt ein ehemaliger Schüler Karl Süßheims, um

32 Sie heiratete im November 1951 einen irisch-stämmigen Amerikaner.

33 Der Provenienzforscher Dominik Radlmaier fasst die Ergebnisse der verschiedenen Anträge in München und Fürth zusammen: „Die Zwangsabgaben wurden im Oktober 1956 finanziell entschädigt, die Auswanderungskosten im Juli 1957, die Geldstrafe des Unterwerfungsverfahrens im September 1961. Für die entzogenen Wertpapiere, Bankguthaben, Möbel und Edelmetallgegenstände erfolgte im Januar 1967 auf Grundlage eines Beschlusses der Wiedergutmachungskammer München Schadenersatz. 20 Jahre nach dem Tod Karl Süßheims fand damit die juristische sowie finanzielle Aufarbeitung des Unrechts, das Familie Süßheim erfahren hatte, einen späten und für die Opfer sicherlich ernüchternden Abschluss." Radlmaier, Süßheims, S. 111. In den Akten des Entschädigungsamts finden sich z. B. verschiedene Anweisungen betreffend die Emigrationskosten über mehrere tausend Euro, vgl. z. B. Auszahlungsanordnung, 19.12.1957 (11 037,87 DM) u. 23.12.1957 (1628,85 DM), BayHStA LEA 35392.

34 Hier und das folgende Zitat: Generalkonsulat der Bundesrepublik Deutschland New York an das Auswärtige Amt Bonn, 28.12.1956: Übersendung des Antrags von Caroline O'Brien vom 14.12.1956, BayHStA MK 44426, Wiedergutmachungsakten des BSMUK, Dr. Süßheim, Karl, Privatdozent betr. Wiedergutmachung.

35 URO an BSMUK, 19.12.1956, BayHStA MK 44426, Wiedergutmachungsakten des BSMUK, Dr. Süßheim, Karl, Privatdozent betr. Wiedergutmachung. BSMUK an Rektorat der Universität München: Wiedergutmachung nat.soz. Unrechts für Angehörige des öffentlichen Dienstes, 9.1.1957, UAM-E-II-3323-121. Der angeforderte Akt wurde erst zwei Wochen später ans Ministerium geschickt, vgl. Fr. Klingner an BSMUK, 24.1.1957, UAM-E-II-3323-123.

36 "She attended regularly and did satisfactory work until December 18 1947, when she withdraw because of departure for the U.S.A.", war darauf über Süßheims Tochter Margot zu lesen, American College for Girls in Istanbul: [Zeugnis Margot Süßheim], 18.12.1947, BayHStA MK 44426, Wiedergutmachungsakten des BSMUK, Dr. Süßheim, Karl, Privatdozent betr. Wiedergutmachung.

die Einschätzung der wissenschaftlichen Bedeutung seines früheren Dozenten gebeten.[37] „Dekan Spitaler hat auf Befragen mitgeteilt, dass er Prof. Süßheim gut gekannt habe", ist als Bemerkung auf der Rückseite des ministeriellen Schreibens dazu zu lesen: „Er sei wohl in der Lage[,] die Anfrage selbst zu beantworten; gegebenenfalls würde er sich mit Prof. Babinger oder mit auswärtigen Kollegen in Verbindung setzen"[38]. Deshalb sei „es für zweckmässig erachtet" worden, „die Anfrage nicht an Prof. Babinger, sondern an den Dekan zu richten", hieß es weiter: „zumal Prof. Babinger auch Wiedergutmachungsansprüche geltend gemacht hat und infolgedessen als präokkupiert angesehen werden könnte". Süßheims Schüler Franz Babinger war Hans Joachim Kißling zufolge 1934 „wegen eines Konfliktes mit der Regierung" als außerordentlicher Professor der LMU ausgeschieden.[39] In der Tat war Babinger an den Universitäten Bukarest und Jassy tätig, bevor er 1948 schließlich den Münchner Lehrstuhl für Turkologie erhielt – die genaueren Umstände seiner Konflikte zu Beginn der NS-Zeit scheinen nicht ohne weiteres nachvollziehbar zu sein.[40] Im Gegensatz zu Franz Babinger jedenfalls schien Anton Spitaler (der während der NS-Zeit Stipendiat der gleichgeschalteten Notgemeinschaft der deutschen Wissenschaft bei der Korankommission der Bayerischen Akademie der Wissenschaften (BAdW) war und der Wehrmacht im Zweiten Weltkrieg in Belgien und Frankreich als Dolmetscher diente) aus Ministeriumssicht eine willkommene Haltung in dem Verfahren zu versprechen. Aus ebendiesem Zusammenhang also stammt das bereits zitierte vernichtende Urteil über Süßheims Qualitäten als Orientalist.[41] Bezüglich einer Entschädigung argumentierte Anton Spitaler darüber hinaus explizit wie folgt:

> „In Sachen des Wiedergutmachungsantrags von Frau Caroline O'Brien glaube ich Ihnen mit persönlichen Kenntnissen und Erfahrungen dienlich sein zu können. Frau O'Briens Ansicht, ihr früherer Mann, Prof. Süssheim wäre im Verlauf seines akademischen Werdegangs unter normalen Umständen voraussichtlich ordentlicher Professor an einer deutschen wissenschaftlichen Hochschule geworden, vermag ich leider nicht voll und ganz zu teilen. […] [D]ie Frage, ob er es bis zur Erreichung der Altersgrenze (31. 3. 43) unter normalen Verhältnissen zum planmässigen Professor im allgemeinen

37 Ministerialrat Elmenau an Anton Spitaler, 28. 1. 1958, UAM-O-XIV-140A, Nr. V 98 105.

38 Hier und das Zitat im Folgenden: BSMUK an Anton Spitaler: Wiedergutmachungsantrag der Frau Caroline O'Brien, rückseitige „Bemerkung", 28. 1. 1958, BayHStA MK 44426, Wiedergutmachungsakten des BSMUK, Dr. Süßheim, Karl, Privatdozent betr. Wiedergutmachung.

39 Kißling, Babinger.

40 Franz Babinger war vor der nationalsozialistischen Machtübernahme in die katholische Zentrumspartei eingetreten; 1933 wurde er offenbar nach einer (schwer nachzuweisenden) Intrige zunächst beurlaubt und später zwangspensioniert. In einem Gutachten in einem Berufungsverfahren wurde seine „arische" Abstammung bezweifelt, was sogar einen Artikel im Stürmer mit dem Titel „Professor Babinger. Die Tragik eines Judenmischlings" nach sich zog, vgl. dazu den Aufsatz von Grimm, Babinger, S. 316–320.

41 Vgl. Kap. II.3.

> oder gar zum Ordinarius im besonderen gebracht hätte, [ist] kaum positiv zu beantworten, so möchte ich es [aber] doch für wahrscheinlich halten, dass Prof. Süssheim im Zuge der Neuordnung des Hochschullehrerrechts im Jahre 1939 wenigstens aplnm. Professor neuer Ordnung mit Diäten geworden wäre. […] Ich würde mich freuen, wenn ich dazu beitragen könnte, Prof. Süssheim nachträglich zu seinem Recht zu verhelfen, wenn ich auch im Interesse der Wahrheit und Objektivität kein anderes Urteil abgeben konnte, als eben niedergelegt."[42]

Der Fall, soviel sei erwähnt, wurde entsprechend eingeordnet: Karl Süßheims Familie wurde im August 1958, elf Jahre nach dem Antrag, eine kleine Entschädigung für entgangenes Witwengeld und Waisenrente in Aussicht gestellt.[43] Der Antrag habe „sich als teilweise begründet erwiesen", hieß es im Bescheid: Es bestehe „die gesetzliche Vermutung [!], daß es sich bei der Entlassung des Prof. Dr. Süßheim […] um eine Verfolgungsmaßnahme […] gehandelt" habe; es sei allerdings „nicht anzunehmen, daß Prof. Süßheim zum planmäßigen a.o. oder o. Professor an einer deutschen wissenschaftlichen Hochschule ernannt worden wäre". Caroline O'Brien überlegte offenbar, dagegen zu klagen: Über die URO ließ sie Einsicht in Karl Süßheims Personalakt beantragen; der Antrag wurde wenige Tage später jedoch abgelehnt.[44] „Das Verfahren ist rechtskräftig abgeschlossen", heißt es auf einem handschriftlichen Vermerk des Kultusministeriums vom 30. Dezember 1958.[45] Erst im August 1965 aber konnte eine vergleichsweise Einigung zwischen den Parteien erzielt werden.[46]

Der Umgang mit der Personalie Karl Süßheim nach 1945 verdeutlicht die Grenzen der „Wiedergutmachung" an der LMU, und diese galten nicht nur ihm. „Obwohl ich stellvertretend […] den ganzen, unberechtigten Zorn des Toten zu spüren bekam", hieß es in einem „Nachruf", „bin ich frei und ehrlich genug zu sagen, daß mich der Tod dieses Gelehrten aus Leidenschaft tief bewegt hat. Ludwig Steinberger hat es sich selber und anderen oft schwer gemacht."[47] Dieser Text über Süßheims Kollegen Steinberger, geschrieben von Karl Bosl und abgedruckt in der Chronik der Universität, beginnt – gemessen am Genre und der sonst

42 Anton Spitaler an BSMUK zu Händen Ministerialrat v. Elmenau, 15.2.1958, UAM-O-XIV-140A, Nr. 132 Sp/H.

43 Entschädigung für das entgangene Waisengeld erhielt lediglich Gioconda, da Margot zum Zeitpunkt des Todes von Karl Süßheim gemäß der deutschen Gesetzeslage bereits zu alt dafür war. Vgl. BSMUK: Wiedergutmachungsbescheid, 14.8.1958, UAM-E-II-3323-125–134 wie auch BayHStA MK 44426, Wiedergutmachungsakten des BSMUK, Dr. Süßheim, Karl, Privatdozent betr. Wiedergutmachung. Die folgenden Zitate ebd.

44 URO an BSMUK, 27.10.1958 sowie BSMUK an URO, 5.11.1958, BayHStA MK 44426, Wiedergutmachungsakten des BSMUK, Dr. Süßheim, Karl, Privatdozent betr. Wiedergutmachung.

45 Aus den frühen 1960er-Jahren ist weiterer Schriftverkehr zum Verfahren überliefert, bei dem es sich lohnen würde, ihn in einem anderen Rahmen genauer zu untersuchen.

46 Vgl. dazu mit Belegen Radlmaier, Süßheims, S. 111.

47 Karl Bosl: Ludwig Steinberger (12.8.1879–7.2.1968), in: Chronik der Ludwig-Maximilians-Universität München 1967/68, München 1969, S. 27 f., hier S. 27.

üblichen Diktion des Verfassers[48] – mit denkbar harten Worten. Als Einstieg in einen Nachruf einen solchen Vorwurf zu wählen, ist jedenfalls ein beispielloser posthumer Affront unter Kollegen – und in ähnlichem Duktus ging es weiter: „Eine tiefe Verbitterung prägte sein Denken und Fühlen; er muß sich ungerecht behandelt gesehen haben, denn ihn und andere peinigte gar oft sein Kampf um das Recht, wie er es verstand"[49], wusste Bosl über Steinberger zu berichten. Der verstorbene Historiker und Ortsnamenforscher wurde unter anderem als „einsam" charakterisiert; „im Kampf um Recht und Wahrheit" sei er „zum leidenschaftlichen Michael Kohlhaas" geworden, schrieb Bosl in Anlehnung an Kleists Novelle wenig schmeichelhaft.[50] Selbstjustiz also, und die Devise *Fiat iustitia et pereat mundus*[51], meinte der Autor, hätten das Verhalten seines Kollegen bestimmt.

Nur wenig ist über den so Bedachten ad hoc in Erfahrung zu bringen.[52] In Karl Bosls Nachtreten findet sich auch eine mögliche Erklärung dafür: Ludwig Steinberger, der neben seiner Lehrtätigkeit zwanzig Jahre als wissenschaftlicher Mitarbeiter der BAdW im Rahmen der Herausgabe der *Monumenta Boica* arbeitete, ging nach der nationalsozialistischen Machtübernahme angeblich „aus freiem Willen in die Emigration [...], obwohl er nicht verfolgt wurde[,] und kehrte erst nach Kriegsende in die bayerische Heimat zurück"[53]. Der Hinweis auf Steinbergers freie Entscheidung, das Land zu verlassen, scheint dem Verfasser wichtig gewesen zu sein. Auch den Grund für die Emigration erfährt man von Bosl: Steinberger habe sich durch einen „beispielhaften Glaube[n] an die Demokratie und ihr Gleichheitsprinzip, eine rührende Höflichkeit und Hilfsbereitschaft für alle ohne Unterschied des Ranges und Standes" ausgezeichnet. In der Tat waren dies im NS-Staat wenig geschätzte Eigenschaften, und ein Blick in die Akten bringt eine Geschichte hervor, die die angeblich freiwillige Natur seiner Emigration in einem anderen Licht darstellt: Professor Ludwig Steinberger, Privatdozent für Mittlere und Neuere Geschichte, wurde im Juni 1933, am selben Tag wie Karl Süßheim, entlassen[54], und zwar nach § 4 des „Gesetzes zur Wiederherstellung des Berufsbeamtentums". „Beamte, die nach ihrer bisherigen politischen Betätigung nicht die Gewähr dafür bieten, daß sie jederzeit rückhaltlos für den nationalen Staat eintreten", lautete

48 Dass er auch andere, noch vorsichtig formuliert: freundliche, Worte in Nachlässen gefunden hat, zeigt sich etwa am Beispiel eines Artikels über Karl Alexander von Müller, vgl. Karl Bosl: Nachruf auf Karl Alexander von Müller, in: ZBLG 28 (1965), S. 920–928.

49 Bosl, Steinberger, S. 27.

50 Ebd., S. 28.

51 „Es möge Gerechtigkeit geschehen, und wenn die Welt darüber zugrunde geht." Dass Bosl genau diese Analogie zu Kohlhaas herstellen wollte, wird in folgendem Satz allzu offensichtlich: Steinberger habe „eine unabdingbare Liebe zur Wahrheit, bis in die letzten Feinheiten" geehrt. Ebd., S. 27 f.

52 Ludwig Steinberger hat allerdings Spuren im Vorlesungsverzeichnis hinterlassen: Im Sommersemester 1933 noch als nichtplanmäßiger außerordentlicher Professor für Mittlere und Neuere Geschichte geführt, verschwindet der Name für 18 Jahre, bis er 1951 wieder darin auftaucht, allerdings mit einem * versehen: „liest nicht mehr".

53 Hier und das folgende Zitat: Bosl, Steinberger, S. 28.

54 Vgl. Böhm, Selbstverwaltung, S. 114 sowie Kap. II.3.

dieser, „können aus dem Dienst entlassen werden“[55]. Helmut Böhm fasst den Fall in seiner Studie zur LMU folgendermaßen zusammen:

> „Steinberger, der Fakultät seit Jahren als streitbarer, mutiger und mitunter auch unbequemer Mann mit Prinzipientreue bekannt[56], der couragiert nicht nur in hochschulpolitischen, sondern auch in parteipolitischen Angelegenheiten auftrat, hatte vor 1933 als Mitglied der Sozialdemokratischen Partei und des Reichsbanners in verschiedenen Schriften auch gegen die Nationalsozialisten deutlich Stellung bezogen. Bereits am 1. Juni wurde er vom Ministerium unter Bezugnahme auf eine 1932 erschienene Schrift zu einer Erklärung innerhalb von drei Tagen aufgefordert. Da das K[ultus-] M[inisterium] bereits die feste Absicht hatte, ihn zu entlassen, wurde Prof. Steinberger sofort beurlaubt. Der Vorwurf konzentrierte sich auf die Beschimpfung Adolf Hitlers, des Führers der nationalen Bewegung, aus der die nationale Unzuverlässigkeit Steinbergers abgeleitet wurde. Wie zu erwarten wurde Steinbergers Gegenäußerungen keine Bedeutung beigemessen.“[57]

Nach dem Zweiten Weltkrieg kehrte Ludwig Steinberger zurück. Er betreute einige Jahre das Historische Ortsnamenbuch für Altbayern bei der Akademiekommission für bayerische Landesgeschichte. Darüber hinaus wurde er, ohne jedoch aktiv zu lehren, wieder in die Reihen der Hochschuldozenten im Personenverzeichnis der LMU aufgenommen – was zum einen auf Versorgungsansprüche schließen lässt und zum anderen auf eine Art späte „Ehre“, die dem politischen NS-Gegner, im Gegensatz zum Juden Karl Süßheim, zumindest zuteil wurde. Dies könnte auch daran gelegen haben, dass Steinberger an der Universität doch auch Kollegen hatte, die es, anders als Karl Bosl, gut mit ihm meinten – Fürsprecher, die sich nach 1945 für ihn einsetzten. Das Unrecht sei nicht wiedergutzumachen gewesen, schreibt Helmut Böhm, es ehre die Fakultäten aber, „daß sie nach 1945 beim Neuaufbau der Universität sogleich auch an ihre vom Nationalsozialismus vertriebenen Kollegen“ gedacht hätten, „und sich bemühten, durch Rückberufungen und Einladungen zu Gastvorlesungen Zeichen der Wiedergutmachung zu setzen“[58]. Zu entsprechenden Bemühungen nach dem Ende des Zweiten Weltkriegs findet sich in Karl Süßheims Nachlass nichts. Ein Netzwerk, das sich seiner angenommen hätte, hatte er an der LMU nie gefunden[59] – und die Konsequenzen zeigen sich noch lange nach seinem Tod. Während die Universität, wie wir gesehen haben, intern viele Jahre damit beschäftigt war, in der Causa Süßheim kein Geld auszugeben, war sein Name in der öffentlichen Erinnerung der Universität kein Thema mehr: kein Nachruf, keine

55 Zit. nach ebd., S. 107.

56 In der Fußnote ergänzt Helmut Böhm an dieser Stelle: „Es gab in den 20er Jahren Differenzen zwischen S. und der Fakultät, die sich einer nachträglichen Bewertung entziehen.“ Ebd., S. 119.

57 Ebd., S. 119 f.

58 Ebd., S. 135.

59 Vgl. dazu insb. Kap. II.2.

Rehabilitierung, kein ernstzunehmender Hinweis auf Karl Süßheims Schicksal in den Veröffentlichungen der Universität München.[60] Angesichts der dargestellten Korrespondenz aus den Archiven kann ausgeschlossen werden, dass er von der LMU einfach übersehen wurde. Wer Süßheim aber tatsächlich vergessen hatte, waren die meisten seiner Fachkollegen.

„Auf dem Gebiet der türkischen Geschichte wird der Name Karl Süssheim nicht vergessen werden und nicht vergessen werden können"[61], hatte sein Grabredner Erich Auerbach zum Schluss gesagt. Es ist anders gekommen. „Als die deutsche Orientalistik in den ersten Nachkriegsjahren ihrer Toten gedachte", schrieb Barbara Flemming 1979, wie bereits in der Hinführung zitiert, „fehlte unter den Nachrufen der Name eines Mannes, der zwei Jahre nach Kriegsende gestorben ist: Karl Süssheim."[62] Die Arbeit der Leidener Orientalistin und ihres Kollegen Jan Schmidt – die mühsame Übersetzung des Tagebuchs – hat dafür gesorgt, dass sich an Süßheim wieder verstärkt erinnert wird. Die Monografie hat vieles angestoßen: ein Restitutionsverfahren der Bayerischen Staatsbibliothek[63], welcher Süßheim einst verwiesen wurde, nachdem er jahrelang dort gearbeitet hatte[64], genauso wie die Provenienzforschung des Stadtarchivs Nürnberg, das eine Ausstellung und eine Publikation zur ganzen Familie nach sich zog[65]. In Karl Süßheims ehemaligem Viertel in München, Haidhausen, wurde ihm mit einer Tafel in der Kirche gedacht, der einst Diakon Wilhelm Wohlmacher vorstand, der, zusammen mit seiner Frau, den Süßheims in ihrer schwierigsten Zeit beistand: „Mit Professor Dr. phil. Karl Süssheim wohnte seit April 1934 bis zu seiner Emigration 1941 einer der bedeutendsten Orientalisten seiner Zeit in Haidhausen, Preysingstraße 12", war darauf zu lesen: „Seine Tagebuchaufzeichnungen von 1908 bis 1940 […] gehören mit zu den beeindruckendsten literarischen Zeugnissen seiner Zeit".[66] Im Viertel ist man stolz auf den Münchner Orientalisten: Der Verein der „Geschichtsfreunde Haidhausens" brachte Karl Süßheim sogar

60 Vgl. dazu auch die Hinführung. In der 600 Seiten starken Studie von Helmut Böhm steht als einziger Satz: „Der Orientalist Karl Süßheim fand Kontakt zur Universität Istanbul, wurde dort 1939 Professor und verlegte 1941 seinen Wohnsitz endgültig in die Türkei", Böhm, Selbstverwaltung, S. 134. Darüber hinaus erscheint Süßheim namentlich lediglich in einer Aufzählung der entlassenen Dozenten.

61 Auerbach, Grabrede, S. 7 f.

62 Flemming, Geburtstag.

63 Eine Beschreibung des Verfahrens findet sich bei Stephan Kellner u. Sebastian Peters: Searching for Looted Books at the Bavarian State Library: Karl Süßheim's Collection of Norica Manuscripts, in: Andrea M. Gáldy u. a. (Hrsg.): Collecting and Provenance, Newcastle upon Tyne 2021, S. 240–250.

64 Vgl. Kap. II.3.

65 Diefenbacher, Süßheims. Über das Schicksal der Süßheim-Archivalien und verschiedene Bestände in Nürnberg vgl. die ausführliche Darstellung bei Radlmaier, Süßheims, S. 112–118.

66 Abgeb. auf der Einladung zur Erinnerungsveranstaltung „Prof. Dr. phil. Karl Süssheim. Flucht vor den Nazis: Als jüdischer Gelehrter von Haidhausen nach Istanbul" am 17. 11. 2015 in der Evang. St. Johanneskirche am Preysingplatz. Die Gedenktafel wurde im November 2015 in Anwesenheit von Landespolitikern feierlich eingeweiht, mittlerweile allerdings wieder entfernt. Nach Auskunft des Gemeindepfarrers war sie von vornherein als temporäre Einrichtung gedacht; sie sei inzwischen überdruckt worden.

auf YouTube.[67] Im Winter 2004/05 ging eine Ausstellung im Münchner Kulturzentrum Gasteig auf ihn ein[68], und im NS-Dokumentationszentrum wurde eine Ausstellung mit Zitaten von jüdischen Münchnern vorbereitet, bei der auch ein Plakat zu Süßheim zu sehen ist.[69] Mittlerweile erfuhr der Wissenschaftler durch die in dieser Biografie ausführlich zitierte Veröffentlichung der İstanbul Üniversitesi auch in der Türkei eine Würdigung: In dem Porträt über ihn steht, dass er eine große Bereicherung für den Wissenschaftsstandort gewesen sei und er der Universität bis zu seinem Tod mit seiner Expertise auf dem Gebiet der Sprachen und seinem Wissen zur türkischen Geschichte treu gedient habe.[70]

Die Ludwig-Maximilians-Universität München dagegen, die Karl Süßheim jahrzehntelange Lehre zu verdanken hat, hat sich bis zuletzt zurückgehalten. Die Unterstützung dieser biografischen Würdigung durch den Inhaber des Lehrstuhls für Neueste Geschichte am Historischen Seminar wie auch des Professors für Türkische Studien im Institut für den Nahen und Mittleren Osten war das erste klare Bekenntnis zu Karl Süßheim an seiner ehemaligen Universität. Diese dort als Dissertationsschrift entstandene Biografie wird dabei helfen, dass die heutigen Studierenden des Münchner Nahostinstituts sich in Zukunft mit dem Erbe des einstigen Dozenten für Türkisch, Arabisch, Persisch und Islamwissenschaft auseinandersetzen können. In Forschung und Lehre die Devise des ehemaligen Professors Karl Süßheim zu beachten, ist sicher nicht die schlechteste Wahl: Man arbeite stets mit „Sauberkeit und Echtheit“[71], mit Kopf, wie sein Leben gezeigt hat, aber auch mit Herz.

67 Hermann Wilhelm: Karl Süssheim. Eine Produktion des Haidhausen Museums und den Freunden Haidhausens [sic!], 6.11.2015, https://www.youtube.com/watch?v=EdfvQBgdbHo.

68 Vgl. Gegen Vergessen – Für Demokratie e.V. (Hrsg.): Mitten unter uns. Jüdisches Leben in Au und Haidhausen. Lesebuch zur Ausstellung, München 2006, zu Süßheim vgl. S. 61ff.

69 Vgl. dazu die Website des NS-Dokumentationszentrums mit einem entsprechenden Tagebuchzitat: https://www.ns-dokuzentrum-muenchen.de/en/special-exhibition/upcoming/detail/?tx_ttnews%5Btt_news%5D=115&cHash=b7ea11d4c3877d8dccd1c505f40f1459.

70 Vgl. İshakoğlu Kadıoğlu u. Şahinbaş Erginöz, Belgele[r], S. 305f.

71 Vgl. Kap. II.3.

In der Universalität der abendländischen Ratio gibt es den Trennungsstrich, den der Orient darstellt: der Orient, den man sich als Ursprung denkt, als schwindeligen Punkt, an dem das Heimweh und die Versprechen auf Rückkehr entstehen, der Orient, der der kolonisatorischen Vernunft des Abendlandes angeboten wird, der jedoch unendlich unzugänglich bleibt, denn er bleibt stets die Grenze. Er bleibt Nacht des Beginns, worin das Abendland sich gebildet hat, worin es aber auch eine Trennungslinie gezogen hat. Der Orient ist für das Abendland all das, was es selbst nicht ist, obwohl es im Orient das suchen muß, was seine ursprüngliche Wahrheit darstellt. Die Geschichte dieser großen Trennung während der Entwicklung des Abendlandes müssen wir schreiben und in ihrer Kontinuität und in ihrem Wechsel verfolgen; zugleich müssen wir sie aber auch in ihrer tragischen Versteinerung erscheinen lassen.

Michel Foucault[1]

Was bleibt: Nachdenken über Karl Süßheim

Eigentlich müsste er längst auf unserem Schoß sitzen, der nahende Orient ist nämlich zum Topos geworden. Seit Jahrhunderten wird er von Beobachtern beschworen und Goethes Divan ist bloß das bekannteste Zitat entnommen: „Orient und Okzident", schrieb der Dichter 1827 inspiriert von Ḥāfiẓ – dem vielleicht „grösste[n] Lyriker der Perser"[2] –, „[s]ind nicht mehr zu trennen".[3] In einer Zeit, in der der buchstäblich nahe Osten in Gestalt von Schutzsuchenden und Migranten ein integraler Teil Europas geworden ist, ist die Bedeutung der Region jedenfalls nicht länger hervorzuheben. Und doch ist dabei der Name eines Deutschen in Vergessenheit geraten, der ein echter „Nahostexperte" wie wenige andere war, der Name eines Grenzgängers, mit dem selbst die wenigsten Orientalisten heute etwas anfangen können: Karl Süßheim.

1 Foucault, Wahnsinn, S. 10.

2 So zumindest Karl Süßheims Einschätzung, vgl. Kap. II.2.

3 Theodor Friedrich (Hrsg.): West-östlicher Divan von Wolfgang von Goethe, Leipzig [1915], S. 123. Der Teil „Aus dem Nachlaß", dem das Zitat entnommen ist, ist in der Erstausgabe des Divans noch nicht enthalten, vgl. [Johann Wolfgang von] Goethe: West-oestlicher Divan, Stuttgard 1819. Goethe beschäftigte sich auch in anderen seiner Werke mit der islamischen Welt; er verfasste beispielsweise ein Stück über den Religionsstifter Muḥammad. Kürzlich erschien ein kommentierter und einzigartig illustrierter Band, der diese Texte versammelt, vgl. Karl-Josef Kuschel u. Shahid Alam: Goethe und der Koran, Ostfildern 2021.

Dieses Buch über sein Leben trägt den Titel „Eine Biografie über Grenzen“. Man hätte auch eine andere Geschichte schreiben können. Barbara Flemming und Jan Schmidt, die sich als erste Süßheims Tagebüchern angenommen haben, haben das getan. Für sie ist am wichtigsten, was die Papiere über das Osmanische Reich lehren können: Abgesehen von ihrem sprachlichen Wert, schreibt Schmidt, seien die Teile des Tagebuchs, die Süßheims Zeit im Osmanischen Reich betreffen, von besonderem Wert.[4] Dem ist nur zuzustimmen. Auch in dieser Biografie nimmt Karl Süßheims Zeit in Konstantinopel und Kairo zu Beginn des 20. Jahrhunderts viel Raum ein, weil dort Wegmarken gelegt wurden, die seine Persönlichkeit entscheidend beeinflussen sollten: in religiöser, politischer und beruflicher Hinsicht – in all den Bereichen also, nach denen hier ganz besonders gefragt worden ist. Dennoch ist die Stoßrichtung der Herausgeber der Tagebuchedition eine andere. Über Karl Süßheims Korrespondenz mit İbrahim Temo heißt es bei Jan Schmidt in einem Aufsatz, die meisten der Briefe seien persönlicher Art und daher (für ihn und seine Leserschaft) weniger interessant: Sie seien zum Beispiel voller redundanter Kommentare zu den düsteren politischen Entwicklungen der späteren 1930er-Jahre – der drohende Weltkrieg, der Antisemitismus in Deutschland und Rumänien, eine mögliche Emigration in die Türkei, zählt Schmidt auf.[5] Den Rest, der sich insbesondere mit Süßheims Recherche zur frühen jungtürkischen Bewegung beschäftigt, bezeichnet der Orientalist als den vielleicht faszinierendsten Teil der Süßheim'schen Dokumente.[6]

Karl Süßheims Hinterlassenschaft liefert in der Tat viele Anknüpfungspunkte für weiterführende Forschung innerhalb seines eigenen Fachgebiets, der Orientalistik: Viele Informationen, die er im Laufe seines Lebens über seinen Freund Abdullah Cevdet sammelte, sind zum Beispiel nicht in seinen Artikel in der *Enzyklopädie des Islam* (EdI) eingegangen[7]; sein früher Aufsatz über die jungtürkischen Gründerväter, den er kurz nach der Revolution von 1908 geschrieben haben muss, der aber nie veröffentlicht wurde und sich in Washington in einem Berg an unerschlossenem Archivmaterial versteckte[8], wurde in dieser Biografie erstmals zitiert. Etliche osmanisch-türkische Briefe aber – Hunderte an der Zahl[9] –, liegen noch fast unberührt im Nachlass und harren der Auswertung, denn viele von ihnen wurden erst im Zuge meiner Archivrecherche in der Library of Congress (LOC) in Washington entdeckt. Für Turkologen bietet sich hier die Gelegenheit, ein noch facettenreicheres Bild türkischer Protagonisten zu zeichnen. Auch eine genauere Verortung der Bedeutung des

4 Vgl. Schmidt, Importance (2002), S. 184.
5 Hier und im Folgenden vgl. ebd., S. 191.
6 Vgl. dazu Kap. II.3.
7 Vgl. Schmidt, Importance (2002), S. 191.
8 Vgl. Kap. I.2.
9 Das gesamte Material wurde von mir vorläufig sortiert und befindet sich im Nachlass KS (LOC) in den Kisten 1 und 2. Darunter sind beispielsweise etliche Zusendungen von Mahmud Mesud Koman auf Osmanisch-Türkisch aus den 1940er-Jahren, die Aufschluss über den fachlichen Austausch der beiden Männer nach Süßheims Emigration geben könnten. Auch bisher nicht berücksichtigte Briefe von ʿAbdullāh Cevdet finden sich hier.

Süßheim-Werks für die Entwicklung seines Fachs wäre sicher wünschenswert. Karl Süßheims Schriften sind hier jedoch mit ganz anderen Fragen konfrontiert worden, als sie seine wissenschaftlichen Nachfolger – die Nachfolger der „Nachfolger der Exegeten"[10], wenn man so will – bisher stellten.

Auch für die deutsche Geschichtsschreibung, die das Leben des bayerischen Wissenschaftlers bisher kaum berücksichtigt hat, werden durch die Beschäftigung mit Karl Süßheim Fragen aufgeworfen, die es wert sind, noch genauer analysiert zu werden, als es hier im Rahmen einer Biografie möglich war.[11] Was zum Beispiel bedeutet die von Süßheim so hochgelobte und auch beeinflusste Publikation des bayerischen Majors Franz Carl Endres zur Türkei während des Ersten Weltkriegs[12] für die Diskussion um das Wissen der deutschen Öffentlichkeit vom laufenden Genozid an den Armeniern? Oder: Karl Süßheim benötigte einen Kabinettsbeschluss zur Einreise in die Türkei[13] – wie ist die Absprache Ankaras mit dem NS-Regime, keine deutschen Juden mehr aufzunehmen[14], hinsichtlich der deutsch-türkischen Beziehungen zu Ende der 1930er-Jahre und während des Zweiten Weltkriegs zu bewerten? Es stellt sich aber auch die Frage, wie die Politik der Nationalsozialisten gegenüber deutschen Ausreisewilligen gen Nahost und den schon angekommenen Emigranten in der Türkei zu deuten ist. Vor allem: Wie ist dieses Verhalten – man denke nur an den Scurla-Bericht von 1938[15] – im Lichte der Diskussion zu bewerten, die sich seit Jahrzehnten damit beschäftigt, herauszufinden, wann die antisemitische Verdrängungspolitik in den absoluten Vernichtungswillen umschlug[16]? Und nicht zuletzt: Wie steht es eigentlich um das deutsche Verhältnis zum Islam? Gehört der Islam, um eine immer wieder gestellte Frage des gesellschaftlichen Diskurses unserer Zeit zu zitieren, zu Deutschland? Die Antwort ist banal: Musliminnen und Muslime in unserem Land sind eine gesellschaftliche Realität, doch die Frage zielt üblicherweise darauf ab, eine Aussage über Möglichkeiten und Grenzen der Integration der ersten, zweiten oder dritten Generation zu treffen. Gehört aber deren Religion – und diese Frage drängt sich auf, wenn man auf Grenzgänger wie Karl Süßheim schaut – vielleicht auch in einem ganz anderen Sinne zu Deutschland? In einem ureigen geistesgeschichtlichen Sinne nämlich? Zeigt uns Süßheims Geschichte und sein Umfeld zum Beispiel nicht sehr deutlich, welch lange Tradition die deutsche Instrumentalisierung dieser Religion hat? Und dass Stereotype, die einmal – nicht zuletzt aus politischem Kalkül heraus – positiv besetzt

10 So der Titel der Arbeit über die deutsche Orientalistik im 20 Jahrhundert von Hanisch, Nachfolger.

11 Noch evidenter ist diese Leerstelle sicher in Bezug auf Karl Süßheims Bruder Max, dessen Verdrängung aus dem öffentlichen Bewusstsein angesichts seiner zeitgenössisch herausgehobenen Stellung in der bayerischen Sozialdemokratie nur fassungslos festgestellt werden kann (vgl. dazu auch das „Nachspiel"). Ein Text, der Max Süßheim in seiner Zeit verortet und würdigt, ist wie erwähnt in Arbeit.

12 Vgl. Kap. II.1.

13 Vgl. Kap. II.3.

14 Vgl. ebd.

15 Vgl. ebd.

16 Vgl. ebd.

waren, sich ganz schnell in ihr Gegenteil verkehren können? Seiner Verzweiflung über die eigenen Landsleute, die nicht anders konnten, als in simplifizierenden Mustern zu denken, wenn es um den Nahen Osten und den Islam ging, machte Karl Süßheim in seinem Tagebuch immer wieder Luft: Ob nun naiv-philomuslimisches Denken wie bei Max von Oppenheim und seinen deutschen *Jihadisten*, die glaubten, die Muslime dieser Welt hätten nur auf das Deutsche Kaiserreich gewartet, das ihnen ihren Heiligen Krieg ermöglicht[17] – oder aber rassistisch-abwertend wie im Falle des deutschen Militär- und Botschaftspersonals, das die osmanischen Delegationen mit Glanz und Gloria empfing, während es sich, kaum dass die Türken sich umgedreht hatten, wieder genüsslich an seiner Respektlosigkeit weidete[18].

Insbesondere auch Süßheims Leben nach dem Ersten Weltkrieg wirft Fragen auf: Welche Rolle spielte das Vorbild der türkischen Unabhängigkeit und der erfolgreiche Kampf der Kemalisten gegen die „Fesseln von Versailles" (die den Türken zwar in Sèvres angelegt wurden, aber wer wusste das schon?) für die rechten Kreise in Weimar und das letztliche Scheitern der ersten deutschen Demokratie? Sollten die verschollenen Tagebücher, die Süßheim ab Mitte der 1920er-Jahre bis Mitte der 1930er-Jahre hinein geschrieben hat, jemals gefunden werden, so würden sie sicher einige interessante Aspekte zu einer Forschungsdiskussion liefern, die bisher kaum den Blick auf private Einschätzungen von tatsächlichen Experten richten konnte. Das aber ist Wunschdenken, und deshalb wird sich diese Debatte, wie in Stefan Ihrigs herausragender Studie[19], weiter in erster Linie auf publiziertes Material beispielsweise in der Presselandschaft der Weimarer Republik stützen müssen.

Karl Süßheims Leben, dies dürfte deutlich geworden sein, öffnet den Blick auf ein weites Feld. „Ach, Luise, laß …"[20]: Vater Briest benutzt den Ausdruck in Fontanes Roman immer dann, wenn er sich einer Stellungnahme entzieht. Hier ist vielmehr gemeint: Eine Biografie über Süßheim zu schreiben, verlangte von vornherein nach Eingrenzung. Und dies ganz im Wortsinne, denn die Grenze in ihrer umfassenden begrifflichen Bedeutung ist in diesem Buch eine zentrale Analysekategorie – deshalb stellte sich der Blick an Stellen, an denen in Süßheims Leben Grenzen sichtbar wurden, immer wieder besonders scharf. „Grenzsituationen erfahren und Existieren ist dasselbe"[21], meinte der Philosoph Karl Jaspers vor etwa hundert Jahren, als die Erfahrung des Weltkriegs ihn zur Begründung einer ganz eigenen Form der Existenzphilosophie inspirierte. In seiner 1919 erschienenen „Psychologie der Weltanschauungen" schaffte er nicht zuletzt eine sinnstiftende Umdeutung der traumatischen Fronterlebnisse für eine ganze Generation an Kriegsheimkehrern: Gerade in Situationen größtmöglicher existenzieller Not und Angst, so Jaspers' These, in Situationen des Scheiterns und der absoluten Ohnmacht, offenbare sich die wahre Essenz des Menschen,

17 Vgl. Kap. II.1.
18 Vgl. z. B. ebd.
19 Vgl. Kap. II.3.
20 Die berühmten Schlussworte enden mit der Bemerkung „[D]as ist ein zu weites Feld." Theodor Fontane: Effi Briest, Stuttgart 1969 [Text nach der ersten Buchausgabe 1896], S. 337.
21 Karl Jaspers: Philosophie, Bd. 2, 3. Aufl. Berlin u. a. 1956, S. 204.

sein eigentliches Selbst.[22] Karl Süßheim ist vom Einsatz an der Front im physischen Sinne verschont geblieben, doch sein Leben wurde nichtsdestoweniger von Grenzen bestimmt. Welche Grenzerfahrungen machte er in den Gesellschaften und Milieus seiner Zeit? Welches Feld durfte er bespielen, wo blieb er stecken und welche Hürden schaffte er zu nehmen?

Grenzerfahrungen

Karl Süßheim, obgleich in sozialer und ökonomischer Hinsicht privilegiert wie wenige andere Zeitgenossen, ist in seinem Leben an viele Grenzen gestoßen. An einer wurde bereits viele Jahrhunderte lang gebaut, noch bevor er geboren wurde, und sie sollte immer fester werden, bis sie schließlich ganz dicht war: Wie alle anderen Mitglieder der deutsch-jüdischen Minderheit war Süßheim sein gesamtes Leben lang mit Antisemiten und ihrem Gedankengut konfrontiert, und er wurde in die Zeit hineingeboren, in der sich die Feindschaft radikalisierte wie in keiner anderen. Die Entwicklungsstufen des modernen Antisemitismus hat Süßheim einzeln und am eigenen Leib erfahren: interreligiöse Wahnvorstellungen wie die Ritualmordlegende zum Beispiel, mit der er nicht etwa im preußisch-protestantisch geprägten Kaiserreich, sondern von einem Muslim in Konstantinopel konfrontiert worden ist.[23] Sein Scheitern am Berliner Seminar für Orientalische Sprachen (SOS), wo er seine ersten Schritte als Nahostkundiger gemacht hatte, und wo der Leiter ihm später sagte, dass es im Lehrkörper schon zu viele Juden gebe, hatte dagegen wohl in erster Linie mit der Rücksichtnahme auf gesellschaftliche Ressentiments und der Anbiederung Verantwortlicher in diesem besonders antisemitischen Milieu in der deutschen Hauptstadt zu tun.[24] Schließlich folgte die, gefühlte und gelebte, besondere patriotische Herausforderung für die jüdische Minderheit im Ersten Weltkrieg – eine Zeit, in der Süßheim als Jude und Bruder eines sozialdemokratischen Politikers in Sippenhaft genommen und als einziger Mitarbeiter der Militärzensur in München von bestimmten Ehrungen ausgeschlossen wurde.[25] Ganz unverstellte Diskriminierung erlebte er schließlich nach dem Krieg, als er Schwarz auf Weiß erfuhr, dass er als Jude nicht dem Briefmarkenverein beitreten durfte – dass er später doch noch aufgenommen wurde, machte diese Erfahrung vermutlich nicht schöner.[26]

Karl Süßheim musste schon früh erfahren, was es bedeutete, von großen Teilen der Gesellschaft, der er sich angehörig fühlte wie jeder andere Deutsche oder Bayer auch, als Fremdkörper wahrgenommen zu werden, als „der Wandernde, der bleibt", wie Georg Simmel es formuliert hat.[27] Seine Erlebnisse in der Heimat waren für den konservativen

22 Vgl. dazu Karl Jaspers: Psychologie der Weltanschauungen, 3. Aufl. Berlin u. Heideberg 1925, passim.
23 Vgl. Kap. I.1.
24 Vgl. Kap. I.3.
25 Vgl. Kap. II.1.
26 Vgl. Kap. II.1.
27 Vgl. Kap. I.1.

Patrioten besonders bitter, doch auch die Versuche, eine berufliche Perspektive in anderen europäischen Ländern zu finden, bei denen er letztlich mit denselben Zuschreibungen konfrontiert wurde[28], sollen hier nicht unerwähnt bleiben – weil sie mit Blick auf den gesamteuropäischen Antisemitismus im frühen 20. Jahrhundert bezeichnend sind und zeigen, dass auch Süßheims Selbstverständnis als Europäer, als Kind der Aufklärung, das sich mit seiner Sozialisierung am humanistischen Gymnasium und in einer liberal-bürgerlichen Familie naturgemäß herausgebildet hat, von vornherein keine Chance auf Anerkennung hatte. Sehr deutlich wurde an dieser Stelle auch das Zusammenspiel von Ausgegrenzt-Werden und der Selbst-Vergewisserung im ausgegrenzten Kreis: In Paris suchte Süßheim ausschließlich im jüdischen Milieu nach Hilfe[29], da alles andere von vornherein aussichtslos schien. Einen Weg aus seiner beruflichen Perspektivlosigkeit sah er lange nur außerhalb Europas – zumindest war für Süßheim das Osmanische Reich damals sicher kein „man of Europe", wie es von anderen genannt worden ist.[30] In seiner nüchternen Art zeigte er aber auch keinerlei Züge einer Vereinnahmung des angeblich „Orientalischen"; er verkleidete sich vor Ort nicht wie andere Reisende seiner Zeit als muslimischer Pilger und druckte diese Bilder dann in seinen Veröffentlichungen ab, wie es zum Beispiel der Leiter der deutschen Afghanistan-Expedition Oskar von Niedermayer zu tun pflegte.[31] So deplatziert wie andere deutsche Abenteurer ist der junge Süßheim im Nahen Osten sicher nicht aufgetreten, für einen Osmanen wurde er dennoch (oder gerade deshalb) oft gehalten – weil er sich die Sprachen der dort lebenden Bevölkerungsgruppen aneignete wie eine zweite Haut. Der von Foucault formulierte „Trennungsstrich" zwischen Abendland und Morgenland – er wurde aber auch von Süßheim gezogen; sein Frühwerk hat dies deutlich vor Augen geführt. Die komplexen Austauschprozesse zwischen Karl Süßheim und seinen Bekannten im Nahen Osten, die seine Tätigkeit beflügelten wie kaum ein anderer Faktor konterkarieren sehr anschaulich seine eigene eurozentrische Überzeugung, derzufolge der Fortschritt ein exklusiv westliches Attribut sei – und noch paradoxer: Seine türkischen Kontakte teilten diese Weltsicht oftmals sogar. Ihr Wirken aber ist der lebendige Gegenbeweis, und eine Untersuchung dieser kommunikativen Ebenen kann heute dabei helfen, ein an dieser Stelle überholtes Geschichtsbild zu revidieren und ein Narrativ der interkulturellen Beziehungen auf tragfähigere Beine zu stellen.

Karl Süßheim waren in Nahost aber auch ganz persönliche Grenzen auferlegt: Sein nervenzehrendes Ringen darum, eine Arbeit zu finden, sei es für die deutsche Botschaft, in

28 Vgl. Kap. I.2.

29 Vgl. ebd.

30 Vgl. dazu die Diskussion, inwiefern das Osmanische Reich zeitgenössisch als Teil Europas wahrgenommen wurde, ebd.

31 Vgl. Kap. II.2. Friedrich Rückert, der im 19. Jahrhundert den Koran übersetzt hat und selbst doch nie im Nahen Osten gewesen ist, schrieb ein herrlich ironisches, dazu passendes Gedicht. Es heißt „Der Abendländer im Morgenland": „Geh weg! Man rechnet dir zur Schande / Die farbigen Gewänder. / Was spielst du Narr im Morgenlande / Den einzigen Morgenländer?" Friedrich Rückert: Der Abendländer im Morgenland, in: Friedrich Rückert's Gedichte. Auswahl des Verfassers, Frankfurt a. M. 1841, S. 644 f., hier S. 645.

deren direkter Umgebung er lebte, für die deutsche Wirtschaft, die fleißig an der Bagdadbahn schraubte, oder für den osmanischen Sultanspalast daselbst[32] – auf keine Stelle schien er wirklich zu passen. Den einen war er zu deutsch, den anderen vielleicht zu bayerisch, zu jüdisch ohnehin. Wirklich tragfähig war sein mühsam geknüpftes Netzwerk im Nahen Osten in beruflicher Hinsicht jedenfalls nicht. Man begegnete ihm im Osmanischen Reich in der Regel überaus höflich, solange er als Gast in Erscheinung trat – die viel beschworene orientalische Gastfreundschaft wurde tatsächlich gelebt, doch war sie meist auch genau das und nichts anderes. Karl Süßheim wurde von vielen nicht als Fremder, der bleiben, sondern einer, der wieder gehen würde, betrachtet – und der deshalb nicht als Bedrohung für das gesellschaftliche Gefüge wahrgenommen wurde. Dennoch war er für so manchen Osmanen, und auch dies gehört zur Geschichte des vergleichsweise toleranten islamischen Großreichs, eben „gar kein Deutscher, sondern nur ein Jude".[33] Es ist wohl kein Zufall, dass der junge Karl Süßheim sich in seiner Konstantinopler Zeit viel im osmanisch-jüdischen Umfeld aufhielt, obwohl er damals seiner eigenen Aussage nach völlig areligiös gewesen ist.[34] Erst spät gelang es ihm schließlich, freilich ohne fest angestellt zu sein, für das Zensurbüro im osmanischen Unterrichtsministerium zu arbeiten; eine Erfahrung, die interessant war und ihm die Struktur des politischen Gefüges näherbrachte wie wenigen anderen Deutschen, die ihm aber auch bald zu denken gab.[35] Erst als seine eigene wissenschaftliche Arbeit von der Zensur betroffen war[36], begann Süßheim jedoch, mit dem rigiden und paranoiden Regime ʿAbdülḥamīds II. zu brechen, das ihn einmal, eine Grenzsituation der besonderen Art, sogar ins Gefängnis brachte, bloß weil er seinen Fez gegen einen Hut getauscht hatte – ohne Zweifel die bis dahin ohnmächtigste Situation im Leben des jungen Mannes, der seine Verzweiflung seinem Tagebuch unverstellt anvertraut hat.[37] Dieser Art vorbereitet, fielen seine Begegnungen in Kairo mit entschiedenen Oppositionellen auf fruchtbaren Boden.

„Alle Schranken sind bloß des Übersteigens wegen da, usf."[38], hat Novalis geschrieben. Viele Grenzen, die Karl Süßheim im Kaiserreich und auch im Osmanischen Reich gesetzt waren, existierten in Kairo, wohin er 1908 aufbrach, um sein Gesellenstück als Orientalist drucken zu lassen, in dieser Form nicht: Fernab des langen Arms des Sultans, im britisch dominierten Ägypten innerhalb der europäisch orientierten jungtürkischen Szene, wurde er in erster Linie als reisender Wissenschaftler aus einer Hochkultur wahrgenommen. Für seine neuen Bekannten war Süßheim ein „Deutscher im Ausland" und gehörte zu den von David Blackbourn dargestellten gelehrten Männern und Wissenschaftlern, die

32 Vgl. Kap. I.2.
33 Vgl. Kap. I.1.
34 Vgl. ebd.
35 Vgl. Kap. I.2.
36 Vgl. ebd u. I.3.
37 Vgl. Kap. I.2.
38 Hermann Friedemann: Novalis' Werke in vier Teilen, Berlin u. a. [1910], S. 144.

einer „Republik der Buchstaben“ angehörten.[39] Auf diese Weise erlangte er Zugang zu den bedeutendsten intellektuellen und politisch-oppositionellen Zirkeln. Hier wurde Süßheim besondere Wertschätzung entgegengebracht: Ein bedeutender Intellektueller wie ʿAbdullāh Cevdet – wie wir gesehen haben, (als Kurde übrigens) einer der Gründerväter des jungtürkischen Widerstands gegen die Staatsgewalt des Sultans – blieb ihm bis zum Ende seiner Tage in tiefer Freundschaft verbunden. Auch bewegte Süßheim sich in diesem Milieu erstmals in einem von Antisemitismus scheinbar freien Raum: Keine einzige diesbezügliche Erfahrung hat er aus dem Kairiner Kreis notiert, wo man der sogenannten dezentralistischen jungtürkischen Linie anhing, die starke Minderheitenrechte befürwortete, einen exkludierenden Turkismus ablehnte und auch den Armeniern die Hand reichte, um sie sodann gemeinsam gegen den verhassten Sultan zur Faust zu ballen.[40]

In diesem Milieu, in dem es um Grundsatzfragen ging – erklärtermaßen darum, die Errungenschaften der europäischen Moderne in den Nahen Osten zu bringen – wurde Süßheim auch nicht kritisch nach seinem Platz in der deutschen Orientalistik gefragt: Vertrat er nun die neue oder die alte Schule? War er Philologe oder Historiker? Beschäftigte er sich mit der Vergangenheit oder mit der Gegenwart? Fragen, die an den deutschen Universitäten, die sich in Konkurrenz zu den außeruniversitären Forschungsinstituten wie dem Berliner SOS sahen, insbesondere für einen Quereinsteiger wie Karl Süßheim durchaus eine Rolle spielten – und seine späteren Probleme mit Kollegen wie Fritz Hommel unausgesprochen begleiteten.[41] Im Milieu der gebildeten jungtürkischen Revolutionäre und Intellektuellen aber war Süßheim der, der er immer sein wollte: Ein vielversprechender deutscher Wissenschaftler und ein gebildeter Gesprächspartner, der nicht nur in revolutionären oder beruflichen, sondern auch in privaten Fragen wie selbstverständlich zu Rate gezogen wurde. Er war ein Jude, doch das spielte für einen Religionskritiker wie ʿAbdullāh Cevdet, der vielleicht selbst ein Atheist sein mochte, aber doch religiöse Minderheiten wie die Bahāʾī lautstark verteidigte[42], keine Rolle. Rudyard Kipling hat es gewusst, Karl Süßheim und ʿAbdullāh Cevdet haben es gelebt: "[T]here is neither East nor West, Border, nor Breed, nor Birth, / When two strong men stand face to face, tho' they come from the ends of the earth!"[43] In Kairo blühte der sonst so stille und zurückhaltende Süßheim auf wie in keiner anderen Zeit seines Lebens: Mitten in der politischen Unruhe beschlich ihn eine Leichtigkeit, die er zuvor nicht gekannt hatte. In seinen Tagebucheinträgen fand sie einen klaren Ausdruck: Während er sich noch kurz nach seiner Ankunft in Ägypten nach einem Ausflug zu den Pyramiden in der Diktion eines

39 Übers. aus dem Englischen bei David Blackbourn: Germans Abroad and Auslandsdeutsche. Places, Networks and Experiences from the Sixteenth to the Twentieth Century, in: Penny u. Rinke, Germans, S. 321–346, das Zitat S. 321.

40 Vgl. Kap. I.2.

41 Vgl. dazu insb. Kap. I.3 u. II.2.

42 Vgl. dazu den darauf folgenden, auch von Süßheim geschilderten, aufsehenerregenden Prozess gegen Cevdet in Konstantinopel, Kap. II.2.

43 Vgl. die Hinführung.

viele Jahrzehnte älteren Menschen über die damit verbundene Anstrengung beklagte[44], war er wenige Wochen später fast rund um die Uhr auf den Beinen und verfolgte und feierte mit seinen Freunden die Revolution.

Zurück in Europa sollte Karl Süßheim nie wieder eine vergleichbare Erfahrung der Akzeptanz unter Freunden, dieser so wohltuenden Aufhebung von Grenzen, erleben. Ein ähnliches Hochgefühl wird ihm erst die Ehe mit seiner zweiten Frau bescheren, die er nach jahrzehntelanger intensiver Suche[45] (sowie, wie wir hörten, einer schnell gescheiterten Beziehung inklusive verheimlichter Scheidung[46]) gefunden hatte. Karolina Süßheim und die beiden Töchter – die Briefe an seine Mutter machten dies ganz deutlich[47] – gaben dem auf viele so unzugänglich und scheu wirkenden Wissenschaftler ein Zuhause, ein Zugehörigkeitsgefühl, das in der deutschen Gesellschaft für Jüdinnen und Juden immer stärker infrage gestellt wurde. Die antisemitische Entwicklung in Bayern wurde in dieser Biografie ausführlich beschrieben, zunächst während des Ersten Weltkriegs, der zweifellos eine bis dahin beispiellose Grenzerfahrung war: für die Menschheit im Allgemeinen[48], für die osmanische Christenheit im Besonderen[49] und für Karl Süßheim als gläubiger Jude im Speziellen[50]. Schließlich, während der Weimarer Republik, richtete sich der Blick seiner Umwelt insbesondere auf Süßheims Bruder Max in Nürnberg, der als jüdischer Anwalt und SPD-Politiker zur beliebtesten Zielscheibe der Hetztiraden des *Stürmer*-Herausgebers Julius Streicher wurde, was die ganze Familie in Mitleidenschaft zog.[51] In Karl Süßheims eigenem Leben fand der Antisemitismus seinen grausamen Kulminationspunkt erst lange nach dem Tod seines Bruders, nach dem Novemberpogrom 1938. Er wurde nach Dachau gebracht, worüber er einen viele Seiten langen Tagebucheintrag verfasste, der in der Reihe der Ego-Dokumente in der Forschung über die nationalsozialistischen Konzentrationslager sicher seinesgleichen sucht.[52] Im Lager – eine 16 Tage dauernde und ein Leben lang nachwirkende Grenzerfahrung – sah Karl Süßheim, wie vor seinen Augen ein Mensch ermordet wurde. Er musste sich selbst als „Schwein" bezeichnen und sich als solches bezeichnen lassen. Er wurde getreten und ausgelacht, musste Ungenießbares essen und stundenlang auf dem Appellplatz stehen. All dies widerfuhr ihm nicht aus Gründen, die innerhalb seines eigenen Einflussbereichs standen: Es passierte, weil er Jude war und seine Heimat entschieden hatte, dass Jüdinnen und Juden kein Zuhause mehr haben sollten. Dennoch wollte Karl Süßheim nicht in die Türkei emigrieren, er sehnte sich nicht gen Konstantinopel, das mittlerweile auch offiziell Istanbul hieß, oder etwa nach Kairo, den Ort seiner unbeschwerten Jugend. Das vergleichsweise tolerante Milieu

44 Vgl. Kap. I.2.
45 Vgl. dazu Kap. I.1 u. II.2.
46 Vgl. Kap. II.2.
47 Vgl. ebd.
48 So auch die Beschreibung einer ägyptischen Prinzessin, vgl. Kap. II.1.
49 Vgl. ebd.
50 Sein Gewissenskonflikt ist beschrieben ebd.
51 Vgl. Kap. II.2.
52 Vgl. Kap. II.3.

der frühen jungtürkischen Bewegung nämlich hatte sich nicht durchgesetzt, es herrschte der exkludierende türkische Nationalismus und die Minderheiten bekamen es zu spüren. Letztlich blieb Süßheim aber keine Wahl – und treue Unterstützer aus der Türkei halfen ihm und seiner Familie aus Deutschland heraus.

Nach den unzähligen zurücksetzenden Erfahrungen in der Heimat zurück im Nahen Osten hatte sich auch Süßheims Rolle in der türkischen Gesellschaft geändert: Im Exil konnte er nicht mehr der hofierte Fremde sein, der irgendwann wieder gehen würde. Eine Rückkehr der Jüdinnen und Juden ins „Dritte Reich" war undenkbar, und sein türkisches Umfeld wusste das. Süßheim war kein willkommener, geheimnisvoller Reisender aus Europa mehr, kein „Deutscher im Ausland", dem man mit Gast-Freundschaft entgegentreten konnte. Jetzt war er ein Ausländer, ein Jude zumal, der bleiben würde. Auch in Istanbul wird Süßheim mit gesellschaftlichem Antisemitismus[53] konfrontiert worden sein, auch wenn sich dies nicht konkret belegen lässt, weil sein Nachlass dazu schweigt. Überdies war er ein Schutzsuchender, ein Bedürftiger, einer, der seine Familie ernähren musste, die mit ihm geflohen war – schon deshalb spielte er auf dem türkischen Arbeitsmarkt eine Rolle. Als Wissenschaftler hatte Süßheim eine klar definierte Aufgabe: Er sollte die Modernisierung der Türkei voranbringen – mit diesem Auftrag hatte man ihn ins Land geholt, und er war die Grundlage seiner Aufenthaltsgestattung.

„Nur der in der Fremde, der mit dem Fremden erfahrene Bruch öffnet und erweitert den Blick auf das Eigene", schreiben Georg Stauth und Faruk Birtek unter der Überschrift „Landschaften zwischen ‚Orient' und Okzident", und dieser Bruch dürfe „bei der Bewertung dessen, was nun normativ Kulturerbe genannt wird, nicht unberücksichtigt bleiben"[54]: „In der Frage nach der ‚Authentizität' [...] scheint Verbindung und Aufhebung von Grenzen möglich, wird Denken „in zwei Kulturen" zur Lebenstatsache. ‚Leben in zwei Kulturen' ist so das beseelte Suchen nach Formen der ideellen und der gelebten Aufhebung der Kulturgrenzen, und der über Kultur gesetzten und verhärteten sozialen Grenzen."[55]

Die „Aufhebung der Kulturgrenzen" sei im Leben der deutschen Emigranten in Istanbul Programm gewesen, heißt es in dem hier zitierten Sammelband.[56] Das klingt schön, doch von einer Aufhebung der Grenzen zwischen Karl Süßheim Bey und den Türken konnte auch

53 Vgl. ebd.

54 Stauth u. Birtek, Einleitung, S. 7.

55 Ebd., S. 15.

56 Die Akteure der Istanbuler Emigrantenszene versammelten sich, so steht es dort wörtlich, „zu einer Art Blockgestalten des Neo-Romantismus, indem das individuelle Grenzüberschreiten zu einer Art neuer Himmelsnähe verklärt wird. Es konstituiert sich in dieser Form der Fremderfahrung ein romantischer Hyper-Individualismus. Der Impetus des Weltmenschentums bedingt gewissermaßen einen innerlich religiösen Blick in die Weiten der Welt und des grenzüberschreitenden Raumes. Ein kulturinnerlich konstituierter Individualismus, der ein für die Fremderfahrung gestärktes Selbstbewusstsein hervorbringt, das sich schon weitgehend von den versichernd-bürokratischen Institutionen gelöst oder die Bindung an diese innerlich überwunden hat, scheint diese Figuren zu beherrschen." Ebd., S. 17 f.

im Exil freilich keine Rede sein. Er war kein Türke und er wäre nie einer geworden, nicht einmal ein halber: Er war ein Deutscher, ein Bayer durch und durch, und er ist es geblieben. Das bedeutet nicht, dass er sich seinen Freunden aus dem Nahen Osten nicht zuweilen näher fühlte als seinen Landsleuten – er liebte den intellektuellen Austausch und schaffte sich hier eine Plattform über territoriale Grenzen hinweg, in der nicht die Herkunft, sondern das bessere Argument zählte. Gerade in seiner Selbst-Sicherheit bezüglich seines inneren Heimatgefühls aber, so scheint es, hatte Süßheim auch die Fähigkeit zum Respekt vor anderen Kulturen, wie es sich in vielen Situationen zeigte, in denen er die schlechte Behandlung der Osmanen durch Deutsche kritisierte. Wo aber stand der Grenzgänger an seinem Lebensende in seinem Verhältnis zum Nahen Osten, wie sah er nun den „Orient", den er einst als so anders und fremd wahrgenommen hatte[57], und wie blickte er auf seinen geliebten „Okzident", der ihn nicht haben wollte?

Wie andere Emigranten in Istanbul verkörperte sicher auch Karl Süßheim ganz besonders eine bestimmte „Form von Interkulturalität, nicht eine einseitige kolonialistisch orientierte Haltung eines europäischen, aneignenden Authentisch-Machens des Fremden"[58], wie die Soziologen Stauth und Birtek schreiben: „Es ging ihnen in erster Linie um eigenes Authentisch-Sein im Anderen, um ein narratives Austauschen, in dem das Fremde zum Eigenen und das Eigene zum Fremden wird". Süßheim, der es schon als junger Mann mit seinen Freunden in Kairo so gehalten hat, hat sich auch an seinem Lebensende dem Austausch mit Türkinnen und Türken sicher nicht verwehrt, auch wenn wir wenig darüber wissen. Die erwähnte umfangreiche Korrespondenz mit Feridun Nafiz Uzluk aus den 1940er-Jahren ist dafür ein klarer Hinweis. Vor allem aber hat Karl Süßheim es geschafft, nicht etwa in der türkischen Gesellschaft, sondern in der „Kolonie B", dem kleinen solidarischen Kreis der Verstoßenen aus ihrer deutschen Heimat, endlich die Grenze zu überwinden, die zu übertreten ihm von Geburt an von vielen Deutschen untersagt worden ist: In der Istanbuler Emigrantenszene war er nicht mehr der irritierende Fremde, ganz egal, ob die anderen jüdisch waren oder nicht. Sie waren nämlich alle fremd, und dadurch kamen sie sich nah wie Gleiche unter Gleichen. Die Aufhebung der Grenzen unter Freunden: Karl Süßheim hat sie ganz am Ende seines Lebens ein zweites Mal erlebt, und nun erstmals auch mit seinen eigenen Landsleuten. In Istanbul gewann er die deutsche Heimat, nach der er sich immer gesehnt hat.

Lebenslinien

Wie wirken sich solche Grenzen – oder die Erfahrung ihrer Aufhebung – auf die Entwicklung einer Persönlichkeit aus? In dieser Biografie standen Karl Süßheims religiöse, politische und berufliche Einstellungen im Vordergrund, und in all diesen Bereichen haben wir beobachtet, dass viele nachwirkende Veränderungen tatsächlich mit Grenzsituationen zu tun

57 Vgl. insb. Kap. I.3.

58 Hier und das folgende Zitat: Stauth u. Birtek, Einleitung, S. 18.

hatten: Mit Situationen, die Süßheims Selbstverständnis von außen angriffen oder zumindest infrage stellten. Blicken wir zunächst auf seinen Glauben: Als typischer Spross des liberal-bürgerlichen deutschen Judentums kam er zu Beginn des 20. Jahrhunderts ins Osmanische Reich. Süßheim war in seiner Jugend in religiöser Hinsicht völlig indifferent, um es mit seinen eigenen Worten zu sagen: ganz und gar „ungläubig".[59] Seinen osmanisch-jüdischen Bekannten konnte er nicht einmal sagen, ob er beschnitten war – er hat es schlicht und einfach nicht gewusst; es spielte bis dahin offenbar keine Rolle für ihn. Weihnachten feierte er wie die meisten Deutschen, als Kind schrieb er einen Wunschzettel, als Student besuchte er Ende Dezember seine Familie. Mit seiner Erfahrung des Grenzübertritts aber, dem Leben in einer anderen Welt, einer Welt, die nicht nur andere Farben und Gerüche für ihn bereithielt, sondern deren Alltag von Religion und Glaube durchdrungen war, wie er es zuvor nie erlebt hatte, hier, im Reich des osmanischen Sultankalifen, in dem die verschiedenen religiösen Bevölkerungsgruppen ganz selbstverständlich nebeneinander ihre Rituale und kulturellen Eigenheiten pflegten, setzte er sich erstmals ernsthaft mit verschiedenen frommen Lebensentwürfen auseinander. Die Beschreibung seiner anatolischen Reise, wo er die jüdischen Gemeinden kennenlernte, zeigt, wie befremdet er damals von den Menschen war, die seine eigene Religion wirklich lebten.[60] Konfrontiert mit den vielen überzeugten Muslimen in Konstantinopel überlegte er aber zunächst, zum Islam zu konvertieren: eine Religion, die ihm gefiel – und die theologisch vergleichsweise nah an seinen jüdischen Wurzeln war. Eine Konversion zum Christentum stand für Süßheim dagegen nie zur Debatte, obwohl so viele andere deutsche Jüdinnen und Juden darin den Schlüssel zur gesellschaftlichen Akzeptanz zu erkennen glaubten. In Karl Süßheims Augen war dies eine Anbiederung, die das emanzipierte europäische Judentum nicht nötig hatte – „[a]ls ob alle Juden gezwungen wären, Protestanten zu werden[!]"[61]

Nach einer Phase der intensiven Auseinandersetzung mit dem Islam – er traf sich mit jüdisch-muslimischen Konvertiten und wurde, wie wir hörten, vom späteren Şeyhülislām Mūsā Kāẓim persönlich bespielt[62] – fand Süßheim schließlich zum Glauben, und zwar zu dem, in den er hineingeboren worden war. Man könnte auch sagen: Im Foucault'schen Sinne suchte er zwar nicht, aber er fand. Im Orient, den Süßheim in seiner „abendländischen Ratio" durchaus als „Trennungsstrich" empfand, hat er tatsächlich „seine ursprüngliche Wahrheit"[63] gefunden, er fand zum jüdischen Glauben, den er fortan in sich trug, einen Glauben, der für ihn nicht ortsgebunden war, und der keine politische Ideologie suchte: Zion war überall, wo er sich befand, also vor allem in Bayern, lässt seine Einstellung sich zusammenfassen. Diesen Glauben aber hielt er fortan hoch wie wenige andere seines liberal-bürgerlichen Milieus; die Indifferenten bereiteten dem Bekehrten fortan Kopfzerbrechen. Verbündete fand Süßheim

59 Vgl. Kap. I.1.
60 Vgl. ebd.
61 Vgl. das Tagebuchzitat ebd.
62 Vgl. ebd.
63 Siehe das Eingangszitat auf S. 687.

in Rabbinern wie dem Münchner Coßmann Werner, und er diskutierte und missionierte auch im eigenen Milieu, das sich immer stärker vom Glauben abwandte und in der Regel, wenn überhaupt, lediglich mit kulturellen Elementen des Jüdischen etwas verbinden mochte. Es ist auffällig, dass Karl Süßheim, auch wenn der gesellschaftliche und politische Antisemitismus in seiner Heimat immer stärker wurde, sich zeit seines Lebens nicht mehr vom jüdischen Glauben entfernte: Keine Grenze, die ihm wegen seines Jüdisch-Seins auferlegt wurde, rüttelte an seinem religiösen Selbstverständnis – nicht seine berufliche Diskriminierung am SOS[64], nicht seine antisemitische Übervorteilung bei der Militärzensur im Ersten Weltkrieg[65]. Nicht einmal im Konzentrationslager, wo er direkt gefragt wurde, wie es angesichts dessen, was dort vor sich ging, noch möglich sei, an Gott zu glauben, kam Süßheim ins Zweifeln. Im Gegenteil: In den alten gefangenen Juden von Dachau erkannte er ein göttliches Element.[66]

Es ist nur auf den ersten Blick paradox: Die Bedeutung des Glaubens für Süßheims Leben zeigt sich nicht zuletzt darin, dass er eine Christin (wohlgemerkt: eine Katholikin und keine Protestantin) heiratete – eine Frau, die ihm in ihrer starken Verbundenheit zur Religion sicher näher war als die meisten Mitglieder der jüdischen Minderheit in Deutschland.[67] Dabei bestand er auf eine jüdische Erziehung seiner beiden Töchter und riskierte in diesem Zusammenhang wiederholt auch die Sicherheit seiner ehelichen Bindung. Seiner Frau, die nicht nur selbst überzeugte Christin war, sondern auch die antisemitische Behandlung ihrer Kinder dulden musste, verlangte er in dieser Hinsicht einiges und vielleicht zu viel ab. Die Beziehung aber hielt – und letztlich stand Karolina Süßheim, für die er mit seiner zunächst festen Überzeugung, nur eine Jüdin heiraten zu wollen[68], gebrochen hatte, bis zu seinem Lebensende treu an seiner Seite. Auf seinem Grabstein in Istanbul wurde die herausragende Bedeutung der jüdischen Theologie für sein Leben hervorgehoben: eine Inschrift, die offenbart, wie intensiv er sich mit der Lehre seiner Religion auseinandergesetzt hat.

Keinesfalls lebte Karl Süßheim in seiner tiefen Verbundenheit mit dem Judentum gedanklich im Jenseits – dies hätte im übrigen auch nicht besonders gut mit den Inhalten der jüdischen Lehre zusammengepasst, die von ihrer Gemeinde (insbesondere im Vergleich zum Christentum) einen starken Bezug zum Diesseits fordert.[69] Wie wir gesehen haben, verkörperte Karl Süßheim den „deutschen Staatsbürger jüdischen Glaubens" so buchstabengetreu wie wenige andere – seine Loyalitäten waren tatsächlich recht gleichwertig verteilt: Er war Deutscher durch und durch, und er war ein gläubiger Jude – einen Widerspruch erkannte er im Gegensatz zu vielen anderen darin nicht.[70] Einer seiner engsten Verbündeten

64 Vgl. Kap. I.1 u. I.3.
65 Vgl. Kap. II.1.
66 Vgl. Kap. II.3.
67 Vgl. Kap. II.2.
68 Vgl. Kap. I.1 u. II.2.
69 Vgl. dazu Kap. I.1.
70 Vgl. die Zusammenfassung ebd.

in dieser Hinsicht, soweit Süßheims zurückhaltendes Wesen Nähe überhaupt gestattete, war der Romanist Erich Auerbach. Erstmals sollte Süßheim nämlich im Exil in Istanbul Freundschaften knüpfen, in denen dieses Selbstverständnis Raum hatte, ohne von seinem – jüdischen wie nichtjüdischen – Umfeld infrage gestellt zu werden. In der „Kolonie B" waren sie alle Deutsche: Deutsche von der anderen Seite, der verstoßenen. In der Frage des Dazugehörens spielte das intime Verhältnis zum Glauben hier (wie auch bei der rassistischen Verfolgung der Jüdinnen und Juden im NS-Staat) keine Rolle.

Karl Süßheim war Patriot, lange auch ein zeittypischer Nationalist, doch seine politische Loyalität galt schon seit seiner Jugend nicht zuvorderst den protestantischen Preußen in Berlin, sondern war in erster Linie in Bayern beheimatet. Wir wollen nun auch darauf schauen, wie Süßheims politisches Wesen sich im Laufe seines Lebens entwickelt hat. In dieser Biografie ließ sich beobachten, wie ein junger Mann im Königreich Bayern zunächst eine ausgeprägte Untertanenmentalität an den Tag legte, die ihn ganz wesentlich von seinem älteren Bruder unterschied, der das Heil der Zukunft schon früh im sozialistisch-revolutionären Projekt sah[71] – eine politische Überzeugung, die Karl Süßheim, konservativ und durchaus auch mit dem elitären Habitus des Bildungsbürgers ausgestattet, völlig fernlag. Seine Begeisterung für die höhere Gesellschaft nahm zuweilen geradezu groteske Züge an – man denke nur an seine einsamen „Hoch"-Rufe zu Ehren des Kronprinzen oder die aufdringlichen Versuche, den König noch ein wenig länger zu Gesicht zu bekommen.[72] Mit dieser Ehrfurcht gegenüber Autoritäten im Gepäck reiste Süßheim nach Konstantinopel und suchte auch hier Kontakt zum Palast, für den er besonders gerne gearbeitet hätte.[73] Überaus skeptisch stand er zunächst der armenischen Minderheit gegenüber, nicht zuletzt, weil er ein politisches Attentat auf den Sultan miterlebte.[74] Süßheims ursprüngliche Wertschätzung sowohl gegenüber der Wittelsbacher-Dynastie als auch der osmanischen Herrschaft, hatte mit seiner Vorstellung von einer guten Regierungsführung zu tun; als Betroffener von gesellschaftlicher Diskriminierung sah er sowohl im bayerischen Königshaus als auch im Sultan Schutzmächte der religiösen Minderheiten und ihrer Akzeptanz in der Gesellschaft. Umso entschiedener verurteilte er separatistische Strömungen – sei es der Zionismus, der die jüdische Bevölkerung in Deutschland genauso wie in Nahost in Erklärungsnot brachte[75], oder aber eben Armenier, die sich gegen den Sultan auflehnten.

Erstaunlich lange trotzte Süßheims Bild eines guten ʿAbdülḥamīd der Realität im Reich, doch letztlich brach auch er mit der Pforte: Nachdem seine eigene Arbeit der Zensur im osmanischen Unterrichtsministerium, bei der er selbst mitgewirkt hatte, zum Opfer fiel, entschied er sich, außerhalb des Einflussbereichs Konstantinopels zu publizieren und machte sich auf nach Ägypten – einem Hort der Unanständigen, die ihn verderben würden, wie

71 Vgl. Kap. I.2.
72 Vgl. Kap. ebd. u. II.1.
73 Vgl. Kap. I.2.
74 Vgl. ebd.
75 Vgl. Kap. I.1.

Bekannte ihn warnten.[76] Vielleicht konnten diese ihn besser einschätzen als er selbst, der eine mögliche Beeinflussung für völlig absurd hielt: Mit dem patriotischen, aber dezentralistisch gesinnten Teil der gen Europa orientierten jungtürkischen Bewegung in Kairo fand Süßheim nach kurzen Versuchen, Distanz zu wahren, tatsächlich eine politische Ideologie, die seinen eigenen Vorstellungen in allen wesentlichen Punkten entsprach. Die Schilderungen dieser Männer, denen er sich auf diese Weise besonders nah fühlte, ihre Erfahrungen mit der osmanischen Zensur- und Verbannungspolitik, prägten Karl Süßheim nachhaltig und stellten sein Verhältnis zum Sultan vom Kopf auf die Füße. Plötzlich war der Tyrannensturz auch für einen Konservativen wie ihn denkbar, eine Haltung, die ihm zuvor völlig fremd war. Vom strammen und loyalen Monarchisten wurde er hier zum Teilzeitrevolutionär, und die Veränderung in seinem Auftreten war eklatant: Er war nicht länger der teilnehmende Beobachter, der seine Eindrücke im Tagebuch nüchtern beschrieb, sondern vielmehr ein beobachtender Teilnehmer, der sich von den Ereignissen mitreißen ließ, sich bald ganz selbstverständlich als Mitglied der jungtürkischen Bewegung beschrieb und von seinen neuen Bekannten auch entsprechend behandelt wurde.[77]

Die Verfassungsrevolution von 1908 feierte Süßheim mit seinen Freunden in der Kairiner Splendid-Bar, dort, wo die Intellektuellenszene der osmanischen Exilanten verkehrte. Er feierte, als hätte er selbst seit Jahren dafür gekämpft – genauso herb war schließlich die Enttäuschung über den Werdegang der Revolution, genauer: das Verhalten der jungtürkischen Zentralisten, die die Oberhand in der Bewegung erhielten und sich rasch gegen die nichtmuslimischen Gruppen im Reich wandten. Dies galt insbesondere für die Armenierinnen und Armenier, mit denen man 1908 noch Hand in Hand gegen ʿAbdülḥamīd vorgegangen war. Wieder hatte Süßheim, der zunächst noch ganz im Rausch der Revolution stand und auf diversen Reisen im europäischen Ausland lautstark die Anliegen der Jungtürken vertrat[78], Anlass dazu, seine politische Überzeugung zu überdenken. Es dauerte länger als bei seinen Bekannten, die im Osmanischen Reich geblieben waren, während er wieder in Europa lebte, doch sein Bruch mit den Jungtürken erfolgte schon lange vor dem Genozid im Ersten Weltkrieg. So, wie Süßheim die Freude der geglückten Revolution mit seinen Freunden geteilt hatte, teilte er nun auch deren Enttäuschung über das Monster, das sie miterschaffen hatten. Sein Blick auf ʿAbdülḥamīd aber wurde dadurch nicht nachträglich relativiert. Den Sultan verurteilte er nach wie vor als Despoten, die Hoffnung auf eine bessere Alternative aber, eine moderne und gleichzeitig an den humanistischen Werten der Aufklärung orientierte Regierung im Osmanischen Reich, war wie eine Seifenblase geplatzt. Insbesondere die Instrumentalisierung der Religion durch die Jungtürken zur Durchsetzung ihrer turkistischen Ideologie verachtete Süßheim, wie aus einem Aufsatz klar hervorgeht[79] – er war ein strikter Säkularist und stellte sich gegen die politische Vereinnahmung von Religion. Bald musste er

76 Vgl. Kap. I.2.
77 Vgl. ebd.
78 Vgl. z. B. seine Einmischung in die Kreta-Politik Londons ebd.
79 Vgl. Kap. I.2.

sich damit auch im Kaiserreich auseinandersetzen: Karl Süßheims entschiedene Verurteilung der deutschen *Jihad*-Politik im Ersten Weltkrieg ist auch vor diesem Hintergrund zu sehen.

Nach dem Waffenstillstand war Süßheim nach wie vor ein überzeugter Monarchist, ein Verfechter einer guten Monarchie, die ihre Bürgerinnen und Bürger unabhängig von deren Religion anständig behandelte. Die politischen Umbrüche in München trafen ihn daher ins Mark: Dies war nicht seine Revolution, unter deren Unsicherheiten und Gewaltausbrüchen er nun zu leiden hatte – und ganz anders als in Kairo zeigte er keinerlei Verständnis für die Sache. Den bayerischen Linken gehörte zu allem Überdruss auch sein Bruder an, der als einer der ersten öffentlich den Abtritt der deutschen Monarchen gefordert hatte und nun in den Strudel der revolutionären Ereignisse geriet. Dies sei noch nicht das Ende, teilte Max Süßheim seinem konservativen Bruder am Tag der Novemberrevolution am Telefon mit; er erwartete den Niedergang der Kaiser- und Königszeit.[80] Und er sollte Recht behalten, doch Karl Süßheims Skepsis gegenüber den Sozialisten entbehrte nicht jeder Grundlage: Ihre Lagerkämpfe betrachtete er mit einer noch größeren Befremdung als zuvor die Jungtürken nach der Revolution, die sich in unterschiedliche Gruppen aufspalteten. München nach dem Ersten Weltkrieg war ein einziges politisches Chaos, ein Zustand, den jemand wie er nicht ertragen konnte, da Süßheim Ruhe und Ordnung überaus schätzte – seine aufregende Phase in Kairo sollte hier wirklich die Ausnahme bleiben. Bald wird sich aber auch sein Bruder enttäuscht von der Revolution, die wie so häufig ihre Kinder fraß, abwenden.

Einer der Gründe, warum Karl Süßheim nicht an das demokratische Projekt glauben konnte, sei es nun in Form einer Räterepublik oder aber in parlamentarischer Gestalt, war, dass er in keiner deutschen Partei je eine echte politische Heimat fand. Alle Parteien seien antisemitisch, schrieb er unter anderem als Begründung dafür, dass er zu Zeiten des Kaiserreichs nie gewählt hatte. Dennoch nahm er an den richtungsweisenden Wahlen von 1919 teil und rang sich dazu durch, liberal zu wählen. Den Nationalliberalen, die seine Überzeugungen am ehesten spiegelten, zumal auch hier viele der Monarchie nachtrauerten, konnte Süßheim aber nur auf Reichsebene seine Stimme geben: In Bayern war sie offen antisemitisch, weshalb er hier, schweren Herzens, linksliberal stimmte.[81] Süßheims Verhältnis zur Weimarer Republik war also kein herzliches, doch er sollte sich in den folgenden Jahren auch von der Monarchie abwenden. Es fällt auf, dass diese Entwicklung, wie bereits damals im Osmanischen Reich, wieder mit seiner Arbeit zu tun hatte. Als er aus dem Umfeld der Wittelsbacher unverblümt aufgefordert wurde, an einer Veröffentlichung seine Darstellung des Weltkriegs zu verändern, widersetzte er sich – fortan sollten seine einst begeisterten Bemerkungen über die bayerische Königsdynastie im Tagebuch kühler werden und schließlich ganz ausbleiben. Für den endgültigen Bruch sorgte die Allianz zwischen Royalen und der antisemitischen Rechten, die ihm zu Ohren kam, entscheidend für sein politisches Umdenken war aber wohl

80 Vgl. Kap. II.2.

81 Dazu sowie zu Süßheims angeblicher Wahl der DNVP vgl. ebd.

auch in Bayern der offene Angriff auf sein Berufsverständnis, was nicht zuletzt beweist, wie wichtig diese Säule in Karl Süßheims Leben war.

Süßheims Selbstverständnis als Wissenschaftler hat sich im Laufe seines Berufslebens massiv verändert, wie eine vergleichende Analyse seines Früh- und Spätwerks[82] zeigt. Dennoch gab es auch Konstanten, die hier zunächst genannt werden sollen. Süßheim war von seiner Ausbildung her Historiker und in dieser Hinsicht hielt er sich an Leopold von Ranke[83]: Objektivität und ein kritischer Umgang mit dem Quellenmaterial waren Ideale, die er zeitlebens hochhielt und die er auch ins orientalistische Fach mitnahm. Ein Thema zieht sich zudem durch seine Veröffentlichungen, dem er von Beginn an besondere Aufmerksamkeit schenkte: der Umgang mit den nicht-muslimischen Bevölkerungsgruppen, bei denen er (und auch dies konsequent) die jüdische Gemeinschaft ausnahm. Mit ihr setzte Süßheim sich wissenschaftlich mit keinem Satz ernsthaft auseinander, und dies lag wohl darin begründet, dass er als Wissenschaftler nicht als Vertreter persönlicher Partikularinteressen wahrgenommen werden wollte, sondern allein durch die Qualität seiner Arbeit zu überzeugen gedachte. In dieser Hinsicht war sein Werk denn auch überaus innovativ: Karl Süßheim schrieb über Armenierinnen und Jeziden, über die Bahā'ī genauso wie über die kurdische Bevölkerung, lange bevor dieser spezifische Blick sich als gängige Forschungsperspektive etabliert hat.

Als Orientalist wurde Süßheim am Berliner Seminar für Orientalische Sprachen (SOS) sozialisiert – einer Einrichtung, die, wie wir gesehen haben, dafür gegründet worden war, politisch nutzbar zu sein, Dolmetscher ausbilden und den zeitgenössischen Nahen Osten in den Blick nehmen sollte, ganz so, wie Süßheim es später in seinem Berufsleben immer wieder getan hat. Dass er dabei die traditionelle Orientalistik nicht vergaß und sich in ihr ebenfalls hervortat, war eine Zweigleisigkeit, die er ebenfalls bis zum Ende seines Lebens aufrechterhielt. Für ihn schlossen sich die verschiedenen Zugänge zum Fach nicht aus, und er suchte den Anschluss zu den Vertretern der neuen Islamwissenschaft um C. H. Becker und Martin Hartmann genauso wie er bei den Professoren an den Universitäten mit seinen Beiträgen zur Seldschukengeschichte punkten wollte. Als für ihn maßgeblich prägendes berufliches Vorbild ist Georg Jacob zu nennen, der in seiner Art, das Fach zu bespielen, Süßheims Berufsverständnis maßgeblich beeinflusste[84] und einer seiner treuesten Förderer blieb, auch wenn seine Einflussmöglichkeiten für den Schüler in München begrenzt waren. Süßheims Unentschiedenheit zwischen den Lagern verschaffte ihm, der zudem ein Quereinsteiger im Fach war, massive Probleme, Fuß zu fassen. Seine jahrelangen verzweifelten Bemühungen um eine akademische Karriere wären vielleicht früher von Erfolg gekrönt gewesen, wenn er sich hier klarer positioniert hätte, auch wenn er als Jude ohnehin kein einfaches Pflaster betrat. Sein gesamtes Berufsleben über wird es ihm insbesondere an der LMU an einem funktionierenden Netzwerk mangeln; die Nachwirkungen bekam seine Witwe noch posthum zu

82 Vgl. Kap. I.3 u. II.3.
83 Vgl. Kap. I.3.
84 Vgl. ebd.

spüren.[85] Süßheims harter Kampf um seine akademische Karriere sorgte auch dafür, dass er besonders verletzlich und misstrauisch war, wenn es um seine Integrität oder sein Ansehen als Wissenschaftler ging – durch häufiges Scheitern und Steckenbleiben geprägt, entwickelte Süßheim zuweilen auch Züge der Unkollegialität, die sich zum Teil in unverhältnismäßig sarkastischen und harten Rezensionen äußerten[86], oder aber darin, dass er den Fortgang seiner eigenen Forschung vor Fachkollegen verbarg[87]. Dass die Nationalsozialisten ihm mit dem „Gesetz zur Wiederherstellung des Berufsbeamtentums" 1933 nicht nur seine finanzielle Existenzgrundlage nahmen, sondern ihn auch im Kern seiner Identität trafen, zeigte nicht zuletzt sein Insistieren im Konzentrationslager Dachau im Jahr 1938, als Professor der Universität München registriert zu werden. Süßheims Bestehen auf seinen Titel im türkischen Exil hat vor diesem Hintergrund nichts Kleinliches an sich: Hier hatte sich einer, der sein Leben lang kämpfen musste, seinen Stolz bewahrt.

Schaut man in Süßheims Werk hinein, so fällt auf, dass sich sein Stil im Laufe der Zeit ganz wesentlich verändert hat: Während seine frühen Veröffentlichungen neben eurozentrischen auch von rassistischen Beschreibungen dominiert werden, sollte er diese Art zu schreiben – ganz entgegen der zeitgenössischen Entwicklung – im Laufe der Jahre ablegen, bis er schließlich sogar den „Orient" in Anführungsstriche setzte. Diese Veränderung in seinem Habitus als Wissenschaftlerpersönlichkeit, die Süßheims Schriften nach dem Ersten Weltkrieg offenbarten, sind sicher bemerkenswerter als sein insbesondere im Frühwerk gepflegter „Orientalismus"[88], wie er in dieser Biografie untersucht worden ist. Auch diese Entwicklung in seinem Leben hatte fraglos mit Grenzerfahrungen zu tun: Als jemand, der selbst unter den exkludierenden Erscheinungen der Moderne leiden musste, entwickelte Süßheim über die Jahre offenbar ein zunehmend sicheres Gefühl für unzulässige Verallgemeinerungen und allzu pauschale Urteile; er wurde, je älter er war, immer vorsichtiger im Umgang mit vorgeblichen Gewissheiten. Sagen, was ist, war später seine Devise auch als Orientalist, und vor allem: Nur sagen, was man auch sagen kann. Karl Süßheim wies oftmals auf fehlende Quellengrundlagen und widersprüchliches Material hin, das es miteinander zu versöhnen galt, indem man es nebeneinander existieren ließ – um zu einem Ergebnis zu kommen, das einer komplexen Realität standhält. Damit aber sprach er etwas an, das eine Eigenschaft voraussetzte, über die nicht alle im selben Maße verfügten wie er: Die Fähigkeit, Uneindeutigkeit auszuhalten. Dass er damit oft alleine stand, wurde ihm in seinem Leben nicht selten zum Verhängnis; oft genug nämlich wurde er selbst als der ambige Reiz wahrgenommen, von dem seine Umwelt sich provoziert fühlte. Süßheim, der nicht über den Charme eines Kollegen wie Ármin Vámbéry verfügte, um in seiner demonstrativen Mehrdeutigkeit interessant statt seltsam zu wirken, sondern auf seine Mitmenschen in der Regel einen verschlossenen und spröden Eindruck machte, sollte nicht zuletzt deshalb ein Außenseiter bleiben.

85 Vgl. dazu das „Nachspiel".

86 Vgl. Kap. I.3.

87 Vgl. z. B. seine Weigerung, Hommel ein Buch zu leihen, Kap. II.2.

88 Vgl. dazu auch die Bemerkungen in der Hinführung.

„Verzweiflung ist eine Krankheit im Geist, im Selbst, und kann so ein Dreifaches sein", hat Søren Kierkegaard geschrieben: „daß man, in der Verzweiflung, sich dessen selbst nicht bewußt ist[,] ein Selbst zu haben (uneigentliche Verzweiflung); daß man, verzweifelt, nicht man selbst sein will; daß man, verzweifelt, man selbst sein will"[89]. Karl Süßheim, um in dieser Kategorisierung zu bleiben, war einer, der lange verzweifelt er selbst sein und als solcher akzeptiert werden wollte, und dabei immer wieder an der Gesellschaft scheiterte. Ironie war seine Überlebensstrategie, und nicht zum Zyniker geworden zu sein war wahrscheinlich die größte Leistung seines Lebens. Vielleicht hielt er sich auch an ein arabisches Sprichwort: Humor und Geduld sind zwei Kamele, mit denen Du durch jede Wüste kommst.

(Über)Leben in einer ambiguitätsfeindlichen Umwelt

Dass Karl Süßheim ein besonderes Talent dafür hatte, Mehrdeutigkeiten und Widersprüche anzunehmen, ohne den Drang zu verspüren, sie aufzulösen, ist bei der Betrachtung seines Lebens immer wieder offensichtlich geworden. Die Psychologie hat für diese Fähigkeit den Begriff der Ambiguitätstoleranz geprägt. Zunächst benannte dies in erster Linie die Fähigkeit von Kindern, in den eigenen Eltern gute wie auch schlechte Eigenschaften zu sehen und diese als gleichzeitige Realität zu akzeptieren, anstatt Vater oder Mutter entweder als perfekt zu überhöhen oder gänzlich als Person zu missbilligen.[90] Ein Lehrstück dazu liefert Karl Süßheims Verhältnis zu seiner Mutter, die zeit seines Lebens eine wichtige Bezugsperson blieb – ein Bezugspunkt im Positiven wie im Negativen, doch ihr schwieriger Charakter, unter dem der Sohn oftmals enorm litt[91], führte nie zum Bruch. Wohl mehr als seine Geschwister sah er in Clara Süßheim stets beides und stand ihr bis zu ihrem Tod zur Seite, ohne sie dabei zu verklären oder aber zu vergessen, ihr an den entscheidenden Stellen den Spiegel vorzuhalten (allerdings ohne sie dabei vor die Wahl zu stellen, wie sie selbst es oft gehalten hat). Süßheim war auch tolerant im eigentlichen Sinne, nämlich etwas zu ertragen, das er selbst nicht für richtig hielt. Er legte diese seltene Eigenschaft später auch seinen Bekannten gegenüber an den Tag – das auffälligste Beispiel ist ohne Zweifel Talât Paşa, den er für seine Verantwortung für den Genozid an den Armeniern klar verurteilte, und ihn doch weiterhin als Freund bezeichnete. Nachdem Süßheim von Meḥmed Ṭalʿats Ermordung in Berlin erfuhr, notierte er in seinem Tagebuch: „Auch wenn ich einen Freund verloren habe – es ist Gerechtigkeit geschehen."[92] Ein Satz, der unter die Haut geht, und ein Satz, der viel über den erklärt, der hier die Feder führte.

89 Søren Kierkegaard: Die Krankheit zum Tode. Eine christlich-psychologische Entwicklung zur Erbauung und Erweckung von Anti-Climacus, Kopenhagen 1849, S. 10.

90 Vgl. dazu auch die Hinführung.

91 Vgl. Kap. I.1, II.2 u I.3.

92 Vgl. Kap. II.1.

Nimmt man Süßheims Überzeugungen ernst und setzt sie systematisch miteinander in Bezug, so lösen sich die meisten der zunächst widersprüchlich erscheinenden Anschauungen und Aspekte seiner Persönlichkeit auf. Karl Süßheim, der gläubige Jude, der in seinem religiös indifferenten Umfeld mit einem ausgeprägten Missionierungsanspruch auftrat, war als einziger in der Familie mit einer Christin verheiratet? Ja, denn mit ihr verband ihn mehr als mit den meisten Jüdinnen seines Milieus: Die Katholikin Karolina Süßheim war tiefgläubig, und sie war eine Frau, die, wie Süßheim, andere Glaubensgemeinschaften respektierte: Sie suchte beispielsweise den Kontakt zur Diakonsfamilie in der Nachbarschaft. Karl Süßheim selbst war zum einen von Rabbi Werners Anliegen des innerjüdischen Dialogs geprägt, in ganz besonderer Weise aber fühlte er sich auch zum Islam hingezogen, obwohl der jüdische Glaube so wichtig für ihn war. Dies hatte wie erwähnt wohl nicht zuletzt damit zu tun, dass die theologische Nähe der beiden Religionen besonders groß ist: Dass Süßheim gegen christliche Vorstellungen zuweilen polemisierte, ist berichtet worden und gut vorstellbar[93]; im Zusammenhang mit muslimischen Glaubensinhalten ist nichts Vergleichbares überliefert. Die Kritik, die er geltend machte, richtete sich ausschließlich gegen eine politische Vereinnahmung und Ausgestaltung des Islam, die Übereinstimmungen in der privaten Sphäre muss er dagegen tief gespürt haben: Die Ähnlichkeiten zwischen dem Hebräischen und dem Arabischen, die Parallelen zwischen zwei im Recht begründeten Glaubensrichtungen und die relative Toleranz der muslimischen Herrschaft gegenüber den Juden, hat Martin Kramer über die Erkenntnisse des Nahosthistorikers Bernard Lewis geschrieben, hätten es vielen jüdischen Gelehrten erlaubt, sich dem Islam mit einem Verständnis und einer Sympathie zu nähern, die damals in Europa unüblich waren.[94] Über den Grad an theologischen Überschneidungen ist schon so manche Diskussion geführt worden und es ist sicher keine falsche Bescheidenheit, eine solche den Fachleuten zu überlassen. Die kulturwissenschaftliche Forschung hebt aber auch abseits dieser Ebene eine dichte Vernetzungsgeschichte von Islam und Judentum hervor[95]: Die Jahrhunderte währende Geschichte kontinuierlicher kultureller Gemeinschaft und politischer Verbundenheit wird unter dem Eindruck von zeitgenössischen Konflikten allzu häufig übersehen.[96] Beide Religionsgemeinschaften, das Judentum wie auch der Islam, haben zudem den Ruf, eine ambiguitätstolerante Umgebung in besonderer Weise zu fördern[97] – und also ein Umfeld zu schaffen, in dem das Leben Karl Süßheims wohl ganz anders verlaufen wäre.

93 Vgl. Kap. II.3.

94 Vgl. Martin Kramer: Preface, in: Ders., Discovery, S. vii, mit Verweis auf Lewis, Jews.

95 Vgl. z. B. die Arbeiten von Anouar Majid: We Are All Moors. Ending Centuries of Crusades against Muslims and Other Minorities, Minneapolis u. London 2009 u. Ella Shohat: Taboo Memories, Diasporic Voices, Durham u. London 2006.

96 Die Geschichten der Religionsgemeinschaften werden oftmals getrennt voneinander erzählt, obwohl sie seit dem Ende des 15. Jahrhunderts ähnlichen Unterdrückungserfahrungen ausgesetzt waren und Jüdinnen und Juden insbesondere in mehrheitlich muslimischen Räumen lebten, vgl. Shohat u. Stam, Afterword, S. 374 f.

97 Vgl. die Hinführung u. Kap. I.1.

Die Geschichte des modernen Antisemitismus ist nicht zuletzt eine Geschichte des Kampfes gegen eine Fremdzuschreibung, die den Jüdinnen und Juden unabhängig von ihren jeweils sehr persönlichen, eigenen Identifikationsrahmen aufgezwungen wurde. Gerade das deutsche Bildungsbürgertum, in dem Süßheim sich in erster Linie zu behaupten hatte, bereitete der Ideologie der rassistischen Judenfeindschaft einen fruchtbaren Boden: Hier wurden die fatalen Diskurse der Moderne geführt[98], die die jüdischen Deutschen zu einer Positionierung zwangen. Dass Karl Süßheim sich als gläubiger Jude und bayerischer Patriot gleichermaßen verstand, war eine Vorstellung, die sowohl in seinem nicht-jüdischen wie auch in seinem jüdischen Umfeld verstörte: Während Rassenantisemiten die Vereinbarkeit von deutscher und jüdischer Identität ganz allgemein bestritten, war es für große Teile des religiös überwiegend indifferenten jüdischen Bürgertums nur schwer nachvollziehbar, gleichzeitig „assimiliert" und tiefgläubig sein zu wollen. Das Unverständnis, das Süßheim hier entgegengebracht wurde, machte ihn zu einem Außenseiter, dessen Persönlichkeit sich nicht, um noch einmal Thomas Bauers Bild zu bemühen, in die „Identitätskästchen"[99] fügen wollte, die seine Mitmenschen zu verstehen bereit waren, ohne dabei Unbehagen zu empfinden.

Ähnliches galt für seine politische Überzeugung: Wie konnte er als Bruder eines wichtigen SPD-Politikers ein starrer Monarchist sein, wo er doch große Stücke auf Max hielt und ihn zuweilen auch im Landtag besuchte, wenn er seine Reden hielt? Man begegnete Karl Süßheim vor diesem Hintergrund insbesondere im Ersten Weltkrieg mit Misstrauen, obwohl er selbst jahrelang für die Militärzensur arbeitete und an der Heimatfront „unentbehrlich" war.[100] Dasselbe galt im Beruf: Wie konnte Süßheim gleichzeitig Historiker und Philologe sein, über den zeitgenössischen Nahen Osten genauso (und sogar in Presseartikeln) schreiben, wie er sorgfältige Editionen von Seldschukenchroniken erarbeitete? Gerade in diesem methodisch offenen, interdisziplinären Zugang zur forschenden Erkenntnis zeigte sich Süßheims ambiguitätstoleranter Umgang mit der Erzeugung von Wissen – „die Priorität der Mannigfaltigkeit [e]rkennend" also, um eine Kritik seines Vorbilds Georg Jacob an anderen Kollegen ins Positive zu wenden.[101] Dass Süßheim mit diesem Anspruch an die Grenzen des Verständnisses auch bei seinen Schülern stieß, ist offenkundig geworden. Nicht nur eine entsprechende Bemerkung Anton Spitalers lässt darauf schließen[102], Süßheim berichtete sogar seiner Mutter vom Unbehagen seiner Studenten angesichts widersprüchlicher Informationen in den historischen Quellen – und seinem Versuch, ihnen dabei zu helfen, dieser Ambiguität produktiv zu begegnen.[103] Die Tragik im Leben Karl Süßheims, so scheint es, war die

98 Insbesondere der „Berliner Antisemitismusstreit" spielte hier eine entscheidende Rolle, vgl. Kap. I.1.

99 Vgl. Kap. II.3.

100 Vgl. Kap. II.1.

101 Jacob kritisierte insbesondere die Kollegen, welche, „die Priorität der Mannigfaltigkeit verkennend, prähistorische Einheitsformen konstruieren, die niemals existiert haben", vgl. Kap. I.3.

102 Vgl. Kap. II.3.

103 Vgl. ebd.

Tatsache, dass er als Persönlichkeit für seine Mitmenschen einen Reiz darstellte, der heftige Dissonanzen auslöste – und er sich in einem Umfeld bewegte, das damit nicht umgehen konnte.

Ein geringes Maß an Ambiguitätstoleranz ist die Begleiterscheinung einer Welt, die zunehmend als ambig empfunden wird, so wurde in den vergangenen Jahren überzeugend argumentiert.[104] Ein typisches Kennzeichen der Moderne, wie auch der Soziologe Armin Nassehi formuliert hat: „Modernität ist [...] Unzufriedenheit, Unabgeschlossenheit, die Unmöglichkeit geschlossener Weltbilder – und deshalb ist die Moderne auch voll von Versuchen gewesen, solche geschlossenen Formen politisch durchzusetzen. Dass das nur durch die Gewalt gegen den und die Eliminierung des Anderen möglich war, ist ein Hinweis auf die Macht der Unterscheidungen, die man nur brechen kann, wenn man sie am Unterscheiden hindert – zum Schweigen bringt. Die Gewaltnähe der Moderne und das große Vertrauen, dass Kommunikation um die beste Lösung in der Öffentlichkeit, in Diskursen und durch Argumente Perspektiven koordinieren kann, sind feindliche Schwestern vom gleichen Stamm. Sie reagieren beide darauf, dass sich die Differenzen nicht aufheben lassen – sie müssen deshalb prozessiert werden. Deshalb endet Kommunikation, wenn es zu Gewalt kommt – und deshalb kann Gewalt nur enden, wenn man anfängt zu sprechen.“[105]

Die Komplexität, die Ambivalenzen und die Anfälligkeit der Moderne für exzessive Gewalt sind oft beschrieben worden, und auch in den Kontexten zu Karl Süßheims Leben hat sich dieser Befund immer wieder neu bestätigt. Das beginnt bei der Orientmission des Protestanten Johannes Lepsius, der sich wie kein anderer für die Armenierinnen und Armenier stark machte, weshalb es zu Recht Publikationen über sein „menschenrechtliches Vermächtnis“ gibt.[106] Zu dieser Geschichte gehört aber auch, dass Lepsius mit Konvertiten warb, bei denen offenbar der Antisemit Adolf Stoecker hoch im Kurs stand.[107] Noch offensichtlicher wird das so häufig bemühte „Janusgesicht der Moderne“ in der jungtürkischen Bewegung: Ihre Genese unter patriotischen Pazifisten, Atheisten und Dezentralisten wie ʿAbdullāh Cevdet und İbrahim Temo gehört zu deren Geschichte genauso wie ihre Entwicklung zum spaltenden und mordenden nationalistisch-turkistischen Regime unter dem Triumvirat der Paşas. Der Historiker Michael Schwartz bringt in seiner Studie einen Gedanken auf den Punkt, der in diesem Zusammenhang kaum überzubewerten ist: Er sieht die „Modernität als Grundbedingung“ für ethnische „Säuberungen“, sie stellen für ihn keinen „Rückfall in Barbarei“ dar, sondern sind integraler „Teil der Moderne“.[108] Die ursprüngliche liberale Ideologie der Jungtürken und ihre autoritäre Ausformung also gehören zueinander – weil beides

104 Vgl. dazu die Hinführung u. explizit den Ansatz von Bauer, Vereindeutigung.

105 Armin Nassehi: Die Macht der Unterscheidung. Ordnung gibt es nur im Durcheinander, in: Kursbuch 173 (2013), S. 9–31, hier S. 23 f.

106 Vgl. Kap. II.1 u. Manfred Aschke: Das menschenrechtliche Vermächtnis von Johannes Lepsius, in: Hosfeld, Lepsius (2013), S. 258–271.

107 Vgl. Kap. I.1.

108 Schwartz, Säuberungen, S. 5 u. 626.

der Gedankenwelt eines Milieus entstammt, das von allen, den positiven wie den negativen Aspekten seiner Zeit, geprägt war.

Auch Karl Süßheim entstammte diesem Milieu, das die Errungenschaften der Moderne wie einen Pokal vor sich hertrug, und in dem gleichzeitig die Feindschaft gegenüber der Ambiguität gedieh wie in keinem anderen. Diese Gesellschaft ließ sich, auch das hat diese Biografie gezeigt, transnational vorfinden: Es waren die Akademiker oder zumindest die gebildete und dabei vergleichsweise wohlhabende Schicht. Es war die Schicht, die über die Ressourcen verfügte, um am internationalen Austausch teilhaben zu können: ein ganz entscheidendes Merkmal der modernen Welt, in der der gedankliche und kulturelle Austausch über Ländergrenzen hinweg sicher nicht erfunden worden ist, sich aber doch beschleunigte und von der Ausnahme zur Regel wurde, zumindest bei den intellektuellen Eliten. Dass Karl Süßheim und ʿAbdullāh Cevdet miteinander diskutierten, welches Shakespeare-Stück als nächstes ins Osmanisch-Türkische übersetzt werden soll, ist ein gutes Beispiel dafür. Dabei fühlten sich die europäischen Gelehrten, die die „Erfindung" der Aufklärung für sich beanspruchten, den „Orientalen" oftmals genauso überlegen, wie die Jungtürken es gegenüber der einfachen Bevölkerung im Osmanischen Reich taten, die im Mittelalter steckengeblieben zu sein schien. Das Überlegenheitsgefühl, die Überzeugung, zu einem exklusiven Kreis zu gehören, der die Wahrheit geschaut hatte, die einzige und rational begründbare Wahrheit, an der kein Zweifel mehr nötig war, und die nun allen Unwissenden das Heil bringen musste – dies war das zentrale Problem der Moderne, und kaum ein Zeitgenosse war davor gefeit. Auch die Juden nicht, auch der junge Karl Süßheim nicht.

> „Juden, die vom Islam fasziniert waren, wurden durch die Teilnahme an den gelehrten, politischen und intellektuellen Debatten in Europa geformt. Aber sie wurden auch durch eine dringende Debatte über die Vergangenheit, Gegenwart und Zukunft der Juden geformt – eine Debatte, die durch das Fortbestehen des Antisemitismus, ja sogar dessen Wiederaufleben, angeheizt wurde. Europa schwankte noch immer in der Frage, ob die Juden zu Europa oder zum Osten gehörten, ob sie Landsleute oder Fremde waren, ob sie eine eigene Rasse oder eine assimilierbare Minderheit darstellten. Jeder Jude hoffte, dass Europa tolerant gegenüber Andersartigkeit werden und seine Zivilisation als Produkt einer Symbiose mit anderen Zivilisationen betrachten würde. Der rote Faden, der sich durch die Beiträge jüdischer Gelehrter zum Islam zieht, ist die Leugnung einer Dichotomie zwischen Ost und West. Die jüdische Entdeckung des Islams unterschied sich nicht von der europäischen; sie war ein untrennbarer Teil von ihr. Aber sie war überwältigend voreingenommen gegenüber dem ‚Orientalismus' als einer Ideologie der Differenz und Vorherrschaft."[109]

109 Übers. aus dem Englischen bei Kramer, Preface, S. viii.

So einfach, wie Martin Kramer es hier darstellt, ist es leider nicht.[110] Karl Süßheims früher Zugang zum Orient hat eine ganz andere Geschichte erzählt: Er ist, wie wir gesehen haben, ein gutes Beispiel dafür, dass auch in den Schriften jüdischer Fachvertreter Eurozentrismus, Überlegenheitsgefühl und Rassismus ein ganz gewöhnlicher Bestandteil sein konnten. Süßheim stach in jungen Jahren aus seinem Kollegenkreis in dieser Hinsicht nicht besonders hervor: Hier ein bisschen 1001 Nacht, dort ein wenig Aufklärung über die „blutrünstigen" Kurden.[111] Er war in der Beschreibung des zeitgenössischen Nahen Ostens ein typischer Vertreter der sich entwickelnden deutschen Islamwissenschaft: Karl May war ihm sicher zu platt, aber so ein wenig Flair des wilden Orients durfte es schon sein. Allerdings, und das ist das Entscheidende: Karl Süßheim hat sich verändert. Seine Erfahrungen veränderten ihn, die Grenzerfahrungen, an denen sein Leben so reich war.

Ganz entgegen der zeitgenössischen Entwicklung wurde Süßheim vom strammen Nationalisten zu einem, der lautstark den Respekt vor Türken und Muslimen einforderte, an welchem es seinen Landsleuten oftmals mangelte – zumindest bis in die 1920er-Jahre hinein, in denen Mustafa Kemal den einstigen Bündnispartnern ein für allemal zeigte, dass es keinen Anlass dazu gab, die Türken zu unterschätzen. Es sind auffällige Gemeinsamkeiten zwischen deutschen und türkischen Nationalisten in dieser Zeit festzustellen, die sich nicht allein auf die gemeinsame Erfahrung der Niederlage im Ersten Weltkrieg reduzieren lassen: Die universalistischen Elemente der Aufklärung, so könnte man meinen, waren für Deutsche wie für Türken als „verspätete Nationen" schwieriger in eine Erzählung ihrer eigenen Geschichte zu integrieren als beispielsweise für Franzosen oder Briten, wo die Ideenwelt des Individualismus und der Völkerverständigung erst nach der bereits erfolgreich vollzogenen Nationalstaatsgründung auftraten. Deutsche wie Türken waren auf das „Andere" scheinbar angewiesen, um das „Eigene" definieren zu können: Die Türken einigten sich im Turkismus auf eine Kombination von Rasse und Religion, die Deutschen auf die „Volksgemeinschaft". Dezentralistisches Gedankengut im Vielvölkerstaat hatte hier genauso wenig Platz wie eine Inklusion der „nicht-arischen" Bürgerinnen und Bürger dort.

„Erst die Vermischung des Ressentiments gegen den ‚Anderen' mit dem Selbstvertrauen des Gärtners ist wahrhaft explosiv"[112], hat Zygmunt Bauman geschrieben. Karl Süßheim musste dies am eigenen Leib erfahren, und in dem Maße, in dem in Deutschland der Antisemitismus stieg, nahm sein eigenes Denken in essenzialistischen und rassistischen Kategorien ab. Die Weimarer Republik war vielleicht die größte Hoffnung und größte Enttäuschung der jüdischen Deutschen zugleich. Große Erwartungen an das demokratische Projekt hat Süßheim dabei nie gehegt – er gehörte zu dem Teil der Minderheit, der politisch konservativ dachte und dem die radikalen Veränderungen von Systemen und gesellschaftlichen

110 Dieser Ansatz wird der Vielfalt an Positionierungen von europäisch-jüdischen Orientalisten genauso wenig gerecht wie die Behauptung eines spezifisch „jüdischen Orientalismus", woran John M. Efron sich versucht hat, vgl. Kap. I.3.

111 Vgl. ebd.

112 Bauman, Moderne, S. 52.

Ordnungen nach dem Ersten Weltkrieg in München zu schnell gingen. Er war davon überzeugt, dass die Gesellschaft für eine Demokratie nicht bereit war, und die fatale Sehnsucht nach dem starken Mann gab ihm gewissermaßen Recht, wie wir heute nur zu gut wissen.

Der mit solchen Wünschen verbundene, quasi-religiöse Führerkult war auch in der Türkei ausgeprägt, und hier, wo man nicht die Schuld des Zweiten Weltkriegs auf sich lud und deshalb zwangsgeläutert wurde, wirkt er bis heute nach. Die hagiografische Verehrung Mustafa Kemals treibt bizarre Blüten:[113] 1954 zum Beispiel hatte ein junger Hirte in der ostanatolischen Provinz eine Erscheinung. In einem Schatten, den die Sonne auf einen Hügel warf, wollte er den längst verstorbenen Republikgründer erkannt haben und meldete das „Wunder" den lokalen Behörden, die es sogleich öffentlich verkündeten. Seit 1997 wird am Schauplatz des Geschehens alljährlich ein Festival veranstaltet, zu dem unzählige Besucher anreisen, um das „Wunder", das bei entsprechenden Tageszeit- und Lichtverhältnissen schlicht und einfach einen Schatten in Form der umliegenden Hügel wirft, mit eigenen Augen zu sehen. 2004 aber ereignete sich Ungeheuerliches, eine „Respektlosigkeit sondergleichen", „Hochverrat", wie ein türkischer Parlamentsabgeordneter wissen ließ: Ein nichtsahnender Schäfer war just in dem Moment, in dem der Schatten sich zeigte, in die Silhouette Atatürks hineingelaufen. Die Menge tobte vor Zorn. Der Stolz auf den Staatsgründer, der in einem einsamen Kraftakt das Land in die Moderne geführt hat, so die landläufige Meinung[114], ist groß in der Türkei. Dass unter Mustafa Kemals Nationalismus, den er wie die meisten Jungtürken verinnerlicht hatte, nun zwar nicht mehr in erster Linie Armenierinnen und Armenier zu leiden hatten (sie waren schließlich längst ermordet oder vertrieben worden), sondern die restlichen in der Türkei verbliebenen nicht-muslimischen Minderheiten, wird dort heute von den meisten nicht gerne gesehen und noch weniger gern gehört. Dennoch: Eine Gleichsetzung Atatürks, wie Klaus Kreiser überzeugend argumentiert hat, mit Nationalsozialisten und Faschisten verbietet sich.[115] Mustafa Kemal hatte die dunkelste Seite der Moderne – die Ideologie, die in den Völkermord führte – vielleicht schon wieder hinter sich gelassen.

„Am Beginn der Geschichte moderner Schläger stehen die Inquisitoren, an ihrem Ende die faschistischen Führer", schrieb Max Horkheimer in seinem Aufsatz „Das Ende der Vernunft" von 1941: „Die neue Losung des Faschismus ist die Vernunft, die sich als Unvernunft entpuppt"[116]. In seinen Texten beschrieb der Sozialphilosoph die liberale Idee als Deckmantel bürgerlicher Intellektueller, die das dem Kapitalismus innewohnende Gewaltverhältnis verschleiert. Horkheimers ökonomische Interpretationen muss man nicht teilen, doch es scheint, und dies ist ein wichtiger Punkt, als sei sein Aufsatz nicht zuletzt auch eine bittere Abrechnung mit sich selbst. Lange hatte der Kopf der Frankfurter Schule an den Sieg der Humanität geglaubt, und mit seiner bitteren Enttäuschung im Angesicht des National-

113 Die folgende Szene ist beschrieben bei Hanioğlu, Atatürk, S. 22f.

114 Vgl. Kap. II.2.

115 Vgl. ebd.

116 Übers. aus dem Englischen bei Max Horkheimer: The End of Reason, in: SPSS 9/3 (1941), S. 366–388, hier S. 375 u. 387.

sozialismus stand Horkheimer nicht alleine in den Reihen der deutschen Intellektuellen. „Eines mag diese Geschichte uns zu Gemüte führen", sagte Thomas Mann in seiner berühmten Rundfunkansprache aus dem Exil: „daß es nicht zwei Deutschland gibt, ein böses und ein gutes, sondern nur eines, dem sein Bestes durch Teufelslist zum Bösen ausschlug. Das böse Deutschland, das ist das fehlgegangene gute im Unglück, in Schuld und Untergang ... Nichts von dem, was ich Ihnen über Deutschland zu sagen oder flüchtig anzudeuten versuchte, kam aus fremdem, kühlem, unbeteiligtem Wissen; ich habe es auch in mir, ich habe es alles am eigenen Leibe erfahren."

Es ist bezeichnend, dass Karl Süßheim die Erfahrung des grenzfreien Raums, eines Raums des zwischenmenschlichen Respekts und der Nähe zwischen solchen, die nicht zur eigenen Familie gehörten, beide Male im Nahen Osten fand: In Kairo 1908 und in den 1940er-Jahren in Istanbul, an der Universität im Kollegenkreis der „Kolonie B". Beide Male bewegte er sich hier in einer Exilgemeinschaft, in einer Gemeinschaft, die zu spüren bekommen hatte, wie es sich anfühlt, wenn der Zorn auf das Andere sich gegen einen selbst richtet. Menschen also, die die Ambivalenz der Moderne, die Dialektik der Aufklärung, wenn man so will, „am eigenen Leibe erfahren haben", allesamt Menschen, die selbst – denn sie waren alle Kinder ihrer Zeit – auch einmal anfällig waren für die fatalen Seiten der Moderne. Sie haben sie überwunden, weil sie erspüren mussten, wie viel Leid sie über die Menschen bringen. Vielleicht erkannten sie deshalb, dass ein Satz des großen Bert Brecht eine schlichte Wahrheit bedeutet: „Die Widersprüche sind die Hoffnungen!"[117] Dies war der Leitgedanke des Dramatikers in einem Text über den Prozess, den er zu Beginn der 1930er-Jahre zum Schutz seines geistigen Eigentums führte – im Zuge der Verfilmung seiner berühmten „Dreigroschenoper". Auch sie landete auf der Liste der verbotenen Bücher im nationalsozialistischen Deutschland.

117 Bertolt Brecht: Der Dreigroschenprozeß. Ein soziologisches Experiment, in: Werner Hecht u. a. (Hrsg.): Bertolt Brecht. Werke. Große kommentierte Berliner und Frankfurter Ausgabe, Bd. 21: Schriften I: 1914–1933, Berlin u. a. 1992, S. 448–514, hier S. 448. Der Text avancierte zu einem Klassiker linker Kulturkritik.

* * *

Das Schiff, auf dem Theseus […] losgesegelt und auch sicher zurückgekehrt ist […], wurde von den Athenern bis zur Zeit des Demetrios Phaleros aufbewahrt. Von Zeit zu Zeit entfernten sie daraus alte Planken und ersetzten sie durch neue intakte. Das Schiff wurde daher für die Philosophen zu einer ständigen Veranschaulichung zur Streitfrage der Weiterentwicklung; denn die einen behaupteten, das Boot sei nach wie vor dasselbe geblieben, die anderen hingegen, es sei nicht mehr dasselbe.

Plutarch[118]

Consider, reader:
if there is nothing durable in identity,
there is no reason for any of us to value anything –
not people, not principles, nothing.

F. X. Caldeira[119]

Mittwoch, 9. Oktober 2019: Der türkische Präsident Recep Tayyıp Erdoğan startet seine schon lange angekündigte und die Region bis heute erschütternde Offensive gegen die YPG, die Kurdenorganisation im Norden Syriens. Was hätte Karl Süßheim zu dieser Entwicklung gesagt? Bestimmt hätte er darauf hingewiesen, dass es, bei aller berechtigten Kritik an der türkischen Aggression, befremdet, wenn deutsche Medien von der PKK, die gewiss auch eine terroristische Organisation ist, als kurdische „Arbeiterpartei" berichten. Seine Sympathie aber hätte wohl den angegriffenen syrischen Kurden gegolten, die mitten im Bürgerkrieg ein Experiment starteten, in dem Frauenrechte und Bildungsprogramme auf der Agenda standen. Die Rufe nach einem flächendeckenden „Kurdistan" indessen hätte er wohl weniger wohlwollend bewertet, als dies hierzulande verbreitet ist. Süßheim nämlich, der späte Süßheim vor allem, hätte insistiert, dass es „die Kurden" nicht gibt, dass es sich um ganz verschiedene Strömungen in den kurdischen Gebieten im nahöstlichen Gefüge handelt, die viel miteinander gemein haben mögen, aber sicher keine einheitliche Linie bezüglich ihrer Vorstellungen von gelungener Politik und Gesellschaft. Als beeindruckende kurdische Persönlichkeit würde Karl Süßheim heute vermutlich Selahattin Demirtaş hervorheben, den Anführer der kurdisch-türkischen Partei HDP, seit 2016 inhaftiert, obwohl er völlig gewaltfrei die Interessen der türkischen Kurdinnen und Kurden im demokratischen Prozess zu vertreten versuchte. Aus dem Gefängnis heraus hat

118 Plutarch: Vita Thesei 23, zit. nach der Übers. bei Wilhelm K. Essler: Was ist und zu welchem Ende betreibt man Metaphysik?, in: Dialectica 49/2–4 (1995), S. 281–315.

119 V. M. Straka: Ship of Theseus, in: J. J. Abrams u. Doug Dorst: S., New York 2013, S. 205, Anm. 1.

Demirtaş einen Band mit Kurzgeschichten veröffentlicht[120], in dem er keinen eigenen Staat fordert, sondern vielmehr die Diskriminierung der kurdischen Minderheit in der Türkei zum Thema macht – dem Staat, in dem er sich zu Hause fühlt. Demirtaş spricht in diesem Buch auch die insbesondere in der kurdischen Bevölkerung verbreiteten (aber hierzulande oftmals als türkisch etikettierten) sogenannten „Ehrenmorde" an und appelliert, die Würde und das Leben der Frauen zu schützen. Dieser Mann, der zahlreichen Klischees widerspricht und den die gegenwärtige Berichterstattung fast völlig verdrängt, hätte Karl Süßheim sicher gefallen.

Der 9. Oktober 2019 war nicht nur der Tag, an dem Präsident Erdoğan die syrischen Kurden angriff und man sich einen Experten wie Süßheim in die Talkshows wünschte; er war auch der höchste jüdische Feiertag Yom Kippur. Es sei absonderlich, schrieb Karl Süßheim an diesem besonderen Tag im Jahr 1939, am Vorabend der Vernichtung, in sein Tagebuch, wie die Gestapo jüdische Familien an ihrem großen Fest, dem Versöhnungstag belästige.[121] Wie wir gesehen haben, hatten Nationalsozialisten seine Wohnung auf den Kopf gestellt. 80 Jahre später am Yom Kippur-Tag stieg in Halle ein junger deutscher Mann in voller militärischer Montur aus seinem Auto und tötete willkürlich zwei Menschen, die an der Synagoge vorbeigingen, in der sich zu diesem Zeitpunkt viele zum Gebet aufhielten. Trotz diverser Versuche war es dem Rechtsextremisten nicht gelungen, in das deutsche Gotteshaus einzudringen und die dort betenden Jüdinnen und Juden zu ermorden. In dem Video, in dem der Mann seine Tat filmte und das er ins Internet stellte, leugnete er die Shoah. Was hätte Süßheim über dieses Attentat gesagt? Sicher hätte er ganz besonders mit seinen Glaubensgenossen gelitten, aber er hätte doch sicher auch darauf hingewiesen, dass nicht ausschließlich Jüdinnen und Juden im Fokus des Hasses standen, sondern dass auch ein Kebap-Laden angegriffen wurde – der Döner als Zeichen für Türken, für Muslime, für den Nahen Osten, die man hier in so manchem deutschen Wohnzimmer ebenso hasst wie traditionell die Juden, was spätestens die Morde des rechten Terrornetzwerks NSU bitter verdeutlicht haben. Antisemitismus und Rassismus unterscheiden sich in qualitativen Elementen, darauf wird zu Recht immer wieder hingewiesen – und doch gehen sie oftmals Hand in Hand. Wer Islamfeindlichkeit als Phänomen der Postmoderne, des 21. Jahrhunderts unterschätzt, unterschätzt auch die Gefahr, die für Jüdinnen und Juden in unserem Land wieder ausgeht, wenn ausgrenzendes und ambiguitätsfeindliches Gedankengut salonfähig wird. Karl Süßheim war einer, der das verstanden hat: In seinen Arbeiten zum Nahen Osten hat er nicht nur auf eine Minderheit geschaut.

Der Wahn der Antisemiten hat diesem Mann vieles genommen, auch seine geliebte Heimat. Seit seiner Kindheit sprachen sie ihm ab, ein vollwertiger Deutscher – der Bayer, der er war – zu sein. Sie legten seiner Karriere Steine in den Weg; sie respektierten seine Religion nicht als Glaubensbekenntnis, sondern zwangen ihn in ein Korsett einer angeblich nichtdeutschen Rasse. Sie erzwangen seine Emigration, und sie haben ihn noch im Istanbuler

120 Selahattin Demirtaş: Morgen-Grauen. Storys, München 2018.
121 Vgl. Kap. II.3.

Exil gequält. Damals war es die Türkei, ein junger Staat im Nahen Osten, der – trotz aller problematischer Verhältnisse und Widrigkeiten, die er für die Überlebenden der nationalsozialistischen Verfolgung bereithielt – das Leben des Deutschen Karl Süßheim rettete. Heute ist es Europa im Allgemeinen und Deutschland im Besonderen, wohin die Verfolgten aus aller Welt – darunter viele Syrer, Afghanen, Iraner und ja, auch Türken – sich sehnen. Sie hoffen, und dies ist es immer wieder wert, bemerkt zu werden, auf Hilfe der Bundesrepublik Deutschland, sie hoffen auf den demokratischen Nachfolgestaat des „Dritten Reichs". Während dieser in der globalen liberalen Gemeinschaft für die Aufnahme Schutzsuchender Anerkennung genießt, wird die öffentliche Debatte und der asylpolitische Rahmen zunehmend von denen bestimmt, die einer totalen Abschottung das Wort reden. Und auch im Diskurs innerhalb der „Linken", sofern diese Kategorie heute überhaupt Erklärungskraft besitzt, wird oftmals das Absolute gefordert; eine Antwort *ex negativo* auf rechts: die Forderung nach weltweit offenen Grenzen, während gleichzeitig der kurdische Nationalismus beklatscht und der Zionismus verteufelt wird.

Der richtige Umgang mit den heutigen Feinden der so bitter errungenen Menschenrechte wird häufig diskutiert: Sie durch Zugeständnisse eindämmen? Sie ignorieren? Mit Gewalt bekämpfen? Es mag bisweilen schwer auszuhalten sein, doch letztlich ist es das Maßhalten, das Zuhören, der Dialog, was eine Demokratie am Leben hält. Ein Dialog, der darauf basieren muss, Ambiguität zu ertragen – auch in einer Umwelt, die erhebliche Feindseligkeit gegenüber Uneindeutigkeit in sich trägt. In dieser Hinsicht ist es möglich, wie es so oft gefordert wird, aus der Geschichte zu lernen. Es ist möglich, von einem zu lernen, der selbst lernen musste: Karl Süßheim.

Viele Planken wurden im Laufe seines Lebens ausgetauscht, und die Antisemiten griffen sein Selbstverständnis an, in allen wichtigen Punkten: als Jude, als Patriot und als Wissenschaftler. Und doch haben sie nicht geschafft, ihn zu brechen, ihm seine Identität zu rauben. Das Ende des Lebens von Karl Süßheim Bey, wie seine türkischen Freunde ihn nannten, symbolisiert diesen Triumph überdeutlich: Gestorben ist der unfreiwillige Exilant in Istanbul im deutschen Krankenhaus, begraben wurde er auf dem jüdischen Friedhof. An seinem Grab standen nicht wenige begnadete Kollegen. Karl Süßheim gelang es, das Mehrdeutige nicht abzuschaffen, sondern vermeintliche Widersprüche durch die Anerkennung ihrer gleichzeitigen Wahrheit miteinander bestehen zu lassen. Er schaffte dies in einem Umfeld, das ihn auch mit brutaler Gewalt dazu zwingen wollte, der verhängnisvollen Vereindeutigung nachzugeben. Süßheim aber schätzte den Dialog verschiedener Ansichten, die Vieldeutigkeit seiner Umgebung, die Ambivalenz der Menschen. Was nach der Betrachtung der Biografie des deutsch-jüdischen Orientalisten bleibt, ist denn auch eine ganz und gar widersprüchliche Erkenntnis. Wenngleich millionenfach zitiert, gedeutet und oftmals missbraucht, hat ein Satz Adornos bis heute nichts an seiner Wahrheit eingebüßt: Es gibt kein richtiges Leben im falschen. Karl Süßheim, so könnte man meinen, hat es geführt.

What have I become
My sweetest friend
Everyone I know
Goes away in the end

If I could start again
A million miles away
I will keep myself
I would find a way

Trent Reznor

Abkürzungen

AA	Auswärtiges Amt
AAL	asien afrika lateinamerika
AI	Analecta Isisiana
AIU	Alliance Israélite Universelle
AKM	Abhandlungen für die Kunde des Morgenlandes
Arbeit	Die Arbeit. Organ der Zionistischen Volkssozialistischen Partei Hapoel Hazair
ARF	Armenische Revolutionäre Föderation
AYD	Atatürk Yolu Dergisi
AVGUJ	Amtliches Verzeichnis der Lehrer, Behörden, Beamten und Studirenden der Großherzogl. und Herzogl. S. Gesammt-Universität Jena
AVLMU	Amtliches Verzeichnis des Personals der Lehrer, Beamten und Studierenden an der königlich bayerischen Ludwig-Maximilians-Universität
AVFWU	Amtliches Verzeichnis des Personals und der Studierenden der Königlichen Friedrich-Wilhelms-Universität zu Berlin
AZ	Allgemeine Zeitung
AZJ	Allgemeine Zeitung des Judentums
BAdW	Bayerische Akademie der Wissenschaften
BArch	Bundesarchiv
Bayerland	Das Bayerland. Illustrierte Halbmonatsschrift für Bayerns Land und Volk
BayHStA	Bayerisches Hauptstaatsarchiv
BayHStA-KA	Kriegsarchiv (Abteilung IV) des Bayerischen Hauptstaatsarchivs
BBB	Bosls Bayerische Biographie. 8000 Persönlichkeiten aus 15 Jahrhunderten
BBMP	Blätter der Bayerischen Mittelpartei
BerWissGesch	Berichte zur Wissenschaftsgeschichte. Organ der Gesellschaft für Wissenschaftsgeschichte
BGKP	Beiträge zur Geschichte der Kulturpolitik
BGKSN	Beiträge zur Geschichte und Kultur der Stadt Nürnberg herausgegeben im Auftrag des Stadtrates Nürnberg von der Stadtbibliothek
BGLMU	Beiträge zur Geschichte der Ludwig-Maximilians-Universität München
BGParl	Beiträge zur Geschichte des Parlamentarismus und der politischen Parteien
BHM	Bulletin of the History of Medicine
BioLexSOE	Biographisches Lexikon zur Geschichte Südosteuropas
BIOS	BIOS. Zeitschrift für Biographieforschung und Oral History

BK	Bayerischer Kurier und Münchner Fremdenblatt. Mit Handels-, Industrie- und Gewerbezeitung
BKO	Beiträge zur Kenntnis des Orients. Jahrbuch des Deutschen Vorderasienkomitees
BMP	Bayerische Mittelpartei
BNV	Bund Neues Vaterland
bpb	Bundeszentrale für politische Bildung
BuE	Bildung und Erziehung
BPW	Beiträge zur Politischen Wissenschaft
BSB	Bayerische Staatsbibliothek
BSMUK	Bayerisches Staatsministerium für Unterricht und Kultus
BSR	Beck'sche Schwarze Reihe
BSTSL	Beiträge zum Studium der türkischen Sprache und Literatur
BTS	Beiruter Texte und Studien
BUG	Beiträge zur Universitätsgeschichte
BVP	Bayerische Volkspartei
BVZ	Bayerische Volkszeitung
BZ	Byzantinische Zeitschrift
CFOA	Société du Chemin de fer Ottoman d'Anatolie (= Anatolische Eisenbahngesellschaft)
CHP	Cumhuriyet Halk Partisi
CI	Club Insel
CJ	Conditio Judaica. Studien und Quellen zur deutsch-jüdischen Literatur- und Kulturgeschichte
CP	Collegium Philosophicum
C.V.	Centralverein deutscher Staatsbürger jüdischen Glaubens
DA	Archiv der KZ-Gedenkstätte Dachau
DB	Deutsche Biographie
DBE	Deutsche Biographische Enzyklopädie
DDP	Deutsche Demokratische Partei
DDR	Deutsche Demokratische Republik
DFG	Deutsche Forschungsgemeinschaft
DGS	Deutsche Gesellschaft für Soziologie
DHV	Deutschnationaler Handlungsgehilfenverband
Dialectica	Dialectica. International Journal of Philosophy and Official Organ of the ESAP
DIS	Debates on Islam and Society
DkP	Deutschkonservative Partei
DLMR	Deutsche Liga für Menschenrechte
DLZ	Deutsche Literaturzeitung

DMG	Deutsche Morgenländische Gesellschaft
DNVP	Deutschnationale Volkspartei
DBE	Deutsche Biographische Enzyklopädie
DOB	Deutsches Offizierblatt
DOM	Deutsche Orient-Mission
DPA	Drejtoria e Përgjithshme e Arkivave (Albanisches Staatsarchiv)
DRGB	Deutsches Reichs-Gesetzblatt
DTM	Dokumente – Texte – Materialien
DTV	Deutsch-Türkischer Verein
DV	Deutsches Volkstum. Monatsschrift für das deutsche Geistesleben
DVAK	Deutsches Vorderasienkomitee
DVP	Deutsche Volkspartei
DVPB	Deutsche Volkspartei in Bayern
E+P	Einsichten und Perspektiven. Bayerische Zeitschrift für Politik und Geschichte
EAM	Erzbischöfliches Archiv München
EdG	Enzyklopädie deutscher Geschichte
EdI	Enzyklopaedie des Islam. Geographisches, ethnographisches und biographisches Wörterbuch der muhammedanischen Völker
EH	Europäische Hochschulschriften
EHY	European History Yearbook
EI	Encyclopaedia of Islam
E. i. O.	Einschub im Original
EIr	Encyclopaedia Iranica
EJGK	Enzyklopädie jüdischer Geschichte und Kultur
EOL	Ex Oriente Lux. Rezeptionen und Exegesen als Traditionskritik
Eothen	Eothen. Münchner Beiträge zur Geschichte der Islamischen Kunst und Kultur
EuI	Evangelium und Islam. Beiträge zur Geschichte des christlichen Zeugnisses und der islamischen Ausbreitung
FAZ	Frankfurter Allgemeine Zeitung
FBGH	Fürther Beiträge zur Geschichts- und Heimatkunde
FbpG	Forschungen zur brandenburgischen und preussischen Geschichte
FK	Fränkischer Kurier
FTB	Fürther Tagblatt. General-Anzeiger für Fürth und Umgebung
FTP	Fränkische Tagespost
FZ	Frankfurter Zeitung
GBBE	Große Bayerische Biographische Enzyklopädie
GBGW	Göttinger Bausteine zur Geschichtswissenschaft
GBKG	Gesetz-Blatt für das Königreich Bayern

Gestapo	Geheime Staatspolizei
GFG	Gesellschaft für Fränkische Geschichte
GG	Geschichte und Gesellschaft. Zeitschrift für Historische Sozialwissenschaft
GHdG	Gebhardt Handbuch der deutschen Geschichte
GLWiG	Geschichts- und Literaturwissenschaft im Gespräch
GuE	Globalgeschichte und Entwicklungspolitik
HA	Historische Anthropologie. Kultur – Gesellschaft – Alltag
HBGJ	Hamburger Beiträge zur Geschichte der deutschen Juden
HD	Heimat Dortmund. Stadtgeschichte in Bildern und Berichten. Zeitschrift des Historischen Vereins für Dortmund und die Grafschaft Mark e.V in Verbindung mit dem Stadtarchiv Dortmund
HdAS	Handbuch des Antisemitismus. Judenfeindschaft in Geschichte und Gegenwart
HdBG	Haus der Bayerischen Geschichte
HJb	Historisches Jahrbuch der Görresgesellschaft
HKI	Hamburgisches Kolonialinstitut
HLB	Historisches Lexikon Bayerns
HoS	Heidelberger orientalistische Studien
HS	Historische Schriften
HSdjG	Hamburger Schlüsseldokumente zur deutsch-jüdischen Geschichte
HÜİFD	Hitit Üniversitesi İtahiyat Fakültesi Dergisi
HZ	Historische Zeitschrift
HzRG	Hefte zur Regionalgeschichte
IASL	Internationales Archiv für Sozialgeschichte der deutschen Literatur
İA	İslâm Ansiklopedisi. Islâm âlemi tarih, coğrafya, etnoğrafya ve biyografya lûgati
IdR	Im deutschen Reich. Zeitschrift des Centralvereins deutscher Staatsbürger jüdischen Glaubens
İFC	İstanbul Fetih Cemiyeti. İstanbul Enstitüsü Yayınları
İİS	İşletme ve İktisat Serisi
IKG	Israelitische Kultusgemeinde
IKGM	Israelitische Kultusgemeinde München und Oberbayern
IkU	Islamkundliche Untersuchungen
IMWKT	Internationale Monatsschrift für Wissenschaft, Kunst und Technik
Islam	Der Islam. Zeitschrift für Geschichte und Kultur des Islamischen Orients
İTC	İttihad ve Terakki Cemiyeti [=KEF]
İÜA	İstanbul Üniversitesi Arkivi (Universitätsarchiv Istanbul)
izpb	Informationen zur politischen Bildung
JCI	Judentum – Christentum – Islam. Interreligiöse Studien
JE	Das Jüdische Echo

JGGVMO	Jahrbuch zur Geschichte und Gesellschaft des Vorderen und Mittleren Orients
JJB	Jüdischer Jugendbund
JKBAdW	Jahrbuch der Königlich Bayerischen Akademie der Wissenschaften
JMES	Journal of Middle Eastern Studies
JMM	Jüdisches Museum München
JR	Jüdische Rundschau. Allgemeine jüdische Zeitung
JRGK	Jüdische Religion, Geschichte und Kultur
JSS	Jewish Social Studies. A Quarterly Journal Devoted to Contemporary and Historical Aspects of Jewish Life
JuC	Judentum und Christentum
Judaism	Judaism. A Quarterly Journal of Jewish Life and Thought
JWR	Jüdische Welt-Rundschau
Kalonymos	Kalonymos. Beiträge zur deutsch-jüdischen Geschichte aus dem Salomon Ludwig Steinheim-Institut an der Universität Duisburg-Essen
KAS	Konrad-Adenauer-Stiftung
KBR	Königlich-Baierisches Regierungsblatt
KC	Kartell-Convent
KEF	Komitee für Einheit und Fortschritt
KHS	Kieler Historische Studien
KKVO	Konfrontation und Kooperation im Vorderen Orient
KM	(Anmerkung) Kristina Milz
KR	Koloniale Rundschau. Monatsschrift für die Interessen unserer Schutzgebiete und ihrer Bewohner
KS	Karl Süßheim
KSG	Kritische Studien zur Geschichtswissenschaft
KuK	Kirche und Konfession. Veröffentlichungen des Konfessionskundlichen Instituts des Evangelischen Bundes
LBI	Leo Baeck Institute
LBIYB	Leo Baeck Institute Year Book
LdP	Lexikon der Politikwissenschaft. Theorien, Methoden, Begriffe
LM-F	Münchener Universitätsschriften: Ludovico Maximilianea. Universität Ingolstadt-Landshut-München. Forschungen und Quellen. Forschungen
LMU	Ludwig-Maximilians-Universität München
LNN	Leipziger Neueste Nachrichten
LOC	Library of Congress (Washington D.C.)
LOC–AMED	Library of Congress (Washington D.C.), African and Middle Eastern Division
MAA	München-Augsburger Abendzeitung
MAZ	Münchener Allgemeine Zeitung

MBM	Miscellanea Bavarica Monacensia. Dissertationen zur Bayerischen Landes- und Münchner Stadtgeschichte
MHSBG	Münchener Historische Studien Abteilung Bayerische Geschichte
MISK	Mitteilungen zur Sozial- und Kulturgeschichte der islamischen Welt
MJ	The Menorah Journal
MO	Mitteleuropa – Osteuropa. Oldenburger Beiträge zur Kultur und Geschichte Ostmitteleuropas
MOG	Münchener Orientalische Gesellschaft
MRGB	Marburger Religionsgeschichtliche Beiträge
MSOS	Mitteilungen des Seminars für Orientalische Sprachen an der Königlichen Friedrichs-Wilhelm-Universität zu Berlin
MSPD	Mehrheitssozialdemokratie
Musik	Die Musik. Halbmonatsschrift mit Bildern und Noten
MVAA	Mittheilungen aus dem Verein zur Abwehr des Antisemitismus
MVAG	Mitteilungen der Vorderasiatischen Gesellschaft (E. V.)
NDB	Neue Deutsche Biographie
NF	Nürnberger Forschungen. Einzelarbeiten zur Nürnberger Geschichte, herausgegeben vom Verein für Geschichte der Stadt Nürnberg
NfO	Nachrichtenstelle für den Orient
NHB	Neumarkter Historische Beiträge
NIGB	Nürnberger Israelitisches Gemeindeblatt
NLPB	Nationalliberale Partei in Bayern
NSDAP	Nationalsozialistische Deutsche Arbeiterpartei
NTB	Neumarkter Tagblatt
NWSLG	Nürnberger Werkstücke zur Stadt- und Landesgeschichte
NYT	New York Times
NZ	Nürnberger Zeitung
NZfM	Neue Zeitschrift für Musik
NZZ	Neue Zürcher Zeitung
o. J.	ohne Jahresangabe
OGG	Oldenbourg Grundriss der Geschichte
OL	Osmanischer Lloyd
OLZ	Orientalistische Literaturzeitung. Monatsschrift für die Wissenschaft vom vorderen Orient und seine Beziehungen zum Kulturkreise des Mittelmeeres
opo	orientalia – patristica – oecumenica
Oriens	Oriens. Journal of Philosophy, Theology and Science in Islamic Societies
Orientierungen	Orientierungen. Neue Mitteilungen des Seminars für Orientalische Sprachen der Universität Bonn
OSE	Oeuvre de Secours aux Enfants
OTAM	Ankara Üniversitesi Osmanlı Tarihi Araştırma ve Uygulama Merkezi Dergisi

o. D.	ohne Angabe des Datums
o. S.	ohne Seitenangabe
PABUWG	Pallas Athene. Beiträge zur Universitäts- und Wissenschaftsgeschichte
PA-AA	Politisches Archiv des Auswärtigen Amts
PGG	Politik- und Gesellschaftsgeschichte
PJ	Preußische Jahrbücher
PSGKL	Polnische Studien zur Germanistik, Kulturwissenschaft und Linguistik
QDZ	Quellen und Darstellungen zur Zeitgeschichte
QGKN	Quellen zur Geschichte und Kultur der Stadt Nürnberg
QFGKN	Quellen und Forschungen zur Geschichte und Kultur der Stadt Nürnberg
QzK	Quellensammlung zur Kulturgeschichte
RAR	Revolutionärer Arbeiterrat
RJFS	Reichsbund Jüdischer Frontsoldaten
SA	Sturmabteilung
S. G.	Stellvertretendes Generalkommando
Sammler	Der Sammler. Unterhaltungs- und Literaturbeilage der München-Augsburger Abendzeitung
SAM	Stadtarchiv München
SAN	Stadtarchiv Nürnberg
SAS	Schweizer Asiatische Studien
SbayLG	Schriftenreihe zur bayerischen Landesgeschichte
SBB	Staatsbibliothek Berlin
SBfZ	Schriften der Bibliothek für Zeitgeschichte
SBHWR	Stiftung Bundespräsident-Theodor-Heuss-Haus Wissenschaftliche Reihe
SBZG	Schriften der Bibliothek für Zeitgeschichte
SdN	Selbstzeugnisse der Neuzeit
SDVAK	Schriften des Deutschen Vorderasienkomitees
SEES	Soviet and East European Studies
SEG	Schulthess' Europäischer Geschichtskalender
SEPSMEA	Social, Economic and Political Studies of the Middle East and Asia
SGVA	Schriftenreihe der Georg-von-Vollmar-Akademie
SHAI	Schriften des Hannah-Arendt-Instituts für Totalitarismusforschung
SHF	Stuttgarter Historische Forschungen
SHKBAdW	Schriftenreihe der Historischen Kommission bei der Bayerischen Akademie der Wissenschaften
SIDGUTA	Schriftenreihe des Instituts für Deutsche Geschichte Universität Tel Aviv
SMO	Studien zum Modernen Orient
SOS	Seminar für Orientalische Sprachen (Berlin)
SPD	Sozialdemokratische Partei Deutschlands
SPKWR	Schriften zur Politischen Kultur der Weimarer Republik

SPSS	Studies in Philosophy and Social Science (Zeitschrift für Sozialforschung)
SS	Schutzstaffel
StAM	Staatsarchiv München
StAN	Staatsarchiv Nürnberg
Stürmer	Der Stürmer. Nürnberger [ab 1932: Deutsches] Wochenblatt zum Kampf um die Wahrheit
SUBB	Schriften der Universitätsbibliothek Bamberg
SwALBI	Schriftenreihe wissenschaftlicher Abhandlungen des Leo-Baeck-Instituts
SZ	Süddeutsche Zeitung
SZG	Schweizerische Zeitschrift für Geschichte – Revue Suisse d'Histoire – Rivista Storica Svizzera
SZMO	Studien des Zentrums Moderner Orient
SZNN	Studien zur Zeitgeschichte des Nahen Ostens und Nordafrikas
TBMMMSDBY	Türkiye Büyük Millet Meclisi Milli Saraylar Daire Başkanlığı Yayın
TCBA	Türkiye Cumhuriyeti Başbakanlik Cumhuriyet Arşivi (Archiv der Türkischen Republik)
TDVİA	Türkiye Diyanet Vakfı İslâm Ansiklopedisi
TH	Tercüman-ı Hakikat
TkG	Tübinger kulturwissenschaftliche Gespräche
TL	Türkische Lira
TOE	Ta'rīḫ-i ʿOs̱mānī Encümeni
TOEM	Ta'rīḫ-i ʿOs̱mānī Encümeni Mecmūʿası
Tribüne	Tribüne. Zeitschrift zum Verständnis des Judentums
TSAB	The Turkish Studies Association Bulletin
TTKY	Türk Tarih Kurumu Yayınları
TTTA	Türk Tıb Tarihi Arkivi
TvE	Dünü ve Bugünüyle Toplum ve Ekonomi
TY	Türk Yurdu
UAM	Universitätsarchiv München
URO	United Restitution Organization
USNA	United States National Archives
USHMM	United States Holocaust Memorial Museum
USPD	Unabhängige Sozialdemokratie
UZ	Unsere Zeit. Deutsche Revue der Gegenwart
VAA	Verein zur Abwehr des Antisemitismus
VAM	Verein Aktives Museum
VAG	Vorderasiatische Gesellschaft
VB	Völkischer Beobachter
VBayGK	Veröffentlichungen zur Bayerischen Geschichte und Kultur
VDZ	Verein deutscher Zeitungsverleger

VfZ	Vierteljahrshefte für Zeitgeschichte
VHaPPD	Vereinigung der Honorarprofessoren, ausserordentlichen Professoren und Privatdozenten der Universität München
VHHM	Veröffentlichungen der Handelshochschule München
VHKB	Veröffentlichungen der Historischen Kommission zu Berlin beim Friedrich-Meinecke-Institut der Freien Universität Berlin
VKZ	Veröffentlichungen der Kommission für Zeitgeschichte
VNAH	Verband der nicht-amtierenden (amtsverdrängten) Hochschullehrer
VnJ	Verband nationaldeutscher Juden
VP	Demokratische Volkspartei
VSSLO	Veröffentlichungen der Abteilung für slavische Sprachen und Literaturen des Osteuropa-Instituts (Slavisches Seminar) an der Freien Universität Berlin
VTSM	Verein türkischer Studierender München
VVGUJ	[Verzeichnis der] Vorlesungen an der Grossherzogl. Herzogl. Sächsischen Gesammt-Universität Jena
VVFAU	Verzeichnis der Vorlesungen, welche an der Königlich Bayerischen Friedrich-Alexanders-Universität Erlangen gehalten werden sollen
VVLMU	Vorlesungsverzeichnis der Ludwig-Maximilians-Universität München
WdI	Die Welt des Islams. Zeitschrift der deutschen Gesellschaft für Islamkunde
WPSW	Wissenschaftliche Paperbacks Sozial- und Wirtschaftsgeschichte
YUL	Yale University Library
YULG	The Yale University Library Gazette
Z&G	Zivilisationen & Geschichte
ZBLG	Zeitschrift für bayerische Landesgeschichte
ZDMG	Zeitschrift der Deutschen Morgenländischen Gesellschaft
ZF	Zeithistorische Forschungen. Studies in Contemporary History
ZfG	Zeitschrift für Geschichtswissenschaft
ZfA DTM	Zentrum für Antisemitismusforschung: Dokumente – Texte – Materialien
ZfS	Zeitschrift für Soziologie
ZGSHG	Zeitschrift der Gesellschaft für Schleswig-Holsteinische Geschichte
ZII	Zeitschrift für Indologie und Iranistik
ZRGG	Zeitschrift für Religions- und Geistesgeschichte
ZVfD	Zionistische Vereinigung für Deutschland

Quellen

Nachlass Karl Süßheim

Tagebuch

Bde 1, 7 und 14–19 sind verschollen

Bd. 2: Library of Congress (Washington D.C.), African and Middle Eastern Division (hier: **LOC**) Nr. 17, 30. 10. 1903–25. 9. 1904 (italienisch), 26. 9. 1904–30. 8. 1908 (osmanisch-türkisch), 80 Bl. *Dieser Band liegt nur als zum Teil schwer lesbare eingescannte Datei vor. Das Original ist nicht mehr auffindbar.*

Bd. 3: Staatsbibliothek zu Berlin – Preußischer Kulturbesitz, Orientabteilung (hier: **SBB**) Hs. or. 1 135/3, 30. 8. 1908–9. 1. 1912 (osmanisch-türkisch), 150 Bl.

Bd. 4: SBB Hs. or. 1 135/4, 9. 1. 1912–30. 11. 1913 (osmanisch-türkisch), 176 Bl.

Bd. 5: SBB Hs. or. 1 135/5, 1. 12. 1913–29. 10. 1915 (osmanisch-türkisch), 144 Bl.

Bd. 6: SBB Hs. or. 1 135/6, 30. 10. 1915–9. 6. 1916 (osmanisch-türkisch), 96 Bl.

Bd. 8: SBB Hs. or. 1 135/8, 4. 1. 1917–27. 10. 1917 (osmanisch-türkisch), 96 Bl.

Bd. 9: SBB Hs. or. 1 135/9, 27. 10. 1917–7. 11. 1918 (osmanisch-türkisch), 96 Bl.

Bd. 10: SBB Hs. or. 1 135/10, 7. 11. 1918–24. 8. 1919 (osmanisch-türkisch), 96 Bl.

Bd. 11: SBB Hs. or. 1 135/11, 24. 8. 1919–20. 3. 1920 (osmanisch-türkisch), 96 Bl.

Bd. 12 SBB Hs. or. 1 135/12, 20. 3. 1920–10. 7. 1922 (osmanisch-türkisch), 95 Bl.

Bd. 13: SBB Hs. or. 1 135/13, 10. 7. 1922–26. 2. 1924 (osmanisch-türkisch), 82 Bl.

Bd. 20: SBB Hs. or. 1 135/20, Oktober 1936–5. 1. 1940 (arabisch), 142 Bl.

Bd. 21: SBB Hs. or. 1 135/21, 6. 1. 1940–3. 7. 1940 (arabisch), 43 Bl.

Editionen

Schmidt, Jan: The Orientalist Karl Süssheim Meets the Young Turk Officer İsma'il Hakkı Bey. Two Unexplored Sources from the Last Decade in the Reign of the Ottoman Sultan Abdulhamid II, Leiden 2018.

Flemming, Barbara u. Schmidt, Jan: The Diary of Karl Süssheim (1878–1947). Orientalist between Munich and Istanbul, Stuttgart 2002.

Korrespondenz, Fotografien und weiteres Material

SBB Hs. or. 10648

LOC (nicht erschlossen)

Privatnachlass Karl Süßheim, Lisa R. D'Angelo (Chicago) (Privatnachlass KS)

Privatbesitz Margot Suesheim † (New York)

Karl Süßheims Publikationen und unveröffentlichte Manuskripte

Monografien

Prolegomena zu einer Ausgabe der im Britischen Museum zu London verwahrten „Chronik des Seldschuqischen Reiches“ (أخبار الدّولة السّلجوقيّة). Eine litterarhistorische Studie, Leipzig 1911.

Das Geschenk aus der Saldschuḳengeschichte. Von dem Wesir Muḥammad B. Muḥammad B. Muḥammad B. ʿAbdallah B. al-Nitʾām al-Ḥusainī al-Jazdī. Zum ersten Male herausgegeben und mit Anmerkungen, zwei Einleitungen und einem Anhang versehen, Leiden 1909.

العراضة فى الحكاية السلجوقية [al-ʿUrāḍa fī ʾl-ḥikāya as-salǧūqīya], Kairo 1908 [Herausgeberschaft].

Preussische Annexionsbestrebungen in Franken 1791–1797, ein Beitrag zur Biographie Hardenbergs, Inaugural-Dissertation, Friedrich-Wilhelms-Universität, Berlin 1902.

Preussens Politik in Ansbach-Bayreuth 1791–1806 (= HS 33), Berlin 1902.

Aufsätze

Eski Viyana tıp talimi ve onun Adli sultan Mahmut zamanında Istanbula yayılması, I in: TTTA 1/1 (1935), S. 14–20; II in: TTTA 1/2 (1935), S. 60–63; III in: 1/3 (1935), S. 106–111; IV in: TTTA 1/4 (1935), S. 156–160; V in: TTTA 2/1 (1937), S. 15–18; VI in: TTTA 2/1 (1937), S. 40–44; VII in: 2/7 (1938), S. 76–82.

Die Vorgeschichte der kurdischen Freiheitsbewegung [maschinenschriftliches, handschriftlich überarbeitetes Manuskript], [nach September 1925], in: Nachlass KS (LOC), Box 9.

Mossul [undatiertes, maschinenschriftliches und handschriftlich überarbeitetes Manuskript, nach September 1925], in: Nachlass KS (LOC), Box 9.

Die Beziehungen zwischen Bayern und der Türkei im Wandel der Jahrhunderte. Vortrag, gehalten am 31. Januar 1919 in der Münchener Orientalischen Gesellschaft (= Sonderdruck aus der „Altbayerischen Monatsschrift“ 15/2 (1919/20)), München 1920, S. 1–10.

Die Beziehungen zwischen Bayern und der Türkei im Wandel der Jahrhunderte, in: Bayerland 30/25 (1. 9. 1919), S. 411–419.

Die Malerei in der Türkei, in: Sammler 72 (15. 6. 1918), S. 1–3 [Teil 1] u. 73 (18. 6. 1918), S. 1 f. [Teil 2].

Die Memoiren Küčük Saʿīd Paša's, ehemaligen osmanischen Großwesirs (gestorben am 1. März 1914), in: Orientalistische Studien. Fritz Hommel zum sechzigsten Geburtstag am 31. Juli 1914 gewidmet von Freunden, Kollegen und Schülern, Bd. 2 (= MVAG 22), Leipzig 1918, S. 295–312.

Aus anatolischen Bibliotheken, in: Hugo Grothe (Hrsg.): BKO, Bd. 7, Halle a. d. Saale 1909, S. 77–88.

Der Zusammenbruch des türkischen Reiches in Europa, in: M[oritz] J[ulius] Bonn: Die Balkanfrage (= VHHM 3), München u. Leipzig 1914, S. 67–108.

[Gutachten], in: Grothe, Gedanken, S. 164–170.

Die moderne Gestalt des türkischen Schattenspiels (Qaragöz), in: ZDMG 63 (1909), S. 739–773.

Geistige Führer der türkischen Revolution [undatiertes, unveröffentlichtes Manuskript, um 1908], Nachlass KS (LOC), Box 9.

Lexikon-Artikel

„Ayasofia", in: İA 2 (1949), S. 47–53.

„Arnavutluk", in: İA 1 (1943), S. 573–592.

„ʿAbd Allāh Djewdet", in: EdI, Ergänzungsband (1938), S. 55–60.

„Ḥāfiẓ", „Ibrāhīm Ḥaḳḳī Pasha" u. „Īlghāzī", in: EdI 2 (1927), S. 223 ff., S. 465 f. u. S. 496 f.

„ʿAbd al-ʿAzīz", „ʿAbd al-Ḥamīd I.", „Aḥmed Djewdet Pasha", „Aḥmed Iḥsān", „Aḥmedī", „Aḳ Deñiz", „Aḳ Ḥiṣār", „ʿAlāʾ al-Dīn Pasha", „ʿĀlī", „ʿAlī (Sīdī ʿAlī)", „Arnauten" u. „Āyā Ṣōfia", in: EdI (1913), S. 38, S. 41 f., S. 209 f., S. 210 f., S. 217 f., S. 235 f., S. 236 f., S. 259–261, S. 295 f., S. 301 f., S. 466–477, S. 545–549.

Beiträge in der Presse

„Türkische Musik", in: MAA 19 (11. 1. 1918), Morgenausgabe, S. 2.

„Bagdad", in: MAA 145 (17. 3. 1917), Vorabendblatt, S. 1.

„Die Türkei" (Neues vom Büchermarkt), in: DOB 20/14-Kriegsausgabe 87 (6. 4. 1916), S. 326 f.

„Konstantinopel und seine Schätze", in: FZ 57/129, Drittes Morgenblatt (10. 5. 1913), [Feuilleton], S. 1.

„Die Bibliotheksschätze Konstantinopels", in: FK 553 (28. 10. 1912), Montag-Abend-Ausgabe [Feuilleton], S. 8.

„Ein Interview mit dem persischen Gesandten in London" [persisch], in: Schams (22. 1. 1910).

بر كتبخانه ملى نصل اولمالى؟ [Wie muss eine Nationalbibliothek organisiert sein?], in: ترجمان حقيقت [Tercüman-ı Hakikat, Dolmetscher der Wahrheit], 15. 6. 1909, S. 4.

Rezensionen

Ḫalīl: Die islamischen Reiche, mit geschichtlichen Einleitungen, chronologischen und genealogischen Listen. Übersetzung des Werkes von Stanley Lane-Poole über die Dynastien der islamischen Reiche, mit Änderungen und Zusätzen (= Ausgabe des Unterrichtsministeriums, Konstantinopel 1927, in: OLZ 33/4 (1930), Sp. 252–274.

Zambaur, E. de: Manuel de Généalogie et de Chronologie pour lʿHistorie de lʿIslam (Hannover 1927) sowie von Lane-Poole, Stanley: The Mohammadan Dynasties (Paris 1925), in: OLZ 31/1 (1928), Sp. 388–394.

Suheil und Nevbehār, Romantisches Gedicht des Mesʿūd b. Ahmed (Hannover 1925), in: OLZ 30/6 (1927), Sp. 507–509.

Oberst a. D. Ludwig Schraudenbach: Muharebe, der erlebte Roman eines deutschen Führers im osmanischen Heere 1916/17 mit 16 Tafeln nach Photographischen Aufnahmen; Dreimaskenverlag, Berlin–München–Wien, 1925, in: Islam 16/1 (1927), S. 308–310.

Tāḏkārā-i šah Ṭahmāsb. Šaʾrḥ-i vaʾḳāïʿ vaʾ aḥvalāt-i zindaʾgānī-i šah Ṭahmāsb-i Ṣafaʾvī baʾ-ḳalaʾm-i ḫodaʾš (Berlin 1924), in: OLZ 29/7 (1926), Sp. 517–519.

Shumā Farsī härf mīzänid? (Sprechen Sie Persisch?) Neupersischer Sprachführer für Reise und zum Selbstunterricht, enthaltend eine kurze Grammatik, Wörtersammlung, Gespräche und Lesestücke von Friedrich Rosen. Dritte, verbesserte Auflage. Berlin, Ferd. Dümmlers Verlagsbuchhandlung 1925, in: ZII 4 (1926), S. 171 f.

G. Auboynean et A. Févret: Essai de bibliographie pour servir à l'histoire de l'Empire Ottoman. Fascicule I: Religion. – Mœrs et coutumes. Paris, Ernest Leroux, 1911, in: OLZ 10 (1915), Sp. 312 f.

Mansoúr Fahmy [Diplôme d'études supérieures de la faculté des lettres. Licencié ès Sciences, docteur de l'univers. de Paris], La condition de la femme dans la tradition et l'évolution de l'islamisme. Paris, Félix Alcan, 1913, in: DLZ 36/37 (11.9.1915), Sp. 1906 f.

Hasenclever A[dolf], Die orientalische Frage in den Jahren 1838–1841. Leipzig, K. F. Koehler. 1914, in: HJb 36/4 (1915), S. 845–855.

Le Vte de la Jonquière, Histoire de l'Empire Ottoman. Nouvelle edition entièrement refondue et complétée. Paris, Librairie Hachette de Cie., 1914. 2 Bände, in: HJb 36/3 (1915), S. 622–627.

W. Bang und J. Marquart, Osttürkische Dialektstudien. [Abhandlungen der Kgl. Gesellschaft der Wissenschaften zu Göttingen] Berlin, Weidmann, 1914, in: DLZ 34 (21.8.1915), Sp. 1743 f.

Georges Ganlis: La ruine d'un empire; Abd-ul-Hamid et ses peuples. Préface de Victor Bérard. Librairie Armand Colin. Paris 1913, in: OLZ 12 (1914), Sp. 510.

Hermann Thorning: Beiträge zur Kenntnis des islamischen Vereinswesens auf Grund von Basṭ Madad et-Taufīq (Türkische Bibliothek. Herausgegen von Prof. Jakob u. Dr. Rudolf Tschudi. 16. Band). Berlin, Mayer & Müller, 1913, in: OLZ 11 (1914), Sp. 472 f.

Ahmed Midhat: Oh weh! Türkisches Drama, zum erstenmal ins Deutsche übersetzt von Doris Reeck, (Türkische Bibliothek. Herausgegeben von Prof. Georg Jacob. 15. Band.) 1913. Berlin, Mayer & Müller, in: OLZ 10 (1914), Sp. 444.

William Miller, M. A.: The Ottoman Empire 1801–1913, Cambridge Historical Series edited by G. W. Prothero, Cambridge, University Press, 1913, in: OLZ 1 (1914), Sp. 39.

Hanotaux G., La guerre des Balkans et l'Europe 1912–13. (L'Italie en Tripolitaine. Les Deux Guerres des Balkans. Les Balkans aux Balkaniques. La Conférence de Londres. La Politique des armements. L'Equilibre méditerranéen.) Paris, Plon-Nurrit et Cie., in: HJb 35 (1914), S. 726.

Ludwig Szamatolski: Aus türkischer Volks- und Kunstdichtung. (= Wissenschaftliche Beilage zum Jahresberichte der Sechsten Städtischen Realschule zu Berlin. Ostern 1913. – 1913, Programm Nr. 169). 1. Köroglu, der verbreiteste [sic!] der anatolischen Volksromane, nach einer Stambuler Lithographie des Jahres 1302 h. zum ersten Male ins Deutsche übertragen. – 2. Ahmed Hikmets Üsümdji, eine Charakteristik des anatolischen Volkes aus „Türk Yurdu" übersetzt. Berlin, Weidmannsche Buchhandlung, 1913, in: OLZ 12 (1913).

N. Jorga: Geschichte des Osmanischen Reiches, nach den Quellen dargestellt (= Allgemeine Staatengeschichte, herausgegeben von Karl Lamprecht; 37. Werk), 5 Bände. Gotha, Friedrich Andreas Perthes, Aktiengesellschaft, 1908–1913, in: OLZ 10 (1913), Sp. 463–465.

Hugo Grothe: Durch Albanien und Montenegro. Zeitgemässe Betrachtungen zur Völkerkunde, Politik und Wirtschaftswelt der westlichen Balkanhalbinsel. Mit 71 photographischen Original-Aufnahmen, 2 Skizzen und 2 Karten im Text. München, Martin Mörikes Verlag, 1913, in: OLZ 10 (1913), Sp. 470.

Karl Wied: Leichtfassliche Anleitung zur Erlernung der türkischen Sprache für den Schul- und Selbstunterricht (= Die Kunst der Polyglottie; 15. Teil). Vierte verbesserte Auflage. Wien und Leipzig (ohne Jahr), A. Hartleben's Verlag, in: OLZ 6 (1913), Sp. 274.

Les emprunts turcs dans le Grec vulgaire de Roumélie et spécialement d'Andrinople. Mémoire lu au XVIe Congrès international des Orientalistes, section Xie (= Mélanges de la Faculté Orientale, Beyrouth (Syrie)), Athen 1912, in: OLZ 4 (1913), Sp. 177 f.

Jusuf und Ahmad: Ein özbegisches Volksepos im Chiwaer Dialekte. Text, Uebersetzung und Noten von H. Vambéry. Budapest 1911, in Kommission bei Otto Harrassowitz in Leipzig, in: OLZ 3 (1913), Sp. 133 f.

A. Wirths „Geschichte der Türken", Stuttgart 1912, in: HJb 34/1 (1913), S. 174 f.

Tewfik Ahsan und E. A. Rademacher: Türkisch-Arabisch-Deutsches Wörterbuch. Wien und Leipzig, A. Hartleben, (1911), in: OLZ 8 (1912), Sp. 367.

Mahmoud Fathi, La doctrine musulmane de l'abus des droits. Introduction par Edouard Lambert [Travaux du Séminaire oriental d'études juridiques et sociales (Lyon) publiés sous la direction de Ed. Lambert, fasc. 1]. Lyon, Henri Georg und Paris, Paul Geuthner 1913, in: BZ 22/2 (1912), S. 530 f.

L. Ronzevalle, S. J.: Les emprunts turcs dans le Grec vulgaire de Roumélie et spécialement d'Andrinople. Extrait du Journal Asiatique, Paris 1911.

R. J. H. Gottheil: Abū ʻOmar Muḥammad b. Jūsuf b. Jaʻqūbi 'l-Kindi: كتاب القضاة الل ين ولوا قضاء مصر (The History of the Egyptian Cadis) together with additions by Abū 'l-Ḥasan Aḥmad b. ʻAbdi 'r-raḥmān b. Burd, edited from the unique ms. in the British Museum. Paris, Paul Geothner, 1908, in: OLZ 7 (1909), Sp. 323–325, hier Sp. 324.

Fritz Hartung: Hardenberg und die preußische Verwaltung in Ansbach-Bayreuth von 1792 bis 1806. Tübingen 1906, in: FbpG 2 (1907), S. 289 f.

„Türkische Volksliteratur", in: Beilage zur AZ, 94 (24.4.1906), abgedr. bei Beilage zur AZ. April, Mai, Juni 1906, München 1906, S. 147–149, hier S. 148.

Personenbezogene Archivbestände

Bayerisches Hauptstaatsarchiv (BayHStA): MK 44426 (Personalakt Karl Süßheim inklusive Wiedergutmachungsakten des BSMUK, Dr. Süßheim, Karl, Privatdozent betr. Wiedergutmachung) und LEA 35392 (Entschädigungsakt des Landesentschädigungsamts zu Karl Süßheim)

Bayerische Staatsbibliothek (BSB): Ana 335, Schachtel 35 (Nachlass Fritz Hommel, Gutachten Süßheim) u. 20 H. Un. App. 32Z (DVPB: Flugblätter 1918–1919)

Stadtarchiv München (SAM): Personenmappe, EWK 65 (Einwohnermeldekarte) und PMB (Polizeimeldebogen) Karl Süßheim, Scheidungsurkunde Karl Süßheim und Sidonie Frank, Hausbögen

Staatsarchiv Nürnberg (StAN): StAN, AG Nürnberg, NA 624/33 (Akten betreffend den Nachlaß des Dr. Süßheim, Max, Rechtsanwalt) und StAN AG Nürnberg, NA VI 2342/38 ([Akten] betreffend den Nachlaß der Süßheim Hedwig, Rechtsanwalts- und Justizratswitwe)

Universitätsarchiv München (UAM): Archiv der LMU die Akten des Akademischen Senates der Universität München, betreffend Dr. Karl Süßheim, Privatdozent für Geschichte der muhammedanischen Völker sowie türkische, persische und neuarabische Sprache (E-II-3323) und zwei Personalakte zu Karl Süßheim (O-XIV-668 u. O-XIV-140A).

Weiteres Archivmaterial

Kriegsarchiv (Abteilung IV) des Bayerischen Hauptstaatsarchivs (BayHStA-KA): 1509 (Stellv. Generalstab der Armee – Nachrichtenoffizier Berlin – (NOB) Dez. 1916–Mai 1917 mit „Auszüge[n] aus den Briefen mit politischen, wirtschaftlichen und militärischen Nachrichten aus dem feindlichen und neutralen Ausland, verzeinzelt aus den verbündeten Staaten und aus dem Deutschen Reich"); 1523 (Post- und Personenüberwachung 1916–1918); 1621 (Ehrenamtliche Prüfer und Übersetzer (Namen) 1914–1918).

Archiv der KZ-Gedenkstätte Dachau (DA): NARA Zugangsbuch Nr. 104/19647 ITS 101/039 u. 105/26056, ITS 101/009.

Deutsches Historisches Museum Berlin (DHM): Do2 1989/2040 (Kapp, [Wolfgang]: Kein Monarchistenputsch [Flugblatt der Putschisten], Berlin März 1920).

İstanbul Üniversitesi Arkivi (İÜA): Sammlung bei: Sevtap İshakoğlu Kadıoğlu u. Gaye Şahinbaş Erginöz: Belgelerle İstanbul Üniversitesi Edebiyat Fakültesinde mülteci bilim adamları, İstanbul 2017, S. 303–324.

Stadtarchiv Nürnberg (SAN): C 7/IX SRP 533 (Stadtratsprotokolle), E 39 I 2359/1-1 (Stürmer-Archiv) und F 5 400/5 und 401 (Sammlung Hermann Busch)

Zeitzeugen

Zeitzeugen-Interview mit Margot Suesheim in Queens, New York, am 19.3.2016 sowie am 22.1.2018.

Zeitzeugen-Interview mit Siegfried Wohlmacher in München am 12.1.2016.

Generalkonsulat der Bundesrepublik Deutschland in Istanbul: Diskussionsabend im Deutschen Generalkonsulat am 8.6.2006 zum Thema „Exil und Gesundheitswesen: Deutsche Mediziner in der Türkei an 1933" [Protokoll], Istanbul [2006], online: https://tuerkei.diplo.de/blob/1572728/4bef627fb1c2dedd3e6980571b2eaed/datei-exil-mediziner-data.pdf.

Karen D'Angelo: The Life of Gioconda Sussheim D'Angelo, [USA] 1999.

Gioconda D'Angelo: My Genogram [undatiert], in: Nachlass Gioconda D'Angelo, Cynthia Kingsley (Philadelphia).

Gästebuch Wilhelm und Elisabeth Wohlmacher, 14. 1. 1941, Privatbesitz Siegfried Wohlmacher.

Personen- und Vorlesungsverzeichnisse

Amtliches Verzeichnis der Lehrer, Behörden, Beamten und Studirenden der Großherzogl. und Herzogl. S. Gesammt-Universität Jena (AVGUJ)

Amtliches Verzeichnis des Personals der Lehrer, Beamten und Studierenden an der königlich bayerischen Ludwig-Maximilians-Universität (AVLMU)

Amtliches Verzeichnis des Personals und der Studierenden der Königlichen Friedrich-Wilhelms-Universität zu Berlin (AVFWU)

[Verzeichnis der] Vorlesungen an der Grossherzogl. Herzogl. Sächsischen Gesammt-Universität Jena (VVGUJ)

Verzeichnis der Vorlesungen, welche an der Königlich Bayerischen Friedrich-Alexanders-Universität Erlangen gehalten werden sollen (VVFAU)

Vorlesungsverzeichnis der Ludwig-Maximilians-Universität München (VVLMU), online: https://epub.ub.uni-muenchen.de/view/lmu/vlverz=5F04.html

Medienberichterstattung

Diskussionsrunde zum Dokumentarfilm „Die Wittelsbacher im Konzentrationslager – Geiseln Adolf Hitlers“ im Bayerischen Rundfunk („Die Wittelsbacher im Nationalsozialismus. Gespräch zur Dokumentation“, Sendung vom 21. 4. 2021).

„Dr. Karl Süssheim vefat etti“, in: Cumhuriyet, 20. 1. 1947, S. 3.

„Der Führer über das Verhältnis Deutschlands zur Türkei“, in: VB 46/202 (21. 7. 1933), S. [5]: Erstes Beiblatt.

[Todesanzeige Lazarus Frank], in: NTB 41/46 (17. 2. 1932), S. 6.

[Karikatur], in: Stürmer 7/40 (1929), S. [3].

[Karikatur], in: Stürmer 7/18 (1929), S. [1].

[Karikatur], in: Stürmer 5/43 (1927), S. [1].

[Karikatur], in: Stürmer 5/42 (1927), S. [1].

[Karikatur], in: Stürmer 4/51 (1926), S. [1].

[Karikatur], in: Stürmer 4/1a (1926), S. [1].

[Karikatur], in: Stürmer 3/51 (1925), S. [1].

„Der kleine Fuß der Jüdin Süßheim, in: Stürmer 3/48b (1925), S. [2].

„Antworten“, in: CVZ 2/19 (12. 5. 1923), S. 155.

„Das Judensystem im Rathaus“, in: Stürmer 17 (1923), S. [1 f.]

„Die Polizeiwache in der Pfannenschmiedsgasse unter der Luppe-Peitsche“, in: Stürmer 11 (1923), S. [3 f.]

„Die Plädoyers im Luppe-Streicher-Prozeß“, in: NZ (11./12. 12. 1925), S. 7

„Die Tagespost für Steuerhinterziehung“, in: Stürmer 4 (1923), S. [1 f.]
„Luppe im Trommelfeuer“, in: Stürmer 3 (1923), S. [1–4].
„Sechs Monate Gefängnis für Streicher beantragt“, in: NZ (10. 12. 1925), S. 6.
„Streicher gegen Oberbürgermeister Luppe“, in: Stürmer 2 (1923), S. [1–4].
Montgomery, George R.: Why Talaat’s Assassin was Acquitted, in: Current History and Forum 14/4 (1. 7. 1921), S. 551–555.
Cohn, Helene Hanna: [Leserbrief], in: JE 7/14 (2. 4. 1920), S. [2].
[Artikel], in: BBMP 10 (9. 3. 1920).
„Aus Stadt und Land“, in: NTB 33/158 (13. 7. 1919), S. 2.
[Bericht], in: AZJ 83/10-11 (14. 3. 1919), S. [2].
„Organisation der geistigen Arbeit“, in: MNN 71/577 (15. 11. 1918), S. 3.
„Massenversammlung im Luitpoldhain“, in: FK (12. 11. 1918), S. 3 f.
„Türkische Gäste in München“, in: MNN 70/357 (18. 7. 1917), Morgenausgabe, S. 1 f.
[Roth, Hermann]: „Talaat Pascha in München“, in: MNN 70/217 (1. 5. 1917), S. 3.
Grothe, Hugo: Die türkischen Kriegsschauplätze, in: MNN (7. 4. 1917), Morgenblatt, [S. 2].
„Türkei und Deutschland“, in: FK 83/219 (30. 4. 1915), S. 2 f.
„Türkei und Deutschland“, in: FK 83/215 (28. 4. 1915), Abend-Ausgabe, S. 3.
„Handelshochschulkurse“, in: FK 203 (22. 4. 1915), S. 4.
[Aufruf des Reichsvereins der Deutschen Juden und der Zionistischen Vereinigung für Deutschland], in: JR 19/32 (7. 8. 1914), S. 1.
[Meldung], in: MAA 68 (9. 3. 1914), S. 9.
[Titelseite], in: Lustige Blätter 15/3 (1900), S. 1.
Zola, Émile: J‘Accuse …! Lettre au Président de la République, in: L’Aurore. Litteraire, Artistique, Sociale, 2/87 (13. 1. 1898), S. 1 f.

Gedruckte Quellen | Quelleneditionen

‘Ārif, Meḥmed (Hrsg.): Ḳānūn-nāme-’i Āl-i ‘Os̱mān, in: TOEM 14 (1330) [1912], Beilage.
Akten zur deutschen auswärtigen Politik, Bd. D/7: Die letzten Wochen vor Kriegsausbruch: 9. August bis 3. September 1939, Baden-Baden u. a. 1961.
Arendt, Hannah: Wir Flüchtlinge, 7. Aufl. Ditzingen 2016.
aš-Šāmī, Aḥmad A.: دراسة في مخطوط تاريخ الدول والملوك: المعروف بتاريخ إبن الفورات الحنفي [Dirāsa fī maḫṭūṭ tārīḫ ad-duwal wa-'l-mulūk: al-ma‘rūf bi-Tārīḫ Ibn al-Fūrāt al-Ḥanafī], [Kairo] 1983.
Āsım, Necib u. ‘Ārif, Meḥmed: عثمانلي تاريخي [‘Os̱mānlı Tārīhī] 1 (1330) [1912].
Auerbach, Erich: Mimesis. The Representation of Reality in Western Literature. With a New Introduction bay Edward W. Said, Princeton u. Oxford 2003 [zuerst: Bern 1946].
Babinger, Franz: Ein Jahrhundert morgenländischer Studien an der Münchener Universität, in: ZDMG 107/2 (1957), S. 241–269.
— Die türkischen Studien in Europa bis zum Auftreten Josef von Hammer-Purgstalls, in: WdI 7 3/4 (31. 12. 1919), S. 103–129.

— Schejch Bedr ed-dīn, der Sohn des Richters von Simāw. Ein Beitrag zur Geschichte des Sektenwesens im altosmanischen Reich, in: Islam 11/1 (1921), S. 1–106.

Baumann, Andreas (Hrsg.): Johannes Lepsius. Die Wiedergeburt des Orients: Texte zur Mission (= EuI 7), Nürnberg 2007, S. 282–298.

Becker, Carl Heinrich: Georg Jacob als Orientalist, in: Menzel, Festschrift, S. 1–8.

[—]: Die Denkschrift des preußischen Kultusministeriums über die Förderung der Auslandsstudien [Drucksache Haus der Abgeordneten, 22. Legislaturperiode, IV. Session 1916/17 Nr. 388], abgedr. bei IMWKT 11/5 (1.2.1917), Sp. 513–532.

— Erich Graefe, in: Islam 6/1 (1915), S. 88–90.

Böhme, Klaus (Hrsg.): Aufrufe und Reden deutscher Professoren im Ersten Weltkrieg, Stuttgart 1975.

Bosl, Karl: Ludwig Steinberger (12.8.1879–7.2.1968), in: Chronik der Ludwig-Maximilians-Universität München 1967/68, München 1969, S. 27 f.

— Nachruf auf Karl Alexander von Müller, in: ZBLG 28 (1965), S. 920–928.

Bratter, C[arl] A[dolf]: Die armenische Frage, Berlin 1915.

Brockelmann, Carl: Geschichte der arabischen Litteratur, 2 Bde, Weimar 1897 u. 1902, Nachdruck: 2 Bde, Leiden 1943 u. 1949.

Cevdet, Abdullah: „Mezheb-i Bahā'ullāh – Dīn-i Ümem" („Die Doktrin Bahā'ullāhs – Eine Weltreligion"), in: İctihad 144 (1922), S. 3015 ff.

Dellmensingen, Konrad Krafft von u. Feeser, Friedrichfranz (Hrsg.): Das Bayernbuch vom Weltkriege. 1914–1918. Ein Volksbuch, Bd. 1, Stuttgart 1930.

Djemal Pascha, Ahmed: Erinnerungen eines türkischen Staatsmannes, München 1922.

Doeberl, Michael: Sozialismus, Soziale Revolution, Sozialer Volksstaat, München 1920.

Drexel, Joseph E.: Geschichte und Geschichten. Ein Leben in Franken. Vortrag: Bayerischer Rundfunk, Studio Nürnberg, 27. März 1969, Nürnberg 1969.

Einladung zur Erinnerungsveranstaltung „Prof. Dr. phil. Karl Süssheim. Flucht vor den Nazis: Als jüdischer Gelehrter von Haidhausen nach Istanbul" am 17.11.2015 in der Evang. St. Johanneskirche am Preysingplatz.

Endres, Franz Carl: Die Ruine des Orients. Türkische Städtebilder, München u. Leipzig 1919.

— Die Türkei. Bilder und Skizzen von Land und Volk, München 1916.

— Zionismus und Weltpolitik, München u. Leipzig 1918.

Fischer, Heinz-Dietrich (Hrsg.): Pressekonzentration und Zensurpraxis im Ersten Weltkrieg. Texte und Quellen, Berlin 1973, S. 194–275.

Freud, Sigmund: Ansprache an die Mitglieder des Vereins B'nai B'rith (1926), in: Ders.: Gesammelte Werke. Chronologisch geordnet, Bd. 17: Schriften aus dem Nachlass 1892–1938, London [1955, zuerst: 1941], S. 49–53.

Friedrich, Theodor (Hrsg.): West-östlicher Divan von Wolfgang von Goethe, Leipzig [1915].

Gauland, Alexander: [Rede] auf dem Bundeskongress der AfD-Nachwuchsorganisation Junge Alternative am 2. Juni 2018, https://www.afdbundestag.de/wortlaut-der-umstrittenen-passage-der-rede-von-alexander-gauland/.

Gegen Vergessen – Für Demokratie e.V. (Hrsg.): Mitten unter uns. Jüdisches Leben in Au und Haidhausen. Lesebuch zur Ausstellung, München 2006.

Generalkonsulat der Bundesrepublik Deutschland in Istanbul: Diskussionsabend im Deutschen Generalkonsulat am 8.6.2006 zum Thema „Exil und Gesundheitswesen: Deutsche Mediziner in der Türkei an 1933" [Protokoll], Istanbul [2006], online: https://tuerkei.diplo.de/blob/1572728/4bef627fb1c2dedd3e6980571b2eaed/datei-exil-mediziner-data.pdf.

Gesetz zur Regelung nationalsozialistischen Unrechts für Angehörige des öffentlichen Dienstes, Bundesgesetzblatt 21 (1951), 12.5.1951, S. 291–296.

Gidal, Nachum T.: Die Juden in Deutschland von der Römerzeit bis zur Weimarer Republik, Gütersloh 1988, S. 325.

Giese, Friedrich (Hrsg.): Materialien zur Kenntnis des anatolischen Türkisch, Teil 1: Erzählungen und Lieder aus dem Vilajet Qonjah. Gesammelt, in Transkription, mit Anmerkungen und einer Übersetzung der Lieder (= BSTSL 1), Halle a. S. u. New York 1907.

Goethe, [Johann Wolfgang von]: West-oestlicher Divan, Stuttgard 1819.

Graefe, Erich: [Rezension von] Karl Süßheim: Prolegomena zu einer Ausgabe der im Britischen Museum zu London verwahrten „Chronik des Seldschuqischen Reiches". Eine literarhistorische Studie, Leipzig 1911, in: ZDMG 66 (1912), S. 336f.

Graetz, H[einrich Hirsch]: Geschichte der Juden von den ältesten Zeiten bis auf die Gegenwart. Aus den Quellen neu bearbeitet, Bd. 8: Geschichte der Juden von Maimuni's Tod (1205) bis zur Verbannung der Juden aus Spanien und Portugal. Zweite Hälfte, 2. Aufl. Leipzig 1875.

Grimme, Hubert: [Gutachten], in Grothe, Gedanken, S. 127ff.

Grothe, Hugo: Die Türkei. Landschaften und Menschen. Eine Skizze zur Landes- und Volkskunde, Berlin 1917 (= Schützengraben-Bücher für das deutsche Volk 75).

— Türkisch Asien und seine Wirtschaftswerte, Frankfurt a. M. 1916.

— (Hrsg.): Länder und Völker der Türkei. Schriftensammlung des Deutschen Vorderasienkomitees, 12 Bde, Leipzig 1915.

— Gedanken zur Errichtung einer deutschen Hochschule in der Türkei. Eine Sammlung von Gutachten, in: Ders. (Hrsg.): BKO, Bd. 10, Halle 1913, S. 103–172.

— Wanderungen in Persien. Erlebtes und Erschautes, Berlin 1910.

— Die Bagdadbahn und das Schwäbische Bauernelement in Transkaukasien und Palästina, München 1902.

Hagen, Gottfried: Die Türkei im Ersten Weltkrieg. Flugblätter und Flugschriften in arabischer, persischer und osmanisch-türkischer Sprache aus einer Sammlung der Universitätsbibliothek Heidelberg eingeleitet, übersetzt und kommentiert (= HoS 15), Frankfurt a. M. 1990.

Hammer[-Purgstall], Joseph von: Geschichte des Osmanischen Reiches. Grossenteils aus bisher unbenützten Handschriften und Archiven, 10 Bde, Pest 1827–1835.

Hartmann, Martin: „Türkisch als Weltverkehrssprache", in: FZ 60/303 (1.11.1915), Morgenblatt, S. 1.

Hedin, Sven: Bagdad, Babylon, Ninive, Leipzig 1917.

Hell, Joseph: [Gutachten], in: Grothe, Gedanken, S. 144–147.

Hofmann, Tessa (Hrsg.): Der Völkermord an den Armeniern vor Gericht. Der Prozeß Talaat Pascha, 2. Aufl. Göttingen 1980.

Horkheimer, Max: The End of Reason, in: SPSS 9/3 (1941), S. 366–388.

Hörner, Unda: 1919 – Das Jahr der Frauen, Berlin 2018.

Hurgronje, Snouck: The Holy War „Made in Germany", New York u. London 1915.

Jacob, Georg: [Rezension von] Friedrich v. Kraelitz-Greifenhorst: Die Bedeutung Konstantinopels und der Meerengen, Vortrag, gehalten zu Wien am 14. März 1916, S.-A. Aus „Balkan und naher Orient": Freie Vereinigung für staatswissenschaftliche Fortbildung in Wien, Wien 1916, in: Islam 7 (1917), S. 256 f.

— Aus Ungarns Türkenzeit. Vortrag, gehalten im Hamburgischen Kolonial-Institut am 13. Januar 1917, Frankfurt a. M. 1917.

— Geschichte des Schattentheaters. Erweiterte Neubearbeitung des Vortrags Das Schattentheater in seiner Wanderung vom Morgenland zum Abendland, Berlin 1907.

— Türkische Litteraturgeschichte in Einzeldarstellungen. Heft 1: Das türkische Schattentheater, Berlin 1900.

Kahr, [Gustav]: [Rede auf der Landesversammlung der Bayerischen Volkspartei], 2. 5. 1920, abgedr. bei BK 64/124 (3. 5. 1920), S. 1.

Kauder, Volker u. a.: Antrag der Fraktionen CDU/CSU, SPD und BÜNDNIS 90/DIE GRÜNEN. Erinnerung und Gedenken an den Völkermord an den Armeniern und anderen christlichen Minderheiten in den Jahren 1915 und 1916, 31. 5. 2019, Deutscher Bundestag, 18. Wahlperiode, Drucksache 18/8613, 31. 5. 2019, http://dip21.bundestag.de/dip21/btd/18/086/1808613.pdf.

Kipling, Rudyard: Das Dschungelbuch. Aus dem Englischen von Dagobert Mikusch, München 1984.

— The White Man's Burden, in: McClure's Magazine 12/4 (1899), S. 290 f.

Klemperer, Victor: Man möchte immer lachen und weinen in einem. Revolutionstagebuch 1919, 3. Aufl. Berlin 2015.

Lamprecht, Karl: [Gutachten], in: Grothe, Gedanken, S. 147 ff.

Landau, Peter u. Rieß, Rolf (Hrsg.): Recht und Politik in Bayern zwischen Prinzregentenzeit und Nationalsozialismus. Die Erinnerungen von Philipp Loewenfeld (= Abhandlungen zur rechtswissenschaftlichen Grundlagenforschung 91), Ebelsbach 2004.

Landauer, Gustav: Sind das Ketzergedanken?, in: Hanna Delf (Hrsg.): Dichter, Ketzer, Außenseiter, Essays und Reden zu Literatur, Philosophie, Judentum (= Gustav Landauer Werkausgabe 3), Berlin 1997, S. 170–174.

Lawrence, T[homas] E[dward]: Die sieben Säulen der Weisheit, Leipzig 1936.

Lepsius, Johannes: Der Todesgang des Armenischen Volkes. Bericht über das Schicksal des Armenischen Volkes in der Türkei während des Weltkrieges, 3. Aufl. Potsdam 1927 [zuerst: 1916].

— Armenien und Europa. Eine Anklageschrift wider die christlichen Großmächte und ein Aufruf an das christliche Deutschland, 3. Aufl. Berlin 1897.

Liman von Sanders, [Otto]: Fünf Jahre Türkei. Mit zahlreichen Textskizzen und drei Kartenbeilagen, Berlin 1920.

Lochner, Louis: What About Germany, New York 1942.

Luxemburg, Rosa: Hundepolitik [Illegales Flugblatt der Spartakusgruppe vom Mai 1916], abgedr. bei Dies.: Gesammelte Werke, Bd. 4: August 1914 bis Januar 1919, Berlin 1974, S. 190–193.

Mann, Oskar: [Rezension von] Karl Süssheim: Das Geschenk aus der Saldschuḳengeschichte von dem Wesir Muḥammad Ibn al-Nit'ām al-Jazdī. Herausg. u. m. Amkgn., zwei Einltgn. u. einem Anh. versehen, Leiden, E. J. Brill, 1909, in: OLZ 12/10 (1909), Sp. 430–434.

Mann, Thomas: Tagebücher 1918–1921, Frankfurt a. M. 1979.

— [Vortrag], in: Kampf um München als Kulturzentrum. Sechs Vorträge, München 1926, S. 7–12.

Marr, Wilhelm: Der Sieg des Judenthums über das Germanenthum vom nicht confessionellen Standpunkt aus betrachtet, Bern 1879.

Meinecke, Friedrich: Verfassung und Verwaltung der deutschen Republik (Januar 1919), in: Georg Kotowski (Hrsg.): Friedrich Meinecke. Politische Schriften und Reden, 4. Aufl. Darmstadt 1979, S. 280–198.

Menzel, Theodor (Hrsg.): Festschrift Georg Jacob zum siebzigsten Geburtstag. 26. Mai 1932. Gewidmet von Freunden und Schülern, Leipzig 1932.

— Türkische Märchen I. Billur Köschk „Der Kristall-Kiosk“. 14 türkische Märchen, zum ersten Mal nach den beiden Stambuler Drucken der Märchensammlung ins Deutsche übersetzt (= Beiträge zur Märchenkunde des Morgenlandes 2), Hannover 1923.

— Mehmed Tevfiq, Ein Jahr in Konstantinopel. Zweiter Monat: Helva-sohbeti (Die Helva-Abendgesellschaft) aus dem Türkischen zum ersten Mal ins Deutsche übertragen und durch Fussnoten erläutert, Erlangen 1905.

Montgelas, Max u. Schücking, Walter (Hrsg.): Die Deutschen Dokumente zum Kriegsausbruch. Vollständige Sammlung der von Karl Kautsky zusammengestellten amtlichen Aktenstücke mit einigen Ergänzungen, 5 Bde, Charlottenburg 1919.

Müller-Meiningen, Ernst: Aus Bayerns schwersten Tagen. Erinnerungen und Betrachtungen aus der Revolutionszeit, Berlin u. Leipzig 1924.

Müller, Elfi (Bearb.): Dokumente zur Geschichte der Arbeiterbewegung in Nürnberg, Bd. 3: Vom Fall des Sozialistengesetzes bis zur Novemberrevolution 1890–1918 (= QGKN 15), Nürnberg 1985.

Müller, Karl Alexander von: Im Wandel einer Welt. Erinnerungen, Bd. 3: 1919–1932, hrsg. von Otto Alexander Müller, München 1966.

Mustafa 'Ali Efendi: مناقب هنروران [The Merits of Artists]. Translated from Turkish into Persian by Tofiq H. Sobhani, Teheran 1991.

Nafiz [Uzluk], M. F[eridun]: Türk Tababet Tarihi ile Uğraşan Müsteşrikler: Prof. Dr. phil. Karl Süssheim, in: TTTA 1/4 (1935), S. 160–163.
Niedermayer, Oskar von: In der Hölle Irans (= Münchner Jugendbücher 4), München 1926.
— Unter der Glutsonne Irans. Kriegserlebnisse der deutschen Expedition nach Persien und Afghanistan, Dachau [1925].
Oppenheim, Max von: Denkschrift betreffend die Revolutionierung der islamischen Gebiete unserer Feinde, in, Kopetzky, Dokumente, S. 14–93.
Pákh, Judit (Bearb.): Dokumente zur Geschichte der Arbeiterbewegung in Nürnberg, Bd. 4: Von der Novemberrevolution bis zur Errichtung der Diktatur 1918–1933 (= QGKN 16), Nürnberg 1985.
Pranckh, Hans Freiherr von (Hrsg.): Der Prozeß gegen den Grafen Anton Arco-Valley, München 1920.
Ringelnatz, Joachim: Mein Leben bis zum Kriege, Berlin 1983.
Ritter, Hellmut: Muslim Mystics Strife with God (A Paper to Read to a Group of Orientalists at Oxford and Cambrdige in May 1950), in: Oriens 5/1 (Januar1952), S. 1–15.
Rodenwaldt, Ernst: Der Islam. Eine Einführung in die Glaubenswelt islamischer Völker (= Tornisterschrift des Oberkommandos der Wehrmacht Abt. Inland 52), [Berlin] 1941.
Roth, Karl: Armenien und Deutschland, in: Grothe, Länder 10, S. 279–308.
Rückert, Friedrich: Der Abendländer im Morgenland, in: Friedrich Rückert's Gedichte. Auswahl des Verfassers, Frankfurt a. M. 1841, S. 644 f.
Sachau, Eduard (Hrsg.): MSOS, Jahrgang X, Dritte Abteilung: Afrikanische Studien, Berlin 1907.
Schäfer, Dietrich (Hrsg.): Erklärung der Hochschullehrer des Deutschen Reiches. Déclaration des professeurs des Universités et des Écoles supérieures de l'Empire allemand, Berlin, 23. 10. 1914.
Schick, Josef: Corpus Hamleticum. Hamlet in Sage und Dichtung, Kunst und Musik, 5 Bde, 1919–1938.
— Das Glückskind mit dem Todesbrief. Orientalische Fassungen, Berlin 1912.
Schmidt, Fritz: Geschichte des II. Bataillons des 21. Infanterie-Regiments in Nürnberg vom Ende des Weltkrieges bis zur Einführung der allgemeinen Wehrpflicht, Nürnberg 1935.
Scholem, Gershom: Das Buch Bahir. Ein Schriftdenkmal aus der Frühzeit der Kabbala, Hamburg 2008 [zuerst: Leipzig u. Berlin 1923].
— Von Berlin nach Jerusalem. Jugenderinnerungen. Erweiterte Fassung, Frankfurt a. M. 1994.
Schultz, Alfred P.: Race or Mongrel. A Brief History of the Rise and Fall of the Ancient Races of Earth. A Theory that the Fall of Nations is Due to Intermarriage with Alien Stocks. A Demonstration that a Nation's Strength is Due to Racial Purity. A Prophecy that America Will Sink to Early Decay Unless Immigration is Rigorously Restricted, Boston 1908.
Sebottendorf, Rudolf von: Bevor Hitler kam. Urkundliches aus der Frühzeit der nationalsozialistischen Bewegung, 2. Aufl. München 1934.

Sitki, Bekir: Das Bagdad-Bahn-Problem 1890–1903, Freiburg i. Br. 1935.
Süßheim, Max: Begründung des Antrages Auer und Genossen, 19.12.1917, abgedruckt bei Doeberl, Sozialismus, S. 114–142.
Toynbee, Arnold J.: The Western Question in Greece and Turkey. A Study in the Contact of Civilisations, 2. Aufl. New York 1970 [zuerst: 1922].
Trietsch, Davis: Die Juden in der Türkei, in: Grothe, Länder 8, S. 217–246.
Tugay, Emine Foat: Three Centuries. Family Chronicles of Turkey and Egypt, London u.a. 1963.
Unat, Faik Reşit u. Köymen, Mehmet A.: Kitāb-ı Cihan-nümā. Neşrī tarihi (=TTKY III-2), 2 Bde, Ankara 1949 u. 1957.
Weidel, Alice u.a.: Große Anfrage der Abgeordneten Beatrix von Storch, Jürgen Braun, Waldemar Herdt, Anton Friesen und der Fraktion der AfD. Umsetzung der Bundestagsresolution zum Völkermord an den Armeniern, 18.2.2019, Deutscher Bundestag, 19. Wahlperiode, Drucksache 19/8355, 14.3.2019, http://dip21.bundestag.de/dip21/btd/19/083/1908355.pdf.
Werfel, Franz: Die vierzig Tage des Musa Dagh, Berlin u.a. 1933, Bd. 1.
Wilhelm, Hermann: Karl Süssheim. Eine Produktion des Haidhausen Museums und den Freunden Haidhausens [sic!], 6.11.2015, https://www.youtube.com/watch?v=EdfvQBgdbHo.
Wilson, Woodrow: An Address to a Joint Session of Congress, 8.1.1918, abgedr. bei Arthur S. Link u.a. (Hrsg.): The Papers of Woodrow Wilson. Volume 45: November 11, 1917–January 15, 1918, Princeton 1984, S. 534–539.

Websites

Der Völkermord an den Armeniern im Ersten Weltkrieg – Dokumente aus staatlichen Archiven: http://www.armenocide.net.
Homepage der Israelitischen Kultusgemeinde Nürnberg (IKGN): http://www.ikg-nuernberg.de/timeline.html.
Homepage des United States Holocaust Memorial Museums (USHMM): https://www.ushmm.org/collections/ask-a-research-question/frequently-asked-questions.
Kritische Online-Edition der Tagebücher Michael Kardinal von Faulhabers (1911–1952): https://www.faulhaber-edition.de/.
Online-Datenbank des Hauses der Bayerischen Geschichte (HDBG): http://www.hdbg.de/parlament/content/persDetail.php?id=2326&popH=960.
Virtuelle Ausstellung des Bundesarchivs aus seiner Abteilung Militärarchiv: http://www.bundesarchiv.de/DE/Content/Virtuelle-Ausstellungen/Der-Volkermord-An-Den-Armeniern/der-volkermord-an-den-armeniern.html.

Literatur

Monografien | Sammelbände | Aufsätze

Abrams, J. J. u. Dorst, Doug: S., New York 2013.

Adak, Hülya: Halide Edib ve Siyasal Şiddet. Ermeni Kırımı, Diktatörlük ve Şiddetsizlik, İstanbul 2016.

— Identifying the "Internal Tumors" of World War I: Talat Paşa'nın Hatıraları [Talat Paşa's Memoirs], or the Travels of a Unionist Apologia into "History", in: Andreas Bähr u.a. (Hrsg.): Räume des Selbst: Selbstzeugnisforschung transkulturell (=SdN 19), Köln u.a. 2007, S. 151–169.

Agus, Aharon R. E.: Das Judentum in seiner Entstehung. Grundzüge rabbinisch-biblischer Religiosität (=JuC 4), Stuttgart u.a. 2001.

Ahmad, Feroz: The Young Turks. The Committee of Union and Progress in Turkish Politics 1908–1914, Oxford 1969.

Akçam, Taner: The Young Turks' Crime against Humanity. The Armenian Genocide and Ethnic Cleansing in the Ottoman Empire, Princeton 2012.

— A Shameful Act. The Armenian Genocide and the Question of Turkish Responsibility, New York 2006.

Aksakal, Mustafa: The Ottoman Road to War in 1914. The Ottoman Empire and the First World War, New York 2008.

Alkan, Necati: „Medḥat Pasha", in: Ehsan Yarshater (Hrsg.): EIr (23.1.2012) [Online-Version], http://www.iranicaonline.org/articles/medhat-pasha.

Altheit, Peter: Biographie und Mentalität. Spuren des Kollektiven im Individuellen, in: Bettina Völter u.a. (Hrsg.): Biographieforschung im Diskurs, 2. Aufl. Wiesbaden 2009, S. 21–45.

Aly, Götz (Hrsg.): Siegfried Lichtenstaedter. Prophet der Vernichtung. Über Volksgeist und Judenhass, Frankfurt a. M. 2019.

— Ein Bayer, hellwach und jüdisch, S. 7–47.

— Warum die Deutschen? Warum die Juden? Gleichheit, Neid und Rassenhass. 1800–1933, Frankfurt a.M. 2011.

Angermair, Elisabeth: Eine selbstbewußte Minderheit (1892–1918), in: Bauer u. Brenner, S. 110–136.

— Münchner Jüdinnen – ihr soziales und politisches Engagement vor 1920, in: IKGM, Festschrift, S. 78–85.

App, Urs: The Birth of Orientalism, Philadelphia 2010.

Arendt, Hannah: Die verborgene Tradition [1944], in: Dies.: Die verborgene Tradition. Essays, Frankfurt a. M. 1976, S. 50–79.

— Eichmann in Jerusalem. Ein Bericht von der Banalität des Bösen, München 1964.

— Elemente und Ursprünge totaler Herrschaft, Frankfurt a. M. 1955.

Arıkan, Zeki: Münih-İstanbul Arasında Bir Doğubilimci. Karl Süssheim, in: Toplumsal Tarih 195 (2010), S. 94 f.

Aschke, Manfred: Das menschenrechtliche Vermächtnis von Johannes Lepsius, in: Hosfeld, Lepsius (2013), S. 258–271.

Asker, Ahmet: Nazi Almanyası'ndan Kemalist Türkiye'ye Bakışlar, in: AYD 25/50 (2012), S. 265–298.

Ataöv, Türkkaya: Death Caused by Disease in Relation to the Armenian Question, Ankara 1985.

— Turkish Foreign Policy, Ankara 1965.

Auerbach, Erich: Mimesis. The Representation of Reality in Western Literature. With a New Introduction bay Edward W. Said, Princeton u. Oxford 2003 [zuerst: Bern 1946].

Avetaranian, John: A Muslim who became a Christian. The Story of John Avetaranian (born Muhammed Shükri Efendi). 1861–1919. An Autobiography Completed after his Death by Richard Schäfer and Translated from the German by John Bechard, Hertford 2002.

Aviv, Efrat: Antisemitism and Anti-Zionism in Turkey. From Ottoman Rule to AKP, New York 2017.

Babinger, Franz: Ein Jahrhundert morgenländischer Studien an der Münchener Universität, in: ZDMG 107/2 (1957), S. 241–269.

Badt-Strauss, Bertha: Studententage in München 1912–1913, in: Lamm, Tage, S. 197–200.

Bajohr, Frank u. Löw, Andrea: Tendenzen und Probleme der neueren Holocaust-Forschung. Eine Einführung, in: Dies. (Hrsg.): Der Holocaust. Tendenzen und neue Fragen der Forschung, Frankfurt a. M. 2015, S. 9–30.

Bajohr, Frank: „Unser Hotel ist judenfrei“. Bäder-Antisemitismus im 19. und 20. Jahrhundert, Frankfurt a. M. 2003.

Baldauf, Ingeborg: Missionshilfe oder Kuriositätensammlung? Das komanisch-deutsche Glossar im Codex Cumanicus (14. Jh.), in: Kreiser u. Karasek, Germano-Turcica, S. 15–18.

Bali, Rıfat N.: A Scapegoat for all Seasons: The Dönmes or Crypto-Jews of Turkey, Istanbul 2008.

Bar-Chen, Eli: Weder Asiaten noch Orientalen. Internationale Jüdische Organisationen und die Europäisierung „rückständiger“ Juden (= EOL 7), Würzburg 2005.

Barkai, Avraham: „Wehr Dich!“ Der Centralverein deutscher Staatsbürger jüdischen Glaubens (C.V.) 1893–1938, München 2002.

Barnai, Jacob: “Blood Libels” in the Ottoman Empire of the Fifteenth to Nineteenth Centuries, in: Shmuel Almog (Hrsg.): Antisemitism Through the Ages (Studies in Antisemitism Series), Oxford u. a. 1988, S. 189–194.

Bauer, Reinhard u. a. (Hrsg.): Im Dunst aus Bier, Rauch und Volk. Arbeit und Leben in München von 1840 bis 1945. Ein Lesebuch, München 1989.

Bauer, Richard u. Brenner, Michael (Hrsg.): Jüdisches München. Vom Mittelalter bis zur Gegenwart, München 2006.

Bauer, Thomas: Die Vereindeutigung der Welt. Über den Verlust an Mehrdeutigkeit und Vielfalt, 8. Aufl. Ditzingen 2018.

— Die Kultur der Ambiguität. Eine andere Geschichte des Islams, Berlin 2011.

Bauman, Zygmunt: Pawns in Other People's Games, in: MBJGK 12/2 (2018), S. 23–51.

— Moderne und Ambivalenz. Das Ende der Eindeutigkeit, Hamburg 1992.

Baumgart, Winfried (Hrsg.): Friedrich Freiherr Kreß von Kressenstein. Bayerischer General und Orientkenner. Lebenserinnerungen, Tagebücher und Berichte. 1914–1946, Paderborn 2020.

Bavaj, Riccardo u. Steber, Martina: Germany and "the West". The History of a Modern Concept, New York u. Oxford 2015.

Bayly, Christopher A.: Die Geburt der modernen Welt. Eine Globalgeschichte 1780–1914, Frankfurt a. M. 2006.

Bayraktar, Hatice: Salamon und Rabeka. Judenstereotype in Karikaturen der türkischen Zeitschriften Akbaba, Karikatür und Milli İnkilap 1933–1945, Berlin 2006.

Baytar, İlona: Kaiser II. Wilhelm'in İstanbul'a Üç Ziyareti ve Hediyeler. Die drei Besuche von Kaiser Wilhelm II. in Istanbul und der Austausch von Geschenken, in: [Ausstellungsband] İki Dost Hükümdar: Sultan II. Abdülhamid, Kaiser II. Wilhelm. Zwei befreundete Herrscher (= TBMMMSDBY 53), Istanbul 2010.

Beckenbauer, Alfons: Ludwig III. von Bayern. 1845–1921. Ein König auf der Suche nach seinem Volk, Regensburg 1987.

Becker, Winfried: Frederic von Rosenberg (1874–1937). Diplomat vom späten Kaiserreich bis zum Dritten Reich, Außenminister der Weimarer Republik (= SHKBAdW 83), Göttingen 2011.

Bein, Alex u. a. (Hrsg.): Theodor Herzl. Briefe und Tagebücher, Bd. 3: Tagebücher u. Bd. 5: Briefe. Anfang Dezember 1898 – Mitte August 1900, Frankfurt a. M. u. Berlin 1985 u. 1991.

Ben-Chorin, Schalom: Jüdische Jugendbewegung in Deutschland vor 1933 – am Beispiel München, in: Ellen Presser u. Bernhard Schoßig (Hrsg.): Junge Juden in Deutschland, München 1991, S. 122–133.

— Jugend an der Isar, Gerlingen 1980.

Benz, Wolfgang: Aghet und Holocaust. Vergleichende Betrachtungen, 26.4.2016, https://www.bpb.de/geschichte/zeitgeschichte/genozid-an-den-armeniern/218115/aghet-und-holocaust.

Berdine, Michael D.: Redrawing the Middle East. Sir Mark Sykes, Imperialism and the Sykes–Picot Agreement, London u. New York 2018.

Berg, Matthias: Münchner Rektorats- und Universitätsreden. 1918–1933, in: Claudius Stein (Hrsg.): Der rhetorische Auftritt. Redekultur an der Ludwig-Maximilians-Universität München. Rektorats- und Universitätsreden 1826–1968 (=BGLMU 7), München 2016, S. 119–141.
— Karl Alexander von Müller. Historiker für den Nationalsozialismus (=SHKBAdW 88), Göttingen 2014.
— Lehrjahre eines Historikers. Karl Bosl im Nationalsozialismus, in: ZfG 59 (2011), S. 45–63.
— Die „Forschungsabteilung Judenfrage" des „Reichsinstituts für Geschichte des neuen Deutschlands", in: Ingo Haar u. Michael Fahlbusch (Hrsg.): Handbuch der völkischen Wissenschaften. Personen – Institutionen – Forschungsprogramme – Stiftungen, München 2008, S. 168–178.
Berghahn, Volker: Das Kaiserreich 1871–1914. Industriegesellschaft, bürgerliche Kultur und autoritärer Staat (=GHdG 16), 10. Aufl. Stuttgart 2003.
Bergmann, Werner: „Deutschkonservative Partei", in: Benz, HdAS, S. 183–187.
Berthold-Hilpert, Monika: Die Ortenaus. Eine fränkisch-jüdische Familiengeschichte der Emanzipationszeit, in: Brenner u. Eisenstein, Juden, S. 157–167.
Bialas, Wolfgang: Politischer Humanismus und „verspätete Nation". Helmuth Plessners Auseinandersetzung mit Deutschland und dem Nationalsozialismus (=SHAI 42), Göttingen 2010.
Biale, David: Gershom Scholem. Kabbalah and Counter-History, Cambridge u. London 1982.
Bilmez, Bülent: Sami Frashëri or Šemseddin Sami? Mythologization of an Ottoman Intellectual in the Modern Turkish and Socialist Albanian Historiographies based on „Selective Perception", in: Balkanologie 7/2 (2003), S. 19–46.
Birinci, Ali: Hürriyet ve İtilâf Firkası. II. Meşrutiyet devrinde İttihat ve Terakki'ye karşı çıkanlar, İstanbul 1990.
Birkmann, Günter: Benno Jacob. Ein liberaler Rabbiner in Dortmund, in: HD 2 (2000), S. 9.
Blackbourn, David: Germans Abroad and Auslandsdeutsche. Places, Networks and Experiences from the Sixteenth to the Twentieth Century, in: Penny u. Rinke, Germans, S. 321–346.
Blaschke, Olaf: Katholizismus und Antisemitismus im Deutschen Kaiserreich (=KSG 122), Göttingen 1997.
Bobzin, Hartmut: „Nöldeke, Theodor", in: NDB 19 (1999), S. 311 f. [Online-Version], https://www.deutsche-biographie.de/sfz72233.html#ndbcontent.
Bock, Philip K.: Foreword: On "Culture Shock", in: Ders. (Hrsg.): Culture Shock. A Reader in Modern Cultural Anthropology, New York 1970, S. 9–12.
Böhm, Helmut: Von der Selbstverwaltung zum Führerprinzip. Die Universität München in den ersten Jahren des Dritten Reiches (1933–1936) (=LM-F 15), Berlin 1995.
Böhme, Sabine: Deutsche Kulturmission während des Ersten Weltkriegs am Divan Yolu: das deutsch-türkische Haus der Freundschaft, in: Kummer, Präsenz, S. 271–284.
Bollmus, Reinhard: Das Amt Rosenberg und seine Gegner. Studien zum Machtkampf im nationalsozialistischen Herrschaftssystem, München 2001.

Bonniot, Béatrice: Homme de Culture et Républicain de Raison. Carl Heinrich Becker, Serviteur de l'Etat sous la République de Weimar (1918–1933) (= SPKWR 15), Frankfurt a. M. 2012.
— Die Republik, eine „Notlösung"? Der preußische Kultusminister Carl Heinrich Becker im Dienste des Weimarer Staates (1918–1933), in: Wirsching u. Eder, Vernunftrepublikanismus, S. 299–309.
Born, Karl Erich: Wirtschafts- und Sozialgeschichte des Deutschen Kaiserreichs (1867/71–1914) (= WPSW 21), Stuttgart 1985.
Borodziej, Włodzimierz u. Górny, Maciej: Der vergessene Weltkrieg. Europas Osten 1912–1923, 2 Bde, Darmstadt 2018.
Bosl, Erika: „Müller-Meiningen, Ernst", in: Karl Bosl (Hrsg.): BBB, Regensburg 1983, S. 536.
Bosl, Karl: „Süßheim, Karl", in: Ders. (Hrsg.): BBB, Ergänzungsband, Regensburg 1988, S. 767.
Bourdieu, Pierre: Die biographische Illusion, in: BIOS 1 (1990), S. 75–81.
— L'Illusion Biographique, in: Actes de la Recherche en Sciences Sociales 62/63 (1986), S. 69–72.
Bozarslan, Hamit: Le Prince Sabahaddin (1879–1948), in: Schweizerische Zeitschrift für Geschichte 52/3 (2002), S. 287–301.
Bozay, Kemal: Exil Türkei. Ein Forschungsbeitrag zur deutschsprachigen Emigration in der Türkei (1933–1945) (= Fremde Nähe – Beiträge zur interkulturellen Diskussion 15), Münster 2001.
Braunschweig, C.: „David Morgenstern", in: Ernest Hamburger: Die Juden im öffentlichen Leben Deutschlands. Regierungsmitglieder, Beamte und Parlamentarier in der monarchischen Zeit. 1848–1918 (= SwALBI 19), Tübingen 1968, S. 212 f.
Brecht, Bertolt: Der Dreigroschenprozeß. Ein soziologisches Experiment, in: Werner Hecht u. a. (Hrsg.): Bertolt Brecht. Werke. Große kommentierte Berliner und Frankfurter Ausgabe, Bd. 21: Schriften I: 1914–1933, Berlin u. a. 1992, S. 448–514.
Brenner, Michael: Der lange Schatten der Revolution. Juden und Antisemiten in Hitlers München. 1918–1923, Berlin 2019.
— Israel. Traum und Wirklichkeit des jüdischen Staates. Von Theodor Herzl bis heute, München 2016.
— 200 Jahre Israelitische Kultusgemeinde München, in: IKGM, Festschrift, S. 64–77.
— Warum München nicht zur Hauptstadt des Zionismus wurde – Jüdische Religion und Politik um die Jahrhundertwende, in: Ders. u. Yfaat Weiss (Hrsg.): Zionistische Utopie – israelische Realität. Religion und Nation in Israel, München 1999, S. 39–52.
— A Tale of Two Families: Franz Rosenzweig, Gershom Scholem and the Generational Conflict around Judaism, in: Judaism 42/3 (1993), S. 349–361.
Brenner, Michael u. Eisenstein, Daniela F. (Hrsg.): Die Juden in Franken, München 2012.
— Einführung, S. 1–4.
Bruch, Rüdiger vom: „Lenz, Max", in: NDB 14 (1985), S. 231 ff. [Onlinefassung], https://www.deutsche-biographie.de/pnd118779508.html#ndbcontent.

Bruinessen, Martin van: Vom Osmanismus zum Separatismus: Religiöse und ethnische Hintergründe der Rebellion des Scheich Said, in: JGGVMO 1984. Thema: Islam und Politik in der Türkei, Berlin 1984, S. 109–165.

Buber, Martin: Das Ende der deutsch-jüdischen Symbiose, in: JWR 1/1 (10.3.1939), S. 5.

Çağlar, Burhan: Brief History of an English-Language Journal in the Ottoman Empire: *The Levant Herald* and *Constantinople Messenger* (1859–1878), Toronto 2017.

Cahnmann, Werner J.: Die Juden in München 1918–1943, in: Lamm, Tage, S. 31–78.

Çalışlar, İpek: Halide Edib. Biyografisine sığmayan kadın, İstanbul 2010.

Canzler, Weert u.a.: Tracing Mobilities – An Introduction, in: Dies. (Hrsg.): Tracing Mobilities. Towards a Cosmopolitan Perspective, Aldershot u. Burlington 2008, S. 1–10.

Cecil, Lamar: Wilhelm II. und die Juden, in: Mosse, Juden, S. 313–347.

Christ, Karl: Der andere Stauffenberg, München 2008.

Clark, Christopher: The Sleepwalkers. How Europe Went to War in 1914, London 2012.

Cohen, Julia Phillips: Becoming Ottomans. Sephardi Jews and Imperial Citizenship in the Modern Era, Oxford 2014.

Conrad, Lawrence I.: Ignaz Goldziher on Ernest Renan: From Orientalist Philology to the Study of Islam, in: Kramer, Discovery, S. 137–180.

Conze, Eckart u.a. (Hrsg.): Das Amt und die Vergangenheit. Deutsche Diplomaten im Dritten Reich und in der Bundesrepublik, 3. Aufl. München 2010.

Coquet, Jean-Claude u. Fenoglio, Irène (Hrsg.): Émile Benveniste: „Letzte Vorlesungen", Zürich 2015.

Dabag, Mihran: Der Genozid an den Armeniern, 22.8.2014, https://www.bpb.de/internationales/europa/tuerkei/ 184983/genozid-an-den-armeniern.

Deacon, Desley u.a. (Hrsg.): Transnational Ties. Australian Lives in the World, Canberra 2008.

Degener, Hermann A. L. (Hrsg.): Wer ist's? Zeitgenossenlexikon, Bd. 4, Leipzig 1909.

Demircioğlu, Cemal: Translating Europe: The Case of Ahmed Midhat as an Ottoman Agent of Translation., in: John Milton u. Paul Bandia (Hrsg): Agents of Translation, Amsterdam u. Philadelphia 2009, S. 131–159.

Demirtaş, Doug: Morgen-Grauen. Storys. München 2018.

Depkat, Volker u. Pyta, Wolfram (Hrsg.): Autobiographie zwischen Text und Quelle (=GLWiG 1), Berlin 2017.

Diefenbacher, Michael (Hrsg.): Die Süßheims. Unternehmer, Politiker, Wissenschaftler, Sammler (=QFGKN 39), Nürnberg 2018.

Dietrich, Christian: Eugen Leviné. „Ich fühle russisch und denke jüdisch", Berlin 2017.

Dozy, R[einhart]: Essai sur l'Histoire de l'Islamisme, Leyde [Leiden] u. Paris 1879.

Druba, Anne: Der Aufstieg der Familie Bernheimer in München, in: IKGM, Festschrift, S. 86–89.

Dunker, Ulrich: Der Reichsbund jüdischer Frontsoldaten 1919–1938. Geschichte eines jüdischen Abwehrvereins, Düsseldorf 1977.

Dupont, Anne-Laure: Ǧurǧī Zaydān (1861–1914): Écrivain Réformiste et témoin de la Renaissance arabe, Beyrouth [Beirut] 2006.

Dūrī, ʿAbd al-ʿAzīz: The Historical Formation of the Arab Nation. A Study in Identity and Consciousness, London 1987.

Ebeling, Frank: Geopolitik. Karl Haushofer und seine Raumwissenschaft 1919–1945, Berlin 1994.

Ebert, Andreas D.: Jüdische Hochschullerer an preußischen Universitäten (1870–1924). Eine quantitative Untersuchung mit biografischen Skizzen, Frankfurt a. M. 2008.

Efron, John M.: Orientalism and the Jewish Historical Gaze, in: Ivan Davidson Kalmar u. Derek J. Penslar (Hrsg.): Orientalism and the Jews, Hanover u. London 2005, S. 80–93.

Eiff, Hansjörg: Die jüdische Heimstätte in Palästina in der deutschen Außenpolitik 1914–1918, in: ZfG 60/3 (2012), S. 205–227.

Ekinci, Mehmet Uğur: The Unwanted War. The Diplomatic Background of the Ottoman-Greek War of 1897, Saarbrücken 2009.

— The Origins of the 1897 Ottoman-Greek War. A Diplomatic History, Ankara 2006.

Ellinger, Ekkehard: Deutsche Orientalistik zur Zeit des Nationalsozialismus 1933–1945 (= deux mondes – thèses IV), Edingen-Neckarhausen 2006.

Énard, Mathias: Kompass, München 2016.

Ende, Werner: Arabische Nation und islamische Geschichte. Die Umayyaden im Urteil arabischer Autoren des 20. Jahrhunderts (= BTS 20), Beirut 1977, S. 32–59.

Ergün, Mustafa: Die deutsch-türkischen Erziehungsbeziehungen während des Ersten Weltkrieges, in: OTAM 3 (1992), S. 193–208.

Eribon, Didier: Rückkehr nach Reims, 7. Aufl. Berlin 2016.

Erickson, Edward J.: Ordered to Die: A History of the Ottoman Army in the First World War, Westport u. London 2001.

Escher, Clemens: „Politischer Katholizismus“, in: Wolfgang Benz (Hrsg.): HdAS, Bd. 5: Organisationen, Institutionen, Bewegungen, Berlin u. Boston 2012, S. 492–499.

Ess, Josef van: Im Halbschatten. Der Orientalist Hellmut Ritter (1892–1971), Wiesbaden 2013.

— Theologie und Gesellschaft im 2. und 3. Jahrhundert Hidschra. Eine Geschichte des religiösen Denkens im frühen Islam, Bd. 1, Berlin u. New York 1992.

Essler, Wilhelm K.: Was ist und zu welchem Ende betreibt man Metaphysik?, in: Dialectica 49/2–4 (1995), S. 281–315.

Fackler, Guido: „Des Lagers Stimme“ – Musik im KZ. Alltag und Häftlingskultur in den Konzentrationslagern 1933 bis 1936 (= DIZ-Schriften 11), Bremen 2000.

Farah, Irmgard: Die deutsche Pressepolitik und Propagandatätigkeit im Osmanischen Reich von 1908–1918 unter besonderer Berücksichtigung des „Osmanischen Lloyd“ (= BTS 50), Beirut u. Stuttgart 1993.

Feigel, Uwe: Das evangelische Deutschland und Armenien. Die Armenierhilfe deutscher evangelischer Christen seit dem Ende des 19. Jahrhunderts im Kontext der deutsch-türkischen Beziehungen (= KuK 28), Göttingen 1989.

El Feki, Shereen: Sex und die Zitadelle. Liebesleben in der sich wandelnden arabischen Welt, Berlin 2013.

Fischer, Doris: Die Münchner Zensurstelle während des Ersten Weltkrieges. Alfons Falkner von Sonnenburg als Pressereferent im bayerischen Kriegsministerium in den Jahren 1914 bis 1918/19 (Inaugural-Dissertation zur Erlangung des Doktorgrades der Philosophischen Fakultät der Ludwig-Maximilians-Universität zu München), München 1973.

Fischer, Fritz: Griff nach der Weltmacht. Die Kriegszielpolitik des kaiserlichen Deutschland 1914/18, Düsseldorf 1961.

Flemming, Barbara: Essays on Turkish Literature and History, Leiden u. Boston 2018.

— Faḫrī's Ḫusrev u Şīrīn from the Year 1367: A Turkish mesnevī from the Emirate Period, S. 1–34.

— Karl Süssheim 1877–1947: On his Hundredth Birthday, June 21st 1878/1978, S. 131–138.

— Turkish Manuscripts in the Staatsbibliothek, S. 35–46.

— Zum 100. Geburtstag 21. Juni 1878/1978. Karl Süssheim 1878–1947, in: Islam 56 (1979), S. 1–8.

— Türkische Handschriften. Teil 1 (=Verzeichnis der Orientalischen Handschriften in Deutschland XIII, 1), Wiesbaden 1968.

— Türkische Handschriften in der Staatsbibliothek, in: Wolfgang Voigt (Hrsg.): Forschungen und Fortschritte der Katalogisierung der orientalischen Handschriften in Deutschland: Marburger Kolloquium 1965 (=Forschungsbericht der DFG 10), Wiesbaden 1966, S. 1–9.

— Faḫrīs Ḫusrev u Šīrīn vom Jahre 1367. Eine vergessene türkische Dichtung aus der Emiratszeit, in: ZDMG 115/1 (1965), S. 36–64.

Flemming, Barbara. u. Schmidt, Jan: The Diary of Karl Süssheim (1878–1947). Orientalist between Munich and Istanbul, Stuttgart 2002.

Florence, Ronald: Blood Libel. The Damascus Affair of 1840, Madison 2004.

Fohrer, Georg: Glaube und Leben im Judentum, 3. Aufl. Heidelberg u. Wiesbaden 1991.

Fontane, Theodor: Effi Briest, Stuttgart 1969 [Text nach der ersten Buchausgabe 1896].

Foucault, Michel: Das Subjekt und die Macht [Nachwort], in: Hubert L. Dreyfus u. Paul Rabinow: Michel Foucault. Jenseits von Strukturalismus und Hermeneutik (=Die weiße Reihe), Frankfurt a. M. 1987, S. 243–261.

— Wahnsinn und Gesellschaft. Eine Geschichte des Wahns im Zeitalter der Vernunft, Frankfurt a. M. 1973.

Frankel, Jonathan: The Damascus Affair. "Ritual Murder", Politics, and the Jews in 1840, Cambridge 1997.

Frenkel-Brunswik, Else: Intolerance of Ambiguity as an Emotional and Perceptual Personality Variable, in: Journal of Personality 18/1 (1949), S. 108–143.

Friedemann, Hermann: Novalis' Werke in vier Teilen, Berlin u. a. [1910].

Friesel, Evyatar: From Self-Defense to Self-Affirmation. The Transformation of the German-Jewish *Centralverein*, in: Andrea Hoffmann u. a. (Hrsg.): Die kulturelle Seite des Antisemitismus zwischen Aufklärung und Shoah (= TkG 3), Tübingen 2006, S. 277–290.

Frisch, Max: Fragebogen, 2. Aufl. Frankfurt a. M. 2018 [zuerst: 1972].

Frölich, Jürgen: „Müller-Meiningen (bis 1898 Müller), Ernst", in: Otto zu Stolberg-Wernigerode (Hrsg.): NDB, Bd. 18, Berlin 1997, S. 505 ff.

Fuhrmann, Malte: Das Deutsche Krankenhaus, in: Kummer, Präsenz, S. 257–269.

Gall, Lothar: Hardenberg. Reformer und Staatsmann, München u. Berlin 2016.

Garbe, Detlef: Zwischen Widerstand und Martyrium. Die Zeugen Jehovas im „Dritten Reich" (= Studien zur Zeitgeschichte 42), 4. Aufl. München 1999.

Gardill, Kerstin: Max Süßheim: Streichers größter Gegner, in: Diefenbacher, Süßheims, S. 209–231.

Gay, Peter: Begegnung mit der Moderne. Deutsche Juden in der deutschen Kultur, in: Werner E. Mosse (Hrsg.): Juden im Wilhelminischen Deutschland 1890–1914 (= SwALBI 33), 2. Aufl. London u. Tübingen 1998, S. 241–311.

Gehring, Magdalena: Moderne jüdische Sozialarbeit. Der Israelitisch-humanitäre Frauenverein, in: HSdjG (22. 9. 2016), http://juedische-geschichte-online.net/beitrag/jgo:article-121.

Gellinek, Christian: Philipp Scheidemann. Gedächtnis und Erinnerung, Münster 2006.

Gencer, Mustafa: Bildungspolitik, Modernisierung und kulturelle Interaktion. Deutsch-türkische Beziehungen (1908–1918) (= KKVO 8), Münster 2002.

Genschel, Helmut: Die Verdrängung der Juden aus der Wirtschaft im Dritten Reich (= GBGW 38), Göttingen u. a. 1966.

Georgeon, François: Sous le Signe des Réformes. État et Société de l'Empire Ottoman à la Turquie Kémaliste (1789–1939) (= AI 106), Istanbul 2009.

— Abdülhamid II. Le Sultan Calife (1876–1909), Paris 2003.

Geyer, Martin H.: Verkehrte Welt. Revolution, Inflation und Moderne, München 1914–1924, Göttingen 1998.

Gilbhard, Hermann: Die Thule-Gesellschaft. Vom okkulten Mummenschanz zum Hakenkreuz, 2. Aufl. München 2015.

Gökçe, Hasan: Bedir Khan Bey, der Emir von Cezire – einer der letzten autonomen Kurdenfürsten des 19. Jahrhunderts, in: Hans-Lukas Kieser (Hrsg.): Kurdistan und Europa. Einblicke in die kurdische Geschichte des 19. und 20. Jahrhunderts, Zürich 1997, S. 77–112.

Goltz, Gabriel: Von Potsdam nach Plovdiv. Die Islam-Mission als Aufgabe der Deutschen Orient-Mission, in: Hosfeld, Lepsius, S. 227–247.

Goodrick-Clarke, Nicholas: Die okkulten Wurzeln des Nationalsozialismus, Graz u. Stuttgart 2000.

Gossman, Lionel: The Passion of Max von Oppenheim. Archaeology and Intrigue in the Middle East from Wilhelm II to Hitler, Cambridge 2014.

Gottschlich, Jürgen: Die Deutschen und der Völkermord, Osmanisch-deutsche Allianzen, 26.4.2016, https://www.bpb.de/geschichte/zeitgeschichte/genozid-an-den-armeniern/218106/deutschlands-rolle.

— Beihilfe zum Völkermord. Deutschlands Rolle bei der Vernichtung der Armenier, Berlin 2015.

Grau, Bernhard: Kurt Eisner. 1867–1919. Eine Biographie, München 2017.

— Kriegsschuldfrage. 1918/1919, in: HLB 17.1.2007 [Online-Version], https://www.historisches-lexikon-bayerns.de/Lexikon/Kriegsschuldfrage,1918/1919#Eisner_auf_dem_Sozialistenkongress_in_Bern_1919.

Greverus, Ina-Maria: Kultur und Alltagswelt. Eine Einführung in Fragen der Kulturanthropologie (=BSR 182), München 1978.

Grimm, Gerhard: Franz Babinger (1891–1967): Ein lebensgeschichtlicher Essay, in: WdI 38/3 (1998), S. 286–333.

Grothusen, Klaus-Detlev (Hrsg.): Der Scurla-Bericht. Die Tätigkeit deutscher Hochschullehrer in der Türkei 1933–1939, Frankfurt a.M. 1987.

Gurganus, Albert Earle: Kurt Eisner. A Modern Life, New York 2018.

Gürle, Cevdet: Zypern in seinen Beziehungs- und Konfliktverhältnissen zu Türkei und Griechenland, Münster 2002.

Gust, Wolfgang: Der Völkermord an den Armeniern 1915/16 in deutschen Akten, 26.4.2016, https://www.bpb.de/geschichte/zeitgeschichte/genozid-an-den-armeniern/224092/der-voelkermord-1915-16-in-deutschen-akten.

— (Hrsg.): Der Völkermord an den Armeniern 1915/16. Dokumente aus dem Politischen Archiv des deutschen Auswärtigen Amts, Springe 2005.

— (Hrsg.): Der Völkermord an den Armeniern. Die Tragödie des ältesten Christenvolkes der Welt, München u. Wien 1993.

Guttstadt, Corry: Turkey, the Jews and the Holocaust, Cambridge 2013.

— Die Türkei, die Juden und der Holocaust, Berlin u. Hamburg 2008.

Haase, Ricarda: Verteidiger des Judentums. Der „Centralverein deutscher Staatsbürger jüdischen Glaubens“, in: Tribüne 51/201 (2012), S. 129–138.

Haber, Peter: Sprache, Rasse, Nation. Der ungarische Turkologe Ármin Vámbéry, in: Ders. u.a. (Hrsg.): Jüdische Identität und Nation. Fallbeispiele aus Mitteleuropa, Köln u.a. 2006, S. 19–49.

Haddad, Mahmoud: The Manarists and Modernism. An Attempt to Fuse Society and Religion, in: Stéphane A. Dudoignon u.a. (Hrsg.): Intellectuals in the Modern Islamic World. Transmission, Transformation, Communication, London u. New York 2006, S. 55–73.

Hajak, Stefanie u. Zarusky, Jürgen (Hrsg.): München und der Nationalsozialismus. Menschen. Orte. Strukturen, Berlin 2008.

Hambrock, Matthias: Die Etablierung der Außenseiter. Der Verband nationaldeutscher Juden. 1921–1935, Köln u.a. 2003.

Hammer-Schenk, Harold: Synagogen in Deutschland. Geschichte einer Baugattung im 19. und 20. Jahrhundert (1780–1933), Teil 1, Hamburg 1981.
Hanioğlu, M. Şükrü: Atatürk. Visionär einer modernen Türkei, Darmstadt 2015.
— Atatürk. An Intellectual Biography, Princeton u. Oxford 2011.
— A Brief History of the Late Ottoman Empire, Princeton u. Oxford 2008.
— Preparation for a Revolution. The Young Turks, 1902–1908, New York u. Oxford 2001.
— The Young Turks in Opposition, New York u. Oxford 1995.
— Karl Süssheim-İbrahim Temo Mektuplaşması ve Jön Türk Haraketi, in: TvE 2 (1991), S. 137–168.
— Bir Siyasal Örgüt Olarak „Osmanlı İttihad ve Terakki Cemiyeti" ve „Jön Türklük", 2 Bde, İstanbul [1985].
— Bir Siyasal Düşünür Olarak. Doktor Abdullah Cevdet ve Dönemi (= İİS 3), İstanbul [1981].
Hanisch, Ludmila: Im Windschatten der Bagdad-Bahn – deutsch-türkische kulturelle Beziehungen, in: Stauth u. Birtek, Istanbul, S. 217–229.
— Die Nachfolger der Exegeten. Deutschsprachige Erforschung des Vorderen Orients in der ersten Hälfte des 20. Jahrhunderts, Wiesbaden 2003.
Hanisch, Marc: Der Orient der Deutschen. Max von Oppenheim und die Erfindung eines außenpolitischen Raumes (1896–1909), Frankfurt a. M. 2021.
— Curt Prüfer – Orientalist, Dragoman und Oppenheims „man on the spot", in: Loth u. Ders., Weltkrieg, S. 167–191.
— Max Freiherr von Oppenheim und die Revolutionierung der islamischen Welt als antiimperiale Befreiung von oben, in: Loth u. Ders., Weltkrieg, S. 13–38.
Hanke, Peter: Zur Geschichte der Juden in München zwischen 1933 und 1945 (= MBM 3), München 1967.
Haridi, Alexander: Das Paradigma der „islamischen Zivilisation" – oder die Begründung der deutschen Islamwissenschaft durch Carl Heinrich Becker (1876–1933). Eine wissenschaftsgeschichtliche Untersuchung (= MISK 19), Würzburg 2005.
Harlander, Lilian u. Purin, Bernhard (Hrsg.): Bier ist der Wein dieses Landes. Jüdische Braugeschichten, [Ausstellungsband des JMM], München 2016.
Harlander, Lilian: „Wegen der israelitischen Feiertage geschah gestern und heute im Hopfengeschäft nichts …" Über jüdische Hopfenhändler in Bayern, in: Dies. u. Purin, Bier, S. 53–69.
Harris, James F.: The People Speak. Anti-Semitism and Emancipation in Nineteenth-Century Bavaria, Ann Arbor 1994.
Hartmann, Peter Claus: Bayerns Weg in die Gegenwart. Vom Stammesherzogtum zum Freistaat heute, 3. Aufl. Regensburg 2012.
Hatzer, Barbara u. Layers, Gabriel: Interkulturelle Handlungskompetenz, in: Alexander Thomas u. a. (Hrsg.): Handbuch Interkulturelle Kommunikation und Kooperation, Bd. 1: Grundlagen und Praxisfelder, 2. Aufl. Göttingen 2005, S. 138–148.

Hauck, Rolf M.: Fritz Burger (1877–1916). Kunsthistoriker und Wegbereiter der Moderne am Beginn des 20. Jahrhunderts, München 2005.

Hausberger, Bernd (Hrsg.): Globale Lebensläufe. Menschen als Akteure im weltgeschichtlichen Geschehen (= GuE 3), Wien 2006.

Heiber, Helmut: Walter Frank und sein Reichsinstitut für Geschichte des neuen Deutschlands, Stuttgart 1966.

Heid, Ludger: Achtzehntes Bild: „Der Ostjude", in: Julius H. Schoeps u. Joachim Schlör (Hrsg.): Bilder der Judenfeindschaft. Antisemitismus. Vorurteile und Mythen, Augsburg 1999, S. 241–251.

Heigel, Karl Theodor: Der Oesterreichische Erbfolgestreit und die Kaiserwahl Karls VII., Nördlingen 1877.

Heikaus, Ulrike: Krieg! Juden zwischen den Fronten. Eine Wechselausstellung im Jüdischen Museum München, in: Dies. u. Julia B. Köhne (Hrsg.): Krieg! 1914–1918. Juden zwischen den Fronten, München 2014, S. 8–44.

Hennig, Diethard: Johannes Hoffmann. Sozialdemokrat und Bayerischer Ministerpräsident. Biographie (= SGVA 3), München 1990.

Herbeck, Lukas (Bearbeiter): Oskar Ritter von Niedermayer. Ein bayerischer Hauptmann im Orient 1912–1918. Eine Ausstellung der Bayerischen Archivschule, München 2014.

Herkless, John Lindsay: Idealism and the Study of History. The Development of the Historiography of Max Lenz, Birmingham 1977.

Herm, Gerhard: Der Balkan. Das Pulverfaß Europas, Düsseldorf u. a. 1993.

Hermann, Rainer: Kulturkrise und konservative Erneuerung. Muḥammad Kurd ʿAlī (1876–1953) und das geistige Leben im Damaskus zu Beginn des 20. Jahrhunderts (= HoS 16), Frankfurt a. M. 1990.

Herren, Madeleine: Inszenierungen des globalen Subjekts. Vorschläge zur Typologie einer transgressiven Biographie, in: HA 13/1 (2005), S. 1–18.

Hertfelder, Thomas: Franz Schnabel (1887–1966), in: Weigand, Historiker, S. 233–258.

Hertsch, M[ax] Florian u. Er, Mutlu (Hrsg.): Die Bagdadbahn. Ein Umriss deutsch-türkischer Beziehungen. Gesammelte Beiträge (= Studien zur Geschichtsforschung der Neuzeit 91), Hamburg 2016.

Herzfeld, Hans: Der Erste Weltkrieg (= dtv Weltgeschichte des 20. Jahrhunderts 1), Nördlingen 1968.

Heusler, Andreas u. Sinn, Andrea (Hrsg.): Die Erfahrung des Exils. Vertreibung, Emigration und Neuanfang. Ein Münchner Lesebuch, Berlin u. Boston 2015.

— Die Erfahrung des Exils [Einleitung], S. 1–18.

Heymann, Michael (Hrsg.): The Minutes of the Zionist General Council. The Uganda Controversy, Jerusalem 1970.

Hillebrecht, Sabine: Vertürken? Die deutschen Emigranten zwischen heimisch werden und fremd bleiben, in: Haymatloz [Ausstellungsband], S. 162–171.

Himmel, Barbara: Die Synagoge der ehemaligen israelitischen Kultusgemeinde Kronach [Magisterarbeit], Bamberg 1995.

Hipler, Bruno: Hitlers Lehrmeister. Karl Haushofer als Vater der NS-Ideologie, St. Ottilien 1996.

Hirn, Hans Georg: Jüdisches Leben in Neumarkt und Sulzbürg (= NHB 12), Neumarkt 2011.

Hirsch, Ernst E[duard]: Aus des Kaisers Zeiten durch die Weimarer Republik in das Land Atatürks. Eine unzeitgemäße Autobiographie, München 1982.

Hirschmann, Gerhard: Das Ende des demokratischen Stadtrates in Nürnberg 1933, Nürnberg 1983.

Hoch, Anton: Das Attentat auf Adolf Hitler im Münchner Bürgerbräukeller 1939, in: VfZ 17/4 (1969), S. 383–413.

Hockerts, Hans Günter: Warum war München die „Hauptstadt der Bewegung"?, in: Hajak u. Zarusky, München, S. 23-40.

Hoegen, Jesko von: Der Held von Tannenberg. Genese und Funktion des Hindenburg-Mythos (1914–1934) (= SHF 4), Köln 2007.

Hoffmann, Nils: Renaissance der Geopolitik? Die deutsche Sicherheitspolitik nach dem Kalten Krieg, Wiesbaden 2012.

Hohberger, Wiebke u. a. (Hrsg.): Grenzräume, Grenzgänge, Entgrenzungen. Junge Perspektiven der Türkeiforschung, Wiesbaden 2018.

Honsza, Norbert u. Sznurkowski, Przemysław (Hrsg.): Deutsch-jüdische Identität. Mythos und Wirklichkeit. Ein neuer Diskurs? (= PSGKL 5), Frankfurt a. M. 2013, S. 9–17.

— Vorwort, S. 7.

Höpp, Gerhard: Muslime in der Mark. Als Kriegsgefangene und Internierte in Wünsdorf und Zossen, 1914–1924 (= SZMO 6), Berlin 1997.

Hoppe, Marie: Methodenkritische Überlegungen für qualitative sozialwissenschaftliche Forschung im Kontext Türkei. Eine postkolonial informierte Perspektive, in: Hohberger u. a., Grenzräume, S. 101–126.

Horkheimer, Max: The End of Reason, in: SPSS 9/3 (1941), S. 366–388.

Hörning, Karl H. u. Reuter, Julia (Hrsg.): Doing Culture. Neue Positionen zum Verhältnis von Kultur und sozialer Praxis, Bielefeld 2004.

Hosfeld, Rolf: Johannes Lepsius – eine deutsche Ausnahme. Armenophilie als Lebenspraxis, 26. 4. 2016, https://www.bpb.de/geschichte/zeitgeschichte/genozid-an-den-armeniern/218105/johannes-lepsius-eine-deutsche-ausnahme.

— Tod in der Wüste. Der Völkermord an den Armeniern, 2. Aufl. München 2015.

— (Hrsg.): Johannes Lepsius – Eine deutsche Ausnahme. Der Völkermord an den Armeniern, Humanitarismus und Menschenrechte, Göttingen 2013.

Hoss, Christiane und Büchau, Ursula: Deutsche Kolonie B. Daten und Fakten zu den in die Türkei Emigrierten, in: Haymatloz [Ausstellungsband], S. 100–111.

Hoss, Christiane: Vogelfrei. Die Verfolgung der Emigrantinnen und Emigranten in der Türkei durch das Deutsche Reich, in: Haymatloz [Ausstellungsband], S. 130–155.

Hrdlicka, Manuela R.: Alltag im KZ. Das Lager Sachsenhausen bei Berlin, Opladen 1992.
Ihrig, Stefan: Justifying Genocide. Germany and the Armenians from Bismarck to Hitler, Cambridge u. London 2016.
— Atatürk in the Nazi Imagination, Cambridge u. London 2014.
IKGM (Hrsg.): Festschrift. 200 Jahre Israelitische Kultusgemeinde München und Oberbayern, München 2015.
İleri, Selim: Türk Romanından Altın Sayfalar, 2. Aufl. İstanbul 2001.
İshakoğlu Kadıoğlu, Sevtap u. Şahinbaş Erginöz, Gaye: Belgelerle İstanbul Üniversitesi Edebiyat Fakültesinde mülteci bilim adamları, İstanbul 2017.
Jäckh, Ernst: Der aufsteigende Halbmond. Auf dem Weg zum deutsch-türkischen Bündnis, Stuttgart 1909.
Jacobsen, Hans-Adolf: Auswärtige Kulturpolitik als „geistige Waffe". Karl Haushofer und die Deutsche Akademie (1923–1927), in: Kurt Düwell u. Werner Link (Hrsg.): Deutsche auswärtige Kulturpolitik seit 1871. Geschichte und Struktur. Referate und Diskussionen eines interdisziplinären Symposiums (= BGKP 1), Köln u. Wien 1981, S. 218–261.
Jaeschke, Gotthard: Türkiye Kronolojisi. 1938–1945, Ankara 1990.
Jakob, Joachim: Ostsyrische Christen und Kurden im Osmanischen Reich des 19. und frühen 20. Jahrhunderts (= opo 7), Wien u. Berlin 2014.
Jäschke, Gotthard: „Giese, Friedrich", in: NDB 6, Berlin 1964.
Jaspers, Karl: Philosophie, Bd. 2, 3. Aufl. Berlin u. a. 1956.
— Psychologie der Weltanschauungen, 3. Aufl. Berlin u. Heideberg 1925.
Jedlitschka, Karsten: Professor von Hitlers Gnaden: Der Münchner Neuzeithistoriker Ulrich Crämer (1907–1992), in: Kraus, Universität I, S. 299–344.
— Old Boys Network. Der „Verband der nicht-amtierenden (amtsverdrängten) Hochschullehrer" und seine Lobbypolitik in Bayern am Beispiel der Universität München, in: Kraus, Universität II, S. 571–613.
Joachimsthaler, Anton: Hitlers Weg begann in München. 1913–1923, München 2000.
— Korrektur einer Biographie. Adolf Hitler 1908–1920, München 1989.
Jochem, Gerhard: Ein Sohn des Volkes wollt er sein – Quellentexte zu Person und Wirken von Dr. Dr. Max Süßheim, in: Diefenbacher, Süßheims, S. 199–208.
— Zum jüdischen Hopfenhandel in Nürnberg vor 1945, in: Diefenbacher, Süßheims, S. 39–54.
— Dr. jur. Dr. phil. Max Süßheim. Jurist, bayerischer Parlamentarier, Nürnberger Stadtrat, 2. 3. 2009, online: http://www.rijo.homepage.t-online.de/pdf/DE_BY_JU_suessheim.pdf.
Jochmann, Werner: Struktur und Funktion des deutschen Antisemitismus, in: Mosse, Juden, S. 389–477.
Johnson, Niall P. A. S. u. Mueller, Juergen D.: Updating the Accounts: Global Mortality of the 1918–1920 "Spanish" Influenza Pandemic, in: BHM 76/1 (2002), S. 105–115.
Kaesler, Dirk: Max Weber. Preuße, Denker, Muttersohn. Eine Biographie, München 2014.
— Max Weber (1864–1920), in: Weigand, Historiker, S. 185–203.

Kaiser, Hilmar: Imperialism, Racism, and Development Theories. The Construction of Dominant Paradigm on Ottoman Armenians, Ann Arbor 1997.

Kalter, Max: Hundert Jahre Ostjuden in München. 1880–1980, in: Lamm, Tage, S. 392–399.

Kansu, Aykut: Politics in Post-Revolutionary Turkey, 1908–1913 (= SEPSMEA 70), Leiden u. a. 2000.

Kaplan, Marion: Konsolidierung eines bürgerlichen Lebens im kaiserlichen Deutschland 1871–1918, in: Dies. (Hrsg.): Geschichte des jüdischen Alltags in Deutschland. Vom 17. Jahrhundert bis 1945, München 2003, S. 226–346.

Kasparek, Katrin: 100 Jahre Sozialdemokratie im Nürnberger Rathaus 1908–2008, Nürnberg 2008.

Kater, Michael H.: Das „Ahnenerbe“ der SS 1935–1945. Ein Beitrag zur Kulturpolitik des Dritten Reiches, 3. Aufl. München 2001.

Kaufhold, Barbara: Jüdisches Leben in Mülheim an der Ruhr, Essen 2004.

Kayali, Hasan: Arabs and Young Turks. Ottomanism, Arabism, and Islamism in the Ottoman Empire, 1908–1918, Berkeley 1997.

Kaynar, Erdal: The Logic of Enlightenment and the Realities of Revolution: Young Turks after the Young Turk Revolution, in: Lévy-Aksu u. Georgeon, Revolution, S. 40–66.

Kehr, Eckart: Neuere deutsche Geschichtsschreibung, in: Hans-Ulrich Wehler (Hrsg.): Eckart Kehr. Der Primat der Innenpolitik. Gesammelte Aufsätze zur preußisch-deutschen Sozialgeschichte im 19. und 20. Jahrhundert (= VHKB 19), 2. Aufl. Berlin 1970, S. 254–268.

Keil, Lars-Broder u. Kellerhoff, Sven Felix: Deutsche Legenden. Vom „Dolchstoß“ und anderen Mythen der Geschichte, Berlin 2002.

Keller, Thomas: Transkulturelle Biographik und Kulturgeschichte. Deutsch-Französische Lebensgeschichten, in: Walter Erhart u. a. (Hrsg.): IASL 38/1 (2013), S. 121–171.

Kellner, Stephan u. Peters, Sebastian: Searching for Looted Books at the Bavarian State Library: Karl Süßheim's Collection of Norica Manuscripts, in: Andrea M. Gáldy u. a. (Hrsg.): Collecting and Provenance, Newcastle upon Tyne 2021, S. 240–250.

Kennan, George F.: The Decline of Bismarcks's European Order. Franco-Russian Relations, 1875–1890, Princeton 1979.

Kertzer, David I.: „Mortara-Affäre“, in: EJGK 4, Stuttgart u. Weimar 2013, S. 243–246.

Kévorkian, Raymond H.: Le Génocide des Arméniens, Paris 2006, die engl. Ausgabe: The Armenian Genocide. A Complete History, London 2012, die türkische: Ermeni Soykırımı, İstanbul 2015.

Kierkegaard, Søren: Die Krankheit zum Tode. Eine christlich-psychologische Entwicklung zur Erbauung und Erweckung von Anti-Climacus, Kopenhagen 1849.

Kieser, Hans-Lukas: Talât Pascha. Gründer der modernen Türkei und Architekt des Völkermords an den Armeniern. Eine politische Biografie, Zürich 2021.

— Talaat Pasha. Father of Modern Turkey, Architect of Genocide, Princeton u. Oxford 2018.

— Der jungtürkische Genozid im Ersten Weltkrieg, 26.4.2016, https://www.bpb.de/geschichte/zeitgeschichte/genozid-an-den-armeniern/218601/der-jungtuerkische-genozid-im-ersten-weltkrieg.
— From "Patriotism" to Mass Murder. Dr. Mehmed Reşid (1873–1919), in: Ronald Grigor Suny, Fatma Müge Göçek u. Norman M. Naimark (Hrsg.): A Question of Genocide. Armenians and Turks at the End of the Ottoman Empire, Oxford u.a. 2011, S. 126–148.
Kiiskinen, Elina: Die Deutschnationale Volkspartei in Bayern (Bayerische Mittelpartei) in der Regierungspolitik des Freistaats während der Weimarer Zeit (= SbayLG 145), München 2005, S. 45–50.
King, Charles: Mitternacht im Pera Palace. Die Geburt des modernen Istanbul, Berlin 2015.
Kipling, Rudyard: The Ballad of East and West, in: Ders.: Departmental Ditties and Ballads and Barack-Room Ballads, New York 1919, abgedr. bei Thomas Pinney (Hrsg.): The Cambridge Edition of the Poems of Rudyard Kipling, Bd. 1: Collected Poems I, New York 2013, S. 225–229.
Kirchhoff, Markus: Erweiterter Orientalismus. Zu euro-christlichen Identifikationen und jüdischer Gegengeschichte im 19. Jahrhundert, in: Raphael Gross u. Yfaat Weiss (Hrsg.): Jüdische Geschichte als Allgemeine Geschichte. Festschrift für Dan Diner zum 60. Geburtstag, Göttingen 2006, S. 99–119.
Kißling, Hans-Joachim: Babinger, Franz, in: BioLexSOE 1 (1974), S. 117.
Kittel, Manfred: Vertreibung als Völkermord. Von den Heimatvertriebenen bis zu den Herero – Der Deutsche Bundestag und die Diskurse über Genozid, in: FAZ 161 (15.7.2021), S. 6.
Kloosterhuis, Jürgen: „Friedliche Imperialisten". Deutsche Auslandsvereine und auswärtige Kulturpolitik, 1906–1918 (= EH Reihe III: Geschichte und ihre Hilfswissenschaften 588), 2 Bde, Frankfurt a.M. 1994.
Koca, Ferhat: Şeyhülislām Musa Kāzım Efendi'nin (1858–1920) Fıkıh Usulüne Dair Bir Risalesi: Hakikat ve Mecaz, in: HÜİFD 13/26 (2/2014), S. 149–175.
Koca, Ferhat: Şeyhülislām Musa Kāzım Efendi'nin Hayatı ve Fetvāları, İstanbul 2002.
Koch, Rainer (Hrsg.): Die Frankfurter Nationalversammlung 1848/49. Ein Handlexikon der Abgeordneten der deutschen verfassungsgebenden Reichs-Versammlung, Kelkheim 1989.
Komlosy, Andrea: Grenzen. Räumliche und soziale Trennlinien im Zeitenlauf, Wien 2018.
Komorzynski, Egon: „Glaser, Eduard", in: NDB 6 (1964), S. 429f. [Onlinefassung], http://www.deutsche-biographie.de/pnd118695223.html.
Konuk, Kader: East West Mimesis. Auerba ch in Turkey, Stanford 2010.
Kopetzky, Steffen (Hrsg.): Dokumente von Max Freiherr von Oppenheim mit dem Titel Denkschrift betreffend die Revolutionierung der islamischen Gebiete unserer Feinde, Berlin 2018.
— Nachwort des Herausgebers, S. 97–106.
Korabinsky, Johann Mathias: Versuch eines kleinen Türkischen Wörterbuchs mit beygesetzten deutsch-ungarisch und böhmischen Bedeutungen und einer kurzgefaßten türkischen Sprachlehre, Pressburg 1788.

Kornrumpf, Hans-Jürgen: Enver Pascha, in: BioLexSOE, Bd. 1, München 1974, S. 462ff. [Onlineausgabe] https://www.biolex.ios-regensburg.de/BioLexViewview. php?ID=779.

Koslowski, Peter u. Schenk, Richard (Hrsg.): Ambivalenz – Ambiguität – Postmodernität. Begrenzt Eindeutiges Denken (= CP 5), Stuttgart 2004.

Kracauer, Siegfried: Pariser Leben. Jacques Offenbach und seine Zeit. Eine Gesellschaftsbiographie, München 1962.

Kramer, Ferdinand: Max Spindler (1894–1986) und Karl Bosl (1908–1993), in: Weigand, Historiker, S. 259–279.

Kramer, Martin (Hrsg.): The Jewish Discovery of Islam. Studies in Honor of Bernard Lewis, Tel Aviv 1999.

— Preface, S. vii.

Kraus, Daniela: Antisemitenpetition, in: Wolfgang Benz (Hrsg.): HdAS 4: Ereignisse, Dekrete, Kontroversen, Berlin u. Boston 2011, S. 7–9.

Kraus, Elisabeth: Die Ludwig-Maximilians-Universität im Dritten Reich. Konturen und Ergebnisse eines Forschungsprojekts, in: Hajak u. Zarusky, München, S. 303–312.

— (Hrsg.): Die Universität München im Dritten Reich, Teile I u. II (= BGLMU 1 u. 4), München 2006 u. 2008.

— Einführung, II, S. 9–12.

Kreiser, Klaus: Turkologie an der Ludwig-Maximilians-Universität. Eine Spurensuche [=Vortrag aus Anlass der Überreichung einer Festschrift an Hans Georg Majer im Senatssaal der Universität München am 1. Dezember 2012], in: Eothen 6 (2014), Lindenberg 2015, S. 99–105.

— Deutsch-türkische Gesellschaften von Kaiser Wilhelm II. bis Konrad Adenauer, in: Dietrich Schlegel u. Norbert Reitz (Hrsg.): Festschrift. 60 Jahre Deutsch-Türkische Gesellschaft e.V. Bonn, Bonn 2014, S. 9–16.

— „Im Dienste ist der Fes zu tragen" – Türkische Vorlesungen deutscher Professoren am Istanbuler Dārülfünūn (1915–1918), in: Kubaseck u. Seufert, Wissenschaftler, S. 21–40.

— Atatürk. Eine Biographie, 2. Aufl. München 2008.

— Der Osmanische Staat 1300–1922 (= OGG 30), 2. Aufl. München 2008.

— Karl Süßheim (1878–1947), in: TSAB 25/1 (2001), S. 61–66.

— Türkische Studien in Europa (= AI 31), Istanbul 1998.

— Damenbäder und Kanonengießereien. Zur osmanischen Studienreise nach Deutschland (Juni/Juli 1911), in: Ders. u. Christoph K. Neumann (Hrsg.): Das Osmanische Reich in seinen Archivalien und Chroniken. Nejat Göyünç zu Ehren (= Beiruter Texte und Studien 65 – Türkische Welten 1), Istanbul u. Stuttgart 1997, S. 85–114.

— Deutsche Professoren am Istanbuler Dārülfünūn (1915–1918), in: Einar von Schuler (Hrsg.): XXIII. Deutscher Orientalistentag vom 16. bis 20. September 1985 in Würzburg. Ausgewählte Vorträge (= ZDMG, Supplement VII), Wiesbaden 1989, S. 211–218.

— Unfeierliche Beiträge zu 100 Jahren Orientalistik in Deutschland, in: Orientierungen 1, Bonn 1989, S. 25–36.

— Abschied von der arabischen Schrift, S. 121–128.
— Halbmond im letzten Viertel und die Konjunktur des Türkisch-Lernens während des Weltkriegs (1914–1918), S. 93–99.

Kreiser, Klaus u. Karasek, Dieter (Hrsg.): Germano-Turcica. Zur Geschichte des Türkisch-Lernens in den deutschsprachigen Ländern (= SUBB 4), Bamberg 1987.

Kreutzer, Stefan M.: Wilhelm Waßmuß – Ein deutscher Lawrence, in: Loth u. Hanisch, Weltkrieg, S. 91–117.

— Dschihad für die Freiheit. „The Kaiser's Spy", in: zenith. Zeitschrift für den Orient, 1 (2013), S. 94–99.

— Dschihad für den deutschen Kaiser. Max von Oppenheim und die Neuordnung des Orients (1914–1918), Graz 2012.

Krieger, Karsten: Der Berliner Antisemitismusstreit 1879–1881. Eine Debatte um die Zugehörigkeit der deutschen Juden zur deutschen Nation, in: Wolfgang Benz u. Angelika Königseder (Hrsg.): Judenfeindschaft als Paradigma. Studien zur Vorurteilsforschung, Berlin 2002, S. 89–95.

Kubaseck, Christopher u. Seufert, Günter (Hrsg.): Deutsche Wissenschaftler im türkischen Exil: Die Wissenschaftsmigration in die Türkei 1933–1945 (= Istanbuler Texte und Studien 12), Würzburg 2008.

Kuehn, Thomas: Empire, Islam and Politics of Difference. Ottoman Rule in Yemen, 1849–1919 (= The Ottoman Empire and its Heritage. Politics, Society and Economy 48), Leiden u. Boston 2011.

Kuhn, Peter: Hans Striedl (1907–2002), Bibliothekar und Orientalist, in: Annelies Kuyt und Gerold Necker (Hrsg.): Orient als Grenzbereich? Rabbinisches und außerrabbinisches Judentum (= AKM LX), Wiesbaden 2007, S. 201–216.

Kummer, Matthias von (Hrsg.): Deutsche Präsenz am Bosporus / Boğaziçi'ndeki Almanya. 130 Jahre Kaiserliches Botschaftspalais – 120 Jahre historische Sommerresidenz des deutschen Botschafters in Tarabya / Alman İmperatorluğu Sefaret Köşkü'nün 130 Yılı – Almanya Sefareti Tarabya Yazlık Rezidansı'nın 120 Yılı, Istanbul 2009.

Kurzman, Charles (Hrsg.): Modernist Islam, 1840–1940. A Sourcebook, Oxford 2002.

Kuschel, Karl-Josef u. Alam, Shahid: Goethe und der Koran, Ostfildern 2021.

Lamm, Hans (Hrsg.): Vergangene Tage. Jüdische Kultur in München, München 1982.
— Die Geschichte der Münchner Hauptsynagoge, S. 441–443.

Landau, Jacob M.: Arminius Vámbéry: Identities in Conflict, in: Kramer, Discovery, S. 95–102.

Landois, Antonia: Die Sammlung Süßheim als Depositum im Stadtarchiv Nürnberg und ihre Bedeutung für die Nürnberger Stadtgeschichte, in: Diefenbacher, Süßheims, S. 261–285.

Lappin, Eleonore u. Lichtblau, Albert: Einleitung, in: Dies. (Hrsg.): Die „Wahrheit" der Erinnerung. Jüdische Lebensgeschichten, Innsbruck 2008, S. 7–10.

Latzin, Ellen: „Reeducation" – „Reorientation": Theorie und Praxis zentraler Leitbegriffe der amerikanischen Besatzungspolitik nach 1945, in: Kraus, Universität I, S. 609–635.

Laut, Jens Peter: Das Türkische als Ursprache? Sprachwissenschaftliche Theorien in der Zeit des erwachsenden türkischen Nationalismus (= Turcologica 44), Wiesbaden 2000.

Leber, Friedrich: Nürnbergs Spaziergänge. Ein praktischer Führer durch Nürnberg und Umgebung, Nürnberg 1895.

Leder, Harald: Eigentlich ein ganz normales Leben: Margot Süßheims Erinnerungen, in: Diefenbacher, Süßheims, S. 287–291.

Leuschen-Seppel, Rosemarie: Sozialdemokratie und Antisemitismus im Kaiserreich. Die Auseinandersetzungen der Partei mit den konservativen und völkischen Strömungen des Antisemitismus 1871–1914 (= PGG), Bonn 1978.

Lévy-Aksu, Noémi u. Georgeon, François (Hrsg.): The Young Turk Revolution and the Ottoman Empire. The Aftermath of 1908, London u. New York 2017.

Lewis, Bernard: The Pro-Islamic Jews, in: Judaism 17/4 (1968), S. 391–404.

Lier, Thomas: Hellmut Ritter in Istanbul 1926–1949, in: WdI 38/3 (1998), S. 334–385.

Lindner, Ulrike: Koloniale Begegnungen. Deutschland und Großbritannien als Imperialmächte in Afrika 1880–1914, Frankfurt a. M. 2011.

Loth, Wilfried u. Hanisch, Marc (Hrsg.): Erster Weltkrieg und Dschihad. Die Deutschen und die Revolutionierung des Orients, München 2014.

Loth, Wilfried: „Dschihad made in Germany"? Einleitung, S. 7–12.

Lowenstein, Steven M.: Alltag und Tradition: Eine fränkisch-jüdische Geographie, in Brenner u. Eisenstein, Juden, S. 5–24.

Lüdke, Tilman: Jihad made in Germany. Ottoman and German Propaganda and Intelligence Operations in the First World War (= SZNN 12), Münster 2005.

Luginsland, Peter: Das war'n halt noch Zeiten. Nürnberg um die Jahrhundertwende, Bd. 2, Nürnberg 1967.

Machtan, Lothar: Rezension zu: Dieter J. Weiß: Kronprinz Rupprecht von Bayern (1869–1955). Eine politische Biografie, Regensburg 2007, in: H-Soz-Kult, 2. 8. 2007, online: http://www.hsozkult.de/publicationreview/id/reb-10295.

Majid, Anouar: We Are All Moors. Ending Centuries of Crusades against Muslims and Other Minorities, Minneapolis u. London 2009.

Mallmann, Klaus-Michael u. Cüppers, Martin: Halbmond und Hakenkreuz, Das „Dritte Reich", die Araber und Palästina (= Veröffentlichungen der Forschungsstelle Ludwigsburg der Universität Stuttgart 8), Darmstadt 2006.

Mango, Andrew: Atatürk, Woodstock u. New York 1999.

Mangold-Will, Sabine: Begrenzte Freundschaft. Deutschland und die Türkei. 1918–1933, Göttingen 2013.

— Eine „weltbürgerliche Wissenschaft". Die deutsche Orientalistik im 19. Jahrhundert, Stuttgart 2004.

Mann, Golo: Deutsche Geschichte des 19. und 20. Jahrhunderts, Frankfurt a. M. 1958.

Marchand, Suzanne L.: German Orientalism in the Age of Empire. Religion, Race, and Scholarship, New York 2009 u. Ursula Wokoeck: German Orientalism. The Study of the Middle East and Islam from 1800 to 1945, London u. New York 2009.

Margadant, Jo Burr: Introduction. Constructing Selves in Historical Perspective, in: Ders. (Hrsg): The New Biography. Performing Femininity in Nineteenth-Century France (= Studies on the History of Society and Culture), Berkeley u. a. 2000, S. 1–32.

Marks, Robert B.: Die Ursprünge der modernen Welt. Eine globale Weltgeschichte, Darmstadt 2006.

Marston, Thomas E.: „The Süssheim Collection", in: YULG 23/4 (1949), S. 193 f.

Mazura, Uwe: Zentrumspartei und Judenfrage1870/71–1933. Verfassungsstaat und Minderheitenschutz (= VKZ, Reihe B: Forschungen 62), Mainz 1994.

McGetchin, Douglas T.: "Orient" and "Occident", "East" and "West" in the Discourse of German Orientalists, 1790–1930, in: Bavaj u. Steber, Germany, S. 111–123.

Melson, Robert: Revolution and Genocide. On the Origins of the Armenian Genocide and the Holocaust, Chicago u. London 1992, S. 66–69.

Merten, Kai: Untereinander, nicht nebeneinander. Das Zusammenleben religiöser und kultureller Gruppen im Osmanischen Reich des 19. Jahrhunderts (= MRGB 6), Berlin 2014.

Mertens, Lothar: Bildungsprivileg und Militärdienst im Kaiserreich. Die gesellschaftliche Bedeutung des Einjährig-Freiwilligen Militärdienstes für das deutsche Bildungsbürgertum, in: BuE 43/2 (1990), S. 217–228.

— Das Einjährig-Freiwilligen Privileg. Der Militärdienst im Zeitgeist des deutschen Kaiserreichs, in: ZRGG 4/4 (1990), S. 316–329.

Meybohm, Ivonne: David Wolffsohn. Aufsteiger, Grenzgänger, Mediator. Eine biographische Annäherung an die Geschichte der frühen Zionistischen Organisation (1897–1914), Göttingen 2013.

Milz, Kristina: „Süßheim, Karl", in: NDBO (im Erscheinen).

— Die Türkei 2015: Atatürks Albtraum, in: E+P 4 (2015), S. 58–73.

Möckelmann, Reiner: Wartesaal Ankara. Ernst Reuter – Exil und Rückkehr nach Berlin, Berlin 2013.

Motadel, David: Für Prophet und Führer. Die Islamische Welt und das Dritte Reich, Stuttgart 2017.

— Islam and Nazi Germany's War, Cambridge u. London 2014.

El Mtouni, Said: Exilierte Identitäten zwischen Akkulturation und Hybridität (= Literatur Kultur Theorie 21), Würzburg 2015.

Müller, Heinrich: Die Geschichte des Neuen Gymnasiums, in: Ursel Fischer u. a. (Hrsg.): 125 Jahre Neues Gymnasium Nürnberg, Nürnberg 2014, S. 27–127.

Na'aman, Shlomo: Der Deutsche Nationalverein. Die politische Konstituierung des deutschen Bürgertums 1859–1867 (= BGParl 81), Düsseldorf 1987.

Nassehi, Armin: Die Macht der Unterscheidung. Ordnung gibt es nur im Durcheinander, in: Kursbuch 173 (2013), S. 9–31.

Neshitov, Tim: Der Adler. Rächer für den Völkermord an den Armeniern, in: SZ (19.4.2015), S. 3.

Neumark, Fritz: Zuflucht am Bosporus. Deutsche Gelehrte, Politiker und Künstler in der Emigration 1933–1953, Frankfurt a.M. 1980.

Nielsen, Philipp: Between Heimat and Hatred. Jews and the Right in Germany. 1871–1935, Oxford 2019.

Niess, Wolfgang: Die Revolution von 1918/19 in der deutschen Geschichtsschreibung. Deutungen von der Weimarer Republik bis ins 21. Jahrhundert, Berlin u. Boston 2013.

Niewöhner, Friedrich: Von München nach Stanbul, in: FAZ 217 (18.9.2002), S. N3.

Nohlen, Dieter: „Kulturrelativismus", in: Ders. u. Rainer-Olaf Schultze (Hrsg.): LdP, Bd. 1, 3. Aufl. München 2005, S. 540f.

Nowojski, Walter u. Klemperer, Hadwig (Hrsg.): Victor Klemperer. Ich will Zeugnis ablegen bis zum letzten. Tagebücher, Bd. 1 (1933–1941) u. 2 (1942–1945), 4. Aufl. Berlin 1995.

Oberhaus, Salvador: „Zum wilden Aufstande entflammen". Die deutsche Propagandastrategie für den Orient im Ersten Weltkrieg am Beispiel Ägyptens, Saarbrücken 2007.

Oberstein, Peter u. Brubacher, Barbara: Der unprätentiöse Chronist. Au-Haidhausen will den jüdischen Gelehrten Karl Süßheim ehren, in: SZ, 4.2.2010, S. N2.

Ohm, Barbara: Die Fürther Familie Morgenstern, in: Diefenbacher, Süßheims, S. 13–37.

— Geschichte der Juden in Fürth (=FBGH 11), [Fürth] 2014, S. 154–167.

Ohnsorge, Werner: „Heisenberg, August", in: NDB 8 (1969), S. 455f., [Online-Version] https://www.deutsche-biographie.de/sfz29412.html#ndbcontent.

Okay, Cüneyd: "Ahmed Midhat Efendi", in: EI 3 [Online-Version], 2012, http://dx.doi.org/10.1163/1573-3912_ei3_COM_23828.

Olmer, Heinrich C.: „Wer ist Jude?" Ein Beitrag zur Diskussion über die Zukunftssicherung der jüdischen Gemeinschaft (=JCI 8), Würzburg 2010.

Önsöz, Eren: Haymatloz. Exil in der Türkei, Deutschland 2015.

Oren, Michael B.: Power, Faith, and Fantasy. America in the Middle East, 1776 to the Present, New York u. London 2007.

Ortaylı, İlber: İnsan Hakları Perspektifinden Tanzimat Fermanı'na, Ankara 2005 [Protokoll], online: https://web.archive.org/web/20150923172254/http://www.ankarabarosu.org.tr/PANELLER/2005/16.06.2005%20İNSAN%20HAKLARI-İLBER%20ORTAYLI-İNSAN%20HAKLARI%20PERSPEKTİFİNDEN.doc.

Orwell, George: Rudyard Kipling, in: Horizon. A Review of Literature and Art, 5/26 (February 1942), S. 150–162.

Osterhammel, Jürgen: Die Verwandlung der Welt. Eine Geschichte des 19. Jahrhunderts, Bonn 2010.

— Edward W. Said und die „Orientalismus"-Debatte. Ein Rückblick, in: AAL 25/6 (1997), S. 597–607.

Özçalık, Sevil: Promoting an Alliance, Furthering Nationalism. Ernst Jäckh and Ahmed Emin in the Time of the First World War (=SMO 30), Berlin 2018.

Özgen, Yüksel u. Balcı, Mustafa: Sıradışı Bir Şarkiyatçı Prof. Dr. Karl Süssheim (1878–1947), in: TY 99/275 (Temmuz 2010), S. 77–81, online: https://www.turkocaklari.org.tr/iz-birakanlar/siradisi-bir-sarkiyatci--3598.

Özgüdenli, Osman Gazi: „Süssheim, Karl (1878–1947)", in: TDVİA 2 (2016), S. 545 f., [Online-Ausgabe] https://islamansiklopedisi.org.tr/sussheim-karl.

Özyüksel, Murat: The Berlin-Baghdad Railway and the Ottoman Empire. Industrialization, Imperial Germany and the Middle East, London u. New York 2016.

Panter, Sarah u. a.: Mobility and Biography: Methodological Challenges and Perspectives, in: Dies. (Hrsg.): Mobility and Biography (= EHY 16), Berlin u. Boston 2016, S. 1–14.

Papen-Bodek, Patricia von: Judenforschung und Judenverfolgung: Die Habilitation des Geschäftsführers der Forschungsabteilung Judenfrage, Wilhelm Grau, an der Universität München 1937, in: Kraus, Universität II, S. 209–264.

Patai, Raphael: Ignaz Goldziher and his Oriental Diary. A Translation and Psychological Portrait, Detroit 1987.

Paulmann, Johannes: Regionen und Welten. Arenen und Akteure globaler Weltbeziehungen seit dem 19. Jahrhundert, in: HZ 296 (2013), S. 660–699.

Pekesen, Berna: Der Pogrom von Istanbul, 15. 10. 2014, http://www.bpb.de/internationales/europa/tuerkei/181868/pogrom-von-istanbul.

— Zwischen Sympathie und Eigennutz. NS-Propaganda und die türkische Presse im Zweiten Weltkrieg, Berlin 2014.

— Nationalismus, Türkisierung und das Ende der jüdischen Gemeinden in Thrakien. 1918–1942 (= Südosteuropische Arbeiten 145), München 2002.

Pellitteri, Antonino: Islam e Riforma. L'ambito arabo-ottomano e l'opera di Rafīq Bey al-ʿAẓm intellettuale damasceno riformatore (1865–1925) (= Annali della Facoltà di Lettere e Filosofia dell'Università di Palermo Studi e Richerche 30), Palermo 1998.

Penny, H. Glenn u. Rinke, Stefan (Hrsg.): Rethinking Germans Abroad, GG 41/2 (2015).

Penzler, Johannes (Hrsg.): Die Reden Kaiser Wilhelms II. in den Jahren 1896–1900, Leipzig 1904.

Philipp, Thomas: Jurji Zaidan and the Foundations of Arab Nationalism (= Modern Intellectual and Political History of the Middle East), New York 2014.

Pillau, Helmut: Die „deutsch-jüdische Symbiose": Historische Realität oder bloße Einbildung? Zum 9. November 2010, S. 4, online: http://www.kulturundpolitik.info/resources/Deutsch-juedische-Symbiose.pdf.

Pittwald, Michael: Ernst Niekisch. Völkischer Sozialismus, nationale Revolution, deutsches Endimperium (= PapyRossa Hochschulschriften 37), Köln 2002.

Plessner, Helmuth: Die verspätete Nation. Über die politische Verführbarkeit bürgerlichen Geistes, Stuttgart 1959.

Plöckinger, Othmar: Adolf Hitler als Hörer an der Universität München im Jahr 1919. Zum Verhältnis zwischen Reichswehr und Universität, in: Kraus, Universität II, S. 13-47.

Pohl, Karl Heinrich: Gustav Stresemann. Biographie eines Grenzgängers, Göttingen 2015.

— Adolf Müller. Geheimagent und Gesandter in Kaiserreich und Weimarer Republik, Köln 1995.

Porzelt, Christian: Die Familie Süßheim in Kronach, in: Diefenbacher, Süßheims, S. 1–12.

Procházka, Stephan: „Müller, David Heinrich Freiherr von", in: NDB 18 (1997), S. 354f. [Online-Version], https://www.deutsche-biographie.de/sfz66325.html#ndbcontent.

Pulzer, Peter: Die jüdische Beteiligung an der Politik, in: Mosse, Juden, S. 143–239.

Pyka, Marcus: Die jüdische Gemeinde in München 1815–1871, in: IKGM, Festschrift, S. 44–51.

Quataert, Donald: The Age of Reforms, 1812–1914, in: Halil İnalcik u. Ders. (Hrsg.): An Economic and Social History of the Ottoman Empire 1300–1914, Cambridge 1994, S. 759–943.

Radlmaier, Dominik: Die Süßheims in Nürnberg. Geschichte der Familie und ihrer Sammlungen von den Gründerjahren bis in die NS-Zeit, in: Diefenbacher, Süßheims, S. 55–197.

Radt, Barbara: Geschichte der Teutonia. Deutsches Vereinsleben in Istanbul 1847–2000, Würzburg 2002, S. 137.

Raphael, Lutz: Historikerkontroversen im Spannungsfeld zwischen Berufshabitus, Fächerkonkurrenz und sozialen Deutungsmustern. Lamprecht-Streit und französischer Methodenstreit der Jahrhundertwende in vergleichender Perspektive, in: HZ 251/2 (1990), S. 325–363.

Rathkolb, Oliver (Hrsg.): 250 Jahre. Von der Orientalischen zur Diplomatischen Akademie in Wien, Innsbruck u. a. 2004.

Rebenich, Stefan: Alte Geschichte in Demokratie und Diktatur. Der Fall Helmut Berve, in: Chiron 31 (2001) S. 457–496.

Reichardt, Sven: Zeithistorisches zur praxeologischen Geschichtswissenschaft, in: Arndt Brendecke (Hrsg.): Praktiken der Frühen Neuzeit. Akteure – Handlungen – Artefakte, Wien u. a. 2015, S. 46–61.

Reimann, Joachim: Ernst Müller-Meiningen senior und der Linksliberalismus in seiner Zeit. Zur Biographie eines bayerischen und deutschen Politikers (1866–1944) (= MBM 11), München 1968.

Reinharz, Jehuda: Advocacy and History: The Case of the Centralverein and the Zionists, in: LBIYB 33 (1988), S. 113–122.

— Deutschtum and Judentum in the Ideology of the Centralverein Deutscher Staatsbürger jüdischen Glaubens 1893–1914, in: JSS 36 (1974), S. 19–39.

Reinke, Andreas: „B'nai B'rith", in: EJGK 1, Stuttgart 2011, S. 365–369.

Reis, Jack: Inventar zur Messung der Ambiguitätstoleranz (IMA), Heidelberg 1996.

Retallack, James: Notables of the Right. The Conservative Party and Political Mobilization in Germany 1876–1918, Boston u. London 1988.

Retterath, Jörn: „Was ist das Volk?" Volks- und Gemeinschaftskonzepte der politischen Mitte in Deutschland 1917–1924 (= QDZ 110), München 2016.

Rhein, Karin: Deutsche Orientmalerei in der zweiten Hälfte des 19. Jahrhunderts. Entwicklung und Charakteristika, Berlin 2003.

Richter, Ludwig: Die Deutsche Volkspartei. 1918–1933 (= BGParl 134), Düsseldorf 2002.

Rieger, Susanne: Prof. Dr. Karl Süßheim: Historiker und Orientalist. Nürnberg 21. 1. 1878 – München – Istanbul 17. 1. 1947, 9. 7. 2016, online: http://www.rijo.homepage.t-online.de/pdf/DE_MU_JU_suessheim.pdf.

— „Durchaus nicht unbegabt, aber noch unreif und ohne Verständnis für gleichmäßige richtige Arbeitsverteilung“: Jüdische Schüler vor 1933 am Neuen Gymnasium Nürnberg und ihre Schicksale, in: Ursel Fischer u. a. (Hrsg.): 125 Jahre Neues Gymnasium Nürnberg, Nürnberg 2014, S. 139–149.

Roos, Daniel: Julius Streicher und „Der Stürmer“ 1923–1945, Würzburg 2013.

Rosenberg, Hans: Grosse Depression und Bismarckzeit. Wirtschaftsablauf, Gesellschaft und Politik in Mitteleuropa (= VHKB 24), Berlin 1967.

Rosenkranz, Simone: Die jüdisch-christliche Auseinandersetzung unter islamischer Herrschaft. 7.–10. Jahrhundert, Bern 2004.

Rossmeissl, Dieter: „Karl Süßheim“, in: Christoph von Imhoff (Hrsg.): Berühmte Nürnberger aus neun Jahrhunderten, Nürnberg 1984, S. 365 f.

— Arbeiterschaft und Sozialdemokratie in Nürnberg 1890–1914 (= Nürnberger Werkstücke zur Stadt- und Landesgeschichte. Schriftenreihe des Stadtarchivs Nürnberg 22), Nürnberg 1977.

Sabev, Orlin: „Emrullah Efendi“, in: EI 3 [Online-Ausgabe] http://dx.doi.org/10.1163/1573-3912_ei3_COM_26183.

Said, Edward W.: Culture and Imperialism, 4. Aufl. New York 1993.

— Orientalism, New York u. Toronto 1979.

— Orientalism, in: Bill Ashcroft u. a. (Hrsg.): Post Colonial Studies Reader, London u. a. 1978, S. 87–91.

Schaefgen, Annette: Von der treuen millet zum Sündenbock oder Die Legende vom armenischen Dolchstoß. Der Völkermord an den Armeniern im Ersten Weltkrieg, in: Wolfgang Benz (Hrsg.): Vorurteil und Genozid. Ideologische Prämissen des Völkermords, Wien u. a. 2010, S. 35–59.

— Schwieriges Erinnern: Der Völkermord an den Armeniern (= DTM 60), Berlin 2006.

Schaller, Dominik J.: „La question arménienne n'existe plus“. Der Völkermord an den Armeniern während des Ersten Weltkriegs und seine Darstellung in der Historiographie, in: Irmtrud Wojak u. Susanne Meinl (Hrsg.): Völkermord und Kriegsverbrechen in der ersten Hälfte des 20. Jahrhunderts, Frankfurt a. M. 2004, S. 99–128.

Schaller, Helmut W.: Das Institut für Slavische Philologie an der Universität München, in: Dietrich Gerhardt u. a. (Hrsg.): Materialen zur Geschichte der Slavistik. Teil 2 (= VSSLO 50,2), Wiesbaden 1987, S. 189–230.

Schami, Rafik: Ich wollte nur Geschichten erzählen. Mosaik der Fremde, Berlin 2017.

Scheiber, Alexander (Hrsg.): Ignaz Goldziher. Tagebuch, Leiden 1978.

Scheil, Stefan: Die Entwicklung des politischen Antisemitismus in Deutschland zwischen 1881 und 1912. Eine wahlgeschichtliche Untersuchung (= BPW 107), Berlin 1999.

Schieber, Martin: Geschichte Nürnbergs, München 2007.

Schlink, Bernhard: Heimat als Utopie, Frankfurt a. M. 2000.

Schlösser, Manfred (Hrsg.): Auf gespaltenem Pfad. Zum neunzigsten Geburtstag von Margarete Susman, Darmstadt 1964.

Schmalzl, Markus: Erhard Auer. Wegbereiter der Parlamentarischen Demokratie in Bayern (=MHSBG 20), Kallmünz 2013.

Schmidt, Alexander: „Eine ganz moderne Gemeinde …" Zur Geschichte der Nürnberger Juden vor 1933, in: Brenner u. Eisenstein, Juden, S. 181–198.

Schmidt, Jan: Prof. Karl Süßheim als Vermittler zwischen Orient und Okzident (mit Anhang: Das Süßheimsche Orientalia-Konvolut im Stadtarchiv Nürnberg), in: Diefenbacher, Süßheims, S. 233–259.

— The Orientalist Karl Süssheim Meets the Young Turk Officer İsma'il Hakkı Bey. Two Unexplored Sources from the Last Decade in the Reign of the Ottoman Sultan Abdulhamid II, Leiden 2018.

— The Joys of Philology. Studies in Ottoman Literature, History and Orientalism (1500–1923), 2 Bde, Istanbul 2002.

  — The Poet Meḥmed Eşref Between Sultan and Shah, I, S. 73–104.

  — Karl Süssheim and the Bavarian Postal Censorship during the First World War, II, S. 197–207.

  — The Importance of the Süssheim Papers for Modern Turkish History, II, S. 180–196.

— The Importance of the Süssheim Papers for Modern Turkish History, in: E[meri J.] van Donzel (Hrsg.): Proceedings of the 2nd International Meeting on Modern Ottoman Studies and the Turkish Republic, Leiden 1989, S. 107–118.

— Karl Süssheim, die Militärische Postüberwachung und das Schicksal der Türken in Deutschland während des I. Weltkriegs, in: XXIII. Deutscher Orientalistentag vom 16. bis 20. September in Würzburg. Ausgewählte Vorträge (=ZDMG, Supplementband 7), Stuttgart 1985, S. 234–244.

Schmitt, Rüdiger: „Markwart, Josef", in: EIr [Online-Version], 11.4.2014, http://www.iranicaonline.org/articles/markwart-josef.

Schnabel, Franz: Deutsche Geschichte im neunzehnten Jahrhundert, 4 Bde, Freiburg 1929, 1933, 1934 u. 1937.

Schneider, Ivo: Stationen und Begleiter meines Lebensweges als Mathematik- und Naturwissenschaftshistoriker, in: Rudolf Seising, Menso Folkerts u. Ulf Hashagen (Hrsg.): Form, Zahl, Ordnung. Studien zur Wissenschafts- und Technikgeschichte. Festschrift für Ivo Schneider zum 65. Geburtstag, Wiesbaden 2004, S. 15–47.

Schoeps, Julius H.: „Die missglückte Emanzipation. Wege und Irrwege deutsch-jüdischer Geschichte", Berlin u. a. 2002.

— Deutsch-jüdische Symbiose oder die mißglückte Emanzipation, Bodenheim u. Mainz 1996.

Scholem, Gershom: Judaica, 6 Bde., Frankfurt a. M. 1963–1997.

  — Juden und Deutsche [1966], II (1970), S. 20–46.

  — Wider den Mythos vom deutsch-jüdischen Gespräch, II (1970), S. 7–11.

Schulze, Winfried: Karl Alexander von Müller (1882–1964), in: Weigand, Historiker, S. 205–231.

Schwabe, Klaus: Ursprung und Verbreitung des alldeutschen Annexionismus in der deutschen Professorenschaft im Ersten Weltkrieg (Zur Entstehung der Intellektuelleneingaben vom Sommer 1915), in: VfZ 14/2 (1966), S. 105–138.

Schwartz, Michael: Ethnische „Säuberungen" in der Moderne. Globale Wechselwirkungen nationalistischer und rassistischer Gewaltpolitik im 19. und 20. Jahrhundert (= QDZ 95), München 2013.

Schwarz, Klaus-Dieter: Weltkrieg und Revolution in Nürnberg. Ein Beitrag zur Geschichte der deutschen Arbeiterbewegung (= KHS 13), Stuttgart 1971.

Scognamillo, Giovanni: Türk Sinema Tarihi. Birinci Cilt, 1896–1959, [İstanbul] 1987.

Seibert, Jakob (Hrsg.): 100 Jahre Alte Geschichte an der Ludwig-Maximilians-Universität München 1901–2001, Berlin 2002.

Seidt, Hans-Ulrich: Berlin Kabul Moskau. Oskar Ritter von Niedermayer und Deutschlands Geopolitik, München 2002.

Şen, Faruk u. Halm, Dirk (Hrsg.): Exil unter Halbmond und Stern. Herbert Scurlas Bericht über die Tätigkeit deutscher Hochschullehrer in der Türkei während der Zeit des Nationalsozialismus, Essen 2007.

Shaw, Stanford J.: The Jews of the Ottoman Empire and the Turkish Republic, Basingstoke u. London 1991.

Shaw, Stanford J. u. Kural Shaw, Ezel (Hrsg.): History of the Ottoman Empire and Modern Turkey, Bd. 2: Reform, Revolution and Republic: The Rise of Modern Turkey, 1808–1975, Cambridge 1977.

Shohat, Ella u. Stam, Robert: Afterword: Thinking about Unthinking. Twenty years after, in: Unthinking Eurocentrism. Multiculturalism and the Media, 2. Aufl. New York 2014, S. 363–436.

Shohat, Ella: Taboo Memories, Diasporic Voices, Durham u. London 2006.

Simmel, Georg: Exkurs über den Fremden, in: Ders.: Soziologie. Untersuchungen über die Formen der Vergesellschaftung, Berlin 1908, S. 509–512.

Simon, Heinrich: Leben im Judentum. Persönliche Feste und denkwürdige Tage (= Jüdische Miniaturen 8), Berlin 2004.

Sohrweide, Hanna: Türkische Handschriften. Und einige in den Handschriften enthaltene persische und arabische Werke (= Verzeichnis der Orientalischen Handschriften in Deutschland XIII, 3), Wiesbaden 1974.

Sommer, Annette: Weltbürgerliche Utopie. Die Alliance Israélite Universelle in Deutschland 1860–1914, in: Kalonymos. Beiträge zur deutsch-jüdischen Geschichte aus dem Salomon Ludwig Steinheim-Institut an der Universität Duisburg-Essen, 18/1 (2015), S. 10.

Sonkwé Tayim, Constantin: Narrative der Emanzipation. Autobiographische Identitätsentwürfe deutschsprachiger Juden aus der Emanzipationszeit, Berlin u. Boston 2013.

Späeter, Jörg: Siegfried Kracauer. Eine Biographie, Berlin 2016.

Spinney, Laura: 1918. Die Welt im Fieber. Wie die Spanische Grippe die Gesellschaft veränderte, München 2018.

Sponsel, Ilse: Der erste jüdische Landtagsabgeordnete in Bayern (1814–1882), in: Werner J. Heymann (Hrsg.): Kleeblatt und Davidstern. Aus 400 Jahren jüdischer Vergangenheit in Fürth, Emskirchen 1990, S. 116–125.

— David Morgenstern (1814–1882), der erste jüdische Landtagsabgeordnete in Bayern, in: Manfred Treml u. Wolf Weigand (Hrsg.): Geschichte und Kultur der Juden in Bayern. Lebensläufe (= VBayGK 18/88), München u. a. 1988, S. 129–134.

Stach, Reiner: Kafka. Die frühen Jahre. 1883–1910, 4. Aufl. Frankfurt a. M. 2015.

Stauth, Georg u. Birtek, Faruk: Einleitung: „Istanbul", Exil, intellektuelle und symbolische Migrationen, in: Dies. (Hrsg.): „Istanbul". Geistige Wanderungen aus der „Welt in Scherben", Bielefeld 2007, S. 7–19.

Stauth, Georg: Hellmut Ritter in Istanbul – Migration und spiritueller „Orientalismus", S. 23–51.

Steinitz, Inbal: Der Kampf jüdischer Anwälte gegen den Antisemitismus. Die strafrechtliche Rechtsschutzarbeit des Centralvereins deutscher Staatsbürger jüdischen Glaubens (1893–1933) (= ZfA DTM 68), Berlin 2008.

Stemberger, Günter: Einleitung in Talmud und Midrasch, 9. Aufl. München 2011.

Stoecker, Holger: Afrikawissenschaften in Berlin von 1919 bis 1945. Zur Geschichte und Topographie eines wissenschaftlichen Netzwerkes (= PABUWG 25), Stuttgart 2008.

— Das Seminar für orientalische Sprachen, in: Ulrich van der Heyden u. Joachim Zeller (Hrsg.): Kolonialmetropole Berlin. Eine Spurensuche, Berlin 2002, S. 115–125.

Straus, Rahel: Wir lebten in Deutschland. Erinnerungen einer deutschen Jüdin 1880–1933. Herausgegeben und mit einem Nachwort versehen von Max Kreutzberger, Stuttgart 1961.

Strauss, Johann: Istanbul im 19. Jahrhundert: Anatomie eines west-östlichen Kulturzentrums, in: Benedikt Reinert u. Johannes Thomann (Hrsg.): Islamische Grenzen und Grenzübergänge (= SAS 44), Bern 2007, S. 131–170.

Strnad, Maximilian: Privileg Mischehe? Handlungsräume „jüdisch versippter" Familien 1933–1945 (= HBGJ LIV), Göttingen 2021.

Suchy, Barbara: The Verein zur Abwehr des Antisemitismus (I). From its Beginnings to the First World War, in: LBIYB 28 (1983), S. 205–239.

Sumner-Boyd, Hillary u. Freely, John: Strolling through Istanbul. A Guide to the City, 2. Aufl. London u. New York 2016.

Swietochowski, Tadeusz: Russian Azerbaijan, 1905–1920. The Shaping of National Identity in a Muslim Community (= SEES), Cambridge 1985.

Szöllösi-Janze, Margit: Lebens-Geschichte – Wissenschafts-Geschichte. Vom Nutzen der Biographie für Geschichtswissenschaft und Wissenschaftsgeschichte, in: BerWissGesch 23/1 (2000), S. 17–35.

Tarrow, Sidney: Strangers at the Gates. Movements and States in Contentious Politics, Cambridge 2005.

Tauber, Christine: Ludwig II. Das phantastische Leben des Königs von Bayern, München 2013, S. 77–104.

Testa, Marie de u. Gautier, Antoine (Hrsg.): Drogmans et diplomates européens auprès de la Porte ottomane (= AI 71), Istanbul 2003, S. 53–61.

Thießen, Hillard von: Das Zeitalter der Ambiguität. Vom Umgang mit Werten und Normen in der Frühen Neuzeit, Köln 2021.

Tokay, Gül: Freiherr Marschall von Bieberstein als Botschafter in Istanbul 1897 bis 1912 nach osmanischen Zeugnissen, in: Kummer, Präsenz, S. 171–183.

Tomakin, Ahmet Yasin: Bursalı Mehmed Tahir: Hayatı, Eserleri ve Bibliyografya Üzerine Düşünceleri, in: Şırnak Üniversitesi İlahiyat Fakültesi Dergisi 8/17 (2017–2), S. 101–118.

Trepp, Leo: Der jüdische Gottesdienst. Gestalt und Entwicklung, 2. Aufl. Stuttgart u. a. 2004.

Trippe, Christian F.: Konservative Verfassungspolitik. 1918–1923. Die DNVP als Opposition in Reich und Ländern (= BGParl 105), Düsseldorf 1995.

Trumpener, Ulrich: Germany and the Ottoman Empire 1914–1918, Princeton 1968.

Trüper, Henning: Matte farbige Schatten: Zugehörigkeiten des Gelehrtenpolitikers Carl Heinrich Becker, in: ÖZG 25 (2014/3), S. 177–211.

Tunaya, Tarık Zafer: Türkiye'de Siyasal Partiler, Bd. 1: İkinci Meşrutiyet Dönemi 1908–1918, İstanbul 1984.

Tunçay, Mete: Der Laizismus in der Türkischen Republik, in: JGGVMO (1984), S. 53–93.

Turóczy, Zsófia: Freimaurerei: ausgrenzende Entgrenzung? Eine ungarische Freimaurerloge in Smyrna, in: Hohberger u. a., Grenzräume, S. 253–271.

Ulmer, Martin: Antisemitismus in Stuttgart 1871–1933. Studien zum öffentlichen Diskurs und Alltag, Berlin 2011.

Ulrich, Bernd: Die Augenzeugen. Deutsche Feldpostbriefe in Kriegs- und Nachkriegszeit 1914–1933 (= SBZG 8), Essen 1997.

Varisco, Daniel Martin: Reading Orientalism. Said and the Unsaid, Seattle u. London 2007.

Veltri, Giuseppe: Gottes Widerspruch, in: FAZ 151 (3.7.2019), S. N3.

Verchau, Ekkhard: „Marschall von Bieberstein, Adolf", in: NDB 16 (1990), S. 256f., online: https://www.deutsche-biographie.de/gnd118782096.html#ndbcontent.

Verheij, Jelle: Diyarbekir and the Armenian Crisis of 1895, in: Dies. u. Joost Jongerden (Hrsg.): Social Relations in Ottoman Diyarbekir, 1870–1915 (= The Ottoman Empire and its Heritage. Politics, Society and Economy 51), Leiden u. Boston 2012, S. 85–145.

Vialon, Martin: Erich Auerbachs verborgenes Judentum und sein Istanbuler Nachruf auf den Orientalisten Karl Süßheim, in: Kalonymos 18/2 (2015), S. 3–9.

Voigt, Sebastian: SPD und Antisemitismus. Annäherungen an eine 150-Jährige [sic!] Auseinandersetzung, Baden-Baden 2014, S. 79–122.

Voigts, Manfred: Die deutsch-jüdische Symbiose. Zwischen deutschem Sonderweg und Idee Europa (= CJ 57), Tübingen 2006.

Volkov, Shulamit: Die Juden in Deutschland 1780–1918 (= EdG 16), 2. Aufl. München 2000.

Vordermayer, Thomas: Bildungsbürgertum und völkische Ideologie. Konstitution und gesellschaftliche Tiefenwirkung eines Netzwerks völkischer Autoren (1919–1959) (= QDZ 109), Berlin u. Boston 2016.

Wachsmann, Nikolaus: KL. Die Geschichte der nationalsozialistischen Konzentrationslager, 2. Aufl. München 2015.

Wallach, Jehuda L.: Anatomie einer Militärhilfe. Die preußisch-deutschen Militärmissionen in der Türkei 1835–1919 (= SIDGUTA 1), Düsseldorf 1976.

Walter, Dirk: Antisemitische Kriminalität und Gewalt. Judenfeindschaft in der Weimarer Republik, Bonn 1999.

Walter, Robert: Siegfried Lichtenstaedter – Vordenker einer ethno-nationalen Neuordnung Europas, in: ZfG 63/11 (2015), S. 949–965.

Walzer, Richard: „Hellmut Ritter, 27. 2. 1892–19. 5. 1971", in: Oriens 23/24 (Juli 1971), S. 1–6.

Weber, Reinhard (Bearb.): Max Hirschberg: Jude und Demokrat. Erinnerungen eines Münchener Rechtsanwalts 1883 bis 1939, München 1998.

Weger, Tobias (Hrsg.): Grenzüberschreitende Biographien zwischen Ost- und Mitteleuropa. Wirkung – Interaktion – Rezeption (= MO 11), Frankfurt a. M. 2009.

Wehr, Hans: „Hell, Joseph", in: NDB 8 (1969), S. 473, [Online-Version] https://www.deutsche-biographie.de/sfz29495.html#ndbcontent.

Weiberg, Thomas: Mein Sultan möge lange leben! Padişahım Çok Yaşasın! Sultan Abdül Hamid II. und Kaiser Wilhelm II. Eine deutsch-osmanische Freundschaft, İstanbul 2014.

Weidner, Ernst: „Hommel, Fritz", in: NDB 9 (1972), S. 591 f., [Online-Ausgabe] http://www.deutsche-biographie.de/pnd116976055.html.

Weidner, Stefan: Das Islambild der Nazis. Eine Tornisterschrift der Wehrmacht gibt Einblick, in: SZ (27./28. 4. 2013), S. 15.

Weigand, Katharina (Hrsg.): Münchner Historiker zwischen Politik und Wissenschaft. 150 Jahre Historisches Seminar der Ludwig-Maximilians-Universität (= BGLMU 5), München 2010.

— Sigmund von Riezler (1843–1927) und Michael Doeberl (1861–1928), S. 159–184.

Wein, Susanne: Antisemitismus im Reichstag. Judenfeindliche Sprache in Politik und Gesellschaft der Weimarer Republik (= Z&G 30), Frankfurt a. M. 2014.

Wende, Erich: C. H. Becker. Mensch und Politiker. Ein biographischer Beitrag zur Kulturgeschichte der Weimarer Republik, Stuttgart 1959.

Westphal, Wilfried: Sturm über dem Nil. Der Mahdi-Aufstand. Aus den Anfängen des islamischen Fundamentalismus, Köln 2002.

Wette, Wolfram: Die deutsche Revolution von 1918/19. Ein historischer Essay, in: Klemperer, Revolutionstagebuch, S. 197–216.

Widmann, Horst: Exil und Bildungshilfe. Die deutschsprachige akademische Emigration in die Türkei nach 1933. Mit einer Bio-Bibliographie der emigrierten Hochschullehrer im Anhang, Bern u. Frankfurt a. M. 1973.

Wiecki, Stefan: The Denazification of Munich University, in: Kraus, Universität II, S. 519–569.

Wiedemann, Felix: Deutscher Orientalismus. Wissenschaft zwischen Romantik und Imperialismus, in: ZRGG 64/4 (2012), S. 400–406.
Wieland, Rainer: Montag Ich. Dienstag Ich. Mittwoch Ich. Vorwort, in: Ders. (Hrsg.): Das Buch der Tagebücher, München 2010, S. 7–11.
Wildt, Michael: Das Fremdmachen als historischer Prozess. Kommentar zu Bernhard Waldenfels, in: ZF 4/3 (2007), S. 369–374.
Winkler, Heinrich August: Weimar 1918–1933. Die Geschichte der ersten deutschen Demokratie, München 1993.
Wipperfürth, Christian: Von der Souveränität zur Angst. Britische Außenpolitik und Sozialökonomie im Zeitalter des Imperialismus, Stuttgart 2004.
Wirsching, Andreas u. Eder, Jürgen (Hrsg.): Vernunftrepublikanismus in der Weimarer Republik. Politik, Literatur, Wissenschaft (=SBHWR 9), Stuttgart 2008.
Wirsching, Andreas: Hitlers Authentizität. Eine funktionalistische Deutung, in: VfZ 64/3 (2016), S. 387–417.
— „Augusterlebnis" 1914 und „Dolchstoßlegende" 1918 – zwei Versionen derselben Legende?, in: Volker Dotterweich (Hrsg.): Mythen und Legenden in der Geschichte (=Schriften der Philosophischen Fakultäten der Universität Augsburg 64), München 2004, S. 187–202.
Wirth, Albrecht: Geschichte der Türken, Stuttgart 1912.
Wolfsteiner, Alfred: Georg Heim. „Bauerngeneral" und Genossenschaftler, Regensburg 2014.
Yalçın, Kemal: Haymatlos. Dünya Bizim Vatanımız, İstanbul 2011.
Yilmazata, Mehmet: Die Bagdadbahn. Schienen zur Weltmacht, Marburg 2013.
Yuval, Israel Jacob: Zwei Völker in deinem Leib. Gegenseitige Wahrnehmung von Juden und Christen (JRGK 4), Göttingen 2007.
Zadoff, Mirjam: Der rote Hiob. Das Leben des Werner Scholem, München 2014.
Zámečník, Stanislav: Das war Dachau, Luxemburg 2002.
Zeifert, Ruth: Nicht ganz koscher. Vaterjuden in Deutschland, Berlin 2017.
Zeiß-Horbach, Auguste: Der Verein zur Abwehr des Antisemitismus. Zum Verhältnis von Protestantismus und Judentum im Kaiserreich und in der Weimarer Republik, Leipzig 2008.
Ziemann, Benjamin: Das Kaiserreich als Nationalstaat, in: bpb, Kaiserreich, S. 4–15.
— Politik in der Bismarck-Ära, in: bpb, Kaiserreich, S. 16–21.
Zimmermann, Hannsjörg: Die Einwohnerwehren. Selbstschutzorganisationen oder konterrevolutionäre Kampforgane?, in: ZGSHG 128 (2003), S. 185–212.
Zimmermann, Moshe: Deutsch-jüdische Vergangenheit: Der Judenhaß als Herausforderung, Paderborn 2005, S. 25–39.
— Zionismus als Ablenkungsmanöver: Die „Ostjuden", S. 189–199.
Zinke, Peter (Hrsg.): „Nächstes Jahr im Kibbuz". Die Zionistische Ortsgruppe Nürnberg-Fürth (=HzRG 2), Nürnberg 2005.
— „... bessere Resultate hätten erzielt werden können". Die Zionistische Ortsgruppe Nürnberg-Fürth, S. 17–51.

Zinke, Peter: Vorwort, in: Ders., Jahr, S. 5.
Zürcher, Erik-Jan (Hrsg.): Jihad and Islam in World War I. Studies on the Ottoman Jihad on the Cenetary of Snouck Hurgronje's „Holy War Made in Germany" (= DIS), Leiden 2016.
— Turkey. A Modern History, 4. Aufl. London 2017.
— Terrakiperver Cumhuriyet Fırkası (1924–1925), İstanbul 2003.

Lexika | Ausstellungsbände | Schriften

„Balkan" [Zeitung], in: Hermann Goltz u. Axel Meissner (Hrsg.): Thematisches Lexikon zu Personen, Institutionen, Orten, Ereignissen (= Deutschland, Armenien und die Türkei 1895–1925. Dokumente und Zeitschriften aus dem Dr. Johannes-Lepsius-Archiv an der Martin-Luther-Universität Halle-Wittenberg 3), München 2004, S. 60 f.
„Das Volk erwacht", in: FTP 259 (4. 11. 1918), S. 1, abgedr. bei u. zit. nach Müller, Dokumente, S. 256.
„Grunwald, Moritz", Indexeintrag: DB, online: https://www.deutsche-biographie.de/pnd131522221.html.
„Süßheim, Karl", in: Hans-Michael Körner (Hrsg.): GBBE 3, München 2005, S. 1932.
„Süßheim, Karl", in: Rudolf Vierhaus (Hrsg.): DBE 9, 2. Aufl. München 2008, S. 831.
„Süssheim, Karl", in: International Biographical Dictionary of Central European Emigrés 1933–1945 / Biographisches Handbuch der deutschsprachigen Emigration nach 1933, Bd. 2,2: The Arts, Sciences, and Literature (L–Z), 1983, S. 1145.
„Werner, Mose Cossmann", in: Walther Killy u. Rudolf Vierhaus (Hrsg.): DBE, Bd. 10, München 1999, S. 447.
[Verzeichnis der Abgeordneten], in: HdBG (Hrsg.): 36. Landtag: 1912–1918 (21. Wahlperiode), online: http://www.hdbg.de/parlament/content/ltDetail.php?id=36.
Alma mater antisemitica. Akademisches Milieu, Juden und Antisemitismus an den Universitäten Europas zwischen 1918 und 1939 (= Beiträge zur Holocaustforschung des Wiener Wiesenthal Instituts für Holocaust-Studien 3), Wien 2016.
Generalkonsulat der Bundesrepublik Deutschland in Istanbul: Diskussionsabend im Deutschen Generalkonsulat am 8. 6. 2006 zum Thema „Exil und Gesundheitswesen: Deutsche Mediziner in der Türkei an 1933" [Protokoll], Istanbul [2006], online: https://tuerkei.diplo.de/blob/1572728/4bef627fb1c2dedd3e6980571b2eaed/datei-exil-mediziner-data.pdf.
JMM (Hrsg.): Münih ve İstanbul (= Orte des Exils 1) [Ausstellungsband], München 2008.
VAM (Hrsg.): Haymatloz. Exil in der Türkei 1933–1945 (= Schriftenreihe des Vereins Aktives Museum 8) [Ausstellungsband], Berlin 2000.
bpb (Hrsg.): Das Deutsche Kaiserreich 1871–1918 (= izpb 329), 1 (2016).
Deutscher Museumsbund: Leitfaden zum Umgang mit Sammlungsgut aus kolonialen Kontexten, Berlin 2019, online: https://www.museumsbund.de/wp-content/uploads/2019/08/dmb-leitfaden-kolonialismus-2019.pdf, S. 175–186.

Abbildungen

Privatnachlass Karl Süßheim, Margot Suesheim (New York) und Familie: Buchrücken und Cover Rückseite, S. 42, 300, 399, 408, 481, 515 (alle), 519, 572 (beide), 574, 581, 631 (beide), 632 (alle), 650, 653, 658, 659, 670 u. 677

Wikimedia Commons, gemeinfrei: S. 48 (Fotografie von 1891), 148 (Library of Congress, George Grantham Bain), 181 (Berc Fenerci), 381 u. 533 (unbekannte Fotografen)

Privatnachlass Karl Süßheim, Lisa R. D'Angelo (Chicago): Cover Vorderseite, S. 57, 85, 98, 137, 349, 507 (beide), 551, 578 (beide), 587 (Vorder- und Rückansicht) u. 626

Nachlass Karl Süßheim, Library of Congress (Washington, D.C.): S. 59, 204, 222, 306, 373 u. 642

Nachlass Karl Süßheim, Staatsbibliothek zu Berlin – Preußischer Kulturbesitz, Orientabteilung: S. 124 (Hs. or. 10648 5/71), 566 (Hs. or. 10648 9/37), 570 (Hs. or. 10648 10/67) u. 584 (Hs. or. 1 135/10, fol. 87v u. 88r)

American Colony, Jerusalem (gemeinfrei): S. 148

Lustige Blätter 15/3 (1900), Titelblatt (gemeinfrei): S. 278

Stadtarchiv München: S. 302 u. 544 (KKD-3716)

picture alliance: S. 320

Max Freiherr von Oppenheim-Stiftung, Köln: S. 322

Sammlung Karl Markus Kreis: S. 327

Deutsches Historisches Museum: S. 329

Bayerische Staatsbibliothek/Bildarchiv: S. 412 (Fotoarchiv Hoffmann C.1, hoff-5124) u. 469 (Fotoarchiv Hoffmann C.1, hoff-6610)

Bundesarchiv: S. 426 (Plak 002-004-011/Grafiker: Otto v. Kursell)

Autorenfoto aus Oskar von Niedermayer: In der Hölle Irans (= Münchner Jugendbücher 4), München 1926: S. 437

Stadtarchiv Nürnberg: S. 479: E 39/II Nr. 46/1 (unten) u. 2 (oben rechts)

Digitalisat des Instituts für Zeitgeschichte München-Berlin: S. 479 (oben links) (Der Stürmer 4/51 (1926), Titel [S. 1]) u. S. 636 links (Der Stürmer (15. 4. 1934), Titel [S. 1])

Milli Inkilap 6 (15. 7. 1934): S. 636 rechts

Kristina Milz: S. 673

Dank

Es heißt, es brauche ein ganzes Dorf, um ein Kind großzuziehen. Um Karl Süßheims Leben zu erzählen, braucht es fast die ganze Welt, so schien es mir oft. ANDREAS WIRSCHING und CHRISTOPH K. NEUMANN, die beiden Betreuer dieses mit einem Promotionsstipendium der Konrad-Adenauer-Stiftung geförderten Projekts, haben mich auf ihre jeweilige Weise über alle Maßen unterstützt, wofür ich zutiefst dankbar bin. Doch auch daneben bedurfte ich helfender Hände, kluger Köpfe und warmer Worte aus vielen verschiedenen Orten. Ohne diese Menschen wäre dieses Buch ein anderes.

DANKE | THANKS | TEŞEKKÜRLER | شكرا

Philipp Beck * Marcel Beißwenger * Eda Benlioğlu-Gelbal * Franziska Birk * Magnus Brechtken * Agnes Bresselau von Bressensdorf * Lisa R. D'Angelo * Ferdinand & Xaver Fuchs * Angelina Harutunian * Eva Haverkamp * Andreas Hollender * Mohammed Ibrahim * Ilker Erkan Iscan * David Kaput * Cynthia Kingsley * Albert Knoll * Frederik Laub * Jad Lehmann-Abi-Haidar * Allen Maberry * Kevin Matthees * Katrin Marth * Heike Martin * Brigitte Moser-Weithmann * Manuel Mork * Brigitte, Franz, Nathalie & Nicolas Milz * Günther Opitz * Simone Paulmichl * Sebastian Peters * Ellen Presser * Dominik Radlmaier * Christoph Rauch * Jacques & Jean-Luc de Rière * Christoph Roolf * Özgür Savaşçi * Alfred & Sabine Schauberger * Franz & Betty Schauberger * Ruben Schenzle * Brigitte Schmidt† * Friederike Schmidt * Christina Schmitt * Thomas Schütte * Benedikt Sepp * Robert Sigel * Margot Suesheim† * Anja Tuckermann * Friedrich Veitl * Ronny Vollandt * Nicole Warmbold * Joan Weeks * Annette Wöhrmann * Siegfried Wohlmacher * Jürgen Zarusky† * Michael F. Zimmermann

Personenregister